Die Extreme berühren sich

Walther Rathe

Walther Rathenau 1867–1922

Die Extreme berühren sich

Eine Ausstellung des
Deutschen Historischen Museums
in Zusammenarbeit mit dem
Leo Baeck Institute, New York

Herausgegeben von
Hans Wilderotter

Argon

Deutsches
Historisches
Museum

Ausstellung

Konzeption und wissenschaftliche Leitung
Hans Wilderotter

Wissenschaftliche Mitarbeit
Michael Dorrmann

EDV – Programm und Objektverwaltung
Monika Hingst

Ausstellungsarchitektur
Hans Dieter Schaal, Attenweiler

Plakatgestaltung
Ulrike Damm

Konservatorische Betreuung
Ursula Fuhrer / Werner Müller (Leitung) und die Restaurierungswerkstätten des DHM

Ausstellungsproduktion
Christian Axt, Tanja Sprang (Architektur)
Thomas Kaiser (Mitarbeiter)
Michael Flegel (Lichtgestaltung)
Ulrike Damm (Graphik)

Ausführende Firmen
Dietrich Display, Friolzheim (Bauten)
EMA Support, Berlin (Technik)
Handwerk im Wohnbereich, Berlin (Textilarbeiten)
Ch.+Th. Wüstenberg, Berlin (Glasarbeiten)

Leihverkehr
Monika Hingst, Edith Michelsen

Öffentlichkeitsarbeit
Rita Brebaum, Angelika Wachs

Videofilme
Robert Engelhardt, Emil Galli

Zeitweilige Mitarbeit
Kristina Kessemeier

Kunsttransporte
Internationale Kunstspedition Hasenkamp, Berlin und Köln

Katalog

Redaktion
Hans Wilderotter, Michael Dorrmann, Monika Hingst

Graphische Gesamtgestaltung
Regelindis Westphal

Photographie
Arne Psille, Sebastian Ahlers
Rosita Boemke (Reproduktionen)

Autoren
Dr. Ursel Berger, Georg-Kolbe-Museum, Berlin
Prof. Dr. Carole Fink, The Ohio State University, Columbus
Prof. Dr. Jens Malte Fischer, Ludwig-Maximilians-Universität München
Dr. Boris Grekow, Akademie der Wissenschaften, Moskau
Dr. Peter Grupp, Auswärtiges Amt, Bonn
Dieter Heimböckel, Universität Duisburg
Dr. Wolfgang Kruse, Fernuniversität Hagen
Prof. Dr. Peter Krüger, Philipps-Universität Marburg
Dr. Wolfgang Michalka, Militärgeschichtliches Forschungsamt Freiburg
Dr. Clemens Picht, Frankfurt am Main
Dr. Hartmut Pogge von Strandmann, University College Oxford
Stefan Pucks, Berlin
Dr. Martin Sabrow, Berlin
Prof. Dr. Ernst Schulin, Albert-Ludwigs-Universität Freiburg
Prof. Dr. Bernd Sösemann, Freie Universität Berlin
Dr. Peter Strunk, AEG Firmenarchiv, Frankfurt am Main
Dr. Helmut Trotnow, DHM, Berlin
Prof. Shulamit Volkov, Tel Aviv University

Übersetzungen
Sibylle Leider (Beitrag von Carole Fink)
Stephen Locke (Grußwort)

Unser besonderer Dank gilt Günter Schilling, ohne dessen große Sachkenntnis und ständige Hilfsbereitschaft diese Ausstellung nicht möglich gewesen wäre.

Außerdem gilt unser Dank folgenden Personen:
Karl Friedrich Hinkelmann, Bad Freienwalde; Dr. Reinhard Schmook, Bad Freienwalde; Helmuth F. Braun, Berlin; Wolfgang Haney, Berlin; Jürgen Handrich, Berlin; Heidrun Klein, Berlin; Martina Landmann, Berlin; Stefan Pucks, Berlin; Dr. Martin Sabrow, Berlin; Jürgen Spiegel, Berlin; Dr. Ludwig Biewer, Bonn; Martin L. Müller, Frankfurt a.M.; Ernst Neubronner, Frankfurt a.M.; Doris Rangnick, Frankfurt a.M.; Prof.Dr. Ernst Schulin, Freiburg; Hans Jürgen Capell, Hamburg; Dr. Hans Dieter Hellige, Lilienthal; Victor Bondarev, Moskau; Dr. Boris Grekow, Moskau; Dr. Beate Schmeichel-Falkenberg, Mössingen; Gregor Behrendt, Mülheim/Ruhr; Dr. Friedrich W. Heilbronner, München; Gabriele Steinmayer, München; Dr. Michael Stephan, München; Dr. Swantje Ehrentreich, Neu-Isenburg

Verlag
Argon Verlag GmbH
Potsdamer Straße 77–87
10785 Berlin

Satz
Satzinform, Berlin

Lithographie
Brend'amour
Simhart GmbH & Co., München

Druck
DBC Druckhaus Berlin-Centrum

ISBN (Ausstellungsausgabe): 3-87024-261-2
ISBN (Buchhandelsausgabe): 3-87024-250-7

Verzeichnis der Leihgeber

Bad Freienwalde
Oderland-Museum
Walther Rathenau Stift GmbH
Schloß Freienwalde

Bad Homburg
Günter Schilling

Basel
Dr. Leonard Ringwald

Berlin
Amerika-Gedenkbibliothek
Archiv zur Geschichte der Max-Planck-Gesellschaft
Berlin Museum
Berlin Museum, Abt. Jüdisches Museum
Bezirksamt Wedding von Berlin, Abt. Bau- und Wohnungswesen / Naturschutz- und Grünflächenamt
Bildarchiv Preußischer Kulturbesitz (PK)
Freie Universität Berlin, Kunsthistorisches Institut
Thomas Föhl
Geheimes Staatsarchiv Preußischer Kulturbesitz (PK)
Georg-Kolbe-Museum
Wolfgang Haney
Johanniterorden, Sammlung Werner
Landesarchiv Berlin
Märkisches Museum
Museum für Verkehr und Technik
Parteivorstand der PDS
Plansammlung der Universitätsbibliothek der Technischen Universität Berlin
Dr. Martin Sabrow
Staatliche Museen zu Berlin, Kunstbibliothek
Staatliche Museen zu Berlin, Nationalgalerie
Staatsbibliothek zu Berlin Preußischer Kulturbesitz (PK)
Technische Universität Berlin (TU), Zentrum für Antisemitismusforschung
Ullstein Bilderdienst

Bingen
Stadtarchiv

Bitterfeld-Wolfen
Chemie AG

Bonn
Archiv der sozialen Demokratie der Friedrich-Ebert-Stiftung
Politisches Archiv des Auswärtigen Amtes (AA)

Bremen
Kunsthalle Bremen

Clamart
Michael und Eva Werner

Darmstadt
Hessisches Landesmuseum

Dortmund
Institut für Zeitungsforschung
Museum am Ostwall

Dresden
Staatliche Kunstsammlungen Dresden, Albertinum

Düsseldorf
Kunstmuseum Düsseldorf im Ehrenhof
Nordrhein-Westfälisches Haupt-Staatsarchiv

Duisburg
Wilhelm-Lehmbruck-Museum

Essen
Historisches Archiv Krupp

Flensburg
Marineschule Mürwik, Wehrgeschichtliches Ausbildungszentrum

Frankfurt am Main
AEG Aktiengesellschaft, Firmenarchiv
BHF-Bank, Historisches Archiv
Deutsche Bank, Historisches Archiv
Historisches Museum
Städelsches Kunstinstitut
Walther Rathenau Gesellschaft

Freiburg
Augustinermuseum
Prof. Dr. Ernst Schulin
Staatsarchiv

Hamburg/Bremen
Hapag-Lloyd AG

Hamburg
Hamburger Kunsthalle
Museum für Kunst und Gewerbe
Staatsarchiv

Jerusalem
Leo Baeck Institute

Kaiserslautern
Pfalzgalerie

Koblenz
Bundesarchiv Koblenz
Bundesarchiv, Abt. Potsdam
Stiftung Archiv der Parteien und Massenorganisationen der DDR im Bundesarchiv (Berlin)
Bundesarchiv - Militärarchiv (Freiburg)

Köln
Germania Judaica, Kölner Bibliothek zur Geschichte des deutschen Judentums
Wallraf-Richartz-Museum

Lilienthal
Walther Rathenau-Gesamtausgabe – Hans Dieter Hellige

London
The Trustees of the Imperial War Museum

Lund
Hanna und Ernst Norlind-Stiftung

Marbach am Neckar
Schiller-Nationalmuseum / Deutsches Literaturarchiv (SNM/DLA)

Moskau
Zentrum für die Aufbewahrung historischer und dokumentatorischer Sammlungen (ZAS)

Abbildungsnachweis

Mülheim an der Ruhr
Stinnes AG

München
Architekturmuseum, Technische Universität München
Bayerisches Hauptstaatsarchiv
Deutsches Museum München
Münchner Stadtmuseum
Siemens-Museum
Süddeutscher Verlag – Bilderdienst

Neustadt an der Weinstraße
Städtisches Museum

Neu-Isenburg
Dr. Swantje Ehrentreich

New York
Leo Baeck Institute

Rastatt
Wehrgeschichtliches Museum Rastatt

Saarbrücken
Saarland Museum Saarbrücken, Stiftung Saarländischer Kulturbesitz

Stuttgart
Dr. Marcus Bierich

Wien
Historisches Museum der Stadt Wien

Wuppertal
Von der Heydt-Museum

weitere Privatleihgeber, die nicht genannt werden möchten.

Soweit nicht anders vermerkt, liegen die Urheberrechte der Fotografien bei den Leihgebern.

Bad Homburg
Günter Schilling: S. 25, 96, 103

Berlin
Jörg P. Anders: S. 111, 4/9, 4/34
Hans-Joachim Bartsch: 1/43, 2/9b, 3/25, 4/28
Bildarchiv PK: S. 70, 72, 77, 100, 133, 140, 145, 1/28, 2/3, 3/45
Klaus Göken: 1/5
Deutsches Historisches Museum: S. 217
Wolfgang Haney: S. 145
Kunsthistorisches Institut der Freien Universität Berlin: S. 50
Knud Peter Petersen: 5/18, 5/19, 5/22, 6/9, 6/10, 6/13, 7/21
Reinhard Saczewski: S. 88
Ullstein Bilderdienst: S. 141, 205

Frankfurt am Main
Walter Breitinger: 1/39, 1/40, 2/11, 2/13, 2/33, 2/39, 3/7
Ursula Edelmann: 2/26, 2/31
Kurt Haase: 2/29

Freiburg
Hartmut W. Schmidt: 6/35
Ernst Schulin: S. 57, 58

Hamburg
Elke Walford: 4/2

Koblenz
Bundesarchiv: S. 69

Köln
Rheinisches Bildarchiv: 2/30

Lilienthal
Walther Rathenau Gesamtausgabe – Hans Dieter Hellige: S. 83, 193

Marbach am Neckar
SNM, DLA: S. 176

Moskau
ZAS: S. 227

München
Wolfgang Pulfer: S. 225, 1/29, 1/37, 7/4, 7/10, 7/11, 7/34, 7/38, 7/40

New York
Jim Strong: 3/12, 7/9

Oslo
Nasjonalgalleriet: S. 83
O. Væring: 2/23

Witten-Heven
Olaf Bergmann: 6/37

Wuppertal
Von der Heydt-Museum: S. 90, 94
Peter Frese: 5/44

INHALT

VORWORT

CHRISTOPH STÖLZL

Als er tot war, von rechtsradikalen Attentätern am 24. Juni 1922 ermordet, schien es für einen Augenblick, als hielten die Deutschen in ihrem tödlichen Zwist inne und würden gewahr, wie wenig Schritte sie vom Abgrund trennten. Im Reichstag war der Sarg aufgebaut, bedeckt mit der Dienstflagge des Reichsministers. Beethovens Coriolan-Ouvertüre erklang, Rathenaus Lieblingsmusik. Am Schluß seiner Rede berührte Friedrich Ebert bei den Worten »der mein Freund war« den Sarg. Viele Abgeordnete weinten. Dann setzte Siegfrieds Trauermarsch aus der Götterdämmerung ein, und die Türen des Reichstags öffneten sich, damit der Abschied des Parlaments sich mit dem des Volkes verbinde. Als der Sarg durch Berlin geführt wurde, säumten mehr als eine Million Menschen den Weg. In Deutschlands Städten demonstrierten die Massen mit umflorten Fahnen; es war, als gebe es eine Ahnung, daß dieser Tod Deutschlands Schicksal anzeigen könnte. »Nach einem furchtbaren Geschehen, dessen Folgen unabsehbar waren, war durch die spürbare Anteilnahme der Bevölkerung etwas wie eine Entsühnung erfolgt. So entsprach es dem Opfer, das Walther Rathenau dem deutschen Volke gebracht hatte«.

So Edwin Redslob, 1922 *Reichskunstwart* und deshalb Gestalter der Trauerfeier, in seinen Memoiren. Der Gedanke ist schön, aber historisch nicht haltbar. Walther Rathenaus Tod ist nicht zur nationalen Legende geworden, die den kalten Bürgerkrieg der Deutschen durch die Erschütterung bei Freund und Feind beendete. Zehn Jahre danach verschüttete die Explosion der Gewalt in Deutschland fast alles Gedenken an Leben und Tod Rathenaus. Für die Deutschen nach 1945, Schuldige oder Entronnene einer Weltkatastrophe, war es zu spät, um aus dem Fall Rathenau so etwas wie eine lebendige Martyriologie der Republik zu machen, etwa so, wie die amerikanische Demokratie aus dem Andenken an Abraham Lincoln, J. F. Kennedy und Martin Luther King Kraft zu schöpfen vermag.

Populär hat Rathenau also nicht werden können. Was von Rathenau im öffentlichen Bewußtsein blieb, trägt immer noch einen Rest vom Schleier des Geheimnisvollen. Vielleicht rührt die Entrückung Rathenaus auch daher, daß die materiellen Spuren seines Lebens bisher so zerstreut und verborgen gewesen sind.

Wenn unsere Ausstellung jetzt eine Rekonstruktion von Rathenaus Welt versucht, dann tut sie es im Bewußtsein der Unerfüllbarkeit aller Wünsche nach Vollständigkeit. Darüber sollte man nicht zu traurig sein. Ein Versuch über Walther Rathenau tut auch gut daran, ihm sein Geheimnis zu lassen. Der Begriff ist hier mit vollem Ernst gewählt und soll andeuten, daß Rathenau in die Reihe der großen *Widersprüchlichen* in der jüngeren deutschen Geschichte gehört. Wie bei Heine, Nietzsche und Bismarck ergeben Charakter, Leben und Werk keine runde Summe, und der Common sense der Nachgeborenen tut sich schwer mit den extremen Pendelschlägen eines in extremis geführten geistigen Lebens. Daß Rathenau als einer der Schutzpatrone des heutigen deutschen Liberalismus beansprucht wird, ist jedenfalls nur eine von vielen Auslegungsmöglichkeiten.

Wir behelfen uns damit, ihn eine *Symbolfigur* der deutschen Geschichte im 20. Jahrhundert zu nennen. Er steht an der Trennschwelle von alter und neuer Zeit, Diener der Monarchie wie Geburtshelfer der Demokratie. Rathenau hat wie vielleicht kein anderer dazu beigetragen, der zutiefst gefährdeten Weimarer Republik jenes internationale Ansehen zu verschaffen, das sie zum Überstehen der Republikfeindschaft von innen brauchte. In den wenigen Monaten seiner Amtszeit als Wiederaufbau- und Außenminister (1921/22) hat er es, vor allem in zahllosen Begegnungen mit Politikern der Siegermächte, erreicht, daß Deutschland wieder als gleichberechtigter Gesprächspartner akzeptiert wurde. Am Rande der großen Reparationskonferenz von Genua im April 1922 schloß Rathenau den Vertrag von Rapallo mit der jungen Sowjetunion – damals als sensationell empfunden und bis heute in seiner Bedeutung umstritten.

In unserer Ausstellung ist der Außenpolitiker freilich nur eine der Ansichten Walther Rathenaus. Ihre Reihe beginnt mit dem Industriellen, der wiederum der Sohn eines großen Gründers war. Emil Rathenau hatte 1883 die *Deutsche Edison Gesellschaft* gegründet, die ab 1887 *Allgemeine Electricitäts-Gesellschaft* (AEG) hieß. Das Werk Emil Rathenaus war die Elektrifizierung des Alltags in Deutschland, die AEG wurde zu einem der größten Industriekonzerne des Landes. Walther Rathenaus beruflicher Werdegang war vorgezeichnet: Als Direktor der *Elektrochemischen Werke Bitterfeld* (1893–1899), als Vorstandsmitglied der AEG (1899–1902), als Geschäftsinhaber der *Berliner Handels-Gesellschaft* (1902–1907), der Hausbank der AEG, und zuletzt seit 1912 als Vorsitzender des Aufsichtsrats der AEG, als der er seit 1915 den Titel »Präsident« führte, blieb er der väterlichen Firma ein Leben lang eng verbunden. Dazu gehört, um nur ein Beispiel zu nennen, der Entwurf für ein »Reichselektrizitätsmonopol« aus dem Jahre 1913, das erst sehr viel später verwirklicht wurde. Diese Pläne beruhten auf Rathenaus Idee der Konzentration und Zentralisierung in der Industrie, der Zusammenführung der Unternehmen einer Branche zu immer größeren Einheiten, bei denen, so Rathenau, die Unternehmenszwekke von den Einzelinteressen der Unternehmer zunehmend abgelöst würden. Durch diese immanente Vergesellschaftung würde auf lange Sicht die privatkapitalistische Industriegesellschaft in eine »Gemeinwirtschaft« überführt, bei der nicht mehr die Interessen des einzelnen, sondern die der Gesellschaft im Vordergrund stehen. Aber nicht die friedliche Evolution der Industriegesellschaft brachte die Probe aufs Exempel von Rathenaus Theorie, sondern der Kriegsausbruch 1914.

Am 10. August übernahm Rathenau die Leitung einer Abteilung zur Rohstoffbewirtschaftung im preußischen Kriegsministerium, die auf seinen Vorschlag hin eingerichtet worden war. Diese Abteilung hatte die Kontrolle über die Beschaffung und Verteilung der in der Rüstungsproduktion verarbeiteten Rohstoffe. Die Beschaffung und Verteilung selbst übernahmen Kriegsrohstoffgesellschaften, die als Aktiengesellschaften nach privatwirtschaftlichem Modell aufgebaut waren, aber unter staatlicher Überwachung standen. Mit dieser Organisation hat Walther Rathenau nicht nur, wie er wiederholt stolz bekannte, erst ermöglicht, daß das deutsche Heer nicht bereits nach wenigen Monaten wegen Waffen- und Munitionsmangels kapitulieren mußte; er hat sie auch als Ausgangspunkt zur Weiterentwicklung seiner Wirtschaftstheorie benutzt, mit deren Fortschreibung er nach dem Rücktritt von der Leitung der Kriegsrohstoffabteilung Ende März 1915 begann.

Was hat Walther Rathenau, der dem Krieg von Anfang an mit großer Skepsis gegenüberstand, der seine Unterschrift unter keine der so zahlreichen nationalistischen und chauvinistischen Aufrufe der Vertreter der deutschen Industrie und des Bildungsbürgertums setzte, bewogen, so aktiv auf der Seite des Militärs am Krieg teilzunehmen? Es war mit großer Wahrscheinlichkeit die Tatsache, daß er, wie er selbst einmal formulierte, »ein Deutscher jüdischen Stammes« war, der die Erfahrung machen mußte, »als Bürger zweiter Klasse in die Welt getreten« zu sein, eine Erfahrung, die ihn den Krieg als Gelegenheit ergreifen ließ, seinen von antisemitischer Seite angezweifelten Patriotismus unter Beweis zu stellen. Dieser Beweis, so die Hoffnung, die Rathenau mit vielen deutschen Juden teilte, würde endlich auch die tatsächliche Gleichberechtigung erbringen, eine Hoffnung, die bitter enttäuscht wurde. Der Antisemitismus fand noch während des Krieges immer größeren Zulauf und gipfelte schließlich in der weitverbreiteten Behauptung, die deutschen Juden hätten Schuld an der Niederlage des Weltkriegs. Es waren genau diese Wahnvorstellungen, die schließlich auch in den Köpfen von Rathenaus Mördern spukten.

Walther Rathenau hat sich ein Leben lang mit seiner jüdischen Identität auseinandergesetzt. Spektakulärer Auftakt war die Veröffentlichung des Aufsatzes *Höre, Israel!* in Maximilian Hardens Wochenzeitschrift *Die Zukunft* im Jahre 1897, in der, als Reaktion auf den zunehmenden Antisemitismus dieser Jahre, ein Jude anderen Juden die Anpassung an das Ideal der preußisch-deutschen Lebensform empfahl. Neben dieser Selbstkritik steht jedoch von Anfang an auch die Kritik am preußischen Staat. In späteren Stellungnahmen zu diesem Thema kam Rathenau nicht mehr auf den innerjüdischen Antisemitismus seiner frühen Jahre zurück. Im Zentrum steht jetzt die Kritik an der Ausschließung der Juden von führenden Positionen in Staat und Armee, wodurch sich der Staat selbst ein wichtiges Rekrutierungsreservoir für Führungskräfte verschloß. Walther Rathenau hat diese subtile Form der Diffamierung am eigenen Leib erfahren. Er konnte weder die Offizierslaufbahn einschlagen, die er sich in seiner Jugend erträumt hatte, noch wurde er nach seinem Rückzug aus dem Vorstand der *Berliner Handels-Gesellschaft* im Jahre 1907 mit einem politischen Amt betraut. Erst die Ausnahmesituation des Kriegs, der Revolution und der Republik zwang das Reich, dem hochbegabten Patrioten eine politische Chance zu geben.

Die Veröffentlichungen Walther Rathenaus zur Judenfrage sind, ebenso wie seine wirtschaftstheoretischen Veröffentlichungen, Teil eines schriftstellerischen Werks, das sich, wie hohe Auflagenzahlen bezeugen, größter Aufmerksamkeit des Publikums erfreute. Unter dem Stichwort »Mechanisierung der Welt« trug Rathenau eine scharfe Kritik an der Industrialisierung und ihren kulturellen und gesellschaftlichen Folgen vor. Er gehört damit zu einer breiten kulturkritischen Bewegung, die in den neunziger Jahren des neunzehnten Jahrhunderts einsetzte und die moderne Welt des deutschen Kaiserreichs so radikal ablehnte, daß ihre Vertreter gelegentlich bis zur Forderung nach Rückkehr zu vormodernen Lebensformen gingen. Der Widerspruch, der darin liegt, daß jemand an vorderster Stelle den Prozeß der Industrialisierung vorantreibt und ihn gleichzeitig einer radikalen Kritik unterwirft, ist nicht nur den Zeitgenossen, sondern auch Walther Rathenau nicht entgangen. Er hat versucht, ihn theoretisch zu bewältigen, indem er die Notwendigkeit der Industrialisierung anerkannte, zugleich aber nach den Kräften in ihr suchte, die geeignet sein würden, ihre negativen Begleiterscheinungen und Folgen zu beseitigen.

Walther Rathenau war ein Mann vieler Widersprüche. Er, der die Regierungsform Kaiser Wilhelms II. mit einer gelungenen Formulierung als »elektrisch-journalistischen Caesaropapismus« bezeichnete, war durchaus in der Lage, internationale Wirtschaftstransaktionen in die Wege zu leiten und trotzdem gleichzeitig den preußischen Adel als Repräsentanten einer vorindustriellen Lebensform zu bewundern, und zwar in einer pseudowissenschaftlichen Rassentheorie, in der die Rede von einer »blonden, germanischen Mutrasse« ist. Solche Widersprüche im Leben und Werk Walther Rathenaus, denen die Ausstellung nachgehen wird, hat Robert Musil in seinem Roman »Der Mann ohne Eigenschaften« in der Figur des Dr. Paul Arnheim, der »Kohlenpreis und Seele« miteinander verbinden will, bis zur Karikatur gesteigert. Carl Fürstenberg, der Bankier, mit dem Walther Rathenau jahrelang zusammenarbeitete, hat, weniger genau, aber lapidar, vom »Jesus im Frack« gesprochen.

Vorworte sollen Ausstellungen nicht nacherzählen, sondern höchstens neugierig auf sie machen. Und sie sind der Ort, wo ein kleiner Teil des Dankes ausgesprochen werden kann, den das Museum vielen Helfern schuldet. Große Dankbarkeit empfindet das Deutsche Historische Museum gegenüber dem Leo Baeck Institute New York, das dem Rathenau-Projekt nachdrückliche Hilfe gewidmet hat.

Mein besonderer Dank gilt den Wissenschaftlern im In- und Ausland, die ihre Forschungen mit unserer Ausstellung verbunden haben, und allen Leihgebern. Daß in der Ausstellung ein ›Bild‹ von Leben und Werk Rathenaus entsteht, ist ganz wesentlich der Kunst Hans Dieter Schaals zu verdanken, dem Architekten und Bühnenkünstler, dessen wichtige Publikation nicht zufällig *Denkgebäude* heißt. Hans Wilderotter hat das Ausstellungsteam mit Leidenschaft geleitet. Ihm und seinen Mitwirkenden gilt mein herzlicher Dank. Nun hat das Publikum das Wort.

Wir hoffen auf ein Echo, das der Bedeutung Rathenaus in unserer Geschichte entspricht.

GRUSSWORT

ROBERT A. JACOBS
Executive Director, Leo Baeck Institute, New York

Walther Rathenau nimmt eine herausragende Stellung in der modernen deutschen Geschichte ein. Zusammen mit seinem Vater Emil repräsentiert er die einmalige Situation Deutschlands und der deutschen Juden im jungen deutschen Kaiserreich.

Es waren weder einfache Männer noch einfache Zeiten. Die oft widersprüchlichen Tendenzen und unterschiedlichen Haltungen, die der schnelle Wandel, die neu auftretenden Möglichkeiten und der technologische Fortschritt mit sich brachten, haben die Angehörigen dieser Generationen geprägt.

Sie waren Deutsche und Juden zugleich. Ihre Geschichte ist eine deutsche und eine jüdische, aber vor allem eine deutsch-jüdische Geschichte: Durch sie wird ein Blick auf das Verhältnis der deutschen Kultur und der deutschen Nation zu den Juden möglich, und wir können die einzigartige Rolle, die diese Minderheit in der Entwicklung Deutschlands spielte, besser verstehen.

Diese Ausstellung, die die bisher wichtigste Zusammenarbeit zwischen dem Leo Baeck Institute und dem Deutschen Historischen Museum darstellt, erfolgt zu einem bedeutsamen Zeitpunkt in der deutschen Geschichte: 55 Jahre nach der Zerstörung des jüdischen Gemeindelebens durch das Pogrom vom 9./10. November 1938 und kurz nach der Vereinigung eines seit Ende der Nazi-Zeit gespaltenen Deutschlands. Daß diese für die deutschen Juden eine totale Katastrophe war, steht außer Zweifel; daß es noch Generationen andauern wird, bis die Deutschen etwas mit dieser historischen Wahrheit anzufangen wissen, wird uns von Jahr zu Jahr nur noch klarer.

Politische Unruhen sind in Zeiten der Veränderung und Belastung ganz natürlich. Hoffen wir, daß diese Ausstellung dazu beitragen wird, das allgemeine Bewußtsein dafür zu schärfen, daß die Vergangenheit nie von denen wiederholt zu werden braucht, die eine Vorstellung von dem besitzen, was die Zukunft zu bieten hat.

Herrn Hans Wilderotter gilt mein herzlicher Glückwunsch zur erfolgreichen Zusammenstellung dieser Ausstellung. Mein bleibender Dank geht an Herrn Professor Dr. Christoph Stölzl, den Generaldirektor des Deutschen Historischen Museums, für den Mut, diese Ausstellung zu veranstalten.

BIOGRAPHISCHE DATEN

1867 Walther Rathenau wird am 29.September als erstes Kind von Emil Rathenau, des späteren Gründers der AEG, und Mathilde Rathenau, geb. Nachmann, in Berlin geboren.

1871 Geburt des Bruders Erich Rathenau

1883 Geburt der Schwester Edith Rathenau
Emil Rathenau gründet die *Deutsche Edison-Gesellschaft*, die 1887 in *Allgemeine Elektricitäts-Gesellschaft* (AEG) umbenannt wird.

1885 Abitur am Königlichen Wilhelms-Gymnasium Berlin und Beginn des Studiums an der Universität Berlin in den Fächern Physik, Chemie und Philosophie

1886/87 Studium in Straßburg

1889 Promotion in Berlin über »Die Absorption des Lichts in Metallen«

1889/90 Studium des Maschinenbaus und der Chemie an der Technischen Hochschule München

1890/91 Ableistung des Militärdienstes als Einjährig-Freiwilliger beim Garde-Kürassier Regiment in Berlin; Scheitern des Plans, eine Offizierskarriere einzuschlagen

1892 Technischer Beamter der *Aluminium-Industrie A.G.* in Neuhausen (Schweiz)

1893/98 Geschäftsführer der von der AEG gegründeten *Elektrochemischen Werke Bitterfeld*

1897 Veröffentlichung von »Höre, Israel!«
Beginn der langjährigen Freundschaft mit Maximilian Harden

1899 Eintritt in den Vorstand der AEG als Leiter der Abteilung Zentralstationen

1902 Veröffentlichung der »Impressionen«
Austritt aus dem AEG-Direktorium und Wechsel zur *Berliner Handels-Gesellschaft*

1903 Tod des Bruders Erich

1904 Mitglied des Aufsichtsrates der AEG

1905 Beginn der Freundschaft mit Gerhart Hauptmann

1906 Reise nach Griechenland
Niederschrift des »Breviarium Mysticum«

1907 Veröffentlichung von »Die neue Ära« im *Hannoverschen Courier*
Teilnahme an einer Inspektionsreise des mit ihm befreundeten Staatssekretärs des Reichskolonialamtes Bernhard Dernburg nach Deutsch-Ostafrika, der 1908 eine zweite Reise nach Deutsch-Südwestafrika folgt.

1908 Veröffentlichung der »Reflexionen«

1909 Erwerb von Schloß Freienwalde und Beginn des Baus seiner Villa in Berlin-Grunewald

1910 Stellvertretender Vorsitzender des Aufsichtsrates der AEG; Vermittlertätigkeit im Vorfeld der Zweiten Marokkokrise zwischen den Gebrüdern Mannesmann und einem deutsch-französischen Konsortium

1911 Rücknahme einer Kandidatur für den Reichstag
Berater des Reichsschatzamts in der Frage eines Reichselektrizitätsmonopols

1912 Veröffentlichung von »Zur Kritik der Zeit«
Schwere Erkrankung des Vaters und erste Auseinandersetzungen um dessen Nachfolge in der AEG. Walther Rathenau wird Vorsitzender des Aufsichtsrates der AEG

1913 Veröffentlichung von »Zur Mechanik des Geistes«

1914 Aufbau der Kriegs-Rohstoff-Abteilung (KRA) im Preußischen Kriegsministerium und zugleich Beteiligung an der Kriegszieldiskussion mit mehreren Denkschriften für Reichskanzler Theobald von Bethmann Hollweg

1915 Rückzug aus der KRA
Tod Emil Rathenaus, dessen Nachfolger Felix Deutsch wird. Walther Rathenau verstärkt seine Stellung als Aufsichtsratsvorsitzender unter dem Titel *Präsident der AEG.*
Erstes Zusammentreffen mit Erich Ludendorff

1917 Veröffentlichung seines erfolgreichsten Buches »Von kommenden Dingen«

1918 Erste Ausgabe der »Gesammelten Schriften in fünf Bänden«
Am 7. Oktober Aufruf zum Volkswiderstand in der *Vossischen Zeitung*
Während der Revolution Mitwirkung am Stinnes-Legien-Abkommen und Versuch der Gründung eines *Demokratischen Volksbundes*

1919 Veröffentlichung mehrerer programmatischer Schriften zum Umbau von Wirtschaft und Gesellschaft

1920 Mitglied der zweiten Sozialisierungskommission und Teilnahme an der Konferenz von Spa

1921 Ende Mai Eintritt in das Kabinett Wirth als Wiederaufbauminister und zugleich Niederlegung aller Ämter in der Wirtschaft
Abschluß des Wiesbadener Abkommens mit Louis Loucheur über deutsche Sachlieferungen Anfang Oktober
Nach dem Rücktritt des ersten Kabinetts Wirth im Oktober scheidet Rathenau vorerst aus der Reichsregierung offiziell aus, wird aber weiterhin mit wichtigen Verhandlungstätigkeiten betraut.

1922 Offizieller Vertreter der Reichsregierung bei der Konferenz von Cannes;
Ernennung zum Außenminister am 31. Januar;
Während der internationalen Konferenz von Genua Unterzeichnung des Rapallo-Vertrages am 16. April
Am 24. Juni wird Walther Rathenau auf dem Weg in das Auswärtige Amt erschossen.

Walther Rathenau

»DAS GEHEIMNIS DES GANZEN«

Mythos, Geschichte und Politik

HANS WILDEROTTER

Walther Rathenau hat der schwedischen Ausgabe seines Buches *Von kommenden Dingen* einen biographischen Abriß vorangestellt, in dem es unter »Berufswahl« heißt: »Schwanken zwischen Malerei, Literatur und Naturwissenschaft. Entscheidung für Physik, Mathematik und Chemie als Grundlagen neuzeitlicher Wissenschaft und Technik.«[1] Sieht man davon ab, daß dem Leser ganz nebenbei die Breite der Interessen und die Vielfalt der Begabungen vor Augen geführt werden sollten, bleibt der wohl gar nicht beabsichtigte Hinweis auf ein Problem, von dem das Leben Walther Rathenaus lange Zeit bestimmt werden sollte und dessen theoretischer Bewältigung ein nicht geringer Teil seines schriftstellerischen Werks gewidmet war.

Denn was er hier so leichthin als Schwanken bezeichnete, als vorübergehende Unentschlossenheit, war in Wirklichkeit ein jahrelanger und häufig wiederkehrender Konflikt. Briefe, die er aus München, wo er sich zum Studium aufhielt, aus Neuhausen in der Schweiz, wo er seiner ersten beruflichen Tätigkeit nachging, an den Bruder und die Mutter schrieb, vor allem aber die Tatsache, daß er während seines Studienaufenthalts in Straßburg 1886/87 ein Theaterstück verfaßte, das er drucken ließ und dem Stadttheater in Frankfurt am Main zur Aufführung anbot, wo es allerdings nicht angenommen wurde, legen nicht nur Zeugnis ab von einem fortbestehenden Interesse an Kunst und Literatur, sondern auch von einem nicht geringen Widerwillen gegen »Physik, Mathematik und Chemie als Grundlagen neuzeitlicher Wissenschaft und Technik«.

Die Entscheidung dafür scheint nicht aus freien Stücken erfolgt zu sein. Es ist vielmehr wahrscheinlich, daß Emil Rathenau seinen ältesten Sohn, dessen künstlerischen Neigungen er wohl ablehnend gegenüberstand, in die Zukunftsplanung der AEG einbezogen hatte, und Walther Rathenau hat sich gegen diesen Wunsch nicht etwa aufgelehnt, sondern ist ihm bereitwillig gefolgt. Zwar läßt der Berufsweg, den er im Anschluß an diese Entscheidung einschlug und der hier nicht dargestellt zu werden braucht, von außen betrachtet eine stetige Aufwärtsbewegung erkennen;[2] er war jedoch nicht frei von Mißerfolgen, Rückschlägen und Selbstzweifeln.

Ob die Dauerkrise der *Elektrochemischen Werke Bitterfeld*, die er seit ihrer Gründung 1893 leitete und deren Konkurs fünf Jahre später nur durch die Verpachtung an die Konkurrenzfirma *Griesheim-Elektron* verhindert werden konnte, in einen Zusammenhang damit gebracht werden kann, daß Walther Rathenau sich auf diesem Gebiet für »talentlos (hielt) wie eine Kuh«,[3] wie er seiner Mutter aus Neuhausen schrieb, braucht nicht entschieden zu werden. Daß er den Vorschlag der Mutter, seine Tätigkeit aufzugeben und »Professor oder Maler« zu werden, ablehnte, weil er, trotz dieser Talentlosigkeit, etwas leiste »nur durch Energie«, wie er im gleichen Brief nicht ohne Stolz bemerkte, verdankte sich dem Wunsch, auf einem Gebiet, das er nicht freiwillig gewählt hatte, sich gegenüber dem zu bewähren, dem er bei dieser Wahl gefolgt war. »Walther hat mir zuweilen erzählt«, erinnerte sich Alfred Kerr, »daß er, der Sohn, in dem trostlosen Nest Bitterfeld schlaflose Nächte verbracht hat, weil das ihm anvertraute Fabrikunternehmen dort auf der Kippe stand. Daß es die schlimmste Zeit seiner frühen Jahre gewesen ist. Und daß die Schlaflosigkeit vorwiegend vom Gedanken an seinen Vater kam.«[4]

Daß trotz dieses Bewährungswunsches gelegentlich Fluchtgedanken aufkamen, wissen wir von Paul Mamroth, einem der Direktoren der AEG, der sich erinnerte, »daß Walther in Bitterfeld bis tief in die Nacht von seiner Absicht sprach, auf Technik und Wissenschaft ganz zu verzichten und Maler zu werden«.[5] Die Entscheidung, dann doch bei der Industrie zu bleiben, wurde wesentlich erleichtert, als er mit der Veröffentlichung von *Höre, Israel!* im Jahre 1897 in Maximilian Hardens Wochenzeitschrift *Die Zukunft* eine schriftstellerische Nebenkarriere begann.

I

Diese Nebenkarriere bot zunächst einen gewissen Ausgleich für den Verzicht auf die Verwirklichung der künstlerischen Ambitionen; sie bot vor allem aber Gelegenheit, die Auseinandersetzung mit der Welt des ungeliebten Berufs im ›inkognito‹ historischer und philosophischer Abhandlungen zu führen.

Zuvor jedoch hatte er noch einmal einen Fluchtversuch unternommen, der ihn aus der Welt der Wissenschaft und der Technik in eine Gegenwelt führen sollte, nicht in die der Kunst und der Literatur, sondern in die des preußischen Adels. Es scheint, als habe er während seiner Militärdienstzeit bei den Garde-Kürassieren 1890/91 den Plan erwogen, aktiver Offizier zu werden; er wurde jedoch noch nicht einmal zur Prüfung zum Reserve-Offizier zugelassen. Daß im preußischen Militär ungetaufte Juden nicht das Offizierspatent erwerben konnten, hat er, ebenso wie die Tatsache, daß die Taufe überhaupt als Eintrittskarte in den Staatsdienst behandelt wurde, zwar in *Höre, Israel!* einer klaren Kritik unterzogen; diese Kritik hinderte ihn jedoch nicht daran, im gleichen Aufsatz den deutschen Juden die Anpassung an die Lebensform und die Werte einer »militärisch straff erzogenen und gezüchteten Rasse« zu empfehlen.[6]

Diese Bewunderung des preußischen Adels und seiner militärischen Tugenden erfuhr einige Jahre später, vor allem in dem 1904 veröffentlichten Aufsatz *Von Schwachheit, Furcht und Zweck*, noch eine erhebliche Steigerung durch die Konstruktion eines universalhistorischen Dualismus, in dem Rathenau zwei Menschentypen einander gegenüberstellte, deren ganze Existenz vom Mut bzw. der Furcht beherrscht sein sollen. Der Mutmensch ist der Starke, der die Ehre zur obersten Richtschnur seines Handelns nimmt, der seinem Instinkt folgt, zur Offensive neigt und nicht über den nächsten Tag hinaus denkt. Der Furchtmensch dagegen ist schwach, aber klug; er versucht, vor der Gefahr zu fliehen, und wenn er das nicht kann, sucht er Hilfsmittel, um die Gefahr abzuwehren. Seine Furcht ist so groß, daß er sogar zukünftige Gefahren zu verhindern versucht, indem er sein Denken in die Zukunft richtet und sich Zwecke setzt, zu deren Verwirklichung er die Mittel sucht: »Er sinnt und sorgt, strebt und begehrt, forscht und grübelt. So schmiedet er sich zu der Wehr der Furcht eine neue Waffe des Verstandes.«[7]

Rathenau argumentierte zunächst psychologisch, denn er führte »Mut und Furcht (als) die gegensätzlichen Urelemente der menschlichen Seelenstimmung«[8] ein; in einem zweiten Schritt jedoch brachte er diese beiden ›Urelemente‹ mit physiognomischen Eigentümlichkeiten in Verbindung, Nasenformen nämlich, und er zögerte nicht, zur Illustration Zeichnungen beizufügen. Schließlich schlug er, bei der ethnologischen Verortung des Mutmenschen, über die »Königstreue germanischer Völker«[9] eine Brücke zu »Rassenhypothesen«: »Und so wäre man wieder bei jenem wunder- und geheimnisvollen Urvolk des Nordens angelangt, dessen blonde Häupter wir so gern mit aller Herrlichkeit des Menschentums krönen.«[10]

Es bedarf keiner großen Auslegungskunst, um hinter dem Gegensatz von Mutmensch und Furchtmensch, anthropologisch gewendet und in archaisierender Verfremdung, den Gegensatz zwischen dem preußischen Offizier mit seinem Ehrenkodex und dem auf Erwerb, Handel und Industrie orientierten Bürger zu finden. Zwar lassen die Sprache des ganzen Textes, der begeisterte Ton, in dem das Leben des Mutmenschen beschworen wird, und die Verachtung, mit der unermüdlich die Eigenschaften der Furchtmenschen in immer neuen Lasterkatalogen beschrieben werden, keinen Zweifel, wem Rathenaus Bewunderung gilt; die Tatsache jedoch, daß die Darstellung des Mutmenschen nur wenig Platz einnimmt und eher wie der Goldgrund wirkt, vor dem die Machenschaften des Zweckmenschen, die von der List bis zur Lüge, von der Feigheit bis zur Unterwürfigkeit reichen, wie mit breiten bunten Pinselstrichen ausführlich abgebildet werden, legt die Vermutung nahe, daß hier weniger ein Ideal erneuert als vielmehr ein langer Abschied genommen werden soll.

Diese Vermutung wird bestätigt, wenn Rathenau am Ende des Aufsatzes zwar noch einmal das Lob der Starken singt, deren Herrschaft von Adelsgefühl, Zucht und Tüchtigkeit bestimmt sei, diese Herrschaft aber der Vergangenheit zuweist, die unwiederbringlich verloren ist: »Alle Geschichte ist ein Kampf der Klugen gegen die Starken. Wo die Starken auftraten, da wurden sie Herrscher, und wo sie herrschten, da mußten sie langsam, unmerklich und unausbleiblich der Maulwurfsarbeit ihrer schwachen und klugen Hörigen erliegen.«[11] Diese Maulwurfsarbeit ist in Europa längst abgeschlossen. Die Gegenwart ist »das Goldene Zeitalter der Zweckmenschen«,[12] denn spätestens »als der Demos die Legitimität, das Kapital den Feudalismus überwand, um die Wende des neunzehnten Jahrhunderts, das das bürgerliche

Walther Rathenau in Paradeuniform eines Vize-wachtmeisters der Garde-Kürassiere, 1891 (Kat.Nr. 3/30)

Selbstbildnis Walther Rathenaus und Bildnis Mathilde Rathenaus, um 1895

heißen könnte, war der Sieg der Klugen über die Starken vollendet«.[13]

Walther Rathenau hat einige Jahre später, in den ersten Kapiteln seines Buches *Zur Kritik der Zeit*, diesen ganzen Komplex einer Revision unterzogen. Ausgehend von einer eigenartigen Etymologie, nach der Geschichte sich nur dort ereigne, wo ›geschichtete Völker‹ existieren, entwickelte er eine Theorie der Entstehung der modernen Welt. Als ›geschichtete Völker‹ bezeichnete er diejenigen »Gemeinwesen (…), die von einer Oberschicht beherrscht, von einer stammverschiedenen Unterschicht getragen waren«.[14] Diese Gemeinwesen waren das Ergebnis der Eroberung, bei der ein Stamm starker Mutmenschen über einen oder mehrere Stämme schwacher Furchtmenschen herrschten. Nach einiger Zeit trat eine langsame Vermischung der beiden Schichten ein, an deren Abschluß ein ›Gemenge‹ stand, das weitgehend die Eigenschaften der bisherigen Unterschichten, die weitaus in der Überzahl waren, trug und trägt.

In Deutschland und insbesondere in Preußen hat dieser Prozeß, ebenso wie im übrigen Nord- und Mitteleuropa, während des Mittelalters stattgefunden: »Vom ganzen ostelbischen Deutschland wissen wir, daß es zu geschichtlich bekannten Zeiten durch Eroberung und Kolonisation als doppelschichtiges Volksgebilde entstand. Die Sieger waren Germanen, die Besiegten Slawen, das Ereignis geschah vom zwölften bis ins vierzehnte Jahrhundert.«[15] Im Zuge der Institutionalisierung der zunächst mit Gewalt gewonnenen und mit Gewalt behaupteten Macht der Eroberer mußten sich die größere Anpassungsfähigkeit der Unterschichten an neue Lebensbedingungen, aber auch »Arbeitstrieb, Fertigkeit und die ängstliche Voraussicht bedrückter Menschen«[16] als Vorteil gegenüber der Oberschicht erweisen. Der weitere Ausbau des Landes durch Rodung und die Zunahme immer neuer landwirtschaftlicher Anbauflächen kam den Unterschichten zugute, die im Laufe der Vermischung die germanische Oberschicht ›aufzehrten‹.

Dieser Prozeß der »Entgermanisierung« ging Hand in Hand mit dem der »Verdichtung«, das heißt einer immer schneller verlaufenden Volksvermehrung, die »sich in der sichtbaren Welt ihre Kompensation (schafft), die ich Mechanisierung nennen will, und die darauf hinzielt, einem übervölkerten Planeten die Möglichkeit der Subsistenz und Existenz ungeahnter Menschenschwärme abzugewinnen«.[17] Dieser Prozeß der Mechanisierung mußte um so schneller verlaufen, als durch die Entgermanisierung »ein neues, für die Aufgaben der Mechanisierung seltsam geeignetes Menschenmaterial«[18] geschaffen wurde. Diese Eignung ergab sich, so muß man hier ergänzen, aus der Tatsache, daß durch die Entgermanisierung eben jene Furchtmenschen zur Herrschaft kamen, deren auf die Zukunft gerichtete Klugheit besonders geeignet zur Ausbildung der rationalen Methoden war, die der wissenschaftlich angeleiteten Technik als der Grundlage der Mechanisierung entsprachen.

Selbstbildnis Walther Rathenaus um 1895

Die »germanischen Herren des Abendlandes waren unfähig, diesen Prozeß heraufzuführen«, und zwar aus jener Haltung der Unmittelbarkeit heraus, die Rathenau gerade so faszinierte: »Der Muthafte läßt sich die sinnliche und übersinnliche Gegenwart genügen, er respektiert die Dinge, liebt sie um ihrer selbst willen und benutzt keine Kreatur als Mittel. Die Mechanisierung aber ist auf Zweckhaftigkeit aufgebaut.«[19] Zwar haben die germanischen Mutmenschen nichts von ihrer Faszination für Walther Rathenau eingebüßt; die Epoche ihrer Herrschaft jedoch gehört unwiederbringlich der Vergangenheit an, da ohne die Mechanisierung die heutige Welt zum Untergang verurteilt wäre: »Mechanisierung entspricht wirtschaftlicher Notwendigkeit: verzehnfachte Bevölkerung auf unveränderter Bodenfläche verlangt neue Wirtschaftsmethoden«.[20]

II

Dieses eigentümliche Gemisch aus rassentheoretischer und geschichtsphilosophischer Spekulation wirkt nicht nur auf den heutigen Leser, sondern wirkte sogar auf viele Zeitgenossen irritierend, denen Theorien dieser Art durchaus nicht unbekannt waren. Die Suche nach Anregungen und Einflüssen würde vermutlich eine Fülle von Material ergeben. Damit ließe sich jedoch keineswegs die Frage beantworten, was Walther Rathenau zur Formulierung dieser Theorien bewogen haben mag, und hier hilft vermutlich nur ein Blick auf die Biographie weiter.

Der Weg, den er seit den in den neunziger Jahren geplanten, aber nicht verwirklichten Fluchtversuchen aus der bürgerlichen Welt von Handel und Industrie nahm, entsprach sehr genau der an seinen literarischen Äußerungen ablesbaren Entwicklung. Diese reichte vom Protest durch die Formulierung eines antibürgerlichen Leitbilds in *Höre, Israel!* über die Anerkennung der Tatsache, daß die moderne Welt die der Industrie ist und das antibürgerliche Ideal einer vergangenen und unwiederbringlich verlorenen Epoche angehört in *Von Schwachheit, Furcht und Zweck,* bis zum Nachweis der Notwendigkeit dieser Entwicklung in *Zur Kritik der Zeit*.

Er hatte nach dem Bitterfelder Mißerfolg, auf dessen Höhepunkt 1897 *Höre, Israel!* erschienen war, im Vorstand der AEG nach dreijähriger Tätigkeit eine persönliche Niederlage hinnehmen müssen, als es ihm nicht gelungen war, für seinen Vorschlag einer Fusion der AEG mit den Nürnberger *Schuckert-Werken* eine Mehrheit zu finden; daß er fast gleichzeitig *Höre, Israel!* in den *Impressionen* erneut und diesmal unter vollem Namen veröffentlichte, gibt allein durch die zeitliche Koinzidenz einen Hinweis auf den Zusammenhang des Berufslebens mit dem literarischen Protest.

Nach seinem Eintritt in den Vorstand der *Berliner Handels-Gesellschaft* im Sommer 1902 jedoch schien er endlich in einem Bereich angekommen zu sein, für den er, wie er in dem bereits zitierten Brief an die Mutter erklärte, glaubte, einige Eigenschaften zu besitzen: »meine Fähigkeit, Menschen zu erkennen und zu durchschauen, mit Menschen zu verkehren, zu sprechen, zu schreiben und zu kombinieren«.[21] Tatsächlich war es ihm bereits kurz nach seinem Eintritt in die BHG gelungen, die Interessengemeinschaft zwischen der AEG und der *Union-Elektricitäts-Gesellschaft* vorzubereiten, Auftakt einer Reihe von Fusionen, an denen er führend beteiligt war.

Walther Rathenau hat die Genese seines antibürgerlichen Leitbildes, das er mit zahlreichen Angehörigen seiner Generation teilte, in einem Brief an den liberalen Reichstagsabgeordneten Hermann Pachnicke Ende 1908 selbst als »seltsamste Umkehr« beschrieben, nämlich als Abwendung von der bürgerlichen Welt der Väter und als Hinwendung »zu einem reaktionären Jugendideal, verkörpert im Offiziertum«. Er nannte im gleichen Brief die Bedingungen, unter denen sich seine Abkehr von diesem Ideal vollzog: »Inzwischen hat der beispiellose wirtschaftliche Aufschwung das Land intellektualisiert und Respekt vor bürgerlicher Kraft geschaffen, die heute andere Armeen kommandiert als ein Leutnant der Reserve.«[22]

Damit ist der ungewöhnlich schnelle wirtschaftliche Aufschwung benannt, der seit der Mitte der neunziger Jahre vor allem in den modernen Leitsektoren der chemischen Industrie und der Elektroindustrie zu verzeichnen war, einem Bereich also, dem Walther Rathenau Erfahrungen aus erster Hand verdankte. Er hat in einer Reihe von Zeitungsartikeln und Aufsätzen wiederholt auf diesen Tatbestand aufmerksam gemacht und mit der Feststellung verbunden, daß diesem wirtschaftlichen Aufstieg des Bürgertums keineswegs ein politischer Aufstieg verbunden war. »So müssen wir«, hieß es zusammenfassend in *Zur Kritik der Zeit,* »fast mit Erstaunen die paradoxe Tatsache feststellen, daß Preußen-Deutschland, das führende Land der Mechanisierung, das viel gefürchtete und viel bewunderte Land der Technik, das stärkste Industrieland der alten Welt, das Land der erfolgreichsten Geschäftsleute, sich in seiner politischen Ordnung den einmal gegebenen Verhältnissen der Mechanisierung so wenig angepaßt hat.«[23]

In Deutschland nämlich herrsche heute noch »politisch und militärisch derjenige Rest der früheren Oberschicht, der sich in der Form eingesessenen Adels erhalten hat.«[24] Der Prozeß der ›Entgermanisierung‹ war in Nordosteuropa, besonders in Preußen, noch keineswegs abgeschlossen, und auf diesen Tatbestand hatte Rathenau noch wenige Jahre zuvor große Hoffnungen gesetzt. Zwar sah er mit Sorge, daß die »mittleren Stände, (...) deren Geschäftigkeit und Vielstreben die wirtschaftlichen Mächte nicht entbehren können, (...) Anteil, wo nicht Alleinbesitz der öffentlichen Macht« fordern, und er glaubte absehen zu können, daß die Verdrängung der Reste der alten, muthaften germanischen Oberschicht von den Schalthebeln der Macht durch das zweckorientierte Bürgertum nur noch eine Frage der Zeit sein würde, denn »die Gegenkräfte der Tradition und der alten Gesinnung mischen sich zunichte und schwinden dahin.«[25]

»Bevor aber dieser Zustand herrscht«, so Rathenau in einer prophetischen Wendung, »wird etwas anderes geschehen. Es werden diejenigen Völker, in denen Gesinnung und Idealismus sich am längsten erhält, die Erde unterjochen, und eine letzte Aristokratie errichten, die Aristokratie der Nationen.« Zwar sind die Reste der germanischen Aristokratie allein nicht in der Lage, eine solche Wendung herbeizuführen; es wird vielmehr der Einsicht der Klugen, der berechnenden Zweckmenschen bedürfen, die dann »die versprengten Nachkommen jener Menschen (...) sammeln und zu erhalten suchen « werden.[26]

Damit scheint, im Augenblick des Abschieds vom Ideal, dieses Ideal in veränderter Gestalt erneuert. Zwar ist die Herrschaft der germanischen Oberschicht unwiederbringlich zum Untergang verurteilt; durch die Allianz mit dem aus den Unterschichten aufgestiegenen Bürgertum jedoch, einer Art indirekten Nobilitierung einer Elite von Zweckmenschen, entsteht eine Oberschicht germanischer Nationen, die die Welt beherrscht.

Walther Rathenau mußte allerdings im Laufe einiger Jahre die Feststellung machen, daß die noch regierenden Reste der alten Oberschicht zu dieser Allianz nicht bereit waren, und er hat diese mangelnde Bereitschaft an sich selbst erfahren. Er hatte, als er im Sommer 1907 aus dem Vorstand der *Berliner Handels-Gesellschaft* ausschied, keineswegs einen neuen Posten in Handel oder Industrie übernommen, sondern sich als ›Privatmann‹ für die Übernahme eines politischen Amtes zur Verfügung gehalten. Es scheint, als sei er bereits im Vorjahr als Direktor der Kolonialabteilung des Auswärtigen Amtes im Gespräch gewesen; der Reichskanzler entschied sich jedoch für Bernhard Dernburg, den Rathenau dann auf zwei offiziellen Reisen in die deutschen Kolonien in Afrika als halbamtlicher Berater begleitete. Aber weder diese Beratung noch seine ebenfalls halbamtliche Tätigkeit als Vermittler zwischen den Gebrüdern Mannesmann und der französischen *Union des Mines marocaines* im Sommer 1910 noch seine beiden Denkschriften über ein Reichselektrizitätsmonopol 1911 und 1913, in denen er die Einrichtung eines Reichsindustrialamtes empfahl, für dessen Leitung er sich ohne Zweifel als der richtige Mann sah, brachten ihn weiter als in den Vorhof der politischen Macht.

Die wachsende Enttäuschung über diese andauernde Zurücksetzung schlug sich in einer Reihe von Veröffentlichungen nieder, in denen Walther Rathenau immer bestimmter forderte, dem Industriebürgertum ein seiner wirtschaftlichen Bedeutung angemessenes Mitwirkungsrecht in Regierung und Verwaltung einzuräumen. Das soll nun keineswegs heißen, daß Rathenau vor allem oder ausschließlich seinen persönlichen Interessen Ausdruck gegeben hätte; es findet sich vielmehr hier wie in vielen seiner Schriften die enge Verbindung persönlicher Erfahrungen und allgemeiner Beobachtungen. Er selbst hatte im Brief an Hermann Pachnicke zu Recht sein eigenes Jugendideal als das vieler anderer Angehöriger seiner Generation beschrieben und die Forderung nach stärkerer Beteiligung des Bürgertums war geradezu ein Gemeinplatz in den politischen Verlautbarungen des ersten Jahrzehnts des 20. Jahrhunderts.

Rathenau hat seine Forderung um so nachdrücklicher formuliert, als er überzeugt war, daß die Weigerung der herrschenden Aristokratie, die Allianz mit dem Bürgertum einzugehen, der Verwirklichung der imperialistischen Utopie einer ›Aristokratie der Nationen‹ gerade im Wege stehe. Diese Weigerung sei ein Fehler und beginne, sich »in der Konkurrenz der Staaten geltend zu machen (...), zumal in dem Sinne, daß unsere außenpolitischen Ziele stark zusammengeschmolzen sind.«[27] Obwohl »die letzten hundert Jahre (...) die Aufteilung der Welt« bedeuteten, hat Deutschland »so gut wie nichts genommen und bekommen«.[28] Während Frankreich und England ihren Kolonialbesitz erweitern konnten, blieb das Deutsche Reich »ausgeschlossen von zwei Weltteilungen, zuwachslos außer durch private Tatkraft, und sieht seinen Einfluß bis an die Grenze der Mächte ersten Ranges sinken.«[29]

Dieser Machtverlust ist das Ergebnis des Mangels an politischen Führungskräften, die in der Lage sind, den expansionistischen Ansprüchen Geltung zu verschaffen. Dafür bedarf es in einer von der Mechanisierung bestimmten Welt der Fähigkeiten, die der germanische Mutmensch, der preußische Aristokrat nicht besitzt. »Ehrgeiz, Streben nach Verantwortung, Freiheit des Gedankens, Erfindungskraft, Anpassungsfähigkeit« sind Eigenschaften, die den Zweckmenschen auszeichnen, wohingegen die »großen Vorzüge« des preußischen Adels »auf einem unbeirrbaren Sinn für das Ehrenhafte, einem scharfen Blick für das Praktisch-nützliche, auf Mut, Ausdauer und Genügsamkeit«[30] beruhen. Ideal ist die Verbindung beider Eigenschaften, denn »zum Staatsmann gehört (...) die Mischung beider Polaritäten: er muß, wie Napoleon und Bismarck, halb Römer, halb Levantiner, halb Baldur, halb Loke sein«.[31]

Bismarck aber, den Rathenau wiederholt als »einzigen bedeutenden Staatsmann der auswärtigen Politik« bezeichnete, den Preußen »in hundert Jahren (...) hervorgebracht« habe, »war ein Abseitiger, aus der Regierung zweimal Entlassener«,[32] also einer, der nicht über den üblichen Weg der preußischen Verwaltung ins Amt kam. Das ist zwar noch nicht der bürgerliche Fachmann, aber doch so etwas wie sein Vorläufer. Mehr noch: Eben dieser Bismarck verkörperte in seiner Person die Allianz von Adel und Bürgertum, da er über seinen Vater aristokratischer, über seine Mutter aber bürgerlicher Herkunft war: »Es ist kein Zufall, daß mit Ausnahme des einen, der nicht reinen Adelsblutes war, Preußen seit Friedrichs Tode keinen europäischen Staatsmann geschaffen hat.«[33]

Kein Wunder also, daß Walther Rathenau keineswegs den Adel durch das Bürgertum verdrängen, die ›Entgermanisierung‹ zu Ende führen wollte. Zwar hatte er 1911 in *Staat und Judentum* die Weigerung des preußischen Staats, Juden den Zugang zu führenden Ämtern in Bürokratie und Militär zu öffnen, als Spezialfall der allgemeinen Weigerung, das Bürgertum an der Führung des Staats zu beteiligen, aus »der Furcht der in Preußen herrschenden Klasse vor liberalem Wettbewerb« erklärt und die »Judenpolitik (als) nichts weiter als der letzte Ausdruck der gegen Unzünftige gerichteten Interessenpolitik«[34] bezeichnet. Aber obwohl »bei Aufgaben vorwiegend geschäftlichen Charakters, welche aus kolonialen, auswärtigen und finanziellen Problemen sich ergeben, (...) die preußische Verwaltungstradition schon mehrfach versagt« hat, wird »kein gerecht denkender Mensch« die »entschiedene Mitwirkung« des preußischen Adels »bei den höchsten Staatsaufgaben zu beseitigen wünschen«.[35]

III

Daß Walther Rathenau auch jetzt noch nicht daran dachte, den Adel durch das Bürgertum abzulösen, verwundert keineswegs, wenn man bedenkt, daß er nicht nur kein rückhaltloser Verteidiger dessen war, was er Mechanisierung nannte, sondern vielmehr ein scharfer Kritiker. Der historische Mythos von Verdichtung und Entgermanisierung hatte zwar die Notwendigkeit und Irreversibilität des Vorgangs der Mechanisierung zu formulieren erlaubt, ihn zugleich jedoch in eine kompromittierende Genealogie hineingestellt. Die Stigmata der Herkunft der Mechanisierung aus dem Geist des Furchtmenschen glaubte Rathenau an ihren Folgen beobachten zu können.

Die Formel »Erhöhung der Produktion unter Ersparnis an Arbeit und Material« liege der »Mechanisierung der Welt« zugrunde, die »ursprünglich in der Gütererzeugung wurzelt, (aber) nicht lange auf dies Gebiet beschränkt«[36] blieb. »Spezialisierung und Abstraktion« als die wichtigsten Voraussetzungen zur Anwendung dieser Formel hätten den intellektuellen und mentalen Habitus der Menschen so sehr geprägt, daß auch andere und zunehmend alle Lebensgebiete von »zweckhaftem, rezeptmäßigem Denken, (...) von komplizierter Gleichförmigkeit«[37] bestimmt würden. »Die Anschauung dieser Welt geht eben dahin, alles Geschehene sei unerstaunlich, von ausschließlicher Realität, nicht ethischen, sondern mechanischen Gesetzen unterworfen, ohne absolute Werte, durch Vernunft erschöpfbar«.[38]

Rathenau entwarf das Panorama einer Welt, in der alles von der rechnenden Vernunft beherrscht wird: »Wir müssen anerkennen, daß niemals, solange die irdische Menschheit besteht, eine Weltstimmung so einheitlich einen ungeheuren Kreis von Wesen beherrscht hat, wie die mechanistische. Ihre Macht scheint unentrinnbar, denn sie beherrscht die Produktionsquellen, die Produktionsmethoden, die Lebensmächte und die Lebensziele: und diese Macht beruht auf Vernunft.«

Die Zerlegung der Arbeitsvorgänge in immer kleinere Teilprozesse als Voraussetzung der Steigerung des Arbeitseffekts habe dazu geführt, daß die arbeitenden Menschen die Arbeit nicht mehr als »eine Verrichtung des Lebens« betrachten, son-

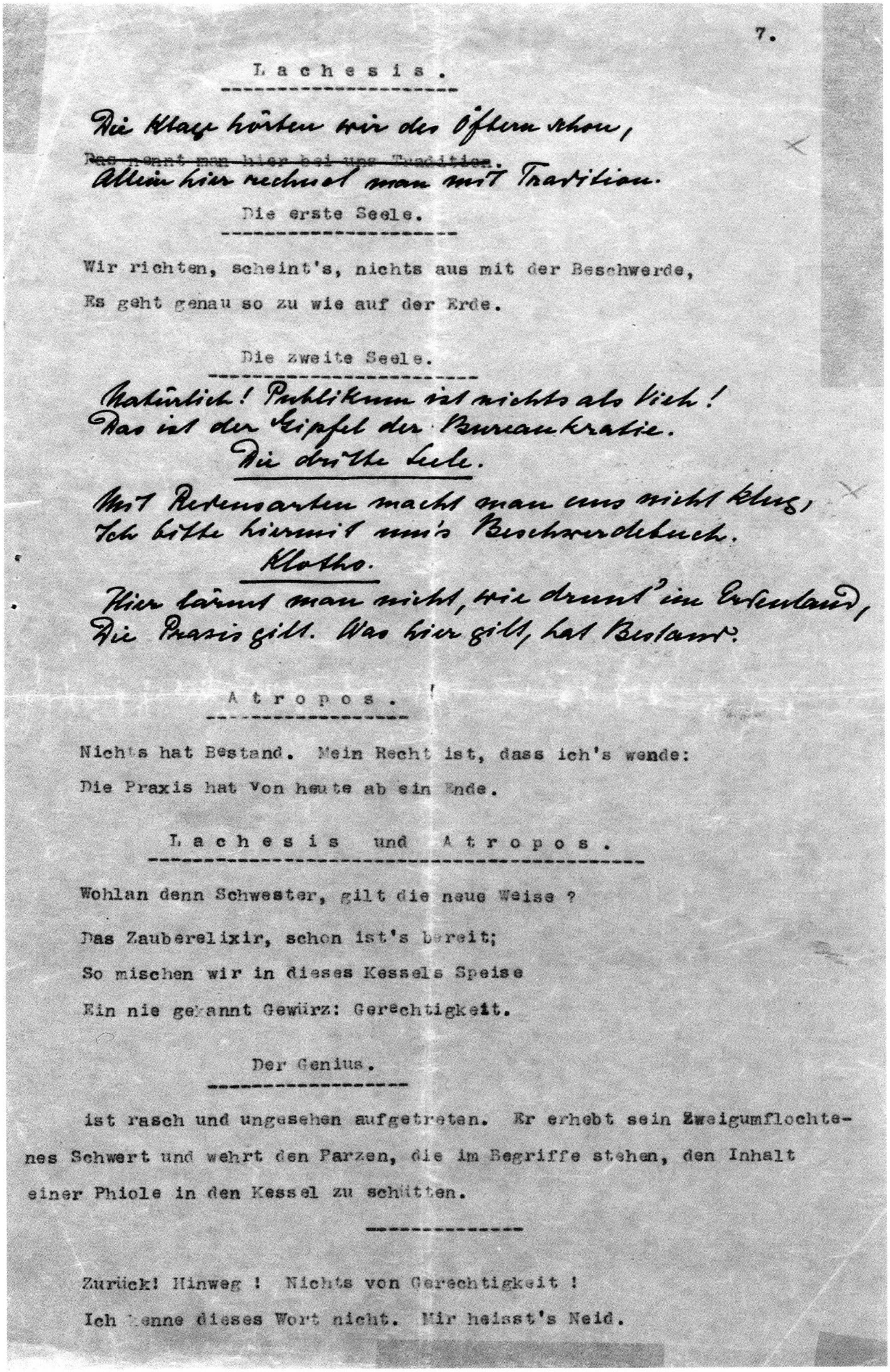

7.

Lachesis.

Die Klage hörten wir des Öftern schon,
~~Das nennt man hier bei uns Tradition.~~
Allein hier rechnet man mit Tradition.

Die erste Seele.

Wir richten, scheint's, nichts aus mit der Beschwerde,
Es geht genau so zu wie auf der Erde.

Die zweite Seele.

Natürlich! Publikum ist nichts als Vieh!
Das ist der Gipfel der Bureaukratie.

Die dritte Seele.

Mit Redensarten macht man uns nicht klug,
Ich bitte hiermit um's Beschwerdebuch.

Klotho.

Hier lärmt man nicht, wie drunt' im Erdenland,
Die Praxis gilt. Was hier gilt, hat Bestand.

Atropos.

Nichts hat Bestand. Mein Recht ist, dass ich's wende:
Die Praxis hat von heute ab ein Ende.

Lachesis und Atropos.

Wohlan denn Schwester, gilt die neue Weise ?
Das Zauberelixir, schon ist's bereit;
So mischen wir in dieses Kessels Speise
Ein nie gekannt Gewürz: Gerechtigkeit.

Der Genius.

ist rasch und ungesehen aufgetreten. Er erhebt sein Zweigumflochtenes Schwert und wehrt den Parzen, die im Begriffe stehen, den Inhalt einer Phiole in den Kessel zu schütten.

Zurück! Hinweg ! Nichts von Gerechtigkeit !
Ich kenne dieses Wort nicht. Mir heisst's Neid.

Seite aus dem Typoskript von Walther Rathenau: Ein Sylvesterspiel, mit handschriftlichen Einfügungen Rathenaus, 1901 dern als »eine fremde Verrichtung zum Zwecke des Lebens, eine Anpassung des Leibes und der Seele an den Mechanismus«,[39] so daß »der Mensch im Gesamtmechanismus Maschinenführer und Maschine zugleich«[40] ist. Erschöpft von der Anstrengung, die diese Arbeit mit sich bringt, verlangen die Menschen nach Zerstreuungen, die selbst wieder vom Geist der Mechanisierung beherrscht werden. Rathenau nennt, als das damals neueste, das Autorennen und das Kino, die sich beide gleich weit von klassischen Formen der Entspannung entfernt haben: »Ein Sinnbild entarteter Naturbetrachtung ist die Kilometerjagd des Automobils, ein Sinnbild der ins Gegenteil verkehrten Kunstempfindung das Verbrecherstück des Kinematographen.«[41]

Es würde zu weit führen, hier in aller Breite die kulturkritischen Motive anzuführen, die sich bei Rathenau finden. Entscheidend ist, daß im Zentrum seiner Kritik an der »Mechanisierung der Welt« die wechselseitige Steigerung von Produktion und Konsum steht: »Der Kern der Mechanisierung ist der Produktionsprozeß. Er teilt mit anderen undurchgeistigten und irrationalen Prozessen ähnlicher Art – wie zum Beispiel dem Prozeß der persönlichen Bereicherung oder des Ausbaus von Unternehmungen – die Tendenz, in unablässiger Selbsterregung den Umtrieb zu steigern, und zwar in doppelter Erhöhung: einmal so, daß die Produktionssteigerung die Bevölkerung verdichtet, und gleichzeitig die Verdichtung wiederum die Produktion erhöht; sodann in dem Sinne, daß die Menge der Verbrauchsgüter den Einzelverbrauch anregt und wiederum der vermehrte Einzelverbrauch neue Verbrauchsgüter verlangt.«[42]

Diese Schlußformulierung läßt sich als Beschreibung der Marketing-Strategie lesen, der die elektrotechnische Industrie in nicht geringem Maße ihren ungewöhnlich raschen Aufstieg innerhalb von zwei Jahrzehnten verdankte. Die Bereitstellung von elektrischem Strom durch die Errichtung von Stromversorgungsanlagen erhöhte den Absatz von elektrischen Geräten, wie umgekehrt der Verkauf elektrischer Geräte die Nachfrage nach elektrischem Strom erhöhte. Dieser Prozeß ließ sich keineswegs unendlich steigern, so daß seit der Jahrundertwende eine stetig wachsende Produktion keinen aufnahmebereiten Markt mehr fand, wodurch zahlreiche Unternehmen geschlossen werden mußten. Diese Überproduktionskrise, die auch an der AEG nicht ganz spurlos vorüberging, hat Walther Rathenau tief geprägt und dies um so mehr, als er in den Vorjahren bereits negative Erfahrungen mit der Konkurrenz in Bitterfeld machen mußte.

Man wird ohne weiteres sagen können, daß er den Schwerpunkt seiner industriellen und geschäftlichen Tätigkeit auf die Einführung von Maßnahmen legte, die das ungeregelte Spiel von Angebot und Nachfrage, die unendliche Steigerung von Produktion und Konsumtion einschränken und die damit verbundenen Risiken vermindern oder gar beseitigen sollten. Diese Entwicklung begann mit der Bildung von Syndikaten und Kartellen und führte über Fusionen, deren Bildung er im Bereich der Elektrotechnik wiederholt einleiten und durchführen konnte, bis zum Plan der Errichtung von Monopolen.[43]

Das ist fast die Verwirklichung eines Programms, das er in *Zur Kritik der Zeit* mit der Aussage beginnen ließ, daß die »Not der Mechanisierung (...) ihre Gegenkräfte bereits erzeugt«[44] habe. Das »Produktionsideal« der Mechanisierung nämlich »ist erreicht, wenn von den jeweils günstigsten Gewinnungsstätten die Produkte auf kürzestem Weg und mit größter Eile zu der bestgelegenen Verarbeitungsstätte gelangen, um in einem einzigen Prozeß umgestaltet sofort einem Vertriebssystem übergeben zu werden, das sie in die Vorratsräume, Küchen und Werkstätten der Verbraucher leitet«.[45] Diese Zentralisierung der Produktion setzt die Konzentration voraus, wie sie in der Praxis durch die Fusionen von Einzelunternehmen zu immer größeren Unternehmen gegeben war. »In gewißem Sinne läßt sich behaupten, die Mechanisierung des Besitzes sei der Mechanisierung der Produktion bereits vorausgeeilt. Denn indem das Kapital in seinem hydraulischen Zustande jeden Hohlraum des ökonomischen Bedürfnisses auszugleichen, von jeder Anhäufung überflüssiger Produktionseinrichtung abzuströmen strebt, treibt es einerseits zu Neugründungen, andrerseits aber auch zu Verschmelzungen und Aufsaugungen. So kann es kommen, daß ein Industrieller in sich selbst die Doppelnatur der Produktionsseite und der Kapitalsseite seines Unternehmens erlebt: als selbständiger, auf Tradition und patriarchalische Unabhängigkeit gestützter Fabrikant wünscht er die Isolation, als Verwalter eines Kapitals sieht er sich zur Vereinigung mit anderen gedrängt.«[46] Diese Entwicklung führt auf lange Sicht zur »Entpersönlichung des Besitzes, (zur) Objektivierung des Unternehmens« bis zu einem Punkt, an dem es sich »in ein Gebilde nach Art einer Stif-

Walther Rathenau, um 1917

tung, oder besser gesagt, nach Art eines Staatswesens verwandelt«.[47]
»Die Großunternehmung ist heute überhaupt nicht mehr lediglich ein Gebilde privatrechtlicher Interessen, sie ist vielmehr, sowohl einzeln wie in ihrer Gesamtzahl, ein nationalwirtschaftlicher, der Gesamtheit angehöriger Faktor, der zwar aus seiner Herkunft, zu Recht oder zu Unrecht, noch die privatrechtlichen Züge des reinen Erwerbsunternehmens trägt, während er längst und in steigendem Maße öffentlichen Interessen dienstbar geworden ist und hierdurch sich ein neues Daseinsrecht geschaffen hat. Seine Fortbildung im gemeinwirtschaftlichen Sinne ist möglich.«[48]
Walther Rathenau ging also offenbar davon aus, daß gerade das, was die Gesetzmäßigkeit der Mechanisierung ausmacht, in einer Art Autokatalyse über die Mechanisierung hinausführen würde, wie er in einem Brief formulierte: » Nach jahrelanger Arbeit an den Idealproblemen unserer Wirtschaft glaube ich, daß die Mechanisierung nur durch die Mechanisierung überwunden werden kann.«[49]
Diese Formulierung stammt, ebenso wie die beiden zuvor zitierten Passagen aus *Von kommenden Dingen* und *Vom Aktienwesen*, aus dem Jahre 1917, einem Zeitpunkt also, an dem Rathenau bereits seine Erfahrungen mit der Kriegs-Rohstoff-Abteilung im preußischen Kriegsministerium, deren Leiter er von August 1914 bis Ende März 1915 war, in weitreichenden und mutigen Verallgemeinerungen veröffentlicht hatte. Insbesondere die Kriegsrohstoffgesellschaften, deren Einrichtung auf seine Initiative zurückging und die als Syndikate mit staatlicher Aufsicht, aber auch staatlicher Risikoübernahme beschrieben werden können, schienen ihm eine weitere Stufe in der Entwicklung von der Privat- zur Gemeinwirtschaft.[50]
Diesem Prozeß der immanenten Vergesellschaftung der Unternehmen, die Rathenau als Entwicklung zur Autonomie beschrieb, entsprach eine Statusveränderung der Unternehmer selbst. Rathenau behauptete, dem »objektiven Streben zur Autonomie entspricht die subjektive psychologische Entwicklung des Unternehmers und seiner Organe. Soweit größere Privatunternehmer noch bestehen, haben sie sich längst gewöhnt, ihr Geschäft unter der objektiven Gestalt der Firma als ein selbständiges Wesen zu betrachten. (...) Gesteigert findet sich diese Denkweise in den Häuptern großer Gesellschaftsunternehmungen«.[51]
Die Persönlichkeit des Unternehmers werde in dem Maße, in dem dieser Objektivierungs- und Vergesellschaftungsprozeß weitergeht, aus dem Zusammenhang der zweckhaften Mechanisierung freigesetzt. Er finde seine höchste Verkörperung im »intuitiven Menschen«, wie Rathenau ihn in *Zur Mechanik des Geistes* beschrieben und den intellektuellen Menschen von »seelenloser Klugheit« gegenübergestellt hat, die nicht begreifen, daß sie es mit »naiven Charakteren« zu tun haben, und nicht verstehen, »woher diese Unschlauen und Unkomplizierten das Schwierige durchschauen, das Unerwartete vollbringen«.[52]
Daß hier der Typ des großen Unternehmers von der Art Emil Rathenau gemeint ist, wird deutlich, wenn man eine Passage aus der *Physiologie der Geschäfte* danebenstellt, die Walther Rathenau bereits 1903 veröffentlichte. Dort beschrieb der Erzähler seinen Chef als jemanden, dessen Vorschläge, »ungeschickt vorgetragen, mit langen Ausschweifungen nach rechts und links, den Eindruck von etwas höchst Trivialem, Uninteressanten, Selbstverständlichen« machten. Aber hinter dieser Ungeschicklichkeit verbarg sich »wie für den Künstler, so (...) für den Wirtschaftler und Händler das höchste Erbtum: der Blick fürs Wesentliche. Will man von einer Genialität auf diesem Schauplatz menschlicher Tätigkeit sprechen, so mag man, ausgehend von der eben erwähnten Begabung für das Wesentliche, sie finden in einem – ich möchte sagen divinatorischen – Überblick über die Bedürfnisse der jetzigen und der kommenden Zeit und in der Erkenntnis der zur Erfüllung möglichen Mittel. Solche Divination besaß der Bankmann, von dem ich vorhin gesprochen habe.«[53]
Diese Konstruktion erlaubte Walther Rathenau die Antwort auf eine Frage und die Lösung des Problems, von dem diese Skizze seines Denkwegs ausgegangen war. Die Frage, wie jemand, der als scharfer Kritiker der Mechanisierung auftrat, zugleich an der Mechanisierung, ja, an ihrer vordersten Front, beteiligt sein könne, läßt sich leicht beantworten, wenn die Mechanisierung selbst die Kräfte ihrer Zerstörung in sich trägt, die aber erst auf einem bestimmten Entwicklungsstand aktiviert werden können. Wer die Mechanisierung überwinden will, muß an ihr mitarbeiten, um sie auf die Spitze zu treiben, weil erst dann das nachmechanistische Zeitalter beginnen kann.
Daß derjenige, der als Unternehmer in diesem Prozeß führend beteiligt ist, die gleichen Qualitä-

ten braucht, deren ein Künstler bedarf, ja, diese Qualitäten erst im Laufe seiner Tätigkeit entwickelt, war eine späte Versöhnung des Zwiespalts zwischen der Neigung zu »Malerei, Literatur« und der Pflicht zu »Physik, Mathematik und Chemie als Grundlagen neuzeitlicher Wissenschaft und Technik«.

IV

Walther Rathenau hatte zuvor jedoch noch einen anderen Weg zum gleichen Ziel skizziert, indem er die Behauptung, daß »die Not der Mechanisierung (...) ihre Gegenkräfte bereits erzeugt«[54] habe, so interpretierte, daß nicht die Mechanisierung sich gewissermaßen selbst zerstörte, sondern daß sie durch die Entstehung des zu ihr ganz anderen zerstört würde: »Mechanistische Mittel werden die mechanistischen Übel nicht heilen.«[55]
Rathenau erwartete, nein, er verkündete die »Befreiung aus der Kette unablässiger Zweckgedanken«[56] durch die »Geburt der Seele«: »Es wird nichts geschehen, als daß die Menschheit unter dem Druck und Drang der Mechanisierung, der Unfreiheit, des fruchtlosen Kampfes, die Hemmnisse zur Seite schleudert, die auf dem Wachstum ihrer Seele lasten.«[57]
Die Seele ist für Rathenau das Gegenteil des Intellekts und des Verstandes, auf denen die Mechanisierung begründet ist. Die Seele »faßt die Welt nicht mit den Krallen des Verstandes«,[58] wohingegen »durch unmäßige Ansprüche an den Intellekt (...) die Keime der Seele im Wachstum gehemmt«[59] werden. Rathenau näherte sich mit dieser Gegenüberstellung erneut seinem alten Gegensatzpaar von Furchtmensch und Mutmensch, und in der Tat sprach er jetzt von »Seelenlosen; denn als solche erkennen wir nunmehr die Menschen, die wir vordem nach Furcht und Zweck benannt haben«.[60] Er stellte diesen Seelenlosen die Seelenhaften gegenüber, und obwohl er hervorhob, daß »die Fähigkeit, Seelenkräfte zu entbinden, (...) keiner Menschennatur von Grund aus versagt« sei, glaubte er doch, »von seelenlosen Völkern und Stämmen reden«[61] zu können, die er dann in den »Gegensatz seelenhaft-mutiger und unbeseelt-zweckhafter Völker«[62] einfügte.
Über einen kleinen Umweg schließlich läßt sich noch genauer erfassen, wovon Rathenau spricht, wenn er seelenlose von seelenhaften Völkern unterscheidet. »Die Kunst seelenloser Völker ist typische Kunst« und unter typischer Kunst versteht er »Kunst als Mittel zum Zweck, als Mittel der Beschreibung und Propaganda, des Gottesdienstes, der Illustration und Dekoration«.[63] »Das Vorbild neuzeitlich typischer Kunst bietet Frankreich«[64] und so ist es keine Frage mehr, daß es sich bei den Franzosen um ein seelenloses Volk handelt: »Der Sinn des neunzehnten Jahrhunderts hat in seiner mechanistischen, schnell erfassenden, geistvollen und verblüffenden Seite keine adäquatere Versinnlichung erfahren als durch die französische Malerei; die Deutung seiner schmerzenvollen, sehnsüchtigen und ahnenden Tiefe verblieb der deutschen Musik. Daß das Urbild wahrhaft persönlicher und somit transzendenter Kunst nur vom germanischen Geiste ausging, muß nach dem Gesagten nicht mehr erläutert werden.«[65]
Das ist die Rückkehr der germanischen Oberschicht, deren Gegensatz zur Unterschicht jetzt identisch ist mit dem nationalen Gegensatz zwischen Deutschland und Frankreich. Es sieht so aus, als sei damit das Ideal von der ›Aristokratie der Nationen‹, wie Rathenau es in *Von Schwachheit, Furcht und Zweck* formuliert hatte, ein Stück weit seiner Verwirklichung näher gekommen, da jetzt das ganze Volk an der die Oberschicht auszeichnenden Tugend teilhat. Für Deutschland glaubte Rathenau deshalb »ein veredeltes, ernst und froh geheiligtes Leben« voraussehen zu können, in dem »das große, aller Veredelung zugrunde liegende Gesetz (...) in besonderer Erscheinung zutage« treten werde: »was ursprünglich aus Gier und Furcht geschah, geschieht aus innerlichem Bewußtsein. Arbeit wird nicht Selbstzweck, aber Menschenpflicht; Lohn und Strafe, Gewinn und Gefahr verblassen, die Aufgabe besteht. Da nun die Aufgabe Sache der Gemeinschaft ist, so folgt die Solidarität des Werkes und der Ziele. Nicht eine gesetzliche Zwangsanstalt, die den Starken und Begabten zwingt, die Früchte seines Lebens widerwillig auszuliefern, damit Schwache und Unbefähigte Muße finden, ihn durch Mehrheit zu beherrschen; nicht ein falscher Altruismus, der paarweise den Gesunden für den Kranken opfert.«[66]
Das ist das Ideal einer formierten ›Volksgemeinschaft‹, in der eine zur Führung berufene Elite intuitiv schaffender »Häupter großer Gesellschaftsunternehmungen« sich mit den Geführten in seelenvoller Einheit verbunden weiß auch gegen seelenlose Nachbarvölker. Hier dürfte der mythologische Aspekt von Walther Rathenaus Plänen eines unter deutscher Führung geeinten Mitteleuropa liegen.

V

Es wäre also höchst einseitig, Walther Rathenaus Veröffentlichungen ausschließlich als Versuche der Selbstverständigung zu lesen, für die er sich der Geschichte als Material seines Privatmythos von »Entgermanisierung«, »Volksverdichtung«, »Mechanisierung« und »Geburt der Seele« bediente. Seine Theorien hatten sich im Laufe der Jahre in gewissem Maße von ihrem persönlichen Entstehungszusammenhang gelöst, ohne ihn allerdings je vollständig verleugnen zu können. Auf der anderen Seite war er von Anfang an mit dem Anspruch aufgetreten, die historische Situation zunächst des jüdischen Bürgertums im besonderen, dann des deutschen Bürgertums im allgemeinen im Rahmen einer universalhistorischen Theorie darzustellen, aus der sich für die Zukunft weniger Forderungen ableiten ließen, die erfüllt werden konnten oder auch nicht, als vielmehr Prognosen, deren Verwirklichung durch eine fast naturgesetzliche Notwendigkeit garantiert schien.

Fritz Wotruba, Büste des Robert Musil (Kat.Nr. 2/80)

Walther Rathenau interpretierte historische Vorgänge nach dem Muster von Prozessen, wie sie in der Naturwissenschaft beobachtet werden. Der Prozeß der Verbindung zwischen den beiden Schichten ›geschichteter Völker‹ zum Beispiel ist »ein Vorgang, dem Phänomen vergleichbar, wenn zwei Flüssigkeiten hoher chemischer Affinität durch Mischung in Reaktion treten«.[67] Analogien dieser Art, die sich in großer Zahl finden, werden durchaus mit Absicht gebraucht, da ein auf naturgesetzliche Zwangsläufigkeiten reduzierter historischer Prozeß zwar die Freiheit der Einzelhandlungen beschneidet, zugleich jedoch auch die Irritationen und Unsicherheiten beseitigt, die in diesen Handlungen liegen: »Denn die Einreihung in ein größeres und einfacheres Gesetz streift zwar von heroischen Ereignissen einen Teil des Zufälligen und Willkürlich-Freien ab, sie läßt es aber um so mehr als ein Notwendiges und Zuverlässig-Sicheres erkennen und stärkt unsre Zuversicht ...«[68]

Ein Ergebnis dieser Naturalisierung der Geschichte findet sich in Rathenaus Analyse des mechanisierten Produktionsprozesses, den er nach Analogie des physikalischen Prinzips der Elektrodynamik beschreibt, wenn es heißt, daß dieser Prozeß »die Tendenz (habe), in unablässiger Selbsterregung den Umtrieb zu steigern«.[69] Diese unendliche Steigerung von Produktion und Konsum findet zwar in »Warenhunger« und »Gerätetollheit«[70] ihr subjektives Korrelat auf der Seite der Konsumenten, scheint aber auf der Seite der Produktion vollständig von ihren gesellschaftlichen Grundlagen abgelöst. Nur der Hinweis auf die Analogie zu »anderen undurchgeistigten oder irrationalen Prozessen ähnlicher Art – wie zum Beispiel dem Prozess der persönlichen Bereicherung oder des Ausbaus von Unternehmungen«[71] gibt einen sicher ungewollten Einblick in einen Zusammenhang, den Rathenau durch die Entscheidung, ins Zentrum seiner Theorie der Entstehung der Neuzeit

die Technologie, nicht jedoch das Privateigentum an Produktionsmitteln zu stellen, von vorneherein ausgeblendet hat. Wenn es an einer einzigen Stelle heißt, daß »in fast höherem Maße als die Stumpfheit der Massen die Begehrlichkeit gewissenloser Wirtschaftsführer es ist, welche die Mechanisierung aufpeitscht, indem sie unnötige Bedürfnisse schafft und verstärkt«,[72] dann ist damit zwar ein Gegenstück zum »Warenhunger« gefunden, aber noch kein Ansatzpunkt für eine Interpretation des kapitalistischen Reproduktionsprozesses jenseits von naturgesetzlicher Objektivität und subjektiver Willkür.

Der historische Prozeß bleibt vom Bewußtsein der Menschen seltsam unberührt, denn »der Weg des Geistes von der Naturbetrachtung zur Naturberechnung (...), der Weg der Wirtschaft vom Einzelbetrieb zur Organisation, der Weg der Arbeit vom Handwerk zur Technik, der Weg der Politik vom Territorialbesitz zum Nationalstaat« verläuft nach Analogie dessen, was »in den Geweben eines Pflanzenkörpers (...) sich vollzieht, der sich veränderter Bestrahlung, Temperatur, Nahrung oder Lebensgemeinschaft anzupassen gezwungen ist.«[73] Menschliche Handlungen sind also nichts weiter als der Nachvollzug einer von ihnen unabhängigen Gesetzmäßigkeit. Entscheidend ist, daß die große Masse der Menschen in dem Maße, in dem sie sich in ihren Handlungen frei glaubt, dieser Notwendigkeit um so blinder folgen muß, während die wenigen, die, wie jener Bankmann aus der *Physiologie der Geschäfte*, mit »divinatorischem Überblick« begabt sind, durch ihre Einsicht in diesen Prozeß in die Lage versetzt werden, sich zu seinem »Werkzeug« zu machen, wie Walther Rathenau seine eigene Tätigkeit bei Übernahme der Leitung der *Kriegs-Rohstoff-Abteilung*, von der er sich grundlegende Veränderungen versprach, in einem Brief an Hermann Stehr formuliert hatte.[74] Die Freiheit besteht also darin, sich bewußt in die Notwendigkeit zu fügen und dadurch zum Führer der großen Masse zu werden: »die geschichtliche Betrachtung wird staunend verzeichnen, wie an jeder Wegkreuzung, von den tiefsten Mächten emporgesandt, ein genialer Geist ersteht, um der Menge die Richtung ihres unbewußten Willens zu weisen, der sie zürnend folgen muß«.

VI

Dieser Versuch, einige Motive im Denken Walther Rathenaus zu isolieren und ihren Entwicklungslinien zu folgen, ist natürlich in hohem Maße selektiv. Das kann auch gar nicht anders sein, da diese Texte in ihrer weitausgreifenden Anlage nicht nur den Leser, sondern auch den Autor selbst immer wieder in Sackgassen führen und mit Wiederholungen belasten. Darüber hinaus hat Walther Rathenau mit einer Autoimmunisierungsstrategie, die für kulturkritische Theorien so charakteristisch ist, den Zugang zu seinen Schriften erheblich erschwert. Wenn nämlich dank »der Zweckhaftigkeit der einstig Unterdrückten (sich) der Wissenschaftsgeist zum mächtigsten Faktor der Mechanisierung erhob«,[75] dann kann der Kritiker der Mechanisierung die Wissenschaft als Medium seiner Kritik nicht benutzen, womit er zugleich seine Theorie der Kritisierbarkeit entzieht. Gleichwohl mochte er, der sich für »Physik, Mathematik und Chemie als Grundlagen neuzeitlicher Wissenschaft und Technik« entschieden hatte, auf die Wissenschaft nicht verzichten, die deshalb durch Germanisierung nobilitiert werden mußte: »Die Liebe der Urvölker zum Tatsächlichen als Grundlage der Forschung, die Idealität der Germanen als unbeirrbare Instanz der Betrachtung mußten sich verbinden, um das mechanistische Wunder der Zeiten, die moderne Gesamtwissenschaft, möglich zu machen.«[76]
Walther Rathenaus eigentümliche Verbindung einer gesellschaftlichen Utopie mit einer Elitekonzeption und dem Traum wissenschaftlich-künstlerischer Universalität hat niemand treffender beschrieben als Robert Musil, der in seinem Roman *Der Mann ohne Eigenschaften* Walther Rathenau in der Person des Dr. Paul Arnheim, der »Kohlenpreis und Seele verbinden« will, bis zur Karikatur verfremdet dargestellt hat: »Zuweilen schwebte ihm eine Art Weimarer oder Florentiner Zeitalter der Industrie und des Handels vor, die Führerschaft starker, den Wohlstand mehrender Persönlichkeiten, die befähigt sein müßten, die Einzelleistungen der Technik, Wissenschaften und Künste in sich zu vereinen und von hohem Standpunkt aus zu lenken. Die Fähigkeit dazu fühlte er in sich. Er besaß das Talent, niemals in etwas Nachweisbarem und Einzelnem überlegen zu sein, wohl aber durch ein fließendes und jeden Augenblick sich aus sich selbst erneuerndes Gleichgewicht in jeder Lage obenauf zu kommen, was vielleicht wirklich die Grundfähigkeit eines Politikers ist, aber Arnheim war außerdem überzeugt, daß es ein tiefes Geheimnis sei. Er nannte es ›das Geheimnis des Ganzen‹.«[77]

Anmerkungen

1. Zit. nach: Kessler: Rathenau, S. 33f
2. Siehe den Beitrag von Peter Strunk zu diesem Katalog
3. Walther an Mathilde Rathenau, 1.1.1893, B I, Nr. 14, S. 32
4. Alfred Kerr: Walther Rathenau. Erinnerungen eines Freundes, Amsterdam 1935, S. 157f
5. Gespräche, GA II, S. 620
6. Höre, Israel! (1897), Imp., S. 12
7. Von Schwachheit, Furcht und Zweck (1904), Ref., S. 4
8. Ebd., S. 3
9. Ebd., S. 12
10. Ebd., S. 15
11. Ebd., S. 20
12. Ebd.
13. Ebd., S. 21
14. Zur Kritik der Zeit (1912), GA II, S. 29
15. Ebd., S. 33
16. Ebd., S. 35f
17. Ebd., S. 37
18. Ebd.
19. Ebd., S. 70
20. Ebd., S. 95
21. Walther an Mathilde Rathenau, 1.1.1893, B I, Nr. 14, S. 33
22. Walther Rathenau an Hermann Pachnicke, Neujahr 1908, B I, Nr. 30, S. 57
23. Zur Kritik der Zeit (1912), GA II, S. 90
24. Ebd., S. 61
25. Von Schwachheit, Furcht und Zweck (1904), Ref., S. 22
26. Ebd., S. 23
27. Zur Kritik der Zeit (1912), GA II, S. 90
28. Deutsche Gefahren und neue Ziele (1913), GS I, S. 269
29. Parlamentarismus (1913), GS I, S. 237
30. Zur Kritik der Zeit (1912), GA II, S. 88
31. Politische Auslese (1912), GS I, S. 225
32. England und wir (1912), GS I, S. 215
33. Von kommenden Dingen (1917), GA II, S. 487
34. Staat und Judentum (1911), GS I, S. 197
35. Ebd., S. 200
36. Zur Kritik der Zeit (1912), GA II, S. 41
37. Ebd., S. 44
38. Ebd., S. 80
39. Ebd., S. 67
40. Ebd., S. 69
41. Ebd.
42. Ebd., S. 95
43. Siehe dazu Kapitel 1 dieses Katalogs
44. Zur Kritik der Zeit (1912), GA II, S. 103
45. Ebd., S. 49
46. Ebd., S. 54
47. Von kommenden Dingen (1917), GA II, S. 376
48. Vom Aktienwesen (1917), GS IV, S. 154
49. Walther Rathenau an Dr. P. A. Grunewald, Himmelfahrtstag 1917, B I, Nr. 263, S. 280
50. Siehe dazu den Aufsatz von Wolfgang Kruse und das Kapitel 5 des Katalogs
51. Von kommenden Dingen (1917), GA II, S. 426
52. Zur Mechanik des Geistes (1913), GA II, S. 136
53. Physiologie der Geschäfte (1903), Imp., S. 182f
54. Zur Kritik der Zeit (1912), GA II, S. 103
55. Ebd., S. 93
56. Ebd., S. 91
57. Ebd., S. 99
58. Zur Mechanik des Geistes (1913), GA II, S. 122
59. Ebd., S. 121
60. Ebd., S. 125
61. Ebd., S. 127
62. Ebd., S. 130
63. Ebd., S. 128f
64. Ebd., S. 249
65. Ebd., S. 250f
66. Ebd., S. 275
67. Zur Kritik der Zeit (1912), GA II, S. 30
68. Ebd., S. 37
69. Ebd., S. 95
70. Warenhunger ebd., S. 96 und öfter; Gerätetollheit ebd., S. 49
71. Ebd., S. 95
72. Zur Mechanik des Geistes (1913), GA II, S. 289
73. Zur Kritik der Zeit (1912), GA II, S. 38
74. Siehe dazu Kapitel 5 dieses Katalogs
75. Zur Kritik der Zeit (1912), GA II, S. 83
76. Ebd., S. 83
77. Robert Musil: Der Mann ohne Eigenschaften, in: Gesammelte Werke in neun Bänden, Hamburg 1978, Bd. 1, S. 194

HOCHMEISTER DES KAPITALISMUS

Walther Rathenau als Industrieorganisator, Politiker und Schriftsteller

HARTMUT POGGE VON STRANDMANN

Walther Rathenau gehört zu den Persönlichkeiten, die im Kaiserreich vor 1914 und während des Ersten Weltkriegs, in der Revolution von 1918/19 und in den ersten Jahren der Weimarer Republik von historischer Wirksamkeit gewesen sind. Sein Leben ist von dem Spannungsverhältnis seiner verschiedenen Interessenlagen und der geistigen Verarbeitung zahlreicher Zeitströmungen gekennzeichnet. Es würde zu weit führen, von einer Doppelexistenz zu sprechen, denn die einzelnen Bereiche mögen zwar äußerlich voneinander getrennt gewesen sein, aber sie waren in seinem Leben miteinander verwoben und bedingten sich weitgehend.[1]

Wiederholt ist zurecht von drei Karrieren, nämlich in der Wirtschaft, in der Politik und in der Welt der Literatur gesprochen worden, ohne daß jedoch auf die Verbindungen zwischen diesen Bereichen genügend Aufmerksamkeit verwendet worden wäre. Können, so die Frage, die sich hier aufdrängt, seine Tätigkeit im Bereich der Wirtschaft, sein Vordringen in die schriftstellerische Welt und sein politischer Ehrgeiz, verbunden mit der Übernahme politischer Aufgaben, auf einen gemeinsamen Nenner gebracht werden? Viele Rathenau-Interpreten haben sein Wirken als Intellektueller, als Visionär und Prophet, als sozialpolitischer Schriftsteller und als Politiker dargestellt. Dabei ist seine Rolle als Industrieller und Bankier, oder, wie er sich selbst gern bezeichnete, als ›industrieller Organisator‹, zumeist nicht mit der Ausführlichkeit behandelt worden, die sie verdient.

Aber gerade seine industriellen Erfahrungen bildeten nicht nur die Grundlage für seine wirtschaftstheoretischen Reflexionen, sondern auch die Voraussetzung für seine Nähe zur Politik und die spätere Übernahme politischer Funktionen; darüberhinaus waren sie bestimmend für seine Wirksamkeit in der literarischen Welt. Das soll nun nicht bedeuten, daß jeder Gedanke, den er geäußert hat, auf seine industrielle Tätigkeit zurückzuführen ist; vieles wird aber erst durch die Berücksichtigung seiner besonderen Interessenlagen verständlich. Rathenau selbst hat in einer seiner bedeutenden Reden betont, daß seine wirtschaftspolitischen Ideen keine »Schlagworte« sind, sondern daß »sie der Praxis entstammen«.[2] Daß die Probleme der Wirtschaft in zunehmendem Maße einen zentralen Punkt in seinem Denken eingenommen haben, wird spätestens 1921 sichtbar, als er, in Abwandlung der Napoleonischen Worte, erklären konnte: »Die Wirtschaft ist unser Schicksal. Schon in wenigen Jahren wird die Welt erkennen, daß die Politik nicht das Letzte entscheidet.«[3]

Wenn Rathenau dabei auch in erster Linie an die Probleme von Wiederaufbau, Inflation und Reparationen im Rahmen einer Revision des Versailler Friedensvertrags gedacht hat, so können diese Worte auch als eine Art Motto für das Spannungsverhältnis zwischen seinen Interessenlagen und seiner Auseinandersetzung mit zeitgenössischen Problemen gelten. Im Rahmen dieser Auseinandersetzung bildeten sich schon vor der Jahrhundertwende erste ökonomische Grundsätze heraus. Im Gegensatz zu vielen seiner Zeitgenossen war es ihm schon in den neunziger Jahren klar geworden, wie stark die rasch wachsende Bevölkerung Deutschlands vom Wachstum seiner Industrie abhing. Exportüberschüsse sollten für die Einfuhr von Nahrungsmitteln verwendet werden, während das durch die Industrie verursachte schnellere und stärkere Wachstum des Bruttosozialprodukts zu einer Erhöhung des Lebensstandards führen sollte. Was sich bereits vor dem Krieg angebahnt hatte, konnte er im Krieg fortsetzen, um somit in der Nachkriegszeit die Auffassung zu entwickeln, daß der Schlüssel zur ökonomischen Wiedererstarkung in der »Organisation der deutschen Wirtschaft auf sozialer Grundlage« zu finden sei.[4]

Rathenau war von der Notwendigkeit des industriellen Weges so überzeugt, daß er Alternativen wie den Dienstleistungssektor oder eine moderne, intensiv geführte Landwirtschaft gar nicht erörterte. Für ihn »ist Industrie eine Culturform«.[5] Er verstand es mit seiner auf Praxis beruhenden Autorität, Maximilian Harden und damit dessen Zeitschrift *Die Zukunft* für seine Argumente zu gewinnen, nicht weil er über eine bessere Theorie verfügte hätte als die Befürworter der Erhaltung eines Agrarstaats, sondern weil er als Industrieller tätig war und wußte, wovon er sprach. Für ihn war es schon damals deutlich, daß sich die Beherrschung der Industrieunternehmen durch die Banken sehr bald umkehren würde. So schrieb er an Harden: »Jetzt beherrscht das Capital die Gesellschaft, einst wird die Gesellschaft das Capital – nicht besitzen – sondern beherrschen.«[6]

Rathenau verstand es, seine Arbeit theoretisch so zu verarbeiten, daß er als *Manager neuen Typs* zugleich die Rolle eines Propheten spielen konnte. Seine Erfahrungen in der Wirtschaft verdichteten sich zu Konzeptionen für Gesellschaft und Politik, die sich dann in seinem schriftstellerischen Œuvre niederschlugen. Dabei interpretierte er seine eigenen Aktivitäten im Rahmen der AEG, der BEW und der BHG, um nur die wichtigsten Bereiche zu nennen, als im Dienst des industriellen Aufschwungs stehend, dessen Nutznießer letzten Endes Staat und Gesellschaft seien. So schrieb er 1917: »Die Großunternehmung ist heute überhaupt nicht mehr lediglich ein Gebilde privatrechtlicher Interessen, sie ist vielmehr, sowohl einzeln wie in ihrer Gesamtzahl, ein nationalwirtschaftlicher, der Gesamtheit angehöriger Faktor, der zwar aus seiner Herkunft, zu Recht oder zu Unrecht, noch die privatrechtlichen Züge des reinen Erwerbsunternehmens trägt, während er längst und in steigendem Maße öffentlichen Interessen dienstbar geworden ist und hierdurch sich ein neues Daseinsrecht geschaffen hat.«[7]

Die Überordnung des Allgemeinen soll nun nicht bedeuten, daß er seine persönlichen Interessen oder seinen Einsatz für die von ihm vertretenen Unternehmen hintenanstellte. Während er einerseits als vorausschauender Industrieorganisator glaubte, die Konturen der Zeit und zukünftige Entwicklungen erkennen und deuten zu können, bildeten diese Erkenntnisse andererseits die Basis für seine industriepolitischen Initiativen. Bis in die Zeit nach dem Ersten Weltkrieg läßt sich bei vielem, was er denkt, schreibt und tut, eine besondere Interessenlage nachweisen, die er reflektiert, sublimiert und manchmal auch transzendiert.

Die umfangreiche schriftstellerische Produktion Rathenaus bietet nicht nur Reflexionen über seine Tätigkeit in Industrie, Wirtschaft und Politik. Seine Bücher sind auch stark von seiner Deutung sozialer und philosophischer Zeitströmungen geprägt, die über seine eigenen Erfahrungen zwar hinausreichen, aber immer wieder auf seine Ausgangspositionen zurückführen. Es wäre ihm allerdings unangenehm gewesen, einzugestehen, daß sein Leben weitgehend von industriellen und finanziellen Geschäftsproblemen bestimmt war. Im Beisein von Schriftstellern oder Künstlern äußerte er sich meist negativ über andere Industrielle, Bankiers oder Ingenieure oder über seine wirtschaftliche Tätigkeit. Er fühlte sich Kollegen im Bereich der Wirtschaft im wahrsten Sinne des Wortes geistig überlegen und versuchte, sich durch seine scharfen und arroganten Urteile den Repräsentanten der nicht-wirtschaftlichen Welt anzubiedern.[8] Ihm kam es darauf an, zu zeigen, daß er wörtlich »über den Dingen« stand. Dennoch bildete, wie die detaillierten und äußerst kurz gefaßten Eintragungen in sein Tagebuch und seine ausführliche Geschäftskorrespondenz zeigen, seine Tätigkeit in Industrie und Bankwelt das Herzstück seines wirtschaftspolitischen Denkens und die Ausgangsbasis für seine politischen und sozialphilosophischen Ambitionen. Es ist allerdings unzutreffend, in diesem Zusammenhang von Wechselwirkungen zu sprechen, denn seine weitreichenden Gedankenflüge haben ihrerseits keine Wirkung auf seine wirtschaftlichen Aktivitäten gehabt.

Es darf jedoch nicht übersehen werden, daß es ihm in diesen Fragen immer um die Stärkung der AEG, der deutschen Industrie und des Deutschen Reichs ging. Da seiner Ansicht nach nur eine kleine Gruppe, einem Orden gleich, dazu berufen ist, die komplexen Zusammenhänge zwischen kapitalistischer Wirtschaftsordnung und Politik in seiner Zeit zu verstehen und zu gestalten, soll er hier als *Hochmeister des Kapitalismus* verstanden werden.

Persönliche wirtschaftliche Verhältnisse

Schon die Analyse seiner materiellen Verhältnisse, über die Aussagen äußerst selten sind, erweist sich als besonders aufschlußreich. Es war ihm sehr wichtig, möglichst früh finanziell unabhängig von seinen Eltern zu werden. Er selbst gibt zu, daß er finanzielle Sorgen nicht gekannt und daß die Erreichung dieses Ziels ihm keine großen Schwierigkeiten bereitet habe. Sein früher Erfolg war sogar beachtlich. Als er 1899, im Alter von noch nicht ganz 32 Jahren, in den Vorstand der AEG eintrat, wurde sein Gehalt auf 15.000 Mark

im Jahr und sein Anteil an der Gewinnausschüttung auf 1⅓ % festgelegt.[9] Sein Wechsel zur *Berliner Handelsgesellschaft* drei Jahre später war mit einer hundertprozentigen Gehaltssteigerung verbunden. Sein Jahresgehalt bezifferte sich nunmehr auf 30.000 Mark, und seine Tantieme wurde auf der Grundlage einer 4 %gen Dividendenausschüttung auf 2 ½ % des verbleibenden Reingewinns festgesetzt.[10] Einige Monate später wurde sein Gewinnanteil auf 3 % erhöht, wofür er jedoch seine Aufsichtsratstantiemen, die er als Gesellschafter und Miteigentümer der *Berliner Handelsgesellschaft* bei anderen Gesellschaften bezog, an die Bank abführen mußte.[11]
Wenige Jahre später, 1908, belief sich sein jährliches Einkommen nach amtlichen Steuerschätzungen auf rund 205.000 Mark.[12] Innerhalb von nur zwei weiteren Jahren gelang ihm eine Steigerung um 50 %, obwohl er nach 1907 kein Gehalt mehr bezog. Sein Vermögen betrug zu diesem Zeitpunkt bereits ca. 2 Millionen Mark. Frühere Gehälter und Tantiemen werden zur Bildung dieses Vermögens nicht ausgereicht haben. Nach den Börsentips zu schließen, die er Maximilian Harden zukommen ließ, muß er sich an lukrativen Börsentransaktionen beteiligt haben, bei denen ihm gewisse Insiderinformationen sicherlich zustatten kamen. Was er von seinem Vater nach dessen Tod im Jahr 1915 geerbt hat, wissen wir noch nicht. In der *Apologie* schreibt er, daß er »auf den Ertrag seines Erbteils verzichtete«.[13] Es handelte sich wohlgemerkt nicht um einen totalen Erbverzicht, sondern nur um einen Verzicht auf den Ertrag. Dabei bleibt unklar, ob er den Gesamtertrag meint oder nur einen gewissen Anteil der Zinsen. Auch bleibt unklar, ob er sich damit auf die Rathenau-Stiftung bezieht, die er nach dem Tod seines Vaters eingerichtet hatte, oder ob er an eine andere Stiftung denkt.
Auf jeden Fall kann man vermuten, daß er den Börsenmarkt sehr genau beobachtet hat. Aus der Entwicklung der Krisen- und Konjunkturzyklen hat er wirtschaftspolitische Rückschlüsse gezogen, die eine Grundlage für seine persönliche Vermögensbildung, die Expansion der AEG-Gruppe und seine Betrachtungen zum Verhältnis von Wirtschaft, Staat und Gesellschaft bildeten.

Walther Rathenau um 1900 (Kat.Nr. 2/19)

Es wird immer wieder behauptet, daß sich Rathenau zwischen 1898 und 1899 beruflich in einer Krise befunden habe und daß er deshalb bereit gewesen sei, sich, wie er später schrieb, »von der Industrie zurückzuziehen, um literarisch zu arbeiten«.[14] Man sollte dieser Äußerung jedoch skeptisch gegenüberstehen. Auf Grund einiger in der *Zukunft* veröffentlichter Artikel hätte er weder als Schriftsteller Glaubwürdigkeit erlangen noch finanziell überleben können. Auch sein bis dahin angesammeltes Vermögen hätte dazu sicherlich noch nicht ausgereicht. Vor allen Dingen hätte er die Sonderstellung und die Informationsbasis verloren, die es ihm ermöglichten, mit einer gewissen Autorität in Wirtschaftsfragen zu argumentieren.
In seiner teilweise autobiographischen Schrift *Apologie* erwähnt er nur, daß er »schwankte, ob ich mich mit meiner kleinen Ersparnis theoretischen Studien zuwenden sollte«, um dann »auf Wunsch meines Vaters und seiner Mitarbeiter« Vorstandsmitglied der AEG zu werden.[15] Diese Äußerung klingt schon bescheidener, aber was immer er auch unter »theoretischen Studien« verstanden haben mag, sie hätten wahrscheinlich auch nicht ausgereicht, um ihn geistig und finanziell über Wasser zu halten. Dazu brauchte er ein Vermögen, über das er erst später verfügte. Merkwürdig ist es schon, daß er den Wunsch seines Vaters so hervorhebt, denn wenn Emil Rathenau auch wohl den entscheidenden Anstoß zum Eintritt gegeben haben wird, so konnte er es weder ohne die Zustimmung des Vorstands noch ohne die des Aufsichtsrats tun. Wenn Walther aber mit seinen elektrochemischen Unternehmungen nur Verluste eingebracht hätte, hätte auch der Vater,

trotz seiner großen Autorität, den Sohn der AEG nicht aufzwingen können, denn gegen einen Versager wäre der Widerstand in Vorstand und Aufsichtsrat zu groß gewesen. Vielmehr wird die AEG Walthers anfängliche und später überwundene Schwierigkeiten in Bitterfeld honoriert haben, denn das Engagement der AEG in der Elektrochemie sollte letztlich mit einem Kursgewinn von mehr als 50 % enden.[16] So erfolglos, wie vor allem von Alfred Kerr behauptet worden ist, kann Walther Rathenau bis 1899 nicht gewesen sein.

Walther Rathenau, Entwurf eines Signets für die Elektrochemischen Werke Bitterfeld (Kat.Nr. 1/50b)

Zwar mag sich seine finanzielle Abhängigkeit von seiner wirtschaftlichen Tätigkeit mit den Jahren verringert haben, aber geistig blieb er doch auf sie angewiesen. So zweifelte er auch später, »ob es richtig wäre, mich von der Industrie zu trennen. Meine letzten drei Arbeiten: die afrikanischen und die verkehrstechnischen, (...) wären unterblieben, wenn ich nicht in dieser Welt mitlebte«.[17] In seinem Tagebuch notierte er im Februar 1911, Gerhart Hauptmann habe ihm vorgeschlagen, »ich möchte die Industrie verlassen, um literarisch zu arbeiten«.[18] Aber aus guten Gründen konnte sich Rathenau zu einem solchen Schritt nicht entschließen, und wider besseres Wissen teilte er Stefan Zweig, der ihm gerade geschrieben hatte, daß er sein Buch *Zur Kritik der Zeit* besprechen werde, mit, daß seine schriftstellerische Tätigkeit sein »Leben« und seine wirtschaftliche ein »Spiel« sei. Natürlich konnte er in diesem Zusammenhang nicht sagen, daß es sich umgekehrt verhalte, da es ihm sehr darauf ankam, mit seinem Buch von Zweig ernst genommen zu werden. Etwas realistischer urteilte Rathenau 1918, als er Hermann Bahr schrieb: »Ich wäre sehr glücklich ... wenn ich in der Schreibarbeit als meinem Dienst voll aufgehen könnte. Aber das kann ich nicht. Ich sage es Ihnen offen: dazu fällt mir nicht genug ein. Es kommt manchmal wochenlang nicht eine Arbeitsstunde, nicht eine Zeile heraus.«[19] Obwohl es ihm vielleicht schwer wurde, zuzugeben, daß er an seine Arbeit in Industrie und Finanzwelt völlig gebunden war, hätte er eine schriftstellerische Tätigkeit ohne seinen Bezug auf die Wirtschaft nicht entfalten können.

Politische Ambitionen

Seiner persönlichen Interessenlage muß auch im politischen Bereich Rechnung getragen werden. Hierzu gehört seine erste mit Bernhard Dernburg 1907 durchgeführte Reise nach Ostafrika, mit der er sich wahrscheinlich für ein Staatsamt empfehlen wollte.[20] Die Motive für die Teilnahme an der zweiten Kolonialreise 1908 sind wohl eher in der Tatsache zu suchen, daß er bei dieser Gelegenheit in Südafrika handfeste AEG-Interessen verfolgen konnte.[21] Politische Ambitionen spielten auch eine Rolle, als er sich im Sommer 1910 bereit erklärte, in Paris als Unterhändler tätig zu werden, um eine Einigung zwischen den Marokkointeressen der vom *Alldeutschen Verband* unterstützten Gebrüder Mannesmann und denen der französischen *Union des Mines Marocaines* herbeizuführen. Rathenaus Vermittlungsversuch scheiterte.
Als drittes Beispiel für seine vorwiegend politischen Ambitionen sei sein Versuch erwähnt, als Kandidat der Nationalliberalen Partei für die Reichstagswahlen von 1912 aufgestellt zu werden.[22] Seine Pläne scheinen jedoch an der Frontstellung des rechten nationalliberalen Flügels gescheitert zu sein, der in dem Wahlkreis Frankfurt/Oder am alten Kartell zwischen den beiden konservativen Parteien und den Nationalliberalen festzuhalten versuchte. Rathenau ging dieses Bündnis, wenn es für den Wahlkreis überhaupt zustande gekommen wäre, zu weit, da er sich zu weit nach rechts »für später festlegen könnte«.[23]

Obwohl es der Kaiser gern gesehen hätte, wenn Rathenau Reichstagsmitglied geworden wäre, konnte es Max Weber gut verstehen, wenn ein Großindustrieller den Reichstag oder Ministerposten ablehnte, da in der Industrie »seinem Können und Wollen ein Tätigkeitsfeld winkt, wie es (nur) die Riesenunternehmungen, Kartelle, Bank- und Großhandelsbetriebe zu eröffnen vermögen«.[24] Nach dem Krieg lud ihn die Ortsgruppe der *Deutschen Demokratischen Partei* von Weißwasser in der Oberlausitz ein, für die Nationalversammlung zu kandidieren.[25] Als jedoch das Verhältniswahlrecht eingeführt wurde und der Bezirksverein der DDP seine Kandidaten wählte, erhielt Rathenau keinen Listenplatz. Bei der Aufstellung der Kandidaten für die sogenannte Preußenliste erging es ihm kaum besser, da er auf einem aussichtslosen sechsten Listenplatz landete.[26]

Die Übernahme der Leitung der Kriegsrohstoffabteilung und die Mitgliedschaft in der Zweiten Sozialisierungskommission entsprachen nicht direkt seinem persönlichen politischen Interesse. Anders verhielt es sich wohl bei seiner Tätigkeit als Minister für Wiederaufbau und als Außenminister in den Kabinetten von Joseph Wirth. In beiden Fällen war die persönliche Motivation entscheidend.

Industrieorganisatorische Projekte

Wenn wir uns seinem zweiten beruflichen Interessenbereich, dem der Unternehmen zuwenden, dann steht die AEG eindeutig im Vordergrund seiner Überlegungen. Das beeindruckende Wachstum der Gesellschaft bis 1914 ist auch von Walther Rathenau erheblich beeinflußt worden. Die Führung des Unternehmens lag weitgehend in den Händen von Emil Rathenau, zumindest bis zum Tod von Walthers jüngerem Bruder Erich im Jahr 1903, der dem Vater einen Schock versetzte, von dem er sich nie mehr ganz erholt haben soll. Von diesem Zeitpunkt an wurde die Zusammenarbeit Emil Rathenaus mit seinem ältesten Sohn, der seit seinem Wechsel zur *Berliner Handelsgesellschaft* im Jahr zuvor zunehmend strategische Konzernentscheidungen zu beeinflussen begann, wesentlich intensiver. Dabei ist die oft betonte Gegensätzlichkeit zwischen Vater und Sohn vor 1903 übertrieben worden. Walther Rathenau scheint seit seinem Eintritt in den AEG-Vorstand im Jahre 1899 bei allen wichtigen Entscheidungen zu Rate gezogen worden zu sein. Später rechtfertigte er seine Sonderrolle in der AEG mit dem Hinweis: »Seit genau zwanzig Jahren gehöre ich in wechselnder Form der AEG an, eigentlich länger; an sämtlichen ihrer größten Geschäfte war ich

Emil Rathenau, 1915 (Kat.Nr. 1/22)

mitwirkend, meist initiativ beteiligt. Meine Tätigkeit entspricht dem, was mein Vater in seinen letzten schriftlichen und mündlichen Wünschen von mir verlangte.«[27]
Walther Rathenau ist nach 1903 jedoch nicht Assistent seines Vaters geworden; die Struktur der AEG hätte eine solche Position offiziell nicht zugelassen. Aber er konnte den Vater als Sprachrohr für seine Ideen benutzen, obwohl Emil Rathenau sich sicherlich nicht leicht manipulieren ließ. Seine 1904 erfolgte Wahl in den Aufsichtsrat der AEG war durch seinen steigenden Einfluß gerechtfertigt. Nach der Erkrankung des Vaters im Jahr 1912 wurde er, nachdem er bereits seit 1910 stellvertretender Vorsitzender des AEG-Aufsichtsrats war, am 3. Dezember 1912 zum Aufsichtsratsvorsitzenden gewählt; bei der Annahme der Wahl erklärte er es für seine »Pflicht, sich an jeder Stelle zur Verfügung seines Vaters zu stellen«.[28]
Ganz offenbar war Walther Rathenau der Meinung, daß die Stellung des Aufsichtsratsvorsitzenden ihn auch zur Nachfolge Emil Rathenaus als Vorsitzender des Vorstands prädestiniere. Daß es anders kam, ist Felix Deutschs Ansprüchen zuzuschreiben, der sich Walther Rathenaus Ambitionen erfolgreich widersetzte und über genügend Unterstützung im Aufsichtsrat und Vorstand besaß, um seinen Forderungen Gewicht zu verleihen. Auch der Einfluß von Emil Rathenau reichte nicht mehr aus, um Walther als seinen Nachfolger durchzusetzen. Als Kompromißlösung ergab sich dann folgendes: Nach dem Tod von Emil Rathenau wurde für Walther das neue Amt des *Präsidenten* geschaffen. Es handelte sich dabei um einen Aufsichtsratsvorsitz, dessen Funktionen jedoch in einigen wichtigen Punkten erweitert wurden.[29]
Als Rathenau 1899 der Kraftwerksabteilung der AEG vorstand, entwickelte er Ansätze zum Kostenmanagement und Pläne zur systematischen Expansion der AEG. Dabei spielten Produktivitätssteigerungen und mögliche Automatisierungen eine wichtige Rolle. Daneben förderte er die Entwicklung der Nernstlampe, erneuerte die Marineabteilung innerhalb der AEG und regte die Bildung des Kabelkartells an, in dem dann die AEG, *Siemens & Halske* sowie *Felten & Guilleaume* als Marktbeherrscher ein sogenanntes *Frühstückskartell* bildeten.[30] Außerdem wurde er zum Mitglied des Direktoriums der Elektrobank in Zürich bestellt.
Als er nach dem Scheitern des Fusionsprojektes mit *Schuckert* 1902 aus dem AEG-Vorstand austrat und zur *Berliner Handelsgesellschaft* überwechselte, waren die Fundamente zu seiner späteren industriepolitischen Tätigkeit gelegt. Er konnte von beiden Banken aus finanztechnische Konzeptionen mit industriellen Expansionsplänen in eine Strategie umsetzen, welche die Elektrowirtschaft durch eine von der AEG ausgehende horizontale Konzentrationsbewegung prägte. Nach der Jahrhundertwende bildeten sich also bei Rathenau drei unternehmensstrategische Konzepte heraus, die sich zum Teil überlagerten.
Walther Rathenau plädierte für Kartellabsprachen, um ruinöse Wettbewerbe zwischen den Unternehmen zu vermeiden. Ein Anhänger der freien Marktwirtschaft ist er also weder vor noch nach dem Krieg gewesen. Sein erster Plan, den Bereich der gesamten Elektrowirtschaft in Deutschland zu kartellisieren, war hauptsächlich am Widerstand der AEG gescheitert.[31]
Er gab die Kartellidee aber deshalb nicht auf, sondern entwickelte marktbereinigende, horizontal gegliederte Fusionsprojekte mit Hilfe der Schweizer Elektrobank. Dabei ging es ihm hauptsächlich um das Wachstum der AEG, um die Aneignung technischer Innovationen und um die Quotenerhöhung in den verschiedenen Kartellen. Die von Rathenau befürwortete Verschmelzung mit *Schuckert* wurde jedoch vom AEG-Direktorium abgelehnt. Stattdessen kam es dann zur Fusion von *Schuckert* mit *Siemens & Halske.*
Einige Zeit später, im Jahre 1904, sollte er jedoch Erfolg mit der *Union Elektrizitäts-Gesellschaft* haben.[32] Um die technischen Neuerungen des Turbinenbaus für die AEG zu nutzen, gelang Rathenau auch der Einstieg bei *Brown, Boveri & Cie.*, von der die AEG sich aber kurze Zeit darauf wieder trennte. Diese Erfolge wurden mit der Wahl Rathenaus in den Aufsichtsrat der AEG belohnt. Hier war also ein Weg gefunden, den er in den nächsten Jahren mit einigem Erfolg auszubauen versuchte. Allerdings konnte von einem systematischen Vorgehen nicht mehr die Rede sein. Dabei hat er auf den ersten Plan, nämlich zukünftige Kartellbildungen, nicht verzichtet, wie das nach 1910 durch Absprachen angestrebte Duopol von AEG und *Siemens* zeigen sollte; aber diese ehrgeizigen Pläne scheiterten am Protest der Öffentlichkeit sowie der Regierungen.[33] Kurz vor dem Krieg lebte der Plan einer Elektro-Liga zwischen AEG und *Siemens* noch einmal auf, wurde aber nach der Kon-

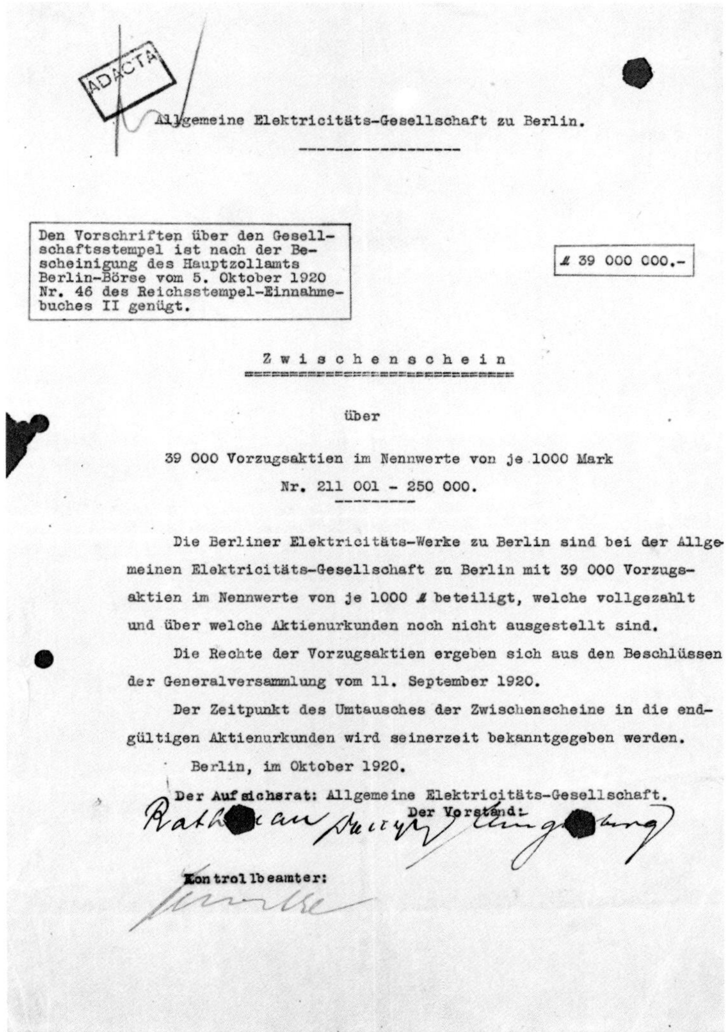

ADACTA

Allgemeine Elektricitäts-Gesellschaft zu Berlin.

Den Vorschriften über den Gesellschaftsstempel ist nach der Bescheinigung des Hauptzollamts Berlin-Börse vom 5. Oktober 1920 Nr. 46 des Reichsstempel-Einnahmebuches II genügt.

ℳ 39 000 000.-

Zwischenschein

über

39 000 Vorzugsaktien im Nennwerte von je 1000 Mark
Nr. 211 001 - 250 000.

Die Berliner Elektricitäts-Werke zu Berlin sind bei der Allgemeinen Elektricitäts-Gesellschaft zu Berlin mit 39 000 Vorzugsaktien im Nennwerte von je 1000 ℳ beteiligt, welche vollgezahlt und über welche Aktienurkunden noch nicht ausgestellt sind.

Die Rechte der Vorzugsaktien ergeben sich aus den Beschlüssen der Generalversammlung vom 11. September 1920.

Der Zeitpunkt des Umtausches der Zwischenscheine in die endgültigen Aktienurkunden wird seinerzeit bekanntgegeben werden.

Berlin, im Oktober 1920.

Der Aufsichsrat: Allgemeine Elektricitäts-Gesellschaft.
Der Vorstand:

Kontrollbeamter:

Zwischenschein über AEG-Aktien, unterschrieben von Walther Rathenau für den Aufsichtsrat, Deutsch und Klingenberg für den Vorstand (Kat.Nr. 1/47)

junkturbelebung von 1914 wieder fallengelassen.[34] Trotz einer gewissen Kooperation ist es also nicht zu einem Trust mit zwei Gesellschaften gekommen.

Rathenaus Tätigkeit für die AEG wurde in den letzten Jahren vor dem Ersten Weltkrieg von einem Mißerfolg begleitet und von einem Erfolg gekrönt. Während sein Plan, die *Bergmann-Elektrizitäts-Werke* dem AEG-Bereich zu unterstellen, scheiterte, und *Bergmann* sich in Zukunft an *Siemens* anlehnte, gelang ihm die Übernahme der Aktienmehrheit bei *Felten & Guilleaume,* die ihm den Stellvertretenden Vorsitz im Aufsichtsrat der AEG eintrug.

Der dritte Plan bestand in einer Zentralisierung der Kraftwerke. Auf dieses Projekt, an dem er nach seinem Austritt aus dem AEG-Vorstand mit seinem Vater und Georg Klingenberg, seinem Nachfolger als Leiter der Kraftwerksabteilung weiter arbeitete, kam er mit seinen Vorschlägen zur Schaffung eines *Reichselektrizitätsmonopols* 1913 zurück. Eines der entscheidenden Elemente dieses Plans war die Kooperation mit dem Staat, die später ein wichtiger Faktor in seinen wirtschaftspolitischen Überlegungen werden sollte.

In allen diesen drei unternehmensstrategischen Bereichen hat sich Rathenau nicht von der AEG getrennt, die vielmehr das Identifikationszentrum bildete, das für seine weiterführenden Überlegungen und Phantasiegebilde maßgeblich blieb. Darüber sollte Rathenaus Angebot an Paul Jordan vom Mai 1919 nicht hinwegtäuschen, daß er bereit sei, sich von AEG, BEW und BHG zu lösen, um ihm, für den es unmöglich geworden war, mit Rathenau wegen seiner politischen Ideen weiter zusammenzuarbeiten, ein Verbleiben in der AEG zu erleichtern. Es handelte sich jedoch dabei wohl nur um einen taktischen Schachzug, um Jordans Opposition im Keim zu ersticken. Jordan ist dann erst ein Jahr später aus dem Vorstand ausgeschieden und hat 1921 einen Teil der Aufsichtsratsstellen eingenommen, die Rathenau aufgab, als er Minister wurde.[35]

Rathenaus Konzentration auf die AEG bedeutete jedoch keineswegs eine Aufgabe gesamtwirtschaftlichen oder branchenoriertierten Denkens, da die AEG die entscheidende Ausgangsbasis für seine wirtschaftspolitischen Konzeptionen bildete. Man könnte so weit gehen und sagen, daß er in der Zeit von der Jahrhundertwende bis zur Übernahme des Ministerpostens im Wiederaufbauministerium im Jahr 1921 seinen durch die AEG bedingten Interessenstandpunkt rationalisiert und verallgemeinert, aber auch ideologisiert hat. Im Unterschied zu vielen anderen Großunternehmern, die oft nur einen reinen Interessenstandpunkt vertraten oder außerdem ein enges Verhältnis zur Politik pflegten, ist Rathenau darüber hinaus in andere Bereiche intellektuell vorgedrungen. Unter dem Stichwort ›Mechanisierung‹ hat er auf die Gefahren von Technik, Wissenschaft und industrieller Entwicklung hingewiesen und diese Warnung mit Vorschlägen verbunden, wie den Gefahren zu begegnen sei. Dabei war er keineswegs ein Gegner des industriellen Wachstums, das er vielmehr erhalten und gefördert sehen wollte. Insgesamt kann er deshalb nicht als Kritiker der Moderne eingestuft werden, denn diese Moderne war die Welt seiner eigenen Pläne und Handlungen, die Welt des Kapitalismus, in der es ihm weniger um die Maximierung der Gewinne als um die Organisation einer effizienten Produktion ging, in der es ihm weniger auf Wettbewerb als auf die Bildung von Großunternehmen ankam, die Nachfrage und Angebot bestimmten, und in der er mehr auf die Zusammenarbeit mit dem Staat baute als den Standpunkt eines einfachen Wirtschaftsliberalismus zu verteidigen.

Im Grunde handelte es sich um einen Interessenverbund der Konzerne, der sich Gesellschaft und Staat mehr verpflichtet fühlen sollte als den Aktionären. Die von ihm vertretenen Pläne einer *Gemeinwirtschaft* sind als Defensivmaßnahmen gegen den Sozialismus im Krieg und in der Nachkriegszeit zu interpretieren. Es war nicht überraschend, daß von industrieller Seite schwere Vorwürfe gegen ihn erhoben wurden, dem Sozialismus in der Wirtschaft das Wort zu reden; diese Kritiker übersahen allerdings, daß es Rathenau in erster Linie um die Bewahrung der größtmöglichen Eigenständigkeit der Großunternehmen angesichts der Verstaatlichungspläne innerhalb der sozialistischen Parteien ging. Rathenaus Gedanken sind von seinen Gegnern an dem Maßstab einer idealisierten Vorkriegswirtschaft gemessen worden; jede Abweichung von diesem Ideal galt als Verrat an der industriellen Sache, der unbedingt bekämpft werden mußte. Dabei wurde übersehen oder nicht verstanden, daß Rathenau in der korporativen Organisation der Wirtschaft ein geeignetes Mittel sah, die Erhaltung und Stärkung der Großunternehmen voranzutreiben. Die wirtschaftliche Kraft der Großunternehmen, die er mit Kunstgebilden verglich, war für ihn entscheidend für die Macht eines Staates. Rathenau war bereit, die junge Weimarer Republik industriell zu stärken, während andere Industrielle einen Erhalt der Republik bereits in dieser Phase ablehnten.[36]

Unternehmensstrategische Kombinationen

Um zu verdeutlichen, in welchem Maß Rathenaus Denkansätze von den Interessen der AEG bestimmt waren, sollen zur Erläuterung zwei Beispiele angeführt werden. Das erste bezieht sich auf die Kolonialpolitik. Über seine kolonialpolitischen Ansichten sind wir durch das Tagebuch und die beiden Denkschriften über die Reisen nach Afrika informiert.[37] Im Jahr 1907 reiste er auf Einladung des Kolonial-Staatssekretärs Bernhard Dernburg nach Deutsch-Ostafrika, dem späteren Tanganyika. Bei dieser Gelegenheit standen AEG-Interessen höchstwahrscheinlich nicht zur Debatte, sondern persönliche politische Ambitionen, die bereits erwähnt worden sind. Bei der zweiten Reise, die im nächsten Jahr über London und Britisch-Südafrika nach Deutsch-Südwestafrika führte, war das schon anders.

Für den Bau eines Kraftwerks am Sambesi war 1906 die *Victoria Falls Power Company* als Tochtergesellschaft der AEG gegründet worden, an der sich zunächst auch *Siemens-Schuckert* beteiligt hatte; deren Anteile wurden jedoch Anfang 1907 von der AEG übernommen, die dann allein in Südafrika operieren konnte. Das Ziel war die Errichtung zweier Monopole, die auf Rathenaus Konzeptionen beruhten. Einerseits sollten die Goldbergwerke von der *Victoria Falls Company* allein mit Energie versorgt und andererseits die zu bauenden Kraftwerke allein von der AEG mit der Ausrüstung beliefert werden. Die AEG hatte durch eine Konzession der *British South Africa Company* die Möglichkeit erhalten, nicht nur ein, sondern zwei Kraftwerke zu bauen, einmal am Sambesi und zum anderen ein Kohlekraftwerk in der Nähe der Goldbergwerke am Rand.

Dieses zweite Projekt war möglich geworden als Folge der von Walther Rathenau eingeleiteten und durchgeführten Fusion der AEG mit der *Union-Elektrizitäts-Gesellschaft* im Jahre 1904. Durch diese Fusion war die AEG in Verbindung zum englischen Bankhaus *Wernher, Beit & Co.* getreten, das wiederum in Geschäftsbeziehung zur *British South Africa Company* stand. Da die englische Bank auch der Mehrheitsaktionär der größten Goldbergwerke im Transvaal war, die noch nicht auf elektrischen Betrieb umgeschaltet hatten, lag es nahe, über das englische Bankhaus in Südafrika Fuß zu fassen. Rathenau selbst scheint zunächst von einem Wasserkraftwerk an den Viktoriafällen fasziniert gewesen zu sein, aber ein Wasserkraftwerk ohne Stausee war illusorisch. Außerdem waren die Kosten für eine Überlandleitung zu hoch. Hinzu kam, daß die Kohlenbergwerksbesitzer im Transvaal sowie die Regierung nur an koventionellen Kohlekraftwerken Interesse hatten. Da die AEG besser in der Lage war, Großkraftwerke zu bauen als englische Gesellschaften, und da der Bedarf an Elektrizität in den Goldbergwerken ständig stieg, sollten die Aufträge dafür schließlich nach Berlin gehen.

Nach Rathenaus Reise wurde die *Victoria Falls Power Company,* die inzwischen alle Rivalen im

Transvaal aufgekauft hatte, in *Victoria Falls and Transvaal Power Company* umbenannt und mehrere konventionelle Kraftwerke im Transvaal gebaut, die zu der von Emil und Walther Rathenau erstrebten Monopolstellung führten, so daß im Jahre 1909 mit zwei Ausnahmen alle Goldbergwerke mit Strom von der AEG versorgt wurden.

Bernhard Dernburg und Walther Rathenau in London vor ihrer Fahrt nach Südafrika (Kat.Nr. 4/15)

Der Vertrag zwischen den AEG-Kraftwerken und der firmeneigenen Stromlieferungsgesellschaft ist nach dem Volumen als der größte Vertrag in der Elektroindustrie bezeichnet worden, der bis zum Ersten Weltkrieg abgeschlossen wurde.[38]

Jedoch blieb die AEG-Unternehmung in Südafrika nicht ohne Schwierigkeiten, denn in der Folgezeit mußten Probleme gelöst werden, die mit der deutschen Eigentümerschaft der *Company* und den Beziehungen zwischen Monopol und Staat zusammenhingen. Inwieweit Rathenau an der Lösung dieser Probleme beteiligt war, ist bisher nicht bekannt.

Wenn man die Tagebücher für Südafrika liest, werden einem diese Beziehungen nicht deutlich, denn die Tagebucheintragungen stellten für Rathenau nur eine Erinnerungshilfe dar. Die wirtschaftlichen Beziehungen beherrschte er natürlich vollständig. Dafür war das Tagebuch nicht notwendig. Auch der Briefwechsel mit Maximilian Harden enthält nichts über die sich damals anbahnende elektrische Beherrschung Südafrikas. Um welche Größenordnungen handelte es sich bei dem Transvaal-Objekt? Im Anschluß an die Reise Rathenaus wurden zunächst zwei Millionen Mark investiert, eine Summe, die innerhalb kürzester Zeit auf 18 Millionen Mark anstieg. Mit der *Chartered Company* im Hintergrund setzte die AEG in den sechs Jahren bis 1913 Güter im Wert von 70 Millionen Mark in Südafrika um. Der Marquess of Winchester, ein Direktor der englischen Bank, der im Tagebuch nur en passant erwähnt wird, schreibt in seinen Memoiren, daß er auf einer Reise nach Berlin Güter bei der AEG bestellt habe, die in jenen Tagen den Wert eines Schlachtschiffs ausmachten.[39]

In Südafrika ist Walther Rathenaus Vorstellung von einem staatlich gebilligten Strombelieferungsmonopol und einem damit verbundenen Ausrüstungsmonopol zum ersten Mal verwirklicht worden. Von 1902 bis 1914 hat er in Deutschland ähnliche Ziele verfolgt, ohne jedoch einen Erfolg verzeichnen zu können.

Ein weiterer Coup, den Rathenau 1910 landen konnte, war der Erwerb von *Felten & Guilleaume* in Köln.[40] Die *Felten*-Gruppe war durch ihre Frankfurter Tochtergesellschaft *Lahmeyer* in finanzielle Schwierigkeiten geraten und wollte sicherlich nicht in die Hände großer Stahlproduzenten fallen, die sich nach Firmen in der weiterverarbeitenden Industrie umsahen. Der Erwerb der Kölner Gruppe paßte in Rathenaus Konzept der horizontalen Konzentration und machte die AEG zum größten elektrotechnischen Unternehmen in Deutschland.

Die Übernahme der Aktienmehrheit bei *Felten* mag das Kölner Unternehmen vor dem Zugriff der Stahlindustrie bewahrt haben, aber es sicherte ihm umgekehrt noch keine eigene Stahlzufuhr. Nachdem die Verhandlungen mit großen Stahlfirmen zu keinem befriedigenden Ergebnis geführt hatten, kamen der Vorstand und Rathenau überein, ein Stahlwerk zu kaufen. Nach einigem Suchen bot sich das Luxemburger Stahlwerk *Jules Collart* als besonders günstig an, da es über Erz-

bergwerke verfügte. Rathenau bewies in dieser Lage also genügend Beweglichkeit, auch vertikale Konzentrationsbewegungen aus defensiven Gründen zu akzeptieren.
Rathenaus Interesse an rheinisch-westfälischen Industrieproblemen war mit der Mehrheitsübernahme bei *Felten* gestiegen. Als er bei *Mannesmann* in Düsseldorf hörte, dessen Aufsichtsratsmitglied er war, daß dieser Konzern ebenfalls wegen seines Stahlbedarfs um seine Unabhängigkeit fürchtete, entwarf Rathenau den Plan, eine Kooperation zwischen *Felten* und *Mannesmann* im Stahlbereich zu vereinbaren.[41] Der Generaldirektor von *Mannesmann,* Nikolaus Eich, war jedoch der Meinung, daß das Vorhaben Rathenaus zu weit angelegt sei, da die niedrig angesetzten Produktionskosten mit seinem Bedarf an hoher Stahlqualität nicht zu vereinbaren seien; allerdings behielt er sich die Möglichkeit einer erneuten Prüfung der Rathenauschen Vorschläge vor. Als dann *Mannesmann* sein erstes Kohlebergwerk in Essen mit einer angeschlossenen Kokerei kaufte, kam Rathenau auf den Plan einer Zusammenarbeit von *Felten* und *Mannesmann* zurück, dieses Mal auf der Basis des Tauschs von Koks und Stahl. Beide Seiten verhandelten deswegen im Dezember 1912, aber eine Vereinbarung kam nicht zustande, da einerseits *Collart* nicht die Mengen Stahl produzieren konnte, die *Mannesmann* brauchte, und da andererseits *Felten* skeptisch war, ob die Mannesmannsche Kokerei das liefern konnte, was sich Eich von seinem Werk in Essen versprach. Beide Konzerne waren auf Rathenaus Rat bereit, eine Kooperation ins Auge zu fassen, als es *Collart* gelang, gegen den Wettbewerb von *Thyssen, Stinnes, Klöckner* und der *Gelsenkirchner Bergwerks AG* mehr Eisenerzlager von der Luxemburgischen Regierung zu kaufen, so daß es jetzt möglich war, soviel Stahl herzustellen, um sowohl *Felten* als auch *Mannesmann* zufrieden zu stellen.
Mannesmann zögerte jedoch, diese Rathenausche Kombination zu akzeptieren, bevor nicht die Mannesmannschen Qualitätsvorstellungen sichergestellt waren. Rathenau, Eich und der *Felten*-Vorstand gingen davon aus, daß sie vertikal expandieren müßten, um *Felten* und *Mannesmann* gegen die Übernahmeabsichten der gemischten Stahlkonzerne zu verteidigen. In dieser Situation bat Eich Rathenau, das Walzwerk von *Schulz-Knaudt* in Huckingen bei Duisburg für *Mannesmann* zu erwerben. Rathenau war Mitglied des Aufsichtsrats von *Schulz-Knaudt* und war bereit, sich für diesen Kauf einzusetzen, solange die Stahlbelieferung für das Walzwerk zunächst noch offen blieb. Geplant war letzten Endes ein komplettes Stahlwerk in Huckingen, dessen Fertigstellung sich aber noch einige Zeit hinziehen würde. In der Zwischenzeit bot sich die mögliche Zusammenarbeit mit *Felten* als vorübergehende Lösung an, sollten sich die Eisen- und Stahlkartelle nicht bereit zeigen, *Mannesmann* mit den notwendigen Mengen und Qualitäten zu beliefern.
Rathenaus Engagement für *Mannesmann* erwies sich als erfolgreich, und die Übernahme von *Schulz-Knaudt* wurde als ›Pronunciamento‹ gegen die Schwerindustrie im Ruhrgebiet gewertet. Das *Berliner Tageblatt* begrüßte den Erwerb von *Schulz-Knaudt* mit dem Kommentar, daß der Stahlindustrie im Ruhrgebiet »ein Hieb« versetzt worden sei. Zwar war damit anerkannt, daß die Vorherrschaft der gemischten Stahlkonzerne in der Industrie keineswegs gebrochen war, aber die Konzerne der Fertigindustrie schickten sich an, deren Prädominanz in Frage zu stellen.
Rathenaus weitreichende Verbindungen in der Industrie und seine Feindseligkeit gegenüber dem Einfluß der Ruhrkonzerne, sein technisches Detailwissen, seine Reaktionen auf politische und wirtschaftspolitische Ereignisse in dieser Zeit machten ihn zum idealen ›Heiratsvermittler‹ und Berater in der verarbeitenden Industrie. Hier wird deutlich, was Rathenau mit der Bezeichnung ›Industrieorganisator‹ für seine eigene Tätigkeit gemeint hat. Für ihn kam es wohl in erster Linie auf strategische Planungen an, mit denen er letzten Endes AEG-Interessen diente.
Rathenaus industrielle Kooperationspläne wurden durch den Beginn des Ersten Weltkriegs zunächst auf Eis gelegt. Als die Auseinandersetzungen zwischen den großindustriellen Lagern zunahmen gelang es der AEG, über die von Rathenau eingeführte Rohstoffbewirtschaftung Vorteile für die verarbeitende Industrie zu gewinnen. Aber spätestens seit der Einführung des *Hindenburgprogramms* im Jahre 1916 hatte die Schwerindustrie ihre dominierende Stellung so weit ausbauen können, daß z. B. Rathenau um die Unabhängigkeit der verarbeitenden Industrie für die Nachkriegszeit zu fürchten begann. Nach Ende des Kriegs mußte tatsächlich selbst die AEG um ihre Stahlversorgung fürchten. Die Gründung der *Deutschen Werft* zusammen mit der *Gutehoffnungshütte* und die in Zusammenarbeit mit der *Friedrich*

Krupp AG ausgearbeitete Sanierung von *Rheinmetall* bildeten die Grundlage für eine neue Rathenausche Kombination, um sowohl die Stahlversorgung für die AEG als auch für *Felten* zu sichern, eine Kombination, die sich jedoch zerschlug. Befürchtete Zugriffe auf die AEG von seiten seines industriellen Gegners Hugo Stinnes sollten sich als nicht unbegründet erweisen, konnten jedoch abgewehrt werden. Später wandte sich Stinnes *Siemens* zu, um das damals weltgrößte Konglomerat der *Siemens-Rhein-Elbe-Schuckert-Union* zustande zu bringen.

Das Scheitern des Rathenauschen Grand Design hatte schwerwiegende Folgen. Die AEG verlor die Mehrheit bei *Felten & Guilleaume,* da *Felten,* das infolge der Kriegsniederlage sein Stahlwerk *Collart* verlor, nun gezwungen war, sich nach Westen, d.h. nach Belgien zu orientieren, da in Deutschland kein Stahllieferant mehr zur Verfügung stand.

Natürlich verfolgte Rathenau noch andere horizontal ausgerichtete industriestrategische Ziele wie die zusammen mit *Siemens* erfolgte Gründung der *Osram GmbH,* aber sein ›Pronunciamento‹ gegen die Ruhr, an dem er seit 1910 arbeitete, erwies sich im Lauf des Jahres 1920 als Fehlschlag. Für große Kombinationen seines Stils sah er keine Möglichkeiten mehr. Es mag daher kein Zufall gewesen sein, daß seine Teilnahme als Sachverständiger an der Konferenz von Spa im Juli 1920 den Weg in die Politik ebnen sollte, den er im folgenden Jahr beschritt.

Verbindung von Wirtschaft und Politik

Wie ein roter Faden zieht sich Rathenaus Nähe zur Politik durch seine verschiedenen Projekte. Ausgehend von der Elektrowirtschaft, die anders als andere Industrien besonders auf die Zusammenarbeit mit staatlichen Stellen angewiesen war, hielt Rathenau die gemischte Wirtschaftsform, aber auch Verstaatlichungen, für sinnvoll. Die Stufen der Entwicklung reichen von seinen Empfehlungen zur Schaffung eines Elektro-Duopols, über seine Pläne einer Verstaatlichung der Zentralbahn in Ostafrika bis zu seinem Eintreten für ein staatliches Elektrizitätsmonopol. Die Gründung der Kriegsrohstoffabteilung (KRA) sollte folgen, die nun doch, wie neueste Quellen belegen, mehr Rathenauschen als Moellendorffschen Ursprungs ist.[42] Dabei hatten die Rohstoffgesellschaften wahrscheinlich ihren Ursprung in Rathenaus Plan einer staatlichen Diamantenregie in Südwest-Afrika, den er nach seiner zweiten Reise entwickelt hatte.

Mit der Rohstoffbewirtschaftung hatte Rathenau demonstrieren können, daß industrielle Selbstverwaltung unter staatlicher Kontrolle florieren konnte. Obwohl beide Seiten nicht immer harmonisierten, ermöglichte der Einsatz für die Rüstung eine planvolle und gewinnbringende Kooperation. Jedoch lag ihm wenig an einer Unterminierung der Privatwirtschaft. Sein Denken war darauf gerichtet, den ›dogmatischen Sozialismus‹ abzuwehren. Um dieses Ziel in der problemgeladenen Nachkriegswirtschaft zu erreichen, hielt er die Synthese zwischen staatlicher Intervention und privatwirtschaftlicher Selbstverwaltung für notwendig, die letztlich den großen Konzernen nutzen sollte. Erst als die Besitzstände der kapitalistischen Wirtschaftsordnung nicht mehr gefährdet schienen, als die Gefahr der Verstaatlichung ganzer Industriezweige gebannt war und als Rathenau den Kampf gegen die Schwerindustrie aufgab, wurde es ihm möglich, für die deutsche Wirtschaft in der Außenpolitik als Wiederaufbau- und später als Außenminister tätig zu werden. Die beiden spektakulären Abkommen von Wiesbaden und Rapallo machen deutlich, wie sehr es ihm darauf ankam, die bilateralen Wirtschaftsbeziehungen zwischen Deutschland und Frankreich sowie Deutschland und Rußland zu fördern und dies als Grundlage für die Verbesserung der zwischenstaatlichen Beziehungen zu nutzen. Daß es ihm dabei um die Wiederherstellung und Sicherung Deutschlands als Großmacht ging, war eine Folge seiner nationalen Einstellung. In der Weise, wie Rathenau mit der ihm eigenen Souveränität unternehmensstrategische, wirtschafts- und außenpolitische sowie geistige Fragen seiner Zeit erörterte, durchdrang und miteinander verband, steht er wohl einzigartig in der deutschen Geschichte des 20. Jahrhunderts da, gleichgültig wie kritisch Stellungnahmen zu einzelnen Aspekten oder zu seiner Gesamtperson ausfallen mögen. Als *Hochmeister* des Industriekapitalismus gehörte er zu den deutschen Großindustriellen, die Gustav Stresemann in den zwanziger Jahren als »Könige der Gegenwart« bezeichnet hat.

Anmerkungen

1. Ein Versuch, die Gemeinsamkeiten in Rathenaus Denken und Handeln zu erörtern ist: Hartmut Pogge von Strandmann: Rathenau zwischen Politik und Wirtschaft, in: Otmar Franz: Am Wendepunkt der europäischen Geschichte, Göttingen 1981, S. 88–106
2. Produktionspolitik, Rede auf der Tagung des Deutschen Beamtenbundes, Berlin, 26. 10. 1920, Reden, S. 119
3. Rede auf der Tagung des Reichsverbandes der deutschen Industrie, München, 28. 9. 1921, Reden, S. 264
4. Produktionspolitik, Reden, S. 119
5. Rathenau an Harden, 15. 10. 1897, GA VI, Nr. 6, S. 307
6. Ebd., S. 308 und Harden an Rathenau, 28. 10. 1897, GA VI, Nr. 7, S. 310. Mit Gesellschaft sind industrielle Unternehmen gemeint
7. Vom Aktienwesen. Eine geschäftliche Betrachtung (1917), GS V, S. 154
8. Als typisches Beispiel sei auf Hermann Burte hingewiesen: Mit Rathenau am Oberrhein, Heidelberg 1948, S. 20–22. Vgl. auch Franz Blei: Männer und Masken, Berlin 1930, S. 266
9. AEG-Archiv, Frankfurt/Main: Aufsichtsratsprotokoll, 10. 5. 1899
10. Archiv der BHF-Bank, Frankfurt/Main, ohne Inv. Nr.: Vertrag der Berliner Handelsgesellschaft mit Walther Rathenau, 19. 6. 1902. Ich bin Herrn Wilderotter für diese Information dankbar. Übrigens wurde schon damals als frühester Termin für Rathenaus möglichen Austritt der 30. 6. 1907 festgelegt. Zu diesem Zeitpunkt wechselte er dann tatsächlich in den Verwaltungsrat der Bank über
11. Archiv der BHF-Bank: Sitzung des Verwaltungsrats, 12. 1. 1903
12. Rathenau: Tagebuch, S. 118
13. Apologie (1919), GS VI, S. 425
14. Kessler: Rathenau, S. 50
15. Apologie (1919), GS VI, S. 424. Rathenau hat sich in der Datumsangabe (um 1900) um ein Jahr geirrt
16. 50 Jahre AEG. Als Manuskript gedruckt, Berlin 1956, S. 139
17. Rathenau an Lili Deutsch, in: Kessler: Rathenau, S. 145
18. Rathenau: Tagebuch, S. 131
19. Rathenau an Hermann Bahr, 15. 2. 1918, B II, Nr. 358, S. 8f
20. Hartmut Pogge von Strandmann (Hg.): Walther Rathenau. Industrialist, Banker, Intellectual and Politician. Notes and Diaries 1907–1922, repr. Oxford 1988, S. 27–30
21. Ebd., S. 62–64
22. Ebd., S. 105f
23. Karte Rathenau an Hugo Geitner, 9. 6. 1911, Deutsches Historisches Museum Berlin, Archiv, Safe Fach 347, Rep. IV R. Rathenau, Inv. Nr. Do. 58/697. Ich bin Herrn Wilderotter dankbar für die Überlassung einer Kopie der Karte. Kesslers Version des Nichtzustandekommens seiner Kandidatur beruht auf eigenen Mutmaßungen, für die es keine Nachweise gibt
24. Hartmut Pogge von Strandmann: Der Kaiser und die Industriellen. Vom Primat der Rüstung, in: John C. G. Röhl (Hg.): Der Ort Kaiser Wilhelms II. in der deutschen Geschichte, München 1991, S. 119f. Max Weber: Parlament und Regierung im neugeordneten Deutschland, in: Gesammelte Schriften, 2. erw. Aufl. Tübingen 1958, S. 334
25. Kessler: Rathenau, S. 271f
26. Ebd.
27. Walther Rathenau an Paul Jordan, 9. 5. 1919. Ich danke Dr. Clemens Picht für die Überlassung einer Kopie dieses Briefes
28. Vgl. Hellige: Der Kampf zwischen Walther Rathenau und Felix Deutsch um die Nachfolge Emil Rathenaus, GA VI, S. 662–663 und: Die endgültige Lösung der Nachfolgefrage in der AEG, GA VI, S. 714–715. Pogge von Strandmann (Hg.): Rathenau. Notes and Diaries, S. 168–169 und S. 171
29. AEG/Archiv: Aufsichtsratsprotokoll vom 3. 12. 1912
30. Hartmut Pogge von Strandmann: Walther Rathenau. Grandmaster of Capitalism (Ms.), S. 35 u. S. 90
31. Hans Dieter Hellige: Walther Rathenau: ein Kritiker der Moderne als Organisator des Kapitalismus, in: Thomas P. Hughes (Hg.): Ein Mann vieler Eigenschaften. Walther Rathenau und die Kultur der Moderne, Berlin 1990, S. 32–54, hier S. 38
32. Für die Fusion mit der *Union* siehe den Beitrag von Peter Strunk in diesem Band
33. Helga Nussbaum: Unternehmer gegen Monopole. Über Struktur und Aktionen antimonopolistischer bürgerlicher Gruppen zu Beginn des 20. Jahrhunderts, Berlin 1966, S. 98. Helga Nussbaum: Versuche zur reichsgesetzlichen Regelung der deutschen Elektrizitätswirtschaft und zu ihrer Überführung in Reichseigentum 1909 bis 1914, in: Jahrbuch für Wirtschaftsgeschichte 2, 1968, S. 153. Fritz Blaich: Kartell- und Monopolpolitik im kaiserlichen Deutschland. Das Problem der Marktmacht im deutschen Reichstag zwischen 1879 und 1914, Düsseldorf 1973, S. 177
34. Pogge von Strandmann: Grandmaster of Capitalism, S. 91
35. Siehe den Briefwechsel zwischen Jordan, Deutsch und Rathenau vom Frühjahr 1919. siehe Anm. 27
36. Pogge von Strandmann (Hg.): Rathenau. Notes and Diaries, Introduction, S. 15–19
37. Ebd., S. XIII. Übrigens hält Golo Mann das in Hexametern geschriebene ostafrikanische Tagebuch für das Schönste, was Rathenau verfaßt hat
38. Ebd., S. 67, Anm. 28
39. Renfrew Christie: The Electrification of South Africa 1905–1975, unveröffentl. Diss., Oxford 1978, S. 77–99. AEG-Archiv: Aufsichtsratsprotokoll, 5. 4. 1909. 50 Jahre AEG, S. 184f
40. Für die zehnjährige Kontrolle durch die AEG und Rathenaus Strategien gegen die Schwerindustrie, siehe Pogge von Strandmann: Grandmaster of Capitalism, S. 99–135
41. Hartmut Pogge von Strandmann: Unternehmenspolitik und Unternehmensführung. Der Dialog zwischen Aufsichtsrat und Vorstand bei Mannesmann 1909–1919, Düsseldorf 1978, S. 77–81
42. Pogge von Strandmann (Hg.): Rathenau. Notes and Diaries, S. 187–189

DIE KARRIERE WALTHER RATHENAUS IN DER AEG

PETER STRUNK

Walther Rathenaus vielseitige Persönlichkeit hat schon frühzeitig das Interesse der Forschung geweckt, wobei seine Rolle als Politiker und Schriftsteller und weniger die des Industriellen im Mittelpunkt steht. Dabei war er in seinen knapp 55 Lebensjahren 22 Jahre in der Industrie tätig, davon 20 Jahre für die AEG und ihre Tochtergesellschaften, zumeist in leitender Funktion. Die AEG war Ausgangspunkt und Basis seines Handelns; ihre Bedeutung für Walther Rathenau kann nicht hoch genug eingeschätzt werden.

Der Weg in die AEG

Walther Rathenaus Berufsweg führte ihn direkt in die Welt seines Vaters. Auf dessen Wunsch ging er, nach seiner Promotion, im Alter von 23 Jahren noch für ein Semester zu einem Aufbaustudium von Maschinenbau und Metallchemie nach München, wo er nebenbei im »Edisonladen« arbeitete, wie er die Münchener Vertriebsniederlassung der AEG salopp nannte.[1] Nach Ablauf seiner Dienstzeit als Einjährig-Freiwilliger bei den Garde-Kürassieren trat er 1892 eine Stelle bei der *Aluminium-Industrie Neuhausen AG* in der Schweiz an, ein Unternehmen, an dem die AEG beteiligt war.[2]

Hier hatte er, trotz des Unbehagens an der Einbindung in die Hierarchie des Berufslebens und in die Niederungen alltäglicher Arbeitsabläufe,[3] Gelegenheit die Berufserfahrung zu sammeln, die er für die Übernahme der angestrebten Leitungsfunktion benötigte. Nach zwei Jahren war es soweit: Er wurde Geschäftsführer der *Elektrochemischen Werke GmbH* mit Sitz in Berlin und Bitterfeld, einer Gründung der AEG und ihres Bankenkonsortiums.[4]

Die Elektrochemischen Werke schlossen mit der Aluminium Industrie in Neuhausen einen Vertrag über die Nutzung der Verfahren zur elektrochemischen Herstellung, an deren Entwicklung Rathenau beteiligt war. Nachdem Walther Rathenau festgestellt hatte, daß die Elektrochemie nicht von natürlichen Wasserkräften abhängig ist, sondern auch auf der Basis von Braunkohle im rationellen Verfahren angewendet werden kann, erwarb die AEG 1893 in Bitterfeld ein Industriegelände und eine Kohlegrube.[5] Hier kümmerte sich Rathenau mit großem Engagement um den Aufbau der neuen Fabrik. Seine Aufgabe bestand darin, auf dem noch wenig entwickelten Gebiet der Elektrochemie eine industrielle Massenproduktion vorzubereiten. Er entwickelte neue Verfahren zur Herstellung von Ferrosilizium, Chrom, Natrium und Magnesium. Daneben überwachte er 1896 den Aufbau eines Zweigwerks der Elektrochemischen Werke in Rheinfelden (*Elektrochemische Werke Rheinfelden A. G.*) und von Tochtergesellschaften in Polen, Frankreich, Norwegen und Österreich.[6]

Die Bitterfelder Fabrik befand sich schließlich 1897 »in nahezu vollem Betriebe«.[7] Große Probleme bereitete allerdings ein Konkurrenzunternehmen: Die *Chemische Fabrik Elektron* aus Frankfurt, eine Tochtergesellschaft der *Chemischen Fabrik Griesheim*, die 1894 ebenfalls in Bitterfeld ein elektrochemisches Werk in Betrieb nahm, in dem auch auf der Basis der Chlor-Alkali-Elektrolyse, allerdings nach einem eigenen, erfolgreicheren Verfahren produziert wurde. Dagegen litt das Bitterfelder Stammwerk der Elektrochemischen Werke weiter unter verfahrenstechnischen Schwierigkeiten. Rathenau bot schließlich dem Frankfurter Unternehmen die Fabriken in Bitterfeld und Rheinfelden zur Pacht an,[8] und 1898 wurde fast die gesamte Produktion auf die *Chemische Fabrik Elektron* übertragen, die auch ein Vorkaufsrecht erhielt. Ein entsprechender Vertrag kam schließlich im Januar 1899 mit Hilfe des Berliner Bankiers Carl Fürstenberg zustande.[9]

Leiter der Kraftwerksabteilung im Vorstand der AEG

Wie schon in Neuhausen hatte sich Walther Rathenau auch in Bitterfeld nicht wohlgefühlt. Für ihn war die trostlose Industriestadt zwischen Leipzig und Dessau nur eine Zwischenstation in seiner Karriere. Die Tatsache, daß sein Bitterfelder Engagement einen nicht sehr schmeichelhaften Ausgang genommen hatte,[10] stand einem

Aufstieg in der AEG nicht im Wege. Am 1. April 1899 wurde er im Alter von 31 Jahren in das Direktorium (Vorstand) der AEG berufen, und zwar als Leiter der Kraftwerksabteilung.[11] Dieser Geschäftsbereich hatte zunächst bis 1889 in der Verantwortung Oskar von Millers gelegen, der später in München das Deutsche Museum gründen sollte. Nach dessen Ausscheiden aus der AEG richtete man im Zuge des Ausbaus der AEG-Verwaltung eine *Abteilung für Centralstationen* ein, die intern unter der Kurzbezeichnung *Z* (Zentralstationen), bzw. später *K* (Kraftwerke) geführt wurde und sich in ein kaufmännisches und in ein technisches Büro (Abteilungen *K I* und *K II*) gliederte.[12]

In den ersten Jahren des Aufbaus der öffentlichen Stromversorgung wurden die Kraftwerke in der Regel auf der Basis von Konzessionen erbaut und betrieben, die von den Städten und Gemeinden den ausführenden und betreibenden elektrotechnischen Firmen erteilt wurden. Als im Laufe der neunziger Jahre viele Städte begannen, Kraftwerke in eigener Regie zu errichten, nahm auch das Kraftwerksgeschäft der AEG einen beachtlichen Aufschwung. Walther Rathenau schrieb sich im nachhinein selbst das Verdienst zu, »besonders das Baugeschäft für fremde Rechnung, das vorher etwas vernachlässigt worden war, zu ansehnlichem Wachstum« geführt zu haben.[13] Einer seiner ehemaligen Mitarbeiter verwies in diesem Zusammenhang darauf, daß die AEG bis dahin Kraftwerke nur »für eigene oder befreundete Rechnung« gebaut und Walther Rathenau sich für die AEG »zum erstenmal an öffentlichen Submissionen« beteiligt habe.[14] Der Aufschwung im Kraftwerksgeschäft setzte allerdings nicht erst 1899, also zum Zeitpunkt des Eintritts von Walther Rathenau in den Vorstand, ein; die AEG hatte zu diesem Zeitpunkt bereits Kraftwerke »theils für Rechnung Dritter« gebaut wie z. B. 1897 in Plauen im Vogtland.[15]

Über die von Rathenau akquirierten Kraftwerksprojekte liegen nur wenige konkrete Hinweise vor. So heißt es, er habe Aufträge zum Bau von Zentralen aus Heidelberg, Braunschweig, Malmö, Baku, Manchester, Amsterdam, Buenos Aires, Santiago de Chile, Barcelona, Halle/S., Genua und Groningen erhalten.[16] Mit Sicherheit waren dies nicht alle von ihm betreuten Projekte; sie zu ermitteln, dürfte allerdings kaum möglich sein, zumal in diesem Geschäft auch die Vertriebsorganisation der AEG aktiv war, deren Büros im In- und Ausland wie eigenständige Unternehmen operieren konnten.[17] Zwar wurde das Kraftwerksgeschäft – vor allem wegen der Größe der Aufträge – von der Berliner Zentrale aus direkt abgewickelt,[18] dennoch blieb es den Büros überlassen, auch selbst zu akquirieren und der Abteilung *Z* die Ausführung zu überlassen.

Walther Rathenau hatte die Leitung der Kraftwerksabteilung kurz vor Ablauf des Geschäftsjahres 1898/99 übernommen, in dessen Verlauf neben Bauten für die *Berliner Elektricitäts-Werke* (BEW) 19 Elektrizitätswerke mit insgesamt 40.000 PS in Betrieb gegangen und weitere 34 Werke mit ca. 80.000 PS Gesamtleistung im Bau waren.[19] Im Geschäftsjahr 1900/1901 stellte die AEG, jetzt unter der Verantwortung Walther Rathenaus, 39 Zentralen mit einer Gesamtleistung von 68.000 PS fertig. Zu den bemerkenswertesten Aufträgen zählte die Ausrüstung einer Maschinenanlage für das neue städtische Elektrizitätswerk in der englischen Industriestadt Manchester. Ebenso konnte in Amsterdam »nach scharfer Concurrenz der Auftrag zum Bau eines Elektricitätswerkes« mit 6.000 PS Leistung hereingeholt werden.[20] Beide Aufträge waren Rathenaus Werk.

Am 12. Mai 1902 gab der AEG-Aufsichtsrat »unter Bedauern und mit dem Ausdrucke des Dankes« dem Wunsch Walther Rathenaus statt, aus dem Vorstand auszuscheiden.[21] An seine Stelle rückte Georg Klingenberg, der eine neue Phase im Kraftwerkbau einleiten und richtungsweisende Großprojekte verwirkliche sollte.[22]

Für Rathenaus Entscheidung gab es, wie bei ihm so oft, ein ganzes Bündel von Erklärungen: So hatte man seinem Vater in der AEG-Hauptversammlung die Errichtung einer ›Dynastie‹ vorgeworfen, worauf sich der Sohn veranlaßt gesehen haben soll, den Konzern zu verlassen.[23] Dies ist jedoch kaum wahrscheinlich, denn der gar nicht abwegige Dynastievorwurf richtete sich nicht gegen den Sohn, sondern in erster Linie gegen den Vater, und war wohl eher ein Vorwand. Dahinter verbarg sich ein Protest gegen die Finanzpolitik Emil Rathenaus, der einen beträchtlichen Teil der Gewinne in Reserven anlegte und deshalb bei den Aktionären nicht besonders beliebt war.[24]

Der entscheidende Grund für sein Ausscheiden war geschäftspolitischer Art. Rathenau selbst wies darauf hin, daß seine Zeit bei der AEG ein rasches Ende nahm, als »eine umfassende Transaktion, die ich in Gemeinschaft mit einem befreundeten Kollegen betrieb und die mein Vater billigte,

Innenaufnahme des Kraftwerks Hornow (Kat.Nr. 1/31)

… an persönlichen Widerständen« scheiterte.[25] Mit dieser Transaktion war der Einstieg der AEG bei der *Elektrizitäts-Aktiengesellschaft vorm. Schuckert & Co.* gemeint. Die 1873 in Nürnberg gegründete Firma zählte zwar zu den bedeutendsten Elektrokonzernen Deutschlands, war jedoch in Schwierigkeiten geraten, als ihr führender Finanzier, die *Leipziger Bank*, 1902 in Konkurs ging. Schuckert suchte daher Anschluß an die AEG.[26] Walther Rathenau und Felix Deutsch, engster Mitarbeiter Emil Rathenaus,[27] fuhren für vierzehn Tage nach Nürnberg, um die Lage bei dem sanierungsreifen Konzern zu sondieren. Die Ergebnisse ihrer Recherchen waren zwar alles andere als erfreulich, aber dennoch kam man »zu der Ansicht, daß eine Kombination mit Schuckert für uns von Bedeutung und in Zukunft von großem Nutzen sein könne«.[28]

Emil Rathenau wollte jedoch das gesparte Geld der AEG nicht auf Jahre hinaus in die Sanierung *Schuckerts* stecken. Auch hegte er persönliche Antipathien gegenüber »der ganzen Schuckertschen Direktion«.[29] Nach seinen Vorstellungen kam eine Fusion mit der AEG nur dann in Frage, wenn sich Walther Rathenau und Felix Deutsch bereit erklärten, zur Leitung des Unternehmens nach Nürnberg überzusiedeln. »Damit, wußte er, fiel das Projekt.«[30] Emil Rathenau überließ die endgültige Entscheidung dem AEG-Vorstand, und dieser sprach sich sehr zum Verdruß Walther Rathenaus mehrheitlich gegen die Fusion aus. *Schuckert* wandte sich daraufhin an die Firma *Siemens.* Am 23. 3. 1903 wurde die Starkstromproduktion beider Unternehmen zur *Siemens-Schuckert Werke GmbH* zusammengefaßt.

Tätigkeit in der Berliner Handels-Gesellschaft

Nachdem Walther Rathenau die AEG verlassen hatte, holte Carl Fürstenberg, persönlich haftender Gesellschafter der *Berliner Handels-Gesellschaft* (BHG), ihn am 1. Juli 1902 in die Geschäftsführung der Bank. In der BHG wurde Rathenau die Aufgabe zugewiesen, »die industriellen Unternehmungen der Bank zu prüfen und teilweise auch neu zu organisieren«.[31] Die Bearbeitung »dieser kranken Küken« war nicht immer erfreulich, man überließ sie bevorzugt den Neulingen in der Geschäftsleitung.[32]

Auch nach seinem Eintritt in die *Berliner Handels-Gesellschaft* stand Walther Rathenau der AEG schon deshalb weiterhin »sehr nahe«, da die BHG seit 1898 führende Bank im Konsortium des Konzerns war. Als stellvertretender Vorsitzender im Aufsichtsrat übte Carl Fürstenberg maßgebenden Einfluß auf die Finanzpolitik des Unternehmens aus.[33] Die Nähe Rathenaus zur AEG blieb aber auch durch die *Bank für elektrische Unternehmungen*, kurz Elektrobank genannt, gewährleistet, deren Berliner Filiale er seit 1901 leitete. Die Elektrobank war 1895 als Holding- und Finanzierungsgesellschaft von der AEG und einem »Konsortium für elektrische Geschäfte«[34] in Zürich zur Erschließung ausländischer Kapitalquellen gegründet worden, wobei man als Sitz bewußt die neutrale Schweiz wählte.[35] Sie erreichte bis zum Ersten Weltkrieg eine Beteiligung an etwa 50 zumeist ausländischen Unternehmungen der AEG.

In den Jahren 1900 bis 1903 kam es in Deutschland infolge einer Überproduktionskrise zum Konjunktureinbruch, dem 1907 eine weitere Rezession folgte. Für die Elektroindustrie waren die Auswirkungen gravierend: Zur Jahrhundertwende gab es in Deutschland neben der AEG und *Siemens & Halske* noch sieben weitere große Elektrounternehmen; zwölf Jahre später waren hiervon nur die AEG und *Siemens* übriggeblieben.[36]

Zwar blieb auch der größte deutsche Elektrokonzern von den Folgen des Konjunktureinbruchs nicht verschont, in eine substantielle Krise geriet er jedoch nicht. Im Gegenteil: Die erheblichen Reserven bildeten die Grundlage für eine Reihe von Unternehmensaufkäufen und -zusammenschlüssen, in deren Folge die AEG erheblich gestärkt aus der Krise hervorging. Diese Politik entsprach genau den Plänen Walther Rathenaus, mit deren Verwirklichung er noch 1902 bei dem Fusionsplan mit *Schuckert* gescheitert war.

Den Reigen von Fusionen und Käufen leitete 1902 die zum Sanierungsfall gewordene Firma *Helios* ein. AEG und *Siemens* kauften sie 1903 gemeinsam auf und legten sie kurzerhand still.[37] Im selben Jahr gliederte die AEG sich die elektrotechnische Abteilung der Firma *Gebr. Körting*, Hannover, ein, wofür sich Walther Rathenau besonders engagiert hatte.[38] Höhepunkt der Fusionswelle war neben einer Reihe weiterer Transaktionen[39] die Integration der *Union Elektricitäts-Gesellschaft* (UEG) in die AEG.

Walther Rathenau hatte sie nach den gescheiterten Verhandlungen mit *Schuckert* energisch vorangetrieben.[40] Die UEG war 1892 von der amerikanischen *Thomson Houston International Electric Co.*, Boston, unter Beteiligung der *Ludwig Loewe & Co.* und *Thyssen & Co.* gegründet worden. Auf diese Weise verschaffte sich *Thomson-Houston*, der schärfste Konkurrent der AEG auf dem Gebiet der Bahntechnik, Zugang zum deutschen Markt. Jedoch schon im selben Jahr ging *Thomson-Houston* in der *General Electric Co.* (GE) auf, an deren Gründung die AEG beteiligt war. Die Konkurrenzsituation zwischen UEG und AEG gestaltete sich in den folgenden Jahren daher einigermaßen erträglich. Hierfür sorgte vor allem Isidor Loewe, der mit Emil Rathenau befreundete Chef der *Ludwig Loewe & Co.* Loewe war es auch, der die UEG der AEG zur Übernahme anbot. Emil Rathenau winkte zunächst ab, weil er gerade damit beschäftigt war, seine Beziehungen zur GE enger zu gestalten.[41]

Im Jahre 1902 wurden die Fusionsverhandlungen wiederaufgenommen. Die UEG verfügte zwar auf dem Gebiet der Bahntechnik über eine bedeutende Marktstellung, war aber sonst auf die Zusammenarbeit mit anderen Unternehmen angewiesen.[42] Als Ergebnis der Verhandlungen kam zunächst die Bildung einer Interessengemeinschaft beider Gesellschaften zustande.[43] Im Herbst 1903 handelte dann Emil Rathenau in den Vereinigten Staaten Verträge mit der GE und *Thomson-Houston* zum gegenseitigen Austausch von Patenten und Erfahrungen aus. Sie bildeten die Grundlage für die endgültige Fusion, der die AEG-Generalversammlung im Februar 1904 zustimmte.[44]

Die Eingliederung der UEG in die AEG wurde von Walther Rathenaus langjährigem Freund Maximilian Harden als »größte deutsche Geschäftstransaktion der letzten Jahre« gelobt.[45] In der Tat konnte sich das Ergebnis sehen lassen: So lag der AEG-

Umsatz 1904/05 bei 132 Mio. Mark und kletterte innerhalb weniger Jahre auf 237 Mio. Mark. Die Dividende, die während der Krise 1901/03 auf acht Prozent gefallen war, stieg im Geschäftsjahr 1906/07 auf zwölf Prozent.

Walther Rathenaus Initiative zur Fusion der UEG mit der AEG führte zu einem weiteren Karrieresprung: Er wurde 1904 Mitglied des Aufsichtsrates der AEG und gehörte damit wieder in leitender Funktion dem Unternehmen an. Es sollte jedoch nicht bei einem Aufsichtsratsposten bleiben. Seit seinem Eintritt in die BHG war Rathenau an der Gründung und Leitung zahlreicher Firmen beteiligt und nacheinander in den Aufsichtsbzw. Verwaltungsräten von insgesamt 86 inländischen und 21 ausländischen Unternehmen vertreten.[46] An vielen dieser Unternehmen war die AEG beteiligt, so zum Beispiel an der BEW, der *Gebr. Körting AG* und der *Allgemeine Lokalbahn und Kraftwerke A.-G.*, Berlin.[47] Überdies hatte Rathenau die Gründung zahlreicher Unternehmen mit AEG-Beteiligung betrieben, darunter im Jahre 1905 die der *Vereinigten Lausitzer Glaswerke A.-G.*

Walther Rathenau mit englischen Ingenieuren bei einer AEG-Werksbesichtigung (Kat.Nr. 1/53)

Im Juli 1907 beendete Rathenau nach fünf Jahren seine Tätigkeit als Geschäftsinhaber der BHG, blieb aber weiterhin im Verwaltungsrat der Bank vertreten.[48] Wiederum lassen sich eine Reihe von Gründen für sein Ausscheiden nennen, entscheidender Anlaß dürfte dieses Mal die Hoffnung auf ein Staatsamt gewesen sein.[49]

Die Nachfolge Emil Rathenaus

Der erhoffte Wechsel in die begehrte politische Laufbahn kam jedoch nicht zustande. Walther Rathenau kehrte daher zur Industrie zurück. In Anerkennung seiner Verdienste um die Fusion von *Felten & Guillaume* mit der AEG machte Rathenau einen weiteren Karrieresprung und wurde 1910 auf Vorschlag von Carl Fürstenberg zum stellvertretenden Aufsichtsratsvorsitzenden der AEG berufen.[50] Zwei Jahre später erkrankte Emil Rathenau schwer und hinterließ an der Konzernspitze ein Machtvakuum. Felix Deutsch beanspruchte nun den Vorsitz im Vorstand. Walther Rathenau drängte seinerseits, teils aus eigenem Ehrgeiz, teils auf Wunsch des Vaters, der seine Pläne einer ›Dynastie‹ noch keineswegs aufgegeben hatte, darauf, die Position des Vorstandsvorsitzenden einzunehmen.[51] Die daraus resultierenden Spannungen, in die sich Felix Deutschs Ehefrau Lili noch mit einer Intrige einmischte,[52] erreichten im Oktober 1912 ihren Höhepunkt, als Emil Rathenau auf Betreiben seines Sohnes einen Brief an Carl Fürstenberg schrieb, in dem er um die Aufnahme Walthers in den Vorstand bat. Felix Deutsch widersetzte sich dieser Absicht energisch und drohte mit seinem Austritt aus der Direktion.[53]

Rathenaus Versuch, erneut in den Vorstand der AEG einzutreten, war damit gescheitert. Er zog daraus schnell die Konsequenz, nahm mit Carl Fürstenberg Verhandlungen zur Übernahme des Aufsichtsratsvorsitzes auf – womit sich auch Deutsch grundsätzlich einverstanden erklärte – und übernahm am 3. Dezember 1912 diesen Posten.[54] Damit war die Krise in der AEG-Führung beigelegt. Emil Rathenau erholte sich und konnte 1913 die Geschäfte wiederaufnehmen.

Felix Deutsch beherrschte, wie Maximilian Harden zu Recht vermutete,[55] das Tagesgeschäft wesentlich besser als sein Rivale, der sich schon bei seiner ersten Anstellung in Neuhausen in der Schweiz mit der Routine des beruflichen Alltags schwertat. Insofern eignete sich Walther Rathenau in der Tat eher für den Posten des Aufsichtsratsvorsitzenden, der ihm neben dem höchsten protokollarischen Rang Möglichkeiten bot, auch jederzeit in das Konzerngeschehen einzugreifen. Dies war sicherlich nicht die schlechteste Lösung für den stets auf sein Prestige bedachten Rathenau.

Nach dem Tod Emil Rathenaus am 20. Juni 1915 entbrannte an der AEG-Spitze nochmals ein Streit über die künftige Kompetenzverteilung zwischen Vorstand und Aufsichtsrat. Walther Rathenau pochte auf Sondervollmachten und den Titel des Präsidenten. In der Sitzung des Aufsichtsrates am 8. Juli 1915 ließ er einen Brief seines Vaters – eine Art geschäftspolitisches Testament – über die Kompetenzen des Aufsichtsratsvorsitzenden verlesen. Der Aufsichtsrat erklärte sich damit einverstanden, stellte allerdings fest, daß Rechte und Pflichten des Vorstandes hierdurch in keiner Weise beschränkt werden.[56] Dies entsprach allerdings nicht ganz den Tatsachen, denn schon 1910 waren dem Aufsichtsratsvorsitzenden gewisse Sondervollmachten eingeräumt worden. Auf einer außerordentlichen Generalversammlung der AEG am 3. September 1915 machte Walther Rathenau außerdem darauf aufmerksam, daß der Posten des Generaldirektors, den Emil Rathenau seit Mai 1889 innehatte, nicht wieder besetzt wird. Statt dessen werde das Unternehmen in kollegialer Form unter dem Vorsitz von Felix Deutsch geführt.[57]

Am 16. Januar 1916 beschloß dann eine außerordentliche Generalversammlung der AEG – übrigens erst im zweiten Anlauf – die entscheidende Satzungsänderung, nach der »dem Vorsitzenden (des Aufsichtsrates) im Falle seiner Betrauung mit bestimmten Aufgaben« der Titel »Präsident der Allgemeinen Elektricitäts-Gesellschaft« verliehen wird.[58] Damit rückte Walther Rathenau in eine

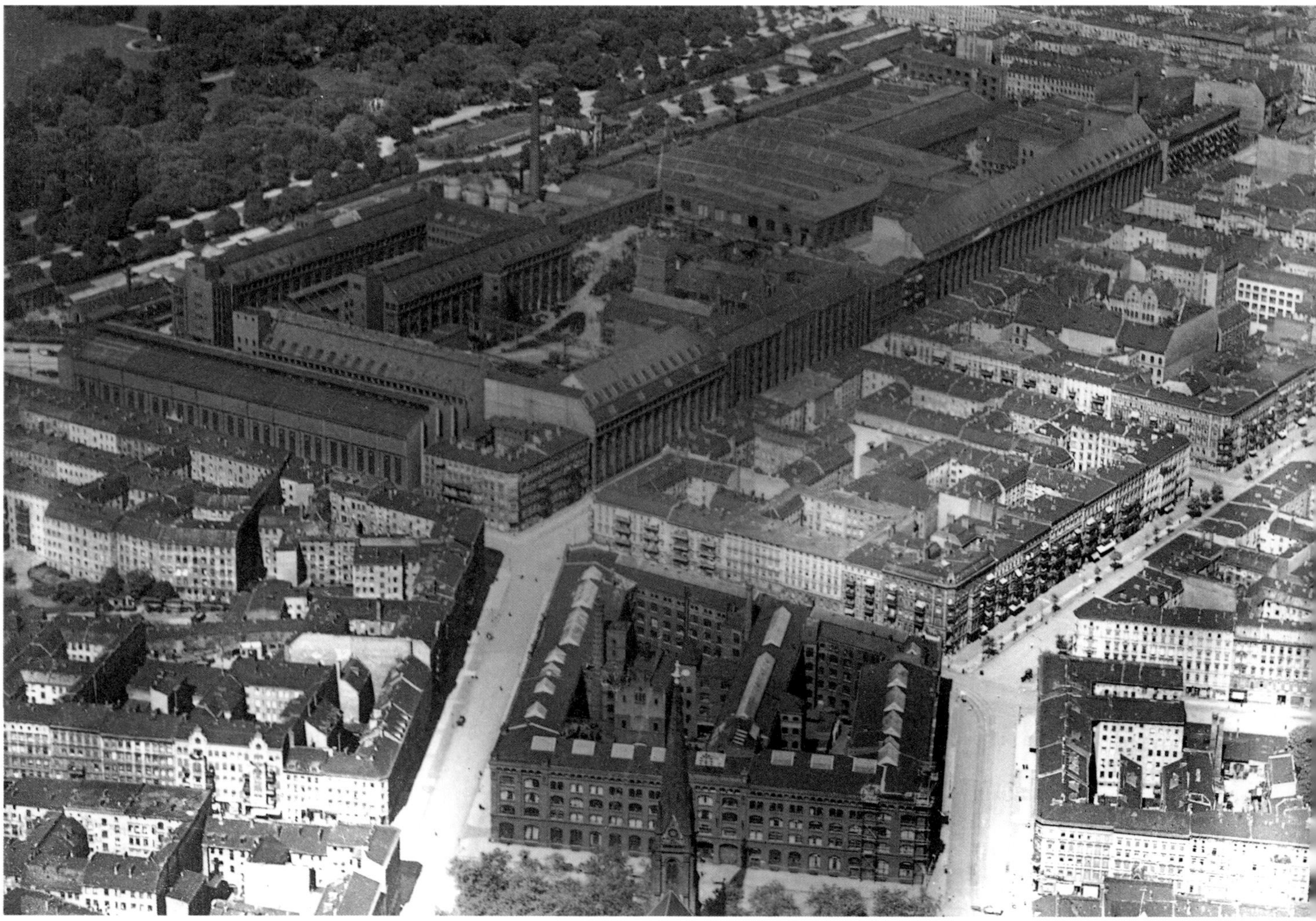

Der AEG-Firmenkomplex im Wedding, um 1912

Position, in der er Funktionen des Aufsichtsrates mit denen des Vorstands in seiner Person vereinigen konnte; er hatte in der AEG alles erreicht, was er erreichen konnte.

Walther Rathenau und die AEG im Ersten Weltkrieg

Als Leiter der Kriegsrohstoffabteilung im preußischen Kriegsministerium mußte Walther Rathenau zwangsläufig mit seiner Tätigkeit bei der AEG in Konflikt geraten. Er war sich dessen auch bewußt und versuchte, zwischen seinem politischen Amt und seiner Funktion in der Wirtschaft eine Trennlinie zu ziehen.[59] Es half ihm jedoch wenig, daß von seinen unpopulären Maßnahmen auch die AEG betroffen war.[60] Während seiner achtmonatigen Tätigkeit stand er ständig im Kreuzfeuer der Kritik, weil viele Industrielle ihm eine einseitige Bevorzugung des Elektrokonzerns unterstellten.[61] Dieses Mißtrauen war nicht ganz abwegig, denn sicherlich hatte der Konzern von Rathenaus Tätigkeit profitiert.[62] Emil Rathenau versuchte sogar, seinen Sohn zum Verbleiben in der Kriegsrohstoffabteilung zu bewegen.[63] Dieser schied dennoch am 31. März 1915 aus seinem Staatsamt aus, weniger, weil er sich Anschuldigungen aus der Industrie ausgesetzt sah, weil er als Jude im Kriegsministerium vielen Offizieren Stein des Anstoßes war oder weil er die zunehmenden staatlichen Eingriffe in den Wirtschaftskreislauf ablehnte, sondern weil erneut die Aussicht auf eine politische Karriere bestand. Als sich die Hoffnung auf Übernahme des Reichsschatzamtes jedoch zerschlug, kehrte er wieder zur AEG zurück.

Der Ausbruch des Ersten Weltkrieges bedeutete für die AEG einen tiefen Einschnitt. Mit einem Schlag ging ein Großteil ihres Auslandsgeschäfts, das einen Anteil von 20% am Gesamtumsatz hatte, verloren. Es kam zu Entlassungen, obwohl rund 13.000 der über 60.000 Beschäftigten eingezogen worden waren.[64] Erst im September 1914, als sich ein längerer Kriegsverlauf abzeichnete, verbesserte sich die Auftragslage.

Als er Ende März 1915 zur AEG zurückkehrte, konzentrierte er sich auf die Organisation der Rüstungsfabrikation. Sein Vater hatte zunächst gezögert, Produktionsumstellungen in größerem Umfang vornehmen zu lassen, da er nur von einer kurzen Kriegsdauer ausging. Sein Sohn war – wie auch Felix Deutsch – hier anderer Auffassung. Allerdings konnten beide erst nach dem Tod Emil Rathenaus entsprechende Maßnahmen treffen.[65] Allmählich konnte die Rüstungsproduktion den Verlust der Auslandsmärkte kompensieren.[66] Im Geschäftsjahr 1916/17 stieg die AEG hinter Krupp zum zweitgrößten Rüstungslieferanten Deutschlands auf.[67] Die Kriegsproduktion erreichte einen Anteil von mehr als 45 Prozent am Gesamtumsatz. Zu den Schwerpunkten zählten die Flugzeugfertigung in Hennigsdorf und als neuer Produktionszweig die Munitionsherstellung.[68] Die Zahl der Beschäftigten des Unternehmens stieg auf fast 80.000.[69] Ungeachtet der großen Bedeutung, die das Rüstungsgeschäft erlangte, sah sich die AEG-Führung schon 1915 veranlaßt, Vorsorge für die »Rückkehr zur Friedenswirtschaft« zu treffen.[70] In diesem Zusammenhang sind auch eine Reihe von Aktivitäten zu sehen, die Walther Rathenau während des Krieges entfaltete. Der Sondierung der Lage der russischen AEG diente beispielsweise auch eine Reise, die er im November 1915 an die deutsche Ostfront unternahm.[71] Auch spielte in seiner Denkschrift von 1915 an Reichskanzler Bethmann Hollweg über eine künftige Ostorientierung der deutschen Wirtschaft sein Interesse als Präsident der AEG eine besondere Rolle, vor allem weil er in Rußland große Absatzmärkte sah.

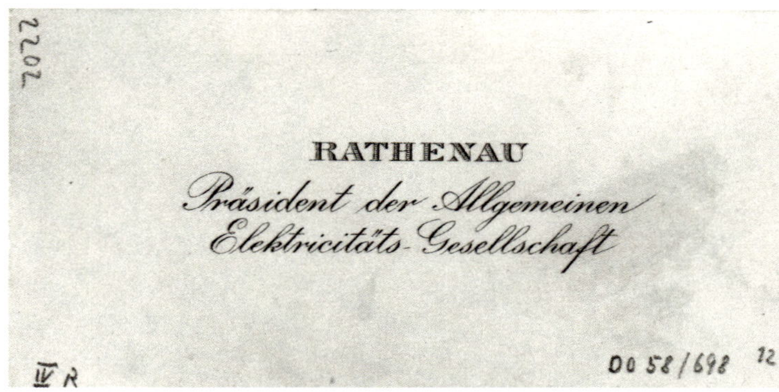

Visitenkarte Walther Rathenaus (Kat.Nr. 1/56)

Die Umstellung der AEG auf die Friedenswirtschaft war mit zahlreichen Schwierigkeiten verbunden, die Walther Rathenaus Arbeitskraft vollständig in Anspruch nahmen. Dennoch zielte sein Ehrgeiz weiter in Richtung Politik. Dies war das einzige Betätigungsfeld, für das er bereit war, seine Karriere in der AEG aufzugeben. Nachdem er bereits vor dem Krieg und dann nach seinem Ausscheiden aus der Kriegsrohstoffabteilung im

Frühjahr 1915 sich vergeblich auf die Übernahme eines Staatsamts vorbereitet hatte, gelang ihm schließlich 1921 der Sprung in die Politik: Er wurde Wiederaufbauminister im ersten Kabinett von Joseph Wirth und legte alle seine Posten in der Wirtschaft nieder. Jedoch auch damals hielt er sich die Rückkehr in die Wirtschaft offen. Als er im Oktober 1921 aus der Reichsregierung ausschied, kehrte er wie selbstverständlich zur AEG zurück, nahm wieder in seinem Büro Platz und beschrieb seine mit »Präsidium« gekennzeichneten AEG-Briefbögen. Wäre er nicht 1922 rechtsradikalen Mördern zum Opfer gefallen, und hätte er dann irgendwann sein Amt als Reichsaußenminister aufgegeben, die erneute Rückkehr zur AEG wäre für ihn eine Selbstverständlichkeit gewesen.

Anmerkungen

1. Walther an Mathilde Rathenau, 2. 11. 1889, NB, Nr. 36f; Siehe auch Apologie (1919), GS VI, S. 411–455, hier S. 424 und: 50 Jahre AEG. Hg. von der AEG (als Manuskript gedruckt), Berlin 1956, S. 98

2. Zum Engagement der AEG auf dem Gebiet der Aluminiumherstellung Alois Riedler: Emil Rathenau und das Werden der Großwirtschaft, Berlin 1916, S. 139f

3. Walther an Mathilde Rathenau, BI, Nr. 14, 1. 1. 1893

4. Zur Gründung und Vorgeschichte s. 50 Jahre AEG, S. 99. Vgl. auch: Eintrag im Berliner Handelsregister, Wiedergabe in: Elektrotechnische Rundschau, 6, 1893/94, Nr. 1, S. 10, sowie Ursula Mader: Walther Rathenau und die Elektrochemischen Werke im Wirkungsfeld der AEG, Teil I: 1893–1896 (Bitterfeld), in: Jahrbuch für Wirtschaftsgeschichte, 1991/3, Berlin 1991, S. 159–213, insbes. Dokumente 1–3, S. 179–182; Dies.: Walther Rathenau als Funktionär des Finanzkapitals. Beiträge zu einer politischen Biographie (1867–1917), Diss.Berlin (Ost) 1974

5. Die Wahl des Standortes war auf Anregung Rathenaus geschehen, nachdem er das Gelände näher in Augenschein genommen hatte: Walther Rathenau: Elektrochemische Werke, in: Die Zukunft, 31. 8. 1895. Vgl. hierzu auch: Ursula Mader: Elektrochemische Werke, S. 160f

6. AEG, 15. Geschäftsbericht 1. 7. 1896 bis 30. 6. 1897, S. 9f, AEG, 16. Geschäftsbericht 1. 7. 1897 bis 30. 6. 1898, S. 10 und 50 Jahre AEG, S. 138

7. AEG, 15. Geschäftsbericht, S. 9

8. AEG, 16. Geschäftsbericht, S. 10

9. Zur Übernahme durch *Griesheim Elektron*: AEG, 17. Geschäftsbericht 1. 7. 1898 bis 30. 6. 1899, S. 8, ferner AEG, 18. Geschäftsbericht 1. 7. 1899 bis 30. 6. 1900, S. 9, 16. Geschäftsbericht, S. 10, 50 Jahre AEG, S. 139

10. Entsprechend unterschiedlich fällt auch das Urteil über diese Zeit aus. Positive Beurteilungen sind zu finden in: Etta Federn-Kohlhaas: Walther Rathenau. Sein Leben und sein Werk, Dresden 1927, S. 46 und 49, sowie bei Paul Mamroth: Beiträge zur Geschichte Walther Rathenaus. Aus einer vierzig Jahre langen Bekanntschaft und Freundschaft, in: Zum Gedächtnis an Walther Rathenau, hg. von der AEG, o. O. (Berlin) 1922, S. 8–14, hier S. 9

11. Protokoll der AEG-Aufsichtsratssitzung vom 10. 5. 1899, Abschriften des Protokoll-Buchs 2 des Aufsichtsrates der AEG, 3. 11. 1891–30. 10. 1902, AEG-Firmenarchiv, S. 83. Die Geschäftsführung der Bitterfelder Werke behielt Walther Rathenau bis 1907 bei

12. AEG-Zeitung, Nr. XII, Juni 1900, S. 25. Zur Einrichtung der Abteilung *Z* vgl. Hinweis in: 50 Jahre AEG, S. 83. Bei der Kraftwerksabteilung handelte es sich neben der zeitgleich eingerichteten Bahnabteilung um die erste Zentralabteilung des Unternehmens

13. Apologie (1919), GS VI, S. 424

14. Hugo F. Simon: Aus Walther Rathenaus Leben, Dresden 1927, S. 8f (Anmerkung)

15. Aufstellung in: Elektrische Centralstationen. Ausgeführt von der Allgemeinen Elektricitäts-Gesellschaft Berlin, Berlin 1898, S. 48–52. Das Kraftwerk Plauen wurde dann aber

aufgrund eines Pachtvertrages von der AEG betrieben, vgl. Geschäftsbericht 1895/96, S. 7. Zur Errichtung von Kraftwerken für fremde Rechnung vgl. auch den Hinweis in: AEG, 13. Geschäftsbericht 1. 7. 1894 bis 30. 6. 1895, S. 8

16. Simon: a.a.O. Simon weist außerdem daraufhin, daß das Elektrizitätswerk Heidelberg der erste Auftrag gewesen sei, den Rathenau akquiriert habe. Vgl. hierzu auch: D. G. Williamson: Walther Rathenau. A Study of his political, industrial and cultural activities and of his reputation in contemporary Germany, 1893 – June 1921, phil. Diss. London 1971, S. 23f

17. Moderne Formen des Vertriebes hatte die AEG schon frühzeitig entwickelt und sich dadurch einen nicht unerheblichen Vorsprung vor der Konkurrenz verschafft. Als erstes Unternehmen der deutschen Industrie hatte die AEG seit 1885 eigene Vertriebsniederlassungen eingerichtet, um auf diese Weise als ortsansässiges Unternehmen auftreten zu können. Erst allmählich folgten andere Unternehmen diesem Beispiel. Zur Errichtung der Vertriebsorganisation vgl. Felix Deutsch: Erinnerungen, in: Spannung. Die AEG-Umschau, 16. Mai 1928 (= Sondernummer »Herrn Geheimrat Dr. Felix Deutsch zum 70. Geburtstag«), S. 17 und Dritter Geschäftsbericht der Deutschen Edison-Gesellschaft für angewandte Elektricität betreffend das Geschäftsjahr 1885, Berlin 1886, S. 2

18. In der Regel errichtete die Abteilung *Z* zur Bauausführung von Kraftwerksprojekten vor Ort eigene Ingenieurbüros. Einen recht detaillierten Überblick über Art und Umfang des Kraftwerksgeschäfts wie auch des gesamten Auftragseinganges bietet die 1898 erstmals erschienene AEG-Zeitung, ein Organ, das auf Veranlassung von Felix Deutsch zunächst für die Vertriebsorganisation der AEG geschaffen wurde. Vgl. AEG-Zeitung, 1, 1898, S. 1. Felix Deutsch: Lebenserinnerungen, Manuskript, AEG-Firmenarchiv, Kap. XI

19. AEG, Geschäftsbericht, 1898/99, S. 8

20. AEG, Geschäftsbericht 1. 7. 1900 bis 30. 6. 1901, S. 9. Vgl. auch: 50 Jahre AEG, S. 140. Zu Manchester und dem Bemühen der Firma Siemens, diesen Auftrag zu erhalten vgl. Georg Siemens: Carl Friedrich von Siemens. Ein grosser Unternehmer. Freiburg/München 1960, S. 47f

21. AEG-Firmenarchiv, Abschriften des Protokoll-Buchs 2 des Aufsichtsrates der AEG, 3. 11. 1891–30. 10. 1902, S. 112f

22. Zur technischen Entwicklung des AEG-Kraftwerkbaus im Überblick siehe: Hans-Hermann Loy: Dampfkraftwerke, in: Forschen und Schaffen. Beiträge der AEG zur Entwicklung der Elektrotechnik bis zum Wiederaufbau nach dem Zweiten Weltkrieg. Hg. von der AEG. Bearbeitet von Bruno Schweder, Bd. 1, Berlin 1965, S. 5–73

23. Diesen Eindruck vermitteln Mamroth: a.a.O., S. 10 und Federn-Kohlhaas: a.a.O., S. 51

24. Zur Finanzpolitik Emil Rathenaus vgl. Riedler: a.a.O., S. 169–179, sowie Georg Bernhard: Meister und Dilettanten am Kapitalismus im Reiche der Hohenzollern, Amsterdam 1936, S. 187–189

25. Apologie (1919), GS VI, S. 424. Vgl.: Felix Pinner: Emil Rathenau und das elektrische Zeitalter, Leipzig 1918, S. 401

26. Deutsch: Lebenserinnerungen, Kap. I., S. 82f. 50 Jahre AEG, S. 149

27. Deutsch war auf Vermittlung des Bankenkonsortiums Emil Rathenau 1883 zunächst als Prokurist beigegeben worden und gehörte seit 1885 dem Vorstand der DEG bzw. AEG an

28. Deutsch: Lebenserinnerungen, Kap. I, S. 85. Dieser Hinweis zielte insbesondere auf die starke Stellung Schuckerts in Süddeutschland

29. Ebd., Kap. I, S. 83 und S. 85.

30. Ebd., Kap. I, S. 83

31. Federn-Kohlhaas: a.a.O., S. 53

32. Erich Achterberg: Berliner Hochfinanz. Kaiser, Fürsten, Millionäre um 1900, Frankf.a.M. 1908, S. 164f

33. Hans Fürstenberg: Erinnerungen an Walther Rathenau. Ein Kommentar, in: Harry Graf Kessler: Walther Rathenau. Sein Leben und sein Werk, Wiesbaden [3]1962, S. 388, sowie Manfred Pohl: Emil Rathenau und die AEG, Mainz 1988, S. 71. Zum Verhältnis Fürstenbergs zur AEG vgl. Carl Fürstenberg: Felix Deutsch zum 70. Geburtstag, in: Spannung. Die AEG-Umschau, 16. Mai 1928 (= Sondernummer »Herrn Geheimrat Dr. Felix Deutsch zum 70. Geburtstag«), S. 4

34. Dem Konsortium gehörten neben der *Deutschen Bank* die Bankhäusern *Delbrück, Leo & Co., Jakob Landau* und *Gebr. Sulzbach* an. Weitere Gründer waren eine schweizerische Finanzgruppe unter Führung der *Schweizerischen Kreditanstalt,* die *Banca Commerciale Italiana,* Mailand, die *Credito Italiano* in Genua und die *Banque de Paris et des Pays Bas* in Paris. Pohl: a.a.O., S. 143

35. Zur Gründung der Elektrobank vgl. Albrecht Strobel: Die Gründung des Züricher Elektrotrusts. Ein Beitrag zum Unternehmergeschäft der deutschen Elektroindustrie 1895–1900, in: Erich Hassinger/J. Heinz Müller/Hugo Ott (Hg.): Geschichte, Wirtschaft, Gesellschaft. Festschrift für Clemens Bauer, Berlin 1974, S. 303–332, insbes. S. 317f. Vgl. Paul Ufermann/Carl Hüglin: Die AEG. Eine Darstellung der Allgemeinen Elektricitäts-Gesellschaft, Berlin 1922, S. 40–42. AEG, Geschäftsbericht 1898/99, S. 10. Pinner: a.a.O., S. 193f. Carl Fürstenberg: Die Lebensgeschichte eines Deutschen Bankiers, hg. von seinem Sohn, Berlin 1931, S. 300. Zur Leitung der Berliner Filiale durch Walther Rathenau, siehe: Pinner: a.a.O., S. 217 und S. 401

36. Conrad Matschoß: Die geschichtliche Entwicklung der Allgemeinen Elektricitäts-Gesellschaft in den ersten 25 Jahren ihres Bestehens. Sonderdruck aus: Beiträge zur Geschichte der Technik und Industrie. Jahrbuch des Vereins deutscher Ingenieure, 1909, I. Band, S. 11. Pinner: a.a.O., S. 227. Bei den sieben Elektrounternehmen handelte es sich um die *Elektricitäts-A.-G. vorm. Schuckert & Co.,* Nürnberg (gegr. 1873); die *Bergmann Elektricitäts-Werke A.-G.,* Berlin (gegr. 1893); die *A.-G. Elektricitäts-Werke vorm O. L. Kummer & Co.,* Dresden (gegr. 1875), die *Helios Elektricitäts A.-G.,* Köln (gegr. 1882), die *Union Elektricitäts-Gesellschaft,* Berlin (gegr. 1892); die *Elektrizitäts A.-G. vorm W. Lahmeyer & Co.,* Frankfurt (gegr. 1890) und die *Felten & Guilleaume, Carlswerk A.-G.,* Mühlheim a. d. Ruhr (gegr. 1826)

37. Ufermann/Hüglin: a.a.O., S. 29f. Matschoß: a.a.O., S. 14

38. Zur Eingliederung von Körting in die AEG vgl. AEG, Geschäfts-Bericht vom 1. 7. 1902 bis 30. 6. 1903, S. 6. 50 Jahre AEG, S. 151f. Matschoß: a.a.O., S. 13

39. 1903 vereinigte AEG ihre Interessen außerdem mit *Brown, Boveri & Co.,* indem man 4,5 Mio. Mark Aktien der 1891

gegründeten Schweizer Firma gegen 3,5 Mio. M neuer AEG-Aktien umtauschte. Ferner erfolgte 1905 die Angliederung der Fabrik für Eisenbahnsignalapparate in Köslin an die AEG. Schließlich traf der Konzern mit der Budapester *Ganz & Co.* eine Vereinbarung

40. Pinner: a.a.O., S. 401. Kessler: Rathenau, S. 121

41. 50 Jahre AEG, S. 86

42. Ebd., S. 151–153. Vgl. Bericht in: Elektrotechnische Rundschau, Nr. 6, 15. 12. 1902

43. Hierzu Berichte in: Elektrotechnische Zeitschrift (künftig zitiert: ETZ), Nr. 1, 1. 1. 1903 und in: AEG-Zeitung, 1902/03, No. VII (Jan. 1903), S. 132

44. Matschoß: a.a.O., S. 13. 50 Jahre AEG, S. 155–157

45. In: *Zukunft* vom 28. 7. 1906, zitiert nach: Hellige, GA VI, S. 843

46. Aufstellung in: Kessler: Rathenau, S. 118–121, sowie in: Hartmut Pogge von Strandmann (Hg.): Walther Rathenau. Industrialist, Banker, Intellectual and Politician. Notes and Diaries 1907–1922, Oxford 1988, S. 296–298

47. Kessler nennt die Zahl von 24 Unternehmen, in denen Rathenau im Aufsichtsrat vertreten war und die zum AEG-Konzern gehörten, Kessler: Rathenau, S. 119. Zu den Aufsichtsratsposten Walther Rathenaus, siehe: Fürstenberg: Erinnerungen, S. 437

48. Fürstenberg: Lebensgeschichte, S. 378 und 503. 1915 übernahm er nach dem Tod Emil Rathenaus den Vorsitz im BHG-Verwaltungsrat, ebd., S. 378

49. Hellige: Zwischentext, GA VI, S. 480

50. Zur Fusion mit *Felten & Guillaume* siehe den Beitrag von Pogge von Strandmann in diesem Band

51. Hellige: Zwischentext, GA VI, S. 662f

52. Ebd., S. 650. Vgl. Schulin: Rathenau, S. 59

53. Rathenau: Tagebuch, S. 173, 15. 10. 1912. Zum Inhalt vgl. den Brief Deutschs an Harden vom 16. 10. 1912, in: GA VI, S. 676–678

54. Rathenau: Tagebuch, S. 173f, 16.–26. 10. 1912. Vgl. den Hinweis im Brief Felix Deutschs an Maximilian Harden vom 12. 9. 1912, in: GA VI, S. 664f und den Brief Deutschs an Harden vom 16. 10. 1912, ebd., S. 676–679, insbes. S. 679, Anm. 2

55. Hellige: Zwischentext, GA VI, S. 663. Federn-Kohlhaas: a.a.O., S. 51

56. Abschriften des Protokoll-Buchs 3 des Aufsichtsrates der AEG, 30. 10. 1902–11. 7. 1918, S. 104–106

57. Bericht in: ETZ, Nr. 36, 9. 9. 1915, S. 476. Emil Rathenau war als »vorsitzendes Vorstandsmitglied« am 22. 5. 1889 vom Aufsichtsrat der AEG der Titel »General-Director« zugebilligt worden. Protokoll der AEG-Aufsichtsratssitzung vom 22. 5. 1889, Abschrift, in: AEG-Firmenarchiv. Der Titel des Generaldirektors wurde in der AEG nach Emil Rathenaus Tod nicht weitergeführt. Allerdings gab es nach dem Tode von Felix Deutsch ein Generaldirektorium, dem Dr. Hermann Bücher, Dr. August Elfes und Professor Waldemar Petersen angehörten, AEG: Geschäftsbericht 1. 10. 1927 bis 30. 9. 1928

58. Bericht in: ETZ, Nr. 3, 10. 1. 1916, S. 44. Rathenau schmückte sich mit dieser Bezeichnung allerdings schon einige Zeit und hatte dementsprechend auf seine Briefbögen bereits das Wort »Präsidium« drucken lassen. Die Entscheidung über die Satzungsänderung stand bereits auf der Tagesordnung der AEG-Generalversammlung vom 10. 12. 1915, mußte aber, da die Versammlung nicht beschlußfähig war, vertagt werden. Hierzu Bericht in: ETZ, Nr. 50, 16. 12. 1915, S. 672

59. Fürstenberg: Lebensgeschichte, S. 381. Lutz Graf Schwerin von Krosigk: Die große Zeit des Feuers, Bd. 2, Tübingen 1957, S. 412f

60. Hierzu Hinweis in: Deutschlands Rohstoffversorgung (1916), GS V, S. 39

61. Vgl. z. B. den Brief des Krupp-Direktors Eberhard von Bodenhausen an Hugo von Hofmannsthal vom 13. 10. 1914, in: Hugo von Hofmannsthal: Briefe der Freundschaft. Eberhard von Bodenhausen, Stuttgart 1953, S. 176. Zu den Vorwürfen vgl. Federn-Kohlhaas: a.a.O., S. 111. Gerhard Hecker: Walther Rathenau und sein Verhältnis zu Militär und Krieg, Boppard am Rhein 1983, S. 243f

62. So war das Unternehmen an der Schaffung von Selbstverwaltungs-Körperschaften, beispielsweise der Kriegsmetallgesellschaft, beteiligt. 50 Jahre AEG, S. 198

63. Bogdan Graf von Hutten-Czapski: Sechzig Jahre Politik und Gesellschaft, Berlin 1936, Bd. 2, S. 152. Schulin: Hauptwerke, GA II, S. 558

64. Vgl. Brief an Franz Blei, 4. 8. 1914, BNF, S. 206f. Zu den Auswirkungen auf die AEG: 50 Jahre AEG, S. 190–193

65. Deutsch, Lebenerinnerungen, Kap. VII, S. 6f

66. Bericht in: ETZ, Nr. 49, 7. 12. 1916, S. 675

67. 50 Jahre AEG, S. 206. Schulin: Rathenau, S. 86. Hecker: a.a.O., S. 306 und S. 347

68. Die Munitionsherstellung erreichte binnen kurzem eine so große Bedeutung, daß man in der Unternehmensführung zeitweilig plante, sie nach dem Krieg fortzusetzen – ein Vorhaben, das allerdings Mitte 1917 wieder fallengelassen wurde: 50 Jahre AEG, S. 207

69. AEG, Geschäftsbericht 1. 7. 1916 bis 30. 6. 1917, S. 7. 50 Jahre AEG, S. 202

70. AEG, Geschäftsbericht 1. 7. 1915 bis 30. 6. 1916, S. 7

71. Deutsch, Lebenserinnerungen, Kap. VII, S. 13–20. Rathenau: Tagebuch, S. 199–201, 28. 11. 1915

WALTHER RATHENAUS DIOTIMA

Lili Deutsch, ihre Familie und der Kreis um Gerhart Hauptmann

ERNST SCHULIN

Rathenaus Lebensführung mit ihrem Netz von Verpflichtungen und Illusionen war zu kompliziert, um in diesem Katalog ein nach gängigem Muster abgesondertes Kapitel über seine Stellung zu Frauen oder seine ›große Liebe‹ zu ermöglichen. Man weiß nicht, ob Robert Musil über das Verhältnis Rathenaus zu Lili Deutsch orientiert war und in seinem Roman *Der Mann ohne Eigenschaften* die Beziehung des Dr. Paul Arnheim zu ›Diotima‹ Ermelinda Tuzzi hiernach gestaltete. Auf jeden Fall geht es in beiden Beziehungen nicht nur um Liebe, sondern gleichzeitig um Seelenerhebung, Weltverbesserung und Kultur. Im Falle von Arnheims Modell Walther Rathenau war die Verflechtung sogar noch komplizierter. Zwar dürfte Lili Deutsch, wie sie selber glaubte, Rathenaus »tiefstes erotisches Erlebnis« gewesen sein; aber da sie nicht, wie Diotima, die Gattin eines Sektionschefs im österreichischen Ministerium des Äußeren, sondern die Gattin des Hauptrivalen Walthers in der AEG war, hatte »in ihr Verhältnis«, wie sie ebenfalls erkannte, »immer die AEG hineingespielt«.

Es geht darum im folgenden um mehr als um eine Liebesbeziehung. Es geht um einen Lebens- und Gesellschaftsbereich, der seit 1905 für den nicht mehr ganz jungen (38jährigen) Geschäftsmann eine Rolle zu spielen begann. Dieser Bereich entsprach seinem bisher unerfüllten und nun gestiegenen Bedürfnis nach Gefühlsleben, nach einer Welt jenseits von Ehrgeiz und Willensanstrengung, nach Kultur außerhalb von Wirtschaft und Politik. Solche Dinge kannte er viel zu wenig aus seinem Elternhaus und seiner bisherigen beruflichen Tätigkeit. Seine Mutter litt zwar unter dem bedürfnislosen Lebensstil des Vaters, der ausschließlich seinen technischen Plänen und seiner großen Unternehmung lebte; sie selbst hatte jedoch wohl zu wenig Talent und Initiative, um daneben höhere gesellschaftliche Ansprüche durchzusetzen. Belletristische und künstlerische Interessen wurden von beiden Eltern nicht gern gesehen. Walther hatte zwar gemalt und sich für Theater und Philosophie interessiert, aber vor allem Naturwissenschaften und Technik studiert und seinen Ehrgeiz zunächst auf die Militärlaufbahn, dann auf Industrie und Finanzgeschäft gerichtet, also auf den AEG-Bereich seines Vaters.

Daneben war er allerdings schon seit 1897 durch Maximilian Harden, den einflußreichen Herausgeber der Wochenschrift *Die Zukunft,* als heimlicher, pseudonymer Schriftsteller für gesellschafts- und wirtschaftspolitische Fragen, auch schon für kulturelle und kulturphilosophische, gefördert worden. Harden hatte ihn außerdem in die ihm nahestehenden Kreise der Literatur und des Theaters eingeführt, ihn mit Frank Wedekind, Hugo von Hofmannsthal, Carl Sternheim und Stefan Zweig bekannt gemacht und veranlaßt, daß er von Anfang an Max Reinhardts Inszenierungen unterstützte.[1] Halbwegs, in literarischer Beziehung, war das der Bereich, nach dem er sich sehnte.

Die Beziehung zu Lili Deutsch und ihrem Kreis war demgegenüber eine Erweiterung, aber auch eine gewisse Emanzipation vom Einfluß Hardens. Schon bevor er sich seit Ende 1906, in der Unterstützung von Bülows Block- und Kolonialpolitik, politisch von ihm absetzte, entfernte er sich von ihm, indem er sich zu den Verehrern Gerhart Hauptmanns gesellte, denn Harden war ein scharfer Gegner des Naturalismus und der ›sozialdemokratischen Kunst‹ des Mitleidens mit den Armen und Elenden. Er hatte zwar anfänglich, 1889, die Gründung des Theaterclubs der Freien Bühne nach französischem Vorbild angeregt, dann aber Otto Brahms Alleinherrschaft als Theaterleiter abgelehnt und Hauptmanns Dramen vernichtend kritisiert.[2] Auch Rathenaus neues Gefühlsleben, sein Kult der ›Seele‹, war Harden fremd. In das Liebesverhältnis zu Lili Deutsch drängte er sich allerdings sofort ein und verfolgte sie seinerseits »mit Anträgen«.

Warum Walther Rathenau nicht heiratete und sich einen entsprechenden Gefühls-, Gesellschafts- und Kulturbereich aufbaute, ist schwer zu sagen. Psychische Hemmungen wegen homoerotischer Neigungen und wohl noch mehr wegen eines körperlichen Defektes dürften eine große Rolle gespielt haben. Man erfährt nur durch

Alfred Kerr, also nicht sehr zuverlässig, daß er »wegen einer harmlosen Studentenkrankheit (die er in München erwarb) nie Kinder haben« konnte.[3] Auffallend stark blieb er immer mit seinen Eltern verbunden, wohnte im großväterlichen Haus in der Victoriastraße, dem Zweitwohnsitz der Eltern, bis er 1911 sein eigenes, neuerbautes Haus im Grunewald bezog, und reservierte sich auch dann noch eine Etage in dem 1912 umgebauten, nun zum Hauptwohnsitz erhobenen elterlichen Stadtpalais. Was ihm dort an kultivierter Gesellschaftsatmosphäre fehlte, fand er im Hause Deutsch.

Der Hausherr, Felix Deutsch, 20 Jahre jünger als Emil und nur neun Jahre älter als Walther Rathenau, war von Anfang an der bedeutendste und bekannteste Mitarbeiter Emils in der AEG; seit 1888 war er Mitglied des Direktoriums und baute vor allem die neuartige und erfolgreiche Verkaufsorganisation des Elektro-Unternehmens auf. In der Frage der Nachfolge Emils war er der ernstzunehmendste Rivale Walthers. Die geschäftliche Tätigkeit ging ihm über alles, aber aufgewachsen war er in ganz anderem Milieu. Sein Vater war Oberkantor der Breslauer Synagoge und pflegte auch die weltliche moderne Musik, innerhalb des Hauses durch Kammermusikabende, öffentlich durch Gesangsauftritte. Unter der Leitung Richard Wagners sang er 1864 in einem Konzert das Liebeslied aus der *Walküre,* lange vor der Uraufführung der Oper; sein Sohn erinnerte Frau Cosima 1888 stolz daran, als er sie in Bayreuth wegen der geplanten Einführung elektrischer Beleuchtung im Festspielhaus besuchte.[4] Felix Deutsch, selber hochmusikalisch, ließ in seinem großen Haus in der Rauchstraße eine Orgel einbauen und öffnete es für das Berliner Kulturleben. Über viele Jahre wohnte Richard Strauss regelmäßig dort, wenn er in Berlin zu tun hatte.[5]

Für das kultivierte Gesellschaftsleben war allerdings weniger Felix Deutsch als seine Frau Lili zuständig, eine 11 Jahre jüngere, auffallende Schönheit aus der wohlhabenden Mannheimer Familie Kahn, die er 1893 geheiratet hatte. Die unternehmungslustigen und erstaunlich vielseitig begabten Kahns kann man als eine ziemlich typische großbürgerliche jüdische Familie bezeichnen. Auf der Basis ihres beträchtlichen, durch Industrie und Bankgeschäfte erworbenen Reichtums, interessierten sie sich lebhaft für moderne, entstehende Kultur, also für die ›Neuerscheinungen‹ deutscher Literatur, Musik und Bühnenkunst. An all dem wollten sie persönlich teilnehmen, wollten es fördern, weitervermitteln und darin leben. Es lohnt sich, Lilis Eltern und zahlreiche Geschwister Revue passieren zu lassen.[6]

I

Lilis Vater war Bernhard Kahn (1827–1905), der 1848 nach politischer Betätigung und Verfolgung zusammen mit seinem Bruder nach Amerika floh, dort in eine Bank eintrat, als deren Vertreter er 1860, nach der badischen Amnestie, nach Mannheim zurückkehrte. Im selben Jahr heiratete er Emma Eberstadt (1840–1906) aus Worms, die dann, sogar über ihren Tod hinaus, zur beherrschenden Persönlichkeit der Familie werden sollte. Ebenfalls 1860 erbte Bernhard Kahn zusammen mit seinen drei Brüdern die Federbettfabrik, die sein Vater in Mannheim nach Erlangung der Bürgerrechte 1851 gegründet hatte. Diese Fabrik und die Bankgeschäfte führten zum Reichtum Bernhards, der sich außerdem 25 Jahre lang als Mannheimer Stadtrat betätigte, sozial- und kunstpolitisch wirkte und dem dortigen Brahms-Club angehörte.[7] Zwischen 1861 und 1878 wurden den Kahns acht Kinder geboren, fünf Söhne und drei Töchter, die mit Hilfe des väterlichen Anfangskapitals geradezu wetteiferten, sich auf verschiedenen kulturellen Gebieten hervorzutun, mehrheitlich mit auffallendem Erfolg, nur drei weniger glücklich, andere freilich auch von körperlichem und seelischem Leid heimgesucht.

Der Älteste, Franz Kahn (1861–1904), wurde ein bedeutender Rechtswissenschaftler. Als er mit 30 Jahren Tuberkulose bekam, schied er ohne Bezüge aus dem Staatsdienst aus, schrieb aber als Privatgelehrter grundlegende Abhandlungen zum internationalen Privatrecht und machte die juristische Entdeckung der Qualifikationstheorie. Nebenher unternahm er Weltreisen, sammelte ältere französische und englische Literatur und bildete sich zum Goethe-Kenner aus. Als er mit 43 Jahren starb, hinterließ er eine große Bibliothek, deren juristischer Teil zur Keimzelle des *Kieler Instituts für Internationales Recht* wurde und deren literarischen Teil sein Bruder Paul erbte. Eine zweibändige Sammlung seiner Abhandlungen, die durch seinen Bruder Otto und seiner Schwester Lili finanziell ermöglicht wurde, erschien 1929.[8]

Der dritte Sohn (das vierte Kind) wiederholte mit 23 Jahren freiwillig, was sein Vater mit 21 Jahren unfreiwillig getan hatte: er ging in die große weite Welt und wurde als Otto H. Kahn in Amerika berühmt (1867–1934). Eigentlich wollte er in England in die herrschende Klasse hineinkommen, machte aber sein Glück in New York in der Bank *Kuhn, Loeb & Co.* und wurde mehrfacher Millionär. Als er 1911 nach England reiste und für einige Wochen ein ganzes Schloß mietete, worin er seine europäischen Verwandten empfing, fand die auch nicht eben unvermögende Lili Deutsch: »Überhaupt – das viele Geld – ich möchte es nicht haben, mir gefällt meine Art zu leben tausend mal besser, mehr braucht man wirklich nicht.«[9]

Bernhard Kahn

Otto vervielfältigte sein Geld mit virtuoser Meisterschaft, gab es aber als Mäzen auch verschwenderisch aus: für den Aufbau der *Metropolitan Opera* und vieler kleiner Theater in New York, besonders bedenkenlos für die Anlockung weltberühmter Sängerinnen und Sänger. Im Gegensatz zu seinen Geschwistern exponierte er sich außerdem politisch, und zwar in entschieden kritischer Haltung zu Deutschland und seinem preußischen Militarismus. 1915 führte er mit seinem Schwager Felix Deutsch einen privaten Briefwechsel über Deutschlands Schuld am Kriegsausbruch. Als die französische Zensur einen langen Brief von ihm auffing, der dann gedruckt und aus Flugzeugen über Deutschland abgeworfen wurde, bekannte sich Otto Kahn auch öffentlich zu seiner antideutschen Einstellung, nahm die amerikanische Staatsbürgerschaft an und unterstützte in Distanzierung zu der Mehrzahl der Deutschamerikaner den Kriegseintritt der USA im Jahre 1917.[10]

Fast alle anderen Geschwister und auch die Eltern, die 1900 ihren Alterssitz in Heidelberg bezogen, waren nicht nur mit der neuen Musik, sondern auch mit der neuen deutschen Literatur persönlich verbunden, besondern mit demjenigen, den nicht nur sie für den damals größten und modernsten deutschen Dichter, für den neuen Goethe hielten: mit Gerhart Hauptmann. Angeknüpft wurde diese Verbindung durch das Ehepaar Jonas. Clara Kahn (1863–1922), die älteste Schwester, heiratete 1894 den Rechtsanwalt Paul Jonas (1850–1916), der seit 1889 Mitbegründer und juristischer Berater der Freien Bühne war. Otto Brahm brachte dort und später als Leiter des *Deutschen Theaters* und des *Lessingtheaters* die Uraufführungen von Gerhart Hauptmanns Dramen heraus. Beiden stand Jonas freundschaftlich nahe und kümmerte sich über zwei Jahrzehnte um die vertraglichen Regelungen zwischen ihnen und vielen anderen Künstlern. Georg Hirschfeld, dessen Dramen von Brahm neben denen von Hendrik Ibsen, Arthur Schnitzler und Hermann Sudermann bevorzugt herausgebracht wurden, war ein Vetter von ihm.[11]

Gern las Hauptmann im Hause Jonas seine neuen Werke vor. Clara hatte von allen ihren Geschwistern den frühesten und engsten Umgang mit Dichtern und Schauspielern. Zwischen ihr und Brahm kam es zu einer tiefen Liebesbeziehung. Als sie sich 1902 deshalb scheiden lassen wollte, wandte sich Jonas verzweifelt an Gerhart Hauptmann: »Lieber und verehrter Freund, wie ich gestern durch meine Schwiegermutter erfuhr, die hierhergekommen ist, um mir beizustehen, wissen Sie von dem namenlosen Unglück, das meinen Kindern und mir droht. Ich gebe noch immer die Hoffnung nicht auf, daß es sich um eine momentane Verirrung handelt, und daß meine Frau, die ich von ganzem Herzen liebe, sich auf ihre Pflicht gegen ihre bald erwachsenen Kinder besinnt. Bis jetzt haben alle Vorstellungen leider nichts gefruchtet: sie ist in dieser blinden Leiden-

Clara Jonas

schaft wie besessen. (...) Über des Anderen Verhalten bin ich bis in die innersten Nerven empört. Ist das Freundschaft und mit den Pflichten gegen den Freund überhaupt vereinbar, daß ein Mann (und als solcher will er doch wohl geachtet sein!) kein Wort der Abwehr findet, selbst wenn die Frau des Freundes der aggressive Teil sein sollte? (...) Darf der Egoismus so weit gehen, das ganze Glück des Hauses zu zertrümmern, in das er als ein Glied der Familie Aufnahme gefunden hatte? (...) Wenn Sie können, lieber, verehrter Freund, so helfen Sie mir. Machen Sie Brahm klar, wie freventlich er handelt.«[12]

Die Ehe blieb erhalten, aber Claras Beziehung zu Brahm auch. Sie sorgte für ihn 1912 bis in seine letzten Lebensstunden und schrieb danach ihrem Bruder Paul: »Er hat mir so viel gegeben in diesen letzten 10 Jahren, sein ganzes reiches Selbst hat mir gehört und ich bin jetzt verwaist zurückgeblieben. Mein Leben ist zu Ende und ich fühle nur Sehnsucht nach ihm. (...) Dann ist's mir natürlich auch ein peinigender Gedanke, daß ich nicht vollständig zu ihm gehört habe, so wie er's gewünscht hat. Ich hätte meinem Gefühl damals folgen müssen, das stark und deutlich ganz aus meinem Innern sprach und durfte mich nie durch die alte Kinderfurcht vor Mama irre machen lassen. (...) Er ist glücklich und ahnungslos gestorben und hat fest geglaubt, daß ich nun endlich ganz zu ihm kommen werde.«[13] Zusammen mit Paul Schlenther hat sie dann 1913 und 1915 die Schriften von Otto Brahm gesammelt und herausgegeben.[14]

Über das Ehepaar Jonas dehnte sich die persönliche Beziehung zu Gerhart Hauptmann und seinem Kreis auf die anderen Kahns aus. Besonders eng wurde seine Freundschaft zu Robert Kahn (1865–1951), dem Komponisten, der 1882 zum Musikstudium bei Joseph Joachim nach Berlin kam, 1886 noch Johannes Brahms in Wien kennenlernte, dessen Musik er besonders verbunden war, und ab 1903 als Professor an der Berliner Hochschule für Musik tätig war. Seit 1897 kannte ihn Hauptmann durch private Musikabende, zwei Jahre später verbrachte er mit ihm und seinem Bruder Paul gemeinsame Ferien auf Hiddensee. In einem Brief vor 1903 dankte Robert dem Dichter für die angebotene Duzbrüderschaft: »Wenn ich Dir das Geständnis mache, daß ich seit Brahms (Johannes, nicht Otto!) keines Menschen Bekanntschaft gemacht habe, die mir so wertvoll ist wie Deine, so wirst Du ungefähr ermessen können, welche Freude Du mir gemacht hast. Nur muß ich mich bemühen, meine Selbstachtung noch erheblich zu steigern, um zu dem ›Du‹ Dir gegenüber den richtigen Mut zu kriegen.«[15] Robert Kahn vertonte Hauptmann-Gedichte und schrieb ihm noch im Januar 1939, um ihm seine Auswanderung nach England mitzuteilen.

Der schon genannte jüngere Bruder Paul Kahn (1870–1947) war einer der drei beruflich Erfolglosen unter seinen Geschwistern. Die beiden anderen waren Hedwig Kahn, die zum Entsetzen der Familie zwei scheiternde oder gar betrügerische Geschäftsleute heiratete und mit dem zweiten nach England zog, sowie Felix Kahn, der jüngste, ein großer Violinspieler, der seine Erbschaft in einer Geigensammlung anlegte, nach Amerika ging, von Otto unterstützt wurde, aber in Brasilien verschollen blieb. Paul schwankte in seinen Berufsplänen. Er machte mit Hilfe seines Schwagers Felix Deutsch mehrere Anläufe in der AEG und wurde 1904 von Gerhart Hauptmann gebeten, als sein »Sekretär, Freund und lieber Hausgenosse« nach Agnetendorf zu kommen.[16] Das hielt er aber auch nicht lange aus. Hatte sich Hauptmann von Walther Rathenau zu seiner Griechenlandreise im Frühjahr 1907 anregen lassen, so folgte ihm Paul Kahn im Oktober desselben Jahres, heiratete eine griechische Schönheit von der Insel Skyros und wurde daraufhin AEG-Vertreter in Athen. Auch seine Duzfreundschaft zu Hauptmann hielt an, und von allen Kahn-Brüdern hatte er die engsten Beziehungen zu Walther Rathenau, dessen Briefe er im Auftrag Mathilde Rathenaus ab 1922 zusammenzutragen begann. Er starb 1947 in Athen, übrigens an den Spätfolgen einer Mißhandlung durch deutsche Soldaten während des Zweiten Weltkrieges.

II

Schließlich Lili Deutsch (1869–1940) selbst. Wenn auch ihr Haus- und Gesellschaftsleben in Berlin mehr der Musik als der Literatur gewidmet war, so versuchte sie doch in der Annäherung an Gerhart Hauptmann ihrer Schwester Clara Konkurrenz zu machen; mit Erfolg vielleicht weniger in Berlin als im Riesengebirge. Dort bauten sich die Deutschs 1907 in Mittelschreiberhau einen großen Landsitz nicht weit von Hauptmanns Haus Wiesenstein und gestalteten ihn zum Treffpunkt von Kunst, Wissenschaft und industriellem Großbürgertum. »Ich bin wirklich sehr gern hier und fühle mich viel mehr zu Hause als in Berlin«, schrieb Lili im September 1907 an ihren Bruder Paul. »Hauptmann, den wir viel gesehen haben, war neulich auch sehr entzückt und sagte, seine Besitzung gefiele ihm gar nicht mehr, bei uns wäre es so groß und vornehm.«[17] Hauptmann kannte und verehrte die schöne Frau schon länger, wohl seit der Jahrhundertwende, aber erst seit 1905 kam er durch sie, nicht schon durch die Bekanntschaft mit dem Ehepaar Jonas und mit Robert und Paul, in nähere Verbindung mit Vertretern der Industrie- und Finanzwelt, die dem Dichter der Armen und Elenden zunächst ferngestanden hatten. Im gleichen Jahr lernte er auch Walther Rathenau kennen, vielleicht durch Alfred Kerr, vielleicht durch die Vermittlung von Lili Deutsch. Am 25. November 1905 notierte er in seinem Tagebuch: »Gestern Künstler-Bund. Dr. Rathenau. Die Germanen, die immer vom Norden kamen. Im Süden verdampften. Er spricht leise: Wer zuhören will, muß horchen.«[18] Wie man sieht, unterhielt ihn Rathenau sofort mit seinen Rassentheorien. Am 30. November findet man den Eintrag: »Rathenau. Sein Rassenideal. Die Bestrebungen von Fr(au) D(eutsch): blond zu werden. Gebt mir einen Wahnsinn! Es ist doch nichts schöner, als von einem jungen Mann oder Weibe verrückt gemacht zu werden.« Am Tag zuvor hatte Hauptmann sein eben fertiggestelltes Drama »Und Pippa tanzt!« vorgelesen, im Beisein von Clara Jonas und Otto Brahm; er wiederholte die Lesung am 7. Dezember in Anwesenheit von Rathenau, Lou Andreas-Salome und Alfred Kerr, der die Szene auch beschrieben hat.[19] Rathenau sah dann die Aufführung im Januar 1906, die sehr unterschiedlich aufgenommen wurde, und versuchte Hauptmann brieflich als Volksdichter der Zukunft zu loben: »Mag es hier und dort törichtem Verstand und

Villa Deutsch im Riesengebirge, 1909 (Kat.Nr. 2/69)

Mißverstand begegnen: im Bilde der Zeiten bedeutet das nichts. Schon heute sind Ihnen tausend ehrliche Menschen dankbar; aber Sie dichten nicht für ein Publikum, sondern für ein Volk; und eines, das langsam begreift und nie vergißt.«[20] Deutlich ist also in diesen Wochen die Annäherung zwischen den beiden gelungen. Lili Deutsch schrieb darüber am 31. 1. 1906 an ihren Bruder Paul: »Hauptmann sehe ich ziemlich viel und habe ihn sehr gern, trotzdem ich manches an ihm ein bißchen kleinlich finde, aber die wundervolle

Walther Rathenau und Gerhart Hauptmann in Agnetendorf, 1910 (Kat.Nr. 2/67)

Einheitlichkeit und Einfachheit und wie alles von tief innen aufsteigt, ist so 'was Seltenes, daß ich mich immer freue, wenn ich ihn treffe. (...) Walther Rathenau hat sich sehr mit H. nun befreundet und da sie die denkbar stärksten Gegensätze sind, interessieren sie sich gegenseitig sehr und gefallen sich ausgezeichnet, Walther schwärmt richtig für H., der das hat was ihm fehlt, und Hauptmann interessiert das eigenartige geistreiche Gedankenspiel von Walther sehr.«[21]
In derselben Zeit, wohl Anfang 1906, begann die jahrelange Liebesbeziehung zwischen Walther Rathenau und Lili Deutsch, für beide ebenso nervenaufreibend wie wohltuend und von Anfang an sehr kompliziert. Wie im Falle ihrer älteren Schwester war sie wohl von Lili ausgegangen, von ihrer Faszination für den rätselhaften, geistreichen Mann, den einzigen, »der auf sie je einen Eindruck gemacht habe«, wie sie noch zwei Jahrzehnte später dem Rathenau-Biographen Kessler gestand.[22] Schon 1905 hatte es viele gemeinsame Unternehmungen zu dritt gegeben, zusammen mit dem sofort mitspielenden und schnell durchschauenden Maximilian Harden. 1906 gab es große Ferienreisen: im Juli erholten sich die Schwestern Clara und Lili mit ihren Kindern in Nordwijk, ohne Ehemänner, aber mit Otto Brahm; im September traf Lili mit Kindern und dem Bruder Paul in Westerland auf Sylt mit Rathenau und Harden zusammen, wobei Harden und Paul Kahn dann schon etwas früher abreisten.[23]
Hauptmann war auch in die Beziehung eingeweiht, wie sich aus einem Brief Lilis an Paul vom folgenden Jahr ergibt: »Daß Hauptmann über Walther und mein Verhältnis so nett gesprochen hat, freut mich, das ist auch 'was Schönes und Vornehmes zwischen einem Mann und einer Frau, wie wir sind, und das wissen wir auch beide. Walther sagt immer, ich wäre eine Prinzessin, was mich manchmal ärgert, und würde auch allen Dingen und dem Leben als Prinzessin gegenüberstehen, und aussehen würde ich auch wie eine byzantinische Prinzessin, in England erzogen. Hie und da habe ich ja noch einige nervöse Stunden, ich glaube aber, mit gutem Willen ist doch vieles zu erreichen, und für Schwäche habe ich sehr wenig Sympathie, weder an mir noch an anderen; Du kannst also ganz beruhigt sein.«[24]
Für Rathenau war dieses Liebeserlebnis zweifellos aufwühlend. Eine neue Erfahrungswelt öffnete sich für ihn, neue Reaktionsformen waren gefordert. In seinen wohlformulierten Briefen an sie stilisierte er sich ihr und ihrer Familie gegenüber als ganz unkultiviert. Begeistert beschreibt er ihr einen Besuch bei alten Berliner Damen, die ihm von der Zeit um 1840 erzählt haben: »Ich weiß, das ist Ihnen alles gleichgültig; aber mir ist's etwas ganz besonderes, dem Elektrikerjungen, noch einmal mit Händen den Zauberring der Romantik zu berühren.«[25] Er dankt ihr für vier Lieder, die er »bedrückend traurig« findet: »Aber sie sind schön, zart und weich wie alles Gute in der Kunst empfindender Juden, sie erinnern mich an Ihre Brüder, zumal an Robert. Vor solchen milden und warmen Gebilden komme ich mir vor wie ein wüster Urzeitmensch, dessen Hände zerreißen und zerbrechen, nicht fügen und flechten.«[26] Er schenkt ihr den *Anton Reiser* von Carl Philipp Moritz, nicht

Lili Deutsch in Davos, um 1896 (Kat.Nr. 2/71)

ohne beziehungsvoll zu erwähnen, daß Goethe dieses Buch der Frau von Stein geschickt habe, und bemerkt dazu: »Das Buch würde Ihnen manches erklären können. Sie würden sehen, in welcher Gefahr der schwebt, bei dem die Jugend Unterdrückung bedeutet. Aus solchem Labyrinth ins Freie zu finden, ist schwer, fast übermenschlich.«[27]
Ständiges, widersprüchliches Thema zwischen den beiden dürfte die Frage des Wollens und Herrschens gewesen sein. Lili war noch später der festen Überzeugung, daß Rathenau kein Gefühlsleben, sondern nur Sehnsucht nach Gefühlen gehabt habe: »nur der Verstand und der Wille zur Macht über andere Menschen« habe bei ihm eine Rolle gespielt. »Als er mich kennenlernte, sagte er mir: ›So jemand ist mir noch nicht vorgekommen, der nichts will.‹«[28] Rathenau versuchte aber, eben durch sie und im Ertragen dieser unerfüllbaren Liebe auch zum Nichtwollen zu gelangen. So wie Goethe vor der Frau von Stein nach Italien geflohen war, reiste Rathenau im Mai 1906 nach Griechenland und hatte auf diesem Ursprungsboden von Kultur, Bildung und Idealismus ein mystisches Erlebnis. Im Gebirge von Delphi war ein Adler vor ihm aufgestiegen, und er deutete das als Fingerzeig zur Transzendenz, zur Erlösung in der jenseitigen, himmlischen Liebe.[29] »Betrachten Sie mein Leben«, versuchte er Lili zu überzeugen, »Kennen Sie ein anderes, ernsteres, entsagenderes? Und das liegt wohl nicht an Unempfindlichkeit und Stumpfheit. Es liegt auch nicht an irgend etwas, das ich will. Denn ich will nichts. So sehr ich mein Inneres zerquält habe, ich habe nie Weltliches gefunden, das ich will. Ich will, was ich muß, sonst nichts.«[30] Da sie ihm nicht glaubte, drehte er den Spieß um und erklärte sie für herrschsüchtig: »Denn Ihr Wille ist Herrschaft.«[31]
Lili Deutsch hat 1927 zu Harry Graf Kessler gesagt, Rathenaus Verhältnis zu ihr sei »ohne Zweifel sein tiefstes erotisches Erlebnis gewesen«, es sei aber »nie bis zum Letzten gediehen«, tatsächlich sei »eine bestimmte Grenze nie überschritten worden, obwohl er sehr leidenschaftlich gewesen sei«.[32] Rathenau selbst drückte es ihr gegenüber so aus: »Sie besitzen mich nicht ganz; aber niemals wird ein Mensch mich so weit besitzen wie Sie.«[33] Das war eine beiderseitige Zurückhaltung und lag bei ihr sicherlich auch daran, daß sie, anders als ihre Schwester Clara, eine relativ kühle, nur immer nervenmäßig leidende Person war, die sich im Griff behielt. Harden beschreibt sie einmal sehr kennerisch: »Auch Ihre Lili sah ich, zwischen Fanö und Schreiberhau, ein Weilchen. Braun, frisch, fröhlich, noch Seeduft in den grazilen Teilen ihrer Körperlichkeit. Ein beneidenswertes Weib. Immer mit sich im Reinsten; nie in Ängsten; nie weit über Undinentemperatur; nie lange wenigstens.«[34] Sie selber schrieb an den Bruder Paul im März 1908, Walther sei »immer derselbe, schwankt, will alles haben und beherrschen und muß auch den Weg gehen, der ihm vorgeschrieben ist. Unser Verhältnis ist auch ungefähr dasselbe, auch das schwankt, aber Du weißt ja, ich stehe fest, mit mir hat man es gut gemeint.«[35] Natürlich verboten ja schon die gesellschaftlichen und geschäftlichen Rücksichten, daß die Sache in irgendeiner Weise »zum Letzten« kam. Es ist sogar wahrscheinlich, daß Rathenau nur unter der sicheren Voraussetzung, daß es sich um eine unerfüllbare Liebe handelte, die Beziehung begonnen hatte, und dann so lange und vornehm und mit so literarisch klingenden Briefen durchhielt wie möglich.

III

Diese Liebe, die Freundschaft mit dem großen Dichter und der Wunsch nach einem erfüllten Leben ohne irdisches Wollen, verbanden sich für ihn zur seelischen Gegenwelt seines täglichen Berufslebens und seiner ehrgeizigen »irdischen« Ziele. Es war dies durchaus keine Traumwelt, sondern wurde die innere und äußere Vorbereitung für die Verwirklichung seiner lange angestrebten Schriftstellerexistenz. Im Juli 1907 hatte er seine Tätigkeit als Geschäftsinhaber in der *Berliner Handels Gesellschaft* beendet, bezeichnete sich seither als ›Privatmann‹, war natürlich weiterhin in der AEG und als Aufsichtsratsmitglied zahlreicher industrieller Unternehmungen tätig, hoffte immer wieder auf politische Aufgaben und veröffentlichte 1908 seine *Reflexionen.* In der Urkunde für die Verleihung des *Roten Adlerordens II. Klasse* wurde er im Januar 1910 als »Ingenieur und Schriftsteller« bezeichnet – oder ließ sich doch wohl so bezeichnen.[36] Damit akzentuierte er offiziell seine Doppelexistenz. Im Oktober 1909 hatte er sich mit Gerhart Hauptmann auf Sylt getroffen, und es wurde Brüderschaft getrunken.[37] Hauptmann ermunterte ihn, die *Kritik der Zeit* zu schreiben, und setzte sich wohl auch für die Veröffentlichung in seinem *S. Fischer Verlag* ein. Damit trat Rathenau in den Autorenkreis dieses damals bedeutendsten Verlages für moderne Literatur ein. Er widmete sein erstes Hauptwerk 1912 Gerhart Hauptmann: »Nimm dies Buch als Zeichen der Dankbarkeit, die ich als Deutscher dem Dichter unsres Zeitalters schulde, und als Gabe herzlicher Freundschaft.«[38]

Insoweit trug dieser neue Lebens- und Gesellschaftsbereich Früchte. Aber in dem Verhältnis zu Lili Deutsch überschnitt er sich so scharf mit seinem Berufsleben und seinen ehrgeizigen ›irdischen‹ Zielen, daß es 1912/13 zu schweren seelischen Spannungen und Erschütterungen kam. Im April 1912 schrieb Rathenau in sein Tagebuch: »Mittwoch erfuhr ich, daß Lili D. in leidenschaftlicher Erbitterung Harden einen meiner Briefe von 1908 ausgeliefert hat, der sich unfreundlich äußert. Donnerstag vorm. Aussprache mit Harden. Am Nachmittag schickt er mir den Brief. Er ist vom 22. 3. und spricht über jenen furchtbaren Artikel gegen Dernburg, der meine Politik verurteilte und gefährdete. Die Schärfe des Briefes ist somit erklärlich aus der Erregung des Momentes. Um so entsetzlicher die kühle Berechnung der Auslieferung. Ich schrieb einen langen, sehr versöhnlichen und herzlichen Brief an H. u. reiste nach Fkft. Am 13ten bei Heimkehr fand ich die Antwort, ebenfalls versöhnlich, aber mit Erwähnung unerfreulichster Einzelheiten, die zwischen L. D. und H. der Auslieferung vorangingen. Ich war außerstande, nochmals zu antworten.«[39]

Es läßt sich kaum rekonstruieren, was Lili Deutsch veranlaßt hat, Harden und Rathenau auseinanderzubringen und damit gleichzeitig auch ihr eigenes Verhältnis zu Rathenau schwer zu belasten. Spannungen zwischen allen Dreien dürften vorausgegangen sein.[40] Kessler erzählte sie 1927, Harden habe »Rathenau, dessen intimster Freund er damals war, fortwährend bei ihr verdächtigt, daß er gegen ihren Mann intrigieren, ihn aus der AEG verdrängen wolle. Rathenau habe Harden auf das tiefste verachtet, ihm aber seines Geistes und Einflusses wegen geschmeichelt und ihn an sich zu fesseln gesucht«.[41] Vermutlich wollte sie für die Nachfolgefrage in der AEG Harden und dadurch auch Carl Fürstenberg und Albert Ballin, die mit ihm gut befreundet waren, auf die Seite ihres Felix ziehen. Wenig später erkrankte Emil Rathenau so schwer, daß monatelang mit seinem Tod gerechnet wurde. Felix

Walther Rathenau mit Paul Kahn in Westerland auf Sylt, 1906 (Kat.Nr. 2/72)

Deutsch, Fürstenberg und Ballin zogen Harden ins Vertrauen und erreichten gegen die Absichten der Rathenaus, daß Felix Deutsch als künftiger Nachfolger Emils bestimmt wurde und Walther dafür den Posten des Aufsichtsratsvorsitzenden bekam. »Was sagst Du zu Walther's Streitereien?«, schrieb Lili am 1. Oktober 1912 an ihren Bruder Paul. »Ich fürchte, er verliert sich nach und nach ganz. (...) Frau Grönvold sagte mal, es wäre, als ob mit mir Walther's guter Genius von ihm gewichen wäre, es war aber nichts mehr zu machen aus tausend Gründen, vor allem, weil in W. nur noch der Ehrgeiz herrscht.«[42]

Im April 1912 hatte Rathenau die Beziehungen zu Lili Deutsch abgebrochen und suchte mit Harden auf gutem Fuß zu bleiben, bis er Ende des Jahres durch Lili über dessen Vertrauensbrüche informiert wurde. Daraufhin schickte er ihm eine Duellforderung auf Pistolen, die Harden ablehnte. All das passierte übrigens in denselben Wochen, in denen Clara Jonas ihren sterbenden Otto Brahm pflegte und Gerhart Hauptmann mehrfach mit großem Gepränge seinen 50. Geburtstag feierte, worauf er für den Nobelpreis nach Stockholm fuhr. Lili fand, daß sie mit diesen Männern, »die von Ehrgeiz und Machtwünschen getrieben sind«, psychologisch mehr erlebt habe, als man in Romanen lesen könne, und resümierte im März 1913 in einem Brief an ihren Bruder Paul: »Die Tragikomödie, die sich zwischen Harden, Walther und uns abgespielt hat, kann ich Dir leider nicht im Detail erzählen, ich glaube nicht, daß Ähnliches sehr oft vorkommt; alle guten und schlechten Dämonen waren in Bewegung. Das Resultat ist nun – Harden sowohl mit uns wie mit Walther ganz auseinander, Walther hatte Harden gefordert, Walther mit Felix nun endlich in einem loyalen, würdigen Verhältnis, Walther und ich in einem Übergangsstadium. Mir ist es so am liebsten. Es war nicht mehr möglich, Walther und Harden zu halten, Harden hat sich gemein benommen, Walther feig, ich habe am meisten schuld gehabt, aber auch den größten Mut gehabt und den Instinkt, sicher durch alles durchzulenken.« Einige Monate später, im August, meldete sie: »Zwischen Walther und mir ist natürlich vieles zerstört worden, etwas Tragisches war immer in dieser Verbindung, vielleicht bringt das Alter noch einmal eine schöne Klarheit.«[43]

Rathenau sah also 1912/13 seine wichtigsten, ohnehin komplizierten mitmenschlichen Verhältnisse von Zerstörung bedroht und er sah sich selbst, obwohl er gerade ein anerkannter Schriftsteller geworden war, im Zwange seines beruflichen Machtstrebens, ein Streben, das ihn nicht befriedigte, aber auch nicht freiließ und nicht einmal zu einem klaren Erfolg führte. Er fühlte sich isoliert und vereinsamt. In dieser Zeit, wahrscheinlich im Oktober 1912, begann er mit der Niederschrift seines zweiten Buches *Zur Mechanik des Geistes oder Vom Reich der Seele,* die er im Sommer 1913 beendete. Lili Deutsch erhielt es mit dem Geständnis, es sei »ein umgeschaffenes Erlebnis«, »eine Umschreibung unseres Verhältnisses«. Das klingt, als sei die Niederschrift ein Ersatz für entgangene Macht und verlorene Liebe und Freundschaft gewesen. Man wird eher sagen können, daß sie von dem Bedürfnis vorangetrieben wurde, sich entschieden von all dem zu entfernen; beruflich und persönlich mußte noch mehr sublimiert werden als bisher. Eine Selbstbestätigung sollte im Denken erreicht werden, die im Leben nicht in der gewünschten Höhe und Reinheit gelang.[44]

Trotz dieser Krise blieb Lili Deutsch Rathenaus Diotima bis zu seinem Lebensende. Dazu mag erhaltend beigetragen haben, was eine Zeitlang so zerstörend gewirkt hatte: daß sie auch zu seinem Berufsleben gehörte. Spannungslos wurde das Verhältnis nie. Zu seinem Freund Gustav Steinbömer sagte er um 1916, als das Gespräch auf Beziehungen zu Frauen kam: »Hüten Sie sich vor einer Frau von Stein! Experto crede!«[45] Er pflegte Beziehungen auch zu einigen anderen Frauen. An seinen neuen schwedischen Duzfreund Ernst Norlind schrieb er darüber 1919: »Aber eine seltsame Bilanz habe ich mir gemacht, als ich Deine Briefe las, zum ersten Mal bewußt; unbewußt stand sie eigentlich schon fest. Ich glaube nicht, daß ich einen Menschen hasse. Drei Frauen liebe ich, diese drei und eine vierte lieben mich. (Meine alte Mutter natürlich in diesem Zusammenhang nicht eingerechnet). Von alten Freundschaften ist eigentlich nur die Gewohnheit und das Vertrauen geblieben. Viele Menschen hassen mich. Seitdem mein Vater und mein Bruder tot sind – für mich sind sie es nicht – hat es keinen Mann gegeben, von dem ich im höchsten Sinne sagen konnte, daß er mein Freund sei – außer Dir. Das mußte ich Dir sagen.« Die vierte, nicht geliebte Frau war wohl die Journalistin Lore Karrenbrock, die anderen drei könnten neben Lili Deutsch die österreichische Malerin Minka Grönvold und die Schriftstellerin Fanny Künstler gewesen sein.

Mit Sicherheit aber weiß man es nur bei Lili Deutsch.[46] Nur an sie richtete er regelmäßig und bis zuletzt Briefe der Zuneigung und Verbundenheit, fast immer melancholisch über sich und traurig über die bleibenden Unstimmigkeiten, aber betont gefaßt, sanft und abgeklärt. »Wie soll ich Sie an meiner Seite fühlen, als Geleiterin meines Lebens und Schaffens, wenn ich weiß, daß Sie in meiner Nähe keine ruhige Stunde finden, wenn sich überdies tausend Widersprüche im Klang und Echo sammeln und jedes freundliche Wort übertäuben?«, schrieb er ihr schon im Dezember 1913. »Fügen werde ich mich niemals mehr; aber ich werde Sie auch nie verlassen.«[47]

Ihren zweimal geäußerten Wunsch, alle Briefe, die sie ihm geschrieben hatte, zu vernichten, wies er 1918 zurück. Er wollte testamentarisch bestimmen, daß sie ihr »unberührt« ausgehändigt würden.[48] Offenbar fürchtete sie, der Briefwechsel könnte veröffentlicht werden. Nach Rathenaus Ermordung erhielt sie ihre Briefe aber nicht zurück; seine Mutter hatte sie »aus Eifersucht« vernichtet, wie Lili Deutsch erfuhr, »Eifersucht einer alten achtzigjährigen Frau«. Die Gegenbriefe Rathenaus schickte sie 1927 dem Biographen Kessler und bemerkte dazu kühl, mit dem »Unterton Enttäuschung«, er hätte sie ebensogut an eine andere schreiben können. Kessler zitierte sie als Briefe »an eine Freundin«, aber vielleicht in längeren und delikateren Passagen, als sie gewünscht hatte. Denn als das Buch im Juni 1928 erschien, übrigens kurz nach dem plötzlichen Tod von Felix Deutsch, wollte sie Einspruch dagegen erheben; sie ließ es dann aber, weil sie wohl fürchtete, daß dadurch die Freundin überhaupt erst bekannt würde.[49]

Uns sind die Briefe und damit die Hauptdokumente seiner tiefsten Liebesbeziehung nur in dieser Form erhalten. Die Originale sind zusammen mit all ihrem Hab und Gut und mit Lili Deutsch selber verschollen. Die Witwe des AEG-Direktors glaubte nach 1933 allzu lange, daß man ihr nichts antun könne. Sie emigrierte mit ihrer Tochter und deren Mann erst Anfang 1939, wartete unentschlossen bis Mai 1940 im belgischen Ostende und kam beim Einmarsch der deutschen Truppen hier oder bei der Flucht auf See ums Leben.[50]

Anmerkungen

1. Hellige: Einleitung, GA VI, S. 173
2. Ebd., S. 83 u. 87. Horst Claus: The Theatre Director Otto Brahm (= Theater and Dramatic Studies, No. 10), Ann Arbor 1981, S. 30ff
3. Alfred Kerr: Walther Rathenau. Erinnerungen eines Freundes, Amsterdam 1935, S. 63
4. Felix Deutsch: Lebenserinnerungen (Typoskript im AEG-Firmenarchiv, Frankfurt a. M.), S. 3 u. 44
5. Kerr: a. a. O., S. 82ff. Vgl. für 1919 und 1921: Günter Brosche (Hg.): Richard Strauss – Franz Schalk. Ein Briefwechsel, Tutzing 1983, S. 150f, 155f, 239. Deutschs Tochter Gertrud heiratete den von Strauss geförderten Dirigenten Gustav Brecher, der auch über den Komponisten publizierte. Gustav Brecher: Richard Strauss, eine monographische Skizze, Leipzig 1900
6. Das Folgende, soweit nicht anders vermerkt, nach Briefen und Aufzeichnungen aus dem Nachlaß von Elsa Mohr, der Tochter von Paul Kahn (Privatbesitz). Ich bereite ein Buch über die Familien Kahn und Deutsch vor
7. John Kobler: Otto the Magnificent. The Life of Otto Kahn, New York 1988, S. 8f. Emma Kahn stiftete 1905 zum Andenken an ihren Mann dem Mannheimer Verein für Volksbildung eine Lesehalle. Karl Otto Watzinger: Geschichte der Juden in Mannheim 1650–1945, Stuttgart 1984, S. 56 u. 103
8. Franz Kahn: Abhandlungen zum internationalen Privatrecht, 2 Bde., Otto Lenel/Hans Lewald (Hg.), München/Leipzig 1928. Helmut Weber: Die Theorie der Qualifikation. Franz Kahn, Etienne Bartin und die Entwicklung ihrer Lehre bis zur universalen Anerkennung der Qualifikation als allgemeines Problem des Internationalen Privatrechts (1890–1945), Tübingen 1986
9. Brief von Lili Deutsch an ihren Bruder Paul Kahn vom 25. 7. 1911
10. Kobler: a. a. O., S. 86ff. Mary Jane Matz: The Many Lives of Otto Kahn, New York/London 1963. Stephen Birmingham: In unseren Kreisen. Die großen jüdischen Familien New Yorks, Berlin/Wien/Frankfurt a. M. 1969, S. 309
11. Peter Sprengel (Hg.): Otto Brahm – Gerhart Hauptmann. Briefwechsel 1889–1912, Erstausgabe mit Materialien, Tübingen 1985. Der Band enthält S. 250–267 auch Briefe von und an Paul Jonas, sowie Verträge. Georg Hirschfeld: Otto Brahm. Briefe und Erinnerungen, Berlin 1925
12. Brief von Paul Jonas an Gerhart Hauptmann vom 18. August 1902. (Nachlaß Gerhart Hauptmann, Staatsbibliothek Berlin)
13. Brief von Clara Jonas an Paul Kahn vom 24. 12. 1912. Vgl. auch Sprengel: a. a. O., S. 246ff u. S. 277–281 (Aufzeichnung Gerhart Hauptmanns)
14. Otto Brahm: Kritische Schriften, Paul Schlenther (Hg.), 2 Bde., Berlin 1913 u. 1915. »Frau Clara Jonas, der hilfreichen Freundin« ist der erste Band zugeeignet. Dem zweiten Band hat sie ein Verzeichnis der Schriften (Zeitungsartikel) Otto Brahms angefügt
15. Undatierter, zwischen 1901 und 1903 geschriebener Brief von Robert Kahn an Gerhart Hauptmann. (Nachlaß Gerhart Hauptmann, Staatsbibliothek Berlin). Burkhard Laugwitz:

Robert Kahn, ein vergessener Mannheimer Komponist. Mit unveröffentlichten Erinnerungen von Kahn an Johannes Brahms, in: Mannheimer Hefte 1986, H. 1, S. 15–27
16. Von Paul Kahn in einem Brief an Gerhart Hauptmann vom Sommer 1904 zitiert. (Nachlaß Gerhart Hauptmann, Staatsbibliothek Berlin)
17. Brief von Lili Deutsch an Paul Kahn vom 16. 9. 1907. Vgl. GA VI, Rathenau an Harden, Nr. 237, S. 563, Anm. 2
18. Gerhart Hauptmann: Tagebücher 1897 bis 1905, Martin Machatzke (Hg.), Frankfurt a. M. / Berlin 1987, S. 456
19. Hauptmann: a. a. O., S. 457. Kerr: a. a. O., S. 69–75
20. Zitiert in: Harden an Rathenau, 20. 1. 1906, GA VI, Nr. 130, S. 451, Anm. 2
21. Brief von Lili Deutsch an Paul Kahn vom 31. 1. 1906
22. Interviews Harry Graf Kessler mit Lili Deutsch, Eintragung vom 23. 11. 1927, in: GA VI, S. 811
23. Das ergibt sich aus verschiedenen Briefen, u. a. dem Briefwechsel zwischen Rathenau und Harden, GA VI, S. 494–497 und Brahm an Hauptmann, in: Sprengel: a. a. O., S. 201
24. Brief von Lili Deutsch an Paul Kahn vom 29. 7. 1907
25. Kessler: Rathenau, S. 51. Rathenaus Briefe an Lili Deutsch sind ohne Nennung der Adressatin in dieser Biographie veröffentlicht worden. Eine Beschreibung des erwähnten Besuches findet sich aber auch im Tagebuch unter dem 30. 12. 1911, in: Rathenau: Tagebuch, S. 153. Es war ein Abend bei Frau von Hindenburg. Der Name ist wohl von Kessler verändert worden, und seine Bezeichnung »früher Brief« ist irreführend
26. Ebd., S. 74
27. Ebd., S. 149
28. Kessler: Tagebücher, S. 553f
29. Kessler: Rathenau, S. 81
30. Ebd., S. 73
31. Ebd., S. 147
32. Interviews Harry Graf Kessler mit Lili Deutsch, Eintragungen vom 23. 11. 1927 und vom 21. 11. 1927, GA VI, S. 811 u. 809
33. Kessler: Rathenau, S. 150
34. Brief Harden an Rathenau, 23. 8. 1907, GA VI, Nr. 210, S. 536
35. Brief von Lili Deutsch an Paul Kahn vom 7. 3. 1908
36. Die Urkunde befindet sich im Nachlaß Rathenau, z. Zt. Moskau
37. Das geht aus einer Tagebucheintragung von Gerhart Hauptmann hervor, zitiert bei: Hellige, GA VI, S. 595. Rathenau vermittelte auf Sylt auch eine Begegnung Hauptmanns mit Harden
38. Zur Kritik der Zeit (1912), GA II, S. 19. Schulin: Hauptwerke, GA II, S. 502ff
39. Rathenau: Tagebuch, S. 162f. Textkorrektur nach dem Original im Nachlaß Rathenau, z. Zt. Moskau
40. Rathenaus Briefe an Lili Deutsch sind oft undatiert. Es ist möglich, daß die in Kessler: Rathenau, S. 146f zitierten aus der Zeit kurz davor stammen. Vgl. auch Helliges Deutung in: Hellige, GA VI, S. 650
41. Interviews Harry Graf Kessler mit Lili Deutsch, Eintragung vom 21. 11. 1927, GA VI, S. 809
42. Brief von Lili Deutsch an Paul Kahn vom 1. 10. 1912. Siehe die fortlaufenden Kommentare Helliges zu den Briefen der verschiedenen Beteiligten in: GA VI, S. 662–696
43. Briefe von Lili Deutsch an Paul Kahn vom 23. 12. 1912 und vom 3. 3. 1913
44. Schulin: Hauptwerke, GA II, S. 532ff
45. Gespräche, GA II, S. 723
46. Brief Rathenaus an Ernst Norlind vom 19. 9. 1919. Nachlaß Ernst Norlind, Universitätsbibliothek Lund. Lore Karrenbrock (1895–1928) wird vor allem deutlich durch die Publikation Walter Rathenau: Briefe an eine Liebende, Dresden 1931. Minka Grönvold, aus Tirol stammend, war die Frau des norwegischen Malers Bernt Grönvold (1859–1923). Fanny Künstler (1867–1923) war vor allem Briefpartnerin Rathenaus während des Krieges. Nach einer mündlichen Überlieferung (Dr. Ernest Rathenau an Pogge von Strandmann 1968) soll Ida Dehmel von zwei Frauen gesprochen haben, die Walther Rathenau geliebt habe: neben Lili Deutsch sei es Lina Oppenheim gewesen, die den Philosophieprofessor Raoul Richter (1871–1912) heiratete. Hartmut Pogge von Strandmann (Hg.): Walther Rathenau: Industrialist, Banker, Intellectual and Politician. Notes and Diaries 1907 – 1922, Oxford 1985, S. 108, Anm. 31. Rathenau könnte sie in dem Salon ihrer Schwiegermutter Cornelie Richter, einer Tochter Meyerbeers kennengelernt haben
47. Brief Rathenaus aus Rom vom 21. 12. 1913. Kessler: Rathenau, S. 159
48. Briefe Rathenaus vom 17. 5. und vom 12. 8. 1918. Ebd., S. 229f
49. Kessler: Tagebücher, S. 413, 552 u. 563f
50. Unterlagen aus dem Nachlaß von Julia Ward, der Schwiegertochter von Lili Deutsch (Privatbesitz). Von Edwin Redslob stammt die Version: »Sie ertrank mit ihrer Tochter und deren Mann, dem Dirigenten Brecher, weil das Schiff, das sie nach Amerika bringen sollte, durch Torpedierung unterging.« Zitiert nach Peter Berglar: Walther Rathenau, ein Leben zwischen Philosophie und Politik, Graz/ Wien/ Köln 1987, S. 302, Anm. 35. Darauf findet sich in den genannten Unterlagen kein Hinweis

IM DIALOG

Walther Rathenau und die Literatur seiner Zeit

DIETER HEIMBÖCKEL

Anläßlich einer von Studenten und Dozenten der Universität Köln am 16. 7. 1922 veranstalteten Gedächtnisfeier für Walther Rathenau hatte der Philosoph Max Scheler prognostiziert, der gewaltsame Tod des Reichsaußenministers werde seine geistige Gestalt mehr verdecken als erleuchten.[1] Noch für lange Zeit nach Ende des Zweiten Weltkriegs sollte sich Schelers Vorhersage als richtig erweisen. Erst seit Mitte der 60er Jahre erfuhr das auf den Politiker eingeschränkte Rathenau-Bild eine allmähliche Korrektur, durch die sowohl sein unternehmerisches Engagement als auch sein schriftstellerisches Werk zusehends aus der Abseitigkeit in das Zentrum wissenschaftlicher Auseinandersetzung verlagert wurde.

Fast unbeeindruckt von dieser Trendwende in der Rathenau-Forschung blieb bislang die Literaturwissenschaft. Als hätte für sie mit Blick auf Rathenaus Leben, Werk und Wirkung kein Erkenntnisbedarf bestanden, ignorierte sie weitgehend das außergermanistische Gesprächsangebot und wies ihm allenfalls einen Platz am Rande der Literaturgeschichte an. Noch zu seinen Lebzeiten hatte Oskar Walzel Rathenau als Mann der Tat und des Wortes gewürdigt und Parallelen zu den Vorstellungen der Expressionisten hervorgehoben,[2] ohne daß aber in der Folgezeit dieser Hinweis im einzelnen vertieft worden wäre. Erst ein halbes Jahrhundert später schickte sich Klaus Günter Just an, das literaturgeschichtliche Bild Rathenaus insofern zu modifizieren, als er ihn gegen das in Deutschland ungeschriebene Dogma der Trennung von Geist und Macht auf das Podest des einzigen großen deutschen Politikers nach 1871 hob, »der zugleich ein großer Autor war (wenn das Wort ›groß‹ überhaupt noch verwendet werden kann, dann hier).«[3] Wenngleich man nicht so weit gehen muß, Justs Fazit zuzustimmen, daß er der »bedeutendste Prosaist des expressionistischen Jahrzehnts«[4] gewesen sei, so legen doch seine Bemühungen um Rathenau das bis heute fast einzige Zeugnis ab von dem Versuch, Licht in dessen literaturgeschichtliches Schattendasein zu bringen.

Ganz ohne Zweifel wurde bisher Rathenaus Bedeutung für die Literatur seiner Zeit zu gering veranschlagt. Zwar soll hier nicht unbedingt das Wort Gottfried Benns beschwert werden, das er einst für Stefan George fand, wonach dieser das größte »Ausstrahlungsphänomen« seiner Zeit gewesen sei;[5] aber etwas davon war auch Rathenau eigen. Er war nicht Mittelpunkt eines Kreises oder einer Gruppierung, nicht der Wortführer einer literarischen oder philosophischen Bewegung, und dennoch, gerade weil er ein Wanderer zwischen den Welten war, prägte er sich nicht nur Thomas Mann als eine kulturelle »Neubildung von hoher Merkwürdigkeit«[6] ein. Während des Vierteljahrhunderts von seinen ersten publizistischen Gehversuchen in Maximilian Hardens *Die Zukunft* bis zu den letzten erfolgreichen Jahren als Starautor des *S. Fischer-Verlags* vollzog sich vielmehr das, was ich als Rathenaus kontinuierlichen Dialog mit der Literatur seiner Zeit bezeichnen möchte. Mit Dialog ist, neben der durch Briefe und Gesprächsaufzeichnungen überlieferten interpersonalen Kommunikation, insbesondere die Ebene der »intertextuellen Strukturrelationen« gemeint, »jene Relationen, die verschiedene Texte miteinander verbinden und diese zu Dialogpartnern werden lassen«[7] und an denen besonders deutlich Rathenaus literaturgeschichtliche Bedeutung veranschaulicht werden kann.

I

Würde man allein die Zahl derer beziffern wollen, die Rathenau zu seinem literarischen Freundes- und nahen und fernen Bekanntenkreis zählte, erhielte man wahrscheinlich eine fast komplette Namensliste der vorexpressionistischen Generation. Georges Kommentar anläßlich der Veröffentlichung der Rathenaubriefe, »dass es keinen Schundliteraten gebe, mit dem er nicht korrespondiert habe«, deutet dies ex negativo an.[8]

Sieht man einmal davon ab, daß Rathenaus erste Kontakte zur zeitgenössischen Literatur zurückreichen bis in die Mitte der 90er Jahre des vorigen Jahrhunderts, als er als förderndes Mitglied der PAN-Genossenschaft beitrat und zu Gast war im literaturfreundlichen Hause des Malerehepaars Reinhold und Sabine Lepsius, wo er u. a. Ernst

Hardt kennenlernte, ließe sich die Geschichte über Rathenaus Verhältnis zur Literatur seiner Zeit nicht schreiben, ohne die fundamentale Bedeutung zu erwähnen, die der *Censor Germaniae* und Herausgeber der Wochenzeitschrift *Die Zukunft,* Maximilian Harden, in Rathenaus Werdegang als Schriftsteller einnahm. Nach dem erfolglosen Versuch, mit seinem Jugendschauspiel *Blanche Trocard* (1887) als Theaterautor zu reüssieren, mußte die Anerkennung, die Harden seinem heute allgemein als Zeugnis jüdischen Selbst-

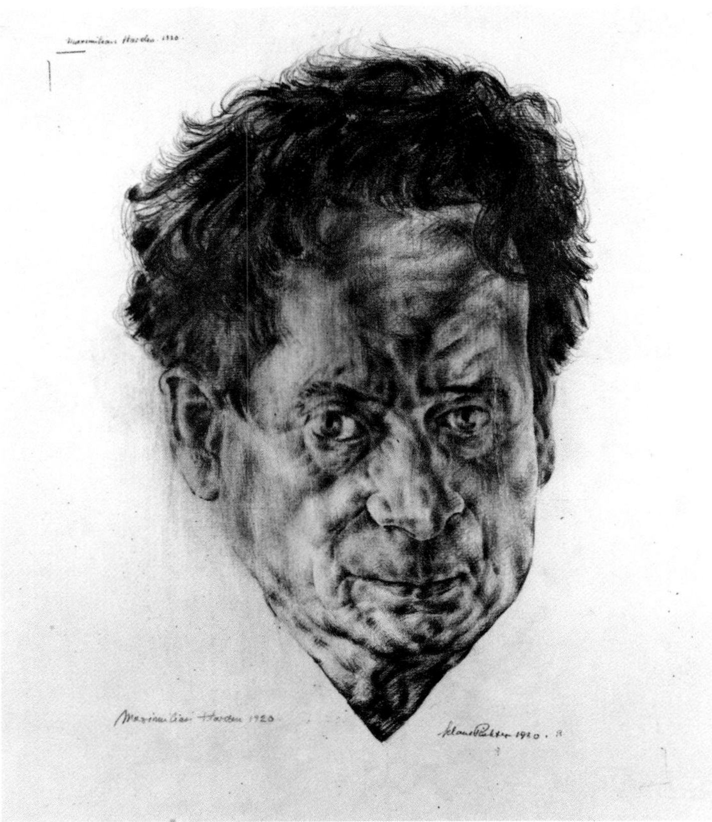

Klaus Richter, Bildnis des Maximilian Harden, 1920 (Kat.Nr. 4/28)

hasses bewerteten Artikel *Höre, Israel!* (1897) entgegenbrachte, wie Balsam auf die Seele des verkannten Schriftstellertalents gewirkt haben. Hardens Urteil, daß ihm selten »eine so starke schriftstellerische Begabung« begegnet sei,[9] bildete den Auftakt zu einer bis zum Tode Rathenaus währenden Beziehung, die zunächst weitgehend unbeschattet blieb und noch nicht jene von politischen Meinungsverschiedenheiten, Konkurrenzängsten und Geltungssucht begleiteten Züge annahm, wie sie spätestens seit etwa 1906 immer stärker zum Vorschein kamen und zu einer Groteske ausuferten, die mit einer von Rathenau an Harden ergangenen Duellaufforderung ihren ersten Höhepunkt erreichte und mit Rathenaus Eintritt in die Politik in Hardens fanatischem Haß umschlug.

Dennoch hatte der Herausgeber der *Zukunft* entscheidenden Anteil an der Beförderung seiner schriftstellerischen Laufbahn, und selbst Rathenau kam später nicht umhin, Harden seinen Dank auszusprechen, indem er ihn als »ersten Förderer meines literarischen Wollens« würdigte, der ihn »in allen schweren Zweifeln bestärkt hat und bestärkt«.[10] Schon Zeitgenossen sahen ihn als einen »Schulgänger« Hardens,[11] ein »Talent aus Hardens Kreis, an Harden gebildet«,[12] eine Bewertung, die bis heute fast durchgängig vertreten wird. Unbestritten ist, daß Rathenau, der nach einem überlieferten Wort Alfred Kerrs *Die Zukunft* förmlich verschlungen haben muß,[13] Anregungen von Harden erhielt. Insbesondere seine nach *Höre, Israel!* erschienenen, 1902 im Sammelband *Impressionen* vereinigten Schriften teils kulturkritischen, teils ästhetischen Inhalts, weisen in ihrer »spezifische(n) Form der ästhetischen Opposition«[14] und satirischen Abwertung wilhelminischer Kultur und Politik zurück auf Hardens Feuilletonstil. Es wäre allerdings verfehlt, daraus auf eine nur einseitige Abhängigkeit zu schließen, denn umgekehrt lassen sich ebenso bei Harden Rathenau-Reminiszenzen erkennen, exemplarisch nachvollziehbar anhand von Rathenaus Berlin-Aufsatz *Die schönste Stadt der Welt* (1899), dessen in Anlehnung an ein Kaiserwort ironisch gebrauchter, im Text leitmotivisch wiederkehrender Titel noch im selben Jahr von Harden aufgegriffen und später nochmals einer Berlin-Kritik einverleibt wurde.[15]

Hardens Wirkung einzuschränken bedeutet nicht, sie zu ignorieren, sondern soll davor bewahren, Rathenaus schriftstellerische Eigentümlichkeiten und seinen insgesamt komplexen Rezeptionshorizont zu übersehen. Vor allem in seinen frühen Schriften spielen literarische Motive und Themen eine unübersehbare Rolle. So läßt sich das Hauptmotiv des ›lebendig Begrabenen‹ in der *Resurrection Co.* (1898), einer Satire auf das Fortschrittsdenken amerikanischer Provenienz, nicht denken ohne den Rekurs auf Edgar Allan Poes *The Premature Burial* (1844), und für die Ausgestaltung des Golem-Motivs in der talmudischen Geschichte *Rabbi Eliesers Weib* (1899) bildet Achim von Arnims Erzählung *Isabella von Ägypten, Kaiser Karl des Fünften erste Jugendliebe* (1812) nachweislich die Quelle.

Diese wie andere Romantikanklänge belegen deutlich die Nähe Rathenaus zur Neuromantik, deren Devise Hermann Bahr 1891 mit der »Überwindung des Naturalismus« ausgegeben hatte und die, im Gefolge von Nietzsche, mit dem Individualismus, Antiintellektualismus und Irrationalismus der Lebensphilosophie korrelierte. Allein auch hier gilt es einlenkend festzustellen, daß es schwerlich möglich ist, Rathenau irgendein philosophisches oder literarisches Etikett anzuheften. Seine *Physiologie der Geschäfte* (1901), ein nicht näher zu klassifizierendes Konglomerat aus kaufmännischem Erfahrungsbericht und geschäftlichen Verhaltensregeln, dessen fiktiver Rahmen selbst einen so arrivierten Literaturkritiker wie Theodor Herzl in die Irre führte, steht beispielhaft für Rathenaus innovatorischen, die Grenzen der konventionellen Gattungen übersteigenden Formwillen. Zwar ist das dort beschriebene Bild des intuitiv handelnden, genialen Kaufmanns dem Genie-Kult der Neuromantik und Lebensphilosophie verpflichtet, aber die Aphorismen über kaufmännische Verhaltensweisen sind durchaus, wie nicht zuletzt die Berufung auf Francis Bacons Essay *Of Negociating* bestätigt, von praktisch-utilitaristischen Erwägungen bestimmt.

Walther Rathenau, Bildnis des Frank Wedekind. Skizze in einem Brief an M. Harden, 1905

All dies aber soll die Rolle, die Harden in Rathenaus frühem literarischen Schaffen spielte, nicht abschwächen, zumal er neben seiner unleugbaren Vorbildfunktion zugleich den Part des Förderers und Stimulators übernahm. Aufgrund der mangelnden Resonanz auf Rathenaus Schriften war er zunächst als Verleger zugleich sein fast einziger Kritiker, der mit Komplimenten nicht zurückhielt und Rathenau immer wieder zu einem Beitrag für die *Zukunft* aufforderte. »Woszu ferner, lieber Freund«, heißt es in einem Brief an Harden vom 22. 8. 1901, »sagen Sie mir immer so viel Gutes? Daß Sie mich überschätzen weiß ich doch längst. Ein bißchen Überschätzung ist auch ganz gut, denn Sie sind mein Freund.«[16] Ob Harden ihn nun überschätzte oder ob er tatsächlich in »seinen besten Stunden leise, ganz leise freilich nur an Montaignes lächelnde Meisterschaft« erinnerte, wie es anläßlich der Publikation der *Impressionen* hieß,[17] – zumindest hielt er es für richtig, Rathenau in die literarische Öffentlichkeit einzuführen und unter anderem Bekanntschaften mit Fritz Mauthner, Frank Wedekind oder Stefan Zweig zu vermitteln, Bekanntschaften, die, was von seinen literarischen Beziehungen insgesamt nicht ohne weiteres behauptet werden kann, von Dauer und weitgehend ungetrübt blieben.

II

Nach der allgemein ablehnenden Reaktion auf die Veröffentlichung der *Impressionen* mußte Rathenau insbesondere Frank Wedekinds »Dank für das geistvolle Buch«[18] als wohltuende Bestätigung seiner literarischen Arbeit empfunden haben, die ihn unmittelbar dazu veranlaßte, seine neuesten Schriften *Zur Physiologie der Moral* (1903) und *Von Schwachheit, Furcht und Zweck* (1904) Wedekind zur Lektüre zu übersenden. Die in beiden Artikeln entfaltete, von Schopenhauer, Nietzsche, Chamberlain und Gobineau beeinflußte Konstruktion der Polarität des starken ›Mutmenschen‹ und des schwachen ›Furchtmenschen‹ wurde zur Grundlage eines intensiven brieflichen Meinungsaustausches über Rathenaus Theorie, dessen Spuren sich sowohl in Wedekinds dramatischem Gedicht *Simson oder Scham und Eifersucht* (1914) als auch in den zahlreichen, sich um die Figur des ›Niggerjud‹ gruppierenden dramatischen Entwürfen verfolgen lassen.[19] Schon während der Arbeit an dem Einakter *In allen Wassern gewaschen* (1910), der zusammen mit den beiden noch im selben Jahr entstandenen Einaktern *Mit allen Hunden gehetzt* und *In allen Sätteln gerecht* in umgearbeiteter Form in das Drama *Schloß Wetterstein* (Uraufführung 1917) einging, hatte er sich mit Rathenaus *Physiologie der Geschäfte* intensiv auseinandergesetzt und sie bei der Darstellung des Wechselverhältnisses von geschäftlicher Macht und Prostitution zu Rate gezogen. Daß sich Rathenau an dem zum 50. Geburtstag des Dramatikers erschienenen *Wedekindbuch* (1914) mit einem Beitrag beteiligte, mag die durchweg gute, bis zur kongenialen Gesinnung reichende Verbindung zu Wedekind unterstreichen.

Ähnlich ungetrübt gestaltete sich Rathenaus Beziehung zu Stefan Zweig, läßt man einmal außer acht, daß Zweig zu Beginn des Krieges die Forderung Romain Rollands nach einer Antikriegsallianz der geistig führenden Europäer unterstützte, an der zu partizipieren Rathenau als Leiter der Kriegsrohstofforganisation ablehnte. Dies hielt Zweig jedoch nicht davon ab, in Rathenau späterhin »den Zerbrecher der englischen Blockade, den Bewahrer der deutschen Widerstandsorganisationen, den kaufmännischen Feldherrn des Krieges« zu feiern,[20] und noch weniger, sein politisches Wirken als Minister der Weimarer Republik mit jenem gleichbleibenden Interesse zu verfolgen, das er schon dem Verfasser der *Reflexionen* (1908) und der *Kritik der Zeit* (1912) entgegengebracht hatte. An beiden Werken hatte Zweig die lebendige, in Deutschland so seltene Verbindung des Kaufmanns mit dem Künstler gerühmt, die in Rathenau zur Synthese strebe und um so mehr Beachtung verdiene, als sie der Sehnsucht der zeitgenössischen Literatur nach Verknüpfung von Kunst und Leben entspreche.[21]

Für ihn war Rathenau aber nicht nur allein unter diesem Aspekt vorbildhaft: Die »seltene Mischung im Künstlerischen von äußerster Kühle der Form bei innerster Glut der Energie«,[22] mit der Rathenau insbesondere in *Zur Kritik der Zeit* einen bis dahin ungekannten Vergleichstyp geschaffen hat, der ihn in die Lage versetze, den Zeitenwandel plastisch darzustellen und Aussagen von statistischem Wert sprachlich auf den Punkt zu bringen, machte sich Zweig in dem Artikel *Die Monotonisierung der Welt* (1925) zu eigen, in dem er ausdrücklich auf Rathenau zu sprechen kam, als er ein Bild seiner Zeit zu entwerfen suchte: »Alles wird gleichförmiger in den äußeren Lebensformen, alles nivelliert sich auf ein einheitliches kulturelles Schema. Die individuellen Gebräuche der Völker schleifen sich ab, die Trachten werden uniform, die Sitten international. Immer mehr scheinen die Länder gleichsam ineinandergeschoben, die Menschen nach einem Schema tätig und lebendig, immer mehr die Städte einander äußerlich ähnlich. Paris ist zu drei Vierteln amerikanisiert, Wien verbudapestet: immer mehr verdunstet das feine Aroma des Besonderen in den Kulturen, immer rascher blättern die Farben ab und unter der zersprungenen Firnisschicht wird der stahlfarbene Kolben des mechanisierten Betriebes, die moderne Weltmaschine, sichtbar. Dieser Prozeß ist schon lange im Gange: schon vor dem Kriege hat Rathenau diese Mechanisierung des Daseins (...) als wichtigste Erscheinung unseres Lebensalters prophetisch verkündet.«[23] Der von Zweig hier angeführte Begriff der ›Mechanisierung‹ spielte in Rathenaus Schriften seit dem ersten Hauptwerk *Zur Kritik der Zeit* eine zen-

Stefan Zweig, um 1930

trale Rolle. Zwar hatten vor Rathenau schon u. a. Rudolf Eucken und Georg Simmel diesen Begriff in je unterschiedlicher Akzentuierung gebraucht; aber erst durch Rathenau wurde ›Mechanisierung‹ zu einem weitverbreiteten Schlagwort zur Kennzeichnung der Lebenserscheinungen im industriellen Zeitalter. Rathenau übernahm den Begriff aus seinem Anwendungsbereich in der Produktionstechnik und übertrug ihn auf alle Gebiete des ökonomischen und geistig-kulturellen Lebens. Während die Mechanisierung einerseits wirtschaftlich notwendig sei, da eine verzehnfachte Bevölkerung neue Produktionsverfahren notwendig mache, führe sie andererseits einen umfassenden Nivellierungs- und Homogenisierungsprozeß herauf, der die Menschen in eine weltumspannende Maschinerie einschnüre und entschieden zur Enthumanisierung aller Lebensbereiche beitrage.[24] »Gemeinsam«, so Rathenau, »ist (...) diesen Erscheinungsformen ein Geist, der sie seltsam und entschieden von den Lebensformen früherer Jahrhunderte unterscheidet: ein Zug von Spezialisierung und Abstraktion, von gewollter Zwangsläufigkeit, von zweckhaftem, rezeptmäßigem Denken, ohne Überraschung und ohne Humor, von komplizierter Gleichförmigkeit: ein Geist, der die Wahl des Namens Mechanisierung auch im Sinne des Gefühlsmäßigen zu rechtfertigen scheint.«[25] Diese Metaphorisierung verschaffte der ›Mechanisierung‹ ihre große Anziehungskraft, weil sie damit zur Umschreibung jener scheinbar kulturbedrohenden Phänomene eingesetzt werden konnte, gegen die sich die Kritik zahlreicher Dichter und Schriftsteller aus dem nahen und weiteren Umfeld Rathenaus richtete, und mit denen sich nicht zuletzt auch Stefan Zweig immer wieder auseinandersetzte, so in seinen Memoiren *Die Welt von Gestern,* in denen er sich an Gespräche mit Rathenau erinnerte, »die an geistiger Luzidität vielleicht nur jenen mit Hofmannsthal, Valéry und Graf Kayserling zu vergleichen wären«.[26]

Hugo von Hofmannsthals Namen mit dem Rathenaus in einem Atemzug genannt zu hören, mag den erstaunen, der sich an des Rodauners vernichtende Kritik erinnert, die er aus Anlaß der Veröffentlichung der Rathenau-Biographie Harry Graf Kesslers äußerte, als er ihn zu einer dürftigen Persönlichkeit abqualifizierte, deren fehlender »Qualitätssinn« und »Mangel an Spontaneität« ihn noch im nachhinein zu echauffieren schien.[27] Hatte Hofmannsthal nach ihrer ersten Begegnung zunächst einen günstigen Eindruck von ihm gewonnen, so büßte Rathenau spätestens mit Erscheinen der *Reflexionen,* die Hofmannsthal als das raffinierte Machwerk eines Snobs bewertete, jeglichen Sympathiebonus ein. Dennoch kam es zwischen ihnen auch in den folgenden Jahren zu einem beständigen Meinungsaustausch, und schließlich stufte Hofmannsthal *Von kommenden Dingen* (1917), als »consistent, gehaltvoll und (...) sehr bemerkenswert« ein.[28] Denn ungeachtet der persönlichen Ressentiments wußte er sich einig mit Rathenau in der Kritik an allen Fortschrittstheorien, und unweigerlich fühlt man sich an Rathenau erinnert, wenn es in den Notizen zu der Rede *Die Idee Europa* (1916) über die Vorkriegszeit heißt: »Die rasende Hast des Austausches, die praktische Abschaffung der Entfernungen – das Tosen auf London-Bridge – Hotels von Alpen bis Benares – Ozeandampfer, die als Resultat der gesamten Weisheit und Wissenschaft unserer Tage einen Fetzen Stoff über das Meer fahren für den Salon einer Modedame, Berge von überflüssigen Nachrichten in die Welt setzen durch Wunder von Tausendundeiner Nacht.« Daß Hofmannsthal für die Zeit nach dem Kriege eine »neue Epoche der Seele« vorhersagte,[29] rückt ihn noch näher an Rathenau heran, wenngleich er seine geistige Heimstätte eher an der Seite Rudolf Alexander Schröders und Rudolf Borchardts lokalisiert hätte, mit denen er zusammen 1909 den *Hesperus* herausgab, ein Jahrbuch, das zur Neubelebung der literarischen Tradition beitragen sollte und in dessen Planung neben Alfred Walter Heymel auch Rathenau einbezogen wurde.

Wenn man das Verhältnis zwischen Rathenau und Rudolf Borchardt zu ergründen sucht, stößt man zwangsläufig auf einen Befund Walter Benjamins, der in einem der schonungslosesten Urteile über Borchardt dessen moralische Integrität bemängelte und seinen »Willen zur Lüge« als einen mit Rathenau verwandten charakterlichen Zug hervorhob.[30] Benjamins Kritik erleichtert kaum den Zugang zu diesen beiden problematischen Persönlichkeiten; sie legt aber Widersprüche frei, deren man bei der Aufarbeitung zumindest ihrer Beziehung inne wird. Denn ganz ehrlich schienen sie miteinander nicht gewesen zu sein. In dem 1990 aus dem Nachlaß Borchardts veröffentlichten Fragment *Frühstück zu acht Gedecken,* das szenisch einige seiner Begegnungen während seines Fronturlaubs im Jahre 1916 rekonstruiert, erscheint der »greuliche Rathenau«, wie ihn Hofmannsthal dort nennt, als eine von den Freunden ungeliebte Figur, für die Borchardt zwar vordergründig Partei ergreift, die er aber schließlich zu den Leuten zählt, die man »nicht mehr los wird«, weil man ihre Sympathie »als jüngerer Mensch aus lauter Verlegenheit halb erwidert« habe.[31] Schon Rathenaus auf rassentheoretische Implikationen beruhende Darstellung des Zweckmenschen in *Von Schwachheit, Furcht und Zweck* stand Borchardt merklich ablehnend gegenüber, wodurch er sich später freilich nicht von seiner Bitte abbringen ließ, Rathenau möge sich für den Fall, daß ihm im Krieg etwas zustoßen sollte, um sein literarisches Erbe kümmern. Und glaubte er einerseits in einer beiläufigen Bemerkung feststellen zu müssen, daß das Wort des mechanischen Menschen nicht von Rathenau, sondern von Boccaccio stamme, so rekurrierte er andererseits in seiner programmatischen Rede *Schöpferische Restauration* (1927) eben auf den von Rathenau in *Zur Kritik der Zeit* entfalteten Begriff der ›Mechanisierung‹, indem er ihn zur Kennzeichnung seiner Epochendiagnose heranzog, die sowohl in ihrer

zeitlichen Bestimmung als auch inhaltlichen Charakterisierung der Zivilisationserscheinungen mit jener Rathenaus zur Deckung kam.
Nicht weniger unentschieden – um das Wort unredlich zu vermeiden – reagierte Rathenau auf den Dichter. Wohl hatte er sich für Borchardts Rede *Der Krieg und die deutsche Verantwortung* (1916) vor der *Deutschen Gesellschaft* 1914 eingesetzt und seine Jugendgedichte, die er als Privatdruck aus den Händen Heymels erhielt, emphatisch aufgenommen, doch im Grunde konnte er sich für Borchardts Gedichte nicht erwärmen: Sie waren ihm, wenn man einer Überlieferung Franz Bleis

Stefan George, um 1920

Glauben schenken darf, in durchaus erreichbaren Höhen angesiedelt.[32] Rathenaus uneingeschränkter Zustimmung wird sich Borchardt allerdings sicher gewesen sein dürfen, als er 1910 mit einer heftigen Polemik auf den ersten Band der von Friedrich Gundolf und Friedrich Wolters herausgegebenen *Jahrbücher für die geistige Bewegung* (3 Bde., Berlin 1910–12) reagierte, die in Haltung und Gesinnung untrennbar mit dem Namen Stefan Georges verbunden waren.
Angesichts Rathenaus ebenso vehementer Kritik gegen die in den *Jahrbüchern* vertretene Geisteshaltung mag es überraschen,[33] daß er George schätzte wie kaum einen zweiten zeitgenössischen Dichter,[34] zumal er insbesondere in seinen ästhetischen Schriften keine Gelegenheit ungenutzt ließ, sich gegen die l'art-pour-l'art-Dichtung des frühen George auszusprechen.[35] Wenn man indes Rathenaus Lyrikverständnis auf seinen Gehalt untersucht, liest es sich beinahe wie ein Kommentar zu der Dichtungslehre aus den Anfängen der *Blätter für die Kunst.* Von einem Gespräch mit Rathenau über die neueste Dichtung heißt es bei Alexander Moszkowski: »Hier nahm seine Beurteilung nicht selten verzückte Formen an, und ich bekenne, daß ich den Flügen seiner Künstlernatur nicht immer zu folgen vermochte. (...) Er berauschte sich am Klang, den er höher bewertete als den begreiflichen Sinn, an Wortmelodien, die mir unvernehmlich blieben, oder mir als vages Geräusch erschienen über amorphe Wortgefüge.«[36]
Wollte man den zahlreichen weiteren, seit Mitte der 90er Jahre entstandenen Verbindungslinien zu George und zu den – wenn auch mitunter nur zeitweise – in seinem Bannkreis stehenden Schriftstellern und Wissenschaftlern nachzeichnen, so würde der Rahmen der vorliegenden Arbeit bei weitem gesprengt. Man müßte neben George auf Georg Simmels und Kurt Breysigs Einfluß auf Rathenaus Weltanschauung zu sprechen kommen und auf die von Ernst Bertram diagnostizierte Geistesverwandtschaft zwischen den *Jahrbüchern für die geistige Bewegung* und Rathenaus *Zur Kritik der Zeit.* Darüber hinaus müßte über die Kontakte Rathenaus zu Karl Wolfskehl und Friedrich Gundolf, bei dessen Frontbefreiung er eine entscheidende Rolle spielte, ebenso gesprochen werden wie über die Frage, inwieweit die spätere Kritik an Rathenaus prophetischer Pose durch den Gundolf-Freund Kurt Singer unter dem Einfluß Georges stand. Hingewiesen sei an dieser Stelle lediglich auf zwei Ereignisse, die im politischen Leben Rathenaus eine bedeutende Rolle gespielt haben: zum einen auf seinen Aufruf zur levée en masse unter dem Titel *Ein dunkler Tag* (1918), der mit ziemlicher Wahrscheinlichkeit der George-Übersetzung eines Gedichts von Dante Gabriel Rosetti *(A dark day)* entnommen ist, und zum anderen auf einen Brief an Lili Deutsch unmittelbar vor der Abfahrt zur Konferenz nach Genua, in dem er, Verse aus dem George-Gedicht *Der Templer* zitierend, die Schicksalsschwere seiner kommenden Aufgaben beschwört.[37]
George selbst brachte dem Mann der Tat, zumal dem Politiker Rathenau, größere Achtung entgegen als dem Schriftsteller. Er sei der »einzige respektable Minister der Republik gewesen«,[38] lautete sein rückblickendes Urteil, während ihm der Schriftsteller keines großen Gedankens fähig erschien. »Zehn Jahre Bolschewiki«, so George,

»seien besser als die von Rathenau erdachte Ordnung.«[39] War es die Angst vor einer möglichen Einbuße seiner Wirkung auf die junge Generation, die George zu diesen Urteilen veranlaßte? Schickte der Verkünder des »neuen Reichs«[40] sich nicht an, Georges ureigene Gefilde zu betreten, ihm den Platz des ›vates‹ streitig zu machen? Ist es nur eine zufällige Koinzidenz, daß sein letzter Gedichtband den Titel *Das neue Reich* (1928) führt? Diese Fragen abschließend zu beantworten, wird kaum möglich sein. Man wird sich vorderhand mit dem zur Verfügung stehenden Material bescheiden müssen. Daß aber George zumindest den Politiker schätzte, ist gewissermaßen die Bewahrheitung einer unter Rathenaus Dichterfreunden weitverbreiteten Hoffnung, die schon zu Kaisers Zeiten an seinen zukünftigen Eintritt in die Politik geknüpft worden war. Hierfür steht als primus inter pares Gerhart Hauptmann.

III

Rathenau lernte Hauptmann Ende 1905 durch Vermittlung Alfred Kerrs kennen. »Sir Walther«, wie der Dichter in Briefen Rathenau nannte, imponierte Hauptmann durch seine geistreichen Gedankenspiele und die Andersartigkeit seiner Persönlichkeit, während Rathenau Hauptmanns Werdegang als Theaterautor schon seit dessen Anfängen verfolgte und um so mehr an einer Begegnung interessiert war. Es schien Rathenaus ganzer Stolz zu sein, auf das persönliche Verhältnis zu dem vielleicht neben Thomas Mann repräsentativsten deutschen Dichter seiner Zeit aufmerksam zu machen – zu denken ist nur an die der *Kritik der Zeit* voranstehende und mit Ehrbezeugungen überfrachtete Widmung für Hauptmann – und auch Hauptmann war in seinen zahlreichen Reden über Rathenau stets darum bemüht, ihre Freundschaft ins rechte Licht zu setzen. Ungeachtet aber der nach außen hin demonstrierten Harmonie waren sich beide in mancher Hinsicht uneins. Hauptmanns Hurrapatriotismus zu Beginn des Krieges goutierte Rathenau ebensowenig wie den Richard Dehmels,[41] und die Überheblichkeit, sich als Erbe Goethes zu sehen, mußte den Goethe-Verehrer Rathenau befremden. Hauptmann wiederum hegte ernsthafte Zweifel an der Lauterkeit der publizistisch regen Nachkriegsproduktion seines Freundes, die er »hysterisch-eitel« nannte.[42]

Eine nüchternere Bestandsaufnahme ihrer persönlichen Beziehung soll aber keineswegs den Blick versperren auf die wechselseitige Beeinflussung ihres schriftstellerischen Schaffens. Hauptmanns literarisches Urteil war gefragt, als Rathenau sich anschickte, seinen Gedichtzyklus *1813. Ein Festgesang zur Jahrhundertfeier* (1913), der etwa zeitgleich mit Hauptmanns *Festspiel in deutschen Reimen* (1913) entstand, in Hardens *Zukunft* zu publizieren: »Dein Interesse an diesem Produkt seltsamer Stimmung und die Möglichkeit, es in Deine Schaffenskreise einzuflechten, beglückt mich. (...) Sollte man gar den Kram in einer Zeitschrift veröffentlichen? Vielleicht fühlte sich ein tönendes Herz berührt!«[43]

Clara Rilke-Westhoff, Büste des Gerhart Hauptmann, 1909 (Kat.Nr. 2/63)

Kaum hoch genug kann Hauptmanns vermittelnde Anteilnahme an Entstehung und Publikation von *Zur Kritik der Zeit* bewertet werden, mit der Rathenau in den Kreis des anerkannten *S. Fischer-Verlags* aufstieg, der schon zu damaliger Zeit für eine Vielzahl namhafter Autoren verantwortlich zeichnete. Umgekehrt wurde Rathenau nach Kräften in den Entstehungsprozeß der Romane

Der Narr in Christo Emanuel Quint (1910) und *Atlantis* (1912) einbezogen. In *Emanuel Quint* sah Rathenau das moderne deutsche Epos schlechthin erbracht, ja, die Gestalt des nicht mit dem Verstande, sondern mit Liebe nach Gott suchenden Titelhelden kam seinem später in *Zur Mechanik des Geistes* (1913) entfalteten seelenmystizistischen Ideal durchaus nahe.[44] Auf der anderen Seite liest sich die schon im *Quint* angelegte und dann in *Atlantis* zum beherrschenden Thema werdende Zeitkritik Hauptmanns passagenweise wie die fiktionale Entsprechung zu den Analysen von Rathenaus erstem Hauptwerk. »Ich fürchte«, heißt es dort aus dem Munde des Protagonisten Friedrich von Krammacher, »daß der weltumspannende Verkehrsapparat, der angeblich im Besitze der Menschheit ist, vielmehr seinerseits die Menschheit besitzt. Wenigstens sehe ich bis jetzt noch nichts davon, daß die ungeheuren Arbeitskräfte der Maschinen die zu leistende Menschenarbeit verringert hätten. Die moderne Maschinensklaverei ist die imposanteste Sklaverei, die es jemals gegeben hat; aber sie ist eine Sklaverei! Wenn man fragt, ob das Zeitalter der Maschinen das menschliche Elend vermindert hat, muß man bis jetzt mit Nein antworten.«[45]

Wie nachhaltig Rathenaus Gedanken zur Mechanisierung Hauptmanns kulturkritische Überlegungen beeinflußt haben, bezeugt seine Rede *Die denkende Hand* (1922), in der er, den »mechanisierten, in seinem Seelenleben verkümmerten« Menschen diagnostizierend,[46] die Überwindung der Kluft zwischen Kopf- und Handarbeit forderte. Bestürzt über die Nachricht von der Ermordung seines Freundes sah sich Hauptmann jedoch außerstande, diesen für die Jahresversammlung des *Deutschen Werkbundes* im Juni 1922 bestimmten Vortrag zu halten. Es war ein Entsetzen, das über ihn hinaus weite Kreise der literarischen Intelligenz ergriff, mochten sie nun Rathenau naheoder fernstehen; selbst der ihm alles andere als wohlgesinnte Robert Musil bot seine Teilnahme an einem möglichen Protest gegen das Attentat an. Bei wenigen aber löste es eine solche bewußtseinsverändernde Reaktion aus wie bei Thomas Mann: »Rathenaus Ende bedeutet auch für mich einen schweren Choc. Welche Finsternis in den Köpfen dieser Barbaren! Oder dieser idealistischen Verirrten.«[47]

Vergleicht man bei allen biographischen Unterschieden die Lebenslinien Thomas Manns und Walther Rathenaus, so lassen sich Berührungspunkte unschwer erkennen: beide großbürgerlicher Herkunft, beide lange Zeit tendenziell bis unverhohlen antisemitisch bei gleichzeitiger Neigung zum blonden Typus germanischer Provenienz – Rathenaus offen ausgesprochener innerjüdischer Selbsthaß in *Höre, Israel!* stand Thomas Manns Mitarbeit an der judenfeindlich ausgerichteten Zeitschrift *Das Zwanzigste Jahrhundert* zur Seite – beide wandelten sich innerhalb kurzer Zeit von überzeugten Monarchisten zu Repräsentanten der neu entstandenen Republik, und daß Robert Musil bei der Konzeption des Großschriftstellers im *Mann ohne Eigenschaften* mit der ihm eigenen Verachtung an Rathenau und Thomas Mann dachte, drückt dem innerliterarischen Ressentiment das Gepräge einer auch Musil vernehmbaren Wesensverwandtschaft auf.

Dennoch oder vielleicht aufgrund der zutageliegenden Parallelen schätzte Rathenau den Verfasser der *Buddenbrooks* nicht übermäßig, und vollends auf Ablehnung stießen bei ihm die *Betrachtungen eines Unpolitischen* (1918). Was Rathenau unter anderem empört haben mochte, war der Umstand, daß Thomas Mann sich seiner in *Von kommenden Dingen* entfalteten Gedanken zum ›Volksstaat‹ und zur Abschaffung althergebrachter Privilegien bediente, ohne ausdrücklich seinen Namen zu nennen. Er erwähnt Rathenau lediglich dort verhüllend, wo er von der biederen »Stimme des nationaldemokratischen Mannes« oder vom »Biedersinn des patriotischen Demokraten, des Volksstaatsmannes«[48] spricht, und unweigerlich wird man an seine Person zu denken haben, wenn es dort heißt, daß »heute in ein und derselben Person ebensoviel Neigung vorhanden sein kann, diesem Fortschritt tatweise Vorschub zu leisten, wie ihn meinungsweise zu bekämpfen ...«[49]

Auch in der Folgezeit kreisten Thomas Manns Gedanken um die bei *S. Fischer* wie im Selbstverlag erschienenen Schriften Rathenaus, die er in seinen Tagebuchaufzeichnungen mal zustimmend, mal ablehnend beurteilte. Man spürt jedoch deutlich, daß sie an den Grundfesten seiner in den *Betrachtungen* so prononciert vorgetragenen nationalkonservativen und antidemokratischen Anschauungen rüttelten und seinen politischen Gesinnungswechsel mit vorbereiten halfen,[50] der dann endgültig mit der Ermordung Rathenaus und der zu seinem Gedächtnis gehaltenen Rede *Geist und Wesen deutscher Republik* (1923) besiegelt wurde.

Walther Rathenau, Gerhart und Margarete Hauptmann, 1922 (Kat.Nr. 2/74)

Nicht weniger bestürzt als Thomas Mann reagierte Rainer Maria Rilke auf den Tod des Außenministers, doch während Mann mit seinem darauffolgenden Bekenntnis zur Demokratie zum geistigen Repräsentanten der Weimarer Republik avancierte, bedeutete dieser Mord für Rilke das Ende aller mit der Person Rathenaus verbundenen politischen Hoffnungen und leitete seine bis zum Haß reichende Abkehr von Deutschland ein. Rilkes seit etwa 1914 zu Rathenau bestehende Verbindung war mehr sporadischer denn kontinuierlicher Art, aber durch jedes ihrer Zusammentref-

fen erhielt er den nachhaltigsten Eindruck, so während seiner Berlinreise im Dezember 1915, als er die Begegnungen mit Rathenau zum »Wichtigste(n)« seines dortigen Aufenthaltes zählte.[51]
Was ihm an Rathenau gefiel, war, neben der Kompetenz in Fragen der Politik, die Mischung aus Zeitkritik und idealistischer Hoffnungsfreude, die dem unter den Wirren des Kriegs Leidenden neuen Halt bot und möglicherweise auch das Vertrauen gab, sich Anfang 1918 mit dem Wunsch an Rathenau zu wenden, ob er ihm für einen längeren Zeitraum Unterkunft in der Abgeschiedenheit von Schloß Freienwalde gewähren könne. Daß Rathenau dieser Bitte nicht nachkam, hielt Rilke nicht davon ab, ihm 1921 zu seiner neuen politischen Funktion als Wiederaufbauminister zu beglückwünschen: »Wie oft in diesen Jahren habe ich gehofft, Sie an einer Stelle zu erkennen, die Sie zum unmittelbarsten Einfluß berechtigt. Die neue Regierung ist die erste, deren Haltung ich ungefähr begreife«. Vor diesem Hintergrund wird nachvollziehbar, mit welcher Betroffenheit Rilke die Ermordung Rathenaus aufnahm. In ihr sah er die Heillosigkeit deutscher Zustände bestätigt, die er, da »nun der letzte Verständiger vernichtet ist, der das blind-obstinate Deutschland noch mit der übrigen Welt in Leitung und Spannung hielt«, keiner Besserung für fähig erachtete. In der Folgezeit steigerte sich Rilkes Abneigung gegen Deutschland sogar bis zur Scham, sich seiner Muttersprache zu bedienen, nachdem er noch zu Beginn des Jahres 1922 nach einer lang anhaltenden Schaffenskrise seine großen Spätwerke – die *Duineser Elegien* und *Die Sonette an Orpheus* – vollendet hatte.
In den *Sonetten an Orpheus* findet sich ein Gedicht, das in der Darstellung des Verhältnisses von Mensch und Maschine auf Rathenaus Analyse des mechanisierten Zeitalters verweist, der zufolge sich die Mechanisierung »aller menschlichen Kräfte (...), allen Denkens und aller Tätigkeit« bemächtigt habe.[52] Bei Rilke, der sich in Rathenaus drittem Hauptwerk »mit besonderem Eifer (...) bewegen und zurechtfinden« wollte, wie er am 3. Dezember 1917 an Rathenau schrieb,[53] lauten die ersten beiden Strophen:

Alles Erworbne bedroht die Maschine, solange
sie sich erdreistet, im Geist, statt im Gehorchen,
zu sein.
Daß nicht der herrlichen Hand schöneres Zögern
mehr prange,
zu dem entschlossenern Bau schneidet sie steifer
den Stein.
Nirgends bleibt sie zurück, daß wir ihr ein
Mal entrönnen
und sie in stiller Fabrik ölend sich selber gehört.
Sie ist das Leben, – sie meint es am besten zu
können,
die mit dem gleichen Entschluß ordnet
und schafft und zerstört.[54]

Ob Rathenau diesem Gedicht des ansonsten von ihm verehrten Dichters und Übersetzers der Sonette von Louize Labé mit Sympathie begegnet wäre, darf bezweifelt werden, da er eine grundsätzliche Abneigung gegen jene Dichtung hegte, in der die mechanisierte Welt thematisiert wurde. Aufgabe der Lyrik sei es nicht, so Rathenau, »gereimte Aufsätze«[55] vorzulegen; damit wahre Dichtung entstehe, müsse vielmehr »ein siebenfaches Wunder geschehen«,[56] das Unaussprechliche müsse sich in ihr ausdrücken und vollends erschöpfen. Kunst im allgemeinen sollte seiner Ansicht nach, wolle sie ihre Zeitunabhängigkeit bewahren, sich gegen die Mechanisierung behaupten. Das erklärt seine Vorbehalte gegen die Dichtung des Expressionismus und verleiht seiner Affinität zur Heimatkunstbewegung eine gewisse Plausibilität.
Was die Schriftsteller der Heimatkunst mit den bislang genannten Dichtern bei allen Differenzen vereinte, ob sie nun George oder Thomas Mann, Wedekind oder Hauptmann heißen, war die zivilisationskritische Haltung, die sich nach 1890 in je unterschiedlichen, vom Ästhetizismus bis zur Heimatkunst reichenden stilistischen Ausprägungen artikulierte. Daß Rathenau zu allen diesen Tendenzen Neigungen zeigte, brachte ihn schon zu seinen Lebzeiten in den Ruf eines Opportunisten und wird ihm den Vorwurf Georges, des so sehr auf künstlerische Abgrenzung Bedachten, eingetragen haben, nach Belieben in der Wahl seiner literarischen Gesprächspartner vorgegangen zu sein.
Rathenaus Bild bliebe daher einseitig, bildete man ihn lediglich an der Seite Hauptmanns oder Rilkes ab und ließe seine Verbindungen zu Schriftstellern wie Wilhelm Schäfer, Gustav Frenssen oder Hermann Burte außer acht. In Rathenaus Rezension über Hermann Hesses der Heimatkunst nahestehendes Frühwerk *Peter Camenzind* (1904), das er als das Buch »eines starken Menschen« würdigte und im Stile Langbehn'scher

Wertmaßstäbe als »gut, ehrlich und gesund« beurteilte,[57] zeichnet sich eine gewisse Vorliebe für diese literarische Richtung ab. Einem Hinweis von Richard Dehmel auf die finanzielle Misere Hermann Burtes folgend war Rathenau gerne bereit, dem Verfasser des *Wiltfeber* (1912) bei seinem weiteren Werdegang behilflich zu sein. Dies um so mehr, als er in diesem Roman, in dessen Mittelpunkt der angebliche politische, geistige und seelische Verfall Deutschlands stand, und der nicht zuletzt seiner antisemitischen Passagen wegen später von der völkischen Kritik als eine der ersten nationalsozialistischen Dichtungen gepriesen wurde, die »lyrische Exegese und Partitur zu dem ernsten Text«, also zu *Von kommenden Dingen*[58] sah. Zurecht meinte daher Franz Blei in seiner Reaktion auf die Hermann Burte zugeeignete Widmung Rathenaus – »Dem ewigen Deutschen der ewige Jude« – daß sich seine »Fremdheit diesem Junker gegenüber« in nichts anderem als »Bewunderung« geäußert habe.[59]

Rainer Maria Rilke, 1925

Ungeachtet der zwischen den Schriftstellern der Jahrhundertwende bestehenden ideologischen Querverbindungen trennten Rilke und Burte, Hesse und George literarische Welten voneinander, Welten, die Rathenau, das »Phänomen von schwerpunktloser Vielheit«,[60] ebenso selbstverständlich miteinander zu verbinden schien wie jene, für die er mit seiner Person einstand. Der über das ›Reich der Seele‹ philosophierende Wirtschaftsführer war für seine Zeitgenossen beiderseits der Kulturen jedoch eine weniger selbstverständliche Erscheinung. Schon früh hatte Rathenau auch die gegen ihn im Kreise seiner literarischen Freunde kursierenden Vorbehalte erkannt: »Sie duldeten mich als jemand, der dank heterogenen und dilettantischen Interessen auf ›ihre‹ Ideen anregend wirkte, und dachten einigermaßen verächtlich vom industriellen und finanziellen Leben, weil einer, der mit bescheidenen Mitteln in Architektur, Naturwissenschaft und Schreiberei dilettierte, auf diesem, sonst ernst betrachteten Gebiet Erfolge haben konnte.«[61] Kaum jemand der zeitgenössischen Schriftsteller hätte zugegeben, daß von einem Repräsentanten der Macht Wegweisendes in ihrer Sphäre des Geistes geleistet worden wäre; eher war man geneigt, sein Literatentum auf das Maß des nebenberuflich dilettierenden Schriftstellers herunterzuspielen, als daß man ihn als seinesgleichen akzeptiert hätte. So kam Gerhart Hauptmann anläßlich einer Gedenkrede nicht umhin, seine Arbeitsstunden von den Mußestunden seines verstorbenen Freundes abzugrenzen: »Walther Rathenaus und meine Betätigung waren (...) so grundverschieden, daß ich nur seine Mußestunden gekannt habe, während umgekehrt, was ihn vielleicht anzog, meine Arbeit war.«[62] Andere, wie Hermann Hesse, waren eifrig darum bemüht, die Unvereinbarkeit zwischen Rathenaus Seelenbegriff und dem der Dichter hervorzuheben,[63] ganz zu schweigen von Robert Musils Reaktion auf die *Mechanik des Geistes,* die mit dem für Rathenau so vernichtenden Urteil schloß, daß »künstlerisches und wissenschaftliches Denken« sich in Deutschland noch immer nicht berührt hätten.[64] Rathenau mochte daher tatsächlich allen Grund haben zu glauben, daß ihm seine Generation verlorengegangen sei, wenngleich die aufgezeigten Wirkungslinien und die Reaktionen auf seine Person und seine Schriften ein anderes Bild ergeben.

IV

Dies gilt im gleichen Maße, wenn auch unter anderen Voraussetzungen, für die Generation des Expressionismus. Von anderen Voraussetzungen in diesem Zusammenhang zu sprechen ist insofern angebracht, als die eingangs beschriebene Form des Dialogs zwischen Rathenau und der Literatur seiner Zeit sich hier weitgehend auf die Ebene der intertextuellen Kommunikation beschränkte. Seine persönlichen Beziehungen zu den Vertretern des Expressionismus waren mit Ausnahme seiner anfänglichen Freundschaft zu Carl Sternheim spärlich, wie denn überhaupt seine Haltung dieser literarischen Bewegung gegenüber mehr einer kritischen Distanz denn sympathievoller Hingebung glich. Er war, wie der Maler und Vetter seines Vaters, Max Liebermann, zu sehr ein Kind des zurückliegenden Jahrhunderts, als daß er, der das Goethe-Lied *An den Mond* als Dichtung par excellence pries, der neuen Kunstrichtung im einzelnen hätte folgen können. »Sie wollen das Richtige, aber sie können es nicht«, lautete sein Urteil.[65] Es fehlt deshalb auch in Rathenaus Schriften nicht an mitunter scharfen Invektiven gegen die expressionistische Dichtung sowohl in ihrer thematischen, sei es nun zivilisationskritischen oder politischen, als auch in ihrer stilistischen Ausprägung. Mit Unverständnis reagierte er auf ihre Großstadt- und Maschinendichtung, die ihm anachronistisch und nicht wesentlich für die Zeit erschien,[66] und noch vehementer setzte er sich gegen die von ihnen eingesetzten stilistischen Mittel zur Wehr, mit denen sie nicht nur glaubten die Literatur, sondern zugleich die Welt revolutionieren zu können: »Ihnen ist es nicht um die Sache zu tun, sondern um ein apartes, literarisch verwertbares Gerede von der Sache. Sie glauben die Welt zu ändern, wenn sie Artikel weglassen, Satzglieder umstellen und im Kaffeehaus neue Zeitwörter ausdenken.«[67]

Bei dieser den Stil vieler Expressionisten umschreibenden Kritik ist es um so erstaunlicher, wie nachhaltig Rathenau auf sie wirkte. Verfolgt man jedoch die Entwicklung seiner Hauptwerke von *Zur Kritik der Zeit* bis zu *Von kommenden Dingen,* so ist damit thematisch ungefähr das expressionistische Spannungsfeld zwischen den anfänglichen kulturkritischen Tendenzen und den späteren messianischen Erneuerungsbestrebungen charakterisiert. Rathenaus Kritik der Großstadtkultur und der fortschreitenden Mechanisierung aller menschlichen Lebens- und Geistesbereiche, die nur überwunden werden könne, wenn der Mensch sich selbst erneuere und sich wieder auf seine Seele besinne, all das sind Themen, die im Expressionismus mutatis mutandis wiederkehren.[68]

Es verwundert daher nicht, daß sich Armin Theophil Wegner und Franz Werfel mit ihren Dichtungen an ihn wandten, Else Lasker-Schüler um seine Schriften bat, Ivan Goll eine Auswahl aus seinem Werk ins Französische übersetzte und die von Karl Otten mitherausgegebene Zeitschrift *Der Gegner* in Anlehnung an Rathenaus erstes Hauptwerk den Untertitel *Blätter zur Kritik der Zeit* trug. Karl Otten hatte, ähnlich wie der Dramatiker Ernst Toller, aus den Erfahrungen des Krieges die Schlußfolgerung gezogen, daß die Versklavung und Entseelung des Menschen durch die Maschine ihr unwürdigstes Ausmaß erreicht habe; doch während Otten einen Bannfluch gegen den technischen Fortschritt schleuderte, hielt Toller die Versöhnung zwischen Mensch und der ihm dienenden Maschine für durchaus denkbar. Zurecht meinte daher Max Osborn nach der Uraufführung von Tollers *Die Maschinenstürmer* (1922), in Formulierungen des Protagonisten Johnny Cobbet, die er seinen zum Sturm auf die Maschinen bereiten Kollegen entgegenhält, eine Paraphrase von Gedanken Rathenaus erkennen zu können:[69] »Erschreckt vom schauerlichen Antlitz der Maschine hat euch Verzweiflung überrannt. Ein Gott dünkt euch die Maschine, ein Dämon (...), der euch spannt in seine Fron ...« Wenn es dann weiter heißt: »Denkt, wenn ihr statt sechzehn Stunden acht nur schafftet ... Und die Maschine wär' euch Helfer, nicht Feind ...«, ist die Nähe zu Rathenau unübersehbar: »Pflicht der mechanischen Sklavin ist und bleibt, Massen zu bewältigen, Arbeit zu vergeistigen, den Menschen tierischer Last und Fron zu entheben und die wachsende Zahl der Erdbewohner zu versorgen.«[70]

Eine vergleichbare, wenn auch unterschiedlich akzentuierte Konstellation findet sich in Georg Kaisers sozialer Trilogie *Koralle, Gas* und *Gas II* (1917–20), die in der Forschung bislang als fast einziges expressionistisches Werk mit dem Namen Rathenaus in Verbindung gebracht wurde. Aber schon in seinem Vorkriegsdrama *Von morgens bis mitternachts* (1912) zeigen sich deutliche Parallelen zu dem in der *Kritik der Zeit* entworfenen Bild der modernen Großstadt mit ihrer Einförmigkeit und Sensationsgier der wie Maschinen agierenden Menschen, deren Geist, wie Rathenau meinte, nach vollbrachter Arbeit verlange, »in Bewegung zu verharren und einen neuen Wettlauf der Eindrücke zu erleben, nur daß diese Eindrücke brennender und ätzender sein sollen als die überstandenen«,[71] eine Deutung, die Kaiser in das Bild des Veitstanzes um das Goldene Kalb eines Sechstagerennens übersetzt, bei dem die Menschen sich an der ins »Unendliche schweifende[n] Entlassenheit aus Fron und Lohn

Walther Rathenau, Entwurf zu einem Exlibris (Kat.Nr. 2/50)

in Leidenschaft« berauschen.[72] In Kaisers sozialer Trilogie und vor allem in *Gas* und *Gas II* findet sich diese Kulturkritik noch gesteigert durch das Verfahren, die beklagte Entindividualisierung des menschlichen Lebens durch die auf ein Mindestmaß reduzierte Sprachlichkeit sichtbar zu machen, der am Ende von *Gas II* die Vision eines neuen Reiches entgegengestellt wird, das »nicht von dieser Welt ist«[73] – die aber schließlich in eine apokalyptische Selbstzerstörung mündet und zur Preisgabe aller Erneuerungsträume führt.

Erneuerung war das Motto, dem sich insbesondere die Vertreter des sogenannten messianischen Expressionismus verpflichtet fühlten. Dichter wie Karl Otten, Franz Werfel, Walter Hasenclever oder Johannes R. Becher schufen sich, indem sie den ›neuen Menschen‹ beschworen und zur Brüderlichkeit aufriefen, eine Art Ersatzreligion, in der die tragenden Begriffe ›Mensch‹, ›Herz‹ und ›Seele‹ den Gegenpol zur Mechanisierung des Lebens bilden sollten. Die ›Seele‹ wurde, nicht anders als bei Rathenau, zum »Mass der Dinge«,[74] wie Franz Werfel sie nannte, der ›beseelte‹ Mensch wurde zum Programm erklärt[75] und galt als Ziel der zukünftigen, wenn auch nur vage konturierten ethischen Gesinnung in einer Gesellschaft der Brüderlichkeit. Wenn Kurt Pinthus in seinem Vorwort zu der berühmten, den messianischen Expressionisten breiten Raum schenkenden Anthologie *Menschheitsdämmerung* (1920) erklärte, daß nicht von »Einrichtungen« oder »von außen« die Rettung kommen könne, sondern »nur aus den inneren Kräften der Menschen«,[76] so entsprach dies dem Grundsatz Rathenaus, wonach »Gesinnung« dem »Geschehen« vorangehen müsse und niemals durch Einrichtungen zu erlisten sei.[77] Es erscheint deshalb geradezu folgerichtig, daß Georg Lukacs' marxistische Expressionismuskritik diesen idealistischen Standpunkt als undialektisch und weltfremd verwarf und dabei die »freundnachbarliche« Nähe zwischen Rathenau und der Erneuerungsideologie der Expressionisten betonte.[78]

Aus dem Expressionismus hervorgegangen und ihn gleichzeitig bekämpfend, verstand sich ebenfalls der Dadaismus als Erneuerungsbewegung und mit ihm namentlich Richard Huelsenbeck, der die in Zürich 1916 begründete Kunstrichtung in Berlin verbreiten half und ihr nach Kriegsende eine prononciert politische Richtung zu geben suchte. Trotz der Abgrenzungstendenzen freilich war Huelsenbeck der Erneuerungspathos der Expressionisten nicht fremd, als er im Duktus religiöser Bildhaftigkeit den neuen Menschen verkündete: »Der neue Mensch muß die Flügel seiner Seele weit ausspannen, seine inneren Ohren müssen gerichtet sein auf die kommenden Dinge und seine Knie müssen sich einen Altar erfinden, vor dem sie sich beugen können.«[79] Ist es nur Zufall, daß Huelsenbeck zwei Monate nach dem Erscheinen von Rathenaus drittem Hauptwerk von »kommenden Dinge(n)« sprach? Obwohl sein literarischer Freund, Hugo Ball, Rathenaus *Von kommenden Dingen* als die »hassende, hoffende, fürchtende Elaboration eines ehrgeizigen Gehirns« abtat,[80] verrät die Stoßrichtung, die Huelsenbeck dem Dadaismus im nachrevolutionären Deutschland gab, daß ihm Rathenau nicht fremd war, und wird versinnbildlicht durch den aus Huelsenbecks Feder stammenden Text der Gedenktafel, die sein Geburtshaus in Frankenau schmückt: »Er war einer der Gründer des Dadaismus«, heißt es dort, »der Aufstandsbewegung gegen Vermassung und Mechanisierung in unserer Zeit.«[81]

Postkarte von Gerhart Hauptmann an Walther Rathenau (Kat.Nr. 2/65)

Für die im Umkreis des Expressionismus stehende Arbeiterdichtung schließlich wurde Rathenaus Begriff ›Mechanisierung‹ vor allem aufgrund seiner technisch-industriellen Implikationen nachhaltig wirksam. Vor allem der engere und weitere Kreis der *Werkleute von Haus Nyland,* zu denen Rathenau über Richard Dehmel in Kontakt trat, machte sich diesen Epochenbegriff zu eigen, unabhängig davon, ob sie, wie der Dichter der *Eisernen Sonette,* Josef Winckler, einem mythischen Industrieästhetentum nachhingen oder ob sie die unmenschlichen Bedingungen der industriellen Arbeitswelt zum Vorwurf nahmen, wie Karl Bröger und Wilhelm Vershofen nach Ende des Ersten Weltkriegs. Beider Kritik richtete sich gegen die »Arbeitsteilung, Mechanisierung, d. h. Entgeistigung menschlicher Arbeit«,[82] und man hört förmlich Rathenaus Auffassung mitschwingen, wenn Karl Bröger folgende Zukunftsvorstellung entwickelt: »Die furchtbare Mechanisierung der Welt wird langsam überwunden, wenn Arbeit und Arbeiter wieder eine seelische Struktur bilden. Der Gegensatz zwischen Mensch und Maschine wird abgebaut. Es entsteht wieder ein Zustand, der ausdrückt: Die Maschine ist für den Menschen da, nicht der Mensch für die Maschine.«[83]

Bei Josef Winckler, der zunächst in seinem Werk dem Wunder der Technik ein Denkmal setzen wollte und an der »künstlerische(n) Inkarnation des organisatorischen Selfmademans« arbeitete,[84] wobei er späteren Äußerungen zufolge in diesem Zusammenhang an Walther Rathenau gedacht habe, weicht mit Kriegsende die hymnische Verklärung der Maschinenwelt einer deutlichen Desillusionierung und einer mit ihr einhergehenden Fortschrittskritik, als deren sprechender Beleg 1924 eine Erzählung im Rahmen seiner *Trilogie der Zeit* erschien, die den vielsagenden Titel *Die Mechanisierung* führt. Daß Winckler damit auf Rathenaus Zeitkritik rekurriert, ist unstreitig und wird nachdrücklich dokumentiert durch ein Wort, das er aus Anlaß der Ermordung über ihn fand: »Ich sah in Rathenau den kommenden Renaissance-Menschen klarlinig europäischer Bildung, die wirkende Verkörperung Walt Whitmanschen Neu-Hellenentums: den wahrhaft modernen ersten Deutschen, der Kultur- und Wirtschaftsträger zugleich war.«[85]

Anmerkungen

1. Vgl. Max Scheler/ Eduard Heimann/ Arthur Baumgarten: Walther Rathenau. Eine Würdigung zu seinem Gedächtnis, Köln 1922, S. 3
2. Oskar Walzel: Die deutsche Dichtung seit Goethes Tod, Berlin 1919, S. 160
3. Klaus Günther Just: Von der Gründerzeit bis zur Gegenwart. Geschichte der deutschen Literatur seit 1871, Bern/München 1973 (= Handbuch der deutschen Literaturgeschichte. 1. Abt., Bd. 4), S. 369f
4. Ebd., S. 370
5. Gottfried Benn: Sämtliche Werke. Gerhard Schuster (Hg.), Stuttgart 1986 ff, Bd. 4, S. 102
6. Thomas Mann: Rede über das Theater. Zur Eröffnung der Heidelberger Festspiele 1929, in: ders.: Gesammelte Werke in dreizehn Bänden, Frankfurt a. M. 1974, Bd. 10, S. 281–293, hier S. 293
7. Jochen Schulte-Sasse: Literarische Struktur und historisch-sozialer Kontext. Zum Beispiel Lessings »Emilia Galotti«, Paderborn 1975, S. 111
8. Edith Landmann: Gespräche mit Stefan George, Düsseldorf/München 1963, S. 159. Die Briefbände vermitteln kein vollständiges Bild des tatsächlichen Umfanges seiner Korrespondenz. Nach Namen wie Heinrich Hart, Hugo von Hofmannsthal, Rudolf Borchardt und Friedrich Gundolf sucht man darin ebenso vergeblich wie nach denen Hanns Heinz Ewers', Hermann Burtes oder Gustav Landauers; es steht jedoch zu erwarten, daß der Fund des seit dem Zweiten Weltkrieg verloren geglaubten Rathenau-Nachlasses in Moskau 1992 hier einiges ans Tageslicht fördern wird
9. Brief Harden an Rathenau, 15. 1. 1897, GA VI, Nr. 1, S. 303. Die einleitende Studie des Herausgebers des Briefwechsels zwischen Rathenau und Harden, Hans Dieter Hellige (= Hellige: Einleitung, GA VI), gibt zusammen mit den Zwischentexten und Anmerkungen ein umfassendes Bild und eine treffende Interpretation der wechselhaften Beziehungen der beiden
10. Brief an Harden, 25. 04. 1908, GA VI, Nr. 225, S. 551
11. Moritz de Jonge: Höret Rathenau und Genossen. Kritik des Dogmas von der assimilatio gojica, Berlin 1903, S. 18
12. Paul Wiegler: Anmerkungen. Das Buch des Zwiespältigen, in: Hyperion 2, 1908, S. 194–196, hier S. 194
13. Alfred Kerr: Walther Rathenau. Erinnerungen eines Freundes, Amsterdam 1935, S. 110
14. Hellige: Einleitung, GA VI, S. 15–299, hier S. 175
15. Rathenau: Die schönste Stadt der Welt (1899), Imp. S. 136–163, mit Harden: Als ich wiederkam ..., Die Zukunft 29, 1899, S. 401–405, hier S. 402 und Harden: Die Krisis, Die Zukunft 37, 1901, S. 49–57, hier S. 49
16. Rathenau an Harden, 22. 08. 1901, GA VI, Nr. 46, S. 355
17. Maximilian Harden: Notizbuch, in: Die Zukunft 40, 1902, S. 175
18. Brief Wedekind an Rathenau, 6. 10. 1904, in: Frank Wedekind: Gesammelte Briefe, 2 Bde., Fritz Strich (Hg.), München 1924, Bd. 2, S. 130
19. Vgl. unter anderem die dramatischen Entwürfe *Taugenichts* und *Kitsch,* in: Frank Wedekind: Gesammelte Werke, Bd. 9, München 1924
20. Stefan Zweig: Walther Rathenau, der Organisator der deutschen Kriegsrohstoffversorgung, in: Reclams Universum 33, 1917, S. 69–75, hier S. 75
21. Vgl. vor allem Stefan Zweig : Der Kaufmann und der Künstler, in: Neue Freie Presse, Wien (18. 9. 1908)
22. Stefan Zweig: Walther Rathenaus *Kritik der Zeit,* in: Neue Freie Presse, Wien (12. 6. 1912)
23. Stefan Zweig: Die Monotonisierung der Welt, in: ders.: Zeiten und Schicksale. Aufsätze und Vorträge aus den Jahren 1902–1942, Knut Beck (Hg.), Frankfurt a.M. 1990 (= Gesammelte Werke in Einzelbänden), S. 30–39, hier S. 30
24. Zur Kritik der Zeit (1912), GA II, S. 58ff und 95
25. Ebd., S. 44
26. Stefan Zweig: Die Welt von Gestern. Erinnerungen eines Europäers, Frankfurt a. M. 1992 (= Fischer Taschenbuch 1152), S. 214
27. Hugo von Hofmannsthal/ Harry Graf Kessler: Briefwechsel 1898–1929, Hilde Burger (Hg.), Frankfurt a.M. 1968, S. 408
28. Hugo von Hofmannsthal/ Eberhard von Bodenhausen:. Briefe der Freundschaft, Düsseldorf 1953, S. 230
29. Hugo von Hofmannsthal: Gesammelte Werke in Einzelausgaben, Herbert Steiner (Hg.), Frankfurt a.M. 1947 ff, Prosa III, S. 382 und 383
30. Brief Benjamin an Ernst Schoen, Mai 1918, in: Walter Benjamin: Briefe, 2 Bde., Gershom Scholem/ Theodor W. Adorno (Hg.), Frankfurt a. M. 1966, Bd. 1, S. 189
31. Rudolf Borchardt: Gesammelte Werke in Einzelbänden, Marie Luise Borchardt/ Ulrich Ott/ Gerhard Schuster (Hg.), Stuttgart 1955 ff, Prosa VI, S. 243
32. Franz Blei: Walther Rathenau, in: ders.: Männer und Masken, Berlin 1930, S. 255–276, hier S. 262 f
33. Vgl. Landmann: a. a. O., S. 26 f., und Rathenaus Anspielung auf den Stil der *Jahrbücher* in: Zur Kritik der Zeit (1912), GA II, S. 97
34. Vgl. Emil Ludwig: Geschenke des Lebens. Ein Rückblick, Berlin 1931, S. 480, sowie ders.: Rathenau. Der deutsche Europäer, in: ders.: Führer Europas. Nach der Natur gezeichnet, Amsterdam 1934, S. 115–150, hier S. 121
35. Vgl. unter anderem Rathenaus Schriften: Théâtre Antoine, Die Zukunft 27, 1899, S. 443–448, hier S. 446, sowie: Physiologie des Kunstempfindens, Die Zukunft 37, 1901, S. 34–48, hier S. 45
36. Alexander Moszkowski: In memoriam Walther Rathenau, in: Die Neue Rundschau 33, 2, 1922, S. 809–815, hier S. 814. Zu Rathenaus Lyrikauffassung vgl. auch seine Ausführungen in: Zur Mechanik des Geistes oder Vom Reich der Seele (1913), GA II, S. 244f
37. Vgl. Kessler: Rathenau, S. 289f
38. Landmann: a. a. O., S. 26
39. Kurt Singer: Aus den Erinnerungen an Stefan George, in: Die Neue Rundschau 68, 1957, S. 298–310, hier S. 305
40. Vgl. Zur Mechanik des Geistes oder Vom Reich der Seele (1913), GA II, S. 267, und Von kommenden Dingen (1917), GA II, S. 424

41. Vgl. Rathenau: Tagebuch, S. 189
42. Zitiert nach Hans von Brescius: Gerhart Hauptmann. Zeitgeschehen und Bewußtsein in unbekannten Selbstzeugnissen. Eine politisch-biographische Studie, Bonn 1976, S. 115
43. Brief Rathenaus an Hauptmann vom 7. 8. 1912 (NL Hauptmann, Staatsbibliothek Preußischer Kulturbesitz).
44. Siehe Rathenaus Verweise auf *Emanuel Quint* in: Zur Mechanik des Geistes oder Vom Reich der Seele (1913), GA II, S. 113, Fußnote 5 und S. 123, Fußnote 11, sowie: An Deutschlands Jugend (1918), GS VI, S. 149
45. Gerhart Hauptmann: Sämtliche Werke. Centenarausgabe zum hundertsten Geburtstag des Dichters, Hans-Egon Haas (Hg., fortgeführt von M. Machatzke u. W. Bungies), Berlin 1962–1974, Bd. 5, S. 490f
46. Ebd., Bd. 6, S. 742–751, hier S. 748
47. Thomas Mann an Ernst Bertram. Briefe aus den Jahren 1910–1955, Inge Jens (Hg.), Pfullingen 1960, S. 112
48. Mann: Ges. Werke, Bd. 12, S. 245 u. 289
49. Ebda., S. 284
50. Vgl. Thomas Mann: Tagebücher 1918–21, Peter de Mendelssohn (Hg.), Frankfurt a. M. 1979, S. 10, 23, 27, 136, 240, 294, 432, 466 und besonders die Passage anläßlich der Lektüre des Sammelbandes *Nach der Flut:* »Durchblättere noch eine Schrift Rathenau's. Deprimierend in jeder Hinsicht. Muß ich mir alles als bittere Wahrheit sagen lassen?« (S. 164)
51. Rainer Maria Rilke: Briefe zur Politik, Joachim W. Storck (Hg.), Frankfurt a. M./Leipzig 1992, S. 151. Die folgenden Zitate finden sich auf den Seiten 570, 347 und 389.
52. Von kommenden Dingen (1917), GA II, S. 495
53. Eine Kopie dieses bisher ungedruckten Briefes verdanke ich Günter Schilling
54. Rainer Maria Rilke: Sämtliche Werke, hg. vom Rilke-Archiv in Verbindung mit Ruth Sieber-Rilke, besorgt durch Ernst Zinn, 6 Bde., Frankfurt a. M. 1955–66, Bd. 1, S. 757
55. Zur Mechanik des Geistes oder Vom Reich der Seele (1913), GA II, S. 130
56. Ebda., S. 245
57. Ernst Reinhart (pseud.): Ein gutes Buch, in: Die Zukunft 47. 1904, S. 490–492, hier S. 491f
58. Brief Rathenau an Dehmel, 22. 3. 1912 (Nachlaß Dehmel, Staats- und Universitätsbibliothek Hamburg Carl von Ossietzky)
59. Blei: a. a. O, S. 258
60. Gustav Hillard: Begegnung mit Walther Rathenau, in: Merkur 4, 1950, S. 164–182, hier S. 178
61. Brief an Stefan Zweig, 28. 11. 1911, B I, Nr. 60, S. 85
62. Vgl. Hauptmann: a. a. O., Bd. 11, S. 1059
63. Vgl. Hesses Rezension über Rathenaus *Von kommenden Dingen,* in: Hermann Hesse: Gesammelte Briefe, 4 Bde., in Zusammenarbeit mit Heiner Hesse hg. von Ursula und Volker Michels, Frankfurt a. M. 1973–86, Bd. 1, S. 558–560
64. Robert Musil: Anmerkung zu einer Metapsychik, in: Die Neue Rundschau 25, 2, 1914, S. 556–560, hier S. 560
65. Wolfgang Schumann: Einleitung zu »Walther Rathenau. Kunstphilosophie und Ästhetik«, zusammengestellt und eingeleitet von Wolfgang Schumann, München 1923 (= Kunstwart-Bücherei, Bd. 7), S. 11
66. Zur Mechanik des Geistes oder Vom Reich der Seele (1913), GA II, S. 283
67. An Deutschlands Jugend (1918), GS VI, S. 212
68. Als einer der ersten war es der Literaturhistoriker Oskar Walzel, der bis heute weitgehend ungehört auf diese Verbindungslinie hinwies. Vgl. Walzel: a. a. O., S. 160
69. Vgl. Max Osborn: Rezension zu Ernst Tollers *Die Maschinenstürmer,* Berliner Morgenpost vom 13. 7. 1922, in: Günther Rühle (Hg.): Theater für die Republik im Spiegel der Kritik, Bd. 1: 1917–1925, überarbeitete Neuauflage, Frankfurt a. M. 1988, S. 387. Die Zitate aus *Die Maschinenstürmer* in: Ernst Toller: Gesammelte Werke, John M. Spalek/ Wolfgang Frühwald (Hg.), München 1978, Bd. 2, S. 141 u. 143
70. Von kommenden Dingen (1917), GA II, S. 411
71. Zur Kritik der Zeit (1912), GA II, S. 69
72. Georg Kaiser: Werke, Walter Huderer (Hg.), 6 Bde., Frankfurt a. M./Berlin/Wien 1970–72, Bd. 1, S. 498
73. Kaiser: a. a. O., Bd. 2, S. 86
74. Vgl. das gleichnamige Gedicht, in: Franz Werfel: Das lyrische Werk, Adolf Klarmann (Hg.), Frankfurt a. M. 1967, S. 320
75. Vgl. den programmatischen Aufsatz von Paul Kornfeld: Der beseelte und der psychologische Mensch. Kunst, Theater und Anderes, in: Das junge Deutschland 1, 1919, S. 1–13
76. Menschheitsdämmerung. Ein Dokument des Expressionismus, mit Biographien und Bibliographien neu hg. von Kurt Pinthus, Hamburg 1964, S. 27
77. Von kommenden Dingen (1917), GA II, S. 303
78. Georg Lukács: Größe und Verfall des Expressionismus, in: Werke, Berlin/Neuwied 1962 ff., Bd. 4, S. 109–149, hier S. 120
79. Richard Huelsenbeck: Der neue Mensch, in: Neue Jugend, Nr. 1 (23. 5. 1917), S. 2 f., in: Expressionismus. Manifeste und Dokumente zur deutschen Literatur 1910–1920, Thomas Anz/Michael Stark (Hg.), Stuttgart 1982, S. 131–135, hier S. 131
80. Hugo Ball: Walther Rathenau, in: Die freie Zeitung (Bern), 12. 1. 1918, 2. Jg., Nr. 4
81. Zitiert nach Hildegard Feidel-Mertz: Die Apotheke steht noch. Huelsenbecks Geburtshaus, in: Der junge Huelsenbeck. Entwicklungsjahre eines Dadaisten, Hildegard Feidel-Mertz (Hg.): Giessen 1992, S. 28–44, hier S. 30
82. Wilhelm Vershofen: Die große Krankheit, in: Nyland 2, 1919, S. 238 f., hier S. 239
83. Karl Bröger: Vom neuen Sinn der Arbeit, in: Nyland 1, 1918, S. 228–236, hier S. 234
84. Josef Winckler: Kunst und Industrie, in: Quadriga 1/2, 1912–14, S. 68–89, hier S. 83
85. Josef Winckler: Heymel, Dehmel, Rathenau. Ein dreifaches Schattenbild, in: Frankfurter Zeitung, 14. 7. 1922, Nr. 517

»EINE WEICHLICHE, LEIDENDE, DEM BERUF NICHT GENÜGENDE NATUR«?

Walther Rathenau im Spiegel der Kunst

STEFAN PUCKS

In Bitterfeld sprach Walther bis tief in die Nacht von seiner Absicht, auf Technik und Wissenschaft zu verzichten und Maler zu werden«, erinnerte sich Paul Mamroth, Mitglied des AEG-Vorstands und enger Mitarbeiter Emil Rathenaus.[1] Wieder einmal zweifelte der Sohn des AEG-Gründers am Sinn seiner Tätigkeit in der Industrie. Schon einige Jahre zuvor (1892/93), während der als stupide empfundenen Arbeit als untergeordneter technischer Beamter im schweizerischen Neuhausen, wollte er alles hinwerfen; als es jetzt auch in Bitterfeld nicht zu laufen schien, obwohl er der Chef war, sollte endgültig Schluß sein mit dem ungeliebten Beruf. Wenn er sich dann doch für die Industrie, für die Finanzen und gegen die Kunst entschied, dann mag er das tatsächlich aus »Neigung« (Mamroth) oder einfach aus Respekt gegenüber seinem Vater getan haben – die bildende Kunst jedoch blieb fortan in das ›Reich der Seele‹ verbannt, als Erholung und Trost bei Alltagssorgen. Immerhin findet sich im *Allgemeinen Lexikon der bildenden Künstler* von Thieme-Becker im 28. Band von 1934 die Eintragung: »Rathenau, Walther, Großindustrieller, Politiker, Malerdilettant u. Kunstsammler, * Berlin 29. 9. 1867, † ebda 24. 6. 1922.«, wobei das Datum der Eintragung überrascht.

Der Künstler

Schon während seines naturwissenschaftlichen Studiums (1885 – 1889) hatte Rathenau Dinge gezeichnet und aquarelliert, die nicht gerade wie Magnetinduktions- oder Akkumulatorenmaschinen aussahen: Ansichten seiner ›Studentenbuden‹, Porträts und Karikaturen von Freunden, Verwandten und von sich selbst. Auch später konnte er nicht davon lassen, seine Umgebung mit Bleistift oder Kreide in Skizzenbüchern, in Briefen oder auf Postkarten festzuhalten. Sei es während der Militärzeit 1890/91 oder während seiner Reisen, die ihn 1906 nach Griechenland oder 1907/08 mit Bernhard Dernburg nach Afrika führten, seien es Ansichten von Berlin oder zahlreiche Selbstbefragungen in seinen Selbstbildnissen. Als er 1889/90 in München Chemie und Maschinenbau studierte, scheint er sogar Anschluß an Künstlerkreise gefunden zu haben; Gerüchte, er verbringe die Zeit nur mit Malen, glaubte er heftig dementieren zu müssen.[2]

Anfang der neunziger Jahre kam er in Berlin in Kontakt mit der damaligen Künstler-Avantgarde. Wohl über deren Wortführer Max Liebermann, seinen Onkel zweiten Grades, lernte er Lesser Ury und Edvard Munch kennen. Letzterer lobte, so erzählt jedenfalls Rathenau selbst in einem Brief an seinen Bruder Erich, seine Studien; vielleicht aber nur aus Höflichkeit, denn Rathenau hatte kurz zuvor als einer der ersten in Deutschland ein Bild von Munch gekauft. Mit seiner kühnen Aufsicht auf eine Straße im Berliner Tiergartenviertel knüpfte er jedenfalls an die modernsten Großstadtansichten der Pariser Impressionisten an, mit Munchs Gemälde »Rue Lafayette« (1891) als Vermittler. Die Ansicht des »AEG-Verwaltungsgebäudes bei Nacht« (1900) charakterisiert mit ihrer Freude am Lichtspiel der Straßenlaternen sowohl den Sohn des AEG-Gründers als auch den Schüler Lesser Urys.[3] Typisch aber auch für den ›Dilettanten‹ Rathenau, daß er es beim Nachahmen beläßt, bei der Zeichnung, und daß er nicht mehr, nichts Eigenes daraus macht. Die

Walther Rathenau, Straße im Tiergartenviertel, um 1895

Edvard Munch, Rue Lafayette, 1891

Walther Rathenau, Bildnis Mathilde Rathenaus, 1910 (Kat.Nr. 1/3)

seltenen Versuche in Öl – eine düstere Stadtansicht, der Blick auf den Bahnhof Friedrichstraße vom Schiffbauerdamm aus, und eine freundlichere Landschaft – fallen als zugekleisterte Leinwände stark gegen die mit leichter und treffsicherer Hand gezeichneten Studien ab.[4]

Um 1910 entdeckte Walther Rathenau auch den Architekten in sich. Schon lange hatte ihn die Welt des alten Preußen interessiert, nun konnte er seinen Traum verwirklichen: Im September 1909 kaufte er aus königlichem Besitz für 262 500 Mark ein klassizistisches Schlößchen, das David Gilly 1798 für die Witwe des preußischen Königs Friedrich Wilhelm II. in Freienwalde erbaut hatte. Mit Sachverstand renovierte er den heruntergekommenen, zweigeschossigen Bau, den er mit einigen originalen Möbeln ausstattete, die er im ehemaligen Theater des Charlottenburger Schlosses abgestellt fand; nach diesen Vorbildern ließ er Fehlendes anfertigen und scheute sich auch nicht, Umbauten im und am Haus vorzunehmen: An der Stadtseite fügte er zum Beispiel die halbrunde Terrasse unter einem säulengestützten Altan an. Bei der Gestaltung von Garten und Park half ihm möglicherweise der Münchener Stararchitekt Gabriel von Seidl.[5]

Hier greift Rathenau erstmals zu Pastellstiften – sehr traditionsbewußt, gilt doch die Pastellmalerei als das künstlerische Ausdrucksmittel des höfischen, späten 18. Jahrhunderts. Nicht ohne Geschick bannte er die dezente Schönheit des Schlosses und die Pracht des blühenden Parks auf Karton – auch nicht ohne Stolz, denn einige Pastelle verschenkte er. Außerdem malte er Stilleben und Porträts seiner Mutter und von sich selbst. Stilistisch nähern sich die Pastelle den impressionistischen Arbeiten Liebermanns, wie etwa dessen Wannsee-Bildern, sie sind aber meistens eine Spur sachlicher, kühler, irgendwie luftleer. Einerseits sind es Versuche, das Spiel des Lichts einzufangen, auf der anderen Seite geben festumrissene Felder von kontrastierenden Farben den Dingen ihren Halt und verhindern, daß sie sich völlig in ein impressionistisches Nichts auflösen. Auch wenn sie noch so gewagt erscheinen, lösen sich die Farben so gut wie nie vom Gegenstand, wie dies typisch ist für den deutschen Impressionismus im allgemeinen und für Rathenaus Ansichten des blauen Gärtnerhauses im besonderen. (Kat.Nr. 2/40)

Bei seinem 1910 erbauten Wohnhaus im Grunewald, Koenigsallee 65, mußte Rathenau keine Rücksicht auf Vorhandenes nehmen: »Grundriß und alle Zeichnungen der Anlage sowie der Details habe ich selbst entworfen, die Herstellung aller Ornamente selbst angegeben und überwacht, und die ganze innere Ausschmückung mit Hilfe von einigen Malermeistern und Stukkateuren selbst besorgt.«[6] Das dreifache »Selbst« zeigt den Stolz des Bauherrn – die Ausführung überließ er dem Architekten Johannes Kraaz. Und was entstand? Eine zweigeschossige Villa im Stil der Goethezeit, provozierend schlichte Eleganz inmitten der zu Prunkbauten neigenden Villenkolonie im Grunewald. Besondere Aufmerksamkeit erregte bei den Besuchern die enge Eingangstür als Sinnbild für den Einzelgänger Rathenau. Die Ausstattung des Hauses, ein Stilkonglomerat des 18. bis frühen 20. Jahrhunderts mit einem Hang zur sterilen Symmetrie, paßte zu Rathenau; denn wie er wurde sie als »kalt«, museumshaft bezeichnet: »Man fror, obschon die Zimmer gut geheizt waren.«[7] Anders als es sich der Bauherr vielleicht erhofft hatte, kam die Kritik an seinen Stein gewordenen Idealen auch aus den Reihen des nichtjüdischen Bildungsbürgertums: Harry Graf Kessler verurteilte die gesuchte Einfachheit und Geistigkeit als »Biedermeier Pose (›arm, aber gebildet‹)«.[8]

Ungleich repräsentativer geriet 1910/12 das neoklassizistische Palais, welches das Gespann Rathenau/Kraaz zusammen mit Gabriel von Seidl für Emil und Mathilde Rathenau in der Berliner Viktoriastraße 3/4 entwarf. Harry Graf Kessler hielt 1919 seinen Eindruck von dem im Zweiten Weltkrieg zerstörten Haus fest: »Bei Walther Rathenau im Palais seiner Mutter gegenüber der Italienischen Botschaft. Schön geordnete Treppen und Säle im Renaissance- und Empirestil; Grundriß, den er, wie er sagt, mit Seidl gemeinschaftlich entworfen hat. (...) Wir saßen in einem kunstvoll parkettierten, mit Deckenfresken versehenen, etwas steifen italienischen Renaissanceraum auf Löwensesseln.«[9]

Welche Probleme eine solch umfassende Begabung den ›Spezialisten‹ bereiten konnte, zeigt der Briefwechsel um ein nicht zustande gekommenes Projekt der Berliner Nationalgalerie. Die Fresken der *Casa Bartholdy* sollten 1911/12 in einen anderen Raum überführt werden. Rathenau versprach, die Kosten der Aufstellung in Höhe von 5000 Mark zu übernehmen, wollte aber selbst die Ornamente für diesen Saal entwerfen. Das brachte die Verwaltung durcheinander, der zuständige Architekt, Wille, bestätigte Rathenau zwar »ein selten feines Stilgefühl für die Epoche um 1800«, doch betonte er, »daß es bisher nicht üblich war, die Ausgestaltung einzelner Räume in öffentlichen Gebäuden Privatpersonen zu übertragen, ohne sie für die betreffende Leistung zu honorieren«.[10]

Der Kunstsammler und Mäzen

Walther Rathenau war nicht der geniale Kunstsammler mit dem feinen Gespür für kommende Entwicklungen in der Kunst, wie es das bekannte Porträt Edvard Munchs von 1907 suggeriert.[11] Allerdings trifft auch die herbe Kritik seines Biographen Harry Graf Kessler nicht zu, der Rathenau jeden Sinn für große Kunst absprach: »Er hatte Freude an hübschen, übersichtlichen, sauberen Kunstwerken, die nach einem historisch erprobten Stil und leicht durchschaubaren Regeln hergestellt waren.« [12]

Die Wahrheit liegt, wie so oft bei Rathenau, dazwischen. Seine Liebe galt zweifelsfrei den Antiquitäten, den Bildern und Gegenständen aus der Zeit um 1800, mit denen er seine Wohnungen ausstattete. Daneben fühlte er sich aber von Anfang an, seitdem er sich gegen das Wagnis einer Künstlerexistenz entschieden hatte, zur Unterstützung der zeitgenössischen Maler verpflichtet. »So erwarb er in jedem Jahr einige moderne Bilder, die ihm auf den Ausstellungen die besten erschienen, nicht weil er sie für seine Wände gebraucht hätte, sondern weil es ihm Bedürfnis war, aktiv und wagend an der Kunst der eigenen Zeit teilzunehmen.«[13]

Vergleicht man aber Rathenaus Möglichkeiten, seine engen Beziehungen zur Berliner *Secession* und, um 1910, ein jährliches Einkommen von 200 000 – 300 000 Mark,[14] wiegt die zusammengebrachte Sammlung von dreißig bis vierzig zeitgenössischen Kunstwerken (siehe die Liste im Anhang) doch etwas leicht. Von den Impressionisten kein Degas oder Monet, kein Pissarro oder Sisley, von Manet bezeichnenderweise eine Landschaft, deren Autorschaft Manet heute abgeschrieben wird, von Rodin statt einer imposanten Skulptur nur eine kleine Zeichnung, von seinem Onkel Liebermann ein ganz untypisches Doppelporträt – als Geschenk. Auch kein Van Gogh, stattdessen bei den Ausländern neben zweitrangigen Impressionisten wie Evenepoel, Melchers,

Walther Rathenau, Gärtnerhaus mit Blick auf St. Nikolai, 1912 (Kat.Nr. 2/40)

Vuillard etc. Symbolisten wie Khnopff oder ein Künstler wie Aman-Jean, der mit seinen delikaten Frauenporträts um die Jahrhundertwende als ›Seelenmaler‹ galt.

Genau diese Sehnsucht nach der ›Seele‹ zieht sich als roter Faden durch seine Bilderkäufe und seine schriftlichen Äußerungen zur Ästhetik. Von ihr sprach er als einer der ersten in ›Parvenüpolis‹, dem nach materiellen Gütern strebenden Berlin, von ihr sprechen auch die Darstellungen von Menschen in seiner Kunstsammlung. In mehr als der Hälfte der gut dreißig identifizierbaren Gemälde und graphischen Blätter – die Druckgraphik nicht mitgerechnet – steht der Mensch im Mittelpunkt, fast immer keine Rathenau namentlich bekannten Personen, aber doch Menschen, die aus ihrer Umgebung herausgehoben sind und so zum Einfühlen und Nachdenken animieren, wie Khnopffs *Jagdhüter* oder Klingers *Römerin.*[15] Besonders fällt der hohe Anteil von Frauendarstellungen auf, die Anlaß zu der Frage geben, ob Rathenau glaubte, die Seele vor allem bei den Frauen finden zu können. Bleibt man hier auf Spekulationen angewiesen, erklärt sich der zweite große Bestand, die Stadt- und Naturlandschaften, aus der Überzeugung des Kunstsammlers und Hobbymalers, daß die Entstehung der Landschaft »das größte Ereigniß moderner Kunst und lehrreichstes Beispiel« für verborgene Gesetzmäßigkeiten sei.[16]

Obwohl Rathenau, wie seine Pastelle bezeugen, durchaus nuancierten Farbenreiz zu schätzen wußte, wandte er sich nach 1900, als sich im Umkreis der *Secession* der Impressionismus durchsetzte, von dieser reinen ›Nervenkunst‹ ab und den Jüngsten, den Expressionisten, zu. »Gott schenke der deutschen Kunst ein gutes Jahr«, hatte er 1905 in seinem *Frommen Wunsch* geschrieben. »Er schenke ihr Seele und Vertiefung, er erwecke ihr Respekt vor der Natur, gebe ihr mehr Meisterschaft und weniger Originalität und sende ihr ein paar große Menschen.«[17] Das war genau die Quadratur des Kreises, dieses für Rathenau so typische Zwei-Schritte-vor-und-einen-Zurück. Zwar suchte er förderungswürdige »große Menschen«, jedoch durfte ihre »Meisterschaft« sich nicht zu weit vom Vorbild der Natur entfernen. Daher verwundert es nicht, daß er keine Werke der radikalen *Brücke*-Mitglieder Schmidt-Rottluff, Kirchner, Heckel oder der französischen *Fauves* erwarb, geschweige denn der Kubisten und Futuristen.

Trotzdem wurde Rathenau gelegentlich zum ›Trendsetter‹. So erwarb er schon 1893 das Bild *Regenwetter in Christiania* von Edvard Munch, der seit seiner Skandal-Ausstellung in Berlin im Jahr zuvor als *enfant terrible* des Kunstbetriebs galt. Obwohl er keines der für den Norweger typischen symbolistischen Bilder kaufte, mochte er doch dessen zupackende und farbige Malweise und blieb zeit seines Lebens einer der engsten Freunde Munchs in Deutschland. Einen Affront gegen Liebermann und die Mode des Impressionismus leistete sich Rathenau 1909, als er sich gleich zur Eröffnung der Berliner Secession das Bild *Märzenschnee* von Max Pechstein für 300 Mark sicherte.[18] Zwar erreicht das Gemälde nicht die leuchtend-abstrahierende Brillanz der anderen Expressionisten, doch muß man bedenken, daß Pechstein schon im Jahr darauf von der *Secession* ausgeschlossen wurde und daß er damals selbst für Van-Gogh-Sammler ein rotes Tuch war.[19] Ähnliches gilt für Otto Mueller, seit 1910 Mitglied der *Brücke* und heute der »Romantiker unter den Expressionisten«, dem Rathenau, wahrscheinlich auf Veranlassung des gemeinsamen Freundes Gerhart Hauptmann, das Bild eines *Liegenden Mädchens* abkaufte.[20] So mag Rathenau tatsächlich expressionistische Arbeiten erworben haben, als »die breite Öffentlichkeit den Expressionismus noch für eine lächerliche Verirrung hielt«.[21]

Trotzdem war Rathenau wohl auch von dieser Kunstrichtung enttäuscht: »Ihre Richtung ist die wahre; aber leider können sie nicht, was sie wollen.«[22] Deshalb müssen vor allem die Erwerbungen der letzten Jahre im Umkreis der *Freien Secession,* deren Mitglied Rathenau seit ihrer Gründung 1914 war, als relativ teilnahmslose Sozialkäufe gesehen werden; dazu gehören die Bilder von Franz Heckendorf, Willy Jaeckel, Anton Kerschbaumer, Bruno Krauskopf, Moriz Melzer, Alfred Partikel und Klaus Richter.[23]

Merkwürdig folgenlos blieb Rathenaus Verhältnis zur zeitgenössischen Bildhauerei. Zwar kam er laut Tagebuch allein in den Jahren 1911 – 1915 mit Carl Begas, Fritz Behn, Hermann Haller, Max Klinger, Georg Kolbe, Hugo Lederer, Franz Metzner und Louis Tuaillon zusammen, doch weder mit Worten noch mit Ankäufen setzte er sich für sie ein. Die große Ausnahme ist der Bildhauer Hermann Hahn, der seit 1896 viel für die Familie Rathenau arbeitete. Lag es daran, daß Rathenau einfach nicht wußte, wohin mit ihren Werken? Oder hatte er prinzipielle Zweifel am schweren Stein, der weder die Farbe noch das Leichte, Schwebende wiedergeben könne?[24]

Max Liebermann, Zwei holländische Bäuerinnen, 1898 (Kat.Nr. 2/30)

Rathenau unterstützte aber nicht nur einzelne Künstler, sondern auch Institutionen. Nach 1895 gehörte er als förderndes Mitglied der PAN-Genossenschaft an, welche die gleichnamige, ebenso moderne wie exklusive Zeitschrift herausgab. Vier Jahre später streckte er Geld zum Bau des ersten Ausstellungspavillons der Berliner *Secession* vor, zusammen mit hauptsächlich jüdischen Kunstfreunden wie Richard Israel und den Bankiers Julius Stern und Carl Fürstenberg, Geld, das nach den erfolgreichen ersten Ausstellungen zurückgezahlt wurde.[25] Es mag sein, daß Rathenau eine solche Rückzahlung damals noch nötig hatte; verwunderlich ist allerdings, daß er 1903, zu einem Zeitpunkt also, an dem sein Jahresgehalt allein immerhin schon 30.000 Mark betrug, noch glaubte, den Beitritt zum *Kaiser-Friedrich-Museums-Verein* aus finanziellen Günden verschieben zu müssen: »Er soll erfolgen, sobald ich aus meinen eigenen Verhältnissen entnehmen darf, dass meine Mitgliedschaft eine lebenslängliche sein kann.«[26] Dem Komittee für das nicht verwirklichte Projekt eines Nietzsche-Denkmals in Weimar gehörte er seit 1911 an, und 1916 war er zusammen mit Peter Behrens, Hermann Muthesius, Louis Tuaillon und anderen Unterzeichner eines Briefes des Kulturbundes deutscher Gelehrter und Künstler.[27] Dem Förderverein des Deutschen Künstlerbundes für die *Villa Romana* gehörte Walther Rathenau bereits seit 1907 an.[28] Auf eine Bitte von Walter Gropius, dem revolutionären Arbeitsrat für Kunst 1919 mit einer Finanzspritze auf die Beine zu helfen, reagierte er jedoch nicht.[29]

Das kulturelle Engagement Walther Rathenaus war durchaus nicht ungewöhnlich, sondern gehörte fast schon selbstverständlich zum Lebensstil eines jüdischen Unternehmers und Bankiers um die Jahrhundertwende. Ungewöhnlich für sein soziales Umfeld und für seine Generation war allerdings die Ausrichtung seines Kunstinteresses, seine dilettantischen Versuche als Künstler und seine Vorliebe für den Klassizismus. Besonders auffällig ist, gerade im Vergleich mit anderen jüdischen Kunstsammlern, die sich entweder wie James Simon als Sammler alter Meisterwerke einen Namen machten oder die sich wie Eduard Arnhold, Hugo und Lotte Cassirer, Robert und Franz von Mendelssohn oder Julius Stern mit ebenso teuren wie exquisiten Kollektionen von französischen und deutschen Impressionisten profilierten, sein Hang zur ›Seelenmalerei‹, auch

Bruno Krauskopf, Frühlingslandschaft, 1919 (verschollen)

Franz Heckendorf, Seelandschaft (verschollen)

Alfred Partikel, Landschaft mit Figuren, 1920 (verschollen)

um den Preis der Zweitrangigkeit seiner Kollektion. Rathenau kaufte unsystematisch. Auch seine Verehrung für den gedankenschweren, farbenschmierenden ›Germanen‹ Munch wie seine frühe Unterstützung der expressionistischen Kunstrichtung stießen auf wenig Verständnis im jüdischen Wirtschaftsbürgertum. Und wenn Walther Rathenau 1913 vor dem »unerhörten Mißbrauch« warnt, »der die Kunst in Staub und Lärm der Alltäglichkeit hinabzieht (und) alles ehrfürchtige Verweilen und festliche Staunen (bedroht)«[30], dann hat man sogar die berüchtigte Rinnsteinkunst-Rede Kaiser Wilhelms II. im Ohr; mit den Bestrebungen Henry van de Veldes oder Peter Behrens', die Kunst und das Leben zu ›versöhnen‹, konnte Rathenau jedenfalls nichts anfangen.

Auf dem Gebiet der Kunst war Rathenau mit seinem theoretischen Idealismus und seiner pragmatischen Künstlerförderung ein konservativer Revolutionär, vor allem aber Patriot, ja fast Chauvinist. Obwohl in den 1860er Jahren geboren, blieb er nicht beim Impressionismus stehen, kritisierte vielmehr dessen französischen Ursprung und damit indirekt seine zumeist jüdischen Anhänger. Rathenau stand eher der Expressionisten-Generation nahe, die sich vor allem aus dem nichtjüdischen Bildungsbürgertum der um 1880/90 geborenen Kunstsammler, Kunstkritiker und Museumsdirektoren zusammensetzte. Indem diese Gruppe den jungen, einheimischen Künstlern den Rücken stärkte, hoffte sie auch auf ein Wiedererstarken der deutschen Kunst. Denjenigen aber, die wie Rathenau den Weg zur Abstraktion nicht mitgehen wollten, blieb nichts anderes übrig, als sich enttäuscht zurückzuziehen. Überhaupt schien er zuletzt am Sinn der Kunst zu zweifeln, und nichts Gutes schien ihm 1913 die »Kunstflucht der Tätigen« zu verheißen, wie er in einem Urteil festhielt, das wegen seiner summarischen Form auch auf ihn selbst angewendet werden muß und dann wohl in einem eklatanten Widerspruch zu seinem Selbstverständnis steht: »Begegnet man unter Militärs, Staatsleuten, Gewerbtreibenden und Gelehrten einem Mann, der für bildende und redende Künste ein mehr als konventionelles Interesse zeigt, so ist leider mit einiger Wahrscheinlichkeit zu befürchten, daß man es mit einer weichlichen, leidenden, dem Beruf nicht genügenden und von ihm nicht ausgefüllten Natur zu tun habe.«[31]

Das Selbst-Bewußtsein Walther Rathenaus – Die Porträts

Wie sah Walther Rathenau eigentlich aus? Viele werden denken: Wie Edvard Munch ihn 1907 gemalt hat! Bürgerlich die Erscheinung: der Manager im Anzug, eine Hand nonchalant in der Tasche, in der anderen die Zigarette, modern die Malerei mit tropfender Farbe und nackter Leinwand – und doch die Herrscher-Attitüde: die ganze Figur, die Untersicht, der rückenstärkende Wandausschnitt als verkappte Säule. Wie raffiniert der geistesaristokratische Anspruch durchschimmert, zeigt der Vergleich mit dem 1890 entstandenen Porträt des Elberfelder Knopffabrikanten Emil Weyerbusch, an dem sichtbar wird, daß der Maler Fritz Roeber

Edvard Munch, Bildnis des Walther Rathenau, 1907 (Kat.Nr. 2/3)

dem Wunsch des Auftraggebers nach Rangerhöhung nur durch die naturalistische Wiedergabe von Herrschaftsattributen (Hund, Vorhang, Säule) nachzukommen wußte.[32]

Angesichts von Munchs ›Ikone‹ des deutschen Unternehmerporträts mag mancher überrascht sein, daß es auch andere Bildnisse von Walther Rathenau gibt. Und mehr noch: daß kaum ein anderer Bankier, Kaufmann oder Industrieller des Deutschen Kaiserreichs so häufig und mit so hoher künstlerischer Qualität dargestellt worden ist wie Walther Rathenau. Zusammen mit den zahlreichen Fotografien, von denen eine ganze Reihe in den renommierten Ateliers von Dührkoop und Perscheid entstanden, berichten die Porträts von Rathenaus Freude am Posieren. Als eine Ursache für dieses Rollenspiel vermute ich dabei weniger übermäßiges Selbstbewußtsein als vielmehr dessen Gegenteil, Kompensation eines tiefverborgenen Minderwertigkeitsgefühls. Ein Hinweis darauf steckt schon in Munchs Porträt: Der Schatten, der hier ein seltsames Eigenleben führt, wird später von der Tiefenpsychologie definiert als »derjenige Persönlichkeitsanteil, den ein Mensch vor sich und anderen zu verbergen sucht«, als »die negativen Anteile der Persönlichkeit, die ›hinter ihrem Rücken‹ böse Streiche spielen«.[33]

Fritz Roeber, Emil Weyerbusch, 1890

Gut ein Dutzend Mal ist Rathenau zu seinen Lebzeiten im Einzelbildnis dargestellt worden, mindestens viermal hat er sich selbst in Pastell gemalt und ungezählte Male in seinen Skizzenbüchern mit Graphit und Kreide festgehalten. Am Anfang steht das kecke Selbstporträt mit Schiebermütze und Zigarette aus den Straßburger Studententagen von 1886/87. (Kat.Nr. 2/18) Eine beiläufig auf die Rückseite eines Briefes vom Mai 1890, rechts neben einen anderen Kopf hingeworfene Bleistift-Zeichnung zeigt noch den unentschlossenen, verträumten Studenten – Rathenau zeichnete sich wohl von einer Fotografie aus ›Sturm-und-Drang-Tagen‹ ab. (Kat.Nr. 1/7 und 1/8)

Einen ganz anderen Eindruck vermittelt das Ölbild Hans August Zierngibls: Hier nimmt am 15. September 1890 der selbstbewußte ›Herr Doktor‹ nach einem Polytechnischen Studium in München feierlich Abschied von einer Zeit der Abhängigkeit. Jedoch übertreibt schon hier der intelligente, gut gekleidete junge Mann die würdige Haltung ins Distanziert-Kalte: Warum blickt er uns so mißtrauisch aus den Augenwinkeln an, warum verbirgt er seine Rechte im Rock? Mag er uns nicht die Hand geben, oder gefällt ihm ganz einfach diese recht altmodische Pose? Wenige Tage später tritt Rathenau voller Hoffnung und Stolz seinen einjährigen Militärdienst beim Garde-Kürassier-Regiment in Berlin an. Die Fotografie von Rathenau in Uniform am Ende seiner Dienstzeit, im September 1891, gibt einen Eindruck davon, der Küraß scheint eigens angelegt, um die stolzgeschwellte Brust vorm Zerplatzen zu bewahren. (Kat.Nr. 3/30) Um so schmerzhafter traf Rathenau die erstmals am eigenen Leib erfahrene Diskriminierung der Juden: Offizier konnte er beim Militär nicht werden.[34]

Vor allem in der einsamen, arbeits- und entbehrungsreichen Zeit beim Aufbau der *Elektrochemischen Werke* in Bitterfeld (1893 – 1898) befragt sich der Industrielle durch einen kritischen Blick in den Spiegel und hält das Gesehene immer und immer wieder leidenschaftslos in seinen Skizzenbüchern fest. Wieviel optimistischer wirkt dagegen das Brustbild, das Lesser Ury 1896 malte: Der junge Firmenchef ist dynamisch-diagonal in den Rahmen gespannt, der angewinkelte linke Arm mit der Zigarre in der Hand eilt dem Körper weit voraus in Richtung einer hoffnungsvoll blau schimmernden Zukunft. In dieser demonstrativen Zuversicht ist es ein richtiges Propagandabild, wenn man bedenkt, daß Rathenau »in dem trostlosen Nest Bitterfeld schlaflose Nächte verbracht hat, weil das ihm anvertraute Fabrikunternehmen dort auf der Kippe stand. Daß es die schlimmste Zeit seiner frühen Jahre gewesen ist. Und daß die Schlaflosigkeit vorwiegend vom Gedanken an seinen Vater kam.«[35] Aufgrund der japonistischen Komposition, seiner gewagten Farbigkeit und Flächigkeit erscheint mir Lesser Urys Porträt als das modernste Unternehmerbild in Deutschland vor 1900, und nicht zufällig darf schon hier, beim Kettenraucher Rathenau, die Zigarre mit aufs Bild, die erst später zum »Statussymbol der Unternehmer«[36] wurde.

Gut zehn Jahre später ist der Schwung des Jungunternehmers dahin, doch die Selbststilisierung bleibt. Jetzt zeigen die archaisch-strengen Marmor- und Bronzebüsten des Münchner Bildhauers Hermann Hahn einen gefestigten und sehr ernsthaften Mann in seinen besten Jahren. Nach einem Intermezzo im Berliner Direktorium der AEG (1899 – 1902) verdiente Rathenau von 1902 bis 1907 als Geschäftsinhaber der *Berliner Handelsgesellschaft* (BHG) zum ersten Mal sehr viel Geld. Doch nicht den Bankier, sondern den Geistesmenschen Walther Rathenau in idealischer Nacktheit präsentiert uns der Bildhauer. Stolz reckt Rathenau in der Marmorherme von 1905 den auf säulenhaftem Hals und massigem Oberkörper ruhenden, markanten Kopf.[37] Sein seherischer Blick geht in die Ferne, er hält sich nicht auf beim Kleinen, beim Gegenüber. Auf solche Art ›hochnasig‹, mit solch einer ›Löwenstirn‹ entspricht er ganz dem kurz zuvor von ihm beschriebenen Typus des »Mutmenschen«, den es bedauerlicherweise viel zu selten in einer von *Schwachheit, Furcht und Zweck*[38] geprägten Welt gebe. Auf seine nicht unumstrittenen ersten Versuche als Schriftsteller spielt die Zähmung des Dichterrosses Pegasus im Sockel-Relief an.[39]

Geradezu furchteinflößend wirkt »das cäsareische Porträt Rathenau des Jüngeren«,[40] das Hahn 1908, nach dem Rückzug seines Freundes aus der BHG, in Bronze formte: In strenger Frontalität blickt uns hier aus leeren Augenhöhlen und mit regloser, den stoischen Weisen auszeichnender Physiognomie[41] einer jener 300 Männer an, die nach Rathenaus Bonmot von 1909 die Geschicke der Welt bestimmten. Ein moderner Condottiere also, ein Feldherr, der wußte, daß die Schlachten

Walther Rathenau, Selbstporträt, um 1888 (Kat.Nr. 2/18)

des 20. Jahrhunderts nicht mehr im Krieg, sondern im Frieden, auf dem Gebiet der Wirtschaft und der Politik, gewonnen werden.

Als Vorbilder für Hahns Rathenau-Bildnisse kommen die neoklassizistischen Büsten Adolf von Hildebrands in Betracht, wie die von Hermann von Helmholtz (1891) oder von Werner von Siemens (1892). Ihr »zeitabweisender Stil«[42] machte sie wohl gerade beim konservativen Bürgertum beliebt, das sein gesellschaftliches Ansehen und seinen materiellen Wohlstand im wahrsten Sinne des Wortes ›umfassend‹ repräsentiert und verewigt sehen wollte. Die Ingenieure, Forscher und Professoren beziehungsweise deren Familien- und Firmenangehörige ließen sich diesen Wunsch viel Geld kosten, doch für einen solchen Auftrag mußten meist große Anlässe herhalten wie ›runde‹ Geburts- und Hochzeitstage oder Berufsjubiläen. Ebenso häufig wurden nach dem Tode des Familien- bzw. Firmenoberhaupts Bildnisbüsten zur persönlichen Erinnerung oder als Geschenke an Freunde und Institutionen bestellt. Von all dem findet man bei Rathenau nichts: Hier wird ein etwa 40jähriger, jüdischer, schöngeistig veranlagter Manager verewigt, der, genau betrachtet, noch gar nichts Weltbewegendes geleistet hatte.

Mag er in Hahns Büsten als Übermensch à la Nietzsche stilisiert oder in Munchs abstra-

*Hermann Hahn,
Büste des
Walther
Rathenau, 1908
(Kat.Nr. 2/6)*

hierend-aristokratischem Ganzfigurenbildnis als »ekliger Kerl« (Rathenau über Rathenau) decouvriert worden sein – allen Darstellungen gemeinsam ist die Wiedergabe eines extrem gesteigerten Selbstbewußtseins. War er wirklich ein so weiser, überlegener Führer? Oder suchte nicht hier ein in sich zerrissener Mann mittleren Alters eine akute Sinnkrise um so lauter zu überspielen? Auf jeden Fall scheint mit dem Austritt aus dem Direktorium der BHG im Sommer 1907, nach dem er zwar im Zentrum unternehmensstrategischer Entscheidungen verblieb, von der alltäglichen Routine jedoch entlastet war, Walther Rathenaus Bedarf an forcierter Selbstdarstellung erheblich geschwunden zu sein, denn in der Folgezeit entstehen nur noch kleinere, unprätentiöse Portraits eines Mannes, der glaubt, seinen Platz und die erhoffte Anerkennung als Manager und als Schriftsteller gefunden zu haben.[43] Allenfalls sein oft beschriebenes Modebewußtsein wird jetzt sichtbar: bunt und leuchtend in den drei erhaltenen, nach 1910 entstandenen Selbstporträts in Pastell, in welchen er viel Mühe auf die Wiedergabe der farbigen Hemden mit Ecken- oder abgerundetem Umlegekragen verwendet, und schwarz-weiß die stark stilisierte Darstellung Thomas Theodor Heines von 1912. Nun wurde Rathenau auch karikaturwürdig, d. h., er spielte eine genügend große Rolle in der Gesellschaft: Den philosophierenden Bankier nahm Emil Preetorius aus Anlaß des 1912 in München stattfindenden Bankiertages aufs Korn.[44]

Es fällt besonders auf, daß ein Porträt gar nicht existiert: Von seinem Onkel Max Liebermann, dem maßgebenden Porträtisten des jüdischen Bürgertums im ersten Drittel des 20. Jahrhunderts, ließ sich Walther nicht in Öl malen – anders als sein Vater Emil, der sich 1908 als Erfinder-Unternehmer am Schreibtisch präsentierte in der Tradition des Kontorbildes, wie wir es schon 1842 im Porträt ihres gemeinsamen Großvaters Joseph Liebermann finden. (Kat.Nr. 1/4 und 1/5) Bei Walther reichte es vier Jahre später nur zu einer Kreidezeichnung, die er nicht einmal für sich selbst behielt. In ähnlicher Stellung wie auf dem Bildnis Munchs, aber dynamischer, gleichzeitig milder im Gesichtsausdruck, läßt sich Rathenau für seinen Freund Gerhart Hauptmann festhalten, dem er das Blatt zum 50. Geburtstag am 15. November 1912 schenkt. (Kat.Nr. 2/4c)

Arnold Busch gibt Rathenau in einer Zeichnung vom 31. Dezember 1916 erstmals in einer Pose, die dieser mit Vorliebe auf den Porträtfotos der letzten Jahre einnahm: am Schreibtisch, als ›homme de lettres‹.[45] Mal hat er einen Stift, mal eine Zigarre in der Hand, auf einem Foto als Außenminister sogar beides, er hatte eben alle Hände voll zu tun; dort auch, wie beim Ury-Porträt von 1896, die Verschiebung aus der Mittelachse, so daß sich rechts ein riesiger Freiraum für große Gedanken auftut. (Kat.Nr. 6/47b) Gern sinniert er, blickt am Schriftstück vorbei nach draußen, wobei das Tageslicht auf ihn zurückfällt und ihn ›erleuchtet‹. Das letzte bekannte Einzelbildnis Walther Rathenaus von fremder Hand, eine Gelegenheitszeichnung im Profil, brachte Emil Orlik am 4. Februar 1917 bei einem Abendessen im Hause Hauptmann aufs Papier. Von Rathenau selbst stammt wohl das letzte Porträt, ein heute verschollenes Pastellbild.

Natürlich konnte sich Rathenau in seiner Dienstzeit als Reichsminister nur noch wenig mit der bildenden Kunst befassen. Schon aus diesem Grunde unterblieben Porträtsitzungen. Dafür wird er nun immer häufiger zur Zielscheibe der Karikaturisten. Deren Bilder kann er nicht mehr, wie zuvor schon die Schnappschüsse der Pressefotografen, durch Posen beeinflussen, nein, hier muß er sich einen Zerrspiegel vorhalten lassen. Im Brennpunkt der Kritik stehen neben tagespolitischen Themen immer noch seine Machtfülle, wie auf Georg Scholz' Lithographie *Die Herren der Welt* (1922), und seine Neigung zum Philosophieren, wie in Heines Karikatur *Die Weitblickenden* (1922). (Kat.Nr. 6/38 und 6/39) Wie gefährlich dieser Universalismus ausländischen Zeitgenossen erschien, zeigt die mit Abstand boshafteste, geradezu teuflische Darstellung Rathenaus von Ben Myll (1922). (Kat.Nr. 6/56)

Überblickt man die Porträts, die von Walther Rathenau zu dessen Lebzeiten entstanden, so fällt außer der Inszenierung ihre große Anzahl auf: Rathenau war offensichtlich ein gefragter (Portrait)-Kopf. Dies kann man nicht allein mit der gesellschaftlichen Bedeutung oder mit der eitlen oder zweifelnden Selbstbezogenheit des Modells erklären. Auch sein Verkehr in Künstlerkreisen brachte es mit sich, daß er häufiger zum Bildgegenstand wurde als ein nüchterner, ganz in seiner Firma aufgehender und den Künsten fernstehender ›homo faber‹ wie sein Vater Emil, sei es, um einem Freund mit einem Auftrag materiell und ideell unter die Arme zu greifen, sei es, weil Rathenaus markanter Schädel einen Bekannten oder Freund zur künstlerischen Darstellung reizte. In allen diesen Porträts und in seinen Selbstbildnissen erhoffte er sich aber wohl doch eine Antwort auf die Frage: Wer bin ich?

Der Kontakt zu Künstlern erklärt auch die hohe Qualität der Rathenau-Bildnisse. Ähnlich anspruchsvoll und ›ganzheitlich‹, mit einem ähnlichen Sinn für Kunst, geben sich nur ganz wenige Wirtschaftsführer der Kaiserzeit, etwa Carl Duisberg, Generaldirektor der *Farbenfabriken vorm.*

Kees van Dongen, August Freiherr von der Heydt, um 1912

Friedr. Bayer in Leverkusen und späterer Vorsitzender der *I.G. Farben,* oder der Elberfelder Bankier August von der Heydt. Letzterer ließ sich um 1912 mutig von dem *Fauve* Kees van Dongen malen; die Orden allerdings mußten, wie oft auf den Bildnissen von der Heydts, hier wieder mit aufs Bild. Die Bereitschaft dieser Unternehmer, mit Bildnisaufträgen an umstrittene, oft eben deshalb ihnen gleichwertige Künstlerpersönlichkeiten die zeitgenössische Kunst zu fördern und zugleich ein Körnchen Wahrheit über sich selbst zu erfahren, wurde reich belohnt: Ihr Imperium ist zwar zerfallen, ihr Ruhm aber bleibt bestehen; alle anderen dagegen, wie z. B. viele rheinische Schwerindustrielle, sind heute vergessen, ihre Porträts sind in Vorstandsetagen und Heimatmuseen verbannt, weil sie sich auf dem Höhepunkt ihrer wirtschaftlichen Macht von drittklassigen, willfährigen Malern aus der heimischen Provinz abkonterfeien ließen.

Am 24. Juni 1922 wurde Walther Rathenau erschossen. Trotz überwältigender Empörung in der Öffentlichkeit, trotz eines von Massendemonstrationen in mehreren deutschen Städten begleiteten Staatsbegräbnisses taten sich die Politiker in Stadt und Land schwer mit einer dauerhaften Ehrung des ermordeten Außenministers; die Antipathien gegen den jüdischen ›Erfüllungspolitiker‹ waren nicht nur in der äußersten Rechten sehr groß. Deshalb nehme ich an, daß die Rathenau-Bronzen von Fritz Huf (1923) und Benno Elkan (1923/25) als mehr oder weniger private Auftragsarbeiten der Familie, der Freunde oder der Berufskollegen entstanden.[46] Gleiches gilt für die drei Porträts, die Emil Orlik nach dem Tode Rathenaus mit Hilfe von zwei Fotografien von 1917 malte.[47] (Kat.Nr. 2/22 und Kat.Nr. 2/23) Nachdem Benno Elkan schon 1922 eine WR-Medaille geformt hatte, wurde zehn Jahre später Rathenaus langjähriger Freund Hermann Hahn von der *Walther-Rathenau-Gesellschaft* mit einer neuen Gedächtnismedaille beauftragt; sechs Exemplare wurden in jenem Jahr zum ersten und letzten Mal vergeben, unter anderem an Gerhart Hauptmann.[48] Über die Entstehung zweier Plaketten, einer von Hahn und einer von Heinrich Zimmermann, ist nichts bekannt. Ein Bronzerelief mit halbrundem Brustabschluß von einem unbekannten Künstler führt schon in den Kreis einer persönlichen ›Heiligenverehrung‹. Als Erinnerungsblätter für den weiteren Bekanntenkreis oder gar für den anonymen Markt können die Radierungen Clara Kauffmann-Mellins und zwei Postkarten angesehen werden: eine unbezeichnete Radierung und eine Reproduktion des Porträts von Munch.[49]

Nach der Diktatur der Nationalsozialisten galt Rathenau erstmals wieder 1953 als gedenkwürdig: Sein Konterfei ziert eine Briefmarke der Deutschen Post in West-Berlin, und zwar den 6-Pfennig-Wert innerhalb der Sonderausgabe »Männer aus der Geschichte Berlins«. Eine Bronzebüste, die heute im Eingang der Walther-

Walther Rathenau, Selbstporträt, nach 1909 (Kat.Nr. 2/12)

Rathenau-Oberschule in Berlin-Grunewald steht, schuf Georg Koch, und Reliefs aus demselben Material fertigte Harald Haacke zum 100. Geburtstag im Jahre 1967.
Die originellste Ehrung aber wurde Rathenau 1990 durch Gregor Hiltner im Auftrag der Nürnberger Stadtväter zuteil: Auf dem U-Bahnhof »Rathenauplatz« grüßen den Fahrgast von der einen Wand Walther Rathenau als Vertreter der jüdischen Assimilation und von gegenüber Theodor Herzl, der Begründer des Zionismus. Der Clou: Die Köpfe sind anamorphotisch (= verzerrt) wiedergegeben, man muß also den richtigen Standpunkt einnehmen, um sie zu erkennen.

Briefmarke der Deutschen Post, 1953

Anmerkungen

1. Gespräche, GA II, S. 620
2. Siehe Rathenaus Brief an den Bruder Erich, 21. 12. 1889, NB, Nr. 22. Bei den Künstlern könnte es sich um Hans August Zierngibl, entweder Ludwig oder Maximilian Dasio, Hermann Hahn oder Walter Firle gehandelt haben. Als Anreger und Vermittler käme der Wiener Bankier Emil Taussig in Betracht, der zumindest die Verbindung zu Hahn herstellte
3. Eine Zeichnung im Gästebuch des Hauses Fürstenberg vom 12. 3. 1900, abgebildet in: Hans Fürstenberg: Carl Fürstenberg. Die Lebensgeschichte eines deutschen Bankiers, Wiesbaden o.J. (1961); Nachdruck der Erstausgabe von 1931, nach S. 384
4. Mir sind nur diese beiden Ölbilder Rathenaus bekannt, die sich im Moskauer Nachlaß befinden. Aber auch seine Nichte Ursula von Mangoldt spricht nur von »Zeichnungen und Aquarellen«, die Mathilde Rathenau nach dem Tode ihres Sohnes ordnete; siehe Ursula von Mangoldt: Auf der Schwelle zwischen Gestern und Morgen. Begegnungen und Erlebnisse, Weilheim/Obb. 1963, S. 44
5. Der Hinweis auf den »Architekten von Seidel« bei Hermann Schüttauf: Parke und Gärten in der DDR (Kunstgeschichtliche Städtebücher), Leipzig 1969, S. 58
6. Rathenau an Landrat a.D. Rötger, 31. 3. 1911, B I, Nr. 54. Als Gartenarchitekt zeichnete Carl Kempkes in Fa. Ludwig Späth verantwortlich; siehe Architekten- und Ingenieur-Verein zu Berlin (Hg.): »Berlin und seine Bauten«, Teil IV, Band C, Berlin 1975, Nr. 2106
7. So der Schriftsteller Wilhelm Herzog, zitiert nach: Gespräche, GA II, S. 718
8. In seinem Tagebuch vom 3. 4. 1911; zitiert nach Ausstellungskatalog »Harry Graf Kessler. Tagebuch eines Weltmannes«, Deutsches Literaturarchiv im Schiller-Nationalmuseum, Marbach 1988, S. 369
9. Kessler: Tagebücher, 20. 2. 1919. Die im Landesarchiv Berlin aufbewahrten Baupläne sind nur von Johannes Kraaz unterzeichnet (LAB, Rep. 202, Acc. 1559, Bd. 1, fol. 45). Nach dem Tod Mathilde Rathenaus 1926 zog die Kunsthandlung Goldschmidt-Heilbronner in das Haus ein; siehe Elfriede Misch: Walther Rathenaus Elternhaus als Kunsthandlung, in: Berliner Börsen-Courier, 11. 5. 1927 (Nr. 218), S. 3
10. Wille am 14. 8. 1912 in einem Brief an den Direktor der Nationalgalerie, Ludwig Justi; für den Hinweis auf den abgelegenen Briefwechsel (Staatliche Museen zu Berlin – Preußischer Kulturbesitz, Zentralarchiv, I/NG, Acta Specialia Z 1, Casa Zuccari) sei Claude Keisch, Berlin, herzlich bedankt.
11. Zuerst festgestellt von Heinrich Ehl: Walther Rathenau, Sammler und Maler. Zur Soziologie und Psychologie des Kunstsammelns, in: Kunstchronik und Kunstliteratur, Dezember 1927, S. 93 – 96. Seine kritische Einschätzung trifft zu, obwohl er nur diejenigen Kunstwerke kannte, die Mathilde Rathenau in ihrem Testament 1926 dem Städelschen Kunstinstitut in Frankfurt/Main vermacht hatte. Es sind gemäßigt moderne Bilder, die bei ihr zu Hause hingen und die eigentlich der Nationalgalerie versprochen waren. Sie entschied aber kurzfristig anders, als sich die Berliner Stadtverordneten Mitte der zwanziger Jahre nicht entschließen konnten, die Koenigsallee in Rathenau-Allee umzubenennen.

– Eine erste Rekonstruktion der gesamten Kunstsammlung Walther Rathenaus habe ich vorgelegt in: Henrike Junge (Hg.): Avantgarde und Publikum. Zur Rezeption avantgardistischer Kunst in Deutschland 1905 – 1933, Köln/Weimar/Wien 1992, S. 253 – 259

12. Kessler: Rathenau, S. 71

13. Edwin Redslob: Walther Rathenau als künstlerische Persönlichkeit, in: Berliner Tageblatt, 29. 9. 1927 (Nr. 460), 1. Beiblatt. In seiner Grunewald-Villa stellte Rathenau die neu erworbenen Bilder in einem Bodenzimmer ab. Dagegen hatte er sich in der Viktoriastraße 3, wo er von 1900 – 1910 wohnte, eine Bildergalerie eingerichtet

14. Bei einem Vermögen von ca. zwei Millionen Mark; siehe den Beitrag von Hartmut Pogge von Strandmann in diesem Katalog

15. Auch die Kunstsammlung des mit Rathenau seit dem Winter 1909 bekannten Kunsthistorikers Johannes Guthmann wird von dem »Hang zu einer isolierten Menschendarstellung« geprägt; eine weitere Gemeinsamkeit, die Wiederentdeckung des Klassizismus 1909/10, geht bis in das Detail eingestellter Säulen; siehe Manfred Semmer u.a.: Das ehemalige Gut Neu-Cladow. Ein Beispiel märkischer Baukunst, Berlin 1987, S. 34 f. u. S. 45

16. Physiologie des Kunstempfindens (1901), Imp., S. 233

17. Von neuerer Malerei (1905), Ref., S. 78

18. Max Pechstein: Erinnerungen, München 1963, S. 37. Von dem Bild existieren drei Fassungen; diejenige, die in Berlin zu sehen war, befindet sich heute in Privatbesitz (der Künstler erinnert sich aus großem Zeitabstand, also wohl irrtümlich, an eine heute verschollene Version)

19. Als der Dramatiker Carl Sternheim wenige Tage nach seiner Bekanntschaft mit Rathenau ebenfalls ein Bild von Pechstein kauft, notiert seine Ehefrau Thea: »Die gewagtesten Vincents wirken dagegen wie alte Meister.« Tagebuch Thea Sternheim, 7. 11. 1911; zitiert nach: Wolfgang Wendler (Hg.): Carl Sternheim. Briefe, 2 Bde., Basel/Darmstadt 1988, hier Bd. 2, S. 684

20. Mario-Andreas von Lüttichau: Otto Mueller. Ein Romantiker unter den Expressionisten (DuMont-Taschenbücher, Bd. 292), Köln 1993. Alle drei verkehrten in der *Donnerstags-Gesellschaft*, einem Kreis von Freunden und Mitarbeitern des Verlegers Samuel Fischer. Die Identität des Bildes ist nicht geklärt: Pechsteins Schwester Emmy meinte, das Bild sei »ganz in Grün« gehalten; siehe Lüttichau, S. 35. Am 19. 7. 1928 erinnerte sich Ludwig Thormaehlen, Mitarbeiter der Berliner Nationalgalerie, in einem Brief an seinen Basler Kollegen Barth an »ein liegendes Mädchen, etwas negeroid. Ich glaube, es hatte gelbe Höschen an (...)« (SMB-PK, ZA, I/NG, Gen. 37, Bd. XII, Nr. 2293/28). Diese Beschreibung könnte auf das bei Lüttichau, S. 59, in Schwarz-Weiß abgebildete Gemälde zutreffen, das im Februar 1916 in der *Freien Secession* in Berlin ausgestellt war und das sich heute in Privatbesitz befindet

21. J. S.: Das Rathenau-Haus, in: Vorwärts, 4. 7. 1923

22. Ca. 1918 im Gespräch mit Wolfgang Schumann nach dessen: Erinnerungen an Walther Rathenau, in: Berliner Tageblatt, 29. 9. 1927 (Nr. 461)

23. Sämtliche Bilder dieser zweiten Expressionisten-Generation gelten heute als verschollen. Sie wurden mit großer Wahrscheinlichkeit seit April 1923 über die Galerie Cassirer verkauft, während die wertvolleren Bilder wie die von Corinth, Munch und Mueller wohl von Rathenaus Schwester Edith übernommen wurden. Aus dem Nachlaß durfte sich Ludwig Justi drei Bilder als Geschenk an die Nationalgalerie aussuchen, er wählte die von Heckendorf, Krauskopf und Partikel. Im September 1924 bat ihn Mathilde Rathenau, die Schilder von den Gemälden entfernen zu lassen. 13 Jahre später wurden die Bilder von den Nationalsozialisten als ›entartet‹ beschlagnahmt. Siehe den Briefwechsel im Zentralarchiv der Berliner Museen (SMB-PK, ZA, I/NG, Gen. 37, Bd. XII, Nrn. 1134/23, 796/24, 1105/26)

24. Siehe die von Lore Karrenbrock wiedergegebenen Bemerkungen Rathenaus über den 1921 gestorbenen Bildhauer August Gaul in ihrem Buch: Walther Rathenau. Briefe an eine Liebende, Dresden 1931, S. 80

25. Peter Paret in der Einleitung zum Ausstellungskatalog »Berliner Secession«, Neuer Berliner Kunstverein, Berlin o. J., unpaginiert (Kap. III)

26. Brief an Wilhelm Bode, Berlin, 3. 6. 1903 (SMB-PK, ZA, NL Bode). Auch ein Gemälde, das Bode für ihn begutachtet hatte, meinte er der Galerie nur zum Einkaufspreis, nicht aber als Geschenk überlassen zu können. Wann er dem Museumsverein, der sich um Erwerbungen von alter Kunst kümmerte, beitrat, läßt sich nicht mehr feststellen. Ebenso wie sein Vater zahlte Walther schließlich 500 Mark Jahresbeitrag. Am 17. 6. 1915 kündigte er seine Mitgliedschaft zum 1. 4. 1916. (SMB-PK, ZA, I/NG, KFMV 19 u. 22)

27. Zum Nietzsche-Denkmal siehe Hans-Ulrich Simon: Eberhard von Bodenhausen – Harry Graf Kessler. Ein Briefwechsel 1914–1918 (= Marbacher Schriften 16), Marbach a. N. 1978, S. 181f. In einem Brief vom 24. 1. 1916 baten die Genannten den Dresdner Maler Eugen Bracht um Mitarbeit, nicht um materielle Leistung »bei dem Versuch der Verhinderung künstlerisch unzulänglicher Kriegsdenkmäler und Wahrzeichen«

28. Villa Romana 1965. Jahresgabe an ihre Freunde und Förderer, S. 14. Den freundlichen Hinweis verdanke ich Ursel Berger, Berlin

29. Das Rundschreiben ist abgedruckt in: Ausst.-Kat. »Arbeitsrat für Kunst. Berlin 1918 – 1921«, Akademie der Künste, Berlin (West) 1980, S. 117

30. Zur Mechanik des Geistes oder Vom Reich der Seele (1913), GA II, S. 257. Wie Tilmann Buddensieg wiederholt überzeugend darstellte, ist es aufgrund dieser Position Rathenaus unwahrscheinlich, daß ihm die epochale Berufung Peter Behrens' zum Architekten und Produktgestalter der AEG zu verdanken ist. Nach dem Kriege siegte aber der Patriot in ihm über den Ästheten; denn als Reichsminister für Wiederaufbau richtet Rathenau im Juli 1921 dem Deutschen Werkbund eine ständige Vertretung im Ministerium ein; siehe Joan Campbell: Der Deutsche Werkbund 1907 – 1934, (dtv 4492; engl. Originalausgabe: Princeton 1978) München 1989, S. 178

31. Zur Mechanik des Geistes oder Vom Reich der Seele (1913), GA II, S. 264

32. Über die Formen der Selbstdarstellung von Unternehmern siehe die grundlegenden und fortführenswerten Aufsätze von Wolfgang Zorn: Das deutsche Unternehmerporträt in sozialgeschichtlicher Betrachtung, in: Tradition 7, 1962, S. 79 – 92,

und derselbe: Das Unternehmerporträt – ein Stück Sozialgeschichte (Vortragsreihe der Gesellschaft für Westfälische Wirtschaftsgeschichte e. V., Heft 16), Dortmund 1970

33. Uwe Henrik Peters: Wörterbuch der Psychiatrie und medizinischen Psychologie, München/Wien/Baltimore 1984 (3. Aufl.), S. 490

34. Siehe dazu Kapitel 3 dieses Katalogs. Ein unvollendetes *Jugendbildnis Walther Rathenaus in Uniform* von Sabine Lepsius ist heute verschollen; es hing im Lesezimmer, als es am 5. 4. 1927 von der Künstlerin für eine Ausstellung, wahrscheinlich in der Berliner Galerie Hartberg, erbeten wurde (Inventar des W.-R.-Hauses in der Koenigsallee 65; Bundesarchiv, Abt. Potsdam, Rep. 15. 01, Nr. 25240)

35. Alfred Kerr, zitiert nach: Schulin: Repräsentant, S. 25. Der Propaganda-Effekt könnte darauf schließen lassen, daß das Bild ein Geschenk an die Eltern war (1912 hing Urys Bildnis bei der Mutter). Dagegen spräche seine Modernität, die gerade im Vergleich mit Hermann Hahns naturalistischer, heute verschollener Doppelporträt-Büste von Emil und Mathilde Rathenau, ebenfalls von 1896, ins Auge springt

36. Wolfgang Schivelbusch: Das Paradies, der Geschmack und die Vernunft. Eine Geschichte der Genußmittel, Frankfurt a. M. 1990 (zuerst München/Wien 1980), S. 108 – 158, Zitat S. 125. Im deutschen Vormärz galt die Zigarre als »revolutionäres Erkennungszeichen«, taucht noch im späten 19. Jahrhundert m. E. nur auf Bildnissen aus der Boheme auf und wird erst zu Beginn des 20. Jahrhunderts von den Unternehmern und Bankiers als Bestandteil ihres Porträts akzeptiert (z. B. Max Slevogts und Max Liebermanns Bildnisse der Bankiers Bernhard Dernburg, 1904, und Eugen Gutmann, 1907); denn jetzt verkörperte das verhältnismäßig umständliche, Zeit erfordernde »schwere Rauchgerät« gegenüber der sich durchsetzenden, leichteren Zigarette eine »behäbig-konservative Haltung«

37. Die verschollene Marmorherme ist abgebildet bei Andrea Volwahsen: Der Bildhauer Hermann Hahn (1868–1945) (tuduv-Studien, Reihe Kunstgeschichte, Band 23), München 1987, S. 218, Abb. 186; sie wurde wohl nach der schwarz gefaßten Gipsbüste gearbeitet, worauf Ursel Berger hinwies: Ausst.-Kat. »Berliner Köpfe. Hundert Jahre Porträtbildhauerei in Berlin«, Georg-Kolbe-Museum, Berlin 1987, Nr. 24

38. Siehe Rathenaus gleichnamigen Aufsatz in der *Zukunft* vom 12. 11. 1904, S. 223 – 239, mit seinen fragwürdigen bis skurrilen physiognomischen Studien auf den Seiten 230 ff

39. Ikonographisch lassen sich die beiden wilden Männer oder Faunen nicht deuten; freundliche Mitteilung von Claudia Brink, Hamburg. Schon die zeitgenössische Kritik nahm die Anspielung auf die »Abschweifung dieses scharfen Geistes in die Literatur« wahr, so Hans Rosenhagen: Die zweite Ausstellung des Deutschen Künstlerbundes in Berlin (II), in: Kunst für Alle 20, 1905, S. 515 – 523, hier S. 520. Solche Porträthermen mit Allusionen in den Sockelreliefs waren um 1900 beliebt; siehe z. B. Josef Höfflers 1909 geschaffene Holzbüste von Carl Hagenbeck, dem Gründer des Hamburger Tierparks, mit dem Löwenpaar im Sockel (Abb. in: Ausst.-Kat »Grosse Deutsche in Bildnissen ihrer Zeit«, Ehem. Kronprinzenpalais, Berlin 1936, S. 162)

40. Georg Jacob Wolf: Hermann Hahn, in: Kunst für Alle 29, 1914, S. 289 – 298, hier S. 298. Bei der Datierung auf 1908 schließe ich mich Volwahsen: a.a.O., S. 355, an; bei Wolf, S. 302, dagegen: 1909

41. Siehe Peter-Klaus Schuster: Überleben im Bild. Bemerkungen zum humanistischen Bildnis der Lutherzeit, in: Ausst.-Kat. »Köpfe der Lutherzeit«, Hamburger Kunsthalle 1983, München 1983, S. 18 – 25, hier S. 22

42. Angela Hass: Adolf von Hildebrand. Das plastische Porträt, München 1984, S. 11

43. 1909, also nach der Veröffentlichung seiner *Reflexionen* (Leipzig 1908), erscheint Rathenaus Name erstmals in Kürschners Deutschem Literatur-Kalender

44. Abb. in: Zeit im Bild 10, 1912, S. 1176

45. Abb. der verschollenen Zeichnung in: Hermann Schmitz: Schloss Freienwalde, Berlin o. J. (1927), nach S. 44

46. Hufs Arbeit, zumindest ein Exemplar, befand sich schon 1924 im Besitz der AEG; s. Roland Schacht: Fritz Huf, in: Der Cicerone 16, 1924, S. 499 – 505, Abb. S. 496. Den Auftrag an Elkan soll Erwin Koppel, evtl. verwandt mit dem Berliner Gasglühlichtfabrikanten und Bankier Leopold Koppel, erteilt haben; neben drei Güssen von 1923 sind ein »1925« datierter Kopf und einer ohne Datum bekannt, ferner zwei Nachkriegsabgüsse (Mitteilung von Günter Schilling, Bad Homburg)

47. Alle drei Gemälde sind undatiert. Auch hier läßt sich eines schon in den zwanziger Jahren bei der *Deutschen Werft AG* in Hamburg nachweisen, einer Tochterfirma der AEG

48. Freundliche Mitteilung von Günter Schilling, Bad Homburg

49. Das ›glatte‹ Postkartenporträt des in Berlin W 15 ansässigen Verlags Dell' Arte entstand mit Sicherheit nach einem Foto; ein Exemplar wurde 1926 von der Berliner Staatsbibliothek erworben (Staatsbibliothek zu Berlin – Preußischer Kulturbesitz, Unter den Linden, Porträtsammlung der Handschriftenabteilung). Exemplare der Munch-Postkarte befinden sich im Märkischen Museum, Berlin (Inv.-Nr. IV 79/ 831 V a-e)

»WENN BISMARCK WIEDERKÄME«

Kunst, Ideologie und Rathenaus Engagement für ein Bismarck-National-Denkmal

MICHAEL DORRMANN

In seinen unveröffentlichten Memoiren berichtet Johannes Sievers von einer wenig aufsehenerregenden, aber doch aufschlußreichen Initiative Rathenaus. Als Referent der Kulturabteilung des Auswärtigen Amtes war Sievers auch für die Ausstattung der Dienstgebäude des Ministeriums zuständig und wurde in dieser Eigenschaft eines Tages zum neuen Außenminister Rathenau gerufen, der großen Wert auf die stilgetreue Ausstattung seiner Amtszimmer legte. Der Einzelheiten des Gespräches mochte sich Sievers nach über dreißig Jahren nicht mehr erinnern, »wohl aber eines gewissen herrischen Tons, in den der Minister seine Worte kleidete«. Rathenau gab eine »Stelle in der breiten Einfahrt des Hauses an, auf die der Blick jedes Besuchers fallen mußte: dort sollte eine Bismarckbüste auf Konsole in einer schildförmigen Vertiefung (Clipeus) angebracht werden«.[1] Ob Rathenau an dieser prominenten Stelle dem »einzigen bedeutenden Staatsmann der auswärtigen Politik«, als den er Bismarck einst gewürdigt hatte,[2] nur aus Pietät seine Reverenz erweisen wollte, oder ob sich damit vielleicht die Erwartung verband, er könne die Rolle eines *Bismarck redivivus* übernehmen, muß offen bleiben. Es ist nicht unwahrscheinlich, daß er sich als legitimer Erbe von Bismarcks erfolgreicher, aber dabei friedfertiger deutscher Außenpolitik fühlte, ein Gefühl, das nach dem von Rathenau geschlossenen Rapallovertrag durch zusätzliche, wenn auch falsche Reminiszenzen an den 1887 von Bismarck geschlossenen Rückversicherungsvertrag mit Rußland noch verstärkt worden sein dürfte.[3] Jedenfalls, so wiederum Sievers, wurde der »schöne Gedanke Rathenaus alsbald verwirklicht«.

Bei dieser intimen Ehrung Bismarcks in den der Öffentlichkeit unzugänglichen Räumen könnte jedoch auch eine gewisse persönliche Genugtuung eine Rolle gespielt haben. Denn nicht immer hatte Rathenau per Dienstanweisung so einfach und nach seinem Geschmack, wofür in diesem Falle die für Rathenau so typische »schildförmige Vertiefung« steht, von ihm verehrten Persönlichkeiten seine Wertschätzung erweisen können; im Gegenteil, in einer der größten Denkmalkontroversen vor dem Weltkrieg mußte Rathenau eine empfindliche Niederlage hinnehmen, die ihn um so mehr schmerzen mußte, als er nicht nur zu dem Künstler, dessen Entwurf er verteidigte, sondern auch zu dem Mann, zu dessen Ehren dieses Monument errichtet werden sollte, in einem besonderen Verhältnis stand.

Die Rede ist von Rathenaus Engagement für ein Bismarck-National-Denkmal am Rhein, das er als Jurymitglied und Mitverfasser der Streitschrift *Der rheinische Bismarck* an zentraler Stelle begleitete und kommentierte.

I

»Immer näher rückt der Tag, an dem vor hundert Jahren Bismarck geboren wurde, des deutschen Volkes getreuer Ekkart. Der 1.April 1915 wird Deutschlands Söhne versammeln zur gemeinsamen Jahrhundertfeier (...) Auf der Elisenhöhe bei Bingerbrück, hinübergrüßend zur *Germania* auf dem Niederwald, soll sich ein Denkmal erheben, würdig des großen deutschen Mannes, der so wunderbar die Kräfte seines Volkes gesammelt und zum höchsten nationalen Ziele geführt hat.«[4] Mit diesem Aufruf wandte sich im Spätherbst des Jahres 1908 zum erstenmal ein illustres Gremium von Politikern, hohen Staatsbeamten und Industriellen an die deutsche Öffentlichkeit und forderte sie zu reger Spendentätigkeit für ein in Planung begriffenes Bismarck-National-Denkmal auf. (Kat.Nr. 2/82) Nun konnte man schwerlich behaupten, Bismarcks Leistungen wären bisher in unzureichendem Maße durch Denkmäler aus Granit, Bronze oder Marmor verewigt worden. Fast jede Stadt hatte sich seit des Reichskanzlers Abtritt von der politischen Bühne, und erst recht nach seinem Tod 1898 veranlaßt gesehen, neben dem obligatorischen Denkmal für Wilhelm I. auch ein Bismarckdenkmal zu errichten. Zudem wurden seit 1899 auf eine Initiative der deutschen Burschenschaften hin quer über das ganze Reich sogenannte *Bismarcksäulen* errichtet, die in ihrer archaisierenden Kubusform nur noch durch das

Wappenzeichen Bismarcks als solche erkennbar waren, und an denen die nationale Jugend Sonnwendfeiern und natürlich Bismarcks Geburtstag begehen sollte. Im Jahre 1902 wurden immerhin schon 91 solcher Säulen und 309 Bismarckdenkmäler insgesamt gezählt, wobei am häufigsten Bismarck naturalistisch in Lebensgröße mit Kürassierstiefeln, Helm und Uniform wiedergegeben wurde.[5] Auch das offizielle, aber wenig geliebte Berliner Bismarck-Nationaldenkmal von Reinhold Begas, das 1901 vor dem Reichstag eingeweiht worden war, gehörte in diese Kategorie, deren Repräsentanten wegen ihrer Einfallslosigkeit und Monotonie als Ausdruck blinder ›Denkmalswut‹ angegriffen wurden. Unter Aufsicht Kaiser Wilhelms II. konzipiert, befriedigte das Berliner Denkmal zudem in dem engen städtebaulichen Rahmen nicht die Bedürfnisse nach einer monumentalen Denkmalanlage, auf der sich die Nation im Zeichen des Reichsgründers versammeln und in Massenveranstaltungen zugleich dem Vaterland als auch Bismarck huldigen konnte.

Neben den von Wilhelm Kreis konzipierten *Bismarcksäulen* war es vor allem das 1906 eingeweihte Hamburger Bismarckdenkmal des Bildhauers Hugo Lederer und des Architekten Emil Schaudt, das als künstlerische Innovation und geglückte Ausführung eines sich von abendländischen Bautraditionen entfernenden ›germanischen Stils‹ gefeiert wurde.[6] Von Friedrich Naumann wurde die zyklopenhafte Figur, die die Person Bismarcks enthistorisierte und mit der mittelalterlichen Rolandfigur verschmolz, mit dem Totentempel für Ramses II. am Nil verglichen und gerade sein Ewigkeitspathos positiv hervorgehoben. »Es geht eine menschliche Andacht von ihm aus. Der geschichtliche Bismarck ist hinübergegangen in die Ewigkeit, wo alles ruhig wird.«[7] Zugleich bemängelte er, daß Wilhelm II. bei seinem Besuch in Hamburg dieses Denkmal keines Blickes gewürdigt habe, und deutete damit die politischen Implikationen des Bismarckkultes an. Nicht nur die Tatsache, daß man sich bei der Gestaltung von Bismarckdenkmälern künstlerisch immer mehr von dem Neobarock Begas'scher Prägung entfernt hatte, der als kaiserlicher Hofstil galt, mußte auf die Ablehnung Wilhelms II. stoßen, der sich in Sachen Kunst als Autorität fühlte. Entscheidend war, daß sich mit dem Kult des ›Eisernen Kanzlers‹ eine allgemeine Unzufriedenheit über die gegenwärtigen Zustände in Staat und Gesellschaft verband. Dieser Kult, verbunden mit der Suche nach einer neuen, Bismarck ähnlichen charismatischen Führergestalt, stand im Zentrum einer Protestbewegung gegen die von Wilhelm II. bestimmte Politik, die als schwächlich, epigonal und führungslos bezeichnet wurde.

Als einer der ersten formulierte Maximilian Harden in seiner Zeitschrift *Die Zukunft* in dieser Weise scharfe Kritik am Kaiser, er ging in den Jahren 1890 bis 1898 ein regelrechtes Bündnis mit dem

Hugo Lederer, Bismarckdenkmal in Hamburg

grollenden Exkanzler ein, der für ihn die maßgebende Instanz in allen politischen Fragen wurde. Nur der bonapartistische Herrschaftsstil dieses »Prinz aus Genieland« konnte nach Hardens Meinung Deutschland vor dem drohenden Sozialismus bewahren.[8] Stärker außenpolitisch akzentuiert war die Kritik, die der wohl einflußreichste Verband des wilhelminischen Zeitalters, der Alldeutsche Verband (ADV), am ›Neuen Kurs‹ Wilhelms II. übte. Seine Mitglieder beriefen sich bei der von ihnen propagierten Germanisierungspolitik im Osten Deutschlands und bei ihren Forderungen nach kolonialen Erwerbungen ebenfalls auf Bismarck als politische Leitfigur, machten ihn zum Ehrenmitglied und sahen ihre ›nationale Opposition‹ gegen die Reichsführung als getreue Fortsetzung ›wahrhaft‹ Bismarck'scher Politik.[9] Besonders beim ADV wird der manipulative Charakter der Bismarckverehrung der neuen Rechten deutlich: Züge des Exkanzlers, die in das eigene Weltbild nicht paßten, wie seine Zurückhaltung bei kolonialen Erwerbungen, wurden ausgeklammert oder umgedeutet.

Bestimmt kann nun nicht jedes Bismarckstandbild als steingewordene Demonstration nationaler Unzufriedenheit gewertet werden; oft ging die Bismarckverehrung mit einer loyalen Haltung gegenüber der Regierung Wilhelms II. wie selbstverständlich Hand in Hand. Dennoch war eine politische Note nie ausgeschlossen, und gerade bei einem Projekt von der Größenordnung dieses Nationaldenkmals, für das in einer reichsweiten Kampagne Spenden gesammelt wurden, war die Gefahr des Umschlags in eine politische Protestmanifestation besonders gegeben. In dieser Hinsicht schwankte der Charakter der Denkmalinitiative am Rhein zwischen gouvernementalen, sammlungspolitischen und dezidiert antigouvernementalen Tendenzen. Zwar hatte man in der Vorbereitungsphase Kontakt zur Reichsspitze gesucht und konnte Reichskanzler Bülow und seinen Nachfolger Bethmann Hollweg als Präsidenten gewinnen; aber mit Emil Kirdorf, dem Chef der *Gelsenkirchener Bergwerks AG*, hatte ein Mann den Vorsitz des geschäftsführenden Ausschusses übernommen, der als Bismarckanhänger sans phrase bekannt war und aus seiner oft intransigenten Ablehnung Wilhelms II. und der Nachfolger Bismarcks nie einen Hehl gemacht hatte.[10] Neben Kirdorf wurde die Unternehmung hauptsächlich von der Crème der rheinischen Schwerindustrie, die die Finanzierung sicherstellte, und der *Nationalliberalen Partei*, mit Ernst Bassermann an der Spitze, getragen.

II

Rathenau engagierte sich in einem relativ frühen Stadium für diese große patriotische Aktion, allerdings weniger finanziell, denn seine einmalige Spende von 1000 Mark war, verglichen mit seinen Möglichkeiten, eher unterdurchschnittlich.[11] Bereits im Januar 1909 wird er als Mitglied eines Unterausschusses, des sogenannten Kunst- und Bauausschusses erwähnt, der für die Durchführung des künstlerischen Wettbewerbs zuständig war. Im darauffolgenden April wurden aus eben diesem Ausschuß die Preisrichter gewählt und Rathenau als Stellvertreter nominiert.[12] Da einige Jurymitglieder schließlich an der Ausübung ihres

Die Jury bei Besichtigung des Denkmalgeländes (Kat.Nr. 2/83)

Mandats verhindert waren, rückte er 1911 in die eigentliche Jury vor. Seine Teilnahme an diesem Gremium muß erst einmal überraschen, denn als Industrieller, auch wenn er sich selbst in dieser Angelegenheit später der recht eigenwilligen Kategorie der »Kunstforscher« zuordnete,[13] bildete er in der Jury zusammen mit Emil Kirdorf, der allerdings schon aufgrund der Satzung in allen Unterausschüssen vertreten war, die große Ausnahme neben den dominierenden Architekten, bildenden Künstlern und Kunstgelehrten. Rathenau mußte sich also für dieses Amt als besonders berufen betrachtet haben, sowohl als Kunstkritiker, als der er sich gelegentlich in der Zeitschrift *Die Zukunft* betätigt hatte, als auch als Bewunderer des ersten Reichskanzlers.

Rathenau war zeit seines Lebens ein Verehrer Bismarcks, wie sich an unzähligen Äußerungen in seinen Aufsätzen und Schriften ablesen läßt. Schon in jungen Jahren, als Student in Straßburg, hatte er seiner Mutter gegenüber die »Superiorität dieses Bismarck über die Ereignisse« gewürdigt, der gerade die außenpolitische Krisensituation der Jahre 1886/87 zur Auflösung des Reichstags und Durchsetzung seiner Heeresvorlage benutzt hatte.[14] Wie er selbst zugestand, besaß er aufgrund der Diskreditierung des Liberalismus durch Bismarck ein »reaktionäres Jugendideal«, das ihn schließlich auch dazu bewegen sollte, die Laufbahn des Offiziers anzustreben.[15] Daß er sich bei diesem Versuch dann gerade für das Regiment der Gardekürassiere entschied, könnte auch ein Nachhall auf das ständige Auftreten Bismarcks in der Uniform der Kürassiere sein.[16] Seitdem Rathenau um die Jahrhundertwende in den Umkreis Hardens gekommen war, dürfte dessen Stilisierung des Exkanzlers nicht nur zum politischen, sondern auch zum ästhetischen Genie, ja zum Künstler, auf Rathenau abgefärbt haben.[17] Wenn er auch den Konsens aller Bismarckanhänger teilte, daß seit Bismarcks Abgang Deutschland an Ansehen und politischem Gewicht verloren habe, war es für Rathenau eigentümlich, und das hob ihn von den reaktionären Bismarckanhängern ab, daß er diesen Tatbestand mit Forderungen nach politischer Liberalisierung und nach Öffnung der politischen Führerkaste Preußen-Deutschlands verknüpfte. So führte er in seinen politischen Aufsätzen vor dem Weltkrieg wiederholt aus, daß nach dem jetzigen Rekrutierungssystem der preußischen Beamten auch ein Bismarck nicht zum Zuge gekommen wäre,[18] um später, gegen Ende des Kriegs, die Reformbedürftigkeit der Verfassung Deutschlands auch damit zu begründen, daß die komplizierte Verfassungsmaschinerie nur vom Genie Bismarcks in Verbindung mit seiner faktischen Unabsetzbarkeit adäquat bedient werden konnte.[19]

III

Mitte September 1909 wurde der Wettbewerb für das Bismarck-National-Denkmal unter allen deutschen Künstlern ausgeschrieben; bis November 1910 gingen, angelockt von den üppigen Preisgeldern und der Größe der Bauaufgabe, für die eine Summe von 1,8 Mio Mark bereit stehen sollte, 379 Entwürfen ein. Die Jury trat erstmals am 22. 1. 1911 zusammen und besichtigte zuerst die Elisenhöhe bei Bingen, auf der das Denkmal errichtet werden sollte, (Kat.Nr. 2/83) bevor sie im Düsseldorfer Kunstpalast an die Beurteilung und Prämierung der dort ausgestellten Entwürfe ging.[20] Die meisten Künstler schlugen Kolossalbauten bisher unvorstellbaren Ausmaßes vor: Burgen, Türme, riesige Gedächtnishallen und Tempelanlagen sollten errichtet werden; Bismarck wurde unterschiedlich als Löwe, Adler oder *Heiliger Georg* dargestellt. In der Presse wurde das Ergebnis des Wettbewerbs zwiespältig bewertet, einigen erschien es als Beweis für die Kraft des neuen germanisch-monumentalen Stils,[21] während andere, wie zum Beispiel der renommierte Kunstkritiker des *Berliner Tageblatts*, Fritz Stahl, zu einem vernichtenden Urteil kamen. »Die Ablehnung steigert sich bei wiederholter Betrachtung bis zum Ekel. Der gute Geschmack, nein, schon der gesunde Menschenverstand wird auf Schritt und Tritt schwer beleidigt. Das ist nicht mehr Verehrung, das ist Vergötzung, was hier von Hunderten mit dem Helden getrieben wird. Und es ist unmöglich, dieses schwüle Pathos auch nur für ehrlich zu halten.«[22] Auch die Jury schloß sich weitgehend dieser Meinung an, selbst Rathenau soll das Ergebnis anfangs als »ein Gemälde grau in grau« bezeichnet haben, um kurz vor der Abstimmung über die Preisverteilung dann vehement für den Gemeinschaftsentwurf *Siegfried Dolmen* des Münchner Bildhauers Hermann Hahn und des Dresdner Architekten German Bestelmeyer einzutreten und dessen Prämierung mit dem ersten Preis durchzusetzen.[23] Insgesamt wurden zwanzig Entwürfe angekauft.

Die von Bestelmeyer und Hahn vorgeschlagene Lösung war ein Novum in der bisherigen Ge-

German Bestelmeyer und Hermann Hahn, Siegfried Dolmen

schichte der Bismarckdenkmäler. Eine knapp zehn Meter hohe jugendliche Siegfriedsgestalt, die in der Stellung des Schwertprüfens gezeigt wurde und damit auf die stets bedrohte Stellung Deutschlands verweisen sollte,[24] stand in der Mitte eines granitenen Pfeilerrunds von rund 50 Metern Durchmesser; vier ›deutsche‹ Linden und ein Wasserbassin, in dem sich das Standbild spiegeln sollte, ergänzten das Innere der Anlage. Bismarck selbst war nur von außen auf einem Bildnisrelief über dem Eingang zu sehen; seine Verdienste sollten zusammen mit ehernen Aussprüchen des Kanzlers auf den Reliefs der 18 Pfeiler verewigt werden. Die Behauptung Alfred Lichtwarks, des Vorsitzenden der Jury, daß so wie »dieser junge Deutsche dasteht, (...) er Bismarck unmittelbarer aus(drückt) als alle Photographien in Stein und Erz und alle die peinvoll stilisierten Götzenbilder, die seine Züge tragen«,[25] mag für viele zwar nicht auf Anhieb nachvollziehbar gewesen sein, aber beliebig war die von den Künstlern gewählte Symbolik keineswegs. Ihr eigener Kommentar bezeugt die intendierte und weithin geläufige Übertragung von geschichtlichen Mythen auf die reale Historie: »Bismarck als Befreier des Volkes von fremdem Wesen soll verkörpert sein in Jung-Siegfried, dieser Licht- und Kraftgestalt der deutschen Sage, die am Rhein geboren wurde.«[26]

Diese Verknüpfung Bismarcks mit dem Helden aus der Nibelungensage, die im zweiten deutschen Kaiserreich den kanonischen Rang eines Nationalepos eingenommen hatte, war keineswegs neu. Schon 1885 dichtete Hermann Hoffmeister einen Lobgesang auf Bismarck mit dem Titel *Der eiserne Siegfried*, Felix Dahn pries in Bismarck den »Held von echtem Siegfried-Mute«[27] und bereits beim Berliner Bismarck-Nationaldenkmal war dem Kanzler als allegorische Figur ein schwertschmiedender Siegfried beigesellt worden. Der Standort des geplanten Denkmals am Rhein, der seinerseits ein emotional hoch besetztes Symbol für die deutsche Einheit war, legte zusätzlich eine Anknüpfung an die Nibelungensage nahe. In dieser Lesart wird aus Bismarck der wiedergeborene mythische Held, der aus den deutschen Kleinstaaten ein unbesiegbares Schwert geschmiedet, den doppelköpfigen Drachen innerer Zwietracht und äußerer Bedrohung für immer erschlagen und damit den Hort der deutschen Einheit gehoben hat. Zu diesem Mythenkonglomerat kam noch die im 19. Jahrhundert einsetzende Identifizierung Siegfrieds mit dem Germanenhäuptling Arminius, neudeutsch *Hermann der Cherusker*, hinzu, der durch seinen Sieg in der Varusschlacht im Jahre 9 n. Chr. Deutschland vor der Romanisierung bewahrt habe,[28] womit der Bismarck-Siegfried in historischer Rückprojektion zum zweiten germanischen »Befreier des Volkes von fremdem Wesen« werden konnte. Daß die Stadt Düsseldorf nach erfolgter Prämierung zu Ehren der Juroren in ihrem Stadttheater ausgerechnet Richard Wagners *Siegfried* aufführen ließ, war zwar eine zufällige Koinzidenz, aber dennoch bezeichnend für den weltanschaulichen Rahmen, in dem man sich bewegte; Rathenau hatte übrigens zwei Tage zuvor bereits den Klängen der *Götterdämmerung* gelauscht.[29]

Für Rathenaus entschiedene Verteidigung des prämierten Entwurfs gegen die heftige Ablehnung, die ihm bald entgegengebracht wurde, muß nicht nur auf seine Freundschaft mit dem Bildhauer Hermann Hahn hingewiesen werden, der einige Büsten von Rathenau geschaffen hatte und auch aufgrund anderer Arbeiten als Hausbildhauer der AEG galt,[30] sondern auch auf seine ausgeprägte Germanenbewunderung sowie sein Kunstverständnis rekurriert werden. Zum einen nähert sich der Hahn'sche Entwurf frappierend einer bildlichen Umsetzung des von Rathenau so bewunderten germanischen Rasseideals, »jenem wunder- und geheimnisvollen Urvolk des Nordens …, dessen blonde Häupter wir so gern mit aller Herrlichkeit des Menschentums krönen«,[31] und von dem man, wie es in *Zur Kritik der Zeit* heißt, aus frühen Sagen wisse, daß er »das blonde Haupthaar lang und schlicht um den Scheitel wallen« lasse.[32] Zum anderen sei, nach Rathenau, die wahrhaft ›germanische Kunst‹ symbolistische Ausdrucks- oder Seelenkunst, die eine »lyrische und selbst tönende Stimmung auslöst« und keinesfalls auf bloßen »Sinnenreiz« angelegt sei.[33]

Hermann Hahn, Modell des Siegfriedstandbildes (Kat.Nr. 2/84)

Der Hahn-Bestelmeyer'sche Entwurf, der gerade mit dem Argument, er sei zu lyrisch und zu hellenistisch, angegriffen wurde, war zudem, trotz der inhaltlichen Anknüpfung an die germanische Mythologie, in der Schlichtheit seiner Formgebung eher klassizistisch geprägt und entsprach somit auch Rathenaus oft ausgesprochener Vorliebe für Symmetrie und Gesetzmäßigkeit in der Architektur. Der Entwurf distanzierte sich damit auch von jenen Architekturformen, die Rathenau bereits 1899 in seinem Essay *Die schönste Stadt der Welt* sarkastisch gegeißelt hatte. »Eine Randbemerkung über neuartige Bildungen des Monumentalstils kann ich jedoch nicht unterdrücken. In den Wärmehallen unserer Konkurrenzausschreibungen (…) finden sich Entwürfe in einer merkwürdigen reckenhaften Stilart. Es wird auf ein gewisses frühgermanisches, waffentrutziges Feudaltum hingearbeitet. Riesenhafte Quadermassen als Unterbau markieren die Festigkeit des Bestehenden. Verzicht auf Umrißwirkung und klotzige Linienführung bedeuten germanische Gradheit und Biederkeit.«[34] Diese polemischen Bemerkungen, die sich damals vermutlich gegen das von Bruno Schmitz entworfene *Kyffhäuserdenkmal* richteten, nahm er 1911 kaum verändert wieder auf, als er sich gegen den von der Gegenpartei favorisierten Entwurf von Wilhelm Kreis und das Bedürfnis der Bismarckverehrer nach einem »Pseudo-Teutonenstil« wandte, unter dem er die »ungegliederte Anhäufung unmotivierter Steinblöcke, verziert mit spärlichen, falsch-naiven, tendenziös-archaischen Schnörkeln romanischer oder ostgotischer Abkunft« verstand.[35]
Dem im Januar 1911 preisgekrönten Entwurf von Hahn und Bestelmeyer wurde jedoch sowohl in der Presse als auch in den Denkmalunterausschüssen aufgrund seines fehlenden Bismarckbildnisses Unverständnis und geballte Ablehnung entgegengebracht. Im Grunde war mit der im darauffolgenden Juni getroffenen Entscheidung des sogenannten *Großen Kunstausschusses* oder auch *Entscheidungsausschusses*, der das letzte Wort über die Ausführung eines Entwurfs zu sprechen hatte, die prämierten Künstler zu einer Überarbeitung ihrer Entwürfe aufzufordern, um die »Person Bismarcks mehr zur Erscheinung zu bringen«,[36] bereits das Urteil gegen das Konzept von Hahn-Bestelmeyer gefallen. Deren geringfügig überarbeitete Fassung mit einem großen Bismarckrelief auf der Rückseite des Festplatzes (Kat.Nr. 2/85) fand nicht den Beifall der Jury, die bei ihrer Sit-

zung Ende November abermals die ursprüngliche Fassung mit dem ersten Preis bedachte und zur Ausführung empfahl.
Daß der *Große Kunstausschuß* den Preisrichtern hierin nicht folgen würde, war abzusehen. In ihm, und auch in Teilen der Jury, namentlich bei Max Dessoir, sowie den Architekten Fritz Schumacher und Hermann Muthesius, wurde inzwischen der Entwurf von Wilhelm Kreis propagiert. Zusammen mit Hugo Lederer, der als Bildhauer vorgesehen war, hatte Kreis unter dem aus Goethes *Faust* entlehnten Motto *Es kann die Spur von meinen Erdetagen nicht in Aeonen untergehen* eine Kuppelhalle präsentiert, die verschiedene Stile kombinierte und für die er selbst, nach mehrmaliger Überarbeitung und Reduzierung der Größenmaßstäbe, unter anderem das Pantheon in Rom, das Grabmal des Theoderich in Ravenna, und das Castel del Monte in Apulien als Vorbilder anführte (Kat.Nr. 2/86 u. 2/87).[37] Vieles spricht dafür, daß die Kombination Kreis-Lederer bereits von Beginn an bei vielen Beteiligten für die ideale Lösung gehalten wurde, galten sie doch beide als stilprägende Spezialisten für Bismarckdenkmäler und trugen dem oft artikulierten Bedürfnis nach Monumentalität Rechnung. Bei der entscheidenden Sitzung des *Großen Kunstausschusses*, die am 4. Dezember in Köln stattfand, kam es zur Konfrontation und zu erregten Wortgefechten mit den Anhängern der Juryentscheidung, namentlich mit Rathenau und Lichtwark, über deren Urteil schließlich hinweggegangen wurde.[38]
Welche divergierenden Zielsetzungen des Denkmals sich mit den künstlerischen Streitfragen verbanden, zeigt eine Gegenüberstellung von Argumenten Rathenaus mit denen des Kölner Rechtsanwalts und juristischen Beirats des geschäftsführenden Ausschusses, Bernhard Falk. Während Rathenau die hauptsächliche Bestimmung des Denkmals darin sah, Bismarck zu ehren, und daß demnach »ein Denkmal einem grossen Manne errichten, heisst, diesen grossen Mann in Verbindung bringen mit dem höchsten künstlerischen Ausdruck, dessen diese Zeit fähig ist«,[39] widersprach ihm Falk vehement: »Was sie gesagt haben, Herr Dr. Rathenau, ist falsch. Hier handelt es sich nicht darum, Bismarck ein Denkmal zu setzen. Bismarck hat kein Denkmal nötig. (...) Das deutsche Volk hat das Denkmal nötig, das sehen Sie jeden Tag. Das deutsche Volk hat es nötig, eine Stätte des Deutschtums, an der es sich versammeln kann, an der es, ergriffen von der Weihe dieser Stätte, all das Kleine, all die tägliche Zwietracht vergessen kann, die uns trennt.«[40] Gegen die individualistische, elitär geprägte Bismarckverehrung Rathenaus stand das Konzept einer Massenmobilisierung und -integration im Namen Bismarcks. Für diese Zwecke der Stimmungserzeugung war allerdings die tempelähnliche Halle von Wilhelm

Wilhelm Kreis, Entwurf für das Bismarck-National-Denkmal (Kat.Nr. 2/86)

Kreis tatsächlich besser geeignet als die offene und luftige Architektur Bestelmeyers.
Nun war es zwar gewiß ein bedauerlicher, aber kein besonders außergewöhnlicher Vorgang, daß sich ein Bauherr über die Empfehlung seiner Jury hinwegsetzte und einen anderen, ihm genehmen Entwurf, zur Ausführung brachte. Es spricht für die große Bedeutung, die Rathenau einer adäquaten Bismarckehrung und sich selbst als Anwalt der Kunst beimaß, daß er zusammen mit Lichtwark beschloß, ihre Auffassung in einer Streitschrift offensiv zu vertreten.[41] Vom *S. Fischer Verlag*, bei dem Rathenau gerade sein erstes Buch *Zur Kritik der Zeit* veröffentlichte, wurde *Der rheinische Bismarck* etwas vollmundig angekündigt: »Alfred Lichtwark und Walther Rathenau, beide Mitglieder der Jury, ergreifen in dieser Broschüre das Wort. Lichtwark stellt die Gründe dar, welche die Jury zur einstimmigen Annahme des Hahn-Bestelmeyer'schen Entwurfs veranlassten, Rathenau spürt den Ursachen nach, welche die Flut des Widerstandes erregten; er kommt zu niederschmetternden Ergebnissen.«[42] Harden bedankte sich bei Rathenau für die Übersendung der Broschüre, mit feiner Ironie auf die gebräuchliche Identifizierung von Siegfried mit Arminius und auf Rathenaus heftiges Eintreten für das

Siegfriedstandbild anspielend, folgendermaßen: »Daß Sie hinter dem guten Lichtwark stehen, ist mir ein Trost. Wäre er hinter Ihnen, bei Ihrem arminischen Wuchs ...«[43]

IV

Was waren nun die »niederschmetternden Ergebnisse«? Die »optisch unmusikalische«[44] Laienmajorität des *Großen Kunstausschusses,* zu der Rathenau immerhin auch so renommierte Architekten wie Fritz Schumacher und Hermann Muthesius rechnete, hat sich in ihrem Beschluß über das Urteil der Künstler innerhalb der Jury, zu denen Klinger, Stuck und Kalckreuth gehörten, hinweggesetzt. Doch das ist für Rathenau nur ein Symptom der unbefriedigenden Zustände in Deutschland und daher Ausgangspunkt für eine weiterreichende Kritik an der deutschen Gesellschaft. Denn die deutsche Bevölkerung, politisch nicht mündig und deshalb ihre Energien auf feuilletonistische Krittelei verwendend, ist in ihrer unterwürfigen Haltung, zu der ihre teilweise »Slavisierung«[45] wesentlich beigetragen hat, unfähig zum »selbstbewußten Heroenkult«.[46] Nur das künstlerische Genie, für das hier die Jury steht, ist seinerseits fähig, dem Heros zu huldigen; die heutigen Denkmalsetzer haben demnach überhaupt kein Anrecht, Bismarck zu ehren, da sein Genie für sie gar nicht begreifbar ist oder jemals war. Dieselbe Gesinnung, die heute das »leitende künstlerische Gewissen«[47] umstößt, hätte zu früherer Zeit »Bismarck als frivolen Spekulanten verfemt«.[48]
Damit wird von Rathenau ein Motiv angeschlagen, das er auch später immer wieder gebrauchen wird. Deutschland folgt seinen Führern nicht, sei es in der Politik oder in der Kunst; »wenn Bismarck wiederkäme«, würde seine überlegene politische Statur nicht einmal erkannt werden.[49] Dies war eine Schlußfolgerung, die er sowohl auf die Künstler, auf Bismarck und in zunehmendem Maße wohl auch auf sich selbst projizierte. Als sich 1920 durch seine Teilnahme an der Konferenz von Spa erstmals die Möglichkeit eines politischen Mandats für ihn abzeichnete, mußte er wieder mit Bedauern feststellen, daß die Deutschen »keine Vorstellung von einem politischen Führer« haben, daß es nie eine »Zusammenarbeit zwischen dem deutschen Volk und seinen Staatsmännern« gegeben habe, und, seine eigenen Führungsansprüche auf das historische Vorbild projizierend: »Deutschland hat Bismarck erduldet, ohne ihn zu verstehen.«[50]

V

Kündigt sich in den Argumenten, mit denen Rathenau die Entscheidung der Jury zu verteidigen suchte, bereits die Ebenbürtigkeit und teilweise Verschmelzung von politischem und künstlerischem Führerkult an, so erhält Rathenaus Vorstellung einer künftigen Elite noch deutlichere Konturen durch ein zweites Denkmalprojekt, das er zur gleichen Zeit unterstützte. Harry Graf Kessler, der seit einigen Jahren mit Rathenau befreundet war, verfolgte seit Februar 1911 den Plan, in Weimar eine großangelegte Nietzsche-Denkmalanlage zu errichten, und konnte Rathenau als Finanzier und als Teilnehmer des vorbereitenden Arbeitsausschusses gewinnen.[51] Sowohl die weitere Unterstützung als auch die künstlerische Realisierung geschah unter internationaler Anteilnahme. Der belgische Architekt und Designer Henry van de Velde entwarf Pläne für ein Stadion und einen Tempelbau, der französische Bildhauer Aristide Maillol sollte »une belle figure du jeune *Übermensch*« schaffen,[52] für die wiederum der russische Ballettstar Waslaw Nijinski Modell stehen sollte, und die man vor den Kultbau aufzustellen gedachte. In diesen Planungen kulminierte ein seit den neunziger Jahren von der künstlerischen Opposition des Kaiserreichs getragener Nietzsche-Kultes,[53] eine Opposition, die sich vor allem auf Nietzsches Hochschätzung der Kunst als neuer Lebensmacht und auf seine Kommentare zur Reichsgründung, seine Warnung vor einer »Exstirpation des deutschen Geistes zu Gunsten des ›deutschen Reiches‹« berief.[54] Für die Übernahme dieses Topos durch Rathenau mag als Beleg sein weltanschaulicher Aufsatz *Ignorabimus* angeführt werden, in dem er ebenfalls die fehlende Ergänzung der politischen Einigung Deutschlands durch eine künstlerisch-geistige Erhebung bemängelte. »Der Taumel der Gründertage brach herein, und die Zeit von Deutschlands größter Glorie hat sich kein anderes Denkmal gesetzt als ein Kriegslied.«[55]
Rathenaus doppeltes Engagement für ein Bismarck- und für ein Nietzschedenkmal ist ferner in einer Tradition zu sehen, die das zu Lebzeiten nicht vorhandene Gespräch zwischen Nietzsche und Bismarck,[56] die schlagwortartig gedachte Versöhnung zwischen Geist und Macht, jetzt durch die nachholende Postulierung Nietzsches und Bismarcks zum doppelten Leitstern neokonservativer Kulturkritik wettzumachen suchte. So ließ beispielsweise Harden in der *Zukunft* einen Nach-

ruf auf Bismarck mit unsystematisch zusammengestellten Aphorismen aus dem Nachlaß Nietzsches, die einen Gleichklang von Anschauungen des Philosophen mit der Politik Bismarcks nahelegten, garnieren,[57] und der Nekrolog Otto Julius Bierbaums auf Nietzsche in der Avantgarde-Zeitschrift *Die Insel* gipfelte in der Feststellung: »Deutschland hat seinen zweiten Großen verloren, – nach Bismarck Nietzsche«.[58] Während Bismarck in nietzscheanischen Kategorien als »genial geborener Künstler«[59] in Sachen Politik oder als Präfiguration des *Übermenschen* gefeiert wurde, galt Nietzsches Geistesaristokratismus als Handlungsanweisung für den modernen Politiker. Auch in der Konzeption des Nietzsche-Denkmals spielte die Verschränkung dieser beiden Kulte eine Rolle. In einer ersten Fassung sollte das Denkmal dem Weimarer Bismarckturm gegenüber errichtet und damit eine visuelle Verschmelzung zwischen dem Revolutionär des europäischen Staatensystems und dem Umwerter aller Werte hergestellt werden.[60] Folgerichtig, wenn auch nicht ohne bittere Ironie für Rathenau, pries Kessler acht Tage nach der Kölner Entscheidung über das Bismarck-National-Denkmal, die für Kreis und gegen Hahn-Bestelmeyer fiel, nun gerade den von Rathenau so erbittert bekämpften Entwurf von Wilhelm Kreis gegenüber Henry van de Velde als Vorbild einer »architecture expressive«[61] und bewegte ihn zur Aufgabe seines früheren, an griechische Tempelformen angelehnten Entwurfs.

Rathenaus »selbstbewußter« Heroenkult kam allerdings so oder so nicht zum Tragen. Weder Nietzsche noch Bismarck sollten ihr Denkmal bekommen, da der Beginn des Weltkriegs alle Planungen hinfällig werden ließ. Wenn auch lange Zeit kein Denkmal, so verschaffte die Republik ihrem ermordeten Außenminister Rathenau doch eine eindrucksvolle und bewegende Trauerfeier. »Unter dem Eindruck der Stunde fragte ich mich«, so ein langjähriger Bekannter Rathenaus, »ob sich hier nicht der höchste Traum des Toten erfüllte: unter den Klängen von Siegfrieds Trauermarsch von dem deutschen Volke zu Grabe getragen zu werden¿«[62]

Anmerkungen

1. Nachlaß Sievers im Archiv der Verwaltung der Staatlichen Schlösser und Gärten im Schloß Charlottenburg Berlin. Erinnerungen, S. 352
2. So 1912 in: England und wir, GS I, S. 215. Allerdings mit der Beschränkung auf das 19. Jahrhundert
3. Vgl. die bemerkenswerte Erinnerung von Hans von Raumer an ein Gespräch mit Rathenau am Vorabend der Unterzeichnung des Rapallovertrages: »Die Unterhaltung beherrschte Rathenaus ›kann ich‹, ›kann ich nicht¿‹ (...) Aber schließlich mußte gewagt werden, wenn wir nicht darauf verzichten wollten, wieder an einer aufstrebenden Macht Rückhalt zu finden und der Einkreisung zu entgehen. So erwiderte ich (...) auf seine letzte Frage: ›Ja, lieber Freund, was soll ich nun machen¿‹ ›Sie haben die Wahl zwischen Caprivi und Bismarck! Und nun schlafen sie wohl!‹ Als ich in meinem Omnibus saß, wurde ich mir bewußt, eine Art Gewissenszwang ausgeübt zu haben. Für Caprivi gegen Bismarck zu optieren, das würde Rathenau nie verwunden haben.« Gespräche, GA II, S. 879f
4. Hundert Entwürfe aus dem Wettbewerb für das Bismarck-National-Denkmal auf der Elisenhöhe bei Bingerbrück-Bingen, hg. im Auftrage der Denkmals-Ausschüsse, Düsseldorf 1911, S. 6
5. Vgl. den ikonographischen Überblick von Volker Plagemann: Bismarck-Denkmäler, in: ders./Hans-Ernst Mittig: Denkmäler im 19. Jahrhundert. Deutung und Kritik, München 1972, S. 217–252
6. Vgl. Ilonka Jochum-Bohrmann: Hugo Lederer. Ein deutschnationaler Bildhauer des 20. Jahrhunderts, Frankfurt a. M. u. a. 1990, S. 48–71
7. Friedrich Naumann: Das Bismarckdenkmal in Hamburg, in: ders: Werke, Bd. 6, Köln/Opladen 1964, S. 98f
8. Aus seinem Nachruf auf Bismarck, in: Die Zukunft, Bd. 24 (6. 8. 1898), S. 234. Vgl. zum Verhältnis Bismarck – Harden insgesamt: Hellige: Einleitung, GA VI, insbes. S. 123–129
9. Vgl. Ludwig Freisel: Das Bismarckbild der Alldeutschen. Bismarck im Bewußtsein und in der Politik des Alldeutschen Verbandes von 1890 bis 1933; ein Beitrag zum Bismarckverständnis des deutschen Nationalismus, Phil.Diss. Würzburg 1964
10. Vgl. Helmut Böhme: Emil Kirdorf. Überlegungen zu einer Unternehmerbiographie, in: Tradition. Zeitschrift für Firmengeschichte und Unternehmerbiographie Jg. 13, 1968, S. 282–300 und Jg. 14, 1969, S. 21–48, insbes. S. 35–41, sowie die ältere Hagiographie von Walter Bacmeister: Emil Kirdorf. Der Mann – Sein Werk, Essen ^{2}1936
11. Landesarchiv Koblenz, Abt. 403, Oberpräsidium der Rheinprovinz, Bd. 15796, Bl. 193
12. Vgl. Bismarck-Bund. Monatsschrift, hg. vom Deutschen Bismarck-Bund VII. Jg., 1909, S. 5, S. 169f und S. 177
13. Das Denkmal der Unreife, in: Alfred Lichtwark/Walther Rathenau: Der rheinische Bismarck, Berlin 1912, S. 28
14. Walther an Mathilde Rathenau, 30. 1. 1887, BNF, Nr. 17
15. Brief an Hermann Pachnicke, Neujahr 1908, B I, Nr. 30. Vgl. auch seine ähnliche Formulierung in: Unser Nachwuchs (1909), NGS II, S. 351f

16. So die Vermutung von Gerhard Hecker: Walther Rathenau und sein Verhältnis zu Militär und Krieg, Boppard a.Rh. 1983, S. 25
17. Hellige: Einleitung, GA VI, S. 99–115 und S. 123–129
18. Vgl. England und wir (1912), GS I, S. 214f; Politische Auslese (1912), GS I, S. 223–232; Deutsche Gefahren und neue Ziele (1913), GS I, S. 270
19. Vgl. Der wahre Grund politischer Fehler (1918), GS VI, S. 13–43
20. Vgl. Rathenau: Tagebuch, S. 124f
21. So z.B. Georg Biermann: Die Konkurrenz zum Bismarck-National-Denkmal, in: Der Cicerone. Halbmonatsschrift für die Interessen des Kunstforschers und Sammlers 3, 1911, S. 134–137
22. Berliner Tageblatt, Nr. 54 (30. 1. 1911). Vgl. die Abbildungen in: Hundert Entwürfe, sowie: Entwürfe zum Bismarck-Nationaldenkmal auf der Elisenhöhe, Düsseldorf o. J. (1911)
23. Hermann Muthesius, in: ders./Max Dessoir: Das Bismarck-Nationaldenkmal. Eine Erörterung des Wettbewerbs, Jena 1912, S. 12f
24. Alfred Lichtwark: Der zweimal preisgekrönte und zweimal unterlegene Entwurf, in: ders./Walther Rathenau: Der rheinische Bismarck, Berlin 1912, S. 11
25. Ebd., S. 10
26. Hundert Entwürfe, S. 26
27. Werner Wunderlich: Der Schatz des Drachentödters. Materialien zur Wirkungsgeschichte des Nibelungenliedes, Stuttgart 1977, S. 49f. Weitere Belegstellen auch bei: Rolf Parr: »Zwei Seelen wohnen, ach! in meiner Brust«. Stukturen und Funktionen der Mythisierung Bismarcks (1860–1918), München 1992
28. Vgl. Gerd Unverfehrt: Arminius als nationale Leitfigur. Anmerkungen zu Entstehung und Wandel eines Reichssymbols, in: Ekkehard Mai/Stephan Waetzoldt (Hg.): Kunstverwaltung, Bau- und Denkmal-Politik im Kaiserreich, Berlin 1981, S. 315–340
29. Paul Cassirer: Der Tempel des Bismarck, in: Pan, Bd. 2, 1911/12, S. 191f; Rathenau: Tagebuch, S. 125
30. Für die Freundschaft zwischen Rathenau und Hahn, vgl. Andrea Vohlwasen: Der Bildhauer Hermann Hahn (1868–1945), München 1987, S. 14
31. Von Schwachheit, Furcht und Zweck (1904), GS IV, S. 26
32. Zur Kritik der Zeit (1912), GA II, S. 33f
33. Zur Mechanik des Geistes oder vom Reich der Seele (1913), GA II, S. 251
34. Die schönste Stadt der Welt (1899), NGS II, S. 273
35. Das Denkmal der Unreife, S. 25
36. Bismarck-Bund, 1911, S. 127
37. Vgl. Deutsche Bauzeitung Jg. 46, 1912, S. 771–774 und S. 784–786
38. Die Reden Rathenaus sind zu weiten Teilen abgedruckt in: Das Denkmal der Unreife, Ein vollständiges Protokoll dieser Sitzung befindet sich im Nordrhein-Westfälischen Hauptstaatsarchiv Düsseldorf, Bestand RW 2, Bd. 2a, Bl. 76–102
39. Ebd., Bl. 91
40. Ebd., Bl. 93
41. Vgl. Rathenau: Tagebuch, S. 155f
42. Landesarchiv Koblenz, Abt. 403 Oberpräsidium der Rheinprovinz, Bd. 18004, Bl. 329
43. Harden an Rathenau, 16. 2. 1912, GA VI, Nr. 333
44. Das Denkmal der Unreife, S. 16
45. Ebd., S. 19
46. Ebd., S. 20
47. Ebd., S. 28
48. Ebd., S. 26
49. Vgl. Kritik der dreifachen Revolution (1919), GS VI, S. 348f
50. Gespräche, GA II, S. 812
51. Vgl. zur Denkmalsgeschichte: Günther Stamm: Monumental Architecture and Ideology: Henry van de Velde's and Harry Graf Kessler's Project for a Nietzsche Monument at Weimar, 1910–1914, in: Gentse Bijdragen tot de Kunstgeschiedenis 23, 1973–75, S. 303–342
52. So Kessler in einem Brief an van de Velde, zitiert nach: ebd., S. 306
53. Vgl. Jürgen Krause: »Märtyrer« und »Prophet«. Studien zum Nietzsche-Kult in der bildenden Kunst der Jahrhundertwende, Berlin/New York 1984, insbes. S. 41–88. Hubert Cancik: Der Nietzsche-Kult in Weimar. Ein Beitrag zur Religionsgeschichte der wilhelminischen Ära, in: Nietzsche-Studien. Internationales Jahrbuch für die Nietzsche-Forschung 16, 1987, S. 405–429
54. Friedrich Nietzsche: David Strauss der Bekenner und der Schriftsteller (Unzeitgemässe Betrachtungen I), in: ders.: Sämtliche Werke. Kritische Studienausgabe, Bd. I, München ^{2}1988, S. 160
55. Ignorabimus (1898), NGS II, S. 145f.
56. Vgl. Theodor Schieder: Nietzsche und Bismarck, Krefeld 1963
57. Die Zukunft, Bd. 25 (19. 11. 1898), S. 321–325
58. Zitiert nach: Richard Frank Krummel: Nietzsche und der deutsche Geist. Ausbreitung und Wirkung des Nietzscheschen Werkes im deutschen Sprachraum bis zum Todesjahr des Philosophen. Ein Schrifttumsverzeichnis der Jahre 1867–1900, Berlin/New York 1974, S. 260. Dort und in Band II (1983) weitere Belege
59. Maximilian Harden: Bismarck, in: Die Zukunft, Bd. 24 (6. 8. 1898), S. 249
60. Stamm: a.a.O., S. 310
61. Stamm: a.a.O., S. 322
62. Hans von Raumer: Walther Rathenau, in: Deutsche Rundschau 78, 1952, S. 669

DISTANZ UND NÄHE

Harry Graf Kessler als Biograph Walther Rathenaus

PETER GRUPP

Am 19. Oktober 1906 notierte Harry Graf Kessler in seinem berühmten Tagebuch als Resümee der Wiedergabe eines längeren Gesprächs: »Rathenau ist Jemand mit dem es sich lohnt, zusammenzukommen.«[1] In dieser Unterhaltung war es um Kunst gegangen, und um ihre Bedeutung für das Volk; Kessler war mit Rathenaus Meinungen nicht recht einverstanden gewesen. Wenige Tage später traf man sich bei einem von Kessler im Berliner Hotel Carlton gegebenen Frühstück wieder, bei dem auch der österreichische Dichter Hugo von Hofmannsthal und der Diplomat und Philosoph Gerhard von Mutius zugegen waren. Wie stets hatte Kessler das Bedürfnis gehabt, einen Menschen, den er interessant fand, sofort mit seinen anderen Bekannten in Kontakt zu bringen. Über dieses Frühstück urteilt er: »Walther Rathenau beherrschte es vollkommen. Wir sassen Alle drei Stunden unter seinem Charme. Ich kenne eigentlich Niemanden, der im Gespräch einen so profunden Geist mit so viel Klarheit und Farbe vereinigt.«[2]

Die beiden Episoden kennzeichnen die Spannung in den Beziehungen Kesslers zu Rathenau. Er war fasziniert von ihm, war häufig anderer Meinung und hat ihn eigentlich nicht gemocht. Ihre Lebensläufe haben sich immer wieder gekreuzt, sie waren gute Bekannte, sind aber nie Freunde geworden. Sie sind sich in vielem ähnlich gewesen, haben mit vergleichbaren Problemen zu kämpfen gehabt, sind meist aber andere Wege gegangen. Stets bestand ein ambivalentes Verhältnis von Attraktion und Repulsion, Distanz und Nähe, wobei Rathenau für Kessler wohl wichtiger gewesen ist, als dies umgekehrt der Fall war. Kessler hat sich ein Leben lang intensiv für andere Menschen, für Künstler und Politiker, interessiert, sie bei der Arbeit, bei ihrem Auftreten in der Gesellschaft beobachtet, über ihre Meinungen und Reaktionen Buch geführt.

Rathenaus Ermordung wurde ihm zum Symbol für den Angriff auf die Weimarer Republik, und durch dieses Ereignis hat der Mensch Rathenau für Kessler über die Ebene persönlicher Sympathien und Antipathien hinaus eine erhöhte politische Bedeutung gewonnen. Dies allein erklärt, warum Kessler zum Biographen Rathenaus geworden ist. Die langjährige Bekanntschaft und die gleichzeitige kritische Distanz aber haben ihm ermöglicht, eine Darstellung zu liefern, die trotz der mittlerweile schier unüberschaubaren Fülle von Rathenau-Literatur bis zum heutigen Tag nicht obsolet geworden ist. Im Gegenteil; es gibt Rathenau-Forscher, die nicht zögern, sie weiterhin als die bislang einfühlsamste Darstellung zu bezeichnen.

I

Die beiden Männer waren fast gleichaltrig, Kessler gerade acht Monate jünger. Begegnet sind sie sich erstmals als knapp Dreißigjährige kurz vor der Jahrhundertwende in den Salons der Berliner Gesellschaft und in dem Kreis um die exklusive Kunstzeitschrift PAN, beide damals auf der Suche nach einem ihnen gemäßen Platz, nach sie befriedigenden Lebensaufgaben. Wie Rathenau hatte Kessler hierbei mit Schwierigkeiten zu kämpfen. Auch er war Sohn eines im Wirtschaftsleben wagemutigen und erfolgreichen Vaters, auch er hatte besonders enge Beziehungen zu einer überbesorgten Mutter, auch er ein durchaus problematisches Verhältnis zu den Frauen. Wie Rathenau tat er sich bei der Berufswahl schwer, ging zunächst Kompromisse ein, absolvierte ein Jurastudium, obwohl er sich mehr zur Kunst und Literatur hingezogen fühlte, leistete, immer wieder von Pausen unterbrochen, den juristischen Referendardienst, dachte wohl an einen Eintritt in das Auswärtige Amt, ohne sich wirklich klar entscheiden zu können.

Wie Rathenau als Jude war auch Kessler in der wilhelminischen Gesellschaft zu einem gewissen Grade Außenseiter. Als Sohn eines hanseatischen Vaters und einer irischen Mutter in Paris geboren, wegen des sehr raschen Aufstiegs der Familie aus dem Bürgertum zum Grafenstand bisweilen Opfer schiefer Blicke, stellte er dem ihm gemäßen Kosmopolitismus einen ausgeprägten deutsch-preußischen Patriotismus eigenen Stils an die Seite, war begeisterter Offizier und fühlte sich bei seinem Regiment so wohl wie unter seinen Künstlerfreunden. Durch den frühen Tod des Vaters wurde es ihm aber leichter gemacht, sich ganz seinen eigentlichen Interessen, Malerei, Kunstgeschichte, Literatur und Theater, zuzuwenden. So nahm er im PAN-Kreis bald eine Schlüsselposition ein, während Rathenau dort nie zu einer prominenten Rolle kam.

In ihrem ästhetischen Urteil gingen Kessler und Rathenau trotz des sich überschneidenden Bekanntenkreises im künstlerisch-literarischen Milieu sehr unterschiedliche Wege. Kessler, der sich seine Berliner und Weimarer Wohnungen von dem Jugendstildesigner Henry van de Velde in elegantem leichtem Stil einrichten ließ, mokierte sich über den bürgerlichen Repräsentationsstil der Rathenauschen, nach dessen eigenen Plänen eingerichteten Grunewaldvilla, und fällte, gemessen an seinen eigenen ästhetischen Kriterien, ein fast vernichtendes Urteil: Rathenau »hatte Freude an hübschen, übersichtlichen, sauberen Kunstwerken, die nach einem historisch erprobten Stil und leicht durchschaubaren Regeln hergestellt waren. Darüber hinaus versagte sein Kunstgefühl«.[3] Es ist verständlich, daß Rathenau angesichts dieser unterschiedlichen künstlerischen Auffassungen bei Kesslers bekannten kulturreformerischen Bemühungen um die Schaffung eines ›Neuen Weimar‹ von 1902 bis 1906 keine Rolle gespielt hat. Engere Kontakte ergaben sich erst nach Kesslers Scheitern in Weimar, das zeitlich in etwa mit Rathenaus Entschluß, sich neben der Tätigkeit in Industrie und Wirtschaft verstärkt in der Politik zu versuchen und schriftstellerisch zu betätigen, zusammenfiel.[4]

Äußerlich nur Zufall, ist es doch ein signifikantes Zusammentreffen, daß Edvard Munch in dieser Zeit kurz hintereinander von beiden Männern die wohl schönsten Porträts gemalt hat, die wir von ihnen besitzen.[5] Nebeneinander betrachtet, geben sie gerade wegen ihrer völlig parallelen Anlage eindrucksvollen Aufschluß über die Unterschiedlichkeit der beiden Charaktere. Hier der sich kraftvoll und dominierend als dynamischer Tatmensch gebende und vorwärtsdrängende Rathenau, dort der elegant feingeistige und distant reservierte Kessler.

Das Jahr 1911 brachte den Höhepunkt an Begegnungen. Zeitweilig trafen sie fast täglich zusammen, sehr häufig im von Rathenau so sehr geschätzten *Kaiserlichen Automobilklub,* und Kessler konnte Rathenau als einen der Förderer für seinen später dann gescheiterten Plan eines in Weimar zu errichtenden monumentalen Denkmals für Nietzsche gewinnen, für den Philosophen, der in beider Ideenwelt eine so prägende Rolle gespielt hat. Doch bedeutet das häufige Zusammentreffen noch keine Übereinstimmung im Wesentlichen.

Immer blickte der weltmännische, stets auf Stil und Nuancen bedachte Kessler, der seine gesellschaftlichen Veranstaltungen wie Theaterstücke inszeniert, mit einer Spur von Verachtung auf den so angestrengt um Anerkennung Bemühten herab. »Frühstück bei Walther Rathenau; wieder viel zu viele Gäste, wie immer bei ihm im Grunewald: reichlich zwanzig Personen, und durcheinander Frau v. Hindenburg, Dora Hitz, der Admiral Hollmann, Brahm, Heykings, die Friedländer-Fulds usw. ein drolliges Gemisch, namentlich für solch ein Riesenfrühstück, wo man sich nicht näher kennen lernt: mehr wie eine ›Revue‹ im Metropoltheater: Tableau ›Berlin W.‹ Dazu das frostige Interieur mit der Biedermeier Pose (›arm, aber gebildet‹) und im Rauchzimmer um die Allerweltsgesellschaft herum, wie ein Rahmen die kleinen roten Popos der Engel (im reliefierten Wandschmuck). Man fühlt, dass hier keine Familienzusammenhänge, kein Geschmack bei der Auswahl der Futtergäste mitsprechen; nur Protzigkeit. Darin ist Rathenau noch echt Tiergarten Viertel.«[6]

Kessler und Rathenau haben sich ganz ohne Zweifel aneinander gerieben. Rathenau notiert in seinem Tagebuch, das sich in seiner Knappheit und Stichwortartigkeit so wesentlich von dem Kesslerschen mit seinen regelmäßigen, sich oft über mehrere Seiten hinziehenden Eintragungen unterscheidet: »28. März (1911) Dienstag. Früh Spaziergang. ›Mechanik des Geistes‹, mittags Fricke, Abschluß Körting. Abends mit Kessler im Klub. Kontroversen.«[7] Diese Kontroversen haben sich nicht auf ästhetische Themen beschränkt; sie griffen auf das Politische und auf die Analyse der Gegenwartsprobleme der deutschen Gesellschaft und des deutschen Staates über. Beide fühlten sich im Kaiserreich nicht recht zu Hause, litten unter dem Wilhelminismus, waren trotz ihrer Faszination für das Preußische und Soldatische, trotz gelegentlicher Tendenzen zur Überanpassung nicht blind für die Mißstände und Defizite.

Kesslers Kritik machte sich hauptsächlich an der Person des Kaisers und vor allem an seinen kulturpolitischen Vorstellungen fest; er stellte jedoch keineswegs das politisch-gesellschaftliche System des Deutschen Reichs als solches in Frage,

Edvard Munch, Bildnis des Harry Graf Kessler, 1906

kam zu keiner grundlegenden Kritik der innenpolitischen Strukturen und der außenpolitischen Methoden. Hierin ganz anders als Rathenau, der durch seine intensiven Erfahrungen in der Wirtschaft auch einen völlig anderen Blick auf die Gesamtsituation hatte als der an ökonomischen Fragen und weltwirtschaftlichen Zusammenhängen höchst wenig interessierte Kessler.

Dieser Unterschied in der Qualität der politischen Beobachtungsgabe sollte sich auch nach Ausbruch des Weltkrieges zeigen. Während Rathenau den Krieg wie nur wenige sofort als Katastrophe begriff, reagierte Kessler zunächst wie die meisten der Zeitgenossen mit Enthusiasmus. Er erlebte als Reserveoffizier erste Kampfhandlungen wie den Einmarsch in das brennende Lüttich im Stile eines ästhetischen Schauspiels, beteiligte sich engagiert an imperialistischen Kriegszieldiskussionen und propagierte ausgedehnte Annexionspläne.[8] Von Rathenau im Winter 1915 in die Bassermann-Steinsche *Mittwochsgesellschaft* eingeführt, hat Kessler auch bei den dortigen Diskussionen noch recht lange die militärische Lage Deutschlands optimistisch betrachtet, rühmte etwa im Juli 1916 gegenüber Rathenau, der sich pessimistisch gezeigt und die Ansicht geäußert hatte, die Alliierten hätten keinerlei Grund, einen für Deutschland günstigen Frieden anzunehmen, die deutsche Führung und den Geist der deutschen Truppen.[9] Obwohl Rathenau als Organisator der Kriegswirtschaft über ganz anderes Hintergrundwissen verfügte, vertraute er dessen Urteil nicht, und als dieser einen der »nach seiner Manier sehr lange(n) Vorträge« hielt, fügt Kessler als eher distanzierenden Kommentar an: »Ich ließ mich belehren und schwieg dazu.«[10] Der Ausgang des Krieges war für Kessler dann auch ein elementarer Schock und hat, anders als bei Rathenau, eine fast radikale politische Kehrtwendung gebracht.

Beide stellten sich entschlossen auf den Boden der Republik und beide engagierten sich, erfolglos, in der *Deutschen Demokratischen Partei.* Kessler jedoch ging in seiner Abkehr von Vergangenem und seiner Wendung zu neuen politischen Methoden weiter als Rathenau, der im Grunde nur relativ bruchlos seine bereits theoretisch erarbeiteten Vorstellungen in praktische Politik umsetzen wollte. Kessler wurde zum überzeugten Vorkämpfer für die Völkerbundsidee und wandte sich dem organisierten Pazifismus zu. Da Rathenau ihm hierin nicht folgte, ergaben sich widerum erhebliche Meinungsverschiedenheiten. Kesslers

Fotografie mit einer handschriftlichen Notiz Harry Graf Kesslers, 1922 (Kat.Nr. 6/58)

Ideen über »einen Völkerbund auf Basis der internationalen Organisationen« lehnte Rathenau ab und erläuterte eigene Pläne. Aber: »Das alles bewegt sich in den alten diplomatischen Geleisen, für die wir ein so großes Talent bewiesen haben! Ich verspreche mir auch dementsprechend viel davon!«[11] Kessler war enttäuscht: »Rathenau doziert das alles in selbstsicheren, langen Reden, die auch das Richtige häufig falsch beleuchten. Überhaupt ist er der Mann der falschen Noten und schiefen Situationen: als Kommunist im Damastsessel, als Patriot aus Herablassung, als Neutöner auf einer alten Leier. Allerdings ein Virtuose; aber leider auch ›der große Mann‹, derjenige, welcher an sein Denkmal denkt und dieses posthume Erz auf seinem Geiste lasten läßt: vor fünfzehn Jahren war dieser üppiger und beweglicher.«[12]

Rathenau seinerseits hat während seiner Amtszeit als Außenminister keine Anstalten gemacht, Kessler für politisch-diplomatische Aufgaben heranzuziehen, wie dies Stresemann später tun wird.[13] Bezeichnend etwa, wie Kesslers private Teilnahme an der Konferenz von Genua zustande gekommen ist: er hat sich Rathenau kurzerhand aufgedrängt. Kessler besuchte Rathenau im Vorfeld der Konferenz im Auswärtigen Amt und teilte ihm schlicht mit, er habe die Absicht, auch nach Genua zu fahren. Rathenau, zunächst zurückhaltend, erklärte schließlich, er freue sich sehr, daß Kessler mitkomme. Der allerdings meinte selbst: »Mein Eindruck war, daß er sich nicht gerade besonders freute.«[14] In Genua konnte er Rathenaus Wirken als Außenminister dann aus nächster Nähe beobachten und hat es mit ausführlichen Kommentaren in seinen Tagebüchern kritisch begleitet. Zum Rapallovertrag heißt es da: »Moral von der Geschichte: Mit den alten Methoden und Gewohnheiten läßt sich ein neues Europa nicht schaffen (neuer Wein in alten Schläuchen), namentlich aber, wenn man sie technisch höchst unvollkommen und plump handhabt.«[15]

Insgesamt sind die Begegnungen zwischen den beiden Männern sporadisch geblieben, durch Zufälle des Gesellschaftslebens zustande gekommen, oder weil der eine vom anderen – meistens war es Kessler – etwas wollte. Freundschaft hat zwischen ihnen nicht bestanden. Beide taten sich ja überhaupt schwer mit Freundschaften, wozu die homosexuelle Veranlagung, die bei Kessler deutlich ausgeprägt ist und bei Rathenau zumindest vermutet werden kann, wesentlich beigetragen haben dürfte. Aber ihr gegenseitiges Verhältnis erreichte nicht einmal den Grad von Freundschaft, zu dem sie doch fähig gewesen sind, und kann nicht mit der Nähe verglichen werden, die zumindest zeitweise Rathenau mit Maximilian Harden und Kessler mit Eberhard von Bodenhausen oder Hugo von Hofmannsthal verbunden hat.[16]

II

Rathenaus Ermordung hat Kesslers Bewertung des zuvor so oft Kritisierten ganz wesentlich verändert. Er hat die Tat als Anschlag auf die Republik und als tiefen Einschnitt in der deutschen Geschichte gewertet.[17] Rathenau wurde für ihn zu einer Symbolfigur, die er neben Stresemann stellte. Nicht von ungefähr hat er sich zu diesen bei-

den Männern besonders hingezogen gefühlt, standen sie doch wie er selbst auf der Schwelle vom Kaiserreich zur Republik, zum einen wie zur anderen gehörig. Den meisten Weimarer Politikern, etwa Preuß, Erzberger oder Scheidemann, hat er dagegen kaum verhohlene Geringschätzung entgegengebracht,[18] ganz zu schweigen von seiner Ablehnung der Anhänger des *Ancien régime*.
Kessler hat unmittelbar nach Rathenaus Ermordung einen Gedenkartikel in der *Neuen Rundschau* veröffentlicht und diesen drei Jahre später zusammen mit Beiträgen von Georg Bernhard und Hugo F. Simon in einer auf nur 50 Exemplare limitierten und sorgfältigst ausgestatteten Edition auf seiner berühmten Cranach-Presse nachdrucken lassen. Zweifellos eine besondere Hommage.[19] Zu dieser Zeit hat er sich mit ersten Plänen zu einer Biographie getragen, sie aber erst nach zweimaliger schwerer Erkrankung ernsthaft in Angriff genommen. Am 11. November 1927 heißt es dann im Tagebuch ganz knapp: »Meinen ›Rathenau‹ niederzuschreiben angefangen.« Er hat sich mit ungeheuerer Energie in die Aufgabe gestürzt, hat die Teilnahme an gesellschaftlichen Ereignissen stark eingeschränkt, ist in Klausur gegangen. Seine Tagebucheintragungen kreisen in den nächsten Monaten fast ausschließlich um die Arbeit an der Biographie. Pünktlich zum sechsten Jahrestag der Ermordung Rathenaus, am 24. Juni 1928, erschien das Buch im Verlag Hermann Klemm. Die Vermarktungsstrategie war perfekt: In den wichtigsten Zeitungen erschienen Teilabdrucke und am gleichen Tag wurde während der Gründungsversammlung der *Walther-Rathenau-Gesellschaft* Kesslers Buch präsentiert.[20]
Das Buch wurde ein kommerzieller Erfolg. Bereits nach drei Monaten war die erste Auflage von 5000 Stück verkauft, die zweite folgte schon im Oktober und im folgenden Jahr erschienen Übersetzungen ins Holländische und Englische, eine amerikanische Ausgabe 1930 und eine französische 1933. Am 13. November 1928 hielt Kessler einen von der *Liga für Menschenrechte* organisierten Vortrag über Rathenau, »mein erster öffentlicher Vortrag seit meiner ernsten Krankheit vor dreieinhalb Jahren«.[21]
Der Erfolg war berechtigt. Kesslers Biographie gebührt ein herausragender Platz in der Rathenau-Forschung, die sich bis heute ernsthaft, wenn auch nicht immer zustimmend, mit ihr auseinandersetzt.[22] In gewissem Sinne ist sie geradezu eine Cause célèbre der Geschichtswissenschaft geworden. Ihr Ruhm geht besonders darauf zurück, daß der Autor den Porträtierten gut gekannt hat. Vor allem zeigt Kessler ausgesprochenes Gespür für die tiefgreifende Einsamkeit Rathenaus, »seine Abgeschlossenheit, wachsende Vereinsamung«.[23] Ein selbst Einsamer porträtiert einen Einsamen und findet die richtigen Töne. Selbstverständlich konnte Kessler in vielen Fällen auf seine Tagebuchnotizen zurückgreifen. Ganz deutlich etwa bei der Schilderung der Eröffnungssitzung der Konferenz von Genua.[24] Es handelt sich um ein wirkliches Kabinettsstück, in dem Kessler feines Gefühl für das theatralische, ja komödiantenhafte zeigt, das feierlichen, auf Öffentlichkeitswirksamkeit zielenden diplomatischen Veranstaltungen eigen ist. Ein zweiter Umstand – neben der persönlichen Nähe – macht Kesslers Arbeit besonders wichtig und zum Teil bis heute unentbehrlich. Er hat die persönlichen Eindrücke durch solides Quellenmaterial abgesichert, das er durch seine privilegierten Kontakte zu wichtigen Persönlichkeiten aus Rathenaus Umkreis erhalten konnte. Drei Personen ragen heraus: Lili Deutsch, Joseph Wirth und Ago Freiherr von Maltzan. Die Tagebücher weisen lange Einträge über seine Gespräche mit Wirth und vor allem mit Lili Deutsch auf, die zum Teil fast wörtlich in die Darstellung eingegangen sind. Lili Deutsch hat Kessler überdies zahlreiche an sie gerichtete Briefe Rathenaus anvertraut, die er ausführlich zitiert, die zum Verständnis Rathenaus von herausragender Bedeutung und nur über Kesslers Buch überliefert sind, da sie durch Lili Deutschs Emigration im Jahre 1940 verlorengegangen sind.[25]
Eine zweite dokumentarische Quelle ist etwas besser versteckt. Für die Schilderung der Vorgänge, die zum Abschluß des Rapallo-Vertrags geführt haben, konnte Kessler sich auf Niederschriften des 1927 verstorbenen Leiters der Ostabteilung des Auswärtigen Amts, Ago Freiherr von Maltzan stützen. Er hatte durch seine guten Kontakte zum Auswärtigen Amt dessen Einwilligung zur Verwendung dieser Aufzeichnungen unter der Bedingung erhalten, daß sie nicht als direktes Zitat erfolge. Über die Verhandlungen notierte der Ministerialdirektor von Dirksen: »Ein solches Zitat wäre im Hinblick darauf, daß die Veröffentlichung von Nachkriegsakten seitens des Auswärtigen Amtes nicht zugelassen wird, inopportun.« Dagegen bestünden »keine Bedenken, den Inhalt der Aufzeichnungen von Herrn von Maltzan, über die Graf Kessler auch seiner Zeit mündlich

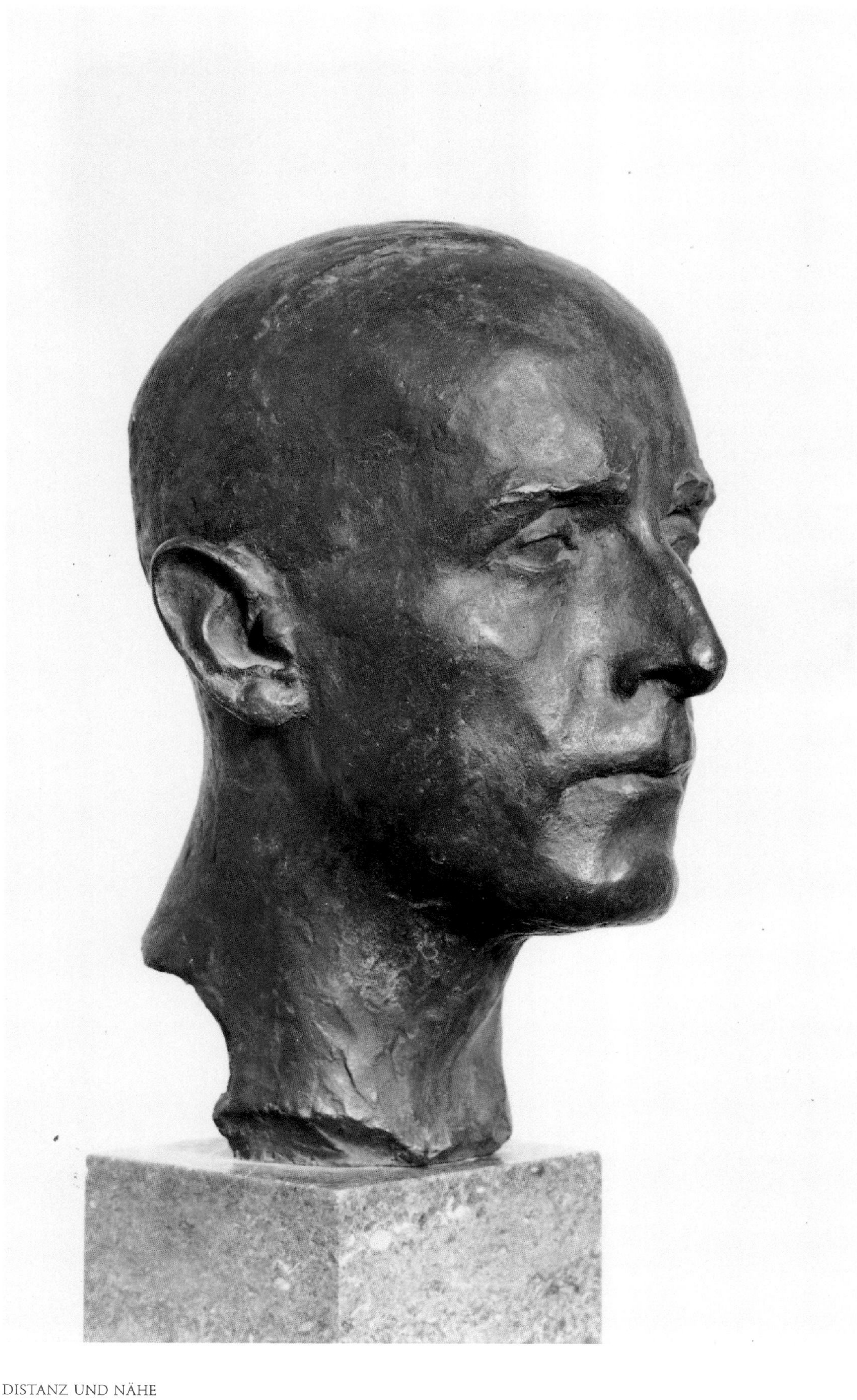

Georg Kolbe, Büste des Harry Graf Kessler, 1916 (Kat.Nr. 2/78)

von Herrn von Maltzan unterrichtet wurde, als eine in der dritten Person gegebene Darstellung zu verwenden«.[26] Heute, nachdem die Originale der Maltzanschen Aufzeichnungen zugänglich sind, ist es möglich zu kontrollieren, wie diese verwertet wurden. Kessler hat sie, mit gewissen Auslassungen, wortwörtlich wiedergegeben und lediglich die Pronomina der ersten Person singular jeweils durch »Maltzan« ersetzt.[27]

Die jüngere wissenschaftliche Forschung hat sehr überzeugend nachgewiesen, wie stark Kesslers Darstellung durch ihre Verwertung der amtlichen Quellen lange Zeit die Meinung der Historiker über die deutsche Rapallopolitik geprägt hat. Und dies eben durch den fast ausschließlichen Rückgriff auf die Aufzeichnungen Maltzans, in denen dieser seine Sicht der Dinge dargestellt hat, in der Absicht, sich sowohl dem Reichspräsidenten Ebert als auch dem britischen Premierminister Lloyd George gegenüber zu rechtfertigen. Dadurch wurde das Bild von der fast alleinigen Urheberschaft Maltzans, der Rathenau zum Vertragsabschluß praktisch gezwungen – ihn »vergewaltigt« habe – verfestigt, wenn nicht gar erst geschaffen.

Deutlich ist jedoch auch, daß Kessler große Mühe gehabt hat, die Rapallo-Episode schlüssig in das Bild des Außenpolitikers Rathenau, wie er es in seinem Buch zeichnet, einzubauen. Kessler sieht in Rathenau den Inspirator einer neuen konstruktiven, im Zeichen des »Kampfes um den Frieden« stehenden deutschen Außenpolitik, den Ahnherren der »von Stresemann übernommenen und fortgeführten pazifistischen Konzeption«.[28] Eine Politik, die auf zwei Säulen ruhte, der Verständigung nach Westen und der Wiederanknüpfung nach Osten. Daß der Rapallovertrag und vor allem die Art, in der er zustande gekommen war, eigentlich nicht in diese politische Konzeption hineinpaßte, hatte Kessler in Genua seinerzeit klar erkannt. Die »kostbare und mühsam wieder zusammengeleimte Vase des europäischen Vertrauens« sei zerschmissen worden.[29] Kessler stand mithin vor dem Dilemma, entweder einen Rathenau schildern zu müssen, der in Rapallo wesentliche Grundzüge seiner eigenen Politik verraten hat, oder einen Minister, der sich von einem seiner Beamten hat übertölpeln lassen. Ganz hat er sich nicht entscheiden können. Zum einen läßt er aus Maltzans Aufzeichnung eine entscheidende Passage aus, aus der hervorgeht, daß es eben Rathenau gewesen ist, der den Anstoß zur Wiederaufnahme der Vertragsgespräche mit den Russen gegeben hat. Anderseits leugnet er, daß Maltzan Rathenau »geblufft und vergewaltigt« hat.

Kesslers Meinung über Rapallo bleibt seltsam in der Schwebe. Sein sehr positives Urteil über die Konferenz von Genua ist denn auch schlicht ein Fehlurteil und widerspricht seiner eigenen ursprünglichen Bewertung. Die Ergebnisse der Konferenz seien für Deutschland »seine Wiedereinreihung als Großmacht in das europäische Konzert« gewesen, was formal richtig sein mag, und »ein großer Gewinn an Vertrauen für die neue deutsche Außenpolitik, die in Rathenau und Wirth verkörpert war«, was einfach falsch ist.[30]

Kessler hatte einst Rathenaus Politik stark kritisiert; nach dessen Ermordung durch die Feinde der Republik, hat er ihm als Symbol dieser Republik ein Denkmal gesetzt und seine Außenpolitik, ganz anders als er sie ursprünglich beurteilt hatte, als Vorläufer der Stresemannschen Entspannungspolitik dargestellt. Er hat hier Rathenaus Biographie stilisiert, wie er auch seine eigene Autobiographie später stilisieren sollte, in der er sein Leben so schlüssig geschildert hat, wie er es gerne gelebt hätte. Das interessante aber ist, daß die jüngste wissenschaftliche Forschung glaubt nachweisen zu können, daß Rathenau und Stresemann tatsächlich die gleichen Ziele verfolgt und die gleichen Methoden angewendet haben, daß nahezu alle Punkte, die im *Dawesplan* von 1924 enthalten waren, sich auch schon in der Erfüllungspolitik der Jahre 1921/22 gefunden haben.[31]

Intuitiv scheint Kessler die Ergebnisse der modernen Forschung vorweggenommen zu haben. Hugo von Hofmannsthal hat, gewissermaßen von der ästhetischen Seite her, solche Qualitäten des Kesslerschen Buches erahnt: »Gerade diese künstlerische Qualität aber hat dieses Buch für mich zu einer anziehenden und manchmal hinreißenden Lektüre gemacht, trotzdem ich im Anfang eine innere Gleichgiltigkeit, ja ein ablehnendes Gefühl gegen die dargestellte Figur zu überwinden hatte. Aber auch in dieser Beziehung hat das Buch mich überwunden und durch den Zauber des Künstlerischen, in welchem auch immer die letzte Wahrheit liegt, hinübergezogen.«[32]

Anmerkungen

1. Die Originale der Kesslerschen Tagebücher (= Tagebücher, Nachlaß Kessler, Marbach) befinden sich im Deutschen Literaturarchiv Marbach; substantielle Auszüge aus der Zeit ab 1918 sind gedruckt in Kessler: Tagebücher. Zu Kessler siehe: Harry Graf Kessler. Tagebuch eines Weltmannes. Eine Ausstellung des Deutschen Literaturarchivs im Schiller-Nationalmuseum, bearb. v. Gerhard Schuster und Margot Pehle, Marbach a.N. 1988 (= Kessler: Weltmann); dort auch die weiterführende Literatur. Kesslers wichtigste Schriften finden sich in Harry Graf Kessler: Gesammelte Schriften in drei Bänden, Cornelia Blasberg und Gerhard Schuster (Hg.), Frankfurt a.M. 1988. Titel der drei Bände: Bd. I : Gesichter und Zeiten. Erinnerungen. Notizen über Mexiko; Bd. II: Künstler und Nationen. Aufsätze und Reden 1899–1933; Bd. III: Walther Rathenau. Sein Leben und sein Werk (= Kessler: Rathenau)
2. Tagebücher, Nachlaß Kessler, Marbach, 8. November 1906
3. Kessler: Rathenau, S. 71. Siehe auch Burkhard Stenzel: Harry Graf Kessler und die Entstehung der Rathenau-Biographie, in: Weimar Kultur Journal 3, 1993, S. 16–18
4. »Rathenau erzählte mir, dass er sich von den Geschäften zurückziehe. Er habe sich neulich auf einer Reise einmal gefragt, wozu er denn diese ganze Arbeit thue, und habe keine Antwort auf die Frage gefunden. Da habe er sich denn entschlossen, abzustoppen.« Tagebücher, Nachlaß Kessler, Marbach, 12. 10. 1906
5. Die Porträts dienen als Umschlagbilder der Bde. I und III der in Anm. 1 genannten Gesammelten Schriften von Kessler
6. Tagebücher, Nachlaß Kessler, Marbach, 03. 04. 1911; zitiert nach Kessler: Weltmann, S. 369
7. Rathenau: Tagebuch, S. 134
8. Siehe dazu Hans-Ulrich Simon (Hg.): Eberhard von Bodenhausen – Harry Graf Kessler. Ein Briefwechsel 1894 – 1918, Marbach a.N. 1978, Nr. 226, 228, 229; Gerhard Hecker: Walther Rathenau und sein Verhältnis zu Militär und Krieg, Boppard a.Rh. 1983, S. 191
9. Tagebücher, Nachlaß Kessler, Marbach, 23. 07. 1916; in: Gespräche, GA II, S. 725f
10. Tagebücher, Nachlaß Kessler, 13. 06. bzw. 23. 07. 1916; in: Gespräche, GA II, S. 724f
11. Kessler: Tagebücher, 20. 02. 1919
12. Ebd.
13. Siehe dazu Peter Grupp: Harry Graf Kessler als Diplomat, in: Vierteljahreshefte für Zeitgeschichte 1, 1992, S. 61–78
14. Kessler: Tagebücher, 20. 03. 1922
15. Ebd., 19. 04. 1922
16. Es ist auch bezeichnend, daß beider Nachlässe (bislang) keine Spuren eines gegenseitigen Briefwechsels aufweisen
17. Kessler: Tagebücher, 24. 06. 1922
18. Ebd., 1. 03. 1919
19. Renate Müller-Krumbach: Harry Graf Kessler und die Cranach-Presse in Weimar, Hamburg 1969, S. 42f
20. Zu den Vorabdrucken und den weiteren Ausgaben und Übersetzungen siehe die Bibliographie in Kessler: Gesammelte Werke, Bd. II sowie »Zu dieser Ausgabe« in Kessler: Rathenau, S. 353–365. Im Jahre 1931 erhielt Kessler, zusammen mit Carl Melchior, die von der *Walther-Rathenau-Gesellschaft* vergebene Walther-Rathenau-Medaille
21. Kessler: Tagebücher, 13. 11. 1928; siehe dazu auch Kessler: Weltmann, S. 391
22. Siehe z.B. Gerhard Hecker: a.a.O., S. 250f
23. Kessler: Rathenau, S. 144
24. Ebd., S. 292ff und Kessler: Tagebücher, 10. 04. 1922
25. Kessler: Rathenau, S. 355. Lili Deutschs Offenheit führte zu einem Versuch der Familie Deutsch, die Publikation des Buches auf dem Gerichtswege zu verhindern; siehe Kessler: Tagebücher, 11. und 16. 06. 1928
26. »Vermerk« Dirksens vom 29. 05. 1928, Auswärtiges Amt, Bonn, Politisches Archiv, Abt. IV Rußland, Pol. 2B, Bd. 4; siehe dort auch Kesslers Brief an Gaus vom 08. 05. 1928. Siehe weiter Kessler: Tagebücher, 21. und 29. 05. 1928. Die Darstellung der amtlichen Akten stimmt völlig mit der von Kessler gegebenen Version überein
27. Siehe hierzu und zum folgenden die ausführliche textkritische Darstellung bei Ernst Laubach: Maltzans Aufzeichnungen über die letzten Vorgänge vor dem Abschluß des Rapallo-Vertrags, in: Jahrbücher für Geschichte Osteuropas 22, 1974, S. 556–579 und Ernst Schulin: Noch etwas zur Entstehung des Rapallo-Vertrages, in: Hartmut von Hentig/August Nitschke (Hg.): Was die Wirklichkeit lehrt. Golo Mann zum 70. Geburtstag, Frankfurt a.M. 1979, S. 177–202
28. Kessler: Rathenau, S. 284
29. Kessler: Tagebücher, 19. 04. 1922
30. Kessler: Rathenau, S. 312. Kessler ist sich der Unsicherheit seines Urteils offenkundig bewußt gewesen und hat sich auch nach Erscheinen seines Buches noch um weitere dokumentarische Belege bemüht. So erhielt er durch seine engen persönlichen Beziehungen zum Staatssekretär von Schubert vom Auswärtigen Amt eine Abschrift des Briefes, den Rathenau aus Genua an Ebert geschrieben hatte, und zusätzliche Informationen von Max Reiner, der Genua als Korrespondent der *Vossischen Zeitung* miterlebt hat. Dessen Auskünfte führten in der englischen Version der Biographie zu einer deutlichen Akzentverschiebung, wo hervorgehoben wird, daß Maltzan Rathenau tatsächlich unzureichend informiert hatte, der Befehl zum Verhandeln mit den Russen also auf falschen, auf Maltzan zurückgehenden Informationen beruht hat. Die vom Text der deutschen Ausgabe abweichenden Passagen der englischen Edition sind im Anhang von Kessler: Rathenau, abgedruckt.
31. Siehe dazu Wolfgang Michalka: Die Außenpolitik von Weimar (I) Zwischen Revisionismus und Neuansatz 1918 – 1922, in: Neue Politische Literatur 3, 1992, S. 399
32. Hofmannsthal an Kessler, 14. 12. 1928, in: Hilde Brunner (Hg.): Hugo von Hofmannsthal – Harry Graf Kessler. Briefwechsel 1898 – 1929, Frankfurt 1968, S. 407ff

»ER WILL DER MESSIAS DER JUDEN WERDEN«

Walther Rathenau zwischen Antisemitismus und jüdischer Prophetie

CLEMENS PICHT

Für das jüdische Volk«, schrieb Mitte der siebziger Jahre Rudolf Kallner, »ist Rathenau zu einem Namen geworden, an dessen Erhaltung ihm nicht gelegen ist.«[1] Dieses harte Urteil ist wohl nicht repräsentativ, aber es zeigt, wieviel Emotion Rathenau als Jude noch Jahrzehnte nach seinem Tode auslösen kann. Das Verdikt des israelischen Historikers beruht wesentlich auf Rathenaus erstem literarisch-essayistischen Text, den er unter dem Titel *Höre, Israel!* 1897 pseudonym in Maximilian Hardens Wochenzeitschrift *Die Zukunft* veröffentlichte.

Rathenaus Affekt steht demjenigen Kallners in nichts nach. *Höre, Israel!*[2] ist zu einem der meistzitierten Beispiele für innerjüdischen Antisemitismus geworden, nachdem es zu Rathenaus Lebzeiten wie auch im Dritten Reich von der völkisch-antisemitischen Rechten weidlich als Beleg für die Richtigkeit der eigenen Überzeugungen verwendet worden war.[3]

Der Inhalt von *Höre, Israel!* kann in vier Punkten zusammengefaßt werden:

Erstens: Es gibt eine Judenfrage. Dieser Aussage versucht Rathenau durch sein eigenes Judesein Gewicht und Begründung zu geben: »Von vornherein will ich bekennen, daß ich Jude bin.« So beginnt er seinen leidenschaftlichen Appell zur kulturellen Assimilierung und »Anartung« der Juden. »Bedarf es einer Rechtfertigung, wenn ich in einem anderem Sinne schreibe als dem der Judenverteidigung«, oder, wie es in der handschriftlichen Fassung heißt, »wenn ich zum Antisemitismus neige.«[4] Die Judenfrage sei keine Erfindung der Antisemiten, denen Rathenau in ihrer Kritik, wenn auch nicht in den von ihnen vorgeschlagenen Maßnahmen, recht gab. Daß die Philosemiten die Judenfrage leugneten, perpetuiere das Problem und biete kein Mittel gegen den Haß, vor dem jetzt »nur ein Zeitalter, das alle natürlichen Gewalten gefesselt hält«,[5] die Juden schütze. Was tatsächlich gefordert sei, so Rathenau unter Anspielung auf die Gründung des *Centralvereins der deutschen Staatsbürger jüdischen Glaubens* im Jahre 1893, sei Einkehr, nicht Abwehr.[6] Beide Forderungen aber bedeuteten das Eingeständnis, daß die »gesellschaftliche Eingliederung« der Juden wenigstens zum Teil mißlungen war.[7]

Zweitens: Die Judenfrage ist keine wirtschaftliche, sondern eine gesellschaftliche Frage, eine »Kulturfrage«. Zur Begründung entwirft Rathenau mit berühmt gewordenen Sätzen eine »seltsame Vision« der kulturellen Differenz: »Inmitten deutschen Lebens ein abgesondert fremdartiger Menschenstamm, glänzend und auffällig staffiert, von heißblütig beweglichem Gebahren. Auf märkischem Sand eine asiatische Horde. Die gezwungene Heiterkeit dieser Menschen verräth nicht, wie viel alter, ungesättigter Haß auf ihren Schultern lastet ... so leben sie in einem halb freiwilligen, unsichtbaren Ghetto, kein lebendes Glied des Volkes, sondern ein fremder Organismus in seinem Leibe.«[8] Hier Abhilfe zu schaffen sei eine Aufgabe, der die Juden selbst nachkommen müßten. Nötig sei »Selbsterziehung«, was »Selbsterkenntnis« voraussetze: »Seht Euch im Spiegel! ... Eure südöstlich gestimmte Erscheinung (hat) an sich für die nördlichen Stämme nichts Sympathisches. ... Um so mehr habt Ihr zu sorgen, daß inmitten einer militärisch straff erzogenen und gezüchteten Rasse Ihr Euch durch verwahrlost schiefes und schlaffes Einhergehen nicht zum Gespött macht.«[9]

Das ›Sündenregister‹, das Rathenau den Ostjuden wie den neureichen ›Tiergartenjuden‹ hier vorhält, braucht nicht weiter ausgeführt werden, zumal er selbst, was hervorgehoben zu werden verdient, die Liste abbricht, weil er sich »nicht frei von allen diesen Mängeln« fühle. Das Ziel des »Selbsterziehungs«- und »Anartungsprozesses« müßten »nicht imitierte Germanen, sondern deutsch geartete und erzogene Juden«[10] sein.

Drittens: Die staatliche Judenpolitik, für die Jude gleich Jude ist und die die Taufe prämiert, ist »unzweckmäßig«. Sie fördere die »geheime Verjudung«, die »zweifellos voranschreite«,[11] treibe die eigentlich konservativen Juden in die Arme der

»destruktiven Parteien«[12] Freisinn und Sozialdemokratie, und verhindere die Bildung eines jüdischen Patriziats.

Viertens: Rathenau fühlt sich berufen, als patrizischer Führer die Juden auf ihrem Weg der kulturellen Assimilation zu begleiten.

Die wiederaufgefunde handschriftliche Fassung des Textes ist trotz mancher Abschwächungen insgesamt schärfer als die gedruckte.[13] Vor allem spricht Rathenau hier expliziter von sich selbst und macht damit deutlich, daß dieser Text, wie eigentlich alle seine Texte zum Judentum, auf zwei Ebenen gelesen werden muß: als allgemeine Aussagen zur Situation der Juden und als Aussagen über sich selbst.

Rathenau übernahm *Höre, Israel!,* jetzt nicht mehr pseudonym, in den 1902 unter eigenem Namen veröffentlichten Band *Impressionen.* Sein Vater versuchte wegen des gesellschaftlichen Skandals, den die Veröffentlichung hervorrief, die Auflage so weit wie möglich aufzukaufen. Rathenau hat sich später von diesem Werk distanziert und den Aufsatz nicht in seine Gesammelten Schriften aufgenommen.[14] Er könne ihn jetzt gar nicht mehr verstehen, er sei »in der unglücklichsten Stimmung meiner trübesten Zeit«[15] enstanden, sei »lieblos, – oder eigentlich nicht lieblos, aber grausam. Und mit Grausamkeit ändert man keinen Menschen«.[16] Insbesondere hat er sich später von den rassistischen Begründungen gelöst. Gleichwohl aber bleiben die genannten vier Punkte strukturell für seine Haltung gegenüber dem und seinem Judentum bestimmend: die Überzeugung, daß es eine ›Judenfrage‹ gebe und daß diese zumindest auch von den Juden selbst gelöst werden müsse; die Kritik an der staatlichen Judenpolitik, die ihren eigenen Zwecken nicht gerecht werde, sowie schließlich das Judentum als Projektionsfläche seiner Phantasien und Selbststilisierungen als jüdischer Prophet.

I

Zur Erklärung dieses gewiß auffälligen Textes empfiehlt sich zunächst ein Blick auf Lebensgeschichte und familiäre Situation. Walther Rathenau entstammte sowohl von mütterlicher wie von väterlicher Seite alten jüdischen Familien, auf deren Tradition man stolz war. Die Mutter kam aus der Mainzer und Frankfurter Bankiersfamilie Nachmann, zum weiteren Familienkreis der Rathenaus gehörten die Liebermanns, Reichenheims und Oppenheims, Geschäftsleute und zum Teil bedeutende Textilindustrielle.[17] Als Walther Rathenau sieben Jahre alt war, verkaufte der Vater seine Anteile an einer Maschinenfabrik, auf deren Gelände man bis dahin auch gewohnt hatte, und lebte seitdem, bis er 1882 nach der Pariser Elektrizitätsausstellung Edisons Patente kaufte, als »Kapitalist im Wartestand«.[18]

Die tatsächlichen Lebensumstände entsprachen also dem patrizischen Anspruch nur bedingt. Sicher ist, daß Walther Rathenaus eigene Entwicklungsprobleme durch den dominanten Vater und dessen unentschiedene Lebenssituation belastet wurden, sicher ist aber auch, daß ihm, wie vielen Juden seiner Generation, Erfolg und Aufstiegswille als identitätsprägende Lebensziele vermittelt wurden.[19] Ob ihm die Mutter in der Auseinandersetzung mit dem Vater eine Hilfe gewesen ist, muß dagegen offen bleiben. Die Darstellungen, nach denen sie als kultivierte Frau die künstlerischen Ambitionen des sensiblen Sohnes gegen den einfach-genialen Vater verteidigt habe, entstammen durchweg späterer Zeit und meist ihrer eigenen Selbststilisierung oder dem Willen der Biographen, aus diesem Dualismus die ›Tragik‹ von Rathenaus Leben abzuleiten.[20] Walther Rathenau selbst konnte sich durchaus despektierlich über das geistige Niveau seiner Mutter äußern,[21] wenn er auch bisweilen den eigenen inneren Zwiespalt durch die unterschiedlichen Traditionen der beiden Familien – Kultur und Bildung auf der einen, Geschäftssinn auf der anderen Seite – glaubte erklären zu können. Die erhaltenen Briefe zeigen eine überängstliche, den Sohn bedrängende Frau, der Rathenau viele nebensächliche gesellschaftliche Neuigkeiten mitteilte, der er nur selten und nur äußerlich über seine Lektüren und das, was ihn geistig beschäftigte, schrieb, und vor der er wohl alles, was ihn wirklich beschäftigte, verbarg.[22] Da die Briefe Rathenaus an seine Mutter, von wenigen Ausnahmen abgesehen, die einzige direkte Quelle für seine Jugend bilden, sind unsere Kenntnisse über die innerfamiliäre Dynamik also sehr begrenzt. Um eine bei Rathenau selbst wie in der Forschung beliebte, allerdings ihrerseits stilisierende Vokabel zu verwenden: Er war wohl noch einsamer, als man das bisher angenommen hat.

Sind infolgedessen schon allgemeine Aussagen über die innerfamiliäre Situation schwierig und psychologische Kausalitäten nur durch Indizien zu gewinnen, so gilt das speziell für die Frage nach der Rolle des Judentums in der Familie und die Dy-

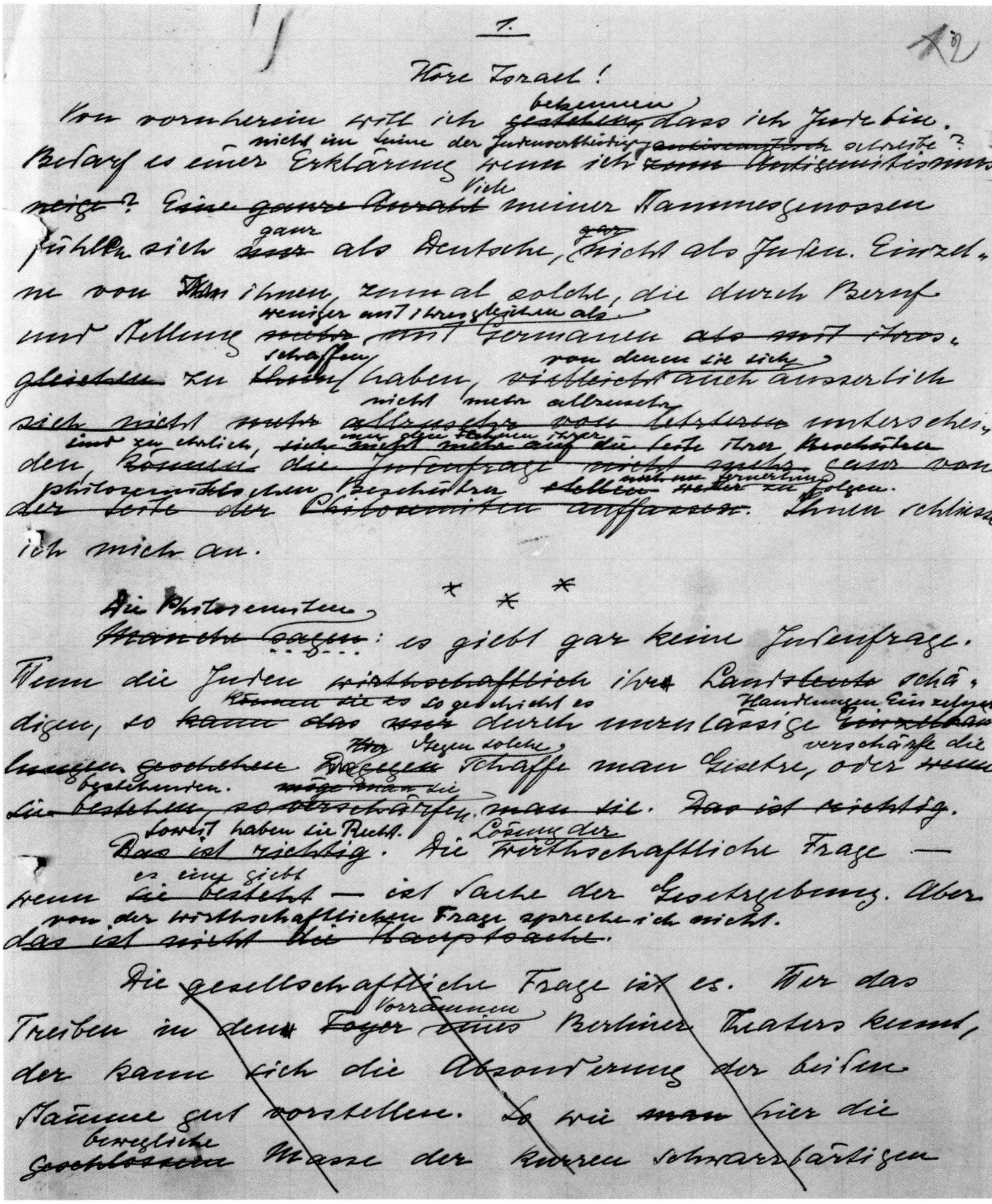
1.

Höre Israel!

Erste Seite des Manuskripts von »Höre, Israel!«, 1897 (Kat.Nr. 3/1)

namik, die sie erzeugte. Während »der Lebensweg Emil Rathenaus … beinahe vollständig geschildert werden (könnte), ohne bei diesem Selfmademan jüdische Probleme zu erwähnen«,[23] wissen wir über die Religiosität Mathilde Rathenaus so gut wie nichts.[24] Traditionelle Formen jüdisch-religiösen Lebens hat Walther Rathenau weder in seiner Familie noch in seiner engeren und weiteren Verwandtschaft kennengelernt. Er erhielt in der Schule keinen Religionsunterricht, lernte aber Hebräisch.[25] Man feierte die christlichen Feiertage, besonders Weihnachten. Nicht die jüdische Religion war bestimmend für das Selbstgefühl als jüdische Familie, sondern, wie in fast allen Familien dieser Schicht, die Tradition und das säkulare jüdische soziale ›Milieu‹.[26]

Mathilde Rathenau hat in der von ihr verantworteten Briefausgabe in den 1920er Jahren systematisch alle Hinweise auf jüdische Themen in den frühen Briefen ihres Sohnes getilgt. Wie wir jetzt wissen, zeigen die Briefe, wie sehr Walther Rathenau sich der Besonderheiten und der Problematik jüdischer Existenz in der Gesellschaft des Kaiserreiches bewußt war. Die Briefe, die er während seiner Straßburger Studienzeit 1886–88 nach Hause schrieb, lassen erkennen, wie eng das jüdische Milieu war. Soweit dort gesellschaftliche Nachrichten ausgetauscht werden, handelt es sich fast ausschließlich um jüdische Familien, die Erwähnung finden. In Straßburg selbst hatte Rathenau einen rein jüdischen Freundeskreis.[27] Von Anfang an aber begleitete er die Schilderung jüdischen Sozialverhaltens mit kritischen Kommentaren, sei es über die »polnisch-jüdische Wirtschaft« einiger Assistenten oder über das parvenühafte Betragen aufgestiegener Juden.[28] Er kritisierte den Übertritt von Juden zum Christentum und kommentierte etwa die Taufe der Kinder von Julius Valentin, der früher gemeinsam mit Emil Rathenau die Maschinenfabrik E.Weber geleitet hatte und später im Aufsichtsrat der AEG saß, mit den Worten: »Über die Bekehrung der heidnischen Valentinskinder habe ich lebhafte Befriedigung empfunden. ... Auch uns kommt die Sache ja zu Gute. Gewinnen wir doch dadurch an christlichem Umgang. Es ist eben ein Glück für alle Welt, besonders aber für uns und das Christentum. – Ich würde über die Sache nicht intolerant oder hämisch reden, wenn es mich nicht so dégoutierte, daß sie sich haben taufen lassen – aus ›Überzeugung‹. Man kann es aus politischen Rücksichten, aus Vorsicht, aus sozialen Gründen tun, – aber aus Überzeugung! – das ist unsrer Epoche nicht würdig. ... Dich bitte ich aber sehr, sei gegen die neu geschaffenen Germanenjünglinge tolerant und bring' uns nicht in den Ruf von Stockjuden oder von Neidern. Gott behüte! Wir könnten das Plaisir ja auch haben.«[29]

Rathenau erfuhr in Straßburg Formen eines allerdings noch vergleichsweise harmlosen studentischen Antisemitismus.[30] Auch über das Ausmaß des latenten allgemeinen und speziell behördlichen Antisemitismus war er sich im Klaren. So kommentierte er nach den »bangen Jahren«[31] von 1887 bis 1891, die die ersten Erfolge des organisierten Antisemitismus gebracht hatten, die Ahlwardt-Prozesse seinem Vater gegenüber mit den Worten: »Charakteristisch war, daß niemand widersprach, als der [Gerichts-]Präsident es ›in den Schmutz ziehen‹ nannte, wenn man behauptete, der Minister Gossler habe jüdische Verwandte«.[32] Behördliche Judendiskriminierung gab es in Preußen daneben vor allem im Militär, war doch den Juden der Aufstieg zum Offizier versagt. Das hat Rathenau zwanzig Jahre später als die entscheidende Diskriminierungserfahrung im Leben jedes (männlichen) Juden stark hervorgehoben, sei doch auch sein eigener Wunsch, Offizier zu werden, nicht erfüllt worden.[33] Eine frühe, gegenüber dem Militär erstaunlich kritische Äußerung zeigt, daß er sich nicht nur früh über diese Grenze der Emanzipation im Klaren war, sondern daß er darüberhinaus die trotz formaler Gleichstellung fortbestehenden sozialen Grenzen einzuschätzen wußte: ein getaufter Jude sei noch kein Christ und besonders im Militär »nicht der erste, ja nicht einmal der zweite unter (den) Kameraden.«[34] Direkte Belege erfahrener Diskriminierung während seiner Militärzeit gibt es nicht, nur Äußerungen des Zorns und der Frustration, für die gleiche Leistung nicht mit gleicher Beförderung belohnt zu werden.[35]

Damit ließ ihn der Dienst im elitären Gardekürassier-Regiment sein Judentum zum ersten Mal als unüberwindliches Hindernis für die eigenen Aufstiegswünsche erfahren, eröffnete ihm aber auch den Einblick in die nichtjüdische Welt, wie es das ebenfalls adlig geprägte Wilhelms-Gymnasium nie getan hatte.[36] Rathenau ging daraufhin nicht zu den »destruktiven Parteien«, sondern idealisierte künftig den preußischen Adel, partizipierte an der »konservativen Wende der deutschen Intelligenz«[37] und wandte, wie viele Söhne jüdischer Geschäftsleute und Fabrikanten, die Frustration und den aus ihr resultierenden Haß gegen das eigene Judentum, die Kritik gegen den von den Vätern vetretenen Kapitalismus – insgesamt also gegen die Welt seiner Familie.[38]

Mitte der 1890er Jahre findet sich in einem Brief an die Mutter die erste Äußerung über den eigenen Antisemitismus.[39] In diesen Jahren spricht er allerdings auch von antisemitischen Motiven seines Vaters.[40] Gut denkbar, daß Teile dessen, was als Rathenaus Antisemitismus gelten kann, zum »common sense« der Familie gehörte: die Abgrenzung gegenüber den Ostjuden etwa oder die Ablehnung der Taufe als Mittel gesellschaftlichen Aufstiegs, weil solches Verhalten besonders jüdisch sei. Der manifeste Antisemitismus läßt sich also sehr viel gesicherter als direkter Selbsthaß interpretieren denn als Medium der Auseinandersetzung mit dem Vater.[41]

Anfang 1895 war Rathenau aus der jüdischen Gemeinde ausgetreten, hatte allerdings den Austritt nicht rechtskräftig werden lassen.[42] Wir wissen immer noch nichts über die akuten Motive dieses

Walther Rathenau, Bildnis Mathilde Rathenaus (Kat.Nr. 1/2)

Vorgangs. Ob tatsächlich die mögliche Heirat mit einer »schönen schlanken Blondine aus altem Geschlecht«[43] dabei eine Rolle gespielt hat, muß dahin gestellt bleiben. Unabhängig davon aber bleibt der Schritt in seiner Halbheit für die Ambivalenz nicht nur der Haltung, sondern der gegebenen Situation symptomatisch. Es war dies der Moment der größten formalen Distanz zum Judentum, das sehr bald danach begann, Rathenau als Projektionsfläche für seine Größenphantasien zu dienen, die möglicherweise gerade aus der Erfahrung von Ohnmacht resultierten.

II

Wenig wissen wir auch über die näheren Umstände, die zur Niederschrift von *Höre, Israel!* führten. Wie Rathenau selbst gesagt hat, war es seine »trübeste Zeit«, als die von ihm propagierten und mit seinen Patenten arbeitenden *Elektrochemischen Werke* in Bitterfeld wirtschaftlich gescheitert waren, an eine Konkurrenzfirma verpachtet und auf deren Verfahren umgestellt werden mußten. Es war auch die Zeit der Dreyfus-Affäre, die Rathenau aufmerksam verfolgte.[44] Die Wiederveröffentlichung in den *Impressionen* wiederum fällt in eine Phase, in der er sich mit dem von ihm betriebenen Fusionsprojekt zwischen der AEG und den *Schuckert-Werken* innerhalb der AEG nicht durchsetzen konnte, was zu seinem Ausscheiden aus dem Direktorium der AEG führte. Der Zusammenhang zwischen Karrierebrüchen und antijüdischem Affekt ist zumindest auffällig. Neben aller gewollten Provokation nach außen scheint Rathenau das Jüdische in sich für seine Schwierigkeiten verantwortlich gemacht zu haben.

Daß er sich dabei rasse-›theoretischer‹ Argumente bediente und körperlichen Aspekten innerhalb der geforderten kulturellen Selbsterziehung breiten Raum einräumte, unterscheidet ihn allerdings nur geringfügig von vielen Zionisten seiner Zeit, die wie Max Nordau positiv vom ›Muskeljuden‹ sprachen. Theodor Herzl selbst bekannte zwar seinen Ärger, als Rathenau ihm den Band *Impressionen* schickte, schrieb aber gleichwohl an Harden: »Wenn er (Rathenau) den Juden rät, sich einen anderen Knochenbau anzugewöhnen, so begleite ich ihn heiter in diese Zuchtwahlfarmen. Ich spotte darüber nicht, wie es jeder Durchschnittsjude tun wird, sondern will ihm beipflichten. Nur meine ich, daß die Juden den Phosphor für diese neuen Knochen aus einem einzigen Boden ziehen können, nämlich aus ihrem eigenen.«[45]

In den Jahren nach 1902 sind direkte Äußerungen zum Judentum selten, wie wir überhaupt nur wenig Persönliches über ihn aus dieser Zeit wissen. »Immer waren es zwei Gesichtspunkte«, berichtet jedenfalls Alfred Kerr über seine Gespräche mit Rathenau in dieser Zeit, »die soziale Zukunft Deutschlands und das Seitenproblem des Judentums«.[46] Rathenau erneuerte seine Hebräisch-Studien,[47] beschäftigte sich mit dem Chassidismus, veröffentlichte auch selbst einige chassidische Geschichten und pflegte den Verkehr mit Martin Buber, zu dessen *Donnerstagsgesellschaft* er zählte.[48] Jetzt einer der Geschäftsinhaber der *Berliner Handelsgesellschaft,* betrieb Rathenau vor allem seinen gesellschaftlichen Aufstieg als Inhaber einer zunehmenden Zahl von Aufsichtsratsposten, aber auch innerhalb der literarisch-intellektuellen Szene Berlins. Er zählte schließlich zu den sogenannten *Kaiserjuden,* ohne daß dies mit irgendei-

nem meßbaren Einfluß verbunden gewesen wäre.[49] Bei allem Erfolg blieb er im Kaiserreich ein »Bürger zweiter Klasse«.[50]
Rathenaus dualistische Rassentheorie läßt sich, was ich hier allerdings nicht ausführen kann, als Versuch einer »Erklärung und Beeinflussung kollektiver sozialer Phänomene«[51] lesen. Indem Rathenau die ›Durchmischung‹ der Rassen als Movens der historischen Entwicklung der Neuzeit darstellte, wurde es ihm möglich, die Juden als Teil der ›furcht- und zweckbestimmten‹ europäischen Unterschicht zu beschreiben, deren Durchsetzung gegen die ›mutbestimmte‹ arische Oberschicht schließlich die Industrialisierung und Mechanisierung der Welt hervorbringe. Mit dieser Subsumierung aber verband Rathenau eine Höherbewertung der Rolle der Juden. Er sah sie aufgrund einer Verbindung von »Arbeitstrieb, Fertigkeit und ... ängstlicher Voraussicht« als im Besitz einer der »stärksten Waffen im Rassenkampf«[52] und beschrieb sie als an der Schwelle zur Transzendenz stehend.[53] Während die Juden einerseits die Modernisierung vorantrieben, seien sie also gleichzeitig prädestiniert, deren Folgen zu überwinden – beide Gesichtspunkte sollten in den kommenden Jahren eine wachsende Bedeutung in Rathenaus Denken erhalten.

III

Nicht zuletzt wegen des Scheiterns seiner politischen Ambitionen, die ihren Ausdruck fanden in den beiden Reisen mit Dernburg nach Afrika 1907 und 1908, in dem Marokko-Vermittlungsversuch 1910 und der von Rathenau 1911 verfolgten Absicht, sich als Reichstagskandidat der beiden liberalen Parteien aufstellen zu lassen – die nach den Worten Kesslers scheiterte, »weil er Jude (war) und wegen seiner bekannten Ansichten«[54] – verschärfte Rathenau seine Kritik an dem politischen System des wilhelminischen Deutschland und der in ihm herrschenden Methode der »politischen Selektion«.[55] Er forderte eine stärkere Rolle des Bürgertums als derjenigen Schicht, von der die wirtschaftliche Entwicklung des deutschen Reiches, die Ernährung und Beschäftigung seiner Bevölkerung und seine Weltgeltung abhinge.
In diesem Zusammenhang, und damit wiederum als Behandlung eines Teilproblems, ist auch die Schrift über *Staat und Judentum* von 1911 zu verstehen. Rathenau macht hier in erster Linie den preußischen Staat für die Lage der Juden verantwortlich. Dessen Politik sei »rückständig, falsch, unzweckmäßig und unsittlich«[56] und für die Fortdauer des Antisemitismus verantwortlich zu machen, da sie die Abneigung gegen die Juden »durch gegensätzliche Behandlung billigt, anpreist und rechtfertigt«.[57] Rathenau kritisiert hier erneut die Widersprüchlichkeit, wenn nicht Sinnlosigkeit einer Politik, die die Taufe prämierte, und kommt zu dem Schluß: »Die Judenpolitik ist nichts weiter als der letzte Ausdruck der gegen Unzünftige gerichteten Interessenpolitik der herrschenden Kasten« und ihrer »Furcht vor liberalem Wettbewerb.«[58] Regieren aber hieße nicht mehr »patriarchisches Verwalten anvertrauter Menschen«, sondern »führen und Initiative zeigen; diese Initiative muß ethisch und ideell, sie muß aber auch geschäftlich sein.« Der preußische Adel sei gar nicht mehr in der Lage, diese Bedingungen allein zu erfüllen und die »Aufgaben vorwiegend geschäftlichen Charakters, welche aus kolonialen, auswärtigen und finanziellen Problemen sich ergeben«, zu lösen. Selbst sein ureigenstes Gebiet, die Kriegsführung, sei »zur Technik geworden«.[59] Dieser Angriff gegen die staatstragenden »Kasten« hieß allerdings nicht, daß Rathenau die Forderung nach Selbsterziehung der Juden und seine Kritik am ostjüdischen Proletariat aufgegeben hätte.[60] Nur vertrat er immer selbstbewußter die Position des kultivierten, bürgerlichen und jüdischen Unternehmers, der sich des jüdischen Anteils am Werden des modernen Deutschland bewußt war[61] – der Kampf gegen sich selbst hatte aufgehört, die politische Positionsbestimmung zu dominieren.
Die Forderung nach einem Ende des feudalen Monopols zwang ihn ab 1912/13 zur Aufgabe seiner Rassen-›theorie‹. »Soweit Rathenau hier die Begründung für eine Verschiebung der politisch-gesellschaftlichen Macht zugunsten des Bürgertums geben wollte, war eine Psychologisierung des Rassebegriffs geboten, weil nur so der durch Geburt und Blut legitimierte Zirkel der traditionalen Elite ideologisch aufgebrochen und die Möglichkeit einer offenen Elite bzw. eines Elitenwechsels glaubhaft gemacht werden konnte.«[62] Gewissermaßen als Kompensation für die mit diesem ideologischen Wandel verbundene Relativierung der Bedeutung der alten, agrarischen Oberschicht entwickelte er einen gesteigerten »deutschen« Patriotismus, innerhalb dessen er die Juden als »deutschen Stamm«[63] bestimmte; er pflegte Bekanntschaften mit völkisch gesinnten Schriftstellern wie Wilhelm Schwaner, Hermann Burte, Gu-

stav Frenssen oder Leopold Ziegler. Der Beginn dieser Freundschaften fällt durchweg in diese Jahre. Die einzige Freundschaft, die sich mit derjenigen mit dem rassistischen ›Volkserzieher‹ Schwaner an Emotionalität vergleichen läßt, sollte Rathenau 1919 mit dem jüdischen Religionsphilosophen Constantin Brunner anknüpfen, der schon 1884 gefordert hatte: »Es ist an der Zeit, daß ihr so bekennt, und es ist an der Zeit, daß wir so bekennen: Jesus Christus, der Jude!«[64]

Der gesteigerte Patriotismus setzt sich nach Beginn des Ersten Weltkrieges, dessen Ausbruch er als deprimierend, wenn nicht als Katastrophe empfand, fort. Rathenau war zu gut über die diplomatischen Ereignisse im Juli 1914 informiert, er interpretierte den Krieg auch zu sehr als welthistorischen Einschnitt, in dem die alte Welt, seine Welt, zum Untergang verurteilt war, um dem Mythos vom Volks- und Verteidigungskrieg Glauben schenken zu können.[65] Nicht zuletzt daraus resultierte auch seine Distanz zu den ›Ideen von 1914‹ oder genauer zu der Euphorie, die diese trug und die von der überwiegenden Zahl der deutschen Juden geteilt wurde.[66]

Am Anfang des Krieges allerdings stand für ihn ein bis dahin fast undenkbarer Erfolg: es gelang Rathenau, den preußischen Kriegsminister von der Notwendigkeit einer aktiven Rohstoffpolitik zu überzeugen. Unter seiner Leitung wurde die Kriegsrohstoffabteilung im preußischen Kriegsministerium eingerichtet, und er, der Jude, bekleidete von Anfang August 1914 bis Ende März 1915 die Stellung ihres Direktors mit dem Rang eines Generals. Der im Ministerium verbreitete Antisemitismus kann nicht als Ursache für Rathenaus frühes Ausscheiden aus dem Amt angesehen werden.[67] Richtig ist allerdings, daß er die schikanöse Behandlung durch das Ministerium nach seinem Rücktritt, die Tatsache, daß man seine Rolle in der Rohstoffabteilung verschwieg und ihn nicht gegen die zum Teil antisemitischen Angriffe, denen er sich zunehmend ausgesetzt sah, verteidigte, dem Umstand zuschrieb, daß »es an einflußreichen Stellen als peinlich empfunden wird, daß ein Außenstehender, noch dazu ein Jude, unaufgefordert sich dem Staatswesen nähert, um ihm Dienste zu leisten, noch peinlicher, daß das Preußische Kriegsministerium aus seiner schwierigen Lage durch dieses Eingreifen befreit wird, und eine Organisation entsteht, die man als einwandfrei gelten lassen muß«.[68] Allerdings drückte er das nur Vertrauten, etwa Kurt Riezler und Emil Ludwig gegenüber so aus; dem Ministerium selbst und der Reichsleitung gegenüber sprach er höchstens andeutend von einem »Mann mit meiner Charakteristik«.[69]

Bei aller Prominenz auch vor dem Weltkrieg wurde Rathenau doch erst durch seine Tätigkeit in der Rohstoffabteilung und der durch ihn initiierten Kriegsrohstoffgesellschaften zu einem Symbol jüdischen öffentlichen Einflusses. Indem der alldeutsch geprägte und organisierte »neue« Antisemitismus die angeblich jüdisch bestimmten Kriegsgesellschaften und die in ihnen tätigen jüdischen ›Kriegsgewinnler‹ in den Mittelpunkt seiner Propaganda stellte, machte er Rathenau in der Öffentlichkeit weit mehr zu einem Juden, als dieser es war oder doch wenigstens sein wollte, vor allem in einem Kriege, in dem er sein Deutschtum stärker als vorher empfand und hervorhob.[70]

Daß Rathenau die Probleme der Juden, aber auch den Antisemitismus, als Teile einer gesamtgesellschaftlichen Konfliktsituation sah, befähigte ihn dazu, in seiner allgemeinen Kritik schärfer zu sein als etwa die jüdischen Abwehrorganisationen, gleichzeitig aber das »Semitische in specie« eher zu verschweigen oder zumindest zurückzunehmen.[71] Er hatte in den ersten Kriegsjahren darauf gehofft, der Antisemitismus werde sich durch Aufklärung und sachliche Information widerlegen lassen und deshalb das *Büro für Statistik der Juden* finanziell unterstützt.[72] Ende 1916 hielt er es angesichts der geplanten *Judenzählung* des preußischen Kriegsministeriums für zwecklos, »philanthropische Auseinandersetzungen zu machen in einer Frage, die seit Jahrzehnten nach allen Richtungen erörtert ist. Es kommt darauf an, heute Tatsachen zu geben und diesen die kurze Erklärung hinzuzufügen, daß angesichts politischer Notwendigkeit und angesichts der Beteiligung der Juden am Kriege mit den Mißständen ein Ende gemacht werden muß. Alles, was nach Bitten und Dialektik aussieht, scheint mir nicht mehr angängig.«[73]

So, schien er trotz seiner Erfahrungen mit dem Kriegsministerium zu hoffen, konnte die politische Führung des Reiches überzeugt werden. Den Antisemiten gegenüber waren allerdings auch die besten sachlichen Argumente sinnlos. Das wußte Rathenau nicht zuletzt deshalb, weil er durch Schwaner laufend über die gegen ihn gerichtete Propaganda in den völkisch-antisemitischen Kreisen informiert wurde. Schwaner schickte ihm auch Antisemiten, damit diese, wie er selbst, durch den »dunklen edlen Juden« »erlöst« würden.[74] »Diesen Menschen«, schrieb Rathenau im August 1916 an Schwaner, »die einen Teil ihres Lebens auf Haß gestellt haben, ... ist dieser Haß ein Bedürfnis und eine Existenzberechtigung.«[75] Sie seien deshalb durch die Realität auch nicht zu beeindrucken: »Je mehr Juden in diesem Kriege fallen, desto nachhaltiger werden ihre Gegner beweisen, daß sie alle hinter der Front gesessen haben, um Kriegswucher zu betreiben.«[76] Später, nach dem Krieg, bestimmte er die Träger des Antisemitismus sozial genauer als die Söhne des »sterbenden und gestorbenen Mittelstandes«,[77] womit die Lösung des Problems untrennbar mit dem Gesamtproblem der deutschen Wirtschafts-, Sozial- und Außenpolitik nach dem Kriege verbunden und von ihr abhängig gemacht wurde.

IV

Diese Ansätze zu einer Sozialpsychologie des Antisemitismus, die ja von heutigen Erklärungsmustern nicht so sehr weit entfernt sind, zeigen, daß Rathenau mehr von dem Charakter des als Massenbewegung organisierten völkisch-rassistischen Antisemitismus verstanden hatte als das organisierte Judentum, dem David Engel vorgeworfen hat, diesen völlig verkannt und deshalb eine verfehlte ›Abwehr‹-Politik betrieben zu haben.[78] Ein Indiz dafür ist die 1917 wiederaufflammende Debatte über die Judentaufen, die man als die Wiederaufnahme einer Auseinandersetzung des 19. Jahrhunderts beschreiben kann.
Rathenau hat in seinem Beitrag zu dieser Debatte, der *Streitschrift vom Glauben,*[79] seine Kritik an der Forderung nach Taufe der Juden wiederholt. Allerdings stand jetzt nicht mehr der Hinweis auf den durch die Prämierung der Taufe verursachten unmoralischen und unzweckmäßigen Selektionsmechanismus im Mittelpunkt; Rathenau protestierte auch nicht im Namen des kultivierten bürgerlichen Juden, der auf seinen Beitrag zur kulturellen, staatlichen und wirtschaftlichen Entwicklung Deutschlands stolz war. Vielmehr entwickelte er eine Definition der jüdischen Religion, nach der diese die einzige rein deistische, dogmen- und kirchenfreie Religion sei. Da Taufe Übertritt nicht (nur) zu einem neuen Glauben bedeute, sondern unweigerlich auch Eintritt in eine Kirche, und Rathenau Kirche als »Mechanisierungsform eines Glaubens«[80] ansah, konnte er seine jüdische Religion als die eigentlich moderne, weil postmechanische Religion darstellen.[81] Als überkonfessionellen Glauben identifizierte er sie zugleich mit dem, was er den »deutschen Glauben«[82] nannte. Jenseits von Rasse und Konfession sollte damit, was man Rathenaus Identitätsproblem nennen könnte, versöhnt werden. Die Versöhnung konnte aber auch nur im Utopischen erreicht werden.[83] Daß er zuvor betont hatte, er stünde »auf dem Boden der Evangelien«,[84] hat zwar viel Aufmerksamkeit erregt, war aber eigentlich weniger neu. Identifizierungen mit christlicher Transzendenz, die Berufung auf die neutestamentarische Ethik der Liebe und die Aufnahme Christi in die von Rathenau häufig und gerne aufgeführte Liste der ›weltbestimmenden‹ Juden, zu denen er einem von Bülow kolportierten Witz zufolge auch sich selber zählte, finden sich an zahlreichen Stellen seiner Werke und Briefe.[85] Neben dieser universalhistorischen Überhöhung des Judentums identifizierte sich Rathenau auch direkt mit den jüdischen Propheten, zugespitzt in einer Formulierung von Lili Deutsch, die nach der Veröffentlichung von *Staat und Judentum* ihrem Bruder Paul Kahn schrieb, Walther wolle »der Messias der Juden werden«.[86]
Daß seine Bestimmung des Judentums mit dem Glauben der meisten Juden wenig zu tun hatte, wußte Rathenau. Die Dogmenfreiheit des Judentums sei »keine empirische, sondern eine virtuelle«. Worauf es ankomme, sei »die Freiheit, die eine allgemeine Glaubensvereinbarung gestattet«,[87] also die Frage, »ob das Judentum seinem religiösen Inhalt nach als so dogmenfrei angesehen werden kann, daß ein reiner, weder durch Kirchenvorschriften noch durch Ritualgesetze beschränkter Monotheismus in ihm Raum hat«,[88] wobei er mehrfach betonte, daß für ihn im Religiösen das Gesinnungsmäßige vor dem Handlungsmäßigen Vorrang habe.[89] Weil er ihm diesen »konfessionellen Liberalismus« nicht zu sichern schien, weil er sich »mit orthodoxen und rituellen Forderungen identifiziere«,[90] hat sich Rathenau auch geweigert, dem *Centralverein deutscher Staatsbürger jüdischen Glaubens* beizutreten, so weitgehende Übereinstimmung er auch nach einem Gespräch mit dessen führendem Ideologen, Eugen Fuchs, konstatierte.
Fuchs und mit ihm der Zentralverein sah in dem »Kampf für die soziale und wirtschaftliche Stellung der Juden«, aber auch im »Kampf gegen das Renegatentum« die Hauptaufgabe, forderte die völlige Gleichberechtigung auch der orthodoxen Juden und war nicht bereit, die für Rathenau seit

jeher zentrale Frage der Reformbedürftigkeit des Judentums auch nur zur erörtern.[91] Hinzu kommt, daß Rathenau Aktionen von Juden als Juden gegenüber immer äußerst negativ eingestellt war: in Wirklichkeit gäbe es keine jüdische Solidarität und dürfe es sie auch nicht geben: »Über eine Gemeinschaft der religiösen Vergangenheit und Gegenwart geht die jüdische Bindung nicht

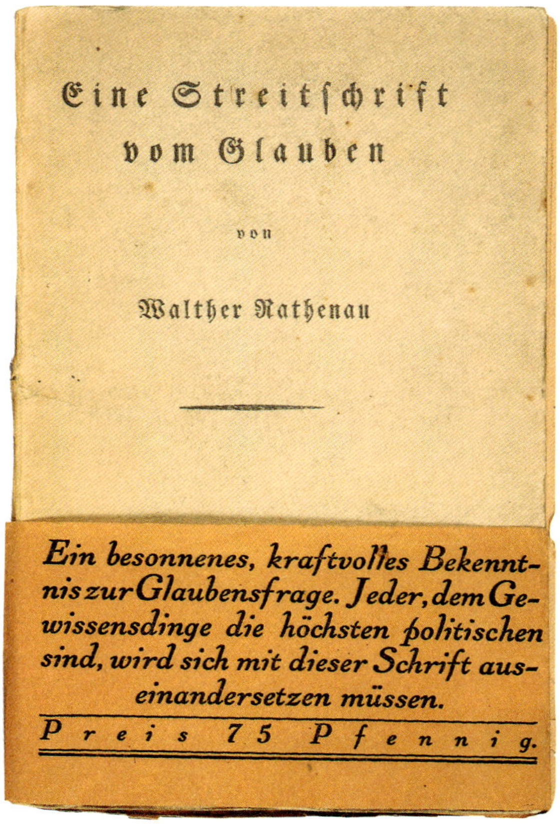

Eine Streitschrift vom Glauben, 1917 (Kat.Nr. 3/6)

hinaus.«[92] Angesichts dessen und natürlich vor allem wegen seines deutschen Patriotismus bedarf es keiner ausführlichen Erklärung dafür, daß Rathenau den Zionismus ablehnte und sich gegen dessen Vereinnahmungsversuche – so verstand er die Rede von der jüdischen Nation – entschieden zur Wehr setzte, wenn er auch die Auswanderung von Ostjuden befürwortete und ein begrenztes Interesse an den jüdischen Siedlungen in Palästina zeigte.[93]

Hatte Rathenau bereits die jüdische Religion als modern geschildert, so überhöhte er jetzt, nach dem Krieg, auch die weltgeschichtliche Rolle des Judentums, weil es postnational sei und den Staat, der zwar »der höchste und edelste«, aber eben doch Teil der Mechanisierung sei, überwunden habe.[94] Nicht nur, daß es Rathenau als »Atavismus« ansah, die Juden »zu Boden und Handarbeit« zurückführen zu wollen.[95] Gerade durch die Tatsache, daß sie »seit mehr als 2000 Jahren ... keinen eigenen Boden besessen« hätten, seien die Juden »in einen Zustand gekommen, der auch Freiheit von jedem Staatswesen bedeutet – d.h. einen Zustand, der in einigen tausend Jahren in der ganzen Welt verwirklicht sein wird.«[96] Das ›Reich der Seele‹, Rathenaus utopisches Ideal, wird hier also als etwas Jüdisches behandelt.

Zu den Leit- und Identifikationsfiguren in Rathenaus Selbstbild als jüdischer Führer gehörte in erster Linie der von italienischen Juden abstammende britische Premierminister Benjamin Disraeli. Der Zionist Kurt Blumenfeld hat Rathenaus ihm und Einstein gegenüber 1922 gemachte Äußerung, er, Rathenau, säße »natürlich ... lieber in der Downingstreet als in der Wilhelmstrasse« als Eingeständnis dafür gewertet, daß Rathenau gewußt habe, in Deutschland zwar eine politische Funktion zu erfüllen, aber doch nicht wirklich zu den Deutschen zu gehören.[97] Deswegen hätte, so Blumenfeld, Rathenau nicht der Repräsentant Deutschlands werden dürfen und das Amt des Außenministers ausschlagen müssen. Rathenau selbst hatte sich in den ersten Jahren nach der Revolution kritisch über die große Zahl von Juden in öffentlichen Positionen geäußert, wenn er auch die »vorausgegangene Kastenherrschaft«[98] dafür verantwortlich machte. Das hinderte ihn nicht, 1921 als Wiederaufbauminister und 1922 als Außenminister in das Kabinett einzutreten, als deutscher Patriot, der von seiner eigenen Befähigung überzeugt war, aber auch in der Nachfolge Disraelis, auf die er manchmal anspielte. Tatsächlich aber wußte Rathenau genau, daß die Rolle Disraelis nicht mehr gespielt werden konnte. »Die Unproduktiven, die nur die Vergangenheit kennen und an Epigonitis leiden, wollen die bekannte Rolle eines Gladstone, Disraeli, Thiers, und Gambetta geben, weil sie nicht wissen, daß Politik Verwirklichung des Künftigen, nicht Neueinstudierung des Alten ist.«[99]

Die Judenfrage schien ihm nur lösbar »durch allgemeines Fortschreiten der Sittlichkeit der Welt und ihrer Einrichtungen«.[100] Das war wenig angesichts der inflationsbedingten Schwächung des Bildungsbürgertums, das eine solche Entwicklung hätte tragen können, dessen Ruin gleichzeitig – wie gezeigt – die Anhänger des Antisemitismus hervorbrachte, wenig auch gegenüber den an Zahl und an Infamie zunehmenden antisemitischen Angriffen. Sie verschärften sich, seit er 1921 Minister geworden war, zu direkten Morddrohungen[101] – Rathenaus Mörder haben später mit der Behauptung, sie hätten Rathenau als »Börsen- und Sowjetjuden« getötet, ihr eigentliches Motiv allerdings eher verschleiert. Was die Angriffe gegen seine eigene Person betraf, hat Rathenau sich konstant geweigert, dagegen öffentlich Stellung zu nehmen oder gerichtlich vorzugehen und seine Person polizeilich schützen zu lassen, so deutlich auch seine Betroffenheit bisweilen zu spüren war.[102] Nur als die antisemitische Zeitschrift *Auf Vorposten* seinen Vater Emil Rathenau als einen der ›Weisen von Zion‹ beschimpfte, forderte er eine Verschärfung des Persönlichkeitsschutzes und erstattete Strafanzeige wegen Beleidigung.[103] Rathenau wußte zu genau, in welchem Maße der Antisemitismus Ausdruck der Probleme seiner Umwelt war, blieb in seiner besonderen Weise auch zu stark mit dem Judentum identifiziert, als daß die Judenfrage nicht auch weiterhin sein Problem gewesen wäre. Mit seinem politischen Aufstieg seit 1920 vermied er allerdings die Provokationen, die seine Äußerung zur Judenfrage immer auch bedeutet hatten, ja vermied er das Thema überhaupt.[104]

Walther Rathenau hat sich also »beinahe bewußt« geopfert.[105] Will man seine Haltung gegenüber dem Judentum nach dem Weltkrieg zusammenfassen, so wird man der Einschätzung Eduard Korrodis zustimmen können, der nach einem Gespräch mit Rathenau im November 1919 seine Eindrücke mit den Worten zusammenfaßte: »Man sprach von der Judenfrage in Deutschland. Sie sollte noch mehr eine ›Christenfrage‹ werden in ihrer Behandlung aus christlichem Geiste, meinte er (Rathenau). Sein Auge glänzte, er rief Propheten des alten Bundes auf. Er bekannte sich zu Spinoza und Marx. Aber der Glanz aus seinen Augen entleerte sich, als das konkrete Problem der Assimilation der Juden im deutschen Volke zur Diskussion stand. Man schwieg. Dieses Schweigen war beredter als jedes Wort.«[106] Die Differenz zwischen weltgeschichtlicher Überhöhung und realhistorischer Einsicht ließ sich nicht mehr überbrücken.

Anmerkungen

1. Rudolf Kallner: Herzl und Rathenau, Stuttgart 1976, S. 32.
2. W. Hartenau: Höre, Israel!, in: »Die Zukunft«, 18 (1897), S. 454–462; hier zitiert nach: Höre, Israel!, Imp., S. 3–20.
3. Für Beispiele vgl. etwa Peter Loewenberg: Antisemitismus und jüdischer Selbsthaß, in: Geschichte und Gesellschaft 5, 1979, S. 461, Anm. 22.
4. Die handschriftliche Fassung findet sich im Moskauer Nachlaßfund. Für die Textvarianten verweise ich auf Bd. 1 der Gesamtausgabe, den Hans Dieter Hellige vorbereitet
5. Höre, Israel!, Imp., S. 4.
6. Ebd., S. 6.
7. Vgl. dazu Arnold Pauker: Die Abwehr des Antisemitismus in den Jahren 1893–1933, in: Herbert A.Strauß/N.Kampe (Hg.): Antisemitismus, 2. Auflg. Frankfurt a. M.1988, S. 147.
8. Höre, Israel!, Imp., S. 4.
9. Ebd., S. 12.
10. Ebd., S. 10.
11. Handschriftliche Fassung. Zur späteren Distanzierung Rathenaus davon vgl. besonders seinen Brief an Gottlieb von Jagow vom 11. 7. 1917, BNF 1930, Nr. 185. Für Briefe, die ohne Fundort zitiert werden, verweise ich auf die Neuausgabe des Briefwechsels Rathenaus, den ich als Bd. 5 der Gesamtausgabe vorbereite.
12. Höre, Israel!, Imp., S. 18.
13. Ob die Überarbeitung für den Druck von Rathenau selbst oder von Maximilian Harden stammt, läßt sich bisher nicht entscheiden.
14. Dies nach Ernst Schulin: Walther Rathenau und sein Integrationsversuch als »Deutscher jüdischen Stammes«, in: Walter Grab (Hg.): Jüdische Integration und Identität in Deutschland, 1848–1918, Tel Aviv 1984 (Jahrbuch des Instituts für deutsche Geschichte, Beiheft 6), S. 21
15. Rathenau an Wilhelm Schwaner, 17. 7. 1914, B I, Nr. 137
16. Gesprächsaufzeichnung von Lore Karrenbrock, in: Gespräche, GA II, S. 788
17. Vgl. dazu Kessler: Rathenau, S. 13ff.; Schulin: Integrationsversuch, S. 14f. und Hellige: Einleitung, GA VI, S. 29
18. Hellige, Einleitung, GA VI, S. 29
19. Vgl. dazu Shulamit Volkov: Selbstgefälligkeit und Selbsthaß, in: dies.: Jüdisches Leben und Antisemitismus im 19. und 20. Jahrhundert, München 1990, S. 185ff.
20. Das überragende Beispiel dafür ist Kesslers Rathenau-Biographie.
21. Vgl. dazu die Gesprächsaufzeichnung Eugen Schiffers, in: Gespräche, GA II, S. 836
22. So findet sich in den Briefen, die er während seiner Straßburger Studienzeit an die Mutter schrieb, keinerlei Hinweis auf sein Drama *Blanche Trocard,* das als Schlüsseltext für Rathenaus Haltung gegenüber seiner Familie gelesen werden kann. Vgl. dazu Peter Loewenberg: Walther Rathenau and German Society, Diss. University of California, 1966, S. 31f., sowie Hellige: Einleitung, GA VI, S. 34
23. Ernst Schulin: Die Rathenaus. Zwei Generationen jüdischen Anteils an der industriellen Entwicklung Deutschlands, in: Werner E. Mosse (Hg.): Juden im wilhelminischen Deutschland 1890–1914, Tübingen 1976, S. 118.

24. Ihre Enkelin hat sie Jahrzehnte später als »echte und stolze Jüdin« beschrieben: Ursula von Mangoldt: Auf der Schwelle zwischen Gestern und Morgen, Weilheim 1963, S. 24.
25. Vgl. dazu den Brief Mathilde Rathenaus an Ernst Jacob vom 20. 7. 1926, in: Ernst Jacob: Walther Rathenau als Deutscher und Jude in seinen Briefen und Schriften, in: Der Morgen 2, 1927, S. 606.
26. Vgl. dazu Volkov: a.a.O., sowie Werner E.Mosse: The German-Jewish Economic Elite 1820–1935, Oxford 1989, S. 93ff.
27. Vgl. etwa den Brief an Mathilde Rathenau vom 15. 1. 1888
28. Walther an Mathilde Rathenau, 15. 1. 1887 und 5. 6. 1887
29. Walther an Mathilde Rathenau, 11. 11. 1887
30. Walther an Mathilde Rathenau, 23. 1. 1887
31. Jacob Toury: Die bangen Jahre (1887/1891). Juden in Deutschland zwischen Integrationshoffnung und Isolationsfurcht, in: P.Freimark (Hg.): Juden in Deutschland, Hamburg 1991, S. 164–185
32. Walther an Emil Rathenau, 9. 12. 1892
33. Staat und Judentum (1911), in: GS I, S. 188f. und S. 192. Für die Stellung der Juden im preußischen Militär vgl. allgemein Werner T. Angress: Prussia's Army and the Jewish Reserve Officer Controversy before World War I., in: Leo Baeck Institute, Yearbook XVII, 1972, S. 19–42.
34. Walther an Mathilde Rathenau, 23. 1. 1887. Der Leutnant habe, heißt es dort weiter »im Durchschnitt ... außer der sogenannten Schneidigkeit keine markante Eigenschaft. Schneidig zu sein (ist) ja allerdings ein Vorzug, es (ist) aber zugleich das dernier réfuge aller derer, die nicht im Stande gewesen wären klug, gebildet, liebenswürdig, tüchtig oder sonst etwas ähnliches zu sein ...«
35. Walther an Mathilde Rathenau, 7. 8. 1891.
36. Zu Rathenaus Militärzeit Gerhard Hecker: Walther Rathenau und sein Verhältnis zu Militär und Krieg, Boppard 1983, S. 15ff.; zu seiner Schulzeit Hellige: Einleitung, GA VI, S. 31f mit den verfügbaren Quellen
37. Vgl. dazu Hellige: Einleitung, GA VI, S. 91ff.
38. Zu diesem »Resultat einer typischen Form der Identitätskrise formal gleichberechtigter, faktisch aber diskriminierter jüdischer Minoritäten in kapitalistischen Gesellschaften«, die mit einem auf Theodor Lessing zurückgehenden Begriff als »jüdischer Selbsthaß« bezeichnet wird, vgl. Loewenberg: a.a.O.; Hans-Dieter Hellige: Generationskonflikt, Selbsthaß und die Entstehung antikapitalistischer Positionen im Judentum, in: Geschichte und Gesellschaft 5, 1979, S. 476–518, hier S. 481, sowie, aus einer weniger psychologischen als begriffsgeschichtlichen Perspektive, Sander Gilman: Jewish Self-Hatred, Baltimore/London 1986 (deutsch Frankfurt a. M. 1993).
39. Walther an Mathilde Rathenau, 17. 6. 1896.
40. In einem Brief an seinen Bruder Erich vom 30. 1. 1893.
41. Zu Rathenaus eigener Darstellung des Generationskonflikts vgl. besonders Unser Nachwuchs (1909), in: NGS II, S. 349–361.
42. Vgl. dazu Peter Honigmann: Die Austritte aus der Jüdischen Gemeinde Berlin 1873–1941, Frankfurt a. M. 1988, S. 14f.
43. Etta Federn-Kohlhaas: Walther Rathenau, Dresden 1927, S. 40.
44. Zur Dreyfus-Affäre siehe Zwischentext, GA VI, S. 310f
45. Zit. nach Hellige: Generationskonflikt, S. 506. Vgl. dazu auch Hellige, Einleitung, GA VI, S. 67f
56. Alfred Kerr: Walther Rathenau, Amsterdam 1935, zit. nach: Gespräche, GA II, S. 628
47. Erinnerung M. Weiners, in: Gespräche, GA II, S. 624
48. Steven E.Aschheim: Brothers and Strangers. The East European Jew in German and German Jewish Consciousness 1800–1923, Madison 1982, S. 129.
49. Zu den ›Kaiserjuden‹ vgl. Jacob Toury: Die politischen Orientierungen der Juden in Deutschland, Tübingen 1966, S. 239ff., und Werner E. Mosse: Wilhelm II and the Kaiserjuden: A Problematical Encounter, in: Jehuda Reinharz/Walter Schatzberg (Hg.): The Jewish Response to German Culture: From the Enlightenment to the Second World War, London 1985, S. 164–195.
50. So hat er sich selbst mehrfach bezeichnet; vgl. etwa Rathenau an Frau von Hindenburg, 12. 12. 1917, B I, Nr. 321
51. Hellige, Einleitung, GA VI, S. 176.
52. Zur Kritik der Zeit (1912), GA II, S. 35f. Vgl. auch den Brief Rathenaus an Harden vom 20. 1. 1904, in: GA VI, Nr. 65, S. 372f. mit Anm. 1
53. Zur Mechanik des Geistes oder Vom Reich der Seele (1913), GA II, S. 216
54. Kessler: Rathenau, S. 138
55. So der Titel eines Aufsatzes, den Rathenau am 16. 5. 1912 in der Neuen Freien Presse, Wien, veröffentlichte.
56. Staat und Judentum (1911), GS I, S. 190
57. Ebd., S. 186. Für die Funktionalisierung des Antisemitismus durch den Staat zur Überdeckung von Interessenkonflikten vgl. auch Rathenaus Brief an Frederik van Eeden vom 24. 12. 1918, PB, Nr. 135.
58. Staat und Judentum (1911), GS I, S. 197.
59. Ebd., S. 199.
60. Die Juden »in ihrer Gesamtheit«, schrieb er am 31. 1. 1911 an Alfred Apfel, hätten »bisher so gut wie nichts unternommen, den Staat zur Änderung seiner Judenpolitik zu bestimmen«. Vgl. speziell zum jüdischen Proletariat Rathenaus Brief an W.Philippstein vom 30. 7. 1916, B I, Nr. 207
61. So etwa um 1906 im Gespräch mit Kessler, in: Gespräche, GA II, S. 650f.; vgl. dazu auch Vier Nationen (1907), in: GS IV, S. 139f, sowie den Brief an Gottlieb von Jagow vom 11. 7. 1917, BNF 1930, Nr. 185. Das hieß aber nicht, daß er mit den Thesen von Werner Sombart übereingestimmt hätte, die dieser ebenfalls 1911 in »Die Juden und das Wirtschaftsleben« veröffentlicht hatte. Vielmehr hielt Rathenau gegen Sombart und Max Weber die »Verdichtung« der Bevölkerung für die »Grundfunktion« der Enstehung des »Neuzeitwesens«; vgl. evtl. *Zur Kritik der Zeit* (1912), GA II, S. 71f. und Rathenau an Wilhelm Solf, 4. 5. 1914, B I, Nr. 126
62. Hellige, Einleitung, GA VI, S. 186
63. Rathenau an Wilhelm Schwaner, 18. 8. 1916
64. Constantin Brunner: Rede der Juden. Wir wollen ihn zurück!, 4. Auflg. Stuttgart 1969, S. 77.
65. Vgl. dazu Rathenau an Hermann Stehr, 14. 8. 1914, in: Hermann Stehr – Walther Rathenau, Zwiesprache über den Zeilen, Leipzig/München, 1946, S. 25 ff.; Hecker: Rathenau, S. 155ff., Ernst Schulin: Krieg und Modernisierung. Rathenau

als philosophierender Industrieorganisator im Ersten Weltkrieg, in: Tilmann Buddensieg u.a.: Ein Mann vieler Eigenschaften. Walther Rathenau und die Kultur der Moderne, Berlin 1990, S. 55–69.
66. Zur Haltung der Juden im August 1914 vgl.etwa Saul Friedländer: Die politischen Veränderungen der Kriegszeit und ihre Auswirkungen auf die Judenfrage, in: Werner E. Mosse (Hg.): Deutsches Judentum in Krieg und Revolution 1916–1923, Tübingen 1971, S. 30f.
67. Zu den Gründen für Rathenaus Ausscheiden vgl. Hecker, a.a.O., S. 237ff.
68. Rathenau an Kurt Riezler, 8. 6. 1916 und fast gleichlautend an Emil Ludwig, 17. 5. 1916, B I, Nr. 200
69. Vgl. dazu das Gespräch mit seinem Nachfolger Joseph Koeth am 21. 3. 1917.
70. Zum Antisemitismus während des Ersten Weltkrieges Werner Jochmann: Die Ausbreitung des Antisemitismus in Deutschland 1914–1923, in: ders: Gesellschaftskrise und Judenfeindschaft in Deutschland 1870–1945, 2. Auflg., Hamburg 1991, S. 99–170.
71. Rathenau an Max Warburg, 24. 6. 1921.
72. Rathenau an Samuel Joseph, 23. 9. 1919. Das Büro war vom »Verband der deutschen Juden« eingerichtet worden, um den jüdischen Beitrag im Weltkrieg zu dokumentieren.
73. Rathenau an Max Warburg, 28. 11. 1916, B I. Nr. 216. Die Denkschrift Warburgs, auf die sich Rathenaus Replik bezieht, bei Werner T. Angress: Das deutsche Militär und die Juden im Ersten Weltkrieg, in: Militärgeschichtliche Mitteilungen 19, 1976, S. 106ff.
74. Wilhelm Schwaner an Rathenau, 3. 12. 1913.
75. Rathenau an Wilhelm Schwaner, 18. 8. 1916, B I, Nr. 208
76. Rathenau an Wilhelm Schwaner, 4. 8. 1916.
77. Zeitungsinterview, Ende August 1921, in: Ernst Schulin (Hg.): Gespräche mit Rathenau, München 1980, S. 303f
78. David Engel: Patriotism as a Shield. The Liberal Jewish Defence against Anitsemitism in Germany during the First World War, in: Leo Baeck Institute Yearbook 31, 1986, S. 162.
79. Eine Streitschrift vom Glauben (1917), GS V, S. 95–119
80. Ebd., S. 103
81. »Um 2000 Jahre ist der Geist des Judentums der Welt voraus«, heißt es in der Apologie, »denn so lange hat es die Begriffe der Volksgebundenheit, des Staates, der Kirche und des Dogmas von sich abgetan.« Es sei aber auch 2000 Jahre zurück, »weil es die eigene Verkündigung nicht verstanden hat.« Apologie (1919), GS VI, S. 445
82. An Deutschlands Jugend (1919), GS VI, S. 99
83. Diese Nähe des Utopischen mit dem Religiösen verband Rathenau mit den Mitgliedern des Forte-Kreises, zu dem er neben Buber, Landauer, Gutkind, van Eeden und anderen auch selber gehörte. Vgl. dazu Christine Holste: Der Forte-Kreis (1910–1915). Rekonstruktion eines utopischen Versuchs, Stuttgart 1992, bes. S. 8.
84. Eine Streitschrift vom Glauben (1917), GS V, S. 109
85. Eine Liste dieser Juden etwa in dem Brief an Paul Bernhard vom 28. 7. 1920: »Mosis, Christus, Paulus, Spinoza und mit weitem Abstande Marx«; Bernhard von Bülow: Denkwürdigkeiten, Bd. 3, Berlin 1931, S. 41.
86. Lili Deutsch an Paul Kahn, 26. 1. 1911: zitiert nach Schulin: Integrationsversuch, S. 26. Man vgl. auch die prophetische Sprache der Gedichte, in denen er 1913 den Geist der Befreiungskriege beschwor, und den prophetischen Ton, in dem er sich 1918 an Deutschlands Jugend wandte.
87. Rathenau an Max Schneidewin, 5. 11. 1917, B I, Nr. 311
88. Rathenau an den Rabbiner Ludwig A.Rosenthal, 16. 9. 1917, B I, Nr. 299. Vgl. auch Apologie (1919), GS VI, S. 443
89. Rathenau an Max Schneidewin, 5. 11. 1917, B I, Nr. 311.
90. Rathenau an Eugen Fuchs, 18. 4. 1918, in C. V-Zeitung, 5. 7. 1922, S. 218
91. Eugen Fuchs an Rathenau, 25. 1. 1917. Für die Abkehr des CV von einer reinen Abwehr- und Gleichstellungspolitik hin zu einer Politik der Bewahrung vgl. auch Ismar Schorsch: Jewish Reactions to German Antisemitism 1870–1914, New York 1972, bes. S. 145ff.
92. Rathenau an Leopold Sander, 25. 2. 1918, B II, Nr. 359. Vgl. auch die Gesprächsaufzeichnung von Lore Karrenbrock, Gespräche, GA II, S. 788
93. Vgl. etwa die Briefe an Alfred Apfel vom 16. 11. 1918, B II, Nr. 447. An A. Sussnitzki vom 28. 1. 1919 und an Julius Kaliski vom 28. 3. 1921, B II, Nr. 704
94. Von kommenden Dingen (1917), GA II, S. 320
95. Gespräch mit Richard Lichtheim (April 1919), Gespräche, GA II, S. 783
96. Rathenau an Karin Hammar, 8. 1. 1920, B II, Nr. 605
97. Gespräche, GA II, S. 874. Das Gespräch fand Anfang April 1922 statt
98. Rathenau an Lisbeth Stubenrauch, 22. 1. 1919, B II, Nr. 494. Vgl. auch das Gespräch mit Gustav Steinbömer, Gespräche, GA II, S. 875
99. Reden wir deutsch! (1920), NGS I, S. 135
100. Rathenau an Karin Hammar, 8. 1. 1920
101. Bekannt ist der vor allem in den Freikorps verbreitete Schmähvers: »Knallt ab den Walther Rathenau, die gottverdammte Judensau«, über den er wiederum von Wilhelm Schwaner in Kenntnis gesetzt wurde
102. Vgl. dazu die Gespräche mit Viscount d'Abernon, dem englischen Botschafter, und Franz Blei, in: Gespräche, GA II, S. 850 und S. 857f
103. »Auf Vorposten«, Dezember 1919 und Rathenau an Max Warburg, 24. 6. 1921
104. Vgl. zur Wertung Schulin: Integrationsversuch, S. 25f
105. Ebd., S. 38
106. Gespräche, GA II, S. 806f

»ICH BIN EIN DEUTSCHER JÜDISCHEN STAMMES«

Walther Rathenau als Jude

SHULAMIT VOLKOV

Über Walther Rathenau ist viel geschrieben worden. Sein Leben verlief, als sei es bestimmt gewesen, Vorbild oder Symbol zu werden. Der elegante Sohn eines bedeutenden Industriellen verkehrte mit den Prominenten und Einflußreichen, war ein begabter Schriftsteller und Philosoph, ein Mensch voller Gegensätze – in der Tat *ein Mann vieler Eigenschaften*.[1] Sein gewaltsamer Tod machte ihn schließlich zur Legende. Am häufigsten ist Rathenau als Prototyp der *Assimilationsjuden* beschrieben worden, ja, als Beispiel ihres Schicksals.[2] Walter Frank, der nationalsozialistische Historiker, sah in Rathenaus Leben, wie nicht anders zu erwarten, den endgültigen Beweis für das Scheitern jüdischer Emanzipation und Assimilation.[3] Aber auch Juden interpretieren sein Schicksal als böses Omen. Noch 1967, anläßlich seines hundertsten Geburtstags, veröffentlichte die südamerikanische Abteilung des *World Jewish Congress* eine Gedenkschrift, in der Rathenau voller Pathos als Symbol einer vergangenen Ära dargestellt wird, als Zeuge und als Beteiligter am historischen Mißerfolg der Emanzipation.[4] Der Traum von der deutsch-jüdischen Symbiose, so das Fazit des Autors, wurde mit Walther Rathenau für immer zu Grabe getragen.

Selbst Historiker, die vor allem an Rathenaus Einzigartigkeit interessiert sind, betonen seine Beispielhaftigkeit. So stellt Ernst Schulin zunächst Rathenaus exemplarischen Charakter heraus, macht jedoch kurz darauf deutlich, daß vieles an ihm einmalig war. Walther Rathenau mag tatsächlich der typische Vertreter der breiten Schicht von Juden in Deutschland gewesen sein, die, wie er, als echte deutsche Bürger gelten und akzeptiert werden wollten. Doch war er gewiß in mindestens zweierlei Hinsicht einzigartig. Erstens, so Schulin, wurde Rathenaus Fall durch sein dramatisches Scheitern ungewöhnlich. Sein Aufstieg war steil, sein Sturz war tief. Zweitens war die ständige Beschäftigung mit seiner jüdischen Identität sogar unter gleichgesinnten *Assimilanten*, höchst außergewöhnlich.[5]

Die Spannung zwischen Einzigartigkeit und Beispielhaftigkeit Walther Rathenaus hat nicht nur Ernst Schulin beschäftigt, sondern auch Hans Dieter Hellige hat sich diesem Problem in seinem Essay *Generationskonflikt, Selbsthaß und die Entstehung antikapitalistischer Positionen im Judentum* gewidmet.[6] Hellige zeichnet zunächst das Profil einer jüdischen Subgruppe: aufstrebende, sich assimilierende Intellektuelle, Söhne erfolgreicher, kapitalistischer Unternehmer, die sich die antisemitischen Stereotypen der Gesellschaft aneigneten, um sie als Medium zu benutzen, in dem sie den Protest gegen ihre Väter und deren kapitalistische Welt formulieren konnten. Der Antisemitismus ist gewissermaßen das symbolische Medium, in dem sich der innerfamiliäre Konflikt des Sohnes mit dem Vater und der Protest gegen den Kapitalismus miteinander verknüpfen lassen und schließlich, als ›innerjüdischer Antisemitismus‹ sich bis zum ›jüdischen Selbsthaß‹ steigern. Rathenau also als typischer Repräsentant einer Gruppe jüdischer Intellektueller.

In einem weiteren Artikel über Vater und Sohn Rathenau untersucht Schulin dasselbe Problem.[7] Wie repräsentativ war die Geschichte dieser beiden Männer, fragt er, und wie typisch war sie für die deutschen Juden im allgemeinen oder für irgendeine besondere Gruppe unter ihnen? Letzten Endes, glaube ich, scheinen seine Beobachtungen die Ambivalenz nur zu bestätigen. Natürlich will ich hier nicht versuchen, diese Ambivalenz zu leugnen oder gar zu beseitigen. In den folgenden Bemerkungen möchte ich nur dieser Diskussion einiges hinzufügen. Es handelt sich weder um eine neue Interpretation des Lebens und Werks Walther Rathenaus, noch um eine andere Deutung seiner Einstellung den Juden oder dem Judentum gegenüber. Vielmehr ist es die Frage seiner repräsentativen, prototypischen Position innerhalb des deutschen Judentums seiner Zeit, mit der ich mich hier befassen möchte.

I

Es ist wiederholt gesagt worden, daß Walther Rathenaus Abstammung von einer einigermaßen ungewöhnlichen Industriellenfamilie ihn bereits uncharakteristisch macht. Bis ziemlich weit ins 20. Jahrhundert hinein war der größte Teil jüdischen Reichtums durch Bankgeschäfte oder im Handel erworben worden. Oft bildete die Kombination beider die Grundlage für den jüdischen Erfolg, und dies blieb auch so während späterer Phasen der Industrialisierung.[8] Zwar ging der Anteil von Juden in diesen Sektoren der Wirtschaft seit etwa 1880 zurück, blieb aber trotz struktureller und organisatorischer Veränderungen beträchtlich.[9] Juden spielten in einigen Zweigen der verarbeitenden Industrie eine wichtige Rolle und traten besonders in der Textilfabrikation hervor; in der Schwerindustrie waren sie dagegen seltener zu finden.[10] Sie besaßen manchmal kleine Maschinenbauunternehmen, vor allem in Schlesien und in Berlin, doch Durchbrüche in moderne, technische Sektoren kamen bei ihnen selten vor.[11] Trotzdem, so argumentiert Werner Mosse in seinem Werk über die deutsch-jüdische Wirtschaftselite überzeugend, spielten Juden auch während der späteren wirtschaftlichen Entwicklungsstufen im Kaiserreich eine zentrale Rolle und hatten führende Positionen in der – wie er sagt - »korporativen Elite« dieser Zeit inne. »Contrary to what is sometimes asserted, the role of Jews in corporate economic activity in Germany was scarcely, if at all, inferior to the part they had played in the days of early industrialization, of private banking and of individual entrepreneurship.«[12] Mosse präsentiert eine eindrucksvolle Liste bedeutender Gründer und Teilhaber einiger der modernsten Finanzinstitutionen des Wilhelminischen Deutschland; er nennt auch führende Industrielle und Großkaufleute sowie eine beachtliche Gruppe von Betriebsdirektoren. So gelingt es ihm, wie es scheint, die Wichtigkeit auch dieser späteren Generation jüdischer Wirtschaftsmagnaten zu beweisen.

Zweifellos gehörte Emil Rathenau, Walthers Vater, zu dieser Gruppe,[13] in der er wegen seines außergewöhnlichen Interesses für technologische Fragen jedoch ohne Zweifel eine Ausnahmestellung hatte . Auch sein Sohn, obwohl sicherlich »the most eminent among members of the Jewish managerial elite, ... was in important respects a far from typical one«.[14] Er könnte vielleicht als typischer Industrieller der zweiten Generation gelten,[15] war aber in anderen Bereichen eine ganz besondere Erscheinung. Beide waren Mitglieder einer kleinen, aber mächtigen Wirtschaftselite in Deutschland und gehörten – oft sehr selbstbewußt – zu ihrem prominenten, jüdischen Teil. Beide waren aber auch, jeder in anderer Beziehung, sogar innerhalb dieses Kreises, eher einmalig und gewiß nicht repräsentativ.

Doch die erste Frage in diesem Zusammenhang ist nicht, ob Emil oder Walther Rathenau typisch innerhalb dieses besonderen gesellschaftlichen Milieus waren oder nicht, sondern ob man diese kleine Oberschicht überhaupt als repräsentativ für irgend etwas beim deutschen Judentum behandeln kann. Es existiert in der Tat eine feststehende historiographische Tradition, die solch eine Vermutung erhärtet. Sie bekräftigt die große Bedeutung der Oberschicht reicher Juden und knüpft vor allem an die Geschichte einiger berühmter Hofjuden im Deutschland des 17. und 18. Jahrhunderts und an die Geschichte der wohlhabenden jüdischen Stadtbourgeoisie, besonders im Berlin des frühen 19. Jahrhunderts, an.[16] Sie betrachtet den Erfolg dieser Schicht als Teil des allgemeinen wirtschaftlichen Aufstiegs der deutschen Juden, ein Aufstieg, der in diesen Fällen nur etwas dramatischer verlief; ihr Scheitern gilt dann als Schicksal des deutschen Judentums überhaupt. Hier muß man immer wieder an Jacob Tourys Warnung erinnern: Diese Männer bildeten – sicherlich zu Beginn des 19. Jahrhunderts, aber auch gegen dessen Ende – eine kleine Minderheit der Juden. Sie waren weder aufgrund ihrer Lebensgeschichte, ihres Reichtums oder ihres Status repräsentativ, noch waren sie besonders aktiv als Juden oder hilfsbereit ihren ärmeren Glaubensgenossen gegenüber.[17] Die sogenannten *Adelsbürger*, meist aus den wachsenden preußischen Städten um die Wende zum 19. Jahrhundert, überragten die Mehrheit der jüdischen Männer und Frauen derart, daß sie kaum als Vorbild zur Nachahmung, und erst recht nicht als Beispiel hätten dienen können, denn der Abstand zwischen ihnen und der übrigen Gemeinschaft war viel zu groß. Diese reichen Mitglieder der Wirtschaftselite konnten höchstens auf die Möglichkeiten der Emanzipation hinweisen, zuweilen auch auf deren Grenzen oder besonderen Probleme, aber das war auch alles.

Dies gilt auch für die Wilhelminische Ära, während der wir es in dieser Gesellschaftsschicht ebenfalls nur mit ein paar Dutzend Juden zu tun haben. Mosse, der in ›seine‹ jüdische wirtschaftliche Elite all diejenigen einschließt, die den Titel *Kommerzienrat* oder *Geheimer Kommerzienrat* trugen, zählt höchstens 250 Männer für das ganze 19. Jahrhundert auf.[18] Sie brachten es tatsächlich zu hohem wirtschaftlichen und gelegentlich auch bedeutendem gesellschaftlichen Ansehen. Doch dadurch, daß jeder eine Vielzahl von Funktionen hatte – sie saßen, wie zum Beispiel auch Walther Rathenau, in zahlreichen Aufsichtsräten – entstand der falsche Eindruck, es handle sich um eine große Gruppe mit ungeheurem Einfluß. Vielfach schienen sie allmächtig und überall anwesend zu sein – ein Dorn im Auge der Antisemiten. Ihre Position oder ihr Lebensstil können aber keinesfalls als repräsentativ für das deutsche Judentum angesehen werden.

Dies war eine Gemeinschaft kleiner und mittlerer Kaufleute und Händler; einige waren auch mehr oder weniger erfolgreich in freien Berufen, meist waren es Rechtsanwälte und Ärzte,[19] denen gewöhnlich begrenzte Mittel zur Verfügung standen und deren intellektuelle Ansprüche sehr bescheiden waren. Anders als innerhalb der jüdischen Elite gab es unter diesen Juden nur wenige radikale Assimilanten; noch kleiner war die Zahl derjenigen, die sich vollständig vom Judentum trennen wollten. Zwischen 1890 und 1910 liegen die Ziffern der Übertritte zur evangelischen Kirche in Deutschland bei ca. 10.000.[20] Zwar waren dies mehr Übertritte als je zuvor, sie zeigten aber keineswegs einen allgemeinen Trend an. Mitglieder der jüdischen Wirtschaftselite ließen sich wahrscheinlich häufiger taufen, aber manche, wie die Rathenaus, taten es nicht. Meistens hatten sie, wenn überhaupt, minimale Beziehungen zur Jüdischen Gemeinde, und nur selten interessierten sie sich für deren Angelegenheiten. Walther Rathenau selbst wollte nicht allein die 1876 durch preußisches Gesetz gegebene Möglichkeit nutzen, die jüdische Religionsgemeinde zu verlassen; auf einem Formular vom 26. Januar 1895 beantragte er den Austritt »aus dem Judentum«.[21] In dieser Hinsicht stand er gewiß der jüdischen Wirtschaftselite seiner Zeit näher als bei seinen späteren emphatischen Selbstdarstellungen als Jude. Doch für die Mehrheit der Juden im Wilhelminischen Deutschland war solch eine völlige Leugnung jüdischer Identität weder wünschenswert noch möglich. Von der mit dem Austrittsgesetz gegebenen Möglichkeit, die jüdische Gemeinde zu verlassen, machten nur sehr wenige Juden Gebrauch: selbst in der Metropole Berlin wurden vor 1885 nicht mehr als zehn Fälle registriert, und bis 1895 blieb die Zahl unter hundert.[22] Für

Emil Rathenau im Gespräch mit Kaiser Wilhelm II. (Kat.Nr. 1/20)

die meisten deutschen Juden war Assimilation – ein Wort, das zu dieser Zeit bereits polemisch benutzt wurde – normalerweise der Wunsch nach Integration, der Wunsch, als gleichberechtigte deutsche Bürger mit Nichtjuden zusammenzuleben – und manchmal wie sie zu leben. Assimilation war ihnen gleichbedeutend mit wirtschaftlichem Erfolg und gesellschaftlichem Status. Aber für die meisten hieß es keineswegs die Verleugnung ihrer jüdischen Identität.[23]

Mosse betont in seiner Untersuchung, daß auch die Mitglieder der Wirtschaftselite sowohl gesellschaftlich als auch geschäftlich immer und in erster Linie mit anderen Juden in Beziehung standen.[24] Trotzdem war ihr sozio-ökonomisches und kulturelles Milieu nicht vergleichbar mit dem der jüdischen Mehrheit im Kaiserreich. Sie hatten, wenigstens gelegentlich und bei formellen Anlässen, Verbindung mit ihren nichtjüdischen Pendants, und einige von ihnen, die *Crème de la Crème*, zur der auch Rathenau Vater und Sohn gehörten, verkehrten sogar mit dem Kaiser selbst.[25] Sie bildeten eine kleine bevorzugte *Minderheit in der Minderheit*. Ihr Leben, ihre Beziehungen und ihre inneren Konflikte schienen oft dramatisch und faszinierend, sie können aber sicher nicht als repräsentativ für die größere jüdische Gemeinschaft im damaligen Deutschland gelten.

II

Walther Rathenau war ohne Zweifel auch innerhalb dieser Gruppe eine Ausnahmeerscheinung, denn seine nachdrückliche, fast an Besessenheit grenzende Beschäftigung mit seiner jüdischen Herkunft und Identität war für Mitglieder eben dieser Gruppe ganz ungewöhnlich. Aber genau das, was hier seine Ausnahmestellung begründet, bringt ihn auf der anderen Seite wieder in die Nähe der großen Mehrheit der deutschen Juden, von der er sich in wirtschaftlicher und intellektueller Hinsicht so grundlegend unterscheidet wie die anderen Angehörigen der jüdischen Wirtschaftselite. Zwar gab es gerade in dieser Oberschicht manchmal Fälle extremer jüdischer Selbstablehnung. Doch auch hier scheint Rathenau wieder eine Ausnahme zu machen, obwohl er als junger Mann einige Jahre lang eindeutig eine Phase durchlebte, die von dem bestimmt wurde, was man ›jüdischen Selbsthaß‹ nannte, wovon sein Aufsatz *Höre, Israel!* lautstark Zeugnis ablegt. Selbst die Publikationsgeschichte dieses Artikels deckt einige zusätzliche, relevante Perspektiven auf. Er erschien zuerst 1897 in Maximilan Hardens *Die Zukunft* unter einem Pseudonym. Dann wurde er 1902 in einem Band gesammelter Aufsätze unter dem Namen des Verfassers abgedruckt, und es ist bezeichnend für Emil Rathenau und seinen gesellschaftlichen Konformismus, daß er sich damals bemühte, die gesamte Auflage soweit wie möglich zu erwerben, um sich, und vielleicht auch seinem Sohn, die unvermeidliche Peinlichkeit, die damit verbunden sein mußte, zu ersparen.[26] Es ist nicht weniger bezeichnend für Walther Rathenau selbst, daß er in späteren Ausgaben seiner Schriften den Aufsatz nicht wieder abdrucken ließ, und daß er sich von dessen zentralen Thesen distanzierte. In einigen privaten Briefen behauptete er, er habe ihn in der unglücklichen Stimmung seiner frühen Jahre geschrieben und verstünde kaum noch die darin enthaltenen Beschuldigungen.[27] Einige Jahre nach der Veröffentlichung von *Höre, Israel!* beschäftigte er sich mit Rassentheorien, wobei sein eigener Beitrag, der vom Kampf zwischen einer dunklen, orientalischen, jüdischen Rasse und einer nordischen, blonden, germanischen Rasse handelte, wohl als klarer Spiegel des inneren Kampfes mit seiner eigenen Identität als Jude und als Deutscher interpretiert werden kann.[28] Doch auch diese Theorien treten in späteren Jahren bei dem reiferen und wohl auch vorsichtigeren Rathenau mehr und mehr in den Hintergrund. Wenn er auch Ostjuden gegenüber, die fehlerhaftes Deutsch sprachen oder schlechte Umgangsformen besaßen, immer eine gewiße Abneigung empfand, so behielt er das für sich. Wenn er weiterhin den germanischen Typ dem jüdischen *Furchtmenschen* vorzog, so schien das fast eine intime Angelegenheit für ihn zu sein, die er anderen nicht mitteilte. Offensichtlich hatte er nicht mehr das Bedürfnis, solche Gedanken vor aller Welt auszusprechen; vielleicht schätzte er auch den Schaden, den sie ihm zufügen konnten, besser ein. Jedenfalls spielten diese Ansichten in seinen Schriften eine immer geringere Rolle – und gar keine bei seinem öffentlichen Auftreten.

Außergewöhnlich aufschlußreich sind in diesem Zusammenhang Alfred Kerrs Erinnerungen an eines seiner Gespräche mit Rathenau.[29] Rathenau habe immer nur über zwei Themen gesprochen, erzählt er, über »die soziale Zukunft Deutschlands und das Seitenproblem des Judentums«. »Es scheint mir als eine Pflicht des Anstands«, sagte Rathenau einmal zu ihm ›fast dozierend‹, »daß

Bildnis des Alfred Kerr

ich mich verantwortlich fühle für die deutschen Juden.« Kerr protestierte. Rathenau mache damit eine Unterscheidung zwischen Deutschen und Juden, die sonst nur Antisemiten machten. »Lieber Freund«, antwortete Rathenau, »wer bei großen wirtschaftlichen Unternehmungen an so auffallend sichtbarer Stelle steht wie wir, hat immer auch im Namen der andren zu denken, die (begründet oder nicht) mit uns als ›Stammesgenossen‹ gleichgesetzt werden. Darin liegt die notwendige Verantwortung für die Juden.« Und auf Kerrs Antwort, er verhalte sich so »ahnungslos antisemitisch«, entgegnete Rathenau: »Nein« – »es gilt Klarheit zu schaffen. Das ganze Judenproblem muß ins Auge gefaßt sein – es ist ein Problem.«[30] Es folgt dann Kerrs ausführliche Darlegung seines eigenen Standpunkts in der Sache, aber die Unterschiede zwischen ihnen sind ja schon deutlich zu erkennen.

Rathenaus nachdrückliche und beharrliche Art, seine Zugehörigkeit zum Judentum immer wieder zu betonen, war gewiß uncharakteristisch für sein Milieu. Er beginnt sogar seinen Frontalangriff gegen die so verachteten *Tiergartenjuden* in *Höre, Israel!* mit der demonstrativen Erklärung: »Von vornherein will ich bekennen, daß ich Jude bin.« In Bernhard von Bülows Memoiren begegnen wir erneut dieser ebenso herausfordernden wie verlegenen Attitüde: Als Rathenau, berichtet Bülow, auf höchst theatralische Weise auf ihn zukam, verbeugte er sich und begann »mit wohltönendem Organ und indem er die rechte Hand auf die linke Brust legte: ›Eure Durchlaucht ... bevor ich der Gunst eines Empfangs gewürdigt werde, eine Erklärung, die zugleich ein Geständnis ist.‹ Er machte eine kleine Pause, dann, mit schönem Ausdruck: ›Durchlaucht, ich bin Jude!‹«[31] Dies war zweifellos eine höchst ungewöhnliche Art, sich vorzustellen. Schließlich kannte Bülow Rathenaus Vater gut genug, und er antwortete auch sofort, daß er »keinen Anlaß gegeben hätte, bei mir Vorurteile und insbesondere antisemitische Tendenzen vorauszusetzen«. Man kann sich nur vorstellen, wie ein Alfred Kerr zusammengezuckt wäre, wenn er dabei gewesen wäre.

Kerrs Verhalten war wahrscheinlich typischer für die jüdische intellektuelle Elite dieser Zeit als Rathenaus. Aber war es auch typischer für die *grassroot* Assimilanten damals? Wie viele von ihnen würden Kerrs trockenes Dictum – »Er (der Antisemitismus) ist vorhanden... Die Aufgabe bleibt, so zu tun und zu empfinden, als ob er nicht ›vorhanden‹ wäre.«[32] – der theatralischen Befangenheit Rathenaus vorgezogen haben? Rathenau war oft taktlos, vielleicht sogar direkt anödend mit seiner Eindringlichkeit – aber war er deshalb weniger charakteristisch für deutsche Juden jener Zeit als Alfred Kerr?

Es gibt kaum Beweise für die Vermutung, daß die von Rathenau in *Höre, Israel!* geäußerten Ansichten unter deutschen Juden im Kaiserreich verbreitet waren;[33] von einer kleinen Gruppe jüdischer Intellektueller dürften sie jedoch häufiger vertreten worden sein. Viel verbreiteter waren eine gewisse Selbstzufriedenheit und ein gerüttelt Maß von Überheblichkeit, verbreiteter jedenfalls als Selbstkritik, von Selbsthaß ganz zu schweigen.[34] Wenn es auch stimmt und wohlbekannt ist, daß zwischen den gutsituierten, kulturell integrierten, in Deutschland ansässigen Juden und den Neuankömmlingen aus Rußland oder Galizien große Spannungen bestanden, so hätten sich gewiß nur wenige Juden zu dieser Zeit derart taktlos und gehässig über dieses Thema geäußert, wie der nicht mehr ganz junge Rathenau es zumindest dieses eine Mal getan hat. Für die meisten Juden war das Problem von Anfang an komplexer und vielschichtiger.[35] Es war Rathenaus späteres Ringen mit der Komplexität seiner deutsch-jüdischen Identität und seiner ihm daraus erwachsenden Verantwortung, die er, trotz gelegentlicher Befangenheit oder Scham, mit vielen seiner jüdischen Zeitgenossen geteilt haben mag. Eine solche Einstellung war vielleicht sogar unter den Juden stärker verbreitet, als Männer wie Kerr je hätten zugeben oder anerkennen wollen.

III

Trotzdem, denke ich, war Rathenau in keiner Weise repräsentativ für die Juden seiner Zeit. In zu vielen Hinsichten kann er weder für die jüdische Elite, zu der er gehörte, noch für das übrige deutsche Judentum als repräsentativ betrachtet werden. Er war ein viel zu ungewöhnlicher Mann und zu sehr ein Einzelgänger.

Ungewöhnlich war schon, daß Rathenau darauf bestand, sein Leben lang zwei Karrieren, vielleicht sogar drei, zu kombinieren: die eines Industriellen nach dem Vorbild seines Vaters, und die eines Schriftsteller-Philosophen, der utopische und oft unerwartet radikale Ansichten vertrat; schließlich auch die eines Politikers. Wie manche andere Mitglieder der zweiten Generation jüdischer Kapitalisten empfand Rathenau die Karriere, die ihm durch die Stellung seines Vaters ganz selbstverständlich offenstand, als ganz und gar abscheulich. Er hatte als junger Mann künstlerische Amitionen, spielte Klavier und besaß beachtliches Talent als Maler. Dennoch hat er, im Gegensatz zu anscheinend zielbewußteren Menschen seines Milieus,[36] die Erwartungen seines Vaters und dessen Zukunftspläne erfüllt. Er studierte Naturwissenschaften und bereitete sich auf eine Karriere als Nachfolger des Vaters vor. Obwohl er während seiner ersten Jahre als Direktor der *Elektrochemischen Werke* in Bitterfeld immer über seine Einsamkeit klagte und offensichtlich unglücklich war, entschloß er sich, durchzuhalten. Interessant ist, daß seine Mutter, die Empfängerin seiner melancholischen Briefe dieser Jahre – äußerst uncharakteristisch, würde ich sagen – vorschlug, er solle die ihm ganz offenbar nicht zusagende Tätigkeit aufgeben, sich seinen künstlerischen Neigungen widmen oder zur Universität zurückkehren, um seinen geistigen Bedürfnissen zu leben. Sie unterstrich, daß sogar der Vater seine Zustimmung signalisiert habe.[37] Walther Rathenau jedoch blieb in Bitterfeld, bis ihm einige Jahre später eine andere Stelle angeboten wurde, mit größerer Verantwortung und diesmal in Berlin.

Rathenau teilte die überaus kritische Position gegenüber dem damaligen kapitalistischen System mit vielen anderen der zweiten Generation der jüdischen Wirtschaftselite im Wilhelminischen Deutschland. Doch sein Verhalten war vielleicht noch ambivalenter als das ihre, wenn das überhaupt vorstellbar ist. Sein Verhältnis dem kapitalistischen Vater gegenüber war aber keinesfalls typisch. Zu Recht schreibt Mosse: »... [For] every Walther Rathenau, who resented an overpowering or, at any rate, dominant father and sought refuge in maternal affection, there was at least one Georg Tietz, who admired and indeed idolized his father, while resenting his mother's pretensions. The majority of cases – those of Hans Fürstenberg und Paul Wallich come to mind – probably lay somewhere between the two.«[38] Rathenau nahm die dominierende Persönlichkeit seines erfolgreichen Vaters tatsächlich übel, konnte sich aber, voller Zuneigung, auch an ihn in früheren Jahren erinnern – unglücklich nach dem Zusammenbruch seines ersten geschäftlichen Unternehmens und seltsam schutzbedürftig. Im großen und ganzen stimme ich mit Mosse überein, daß Walthers negative Einstellung seinem Vater gegenüber oft übertrieben worden ist.[39] Mosse führt als Beleg für diese These einen Abschnitt aus einem Brief Rathenaus an seinen damals noch engen Freund Maximilian Harden an: »... Ich habe meinen Vater sehr gern«, schrieb er 1906, »und gleiche ihm mehr von Tag zu Tag, obgleich er im äußeren und teilweise im inneren Leben alles verachtet, was ich liebe, und alles liebt, was ich verachte. Und doch sind wir uns im Menschlichen sehr nah, und ich halte ihn für einen genialen Menschen.«[40] Dieser Brief ist, glaube ich, charakteristisch für Walther Rathenaus Verhältnis zu seinem Vater. Treffend schreibt Ernst Schulin im allerersten Satz seiner Rathenau-Biographie: »Sohn zu sein, war für Walther Rathenau zeit seines Lebens ein ungewöhnlich wichtiges Verhältnis.«[41] Ganz offenbar stand er seinem Vater mit Ressentiment, ja, vielleicht sogar einem gewissen Haß gegenüber, aber auch mit großem Respekt und vielleicht sogar echter Liebe.

Vor allem aber war es Walther Rathenaus Pflichtbewußtsein, das ihn ein Leben lang im Geschäft des Vaters festhielt und das ihm schließlich über alles ging. Es schien zu seiner Natur zu gehören, mit zunehmendem Alter zu wachsen und schließlich zu einem seiner wichtigsten Wesenszüge zu werden. Es war wohl auch die Basis von Rathenaus Patriotismus. Er würde alles für Deutschland tun, pflegte er zu sagen, und das war sein Standardargument, wann immer er während der ersten Jahre der Republik davor gewarnt wurde, in die Politik zu gehen. Im April 1922 besuchten ihn Kurt Blumenfeld, der führend in der zionistischen Bewegung tätig war, und Albert Einstein; sie wollten ihn davon überzeugen, daß er kein Recht habe, Deutschlands Außenminister zu werden. Rathenau war ungerührt. »Warum nicht?«, antwortete er prompt, »Ich bin der geeignete Mann für mein Amt. Ich erfülle meine Pflicht gegenüber dem deutschen Volk, indem ich ihm meine Fähigkeiten und meine Kraft zur Verfügung stelle.«[42] Es ist nicht überraschend, daß er seinen engeren Freunden, die ihn vor Morddrohungen warnten, im selben Sinn antwortete. Er hatte nicht die Absicht nachzugeben.[43]

Die Mehrheit der deutschen Juden neigte politisch zum Liberalismus; die meisten wählten linksliberal. Dagegen waren die Mitglieder der jüdischen Wirtschaftselite politisch wesentlich heterogener; nicht wenige vertraten konservative Ansichten und wählten dementsprechend.[44] Rathenau bildete auch hier wieder eine Ausnahme. Zwar war er einige Jahre lang ein überzeugter Vertreter einer konservativen Kritik am Kapitalismus, die sich bei einigen seiner Freunde großer Beliebtheit erfreute. Seit der Jahrhundertwende jedoch begann er seine eigene, extrem eklektizistische Theorie zu entwickeln, in der er einerseits die Modernisierung bejahte, deren negative Folgen er aber andererseits vermindert wissen wollte, wofür er immer wieder neue Wege suchte. Er würzte seine Reformpläne mit einer Prise Sozialismus, weshalb er in den Augen vieler seiner Kollegen als gefährlich galt. Anders als viele von ihnen trat er während des Krieges für staatssozialistische Pläne ein und war an dessen Ende sogar bereit, grundlegende Änderungen im Industriesystem Deutschlands in Betracht zu ziehen. Offensichtlich war er kein Vorbild für die damalige jüdische Wirtschaftselite.

Trotz seines öffentlich erklärten Monarchismus und seines vehementen Patriotismus erwartete Rathenau bereits im Sommer 1914 nichts als Unheil vom Krieg. Er hatte keinen Anteil an der allgemeinen Euphorie im August 1914, und trotz seiner dauernden Aktivität für einen deutschen Sieg blieb er während des ganzen Krieges bei seiner pessimistischen Einstellung. Unerwartet fühlte sich gerade er am Ende durch Ludendorffs Dringen auf Waffenstillstand betrogen und versuchte etwas hilflos, die Kapitulation zu verhindern. Es war daraufhin wenig konsequent, daß er Mitglied der *Deutschen Demokratischen Partei* wurde und sich für die Republik einsetzte, ja, sogar zur Zusammenarbeit mit den Sozialdemokraten bereit war. Für Männer seiner Position war das alles sicher ganz ungewöhnlich. Sie neigten eher dazu, um die Monarchie zu trauern, deren Ende zu dem ›mutmaßlichen Selbstmord‹ Albert Ballins beigetragen haben soll. Ein anderer jüdischer Industrieller, Eduard Arnhold, »stellte im November 1918 der (entthronten) kaiserlichen Familie sein gesamtes Vermögen zur Verfügung«.[45] Walther Rathenau, der über das alte Regime wohl tief enttäuscht war, war flexibel und vielleicht auch ehrgeizig genug, sich an das neue Regime anzupassen. In der Tat sahen damals viele Juden, die nicht der Elite angehörten, der Zukunft der Republik mit einigem Optimismus entgegen. Doch ihr Standpunkt und ihre Zukunftsvorstellungen waren nicht die Rathenaus. Er war auch zu diesem Zeitpunkt kein Fürsprecher der deutschen Juden, kein Repräsentant ihrer Bestrebungen, kein typischer Vertreter ihrer Befürchtungen und Hoffnungen.

IV

Selbst wenn man Rathenau zur Not noch zu der einen oder anderen politisch-ideologischen Strömung der Zeit rechnen könnte – in seinem Lebensstil bliebe er ein eindeutiger Individualist. Besonders in seiner direkten gesellschaftlichen Umgebung mußte der Junggeselle als Ausnahme gel-

Nicht wegwerfen! Weitergeben! Aufklärungsblätter Nr. 236

„Höre, Israel!"

„Wie kann ein vernünftiger Mensch nur Judengegner sein.
„Die Juden sind doch auch Menschen."
„Sollen wir die Juden hassen, weil sie eine andere Konfession haben als wir? Das wäre ein Zeichen von Dummheit und Engherzigkeit."
„Es gibt auch anständige Juden." — „Und die weißen Juden sind oftmals noch viel schlimmer als die schwarzen." —
Das sind die Redensarten, die man im deutschen Volke überall — bei den Arbeitern, wie bei den Spitzen der sogenannten gebildeten Kreise — hören kann.
Es wäre schön, wenn sich die deutschen Lebensfragen durch so primitive Gedankengänge lösen ließen. Leider ist das aber nicht der Fall. Die deutschen Lebensfragen sind außerordentlich ernst und kompliziert, und es bedarf der nachhaltigsten Geistesarbeit befähigter Männer, um diesen Fragen auf den Grund zu kommen.
Die wichtigste, umfassendste und gefährlichste aller deutschen Lebensfragen ist die Judenfrage. Zu ihrem vollen Verständnis bedarf es eines gründlichen Wissens auf geschichtlichem, politischem, wirtschaftlichem, kulturellem, rassenkundlichem und biologischem Gebiete. Solches vielseitiges Wissen ist heute selten, deshalb begreifen auch die meisten Menschen die Judenfrage nicht. Mit Spezialbildung ist der Judenfrage nicht beizukommen; sie erfordert Universalwissen, Scharfsinn und Lebensweisheit.
Darum sehen wir, daß alle großen Geister der Vergangenheit entschiedene Gegner des jüdischen Wesens waren.
Es seien nur genannt: Cicero, Tacitus, Seneca, Mohamed, Martin Luther, Giordano Bruno, Friedrich der Große, Voltaire, Kant, Herder, Goethe, Napoleon, Fichte, Arndt, Pestalozzi, Moltke, Feuerbach, Fallersleben. Bismarck, Grillparzer, Schopenhauer, Rich. Wagner, Treitschke, Mommsen, Viktor v. Scheffel, Eugen Dühring, Professor Wahrmund und hundert Andere mehr.
Alle diese Männer besaßen ein großes und vielseitiges Wissen, waren ihren Zeitgenossen geistig überlegen und waren dadurch befähigt, das jüdische Wesen als schädlich für die anderen Völker zu durchschauen.
Die Judengegner befinden sich also in der besten Gesellschaft, wenn sie die Zurückweisung des jüdischen Einflusses fordern. Und diejenigen, die mit den eingangs erwähnten Redensarten um die Sache herum zu kommen glauben, bezeugen damit nur ihren Mangel an Intelligenz und Weitblick. Was aber noch wichtiger ist: Aus jüdischem Munde selbst ist es oft genug ausgesprochen worden, daß die deutschen Judengegner geschichtlich und kulturell im Rechte sind.
Wir wollen aus den vielen jüdischen Zugeständnissen nur dasjenige des früheren Besitzers der A. E. G., **Walther Rathenau** herausheben, weil dieser später vom Judentum gepriesen und auch von vielen Deutschen als ein bedeutender Mann geachtet wurde. Rathenau schrieb in seinen jungen Jahren ein Buch **„Impressionen"**, das seinerzeit viel Aufsehen erregte und auf Betreiben des Judentums sehr bald aus dem Buchhandel verschwand, so daß es heute nirgends mehr zu haben ist. In diesem Buche schreibt Rathenau:
„Drohender erhebt sich die gesellschaftliche, die Kulturfrage. Wer ihre Sprache verstehen will, muß an berliner Sonntagen mittags 12 Uhr durch die Tiergartenstraße gehen oder abends in den Vorraum eines Theaters blicken. **Seltsame Vision! Inmitten deutschen Lebens ein abgesondert fremder Menschenstamm, glänzend und auffällig staffiert, von heißblütig beweglichem Gebaren. Auf märkischem Sand eine asiatische Horde!"**
„Die gezwungene Heiterkeit dieser Menschen verrät nicht, wieviel alter, ungesättigter Haß auf ihren Schultern lastet. Sie ahnen nicht, daß nur ein Zeitalter, das alle natürlichen Gewalten gefesselt hält, sie vor dem zu schützen vermag, was ihre Väter erlitten haben. In engem Zusammenhang unter sich, in strenger Abgeschlossenheit nach außen, so leben sie in einem halb freiwilligen, unsichtbaren Ghetto, **kein lebendes Glied des Volkes, sondern ein fremder Organismus in seinem Leibe."**
„Dem Stammesdeutschen ist die Judenfrage so zuwider wie ihr Gegenstand. Er ist zufrieden, wenn das schwärzliche Volk ihm vom Leibe bleibt. Um ihre Herkunft sich zu kümmern, hat er keine Veranlassung. Gelingt die Eindeutschung doch kaum mit Dänen und Polen. Und was tut Israel, um vom Bann befreit zu werden? Weniger als nichts. Für auserwählter als andere Leute haltet Ihr Euch freilich nicht mehr, kaum noch für schlauer. Aber mit dem, was Euch bleibt, dünkt Ihr Euch über alle Kritik erhaben. Meint Ihr, der alte **Stammesgott** werde seinen König Messias senden, um Euch zu helfen? Ach, es ist Euch nicht aufgefallen, daß er seit ein paar tausend Jahren sich mit Euch nichts mehr zu schaffen gemacht hat! Der Herr des Zornes und des Sieges hatte an einem Volke von Kriegern Gefallen; für ein Volk von Krämern und Maklern interessiert er sich nicht. Der auf Horeb und Zion thronte, zieht nicht nach der Rosenthaler Straße oder nach der Heidereuthergasse. Ihr sprachet, Ihr Schlauen: ‚Wer den Reichtum hat, der hat die Macht!' Nun habt Ihr den Reichtum, und Eure Reichen sind weniger geachtet als Eure Armen: Eure Redekunst war eitel und Eure Agitation umsonst."
„Vereine habt Ihr gegründet zur Abwehr, statt zur Einkehr! Seht Euch im Spiegel! Das ist der erste Schritt zur Selbstkritik. Leider ist nichts daran zu ändern, daß Ihr einander zum Erschrecken ähnlich seht, und daß daher jedes Einzelnen Unart auf die Rechnung aller gesetzt wird. **Auch hilft es nichts, daß Eure südöstlich gestimmte Erscheinung an sich für die nördlichen Stämme nichts Sympatisches hat.** Um so mehr habt Ihr zu sorgen, daß inmitten einer militärisch straff erzogenen und gezüchteten Rasse Ihr Euch durch verwahrlost schiefes und schlaffes Einhergehen nicht zum Gespötte macht. Habt Ihr erst Euren unkonstruktiven Bau, die hohen Schultern, die ungelenken Füße, die weichliche Rundung der Formen als Zeichen körperlichen Verfalls erkannt, so werdet Ihr einmal ein paar Generationen lang an Eurer äußeren Wiederherstellung arbeiten. Ihr werdet es solange aufschieben, die Trachten der hageren Angelsachsen zu parodieren, in denen ihr ausseht, wie wenn ein Teckel einen Windhund kopiert. Ihr werdet nicht am Strande durch Seemanskleider, in den Alpen durch Wadenstrümpfe die Natur rebellisch machen."
„Euch plagt ein maßloses Streben, zu repräsentieren. Könntet Ihr Euch einmal mit **fremden** Augen sehen, Ihr Sportsmänner auf dem Kutscherbock, Ihr Mäzenaten in den Ateliers, Ihr Vereinsvorstände auf der Rednerbühne! Ihr, die Scharfschützen der Beobachtung und des Sarkasmus — welche Vergleiche fändet Ihr heraus."
„Drängt Euch nicht nach kargen Auszeichnungen, selbst wenn Ihr glaubt, ein Anrecht darauf zu haben. Ein reicher, jüdischer Bankier zu sein, ist an sich keine Schande; aber der Elefanten-Orden von Honolulu oder das Konsulat von Kamtschatka kann daran nichts bessern. Haltet Euch in bürgerlichen Schranken und ihr werdet Euch nicht über zunehmende Kurzsichtigkeit Eurer Freunde zu beklagen haben, wenn sie, die

Antisemitisches Flugblatt mit Zitaten aus Höre, Israel! (Kat.Nr. 3/2) ten. Es stimmt, daß die Zahl der unverheirateten Männer (und Frauen) bei den Juden in Deutschland höher war als bei Nichtjuden. Die Statistik für Berlin 1925 zeigt, daß 16% der jüdischen Männer in der Altersgruppe von 40–49 Jahren Junggesellen waren (gegenüber 8% in der allgemeinen Bevölkerung), und da dies die Durchschnittsziffer sowohl für die ortsansässigen als auch die zugewanderten Juden war, muß die Zahl der in Deutschland geborenen jüdischen unverheirateten Männer noch höher gewesen sein.[46] Die kleine jüdische, gewöhnlich endogame Minderheit hatte große Probleme, höhere Heiratsziffern zu produzieren. Bei den Mitgliedern der jüdischen Wirtschaftselite vervielfachten sich die Probleme oft noch wegen der äußerst strengen Statuserwägungen. Es ist daher nicht verwunderlich, daß viele Mitglieder dieser Elite innerhalb ihrer eigenen Gruppe heirateten, oft Kusinen und Vettern oder andere nahe Verwandte. Ehen außerhalb der jüdischen Gemeinde, doch innerhalb der angemessenen gesellschaftlichen Prestigegruppe, kamen damals kaum zustande. Daher standen der Heirat in diesem Milieu viele Hindernisse im Wege.[47]

Trotzdem gab es in Rathenaus engerem Kreis, der Wirtschaftselite, in der selbst im Zeitalter der Aktiengesellschaften der Gedanke an eine Dynastie oft genug das Familienmodell bestimmte, kaum Junggesellen.[48] Rathenaus Geschäftskollegen waren meist verheiratet und ein Teil ihres Ansehens beruhte gerade auf ihrer patriarchalischen Stellung. Ehefrauen waren unentbehrliche Statussymbole, und das Heim der Familie wurde als Spiegelbild der männlichen gesellschaftlichen Stellung angesehen. Rathenau, der nie eine eigene Familie gründete, hatte, soweit wir wissen, nur mit zwei Frauen intensive Beziehungen, die beide eindeutig unerreichbar für ihn waren: seine Mutter und die Frau eines seiner engsten Mitarbeiter und Rivalen in der AEG, Lili Deutsch. Sie schrieb einmal über Rathenau: »Er war ein sehr sinnlicher Mensch; aber ich weiß bis heute nicht (es war 1927), wie es bei ihm mit der Erotik war«.[49] Wir wissen es auch nicht. Auf jeden Fall wirft dieser Hinweis Licht auf Rathenaus andere Idiosynkrasien. Viele respektierten ihn, aber wenige mochten ihn. Er redete gern und viel, wenn er in der richtigen Stimmung war, doch oft taktlos, manchmal unnötig eindringlich, steril oder arrogant – je nach Situation.

Solch ein Mann konnte für keine Gruppe repräsentativ sein – erst recht nicht für eine Minderheit, die, selbst wenn sie der Assimilation auswich, ihren Mitgliedern fast um jeden Preis strikten gesellschaftlichen Konformismus vorschreiben mußte. Er war auch kein Musterbeispiel für die kleinere Elite der Künstler und Schriftsteller. Es ist häufig ein Denkfehler in der deutsch-jüdischen Geschichte, daß man von dem Außergewöhnlichen auf das Allgemeine schließt, von dem auffallend Atypischen auf die gesamte Gruppe. Der typische deutsche Jude, sogar in den großen Städten und sicherlich in den ländlichen Gebieten, hatte ein sehr mittelmäßiges Vermögen; er war ein umsichtiger und fleißiger Familienvater, ein mäßig gebildeter Bürger, der aufwärts strebte, der aber, wie es sich gehörte, versuchte, nicht aufzufallen. Er lernte, auf sein Judentum stolz zu sein, nicht zuletzt aufgrund seiner vielen hervorragenden Glaubensgenossen, und beharrte auf seinem Deutschtum trotz Augenblicken der Unsicherheit und Peinlichkeit. Er litt unter dem Antisemitismus, meinte aber, er würde nachlassen und wäre letzten Endes nicht von besonderer Bedeutung. Es mußte viel mehr als der Rathenau-Mord geschehen, um diese Gleichgültigkeit abzuschütteln.

Walther Rathenau dagegen war reich und mächtig. Er kämpfte erbittert um geistigen und materiellen Erfolg und war sich dabei seiner doppelten Identität als Jude und als Deutscher intensiv bewußt. Er war ein dynamischer Mensch, der während seines Lebens eine bemerkenswerte Entwicklung durchlief; das machte ihn zwar ab und zu den anderen etwas ähnlicher. Aber er blieb immer ein außergewöhnlicher Mann.

Man kann Rathenau als Symbol betrachten. In seiner Persönlichkeit gab es etwas, das ihn zur Schlüsselfigur in der Geschichte der Weimarer Republik machte; in den Augen ihrer Feinde war er ein Symbol der demokratischen ›offenen Gesellschaft‹ und deshalb auch Ziel der Vernichtung.[50] Es mag auch sein, daß sein Leben zum Symbol des Scheiterns des deutschen Judentums umgedeutet werden kann. Aber solche symbolischen Analogien haben vor allem poetischen Wert und manchmal verfälschen sie das Bild. Auf jeden Fall war Rathenau, auch wenn er als Symbol gelten kann, nie ein Prototyp. Er konnte nur sich selbst repräsentieren: eine einsame, vielleicht sogar tragische Figur, in vieler Hinsicht noch immer ein Rätsel.

Anmerkungen

1. Diese Paraphrase des Titels von Robert Musils Roman *Der Mann ohne Eigenschaften*, die auf der allgemein akzeptierten Analogie zwischen Walther Rathenau und Musils Arnheim junior beruht, machte Wolf Lepenies in den abschließenden Bemerkungen in dem Essayband Thomas P. Hughes (Hg.): Ein Mann vieler Eigenschaften. Walther Rathenau und die Kultur der Moderne, Berlin 1990
2. Ernst Schulin: Die Rathenaus – Zwei Generationen jüdischen Anteils an der industriellen Entwicklung Deutschlands, in: Werner E. Mosse (Hg.): Juden im Wilhelminischen Deutschland 1890–1914, Tübingen 1976, S. 115–142; Ernst Schulin: Walther Rathenau und sein Integrationsversuch als ›Deutscher jüdischen Stammes‹, in: Walter Grab (Hg.): Jüdische Integration und Identität in Deutschland und Österreich 1848–1918 (=Beiheft 6 des Jahrbuchs des Instituts für Deutsche Geschichte) Tel Aviv 1984, S. 13–38
3. Walter Frank: »Höre Israel«. Harden, Rathenau und die moderne Judenfrage, Hamburg 1939
4. Hardi Swarsensky: Walther Rathenau, Buenos Aires 1967
5. Schulin: Integrationsversuch, S. 13–14
6. In: Geschichte und Gesellschaft 4, 1979, S. 476–518. Dort auch Peter Loewenberg: Antisemitismus und jüdischer Selbsthaß. Eine sich wechselseitig verstärkende sozialpsychologische Doppelbeziehung, S. 455–475. Peter Loewenberg vertritt die gleiche These, obwohl seine Methode anders ist. Zwar charakterisiert er die Beziehungen zwischen Walther Rathenau und dem antisemitischen Publizisten Wilhelm Schwaner als »ganz und gar nicht repräsentativ«, um uns gleich anschließend zu versichern, sie seien »gerade wegen ihres untypischen Charakters lehrreich« und könnten uns Aufschluß »über die emotionale Verletzlichkeit deutscher Juden sowie die psychosozialen Eigenschaften der Antisemiten« geben (464). Loewenberg umgeht so die Frage, ob Rathenau repräsentativ für die *Assimilationsjuden* war; vielmehr macht er aus dem Gegenteil eine Tugend. In seiner Argumentation stützt er sich auf Peter Gays Essay über Hermann Levi, den berühmten Dirigenten Wagnerscher Musik, der ein weiteres Beispiel für eine ähnlich komplexe psychische Situation bietet. Aber auch hier wird die paradigmatische Beschaffenheit Levis keineswegs aufgeschlüsselt. Letztendlich schwankt Gay ebenfalls zwischen der Hervorhebung der besonderen Pathologie Levis einerseits und ihrer Interpretation als Paradigma anderseits. Er kann sich für keine dieser beiden Lösungen entscheiden. Vgl. Peter Gay: Hermann Levi. A Study in Service and Self-Hatred, in: ders: Freud, Jews and Other Germans. Masters and Victims in Modernist Culture, Oxford 1978, S. 189–230
7. Schulin: Die Rathenaus, bes. S. 117-118
8. Werner E. Mosse: Jews in German Economy. The German-Jewish Economic Elite 1820–1935, Oxford 1987, bes. S. 34–68, 96–171
9. Noch immer aufschlußreich für die allgemeine Beschäftigungsstruktur der deutschen Juden im späten 19. Jahrhundert ist Jakob Segall: Die beruflichen und sozialen Verhältnisse der Juden in Deutschland, Berlin 1912. Eine statistische Bestätigung seiner wichtigsten Feststellungen kann man jetzt finden bei Usiel Schmelz: Die Demographische Entwicklung der Juden in Deutschland von der Mitte des 19. Jahrhunderts bis 1933, in: Zeitschrift für Bevölkerungswissenschaften 8, 1982, bes. S. 59–69. Vgl. auch Avraham Barkai: Sozialgeschichtliche Aspekte der deutschen Judenheit in der Zeit der Industrialisierung, in: Jahrbuch des Instituts für Deutsche Geschichte XI, 1982, S. 237-260, und Arthur Prinz: Juden im deutschen Wirtschaftsleben. Soziale und wirtschaftliche Struktur im Wandel 1850–1914, Avraham Barkai (Hg.), Tübingen 1984
10. Vgl. bes. Jacob Toury: Jüdische Textilunternehmer in Baden-Württemberg 1683–1938, unter Mitwirkung von E. Toury und P. Zimmermann, Tübingen 1984
11. Über die relative Rückständigkeit jüdischer wirtschaftlicher Aktivität während dieser späten Industrialisierungsphase vgl. Avraham Barkai: Jüdische Minderheit und Industrialisierung. Demographie, Berufe und Einkommen der Juden in Westdeutschland 1850–1914, Tübingen 1988. Seine These ist am besten formuliert auf S. 7–9, dann auf S. 76–83 zusammengefaßt
12. Mosse: Jews in the German Economy, S. 219, und das ganze Kapitel über die »corporate elite« mit vielen interessanten Einzelheiten, S. 219–259
13. Über Emil Rathenau vgl. Felix Pinner: Emil Rathenau und das elektrische Zeitalter, Leipzig 1918; Schulin, Die Rathenaus, bes. S. 118–128, und Mosse: Jews in the German Economy, S. 243–249
14. Mosse, Jews in the German Economy, S. 249
15. Walther Rathenaus Position als finanzieller »system-builder« der Generation nach seinem Vater, dem Erfinder-Ingenieur-»system-builder«, beschreibt Thomas P. Hughes in: ders. (Hg.): Ein Mann vieler Eigenschaften, S. 9–11
16. Über die Hofjuden vgl. Selma Stern-Täubler: The Court Jew. A Contribution to the History of Absolutism in Europe, New Brunswick, N.J. 1984. Über die jüdische Wirtschaftselite, zusätzlich zu Mosses Werk, vgl. z.B. Kurt Zielenziger: Juden in der deutschen Wirtschaft, Berlin 1930. Werner Sombarts: Die Juden und das Wirtschaftsleben, Leipzig 1911, hatte zweifellos großen Einfluß auf diese Tradition
17. Vgl. Jacob Toury: Der Eintritt der Juden ins deutsche Bürgertum, in: Hans Liebeschütz/Arnold Paucker (Hg.): Das Judentum in der deutschen Umwelt 1800–1850, Tübingen 1977, S. 148–149
18. Mosse: Jews in German Economy, S. 4
19. Nach den offiziellen Reichsstatistiken von 1907 waren ca. 6% aller arbeitenden Juden im öffentlichen Dienst oder in freien Berufen tätig. Dies war eine nur etwas höhere Ziffer als die für die Gesamtbevölkerung registrierte. Da aber Juden nur auf einige wenige Berufe konzentriert waren, vor allem waren sie Rechtsanwälte oder Ärzte und dies besonders in Berlin und einigen anderen Großstädten, war man oft der Meinung, sie dominierten in diesen Berufen. Vgl. Segall: a.a.O., S. 28–30
20. Die Daten über Taufen sind unvollständig. Ausführlicher darüber Stephan Behr: Der Bevölkerungsrückgang der deutschen Juden, Frankfurt a.M. 1932. Vgl. auch Felix Theilhaber: Der Untergang der deutschen Juden. Eine volkswirtschaftliche Studie, Berlin 1912. Eine gute Zusammenfassung findet sich in der Einführung von: Monika Richarz (Hg.): Jüdisches Leben in Deutschland. Selbstzeugnisse zur Sozialgeschichte im Kaiserreich, Stuttgart 1979. S. 15–17

21. Vgl. Schulin: Integrationsversuch, S. 17-18; er bezieht sich auf eine Abschrift in *Central Archives for the History of the Jewish People* in Jerusalem (Berlin K Ge 2/17)
22. Vgl. Bruno Blau: Die Entwicklung der jüdischen Bevölkerung in Deutschland von 1800–1945, Manuskript im Archiv des Leo Baeck Institute New York, New York 1950, S. 123–124. Jetzt auch Peter Honigmann: Die Austritte aus der Jüdischen Gemeinde Berlin 1873–1941, Frankfurt a.M. u.a. 1988, und seinen Aufsatz in: Yearbook XXXIV des Leo Baeck Institute, 1989, bes. S. 11–15
23. Vgl. Shulamit Volkov: Jüdisches Leben und Antisemitismus im 19. und 20. Jahrhundert, München 1991, bes. S. 131–145
24. Mosse, Jews in German Economy, S. 93, ebenso die ausgezeichneten, diesem Kommentar folgenden Kapitel S. 93–160.
25. Ebd., S. 197-207. Vgl. auch Werner E. Mosse: Wilhelm II. and the Kaiserjuden. A Problematic Encounter, in: Jehuda Reinharz/Walter Schatzberg (Hg.): Jewish Response to German Culture. From the Enlightenment to the Second World War, Hanover, N.H./London 1985, S. 164–194, und Lamar Cecil: Wilhelm II. und die Juden, in: Juden im Wilhelminischen Deutschland, S. 313–347.
26. Ernst Schulin: Walther Rathenau. Repräsentant, Kritiker und Opfer seiner Zeit, Göttingen 1979, S. 42.
27. Zitiert von Peter Loewenberg aus einem Brief Rathenaus vom 17. 7. 1914 an Wilhelm Schwaner, in: Loewenberg, a.a.O., S. 463. Eine ähnliche Stellung nahm Rathenau in einem früheren Brief an Theodor Herzl ein, abgedruckt von Alex Bein in: Allgemeine Wochenzeitung der Juden in Deutschland, 15. 2. 1952.
28. Vgl. vor allem *Von Schwachheit, Furcht und Zweck* (1904), GS IV, S. 11–33.
29. Alfred Kerr: Walther Rathenau. Erinnerungen eines Freundes, Amsterdam 1935.
30. Gespräche, GA II, S. 628
31. Ebd., S. 654
32. Ebd., S. 628
33. Schulin: Integrationsversuch, S. 20.
34. Vgl. Shulamit Volkov: Selbstgefälligkeit und Selbsthaß, in: Jüdisches Leben, S. 181–196.
35. Über die Probleme im Zusammenhang mit der jüdischen Einwanderung aus Osteuropa vgl. vor allem Steven Aschheim: Brothers and Strangers. The East European Jew in German and German-Jewish Consciousness 1800–1923, Madison/Wis. 1982, und Jack Wertheimer: Unwelcome Strangers. East European Jews in Imperial Germany, Oxford/New York 1987. Meine Interpretation: Die Dynamik der Dissimilation: Juden und die ostjüdischen Einwanderer, in: Jüdisches Leben, S. 166–180.
36. Vgl. die Beispiele in: Hellige, a.a.O.
37. Vgl. Schulin: Walther Rathenau, a.a.O., S. 22–23.
38. Mosse: Jews in German Economy, S. 114–115.
39. Ebd., S. 114, Fn. 78.
40. Rathenau an Harden, Nr. 188, Weihnacht. 1906, GA VI, S. 513
41. Schulin: Walther Rathenau, S. 12
42. Gespräche, GA II, S. 873
43. Diese letzten Wochen sind gut beschrieben in Kessler: Rathenau, S. 314–329
44. Über die politischen Neigungen bei den Juden vgl. vor allem Jacob Toury: Die politischen Orientierungen der Juden in Deutschland. Von Jena bis Weimar, Tübingen 1966. Vgl. auch Peter Pulzer: Die jüdische Beteiligung an der Politik, in: Juden im Wilhelminischen Deutschland, S. 143–239. Über die politische Position der jüdischen Wirtschaftselite vgl. Mosse: Jews in German Economy, S. 215–296.
45. Mosse: Jews in German Economy, S. 207
46. Vgl. Schmelz: a.a.O., S. 41–43.
47. Über diesen Fragenkomplex vgl. auch Mosse: Jews in German Economy, S. 161–185.
48. Vgl. Walther Rathenaus eigene Kommentare dazu, berichtet von Jules Huret: In Deutschland, 2. Teil, Leipzig 1908, S. 368–370.
49. Gespräche, GA II, S. 651
50. Vgl. Shulamit Volkov: Überlegungen zur Ermordung Rathenaus als symbolischer Akt, in: Thomas Hughes, a.a.O., S. 99–105.

»MIT BARUCH IS ES AUCH NICHTS«

Das Bild des Juden in der Literatur um 1900

JENS MALTE FISCHER

Epoche und Problem, um die es hier geht, sind historisch und sozialgeschichtlich gerade in der letzten Dekade außerordentlich gut aufgearbeitet worden, sowohl in bezug auf Deutschland wie auf Österreich-Ungarn. Neben wichtigen Aufsätzen, die etwa im Jahrbuch des Leo-Baeck-Instituts erschienen, nenne ich unter den in Buchform veröffentlichten Beiträgen vor allen die von Shulamit Volkov und Werner Jochmann.[1] Die Literaturwissenschaft hat dazu immer wieder begleitendes und erhellendes Material geliefert. Der folgende Versuch möchte den relativ wenigen häufig herangezogenen Texten – Arthur Schnitzlers Roman *Der Weg ins Freie,* sein Drama *Professor Bernhardi,* Otto Weiningers Traktat *Geschlecht und Charakter,* Jakob Wassermanns autobiographische Vergewisserung *Mein Weg als Deutscher und Jude* sind vor allem zu nennen – ein weiter gezogenes Spektrum an die Seite stellen, was auch bedeutet, daß eine Tiefenlotung im einzelnen nicht möglich ist. Mit dem Verweis auf die genannte Fachliteratur, in diesem Katalog vertreten durch den Beitrag Shulamit Volkovs, erspare ich es mir, bei jedem angesprochenen Problemkreis die historischen, sozialpsychologischen und anderen Hintergründe gesondert darzustellen.

Assimilation und Akkulturation

Nichts ist erfolgreicher als der Erfolg, sollte man meinen, aber ein unbefangenes Verhältnis zum Erfolg der Assimilation, bzw. Akkulturation der westeuropäischen Juden im 19. Jahrhundert hat es offensichtlich nicht gegeben, weder bei den Antisemiten noch bei den Juden selbst, noch bei den sogenannten Wohlmeinenden, die sich weder der einen noch der anderen Seite zurechneten.

Eines der relativ seltenen, relativ unbefangenen Porträts eines erfolgreichen Juden zeichnet der spätere Literaturnobelpreisträger Dänemarks Henrik Pontoppidan in seinem 1898–1904 entstandenen kritischen Zeitgemälde *Lykke Per – Hans im Glück.* Der fragwürdige Held dieses großangelegten Romans, der Landpfarrerssohn Per Sidenius quält sich in einer schmerzhaften Dauerbeziehung zu Jakobe Salomon ab, der Tochter des Großhändlers Philip Salomon, Chef des bekannten Kopenhagener Handelshauses Isac Salomon und Söhne. Großvater Isac hatte in den dreißiger Jahren des 19. Jahrhunderts ein Stadtpalais gekauft und es verschwenderisch ausstatten lassen. In seinem Bestreben, die Lebensweise der Aristokratie nachzuahmen, hatte er sich auch durch bösen Spott nicht beirren lassen; mit einem Vollblutviererzug wurde durch die Stadt kutschiert, hinten standen zwei Lakaien auf. Er selbst blieb ungebildet, machte sich aber zum Mäzen und Beschützer der Künste.

Die Generation seines Sohnes Philip kann in den achtziger, neunziger Jahren, in denen der Roman spielt, bereits eine größere Gelassenheit an den Tag legen und sich ihres Reichtums freuen, ohne ihn ostentativ zur Schau zu tragen. Die dritte Generation hingegen, die am Ende des Jahrhunderts jung und problematisch ist, hat die Unbefangenheit, die mühsam errungen wurde, schon wieder verloren. Jakobe Salomon, mager und nervös, mit kräftig gebogener Nase und unentwickelter Kinnpartie nicht gerade schön zu nennen, leidet als Kind darunter, daß ihr auf der Straße ›Mauschel‹ nachgerufen wird, findet wenig Anklang bei ihren Altersgenossen und flüchtet sich in eine forcierte Intellektualität.

Es mag an der dänischen Sondersituation liegen, daß Pontoppidans Roman zwar das Problem der Assimilation thematisiert, aber nicht auf der Ebene eines Verhängnisses problematisiert. In der deutschsprachigen Literatur der gleichen Zeit geht es nur zu selten mit solchem Gleichmut ab. Ein wenig beachtetes und doch prononciertes Beispiel dafür ist das »bürgerliche Trauerspiel aus der Gegenwart« in vier Akten *Doktor Kohn* von Max Nordau, das ungewöhnlich ist, weil es Probleme in Form eines Trauerspiels abhandelt, die sonst fast nur dem Roman und der Erzählung überlassen bleiben, und weil es von einem der führenden Zionisten stammt. Der aus Budapest stammende Nordau hatte eine Doppelkarriere als Journalist und Essayist sowie als Arzt gemacht und lebte seit 1880 in Paris. 1892/93 erschien sein Tausend-Seiten-Werk *Entartung,* ein kulturkritisches Pamphlet gegen alle Kultur, die den Stempel der Modernität, der Zeitgenossenschaft trug. Wie bei Theodor Herzl war es die Dreyfus-Affäre, die ihn zum bewußten Juden und zum Zionisten machte. Nordau war Zeuge der Degradierung des Hauptmann Dreyfus und entschied sich 1896 für den Zionismus; ein Jahr später verfaßte er die Eröffnungsadresse für den ersten Zionistenkongreß in Basel und spielte auch auf den folgenden Kongressen eine führende Rolle, immer der zweite Mann hinter Herzl. *Doktor Kohn* erschien 1898 als Buch. Ob es Aufführungen gegeben hat, habe ich nicht nachprüfen können; die Tatsache, daß die Buchrevi-

Max Nordau, Holzstich, 1892

sion 1902 schon in dritter Auflage erschien, läßt auf einen gewissen Bucherfolg schließen. In der Tat ist es Nordau in seinem Stück gelungen, mit seltener Drastik und nicht ohne dramaturgisches Geschick, brisante Fragen aktueller jüdischer Existenz zu dramatischer Sinnfälligkeit zu bringen. Die Subtilität Arthur Schnitzlers in dessen provozierend ›Komödie‹ genannten *Professor Bernhardi* erreicht Nordau, der schon in der *Entartung* eher mit dem Hammer Kulturkritik betrieb, bei weitem nicht; gegenüber den Ambivalenzen und Mehrdeutigkeiten Schnitzlers aber hat der Nordausche Zugriff den Vorteil der brutalen Deutlichkeit, und bei aller polemischen Überzeichnung wird man ihm diagnostische Kraft nicht absprechen können.

Der Grundriß des Nordauschen Stückes ist der folgende: Der ehrgeizige und begabte Privatdozent der Mathematik, Dr. Leo Kohn, möchte an seiner Universität, die in Mitteldeutschland angesiedelt wird, Professor werden. Dieser Antrag wird mit dem Hinweis auf die christliche Grundhaltung der Universität abgelehnt, gleichzeitig kommt die Nachricht, daß er von einer ausländischen Akademie einen Preis erhalten hat. Kohn wirbt um Christine Moser, die Tochter Julian Christian Mosers, geheimer Kommerzienrat und Landwehrhauptmann a. D. Vater Moser hieß früher Moses, hat eine geborene von Quincke geheiratet und alles abgetan, was seine Familie mit dem Judentum verband. Der Werbung Kohns steht er nicht grundsätzlich ablehnend gegenüber, verlangt aber Taufe und Namensänderung; als Kohn diese Bedingungen nicht erfüllen will, lehnt Moser die Heirat ab, läßt sich dann aber von seiner über alles geliebten Tochter überzeugen. Die Partei Christines und Kohns ergreift er aber erst, als seine eigene Familie Kohn als Juden schwer beleidigt. Zuvor hatte er Kohn erklärt, wie er selbst zum Christentum kam: »Es war bei Sedan. Am Abend nach der Schlacht. Ich blutete aus drei Wunden. (...) Es wurde dunkel. (...) Da mit einemmale erhob sich in der Stille der Nacht aus hunderttausend Kehlen ein Lied, das wunderbar über das finstere Schlachtfeld brauste. Das ganze deutsche Heer stimmte wie aus einer Brust ›Ein feste Burg ist unser Gott‹ an. Ich allein durfte nicht mitsingen. Den ganzen Tag hatte ich mit meinen Kameraden Schulter an Schulter marschiert und gestanden, die Mühe und Gefahr mit ihnen geteilt, mein Blut mit dem ihrigen gemischt. Und jetzt (...) war ich von ihrem feierlichen Gesang ausgeschlossen, war ich mit einemmale ein Fremder unter ihnen. (...) Da sagte ich mir: das ist einfach ein Verbrechen an mir selbst und an meinen Kameraden. Ich bin ein Deutscher und nichts Anderes. Ich habe in meinem Volk meinen Antheil an Kampf und Tod, ich will auch meinen Antheil an seinen Gemüthsbewegungen haben und abgestorbene Formen sollen nicht zwischen mir und meinen Volksgenossen stehen. Und als ich aus dem Feldzug heimkam, ließ ich mich taufen. Nicht weil ich an das Christenthum glaubte, sondern weil ich sein und leben wollte wie alle anderen Deutschen, zu keiner Stunde und in keinem Brauch von ihnen unterschieden.«[2]

Es ist jene Sehnsucht deutscher Juden hier benannt, im deutschen Wesen ununterscheidbar aufzugehen – ähnlich haben die meisten deutsch sich fühlenden Juden im Ersten Weltkrieg reagiert und mußten sich durch die berüchtigte Judenzählung von 1916 darüber belehren lassen, daß der Verlust von Gliedern und das Eiserne Kreuz gering wogen gegenüber dem Makel, Jude zu sein.

Nordaus Moser vertritt hier eine weitverbreitete Position, die zu extremen Ausprägungen des Deutsch-Nationalen bei deutschen Juden führen konnte, wie sie sich im Witzwort vom ›Centralverein jüdischer Staatsbürger deutschen Glaubens‹ für den *Centralverein deutscher Staatsbürger jüdischen Glaubens* niederschlugen. Der berühmteste Pathologe des deutschen Kaiserreichs, Otto Lubarsch, hat in seinen Lebenserinnerungen eine geradezu idealtypische Kindheit beschrieben: der jüdische Vater kam aus dem Osten nach Berlin, machte dort eine Bankkarriere, war nationalliberal, der Sohn nur noch national: »jüdisches Wissen, besonders jüdische Lehre und Ethik habe ich in der Jugend nie in mich aufgenommen, alle großen mich begeisternden Eindrücke habe ich vom deutsch-preußischen christlichen Wesen empfangen, aus der deutschen Geschichte und ihren griechisch-römischen, aber nicht orientalischen Grundlagen gelernt und mich an ihnen begeistert; nicht Abraham und Moses, nicht einmal die Makkabäer sind meine Helden gewesen, sondern die der deutschen Sagen und Heldengedichte, Luther, die Hohenstaufer Kaiser, der große Kurfürst und Friedrich der Große (...)«.[3]

Es ist diese Sozialisation, die nicht nur den achtzehnjährigen Lubarsch die protestantische Taufe annehmen läßt, sondern ihn zum jüdischen Antisemiten werden läßt – die oft unbedacht und undifferenziert angewandte Bezeichnung ist hier einmal am Platze. Den Ostjuden gibt er in seinen Erinnerungen die Alleinschuld am Antisemitismus, nennt sie minderwertige Massen und Schädlinge und begrüßt im Jahre 1931 den Nationalsozialismus vom vaterländischen Standpunkte aus, dessen Antisemitismus er zwar als beklagenswert empfindet, gleichzeitig aber auch für notwendig hält. So weit geht Julius Christian Moser bei Max Nordau keineswegs. Die aufrechte Haltung des Doktor Kohn und der an ihm sich enthüllende Antisemitismus seiner Frau, seines Schwagers, seiner Söhne, belehrt ihn darüber, daß sein Platz nicht in dieser christlich-antisemitischen Tischgesellschaft ist, sondern bei der Judenheit, aus der er selbst stammt. Nordau hat dafür ein markantes szenisches Symbol gefunden: im Salon der Familie Moser hängen im dritten Akt zwei Ölbilder. Das eine zeigt einen General in Uniform, Pour le mérite und EK I, das andere einen Stabsoffizier der Rheinbundstaaten mit Puderhaar und Zopf. Nachdem Doktor Kohn im Duell mit Mosers Sohn tödlich verwundet worden ist, sind diese beiden Bilder durch zwei andere ersetzt, die nun nicht mehr die preußische Familie Frau Mosers zeigen, sondern die Eltern des Hausherrn, Jonas Meyer Moses und Rachel Moses, geborene Levinger, sowie deren jüdischen Grabstein.

Der Drang also, sich aus dem Ghetto an die frische Luft zu retten, wie Nordau seinen Moser sagen läßt, kann von der Konversion zur Reversion führen, zur Dissimilation statt zur Fortsetzung

Otto Lubarsch

der Assimilation – wie dieser Prozeß bei Moser weitergeht, das läßt Nordau offen. Er kann aber auch zu jüdischem Selbsthaß führen wie bei Otto Lubarsch oder im Extrem ausgebildet bei dem unseligen Arthur Trebitsch, der sich von den ›Weisen von Zion‹ an Leib und Leben bedroht sah. Daß Theodor Lessings Buch über den jüdischen Selbsthaß von 1930 ein verspäteter Nachtrag war, merkt man auch daran, daß die Literatur der Jahrhundertwende ein breites Spektrum dieses Phänomens entwirft. Es reicht von dem ominösen Herrn X in Ferdinand von Saars Novelle *Seligmann Hirsch,* der als Jude von der jüdischen Geldaristokratie sich aushalten läßt und nichts lieber tut, als sich für diese Abhängigkeit zu revanchieren, indem er seinen Spott über diese Menschen und ihre Jüdischkeit ausgießt, bis zu Oskar Ehrenberg in Schnitzlers *Weg ins Freie,* Sohn des Salomo Ehrenberg. Während dieser noch auf seine alten Tage nach Palästina fährt, von wo er allerdings enttäuscht zurückkehrt, ist Oskar ein strammer Antisemit. Der zynische Freigeist Heinrich Bermann im gleichen Roman wird von Georg von Wergenthin beschuldigt, als Jude ein Antisemit zu sein. Bermann spricht daraufhin von jenem Schamgefühl, das man als Jude habe, wenn Juden sich lächerlich und widerwärtig benehmen, ein Schamgefühl, wie es der Bruder habe, wenn sich die Schwester vor ihm entkleide, das aber könne man doch nicht Antisemitismus nennen. »Aber es gibt schon Juden, die ich wirklich hasse, als Juden hasse. Das sind die, die vor andern und machmal auch vor sich selber tun, als wenn sie nicht dazu gehörten. Die sich in wohlfeiler und kriecherischer Weise bei ihren Feinden und Verächtern anzubiedern suchen und sich auf diese Art von dem ewigen Fluch loszukaufen glauben, der auf ihnen lastet, oder von dem, was sie eben als Fluch empfinden. Das sind übrigens beinahe immer solche Juden, die im Gefühl ihrer eigenen höchst persönlichen Schäbigkeit herumgehen und dafür unbewußt oder bewußt ihre Rasse verantwortlich machen möchten. Natürlich hilfts ihnen nicht das geringste.«[4]

Selbst der unerbittliche Heinrich Bermann hätte seine in diesem Punkte verständliche Aggressivität im Zaume gehalten, wäre er dem Kandidaten Leo Wolff begegnet, den Ludwig Jacobowski 1892 zum unglücklichen Helden seines Romans *Werther der Jude* gemacht hat. Wolff versucht verzweifelt als Berliner Student und Mitglied einer schlagenden Verbindung sich von den jüdischen Wurzeln seiner Herkunft zu lösen, aber je hektischer er sich bemüht, desto massiver wird er auf seine Herkunft verwiesen. Wenn er von jüdischen Untaten in der Zeitung liest – das spezifisch jüdische Timbre eines Namens reicht schon aus, um ihn aufs äußerste zu erregen – fühlt er die Last seines Jude-Seins um so heftiger und er ergeht sich in haßerfüllten Verwünschungen. Für das Judentum sieht Leo Wolff nur eine Chance, aus dem Kreislauf der Verfolgung und Entrechtung herauszukommen, gut nietzscheanisch die innere Umwertung der ethischen Werte, die Regeneration der moralischen Faktoren. Jacobowski deutet hier auf das Faktum der jüdischen Nietzsche-Begeisterung um die Jahrhundertwende hin, das jüngst mehrfach Gegenstand wissenschaftlichen Interesses gewesen ist. Aber Wolff scheitert schon daran, diese Regeneration bei sich selbst durchzuführen, seine gschlamperten Verhältnisse zu Frauen in Ordnung zu bringen, und er scheitert an den negativen Seiten des Judentums, die er in seiner eigenen Familie massiv zum Ausbruch kommen sieht. Der Werthersche Selbstmord mit Duellpistolen, der dem Roman den griffigen Titel gibt, steht am Ende dieses Scheiterns.

Doch es sind nicht nur Selbstqual und Selbsthaß, die an den deutschen und österreichischen Juden zerren. Der Generationskonflikt bricht in vielen Darstellungen am Ende des 19. Jahrhunderts massiv auf. Leo Wolff bei Jacobowski beschuldigt die Generation seines Vaters, die alte, zähe, jüdische Generation vor 1870, durch ihre Taten und ihr Verhalten den Grundstein für den Antisemitismus nach 1870 gelegt zu haben. Die Alten aber sterben weg, ohne die Auswirkungen gespürt zu haben, die Jungen, die ›Modernen‹, die die Berechtigung des Antisemitismus partiell anerkennen müssen, geben zwar keinen Anlaß mehr, weil sie an der ethischen Besserung des einzelnen Juden fieberhaft arbeiten, bekommen aber die Wucht des modernen Antisemitismus zu spüren – schon diese ›Ungerechtigkeit‹ erzeugt bei Werther, dem Juden, Haß und Aggressivität. Immer wieder gibt es in der Literatur der Zeit Szenen, in denen die Jungen von den Mahnbildern der Alten eingeholt werden. In Nordaus *Doktor Kohn* sind es die Eltern Kohns, Amschel und Hannchen Kohn, die nach der Duellverwundung ihres Sohnes in das Haus Moser kommen, Amschel mit einem Käppchen aus fettiger Seide auf dem Kopf, verzweifelt darüber, daß sein Sohn sich als Jude auf ein Duell eingelassen hat: »Was hat mein Sohn ritterlich zu sein? Er ist kein Ritter. Wir haben von unseren Voreltern gelernt, die Faustgewalt zu verabscheuen. Todtschießen und Todtschlagen sollen die Anderen. Unsere Waffe ist der Geist.« Und seine Skepsis vor aller Reformation und Modernisierung des Judentums bringt der alte Kohn auf die unnachahmliche Formel: »Mit der Orgel in der Betschul fängt es an und mit Todtschießen hört es auf.«[5]

Die Mischehe, die für Jettchen Gebert in Georg Hermanns Doppelroman aus dem jüdischen Biedermeier zwar ersehnt, aber nicht realisierbar war, ist jetzt am Ende des Jahrhunderts wieder nicht mehr möglich. Der fanatische Antisemit Superintendent Leberecht von Quinke, der Schwager Mosers in *Doktor Kohn*, sagt es mit wünschenswerter Deutlichkeit: »Mischehen sind ein Unheil und ein Verderben. Wir wollen keine! Jedes Mal, wenn ein jüdisches Wesen sich an einen christlichen Herd drängt, folgen ihm krasser Materialismus und sittliche Stumpfheit (...)«.[6] Ebenso deutlich wird in Nordaus Trauerspiel auch die Möglichkeit der Konversion verworfen, die solange eine Möglichkeit war, als die ›Schweinerei‹ in der Religion und nicht in der Rasse lag. Jetzt aber werden die getauften Juden als Scheinchristen betrachtet, die sich einschleichen wollen – aus einem Morgenländer kann auch durch die Taufe kein Deutscher werden, wie der zitierte von Quincke dekretiert. Jude bleibt Jude, so der Antisemit Quincke, und das sieht auch der dezidierte Jude Kohn so: »Judenthum ist unverwischbar«, und deshalb muß man sich als Jude bekennen – die Komplementarität von Antisemitismus und dem Bekenntnis zum Judentum ist von Nordau mit seltener Klarheit dargestellt worden. Der stolze Jude Kohn stirbt an der Duellwunde – er hat in die Luft geschossen, was ihm von seinen Gegnern auch noch als mangelnde Ritterlichkeit ausgelegt wird, als typisch jüdisch eben, sein Gegner hingegen, der prospektive Schwager, hat gut gezielt.

Judenbilder – Abbilder und Zerrbilder

Wir haben uns bisher mit der zerrissenen, zerfahrenen und verfahrenen Existenz des deutsch-österreichischen Judentums um die Jahrhundertwende beschäftigt, wie sie sich in den literarischen Zeugnissen der Zeit niederschlägt, mit stolzem Selbstgefühl und fruchtlosem Selbstzweifel bis zum zernagenden Selbsthaß des ›modernen‹ Juden. Daneben aber gibt es weiterhin die geradezu klassisch zu nennenden Judenbilder, wie sie als Stereotypen älter sind als der moderne Rassenantisemitismus. Es gibt sogar noch einmal einen späten Nachfahren jener jüdischen Figuren, die Berthold Auerbach um die Mitte des 19. Jahrhunderts in seinen Dorfgeschichten im Schwarzwald angesiedelt hatte.

In der Erzählung *Das Höferecht* (1890) von Jakob Julius David, der einer jüdischen Familie aus Mährisch-Weißkirchen entstammte, wird zu Beginn der Dorfjude Lazar Bermann geschildert mit seiner Frau Rosalie, ein stiller frommer Mann, der den Talmud studiert und sein Leben als Zollpächter fristet, obwohl die Dorfbewohner munkeln, er habe einst über großen Reichtum verfügt. Der Jude Lazar wird von den Bauern durchaus wohlwollend geduldet, seine Frau hingegen wird von David mit spürbarer Distanz beschrieben, als geschwätzige, schmutztolerante Orientalin; die Tochter Fanny schließlich erfüllt das alte Klischee der schönen Jüdin, sie ist ebenso sinnlich wie ehrgeizig und macht schließlich eine Karriere in der Stadt als halbseidene Gastronomin.

Es gibt aber auch andere Darstellungen der Rolle von Juden auf dem Dorfe. In dem der sogenannten Heimatkunst nahestehenden Romanerfolg von 1895 *Der Büttnerbauer* des Wilhelm von Polenz, ein Roman, den Tolstoi und Lenin gleichermaßen schätzten, schildert der Autor recht präzise die Schwierigkeiten des Bauernstandes am Ende des 19. Jahrhunderts in der Oberlausitz, wo er selbst als Landedelmann saß: die Landflucht der jungen Generation in die Großstädte und Industriegebiete, die starrköpfige Unfähigkeit der Älteren, sich den technischen Entwicklungen in der Landwirtschaft anzupassen, die Rolle der Sozialdemokratie. Es ist aber kaum zu überschätzen, welche Wirkung die Tatsache hatte, daß der Roman in aller Detailfreudigkeit die üblen Rollen zweier Wucherjuden mit Namen Samuel Harassowitz und Isidor Schönberger beschreibt, die es letztlich sind, die den alten Büttnerbauer um Haus und Hof bringen, weil er sich ihnen gutgläubig anvertraut. Wenn er sich am Schluß auf seiner eigenen Scholle erhängt, die ihm schon längst nicht mehr gehört, dann baumelt sein Körper auch im Rhythmus des »Die Juden sind unser Unglück«.

In seinem monumentalen Weltkriegsdrama *Die letzten Tage der Menschheit,* sicherlich eine der größten Leistungen der Satire, hat Karl Kraus nicht darauf verzichtet, den Typus des jüdischen Schiebers und Kriegsgewinnlers mit Wonne zu präsentieren. Die Diskussion über die Frage, ob Kraus unter der Rubrik ›jüdischer Selbsthaß‹ zu verbuchen ist, ist noch keineswegs abgeschlossen. Lassen wir es hier bei der vorsichtigen Feststellung, daß ihm eine schneidende Verachtung für bestimmte Erscheinungsformen des Jüdischen nicht fremd war. Im Epilog des Dramas, in dem das Kriegsgeschehen in eine Phantasmagorie übergeht, tritt unter anderem ein Rudel Hyänen auf, als deren Herr sich anschließend Moritz Benedikt erweist, der Chefredakteur der *Neuen Freien Presse.* Zuvor aber äußern sich die Hyänen Fressack und Naschkatz als Sprecher des Rudels, vor den Kriegsleichen kauernd und ihnen ins Ohr sprechend. Für einen jüngeren Leser von heute dürfte es schon schwierig werden, zu erkennen, daß es sich bei diesen höchst unangenehmen Er-

Karl Kraus

scheinungen um Juden handeln soll; es sind nur winzige Wendungen der Sprache wie »bedarfen« statt »bedürfen«, ein eingestreutes »nebbich«, die aber den Hörern und Lesern der Zeit deutlich genug machten, daß es hier nicht nur um Kriegsgewinnler, sondern um jüdische Kriegsgewinnler ging.

»Fressack:
Wenn Sie vielleicht was bedarfen, wenn Sie vielleicht was bedarfen,
wir sind da, wir tragen Gesichter als Larven.
Doch erschrecken Sie nicht vor Bärten und Mähnen:
wir sind keine Menschen, wir sind nur Hyänen!
Nur daß Ihr Opfer umsonst nicht wäre,
sind wir hier am Platz, auf dem Felde der Ehre.
Bedarfen Sie nichts, nehmen wir Ihnen was ab,
was solln Sie mit Schmuck und Barschaft ins Grab!
Naschkatz:
Ihr seid nebbich froh, daß alles erledigt.
Für Eure Verluste haben wir uns entschädigt.
Auf unseren Rat gingt ihr frisch in das Feld,
gabt ihr Euer Blut, nahmen wir Euer Geld.
Damit wir gewinnen, mußtet ihr wagen,
jetzt gilt's noch ein Scherflein beizutragen.
Wenn ihr auch besiegt seid, wir werden doch siegen.
Das Blut ist gesunken, das Fleisch ist gestiegen.«[7]

Daß Karl Kraus mit solchen Figurationen antisemitische Klischees bediente, war ihm völlig klar. Er, der noch in einem *Fackel*-Heft aus dem Jahr 1934 bekennt, daß er die »Naturkraft eines unkompromittierbaren Judentums dankbar erkennt und über alles liebt«,[8] war nicht bereit, Rücksicht zu nehmen, denn er hatte von seinen ersten Äußerungen an die totale, bedingungslose Akkulturation als einzigen Weg zur Lösung des Judenproblems propagiert, hatte den Zionismus ebenso mit Hohn überschüttet wie »orientalische Enklaven in europäischer Kultur«, wie er das Überleben traditioneller jüdischer Riten und Gebräuche nannte. Es störte ihn nicht, daß er mit seiner Zeichnung jüdischer Schieber und jüdischer Journalisten die Argumente jenes kleinbürgerlich-christlich-sozialen Antisemitismus anklingen ließ, wie er in Österreich in den siebziger Jahren zu einer Bewegung herangewachsen war.
Entscheidenden Auftrieb hatte dieser Antisemitismus durch den Börsenkrach von 1873 erhalten. Die aus scheinbar heiterem Himmel auftretenden

Krisenerscheinungen, die den endgültigen Niedergang des Liberalismus beschleunigten, waren für die meisten unmittelbar oder mittelbar Betroffenen nicht zu durchschauen. Die anschließende ›Große Depression‹ wurde folglich gerne dem jüdischen Finanzkapital und Spekulantentum in die Schuhe geschoben. Wenn der Antisemitismus der Sozialismus des dummen Kerls geblieben wäre, wie der österreichische Sozialist Kronawetter später sagte, dumpfes Ressentiment der sonst Sprachlosen, hätte er wohl nicht die Brisanz erreicht, die ihm sehr schnell zuwuchs.
Ein Indiz dafür, daß auch die Gebildeten unter den Verächtern der Juden auf ihre Kosten kamen, ohne daß sie ohne weiteres als platte Antisemiten verdächtigt wurden, ist der Erfolg des satirischen Epos *Homunculus* (1887) des heute weitgehend vergessenen Robert Hamerling, der mit seinem Goldschnittepos *Ahasver in Rom* den Weg in die Bücherschränke des österreichischen, aber auch des deutschen Bürgertums gefunden hatte – mit *Homunculus* wollte er die satirische Großabrechnung mit den negativen Tendenzen des Zeitalters liefern. Der achte der zehn Gesänge heißt *Im neuen Israel.* Homunculus, kurz Munkel genannt, ruft die Juden Europas auf, diese schnöde, undankbare Gegend zu verlassen und in den Orient zurückzuziehen. Diese folgen seiner Aufforderung, und es läuft ein repräsentativ gemeintes Schaustück ab:

»Schön geschaart und schön gesondert,/ Schier in endlos langen Reihen,/ Zogen alle die verschied'-nen/ Zünfte, Ordnungen und Stände/ Israels mit ihren Zeichen/ Und Standarten und Emblemen./ Erstlich die der Schacherjuden,/ Schwere Bündel auf den Rücken,/ Dann der Schwarm der Wucherjuden; Ihr Emblem auf lichtem Banner: Shylocks Fleischpfand in der Wagschal./ Dann der Schwarm der Börsejuden;/ Ihr Emblem: Fortunens Kugel/ In Gestalt von einer Bombe,/ Welche platzt mit einem Krach./ Dann die glanzvoll – stolze Gruppe/ Mauschelnder Finanzbarone,/ Sich um Rothschilds, des Erlauchten,/ Goldene Karosse schaarend;/ In den Wappenschildern führten/ Einen blanken Ritterhelm sie/ Über einem schweren Geldsack./ Und dann kam der unabsehbar/ Lange Schwarm der Zeitungsjuden / Dann der Schwarm der Kunstsemiten/ Und der Lit'raturhebräer,/ Krit'schen Lorbeer in den Locken/ Dann ein Nachtrag buntgemischter,/ Herrenloser Judenknaben,/ Draller, schmucker Judendirnchen,/ Schmutz'ger Judenhökerinnen,/ Und so weiter, und so weiter.«[9]

Kein Zweifel: dieser achte Gesang trug erheblich dazu bei, daß *Homunculus* in Hamerlings Karriere der größte Auflagenerfolg wurde, denn der Wunschtraum von der sich mit einem solchen Auszug verflüchtigenden ›Judenplage‹ wurde von vielen Bürgern geträumt. Noch 1922 hat der jüdische Journalist Hugo Bettauer einen satirischen Roman mit dem Titel *Stadt ohne Juden* verfaßt – der Niedergang Wiens nach der Vertreibung der Juden ist dort so rapide, daß man sich beeilt, die Verstoßenen so rasch wie möglich wieder zurückzuholen. Hamerling hat sich in seinen autobiographischen Aufzeichnungen entschieden dagegen verwahrt, für die antisemitische Sache vereinnahmt zu werden, aber es half nichts: in zeitgenössischen Anzeigen von auf Antisemitica spezialisierten Buchhandlungen wird sein *Homunculus* immer wieder angepriesen. Ein Autor von der soliden großbürgerlichen Reputation Hamerlings trug ebenso wie der berühmte Chirurg Theodor Billroth, der sich in einer an Medizinstudenten gerichteten Schrift über jüdische Studenten mokiert hatte, dazu bei, daß der Antisemitismus den Pöbelgeruch verlor und unter den Gebildeten hoffähig wurde.

Schließlich die Ostjuden. Otto Lubarsch war noch in seinen 1931 erschienenen Lebenserinnerungen der Meinung, daß es in Deutschland keine Judenfrage und keinen Rassenantisemitismus mehr geben würde, wenn vor fünfzig, sechzig Jahren die Grenzen für die Ostjuden geschlossen worden wären. Daß der Antisemitismus den realen Juden überhaupt nicht benötigt, um am Leben bleiben zu können, war ihm nicht bewußt. Daß die Ostjuden allerdings ein gewaltiger Stein des Anstoßes waren, für Antisemiten wie für die akkulturierten Juden des Westens, das hat die Forschung bestätigt. Bereits vor den großen Wanderungswellen, die durch die russischen Pogrome von 1881 an Dynamik gewannen, hatten sich Figuren wie Veitel Itzig aus Ostrau und Schmeie Tinkeles aus Brody in Gustav Freytags Roman *Soll und Haben* (1855) sowie Samuel Freudenstein, der Trödeljude aus dem Osten in Wilhelm Raabes *Hungerpastor* (1864) dem lesenden deutschen Bürgertum unauslöschlich eingeprägt. Auf diese Prägung konnte Heinrich von Treitschke gewisser-

Serie von vier antisemitischen Postkarten, 1899–1909

maßen augenzwinkernd zurückgreifen, wenn er die ›hosenverkaufenden Jünglinge‹ apostrophierte, die aus der unerschöpflichen polnischen Wiege nach Deutschland strömten.
Mit Freytag, Raabe und Treitschke ist das Bild des Ostjuden schon präfabriziert, bevor es überhaupt zu einer zahlenmäßig bedeutenden Einwanderung kommt, die ja auch dann, wie die Statistiken belegen, zum größeren Teil eine Durchwanderung war. Aufenthaltserlaubnis und Naturalisierung wurden in Deutschland restriktiv gehandhabt, Schiffsgesellschaften und Hafenstädte verdienten nicht schlecht an dem Durchgangsverkehr und den Passagen vor allem in die Vereinigten Staaten; die nicht immer sehr freudigen Willkommensgrüße der assimilierten ehemaligen oder Noch-Glaubensbrüder taten ein übriges. Wessen Vater oder Großvater aus Posen eingewandert war, der wollte durch den weitläufigen Cousin aus Brody nicht gerne an das Schtetl erinnert werden, aus dem er sich an die frische Luft herausgearbeitet hatte, um Nordaus Moser noch einmal zu zitieren. Jack Wertheimer hat jedoch festgestellt, daß von einer generellen Ablehnung der Ostjuden durch die assimilierten deutschen Juden keine Rede sein kann. Man muß wohl unterscheiden zwischen einer durchaus häufig anzutreffenden persönlichen Abneigung, wie sie auch vorherrscht in den literarischen Zeugnissen, und dem doch auch vorhandenen Gefühl der Solidarität mit den Unterprivilegierten aus dem Osten, wie es sich in Hilfsorganisationen ausdrückte. Daß es oft eine Solidarität aus schlechtem Gewissen war, gekoppelt mit Abneigungsgefühlen, deren man sich schämte, machte die Sache nicht einfacher. Nicht vergessen werden sollten auch bürokratische Hürden, durch die die deutsche Gesetzgebung den Kontakt zwischen deutschen und östlichen Juden erschwerte, etwa die Tatsache, daß die Tochter eines deutschen Staatsbürgers jüdischen Glaubens durch die Heirat mit einem ›frisch hereingekommenen‹ Ostjuden ihre deutsche Staatsbürgerschaft verlor, die vielleicht erst der Großvater durch die preußischen Reformen errungen hatte.[10]
Daß für die Antisemiten das Ostjudentum eine höchst willkommene Untermalung feststehender Glaubenssätze war, muß hier nicht weiter belegt und dargestellt werden: unbedingt nötig war es nicht, aber äußerst hilfreich. Was die wohlmeinende Seite betrifft, so kann man grob zwei Reaktionsweisen feststellen: einmal die Entdeckung des Ghettos, des Schtetls als literarische Kulisse in den Ghettogeschichten von Leopold Kompert bereits um die Mitte des 19. Jahrhunderts, dann bei Karl Emil Franzos vor allem in seinem Roman *Der Pojaz,* der kurioserweise 1893 auf russisch erschien, auf deutsch erst posthum 1905, und bei Leopold von Sacher-Masoch in den siebziger und achtziger Jahren. Sacher-Masoch ist gegenüber den den Idealen der Aufklärung verpflichteten Kompert und Franzos der modernste der Ghetto-Geschichten-Erzähler; auch er ist nicht frei von Romantisierungen der Ghetto-Existenz, aber er ist in seiner Beschreibung eines Besuches beim Zadik von Sadagora der Vorläufer der späteren Entdeckung des Chassidismus durch Martin Buber und er hat deutlicher als seine beiden Kollegen den Antisemitismus in seiner Brisanz erkannt. Es wird sich nur schwer feststellen lassen, ob die genannten Ghetto-Erzähler ihr Ziel erreichten, Verständnis für die Welt des Ostjudentums zu wekken, deren Fremdheit die geographische Entfernung erheblich überstieg. Man weiß zu wenig über die Leserschaft dieser Literatur, um behaupten zu können, die Werke der Kompert, Franzos und Sacher-Masoch seien in ihrer Wirkung an *Soll und Haben* herangekommen, das ja, wie belegt ist, trotz oder gar wegen seiner Veitel Itzig- und Schmeie Tinkeles-Figuren ein beliebtes Bar-Mizwa Geschenk war. Die Ghetto-Literatur bildete offensichtlich selbst eine Art Ghetto, eine exotische Spezialfarbe in der literarischen Palette, was sich dann erst mit Joseph Roth und Arnold Zweig zwanzig, dreißig Jahre später ändert. In unserem Zeitraum hingegen herrschen die Reflexe auf das nach Westen wandernde Ostjudentum als Problemkomplex im geschilderten Sinne vor.[11]
In Ludwig Jacobowskis Roman *Werther der Jude* ist kein Ausdruck zu schwach, um Leo Wolffs Ekel vor seinem ostjüdischen Cousin Königsberger auszudrücken, der den Vater in einen betrügerischen Bankrott hineinzieht. Das »breite, schlaue, polnisch-jüdische Fuchsgesicht«, die »dicken Wulstlippen« erzeugen in Wolff »Grauen vor diesem krötenartigen Wesen«.[12] Der Geheime Kommerzienrat Moser bei Nordau belegt seine These, daß das Judentum längst nicht mehr als Rasse betrachtet werden könne: »Von einem einheitlichen Stamm kann nicht mehr die Rede sein. Was habe ich mit jüdischen Negern gemein, die es gleichfalls geben soll? Was geht mich das Ungeziefer von polnischen und russischen Kaftanträgern an? Wer wird mich zu dieser Lausebande zählen wol-

len?«[13] Dies sagt eine literarische Figur, die von Nordau keineswegs als jüdischer Selbsthasser dargestellt wird. Wem eine solche Äußerung überspitzt vorkommt, der sei auf Jakob Wassermanns Bekenntnisbuch *Mein Weg als Deutscher und Jude* verwiesen, in dem Wassermann von der vollkommenen Fremdheit, ja der Abstoßung durch polnische und galizische Juden spricht, oder auf den des Selbsthasses unverdächtigen Gustav Mahler, der sich im Frühjahr 1903 auf einer Konzertreise in Osteuropa befindet und aus Lemberg an seine Frau schreibt: »Das Leben hier zeigt wieder so ein originelles Gesicht. Am possierlichsten sind doch die polnischen Juden, die hier herumlaufen wie anderswo die Hunde. Es ist äußerst unterhaltend, denen zuzuschauen! Mein Gott, mit denen soll also ich verwandt sein?! Wie trottelhaft mir die Racentheorien erscheinen angesichts solcher Beweise, kann ich Dir gar nicht schildern!«[14]

So weit das Auge blickt, findet sich in der deutschsprachigen Literatur unseres Zeitraums keine wirklich unbefangene Darstellung des ostjüdischen Problems, nur eine Aufspaltung in die Extreme der zwischen Romantisierung und Realismus schwankenden Ghetto-Geschichte einerseits, der zwischen Abscheu, Scham und Peinlichkeit oszillierenden Haltung der akkulturierten Juden andererseits. Es ist bezeichnend, daß wir wieder zu Henrik Pontoppidans großem Entwicklungsroman *Lykke Per* (1898–1904) greifen müssen, um von einem dänischen Autor, der weder Jude, noch Anti- noch Philosemit ist, in einer Szene des Romans das Ostjudenproblem komprimiert dargestellt zu bekommen. Jakobe Salomon, die dem Judentum entfremdete Tochter des reichen Philip Salomon, befindet sich auf einer Reise in die Schweiz und steigt in Berlin um: »Auf dem Boden eines geräumigen, halbdunklen Wartesaals lagen und saßen einige hundert dieser zerlumpten Gestalten, wie sie sie auf dem Bahnhof gesehen hatte: Männer, Frauen, Kinder, graubärtige Greise und Säuglinge, die an der Brust der Mutter lagen. (...) Es fiel sofort auf, daß die bunte Menge, in der nur die weißen Kopftücher der Frauen eine gewisse Gleichheit darstellten, nach Sippen geordnet war. Sie hatten sich um Familienoberhäupter versammelt, von denen die meisten kleine schwarzäugige Männer in langen, gegürteten Kaftanen waren. Alle trugen sie Wanderstäbe, und an ihren Leibriemen hingen Trinkbecher. (...) Was sie hier erblickte, war einer der vielen Züge russischer Juden, die im letzten halben Jahr durch Deutschland geführt worden waren, um nach Amerika abgeschifft zu werden. Den ganzen Sommer über hatte sie von den Flüchtlingsgruppen in den Zeitungen gelesen; noch immer waren diese Menschen verwirrt vor Schrecken über die Schandtaten, die der Pöbel an ihnen verübt hatte, während die Behörden gleichgültig zusahen oder es sogar offen billigten. Da hatte gestanden, man habe den Juden nachts die Häuser über dem Kopf angezündet, sie bis auf den nackten Körper ausgeplündert, ihre Frauen geschändet, alte Leute gesteinigt und Kinder getötet, so daß die Rinnsteine rot von Blut waren.«[15] Es ist nicht zuletzt dieses Erlebnis, das Erlebnis auch der brutalen Selbstgefälligkeit der christlichen Gesellschaft Westeuropas, die die Flüchtlinge wie Pestkranke behandelt, die Jakobe Salomons Weg zur Leiterin einer Kopenhagener Armenschule umlenkt.

Zionismus und Antisemitismus

Auf die angedeutete ungeheure Verworrenheit der Problembündelungen gab es zwei extreme Antworten: eine neuartige, den Zionismus und eine uralte, mit neuen Accessoires ausgestattete, den Antisemitismus. Einmal abgesehen vom dezidiert zionistischen Roman wie Theodor Herzls *Altneuland* (1902) und Robert Jaffes *Ahasver* (1900) werden zionistische Positionen vor allem in jenen breit angelegten Diskussionsromanen entfaltet, in denen sie aber immer nur eine von mehreren Möglichkeiten darstellen. In Schnitzlers *Weg ins Freie* ist es Leo Golowski, der am prononciertesten solche Meinungen vertritt; wie immer in diesem Roman wird jede extreme Haltung aber sogleich austariert, in diesem Falle durch die Enttäuschung des alten Salomon Ehrenberg, der von seiner Palästina-Reise ernüchtert zurückkehrt. In unserem Gesamtzusammenhang verdiente der weit unbekanntere, breitflächige Roman Hermann Bahrs *Die Rotte Korahs* (1919) die gleiche Beachtung wie Schnitzler, denn auch hier werden in endlosen und im Vergleich mit Schnitzler zerfahren und unkonzentriert wirkenden Diskussionen die gleichen Probleme ausgebreitet, mit dem Vorzug der größeren Drastik und Zuspitzung und mit der Eigenart, daß es sich bei dem Verfasser nicht um einen Mann jüdischer Abkunft handelte, der das Judentum nur noch als Gefühlsgemeinschaft gelten lassen wollte, sondern um einen, der durch eine jüdische Abkunft nicht beschwert und durch eine deutsch-nationale Entwicklungsphase mit antisemitischen Anwandlungen gegangen war. Wenn dieser Hermann Bahr, für den die Rotte Korahs keineswegs nur im West- oder Ostjudentum besteht, sondern aus allen Déracinés, allen Entwurzelten der Moderne, wenn dieser katholisch gewordene Bahr gerade zionistischen Positionen in der Gestalt des Dr. Adolf Beer einen breiten Raum gibt, dann wird beim Leser ein unbehagliches Gefühl zurückbleiben, das Gefühl des ›Los-sein-Wollens‹ nämlich. Das ändert nichts daran, daß Bahr es versteht, den Argumenten Beers, die dieser mit Emphase und Vehemenz vertritt, Gewicht und Glaubwürdigkeit zu verleihen: »Ich hab von diesem Europa genug! Mir kommt vor, es ist bloß eine Episode gewesen und keine rühmliche (...). Was habt ihr denn hier an Werten, wirklichen Werten und schaffenden Kräften, das euer Eigentum wär? (...) Ihr lebt doch nur von den Abfällen indischer, chaldäischer und jüdischer Weisheit! Die eine geistige Macht Europas, Ihre katholische Kirche, was ist denn selbst sie, als ein letztes Reis des Morgenlandes? Unser Gott ist es, zu dem ihr betet, unsere Gedanken denkt ihr, ihr habt unseren Kalender, ihr gehorcht den Geboten Mosis, und der einzigen Entdeckung, die seit ihm die Menschheit gemacht hat, der Feindesliebe, seid ihr heute noch nicht um ein Haar würdiger oder fähiger als wir damals. Was ihr habt, ist alles aus Asien zusammengestohlen. (...) In den Fetzen unserer alten Königsmäntel geht eure Kultur und hat nicht einmal auch nur die Kraft, sie zu flicken. Nein, ich danke! Ich hab von den Surrogaten genug! Ich will nicht mehr in Lumpen gehn, ich will zurück, zu den heiligen Quellen zurück, zu den Müttern, zum Ursprung!«[16]

In unserem Panorama der Bilder von Juden kann das Zerrbild nicht fehlen. Der Antisemitismus in seiner gröbsten, dezidiertesten, monomanischen Form hat relativ selten das Mittel der fiktionalen Literatur gewählt. Das Pamphlet, die Karikatur, die Weltverschwörungsenthüllung, die Wahlrede, der Witz, das pseudowissenschaftliche Handbuch der Judenfrage, dies waren eher die erfolgversprechenden Mittel. In der fiktionalen Literatur sind es meist ›nur‹ einzelne Figuren, Episoden, die antisemitische Haupt- und Nebendeutungen transportieren, eine Feststellung, die über Gefährlichkeit nichts aussagt. Aus den wenigen Beispielen, in denen der Antisemitismus Haupttreibmittel literarischer Fiktion ist, ragen in unserem Jahrhundert zwei Texte hervor, Louis Ferdinand Célines *Bagatelles pour un massacre* (1937) und Artur Dinters *Die Sünde wider das Blut* (1917).[17] Dinters Roman, obwohl am Ende unserer Epoche angesiedelt, gehört vollgültig in den Zusammenhang der Darstellung. Artur Dinter, 1876 geboren, wuchs in jener Welle des manifesten deutsch-österreichischen Antisemitismus auf, der keinen Zeitgenossen unberührt lassen konnte. Der Erfolg seines Romans war immens: in vier Jahren erlebte er 16 Auflagen, bis 1934 waren über 250.000 Exemplare verkauft. Dieser Erfolg unmittelbar nach dem Ende des Ersten Weltkrieges fällt zusammen mit dem Entstehen eines neuen Sündenbocksyndroms, als den Juden und den Bolschewisten, der ›goldenen‹ und der ›roten Internationale‹, die Schuld am verlorenen Weltkrieg und am Versailler Vertrag gegeben wurde.

Held des Romans ist Dr. Hermann Kämpfer, wissenschaftlicher Mitarbeiter an einem chemischen Universitätslaboratorium. Seine Eltern sind früh gestorben, ein Bauernehepaar, das durch einen jüdischen Makler in den Ruin getrieben wurde, ein Motiv, das aus Polenz' *Büttnerbauer* geläufig ist. Nach einem Rückschlag in seiner Forschungsarbeit reist Kämpfer ins Gebirge und lernt ein schönes blondes Mädchen kennen, leider Tochter des jüdischen Kommerzienrates Burghamer. Er wird dessen Schwiegersohn, aber das Kind, das der Ehe entstammt, hat schwarzes Kraushaar und eine plattgedrückte Nase. Eine spätere Verbindung mit einer arischen Johanna beschert Kämpfer keine besseren Ergebnisse, denn auch hier wird ein Bastard geboren, weil diese Johanna sich in ihrer Jugend einmal mit einem Juden vergessen hat – so ist ihr Blut auf alle Zeiten vergiftet. Dinter hat seinem Roman einen 40seitigen Anmerkungsteil angefügt, in dem der promovierte Naturwissenschaftler seiner belletristischen Rassenlehre einen wissenschaftlichen Anstrich zu geben versucht, mit Gobineau- und Chamberlain-Zitaten untermauert.

Die Geilheit des rasseschänderischen Juden ist Dinters genüßlich ausgemaltes Hauptthema. Die Vergiftung arischen Blutes durch den Juden wird als Teil der Weltverschwörung des Judentums dargestellt. Die Dintersche Obsession vom Vernichtungskampf jüdischer Lüsternheit gegen arische Keuschheit zeigt uns ein nicht zu unterschätzendes, gewissermaßen genital besetztes Ferment des alten wie neuen Antisemitismus, das wie die entsprechenden berüchtigten Passagen aus Hitlers *Mein Kampf* über den schwarzhaarigen Judenjungen, der auf das ahnungslose Mädchen lauert, oder die Auslassungen des *Stürmer,* darauf hinweist, welche atavistischen Strömungen unter der ›wissenschaftlichen‹ Oberfläche des modernen Antisemitismus lauern.

Was bleibt?

Das Panorama ist abgeschritten, das Resümee kann nicht anders als deprimierend ausfallen. Die einzig konsequente Antwort auf die offensichtlich auch von Gutwilligen nicht mehr bewältigbare Problemlage scheint wirklich der Zionismus gewesen zu sein. Alles was nicht Zionismus und radikaler Antisemitismus war, verstrickte sich bei jedem Schritt in heillose unentwirrbare Komplikationen und Widersprüche, wie sie Schnitzler und Hermann Bahr wortreich dargestellt haben. Das Schmerzlichste ist wohl, beobachten zu müssen, wie sich auch die besten Köpfe verheddern, in Mehrdeutigkeiten und problematische Zungenschläge verfallen, und es fällt heute dennoch schwer, sie deswegen in Bausch und Bogen zu verdammen. Theodor Mommsen hat wohl im Berliner Antisemitismusstreit die vornehmste Antwort von nichtjüdischer Seite auf Heinrich von Treitschkes Sottisen gegeben, und dennoch unterlaufen ihm die bedenklichen Bemerkungen über die Juden als ›Element der nationalen Decomposition‹, wie einst in Rom, so jetzt in Deutschland, und er läßt auch keinen Zweifel daran, daß solche Dekompositionsprozesse oftmals notwendig, aber nie erfreulich sind.[18]
Schließlich Theodor Fontane: wer läse nicht gerne und mit Schmunzeln sein berühmtes Gelegenheitsgedicht *An meinem Fünfundsiebzigsten* mit seiner Namensliste des preußischen Gotha, über den er immer so wohlwollend geschrieben hat.
Fontane fährt fort:

»Aber die zum Jubeltag kamen,
Das waren doch sehr, sehr andere Namen,
Auch ›sans peur et reproche‹, ohne Furcht
und Tadel,
Aber fast schon von prähistorischem Adel:
Die auf »berg« und auf »heim« sind gar nicht
zu fassen,
Sie stürmen ein in ganzen Massen,
Meyers kommen in Bataillonen,
Auch Pollacks und die noch östlicher wohnen;
Abram, Isack, Israel,
Alle Patriarchen sind zur Stell,
Stellen mich freundlich an ihre Spitze,
Was sollen mir da noch die Itzenplitze!
Jedem bin ich was gewesen,
Alle haben sie mich gelesen,
Alle kannten mich lange schon,
Und das ist die Hauptsache ...
›kommen Sie, Cohn‹.«[19]

Fontanes Rechtsberater soll ihm geraten haben, dieses Gedicht nicht zu seinen Lebzeiten zu veröffentlichen, weil man es antisemitisch auslegen könne; lieber wäre es ihm gewesen, wenn die Itzenplitze gekommen wären, auch hätte der Verlagsteilhaber seines Sohnes, Fritz Theodor Cohn, sich getroffen fühlen können. Fontane unterließ in der Tat die Publikation – ob er sich wirklich zu recht ertappt fühlte, wie Ernst Simon meint, erscheint fragwürdig. Wenn dieses Gedicht im Jahr 1894 schon antisemitisch sein sollte, dann konnten nur Äußerungen nicht antisemitisch sein, in denen Wort und Begriff des Judentums aseptisch vermieden waren. Dennoch bleibt auch bei Fontane, dem Monument märkischer Humanität, ein Erdenrest, zu tragen peinlich. Es bleiben einige briefliche Ausfälle, die befremden, und es bleibt die Figur des alten Baruch Hirschfeld im Altersroman *Der Stechlin,* zu dem Dubslav in einer fast freundschaftlichen Beziehung steht. Hirschfeld hat davon gehört, daß es dem alten Stechlin gesundheitlich schlecht geht, und er schmiedet, bei allem Mitgefühl, Pläne für die Nach-Dubslav-Zeit, die er durch das Angebot einer günstigen Hypothek untermauert. Dubslav lehnt dankend ab, Baruch verabschiedet sich, aber beide sind verstimmt, Baruch, weil sein Schloß Stechlin-Traum unerfüllbar geworden zu sein scheint. »Aber Dubslav auch. Es war ihm zu Sinn, als hätt er seinen alten Granseer Geld- und Geschäftsfreund (trotzdem er dessen letzte Pläne nicht einmal ahnte) zum erstenmal auf etwas Heimlichem und Verstecktem ertappt, und als Engelke kam, um die Sherryflasche wieder einzuräumen, sagte er: ›Engelke, mit Baruch is es auch nichts. Ich dachte wunder, was das für ein Heiliger wär, und nun ist der Pferdefuß doch schließlich rausgekommen. Wollte mir da Geld auf Hypothek beinah aufzwingen, als ob ich nicht schon genug davon hätte (...) Sonderbar, Uncke, mit seinem ewigen ›zweideutig‹, wird am Ende doch recht behalten.‹«[20]

Es mag unnötig pathetisch klingen, aber in diesem »mit Baruch is es auch nichts« schwingt das ganze Elend der deutsch-jüdischen Symbiose mit, die Enttäuschung der Wohlmeinenden, wenn sich die deutschen Juden weder als Heilige noch als Pferdefußbesitzer entpuppten, sondern als normale Menschen unter gänzlich anomalen Bedingungen. Im besten Falle blieb am Ende das Dubslav-Unckesche ›zweideutig‹ stehen als Ergebnis eines huntertjährigen hoffnungs- und enttäuschungsreichen Prozesses.
Das war wohl mehr als sich die Skeptiker unter den Juden in Deutschland erhofft hatten, aber es war doch zu wenig, um das Schlimmste zu verhindern. Der Zionist Leo Golowski befindet sich in Schnitzlers Roman *Der Weg ins Freie* in einer Diskussion mit dem Zyniker Heinrich Bermann, der sich gerne als gleichzeitiger Antisemit und Antiarier geriert, und dem unparteiisch-skeptischen Georg von Wergenthin, in dem man nicht zu Unrecht viel von Schnitzlers eigener Position erkannt hat. Heinrich prophezeit Leo, daß dieser nie nach Palästina gehen werde, er selbst werde sich auf der anderen Seite nie und nimmer taufen lassen, weil man damit antisemitischer Beschränktheit und Schurkerei nicht entgehen könne. »›Hm‹, sagte Leo, ›aber wenn die Scheiterhaufen wieder angezündet werden …?‹ ›Für diesen Fall‹, entgegnete Heinrich, ›dazu verpflichte ich mich hiermit feierlich, werde ich mich vollkommen nach Ihnen richten.‹ ›O‹, wandte Georg ein, ›diese Zeiten kommen doch nicht mehr wieder.‹«[21]

Anmerkungen

1. Shulamit Volkov: Jüdisches Leben und Antisemitismus im 19. und 20. Jahrhundert, München 1990. Werner Jochmann: Gesellschaftskrise und Judenfeindschaft in Deutschland, Hamburg 1988
2. Max Nordau: Doktor Kohn. Bürgerliches Trauerspiel aus der Gegenwart in vier Aufzügen, Berlin 1902, S. 84 f
3. Otto Lubarsch: Ein bewegtes Gelehrtenleben. Erinnerungen und Erlebnisse – Kämpfe und Gedanken, Berlin 1931, S. 540
4. Arthur Schnitzler: Der Weg ins Freie, in: ders.: Die Erzählenden Schriften, Band I, Frankfurt a. M. 1961, S. 635–958, hier S. 756f
5. Max Nordau: a.a.O., S. 187f
6. Ebd., S. 137
7. Karl Kraus: Die letzten Tage der Menschheit, Frankfurt a.M. 1986, S. 746f
8. Karl Kraus: Die Fackel Nr. 890–905, 1934, S. 38
9. Robert Hamerling: Homunculus. Modernes Epos in zehn Gesängen, Hamburg u. Leipzig 1888, S. 213f
10. Vgl. dazu Jack Wertheimer: »The Unwanted Element«. East European Jews in Imperial Germany, in: Leo Baeck Institute Yearbook XXVI, 1981, S. 23–46, sowie allgemein Heiko Haumann: Geschichte der Ostjuden, München 1990
11. Vgl. dazu den Überblick bei Hans-Peter Bayerdörfer: Das Bild des Ostjuden in der deutschen Literatur, in: Herbert A. Strauss/ Christhard Hoffmann (Hg.): Juden und Judentum in der Literatur, München 1985, S. 211–236
12. Ludwig Jacobowski: Werther der Jude, Berlin und Leipzig o.J. (20. Aufl.), S. 212 und 226f
13. Max Nordau: a.a.O., S. 90f
14. Brief Gustav Mahlers an Alma Mahler, Frühjahr 1903, in: Donald Mitchell (Hg.): Alma Mahler-Werfel. Erinnerungen an Gustav Mahler / Gustav Mahler. Briefe an Alma Mahler, Frankfurt a. M./Berlin 1971, S. 260
15. Henrik Pontoppidan: Hans im Glück, Band I, Frankfurt a. M. 1981, S. 188f
16. Hermann Bahr: Die Rotte Korahs, Berlin und Wien 1919, S. 460f
17. Genauer beleuchte ich beide Autoren und Texte in meinem Aufsatz: Literarischer Antisemitismus im zwanzigsten Jahrhundert. Zu seinen Stereotypen und seiner Pathologie, in: Jens Malte Fischer/ Karl Prümm/ Helmut Scheuer (Hg.): Erkundungen. Beiträge zu einem erweiterten Literaturbegriff, Göttingen 1987, S. 117–138
18. Theodor Mommsen: Auch ein Wort über unser Judenthum, in: Walter Boehlich (Hg.): Der Berliner Antisemitismusstreit, Frankfurt a. M. 1965, S. 212–227, hier S. 219
19. Theodor Fontane: An meinem Fünfundsiebzigsten, in: ders.: Werke in drei Bänden, Kurt Schreinert (Hg.): München 1968, Band III, S. 785f
20. Theodor Fontane: Der Stechlin, in: a.a.O., Band II, S. 725f, vgl. dazu Ernst Simon: Fontanes jüdische Ambivalenz, in: ders.: Entscheidung zum Judentum, Frankfurt a. M. 1979, S. 266–275
21. Arthur Schnitzler: a.a.O., S. 724

KRIEGSWIRTSCHAFT UND GESELLSCHAFTSVISION

Walther Rathenau und die Organisierung des Kapitalismus

WOLFGANG KRUSE

»Derjenigen Nation allein gehört die Zukunft, die ihre Reibungskräfte in Arbeitsleistung verwandelt, die alle ihre Zugkräfte gleichgerichtet vor den Wagen ihres Staates und ihrer Wirtschaft spannt.« (Die neue Wirtschaft, S. 208)

»Das adelige Volk in beherrschendem Dienst und dienender Herrschaft wird zum Träger seines Geschickes und zum Hüter seiner Auserwählten.« (Von kommenden Dingen, S. 404)

»Soweit größere Privatunternehmen noch bestehen, haben sie sich längst gewöhnt, ihr Geschäft unter der objektiven Form der Firma als ein selbständiges Wesen zu betrachten. (...) Das Wachstum und die Macht dieses Geschöpfes ist des Besitzers Freude ...« (Von kommenden Dingen, S. 377)

Im Ersten Weltkrieg wurden nicht nur Millionenheere mobilisiert: Der erste *Totale Krieg* ließ auch die ›Heimatfront‹ zu einem Faktor von kriegsentscheidender Bedeutung werden. Vor allem die Organisierung der Kriegswirtschaft spielte dabei eine zentrale Rolle, schon sehr früh besonders in Deutschland, das durch die englische Seeblokkade in hohem Maße vom Weltmarkt abgeschnitten war und sich deshalb als erstes der kriegführenden Länder von einer akuten ökonomischen Mangelsituation in vielen kriegswichtigen Bereichen bedroht sah. Die auch den weiteren Ausbau der Kriegswirtschaft entscheidend prägenden Anfänge der wirtschaftlichen Mobilmachung im Bereich der Rohstoffbewirtschaftung sind auf das engste mit dem Namen Walther Rathenau verbunden, dem ersten Leiter der Kriegsrohstoffabteilung im Preußischen Kriegsministerium. Aber auch über diese zeitlich eng begrenzte Tätigkeit zwischen August 1914 und März 1915 hinaus spielte die Kriegswirtschaft eine wesentliche Rolle in der publizistischen und politischen Tätigkeit Rathenaus, der mit seinen Vorträgen und Schriften über die ›neue Wirtschaft‹ eine breite Öffentlichkeit erreichte und vielfältigen Einfluß auf die Konzeptionen für die Übergangswirtschaft sowie, nach Kriegsende, auch auf die Diskussionen über die Sozialisierungsfrage ausüben konnte. Bei all diesen Aktivitäten durchdrangen sich, so soll im folgenden argumentiert werden, drei verschiedene, teilweise gegensätzliche, trotzdem aber in einem vielfach kaum auflösbaren Zusammenhang stehende Grundelemente, für die auch die einleitenden Zitate aus Rathenaus Schriften stehen: nationalstaatliches Macht- und Effizienzdenken mit technokratischen, aber auch militaristischen Zügen; sozialphilosophische Spekulationen in der Tradition des korporatistischen, antiliberalen gesellschaftspolitischen Denkens; und nicht zuletzt die enge Bindung an die Strukturen und die wirtschaftlichen Interessen des AEG-Konzerns. Bei diesen Darlegungen geht es mir auch darum, das geradezu mythische Bild von der »Megaperson«[1] Walther Rathenau durch eine Auflösung von Stilisierungen und Selbststilisierungen sowie durch eine kritische Analyse der Widersprüche, der Grenzen und der Interessengebundenheit von Rathenaus Aktivitäten im Rahmen der Militarisierung von Gesellschaft und Bewußtsein während des Ersten Weltkrieges ein wenig zu entzaubern.

I

Während Militär und Regierung unter dem Einfluß des *Schlieffen-Planes* nur auf einen kurzen Krieg vorbereitet waren und die wirtschaftliche Kriegsvorbereitung weitgehend vernachlässigt hatten, war sich Rathenau schon frühzeitig der Bedeutung der Wirtschaft als »Kriegsgott unserer Tage«[2] bewußt geworden. Unmittelbar nach Kriegsbeginn trat er nicht nur mit Vorschlägen für einen langfristigen Wirtschaftskrieg gegen England an die Reichsleitung heran, die in Fortsetzung imperialistischer Ziele der Vorkriegszeit zu einer wesentlichen Grundlage der deutschen Kriegzielplanung wurden.[3] Er wurde auch der »wirtschaftliche Generalstabschef hinter der Front«, wie ihn eine deutsche Tageszeitung apostrophierte.[4] Auf seine Initiative und unter seiner Leitung entstand bereits wenige Tage nach

Kriegsbeginn, am 13. August 1914, im Preußischen Kriegsministerium die Kriegsrohstoffabteilung, die in kurzer Zeit von einem bescheidenen fünfköpfigen Gremium zu einem zentralen Lenkungsorgan der industriellen Kriegsproduktion mit bei Kriegsende über 2.500 Beschäftigten wurde.

Diese für einen Zivilisten ganz ungewöhnliche Ernennung zu einem Abteilungsleiter quasi im Generalsrang erfüllte Rathenau, nachdem ihm zuvor wegen seiner jüdischen Herkunft der erhoffte Aufstieg in den Offiziersrang versagt geblieben war, nun nicht nur mit Stolz und Genugtuung. Zugleich weist sie auf die in der Tat prekäre Situation der deutschen Kriegswirtschaft hin, ohne deren grundlegende Reorganisation das Reich kaum länger als ein halbes Jahr hätte Krieg führen können. Die Kriegsrohstoffabteilung wurde unter Rathenaus Leitung sowohl durch die rasche Lösung anstehender Probleme als auch durch ihre strukturell prägenden Wirkungen »unbestreitbar die erfolgreichste Wirtschaftsorganisation, die während des Krieges in Deutschland geschaffen wurde«.[5]

Erich von Falkenhayn (Kat.Nr. 5/2)

Weniger eindeutig dagegen stellen sich die genauen Entstehungszusammenhänge dar, über die seit den 1920er Jahren immer wieder kontrovers diskutiert worden ist. Hatte Rathenau, wie er selbst immer wieder in aller Öffentlichtkeit betonte, die Rohstoffproblematik als erster erkannt und die wesentlichen Ideen zu ihrer Lösung entwickelt? Oder war er dabei nur Anregungen seines Mitarbeiters Wichard von Moellendorff gefolgt, wie zwei in der konservativen Zeitung *Post* veröffentlichte Briefe Moellendorffs an Rathenau aus den ersten Kriegstagen vermuten ließen?[6] Rathenau reagierte auf die Veröffentlichung mit einem Brief, der nicht nur seine zur Selbststilisierung neigende Eitelkeit deutlich machte, sondern der auch die bereits zuvor eingetretene Entfremdung zwischen ihm und Moellendorff noch verschärfen mußte; nachdem er dessen Rolle bislang nur höchst beiläufig erwähnt hatte, schrieb er nun: »Am 4. August, auf einer Fahrt nach Tempelhof, bekam ich die Nachricht von der englischen Kriegserklärung. Ich sah den Kontinent blockiert und erkannte, daß die Rohstoff- und Ernährungsfrage unser Schicksal bestimmte. Diese Erkenntnis, und keine Anregung von Ihrer oder anderer Seite, führte mich am Abend des 8. August ins Kriegsministerium. (...) Bei genauer Prüfung aber ergibt sich, daß ich nicht, wie die *Post* meint, zuwenig, sondern, wie es der Drang der Empfindung und der rasche Gang der improvisierten Rede mit sich brachte, eher etwas zuviel gesagt hatte. Genaugenommen hätte ich sagen müssen, daß Sie nicht ›der erste‹ waren, der den Finger auf die Wunde legte, sondern ›unter den mir Nahestehenden der erste‹. Denn mich auszunehmen hatte ich nicht das Recht, und als später die Frage in der Luft lag, kamen noch andere hinzu.«[7]

Auch wenn Rathenaus Berufung auf zwei namentlich nicht genannte Zeugen nicht gerade überzeugend war, hat die neuere Forschung seine

Kriegsminister v. Falkenhayn, wurde vorübergehend mit der Vertretung des Generalstabschefs betraut.

Version doch zumindest teilweise bestätigt. Rathenau hatte sich in der Tat schon vor Moellendorffs erstem Brief vom 8. August an das Preußische Kriegsministerium gewandt, wie ein hier bereits am Vortage angelegter Aktenvorgang belegt.[8] Allerdings waren die großen Probleme der kriegswirtschaftlichen Versorgung und Organisation schon frühzeitig nicht nur Rathenau und Moellendorff bekannt. Bereits am 8. August schlossen sich die bisher konkurrierenden industriellen Dachverbände ZDI und BDI zur Bewältigung der erwarteten kriegswirtschaftlichen Probleme im *Kriegsausschuß der deutschen Industrie* zusammen. Ebenfalls Anfang August wurde auf Initiative des Reeders Albert Ballin vom Reichsamt des Innern die *Reichseinkaufs GmbH* zur Organisierung der

Lebensmitteleinfuhr gegründet, und nur wenige Tage später wiesen Nationalökonomen der Berliner Universität bereits auf die Rohstoffproblematik als »schlimmste Gefährdung der Industrie« hin.[9] Auch ohne die Initiative Rathenaus wären also wahrscheinlich auch auf diesem Gebiet schon vor einer möglicherweise kriegsentschei-

arbeiter am 9. August noch einmal darauf insistiert hatte, nahm Rathenau diesen noch am Vortag zurückgewiesenen Vorschlag zögernd in seine Denkschrift an den Kriegsminister Erich v. Falkenhayn auf, die letztlich den entscheidenden Anstoß zur Gründung der Kriegsrohstoffabteilung gab.

KRIEGSMINISTERIUM. Berlin W. 66 den 13. August 1914. 4

Leipziger Str. 5.

Nr. 292/8.14. B 5.

Die mit Euer Hochwohlgeboren gepflogenen Unterhandlungen haben mich veranlaßt im Kriegsministerium eine Kriegs- Rohstoff-Abteilung zu bilden mit dem Zweck, alle im Jnland und bei glücklichem Fortschreiten der Armee in den okkupierten feindlichen Gebieten, sowie unter Umständen in dem befreundeten Österreich die zur Zeit vorhandenen militärisch notwendigen Rohstoffe nach Besitzern, Mengen und Lagerorten festzustellen. Jhr Verbrauch soll den militärischen Bedürfnissen entsprechend geregelt und, soweit zulässig, hierbei das allgemeine wirtschaftliche Leben möglichst unterstützt werden.

Diese Abteilung wird mir oder bei meiner Abwesenheit meinem Stellvertreter unmittelbar unterstellt. Als gemeinsamer Vorstand der Abteilung haben der Abteilungschef Oberst z. D. Oehme und Euer Hochwohlgeboren zu zeichnen.

Die Zentrale der Abteilung hat ihren Sitz im Kriegsministerium.

Mit Rücksicht auf die im weitern Verlauf zu Jhrer Kenntnis kommenden internen Verhältnisse eines überwiegenden Teils der deutschen Jndustrie und in vorsorglicher Beachtung des Umstandes, daß es bei der ganzen Sachlage ohne scharfe Kritik seitens einzelner Außenstehender nicht abgehen wird, möchte ich Sie bitten, in Gegenwart eines Justitiars des Kriegsministeriums meinem

Stellvertreter

[He]rrn Dr. Rathenau

Hochwohlgeboren

hier.

Stellvertreter, Generalmajor Wild v. Hohenborn, an Eidesstatt durch Handschlag zu versichern, daß alle durch die in Frage stehenden Angelegenheiten zu Jhrer Kenntnis kommenden Dinge als absolutes dienstliches Geheimnis zu gelten haben.

Euer Hochwohlgeboren spreche ich erneut meinen Dank für die Bereitwilligkeit aus, mit der Sie die große Sache zu fördern übernommen haben und ersuche ergebenst, mir baldgefälligst schriftlich Jhr Einverständnis mit Vorstehendem aussprechen zu wollen.

Der Kriegsminister.

Falkenhayn.

Brief des Kriegsministers von Falkenhayn an Walther Rathenau über die Einrichtung der Kriegsrohstoffabteilung (Kat.Nr. 5/1)

denden Mangelsituation Maßnahmen ergriffen worden. Seine Verdienste lagen so vor allem in der sehr frühen Einrichtung der Kriegsrohstoffabteilung und ihrem höchst zielstrebigen Aufbau. Dabei bleibt allerdings auch festzuhalten, daß der für den Erfolg der Rohstoffbewirtschaftung letztlich ausschlaggebende Gedanke einer staatlich zentralisierten und gelenkten Mangelbewirtschaftung tatsächlich nicht von Rathenau, sondern von Moellendorff stammte.[10] Erst nachdem sein Mit-

Zuvor hatte Rathenau einer anderen Perspektive den Vorrang gegeben, die er auch weiterhin mit besonderer Energie verfolgte. Es handelte sich um das Ziel, »in den eroberten Gebietsteilen Requisitionen nach den uns unentbehrlichen Rohmaterialien« durchzuführen[11], also um Ausplünderung der Rohstoffvorräte in den erhoffterweise bald von deutschen Truppen besetzten Industriegebieten insbesondere Belgiens. Dafür wurde unmittelbar nach Gründung der Kriegsrohstoffabteilung eine besondere Requisitionsabteilung ins Leben gerufen, die Anfang September eine Außenstelle in Belgien eröffnete. Die genauen Mengen der hier wie bald auch in Nordfrankreich und Polen requirierten Rohstoffe, zu denen bald auch metallene Haushaltsgegenstände, Denkmäler, Maschinen und ganze Industrieanlagen hinzukamen, die eingeschmolzen und wiederaufbereitet wurden, sind nicht bekannt, immerhin aber sah Rathenau darin noch Ende 1915 »das erste Hauptgebiet der Rohstoffversorgung«[12]. Ohne Bedeutung war für ihn offensichtlich, daß diese Maßnahmen eigentlich völkerrechtswidrig waren, denn die *Haager Landkriegsordnung* von 1899/1907 erlaubte Requisitionen nur als Mittel zur Versorgung von Besatzungsarmeen, nicht aber für die allgemeine kriegswirtschaftliche Produktion.

Wichtiger als der teils zwangsweise aus den besetzten Gebieten, teils über Geschäfte mit dem neutralen Ausland abgewickelte Import von Rohstoffen wurden allerdings – vor dem Hintergrund einer umfangreichen Recherche über die überhaupt verfügbaren Rohstoffmengen – zwei andere Strategien der Kriegsrohstoffabteilung: Zum einen handelte es sich um die Entwicklung von neuen Produktionsverfahren und Ersatzstoffen, wobei vor allem die für die Zünderproduktion notwendige Stickstoffproduktion ohne Verwendung des knappen Salpeters nach dem *Haber-Bosch-Verfahren* von besonderer Bedeutung war;[13] zum zweiten und vor allem aber ging es um die schon frühzeitig von Moellendorff anvisierte Mangelbewirtschaftung, in deren konkreter Organisationsform nun die bedeutendste eigenständige Schöpfung Rathenaus zu sehen ist. Denn während Moellendorff eine direkte staatliche Zwangsbewirtschaftung der für kriegswichtig erklärten Rohstoffe durch die einzelnen Fachsektionen der Kriegsrohstoffabteilung anstrebte, entstand unter der Regie Rathenaus eine Mischung aus staatlichem Dirigismus und industrieller Selbstverwaltung in den *Kriegsrohstoffgesellschaften*.

Rechtlich gestützt auf den bei Kriegsbeginn verhängten Belagerungszustand, erklärte die Kriegsrohstoffabteilung zwar alle kriegswichtigen Rohstoffe für beschlagnahmt, sie verzichtete zugleich aber weitgehend auf direkte Konfiszierungen und übertrug die Verwaltung der Rohstoffe den Kriegsrohstoffgesellschaften, für die sukzessive, ausgehend von den besonders wichtigen Sektoren wie der Metall- und der Chemieindustrie, im Ganzen etwa 200 Wirtschaftsbereiche geschaffen wurden. Es handelte sich dabei zumeist um Aktiengesellschaften, teilweise auch um GmbHs, die auf Initiative der Kriegsrohstoffabteilung und manchmal unter Androhung staatlicher Zwangsmaßnahmen gegen widerstrebende Unternehmer ins Leben gerufen wurden, um an ihrer Stelle für die kaufmännische Verwaltung und Verteilung der kriegswichtigen Rohstoffe zu sorgen. Es wurde damit ein System geschaffen, in dem die unternehmerische Selbstverwaltung und Initiative weitgehend beibehalten, aber syndiziert und unter die Oberaufsicht staatlicher Kommissare mit einem Vetorecht im Aufsichtsrat gestellt wurden. Möglich war dies nur, weil die industrielle Verflechtung in Großkonzernen, Kartellen und Syndikaten bereits vor dem Krieg in Deutschland weit fortgeschritten war; in mehreren Fällen brauchten sogar bereits bestehende Monopole wie etwa der *Roheisen- und Stahlwerksverband* oder das *Rheinisch-Westfälische Kohlensyndikat* nur noch staatlich autorisiert zu werden.

Die so geschaffenen Monopol-Gesellschaften waren im Prinzip gemeinnützig und durften – abgesehen von einer 5%igen Kapitalverzinsung – keine Gewinne abwerfen. Dafür trug allerdings der Fiskus, der selbst teilweise als Aktionär beteiligt war, auch das Risiko. Und vor dem Hintergrund einer langfristigen Kriegskonjunktur eröffnete dieses System den großen Produzenten bald doch enorme Profitmöglichkeiten. Sie erwarben die Aktienmehrheiten und nahmen die führenden Positionen in den Kriegsgesellschaften ein. In der als erste Gesellschaft Anfang September 1914 nach Vorgesprächen im Verwaltungsgebäude der AEG gegründeten *Kriegs Metall-AG* etwa verfügten sechs große Elektrizitäts- und Metallkonzerne über die Aktienmehrheit. Dadurch konnten sie nicht nur die Preise beim Aufkauf der für kriegswichtig erklärten Rohstoffe bestimmen, sondern auch die Verteilung auf die Produzenten nach ihren eigenen Interessen gestalten. Ein Garant dafür war nicht zuletzt die Kriegsrohstoffabteilung und ihre Unterabteilungen selbst, deren führende Positionen einschließlich der staatlichen Kontrollkommissare vielfach ebenfalls von Vertretern der Großindustrie besetzt waren.[14]

Bereits Ende März 1915 trat Rathenau von der Leitung der Kriegsrohstoffabteilung zurück. Viele Erklärungen sind dafür bemüht worden, die wohl alle einen Kern Wahrheit enthalten mögen. Von Anfang an hatte er darin eine zeitlich befristete Tätigkeit mit dem Ziel gesehen, nur die Grundstrukturen der Rohstoffbewirtschaftung aufzubauen. Hinzu traten aber mehrere andere Faktoren, die seinen Rücktritt beschleunigt haben dürften. So sah er sich vielfältigen Angriffen ausgesetzt, weil die AEG durch sein System in der Tat, was hier später noch genauer behandelt wird, enorm profitieren konnte. Mit diesen Vorwürfen verbanden sich schon bald auch Diffamierungen des Juden Rathenau. Im März 1915 hatte die AEG ferner in der besonders wichtigen, von Rathenau selbst als Staatskommissar beaufsichtigten *Kriegsmetall-AG* an Einfluß verloren. Von besonderer Bedeutung aber war wohl die Tatsache, daß Rathenau nicht, wie er gehofft hatte, zum Staatssekretär im Reichsschatzamt ernannt worden war; zum einen vor den Kopf gestoßen, zum anderen auch ohne Bereitschaft, gerade gegenüber dem ihm vorgezogenen Konkurrenten Karl Helfferich, von dessen Wohlwollen die Kriegsrohstoffabteilung nun finanziell abhängig war, als Bittsteller auftreten zu müssen, entschloß sich Rathenau zum Rücktritt.[15] Die Nachfolge übernahm sein Favorit Major Koeth, der in der Folgezeit unter Beibehaltung der von Rathenau geschaffenen Grundstrukturen eine zunehmende Militarisierung der Kriegswirtschaft mit einer noch deutlicheren Bevorzugung der Großindustrie durchsetzte.

Über den Charakter des kriegswirtschaftlichen Systems ist viel gestritten worden. Während die marxistisch-leninistische Geschichtswissenschaft der früheren DDR darin die Vollendung des *staatsmonopolistischen Kapitalismus* erkannte, in dem sich das Monopolkapital den Staat unterworfen habe, wurde von westdeutschen Sozialhistorikern der aus der sozialdemokratischen Tradition stammende Begriff des *Organisierten Kapitalismus* entgegengesetzt. Demnach versuchte ein wesentlich autonom begriffener Staat die bereits von einem aktiven Prozeß der Selbstorganisation geprägte Wirtschaft in konfliktvoller Zusammenarbeit zu regulieren. Angelsächsische Historiker dagegen arbeiteten mit dem Begriff des *corporate pluralism,* der ohne die Implikationen kommunistischer oder sozialdemokratischer Systemüberwindungsstrategien die organisierte Vertretung konkurrierender industrieller Interessen unter der regulierenden Aufsicht des Staates in den Mittelpunkt rückte. All diesen Erklärungsansätzen ist eines gemeinsam: Sie stellen eine fortschreitende Durchdringung großwirtschaftlicher und staatlicher Interessen fest, die in der Kriegswirtschaft ganz offensichtlich eine extreme Ausprägung erfuhr.[16] Der neuartige Charakter dieser Organisationsformen wurde selbstverständlich auch bereits während des Krieges erkannt und zugleich sehr schnell und auf vielfache Weise ideologisiert. Auch daran hatte Rathenau, der sich beruflich nun wieder der Leitung der AEG widmete, einen wesentlichen Anteil.

Wichard von Moellendorff (Kat.Nr. 5/4)

II

Bereits wenige Tage nach der Aufnahme seiner Tätigkeit als Leiter der Kriegsrohstoffabteilung hatte Rathenau erkannt, daß die hier ins Auge gefaßten Maßnahmen »tief in das Gefüge der kapitalistischen Wirtschaftsordnung eingreifen« und der Krieg auch ganz allgemein die bürgerliche Gesellschaft tiefgreifend verändern würde: »wir stehen vor einer unabsehbaren Periode der Umschichtungen«, schrieb er am 14. August an Herrmann Stehr, »intellektueller und materieller, einer Periode, ich scheue mich fast, es auszusprechen, die vielen als die des europäischen Niedergangs erscheinen wird. Doch nur, wo Altes stürzt, kann Neues werden, und Menschen- wie Völkergeschicke haben sich noch nie aus Aufgängen, immer nur aus Erschütterungen geboren.«[17]

Was hierin zum Ausdruck kam, war ein zentrales Motiv des vor allem in bürgerlichen Kreisen weit verbreiteten Aufbruchspathos des Kriegsbeginns: die in mancher Hinsicht gar nicht so falsche, vielfach aber in nationalistischer Weise ideologisierte Vorstellung, daß jetzt eine neue Epoche der Menschheitsgeschichte beginne, in

der das deutsche Volk nach der vermeintlichen Überwindung seiner inneren Zerrissenheit gegen die westlichen, bürgerlich-liberalen Werte des 19. Jahrhunderts die weltgeschichtlich höhere Entwicklungsstufe der organisierten Volksgemeinschaft des 20. Jahrhunderts repräsentiere. Von besonderer Bedeutung war dabei die Wirkung der Mobilmachung, die in Deutschland über alle Maßen gut zu gelingen schien. Der Begriff der »Organisation«, nach den Worten von Theodor Heuss zeitweilig »als ›deutsches Geheimnis‹ nur mit einem Ausrufezeichen gesprochen, geschrieben, gedruckt«[18], wurde zu einer Chiffre für den überlegenen Charakter der deutschen Staats- und Gesellschaftsordnung gegenüber dem liberalen Westen. In der Folgezeit spielte dabei vor allem die Organisierung der Kriegswirtschaft eine zentrale Rolle. Führende Nationalökonomen, Sozialwissenschaftler und auch rechtsstehende Sozialdemokraten begannen, einen spezifisch deutschen *Kriegssozialismus* zu feiern, der sich in staatlichen Eingriffen in privatkapitalistische Wirtschaftsmechanismen, in der die Klassengegensätze scheinbar nivellierenden Lebensmittelrationierung und nicht zuletzt im nationalen Gemeinschaftspathos zu verwirklichen schien.[19]
Damit ist der engere geistesgeschichtliche Hintergrund kurz skizziert, vor dem Rathenaus Kriegsschriften zu sehen sind. Auch für ihn war Deutschland auf dem Weg zu einer neuen Gesellschaftsordnung zwischen der Skylla des ›westlichen‹ Liberalismus und der Charybdis des marxistischen, später auch ›östlichen‹ Kollektivismus; ebenso wie viele andere feierte Rathenau den Krieg in Fortsetzung seiner kulturpessimistischen Vorkriegsschriften als eine »Weltrevolution«, die die Erlösung der Menschheit von der beklagten »Mechanisierung« vorbereiten könne, und auch er sprach Deutschland mit seiner ›tiefen Innerlichkeit‹ dabei eine besondere »deutsche Sendung« zu. Inhaltlich verbanden sich seine schon vor Kriegsbeginn begonnenen Visionen der »kommenden Dinge« aufs engste mit den Erfahrungen der Wirtschaftsorganisation während des Krieges und den spätestens seit 1916 reflektierten Problemen der wirtschaftlichen Demobilmachung. Wiederum sehen wir Rathenau hier in enger Nähe und zugleich großer Konkurrenz zu Moellendorff, die beide als herausragende Vertreter der Lehren von der »deutschen Gemeinwirtschaft« zu gelten haben.[20]

Im Laufe der Jahre 1915/16 verlor der »Kriegssozialismus« praktisch an integrierender Kraft. Zu offensichtlich waren die Mißstände vor allem in der Lebensmittelversorgung, zu offensichtlich auch die teilweise gigantischen Kriegsgewinne auf der einen, die bürokratischen Inkompetenzen der staatlich-militärischen Leitungsinstanzen auf der anderen Seite.
Propagandistisch dagegen proklamierte als erster Moellendorff die Überwindung von privatwirtschaftlichem Egoismus und bürokratischer Verkrustung durch eine »deutsche Gemeinwirtschaft«[21]. Einer größeren Öffentlichkeit wurden solche Gedanken allerdings erst bekannt, als sie der Theologe Adolf v. Harnack in einer Rede vor dem Preußischen Abgeordnetenhaus zum dritten Jahrestag des Kriegsbeginns aufgriff. In der Folgezeit wurde dieser Begriff zu einem zentralen Element sowohl der deutschen Weltkriegsideologie als auch der Planungen für die zukünftige Friedenswirtschaft. Auch Rathenaus Vorstellungen waren ein Teil davon, als er in den folgenden Jahren seine auflagenstarken, öffentlichkeitswirksamen Kriegsschriften »Von kommenden Dingen« (1917) und »Die neue Wirtschaft« (1918) veröffentlichte. Rathenaus allgemeine Vision der künftigen Entwicklung von Wirtschaft und Gesellschaft sah folgendermaßen aus:
»1. Produktion und Wohlstand des Landes müssen steigen, denn es wird Vergeudung ausgeschaltet, überflüssige Produktion auf nützliche Produktion umgestellt, Müßiggang beseitigt und jede verfügbare Kraft zu geistiger und materieller Produktion herangezogen, freier Wettbewerb und private Unternehmungslust erhalten, die Verantwortung in die Hände der sittlich und geistig Befähigten gelegt.
2. Die Ansammlung übermäßigen und toten Reichtums wird verhindert;
3. Die starre Gliederung der Stände wird verflüssigt; an die Stelle dauernd tragender und dauernd lastender Glieder tritt lebendige Bewegung und organisches Auf- und Niedersteigen;
4. Somit wächst die Macht des Staates, seine materielle Stärke und seine ausgleichende Kraft, und gleichzeitig entsteht ein gleichmäßiger mittlerer Wohlstand, der alle Stände durchdringt, Klassengegensätze ausgleicht und die Nation zur höchsten denkbaren Entfaltung ihrer geistigen und wirtschaftlichen Kräfte führt.«[22]
Allerdings wurde Rathenau bald deutlich, daß es sich hier nicht einfach um eine nur »scheinbar

utopische Darlegung eines erreichbaren Zustandes« handelte, wie er zuerst gemeint hatte. Zwischen den Gegenwartszustand und die Vision sah er, zunehmend realistischer, die Probleme der »Liquidierung des Krieges«, die ökonomischen Kriegsfolgelasten und die Schwierigkeiten der Überführung der Kriegs- in die Friedenswirtschaft treten. Trotzdem aber hielt er an dem Ziel fest, die Problemlösung mit der Perspektive einer langfristigen wirtschaftlich-sozialen Umgestaltung zu verbinden. Jenseits von Kapitalismus und Kommunismus strebte er eine neue, gemeinwirtschaftliche Ordnung an. Das dem zugrundeliegende Wirtschaftssystem charakterisierte er als eine »Produktionsgemeinschaft, in der alle Glieder organisch ineinandergreifen, nach rechts und links, nach oben und unten zur lebendigen Einheit zusammengefaßt, mit einheitlicher Wahrnehmung, Urteil, Kraft und Willen versehen, nicht eine Konföderation, sondern ein Organismus.«[23] Diese Perspektive basierte auf drei wesentlichen Grundlagen: zum ersten den als Fortschritt begriffenen Wirkungen des Krieges mit den Erfahrungen des regulierenden Staatseingriffes in das Wirtschaftsleben und mit dem Pathos der nationalen Einordnung, zum zweiten den vom Taylorismus inspirierten technokratischen Visionen des frühen 20. Jahrhunderts, und zum dritten der Prägung durch die antiliberalen Traditionen des deutschen gesellschaftspolitischen Denkens mit seinen Vorstellungen von ›Volksgemeinschaft‹ und Rückgriffen auf den vormodernen Ständestaat als Modell.

»Der Mensch geht in die Gesellschaft wie in die Fremde«, in diesem merkwürdigen Einleitungssatz zu der Pionierstudie der jungen deutschen Soziologie, Ferdinand Tönnies' Abhandlung *Gemeinschaft und Gesellschaft* aus dem Jahre 1888, bündelte sich das widersprüchliche Verhältnis des deutschen Bildungsbürgertums zur rapide voranschreitenden bürgerlichen Gesellschaft. Der von Auflösungsprozessen überkommener sozialer Zusammenhänge und scharfen sozialen Gegensätzen geprägten industriekapitalistischen Massengesellschaft den vermeintlich organischen Zusammenhalt vorindustrieller Volksgemeinschaft und ständischer Organisationsformen entgegenzuhalten, diese antimoderne Denkfigur hatte in Deutschland eine lange Tradition.[24] Nicht die Austragung von Interessengegensätzen stand im Mittelpunkt des gesellschaftspolitischen Denkens, sondern Vorstellungen vom gemeinsamen Agieren der einzelnen ›Glieder‹ des nationalen ›Volkskörpers‹. Dieses Ideal schien zerstört zu werden von der ›zersetzenden‹ Dynamik der Industrialisierung, von Liberalismus und Klassenkampf, die die moderne, dem ›deutschen Wesen‹ widersprechende Gesellschaftsentwicklung auszuzeichnen schien.

Erich Schairer, Rathenau-Brevier. Heft 5 der Schriftenreihe Deutsche Gemeinschaft (Kat.Nr. 5/11)

Von solchen kulturpessimistischen Denkfiguren mitsamt ihren sozialdarwinistischen und rassistischen Beimengungen war auch Rathenau frühzeitig tief geprägt. Da er als Industrieller jedoch, anders als viele Bildungsbürger, zugleich mit einem klareren Blick für die Kraft und Bedeutung der gesellschaftlichen Fundamentalmodernisierung ausgestattet war, bemühte er sich bald um eine »Synthese von neokonservativer Kulturkritik und großindustriellem Fortschrittsoptimismus«.[25] Die Zeit dafür schien gekommen, als die deutsche Weltkriegsideologie im Zeichen des *Geistes von 1914* eine vermeintlich wiedergewonnene nationale Volksgemeinschaft feierte, für deren Krieg die moderne Industrie ganz offensichtlich eine ausschlaggebende Bedeutung gewann. Obwohl ebenfalls tief beeindruckt von der »unglaublich großen Zeit der äußeren und inneren Wiedergeburt«[26], verlor Rathenau von Anfang an nicht den zukunftsorientierten Charakter seines Projektes einer gesellschaftlichen Neuformierung aus dem Auge. »Wir haben das höchste erlebt, was ein Volk erleben kann«, schrieb er an Wilhelm Schwaner, »aber damit ist die Sendung nicht beschlossen. Wir gehen schweren Dingen entgegen, denn die Wiedergeburt, die uns bestimmt ist, ist mit Heroismus allein nicht zu erringen.«[27]

Als ein grundlegendes Instrument der Gesellschaftsreform erschien unter dem Eindruck des Taylorismus, den Rathenau und Moellendorff bereits vor dem Krieg rezipiert hatten, das Vorbild großindustrieller Rationalisierung und Effektivierung.

Der amerikanische Ökonom Frederick W. Taylor und seine Schüler hatten seit dem letzten Drittel des 19. Jahrhunderts erfolgreich versucht, durch wissenschaftlich überprüfte Rationalisierungsverfahren die Arbeitsproduktivität in Großbetrieben zu steigern; technokratische Effizienz sollte darüber hinaus, so Taylors Zukunftsvorstellung, auf das Zusammenwirken von Unternehmen und Industriezweigen wie von Unternehmern und Arbeitnehmern angewendet werden und dadurch den gesamtgesellschaftlichen Wohlstand fördern. Dieser *Amerikanismus* galt bald auch in Europa als Chiffre der Moderne, wobei politisch linke und rechte Adaptionen sich gegenseitig überlappten.[28] Einen entscheidenden Schritt stellte dabei der Erste Weltkrieg dar, der zur forcierten Anwendung tayloristischer Produktionsverfahren führte. Auch Rathenaus ›neue Wirtschaft‹ ist in diesem Zusammenhang zu sehen. Ausgehend von einer durchgreifenden Rationalisierung auf den Ebenen des betrieblichen Arbeitsprozesses, der industriellen Produktionskonzentration in horizontaler und vertikaler Richtung sowie der gesamtgesellschaftlichen Zusammenarbeit der einzelnen an der Wirtschaft beteiligten Interessengruppen unter der Regie gesamtwirtschaftlicher Planung verfolgte er das Ziel einer rapiden nationalen Produktivitätssteigerung.

Von besonderer Bedeutung waren dabei die »neuen Grundsätze, die in der Kriegswirtschaft Klärung und Erläuterung haben«, die es aber »zum organischen Zusammenschluß, zur Überwindung innerer Reibung und zur Vervielfältigung ihrer Leistung und Tragkraft« nach einem gestaltenden Plan weiter auszubauen gelte.[29] Vor allem strebte Rathenau an, nach dem Vorbild der Kriegsgesellschaften gebildete, neokorporative Formen sozialer Gliederung an die Stelle antagonistischer Klassengegensätze zu stellen, wobei sich hier wiederum hochmoderne Tendenzen industriekapitalistischer Konzentration mit traditionellen korporativen Vorstellungen verbanden.[30] Gilden und Zünfte wollte er zwar nicht wieder einrichten, stattdessen aber organisierte Berufs- und Gewerbeverbände, die als selbstorganisierte »autonome Wirtschaft« in »industrieller Selbstverwaltung« unter der regulierenden Aufsicht des Staates Wirtschaft und Gesellschaft in harmonischem Zusammenwirken bestimmen sollten: »Denken wir uns alle gleichartigen Betriebe der Industrie, des Handwerks und des Handels für sich zusammengefaßt, etwa alle Baumwollspinnereien für sich, alle Eisendrahtwalzwerke für sich, alle Schreinereien für sich, alle Großhandlungen in Weißwaren für sich; denken wir uns ferner jede dieser Vereinigungen zusammengefaßt mit ihren vorverarbeitenden und nachverarbeitenden Gewerben, also das gesamte Baumwollgewerbe, das Eisengewerbe, das Holzgewerbe und das Leinengewerbe zu gesonderten Gruppen verbunden; die ersten dieser Organismen mögen Berufsverbände, die zweiten Gewerbsverbände heißen. (...) Berufsverbände und Gewerbsverbände seien staatlich anerkannte und überwachte, mit weiten Rechten ausgestattete Körperschaften.«[31]

Wesentliche Probleme, die mit einem solchen »gemeinwirtschaftlichen« Projekt verbunden waren, blieben bei Rathenau allerdings ungelöst. Wie etwa sollte nach dem Wegfall der künstlich aufgeheizten Kriegskonjunktur ein in seinen Grundlagen weiterhin privatkapitalistisch strukturiertes Wirtschaftssystem funktionieren, in dem das Konkurrenzprinzip kaum noch einen Platz zu haben schien? Und wie vor allem sollten die bislang doch so starken Gegensätze zwischen Kapital und Arbeit aufgelöst werden? Rathenaus Hinweis, daß auch Arbeiter und Angestellte in den Berufs- und Gewerbeverbänden ähnlich wie in den Kriegsausschüssen mancher Wirtschaftsbereiche ein Mitspracherecht erhalten sollten, waren sehr allgemein gehalten, und dasselbe gilt auch für seine anderen Äußerungen in diesem Zusammenhang, die immer den volksgemeinschaftlichen Zusammenhang betonten, nie aber konkrete Formen der Austragung von Interessengegensätzen zum Inhalt hatten: »gelingt es uns, eine neue Wirtschaft aufzubauen«, schrieb er, »so ist uns die Mitwirkung der unteren Schichten gesichert. Es geht nicht an, daß der Krieg mit unermeßlicher Vertiefung der inneren Spannung endet; wir sind Ein Volk, aber wir sind es noch nicht genug. Es muß den gewaltigen physischen und geistigen Kräften, die sich in Opposition und innerer Reibung verzehrten, ein Arbeitsfeld zu produktiverem Schaffen gegeben sein; derjenigen Nation allein gehört die Zukunft (…)«[32]

An die Stelle konkreter Vorschläge zur Problemlösung traten so vielfach weit in die Zukunft reichende Visionen von einer allgemeinen Aufhebung gesellschaftlicher Zwänge, die Rathenau unter Zeitgenossen den auch selbst gerne beanspruchten Ruf eines »Sehers« einbrachten.[33] Er weissagte in kryptischen Wendungen einen Prozeß »sittlicher Vergeistigung«, in dem die »Mechanisierung von seelenloser Einseitigkeit befreit werde; sie wachse dann, so prophezeite er, empor und darüber hinaus »als wahrhafter Organismus in das Gesamtorganon des Schöpfungskreises, auf daß nun in seinen Adern ungehemmt vom Herzen zum Herzen der Gottheit die Kräfte strömen und das planetare Leben zum Bilde organischer Theokratie sich vollendet.«[34] Daneben machte er allerdings auch konkrete Vorschläge zur Gesellschaftsreform, vor allem mit seinen Anstößen zur Überwindung der »proletarischen Gebundenheit« der Arbeiterklasse durch allgemeine Bildung und eine die sozialen Gegensätze nivellierende Steuergesetzgebung. Damit sprach er Prinzipien an, die in der Tat die weitere Entwicklung der modernen Gesellschaften wesentlich bestimmt haben. Bei Rathenau selbst standen sie allerdings in Zusammenhängen, die zum einen ihrer Durchsetzung wenig förderlich waren, zum anderen vor allem in ihrer Prägung durch den Krieg höchst problematische Züge gewannen.

Rathenau vertrat einen dezidiert idealistischen Ansatz. »Wollen wir eine Befreiung der Unfreien«, so erklärte er, »so bedeutet dies nicht, daß wir irgendeine Güterverteilung an sich für wesentlich, irgendeine Abstufung der Genußrechte für wünschenswert, irgendeine Nützlichkeitsformel für entscheidend halten. Es handelt sich nicht darum, die Ungleichheiten des menschlichen Schicksals oder Anspruchs auszugleichen, noch alle Menschen unabhängig oder wohlhabend oder gleichberechtigt oder glücklich zu machen (…)«[35] Vielmehr gehe es darum, unabhängig von der »Summe des äußeren Glücks auf Erden«, von Nützlichkeit oder Vorteil, das »göttliche Gesetz« der menschlichen Freiheit in Selbstbestimmung und Selbstverantwortung zu befördern.

Dies waren hehre Ziele, die indes in der gesellschaftlichen Situation der Kriegs- und Nachkriegszeit kaum Realisierungschancen hatten. An den Grundfesten der dominierenden Klassengesellschaft, deren Gegensätze Rathenau auch in seinen wirtschaftlichen Organisationsprinzipien ja mehr wegdefiniert als gelöst hatte, konnte so jedenfalls nicht gerüttelt werden. Dort aber, wo sich die realen Gesellschaftsstrukturen den Perspektiven Rathenaus nicht fügen wollten, traten Normen und Mechanismen in Kraft, die dem Ausnahmezustand der militarisierten Kriegsgesellschaft entnommen waren und mehr der Aufrechterhaltung als der Überwindung der herrschenden Gesellschaftsordnung dienten. Dies gilt zum einen für das nationale Pathos von Arbeit, Pflicht und Verzicht, das in seinen Wendungen gegen Luxus, Konsum und Vergnügungssucht, gegen »negerhafte Urgelüste«, die »im Frauenleben unserer Zeit emporgestiegen sind, deren Schande und Not die Enkel entsetzen wird«[36], einen zugleich frauenverachtenden, rassistischen und elitären Ausdruck fand. Zum anderen aber faßte er zur Durchsetzung dieser Tugenden gegen eine vermutlich wenig begeisterte Bevölkerung, insbesondere gegenüber der Arbeiterschaft, Zwangsmaßnahmen ins Auge, die nur als soziale Militarisierung bezeichnet werden können.

Es macht wenig Sinn, eine mangelnde Berücksichtigung Rathenauscher Vorstellungen über die Weiterentwicklung der Kriegsorganisation in Deutschland zu beklagen und den vermeintlich erfolgreicheren Adaptionen in England und Sowjetrußland gegenüberzustellen.[37] Zwar beachteten die westlichen Kriegsgegner England und Frankreich bei ihrem später beginnenden Aufbau der Kriegswirtschaft durchaus Rathenausche Anstöße. Doch selbst wenn, was durchaus nicht geklärt ist, die westliche Kriegswirtschaft eine größere Effizienz aufgewiesen haben sollte, so muß der Hauptgrund dafür wohl eher in den klareren Kompetenzenverteilungen der parlamentarischen Regierungen gegenüber der Vielfalt konkurrierender Kompetenzansprüche zwischen verschiedenen zivilen und militärischen Instanzen sowie starken industriellen und agrarischen Interessenverbänden in Deutschland gesehen werden. Darüber hinaus scheiterten ebenso wie hier auch in England und Frankreich alle Versuche, die Kriegsorganisation zur Grundlage sozialer und ökonomischer Reformprogramme zu machen.[38]

Etwas anders war dies allerdings in der entstehenden Sowjetunion. Als sich die Bolschewiki nach dem Scheitern ihrer Hoffnungen auf eine sozialistische deutsche Revolution als Motor der Weltrevolution immer mehr zum Aufbau des Sozialismus in ihrem eigenen, rückständigen Land gedrängt sahen, blickten sie in der Tat auf das ›Vorbild‹ der deutschen Kriegswirtschaft mit ihren vermeintlich am weitesten entwickelten Formen großkapitalistischer Technik und planmäßiger Organisation. Insbesondere Lenins wirtschaftliche Berater Larin und Miljutin bezogen sich dabei ausdrücklich auch auf Rathenaus Konzeption der Kriegswirtschaft mit ihrer »centralized direction of the national economy as a single machine working to a plan«[39], deren hochmoderne Strukturen unter der Diktatur des Proletariats der sozialistischen Revolution dienstbar gemacht werden sollten. Auch der Revolutionsführer selbst dachte so, wie etwa die folgenden, schon im Mai 1918 niedergeschriebenen Überlegungen deutlich machen: »Die Geschichte (...) nahm einen so eigenartigen Verlauf, daß sie im Jahre 1918 zwei getrennte Hälften des Sozialismus gebar, eine neben der anderen, wie zwei künftige Küken unter der einen Schale des Imperialismus. Deutschland und Rußland verkörpern 1918 am anschaulichsten die materielle Verwirklichung einerseits der *ökonomischen*, produktionstechnischen, sozialwirtschaftlichen Bedingungen und andererseits (die materiellen Voraussetzungen) der *politischen* Bedingungen des Sozialismus. (...) Solange die Revolution in Deutschland mit ihrer ›Geburt‹ noch säumt, ist es unsere Aufgabe, vom Staatskapitalismus der Deutschen zu lernen, ihn mit aller Kraft zu übernehmen, keine diktatorischen Methoden zu scheuen, um diese Übernahme noch stärker zu beschleunigen, als Peter (der Große) die Übernahme der westlichen Kultur durch das barbarische Rußland beschleunigt hat, ohne dabei vor barbarischen Methoden des Kampfes gegen die Barbarei zurückzuschrecken.«[40]

An barbarischen Methoden sollte weder in Rußland noch auch in Deutschland bald kein Mangel mehr herrschen. Was Deutschland betrifft, so kann diese Entwicklung selbstverständlich nicht Walther Rathenau angelastet werden. Andererseits aber ist es durchaus aufschlußreich, wie sehr mit Rathenau ein führender Repräsentant der Weimarer Republik teilweise von politisch antiliberalen, militaristischen und diktatorischen Denkstrukturen geprägt war. Wohl auch deshalb stand er dem Sowjetstaat durchaus mit einer wechselseitigen Sympathie gegenüber, die zu seiner Rapallopolitik mit beigetragen haben dürfte.[41] Der Begründung demokratischer Politik aber können seine Vorstellungen kaum dienen, trotz des vielfachen Eintretens für einen inhaltlich nur sehr schwammig bestimmten Volksstaat.

So hatte sich Rathenau während des Krieges mehrfach nachdrücklich für die offene Diktatur des Militärs unter General Erich Ludendorff ausgesprochen, den er offensichtlich für ein Genie, ja mit eindeutig rassistischen Untertönen für »sein in Fleisch und Blut erstandenes Preußenideal« hielt, wie Maximilian Harden urteilte.[42] Gegenüber Ludendorff hatte er auch gleich mehrere völkerrechtswidrige Vorschläge zur Lösung des Arbeitskräftemangels gemacht, zuerst den Einsatz von Kriegsgefangenen in der Industrie, dann die zwangsweise Rekrutierung belgischer und polnischer Facharbeiter angeregt, von denen er immerhin 700.000 »ohne Rücksicht auf internationale Prestigefragen« nach Deutschland deportiert sehen wollte.[43] Zwar sprach sich Rathenau, konfrontiert mit der Realität der zwangsweisen Verschleppung, privat gegen die dabei auftretenden Härten aus, doch lassen solche Äußerungen des Mitgefühls gegenüber den Opfern eigener Vorschläge nicht nur Rückschlüsse auf seinen widersprüchlichen Charakter zu, sondern sie waren darüber hinaus auch nicht von Dauer. Soziale Militarisierung war vielmehr eine Option, die Rathenau angesichts des vermuteten dauerhaften Wirtschaftskrieges mit England auch für die deutsche Bevölkerung vorsah. Bereits in seinem ersten Vortrag vor der *Deutschen Gesellschaft 1914* hatte er sich Ende 1915 in der Erwartung weiterer Kriege für die dauerhafte Einrichtung eines wirtschaftlichen Generalstabes mit weitreichenden Vollmachten bis in die Gesetzgebung hinein ausgesprochen. Ein Jahr später war er vor demselben Publikum dafür eingetreten, die im Kriegshilfsdienstgesetz verankerte männliche Arbeitspflicht auch nach Kriegsende beizubehalten; selbstverständlich wie üblich in hehren, idealisierenden Wendungen: »Das Hilfsdienstgesetz, das jetzt an uns herantritt, leutet eine Glocke, die dazu mahnt, daß in einer Wirtschaft, die zur nationalen

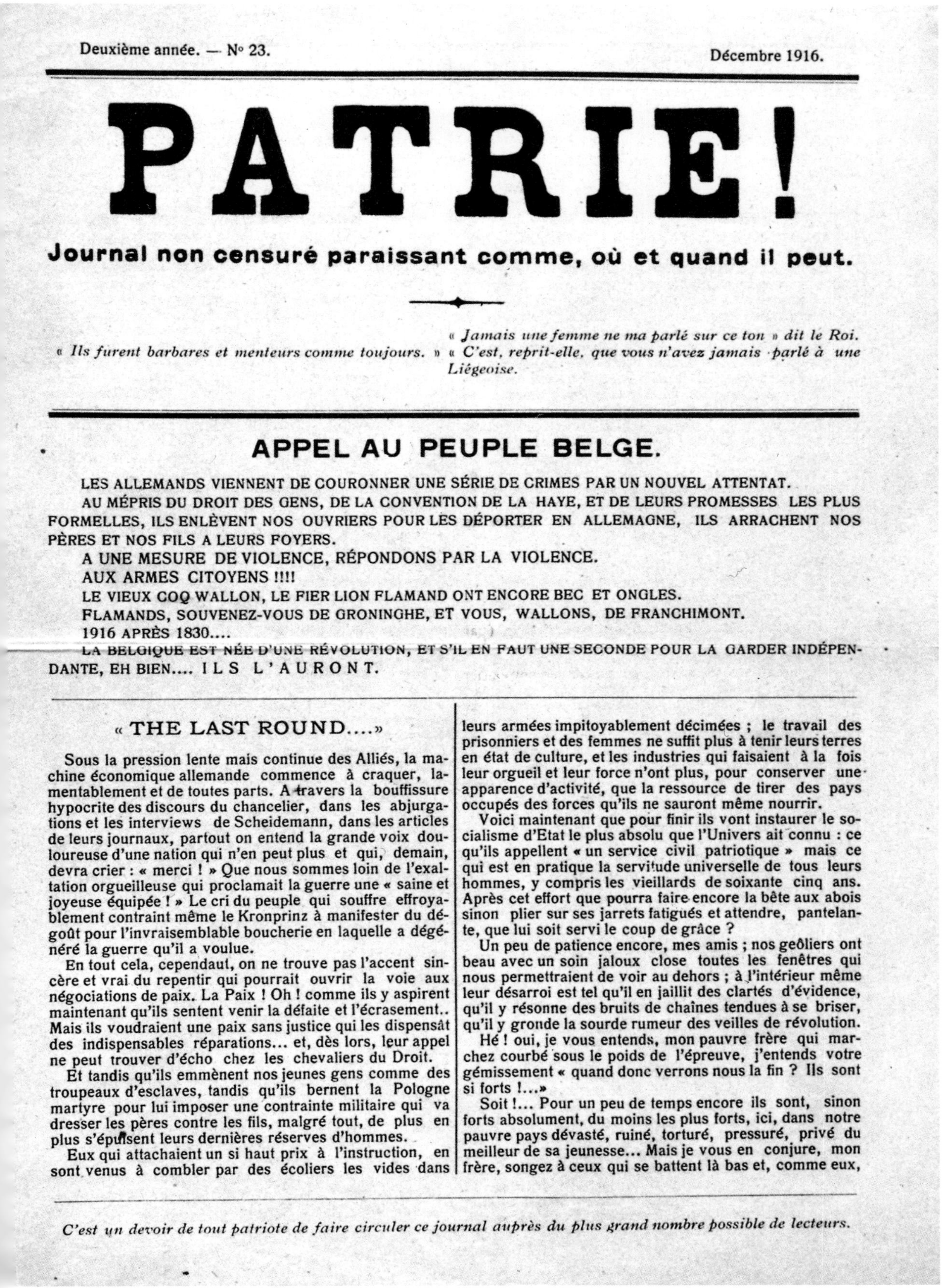

Deuxième année. — N° 23. Décembre 1916.

PATRIE!

Journal non censuré paraissant comme, où et quand il peut.

« Ils furent barbares et menteurs comme toujours. »

« Jamais une femme ne ma parlé sur ce ton » dit le Roi. « C'est, reprit-elle, que vous n'avez jamais parlé à une Liégeoise.

APPEL AU PEUPLE BELGE.

LES ALLEMANDS VIENNENT DE COURONNER UNE SÉRIE DE CRIMES PAR UN NOUVEL ATTENTAT.

AU MÉPRIS DU DROIT DES GENS, DE LA CONVENTION DE LA HAYE, ET DE LEURS PROMESSES LES PLUS FORMELLES, ILS ENLÈVENT NOS OUVRIERS POUR LES DÉPORTER EN ALLEMAGNE, ILS ARRACHENT NOS PÈRES ET NOS FILS A LEURS FOYERS.

A UNE MESURE DE VIOLENCE, RÉPONDONS PAR LA VIOLENCE.

AUX ARMES CITOYENS !!!!

LE VIEUX COQ WALLON, LE FIER LION FLAMAND ONT ENCORE BEC ET ONGLES.

FLAMANDS, SOUVENEZ-VOUS DE GRONINGHE, ET VOUS, WALLONS, DE FRANCHIMONT.

1916 APRÈS 1830....

LA BELGIQUE EST NÉE D'UNE RÉVOLUTION, ET S'IL EN FAUT UNE SECONDE POUR LA GARDER INDÉPENDANTE, EH BIEN.... I L S L ' A U R O N T.

« THE LAST ROUND....»

Sous la pression lente mais continue des Alliés, la machine économique allemande commence à craquer, lamentablement et de toutes parts. A travers la bouffissure hypocrite des discours du chancelier, dans les abjurgations et les interviews de Scheidemann, dans les articles de leurs journaux, partout on entend la grande voix douloureuse d'une nation qui n'en peut plus et qui, demain, devra crier : « merci ! » Que nous sommes loin de l'exaltation orgueilleuse qui proclamait la guerre une « saine et joyeuse équipée ! » Le cri du peuple qui souffre effroyablement contraint même le Kronprinz à manifester du dégoût pour l'invraisemblable boucherie en laquelle a dégénéré la guerre qu'il a voulue.

En tout cela, cependaut, on ne trouve pas l'accent sincère et vrai du repentir qui pourrait ouvrir la voie aux négociations de paix. La Paix ! Oh ! comme ils y aspirent maintenant qu'ils sentent venir la défaite et l'écrasement.. Mais ils voudraient une paix sans justice qui les dispensât des indispensables réparations... et, dès lors, leur appel ne peut trouver d'écho chez les chevaliers du Droit.

Et tandis qu'ils emmènent nos jeunes gens comme des troupeaux d'esclaves, tandis qu'ils bernent la Pologne martyre pour lui imposer une contrainte militaire qui va dresser les pères contre les fils, malgré tout, de plus en plus s'épuisent leurs dernières réserves d'hommes.

Eux qui attachaient un si haut prix à l'instruction, en sont venus à combler par des écoliers les vides dans leurs armées impitoyablement décimées ; le travail des prisonniers et des femmes ne suffit plus à tenir leurs terres en état de culture, et les industries qui faisaient à la fois leur orgueil et leur force n'ont plus, pour conserver une apparence d'activité, que la ressource de tirer des pays occupés des forces qu'ils ne sauront même nourrir.

Voici maintenant que pour finir ils vont instaurer le socialisme d'Etat le plus absolu que l'Univers ait connu : ce qu'ils appellent « un service civil patriotique » mais ce qui est en pratique la servitude universelle de tous leurs hommes, y compris les vieillards de soixante cinq ans. Après cet effort que pourra faire encore la bête aux abois sinon plier sur ses jarrets fatigués et attendre, pantelante, que lui soit servi le coup de grâce ?

Un peu de patience encore, mes amis ; nos geôliers ont beau avec un soin jaloux close toutes les fenêtres qui nous permettraient de voir au dehors ; à l'intérieur même leur désarroi est tel qu'il en jaillit des clartés d'évidence, qu'il y résonne des bruits de chaînes tendues à se briser, qu'il y gronde la sourde rumeur des veilles de révolution.

Hé ! oui, je vous entends, mon pauvre frère qui marchez courbé sous le poids de l'épreuve, j'entends votre gémissement « quand donc verrons nous la fin ? Ils sont si forts !...»

Soit !... Pour un peu de temps encore ils sont, sinon forts absolument, du moins les plus forts, ici, dans notre pauvre pays dévasté, ruiné, torturé, pressuré, privé du meilleur de sa jeunesse... Mais je vous en conjure, mon frère, songez à ceux qui se battent là bas et, comme eux,

C'est un devoir de tout patriote de faire circuler ce journal auprès du plus grand nombre possible de lecteurs.

Protest der belgischen Untergrundzeitschrift Patrie gegen die Zwangsdeportation belgischer Arbeiter nach Deutschland (Kat.Nr. 5/26)

Sache geworden ist, nicht ohne Not jemand beiseite stehen darf.«[44] General Paul v. Hindenburg hatte diese Praxis mit klareren Worten benannt, als er den alttestamentarischen Grundsatz proklamierte: »Wer nicht arbeitet, soll auch nicht essen.«[45]

Seinen Höhepunkt erreichte Rathenaus Eintreten für eine dauerhafte soziale Militarisierung großer Teile der Bevölkerung unter dem Eindruck der drohenden Revolution im Oktober 1918. Zu dieser Zeit verfaßte er nicht nur seinen berühmten Aufruf zur *Levée en masse*, sondern er schrieb auch weniger bekannte Denkschriften an Kriegsminister Scheüch und Staatssekretär Matthias Erzberger, die sich mit der Situation nach Kriegsende beschäftigten. Ausgehend von der Befürchtung einer revolutionären Entwicklung unter den nach Hause zurückkehrenden Soldaten schlug er vor, die Demobilmachung des Heeres gestaffelt nach der politischen Zuverlässigkeit und der ökonomischen Bedeutung der Soldaten vorzunehmen. In einem ersten Schritt sollte nur eine Minderheit von etwa 1 bis 1,5 Millionen politisch zuverlässiger Soldaten entlassen werden, vor allem »Landwirte, Landarbeiter, Polizisten, Gendarmen, Betriebsmeister, zuverlässige Arbeiter, Staatsbeamte, Privatangestellte«[46]. Erst nachdem diese in die zivile Gesellschaft eingeordnet waren, sollten dann weitere 2–3 Millionen Soldaten folgen, die allerdings bereits als hochgradig bolschewisiert eingeschätzt wurden; aus diesem Grunde riet er gegenüber Erzberger, weitere Entlassungen zuerst nur auf »Reklamationen einwandfreier Stellen, insbesondere der Behörden und der Industrie«[47] vorzunehmen. Erst nach der Ausarbeitung staatlicher Beschäftigungsprogramme und Subventionen für die Wirtschaft in Milliardenhöhe wollte Rathenau ein weiteres »Hauptkontingent« entlassen sehen, während er für den verbleibenden »Restbestand« der hochgradig unzuverlässigen Soldaten, immerhin zwei bis vier Millionen, eine dauerhafte Militarisierung und Zwangsarbeit vorsah:

»In den Waffenstillstands- und Friedensverhandlungen ist dafür zu sorgen, daß, wenn auch dieser Restbestand entwaffnet und demobilisiert wird, er de facto militärischer Autorität unterstellt bleiben darf, denn anders wird er schwerlich zu organisieren und zu bändigen sein. Um ihn zu beschäftigen, müssen Reichsaufgaben größten Umfangs in Angriff genommen werden, und zwar möglichst solche, die der künftigen Wirtschaft dienen (...) An Arbeiten kommen in Betracht Stromregulierungen, Ausbau von Wasserkräften, Kanäle, Massengüterbahnen, Landesmeliorationen und Siedelungen.«[48]

Als Albert Speer sich in seinen Memoiren auf Walther Rathenau als einen der geistigen Väter der nationalsozialistischen Kriegswirtschaftsorganisation berief, hatte er dabei weder Zwangsarbeit noch die Visionen von einem »dritten Weg« zwischen Kapitalismus und Kommunismus im Auge. Er meinte vielmehr das Prinzip der »industriellen Selbstverwaltung« als Mittel zur industriellen Produktivitätssteigerung.[49] In der Tat ist zwar ganz allgemein davon auszugehen, daß die »kriegssozialistischen« und »gemeinwirtschaftlichen« Ideen der Kriegszeit auch einen tiefgehenden Einfluß auf die politische Ideologie der antirepublikanischen Rechten mit ihren Vorstellungen von einem ›preußischen‹, ›konservativen‹ oder eben ›nationalen‹ Sozialismus ausgeübt haben; in die konkrete Praxis des nationalsozialistischen Regimes haben diese Theorien jedoch kaum Eingang gefunden, ganz im Gegensatz zu den Lehren, die aus der konkreten kriegswirtschaftlichen Organisation des Ersten Weltkrieges gezogen wurden. Die Privatindustrie blieb so ein tragender Pfeiler auch der nationalsozialistischen Gesellschaft, die mit Recht nicht nur von marxistischer Seite als »die bislang erbarmungsloseste und am stärksten ausbeuterische Form industrieller Klassengesellschaft«[50] begriffen wird. Dafür war Rathenau nicht verantwortlich, aber es ist doch bezeichnend für die problematische Entwicklung des gesellschaftspolitischen Denkens in Deutschland, wie weit die gefährliche Verbindung von naiv-idealistischem Volksgemeinschaftspathos einerseits, der Bereitschaft zur Anwendung brutaler Unterdrückungsmaßnahmen gegen widerspenstige Teile der Bevölkerung andererseits, unter dem Eindruck der Erfahrungen des Krieges bereits fortgeschritten war. Gegen die Gefahr revolutionärer Unruhen schlug Rathenau neben massenhafter militarisierter Zwangsarbeit in Gegenden, die »mit größeren Städten in nicht zu enger Verbindung stehen« sollten[51], weitere einschlägige Maßnahmen wie die Aufstellung besonderer, gegen den Bolschewismus immuner Truppenteile sowie die Schaffung von Bürgerwehren unter der Leitung von Offizieren und Polizisten vor. Die Revolution aber kam noch schneller als erwartet und fegte solche Planungen, vorerst jedenfalls, beiseite.

III

Es ist einer der am unangenehmsten berührenden Aspekte bei der Beschäftigung mit Walther Rathenau, wie sich dieser Befürworter einer umfassenden sozialen Militarisierung als Palliativ gegen die Revolution nur wenig später nicht nur, was ja positiv zu bewerten wäre, auf den Boden der neuen Verhältnisse stellte, sondern wie er sich darüber hinaus als langjähriger Befürworter der Revolution gerieren konnte. Wahrscheinlich glaubte er sogar selbst daran, als er sich gegenüber Friedrich Ebert folgendermaßen über seine Nichtberücksichtigung in der ersten Sozialisierungskommission beklagte: »Ich glaube nicht, daß es auf bürgerlicher Seite viele Männer gibt, die unter Gefährdung ihrer bürgerlichen Stellung und ungeachtet aller Anfeindungen das alte System rückhaltlos bekämpft haben, gegen den Krieg aufgetreten sind und ein neues, wissenschaftlich durchdachtes und begründetes, vollständiges Wirtschaftssystem aufgestellt haben (...) An den ersten Tagen der Revolution habe ich, meinem Gewissen folgend, mich der Volksregierung zur Verfügung gestellt. (...) Wenn aber der neue Volksstaat, für dessen Errichtung ich zeitlebens eintrat, gerade mich ausersieht, um mir ein Mißtrauenszeugnis zu geben, indem er mich aus einer Zahl von Männern streicht, die nicht umhin kommen werden, auch meine Lebensarbeit zu erörtern, so hat außer mir, wie ich glaube, auch die Öffentlichkeit Anspruch, die Gründe zu erfahren.«[52]

In der Literatur wird oft klagend darauf hingewiesen, daß Rathenau in seinen letzten Lebensjahren vielfältigen öffentlichen Angriffen ausgesetzt war. Selbstverständlich haben diese Klagen angesichts einer Entwicklung, die letztendlich zur Ermordung Rathenaus führte, ihre Berechtigung, und viele der Angriffe hatten auch gerade durch ihren antisemitischen Charakter eine besonders abstoßende Note. Gleichwohl sollte darüber nicht vergessen werden, daß die Kritik an Rathenau mit seinen widersprüchlichen, elitären und teilweise auch unwahrhaftigen Äußerungen durchaus eine Berechtigung hatte. So reagierte er etwa auf die Vorhaltung, er predige den Menschen Bescheidenheit und lebe selbst im Luxus, mit der bezeichnenden Erklärung, für seinen persönlichen Bedarf nicht mehr zu beanspruchen als ein junger Prokurist der AEG.[53] Rathenaus Selbststilisierung mußte tatsächlich mit einiger Notwendigkeit Angriffe auf den »Jesus im Frack« oder den »Propheten im Smoking« heraufbeschwören, und der sozialdemokratische Arbeiterdichter Karl Bröger, von dem die letztgenannte Wendung stammte, hatte wohl kaum ganz unrecht, als er seinen Klassenstandpunkt in einem *Wort gegen Rathenau* zur Geltung brachte: »Was soll dieses ästhetisch verbrämte Säuseln von Welterneuerung, solange wir daraus nichts entnehmen, als daß Rathenau sich darauf versteht, einen klaren Gedanken durch verzwicktes Deutsch zu verdunkeln? (...) Wir danken für Rathenaus Wirtschaftskirche, die aus der Welt eine einzige AEG machen möchte, in der Walther Rathenau die neue Moral predigt und seine Anhänger die Orgel dazu spielen.«[54]

Abgesehen von der persönlichen Kritik berührte Bröger mit dem Verhältnis zwischen Rathenaus Wirtschaftsentwürfen und der AEG einen ganz wesentlichen Punkt. Näherliegender als die von der marxistisch-leninistischen Geschichtswissenschaft vorgetragene Interpretation Rathenaus als »Funktionär des Finanzkapitals«,[55] realistischer aber auch als die von anderer Seite oft wiederholte Betonung, er habe sein privatwirtschaftliches und sein öffentliches Engagement vollständig auseinandergehalten, ist es wohl, die unmittelbare Bindung an den AEG-Konzern in den Blick zu nehmen. Zwar trat Rathenau bei Aufnahme seiner Tätigkeit in der Kriegsrohstoffabteilung aus der direkten Leitung des Konzerns aus, Aufsichtsratsvorsitzender aber blieb er, von den persönlichen Bindungen ganz abgesehen. Und in der Folgezeit konnte der Konzern nicht nur allgemein von der kriegswirtschaftlichen Konjunktur profitieren,[56] sondern gerade auch von den Strukturen, die Rathenau selbst ins Leben rief. Es kam so nicht von ungefähr, daß ihm schon frühzeitig auch von führenden demokratischen Reichstagsabgeordneten eine Verquickung von staatlicher Politik und industrieller Interessenvertretung vorgeworfen wurde. Der Zentrumsabgeordnete Erzberger hielt es schon Anfang Dezember 1914 »prinzipiell für verkehrt, daß jemand staatliche Funktionen ausübe und gleichzeitig in der Industrie tätig sei«; Philipp Scheidemann von der SPD stellte die Überlegung an: »Auffällig sei, daß die Allgemeine Elektrizitäts-Gesellschaft Bestellungen auf Granaten in großem Umfang bekomme, die sie aber nicht selbst ausführe, sondern die Lieferung weitergebe und sich nur sehr erheblich am Gewinn beteilige. Rathenau kommt für die Kriegs-Rohstoff-Gesellschaft als kaufmännischer Ratgeber in Betracht. Hoffentlich empfiehlt er der

Gesellschaft nicht das Verfahren, das die Allgemeine Elektrizitäts-Gesellschaft bei den Granatenaufträgen anwende.«[57]

Allein durch solche Verfahren konnte die AEG tatsächlich in den ersten zweieinhalb Kriegsjahren die beträchtliche Summe von etwa 40 Millionen Mark verdienen. Und allgemein stieg die AEG, die sich mit der Herstellung von Zündern, Granaten, Geschützen, Gewehren und Flugzeugen sowie mit der elektrischen Ausrüstung von U-Booten und anderen Kriegsschiffen umfassend in der Waffenproduktion engagierte und dabei für den Bau neuer Produktionsstätten vielfältige staatliche Unterstützungsleistungen erhielt, während des Krieges zum zweitgrößten deutschen Rüstungskonzern auf. Man braucht Rathenau hier gar keine gezielte Protektion zu unterstellen, wurden zu Anfang doch auch in der AEG Proteste gegen die Eingriffe der Kriegsrohstoffabteilung laut. Immerhin aber blieb er auch nach seinem Rücktritt von der Leitung der Kriegsrohstoffabteilung Kommissar des Kriegsministeriums der besonders wichtigen *Kriegs-Metall-AG*. Und wo im Konfliktfall Rathenaus Prioritäten lagen, wurde einige Zeit später deutlich, als er erfolgreich eine genauere Überprüfung der Vertragspolitik des Konzerns durch die staatlichen Kontrollkommissare zu verhindern wußte.[58]

Auch die Belgienpolitik der Kriegsrohstoffabteilung war eng mit den Interessen der AEG verwoben. Wenn ihr Leiter Rathenau den Generalgouverneur im besetzten Belgien v. Bissing aufforderte, Belgien für die Belgier zu verwalten und in die belgische Wirtschaft zu investieren,[59] so klang dies zwar nach Völkerverständigung; gleichzeitig aber ist es schwer vorstellbar, daß er dabei ganz von den vielfältigen belgischen Investitionen und Verbindungen der AEG abgesehen hat. Auch bei seinen Vorstößen zum Einsatz von Kriegsgefangenen und deportierten Zwangsarbeitern in der deutschen Kriegsindustrie spielten die unmittelbaren Interessen der besonders unter Arbeitskräftemangel leidenden AEG eine zentrale Rolle, wie etwa in der konzerneigenen Einrichtung besonderer Schulungseinrichtungen für Kriegsgefangene deutlich wird. Und schließlich profitierte der Konzern auch von der nun gar nicht mehr aufbauorientierten Requirierung der belgischen Rohstoffvorräte nicht nur indirekt, sondern an ihrer Durchführung war auch eine Tochtergesellschaft der AEG führend beteiligt. Es war insbesondere diese Tätigkeit, die Rathenau nach Kriegsende ernsthaft befürchten lassen mußte, als Kriegsverbrecher an die alliierten Militärgerichte ausgeliefert zu werden.

Über die unmittelbaren Entwicklungs- und Profitmöglichkeiten im Rahmen der Kriegswirtschaft hinaus wiesen auch Rathenaus allgemeinere Wirtschaftsideen eine enge Verbindung mit den Strukturen des AEG-Konzerns auf. Nicht zuletzt ging es dabei um die traditionelle Konkurrenz zwischen den verarbeitenden Industrien mit der AEG an der Spitze einerseits, den dominierenden schwerindustriellen Führungsgruppen andererseits. Die Hauptursache dafür lag in den gegensätzlichen Konzentrationsbewegungen dieser zwei Industriebereiche, wobei die AEG horizontale Zusammenschlüsse verarbeitender Industrien anstrebte, während in der Schwerindustrie vertikale Konzentrationsbestrebungen von der Rohstoffförderung bis zum Endprodukt vorherrschten.[60] Nun schlug Rathenau für seine ›neue Wirtschaft‹ nicht nur nachdrücklich eine Präferenz der auf horizontaler Ebene zusammengefaßten »Berufsverbände« gegenüber den vertikal strukturierten »Gewerbsverbänden« vor, sondern er griff mit der Option für eine gemischtwirtschaftliche, staatlich-private Wirtschaftsorganisation auch ein zentrales Projekt der AEG wieder auf, das unmittelbar vor Kriegsbeginn im Frühjahr 1914 am Widerstand der Schwerindustrie gescheitert war.

Vor allem der Aufbau der Stromwirtschaft mit ihren hohen Kosten einerseits, ihrer großen öffentlichen Bedeutung andererseits hatte seit längerem zu engen Formen der Kooperation mit dem Staat geführt. Beim Bau des Straßburger Elektrizitäts-Werkes in den Jahren 1909 bis 1911 war bereits die Organisationsform einer Aktiengesellschaft mit kommunaler Beteiligung gewählt worden. Rathenaus Plan, dieses gemischtwirtschaftliche Prinzip in Form eines Reichselektrizitätsmonopols auf die reichsweite Stromwirtschaft zu übertragen, hatte jedoch vehementen Widerstand von seiten insbesondere der rheinisch-westfälischen Schwerindustrie hervorgerufen, die sich in ihrer Selbständigkeit bedroht sah. Als Leiter der Kriegsrohstoffabteilung aber konnte er nun seine gemischtwirtschaftlichen Ideen um so umfassender durchsetzen, indem er die gemischtwirtschaftliche Aktiengesellschaft zur Organisationsform der neugeschaffenen Kriegsgesellschaften machte. Und wenn Rathenau nun für die Zukunft den weiteren Ausbau gemischtwirtschaftlicher

Strukturen forderte, so handelte es sich dabei zugleich um den Versuch, die im Krieg enorm ausgebaute Stellung der AEG durch eine enge Kooperation mit dem Staat gegen den befürchteten Gegenangriff der Schwerindustrie langfristig zu sichern. Dies gelang allerdings nicht, und auch Rathenaus Plan scheiterte, durch eine Verbindung mit dem *Krupp-Konzern* und der *Gute-Hoffnungs-Hütte* die Stellung der AEG nun auch vertikal abzusichern, während sein schwerindustrieller Konkurrent Hugo Stinnes mit der Bildung der *Rhein-Elbe-Siemens-Schuckert-Union* erfolgreich war. Diese Niederlage scheint dazu beigetragen zu haben, daß Rathenau seine Position in der AEG aufgab und sich ganz der Politik widmete, wo er als Wiederaufbauminister, Wirtschaftsberater der Reichsregierung und schließlich als Außenminister, in enger Kooperation mit anderen durch die Kriegswirtschaft geprägten Persönlichkeiten wie Louis Loucheur und David Lloyd George, nun auch für eine planmäßige Organisation der Weltwirtschaft zu einer »Weltgemeinwirtschaft« eintrat.

Dazwischen lag allerdings die Revolution, die angesichts der fundamentalen Bedrohung der privatwirtschaftlichen Ordnung die Großindustriellen zuerst einmal in eine gemeinsame Phalanx zusammenführte. Obwohl die zunehmend schroffere Wendung vieler Industrieller gegen »Zwangswirtschaft« und »Gemeinwirtschaft« nicht zuletzt gegen Rathenau gerichtet war, beteiligte er sich nun im November 1918 führend an der Aushandlung des *Stinnes-Legien-Abkommens*, indem sich Industrie und Gewerkschaften unter Ausschluß der militärstaatlich-bürokratischen Instanzen gegen die beiden Seiten bedrohlich erscheinende revolutionäre Bewegung zu einer *Zentralarbeitsgemeinschaft* zusammenschlossen. Und ebenso wie diese an die im Kriegshilfsdienstgesetz geschaffenen Formen paritätischer Zusammenarbeit anknüpfende Vereinbarung von den Unternehmern nach der Konsolidierung ihrer Machtpositionen wieder aufgekündigt wurde, so dienten auch die nun vielfach ventilierten Gemeinwirtschaftspläne, so ernst sie von einzelnen Protagonisten wie Rathenau und Moellendorff auch genommen wurden, der Bewahrung privatwirtschaftlicher Eigentums- und Machtverhältnisse.

Die Gemeinwirtschaft wurde zeitweilig zum offiziellen Programm der zuerst vom Leiter des Reichswirtschaftsamtes August Müller und dann von Wirtschaftsminister Rudolf Wissell geleiteten sozialdemokratischen Wirtschaftspolitik. Für die inhaltliche Konzeption aber zeichnete vor allem der Unterstaatssekretär Moellendorff verantwortlich. Das wesentlich von ihm entworfene Sozialisierungsgesetz vom März 1919 zielte allerdings primär darauf, der sich radikalisierenden Sozialisierungsbewegung scheinbar entgegenzukommen, ohne tatsächliche Sozialisierungsmaßnahmen in Angriff nehmen zu wollen, wie die in permanentem Konflikt mit dem Wirtschaftsministerium agierende Sozialisierungskommission feststellen mußte. Dies sah erstaunlicherweise auch Rathenau so, der ein »leeres Rahmengesetz zur vorgeblichen Sozialisierung«[61] beklagte. Hinter dieser Kritik standen allerdings weniger grundlegende inhaltliche als vielmehr vor allem persönliche Differenzen.

Rathenau reagierte mit einem *Offenen Brief* auf eine Kritik Wissells. Dieser war Kritikern des Sozialisierungsgesetzes, die in der ersten Lesung die Ähnlichkeit mit den von Rathenau propagierten Vorstellungen betont hatten, mit einer scharfen Abgrenzung von Rathenaus Plänen entgegengetreten, die deutsche Wirtschaft »in eine riesenhafte, alles aufsaugende Aktiengesellschaft«, ja »gewissermaßen zu einer großen AEG« umfunktionieren zu wollen.[62] Rathenau hielt dieser Kritik mit Emphase entgegen: »das Volk läßt sich nicht täuschen. Eine neue und gerechte Wirtschaft wird in Deutschland geschaffen werden, wenn auch nicht von Ihnen.« Vieles spricht dafür, daß er zugleich mit der Kritik am Wirtschaftsminister auch dessen Staatssekretär Moellendorff treffen wollte, der sich inzwischen mit Rathenau vollständig überworfen hatte. Beide stritten nicht nur über die Urheberschaft der Kriegsrohstoffbewirtschaftung und der Gemeinwirtschaft, sondern sie warfen sich auch gegenseitig vor, keine wirkliche Umgestaltung der kapitalistischen Wirtschaftsordnung anzustreben. De facto waren die inhaltlichen Differenzen aber eher gering. Es ging zum einen um die Frage der Dauer des Umgestaltungsprozesses, zum anderen stellte Moellendorff mehr die zentrale Planung, Rathenau mehr die industrielle Selbstverwaltung und Konzentration in den Vordergrund. Gemeinsam aber war beiden Projekten neben ihrer Fundierung im organologischen und technokratischen Denken die Bindung an die kriegswirtschaftlichen Strukturen und an das nationale Pathos der Kriegszeit, das zur Begründung eines höchst schwammig definierten

Allgemeinwohls verabsolutiert wurde. Dementsprechend beförderten Rathenaus eigene Pläne dort, wo sie in konkrete Zusammenhänge traten, ebenso wie das von ihm kritisierte Gemeinwirtschaftsprogramm des Wirtschaftsministeriums die Verschleierung der Konsolidierung privatwirtschaftlicher Macht.

Nach der Niederschlagung des Kapp-Putsches durch einen gewerkschaftlichen Generalstreik konnten die Sozialisierungsforderungen der Arbeiterschaft nicht mehr einfach mißachtet werden. Aus diesem Grunde wurde auf Druck der Gewerkschaften eine zweite Sozialisierungskommission mit Schwerpunktsetzung auf dem Kohlebergbau einberufen, die gegenüber der ersten erheblich erweitert wurde und der nun endlich auch Rathenau angehörte. Er wurde hier zum großen Gegenspieler der sozialistisch orientierten Fraktion der *Unabhängigen Sozialdemokratischen Partei Deutschlands* (USPD), die auf eine möglichst rasche und vollständige Sozialisierung abzielte. Rathenau entwarf einen alternativen Plan, der die Sozialisierung zwar nicht prinzipiell ablehnte, aber um 30 Jahre verschoben wissen wollte. Für den Übergang redete er nur einer öffentlichen Kontrollfunktion das Wort, verbunden mit einer Betonung der industriellen Selbstverwaltung. Der USPD-Vertreter und spätere sozialdemokratische Finanzminister Rudolf Hilferding begündete seine Ablehnung mit der Feststellung: »Was aus diesen Selbstverwaltungskörperschaften in Wirklichkeit herauskommt, ist etwas total anderes. Wir sehen in der kapitalistischen Entwicklung ganz bestimmte Ansätze zu gewissen Organisationsformen. Die ganze Wirtschaft hat die Tendenz, immer mehr einen organisierten Charakter zu bekommen. Die Frage ist nur, ob sie eine kapitalistisch-hierarchische Herrschaftsorganisation ist oder eine demokratisch-sozialistische Verwaltungsorganisation. Diese Selbstverwaltungskörper sind in der Praxis bisher überhaupt nur darauf hinausgelaufen, daß eine gewisse Verschärfung der kapitalistischen Organisations-Tendenzen vorgenommen wird.«[63]

Dieser Einwand war durchaus berechtigt, Rathenaus Pläne hätten in der Konsequenz eine Stärkung der industriell beherrschten Kohlensyndikate anstelle der gesetzlich geforderten Einschränkung ihrer Autorität bedeutet. Allerdings blieben die zwei ausführlich diskutierten Vorschläge der Sozialisierungskommission sowieso ohne konkrete Folgen. Sie wurden im Herbst 1920 zwar im *Vorläufigen Reichswirtschaftsrat* und im *Reichskohlenrat* diskutiert, ein Gesetzentwurf zur Sozialisierung aber wurde von der Reichsregierung, die seit Juni von den bürgerlichen Parteien Zentrum, DDP und DVP ohne Beteiligung der Sozialdemokratie gebildet wurde, gar nicht erst ausgearbeitet. Die Hinhaltetaktik der Unternehmerseite erwies sich als erfolgreich, und Rathenaus verschleiernde Formen der Repräsentation großkapitalistischer Interessen dürften mit dazu beigetragen haben, die unruhige Arbeiterschaft bis zum erneuten Rückgang ihres politischen Gewichts hinzuhalten. Als sein schwerindustrieller Konkurrent Hugo Stinnes dann allerdings einen großangelegten wirtschaftlichen Reorganisationsplan vorlegte, hinter dessen konsumentenfreundlicher Rhetorik allzu eindeutig der Herrschaftswille der überwiegend als Kohleabnehmer auftretenden Schwerindustrie deutlich wurde, wandte sich auch Rathenau gegen die angestrebte Bildung »industrieller Herzogtümer«.[64] Der Stinnes-Plan enthielt indes zugleich eine eindeutige Option für die vertikale Wirtschaftskonzentration, der Rathenau auch als Politiker weiterhin seine horizontalen Konzentrationsbestrebungen entgegenhielt. Und wie stark das wirtschaftliche Herrschaftselement auch in seine gemeinwirtschaftlichen Vorstellungen eingewoben war, lassen die folgenden Zeilen über das organische Ineinandergreifen aller Glieder der nationalen Produktionsgemeinschaft ahnen: »Es ist genau die gleiche Anordnung, als ob ein einzelner, sei er Milliardär, Bank oder Staat, in den Gesamtbesitz unserer Industrialwirtschaft gekommen wäre und es unternommen hätte, sie zu einem Gesamtwerk zu ordnen, (…) jedoch so, daß nicht eine bürokratische Formel oder gar eine politische Zentralmacht sie zusammenfaßt, die alle Führer in Beamte, alle Entschlüsse in Maßregeln verwandelt, sondern so, daß möglichst alle Initiative und Einzelverantwortung erhalten bleibt und der ganze Organismus auf Selbstverwaltung beruht.«[65]

Anmerkungen:

1. So Wolf Lepenies: Das Geheimnis des Ganzen, in: T. Buddensieg u.a., Ein Mann vieler Eigenschaften. Walther Rathenau und die Kultur der Moderne, Berlin 1990, S. 140–42, hier S. 140
2. Zitiert nach Kessler: Rathenau, S. 123
3. Vgl. Egmont Zechlin: Deutschland zwischen Kabinettskrieg und Wirtschaftskrieg. Politik und Kriegführung in den ersten drei Monaten des Weltkriegs 1914, in: Historische Zeitschrift, 199. Jg. 1964, S. 348–458; Fritz Fischer: Der Griff nach der Weltmacht. Die Kriegszielpolitik des kaiserlichen Deutschland 1914/18, Düsseldorf 1961, S. 107–31; ferner den Beitrag von Wolfgang Michalka in diesem Band
4. Überschrift eines Zeitungsartikels vom 26. 11. 1915, zitiert nach Ernst Gottlieb: Walther-Rathenau-Bibliographie, Berlin 1929, S. 132; zuvor war in der London Times ein euphorischer Artikel über »A Businessman at War« erschienen, der in der deutschen Presse vielfach rezipiert wurde
5. G.D. Feldman: Armee, Industrie und Arbeiterschaft in Deutschland 1914–1918, Bonn 1986 (Orig. Berkeley 1965), S. 57
6. Vgl. Lothar Burchardt: Walther Rathenau und die Anfänge der deutschen Rohstoffbewirtschaftung im Ersten Weltkrieg, in: Tradition. Zeitschrift für Firmengeschichte und Unternehmerbiographie, 15. Jg. 1970, S. 169–96
7. Rathenau an Moellendorff, 29. 10. 1920, abgedr. in Burchardt: a.a.O., S. 195 f
8. Vgl. Hartmut Pogge v. Strandmann (Hg.): Walther Rathenau. Industrialist, Banker, Intellectual and Politician. Notes and Diaries 1907–1922, Oxford 1988[2], S. 187–89
9. Zitiert nach Gerhard Hecker: Walther Rathenau und sein Verhältnis zu Militär und Krieg, Boppard a. Rhein 1983, S. 205
10. Moellendorff an Rathenau, 8. 8. 1914, abgedr. in: Burchardt: a.a.O., S. 194. Hier auch der im folgenden Text angesprochene Brief Moellendorffs an Rathenau vom 9. 8. 1914
11. Rathenau an Moellendorff, 8. 8. 1914, PB, Nr. 3, S.6f
12. So in seinem in der veröffentlichten Form zensierten Vortrag über Deutschlands Rohstoffbewirtschaftung vor der *Deutschen Gesellschaft 1914* am 20. 12. 1915, zitiert nach Schulin: Rathenau, S. 68. Der Vortrag ist abgedr. in: GS V, S. 23–59. Aus Belgien wurden nach Frank Wende: Die belgische Frage in der deutschen Politik des Ersten Weltkrieges, Hamburg 1969, bis 1917 insgesamt Güter im Werte von 1,3 Milliarden RM (Vorkriegsstand) abtransportiert
13. Vgl. Kapitel 5 dieses Katalogs
14. Vgl. die Aufstellung der in der Leitung der Kriegsrohstoffabteilung vertretenen Personen bei Alfred Müller: Die Kriegsrohstoffbewirtschaftung 1914–1918 im Dienste des deutschen Monopolkapitals, Berlin/DDR 1955, S. 17 f.; zu den Aufsichtsratsvorsitzenden der wichtigsten Kriegsgesellschaften ebd., S. 26, zum Aufsichtsrat der Kriegsmetall-AG S. 131
15. Zur Diskussion der Ursachen von Rathenaus Rücktritt vgl. ausführlich Hecker: a.a.O., S. 255–68
16. Zur Diskussion vgl. die Beiträge in Heinrich August Winkler (Hg.): Organisierter Kapitalismus. Anfänge und Voraussetzungen, Göttingen 1974; zur marxistisch-leninistischen Position Kurt Gossweiler: Großbanken, Industriemonopole, Staat. Ökonomie und Politik des staatsmonopolistischen Kapitalismus in Deutschland 1914–1932, Berlin/DDR 1971
17. Rathenau an Stehr, 14. 8. 1914, in: Hermann Stehr – Walther Rathenau. Zwiegespräche über den Zeilen. Ursula Meridres-Stehr (Hg.), Leipzig/München 1946, S. 27
18. Theodor Heuss: Abschied von Marx, in: Die Hilfe, 23. Jg. 1917, S. 106-109.
19. Vgl. Reinhard Rürup: Der »Geist von 1914« in Deutschland. Kriegsbegeisterung und Ideologisierung des Krieges im Ersten Weltkrieg, in: Bernd Hüppauf (Hg.): Ansichten vom Krieg. Vergleichende Studien zum Ersten Weltkrieg in Literatur und Gesellschaft, Königstein/Ts. 1984, S. 1–30
20. Vgl. u.a. Friedrich Zunkel: Industrie und Staatssozialismus. Der Kampf um die Wirtschaftsordnung in Deutschland 1914–1918, Düsseldorf 1974; Hans Gotthold Ehlert: Die wirtschaftliche Zentralbehörde des Deutschen Reiches 1914–1919. Das Problem der »Gemeinwirtschaft« in Krieg und Frieden, Wiesbaden 1982
21. Wichard v. Moellendorff: Deutsche Gemeinwirtschaft, Berlin 1916
22. Von kommenden Dingen (1917), GA II, S. 381
23. Die neue Wirtschaft (1918), GS V, S. 235
24. Vgl. Leonard Krieger: The German Idea of Freedom. A History of a political tradition, Chicago 1972[2]; Fritz Stern: Kulturpessimismus als politische Gefahr. 1963
25. Hellige: Einleitung, GA VI, S. 199
26. Rathenau an Bethmann Hollweg, 26. 8. 1914, PB, Nr. 9, S. 18
27. Rathenau an Schwaner, 6. 9. 1914, B I, S. 158
28. Vgl. hierzu allg. Charles S. Maier: Zwischen Taylorismus und Technokratie. Gesellschaftspolitik im Zeichen industrieller Rationalität in Europa, in: Michael Stürmer (Hg.): Die Weimarer Republik. Belagerte Civitas, Königstein/Ts. 1985[2], S. 188–213
29. Rathenau: Die neue Wirtschaft (1918), S. 225, 250
30. Vgl. Richard H. Bowen: German Theories on the Corporative State. With Special Reference to the Period 1870–1919, New York 1947
31. Die neue Wirtschaft (1918), GS V, S. 231
32. Die neue Wirtschaft (1918), GS V, S. 208
33. Vgl. Schulin: Hauptwerke, GA II, S. 499–598
34. Von kommenden Dingen (1917), GA II, S.321
35. Rathenau: a.a.O., S. 75
36. Rathenau: a.a.O., S. 198f
37. Dies klingt etwa an bei Schulin: Rathenau, S. 84 f; vgl. auch ders.: Krieg und Modernisierung. Rathenau als philosophierender Industrieorganisator im Ersten Weltkrieg, in: T. Buddensieg (Hg.): Ein Mann vieler Eigenschaften. Walther Rathenau und die Kultur der Moderne, S. 55–69, hier S. 66 f
38. Vgl. Gerald D. Feldman: Die Demobilmachung und die Sozialordnung der Zwischenkriegszeit in Europa, in: Geschichte und Gesellschaft, 9. Jg. 1983, S. 156–177
39. So Larin bereits im April 1915, zitiert nach Edward H. Carr: The Bolshewik Revolution 1917–1923, London 1976[4], Bd. II, S. 359
40. Wladimir I. Lenin: Über die Naturalsteuer, in: Werke, hg.b.IML, Bd. 32, Berlin/DDR 1969, S. 341–380, hier S. 346 f

41. Vgl. den Beitrag von Peter Krüger in diesem Band
42. Maximilian Harden: In der Mördergrube, in: Die Zukunft, XXX. Jg., Nr. 40, S. 1–13
43. Diese Forderung wurde Mitte September 1916 von mehreren führenden Rüstungsindustriellen einschließlich Rathenau im Zuge der Beratungen über das »Hindenburgprogramm« erhoben. Vgl. U. Herbert: Zwangsarbeit als Lernprozeß: Zur Beschäftigung ausländischer Arbeiter in der westdeutschen Industrie im Ersten Weltkrieg, in: Archiv für Sozialgeschichte, Bd. XXIV, 1984, S. 285–304, Bes. S. 289 f. Die zitierte Formulierung stammt aus einem anschließend verfaßten Brief Rathenaus an Ludendorff, abgedr. in: Das Werk des Untersuchungsausschusses der Verfassungsgebenden Deutschen Nationalversammlung und des Reichstages 1919–1928. Verhandlungen, Gutachten, Urkunden, Reihe III, Bd. 1, S. 382 f. Tatsächlich wurden 1916 etwa 60.000 Belgier nach Deutschland deportiert, bis dieses Projekt nach scharfen internationalen Protesten eingestellt wurde
44. Probleme der Friedenswirtschaft (1917), GS V, S. 59–94, hier S. 79
45. Hindenburg an Bethmann Hollweg, 17. 6. 1916, abgedr. in: Erich Ludendorff (Hg.): Urkunden der Obersten Heeresleitung über ihre Tätigkeit 1916–1918, Berlin 1921², S. 65f
46. Rathenau an Erzberger, 26. 10. 1918, PB, Nr. 121, S. 205–213, hier S. 207
47. Rathenau an Scheüch, 15. 10. 1918, PB, Nr. 114, S. 195–200, hier S. 197
48. Rathenau an Erzberger, 26. 10. 1918, PB, Nr. 121, S. 205–213, hier S. 210
49. Albert Speer: Erinnerungen, Frankfurt a.M./Berlin 1969, S. 223–225
50. Ian Kershaw: Der NS Staat. Geschichtsinterpretationen und Kontroversen im Überblick, Reinbeck b. Hamburg 1988, S. 285
51. Rathenau an Scheüch, 15. 10. 1918, PB, Nr. 114, S. 199
52. Rathenau an Ebert, 16. 12. 1918, B II, Nr. 470, S. 87–89
53. Rathenau an Heinrich Zellner, 14. 10. 1918. Abschrift im Bundesarchiv Koblenz, Nachlaß Wichard v. Moellendorff, Nr. 52. Hier auch die Anschuldigungen Zellners
54. Karl Bröger: Der Prophet im Smoking. Ein Wort gegen Walther Rathenau. Undatierter Zeitungsartikel im BA-Koblenz, Nl Moellendorff, Nr. 52 (ca. 1920)
55. Ursula Mader: Walther Rathenau als Funktionär des Finanzkapitals. Beitrag zu einer politischen Biographie 1887–1917, Phil.Diss. Berlin/DDR 1974
56. Die Reingewinne der AEG stiegen von 18,75 Millionen RM im Geschäftsjahr 1913/14 auf 30,37 Millionen 1916/17, die Dividende stieg im selben Zeitraum von 10% auf 12,5 % an. Vgl. Müller, Kriegsrohstoffbewirtschaftung, S. 59
57. Sitzungsbericht der sog. freien Kommission des Reichstages, zitiert nach Hecker: a.a.O., S. 247. Hier auch das vorhergehende Zitat
58. Vgl. Hecker: a.a.O., S. 424
59. Vgl. Conrad Haußmann: Schlaglichter. Reichstagsreden und Aufzeichnungen, hg.v. Ulrich Zeller, Frankfurt a.M. 1924, S. 22
60. Vgl. Hartmut Pogge v. Strandmann: Rathenau zwischen Politik und Wirtschaft, in: Otmar Franz (Hg.): Am Wendepunkt der europäischen Geschichte, Göttingen/Zürich 1981, S. 88–106
61. Offener Brief, auszugsweise abgedr. in Kessler: a.a.O., S. 275 f
62. Verhandlungen des Reichstages, Protokolle, Bd. 326, S. 604
63. Verhandlungen der Sozialisierungs-Kommission über den Kohlebergbau im Jahre 1920, 2 Bde., Berlin 1920, hier Bd. 2, S. 399 (27. 5. 1920)
64. Zitiert nach Peter Wulf: Die Auseinandersetzungen um die Sozialisierung der Kohle in Deutschland 1920/21, in: Vierteljahreshefte für Zeitgeschichte, 25. Jg. 1977, S. 46–89, hier S. 83
65. Die neue Wirtschaft (1918), GS V, S. 235f

JENSEITS VON PARTEI UND PARLAMENT

Walther Rathenaus »aufbauende Ideenpolitik« in der Deutschen Gesellschaft 1914

BERND SÖSEMANN

Gesellschaften, Vereine und Klubs haben das politische, kulturelle und soziale Leben in Deutschland seit der Aufklärung wiederholt stark mitgeprägt. In Epochen politischer Verfolgung und Zensur – seien es die Jahre der Karlsbader Beschlüsse, des Sozialistengesetzes oder der nationalsozialistischen Diktatur – kommt Gesprächskreisen offiziellen oder auch informellen Charakters eine besonders hohe Bedeutung zu. Liegen jedoch keine ergiebigen Archivalien vor und fehlt es auch an persönlichen Nachlaßmaterialien, dann entziehen sich die verdeckten Aktivitäten dieser Art nahezu allen Rekonstruktionsbemühungen, da es sich ausschließlich um Kommunikationsgeflechte auf der Ebene des vertraulichen Gesprächs handelt, die aus einer Vielfalt von nicht schriftlich fixierten Verabredungen, Anregungen und Informationen bestehen.

Mit der *Deutschen Gesellschaft 1914* ist einer der ›Klubs‹ benannt, für den eine derartige Situationsbeschreibung zutrifft. Zwar sind Programm und Satzung des Vereins nicht unbekannt geblieben, doch ließ sich aufgrund der bisherigen Überlieferung – es gibt keinen Nachlaß der Gesellschaft – die Vermutung schwerlich erhärten, daß den in unterschiedlichen Zusammenhängen und häufig erwähnten Vereinsaktivitäten eine überdurchschnittliche Bedeutung in Staat und Gesellschaft zuzumessen sei. Wegen der schnell wachsenden Mitgliedschaft, der Fülle an Veranstaltungen und dem Umstand, daß Einzelheiten einer langjährigen Entwicklung von der Wilhelminischen Ära über die Jahre der Weimarer Republik bis in die Turbulenzen nationalsozialistischer Vereinnahmung hinein fragmentarisch und somit zu ungenau waren, war eine klare Einschätzung nicht möglich.

Die Quellenlage verbesserte sich in den letzten Jahren erheblich, als in Bibliotheken und Archiven nicht länger nach Nachlaßresten der *Deutschen Gesellschaft 1914* gesucht, sondern, ausgehend von den aufgefundenen gedruckten Mitgliederverzeichnissen, persönliche Nachlässe, Briefsammlungen, autobiographische Schriften und Tagebücher durchgesehen wurden. Diese Bemühungen rückten Walther Rathenau in den Mittelpunkt. Er trat der *Deutschen Gesellschaft 1914* bereits in ihrer Gründungs- bzw. Entstehungsphase bei (Mitgliedsnummer 850), brachte seine Personalkenntnisse ein und spielte, zusammen mit Generaloberst Helmuth Graf von Moltke und Admiral von Holtzendorff, im Juli 1915 seinen Einfluß als Mitglied des vorbereitenden Ausschusses aus. Rathenau entwickelte im Klub alsbald eine auffallende Aktivität. Er umwarb potentielle Mitglieder, sorgte sich, wie aus einem Brief an Gerhart Hauptmann hervorgeht, um eine ihm genehme personelle Ausrichtung von Ausschüssen und Präsidium. Die Tagebuchaufzeichnungen von Harry Graf Kessler und Theodor Wolff lassen auch erkennen, mit welcher ungewöhnlichen Regelmäßigkeit Rathenau die Vortragsveranstaltungen und die geselligen Abende der *Deutschen Gesellschaft 1914* in den folgenden Jahren besuchte. Für zahlreiche Arbeitsessen, für ein Zweites Frühstück oder für Verabredungen mit Berlin-Besuchern bevorzugte er die zwanglose und intime Atmosphäre der Klubräume selbst dann noch, als während des letzten Kriegsjahrs die Qualität des Restaurationsbetriebs deutlich zu wünschen übrig ließ, wo es nämlich, wie einer der Besucher schrieb, »schrecklich nach Kabeljau riecht und wo man armselig für teures Geld ißt«.

Diese Bevorzugung tritt noch deutlicher hervor, wenn man bedenkt, daß Rathenau Mitglied zahlreicher Gesellschaften der unterschiedlichsten Art war. Doch der *Deutschen Gesellschaft 1914* maß Rathenau offensichtlich eine besondere Bedeutung zu. Wie hoch er diesen Gesprächskreis und seine Wirkungsmöglichkeiten einschätzte, zeigte sich nicht zuletzt darin, daß er dort im Dezember 1915 erstmals über die langfristigen Bedeutungen seiner kriegswirtschaftlichen Erfahrungen vortrug. Er hat für seine damalige Rede und für zwei weitere Vorträge diesen exklusiven Zuhörerkreis bewußt gewählt, weil er meinte, der bereits klar artikulierten Kritik an seiner Tätigkeit für die Rohstoffversorgung am wirkungsvollsten vor diesem Forum entgegentreten zu können.

Diese Vorbemerkungen deuten an, daß es im folgenden nicht vorrangig um ein biographisches Porträt im Rahmen einer gesellschaftlichen Vereinigung gehen soll, sondern vielmehr um die Skizzierung von politischen und gesellschaftlichen Kommunikations- und Wirkungszusammenhängen in einer Gesellschaft während eines engen

Deutsche Gesellschaft 1914

Die großen Ereignisse des Jahres 1914 ließen in weiten Kreisen unseres Volkes das Bedürfnis und den Wunsch entstehen, deutschen Männern aus allen Berufen ohne Unterschied der Partei jetzt und in Zukunft die Möglichkeit eines vorurteilsfreien und zwanglosen gesellschaftlichen Verkehrs zu geben. Die Deutsche Gesellschaft will der Boden sein, auf dem das Deutschland der Tat und des Gedankens von heute und morgen zusammenkommen kann.

Nicht Amt und Titel sondern Persönlichkeit, nicht Meinung sondern Leistung, nicht Vermögen sondern Können dienen als Empfehlung für die Zugehörigkeit zur Deutschen Gesellschaft.

Nur in Form und geschäftlicher Führung einem Klub ähnlich, soll die Deutsche Gesellschaft in der Tat kein politischer Klub, noch weniger der Klub einer politischen Partei oder einer abgegrenzten politischen oder sozialen Gruppe sein. Sie soll vielmehr einen Treffpunkt bilden, wo Männer aus allen Teilen des Reichs, die sich gegenseitig etwas zu sagen und zu geben haben, mögen sie nun den Regierungen oder den Parlamenten, dem Handel, der Landwirtschaft, der Industrie und Arbeit, Heer und Flotte, der Kunst und Wissenschaft angehören, zusammenkommen, Gedanken austauschen und in persönlicher Wechselwirkung an den Aufgaben der Weiterentwicklung unseres Volks jeder in seiner Art mitarbeiten können.

Die Deutsche Gesellschaft will nicht den Versuch machen, natürliche Gegensätze und Parteiungen aller Art, in denen sie notwendige Bestandteile unseres öffentlichen Lebens anerkennt und einen Reichtum unseres Volkstums sieht, konventionell zu überbrücken oder auch nur zu verschleiern; sie erblickt ihre bedeutungsvolle und für uns neue Aufgabe darin, berufenen Wortführern solcher Gegensätze zur Aussprache von Mensch zu Mensch eine Möglichkeit und eine schickliche Gelegenheit zu geben.

Die Deutsche Gesellschaft wird ihren Sitz in Berlin haben und ihren Mitgliedern dort eigene ständige Räume und andere Annehmlichkeiten bieten: zweckdienlich ausgestattete Leseräume mit reichhaltiger Bücherei, bequeme Verhandlungszimmer, Gelegenheit zu Erfrischungen usw.

Der Umstand, daß es eine solche Vereinigung bei uns in Deutschland und — in dieser Form — vielleicht auch in anderen Ländern noch nicht gegeben hat, ist kein Beweis, daß sie nicht vorhanden sein könnte, und kein Grund, daß man sie zu schaffen unversucht lassen soll.

Programm der Deutschen Gesellschaft 1914 mit handschriftlichen Bemerkungen Rathenaus (Kat.Nr. 5/41)

Zeitabschnitts. Es sind die Jahre zwischen Kaiserreich und Republik, in denen Rathenau zusammen mit Gleichgesinnten für eine »aufbauende Ideenpolitik« werben und eine Reform- und Umsetzungsstrategie diskutieren konnte. Am 23. Juni 1919 wird Rathenau übrigens resignierend an Peter Hammes in Göteborg schreiben, er befürchte, daß auch nach den revolutionären Ereignissen des Winters 1918/19 niemand die Absicht habe, eine derartige Politik gegen »das fruchtlose alte Partei- und Agitationswesen« zu vertreten, sondern daß vielmehr in der deutschen Politik weiterhin das bekannte Streben nach Augenblickserfolgen vorherrschen werde, mit dem sich die Parteien von den Massen abhängig machten. In dieser Briefstelle klingt also das programmatische Ziel an, das Rathenau und seine Mitstreiter bereits während des Ersten Weltkriegs in der *Deutschen Gesellschaft 1914* favorisierten. Doch lassen sich derartige Einzelheiten und Zusammenhänge überzeugender darstellen und interpretieren, wenn Mitgliederstruktur, Organisation, Programm und Satzung dieses Klubs sowie seine Aktivitäten, Verbindungen und die zeitgenössischen Reaktionen untersucht worden sind.

I

Der Gründung einer gut vierhundert Mitglieder umfassenden *Deutschen Gesellschaft 1914* – im folgenden *DG* – am 28. November 1915 im Pringsheimschen Palais in der Berliner Wilhelmstraße 67 ging eine mehrere Monate umfassende Vorbereitungsphase voraus. Von wem die Anregung für diese Gesellschaft stammte und welche Ideen, programmatische Zielsetzungen und Erwartungen sich ursprünglich mit ihr verbanden, ließ sich bisher nicht genau feststellen. Der Ursprung ist in der unmittelbaren Nähe der Reichsregierung zu suchen, der Anstoß eher im Umfeld von Persönlichkeiten wie Hans Delbrück, Albert Ballin, Theodor Wolff, Gerhart Hauptmann, Richard Strauss, Herbert Gutmann (Direktor der Dresdner Bank), Walther Rathenau, dem Industriellen Robert Bosch und dem umtriebigen, über gute Kontakte zur Regierung und zu Parteien verfügenden Publizisten Ernst Jäckh.

Alle Persönlichkeiten des öffentlichen Lebens, die seinerzeit über die inhaltliche Konzeption nachgedacht haben, standen zumindest dem Reichskanzler Theobald von Bethmann Hollweg nicht fern, gingen in ihren Gestaltungsvorschlägen von einer ideellen Unterstützung durch die Regierung aus und sahen als eines der Hauptziele der *DG* an, die öffentliche Zustimmung zu dem seit dem August 1914 offiziell verfolgten politischen und militärischen Kurs auszudehnen und zu stärken. Vor diesem Hintergrund kam der Namensgebung des Klubs eine nicht geringe Bedeutung zu. Letztlich fiel die Entscheidung sowohl gegen die allzu situationsbedingte und auch zu militaristisch wirkende Benennung *Schützengraben* wie auch gegen die blasse *Deutsche Gesellschaft* ohne eine Erläuterung. Der Zusatz *1914* – übrigens nicht, wie so häufig falsch zitiert ›von 1914‹, denn die Gründung erfolgte ja erst Ende 1915 – sollte an das ›August-Erlebnis‹, die innere Geschlossenheit der Nation, erinnern, den Patriotismus der ersten Tage und Wochen wieder beschwören und damit stärker eine »Burgfriedensbereitschaft nach innen« (Huber) anmahnen als eine im Krieg bereits zu leistende Vorbereitung der Friedenszeit.

Die Mehrheitsmeinung drückte der erste Vorsitzende, der Staatssekretär a.D. im Reichskolonialamt Wilhelm Solf, in seiner Eröffnungsrede mit den Worten aus, die sich auch auf den Einladungsbriefen und in der Satzung wiederfanden: »Als der Krieg ausbrach (...), offenbarte sich in dem ganzen deutschen Volke eine Einheit im Denken und Fühlen, ein Bewußtsein der inneren Verbundenheit in Freud und Leid, das alle Bedenken, alle Sorge beseitigte und die Gemüter mit der beseeligenden Gewißheit erfüllte, gegen alle Schicksalsschläge gefeit zu sein und vor dem Morgen eines sittlichen und tatenfrischen Aufschwunges des deutschen Volkes von ungeahnter Größe zu stehen. (...) Ich wiederhole es: Den Geist von 1914 wollen wir erhalten! Das ist: Der Geist, der unser Volk beseelte, als es in diesen Krieg auszog, erfüllt von dem festen Willen, das Vaterland zu verteidigen, das Werk, das Erbe unserer Väter zu schützen und zu bewachen. (...) Die Wellen der Erschütterung, der Freude und des Leids werden sich nach dem Kriege wieder glätten. Die Deutsche Gesellschaft aber will den Acker, auf dem die Einheit erwachsen ist, weiter bestellen, damit er, auch ohne daß der Kriegspflug ihn zu durchfurchen braucht, für das Land segensreiche Frucht trage.«

Der Klub sollte zwar seinen Schwerpunkt in der Reichshauptstadt haben, aber seine personelle Basis im gesamten Reichsgebiet finden. Keine gesellschaftliche Gruppierung, kein Stand, keine Partei oder irgendeine Vertretung bestimmter Interessen durfte in ihm vorherrschen. Trotz dieser Grundsätze lag den Initiatoren der *DG* der Gedanke am nächsten, ihr Rekrutierungsfeld hauptsächlich im konservativ-nationalliberalen Spektrum zu suchen. Doch entstand aus dieser offenkundigen Favorisierung keinesfalls eine scharfe Abgrenzung oder gar eine enge parteipolitische Ausrichtung. Bis zum rechten Flügel der Sozialdemokratie reichte das Mitgliederspektrum. Die *DG* konnte sich demnach nicht als ein ›politischer‹ Klub im engeren Wortsinn verstehen. In den ersten werbenden Rundbriefen, die an einen relativ kleinen Kreis gesellschaftlich bedeutender Männer verschickt wurden, und auch in den später breit gestreuten Aufforderungen zum Beitritt findet sich die wiederholte ausdrückliche Bekundung, daß man »KEIN politischer Klub« sein und »noch weniger der Klub EINER politischen Partei oder einer abgegrenzten politischen oder sozialen Gruppe« werden wolle. Es solle vielmehr in der *DG* die Möglichkeit »eines vorurteilsfreien und zwanglosen gesellschaftlichen Verkehrs (für) das Deutschland der Tat und des Gedankens von heute und morgen« gegeben sein.

Jedes Mitglied der *DG* konnte Aufnahmevorschläge abgeben. Über die Mitgliedschaft entschied der Vorstand, der, wie das Präsidium und der mindestens fünfzigköpfige Gesellschaftsrat, von der Mitgliederversammlung gewählt wurde. Mindestens sechzig Reichsmark waren als Mitgliedsbeitrag zu entrichten; 1919 zahlte das Berliner Mitglied 200 Mark, das auswärtige 100 Mark jährlich. Leitende Aufnahmekriterien sollten Persönlichkeit, Leistung und Können sein, nicht jedoch Amt und Titel, Meinung und Konfession oder Vermögen. Obwohl die Satzung von 1915 die Obergrenze bei eintausend Mitgliedern fixiert hatte, zählte man 1916 bereits über 1200. Rathenaus Vorschlag, eher einen *Klub der Hundert* zu schaffen, wohingegen Moltke an eine große Gesellschaft mit Zweiggründungen im ganzen Deutschen Reich dachte, war zwar schon in der Vorbereitungsphase erfolglos geblieben, doch sollten seine Bedenken wenigstens dazu führen, daß in den folgenden Jahren die mitunter relativ starke Mitgliederschaft in Städten wie Dresden, Frankfurt am Main, Hamburg, Leipzig, München, Stuttgart und Wien nicht zur Gründung von Filialklubs führte.

Genauere Angaben über die Sozialstruktur der *DG* liegen nicht vor. Auf der Grundlage einer Zählung von 1925/26 (2155 Mitglieder; 855 außerhalb Berlins ansässig, davon 255 im Ausland) sind folgende Berechnungen möglich:

Höhere Beamte	295 = 13,7 %
(General-)Direktoren	285 = 13,2 %
Auswärtiges Amt	214 = 9,9 %
Journalisten, Publ.	160 = 7,4 %
Juristen	153 = 7,1 %
Offiziere	149 = 6,9 %
Univ.-Professoren	96 = 4,5 %
Bankiers	87 = 4,0 %
Künstler	75 = 3,5 %
(Chef)redakteure	60 = 2,8 %
Ärzte	52 = 2,4 %
(Ex-)Minister	22 = 1,0 %
Bürgermeister	20 = 0,9 %
insgesamt:	707 verschiedene Berufe

Aus den vorhandenen Verzeichnissen – 1921 war mit 2809 Mitgliedern offensichtlich das Maximum erreicht: Anfang der dreißiger Jahre zählte man weniger als 1500 Personen – läßt sich eine Dominanz von Vertretern aus der höheren Beamtenschaft, des Bankwesens, der Industrie, des Handels und dem Militär herauslesen. Ebenfalls stärker repräsentiert waren Professoren, Journalisten, Verleger und Schriftsteller. Der Reichspräsident Ebert und die Reichskanzler Bethmann Hollweg, Michaelis, Hertling oder Fehrenbach gehörten übrigens ebenso der *DG* an wie Staatssekretäre und Minister oder der Oberbefehlshaber in den Marken, Gustav von Kessel, der erste Chef des Kriegspresseamts, Erhard Deutelmoser, und Gewerkschaftler wie Carl Legien und August Winnig, Parteipolitiker wie Eduard David und Albert Südekum von der SPD, Conrad Haußmann und Friedrich Naumann von den Fortschrittlichen, Matthias Erzberger und Konstantin Fehrenbach vom Zentrum, Eugen Schiffer und Gustav Stresemann von der Nationalliberalen Partei sowie Joachim von Winterfeldt-Menkin und Konrad Freiherr von Wangenheim aus der Fraktion der Konservativen.

Im Verlauf ihres Bestehens änderte sich die äußere Struktur der *DG* nur geringfügig. Die folgende Skizze gibt die Grundzüge wieder und nennt die durch Einflußstärke und lange Amtszeit herausragenden Persönlichkeiten:

Vorstand:
Vorsitzende
Solf (1915–20)
Schiffer (1921–32)
Solf (1933)
3 stellvertretende Vorsitzende
u.a. Gutmann, Jäckh, August Müller,
Schriftführer, 1. und 2. stellv. Schriftführer, Schatzmeister und weitere zehn Vorstandsmitglieder (insges. also 18 Vorst.-Mitgl.), u.a. Fehrenbach, Arndt v. Holtzendorff, Rechenberg, Max Reinhardt, Sering
Präsidium:
Ballin, Bosch, Groener, Gerhart Hauptmann, Hummel, Lerchenfeld-Köfering, Moltke, Müller-Jabusch, Payer, Popitz, Rathenau, Schwerin-Löwitz, Siemens, Richard Strauß, Südekum, Thyssen, Wermuth, Wilamowitz-Moellendorff
Gesellschaftsrat:
Dehmel, Deutelmoser, Eugen Diederichs, Erzberger, Samuel Fischer, Gleichen Russwurm, Gwinner, Hofmannsthal, Harry Graf Kessler, Mosse, Payer, Prittwitz, Rathenau, Schacht, James Simon, Sobernheim, Treskow, Louis Ullstein, Max M. Warburg, Wölfflin
Wirtschaftsausschuß:
Südekum, Dollhardt, Gutmann, Roy, Simolin
Büchereiausschuß:
Samuel Fischer, Kiepenheuer, Kippenberg, Kröner, Vollmoeller
Außerordentlicher Ausschuß:
6 Mitgl.: Vors., Schatzmeister und vier Präsidiumsmitglieder
Generalsekretär:
Major a. D. H. G. von Hanckwitz

II

Ein Blick auf die Vorgeschichte der Gründung und den beteiligten Personenkreis erlaubt es, der *DG* noch etwas mehr Profil zu geben. In dem Maße, in dem die militärische Entwicklung im Spätherbst und Winter 1914/15 ungünstiger als ursprünglich angenommen verlief, gehörte es zum primären Interesse der Reichsregierung, einer schnell wachsenden Skepsis der offiziell verbreiteten Siegeszuversicht gegenüber möglichst in den Kreisen entgegenzuwirken, denen ein nicht unerheblicher Einfluß auf einen Großteil der Bevölkerung zugeschrieben werden durfte. Zusätzlich mußte es dem Reichskanzler darum gehen, seiner *Politik der Diagonalen* eine breitere inhaltliche Abrundung und eine größere positive Resonanz zu verschaffen. Das spezifische Interesse Theobalds von Bethmann Hollweg zielte damit auf eine Stärkung seiner verfassungs-, sozial- und wirtschaftspolitischen Reformpositionen in den internen Auseinandersetzungen mit den Konservativen, den Militärs und den Vertretern alldeutscher Interessen und annexionistischer Pläne in Parteien, Verbänden und Gesellschaften.

Besondere Bedeutung kam der Diskussion über Kriegsziele zu. Bereits im Sommer 1915 hatten sich mindestens 45 der späteren *DG*-Mitglieder an der *Delbrück-Wolff-Dernburg-Denkschrift* gegen die annexionistisch argumentierenden, an den Reichskanzler gerichteten Denkschriften der sechs größten Wirtschaftsverbände vom 20. Mai und der *Intellektuellen-Eingabe* vom 8. Juli beteiligt. Besonders in den vertraulichen Unterredungen oder in Zwiegesprächen am Rand der Plenumsdebatten über einen möglichst eindrucksvollen Gegenentwurf hatten sich Übereinstimmungen im Grundsätzlichen ergeben. Dazu gehörten eine weitgehende Ablehnung von Annexionen, die

Unterstützung des Bethmann Hollwegschen Reformprogramms und die Bereitschaft zu einem schnellen Verständigungsfrieden. In dem kleinen Kreis entschiedener Reformer um die Journalisten August Stein, August und Hermann Müller, Paul Lensch und Ulrich Rauscher fand der Vorschlag Theodor Wolffs, eine Gruppe zu bilden, »die ein nützliches Instrument« werden könne, um in Zeiten der Zensur, des öffentlichen Diskussionsverbots über Kriegs- und Friedensziele, in Regierungskreisen, im Parlament und in begrenzter Öffentlichkeit vertraulich Ideen zu lancieren und Vorschläge zu unterbreiten, ungeteilte Zustimmung.

Im Sommer 1916 ließ Solf im übrigen, vermittelt über den Ministerialdirektor Hammann, dem Reichskanzler die Unterstützung der *DG* in der Kriegszieldebatte ausdrücklich anbieten. Die *DG* sei bereit, Vorträge zum Thema zu veranstalten: »Aus den über diese Diskussionsabende zu führenden stenographischen Protokollen verspreche ich mir zum mindesten«, hatte Solf am 13. Juli gemeint, »eine wertvolle Unterstützung der Politik des Kanzlers nach der Richtung, daß er über die in den wichtigsten Kreisen des deutschen Volkes herrschenden Ansichten auf das Genaueste unterrichtet und dadurch in die Lage gesetzt wird, etwaige schiefe Auffassungen zu berichtigen.«

Die ausschlaggebende Rolle aber dürften die verfassungs- und sozialpolitischen Überlegungen im weiteren Umkreis der Reichsregierung gespielt haben. Es überrascht deshalb nicht, wenn man liest, daß Wolff für die von ihm in den Gesprächen des Sommers 1915 vorgeschlagene Gruppe den Namen »politische Gesellschaft von 1915« in Erwägung gezogen hat. An die Stelle des direkten moralischen und emotionalen Bezugs auf das August-Erlebnis wären mit dieser Kennzeichnung die vorausweisenden, reformorientierten, die Wilhelminische Gesellschaft zu Ausgleich und Integration führenden Anstöße und Ideen des Jahres 1915 getreten. Denn mit der Erkenntnis, daß der Weltkrieg nicht binnen kürzerer Zeit zu beenden sein werde, hatten sich seit dem Winter 1914/15, insbesondere während der vorbereitenden Besprechungen auf die zweite Sitzung des preußischen Abgeordnetenhauses im Februar 1915 und die dritte Kriegstagung des Reichstags im März 1915 Regierung und Parteien in ungleich intensiveren Formen als zuvor bemüht, die *Neuorientierungspolitik* inhaltlich zu präzisieren.

Im Zentrum der Überlegungen zur Neuorientierung, wie sie von zahlreichen Verantwortlichen in der Regierung, im Parlament und in weiten Kreisen der Öffentlichkeit angestellt wurden, standen entschieden integrationspolitische Ideen. Diese Überlegungen basierten nur teilweise auf der vom

Wilhelm Solf, Karl Helfferich, Arnold Wahnschaffe und andere der Deutschen Gesellschaft 1914 (Kat.Nr. 5/42)

Kaiser und seiner Regierung propagierten Maxime des *Burgfriedens*, also auf der Prämisse, daß bei existenzieller Bedrohung innere Gegensätze zugunsten der gemeinsamen Abwehr zurückzutreten hätten. Diesen Personenkreis einte vielmehr die Überzeugung, daß die kaiserliche Parole »Ich kenne keine Parteien, ich kenne nur Deutsche!« lediglich dann zu der erstrebten starken *nationalen Einheitsfront* mit nachdrücklicher Zustimmung von Sozialdemokratie und Gewerkschaft würde führen können, wenn der moralische Appell nicht einen Status quo stabilisierte, sondern vielmehr dazu diente, die konstitutionelle Monarchie entschiedener zu parlamentarisieren und ihre sozialstaatliche Struktur zu kräftigen. Diese reformwilligen Persönlichkeiten gingen deshalb gleichzeitig davon aus, daß die in militärischer, aber auch in politischer und sozialer Hinsicht bestehende Ausnahmesituation des Reichsbelagerungszustands und eine sich zunehmend schärfer auswirkende Militärdiktatur nicht einmal mehr mittelfristig werde akzeptiert werden können, wenn nicht Themen, Fakten und konkrete Kostenberechnungen einer *Neuorientierung* mit dem ernsthaften Willen zur Realisierung diskutiert würden. Da die beiden Hauptreformpunkte, die Parlamentarisierung der Reichsleitung und die Wahlrechtsfrage in Preußen, wegen der zu erwartenden ablehnenden Koalition von Konservativen, Monarch und Bundesrat noch nicht öffentlich in der nötigen Intensität behandelt werden konnten, mußten Aufklärung und Erkundungen über Verhandlungs- und Kompromißpositionen dringend erwünscht sein.

Entscheidend war die Tatsache, daß diese Denk- und Diskussionsprozesse ohne Beteiligung der Sozialdemokraten weitgehend wirkungslos bleiben mußten. Der Immediatbericht des preußischen Ministers des Innern Friedrich Wilhelm von Loebell vom 22. November 1915 ging deshalb ganz konsequent von der Tatsache aus, daß sich die Regierung jetzt erstmals dieser großen innenpolitischen Aufgabe mit ernsthaften Chancen für eine überzeugende Lösung stellen könne: »Unabhängig jedoch von einer Einschätzung der sozialdemokratischen Macht und sogar ohne Rücksicht auf die wohl- oder übelwollende Haltung der sozialdemokratischen Fraktionen ist der Versuch der Eingliederung der Sozialdemokratie eines der großen Probleme, die der Krieg zu lösen aufgegeben hat.«

Für die Sozialdemokratie bot deshalb die Debatte über die Bewilligung des Kriegskredits einen willkommenen Anlaß, die Ankündigung des Reichskanzlers zu kritisieren, »den inneren Ausbau des Reichs im Geist der Freiheit« (Philipp Scheidemann) erst in der Zeit nach dem Krieg vornehmen zu wollen. Zum Programm einer ›Deutschen Gesellschaft von 1915‹ mußten konstruktive Konzeptionen gehören, die auf Reformen in der Kriegszeit hinzielten und die sozialdemokratischen – gemeint sind hier die reform-sozialistischen – und die gewerkschaftlichen Vorstellungen ebenso berücksichtigten wie die der Konservativen, die bislang Distanz zu den Plänen des Reichskanzlers hielten.

III

In der *DG* vertrat anfangs allerdings lediglich eine unbedeutende Minderheit die Meinung, man habe den Sozialdemokraten pragmatisch und offen entgegenzutreten und eine Innen- und Außenpolitik zu verfolgen, die die Gemäßigten nicht in die Arme der radikalen Sozialisten treibe. Deshalb hatten Personen wie Theodor Wolff, der ja zu den Initiatoren gezählt werden muß, der *DG* in ihrer Vorbereitungs- und Gründungsphase ablehnend und in den Anfangswochen auffallend distanziert gegenübergestanden. Selbst die persönliche Bemühung Solfs, Wolff zum Eintritt zu bewegen, scheiterte zunächst. Mitglieder wie der Alldeutsche Dietrich Schäfer, der zu den profilierten Betreibern der Konstituierung des annexionistischen *Unabhängigen Ausschusses für einen deutschen Frieden* gehörte, und sein politischer Kampfgefährte, der Berliner Altphilologe Ulrich von Wilamowitz-Moellendorff, hatten Liberale wie Wolff sich vorerst abwartend verhalten lassen.

Welche politischen Positionen in der Gründungsphase von Solf bzw. von dem vorbereitenden Ausschuß akzeptiert wurden, belegt ein Vorfall aus den letzten Tagen vor dem offiziellen Gründungstermin. Der Konservative Hans Graf von Schwerin-Löwitz hatte am 22. Oktober 1914 das Parlament mit einem Schlußwort zur »Läuterungsglut« des Weltkrieges entlassen, in dem es geheißen hatte: »Manch unreine Schlacke, welche sich bei dem wachsenden Wohlleben unseres Volkes während einer mehr als vierzigjährigen Friedenszeit in den harten, edlen Kern unseres Volkstums eingefressen hatte, wird ausgeschmolzen werden.« Auf Solfs Anfrage, ob er sich einer Wahl in das Präsidium der *DG* stellen werde, antworte Schwerin-Löwitz (9. 11. 1915): Es existiere das Gerücht, die Gesellschaft werde u. a. den Zweck verfolgen, »FRIEDENSSTIMMUNG zu verbreiten – falls diese Meinung begründet sein sollte, müßte ich mich als Präsidiumsmitglied der Gesellschaft für durchaus ungeeignet halten. – Denn (...) die von Sr. Majestät dem Kaiser ausgegebene Parole des UNBEDINGTEN ›DURCHHALTENS‹ (sei) noch immer die allein maaßgebende.« Immerhin hielt Schwerin-Löwitz eine Mitgliedschaft für so erstrebenswert, daß er sich im Konfliktfall zwar nicht durch einen Sitz im Präsidium zu exponieren, im übrigen aber die Mitgliedschaft zu bekommen wünschte, und schließlich wollte er »das alles vertraulich behandelt sehen«. Der vorbereitende Ausschuß schloß den Vorgang übrigens mit einem förmlichen Votum über die Präsidiumsmitgliedschaft des Schwerin-Löwitz ab.

Die Aufnahme von Sozialdemokraten war allerdings im Hinblick auf integrationspolitische Intentionen eine Selbstverständlichkeit, ja eine Notwendigkeit. Wurde sie auch in der Folgezeit nicht ernsthaft in Frage gestellt, so provozierte Wilhelm II. doch gerade dieses Prinzip zu negativen Kommentaren. Er sprach »abfällig von deutscher Vereinsmeierei« und bemerkte gegenüber dem Chef des Marine-Kabinetts, dem Admiral Georg Alexander von Müller, ein Staatssekretär dürfe nicht Vorsitzender »einer solchen Gesellschaft sein, zu der auch Sozialdemokraten gehören« (15. 4. 1918). Als der ehemalige Landesdirektor der Provinz Brandenburg und Vorsitzende des *Reichsausschusses für Kriegsbeschädigtenfürsorge*, der konservative Politiker Joachim Ulrich von Winterfeldt-Menkin, den Berliner Polizeipräsidenten Traugott von Jagow zum Eintritt aufforderte, äußerte dieser seinem Freund gegenüber »grundsätzliche Bedenken, mit Sozialdemokraten zu verkehren, solange die sozialdemokratische Partei sich nicht auf den Boden der Reichs- und Staatsverfassung stelle und bedingungslos das Kaiser- und Königtum anerkenne«.

Theodor Wolff gab seine Distanz erst auf, als im Winter und Frühjahr 1916 wiederholte Einladungen und die Unterhaltungen mit Deutelmoser, Naumann, Hugo Elsas, Brentano, Rathenau (17. 1., 28. 2. 1916), Solf, Friedrich von Rosen, Wolfgang Heine und Conrad Haußmann ihn hatten erkennen lassen, daß er sich mit einem größeren Mitgliederkreis in weitgehender Übereinstimmung über wichtige innen- und außenpolitische Fragen befand. Rathenaus Vortrag über *Deutschlands Rohstoffversorgung* hatte Wolff zwar zum ersten Mal als Gast in den Klub gelockt, doch ohne in seinem Tagebuch vom Redner und von den Zuhörern einen besonders positiven Eindruck zu notieren (20. 12. 1915): »Walther Rathenau hält dort einen Vortrag über ›Rohstoffe‹ – in Wahrheit über seine Tätigkeit als Gründer u. Leiter der Rohstoffabteilung im Kriegsministerium. Verdirbt sich den Eindruck seiner sehr interessanten Rede durch den fortwährenden Hinweis darauf, daß ohne ihn der Krieg nicht hätte länger als 6 Monate geführt werden können.«

Doch gerade mit Rathenau hat Wolff, dem die »selbstbewußte Ueberlegenheit« seines Gesprächspartners gefiel (9. 10. 1916), zumeist kontrovers diskutiert. Es fällt auf, daß er jeweils ausdrücklich festhielt, ob Rathenau der gleichen oder einer abweichenden Meinung (17. 1. 1916) gewesen war. Bei den Auseinandersetzungen über eine Friedensresolution, über einen Verständigungsfrieden und über entschiedene Reformen in der zweiten Hälfte des Jahres 1917 ergab sich zwischen den beiden selten Einvernehmen. Unter dem 15. Oktober notierte Wolff nach einer offensichtlich heftig abgelaufenen Diskussion in seinem Tagebuch: »Im Klub, mit Rathenau, Heine, August Müller u.a. Rathenau erklärt, die Vaterlandspartei sei eine große Gefahr. Er meint, man solle nicht mehr gegen Annexionen sprechen, es sei töricht, sich zu opfern. Die andern widersprechen. Streite mich mit Müller, der für Demokratisirung, aber gegen Parlamentarisirung ist. Sage ihm, er wisse offenbar garnicht, was Parlamentarismus sei.«

Die reformorientierte ›Fraktion‹ in der *DG* artikulierte sich in den folgenden Jahren zunehmend stärker, nahm dabei Verbindungen mit anderen Gruppierungen auf, engagierte sich in weiteren Gesellschaften oder bei verschiedenen Petitionen. Das Hauptthema war die Wahlrechtsfrage in Preußen, die zur Rechtsgleichheit im Sinne des Reichstagswahlrechts führen mußte und für die ein Kompromiß auf der Ebene eines gestuften Wahlrechts nicht möglich schien. Zu den bereits genannten reformwilligen Journalisten stießen Sozialdemokraten, Fortschrittler und Liberale, der ehemalige Staatssekretär im Reichskolonialamt, Bernhard Dernburg, Robert Bosch und Walther Rathenau, aber auch Professoren wie Hans Delbrück, Adolf von Harnack, Lujo Brentano, Ernst Troeltsch, Hugo Preuß, Ferdinand Tönnies,

Emil Orlik, Harry Graf Kessler im Gespräch mit Axel von Varnbüler

Friedrich Meinecke und Hermann Oncken. Personelle und inhaltlich-konzeptionelle Verbindungen bestanden somit zur *Freien Vaterländischen Vereinigung*, zum *Bund Neues Vaterland*, zum *Interfraktionellen Ausschuß* des Reichstags, zum *Volksbund für Freiheit und Vaterland*, zum *Holtzendorff-Tisch* des Direktors der HAPAG, zu Hans Delbrücks *Mittwochabend*, zur *Mittwochgesellschaft* (Bassermann und L. Stein) und zum *Deutschen Nationalausschuß für einen ehrenvollen Frieden*. Über Südekum bestand Kontakt zu der im Juni 1916 in Berlin gegründeten pazifistischen Organisation *Vereinigung Gleichgesinnter*; Bosch finanzierte nicht nur die *Organisation Hobohm* mit, sondern auch den *Volksbund für Freiheit und Vaterland*.

IV

Ein vollständiges Verzeichnis der Vorträge und sonstigen Veranstaltungen kann zwar noch nicht zusammengestellt werden, doch lassen sich aus dem Überblick – es liegen rund 360 Nachweise vor – einige grundsätzliche Einsichten gewinnen. Mehr als dreißig gedruckte Reden erhöhen die Informationsdichte. Denn mit ihren Sonderdrucken oder Zeitungs- und Zeitschriftenpublikationen wollten die Klubmitglieder in der breiten Öffentlichkeit wirken – selbst noch in den Sonderfällen, in denen die Zensurbehörden das ›freie‹ Wort und die offene Diskussion im Klub nicht nach außen dringen ließ. Hatte Rathenaus erster Vortrag 1916 noch unzensiert erscheinen dürfen, so duldeten die Behörden seinen zweiten über *Probleme der Friedenswirtschaft* vom 18. Dezember 1916 in der Form einer Einzelschrift (Berlin 1917) nur mit zahlreichen Auslassungen, doch konnte trotz dieser Einschränkung wenigstens der Hauptteil seiner 75minütigen Ausführungen seinen »Weg vom Denken aus in weitere Kreise aus eigener Kraft finden« (Brief an Felix Meyer, 23. 2. 1916). Als Rathenau zum dritten Mal vor dem Klub sprach, ging es ihm am 13. Juni 1922, elf Tage vor seiner Ermordung, um das unmittelbar bevorstehende Erscheinen der ersten sechs Bände der diplomatischen Akten des Auswärtigen Amtes. Auch dieser Text wurde anschließend als Separatdruck verbreitet.

Rathenaus Themen gehören zu den am häufigsten behandelten Fragekreisen. Die meisten wöchentlichen Vorträge bezogen sich auf die Innenpolitik des Deutschen Reiches, auf Verfassungsprobleme, Wirtschaft, Währung, Finanzen, Justiz und Kultur. In den ersten Monaten der Weimarer Republik kamen als spezielle aktuelle Themen Räteverfassung und Sozialisierungskonzepte hinzu. Die großen Berliner Zeitungen berichteten über die meisten der Veranstaltungen. Sieht man vom Jahr 1924 ab, als sich die *DG* in einer konzeptionellen und personellen Krise befand und außerdem noch von der Wilhelmstraße in die Schadowstraße umziehen mußte, riefen die Vorträge insgesamt ein lebhaftes Echo hervor. In der Endphase der Weimarer Republik waren sie trotz sinkender Mitgliederzahlen sehr gut besucht. Auch in dieser Zeit fanden sie, wie es in einem Rundschreiben des Generalsekretärs heißt, »stärksten Beifall«.

Die von einer derartigen Vereinigung ausgehenden Einflüsse, die Wirkungen der Vorträge oder sogar die der zahllosen Einzel- oder Gruppengespräche lassen sich nicht präzise abschätzen. In einzelnen Fällen können direkte Beeinflussungen aufgrund von entsprechenden Protokollen, von persönlichen Aufzeichnungen oder Bekundungen der Beteiligten nachgewiesen werden. Eine Fülle von Angaben und Hinweise auf die Atmosphäre im Klub finden sich in den unveröffentlichten Teilen des Tagebuchs von Harry Graf Kessler. Als im Juli 1916 in Deutschland die Sorge über die Haltung Rumäniens wuchs und Engländer und Russen militärisch erfolgreich waren, notierte Kessler z. B. unter dem 20. Juli: »Die Nervosität hält an. Theodor Wolff, der Obermiesmacher, flüstert mir im Klub zu, dass es mit Rumänien schlecht stehe, dass die Engländer fast unerschöpfliche Reserven hätten; und macht dabei ein Gesicht, als ob er ein schlechtes Ei geschluckt hätte.«

Die Haltung und die Atmosphäre, in der kontroverse Themen im Klub zumeist erst einmal unverbindlich oder abtastend ventiliert wurden, geben eine kleine Bleistiftzeichnung von Emil Orlik vom 7. August 1916 und die inhaltlich darauf bezogene Tagebucheintragung Kesslers wieder. Die beiden Protagonisten, der württembergische Gesandte Axel Freiherr von Varnbüler von und zu Hemmingen und Kessler, zeigt Orlik in einem nachdenklich-vertrauten Zwiegespräch. Das Diarium berichtet von dieser Unterhaltung: »Abends in der D. G. langweiliger Vortrag eines Lübecker Professors über Wohnungspflege. Nachher mit Axel Varnbüler gesprochen und ihm gesagt, ich hätte neulich Westarp geneigt gefunden, eine Sachverständigenkommission (Bankiers, Industrielle, Kaufleute, genaue Kenner Englands) von etwa 6 bis 8 Leuten in der U-Boot Frage anzunehmen. Ich sagte, vielleicht liesse sich hierauf Etwas aufbauen, eine Brücke zwischen Reichskanzler u. Konservativen. Was er, Varnbüler, dazu meine? – V. verhielt sich weder ablehnend noch zustimmend, sondern sehr diplomatisch reserviert. (...) Varnbüler blieb bei einem höflichen Skeptizismus, tat aber so, als wolle er sich die Sache überlegen und mir später Antwort geben.«

Für Walther Rathenau kann festgehalten werden, daß er mit einem außerordentlich starken Interesse und in zwar nicht gleichbleibender Weise, aber doch in großer Häufigkeit in der *DG* die spezifischen Gesprächs-, Informations- und Diskussionsmöglichkeiten aus ›erster Hand‹ genutzt hat. Über engere Partei- und gesellschaftliche Grenzen hinaus hat er mit Persönlichkeiten auch ›zwischen den Fronten‹ Kontakte gepflegt, mit denen er andernfalls wegen der kriegsbedingten Einschränkungen nicht in dem gleichen Umfang und in einer ähnlichen Intensität hätte kommunizieren können. Der Journalist Gustav Mayer stellte lapidar fest, in der *DG* sei es möglich, zuverlässig zu erfahren, »was hinter den Kulissen vorging«. Als Rathenau am 16.11.1918, dem Tag des Gründungsaufrufs für die *Deutsche Demokratische Partei* eine politische Sammlungsaktion begann, befanden sich unter den mehr als einhundert Unterzeichnern seines Aufrufs nahezu ausschließlich Mitglieder der *DG*. In der Mehrheit waren es Gelehrte und politische Publizisten, mit denen Rathenau seinen *Demokratischen Volksbund* errichten wollte, so »daß die Wurzeln des geistigen und wirtschaftlichen Lebens im großen Wandel der Dinge, den wir gutheißen, nicht Schaden leiden, sondern neue Kraft gewinnen«. Nach dem Scheitern dieses kurzlebigen Versuchs am 26. November fand Rathenau über liberale Politiker und Publizisten der *DG* den Weg in die DDP – nicht zuletzt mit der Hoffnung, schrieb er an Bosch am 27. November 1918, daß diese Partei es als ihre Aufgabe ansehen werde, den »sozialen Idealismus ins Bürgertum zu tragen und ihn in der Arbeiterschaft, soweit sie zugänglich ist, zu bekräftigen«.

Hinweise

Wegen der Vielzahl und breiten Streuung der Quellen wurde auf Anmerkungen im Text verzichtet. Die wichtigsten Archivalien, Nachlässe, Editionen, Zeitungen, Erinnerungen und Darstellungen sind hier aufgeführt. Für die weitere Literatur siehe die Bibliographie

Amtsgericht Charlottenburg: Deutsche Gesellschaft 1914, Landesarchiv Berlin

Nachlaß Konrad Adenauer, Stadtarchiv Köln

Nachlaß Carl Becker, Geheimes Staatsarchiv Preußischer Kulturbesitz, Berlin

Nachlaß Herbert M. Gutmann, Bundesarchiv, Abt. Potsdam

Nachlaß Conrad Haußmann, Hauptstaatsarchiv Stuttgart

Nachlaß Harry Graf Kessler, Deutsches Literaturarchiv, Marbach

Nachlaß Friedrich Meinecke, Geheimes Staatsarchiv Preußischer Kulturbesitz, Berlin

Nachlaß Helmuth Graf Moltke, Bundesarchiv/Militärarchiv, Freiburg im Breisgau

Nachlaß Wilhelm Solf, Bundesarchiv, Abt. Koblenz.

Nachlaß Theodor Wolff, Bundesarchiv, Abt. Koblenz.

Berliner Tageblatt und Handelszeitung, Berlin 1914–1922

Brocke, Bernhard vom: »Wissenschaft und Militarismus«. Der Aufruf der 93 »An die Kulturwelt!« und der Zusammenbruch der internationalen Gelehrtenrepublik im Ersten Weltkrieg. In: W. M.Calder u. a. (Hg.): Wilamowitz nach 50 Jahren, Darmstadt 1985, S. 649–719

Döring, Herbert: Der Weimarer Kreis. Studien zum politischen Bewußtsein verfassungstreuer Hochschullehrer in der Weimarer Republik (=Mannheimer Sozialwissenschaftliche Studien, Bd. 10). Meisenheim am Glan 1975

Grotjahn, Alfred: Erlebtes und Erstrebtes. Erinnerungen eines sozialistischen Arztes. Berlin 1932 (enthält auch Tagebuch-Aufzeichnungen)

Mayer, Gustav: Erinnerungen. Vom Journalisten zum Historiker der deutschen Arbeiterbewegung. Zürich 1949

Mitglieder-Verzeichnis der *Deutschen Gesellschaft 1914*. Berlin 1916; dass., ebd. 1917; dass., ebd. 1918; dass., ebd. 1921; dass., ebd. 1925; dass., ebd. 1927. – Außerdem noch diverse ›Nachträge‹ zu den einzelnen Verzeichnissen.

Moltke, Helmuth von: Erinnerungen, Briefe und Dokumente 1877–1916. Ein Bild vom Kriegsausbruch, erster Kriegsführung und von der Persönlichkeit des ersten militärischen Führers des Krieges. Herausgegeben von Eliza von Moltke. Stuttgart 1922.

Schäfer, Dietrich: Mein Leben. Berlin 1926

Schellenberg, Johanna: *Deutsche Gesellschaft 1914* (1915–1934). In: Dieter Fricke u.a. (Hg.): Die bürgerlichen Parteien in Deutschland. Handbuch der Geschichte der bürgerlichen Parteien und anderer bürgerlichen Interessenorganisationen vom Vormärz bis zum Jahre 1945. 2 Bde. Leipzig 1968; hier: Bd. 1, S. 378–380 (Die 2. Auflage erschien in 4 Bänden, doch blieb der Artikel über die DG nahezu unverändert)

Schiffer, Eugen: Ein Leben für den Liberalismus. Berlin 1951

Sösemann, Bernd: Politische Kommunikation im »Reichsbelagerungszustand«. Programm, Struktur und Wirkungen des Klubs *Deutsche Gesellschaft 1914*, in: M. Brobowsky/W.R. Langenbucher (Hg.): Wege zur Kommunikationsgeschichte (=Schriftenreihe der Deutschen Gesellschaft für Publizistik und Kommunikationswissenschaft, Bd. 13), München 1987, S. 630–649

Solf, Wilhelm: Rede zur Gründung der *Deutschen Gesellschaft 1914*, Berlin 1915

Weidmüller, Helmut: Die Berliner Gesellschaft während der Weimarer Republik. Diss. phil. Freie Universität Berlin 1956 (ms.)

Winterfeldt-Menkin, Joachim von: Jahreszeiten des Lebens. Das Buch meiner Erinnerungen. Berlin 1942

Wolff, Theodor: Tagebücher 1914–1919. Der Erste Weltkrieg und die Entstehung der Weimarer Republik in Tagebüchern, Leitartikeln und Briefen des Chefredakteurs am »Berliner Tageblatt« und Mitbegründers der »Deutschen Demokratischen Partei«. Eingeleitet und herausgegeben von Bernd Sösemann (=Deutsche Geschichtsquellen des 19. und 20. Jahrhunderts, Bd. 54) 2 Bde. Boppard am Rhein 1984

»MITTELEUROPA GEEINIGT UNTER DEUTSCHER FÜHRUNG«

Europäische Wirtschaftsgemeinschaft als Friedens- und Kriegsziel

WOLFGANG MICHALKA

In einer vergleichenden Charakterisierung der *Vier Nationen* England, Frankreich, Amerika und Deutschland beschrieb Walther Rathenau im Jahre 1907 die geographischen Voraussetzungen und wirtschaftlichen Rahmenbedingungen des Deutschen Reiches: »Die Grenzen zu lang und ohne natürlichen Schutz, von rivalisierenden Völkern umgeben und eingebuchtet, ein kurzer Strand, die Bodenschätze im Norden mäßig, im Süden null, die Scholle von mittlerer Fruchtbarkeit, die wirtschaftliche Entwicklung alle hundert Jahre durch Kriege und Einbrüche zertreten: so bildet Deutschland den rechten Gegensatz zu Amerikas glücklicher Grundlage.« Daß Deutschland trotz dieser gravierenden Nachteile im Vergleich zu den USA den zweiten Platz in der Weltwirtschaft einnehmen konnte und immer noch behaupten könne, verdanke es seiner bewährten Organisation, der guten Ausbildung seiner Facharbeiter und Beamten, den überlegenen Unternehmern, dem, was Rathenau seine »ethischen Werte« nennt.[1]

Wenige Jahre später fällt Rathenaus Analyse der deutschen Stellung in Weltwirtschaft und Weltpolitik erheblich negativer aus. In *Deutsche Gefahren und neue Ziele* von 1913 moniert er die sich für Deutschland katastrophal auswirkende Hochzollpolitik der ›Wirtschaftsstaaten‹, eine ökonomische Beeinträchtigung, die vor allem durch die amerikanische *Monroedoktrin* zusätzlich verschärft werde: »Zollmauern sind längs jeder Landesgrenze getürmt und erhöhen sich alljährlich, und im Innern der Staaten werden nationalistische Kräfte in den Dienst des Geschäftes gezogen, um den letzten Zufluß von Auslandsgütern abzudämmen (...) Dieser friedliche Krieg der Nationen bietet der Zukunft Deutschlands schwerere Gefahren als irgendeine Waffendrohung. Er entwertet unser Zahlungsmittel, er zwingt uns auf Dauer, teuer zu kaufen und billig zu verkaufen und somit unentgeltliche Arbeit für das Ausland zu leisten.« Neben der politischen Einkreisung ziehe sich, so Rathenau, als Folge der »nationalistischen Importhetze« das »Netz der wirtschaftlichen Einkreisung« immer enger um das bedrohte Deutsche Reich.

Den einzigen Ausweg aus dieser gefährlichen Situation sah Rathenau nicht im generellen Abbau der Schutzzölle, denn diese Hoffnung sei illusionär. Um dem britischen, aber auf Dauer vor allem dem amerikanischen Konkurrenzdruck widerstehen zu können, forderte er vielmehr die Errichtung einer europäischen Zollunion unter deutscher Suprematie, ein vom Deutschen Reich geeintes und beherrschtes *Mitteleuropa*: »Es bleibt eine letzte Möglichkeit: die Erstrebung eines mitteleuropäischen Zollvereins, dem sich wohl oder übel, über lang oder kurz die westlichen Staaten anschließen würden.« Dieses »Ziel würde eine wirtschaftliche Einheit schaffen, die der amerikanischen ebenbürtig, vielleicht überlegen wäre, und innerhalb des Bandes würde es zurückgebliebene, stockende und unproduktive Landesteile nicht mehr geben. Gleichzeitig aber wäre dem nationalistischen Haß der Nationen der schärfste Stachel genommen (...) Verschmilzt die Wirtschaft Europas zur Gemeinschaft, und das wird früher geschehen als wir denken, so verschmilzt auch die Politik. Das ist nicht der Weltfriede, nicht die Abrüstung und nicht die Erschlaffung, aber es ist Milderung der Konflikte, Kräfteersparnis und solidarische Zivilisation.«

Ausschlaggebend für die Notwendigkeit der wirtschaftlichen Zusammenarbeit war der begrenzte europäische Rohstoffmarkt: »Die Zeit naht eilend heran, in der die natürlichen Stoffe nicht mehr wie heute willige Marktprodukte, sondern heiß umstrittene Vorzugsgüter bedeuten; Erzlager werden eines Tages mehr gelten als Panzerkreuzer, die aus ihren Gängen geschmiedet werden.«[2]

Diese »Vergesellschaftung« europäischer Staaten im Gefolge von »Zollvereinigungen« und das Verschwinden der deutschen Zollgrenzen »nach mehreren Seiten hin«, dürfe keineswegs durch Annexion europäischer Territorien erfolgen, denn es dürfe keiner »Kulturnation« zugemutet werden, sich »fremder Obrigkeit ... zu fügen«.[3]

I

Mit seinem *Mitteleuropa*-Konzept stand Rathenau keinesfalls allein, war dieses doch ein zentrales Thema der politischen und nationalökonomischen Diskussion im wilhelminischen Deutschland vor 1914.[4] Der Kaiser selbst vertrat beispielsweise noch 1912 vor dem Hintergrund der deutsch-britischen Sondierungsgespräche anläßlich der *Haldane-Mission* eine probritische Position, wenn er sich Rathenau gegenüber äußerte: »Sein Plan sei: Vereinigte Staaten von Europa gegen Amerika. Dies sei den Engländern nicht unsympathisch. Fünf Staaten (inkl. Frankreich) könnten etwas ausrichten.«[5]

Wenige Monate nach seinem Gespräch mit dem Kaiser und angesichts der gescheiterten Abrüstungsverhandlungen zwischen Berlin und London trug Rathenau während eines Besuches bei Bethmann Hollweg im Sommer 1912 dem Reichskanzler sein konkretes Europaprogrammm vor: »1. Wirtschaft. Zollunion mit Österreich, Schweiz, Italien, Belgien, Niederlande etc., gleichzeitig mit engerer Assoziation. 2. Äußere Politik. Ihr Schlüssel: Der Konflikt Deutschland-Frankreich, der alle Nationen bereichert. Schlüssel: England. Heute Abrüstung unmöglich. Situation zunächst weiterspannen – obgleich gefährlich –, ferner Englands Position im Mittelmeer verderben. Dann Bündnis. Ziel: Mittelafrika, Kleinasien.«[6]

Rathenau selbst sah die beabsichtigte Einbeziehung Großbritanniens in einen europäischen Wirtschaftsbund also skeptischer als Wilhelm II., weil er die englische Bereitschaft zu einem Interessenausgleich mit dem Deutschen Reich als gering einschätzte; denn nicht im spannungsgeladenen Verhältnis zu Frankreich, sondern primär im Flottenwettrüsten mit Großbritannien erblickte er die eigentliche Kriegsgefahr. Den Beziehungen des Deutschen Reiches zu Großbritannien maß er eine zentrale Rolle für das internationale System bei; seine Warnungen vor illusionären Erwartungen hinsichtlich der britischen Europabzw. Deutschlandpolitik bilden eine Konstante seiner Mitteleuropapläne, die schon vor 1914 festzustellen ist und dann auch seine Kriegsdenkschriften prägte. Angesichts der internationalen Situation 1912, die von Wettrüsten und zunehmender Konfrontation der machtpolitischen Blöcke gekennzeichnet war, empfahl Rathenau eine wirtschaftliche Vereinigung der Mittelmächte mit den nicht zur Entente gehörenden westeuropäischen Staaten, aus der sich dann die politische Kooperation ergeben sollte. Offensichtlich glaubte Rathenau, daß eine wirtschaftliche Einigung mit Italien und vielleicht auch mit Frankreich, der eine politische folgen werde, Großbritanniens bislang unangefochtene, den Mittelmeerraum kontrollierende Position in Frage stellen würde. Das könne schließlich zu einem Interessenausgleich zwischen Deutschland und England führen. Erst dann, auf der Basis eines deutsch-britischen Bündnisses, wäre eine Neuverteilung afrikanischer Kolonien mit dem Ziel eines vom Deutschen Reich beherrschten *Mittelafrika* sowie auch territoriale Regelungen in Vorderasien denkbar.

Walther Rathenaus *Mitteleuropa*-Konzept zielte auf einen Kontinentalblock unter deutscher Führung. Erst aus der Position der hegemonialen Stärke heraus wäre es dann dem Deutschen Reich möglich, sich mit Großbritannien zu einigen. Eingedenk der zu schmalen Rohstoffbasis und des im Vergleich zu den etablierten Kolonialmächten Großbritannien, Frankreich und Portugal geringen Kolonialbesitzes propagierte Rathenau eine der jeweiligen Volkszahl der europäischen Staaten entsprechende Aufteilung kolonialer Territorien in Afrika und Vorderasien. Um zu vermeiden, daß das Deutsche Reich trotz seines Bevölkerungswachstums und seiner industriellen Stärke den Status einer Großmacht verlieren und an der Weltpolitik nicht mehr teilnehmen könne,[7] forderte Rathenau mit Nachdruck: »Wir brauchen Land dieser Erde.« Er verwarf allerdings Annexionen: »Wir wollen keinem Kulturstaat das seine nehmen, aber von künftigen Aufteilungen muß uns so lange das nötige zufallen, bis wir annähernd so wie unsere Nachbarn gesättigt sind, die weit weniger Hände und unendlich mehr natürliche Güter haben.«[8]

Die von Rathenau vor 1914 propagierte aktive deutsche Außenpolitik war darauf angelegt, mit dem Schwungrad der Wirtschaft kriegerische Konflikte zu vermeiden, weil diese zu teuer und verlustreich seien und somit letztlich der Wirtschaft schaden würden. Um die zunehmende Kriegsgefahr zu mildern, müsse das kostspielige Wettrüsten auf ein vertretbares Maß reduziert werden; denn dieses schade beiden Kontrahenten, Deutschland und Großbritannien, gleichermaßen. Nutznießer eines deutsch-britischen Konfliktes würden einzig und allein die Vereinigten Staaten sein. Rathenau schlug dagegen die Bil-

dung einer gemeinsamen europäischen Front gegen die amerikanische *Monroedoktrin* vor in der Hoffnung, den wirtschaftlichen und politischen Einfluß der USA eindämmen zu können.
Erstaunlich ist, daß Rathenaus *Mitteleuropa*-Vorstellungen vor dem Kriege Rußland überhaupt nicht berücksichtigen, weder als bedrohliche Konkurrenzmacht noch als zukünftigen Mitgliedstaat einer zu bildenden Zollunion. Eine mögliche Erklärung könnte sein, daß im Gegensatz etwa zu Südamerika, wo deutsche Firmen sich mit britischer und vor allem amerikanischer Konkurrenz auseinanderzusetzen hatten, vor 1914 der russische Markt nahezu unangefochten von der deutschen Elektroindustrie beherrscht und kontrolliert wurde. Außerdem – auch das könnte Rathenaus Argumentation beeinflußt haben – betrachtete er als seine ureigenste Domäne in erster Linie den westlichen Markt, wohingegen Rußland, das er kaum kannte, Ressort von Felix Deutsch, dem für das Auslandsgeschäft zuständigen AEG-Direktor war.

Georg Kolbe, Büste des Theobald von Bethmann Hollweg, um 1916 (Kat.Nr. 5/28)

II

Rathenau wandte sich Anfang August 1914 mit einer Kriegszieldenkschrift an den Reichskanzler, in der er auf seine Mitteleuropapläne zurückkam. In der im Moskauer Bestand als handschriftlicher Entwurf aufgefundenen Denkschrift mit dem unscheinbaren Titel *Promemoria über die Niederlegung des österreichisch-ungarischen Grenzzolls*, deren Inhalt bisher nur indirekt erschlossen werden konnte,[9] weist Rathenau darauf hin, daß der Krieg vor allem auch ein Wirtschaftskrieg sein werde. Deshalb müsse mit einer wesentlichen Beeinträchtigung der Exportmöglichkeiten gerechnet werden, wobei Ersatz für die verlorenen Märkte nur im engen wirtschaftspolitischen Zusammenschluß Deutschlands mit Österreich-Ungarn zu finden sei.[10] Diese deutsch-österreichische Zollunion wäre die notwendige Ausgangsbasis für Mitteleuropa, die nunmehr realisierbar ist: »Der Zeitpunkt für die Durchführung der Maßnahme kann niemals günstiger sein als im Beginn dieses Krieges. Österreich ist uns verpflichtet. (...) Sollte, was Gott gebe, der Krieg uns die Kraft verleihen, Frankreich und Italien zum Eintritt in diesen Zollverband zu zwingen, so wäre«, wie Rathenau pathetisch formulierte, »ein Werk geschaffen, das für sich allein an wirthschaftlicher und politischer Bedeutung in der neueren Geschichte kaum seines Gleichen fände.«[11]
Bei Bethmann Hollweg stieß Rathenaus Denkschrift auf großes Interesse, weil zu diesem Zeitpunkt auch er in einem mitteleuropäischen Wirtschaftsverband das entscheidende Mittel erblickte, ohne größeren direkten Landerwerb, den er angesichts der Mächtekonstellation kaum für realisierbar hielt, die Hegemonie des Deutschen Reiches über Europa auf indirektem Weg zu errichten.[12] Infolgedessen bat er Clemens von Delbrück, den Staatssekretär des Innern, um einen Bericht über Rathenaus Vorschläge,[13] die diesem wenig originell erschienen. Delbrück verwies darauf, daß die deutschen Agrarier die ungarische Landwirtschaft und die österreichischen Industriellen die deutsche Konkurrenz fürchten würden, legte detailliert Vor- und Nachteile einer deutsch-österreichischen Zollunion dar und tat sie als nicht opportun, geschweige denn als realisierbar ab.
In einer zweiten Denkschrift vom 28. August 1914 kam Rathenau auf die antibritische Frontstellung seiner Vorkriegspläne zurück. Er bezeichnete Großbritannien als den eigentlichen Gegner

des Deutschen Reiches in diesem Krieg und forderte weitgehende Gegenmaßnahmen. Auch wenn offensichtlich Frankreich kurz vor der Niederlage stehe und der »künftige Friedensschluß« mit vorzudenken sei – auch Rathenau konnte sich der Siegeseuphorie nach den Anfangserfolgen nicht völlig entziehen – bedeute dieser sichere Sieg keinesfalls das rasche Ende der Kriegshandlungen; denn das Britische Empire bereite sich auf einen langen Wirtschaftskrieg vor, gegen den sich das Deutsche Reich und seine Verbündeten rechtzeitig und umfassend zu wappnen hätten.

»Nochmals« erwähnte er die europäische Zollvereinigung, die er als die »größte civilisatorische Errungenschaft, die der Krieg unserer Geschichte bescheren kann«, pries.[14] Er lenkte die Aufmerksamkeit auf die »Ordnung der finanziellen Weltwirthschaft«. Er dachte hierbei an eine grundlegende Veränderung des bisher bestehenden europäischen Anleihemarkts, um auf diese Weise den auf dem Kapitalmarkt dominierenden Einfluß Großbritanniens und der Vereinigten Staaten von Amerika einzudämmen: »Da Amerika auf lange Zeit hinaus internationaler Geldgeber nicht sein kann und England mit seinen Mitteln künftig haushalten muß, würde die finanzielle Kontrolle und somit die oberste Bestimmung im Rüstungswesen uns zufallen«.[15]

Warum hat Rathenau, der dem Krieg mit nicht geringer Reserve gegenüberstand, sich von Anfang an so stark in diesen Fragen engagiert, ja, mit fast euphorischer Siegeszuversicht argumentiert? Es scheint, als habe er sich als Jude, wie viele seiner Glaubensgenossen, zu einer besonders patriotischen Haltung verpflichtet gefühlt.[16]

Es gibt sicher eine ganze Reihe weiterer Gründe, die Gerhard Hecker aufzählt, dem ich hier folge.[17] Als Rathenau am 28. August 1914 seine zweite Denkschrift vorlegte, war die Verwaltung im besetzten Belgien,[18] zu der Rathenau als Leiter der Kriegsrohstoffabteilung künftig besonders enge Kontakte zu pflegen hatte, noch im Aufbau. Mit seinem Hinweis, daß er über »das Problem der französischen Entschädigung, ihre Bemessung und Form ... gegenwärtig ... Berechnungen« anstelle, wollte er sich möglicherweise ein Mitspracherecht bei den Planungen sichern. Dies ist um so wahrscheinlicher, als sich seit dem 27. August 1914 Karl Helfferich, einer der Direktoren der Deutschen Bank, der 1915 Staatssekretär des Reichsschatzamtes und 1916–1917 Leiter des Reichsamtes des Innern und Vizekanzler werden wird, als Berater des Reichskanzlers wegen der Kriegsentschädigungen und wegen belgischer Kontributionen im Großen Hauptquartier in Koblenz aufhielt.

Darüber hinaus hatte die AEG unter anderem enge Beziehungen zu Finanzkreisen Belgiens, die über die Zweigstelle der AEG in Brüssel, die *AEG-Union Electrique, Société anonyme*, aufrechterhalten wurden. So war die AEG finanziell an der *Société Financière des Transports & d'Entreprises Industrielles* beteiligt, deren Leiter zugleich Mitglied des Aufsichtsrates der AEG war. Grund für das starke finanzielle Engagement der AEG war die vom belgischen Staat vor dem Kriege geförderte Emission von Börsenwerten, die ohne staatliche Kontrolle vorgenommen werden konnte, sowie eine ausgesprochen lässige Anwendung der Vorschriften über Veröffentlichungen von Bilanzen. Ein Interesse Rathenaus, einen unmittelbaren Einfluß auf die Behandlung dieser finanziellen Angelegenheiten zu nehmen, war allein schon durch dieses wichtige Verbindungsglied der AEG zum internationalen Markt gegeben.

Ein weiterer Grund ist wohl in der Tatsache zu suchen, daß Rathenau sicher bekannt war, daß das Reichsamt des Innern eine Reihe von Bankiers, wie Max Warburg und Felix Salomonsohn, gebeten hatte, Vorschläge über die Art und Höhe einer möglicherweise von Frankreich und Belgien zu fordernden Kriegsentschädigung zu unterbreiten. Rathenau, der nicht aufgefordert war, fühlte sich vielleicht übergangen und hatte sich deshalb direkt an den Reichskanzler gewandt.

Die zweite Denkschrift Rathenaus gelangte Bethmann Hollweg am 3. September 1914 zur Kenntnis. Der Kanzler forderte Rathenau daraufhin über den Botschaftsrat v. Mutius zu einer eingehenden Darlegung seiner bisher nur angedeuteten Pläne auf. Nur wenige Tage nach Übermittlung des Kanzlerwunsches, bereits am 7. September 1914, legte Rathenau die von ihm erbetene ausführliche dritte Denkschrift vor.

Zentrales Thema seiner Ausführungen sind abermals Fragen, wie der Krieg siegreich zu beenden und welche wirtschaftliche und politische Neuordnung Europas nach dem Kriege anzustreben sei. Auf dem Höhepunkt der Marneschlacht, sicherlich in Kenntnis zahlreicher Kriegszieldenkschriften, die der Reichsleitung gerade zu diesem Zeitpunkt zugingen, und der Kriegszieldiskussion in der Öffentlichkeit, in deren Mittelpunkt territoriale Annexionen standen, schloß Rathenau

»bedeutende Veränderungen der Landkarte« nicht aus. Er relativierte diese Aussage jedoch sofort, indem er Annexionen erst nach dem deutschen Sieg über Frankreich und England für möglich hielt und sofort hinzufügte, daß er letzteres als »irrig« betrachte. Selbst wenn Paris erobert sei, werde sich Großbritannien keinesfalls friedensbereit zeigen: »England hat den Krieg begonnen, um die Existenz Frankreichs und Belgiens, die Südküste des Kanals, somit die wichtigsten Fragen seines Bestehens sicherzustellen; es kann diesen Krieg nicht beenden, wenn alle seine Befürchtungen eingetroffen sind. Es ist vielmehr Englands Interesse, den Krieg, wenn es ihn nicht entscheiden kann, in die Länge zu ziehen«.[19] Eindeutig distanzierte sich Rathenau nicht nur von der seiner Meinung nach falschen Hoffnung auf einen baldigen Frieden mit England, sondern auch von der allgemein verbreiteten Forderung nach territorialen Annexionen im Westen.

Diese Denkschrift hat Bethmann Hollweg frühestens am 11. September 1914 vorgelegen und konnte wohl deshalb bei der Abfassung seiner Aufzeichnung *Über die Richtlinien der Politik beim Friedensschluß* vom 9. September 1914, auch *Septemberprogramm* genannt, nicht mehr berücksichtigt werden. Zur Vorbereitung seiner eigenen Denkschrift hatte der Kanzler Meinungsäußerungen unterschiedlicher politischer und wirtschaftlicher Gruppen eingeholt. Fritz Fischer hat nachgewiesen, daß das *Septemberprogramm* Bethmann Hollwegs mit dem Ziel der *mitteleuropäischen Zollunion* im Kontext anlaufender Verhandlungen, eingereichter Denkschriften und Gutachten verschiedener Ressorts des Reiches und Preußens interpretiert werden muß.[20] Rathenau schien von diesen Verhandlungen und Eingaben Kenntnis gehabt zu haben.

Auffallend ist die Übereinstimmung von Formulierungen im *Septemberprogramm* mit Vorschlägen Rathenaus vom 7. September 1914. Vermutlich hatte Mutius in seinem Brief an Rathenau schon einige Kernvorstellungen des Kanzlers mitgeteilt.[21] Außerdem spricht vieles dafür, daß die Vorschläge Rathenaus vom 7. September 1914 im Grundsätzlichen nur bereits vorher geäußerte Ansichten zusammenfassen.[22] Trotz der Übereinstimmung einiger Formulierungen sollte der Einfluß Rathenaus auf den Kanzler jedoch nicht überschätzt werden. Rathenau war nur einer von vielen der von Bethmann Hollweg um Rat gebetenen Persönlichkeiten,[23] und er stand mit seiner Auffassung, von der »Bethmann Hollweg sich tief beeindruckt zeigte«,[24] nicht allein. Auch Arthur von Gwinner, der *Erste Direktor* der *Deutschen Bank*, sprach sich zur gleichen Zeit wie Rathenau dagegen aus, »blindlings eine Politik der Annexion zu beginnen«. Statt dessen schlug er analog zu Rathenau vor, in Europa »Deutschlands wirtschaftliche Vorherrschaft« zu etablieren. Gwinners Denkschrift, um die Bethmann Hollweg ebenfalls gebeten hatte, erreichte im Gegensatz zu der von Rathenau den Reichskanzler noch rechtzeitig.

Im Gegensatz zu den meisten der vorgebrachten Zielforderungen,[25] aber auch im Gegensatz zu Bethmann Hollweg, der im *Septemberprogramm* unmißverständlich Annexionen zu Lasten Frankreichs und Belgiens anmeldete, empfahl Rathenau eine zukünftige Zusammenarbeit mit den jetzigen Kriegsgegnern, namentlich mit Frankreich, wenn auch unter deutscher Führung, als die den Frieden garantierende Perspektive: »Das Endziel wäre der Zustand, der allein ein künftiges Gleichgewicht Europas bringen kann: Mitteleuropa geeinigt unter deutscher Führung, gegen England und Amerika einerseits, gegen Rußland andererseits politisch und wirtschaftlich gefestigt. Das Opfer, das wir zu bringen hätten, bestände im Verzicht auf französischen Landerwerb und in Ermäßigung der Kontribution«.[26] Während Rathenau die mitteleuropäische Zollvereinigung zum Ausgangspunkt nehmen wollte, um dann die Verschmelzung der Wirtschaftskomplexe und der Staatspolitik in Angriff zu nehmen, strebte z. B. August Thyssen als Vertreter der Montanindustrie »eine in sich geschlossene mitteleuropäische Erzeugungsgruppe« an,[27] um von der Position der direkten Inbesitznahme der Rohstoffquellen die Bildung einer mitteleuropäischen Zollvereinigung diktieren zu können.

So sehr sich Rathenau allein schon durch seine Sprache von seinen Zeitgenossen unterschied, so überwog doch das Gemeinsame. Trotz der wiederholten Betonung des Vorteils für alle einbezogenen Partner war sich Rathenau der Vorrangstellung Deutschlands in dem vorgeschlagenen Wirtschaftsverbund durchaus bewußt, und er versuchte auch nicht, das zu verhehlen.

III

Die Idee einer mitteleuropäischen Zollunion wurde trotz des großen Interesses, auf das sie stieß, verworfen. Am 30. Oktober 1914 fand, wie Rathenau in seinem Tagebuch festhielt, »eine Ministerialsitzung statt; die Zollunion wurde abgelehnt«. Angesichts dieser Tatsache und auch angesichts der Entwicklung der Kriegslage mußte Rathenau sein mittel- und westeuropäisch ausgerichtetes Programm modifizieren. In einem Schreiben an Bethmann Hollweg vom 30. August 1915 plädierte er für eine »grundsätzliche Neurichtung der deutschen Politik zur Entscheidung über eine lange Zukunft«.[28] Die zunehmende Gewißheit eines langen Krieges gegen England veranlaßte Rathenau, zu einem Projekt mit ›osteuropäischer Orientierung‹ überzugehen. Er warnte vor einer einseitigen Fixierung des Deutschen Reiches auf Österreich-Ungarn, denn Konflikte mit diesem einzigen Bundesgenossen seien unvermeidlich. Rathenau wurde zwar in diesem Zusammenhang nicht konkret, aber die Auseinandersetzungen um die Zukunft des besetzten *Kongreßpolen* und die von ihm beschworene Gefahr eines Separatfriedens und Ausscheidens von Österreich werden wohl gemeint sein, wenn es in einem Brief an General Ludendorff wenige Wochen später heißt: »Ich erwarte eine stetig steigende Spannung mit Österreich, das uns seine Rettung nicht verzeiht, und das, falls nicht wir Rußland an uns binden, die erste Gelegenheit wahrnehmen wird, um sich mit Frankreich und Rußland gegen uns zu verständigen.«[29]

Von entscheidender Bedeutung war die Frage, ob Deutschland eine Einigung entweder mit England oder mit Rußland anstreben solle. Rathenau war nach wie vor der Meinung, daß Großbritannien stets Gegner eines starken Deutschlands sein werde, weil die britischen Interessen unvereinbar mit denen des Deutschen Reiches seien. Demgegenüber sei eine Verbindung mit Rußland wesentlich realistischer und damit auch realisierbarer: »Rußland braucht eine Finanzmacht, die Frankreich nicht mehr ist, England nicht werden darf; es braucht einen Schutz gegen England. Wir können Rußland finanzieren ... Rußland ist unser künftiges Absatzgebiet.«[30] Rathenau spielte mit dieser Argumentation auf die Erfahrungen der britischen Seeblockade an. Deutschland benötige einen großen autarken Binnenmarkt, der in erster Linie im Osten Europas zu errichten sei. Nur ein unter deutscher Vorherrschaft geeintes Mitteleuropa, welches durch ein mächtiges Ostimperium ergänzt worden sei, könne den Seemächten Großbritannien und Amerika Paroli bieten. Dieser Gedanke wird für Rathenau bestimmend für die zweite Kriegshälfte: »Vor allen Kriegszielen interessiert mich nur das eine, daß der Vierverband gesprengt werden muß, und daß, wie es auch gelingen mag, wir uns mit Rußland verbünden.«[31]

Die Spaltung der Entente schien Rathenau möglich, wenn es gelang, nach einem erfolgreichen deutschen Durchbruch an der Westfront einen Waffenstillstand oder Separatfrieden mit Frankreich herbeizuführen. »Der Friede mit Frankreich«, so Rathenau in dem bereits angeführten Brief an Ludendorff im November 1915, »zieht den Frieden mit Rußland nach sich.«[32] Bis dieser Frieden erreicht sein würde, mußten territoriale Annexionen zumindest zeitlich begrenzt in Erwägung gezogen werden. Um das »künftige Verhältnis zu Rußland vorzubereiten«, schlug er vor, »einen größeren Teil des wirklichen Rußland längere Zeit besetzt (zu) halten«.[33]

Spätestens in der zweiten Hälfte des Kriegsjahres 1917 richteten sich dann generell die Überlegungen der deutschen Industrie mehr und mehr auf Rußland. Der von der bolschewistischen Revolution machtpolitisch nahezu gelähmte östliche Nachbar schien sowohl in Hinsicht auf die Lieferung von Rohstoffen wie auch auf den Absatz von Fertigwaren das gegebene Betätigungsfeld der deutschen Industrie zu sein. »Als das wohl bedeutsamste, weil am längsten nachwirkende Novum im machtpolitischen Denken, das der deutschen Ostpolitik 1918 als Axiom zugrunde lag, muß man die nun in der deutschen Führung allgemein vertretene Auffassung ansehen, daß es durchaus möglich sei, das russische Riesenreich in dauernder Abhängigkeit von Deutschland zu halten.«[34] Die Möglichkeit eines Ausgreifens der deutschen Industrie nach Rußland war jedoch erst gegeben, nachdem im Dezember 1917 der deutsch-russische Waffenstillstand und im März 1918 der Friede von Brest-Litowsk unterzeichnet worden waren.

Aber auch jetzt gab es innerhalb der deutschen Industrie verschiedene Konzepte über die zukünftige Politik gegenüber Rußland. Während Rathenau – wie generell die Vertreter der Elektroindustrie – eine verständnis- und ausgleichsbereite Position gegenüber dem Osten vertrat, bestanden bei der Schwerindustrie, die sich mit den Agrariern und der OHL verbündet hatte, Tendenzen, Rußland nach dem belgischen Modell als Vasallenstaat zu behandeln und es sich wirtschaftlich und politisch zu unterwerfen.[35] Bis in den Sommer 1918 verfolgten beide Seiten ihr Konzept zunächst un-

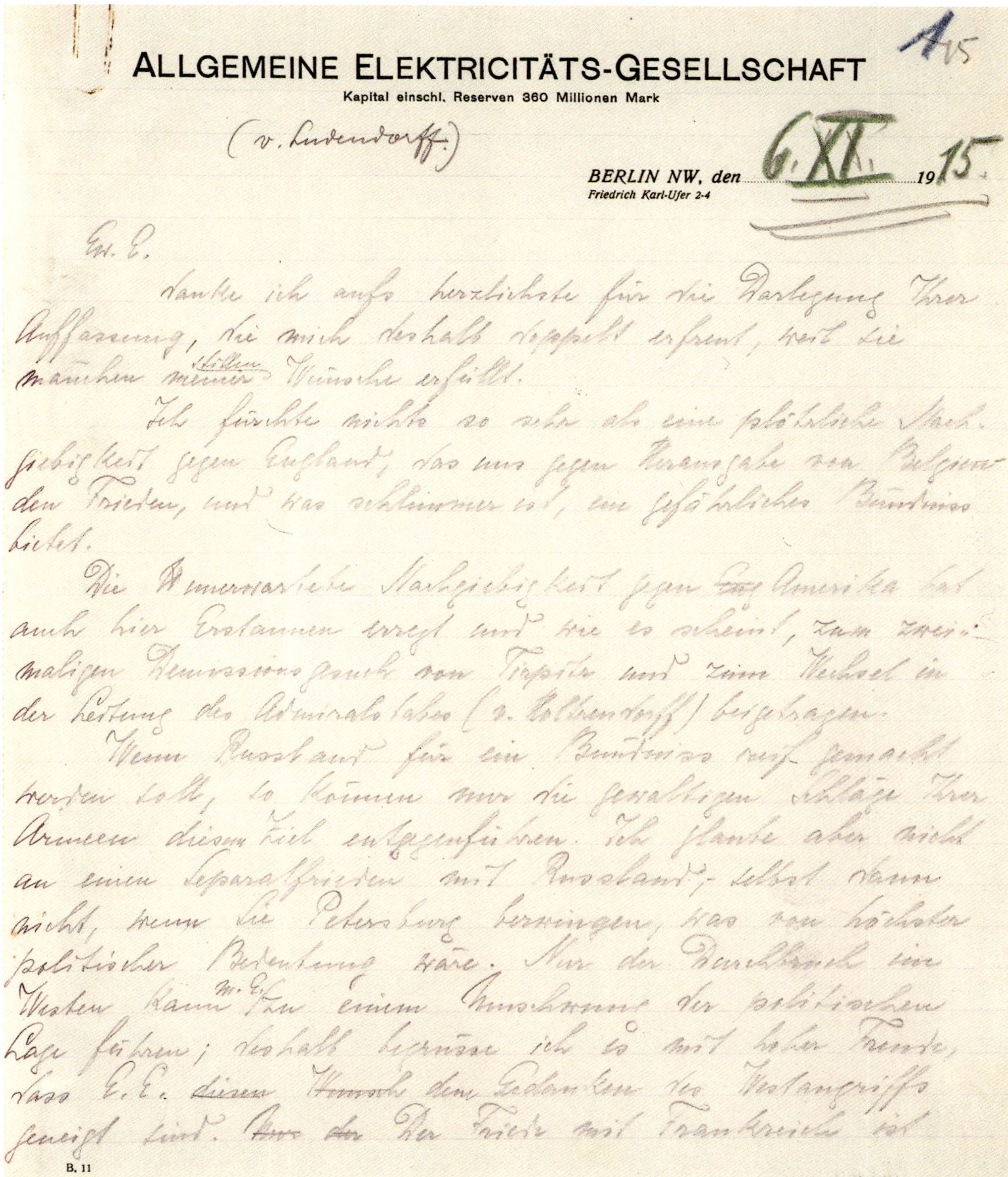
ALLGEMEINE ELEKTRICITÄTS-GESELLSCHAFT
Kapital einschl. Reserven 360 Millionen Mark

(v. Ludendorff)

A 15

BERLIN NW, den 6. XI. 1915.
Friedrich Karl-Ufer 2-4

Ew. E.

danke ich aufs herzlichste für die Darlegung Ihrer Auffassung, die mich deshalb doppelt erfreut, weil sie manchen ~~meiner~~ stillen Wünsche erfüllt.

Ich fürchte nichts so sehr als eine plötzliche Nachgiebigkeit gegen England, das uns gegen Herausgabe von Belgien den Frieden, und was schlimmer ist, ein gefährliches Bündnis bietet.

Die unerwartete Nachgiebigkeit gegen ~~Eng~~ Amerika hat auch hier Erstaunen erregt und wie es scheint, zum zweimaligen Demissionsgesuch von Tirpitz und zum Wechsel in der Leitung des Admiralstabes (v. Holtzendorff) beigetragen.

Wenn Russland für ein Bündnis reif gemacht werden soll, so können nur die gewaltigen Schläge Ihrer Armeen diesem Ziel entgegenführen. Ich glaube aber nicht an einen Separatfrieden mit Russland, selbst dann nicht, wenn Sie Petersburg bezwingen, was von höchster politischer Bedeutung wäre. Nur der Durchbruch im Westen kann m. E. zu einem Umschwung der politischen Lage führen; deshalb begrüsse ich es mit hoher Freude, dass E. E. ~~diesen~~ ~~Wunsch~~ dem Gedanken des Westangriffs geneigt sind. ~~Nur der~~ Der Friede mit Frankreich ist

B. 11

Brief Walther Rathenaus an General Ludendorff vom 6. 11. 1915 (Kat.Nr. 5/43)

abhängig voneinander. Die AEG und *Siemens* verhandelten mit Leonid B. Krassin, einem ehemaligen Siemens-Ingenieur, der jetzt Volkskommissar für Innen- und Außenhandel war, über eine mögliche Betätigung der deutschen Elektrokonzerne in Rußland, während die schwerindustrielle Gruppe und die Agrarier Siedlungsprojekte in den baltischen Randstaaten vorantrieben, die als Voraussetzung für die deutsche Vorherrschaft im Osten angesehen wurden.[36]

Dieses Nebeneinander unterschiedlicher Konzeptionen in der Frage des künftigen Verhaltens der Wirtschaft gegenüber Rußland wurde erst beendet, als im Frühsommer 1918 die Schwerindustrie daran ging, das Konzept einer wirtschaftlichen Durchdringung Rußlands zu entwickeln. Da dieses Vorhaben die Billigung und die nachdrückliche Unterstützung der Reichsbehörden fand, sah sich die Elektroindustrie gezwungen, ebenfalls auf diese Linie einzuschwenken.[37] Führend bei der nunmehr angestrebten wirt-

schaftlichen Durchdringung Rußlands war die Schwerindustrie, hier besonders Vertreter der *Friedrich-Krupp-AG* und insbesondere Hugo Stinnes. Ähnlich wie Rathenau befürchteten auch sie, daß die Alliierten nach dem Kriege den Kampf auf wirtschaftlichem Gebiet fortsetzen würden und daß die Gefahr bestand, daß Deutschland von den Weltmärkten abgedrängt würde. Ein Ausgleich konnte nach ihrer Meinung nur durch die Eroberung des kontinentalen Marktes im Osten geschaffen werden.[38] Angesichts der für ein solches Projekt notwendigen Finanzmittel und sicher auch mit Rücksicht auf das zu erwartende Risiko schlossen sich am 16. Mai 1918 in Düsseldorf eine Reihe führender Vertreter der deutschen Schwerindustrie zu einem Syndikat zusammen, dem sich wenig später auch andere Industriezweige, so auch die Elektroindustrie, anschlossen. Gemeinsame Absicht war, Osteuropa zu einem von Deutschland abhängigen Wirtschaftsgroßraum zu machen; quasi als Äquivalent der verlorenen überseeischen Märkte.[39]
Dieser Zusammenschluß verschiedener Industriezweige zum Rußlandsyndikat Mitte 1918 markierte in mehrfacher Hinsicht einen Wandel der innerindustriellen Beziehungen. Bedeutsam war die Tatsache des Zusammenschlusses, nicht die Tätigkeit dieses Syndikats. »Es war das Neue, daß exportorientierte und binnenmarkt-orientierte Unternehmen, die handelspolitisch ganz verschiedene Interessen verfolgt hatten, sich zu einem gemeinsamen Geschäft zusammentaten.«[40] All diese Initiativen wurden jedoch durch die Niederlage des Deutschen Reiches überholt und zumindest vorläufig hinfällig.

IV

Der Grundgedanke der Bildung eines Syndikats zur Erschließung Rußlands wurde jedoch noch nicht aufgegeben. Bereits im Februar 1919 wandte sich Rathenau gemeinsam mit Felix Deutsch an das Auswärtige Amt mit dem Vorschlag, eine Studienkommission nach Rußland zu schicken. In ihrer Denkschrift erklärten sie, Deutschland brauche engere Handelsbeziehungen und normale diplomatische Beziehungen, damit es keine »Kolonie der Ententestaaten« werde. Deutschland müsse darüber hinaus anstreben, künftiger Mittler zwischen Ost und West, zwischen Rußland und den Westmächten zu werden.
Ende 1921 lebte auch der Syndikatsgedanke wieder auf, diesmal allerdings unter internationaler Beteiligung. Neben der Reparationsproblematik, die die Außenpolitik der jungen Weimarer Republik dominierte, und parallel zu den wirtschaftlichen Kooperationsversuchen mit französischen Industriellen gab es im Auswärtigen Amt wie auch in Kreisen besonders der verarbeitenden und der Elektroindustrie, aber auch in der Schwerindustrie starke Befürworter einer intensiven Zusammenarbeit mit Sowjetrußland, um die diplomatische Isolation und wirtschaftliche Einschnürung überwinden zu können. Ein besonders geeigneter Anlaß, in engere Verhandlungen zu treten, bildete einerseits der russisch-polnische Krieg im Jahre 1920, der für Sowjetrußland territoriale Verluste einbrachte, andererseits die Gebietsabtretungen in Oberschlesien, die die Beziehungen zwischen Deutschland und Polen verschlechterten. Die sowohl von Berlin als auch von Moskau beklagte polnische ›Expansion‹ schuf für beide diplomatisch isolierte Staaten eine Basis für eine gemeinsame Politik. Beide Partner begrüßten eine Wiederaufnahme und Intensivierung der vor 1914 sehr regen wirtschaftlichen Beziehungen. Um das finanzielle Risiko angesichts der Schwäche der Sowjetunion möglichst gering zu halten, regte vor allem Walther Rathenau, der als Präsident der AEG über vorzügliche Beziehungen zu wirtschaftlichen Kreisen in Rußland verfügte, im Rahmen der von ihm propagierten ›Erfüllungspolitik‹ ein internationales Syndikat zwischen dem Deutschen Reich, Großbritannien, Belgien und möglicherweise auch Frankreich an, um die sowjetische Wirtschaft wiederaufzubauen und für die westlichen Staaten als Handelspartner zurückzugewinnen. Als Sicherheit bot Deutschland den umworbenen Syndikatspartnern die Kontrolle über spezielle deutsche Wirtschaftszweige an. Dieser Plan fand sowohl in London als auch in Paris Befürwortung. Die Franzosen zum Beispiel sahen darin eine Möglichkeit, Deutschlands Fähigkeit zur Zahlung von Reparationen zu gewährleisten und zusätzlich zu steigern. Für London konnte dieses Projekt eine Erweiterung der britischen Handelsbeziehungen bedeuten, um damit politischen Einfluß auf das bolschewistische Rußland zu nehmen.
Es ist offensichtlich, daß die deutschen Entscheidungsträger aus Wirtschaft und Politik mit diesem Projekt revisionistische und darüber hinausgehende Zielvorstellungen verfolgten. Indem man gemeinsam mit den Westmächten die sowjetische Wirtschaft erschloß, sollte die eigene Wirt-

schaft stabilisiert und ausgebaut werden mit dem Ziel, die vormalige und potentiell noch vorhandene wirtschaftliche Vorherrschaft Deutschlands in Europa zu erreichen. Liberal-imperialistische Kriegsziele von einem wirtschaftlichen *Mitteleuropa* unter deutscher Hegemonie, ergänzt bzw. erweitert durch ein wirtschaftliches Ostreich, wären somit auf friedlichem Weg und damit dauerhafter erreicht worden. Neu – aber nur im Hinblick auf die Taktik und keinesfalls auf die Zielsetzung – waren Methode und Funktion dieses Unternehmens. Indem nämlich Berlin die Westmächte zur ›friedlichen‹ Zusammenarbeit aufforderte, sicherte man sich einmal deren Mitarbeit und die Unterstützung dieser von ihnen bislang bekämpften Politik. Zum anderen aber – und das ist das Neue und vielleicht auch Wichtigste an diesem Konzept – wollte man innerhalb dieses Syndikats die Gleichberechtigung und auf Dauer – wie das bereits schon vor 1914 der Fall war – die wirtschaftliche Führungsposition Deutschlands erreichen, um auf diesem Wege quasi über Moskau den Vertrag von Versailles revidieren zu können.

Die Sowjets lehnten jedoch die von Deutschland angebotene ›internationale Hilfsmaßnahme‹ in richtiger Einschätzung der wahren Absichten ab, signalisierten im Frühjahr 1922, an einer bilateralen Klärung der deutsch-sowjetischen Beziehungen interessiert zu sein, und regten darüber hinaus ein Handelsabkommen an. Der Weg nach Rapallo zeichnete sich ab.

Rathenau selbst, inzwischen Außenminister, konnte sich mit dieser bilateralen Politik, die schließlich am Rande der Weltwirtschaftskonferenz von Genua im April 1922 zur ›deutsch-sowjetischen Schicksalsgemeinschaft‹ führte, nicht identifizieren. Denn der Vertrag von Rapallo stellte seine Mitteleuropa-Vorstellungen nicht nur in Frage, sondern zeigte auch ihr Scheitern.

Anmerkungen

1. Vier Nationen (1907), GS IV, S. 121–140; hier S. 137ff
2. Deutsche Gefahren und neue Ziele (1913), GS I, S. 265–278, die Zitate hier auf den Seiten 271–274, 276f, 269
3. Zur Kritik der Zeit (1912), GA II, S. 86
4. Willibald Gutsche: Mitteleuropaplanungen in der Außenpolitik des deutschen Imperialismus vor 1918, in: Zeitschrift für Geschichtswissenschaft 20, 1972, S. 533–549. Peter Theiner: »Mitteleuropa« – Pläne im Wilhelminischen Deutschland, in: Helmut Berding (Hg.): Wirtschaftliche und politische Integration in Europa im 19. und 20. Jahrhundert, Göttingen 1984, S. 128–148; Hans Hecker: Die Tat und ihr Osteuropa-Bild 1909–1939, Köln 1974, hier S. 37–43 (Die Diskussion um die »Mitteleuropa«-Idee). Dieter Krüger: Nationalökonomen im wilhelminischen Deutschland, Göttingen 1983
5. Rathenau: Tagebuch, S. 157, 13. 2. 1912
6. Ebd., S. 169, 25. 7. 1912
7. »Wir können nicht in einem Menschenalter hundert Millionen Deutsche mit den Produkten einer halben Million Quadratkilometer einheimischen Bodens und einer afrikanischen Parzelle ernähren und beschäftigen, und wir wollen nicht der Gnade des Weltmarktes anheimfallen«, Deutsche Gefahren und neue Ziele (1913), GS I, S. 270
8. Ebd.
9. Vom Staatssekretär des Inneren und Vizekanzler Clemens von Delbrück wissen wir, daß sich Rathenau »unmittelbar nach Ausbruch des Krieges« an die Reichskanzlei gewandt hat (Clemens v. Delbrück: Die wirtschaftliche Mobilmachung in Deutschland 1914, München 1924, S. 124f). Delbrück fertigte eine umfangreiche Stellungnahme zu Rathenaus Denkschrift an, auf deren Grundlage Rathenaus Vorstellungen bisher rekonstruiert wurden. Delbrücks Bericht in Bundesarchiv, Abt. Potsdam, Bestand Reichskanzlei 07. 01, 2476, Bd. 1, Bl. 82–94
10. Rathenau-Nachlaß, Moskau, 634/1/78
11. Ebd.
12. Willibald Gutsche: Die Beziehungen zwischen der Regierung Bethmann Hollweg und dem Monopolkapital, Berlin 1967, S. 44. Siehe vor allem auch die überzeugende Darstellung von Gerhard Hecker: Walther Rathenau und sein Verhältnis zu Militär und Krieg, Boppard a.Rh. 1983, S. 171ff
13. Bundesarchiv, Abt. Potsdam, Bestand Reichskanzlei, 07. 01, 2476. Vgl. Egmont Zechlin: Deutschland zwischen Kabinetts- und Wirtschaftskrieg, in: Historische Zeitschrift 199, 1964, S. 398, Fußnote 1. Vgl. auch Fritz Fischer: Griff nach der Weltmacht. Die Kriegszielpolitik des kaiserlichen Deutschland 1914–1918, 3. verb. Aufl., Düsseldorf 1964, S. 114. Gerhard Ritter: Staatskunst und Kriegshandwerk, Bd. 3, München 1964, S. 43
14. Der Text ist vollständig überliefert in Bundesarchiv, Abt. Potsdam, Reichskanzlei 07. 01, 2476, Bd 1, Bl. 21ff. Dieser Brief Rathenaus an Bethmann Hollweg ist abgedruckt in PB, Nr. 9. Der Text des Abdrucks ist nicht korrekt und falsch auf Oktober 1914 datiert. Vgl. Fischer: a.a.O., S. 114
15. Ebd.
16. Darauf verweist Hans Dieter Hellige: GA VI, S. 698
17. Gerhard Hecker: a.a.O., S. 177–178

18. Vgl. Frank Wende: Die belgische Frage in der deutschen Politik des Ersten Weltkrieges, Hamburg 1969
19. Rathenau an Bethmann Hollweg, 7. 9. 1914, PB, Nr. 6, S. 9f. Das Original in Bundesarchiv, Abt. Potsdam, Reichskanzlei 07. 01, 2476, Bd. 1, Bl. 58–64
20. Fritz Fischer: a.a.O., S. 312
21. So die These von Gerhard Hecker: a.a.O., S. 186
22. So die Argumentation von Willibald Gutsche: Beziehungen, S. 77
23. Vgl. hierzu die ausgewogene Deutung von Gerhard Hecker: a.a.O., S. 186
24. Fritz Fischer: a.a.O., S. 114. Rathenaus Eingabe vom 7. September 1914 ging nicht, wie Ritter irrtümlich annahm, »unbeantwortet zu den Akten« (Gerhard Ritter: a.a.O., S. 594, Fn. 42), sondern wurde von Bethmann Hollweg doch noch persönlich zur Kenntnis genommen und mit seinen dafür zuständigen Ressortchefs beraten (Egmont Zechlin: a.a.O., S. 406f). Rathenau erhielt aus diesem Grund am 14. September 1914 ein Schreiben des Unterstaatssekretärs der Reichskanzlei, Wahnschaffe, in dem sich dieser für Rathenaus Denkschrift vom 7. September 1914 bedankte
25. Peter Theiner: »Mitteleuropa«, S. 128–148. Peter Theiner: Sozialer Liberalismus und deutsche Weltpolitik. Friedrich Naumann im Wilhelminischen Deutschland (1860–1919), Baden-Baden 1983
26. Rathenau an Bethmann Hollweg, 7. 9. 1914, PB, Nr. 6, S. 12
27. Ursula Mader: Walther Rathenau als Funktionär des Finanzkapitals. Beiträge zu einer politischen Biographie (1867–1917), Diss. Berlin (Ost) 1974, S. 201. Vgl. auch Werner Basler: Deutschlands Annexionspolitik in Polen und im Baltikum 1914 bis 1918, Berlin 1962, S. 359ff
28. Rathenau an Bethmann Hollweg, 30. 8. 1915, PB, Nr. 29. S. 45–49, hier S. 46
29. Rathenau an Ludendorff, 6. 11. 1915, PB, Nr. 32, S. 51
30. Rathenau an Bethmann Hollweg, 30. 8. 1915, PB, Nr. 29, S. 46f
31. Rathenau an Conrad Haussmann, 15. 9. 1915, PB, Nr. 30, S. 49
32. Rathenau an Ludendorff, 6. 11. 1915, PB, Nr. 32, S. 51
33. Rathenau an Bethmann Hollweg, 30. 8. 1915, PB, Nr. 29, S. 47. Vgl. Mader, a.a.O., S. 203
34. Andreas Hillgruber: Die gescheiterte Großmacht. Eine Skizze des Deutschen Reiches 1871–1945, Düsseldorf 1980, S. 55
35. Vgl. Peter Borowsky: Deutsche Ukrainepolitik 1918 unter besonderer Berücksichtigung der Wirtschaftsfragen, Lübeck/Hamburg 1970, S. 49 u. S. 166ff. Fritz Fischer: a.a.O., S. 415 u. 474ff. Winfried Baumgart: Deutsche Ostpolitik 1918. Von Brest-Litowsk bis zum Ende des Ersten Weltkrieges, München 1966, S. 262ff. Peter Wulf: Hugo Stinnes. Wirtschaft und Politik 1918–1924, Stuttgart 1979, S. 39f
36. Vgl. Peter Wulf: a.a.O., S. 39f
37. Hartmut Pogge von Strandmann: Großindustrie und Rapallopolitik. Deutsch-sowjetische Handelsbeziehungen in der Weimarer Republik, in: Historische Zeitschrift, 222, 1976, S. 277. Vgl. auch Werner Beitel/Jürgen Nötzold: Deutsch-sowjetische Wirtschaftsbeziehungen in der Zeit der Weimarer Republik. Eine Bilanz im Hinblick auf gegenwärtige Probleme, Baden-Baden 1979
38. Peter Wulf: a.a.O., S. 40
39. Vgl. die Niederschrift, abgedruckt in: Dt.-sowj. Bez., Dokumentensammlung, Bd. I, S. 631–633
40. Peter Wulf: a.a.O., S. 43f

»ES HANDELT SICH DARUM, EINEN KONTINENT WIEDERHERZUSTELLEN«

Walther Rathenau als Außenpolitiker

PETER KRÜGER

Kurze Zeit, nachdem Walther Rathenau als Minister für Wiederaufbau in das erste Kabinett Joseph Wirths eingetreten war, wurde das nicht veröffentlichte Protokoll einer angeblich am 16. 8. 1921 abgehaltenen Kabinettssitzung verfaßt, in dem es heißt:

»Reichskanzler Wirth: Meine Herren, ich eröffne die Sitzung. Zur Debatte steht bekanntlich die Forderung der Regierung von Guatemala, zur Entschädigung von Staatsangehörigen dieses Landes für Schäden, die sie angeblich während des Krieges erlitten haben, alle rechten Stiefel der männlichen Bevölkerung Deutschlands ausgeliefert zu bekommen. Wegen der Wichtigkeit der Angelegenheit habe ich den Herrn Reichspräsidenten gebeten, der Sitzung beizuwohnen und bitte um Übernahme des Präsidiums.

Reichspräsident Ebert: Ich übernehme das Präsidium und erteile das Wort dem Herrn Reichsminister des Äußeren.

Reichsminister des Äußeren Rosen: Meine Herren: Nachdem wir nunmehr die 25. Sitzung wegen dieser Sache abgehalten haben, trete ich ganz entschieden dafür ein, daß heute endlich die Antwort festgelegt wird. Ich schlage vor, Folgendes zu antworten:

1. Die Staatsangehörigen von Guatemala haben gar keinen Schaden während des Krieges erlitten.
2. Sie haben daher keinen Anspruch auf Entschädigung.
3. Es liegt daher kein Grund vor, auf die Forderung und ihre Eigenart im Besonderen einzugehen. (…)

Reichsminister für Wiederaufbau Rathenau: Meine Herren! Meiner Ansicht nach beruht die Frage auf vier Gesichtspunkten. Zwei davon sind in den vergangenen Sitzungen schon zur Sprache gebracht worden: sie sind gänzlich unerheblich. Zwei andere aber werde ich jetzt vorlegen, denn ich habe sie entdeckt: sie allein sind maßgebend. Der erste Gesichtspunkt bezieht sich auf die Frage: braucht Guatemala die Stiefel. Der zweite Gesichtspunkt behandelt weiter das Problem: warum will Guatemala die rechten Stiefel der männlichen deutschen Bevölkerung haben? Die Antwort auf die erste Frage muß lauten: nein, denn in Guatemala werden höchstens Sandalen getragen. Die Antwort auf die zweite Frage kann nicht mit ja oder nein beantwortet werden. Man muß da die Mentalität des Landes in Betracht ziehen, die ich allein kenne. Aus meiner genauen Kenntnis dieser Mentalität heraus kann ich nur sagen: diese Frage muß unter allen Umständen genau beantwortet werden. So, wie der Herr Reichsminister des Äußeren es will, geht es nicht. Zum mindesten muß verlangt werden, daß die Antwort anders gegliedert wird. Punkt Drei muß an die erste Stelle gerückt werden, dann muß Punkt 1 folgen und schließlich hat sich Punkt 2 anzuschließen. Ich kann mich irren, aber ich halte das doch für gänzlich ausgeschlossen.«

Den nur in kleinen Auszügen hier wiedergegebenen Text verfaßte einer der leitenden Beamten des Auswärtigen Amts, um in der endlosen Folge von Kabinettsberatungen auf dem Feld der dominierenden Reparationsthematik, wo selbst über Entscheidungen von geringerer Bedeutung lange Diskussionen veranstaltet wurden, seinem Mißmut mit einer Persiflage Luft zu machen, die im übrigen trotz ihrer drastischen Effekte die unterschiedlichen Charaktere und Verhaltensweisen bis in den persönlichen Stil treffend erfaßte. Offensichtlich fühlte er sich durch Rathenaus souveräne, Autorität beanspruchende Behandlung von Problemen zusätzlich animiert.[1]

Ungewöhnliche Persönlichkeiten wie Walther Rathenau scheinen ihre Umwelt auch insofern immer wieder in ihren Bann zu ziehen, als sie ihr deutlichere, den eigenen Charakter, das eigene Denken und Fühlen stärker als sonst offenbarende Reaktionen oder urteilende Bekundungen der Betroffenheit abverlangen. Menschen wie Rathenau wirken als Herausforderung – im Guten wie im Bösen. Das zeigte sich auch, als Rathenau am 29. Mai 1921 Reichsminister wurde, zunächst als Minister für Wiederaufbau, dann, nach einem merkwürdigen Schwebezustand in der Rolle eines Sonderbeauftragten des Reichskanzlers, seit 1. Februar 1922 als Außenminister.[2]

Er bildete wenn nicht einen Fremdkörper, so doch ein ungewohntes Element im Kabinett. Und dies in doppelter Hinsicht: Er galt, zum einen, nicht als Parteipolitiker, noch kam er, zum anderen, über den damals nicht ungewöhnlichen Aufstieg aus der hohen Reichsbürokratie zum Fachminister in die Regierung. Diese Sonderstellung verstärkte die ohnehin latente Spannung zwischen der auf politischen Wechsel angelegten Position des Ministers und der Beständigkeit des beamteten Ressorts. Da beide Ministerposten, die Rathenau innehatte, in erster Linie mit außenpolitischen Problemen im weiteren Sinne zu tun hatten, ergab sich, abgesehen von der für seinen Wirkungskreis bedeutsamen Tatsache, daß er an einer Nahtstelle zwischen inneren und äußeren Entwicklungen besonders in Wirtschafts- und Finanzfragen stand, ein spannungsvolles Verhältnis speziell zur Elite der Ministerialbürokratie, zum auswärtigen Dienst.[3] Neben den außenpolitischen Vorstellungen Rathenaus und ihrer Angemessenheit gehört dieses Spannungsverhältnis zwischen dem Minister und dem auswärtigen Dienst wesentlich zum Thema, wobei nicht übersehen werden darf, daß dieses Korps von Staatsdienern, das von Berufs wegen gehalten war, die Dinge in weiteren, internationalen Bezügen zu sehen, dem ausgreifenden, Europa oder gar die Welt umspannenden Denken Rathenaus durchaus entgegenkam.

I

Zunächst also zur Reaktion auf Rathenau, zur Begegnung Rathenaus mit dem auswärtigen Dienst und zur latenten Rivalität, wer denn nun wohl besser über die internationale Lage und ihre angemessene Behandlung Bescheid wisse. Von Interesse sind unter den leitenden Beamten schon aus Gründen der inneren Struktur des Ressorts, mit dem Rathenau arbeiten mußte, die jüngeren Aufsteiger, die, von ihren herausragenden Fähigkeiten abgesehen, dank des Umbruchs und der Reorganisation seit dem Ersten Weltkrieg früh in führende Positionen aufrückten und deren politischer und administrativer Einfluß stetig wuchs. Da kamen im Grunde nur zwei junge Ministerialdirektoren und spätere Staatssekretäre in Frage, der Leiter der Ost- und Nordeuropaabteilung, Ago Freiherr von Maltzan, und der Leiter der unter anderem für den gesamten angelsächsischen Bereich zuständigen Abteilung, Carl von Schubert.[4] Von Maltzan, der mit persönlichen Bemerkungen vorsichtig war, ist wenig überliefert; anders steht es mit Schubert, der sich gelegentlich sogar recht drastisch äußerte.

In einem Privatbrief Schuberts klang anfangs deutlich eine selbstbewußte, vielleicht einen gewissen Respekt ironisch einkleidende Haltung an, wenn er über Rathenau sagte, er hoffe »dieses große Kirchenlicht« demnächst kennenzulernen.[5] Von Schubert stammt auch die eingangs in kurzen Auszügen zitierte Persiflage auf eine Kabinettssitzung. Mit Skepsis betrachtete dieser Außenpolitiker, der alle seine Planungen mit methodischer Sorgfalt und großer Umsicht ins Werk setzte, die geistige Beweglichkeit, den Gedankenreichtum und die mit raschem Entschluß begonnenen Unternehmungen Rathenaus auf häufig sehr schwierigem Gebiet.

Ein eindrucksvolles Beispiel dafür bot die nur zwei Wochen nach dem Eintritt ins Kabinett von Rathenau aufgegriffene Möglichkeit, sich informell mit Louis Loucheur, dem französischen Minister für die befreiten Gebiete, am 12. und 13. Juni 1921 in Wiesbaden zu einer fast sensationell anmutenden Begegnung zu treffen und den Rahmen für weitreichende Verträge über die Begleichung von deutschen Reparationsverpflichtungen durch erheblich ausgedehnte Sachleistungen abzustecken; denn Barzahlungen wurden angesichts des sich verschärfenden Devisenmangels immer schwieriger. Außerdem sollte damit, über die Reparationsregelungen hinaus, ein ganz neuer Ansatzpunkt für ein besseres Verhältnis zwischen den Regierungen und eine allmählich enger werdende deutsch-französische Kooperation und wirtschaftliche Verflechtung gefunden werden. Rathenau sah darin geradezu eine Schlüsselrolle der beiden Länder für die von ihm für unumgänglich gehaltene, kooperative Neuordnung Europas und der internationalen Beziehungen unter gleichberechtigter Beteiligung des Deutschen Reiches als Großmacht.[6]

In einer privatbrieflichen Stellungnahme[7] erklärte Schubert, der mit der Angelegenheit nicht direkt befaßt war: »Überhaupt sehe ich der Tätigkeit dieses sehr geistvollen Mannes mit einigen Bedenken entgegen. Er hat ja nun mit Loucheur eine fabelhafte Unterredung in Wiesbaden gehabt (...).« Dieses Unbehagen äußerte Schubert auch mit Rücksicht auf die Zuständigkeit des Auswärtigen Amts für die gesamten auswärtigen Beziehungen, die er bei seinen energischen Interventionen in der Umorganisierung der Behörde sicherstellen wollte. Aber danach ging er doch gleich auf den Kern der Sache und auf seine eigenen weitreichenden Überlegungen ein, in denen der Englandpolitik noch ein gewisser Vorrang zukam. Er betonte gegenüber der von ihm recht straff gelenkten Botschaft in London, daß eine Einigung mit Frankreich »sehr große Vorteile« habe, nur sei sie wegen der dort herrschenden Stimmung gegenüber Deutschland noch nicht erreichbar. Daher müsse man an den Punkten, an denen das möglich sei, mit der britischen Regierung zusammenarbeiten. Darin erblickte er auch die beste Voraussetzung für eine abgesicherte Verständigung mit Frankreich.[8] Letzten Endes war eine Zusammenarbeit zu dritt sein Ziel.

Schubert hatte sich seit dem Beginn seines Aufstiegs in der Zentrale im Sommer 1920 häufig und ohne ein Blatt vor den Mund zu nehmen über die fehlende konzeptionelle Klarheit und die unsichere Führung in der deutschen Außenpolitik beklagt; er hatte sich daran gemacht, soweit ihm das auf seinem Posten möglich war, diesem Mangel abzuhelfen. Das Klischee vom bedeutenden, eigenwilligen Gestalter mit umfassenden Vorstellungen, der sich einer eingefahrenen, in ihrer Geschäftsroutine, Detailbeflissenheit und gelegentlichen Experten-Überheblichkeit alle ungewohnten Initiativen hemmenden Bürokratie gegenübersieht, paßt für die Interpretation des Verhältnisses zwischen Walther Rathenau und dem auswärtigen Dienst in diesem, aber nicht nur in diesem Fall, nicht. Dieses Verhältnis, dem viel größere Bedeutung für Rathenaus Außenpolitik zukommt, als bisher auch nur in Betracht gezogen wurde, war komplizierter und entwickelte sich in merkwürdigen Schüben von Annäherung und Distanz. Wegen der sachlichen Nähe und Überschneidungen der Aufgabenfelder begann dieses Verhältnis jedenfalls schon mit Rathenaus Eintritt in das Ministerium für Wiederaufbau.

Man darf, wenn man über dieses Verhältnis nachdenkt, nicht übersehen, daß auch das Auswärtige Amt in keiner normalen Lage war. Es suchte noch seine politische Linie und sein neues Selbstverständnis in der Republik und unter den Bedingungen, die der Friedensschluß gesetzt hatte. Hinzu kamen die Auswirkungen der erheblichen Veränderungen vor allem durch die *Schülersche Reform* seit 1918 und die Umstrukturierung, die im Herbst 1921 unter nachdrücklicher Beteiligung Schuberts mit der Schaffung von Ländergruppenabteilungen, wodurch die Arbeit zusammengefaßt und die Leitung konzentriert wurde, einen gewissen Abschluß erreicht hatte. Die Konsolidierung begann, war aber noch längst nicht erreicht. Kurz gesagt, es konnte sein, daß ein Außenminister mit den geistigen, planenden und organisatorischen Fähigkeiten Rathenaus, wenn er Gelegenheit erhielt, das Auswärtige Amt über einen längeren Zeitraum zu führen, gerade in dieser Übergangsphase die entscheidenden Impulse und Orientierungen zu geben vermochte. Ohne daß man sich dessen voll bewußt war, brauchte der auswärtige Dienst eine solche Leitfigur.

Nummer 36 4. September 1921 Zeitbilder Beilage zur Vossischen Zeitung

Von den Wiesbadener Verhandlungen: Der deutsche Wiederaufbauminister Rathenau auf dem Weg zur Konferenz. Rathenau. Phot. Benninghoven.

Walther Rathenau während der Wiesbadener Verhandlungen (Kat.Nr. 6/42)

Daß aus den bisher vorliegenden Quellen keine Absicht Rathenaus erkennbar wird, den auswärtigen Dienst im Sinne eigener Anforderungen in einigen Bereichen umzustrukturieren, ist bei der Kürze der Zeit, in der er Außenminister war, verständlich. Wichtiger war deswegen, wie sich Minister und Behörde aufeinander einstellten, ein Prozeß, der schon einsetzte, bevor Rathenau am 1. 2. 1922 die Leitung des Auswärtigen Amts übernahm. Die Anlässe für diesen nicht ganz üblichen Ablauf der Dinge boten die außenpolitischen Entwicklungen, vor allem auf dem Gebiet der Reparationen, in Verbindung mit der besonderen Stellung Rathenaus zum ersten und vor allem zum zweiten Kabinett Wirth.

II

Rathenau hatte sich mit seinem schweren Entschluß, Ende Mai 1921 Minister für Wiederaufbau zu werden, für mehr entschieden als für einen Posten. Die Politik des Reiches wurde für ihn damit seine wichtigste Aufgabe, ja seine eigentliche Lebensbestimmung. Daher war er keineswegs einverstanden, als sich der Reichskanzler entschloß, wegen der Entscheidung des *Völkerbundes,* Oberschlesien nach der Volksabstimmung und den langen, schweren Auseinandersetzungen darüber, zu teilen, und die wirtschaftlich wichtigen Teile den Polen zuzugestehen, am 22. 10. 1921 zurückzutreten. Rathenau hatte zunächst gefordert, Wirth solle mit großer, demonstrativer Geste noch vor der drohenden Entscheidung zurücktreten; der tat es dann aber in Form einer matten Pflichterfüllung auf Grund halbherziger, auch parteipolitisch gefärbter Erwägungen. Als dann die Partei, der Rathenau angehörte, die *Deutsche Demokratische Partei,* sich weigerte, in das gleich darauf gebildete zweite Kabinett Wirth einzutreten, war er tief enttäuscht.[9] Denn er verlor damit sein Ministeramt, an dem er hing, weil es die wesentliche Basis für sein weiteres Wirken bildete, dem er sich verschrieben hatte: Die Voraussetzung zu schaffen für eine Neuordnung der internationalen Wirtschafts- und Finanzverhältnisse, die er als Kern der Probleme Deutschlands und Europas betrachtete, und dem Deutschen Reich damit zugleich Wiederaufbau und Wiedererstarken als Großmacht in Kooperation und enger Verflechtung mit den anderen Mächten zu ermöglichen.

Allerdings war Rathenau die überragende Persönlichkeit des Kabinetts gewesen. Ihm war es gelungen, in seinen Besprechungen mit Loucheur und dem anschließend ausgehandelten Sachlieferungsabkommen einen Ausgangspunkt für schrittweise sachliche Verständigungen mit Frankreich zu erreichen, und er hatte damit der Regierung wieder etwas mehr internationales Ansehen verschafft. Wirth hielt deshalb auch nach dem Rücktritt an Rathenau fest. Er wurde Berater und Beauftragter des Reichskanzlers für die in dramatischer Zuspitzung alle anderen Probleme in den Schatten stellende Reparationspolitik, als es offensichtlich geworden war, daß Deutschland nach der gemäß dem Londoner Zahlungsplan vom Mai 1921 im Zuge der Erfüllungspolitik mühsam aufgebrachten ersten Milliarde außerstande sein würde, die nächsten Zahlungstermine einzuhalten, und alle Anstrengungen auf ein längerfristiges Moratorium bei stark eingeschränkten, die Sachlieferungen in den Vordergrund rückenden Leistungen ausrichten mußte. Kam es dazu, dann wuchsen auch die Aussichten auf große Auslandsanleihen, vor allem zur Abdeckung der von Frankreich für seine finanzielle Stabilisierung und seinen Wiederaufbau geforderten größeren Summen in kurzer Frist. Es war zu erwarten, daß dann auch unter maßgeblicher Berücksichtigung der europäischen und weltwirtschaftlichen Zusammenhänge eine Neubewertung des immer größere Dimensionen annehmenden, den Politikern über den Kopf wachsenden Reparations- und Schuldenproblems erfolgen würde. Und damit ließ sich zugleich die außenpolitische Machtstellung Deutschlands entscheidend verbessern.[10]

Rathenau wollte die Voraussetzungen dafür schaffen, daß in einem Prozeß fortlaufender sachlich-geschäftsmäßiger Erörterung mit den Vertretern der Siegermächte der Art. 234 des Versailler Vertrags zum Tragen kam,[11] jener Artikel, der von Zeit zu Zeit eine Überprüfung der deutschen Leistungsfähigkeit ermöglichte. Ob sich das erreichen ließ, war allerdings eine eminent politische Frage. Deswegen bedurfte es großer Anstrengungen, eine entspanntere, sachliche Atmosphäre der Verhandlung und Verständigung zu schaffen, und insofern war Rathenaus dezidiertes Bemühen, das Reparationsproblem aus den politischen, besonders für Frankreich auch von Macht- und Sicherheitsfragen bestimmten Dimensionen zu lösen, und auf wirtschaftlich-geschäftliche, also, wie er häufig betonte, unpolitische Sachprobleme zu reduzieren, ein ungemein ehrgeiziges politisches Unterfangen. Denn im Grunde ging es darum, den anderen klarzumachen, daß die Reparationen angesichts der wirtschaftlichen Schäden, die man damit anrichtete, kein taugliches Instrument alliierter Machtpolitik mehr waren, weder zur Niederhaltung Deutschlands noch zur Bereicherung auf Kosten Deutschlands.

Am überzeugendsten konnte Rathenau, vor allem gegenüber den traditionell in ähnlichen Kategorien denkenden Engländern, mit der »engen Verflochtenheit und Verbundenheit der europäischen Nationen«,[12] ihrer Märkte wie ihrer Probleme – Verschuldung, Inflation, Produktions-, Absatz- und Beschäftigungskrisen, Kapitalmangel, Handels- und Verkehrsbeschränkungen – argumentieren und daraus die Schlußfolgerung ziehen, daß die europäischen Länder nur insgesamt wirtschaftlich zu sanieren seien und ihr Wohlstand gehoben werden könne, also nur durch gemeinsame Anstrengungen und internationale Kooperation, nicht mehr durch isolierte Maßnahmen der einzelnen Regierungen. Hierin liege die lebenswichtige Aufgabe und die Voraussetzung künftigen Zusammenlebens, hinter der alle übrigen politischen Fragen zurückträten. Die Zerschlagung der Weltwirtschaft durch den Ersten Weltkrieg habe viele Regierungen dazu gebracht, geschlossene Sonderwirtschaften[13] aufzubauen, ein Weg, der gemäß den Prämissen Rathenaus ins Verderben führen mußte, weil damit die notwendige Entfaltung der modernen, grenzüberschreitenden Industriewirtschaft unterbunden wurde. Es sei denn, so meinte Adolf Hitler, der wenige Tage später, in einer Massenversammlung im Hofbräuhaus vom 30. 9. und in einem Tätigkeitsbericht vom 1. 10. 1921, auf Rathenaus Vortrag einging, und für den es eben keine gemeinsame Hebung des Wohlstands und Verbesserung der wirtschaftlichen Lage aller Völker gab, sondern nur Vorteile des einen zu Lasten des anderen, es sei denn, es gelänge dem stärksten, sich im Daseinskampf durchsetzenden Volk, Europa mit brutaler Gewalt zu einigen und ihm eine Wirtschaftsordnung des Siegers aufzuzwingen. Dazu bedurfte es allerdings der Umkehrung jenes von Rathenau damals schon als geistreiche Neuprägung formulierten Wortes »die Wirtschaft ist das Schicksal. Schon in wenigen Jahren wird die Welt erkennen, daß die Politik nicht das Letzte entscheidet«,[14] eine Umkehrung, die Hitler, der seinen geistigen Widersacher in diesem Fall genau erkannte, ganz bewußt und logisch völlig konsequent bei dem monströsen Versuch vornahm, den Vorrang der Politik – oder dessen, was er dafür hielt –, ja die Verfügbarkeit der Wirtschaft für die Politik durchzusetzen, was nur unter endlosen Gewalttaten und Verlusten vorübergehend möglich war.

Walther Rathenau während seiner Amtszeit als Minister

Daß im übrigen Rathenaus Grundmaxime auf einem Mißverständnis beruhte oder wenigstens mißverständlich von ihm begründet und erklärt wurde, sei nur am Rande erwähnt. Denn gerade die gemeinwirtschaftlich-korporativen Strukturen einer nach Bedarf, günstigsten Produktionsstandorten und billigsten Verkehrsbedingungen durchorganisierten und rationalisierten internationalen Wirtschaft, die er in der Zukunft für unausweichlich hielt, und die sogar den Staat mit Hilfe von zweckverbandartigen Gebilden bis auf seine Funktion als eine Art politischer Ausgleichsorganisation entbehrlich machen sollten, bedurften ja ungeahnter politischer Anstrengungen, allerdings im Sinne der Wirtschaft und des Wirtschaftens. Er wandte sich also vornehmlich gegen einen traditionellen Politikbegriff, besonders in den internationalen Beziehungen, der den Sachzwängen einer hochentwickelten modernen Wirtschaft als Existenznotwendigkeit der Menschheit weichen müsse. Damit hing auch seine Betonung der Absicht zusammen, nicht als Politiker sein Amt als Wiederaufbauminister anzutreten, sondern seinen Geschäftsbereich so unpolitisch wie möglich zu führen, nach rein sachlichen Gesichtspunkten, »privatwirtschaftlich und industriell«.

Die situationsbedingten Aspekte solcher Äußerungen sind nicht zu übersehen. Rathenau kam damit dem politischen Vorurteil und dem Selbstbewußtsein entgegen, die infolge des Weltkriegs in der deutschen Wirtschaft recht verbreitet waren und darauf hinausliefen, daß man nach dem Versagen der Politiker Fachleute an die schwierigen Probleme des Wiederaufbaus heranlassen müsse. Rathenaus Äußerungen haben jedoch auch damit zu tun, daß eine rein geschäftsmäßige, ›unpolitische‹ Behandlung der Reparationsprobleme schon deshalb anzustreben war, weil sie für die Deutschen außenpolitisch die größten Vorteile brachte. Schließlich verdient die Tatsache

Beachtung, daß sich an diesem Punkt auf längere Sicht eine wachsende Diskrepanz zu den während der 20er Jahre auch für die Politik des Auswärtigen Amts maßgebenden liberalen Prinzipien eines möglichst ungehinderten, freien Weltmarkts auftat, einer Form internationaler Markt- und Konkurrenzwirtschaft, die Rathenau als den modernen Problemen der Produktion und Verteilung unangemessen ansah und zu überwinden trachtete.[15]

Wie dem auch sei, »es handelt sich darum, einen Kontinent wiederherzustellen«, wie Rathenau am 7. 7. 1921 vor Wirtschaftsvertretern feststellte.[16] Und zu diesem Kontinent gehörte auch Rußland. Die speziellen Interessen Rathenaus, der AEG und der deutschen Industrie an der erneuten Erschließung des russischen Marktes sind bekannt und hatten infolge der schwierigen handelspolitischen Lage des Reiches nach 1918 noch eine deutliche Verstärkung erfahren, nicht zuletzt seitdem klar geworden war, wie zielbewußt Premierminister Lloyd George an der Wiedereingliederung Sowjetrußlands in die europäische Wirtschaft und vor allem in die britische Wirtschaftssphäre arbeitete.[17] So ergänzte diese russische Orientierung das Bestreben der britischen Regierung, in kontrollierter Form eine gewisse wirtschaftliche Wiederaufrichtung Deutschlands zu unterstützen, weil es sich andernfalls als kaum erreichbar herausgestellt hatte, die Wirtschaft Europas wieder in Gang zu bringen, wovon die Erholung der britischen Industrie und Konjunktur in erheblichem Maße abhing. Diesen Gesichtspunkt, daß die europäische Wirtschaft nicht ohne die deutsche prosperieren könne, wurden die Deutschen und auch Rathenau nicht müde zu betonen. Aus britischer, aber auch aus deutscher Sicht bot sich schließlich eine gewisse Verknüpfung der anstehenden Probleme an. Es war ja nicht zu bestreiten, daß die Reichsregierung, wie Rathenau besonders prägnant zum Ausdruck brachte, der Bevölkerung bei hohen Reparationsforderungen große Entbehrungen abverlangen mußte, was sich nicht nur innenpolitisch kaum durchsetzen ließ, sondern auch international einen bedrohlichen Unruheherd darstellen konnte, zumal da Deutschland darauf angewiesen war, für eine ungeheure Exportoffensive zu sorgen, was die Märkte gestört und eine einseitige Entwicklung des Handels- und Kapitalverkehrs ausgelöst hätte.[18] Beides waren besonders für Großbritannien unerfreuliche Aussichten. Deswegen schien eine koordinierte Anstrengung der europäischen Länder unter Einschluß Deutschlands mit dem Ziel, Mittel- und Osteuropa und schwerpunktmäßig Rußland wirtschaftlich wiederaufzubauen, einen attraktiven Ausweg zu bieten: Die Deutschen konnten hier einen großen Markt finden, aus den Gewinnen einen bestimmten Teil für Reparationen abzweigen, während ihr Konkurrenzdruck teilweise nach Osten abgelenkt wurde und sie im übrigen in ein internationales Syndikat oder Konsortium eingebunden waren.

III

Damit sind die näheren und weiteren Voraussetzungen angedeutet, unter denen Rathenau am 29. 11. 1921 im geheimen Auftrag Wirths Besprechungen in London aufnahm, um die Situation zu erläutern, in der sich Deutschland befand, um die Möglichkeit eines Reparationskredits zu klären und die Frage eines Moratoriums sowie weiterer reparationspolitischer Maßnahmen und Erleichterungen zu erörtern. Die Gespräche, die sich über fast zwei Wochen hinzogen, brachten ihn auch mit Lloyd George, dem Schatzkanzler Sir Robert Horne, dem Gouverneur der Bank von England und erneut mit Loucheur in Kontakt und waren sowohl in der Anbahnung verbesserter deutsch-britischer Beziehungen als auch im Hinblick auf neue Lösungsmöglichkeiten für die Reparationen im größeren Zusammenhang der europäischen Stabilisierungsprobleme und Kooperationsmöglichkeiten von Bedeutung.

Solche Überlegungen hatten bei Lloyd George den Plan einer großen Konferenz reifen lassen, seine später so genannte Genua-Politik. Sie wurde konkreter und entschieden vorangebracht in der Aussprache mit Briand, dem Ministerpräsidenten Frankreichs, auf dessen aktive Beteiligung alles ankam. An diesen Erörterungen, die unter Hinzuziehung von Experten in London vom 19. bis 22. 12. 1921 stattfanden, nahm »hinter den Kulissen«[19] auf Einladung britischer Regierungsvertreter erneut Rathenau als Beauftragter Wirths teil, was um so wichtiger war, da die Reichsregierung nicht mehr in Ruhe die Entfaltung dieser neuen Politik abwarten und unterstützen konnte, sondern am 14. 12. 1921 ein Moratoriumsgesuch, wenn auch in Absprache mit der britischen Regierung, absenden mußte, und seitdem unter dem anhaltenden Druck des Zahlungsverzugs stand.[20] Rathenau erkannte die Chance der für die deutsche Politik günstigsten Konstellation einer engeren Zusammenarbeit des Reiches mit Großbritannien und Frankreich, nicht nur im Hinblick auf die Pläne zum wirtschaftlichen Wiederaufbau Europas insgesamt und Rußlands im besonderen durch ein internationales Konsortium[21] (einschließlich der Reparationszahlung aus den Erträgnissen des deutschen Anteils daran), sondern auch in der beabsichtigten Untersuchung und Verbesserung der europäischen Wirtschaftsstruktur. Vor allem aber – hier stieß Rathenau auf einen weiteren, für die künftige deutsche Außenpolitik bestimmenden Zusammenhang – in der politischen Entspannung in Europa als unentbehrlicher Voraussetzung jeder wirtschaftlichen Verbesserung, eine Entspannung, die durch allgemeine Sicherheitsabmachungen – einleitende Abrüstungsmaßnahmen und den von Frankreich angestrebten Garantiepakt mit Großbritannien als Sicherung gegen Deutschland – herbeigeführt werden sollte. Ein überwältigendes Programm, das in Cannes vom 4. bis 13. 1. 1922 vorbereitet und in Genua dann durchgeführt werden sollte.

Die London-Besuche Rathenaus waren aber auch eine weitere, diesmal ganz unmittelbare Begegnung mit dem auswärtigen Dienst, nicht nur weil der Auftraggeber Wirth kommissarisch auch das Amt des Außenministers verwaltete, sondern auch wegen der strikten Vertraulichkeit, die für Rathenau eine bemerkenswerte Annäherung mit der Botschaft in London zur Folge hatte, was Schubert zwar insofern mit Unbehagen registrierte, als er nicht in die Details lenkend eingreifen konnte und die Gefahr einer Nebenaußenpolitik argwöhnte. Die Briefe des Botschafters Sthamer und seines Botschaftsrates Dufour-Feronce an Schubert waren voller Anerkennung und standen spürbar unter dem Eindruck, den die Kompetenz und die Loyalität Rathenaus bei ihnen hinterließen.

Es gibt in den Quellen keine vergleichbaren Bewertungen Rathenaus durch deutsche Diplomaten aus der unmittelbaren Zusammenarbeit heraus, und sie sind bisher unbekannt geblieben. Sthamer schilderte Schubert am 7. 12. 1921, wie günstig Rathenau wirke, und Dufour vertiefte am Tag darauf diesen Eindruck: »Ich möchte betonen, daß das Arbeiten mit Rathenau ganz ausgezeichnet ist. Er benimmt sich der Botschaft gegenüber völlig loyal, und wir tun, was wir können, um ihm hier zu helfen. (...) Nach allem, was ich hier in dem beinahe täglichen Kontakt mit ihm empfunden habe, ist sicher, daß man es in Rathenau mit einem Ehrenmann durch und durch zu tun hat. Wenn man ihn näher kennenlernt, so fällt das Gezierte und Eitelerscheinende, was beim ersten Eindruck zunächst ungünstig wirkt, ganz weg. Er gibt sich dann als ein kluger und warmherziger Mann, und ich glaube, das werden Sie auch finden, wenn sie näher mit ihm bekannt werden. Es macht mir den Eindruck, als wäre er head and shoulders den hiesigen Leuten überlegen, und ich

Walther Rathenau und Hugo F. Simon bei der Abreise nach Cannes (Kat.Nr. 6/44)

glaube nicht, daß er sich einwickeln läßt. Sehr interessant ist es, daß heute Loucheur hier angekommen ist. (...) Rathenau ist natürlich in einer sehr schwierigen Lage, denn tatsächlich ist er als Privatmann hier, ohne irgendein Mandat zu besitzen. Ich habe aber das bestimmte Empfinden, daß sein hiesiger Aufenthalt von eminentem Nutzen ist, und ich hoffe inständigst, daß dadurch eine Erleichterung nicht nur in unserer Situation, sondern in der Situation der Welt geschaffen werden kann.«

Die Äußerungen, teilweise in deutlicher Widerlegung der Skepsis Schuberts, wurden in weiteren Briefen ergänzt, vor allem im Brief Sthamers vom 22. 12. 1921, der noch einmal die intensive, vertrauliche Zusammenarbeit und die ausgezeichnete Wirkung, die Rathenau bei den wichtigsten Regierungsvertretern und beim amerikanischen Botschafter Harvey erzielt habe, hervorhob und fortfuhr: »Die große Gabe von Rathenau liegt in

seiner außerordentlichen Geschicklichkeit, seine Ideen, ich möchte sagen im Telegrammstil zu übermitteln. Dabei ist er außerordentlich beschlagen und ein gewandter Dialektiker, und er hat ganz bestimmt, abgesehen von dem Inhalt seiner Verhandlung, dazu beigetragen, eine günstige Atmosphäre zu schaffen.«[22]
Wirklich überzeugt war dann auch Schubert in einer internen Sitzung am 16. 1. 1922, als nach der Konferenz von Cannes und den Beratungen der unter Rathenaus Leitung stehenden Delegation mit der Reparationskommission und dem Obersten Rat der Alliierten die Ergebnisse, vor allem die vorläufige Reduzierung der Reparationsleistungen, eingehend erörtert wurden. Schubert gewann den Eindruck, »daß Herr Rathenau wirklich vorzügliche Arbeit geleistet hat. Vor allem ist es ihm anschließend an seine vorhergehenden Besprechungen in London und Paris gelungen, ein Verhältnis zu Lloyd George und anderen maßgebenden Engländern herzustellen, das man beinahe als herzlich bezeichnen kann. Es ist auf diese Weise eine sehr günstige Atmosphäre geschaffen worden, in der sich viel besser arbeiten lassen wird, als bisher (...)«[23]

IV

Der Übernahme des Auswärtigen Amtes durch Rathenau am 1. 2. 1922 waren schwierige koalitionspolitische Sondierungen mit Gustav Stresemanns *Deutscher Volkspartei* vorangegangen, die auch im Zusammenhang mit dem umstrittenen Steuer- und Abgabenprogramm standen, das durch die Forderungen der Alliierten nach Haushaltssanierung als Basis für die Reparationsleistungen noch zusätzlich belastet wurde. Wirth wollte Rathenau als Außenminister haben, schon wegen seiner Erfolge in den Verhandlungen mit den Alliierten, und Rathenau selbst wollte den Posten auch, bat sich aber in Erinnerung an den Rücktritt im Oktober aus, daß seine Ernennung völlig unabhängig von parteipolitischen Erwägungen und Bindungen erfolgen müsse. Schubert war froh über diese Entscheidung,[24] und er hatte bald auch eine Reihe wichtiger Unterredungen mit Rathenau über die weiteren außenpolitischen Schritte.
Damit schien auf den ersten Blick eine einmalige Konstellation möglich geworden zu sein: Die Ausnahmeerscheinung Rathenaus in Zusammenarbeit mit den engagiertesten Vertretern einer Ausgleichs- und Verständigungspolitik im Auswärtigen Amt, eine Zusammenarbeit, die sich auf die Chance der Genua-Konferenz hätte stützen können. Bei gegenseitiger Achtung vermochten sich der unkonventionelle, schöpferische, zu ganz ungewohnten Betrachtungsweisen und Ideen fähige weltbekannte Außenminister und der methodisch arbeitende, von Erfahrung geprägte Apparat seines Ministeriums, mit einer unmittelbaren, großen Aufgabe vor Augen, fast ideal zu ergänzen. Worauf es hier also ankommt, sind weniger einzelne Vorgänge und Erwägungen als vielmehr die Auswirkungen jenes komplizierten Wechselverhältnisses auf die Außenpolitik. Die entscheidende Frage lautete, ob und unter welchen Umständen Rathenau seine Vorstellungen verwirklichen konnte. Ohne Regierungsapparat ging es nicht. Rathenaus Position entbehrte außerdem des nachhaltigen parteipolitischen Rückhalts. Allerdings war es unter den Regierungsbedingungen mit der notdürftigen Neigung zum ›unpolitischen‹ Minister in der Weimarer Republik möglich, daß Rathenau, sofern er erfolgreich war, zu einer ›festen Einrichtung‹ hätte werden können, die auch wechselnden Kabinetten akzeptabel war.
Gravierend und zerstörerisch wirkte sich indessen auf Rathenaus Stellung und seine außenpolitische Konzeption etwas ganz anderes aus, nämlich ein grundlegendes außenpolitisches Problem: die Ostpolitik und die Wirkungen einer nationalistisch herausgeforderten Innenpolitik. Daran scheiterte die Aufnahme einer wirklichen Verständigungspolitik in Verfolg der in London inaugurierten Genua-Konzeption. Abgesehen davon, daß erst wenigen der unlösbare Zusammenhang von Reparationen, Wirtschaftsaufstieg und Sicherheitsproblemen hinreichend klar geworden war, gab es im Auswärtigen Amt noch keine einheitliche Zielsetzung, und Schubert vertrat nicht die Mehrheit. Die war unter dem Einfluß Maltzans eher beeindruckt von den machtpolitischen und wirtschaftlichen Möglichkeiten, die sich aus einem engen Zusammengehen mit Sowjetrußland zu ergeben schienen. Maltzan hatte in Wirth einen mächtigen, mit ihm fast wie in einer verschworenen Gemeinschaft arbeitenden Bundesgenossen gewonnen. Wirth wollte zwar die Erfüllungspolitik als Voraussetzung für eine Verständigung mit dem Westen und für den Nachweis der Unerfüllbarkeit der Reparationsforderungen nicht beenden, aber er suchte nach einem stark erweiterten außenpolitischen Handlungsspielraum

außerhalb der Reichweite der Alliierten, und das bedeutete, er suchte ihn, mit deutlich anti-polnischem Impuls, in engeren Beziehungen mit Sowjetrußland auf der einen und den Vereinigten Staaten auf der anderen Seite.[25] Die Vorbereitungen eines deutsch-sowjetischen Vertrages zur umfassenden Bereinigung aller Kriegsfolgen, zur wechselseitigen diplomatischen Anerkennung und engeren Kooperation waren schon weit gediehen, als Rathenau Außenminister wurde.
Rathenau selber hatte sich ja seit langem für eine energischere Rußlandpolitik eingesetzt, »Verständigung nach Westen, Wiederanknüpfung nach Osten« als Grundpfeiler deutscher Außenpolitik, wie Harry Graf Kessler das leicht harmonisierend nannte.[26] Die Westpolitik blieb allerdings bis zur Genua-Konferenz maßgebend. Als aber Briand am Ende der Konferenz von Cannes gestürzt und Poincaré Ministerpräsident wurde, der am liebsten die ganze Konferenz und alle damit möglicherweise verbundenen Zugeständnisse vermieden hätte, sanken die Aussichten auf größere Erfolge in Genua, obwohl es immerhin am 25. 2. 1922 unter deutscher Beteiligung in London zum Abschluß von Rahmenvereinbarungen und einer Satzung für das europäische Wiederaufbaukonsortium kam, die nun von den Regierungen nur noch zu unterzeichnen waren.[27]
Die Bolschewisten liefen Sturm gegen jede Form eines solchen internationalen Konsortiums, weil sie darin eine geschlossene kapitalistische Front erblickten, und sie drohten nicht nur mit dem Ende jedes besonderen deutsch-sowjetischen Verhältnisses, sondern damit, sich mit Hilfe des Art. 116 des Versailler Vertrags, der den russischen Anspruch auf Reparationen festlegte, mit den Westmächten gegen Deutschland zu verständigen.[28] Noch gröberes Geschütz konnten sie auffahren, indem sie Rathenaus Ernennung zum Außenminister als Affront interpretierten, denn er galt als Verfechter, ja als einer der Urheber des ihnen so verhaßten ›Zwangssyndikats‹. Dagegen mußte Rathenau sich erst einmal rechtfertigen. Er wollte und durfte nicht als Verhinderer der weithin für so aussichtsreich gehaltenen sowjetischen Option dastehen und hatte ohnedies das Bedürfnis, auch seinerseits der wachsenden nationalen Empörung über den Reparationsdruck und die Behandlung Deutschlands, die politisch bis in die Linke hinein spürbar wurde, Ausdruck zu verleihen. Ungeachtet seiner eindrucksvollen Bekundungen des Verständnisses für Frankreichs Kriegslasten und der Anerkennung der moralischen Verpflichtung zum Wiederaufbau und zur Wiedergutmachung, und ungeachtet auch der ihm hier erwünschten Schwerpunktbildung deutscher Außenpolitik zum Zwecke der allmählichen Verständigung mit den Franzosen,[29] griff Rathenau in dieser innenpolitisch angespannten Situation bewußt zu einer schärferen Tonart in der Reparationspolitik. Er wies völlig undiplomatisch – und ehrempfindlich wie schon in Wiesbaden[30] – die vielfältigen und sicher auch taktisch bedingten, aber doch wichtigen französischen Anregungen für eine Fühlungnahme vor Genua zurück[31] und beklagte sich immer wieder über die fortgesetzten Kontrollen und Beschwerden der gemäß dem Versailler Vertrag eingesetzten Überwachungskommissionen. Auch hierauf sollte härter reagiert werden. Er hielt jedoch an der grundlegenden Bedeutung der Genua-Konferenz fest, selbst wenn nicht viel Konkretes dabei herauskommen sollte. Die sowjetische Delegation suchte er unter Hinweis auf ihre irrigen Auffassungen über das Konsortium zu beruhigen, während er sich standhaft weigerte, vor Genua den fertigen deutsch-sowjetischen Vertrag zu unterzeichnen.[32]
Der Druck innenpolitischer Erwägungen war beträchtlich. Die Verteilungskämpfe um die Reparationslasten hatten sich im Gefolge der Finanzsanierung erheblich verschärft. Der sich plötzlich beschleunigende Verfall der Mark, in dessen Folge die Aufbringung von Devisen fast unmöglich wurde, wirkte auf Rathenau alarmierend.[33] Der

Joseph Wirth mit der russischen Delegation auf der Konferenz von Genua (Kat.Nr. 6/62)

Eindruck der Reichstagsverhandlungen tat ein übriges. Die Reparationspolitik geriet in Gefahr, das Kernstück von Rathenaus Außenpolitik der wirtschaftlichen Vernunft, Geschäftsmäßigkeit und Sachlichkeit, die er zu Recht als unbedingte Voraussetzung der erstrebten Verständigung betrachtete. Genau genommen war der Übergang zu ganz an der Sache orientierten Verhandlungen schon ein Stück Verständigung jenseits der nationalen und politischen Gegensätze. Für Rathenau

Wirtschaftsminister Robert Schmidt und Ago von Maltzan (Mitte) auf der Konferenz von Genua (Kat.Nr. 6/61)

bestand überhaupt kein Zweifel daran, daß der große Aufbruch der deutschen Außenpolitik, den er einzuleiten suchte, in der Reparationspolitik erfolgen sollte und nicht durch eine spektakuläre Rußlandpolitik.[34] Bei den Reparationen war nicht nur eine grundsätzliche Wende unumgänglich, damit die innenpolitisch und wirtschaftlich erforderliche Beruhigung eintrat und das Reich nicht alle paar Monate in eine neue Krise geriet; in den Reparationen sah Rathenau auch das wirtschaftliche Hauptproblem, das größte Hemmnis für die allmähliche Beseitigung von Mißtrauen, Feindseligkeit und der Fortsetzung des Krieges mit anderen Mitteln. Gelangen also Verhandlungen auf sachlicher Basis, so glaubte er, Organisation, Wirtschafts- und Arbeitskraft, die in Deutschland reichlich vorhanden seien, wieder zur Geltung bringen und den Wiederaufstieg in Kooperation mit den anderen europäischen Ländern herbeiführen zu können. Grundlage war aber die ernsthafte Bereitschaft zur Reparationsleistung und zu gemeinsamen Konzeptionen mit den Alliierten, und hierin überschätzte er wohl noch die Mehrheit auch der eigenen Landsleute.

Schließlich hatte er offenbar vor, mit der Außenpolitik auch der sie tragenden Institution, »der ganzen Maschine« des Auswärtigen Amts, eine neue Wendung zu geben, »eine übermenschliche Arbeit. Nachdem acht Jahre lang die deutsche auswärtige Politik ganz passiv gewesen sei, gehe es darum, sie langsam wieder aktiv zu machen, jeden Tag ein Eisen ins Feuer zu schieben, überall im Amt nachzuhelfen«. Kein Wunder, daß er schon im März über die kaum erträgliche Arbeitslast klagte.[35] Statt sich allmählich einzugewöhnen, hatte er sich im Grunde übernommen. Denn alles lief für ihn jetzt auf die Notwendigkeit gesteigerter deutscher Aktivität, auf größeres Selbstbewußtsein und das Setzen demonstrativer Zeichen hinaus: Die Welt sollte erkennen, daß es wirtschaftlich und politisch so nicht weiterging.
In dieser Verfassung spielte er in Genua dem agilen Maltzan in die Hände und stimmte schließlich der Lösung zu, die er dort eigentlich nicht wollte, dem Vertrag von Rapallo mit den Russen, der zunächst einmal das Scheitern seiner Außenpolitik besiegelte. Was allein mit geduldiger, beharrlicher und vor allem gradliniger, unspektakulärer Weiterentwicklung der Ansätze von London und Cannes erfolgversprechend gewesen wäre, das Ringen um einen schrittweisen Ausgleich und eine gemeinsame europäische Politik mit den Westmächten, das war – was immer sonst noch dazu geführt haben mag – durch Rapallo vorerst zerstört.[36]

V

Nirgends wurde die mangelnde Erfahrung Rathenaus in der Diplomatie so schonungslos aufgedeckt und von den dort vollständig die Szene beherrschenden Ostpolitikern, von Maltzan bis Wirth, ausgenutzt wie in Genua, und nirgends trat seine mangelnde Erfahrung in der Außenpolitik so zutage wie in einem längeren Gespräch über die Reparationspolitik am 17. 3. 1922 mit Schubert,[37] der selbst mit aller Intensität an einer klaren Konzeption und Linie deutscher Außenpolitik arbeitete. Hier verdichteten sich geradezu die unterschiedlichen Einstellungen und Beweggründe, auch wenn beide Ähnliches in der Westpolitik wollten. Schubert ging, obwohl nicht zuständig, zu Rathenau und erklärte ihm, daß er die »schwersten Bedenken« gegen eine große Reparationserklärung vor Genua habe, legte methodisch exakt die Situation vor allem Lloyd Georges, des Initiators der Genua-Konferenz, dar, ebenso des-

München, 10. Mai 1922

27. Jahrgang Nr. 6

SIMPLICISSIMUS

Liebhaberausgabe
Alle Rechte vorbehalten

Begründet von Albert Langen und Th. Th. Heine

Bezugspreis vierteljährlich 120 Mark
Copyright 1922 by Simplicissimus-Verlag G. m. b. H. & Co., München

Deutschland und Rußland

(Zeichnung von E. Schilling)

Ein Anfang.

Karikatur des Simplicissimus zum Vertrag von Rapallo (Kat.Nr. 6/67) sen Anstrengungen, die Konferenz zu retten und deswegen die Franzosen nicht zu verprellen, und zog den Schluß seiner Analyse, daß die Deutschen damit rechnen könnten, daß ohne ihr Zutun und trotz des französischen Widerstands die Diskussion über die Reparationen, die auf Wunsch der französischen Regierung offiziell ausgeklammert worden waren, nicht zu umgehen seien und Lloyd George dann die Chance erhalte, eine weitere Konferenz über die Reparationen anzuregen. Darauf wollte Schubert hinarbeiten.

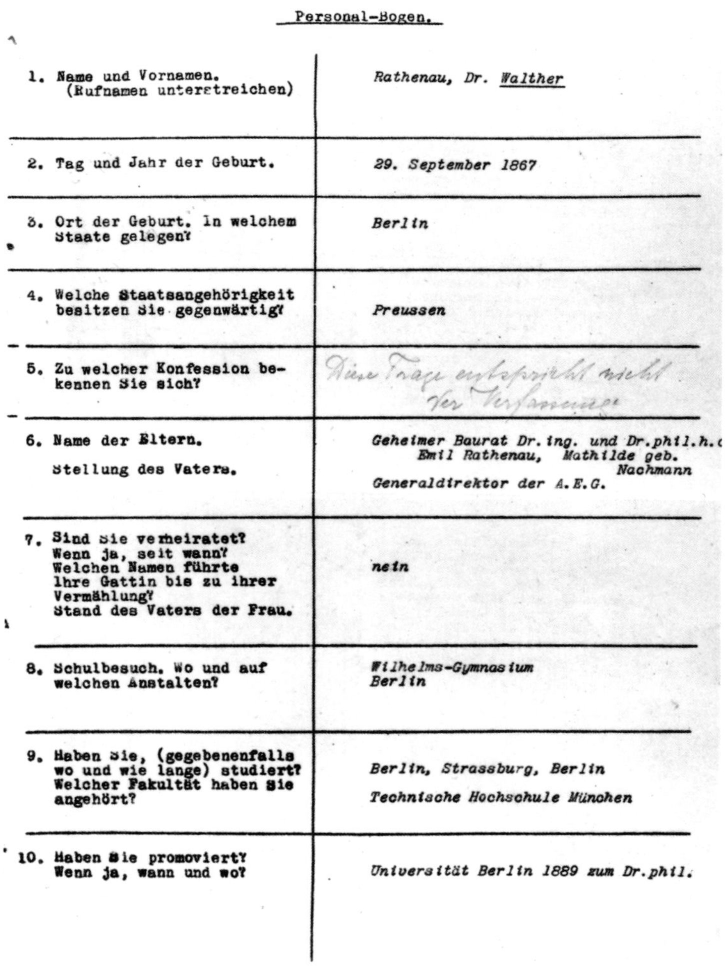
Personal-Bogen.

1. Name und Vornamen. (Rufnamen unterstreichen)	Rathenau, Dr. Walther
2. Tag und Jahr der Geburt.	29. September 1867
3. Ort der Geburt. In welchem Staate gelegen?	Berlin
4. Welche Staatsangehörigkeit besitzen Sie gegenwärtig?	Preussen
5. Zu welcher Konfession bekennen Sie sich?	Diese Frage entspricht nicht der Verfassung
6. Name der Eltern. Stellung des Vaters.	Geheimer Baurat Dr. ing. und Dr.phil.h.c. Emil Rathenau, Mathilde geb. Nachmann Generaldirektor der A.E.G.
7. Sind Sie verheiratet? Wenn ja, seit wann? Welchen Namen führte Ihre Gattin bis zu ihrer Vermählung? Stand des Vaters der Frau.	nein
8. Schulbesuch. Wo und auf welchen Anstalten?	Wilhelms-Gymnasium Berlin
9. Haben Sie, (gegebenenfalls wo und wie lange) studiert? Welcher Fakultät haben Sie angehört?	Berlin, Strassburg, Berlin Technische Hochschule München
10. Haben Sie promoviert? Wenn ja, wann und wo?	Universität Berlin 1889 zum Dr.phil.

Personalbogen des Reichsministers Dr. Walther Rathenau (Kat.Nr. 6/49)

Rathenau erwiderte, in völliger Verkennung des Ablaufs internationaler Konferenzen, es werde ganz anders kommen, die Ergebnislosigkeit werde eine Delegation nach der anderen zur Abreise veranlassen; und in geradezu fahrlässiger Geringschätzung der Bedeutung dieser Entwicklung für die deutsche Außenpolitik fügte er hinzu, daß Lloyd George »dann endgültig erledigt« sei. Er wollte Lloyd George gar nicht den Erfolg lassen, eine weitere, für Deutschland günstige Reparationskonferenz in die Wege zu leiten, sondern setzte dafür trotz aller Einwände Schuberts ganz auf sein »Pronunciamento« über die deutschen Reparationsleistungen, auf das er »den größten Wert« legte und das nicht verloren gehen dürfe. »Überhaupt müßten wir jetzt endlich in der Reparationsfrage von der Defensive zur Offensive übergehen. Das sei die Hauptsache. Die ganze Frage sei eine Frage der Atmosphäre, die richtig beurteilt werden müsse. Nach seinen Erfahrungen (...) sei unsere Stellung gar nicht so schwach. Er glaube daher, daß wir schon etwas riskieren könnten. Das müßten wir auch schon aus innerpolitischen Gründen. In letzterer Beziehung würde die von ihm beabsichtigte Demarche eine große Entlastung bringen. (...) Er gab zu, daß der von ihm beabsichtigte Schritt kühn, oder, wie er sich ausdrückte, frech sei. Wir benähmen uns dabei etwa wie unartige Kinder. Seiner Ansicht nach aber könnten und müßten wir dies riskieren. Die Hauptsache sei, daß wir zur Offensive übergingen.«

Personalboge des Reichsministers Dr. Walther Rathenau (Kat.Nr. 6/4

Wenige Tage später trafen die vielzitierten alliierten Reparationsnoten vom 21. 3. 1922 mit ihren Forderungen ein, die helle Empörung auslösten,[38] Rathenau im Kabinett zu noch stärkerer Betonung seiner Haltung des Widerstands und größeren Risikos veranlaßten, das große »Pronunciamento« zunächst zwar hinfällig machten, aber indirekt der Neigung Vorschub leisteten, in anderer Weise dem Protest gegen die Behandlung Deutschlands Ausdruck zu verleihen. Auch diese Stimmung half Maltzan, nach dem Beginn der Konferenz von Genua am 10. 4. 1922, auf eine Separatregelung mit der sowjetischen Delegation, also auf die Unterzeichnung des vorbereiteten Vertrags hinzuarbeiten, wobei er fast ein Monopol der Steuerung von Informationen und Kontakten erreichte und teilweise manipulierend mißbrauchte, um den Deutschen den Schrecken der Isolierung und Verschüttung sämtlicher Chancen einer eigenständigen Politik vor Augen zu führen, falls die Alliierten sich mit den Russen einigten.[39] Wie er es plastisch und treffend beschrieb, »vergewaltigte«[40] er Rathenau, und zusammen mit Wirth drängte er ihn am 16. April zu dem Überraschungscoup der Unterzeichnung des Vertrags in Rapallo, dem schwersten Schlag für die Konferenz und die Bemühungen um gemeinsame, einvernehmliche Regelungen. Rathenau spürte das Fatale der Situation, war ohne guten

Berater auf sich allein gestellt, erschöpft und unter schwerem Streß. Schubert, der scharfe Kritiker von Rapallo, und die Westspezialisten hatten zu Hause bleiben müssen, während Wirth und Maltzan mit ihrer machtpolitischen Konzeption des Sonderverhältnisses zu Sowjetrußland triumphierten. Auch für Maltzan war es eine große Entscheidung. Daß Russen und Alliierte tatsächlich noch weit von einer Einigung entfernt waren, war für seine Konzeption kein beruhigender Zustand. Denn gerade dann, wenn es nicht zu einer Einigung zwischen ihnen kam, rückte der andere Fall näher, nämlich daß es doch zu einer gemeinsamen Regelung aller Beteiligten kommen würde, Deutschland also seine Sonderstellung gegenüber Sowjetrußland verloren hätte und in eine allgemeine Abmachung mit den Alliierten eingebunden worden wäre. Maltzan mußte also handeln, solange überhaupt noch sachliche Gründe für einen Alleingang bestanden. Sonst wurde die Konzeption der freien Hand, der Bewegungsfreiheit mit Hilfe der Ostpolitik, undurchführbar.

Rathenaus außenpolitisches Scheitern, der mißlungene Versuch, über eine erträglichere Reparationslösung eine Verständigung mit Frankreich und Großbritannien anzubahnen, war mit Rapallo besiegelt. Ohne ein außenpolitisches Gesamtkonzept, das Ost- und Westpolitik in einen schlüssigen Zusammenhang brachte, ohne erfahrene und sichere Beratung, ohne klaren Blick für die Bedeutung der alltäglichen Diplomatie und die Notwendigkeit stiller, geduldiger, beharrlicher Arbeit, zerrieben zwischen Unvereinbarkeiten, Belastungen und innenpolitischem Druck, gab er der an sich vernünftigen, von ihm erstrebten Zusammenarbeit mit Sowjetrußland im außenpolitisch falschen Moment nach. Dazu trug der Druck der innenpolitischen Argumentation, die Forderung nach einer starken nationalen Haltung doch gerade bei ihm als Juden nachhaltig bei. Und schließlich hatte er seine weitere Wirksamkeit an eine einflußreiche politische Stellung gebunden. Die Regierung bedurfte der im Inneren zählenden politischen Erfolge und des nationalen Rückhalts, sonst war sie und damit seine eigene Wirkungsmöglichkeit am Ende: Er wollte das »Kabinett Rathenau-Wirth« retten; er warnte davor, daß sonst sein Widersacher im Kampf um die Position des Außenministers zum Zuge komme, der »Herr Stresemann mit seinen Leuten«, und wenn der eine größere Aktion unternähme, könne man sich »ungefähr denken, was daraus würde«.[41]

Anmerkungen

1. Nachlaß Schubert (im Besitz der Familie, Grünhaus), Mappe »Diverse Briefe und Schriftstücke, 1914–1930«
2. Quellen zur Tätigkeit Rathenaus als Reichsminister: Akten der Reichskanzlei (= AR), Weimarer Republik. Die Kabinette Wirth I und II, bearbeitet von Ingrid Schulze-Bidlingmaier. 2 Bde., Boppard 1973. Akten zur deutschen auswärtigen Politik 1918–1945 (= ADAP), Serie A: 1918–1925, Bde. V und VI, Göttingen 1987–88. An Darstellungen siehe außerdem u. a. Ernst Laubach: Die Politik der Kabinette Wirth 1921/22, Lübeck/Hamburg 1968. David Felix: Walther Rathenau and the Weimar Republic. The politics of reparations, Baltimore/London 1971
3. Klaus Schwabe (Hg.): Das Diplomatische Korps 1871–1945, Boppard 1985
4. Ebd., S. 118, 136–139. Peter Krüger: Schubert, Maltzan und die Neugestaltung der auswärtigen Politik in den 20er Jahren (Auswärtiges Amt, Gedenkfeier für die Staatssekretäre Ago Freiherr von Maltzan und Dr. Carl von Schubert, Bonn 1987). Ihre formelle Ernennung zu Ministerialdirektoren erfolgte im Herbst 1921
5. Nachlaß Schubert, Bd. VI (Schubert-Dufour 24. 1. 1921)
6. AR Wirth, Bd. 1, S. 64–66, 303–309. ADAP, A V, S. 80f. Rathenau: Tagebuch, S. 243–256. Felix: a. a. O., S. 73ff
7. Nachlaß Schubert, Bd. XI (Schubert-Romberg 15. 6. 1921)
8. Ebd., (Schubert-Dufour 14. 6. 1921)
9. AR Wirth, Bd. 1, S. 315f, 319, 334 Anm. 7. Brief an Erich Koch, PB, Nr. 204, 31. 10. 1921, und Brief an Anton Erkelenz, PB, Nr. 205, 31. 10. 1921. Rede im grossen Saale des Volksbildungsheims zu Frankfurt a. M., 28. 10. 1921, Reden, S. 299f. Über das enge Verhältnis Wirths zu Rathenau seit Herbst 1919 siehe Felix: a. a. O., S. 60ff, und ... Volksbildungsheim, S. 295
10. Über die Bedeutung der Reparationen siehe Bruce Kent: The spoils of war. The politics, economics, and diplomacy of reparations 1918–1932, Oxford 1989. Im größeren Zusammenhang einer Neubewertung der weltwirtschaftlichen Belastungsfaktoren nach dem Ersten Weltkrieg siehe Barry Eichengreen: Golden fetters. The gold standard and the Great Depression, 1919–1939, Oxford 1992. Zur Außenpolitik Peter Krüger: Die Außenpolitik der Republik von Weimar, Darmstadt 1985, bes. S. 127–147
11. Siehe z. B. Rede im Volksbildungsheim, Reden, S. 307
12. Rede auf einem Gesellschaftsabend des Hamburgischen Ausschusses für den Aufbau der Friedenswirtschaft, 7. 7. 1921, Reden, S. 207
13. Rede auf der Tagung des Reichsverbandes der deutschen Industrie, 28. 9. 1921, Reden, S. 251
14. Ebd., S. 264. Rathenau hatte diesen Zusammenhang am Schluß seiner Rede betont. Hitler nannte Rathenau den »Meister der deutschen Wirtschaftszerstörung«, dessen Rede »ein mehr als hilfloses Gestammel« gewesen sei, um »die Aufmerksamkeit von jenen Punkten abzulenken, die die alleinige Verantwortung der derzeitigen Reichsregierung« für, wie es weiter oben heißt, »das ganze grauenhafte Elend« beweisen. Siehe Adolf Hitler: Sämtliche Aufzeichnungen 1905–1924, hg. von Eberhard Jäckel zusammen mit Axel Kuhn, Stuttgart 1980, S. 494, 498. Der Primat der Politik gegenüber der Wirtschaft

war für Hitler grundlegend und wurde von ihm immer wieder hervorgehoben, etwa – die bekämpfte Formulierung Rathenaus klingt hier an – in: Hitlers Zweites Buch. Ein Dokument aus dem Jahre 1928, eingeleitet und kommentiert von G. L. Weinberg, Stuttgart 1961, S. 61. Dazu Peter Krüger: Zu Hitlers national-sozialistischen Wirtschaftserkenntnissen, in: Geschichte und Gesellschaft 6, 1980, S. 267ff, 279–282. Siehe auch Rainer Zitelmann: Hitler. Selbstverständnis eines Revolutionärs, Stuttgart[2] 1987, Kap. IV/3

15. Brief an Moscherosch, 7. 4. 1919, PB, Nr. 138. Rede vor dem Reichstag, 2. 6. 1921, Reden, S. 199f

16. Rede auf einem Gesellschaftsabend des Hamburgischen Ausschusses für den Aufbau der Friedenswirtschaft, Reden, S. 207

17. Für Rathenau und die AEG siehe die Untersuchungen von Hartmut Pogge von Strandmann: Rapallo. Strategy in preventive diplomacy. New sources and new interpretations, in: Volker R. Berghahn/Martin Kitchen (Hg.): Germany in the age of total war, London/Totowa 1981, S. 123–146 mit weiteren Hinweisen. Allgemein Jürgen Bellers: Außenwirtschaftspolitik und politisches System der Weimarer Republik und der Bundesrepublik, Münster 1988, mit Schwerpunkt auf Sowjetrußland. Krüger: Außenpolitik, S. 148–183

18. Seit seinen ersten Reden als Minister: Rede vor dem Reichstag, Reden, S. 203, und Rede in Hamburg, Reden, S. 211f, hat Rathenau dies immer wieder betont. Dazu auch Felix: a. a. O., S. 105ff

19. Brief an Max Warburg, 27. 12. 1921, PB, Nr. 208. Über Lloyd Georges Genua-Politik eingehend und auf breiter Quellenbasis siehe Anne Orde: British policy and European reconstruction after the First World War, Cambridge 1990, S. 160–207

20. ADAP, A V, Dok. Nr. 204, 207, 213–15, 227, 229. AR Wirth, Bd. 1, Dok. Nr. 141f, 166, 173–75. Rathenau: Tagebuch, S. 263–273. Mit weiteren Hinweisen auf Quellen und Literatur Krüger: Außenpolitik, S. 155–166

21. Den Gedanken des internationalen Konsortiums hatte Rathenau als Minister schon am 12. /13. 6. 1921 auch gegenüber Loucheur vertreten, Krüger: Außenpolitik, S. 158f

22. Alle Zitate: Nachlaß Schubert, Bd. 6

23. Ebd., Bd. 7. Rathenau hatte maßgeblich zur Befreiung der Reichsregierung vom Druck der am 15. 1., 15. 2., 15. 4. 1922 fälligen Raten des Reparationsplans beigetragen

24. Ebd., Bd. 8 (an Sthamer, 7. 2. 1922). Brief an Nuschke, 16. 1. 1922, PB, Nr. 211. AR Wirth, Bd. 1, Dok. Nr. 205. Rathenaus bedeutende Stellung – auch international – nach London und Cannes, Felix: a. a. O., S. 123f

25. Horst Günther Linke: Deutsch-sowjetische Beziehungen bis Rapallo, Köln[2] 1972. Krüger: Außenpolitik, S. 147ff, 166ff

26. Kessler: Rathenau, S. 300

27. Sammlung von Material für die Konferenz in Genua am 10. April 1922, Ergänzungsband Nr. 2, Berlin 1922 (streng vertraulich, nur für den Dienstgebrauch), S. 9–51. Die deutsche Beteiligung war diplomatisch intensiv vorbereitet worden

28. Zum folgenden siehe zusätzlich zu der in Anm. 2, 17, 19 u. 25 erwähnten Literatur vor allem Carole Fink: The Genoa Conference. European diplomacy, 1921–1922, Chapel Hill/London 1984. Carole Fink/Axel Frohn/Jürgen Heideking (Hg.): Genoa, Rapallo, and European reconstruction in 1922, Cambridge 1991

29. Rede vor dem Reichstag, Reden, S. 199ff (und öfter). ADAP, A II, Dok. Nr. 102 (Rathenau an Erzberger, 16. 7. 1919)

30. Rathenau: Tagebuch, S. 244f

31. Siehe u.a. ADAP, A V, Dok. Nr. 247, 274; A VI, Dok. Nr. 13–15

32. ADAP, A V, Dok. Nr. 275f, 285; A VI, Dok. Nr. 39f, 43. Außerdem Krüger: Außenpolitik, S. 172

33. ADAP, A VI, Dok. Nr. 2. Felix: a. a. O., S. 132. Gerald D. Feldman (Hg.): Die Nachwirkungen der Inflation auf die deutsche Geschichte 1924–1933, München 1985, S. 304f. Neue wirtschaftswissenschaftliche Untersuchungen geben übrigens den auch von Rathenau nachdrücklich vertretenen Zahlungsbilanz- und Reparationsargumenten als Gründen der Inflation wieder größeres Gewicht, siehe Eichengreen a. a. O., besonders S. 140f

34. AR Wirth, Bd. 2, Dok. Nr. 237, 240f. Kessler: Rathenau, S. 311, 317

35. Kessler: Tagebücher, S. 276 (20. 3. 1922)

36. Peter Krüger: A rainy day, April 16, 1922. The Rapallo treaty and the cloudy perspective for German foreign policy, in Carole Fink u. a. (Hg.) a. a. O., S. 49–64. Abweichende Beurteilung Rathenaus bei Hartmut Pogge von Strandmann, der Rathenau unter Hinweis auf dessen wirtschaftlich-industrielle Interessen (nicht zuletzt denen der AEG) nach wie vor eine weit aktivere Rolle beim Abschluß des Rapallo-Vertrags zuspricht (siehe u. a. seinen in Anm. 17 genannten Aufsatz)

37. Nachlaß Schubert, Bd. 8

38. AR Wirth, Bd. 1, Dok. Nr. 229–232; Bd. 2, Nr. 243. ADAP, A VI, Dok. Nr. 26, 28, 30. Reichstagsrede vom 29. 3. 1922, Reden, S. 375ff

39. Dazu Krüger: A rainy day, S. 52–56. Felix: a. a. O., S. 141

40. Wipert von Blücher: Deutschlands Weg nach Rapallo, Wiesbaden 1951, S. 161. Staatssekretär von Simson, der an allen Entscheidungen beteiligt war, erklärte am 24. 4. 1922 »ganz vertraulich« (Nachlaß Schubert, Bd. 9), daß es »Herr Wirth gewesen sei, der mit großer Entschiedenheit für den Abschluß mit den Russen eingetreten sei, und nicht Herr Rathenau. Als er am Sonntag (16. 4.) mit Herrn Rathenau nach Rapallo gefahren sei, habe Wirth ihm gesagt, wenn Herr Rathenau das Abkommen nicht unterzeichnen wolle, dann solle er ihn dies wissen lassen, dann werde er nach Rapallo fahren und das Abkommen selbst unterzeichnen. (...) Herr von Simson fügte hinzu, daß allerdings er und Maltzan Herrn Wirth zugeraten hätten, mit den Russen abzuschließen.« Siehe auch die Briefe des Sachverständigen in der deutschen Delegation, Hermann Bücher, Geschäftsführendes Präsidialmitglied des Reichsverbandes der Deutschen Industrie, vom 20. 4. und des Journalisten Max Reiner vom 8. 6. 1922 an Stresemann (Nachlaß Stresemann, Politische Akten, Bd. 243, im Politischen Archiv des Auswärtigen Amts, Bonn). Die in Arbeit befindliche Dissertation von Stephanie Salzmann (Oxford): »Die britische Reaktion auf den Rapallo-Vertrag zwischen 1922 und 1934«, verspricht weitere Aufschlüsse, vor allem über die Politik Lloyd Georges, der offenbar tatsächlich von dem deutschen Vorgehen überrascht wurde

41. Aufzeichnung Schuberts, 17. 3. 1922 (Nachlaß Schubert, Bd. 8)

»RUSSLAND IST UNSER KÜNFTIGES ABSATZGEBIET«

Walther Rathenau und Rußland zwischen 1914 und 1922

BORIS GREKOW

Rußland und Deutschland arbeiteten das ganze 20. Jahrhundert über zusammen. Gewiß standen immer wieder politische und militärische Ereignisse dieser Zusammenarbeit im Weg. So trugen die beiden Weltkriege und die russische Revolution 1917 erheblich zur Schwächung der wirtschaftlichen Beziehungen zwischen den beiden Staaten bei, ohne sie jedoch völlig zu zerstören. Die Rußland-Politik Walther Rathenaus zwischen 1914 und 1922 bietet eine ausgezeichnete Illustration der positiven und der negativen Entwicklungen in den deutsch-russischen Wirtschaftsbeziehungen.

Besonders interessant in dieser Hinsicht ist natürlich der Rapallovertrag, der in den letzten Jahren bei Forschern verschiedener Länder auf großes Interesse gestoßen und Gegenstand intensiver Diskussionen war und ist.[1] Russische Historiker heben dabei vor allem die inneren Widersprüche des Vertrags hervor und weisen darauf hin, daß die Erwartung einer *Weltrevolution*, wie sie die sowjetische Führung hegte, kaum mit der leninistischen Politik friedlicher Koexistenz vereinbar war. Eine andere Interpretation wurde bereits in den 20er Jahren in den westeuropäischen Ländern, in Polen und bei russischen Emigrantengruppen vertreten, die These nämlich, daß der Rapallovertrag in Widerspruch stand mit den langfristigen Interessen Deutschlands, da er erheblich zur Stabilisierung des Regimes der Bolschewiki beitrug.

Da die Fülle der Meinungen über den Rapallovertrag zugleich als Spiegel der verschiedenen Meinungen über die Entwicklung Rußlands nach 1917 verstanden werden kann, scheint mir das Interesse an Biographien von Politikern, die Zeitgenossen und Mitwirkende der großen Ereignisse waren, durchaus gerechtfertigt. Die Biographien hochrangiger Politiker waren zu allen Zeiten ein Spiegel der Vielzahl von Strömungen und Tendenzen im Bereich internationaler Beziehungen. Ich möchte deshalb versuchen, die Entwicklung der Haltung Rathenaus gegenüber Rußland zu analysieren, und zwar vom Beginn des Ersten Weltkriegs bis zur Unterzeichnung des Vertrags von Rapallo.

I

Auf den ersten Blick bietet sich hier ein ziemlich widersprüchliches Bild. Wie konnte es kommen, daß einer, der nicht geringen Einfluß auf die Formulierung der Kriegsziele in Bethmann Hollwegs *Septemberprogramm* von 1914 hatte, seine Unterschrift unter einen Vertrag setzte, der die politischen und wirtschaftlichen Beziehungen zwischen Deutschland und Rußland auf der Basis der Gegenseitigkeit und der Gleichberechtigung regelte?

Außenpolitische Konzeptionen führender Politiker basieren auf feststehenden Stereotypen, in denen objektive und subjektive Motive miteinander verschränkt sind. Dies ist ebenso selbstverständlich wie die Tatsache, daß solche Stereotypen in Zeiten eines engen kulturellen, sozialen, wirtschaftlichen Kontaktes, zu denen auch der Konfliktfall gerechnet werden muß, durchaus der Veränderung unterliegen.[2] Dabei spielen natürlich auch Veränderungen in der Haltung desjenigen eine Rolle, demgegenüber man auf der Basis bestimmter Stereotypen handelt. Die Entwicklung der Ansichten Walther Rathenaus zwischen 1914 und 1922 sind ein gutes Beispiel dafür. Entscheidend dürfte hier die Wendung der russischen Außenpolitik von der Konfrontation mit der zaristischen Regierung zur Politik der Zusammenarbeit mit Deutschland nach dem Oktober 1917 gewesen sein. Vor allem die innere Entwicklung Rußlands von der Politik des Kriegskommunismus zur Neuen Ökonomischen Politik (NEP) eröffnete neue Aussichten für die ökonomische Zusammenarbeit zwischen Deutschland und Rußland.

Schon am Vorabend des Ersten Weltkriegs und dann gleich nach dessen Beginn fanden Rathenaus außenpolitische Grundannahmen klaren Ausdruck in seinen Beiträgen zu der Diskussion über die Kriegsziele Deutschlands. Ziel sollte nach Rathenaus Meinung die Gründung eines neuen wirtschaftlichen Großraums sein, ein vereinigtes *Mitteleuropa*. In der ersten Denkschrift für Bethmann Hollweg schlug er die Gründung einer Zollunion zwischen dem Deutschen Reich, Österreich-Ungarn, Frankreich und Belgien vor; er war überzeugt, daß im Rahmen dieser Union »die Diktatur der deutschen Zollpolitik« ausgeübt werden könne. Dieser Plan, der Rußland in keiner Weise berücksichtigte, wurde von der Regierung abgelehnt.[3]

Man kann dieses *Mitteleuropa*-Projekt als einen ersten Entwurf zur europäischen Integration interpretieren. Das besondere dieses Entwurfs aber bestand darin, daß seine Verwirklichung mit den Mitteln staatlicher Vorschriften und militärischen Zwangs erfolgen sollte. Man darf jedoch nicht übersehen, daß Rathenaus Plan im deutschen politischen Spektrum seiner Zeit eher in der Mitte oder sogar links davon lokalisiert werden muß, wenn man ihn zum Beispiel mit den weitreichenden und unbegrenzten Annexionsplänen des Alldeutschen Verbandes vergleicht, wie sie der Vorsitzende des Verbandes, Heinrich Claß, in seiner Kriegszieldenkschrift bezüglich Rußlands formuliert: »Rußland muß (...) gewaltsam wieder nach Osten umgewandt und dazu muß es im wesentlichen in die Grenzen vor Peter des Großen Zeit zurückgeworfen werden.« Claß trat darüberhinaus dafür ein, Polen, die Ukraine und die baltischen Staaten in Mitteleuropa einzubeziehen unter der Bedingung, daß sie »Land frei von Menschen« würden.[4]

Wenn man Dokumente wie Rathenaus Denkschriften interpretiert, darf man nicht übersehen, daß es sich nur um Skizzen handelt. Viele der darin angesprochenen Probleme sind von deutschen Wirtschaftswissenschaftlern bereits vor dem Krieg in Einzelheiten ausgearbeitet worden. Im Mai 1914 veröffentlichte Erich Agahd, ein deutscher Ökonom, der 15 Jahre lang als Angestellter einer Aktienbank in Rußland gearbeitet hatte, ein Buch, in dem er eine Reform der deutsch-russischen Finanzbeziehungen vorschlug. Diese Beziehungen sollten Freihandelsbeziehungen werden, wie sie zur damaligen Zeit etwa zwischen den Mitgliedstaaten des British Commonwealth bestanden.[5]

Hier könnte einer der Ausgangspunkte für Rathenaus Neuformulierung des *Mitteleuropa*-Plans sein, zu der er sich vor allem nach den militärischen Erfolgen an der Ostfront im Sommer 1915 veranlaßt sah. Hatte er noch im Jahr zuvor den Plan einer deutschen Expansion Richtung Westen verfolgt, so hob er jetzt die bedeutende Rolle hervor, die Rußland in einem von Deutschland kontrollierten Europa spielen sollte. In einem Brief an Bethmann Hollweg vom 30. August 1915, den er auch Ludendorff zur Kenntnis gab, heißt es kurz und bündig: »Rußland braucht eine Finanzmacht (...) Wir können Rußland finanzieren (...) Rußland ist unser künftiges Absatzgebiet (...)«[6]

Im Zusammenhang mit diesen neuen Plänen ist eine Reise interessant, die Rathenau zusammen mit Felix Deutsch, dem Vorstandsvorsitzenden der AEG, vom 18. bis zum 22. November 1915 ins Hauptquartier Oberost in Kowno unternahm, wo Rußland eines der Hauptgesprächsthemen war, wie wir aus einer Aufzeichnung Rathenaus wissen. Vor allem ging es Rathenau jetzt um die Sprengung der Entente: »Sehr eingehend befragte mich (Oberst) Hoffmann über das Problem der polnischen Annexion. Ich erwiderte, daß das Kriegsziel meines Erachtens in der Lostrennung Rußlands vom Vierverbande und seine Verbindung mit uns bestehe, daß man dieser Frage alles übrige unterordnen müsse, auch die polnische Annexion. Immerhin sei sie durchführbar, wenn sie den Riß mit Rußland nicht unheilbar mache, und nicht wiederum unsere Kolonisierungsarbeit versage.«[7]

Rathenaus Interesse an Rußland kann zum Teil durch die Tatsache erklärt werden, daß die AEG enge Geschäftsbeziehungen mit Rußland hatte, wo 1901 in St. Petersburg eine Tochtergesellschaft, die *Russische AEG* (RAEG), gegründet worden war. Die RAEG entwickelte sich zwischen 1901 und 1914 erheblich, führte als »Kaiserlicher Hoflieferant« die Elektrifizierung des *Kreml* und anderer Schlösser durch, rüstete russische Kriegsschiffe mit Elektrizität aus und errichtete Straßenbahnlinien in zahlreichen russischen Städten. Die Beziehungen zwischen der AEG und der RAEG waren so eng, daß die Handelsbeziehungen zwischen ihnen selbst in den ersten Monaten nach Kriegsbeginn über Schweden weiterliefen. Später allerdings rissen diese Verbindungen ebenso wie die zwischen anderen deutschen Firmen und ihren russischen Filialen ab.[8] Ein Ausweg aus dieser Situation schien Rathenau möglich durch die Einbeziehung Rußlands in Mitteleuropa, zwar ohne Annexionen, aber nicht ohne die für Kriegszeiten charakteristischen Drohgebärden.

II

In dem Maße, in dem der Krieg sich in die Länge zog, wuchs in Rathenau die Einsicht, daß die meisten Ziele, die sich deutsche Politiker 1914 gestellt hatten, unerreichbar waren. Dies wird deutlich sichtbar in seiner ironischen Bemerkung während einer Unterhaltung mit Ludendorff am 12. Juli 1917: »Um die Wünsche unserer Annexionisten zu erfüllen, würde es wahrscheinlich nicht genügen, wenn Paris allein besetzt sei, wahrscheinlich müßte auch noch der Besitz von London hinzutreten. Unter diesen Umständen müsse man wohl oder übel den Begriff des Verständigungsfriedens aufnehmen; dieser aber schließt irgendwelche Annexionen aus.«[9]

Mitglieder der russischen Delegation für die Konferenz von Genua bei einem Zwischenaufenthalt in Berlin

Der Friedensvertrag von Brest-Litowsk, bei dem sich die Vertreter radikaler Kriegsziele in Zusammenarbeit mit der Obersten Heeresleitung durchgesetzt hatten, schien Rathenau keine dauerhafte Lösung der Beziehungen zwischen Deutschland und Rußland zu bieten. Er sah die Herauslösung der Ukraine, Polens und der baltischen Staaten aus Rußland und die Gründung von deutschen Vasallenstaaten als beständigen Unruhefaktor, wenn nicht gar als Bedrohung. So heißt es bereits am 1. März, zwei Tage vor Abschluß des Vertrags, in einem Brief an Gustav Steinbömer: »Die Russenpolitik erscheint mir, optimistisch betrachtet, ein großes Provisorium. Mindestens vier neue Staaten, davon zwei große, die sich weit rascher entwickeln werden als im zaristischen Tempo, alle selbstbewußt, eigensinnig und unzuverlässig. Teils unzufrieden, teils tief verstimmt und hysterisch. Welch harmloser Nachbar war dagegen das imperiale Rußland! Wenn der spätere allgemeine Frieden nicht einen allgemeinen Teil dieses Bildes auslöscht, werden wir in einem Abgrund von Feindschaften und Konflikten leben.«[10] Eine Revision des Vertrags von Brest hielt er »aus politischen Gründen« für »absolut notwendig«, wie es in dem Brief vom 9. Oktober 1918 an General Scheüch heißt, in dem er seinen am Tag zuvor in der *Vossischen Zeitung* veröffentlichten Aufruf zur *Levée en masse* erläuterte und geltend machte, daß durch eine Änderung des Vertrags Tausende von Soldaten, die jetzt noch als Besatzung der aus dem russischen Staatsverband herausgelösten Gebiete gebraucht würden, frei würden und an der Westfront eingesetzt werden könnten.[11]

Diese Kritik am Vertrag von Brest-Litowsk läßt keinesfalls den Schluß zu, Rathenau habe der Oktoberrevolution mit Sympathie gegenübergestanden oder sie gar für deutsche Verhältnisse als Muster und Vorbild gesehen. Seine wiederholten Warnungen vor der vermeintlichen Gefahr der ›Bolschewisierung‹ gipfelten in einer Passage der *Kritik der dreifachen Revolution* (1919), die als Generalabrechnung mit den revolutionären Ereignissen der Jahre 1917/18 gelesen werden kann: »Rußlands Methoden können wir nicht brauchen, denn sie beweisen lediglich und bestenfalls, daß die Wirtschaft eines Agrarlandes sich bis auf den Boden einebnen läßt; Rußlands Gedanken sind nicht unsre Gedanken. Sie sind, wie es im Wesen der russischen städtischen Intelligenz liegt, un-

Mitglieder der russischen Delegation in ihrem Hotel in Rapallo (Kat.Nr. 6/63)

philosophisch und höchst dialektisch; sie sind leidenschaftliche Logik aufgrund ungeprüfter Voraussetzungen. Sie setzen voraus, daß ein einziges Gut, die Vernichtung der kapitalistischen Klasse, alle andren Güter aufwiegt, daß notfalls Armut, Hungersnot, Diktatur, Schreckensherrschaft, Untergang der Zivilisation in Kauf genommen werden müssen, um dieses Gut zu sichern. Wenn zehn Millionen sterben müssen, um zehn Millionen von der Bourgeoisie zu befreien, so betrachtet man das als harte, aber notwendige Konsequenz. Der russische Gedanke ist Zwangsbeglückung, im gleichen Sinne und mit gleicher Logik wie die gewaltsame Einführung des Christentums und die Inquisition.«[12]

Trotz dieser grundsätzlichen Ablehnung kam Walther Rathenau ziemlich bald auf seinen alten Plan einer engen politischen und wirtschaftlichen Verbindung zwischen Deutschland und Rußland zurück. Gemeinsam mit Felix Deutsch und mit einer Reihe anderer Vertreter der Industrie legte er bereits am 17. Februar 1920 dem Reichskanzler und dem Außenminister eine Denkschrift vor, in der »die Herstellung enger wirtschaftlicher Beziehungen zu Sowjetrußland« gefordert wurde.[13] Während seiner Amtszeit als Wiederaufbauminister, aber auch in den Monaten danach war er aktiv an der Planung eines internationalen Konsortiums beteiligt, in dem Deutschland zusammen mit den westeuropäischen Staaten den Wiederaufbau Rußlands betreiben sollte. Anders als im *Mitteleuropa*-Plan von 1915 war jetzt nicht mehr von einer deutschen Hegemonie in Europa die Rede. Geblieben aber war der im Brief an Bethmann Hollweg vom 30. August 1915 geäußerte Gedanke, daß »Rußland ... unser künftiges Absatzgebiet« ist. Interessant sind in diesem Zusammenhang die Gespräche, die Rathenau von Ende November bis Ende Dezember 1921 in London und Paris mit Vertretern der Entente über Reparationsfragen führte. Im Rahmen einer ausgedehnten Unterhaltung mit Lloyd George, dem britischen Premierminister, kommt die Sprache auf Rußland. »Er habe«, so Lloyd George, »mit Stinnes über Rußland gesprochen. Rußland müsse sofort erschlossen werden. Er wolle Krassin sprechen. Krassin sei kein Bolschewist.« Rathenau hielt in seinen Notizen fest, er habe diese Meinung bestätigt: »Krassin sei durchaus zu Verhandlungen geeignet. Auch ich bin stets für die Erschließung Rußlands eingetreten.«[14]

In der Tat schien Leonid Krassin, der zum Zeitpunkt dieser Gespräche sowjetischer Botschafter in London war, zuvor aber das Amt eines Volkskommissars (Ministers) für Außenhandel hatte, das er auch später wieder übernehmen wird, ein geeigneter Gesprächspartner zu sein. Krassin war vor der Revolution als Elektroingenieur leitender Angestellter bei der russischen Tochtergesell-

Walther Rathenau bei der Abfahrt nach Genua (Kat.Nr. 6/54)

schaft der Firma *Siemens & Halske*, war also mit internationalen Wirtschaftsbeziehungen nicht unvertraut. Einer seiner Mitarbeiter in der Industrie, G.M. Krijianovski, der ihm in das politische Amt folgte, war 1921 der Verfasser des Plans für die Elektrifizierung der Sowjetunion. In seiner Bibliothek, die heute in einem Museum in Moskau ausgestellt ist, befanden sich sämtliche Veröffentlichungen Walther Rathenaus, den er noch 1931 in einem Aufsatz über die Grundlagen des technisch-ökonomischen Wiederaufbaus zustimmend zitierte und als Gewährsmann anführte.[15]

III

Die sowjetische Führung stand der Ernennung Walther Rathenaus zum Außenminister ablehnend gegenüber, da er zu Recht als Vertreter des Plans eines internationalen Konsortiums galt, das in Moskau als Versuch interpretiert wurde, durch massive wirtschaftliche Beeinflussung die Ergebnisse der Oktoberrevolution zu revidieren. Mit dem Abschluß des Rapallovertrags war der Plan des internationalen Konsortiums nicht länger realisierbar, sondern es bestanden jetzt die von der sowjetischen Regierung bevorzugten zweiseitigen deutsch-russischen Vereinbarungen. Wie hoch die Wertschätzung Rathenaus in der sowjetischen Führung war, läßt sich an einem Telegramm ablesen, das Ulrich Graf von Brockdorff-Rantzau, der deutsche Botschafter in Moskau, am 15. April 1923 mit einer Botschaft Georgii Tschitscherins, des sowjetischen Volkskommissars für auswärtige Beziehungen, anläßlich des ersten Jahrestags des Abschlusses des Rapallovertrags an das Auswärtige Amt schickte: Wir sind der Meinung, daß das in der ökonomischen Geographie gefußte (!) gegenseitige wirtschaftliche Anlehnen unserer Länder nie vorher zum richtigen Ausdruck gekommen war und jetzt zum ersten Mal einen freien Weg vor sich sieht. (…) Mit tiefem Schmerz und Rührung des tragisch verewigten Dr. Rathenau gedenkend, der mit mir zusammen den Vertrag unterzeichnet hat, bitte ich Sie, den Herrn Reichskanzler Dr. Cuno und den Herrn Reichsminister Dr. von Rosenberg anläßlich dieses Freundschaftsfestes unserer Völker zu begrüßen (…)«[16]

Anmerkungen

1. Rapallo – Modell für Europa?, Köln 1987; Horst Günther Linke: Deutsch-sowjetische Beziehungen bis Rapallo, Köln 1970; Renata Bournazel: Rapallo, ein französisches Trauma, Köln 1976; Stephanie Salzmann: British Reactions to the German-Soviet Treaty of Rapallo. Thesis for the degree of master of philosophy, Cambridge 1990
2. V. Zak: Foreign-Policy Stereotypes, Moskau 1982
3. Das Manuskript der ersten Denkschrift befindet sich im ehemaligen Staatlichen Sonderarchiv (heute: Zentrum für die Aufbewahrung historischer und dokumentarischer Sammlungen) in Moskau im Rathenau-Nachlaß, 634/1/78. Die beiden folgenden Denkschriften sind im Bundesarchiv, Abt. Potsdam, Bestand Reichskanzlei 07. 1, 2476
4. Zitiert nach: Deutschland im Ersten Weltkrieg. Von einem Autorenkollektiv unter der Leitung von Fritz Klein, Berlin 1971, Bd. 1, S. 360
5. Erich Agahd: Großbanken und Weltmarkt, Berlin 1914
6. Rathenau an Excellenz …, 30. 8. 1915, PB, Nr. 29, S. 46/47
7. Rathenau: Tagebuch, S. 197
8. Zentrales Staatsarchiv St. Petersburg, Bestand 1276
9. Rathenau: Tagebuch, S. 221/222
10. Rathenau an Steinbömer, 1. 3. 1918, PB, Nr. 97, S. 173
11. Bundesarchiv Koblenz, NL 48 Rathenau, Nr. 7, Bl. 5
12. Kritik der dreifachen Revolution (1919), GS VI, S. 345f
13. Vgl. Linke: a.a.O., S. 94. Zu den Konsortiumsplänen siehe Linke, passim
14. Rathenau: Tagebuch, S. 269
15. G.M. Krijianowski: The Basis-Plan of Techno-Economic Reconstruction of the USSR (1931), in: Isbrannoje, Moskau 1957, S. 370/371
16. Bundesarchiv Koblenz, NL 48 Rathenau, Nr. 7, Bl. 2

»... ES KAM AUF EINEN MEHR ODER WENIGER NICHT AN«

Der Mord an Rosa Luxemburg und Karl Liebknecht und die Folgen für die Weimarer Republik

HELMUT TROTNOW

Der Mord an Walther Rathenau stand keineswegs am Anfang, sondern eher am vorläufigen Ende einer Serie von politischen Attentaten. Die ersten Jahre der Weimarer Republik waren gekennzeichnet durch zahlreiche politisch bedingte Gewaltanschläge: Emil Julius Gumbel[1] hat 1922 in seinem Buch *Vier Jahre politischer Mord* an die 400 Fälle zusammengetragen. Die Auswahlkriterien seiner Sammlung beschreibt er folgendermaßen: »Ein Fall wurde aufgenommen, falls es sich dabei um eine vorbedachte, gesetzwidrige, durch innerpolitische Motive verursachte Tötung eines namentlich bekannten Deutschen durch einen anderen Deutschen handelte, wobei der Vorgang sich nicht als Massenhandlung, sondern als individuelle Tat qualifizierte«.[2] Die Liste beginnt 1919 mit den Namen von Opfern aus den sogenannten Januarkämpfen in Berlin, als die provisorische Regierung der *Mehrheitssozialdemokraten* (MSPD) Truppen einsetzte, um in der Reichshauptstadt Ruhe und Ordnung wiederherzustellen. Diese Truppen, die zuvor dem Militär des alten Reiches angehört hatten, waren nach der allgemeinen Demobilmachung zum 10. Januar 1919 als *Freikorps* zusammengeblieben oder hatten sich neu formiert.[3]

Der Einsatz dieser Freikorps war rücksichtslos, brutal und blutig. Ausgehend von Berlin dehnten sich die Kämpfe auf Mitteldeutschland, München, auf das Ruhrgebiet und schließlich auf die norddeutschen Städte aus.[4] Mißliebige Politiker wie der Sozialist Kurt Eisner[5] oder Leo Jogiches[6], wurden ebenso umgebracht wie einfache Vertreter von Arbeiter- und Soldatenräten. Gegen Ende von Gumbels Liste finden sich unter den Nummern 353 und 354 die Namen von Matthias Erzberger und Walther Rathenau.

Ziemlich am Anfang dieser Liste finden sich unter den Nummern 8 und 9 die Namen von Rosa Luxemburg und Karl Liebknecht.[7] Die Spartakusführer und Mitbegründer der *Kommunistischen Partei Deutschlands (KPD)* wurden zwei Tage nach dem Einmarsch der Regierungstruppen am 15. Januar 1919 von Angehörigen der *Garde-Kavallerie-Schützendivision (GKSD)* umgebracht. Ihr Tod liegt an der Schnittstelle im Übergangsprozeß vom Kaiserreich zur Republik.[8] Knapp sechs Wochen vorher, am 9. November 1918, war das alte Reich zusammengebrochen und der MSPD-Vorsitzende Friedrich Ebert hatte die Regierungsgeschäfte übernommen. Vier Tage später, am 19. Januar 1919, fanden die Wahlen zur verfassunggebenden Nationalversammlung statt.

Die Umstände des Mordes an Rosa Luxemburg und Karl Liebknecht haben die Weimarer Republik von ihrer Gründung an beschäftigt. Dabei wurden die Tatumstände nie völlig geklärt. Verwunderlich ist dies nicht. Die unmittelbar Beteiligten der GKSD hatten kein Interesse an einer wirklichen Aufklärung. Die Diskussion um die Tat und ihre Umstände gerieten sehr schnell zu einer politisch-ideologischen Konfrontation um die Bewertung der beiden Politiker. Für die Anhänger war es ein glatter Mord, mit dem die führenden Repräsentanten des revolutionären Sozialismus in Deutschland getroffen werden sollten.[9] Die Gegner wiederum sahen die revolutionären Politiker als Opfer ihrer eigenen Politik, die den revolutionären Umbruch propagiert hatte. Am 16. Januar erklärte das Regierungsmitglied Philipp Scheidemann auf einer Veranstaltung in Kassel: »Sie haben Tag für Tag das Volk zu den Waffen gerufen ... Sie sind Opfer ihrer eigenen blutigen Terrortaktik geworden«.[10] Und doch beschlich selbst die Regierung das Gefühl, daß mit dieser Tat eine gefährliche Grenze überschritten worden war. »Es ist Zeit«, mahnte sie eindringlich in einer Stellungnahme, »daß auf allen Seiten die Besinnung wiederkehrt, wenn nicht blinder Fanatismus alle sittlichen und materiellen Werte unseres Volkslebens vernichten soll«.[11]

Der gewaltsame Tod von Rosa Luxemburg und Karl Liebknecht war Mord, geplant und durchgeführt von einer kleinen Gruppe von Offizieren der GKSD. Die GKSD gehörte zu den Freikorps-Truppen, die am 13. Januar 1919 auf Befehl der Regierung in Berlin einmarschierten.[12] Die Division war im Rahmen des allgemeinen Rückzuges nach dem militärischen Zusammenbruch von der Westfront zurückgekommen und hatte ihr Quartier um den 10. Dezember 1918 in Nikolassee zwischen Potsdam und Berlin aufgeschlagen. An ihrer Spitze stand General von Hofmann, der sich wegen eines Herzleidens gezwungen sah, seinem ersten Stabsoffizier, Hauptmann Waldemar Pabst, »völlig freie Hand« zu lassen.

Als im Oktober 1918 die *Oberste Heeresleitung* (OHL) die Forderung nach sofortigen Waffenstillstandsverhandlungen stellte, gelang es Pabst, die Truppe, anders als viele andere Einheiten des alten Heeres, trotz des allgemeinen Zusammenbruchs zusammenzuhalten. Selbst die alten militärischen Umgangsformen wie Grußpflicht gegenüber den Offizieren und das Tragen von Ordens- und Ehrenzeichen wurden in der GKSD fortgesetzt. Pabst weigerte sich, im Gegensatz zur OHL, den Zusammenbruch der militärischen Autorität anzuerkennen. In seinen Erinnerungen berichtet Pabst, daß die OHL am 7. November 1918 alle noch existierenden Frontdivisionen zu einem Gespräch mit General Feldmarschall Hindenburg und General Groener eingeladen hatte. Dort war nach einem Lagebericht der Befehl erteilt worden, »Vertrauens- und Soldatenräte« zu bilden, um die Auflösungserscheinungen im Heer aufzufangen. Pabst nahm an dieser Besprechung nicht teil und setzte auch alles daran, den Befehl in seiner Division nicht umzusetzen. »Mit der Nichtbeachtung dieses Befehls«, gestand er rückblickend, »begann unsere Emanzipation vom soldatischen Bürokratismus.«[13]

Nachdem die GKSD in Nikolassee ihr Lager aufgeschlagen hatte, ging Hauptmann Pabst daran, die Truppe neu zu organisieren. In welche Richtung dabei seine Überlegungen gingen, hatte er bereits im Oktober 1918 bei einem Besuch im Hauptquartier des Kronprinzen geäußert: Aufstellung einer intakten Division und notfalls mit Gewalt Wiederherstellung der Ordnung in Berlin. Die Strategie fast aller Militärführer für die Übergangsphase zur neuen Gesellschaftsordnung beschrieb Groener in seinen Erinnerungen so: »Wir hofften durch unsere Tätigkeit einen Teil der Macht im neuen Staat an Heer und Offizierskorps zu bringen; gelang das, so war der Revolution zum Trotz das beste und stärkste Element des alten Preußentums in das neue Deutschland hinübergerettet.«[14]

Pabst ließ aus ca. 80 Angehörigen der GKSD eine Art Eingreiftruppe bilden. Daneben entwickelte er eine interne politische Schulung für die Truppe. Leiter dieses Propaganda- und Nachrichtendienstes wurde Dr. Fritz Grabowsky[15], ein aktiver Leutnant aus dem Ersten Weltkrieg, Jahrgang 1886, und Sproß einer alteingesessenen jüdischen Familie in Berlin. Die schrille, aggressive Agitation, die im Januar 1919 in den bürgerlichen Zeitungen den Truppeneinmarsch begleitete, war nicht zuletzt sein Werk. Auch die Meldung[16], die am Morgen nach dem Tod von Rosa Luxemburg und Karl Liebknecht erschien und vom »Tod auf der Flucht« beziehungsweise von der »Lynchjustiz« im Falle Luxemburg sprach, stammte von ihm. Wie gut Grabowskys Beziehungen dabei gewesen sein müssen, läßt sich daran ablesen, daß immerhin das *Wolffsche Telegraphen-Bureau* die Nachricht übernahm und so für die angemessene Verbreitung sorgte. Den Inhalt der nach innen gerichteten Propaganda hat Pabst rückblickend folgendermaßen beschrieben: »Ihr habt jetzt über vier Jahre im Felde gestanden und habt Euch gefreut, wenn Ihr im Schützengraben den (französischen oder britischen) Korporal mit einem Kopfschuß erledigen konntet. Der Mann hatte Euch praktisch gar nichts getan. Er verteidigte ebenso wie Ihr nach besten Kräften sein Vaterland. Jetzt aber werdet Ihr in die Zwangslage gebracht, auf deutsche Männer zu schießen, die Euch aber etwas getan haben, denn sie haben Euch, Euer Vaterland zur Zeit in den größten Wirbel gestürzt, von dem wir heut noch nicht wissen, wie er ausgeht.«[17]

Speziell der Nachrichtendienst wurde nach Pabsts Darstellung geschaffen, um über die »gesamte bolschewistische Wühlarbeit« informiert zu sein. Gumbel[18] spricht von rund 110 Spitzeln, die es in der GKSD gegeben haben soll. Die Ausspähungsziele waren in erster Linie die linken Gruppierungen, also die *Unabhängige Sozialdemokratische Partei* (USPD), die *Revolutionären Obleute* – die Organisation der Betriebsräte aus den Berliner Großunternehmen – und schließlich die *Spartakus-Gruppe*, aus der 1918/19 die KPD hervorging. Als örtliche Organisationsbasis dienten die sogenannten Bürgerwehren, die, wie man einer Aufstellung

dieser Wehren[19] vom 18. Januar 1919 entnehmen kann, in verschiedenen Stadtteilen, aber auch im Reichstagsgebäude operierten.
Die ›Spitzel‹ beschränkten sich keineswegs auf die Informationsbeschaffung. Als »Lockspitzel« (Gumbel) war es ihre Aufgabe, demonstrierende Arbeiter und Soldaten zu »revolutionären Aktionen« zu ermuntern. Dies wiederum war dann der willkommene Anlaß für das gewaltsame Einschreiten der Militärs im Namen der Regierung. »Bürgerkriegsähnliche Zustände wurden von Hindenburg und Groener als geeignetes Mittel angesehen, die innenpolitische Konstellation so zu verändern, daß die revolutionären Kräfte in den Hintergrund gedrängt«[20] wurden. Indirekt bestätigt wird diese Einschätzung durch eine zeitgenössische Quelle. Theodor Liebknecht[21], der gemeinsam mit seinem Bruder Karl ein Rechtsanwaltsbüro in Berlin betrieb und nach dem Novemberumsturz als Verteidiger in vielen Prozessen gegen angebliche ›Revolutionäre‹ auftrat, kam aufgrund der dabei gewonnenen Erkenntnisse zu dem Ergebnis, daß diese Lockspitzel »systematisch« den Eindruck zu erwecken suchten, die gewaltsamen Aktionen würden von *Spartakus* ausgehen.[22] Nicht zuletzt dadurch sind die häufigen Besetzungen des *Vorwärts*-Gebäudes zu erklären. Das ehemalige Zentralorgan der SPD war bei den links orientierten Arbeitern und Soldaten verhaßt. Entsprechende ›Lockungen‹ fielen daher auf besonders fruchtbaren Boden. Mehrfach habe er erlebt, so Theodor Liebknecht, daß sein Bruder spontan ins *Vorwärts*-Gebäude gerufen wurde, um angeblich spartakistische Besetzungen wieder aufzulösen.
Der erste Kampfeinsatz der GKSD erfolgte gemeinsam mit anderen Truppenverbänden am 24. Dezember 1918. Hauptmann Pabst übernahm die Leitung der gesamten Operation, dessen Ziel darin bestand, die Besetzung des Schlosses durch die Volksmarine-Division zu beenden und auch den Marstall, Unterkunft dieser Division, zu evakuieren. Die Kämpfe sind als »Blutweihnacht«[23] in die Geschichte eingegangen. Für den Militärexperten Pabst war der Einsatz kein Erfolg. Die Berliner Bevölkerung, angelockt durch den Einsatz schwerer Artillerie im Stadtzentrum, hatte sich nämlich in einer Gefechtspause zwischen die Fronten geschoben und so die Fortsetzung der Kampfhandlungen[24] unmöglich gemacht. Diese Erfahrung hat Pabsts Vorstellungen nachhaltig bestimmt. »Je schärfer die Mittel«, schrieb er später in einem Vermerk zur Auswertung der Berliner Straßenkämpfe, »um so schneller der Erfolg.«[25]
Zu Beginn des Jahres 1919 entwickelte sich dann jene Situation, die zum Einmarsch der um Berlin stationierten Freikorps-Truppen und zu den bürgerkriegsähnlichen Kämpfen führen sollte.[26] Anlaß war die Entlassung des Berliner Polizeipräsidenten Emil Eichhorn, Mitglied der USPD, und seine Ersetzung durch einen MSPD-Vertreter. Dabei ist zu bedenken, daß die USPD-Vertreter wegen der *Weihnachtskämpfe* um Schloß und Marstall aus der Regierung ausgetreten waren. Die geplante Amtsenthebung wurde von den linken Gruppen als ein weiterer Angriff auf die ›politischen Errungenschaften‹ nach dem Zusammenbruch der Monarchie gesehen. Am 5. Januar 1919 kam es deswegen im Stadtzentrum von Berlin zu gewaltigen Protestdemonstrationen, an denen sich mehr als hunderttausend Menschen beteiligten. Doch die Vertreter der verschiedenen Gruppierungen hatten kein konkretes Handlungskonzept, um die revolutionäre Energie in politisches Handeln umzusetzen. Am Ende kam ein dürftiger Aufruf zustande, der indirekt zum Sturz der Regierung aufrief und für den Fall des Umsturzes eine vorübergehende Regierung aus Vertretern der linken Gruppen vorschlug. Unterschrieben war dieser Aufruf von Paul Scholze, einem Vertreter der Revolutionären Obleute, Georg Ledebour und Karl Liebknecht.[27]
Liebknechts eigenmächtiges Handeln führte zu einer heftigen Konfrontation mit Rosa Luxemburg.[28] Die Politikerin kritisierte, daß Liebknecht sich mit ihr und dem engeren Führungskreis nicht bei seiner Entscheidung abgestimmt hatte. Einen Tag später war von der Aktionsbereitschaft der Massen nichts mehr zu spüren. Trotzdem kam es auch diesmal wieder zu spontanen Häuserbesetzungen, vor allem im Presseviertel. Ledebour und die *Revolutionären Obleute* suchten schon am 6. Januar den Kontakt mit der Regierung, um auf dem Verhandlungswege die Aktion zu beenden.[29] Obwohl die beiden *Spartakus*- und KPD-Führer die Aktion nicht in Gang gesetzt hatten, empfanden sie dieses Vorgehen als Verrat und beteiligten sich nicht an den Verhandlungen.
In den Zeitungen begann eine schrille Agitation gegen die beiden *Spartakusführer;* Ende Dezember waren die ersten Aufrufe zur ihrer Ergreifung erschienen.[30] Im Januar 1919 beteiligte sich schließlich auch der *Vorwärts*, das Zentralorgan der SPD, das einst von Wilhelm Liebknecht, dem Vater von

Karl mitbegründet worden war, an dieser Hetze. Am 13. Januar erschien unter dem vielsagenden Titel »Das Leichenhaus« ein Gedicht,[31] das offen zum Mord an Rosa Luxemburg und Karl Liebknecht aufrief. »Viel hundert Tote in einer Reih«, beginnt die letzte Strophe mit der Anspielung auf die vielen Opfer seit dem Umbruch vom 9. November, um dann fortzufahren: »Karl, Rosa, Radek und Kumpanei – es ist keiner dabei, es ist keiner dabei!.«

Der von Hauptmann Pabst organisierte Spitzel- und Nachrichtendienst erwies sich nach dem Einmarsch der GKSD sehr schnell als erfolgreich. Die Festsetzung der beiden Politiker durch Mitglieder der Wilmersdorfer Bürgerwehr erfolgte gegen 19 Uhr in der Wohnung der Familie Marcusson, Mannheimer Straße 43.[32] Wilhelm Moering, einer der Wehrleute, berichtete später im Prozeß gegen die Täter, daß sie einen Hinweis auf angebliche Waffenbestände in der Wohnung erhalten hätten.[33] Beim Eindringen in die Wohnung, so Moering weiter, sei ihnen ein Mann begegnet, der sich als Marcusson ausgegeben habe. »Wir sahen an der Wand Bilder von Liebknecht«, so wörtlich, »die mit dem angeblichen Marcusson große Ähnlichkeit hatten und schritten deshalb zur vorläufigen Festnahme.« Ein Haftbefehl, so bestätigte Moering allerdings im Gericht auf Nachfrage, hatte nicht bestanden. Während Liebknecht dann zur Überprüfung der Identität zur Wache der Bürgerwehr in die nahegelegene Cecilienschule gebracht wurde, nahmen drei weitere Wehrleute die eigentliche Waffensuche in der Wohnung vor. Dabei stießen sie auf eine »verdächtig auffallende« Frau: Rosa Luxemburg. Auch sie wurde daraufhin festgenommen.

Um diese Zeit wurde Karl Liebknecht bereits ins Eden-Hotel transportiert, wo sich seit dem Vormittag das Stabsquartier der GKSD befand.[34] Bevor Pabst Liebknecht zur Vernehmung gegenübertrat, besprach er das weitere Vorgehen mit seinem Adjutanten Hauptmann Heinz von Pflugk-Hartung und seinem Stellvertreter Hauptmann Rühle von Lilienstern. Danach begab sich Pflugk-Hartung zum Quartier der *Marine-Eskadron*, das sich *In den Zelten* im Tiergarten befand. Die Eskadron unterstand der GKSD und wurde von Kapitänleutnant Horst von Pflugk-Hartung geführt, dem Bruder des Adjutanten von Pabst. Dieser wählte dann zur Umsetzung der Tat vier weitere Mitstreiter aus. Allesamt waren sie im Offiziersrang: Oberleutnant zur See Ulrich von Ritgen, Leutnant zur See Bruno Schulze, Leutnant zur See Hermann W. Souchon und Leutnant zur See Heinrich Stiege.

Liebknechts Aufenthalt im Eden-Hotel dauerte gut eine Stunde. Um möglichst wenig Aufsehen zu erregen – die Nachricht von der bevorstehenden Ankunft der berühmt-berüchtigten *Spartakusführer* hatte zu einer regelrechten Pogromstimmung unter den Hotelgästen wie anwesenden Militärs geführt[35] – sollte Liebknecht durch einen Nebeneingang abgeführt werden. Dabei geschah aber etwas nicht Eingeplantes. Der Husar Otto Runge, Mitglied der Wachmannschaft, war von einem Offizier bestochen worden, den verhaßten Politiker beim Verlassen des Hotels »eins zu verpassen«. Beim Niedersetzen im Wagen erhielt Liebknecht von Runge einen Schlag mit dem Gewehrkolben, was eine stark blutende Kopfwunde verursachte. Kurz danach sprang noch ein zweiter Mann mit einer Matrosenmütze auf das Trittbrett des Wagens und schlug dem blutenden Häftling ins Gesicht. Erst dann setzte sich der Transport Richtung Tiergarten in Bewegung, angeblich um Liebknecht ins Moabiter Untersuchungsgefängnis zu bringen. Um diese Nachtzeit war das unbesiedelte Parkgelände menschenleer. Auf der Höhe des Neuen Sees kam es zu einer angeblichen Panne, in deren Verlauf Karl Liebknecht erschossen wurde. Hatte der verletzte Liebknecht wirklich fliehen wollen, wie die Täter später behaupteten, oder hatten sie nur ein Alibi gesucht, um den Häftling zu erschießen? Im Tagebuch des jungen Marineoffiziers Ernst von Weizsäcker hat Gietinger[36] die Antwort gefunden. »Kapitän Leutnant von Pflugk-Hartung war heute im Marinekabinett«, heißt es dort unter dem 16. Januar. Vermutlich wollte sich der Täter im Personalamt der Marine über die wirtschaftlichen Folgen einer möglichen Dienstquittierung erkundigen. »Er erzählte«, heißt es in der Eintragung weiter, »gegen die Verpflichtung absoluter Geheimhaltung, »daß er bei der Überführung Liebknechts in das Gefängnis eine Autopanne im Tiergarten fingierte, Liebknecht dann am Arm nahm, um ihn zu führen, ihn absichtlich losließ, um ihm die Gelegenheit zu einem Fluchtversuch zu geben und nach kurzem Abwenden hinter Liebknecht herschoß; Liebknecht wurde getroffen und von mehreren Schüssen getötet.« Bei der Rückfahrt ins Eden-Hotel lieferte die Transportmannschaft den Leichnam als »unbekannten Toten« an der Rettungswache beim Zoo direkt gegenüber dem Hotel ab, um, wie Pflugk-Hartung später gegenüber dem Gericht erklärte, keine Aufmerksamkeit zu erregen. Sodann meldete er Hauptmann Pabst »Vollzug«. Es war 23.15 Uhr.

Rosa Luxemburg wurde kurz nach 22 Uhr ins Hotel gebracht. Im Gegensatz zu Liebknecht bestritt sie bei der Vernehmung nicht ihre Identität. Auch ihr gegenüber kündigte Pabst die Überstellung nach Moabit ins Untersuchungsgefängnis an. Dieselbe Strategie wie bei Liebknecht war jedoch

Bekanntmachung.

10000 Mk. Belohnung!

Am Mittwoch, den 15. Januar abends, sollten die Festgenommenen **Dr. Karl Liebknecht** und
n **Dr. Rosa Luxemburg** vom Eden-Hotel in das Moabiter Untersuchungsgefängnis mittels Auto
eführt werden.

Dr. Liebknecht ist unterwegs bei einem angeblichen Fluchtversuch in der Nähe des Neuen Sees im Tier-
ten von den Begleitmannschaften erschossen worden. Frau Dr. Luxemburg soll schon beim Verlassen des
n-Hotels aus einer Menschenmenge heraus von unbekannten Personen mißhandelt worden sein, ferner soll
dem Wege von einem Unbekannten, der sich auf das Trittbrett geschwungen hatte, ein Schuß auf sie
egeben sein. Etwas später, in der Nähe der über den Landwehrkanal nach der Hitzigstraße führenden
cke ist sie von Unbekannten aus dem angehaltenen Wagen herausgeholt und verschleppt worden. Näheres
ihren Verbleib ist bisher nicht bekannt geworden; Nachforschungen sind im Gange.

Obige Belohnung wird ausgesetzt für alle Personen, welche sachdienliche, an das unterzeichnete Gericht
Eden-Hotel zu richtende, Angaben machen können

1. über den Vorgang bei dem angeblichen Fluchtversuch des Dr. Liebknecht,
2. zur Ermittelung der Täter, welche Frau Dr. Luxemburg mißhandelt und verschleppt haben,
3. für die Auffindung der Frau Dr. Luxemburg oder ihrer Leiche.

Die Verteilung der Belohnung behält sich die Division unter Ausschluß des Rechtsweges vor.

Gericht der Garde-Kavallerie-Schützen-Division.

Plakat der Garde-Kavallerie-Schützen-Division zur Ermordung von Luxemburg und Liebknecht (Kat.Nr. 6/11)

nicht möglich. Rosa Luxemburg war seit ihrer Geburt gehbehindert. So kam man auf die Idee, die verhaßte Politikerin von einem Unbekannten aus der aufgebrachten Menge erschießen zu lassen. Diese Aufgabe sollte Hermann W. Souchon übernehmen. Doch auch diesmal wieder schlug zuerst Otto Runge zu. Er hatte extra deswegen seine Wachablösung um 23 Uhr abgelehnt. Die kleine schmächtige Frau brach gleich beim ersten Kolbenhieb zusammen. Als sie am Boden lag, erhielt sie einen zweiten Schlag. Danach wurde sie von der Transportmannschaft regelrecht in den Wagen »hineingeschmissen«. Auch der Mann mit der Matrosenmütze wurde wieder aktiv und schlug der Bewußtlosen und Blutenden mehrfach ins Gesicht.

Sowohl das Feldkriegsgericht von der GKSD als auch alle späteren Gerichtsverfahren in diesem Zusammenhang sind immer davon ausgegangen, daß Leutnant a. D. Kurt Vogel, den Pabst zum Transportführer bestimmt hatte, Rosa Luxemburg während der Anfahrt des Transportwagens erschossen habe. Dagegen ist jetzt nachgewiesen worden, daß Souchon tatsächlich am Transport der verhafteten Politikerin dabeigewesen und »mit an hoher Sicherheit grenzender Wahrscheinlichkeit« auch an der Ecke Kurfürstendamm, Nürnberger Straße auf den Wagen gesprungen ist und einen Schuß auf Rosa Luxemburg abgegeben hat.[37] Allerdings bleibt die Frage nach dem tödlichen Schuß. War es Vogel oder Souchon? Eine abschließende Aufklärung ist heute kaum mehr möglich, weil den Ergebnissen der späteren Obduktion nicht vertraut werden kann. Der Körper von Rosa Luxemburg war in den Landwehrkanal geworfen worden und tauchte erst fünf Monate später wieder auf. Als Zeitpunkt des Todes wurde 23.45 Uhr angegeben.

II

Auf den ersten Blick mag es verwunderlich erscheinen, daß sich Pabst seine Mitstreiter aus der Marine-Eskadron geholt hat. Über Personal verfügte er in seinem direkten Stab zur Genüge. Doch die Marineoffiziere waren besonders tatbereit, verläßlich und verschwiegen. Gerade diese Gruppe – die »Elite des Kaisers«[38] – hatte den Zusammenbruch des Reiches als einen besonders schweren Schock empfunden. Schließlich waren es die ihnen unterstellten Matrosen gewesen, die im Oktober 1918 mit ihrem Aufstand bei der Hochseeflotte den Zusammenbruch der Monarchie ausgelöst hatten. »Damals versank mir eine Welt«, bekannte Martin Niemöller[39] seine Gefühle. Viele der Marineoffiziere reagierten mit blankem Haß auf die erlittene Schmach und sannen auf Rache. Ähnlich wie die Oberste Heeresleitung sahen auch sie die wirklichen Ursachen des Zusammenbruchs bei den politischen Linken in der Heimat. »Der kommunistische Feind«, gibt Heinz Höhne in seiner Canaris-Biographie die Vorstellungen des Hauptdarstellers wieder, »hatte heimlich die Flotte unterwandert und sie schließlich mit Hilfe seiner getarnten Helfershelfer an Bord ruiniert«.[40] Jetzt hatten die Marineoffiziere die Chance zur Rache, um die erlittene Schmach zu tilgen.

Vor allem zwei Argumente, die auch Waldemar Pabst in seiner Darstellung[41] hervorhob, standen im Zentrum dieser Ideologie. Das Deutsche Reich, das ›Vaterland‹, habe sich nach dem Zusammenbruch vom 9. November 1918 in einer politischen Notsituation befunden. Mit dem Fall Deutschlands wäre das gesamte christliche Abendland in die Hände des russischen Bolschewismus gefallen. Diese Bedrohung sei durch die

Agitation der Spartakisten mit Rosa Luxemburg und Karl Liebknecht an der Spitze sehr real gewesen. »Liebknecht und Rosa Luxemburg (sind) die Haupthetzer für die Erringung der Macht und den Sieg der Revolution nach dem Moskauer Muster« gewesen. Deshalb hätten sie beseitigt werden müssen. Er gestand ein, daß zu diesem Zweck Mittel angewandt werden mußten, »auch wenn sie nicht immer dem Gesetz entsprachen«.

Die von Pabst aufgeführten Beweggründe offenbaren einerseits einen fatalen Egozentrismus und dokumentieren andererseits einen grotesken Realitätsverlust. Gewiß hat Waldemar Pabst, wie viele seiner Generation, den plötzlichen Zusammenbruch des Kaiserreiches als eine existenzbedrohende Katastrophe empfunden. Aufgrund seiner monarchischen Erziehung als Kadett und Offizier eines Garderegiments dürfte dies besonders schmerzhaft gewesen sein. Der Wegfall der alten Autoritäten durch die Abdankung des Kaisers einerseits und der zumindest teilweise Zusammenbruch der Ordnung im Militär andererseits verursachte ein Vakuum an ideellen Werten, Grundlage jeder Autorität. Hinzu kam das Kriegserlebnis, das vor allem im Schützengraben eine neue Welt hatte entstehen lassen, die sich radikal von der bis dahin gültigen bürgerlich-monarchischen Welt unterschied. »Ich kann nicht nach Hause gehen«, stöhnte der spätere Historiker Friedrich Sieburg in seinen Erinnerungen, »und das alte Leben wieder aufnehmen.«[42]

Nicht zuletzt diese Hilflosigkeit ist es gewesen, die zur Gründung der Freikorps führte, deren Einsatz im Januar 1919 die bürgerkriegsähnlichen Kämpfe im Reich auslöste. Waldemar Pabst schuf sich in dieser Situation sein eigenes Polit-Weltbild. Die bolschewistische Bedrohung existierte nur in seinem Kopf, sie war keineswegs real.[43] Rosa Luxemburg und Karl Liebknecht[44] haben intern sogar erhebliche Vorbehalte gehabt gegenüber dem, was die Bolschewiki nach der Oktoberrevolution in Rußland aufzubauen begannen. Der Grund, weswegen sich die marxistisch-leninistische Geschichtsschreibung in der Sowjetunion und in der DDR mit einer wirklich inhaltlichen Auseinandersetzung mit den Gedanken der beiden KPD-Gründer so schwer tat, ist genau hierin zu suchen. Man berief sich auf ihre Namen, ohne wirklich ihr politisches Handeln und Denken zu benennen.

III

Die Regierung, zum Teil aber auch die ehemalige OHL haben gegenüber den Mördern von Rosa Luxemburg und Karl Liebknecht eine ambivalente Haltung eingenommen. Gustav Noske beispielsweise hat später in seinen Erinnerungen deutlich Vorbehalte zum Ausdruck gebracht. »Daß im Eden-Hotel manches getan und geplant wurde«, heißt es mit Bezug auf Pabst in seinem Buch *Von Kiel bis Kapp*, »was außerhalb des ihm gesteckten Rahmen lag, ist mir nicht unbekannt geblieben«.[45] General Feldmarschall von Hindenburg habe Waldemar Pabst einen ›wilden Mann‹ genannt, wie dieser in seinen Erinnerungen sogar mit einem gewissen Stolz bekennt.

Um so erstaunlicher ist, mit welcher Nachgiebigkeit der Hauptmann und die von ihm gedeckten Täter behandelt wurden. Pabst berichtet,[46] daß es am frühen Morgen des 16. Januar gegen 7 Uhr zu einem Gespräch in der Reichskanzlei gekommen sei. Die Aufforderung der Regierung habe er zunächst abgelehnt; erst als ein entsprechender Befehl von Hindenburg eingetroffen sei, habe er sich einverstanden erklärt. Der Darstellung von Pabst[47] zufolge haben an dem Gespräch neben ihm und seinen beiden direkten militärischen Vorgesetzten, General von Lüttwitz und General von Hofmann auch alle Regierungsmitglieder teilgenommen. Die Aussprache sei »etwas erregt« gewesen. Auf Drängen von Scheidemann und Otto Landsberg sei schließlich eine Untersuchung[48] der Vorgänge vereinbart worden. Allerdings konnte diese nur von einem Feldkriegsgericht durchgeführt werden, da die Regierung es nach dem 9. November verabsäumt hatte, die Militärgerichtsbarkeit abzuschaffen.

Bei der ursprünglichen Planung zum Mord an Rosa Luxemburg und Karl Liebknecht hat Hauptmann Pabst nicht mit einem Gerichtsverfahren gerechnet. Rückblickend kam noch sein Groll über diese Entscheidung zum Vorschein: »Erst durch die Pannen, das Aufsehen in der Öffentlichkeit und das ›Umfallen der Regierung‹ habe man dann die Farce spielen müssen«.[49] Zu den ›Pannen‹ hatte auch das Auftreten des Husaren Runge gehört, dessen Verhalten sich später allerdings sehr vorteilhaft für die Täter im Prozeß auswirken sollte. »Die Kolbenhiebe«, so Pabst rückblickend, »habe er weder veranlaßt noch gutgeheißen«. Ganz im Gegenteil: Er habe sogar Runge deswegen zu sich zitiert und regelrecht »angeschissen«. Die Darstellung zu den Umständen der Tat, wie sie vom *Wolffschen Telegraphen-Bureau* am Morgen des nächsten Tages verbreitet wurde, rief in der Öffentlichkeit sofort Zweifel hervor. Da die *Rote Fahne* der KPD zeitweilig verboten wurde, stellte das USPD-Organ *Freiheit* ihre Spalten zur Verfügung und veröffentlichte die ersten Zeugenaussagen.[50]

Es ist das große Verdienst von Leo Jogiches, über viele Jahre hinweg der Lebenspartner von Rosa Luxemburg und ihr langjähriger politischer Mitstreiter, bereits sehr früh und erstaunlich genau den tatsächlichen Ablauf der Tat und ihre Täter dargestellt zu haben. Sein Beitrag vom 12. Februar 1919[51] wurde kurze Zeit später zu einer kleinen Broschüre der KPD[52] ausgearbeitet. Jogiches zog sich damit den gnadenlosen Haß der Freikorps-Szene zu. Bei den März-Kämpfen 1919 wurde er gefangengenommen und von Wachtmeister Ernst Tamschick im Moabiter Untersuchungsgefängnis bestialisch umgebracht.[53]

Der Prozeß vor dem Feldkriegsgericht der GKSD, der vom 8. bis 14. Mai 1919 im großen Schwurgerichtssaal des alten Moabiter Kriminalgerichts stattfand, war in der Tat eine Farce.[54] Die Täter saßen über ihre Tat zu Gericht. Vorsitzender war der Kriegsgerichtsrat (KGR) Erhard von der GKSD, Beisitzer waren KGR Meyer, ebenfalls von der GKSD, Kapitänleutnant Wilhelm Canaris von der Marinebrigade Loewenfeld[55], der Offiziersstellvertreter und Korpsvertrauensrat der GKSD Ernst sowie der Kürassier Chimilewski vom 4. Kürassier-Regiment. Vertreter der Anklage war KGR Paul Jorns, ebenfalls von der GKSD. Ursprünglich war diese Aufgabe einem Kollegen von Jorns namens Kurtzig[56] übertragen worden. Dieser scheint die Untersuchungen tatsächlich ernsthaft betrieben zu haben. Bereits einen Tag nach dem Geschehen ließ er Pflugk-Hartung, den Führer des Liebknecht-Transportes, nach einem Verhör verhaften.

Um der drohenden Gefahr einer Aufdeckung der tatsächlichen Vorgänge vorzubeugen, erhielt Kurtzig für den Fall ›Rosa Luxemburg‹ den Kollegen Jorns »zur Unterstützung«.[57] Die Zusammenarbeit zwischen Jorns und Pabst scheint dann so gut geklappt zu haben, daß Jorns die gesamte Vertretung der Anklage übernahm. »Jorns«, so Pabst in einem späteren Gespräch, habe den Auftrag gehabt, einen Prozeß »durch ›Zurechtdrehen‹ der Zeugenaussagen zu verhindern«. Der Ankläger Jorns ließ die Angeklagten völlig unbehelligt und verzögerte die Ermittlungen. Unter dem Druck der öffentlichen Berichterstattung[58] über die laxe Behandlung der Angeklagten, mußte Jorns schließlich doch handeln. Als bekannt wurde, daß die Angeklagten permanent Besuch im Moabiter Untersuchungsgefängnis erhielten und einige von ihnen abends sogar im Berliner Vergnügungsviertel[59] um die Tauenzienstraße gesehen wurden, beschwerte sich Jorns beim zuständigen Kommandeur Reinhardt. Dieser dürfte sich allerdings wenig aus dem Anliegen gemacht haben.

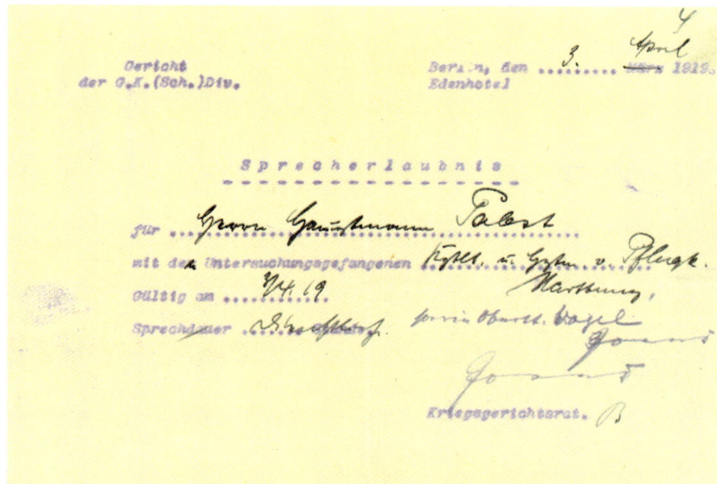
Gericht
der G.K.(Sch.)Div.

Berlin, den 3. April 1919.
Edenhotel

Sprecherlaubnis

für Herrn Hauptmann Pabst

mit den Untersuchungsgefangenen Kptlt. v. Hptm. v. Pflugk-Hartung, [illegible] Oberlt. Vogel

Gültig am 4.4.19.

Sprechdauer [illegible]

Kriegsgerichtsrat.

Sprecherlaubnis für Hauptmann Pabst mit den Untersuchungsgefangenen Pflugk-Harttung und Vogel (Kat.Nr. 6/12)

Als er 1931 im zweiten *Jorns-Prozeß* darauf angesprochen wurde, erklärte er: »Ich habe damals einen Kommandanten für das Zellengefängnis ernannt. Von dem hab ich mir aber ausgebeten, daß mir die Herren (Angeklagten) sehr anständig und ordentlich behandelt würden. Ich habe sie nicht als Mörder angesehen und habe auch Befehl gegeben, daß ihnen abends das Ausgehen ermöglicht würde«.[60]

Laut Titelblatt des Urteils ging es bei der Strafsache um die »Ermordung von Dr. Karl Liebknecht und Rosa Luxemburg.«

Angeklagt sollten ursprünglich zehn Angehörige der GKSD werden. Bei der ersten Aufzählung der Angeklagten im Protokoll sind aber nur neun Namen aufgeführt:

1. Husar Otto Runge
2. Kapitän Leutnant Horst von Pflugk-Hartung
3. Oberleutnant zur See Ulrich von Rittgen
4. Leutnant zur See Heinrich Stiege
5. Leutnant zur See Bruno Schulze
6. Leutnant der Reserve Rudolf Liepmann
7. Hauptmann Heinz von Pflugk-Hartung
8. Oberleutnant a. D. Kurt Vogel
9. Hauptmann der Landwehr I. Franz Wella

Der zehnte Angeklagte, Hermann W. Souchon, kam zum ersten Verhandlungstag zu spät und spielte später in den weiteren Verhandlungen keine Rolle, da er nur mit dem Liebkecht-Transport, an dem er nachweislich nicht teilgenommen hatte, in Verbindung gebracht wurde, nicht aber mit dem Mord an Rosa Luxemburg. Seine Anklage wurde fallengelassen. Husar Runge war der einzige Angeklagte, der nicht im Offiziersrang stand. Wenn er dennoch an erster Stelle der Angeklagtenliste auftaucht, so wird die Strategie von Pabst deutlich, bei deren Umsetzung er die Unterstützung von Jorns und Wilhelm Canaris erhielt, der nach Pabsts eigener Aussage im Hintergrund des Gerichtes die Fäden zog.[61] Runge sollte die Hauptschuld auf sich nehmen, da er ja in aller Öffentlichkeit den später Getöteten schwere Verletzungen beigebracht hatte. Zum anderen konnte dadurch die Aufmerksamkeit im Verfahren von den eigentlichen Fragen abgelenkt werden. Runge, der, wie er später bekannte, von Jorns instruiert worden war mit dem Versprechen, er brauche seine Strafe nicht abzusitzen, spielte die ihm zugedachte Rolle brillant.

Die Strafen fielen erwartungsgemäß niedrig aus und trafen nur zwei aus der neunköpfigen Angeklagtenschar. Runge erhielt zwei Jahre Gefängnis »wegen Wachtvergehens im Felde, wegen versuchten Totschlages in Tateinheit mit gefährlicher Körperverletzung unter Mißbrauch der Waffe«. Oberleutnant a. D. Vogel, der Transportführer im Fall Rosa Luxemburg wurde »wegen erschwerten Wachtvergehens im Felde und Beiseiteschaffen einer Leiche sowie in einem weiteren Falle wegen vorsätzlich unrichtiger Abstattung einer dienstlichen Meldung« zu einer Gesamtstrafe von zwei Jahren und vier Monaten Gefängnis sowie zur Dienstentlassung verurteilt. Alle anderen Angeklagten wurden freigesprochen. Der ›Fall Vogel‹ machte Pabst große Sorgen, denn der Oberleutnant hatte schon beim Mord selbst Nerven gezeigt und damit Indizien heraufbeschworen, die schließlich zu seiner Verurteilung führen mußten. Da die Gefahr bestand, daß er ›auspacken könnte‹, mußte er in Sicherheit gebracht werden. Diese Aufgabe übernahm Canaris. Drei Tage nach Prozeßende holte er mit falschen Papieren für sich und Vogel den Verurteilten aus dem Gefängnis und brachte ihn nach Holland. Kurios ist, daß der USPD-Reichstagsabgeordnete Oscar Cohn bereits am 14. Mai das Kriegsministerium und die Reichskanzlei von einem solchen Vorhaben informiert hatte. Die Behörden mußten unter dem Druck der Presseberichterstattung so tun, als würden sie die Auslieferung Vogels betreiben. Es sammelte sich auch umfangreiches Aktenmaterial an,[62] doch konkret entschieden wurde ganz anders. Am 8. März 1920, knapp eine Woche vor dem sogenannten Kapp-Putsch bestätigte der damals zuständige Reichswehrminister Gustav Noske das Urteil[63] und verhinderte damit jede Möglichkeit, das Verfahren wieder aufzunehmen.

Die Karriere des Anklägers im weiteren Verlauf der Weimarer Republik ist durch dieses Verfahren des Feldkriegsgerichts vor der GKSD nicht beeinträchtigt worden. Ganz im Gegenteil. Im Jahre 1925 wurde Paul Jorns als Reichsanwalt in eines der höchsten juristischen Ämter berufen. Drei Jahre später war jedem in der Republik klar, welcher Versäumnisse sich der Jurist im Fall Luxemburg-Liebknecht schuldig gemacht hatte.[64] Der Journalist Berthold Jacob nämlich verfaßte unter Pseudonym in der Zeitschrift *Das Tagebuch* einen Artikel mit der Überschrift »Kollege Jorns«, in dem schwere Vorwürfe erhoben wurden. Der Reichsanwalt mußte juristisch einschreiten, wollte er seinen Ruf wahren. Der von ihm angestrengte Beleidigungsprozeß gegen den Herausgeber der Zeitschrift und den zunächst noch anonymen Autor wurde zu einem Medienereignis der Jahre 1928 bis 1930. Dank einer genialen Strategie des Anwaltes Paul Levi,[65] der die Angeklagten verteidigte, wurde aus dem Beleidigungsprozeß ein Prozeß gegen »Paul Jorns« und dessen Vorgehen im Prozeß gegen die Mörder von Luxemburg und Liebknecht. Levi war für diese Aufgabe geradezu geschaffen. Als enger Mitstreiter von Rosa Luxemburg, der sie auf ihrem politischen Lebensweg seit 1912 begleitet hatte, war er 1918/1919 an der Gründung der KPD direkt beteiligt gewesen. Nach dem Tode der prominenten Führer hatte er als deren Nachfolger das Amt des Parteivorsitzenden übernommen. Wegen der kurz danach einsetzenden Bolschewisierung in der KPD verließ er allerdings die Partei und schloß sich später wieder der SPD an, die er auch im Reichstag vertrat. Sein Engagement in diesem Fall war so groß, daß er während der Berufungsverhandlung trotz ärztlicher Warnungen weiterarbeitete und am 9. Februar 1930 aufgrund immer noch ungeklärter Umstände aus dem Fenster seiner Wohnung am Landwehrkanal stürzte – unweit jener Stelle, an der Rosa Luxemburg in jener Nacht vom 15. Januar

Wahlplakat der KPD, um 1920

1919 von ihren Mördern ins Wasser geworfen worden war.
In penibler Kleinarbeit wies Levi nach, wie sehr der damalige Kriegsgerichtsrat die Mörder zu decken, die Ermittlungen zu verzögern und die Sachzusammenhänge zu verschleiern versucht hatte. Nicht umsonst wurde später immer nur vom *Jorns-Prozeß* gesprochen. Höhepunkt des Verfahrens war Levis Plädoyer, das Carl von Ossietzky[66] eine Rede von »wahrhaft dantonischem Format« genannt hat und dessen Inhalt im Gerichtssaal Anwesende noch fünfzig Jahre später teilweise wörtlich wiedergeben konnten. Das übergreifende Motto des Plädoyers war der »Sündenfall« der Justiz in der Weimarer Republik. »Das war der erste Fall«, so Levi wörtlich, »in dem Mörder mordeten und wußten, die Gerichte versagen«. Da Levi auch Reichstagsabgeordneter war, nutzte er 1929 die Debatte zum Etat des Justizministers, um auf den Fall Jorns aufmerksam zu machen. In der ersten Instanz wurde der angeklagte Journalist freigesprochen. Die Berufungsverhandlung dagegen brachte eine Geldstrafe. Jorns hatte die ihm genehmen Kollegen auf den Richterbänken gefunden. Jorns blieb im Amt und stieg sogar im NS-Staat zum leitenden Staatsanwalt[67] beim Volksgerichtshof auf.

IV

Der Mord an Rosa Luxemburg und Karl Liebknecht hat die Entwicklung der Weimarer Republik erheblich belastet. Schon vor der eigentlichen Gründung der Republik blieb das Recht auf der Strecke. Wie sollte da die Bevölkerung ein Vertrauen in die Autoritäten des neugegründeten Staates[68] entwickeln? Die Täter dagegen, die diese Tat geplant und umgesetzt hatten, mußten zwangsläufig den Eindruck gewinnen, daß ihre Tat nicht nur toleriert, sondern regelrecht gewollt gewesen ist. Nur eben laut und öffentlich wollte das von den politisch Verantwortlichen niemand sagen. Dabei entwickelten die Täter bei der Planung und Durchführung ihrer Tat jene Schemata und Techniken, die später noch vielfach kopiert werden sollten. Hier entstand jenes Organisationsmodell, das künftig bei illegalen Aktionen genutzt werden konnte. Die Vorbereitung der Pressekampagnen, um die Öffentlichkeit einzustimmen oder die Zusammenarbeit mit den staatlichen Instanzen von Militär, Polizei und Justiz, die Beseitigung von Spuren, die Flucht der Täter, all das spielte auch später bei ähnlichen Aktivitäten eine Rolle. Und schließlich kam noch ein weiteres Moment hinzu: Die Bereitschaft zur Gewaltanwendung als Problemlösung war im Ersten Weltkrieg geboren worden und zog sich wie ein roter Faden durch die Geschichte der Weimarer Republik. Als Liepmann[69] zehn Jahre nach dem Mordfall im *Jorns-Prozeß* die damaligen Ereignisse beschreiben sollte, sagte er: »Wir hatten vier Jahre einander getötet, es kam auf einen mehr oder weniger nicht an.« Die Öffentlichkeit der Weimarer Republik gewöhnte sich daran, daß Gewalt zum tolerierten Mittel der Politik wurde.

Anmerkungen

1. Emil Julius Gumbel: Vier Jahre politischer Mord, Berlin 1922
2. Ebd., S. 5
3. Zur Geschichte der Freikorps siehe Hagen Schulze: Freikorps und Republik 1918 – 1920, Boppard a. Rhein 1969
4. Die eindrucksvollste Darstellung dieser Kämpfe ist immer noch: Illustrierte Geschichte der Deutschen Revolution, Internationaler Arbeiter-Verlag, Berlin 1929, insbesondere die Seiten 267 ff und 311 ff. Allgemein zur Novemberrevolution siehe die Arbeiten von Gerhard A. Ritter und Susanne Miller (Hg.): Die Deutsche Revolution 1918/19, Dokumente, Hamburg 1975; Reinhard Rürup: Probleme der Revolution in Deutschland 1918/19, Wiesbaden 1968 und Ulrich Kluge: Die Deutsche Revolution 1918/19, Staat, Politik und Gesellschaft zwischen Weltkrieg und Kapp-Putsch, Frankfurt a.M. 1985
5. Zum Tod von Eisner siehe Heinrich Hillmayr: Roter und Weißer Terror in Bayern nach 1918. Ursachen, Erscheinungsformen und Folgen der Gewalttätigkeiten im Verlauf der revolutionären Ereignisse nach dem Ende des Ersten Weltkrieges, München 1974, S. 36 ff. Dort auch Hinweise auf die weitere Literatur
6. Zur Biographie von Jogiches siehe Feliks Tych: Leo Jogiches Kritik an der bolschewistischen Partei, und Ulrich Cartarius: Leo Jogiches-Tyszka als Mensch und Politiker in Deutschland. Mit zehn unbekannten Briefen« in Intern. Wiss. Korrespondenz zur Geschichte der Deutschen Arbeiterbewegung (IWK) 27. Jhg., September 1991, Heft 3, S. 303 ff und 314 ff
7. Gumbel: Vier Jahre, S. 73 ff
8. Zum allgemeinen historischen Hintergrund siehe die neuere Gesamtdarstellung bei Hans Mommsen: Die verspielte Freiheit. Der Weg der Republik von Weimar in den Untergang 1918 bis 1933 (Propyläen Geschichte Deutschlands, Bd. 8), Frankfurt a.M./Berlin 1989
9. Siehe die Darstellung in: Illustrierte Geschichte der Deutschen Revolution, S. 292 ff
10. Zitiert nach: Der Mord an Rosa Luxemburg und Karl Liebknecht. Dokumentation eines politischen Verbrechens. Elisabeth Hannover-Drück und Heinrich Hannover (Hg.), Frankfurt a.M. 1967, S. 62
11. Ebd., S. 44. Die Erklärung wurde erstmals am 17. Januar 1919 vom Wolffschen Telegraphen-Bureau veröffentlicht. Der Text ist auch abgedruckt in: Schulthess Europäischer Geschichtskalender, Neue Folge, 35. Jg. 1919. Wilhelm Stahl (Hg.), München 1923, S. 12
12. Siehe: Darstellungen aus den Nachkriegskämpfen deutscher Truppen und Freikorps. Bd. 6: »Die Wirren in der Reichshauptstadt und im nördlichen Deutschland 1918–1920«, Berlin 1940, S. 73 ff
13. Der Nachlaß von Waldemar Pabst, aus dem ich hier zitiere, befindet sich im Bundesarchiv-Militärarchiv (BA-MA) Freiburg unter der Findnummer N 620. Schwerpunkt des Nachlasses für das hier behandelte Thema ist einmal ein Memoirenfragment (N 620 / V) und zum anderen ein Tonbandinterview. Es handelt sich dabei um den Mitschnitt eines Vortragsgesprächs, das Pabst am 17. Februar 1966 vor einem Auditorium von Angehörigen der Bundeswehr geführt hat. Die Findnummer des Originaltonbands lautet N 620 / 56. Das Deutsche Histori-

sche Museum besitzt Kopien dieses Tonbandes. Für die Überlassung dieser Kopien möchte ich Herrn Oberstleutnant Dr. Hans-Heinrich Schmidt herzlich danken.

14. Wilhelm Groener: Lebenserinnerungen. Jugend, Generalstab, Weltkrieg, Friedrich Freiherr Hiller v. Gaertringen (Hg.), Göttingen 1957, S. 468 f

15. Siehe die detaillierten Angaben bei Klaus Gietinger: »Nachträge betreffend Aufklärung der Umstände, unter denen Frau Dr. Rosa Luxemburg den Tod gefunden hat«, in: IWK 28/3, 1992, S. 334, Anm. 139

16. Die Meldung ist vollständig abgedruckt in: Schulthess Europäischer Geschichtskalender, S. 11 unter dem 15. Januar

17. Das Zitat stammt aus dem Vortragsgespräch; siehe Anm. 13

18. Gumbel: Vier Jahre, S. 50

19. Restakten der Garde-Kavallerie-Schützendivision, BA-MA, PH 8 V/27. Nachlaß Pabst

20. Ulrich Kluge: Soldatenräte und Revolution. Studien zur Militärpolitik in Deutschland 1918/19, Göttingen 1975, S. 239

21. Theodor Liebknecht (1870–1948) war der älteste Sohn von Wilhelm Liebknecht, der gemeinsam mit August Bebel zu den Gründungsvätern der politischen Arbeiterbewegung in Deutschland gehört. Nach dem Tode seines Bruders Karl wurde er ebenfalls politisch aktiv, allerdings nicht in der KPD sondern der USPD. Siehe den Nachruf von Ernst Krumpf: »Theodor Liebknecht ist tot«, in: Geist und Tat. Monatsschrift für Recht und Kultur 3, Hamburg (1948), S. 129 f und die Angaben in: Atie van der Horst/Elly Koen (Ed.): Guide to the International Archives and Collections at the IISH, Amsterdam, International Institute of Social History, Amsterdam 1989, S. 98

22. Im Nachlaß von Theodor Liebknecht befindet sich auch das Manuskript seiner Erinnerungen unter dem Titel »Wahrheit, Freiheit, Frieden, Brot« aus dem Jahre 1944

23. Die Hintergründe und Zusammenhänge dieser Kämpfe werden eingehend dargestellt bei Kluge: Soldatenräte, S. 262 ff

24. So Pabst in seinem Vortragsgespräch; siehe Anm. 13. Vergleiche auch die Darstellung in: Illustrierte Geschichte, S. 257

25. Siehe Restakten der Garde-Kavallerie-Schützendivision, PH 8 V/28

26. Siehe die zeitgenössische Quelle Emil Eichhorn: Über die Januar-Ereignisse. Meine Tätigkeit im Berliner Polizeipräsidium und mein Anteil an den Januar-Ereignissen, Berlin 1919. Zum Forschungsstand vgl. Schulze: Freikorps, S. 72 ff und Kluge: Soldatenräte, S. 260. Mit Blick auf Gustav Noske faßt die neuere Forschung zusammen Wette: Gustav Noske. Eine politische Biographie, Düsseldorf 1987, S. 289–321

27. Der Wortlaut des Dokuments ist abgedruckt in Ernst Rudolf Huber (Hg.): Dokumente zur deutschen Verfassungsgeschichte, Stuttgart et al., Bd. 3, Nr. 61, S. 51. Faksimiliert findet sich das Dokument auch in Illustrierte Geschichte, S. 272. Nach Ursula Ratz: Georg Ledebour 1850–1947. Weg und Wirken eines sozialistischen Politikers, Berlin 1969, S. 192 ff befindet sich das Original dieses Dokumentes im Landesarchiv Berlin bei den Akten des Generalstaatsanwaltes bei dem Landgericht, Rep. 58 Acc. 399 Nr. 466: Staatsanwaltschaft bei dem Landgerichte I Berlin. Akten in der bei dem Schwurgericht anhängigen Strafsache gegen Ledebour u. Gen. wegen Aufruhrs p.p., Bd. 2, Bl. 85

28. Siehe dazu meine Darstellung in Karl Liebknecht. Eine politische Biographie, Köln 1980, S. 282 ff. Dort auch weitere Quellenangaben

29. Zu Ledebours Rolle siehe Ratz: Georg Ledebour, S. 196

30. Siehe Illustrierte Geschichte, S. 292 f und Wette: Gustav Noske, S. 312 f. Dort auch weiterführende Literaturangaben

31. Das Gedicht von Artur Zickler ist vollständig abgedruckt in Berlin: Die deutsche Revolution, S. 314. Nach dem Mord an den Politikern brachte der Vorwärts eine »bereuende« Erklärung Zicklers. Siehe dazu Nettl: Rosa Luxemburg, S. 731, Anm. 80

32. Ich folge hier im wesentlichen der Darstellung von Gietinger, die auf einer Auswertung der kompletten Akten des Feldkriegsgerichts der GKSD beruht. Die Akten befinden sich im BA-MA unter der Findnummer PH 8V/Bd. 12–17 und Bd. 5. Auszüge aus diesen Akten sind wiedergegeben in: Der Mord, Anm. 10

33. BA-MA PH 8V/Bd. 13

34. Die Angaben von Waldemar Pabst in seinem Memoirenfragment, siehe Anm. 13, S. 64

35. Siehe die sehr anschauliche Beschreibung durch den Anwalt der Angeklagten Dr. Fritz Grünspach in seinem Plädoyer. BA-MA PH 8V/Bd. 17, S. 990

36. Leonidas Hill (Hg.): Die Weizsäcker-Papiere 1900–1932, Bd. I, Berlin et al. 1982, S. 325. Peter Nettl: Rosa Luxemburg, Köln/Bonn 1968, S. 67

37. Gietinger: Nachträge, S. 350 ff

38. Holger H. Herwig: Das Elitekorps des Kaisers, Hamburg 1977, S. 59 ff

39. Martin Niemöller: Vom U-Boot zur Kanzel, Berlin 1934, S. 210

40. Heinz Höhne: Canaris. Patriot im Zwielicht, München 1976, S. 23. Wette: Gustav Noske, S. 243 ff. beschreibt diesen Prozeß sehr anschaulich am Beispiel des späteren »Freikorps Loewenfeld«, dem auch Canaris angehörte

41. Siehe seine Aussagen im Vortragsgespräch, siehe Anm. 13

42. Friedrich Sieburg: Es werde Deutschland, Frankfurt a.M. 1933, S. 20ff. Vergleiche jetzt auch die Arbeit von George L. Mosse: Gefallen für das Vaterland. Nationales Heldentum und namenloses Sterben, Stuttgart 1993

43. Siehe dazu auch die Diskussion bei Wette: Gustav Noske, S. 315 ff und die von Dr. Günter Roth, dem Amtschef des Militärgeschichtlichen Forschungsamtes, Freiburg, verfaßte »Einführung des Herausgebers«, ebd., S. 5 ff

44. Zu Rosa Luxemburg siehe den Aufsatz von Feliks Tych: »Ein unveröffentlichtes Manuskript von Rosa Luxemburg zur Lage in der russischen Sozialdemokratie (1911)« und von demselben Autor die Dokumentation »Drei unbekannte Briefe Rosa Luxemburgs über die Oktoberrevolution«. Beide Publikationen finden sich in der IWK, 27. Jhg., Heft 3, September 1991, S. 339 ff und S. 357 ff. Zu Karl Liebknecht siehe meinen Aufsatz »Karl Liebknecht und die russische Revolution. Ein unveröffentlichter Diskussionsbeitrag Karl Liebknechts zu Karl Radeks Rede auf dem Gründungsparteitag der KPD 1918/19«, Archiv für Sozialgeschichte, Bd. XIII, Bonn – Bad Godesberg 1973, S. 379 ff

45. Gustav Noske: Von Kiel bis Kapp. Zur Geschichte der deutschen Revolution, Berlin 1920, S. 199
46. Siehe die Darstellung bei Gietinger: Nachträge, S. 333. Das folgende Zitat ebd.
47. Nach Memoirenfragment und Vortragsgespräch, siehe Anm. 13
48. Siehe die Erklärung der provisorischen Regierung vom 17. Januar 1919; abgedruckt in: Schulthess Europäischer Geschichtskalender, S. 12
49. So seine Aussagen im Vortragsgespräch, siehe Anm. 13
50. Siehe dazu die Einleitung in: Der Mord an Rosa Luxemburg, S. 13 ff
51. Die Rolle Jogiches bei der Aufklärung der Tatumstände ist ausführlich beschrieben bei Nettl: Rosa Luxemburg, S. 736 ff und »Mathilde Jacob: Von Rosa Luxemburg und ihren Freunden im Krieg und Revolution 1914–1919. Hrsg. und eingel. von Sibylle Quack und Rüdiger Zimmermann«, IWK, 24/4, 1988, S. 498 ff. Der Beitrag in der Roten Fahne ist auszugsweise abgedruckt in: Der Mord an Rosa Luxemburg, S. 51 ff
52. Der Meuchelmord an Karl Liebknecht und Rosa Luxemburg (Tatsachenmaterial), hg. von der Kommunistischen Partei Deutschlands (Spartakusbund), Berlin 1919
53. Nettl: Rosa Luxemburg, S. 741 und Mathilde Jacob: Von Rosa Luxemburg ..., S. 499
54. Die Akten des Feldkriegsgerichtes galten lange Zeit als verlorengegangen. Siehe: Der Zentralrat, S. 652, Anm. 3. Laut Gietinger wurden sie 1966 von dem Historiker Josef Wulff wiederentdeckt und dem Süddeutschen Rundfunk Stuttgart für eine geplante Fernsehdokumentation zur Verfügung gestellt. Das Wortprotokoll der Hauptverhandlung befindet sich im BA-MA, PH 8V/Bd. 12–17. Hinzu kommen die »Untersuchungsakten« des Gerichts der Reichswehrbrigade III (der Nachfolgeorganisation der GKSD ab März 1919) gegen den Husaren Otto Runge vom Husarenregiment 8 und Genossen wegen versuchten Mordes p.p., Sig. PH 8V/8, die Untersuchungsakten des Gerichts des Garde-Kavallerie-Schützen-Korps (seit Februar 1919 war die Division in ein Korps umbenannt worden), Sig. PH 8V/11 sowie die Handakten des Oberstaatsanwalts beim Landgericht II, Berlin, Sig, PH 8V/25.
55. Zur Entwicklung der Marinebrigade Loewenfeld siehe Wette: Gustav Noske, S. 243. Demzufolge entstand der Kontakt zwischen Canaris und Pabst Anfang Dezember 1918, als sich Canaris wegen der Gründung der Marinebrigade als »Freikorps« in Berlin aufhielt. Noske, der Canaris aufgrund seiner Gouverneurszeit in Kiel kennengelernt hatte, befürwortete die Gründung
56. Gietinger: Nachträge, S. 335
57. Siehe das bei Gietinger: Nachträge, S. 365 f. abgedruckte Gedächtnisprotokoll von Dieter Ertel nach einem Gespräch mit Waldemar Pabst. Dort auch die weiteren Zitate
58. Siehe die Auswahl in: Der Mord an Rosa Luxemburg, S. 35 ff
59. Siehe die Aussagen von Rudolf Liepmann, einer der Angeklagten, im späteren Jorns-Prozeß; zitiert nach: Der Mord an Rosa Luxemburg, S. 139 f sowie die Auszüge aus Levis Plädoyers, ebd., S. 153 f. Jorns Schreiben befinden sich in den Handakten des Oberstaatsanwalts, PH 8V/25
60. Siehe den Abdruck der Zeugenvernehmung Reinhardts im Jorns-Prozeß; Der Mord an Rosa Luxemburg, S. 175
61. Siehe das Gedächtnisprotokoll von Dieter Ertel in: Gietinger: Nachträge, S. 366
62. Zu den Akten betreffs Verfolgung des Oberleutnant Vogel siehe BA-MA PH 8V/Bd. 19–22. Weitere Aktenbestände finden sich im Landesarchiv Berlin, Rep. 85, Nr. 75
63. Gietinger: Nachträge, S. 349
64. Siehe den Abschnitt »Der Jorns-Prozeß« in: Der Mord an Rosa Luxemburg, S. 133 ff
65. Siehe Sibylle Quack: Geistig frei und Niemandes Knecht, Paul Levi – Rosa Luxemburg. Politische Arbeit und persönliche Beziehung, Köln 1983, S. 25 ff
66. Zitiert nach ebd., S. 32
67. Siehe die biographischen Angaben bei Gietinger: Nachträge, S. 335, Anm. 148
68. Vergleiche hierzu den lesenswerten Essay von Dieter Langewiesche: Republik und Republikaner. Von der historischen Entwertung eines politischen Begriffs, Essen 1993
69. Zitiert nach: Der Mord an Rosa Luxemburg, S. 139

MÄRTYRER DER REPUBLIK

Zu den Hintergründen des Mordanschlags vom 24. Juni 1922

MARTIN SABROW

Das Attentat auf den deutschen Außenminister Walther Rathenau am 24. Juni 1922 zählt zu den spektakulärsten Ereignissen der Weimarer Republik. Walther Rathenau war der Mann, der die Hoffnungen auf den politischen Wiederaufstieg Deutschlands weit über den Kreis der Republikanhänger hinaus verkörperte. Beispiellos war der Schock, den der Anschlag im Land und in der Welt auslöste, einzigartig in der Geschichte der Weimarer Republik die nach Millionen zählende Beteiligung an den Trauerkundgebungen und Protestdemonstrationen, unerhört schließlich die Anteilnahme an der fieberhaften Jagd nach den Mördern Rathenaus quer durch Deutschland. Als im Oktober 1922 den Mittätern, deren man hatte habhaft werden können, der Prozeß gemacht wurde, sprengte der Andrang alles Dagewesene; es gab keine große Zeitung im Reich, die nicht einen eigenen Korrespondenten zur Verhandlung in Leipzig entsandt hätte, und nur wenige, die den Gang des Verfahrens nicht in spaltenlangen Wortprotokollen wiedergegeben hätten.

Das Interesse am Rathenaumord überdauerte die Weimarer Republik und reicht bis in die Geschichte der Bundesrepublik. Rathenaus Tod wurde Gegenstand von Romanen, Drehbüchern, Bühnenstücken, Hörspielen und jüngst einer Oper; gleich ein halbes Dutzend an der Tat Beteiligter trat zwischen 1930 und 1951 mit mehr oder minder gefärbten Schilderungen hervor. Einer von ihnen, Ernst von Salomon, avancierte in Sachen Rathenau gar vom Mordgehilfen zum Bestsellerautor.

Nichts erwies sich in dieser langen Zeit anziehungskräftiger als der Umstand, daß trotz aller juristischen Bemühungen der Hergang der Tat nie befriedigend geklärt werden konnte. Dunkel blieb in allen Prozessen, ob die Täter alleinverantwortlich gehandelt hatten oder ob sie als das bloße Werkzeug anonymer Hintermänner, ja vielleicht einer hinter ihnen stehenden politischen Organisation gedient hatten. Ebensowenig wurde je eine klare Antwort auf die Frage nach dem Motiv der Tat gefunden. Leitete fanatischer Antisemitismus die Täter oder Haß auf den Erfüllungspolitiker? Oder gab es ganz andere Motive? Die späteren Memoiren einiger Mordhelfer gaben hier keine Antwort, und damit war das weite Feld der Spekulation frei.

Auch die historische Forschung hat die Hintergründe des Anschlags lange Zeit nicht klären können. Noch immer dominieren widersprüchliche und vielfach ungenaue Tatdarstellungen, die zumeist unkritisch auf Ernst von Salomons Angaben in »Die Geächteten«[1] und in »Der Fragebogen«[2] zurückgehen und in die ungewollt das Interesse dieses Autors an der Verschleierung gerade der entscheidenden Tatumstände einfließt. Eine vollständige Aufhellung des Rathenaumordes und der Gründe seiner oft absichtsvollen Entstellung ist an dieser Stelle nicht möglich.[3] Statt dessen werde ich zuerst das Geschehen am Tage des Anschlags selbst rekonstruieren und anschließend festzustellen suchen, ob erstens das Attentat das Ergebnis eines organisierten Mordkomplotts war, und zweitens, aus welchem Motiv heraus es verübt wurde.

I

Am 24. Juni, einem regnerischen Sonnabend, lag eine anstrengende Woche hinter Rathenau, die von der Reichstagsdebatte um die deutsche Reparationspolitik beherrscht worden war. Der Außenminister hatte sich gegen die zu erwartende Kritik von rechts zu wappnen versucht und die Verteidigung der von ihm betriebenen Verständigungspolitik mit scharfen Angriffen gegen die Entente verbunden, deren Besatzungsbehörden im Saarland »das typische Bild einer Fremdherrschaft« böten.[4] Davon ungerührt nutzte der Deutschnationale Karl Helfferich, der in den Jahren zuvor schon Matthias Erzberger mit einer gnadenlosen Kampagne überzogen und zum Rücktritt vom Amt des Finanzministers gezwungen hatte, die Reichstagsdebatte vom 23. Juni 1922 zu einer Generalabrechnung mit Rathenau und den »Leidenswege(n) der Politik der Erfüllung«.[5]

In einer von Tumultszenen begleiteten Reichstagsrede forderte er, die Regierung für ihre »verbrecherische Politik«, die für die Geldentwertung gesorgt, den Mittelstand zermalmt und das deutsche Volksvermögen an das Ausland ausgeliefert habe, vor Gericht zu stellen.[6] Der Angriff zeigte Wirkung: Noch am Abend dieses 23. Juni suchte Rathenau den Schulterschluß mit seinem langjährigen wirtschaftspolitischen Gegenspieler auf der Rechten, Hugo Stinnes. In einer Besprechung, die sich bis weit in die Nacht hinzog, gab

Karl Helfferich (Kat.Nr. 7/23)

Rathenau seine bisherige Politik des Ausgleichs mit den Alliierten selbst verloren und wurde sich mit Stinnes einig, daß die deutschen Zahlungen an die Entente demnächst eingestellt und die Reparationsfragen endgültig vom Tisch kommen müßten.[7] Offenbar plante der Außenminister einen grundsätzlichen außenpolitischen Kurswechsel. Als er am Morgen des 24. Juni 1922 auf die Straße trat, um sich von seinem Chauffeur zu einer Attachéprüfung ins Auswärtige Amt fahren zu lassen, drehte er auf der Schwelle seines Hauses noch einmal um und notierte auf einer Zeitung, die auf seinem Schreibtisch lag: »Unerfüllbar ...«.[8]
Als er abermals seine Villa in der Koenigsallee verließ, um in den Fond des bereitstehenden Wagens zu steigen, warteten die Attentäter in einer Nebenstraße schon darauf, daß der Minister stadteinwärts zum Außenministerium in der Wilhelmstraße fahren würde. Sie ahnten nicht, daß der als »Erfüllungspolitiker« Geschmähte soeben auf die Linie seiner konservativen Kritiker eingeschwenkt war. Ebensowenig wußten sie, die aufgrund eines Defektes an ihrem Auto eben erst ihren Beobachtungsposten vor der Koenigsallee eingenommen hatten, daß Rathenau ursprünglich schon früher hatte aus dem Haus gehen wollen und nur durch seine nächtliche Auseinandersetzung um die zukünftige deutsche Reparationspolitik bewogen worden war, den für zehn Uhr bestellten Chauffeur eine halbe Stunde später vorfahren zu lassen. Erst recht wußten sie nicht, daß die Polizei ihre Spur schon aufgenommen hatte, weil zwei Tage zuvor einer ihrer Helfershelfer in Hamburg wegen eines Sprengstoffanschlags gegen den kommunistischen Bürgerschaftsabgeordneten Ernst Thälmann festgenommen worden war und ein Teilgeständnis abgelegt hatte, mit dem die Hamburger Polizei zu diesem Zeitpunkt allerdings noch nichts anzufangen vermochte.[9] Mit Recht aber setzten sie darauf, daß der Minister trotz der regnerischen Witterung bei offenem Verdeck fahren und auf seinem Rücksitz ein bequemes Ziel abgeben würde.
Trotz seines sorglosen Verhaltens wußte Rathenau durchaus um die Gefahr, in der er schwebte. Seit er, der schon seit Jahren Zielscheibe konservativer und rechtsradikaler Angriffe war, nach dem gescheiterten Kapp-Lüttwitz-Putsch im Mai 1920 mehr und mehr in politische Verantwortung rückte und im Jahr darauf zusammen mit Reichskanzler Wirth die »Erfüllungspolitik« als Weg eines Ausgleichs mit den Siegermächten kreierte, steigerte sich die Ablehnung in der rechtsgerichteten Publizistik zu erbittertem Haß. Was die konservative Presse lieber zwischen den Zeilen andeutete, verbreitete die völkische Agitation mit einer Schwemme von Klebezetteln und Flugblättern gänzlich ungehemmt: daß mit Rathenau das internationale Judentum, die »dreihundert Weisen von Zion« an die Macht gelangt seien, um das Reich zu verderben und den Feindstaaten ans Messer zu liefern.[10]
Bis zum Frühsommer 1922 war es nicht nur bei verbalen Angriffen und Drohungen geblieben. Die Politische Abteilung des Berliner Polizeipräsidiums hielt den Minister schon Anfang des Jahres für so gefährdet, daß sie ihm anriet, einen Revolver bei sich zu tragen; zwei Beamte wurden zu seinem ständigen Schutz bereitgestellt.[11] Rathenau allerdings suchte sich ihrer nach Möglichkeit

zu entledigen und fuhr auch am 24. Juni ohne polizeiliche Begleitung ins Amt, obwohl ihm zugetragen worden war, daß sein Leben in Gefahr sei. Reichskanzler Wirth selbst hatte wenige Wochen vor dem Anschlag seinem Außenminister von der Warnung eines Berliner Priesters erzählt, dem ein Mann offenbart habe, daß er ausgelost sei, Rathenau zu ermorden. »Meine Mitteilung«, so erinnerte sich Wirth später, »machte auf Minister Rathenau einen tiefen Eindruck. Bleich und regungslos stand er wohl zwei Minuten vor mir.«[12] Dann aber ging er Wirth zufolge mit fast unbegreiflicher Gelassenheit über die Drohung hinweg: »Mit einer Seelenruhe, wie ich sie nie an ihm gesehen hatte, (...) näherte er sich mir, legte beide Hände auf meine Schultern und sagte: ›Lieber Freund, es ist nichts. Wer sollte mir etwas tun?‹«

Rathenau wußte es sehr wohl besser, denn wie groß die Gefahr für Politiker war, die zur Republik standen, hatte bereits im Jahr zuvor die Ermordung Matthias Erzbergers auf offener Straße gezeigt, und Rathenau selbst hatte der Witwe mit den Worten kondoliert, daß er das nächste Opfer sein könne.[13] Die Mörder Erzbergers waren nicht gefaßt worden und ebensowenig die Attentäter, die am 4. Juni 1922 den Oberbürgermeister von Kassel und früheren Ministerpräsidenten Philipp Scheidemann auf einem Waldspaziergang in Kassel-Wilhelmshöhe überfallen und mit einer tödlichen Dosis Blausäure bespritzt hatten. Nur dem Umstand, daß ein heftiger Wind das Gas sofort wegtrieb und er vor dem Fall in die Bewußtlosigkeit noch seinen Revolver zücken konnte, um sich seine Angreifer vom Leib zu halten, hatte Scheidemann es zu verdanken, daß er den in der Rechtspresse als »Klistierspritzenattentat«[14] verspotteten Anschlag überlebte.

Nachdrücklicher als diese Gewalttaten selbst wies das Zeugnis eines politischen Spitzels darauf hin, daß gegen Rathenau ein Anschlag vorbereitet werde. Es handelte sich um einen allerdings übel beleumdeten Arbeitslosen namens Theodor Brüdigam, der sich in Absprache mit einer Frankfurter SPD-Zeitung in eine rechtsradikale Organisation eingeschlichen hatte, die vornehmlich im hessischen Raum operierte, aber ihre Befehle von einer Münchener Zentrale empfing und von Karl Tillessen, dem Bruder des Erzbergermörders Heinrich Tillessen, geleitet wurde. Hier wollte der Spitzel vor dem Anschlag auf Scheidemann erfahren haben, daß nicht nur gegen den Kasseler Oberbürgermeister ein Mordkomplott geschmiedet werde – sondern auch gegen Rathenau. Einige Tage vor dem Kasseler Attentat hatte er Scheidemann telefonisch zu warnen versucht, war aber vom Oberbürgermeister, »der einen Schabernack seiner Gegner fürchtete«, abgewiesen worden.[15] Nach dem Überfall entsann Scheidemann sich des Informanten, der sich aus Furcht vor der Rache Tillessens ins Kasseler Gewerkschaftshaus geflüchtet hatte, und Brüdigam offenbarte sein Wissen der Polizei.[16] Da der sich bedroht fühlende Spitzel anschließend aber untertauchte, wurden zumindest seine Rathenau betreffenden Angaben nicht ernst genommen; es blieb dem hessischen Vorsitzenden des »Centralvereins deutscher Staatsbürger jüdischen Glaubens« überlassen, Rathenau in einem Schreiben auf die über ihm schwebende Gefahr hinzuweisen.[17]

Rathenau allerdings maß diesen Hinweisen so wenig Gewicht bei wie den vielen Drohbriefen, die anonym an ihn gerichtet wurden. Immerhin

Das Fahrzeug der Attentäter (Kat.Nr. 7/7)

aber blickte sein Chauffeur, der an diesem 24. Juni 1922 vereinbarungsgemäß um halb elf vorgefahren war, wie jeden Tag sorgsam um sich, als der Minister aus der Tür trat, und vergewisserte sich, daß nichts Verdächtiges auf der am Sonnabendmorgen wenig belebten Koenigsallee zu erkennen war, bevor sein Fahrgast den Wagen bestieg. Weder Rathenau noch sein Chauffeur wurden gewahr, daß gleich nach ihrer Abfahrt ein schwerer, dunkelbrauner Mercedes-Benz-Tourenwagen mit drei Insassen aus einer Nebenstraße startete und in die Koenigsallee einbog, um dem Ministerwagen in einiger Entfernung zu folgen.

II

Wenige hundert Meter stadteinwärts beschreibt die Koenigsallee eine S-Kurve, in der zwei Nebenstraßen, die Erdener- und die Wallotstraße, nach links abzweigen. Vor dieser Kurve hatte Rathenaus Chauffeur abbremsen müssen, da ein Pferdefuhrwerk die Straße überquerte, so daß der ebenfalls mit zurückgeklapptem Verdeck fahrende Verfolgerwagen rasch aufgeholt hatte und knapp vor der Kurve links zum Überholen ansetzte. Was dann geschah, schilderte eine Zeugin, die an der Ecke auf die Straßenbahn gewartet hatte, später vor Gericht so:

»Zeugin Kaiser: Ich wollte nach dem Kurfürstendamm herunterfahren. Indem sehe ich ein Auto kommen, darin saß ein einzelner Herr, und hinterher kam noch ein anderes Auto gefahren, etwas schneller. Das fuhr mit dem anderen Auto parallel zusammen. Mit einem Male sehe ich, wie in dem vorderen Auto ein Herr aufsteht. (...)

Präsident: Wie lange hat das gedauert? Ein paar Sekunden? Es ging alles sehr schnell?

Zeugin Kaiser: Ja, das ist alles in einer großen Schnelligkeit vor sich gegangen. Nun richtete sich ein großer Herr mit einer Pistole ...

Präsident: Wie war das?

Zeugin Kaiser: Er steht auf und schießt. Ich sah nicht das andere Auto. Ich sah nur den Garten, Ich dachte, er schießt in den Garten.«[18]

Als in diesem Augenblick ein Bauarbeiter namens Krischbin von einem etwas anderen Standort aus auf die nebeneinander fahrenden Autos aufmerksam wurde, »bückte sich der eine Herr in dem feinen Ledermantel nach vorn, ergriff eine lange Pistole, deren Kolben er in die Achselhöhle einzog, und legte auf den Herrn in dem anderen Wagen an. Er brauchte gar nicht zu zielen, so nah war es. (...) Da krachten auch schon die Schüsse, ganz schnell, so schnell wie bei einem Maschinengewehr«.[19] Jetzt erst bemerkte auch Rathenaus Chauffeur, der sich auf die unübersichtliche Verkehrssituation in der Kurve konzentriert hatte, daß etwas Ungewöhnliches vor sich ging, und trat abrupt auf die Bremse: »Dann fielen gleich darauf rasch hintereinander nochmals mehrere Schüsse, und der Wagen stand. Bis dahin hatte ich mich nicht umgesehen und nichts davon bemerkt, daß wir von einem anderen Wagen verfolgt wurden.«[20]

Während der Chauffeur sich noch zu orientieren versuchte, beobachtete Krischbin weiter: »Als der eine Mann mit dem Schießen fertig war, stand der andere auf, zog ab – es war eine Eierhandgranate – und warf sie in den anderen Wagen.«[21] Aus der Sicht von Rathenaus Chauffeur stellte sich das Weitere so dar: »Ich hörte dann gleich hinter mir eine schwere Detonation mit starker Rauchentwicklung, (...) von der Explosion einer Handgranate herrührend. Ich drehte mich um und sah den Minister aufrecht im Wagen sitzen und stark am Kinn bluten. Gleichzeitig sah ich einen Wagen, der neben uns rasch vorbeifuhr.«[22]

Als erste eilte die Zeugin Kaiser, eine Krankenschwester, auf den demoliert am Straßenrand haltenden Wagen zu, um dem bereits bewußtlosen Minister erste Hilfe zu leisten. Fünf der insgesamt neun aus einer Maschinenpistole abgegebenen Schüsse hatten ihr Ziel getroffen. Gleich durch den ersten Schuß war Rathenau an Rücken, Wirbelsäule und rechtem Lungenflügel tödlich verwundet worden, während die drei nächsten, von der Seite abgegebenen Treffer, in dicht nebeneinander liegenden Schußkanälen zu oberflächlicheren Rückenverletzungen geführt hatten. Der letzte Schuß, der schräg von vorne abgegeben worden war, hatte den Minister an der linken Hand, die er im Moment des Anschlags auf seinen Stock gestützt hatte, verletzt und einen Teil des Unterkiefers weggerissen.[23] Weitere, aber nicht tödliche Verletzungen rührten von der Explosion der Handgranate her, die zudem den Bodenbelag des Wagens in Brand gesetzt hatte. Dennoch vermochte der Chauffeur auf Zuruf der Krankenschwester das Auto wieder in Gang zu setzen, um in höchstem Tempo die Koenigsallee zurückzufahren. Doch nur als Toter kehrte Rathenau in das Haus zurück, das er fünf Minuten zuvor erst verlassen hatte.

Die umgehend alarmierte Polizeiwache Grunewald sandte Fahrradstreifen aus, doch die drei Insassen des Mordwagens waren in ihrem starkmotorigen Tourenwagen durch die Wallotstraße davongerast, ohne daß die wenigen Zeugen des Verbrechens Genaueres hätten ausmachen können, als daß die Täter etwa fünfundzwanzig Jahre alt gewesen seien und ihre bartlosen Gesichter mit Staubkappen vermummt hätten.

Die Mordnachricht verbreitete sich wie ein Lauffeuer in Berlin. Viele eilten wie Hermann Sudermann an die Mordstelle: »Straßenbahnschaffner sagt uns, ein Schupo habe ihn nach einem Auto mit 3 in Leder gekleideten Männern gefragt, in der Erdener Straße sei ein Mord geschehen, wahrscheinlich ein politischer. Und an der Ecke stehen Gruppen erregter Maurer. (...) In der Trabenerstraße (?) frage einen Schupo. Von einem Mord in der Erdener Straße wisse er nichts, aber er habe zwei Frauen sagen hören, der ›Präsident‹ Rathenau sei ermordet. Ich eiskalt vor Entsetzen und hoffend, es sei nicht wahr, renne die paar Schritt zu Rathenaus Haus, sehe Autos und flüsternde Gruppen – frage – ja, es sei wahr. (...) Der Diener packt losweinend meine Hand. Und dann gehen wir ins Arbeitszimmer. Da liegt vorm Schreibtisch auf der Erde, mit weißen Laken bedeckt, ein längliches Etwas. Schlage das Laken zurück: Sein Gesicht, der rechte Unterkiefer durch eine drei Finger breit klaffende Wunde gespalten, der weißgewordene Spitzbart durch darüber geronnenes Blut wieder braun.«[24]

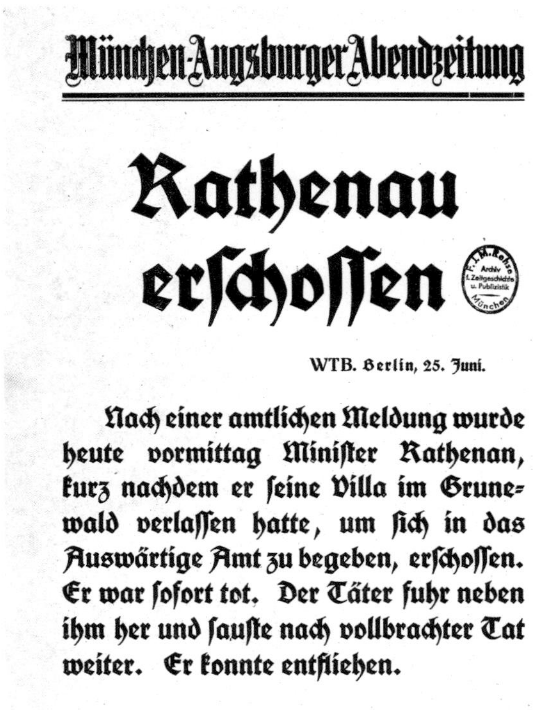
München-Augsburger Abendzeitung

Rathenau erschossen

WTB. Berlin, 25. Juni.

Nach einer amtlichen Meldung wurde heute vormittag Minister Rathenau, kurz nachdem er seine Villa im Grunewald verlassen hatte, um sich in das Auswärtige Amt zu begeben, erschossen. Er war sofort tot. Der Täter fuhr neben ihm her und sauste nach vollbrachter Tat weiter. Er konnte entfliehen.

Extrablatt der München-Augsburger Abendzeitung zum Attentat auf Rathenau

III

Obwohl die polizeiliche Fahndung vorerst ergebnislos blieb, zweifelte kaum jemand daran, daß die Mörder Rathenaus aus dem Milieu des organisierten Rechtsradikalismus kamen und womöglich gar von einer geheimnisvollen Terrortruppe: der *Organisation Consul* oder kurz der »O.C«. Die *Organisation Consul* war eine Nachfolgegruppierung der *Brigade Ehrhardt*, eines im Februar 1919 von Korvettenkapitän Hermann Ehrhardt gebildeten Freikorps, das in verschiedenen deutschen Städten zur Bekämpfung von Linksaufständen Verwendung gefunden und sich besonders in der Zerschlagung der Münchener Räterepublik hervorgetan hatte, dann aber als militärische Basis des Kapp-Lüttwitz-Putsches Berlin besetzte und nach dessen Ende aufgelöst wurde. Der steckbrieflich gesuchte Ehrhardt setzte sich nach München ab, wo er unter dem Schutz des monarchistischen Polizeipräsidenten Ernst Pöhner die Reste der demobilisierten Brigade im Geheimen zu einer neuen gegenrevolutionären Formation zusammenzufassen suchte. Außerhalb Münchens von Verhaftung bedroht, hielt Ehrhardt selbst sich im Hintergrund; vom Münchener Polizeipräsidium mit falschen Pässen auf die Decknamen »Hugo Eisele« und »Consul Hans Eichmann« ausgestattet, warb er in rechtsstehenden Kreisen Deutschlands, Österreichs und Ungarns um Unterstützung für sein gegenrevolutionäres Konzept. Sein Name durfte auch innerhalb der Organisation nicht genannt werden; statt dessen sprach man vom »Chef« oder eben vom »Consul«, wenn Ehrhardt gemeint war; die praktische Leitung der O.C. fiel seinem Stellvertreter Hoffmann zu.

Schon bald besaß die O.C. ein Statut, das »Fremdrassige« ausschloß und als Ziel die »Sammlung von entschlossenen nationalen Männern« proklamierte, eine periodisch erscheinende Verbandszeitung namens »Wiking« und ein über ganz Deutschland gespanntes Netz von Ortsgruppen, die in vierzehn Bezirken und sieben Oberbezirken zusammengefaßt waren. Halbmonatlich übermittelten die Bezirksleitungen Stärke und Einsatzbereitschaft der ihnen unterstellten Gruppen, berichteten über paramilitärische Schulungen und Kontakte zu anderen Wehrverbänden, selbst zur Reichswehr. Um die Mitte des Jahres verfügte die O.C. insgeheim über mindestens 5000, vielleicht sogar 20.000 Mann, die bei Alarm in Stunden marschbereit sein konnten. Diese beachtliche Streitmacht sollte nach der Planung der Münchener Zentrale mit Hilfe anderer Verbände, die sich im Ernstfall der O.C. unterstellen wollten, um weitere 100.000 Freiwillige ergänzt werden können – unter der Hand war der Republik hier ein Gegner erwachsen, der es nicht in der Bewaffnung, wohl aber personell auch mit einer unzweideutig republiktreuen Reichswehr hätte aufnehmen können!

Diese Tatsachen gaben den Aussagen, die der Kasseler Informant Brüdigam im Zusammenhang mit dem gerade drei Wochen zurückliegenden und weithin als »Dummejungenstreich«[25] gewerteten Scheidemann-Attentat gemacht hatte, neues Gewicht. Brüdigam, der aus der emsigen Betriebsamkeit der Frankfurter Gruppe um den schon früher als O.C.-Bezirksleiter aktenkundig gewordenen Karl Tillessen auf die Vorbereitung politischer Gewalttaten geschlossen hatte, lenkte durch sein Zeugnis den Verdacht auf die *Organisation Consul*. Mitte Mai 1922 schon wollte er in München von Alfred Hoffmann selbst, dem Stellvertreter Ehrhardts und eigentlichen Kopf der früheren O.C., gehört haben, »nachdem nun Erzberger erledigt sei, käme vielleicht Walther Rathenau und Scheidemann in Betracht«.[26] Beide Beschuldigten wurden nun sofort verhaftet, Hoffmann in München und Tillessen in Flensburg, aber sie waren an den Tagen des Scheidemann- und des Rathenau-Anschlags auf Reisen außerhalb Berlins gewesen und hatten ebenso unangreifbare Alibis wie eine Vielzahl anderer Festgenommener aus dem Umkreis der O.C.

Nicht der gegen die *Organisation Consul* gerichtete Verdacht führte auf die Spur der Mörder Rathenaus, sondern die Renommiersucht eines jungen Mannes namens Willi Günther, der sich in einer deutschnationalen Versammlung seiner Mittäterschaft gebrüstet hatte und, kaum festgenommen, auch der Polizei gegenüber schnell gesprächig wurde. Er führte die Polizei zu der Auto-Garage in Berlin-Schmargendorf, in der die Täter den Mordwagen zur Verwahrung gegeben hatten, und nannte Namen und Adresse ihres Chauffeurs Ernst-Werner Techow. Techow, ein zwanzigjähriger Student aus Berlin, konnte am 29. 6. 1922 auf dem Gut seines Onkels in der Mark Brandenburg festgenommen werden; anschließend vermochte die Polizei auch seinen ebenfalls beteiligten jüngeren Bruder und eine Reihe weiterer Helfershelfer schnell dingfest zu machen. Ihre Aussagen führten zu der überraschenden Erkenntnis, daß auch der schon von Brüdigam belastete Karl Tillessen sich einige Tage vor dem Anschlag zusammen mit seinem »Adjutanten« Plaas in einer Berliner Wohnung aufgehalten und in den Mordplan zumindest eingeweiht gewesen war.

Flüchtig blieben aber die eigentlichen Mörder, die am 29. 6. steckbrieflich als der dreiundzwanzigjährige Student Erwin Kern aus Kiel und der knapp drei Jahre ältere Student Hermann Fischer aus Chemnitz zur Fahndung ausgeschrieben wurden. Zwar konnte ermittelt werden, daß die beiden sich noch Tage nach dem Anschlag in Berlin aufgehalten und am 27. Juni im Zug in Richtung Ostseeküste abgereist waren, doch dann verlor ihre Spur sich, bis am 8. Juli bei der Berliner Polizei ein Anruf des Bürgermeisters von Lenzen an der Elbe einging: Dort waren am Abend zuvor zwei Radfahrer, auf die die Täterbeschreibung paßte, im Gasthaus abgestiegen, hatten sich aber einer Überprüfung ihrer Personalien durch hastige Flucht auf eine Fähre über die Elbe entzogen. Nachdem festgestellt werden konnte, daß es sich tatsächlich um die Gesuchten handelte, verlor die Berliner Politische Polizei keine Zeit: Ein Fahndungskommando von 200 Mann wurde in die Altmark entsandt; der Leiter der Morduntersuchung, Bernhard Weiß, eilte selbst in dem unterdes beschlagnahmten Wagen der gesuchten Mörder nach Gardelegen, um von dieser eilends eingerichteten Einsatzzentrale die Fahndung zu koordinieren.[27] Doch Kern und Fischer gelang es dank pausenloser Tempofahrt, auf ihren Fahrrädern nach Süden zu entkommen, bevor der Fahndungsring sich noch ganz geschlossen hatte. Die Suche nach ihnen wurde trotz der bis ins kleinste Dorf verteilten Steckbriefe durch den Umstand erschwert, daß plötzlich überall in der weiteren Umgebung Radfahrerpaare auftauchten, die in ihrer Aufmachung den Gesuchten exakt entsprachen und die Aufmerksamkeit der Fahndungskommandos auf sich lenkten, aber regelmäßig als harmlose Radwanderer identifiziert wurden.

Erst am 16. Juli konnten die Flüchtigen wieder ermittelt werden: Am Abend dieses Tages meldeten Wanderer, daß sie von der thüringischen Rudelsburg an der Saale aus – deren Besitzer drei Tage zuvor überraschend zu einer verspäteten Hochzeitsreise nach Berlin aufgebrochen war – auf der gegenüberliegenden Rudelsburg Licht gesehen hätten und bei anschließenden Nachforschungen zwei Gestalten, die den überall plakatierten Steckbriefen ähnlich sahen. Hallesche Polizei umstellte daraufhin am 17. Juli die Burg, wurde aber von weiterem Vordringen durch die Gesuchten abgehalten, die sich tatsächlich auf der Burg aufhielten und nun in einem der beiden Burgtürme verschanzten. Als ihnen ihre ausweglose Lage klar wurde, brachten sie von der Dachplattform der Burg ein Hoch auf Kapitän Ehrhardt aus, bevor Kern durch einen Zufallstreffer durch ein Burgfenster tödlich getroffen wurde und Fischer sich anschließend selbst erschoß.

Jetzt waren von den gesuchten Tatbeteiligten nur noch wenige Personen auf freiem Fuß, darunter ein geheimnisvoller »junger Mann«, der zusammen mit Kern und Fischer in den Tagen vor dem Attentat in einer Berliner Pension logiert und in der Vorbereitung des Attentats offenbar als Kurier besonders zu Tillessen und Plaas in Frankfurt gedient hatte.[28] Auf ihn führte die Aussage des bereits vor der Ermordung Rathenaus verhafteten Hamburger O.C.-Mannes Niedrig, nachdem in der Wohnung seines O.C.-»Vorgesetzten« ein Telegramm vom 17. 6. 1922 mit dem Inhalt »Besuch 10 Uhr Sonnabend erwarten Erwin« gefunden worden war. »Erwin«, das war Kern, und der in Aussicht gestellte »Besuch« Ernst v. Salomon, der Niedrig als Fahrer für das geplante Attentat hatte anwerben sollen. Er hatte nach dem Attentat eine Stelle in München bei der »Ungarischen Treuhandgesellschaft« angenommen, an deren Gründung Ehrhardt maßgeblich beteiligt gewesen war, konnte aber am 10. 8. 1922 auf der Durchreise von München in seiner Frankfurter Heimatwohnung festgenommen werden. Im selben Monat schließlich gingen als fast zufälliges Nebenresultat der Suche nach den Mördern Rathenaus auch die Scheidemann-Attentäter Hustert und Oehlschläger ins Netz der Polizei, nachdem einem Elberfelder Polizeispitzel über den örtlichen O.C.-Leiter zugetragen worden war, daß die beiden das Attentat auf Veranlassung Karl Tillessens ausgeführt hätten.[29]

IV

Das Ermittlungsergebnis war eine beeindruckende Leistung der Berliner Politischen Polizei, der es gelungen war, innerhalb von sechs Wochen nach dem Anschlag mehr als ein Dutzend der an dem Mordkomplott Beteiligten zu identifizieren und festzusetzen. Für die Klärung der weiterreichenden Fragen nach dem politischen Hintergrund des Attentats und sein Motiv war der neugebildete Staatsgerichtshof in Leipzig zuständig, doch die Oberreichsanwaltschaft vermochte das eiserne Schweigen der Angeklagten über etwaige Hintermänner nicht zu durchbrechen. Außer dem älteren Techow wollte zum Zeitpunkt des Anschlags niemand von ihnen mehr O.C.-Mitglied gewesen sein, wenn sie auch alle – von Günther und einigen Randfiguren abgesehen – nach eigenen Angaben früher in der Brigade Ehrhardt gedient hatten. Diesen Aussagen schenkte das Gericht mehr Glauben als dem Zeugnis des Spitzels Brüdigam, der selbst unter dem Verdacht der Beihilfe zum Rathenaumord in Untersuchungshaft genommen worden war, nachdem er sich auch eine Zeitlang versteckt gehalten und so den Ermittlungsbehörden entzogen hatte. Daß Brüdigam sein Untertauchen mit Angst vor Rache begründet hatte, wurde als bloße Schutzbehauptung gewertet. Dabei hätte der Staatsgerichtshof feststellen können, daß seine Angst so unbegründet nicht war: Gleich nach Brüdigams erster Vernehmung und noch vor dem Rathenaumord hatte eine Reichswehrstelle in Kassel, für die Tillessen und Plaas Nachrichten über vermeintliche Landesverräter sammelten und geheime Spionageaufträge ausführten, die Denunziation Brüdigams mit allen Details an die beiden weitergegeben und dabei auch die genaue Adresse Brüdigams nicht vergessen! Dies gestanden Tillessen und Plaas nach ihrer Festnahme sogleich unbefangen ein und wiesen so dezent auf die Verknüpfung ihrer Arbeit mit Reichswehr- und Landesinteressen hin.

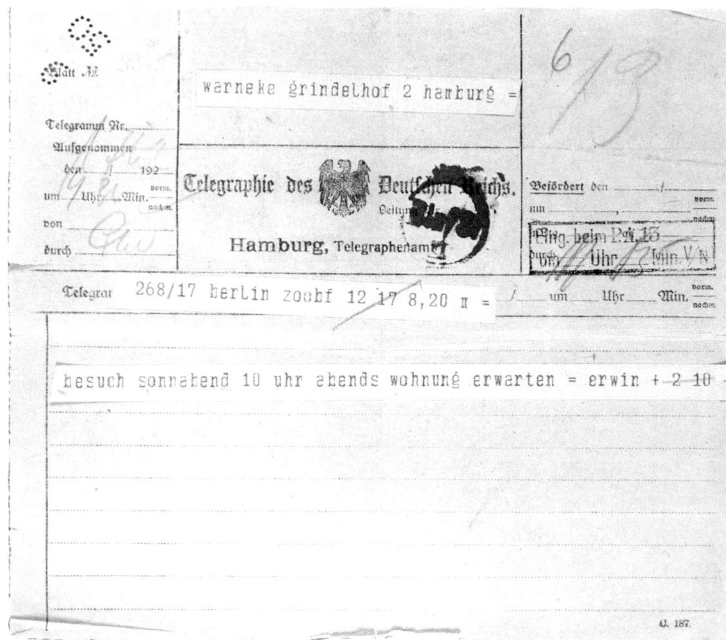
warneke grindelhof 2 hamburg =
Telegraphie des Deutschen Reichs.
Hamburg, Telegraphenamt
Telegr. 268/17 berlin zoobf 12 17 8,20 n =
besuch sonnabend 10 uhr abends wohnung erwarten = erwin + 2 10 +

Telegraphische Verabredung zwischen den Rathenau-Attentätern Kern und Salomon im Vorfeld des Mordanschlags

Unter diesen Umständen sah Oberreichsanwalt Ebermayer sich in seinem Plädoyer nicht in der Lage, die Tatverantwortung der O.C. schlüssig zu beweisen und wies nur ganz vage auf »gewisse Umstände« hin, »die erkennen lassen, daß die Täter mit gewissen Organisationen in Verbindung gebracht werden können«.[30] Auch das Urteil des Staatsgerichtshofs ließ die Frage nach der die unmittelbaren Täter steuernden Organisation trotz allen Unbehagens in der Schwebe und sah sich gezwungen, ihre Klärung einem separaten Geheimbündelei-Prozeß gegen die *Organisation Consul* zu überlassen: »Bei der Beurteilung der Handlung der Angeklagten (...) ist sich der Gerichtshof bewußt gewesen, daß hier nur bewiesene Tatsachen, nicht bloße Vermutungen zu Grunde zu legen sind. Daher ist die Annahme abgelehnt worden, daß der Ermordung Rathenaus das Komplott einer organisierten Mörderbande zu Grunde liegt (...) Zwar ist die Möglichkeit vorhanden, daß eine solche Organisation, die den Mord Rathenaus betrieben, bestanden hat, bewiesen ist es jedoch bisher nicht.«[31]

Nicht weniger unsicher zeigte sich das Gericht bei dem Bemühen, hinter dem Verbrechen ein kohärentes Motiv zu erkennen. So weigerte es sich, dem Anschlag überhaupt eine überwiegend politische Dimension zuzubilligen, und sprach von einem »wilden Mordtrieb«, den der blindwütige Judenhaß weiter Bevölkerungskreise in den Angeklagten geweckt hätte.[32] Gleichzeitig erblickte es die Triebfeder der Angeklagten im Haß auf Rathenau als Repräsentanten einer Erfüllungspolitik, die das Land ruiniert habe.

Das Gericht tat die Erklärungen Ernst-Werner Techows und Karl Tillessens während der Verhandlung, die einen Hinweis auf die politischen Beweggründe hätten geben können, daß der Haß auf Rathenau so groß gewesen sei, weil »das, was er tat, das einzige war, was Deutschland zurzeit retten konnte«, als bloße Schutzbehauptungen ab.[33] So blieb als Motiv einzig ein Sammelsurium völkischer Parolen über Rathenau als einer der *Dreihundert Weisen von Zion,* mit denen Kern und Fischer den schwankenden Techow angeblich am Vorabend der Tat zum Mitmachen hatten überreden wollen.[34]

Zupackender verfuhr das Gericht in seiner Strafzumessung: Techow entging dem Todesurteil nur, weil das Richterkollegium mehrheitlich auf bloße Beihilfe statt auf Mittäterschaft erkannte, wurde aber zu dem für Beihilfe möglichen Höchstmaß von fünfzehn Jahren Zuchthaus verurteilt. Seine Mitangeklagten erhielten ebenfalls zumeist hohe Freiheitsstrafen, die, wie im Falle Tillessens, bereits das bloße Nichtanzeigen des geplanten Anschlags mit drei Jahren Gefängnis ahndeten.

V

Daß die gerichtlichen Untersuchungen nicht die ganze Wahrheit zu Tage gefördert hatten, konnte kaum bezweifelt werden. Zu viele Indizien wiesen darauf hin, daß der Mord an Rathenau nicht von fanatisierten Einzeltätern begangen worden sein konnte: Was, wenn nicht das Band einer gemeinsamen Organisation, hätte Kern aus Kiel, Fischer aus Chemnitz, Tillessen, Plaas und v. Salomon aus Frankfurt mit den ihnen vorher nicht bekannten Techows in Berlin zusammenführen können? Von einem Fabrikanten aus Freiberg in Sachsen war der für die Tat benutzte Mercedes beschafft worden, von einem Gesinnungsgenossen aus Schwerin die ursprünglich aus Reichswehrbeständen stammende Maschinenpistole. Offen blieb auch, woher die Mittel stammten, mit denen die Verschwörer beständig durch das Land reisten, Kuriere schickten und in Berlin den Anschlag vorbereiteten. Und nicht zu klären war schließlich das Geheimnis jener mysteriösen Macht, mit der Kern und Fischer, wo immer sie vor und nach dem Attentat auftraten, Menschen fanden, die sie bedingungslos unterstützten und eisern schwiegen – ausgenommen Günther, der aber auch nie O.C.-Mitglied gewesen, sondern von Techow in die Verschwörergruppe eingeführt worden war und seine Redseligkeit während des Rathenaumord-Prozesses mit einem Giftanschlag büßen mußte, dem er fast zum Opfer gefallen wäre.[35]

Techow führte vor Gericht sein Ehrenwort an, um zu erklären, warum er mit den ihm bis dahin unbekannten Kern und Fischer bei der Ermordung des deutschen Außenministers gemeinsame Sache gemacht hatte, aber er schilderte auch die seelische Not, in die ihn Kerns Ansinnen gestürzt hatte, und er war es offenkundig gewesen, der sich – obwohl Protestant – in seiner ausweglosen Lage an einen katholischen Priester in der Nähe seines Elternhauses gewandt hatte, um einem zum Schweigen verpflichteten Menschen sein Herz auszuschütten.[36] Ihm hatte er eine andere Lesart offenbart, daß er nämlich für die Tat »ausgelost« worden sei. Techow gestand ein, daß Kern ihn zu erschießen gedroht habe, falls er abspringen wolle, und er wußte, daß die Drohung ernst war: Erst wenige Monate zuvor hatten Kern und v. Salomon einen vermeintlichen Verräter umzubringen versucht, der ihnen bei anderen politischen Delikten als Chauffeur gedient hatte. Das Opfer hatte allerdings schwer verletzt entkommen können und vor Angst fünf Jahre lang geschwiegen, bevor ein abtrünniger O.C.-Mann die Angelegenheit dem Feme-Ausschuß des Reichstags offenbarte.[37] »Verräter gehen bei uns um die Ecke!« hatte Kern auch dem Garagenbesitzer aus Berlin-Schmargendorf zugerufen, um dessen Schweigen über den bei ihm untergestellten Mordwagen zu erzwingen,[38] und »Verräter verfallen der Fehme.« lautete der § 11 aus den vor dem Erzbergermord aufgestellten O.C.-Statuten.

Nr. 42 · Jahrgang 1922

Sonntag, 15. Oktober

Der Welt Spiegel

Illustrierte Wochenschrift des Berliner Tageblatts

Ernst Werner Techow.

Willi Günther.

Hans Gerd Techow.

Die Angeklagten im Rathenau-Prozeß.
Für den „Welt-Spiegel" gez. von Hans Langenberg.

Ernst v. Salomon.

Karl Tillessen.

Christian Ilsemann.

Gustav Steinbeck (links), Friedrich Warnecke.

Waldemar Niedrig.

Die Garagenbesitzer Diestel (links) und Schütt.

Die Angeklagten im Rathenau-Prozeß (Kat.Nr. 7/9)

Von der Existenz dieses Geheimbundes hatte die Öffentlichkeit im September 1921 erfahren, als die Ermittlungsbehörden die Spur der Erzberger-mörder Heinrich Tillessen und Heinrich Schulz bis nach München verfolgen konnten. Zwar hatten sich die beiden in letzter Minute dem Zugriff der Polizei zu entziehen und nach Österreich, dann nach Ungarn abzusetzen vermocht. Aber die badische Staatsanwaltschaft entdeckte bei ihrer Verfolgung die Büros einer »Bayerischen Holzverwertungsgesellschaft m.b.H.«, in denen Unmengen verkohlter Papierreste in den Öfen andeuteten, mit welcher Hast hier belastendes Material hatte beiseite geschafft werden sollen. Und sie stieß auf Organisationspläne und Statutenentwürfe, chiffrierte Korrespondenzen und Einsatzmeldungen, die verrieten, daß hier sicherlich alles Mögliche, aber gewiß keine Holzverwertung verhandelt worden war. Es erwies sich, daß beide Erzbergermörder in der Abteilung (b) der O.C.-Zentrale, der Nachrichtensammelstelle, tätig waren. Von deren Leiter Manfred v. Killinger hatten sie vor dem Anschlag Urlaub erhalten, und bei ihm hatten sie sich nach Ausführung der Tat zurückgemeldet und später Unterstützung zu ihrer Flucht erhalten.

Es gelang den sofort zugreifenden Ermittlungsbehörden, mit Ausnahme Ehrhardts praktisch der gesamten Münchener O.C.-Leitung habhaft zu werden und durch zahlreiche weitere Verhaftungen im ganzen Reichsgebiet die Organisationsstruktur des Geheimbundes zu zerschlagen, bevor er dem Staat hatte gefährlich werden können. Doch das weitere juristische Verfahren verlief schleppend. Die Anklageerhebung wegen Anstiftung bzw. Beihilfe zum Mord an Erzberger gehörte in die Zuständigkeit der badischen Staatsanwaltschaft Offenburg, die wegen Geheimbündelei hingegen nach München, und die Trennung der Verfahren erwies sich als schwierig, um so mehr, als aus München Anstrengungen spürbar wurden, die Beschuldigungen herunterzuspielen. Zudem wiesen die Inhaftierten den auf ihnen lastenden Verdacht des Hochverrats einhellig und energisch zurück; wohl habe es eine O.C. als lockeren Verband ehemaliger Brigade-Angehöriger gegeben, auch sei Ehrhardt als Schirmherr dieser Kameradschaft verstanden worden, nie aber habe man anderes beabsichtigt, als sich nach dem Ausscheiden aus dem Heer gegenseitig beizustehen und darüber hinaus dem Reich als eine Art Freikorpsreserve für innere oder äußere Notfälle zur Verfügung zu stellen. Dieser letztere Zweck habe allerdings durchaus Diskretion in Arbeit und Zielen erfordert, aber nicht um dem Reich zu schaden, sondern in seinem wohlverstandenen außenpolitischen Interesse.

Diese Argumentation war geschickt, denn die Ententemächte wachten sorgsam darüber, daß die auf 100.000 Mann reduzierte Reichswehr nicht länger durch paramilitärische Verbände verstärkt würden, während umgekehrt das Reich ebensolche Verbände gerade dort dringend benötigte, wo die Reichswehr nicht eingreifen durfte – wie etwa in dem mehrfach von polnischen Aufständen erfaßten Oberschlesien. So entstand eine militärische Grauzone, für die bald der Name »Schwarze Reichswehr« entstand. Ihre Legitimation fand sie darin, daß die Regierung unter alliiertem Druck anders zu handeln gezungen war, als es das Reichsinteresse zu gebieten schien, wenn sie etwa zur Anzeige illegaler Waffenlager aufforderte, deren Betreiber aber straffrei stellte, sofern diese Waffenlager von der Reichswehr als ihr bekannt eingestuft wurden – und das geschah praktisch immer.

Als ein Teil dieser Schwarzen Reichswehr wollte sich auch die O.C. verstanden wissen, und sie konnte darauf verweisen, daß ihre Existenz den obersten Reichsbehörden durchaus nicht unbekannt sei – was insofern stimmte, als der preußische Staatskommissar für Überwachung der öffentlichen Ordnung mehrfach und durchaus wohlwollend über die Tätigkeit eines Nachfolgerverbandes der Brigade Ehrhardt berichtet hatte.[39] Der Staatskommissar, der sich ohne Wissen der Reichsbehörden selbst mit der Anwerbung von Freiwilligen zur Verteidigung der von Polen bedrohten Ostgrenzen befaßte,[40] konnte auch mitteilen, daß Ehrhardts Leute gewiß keine Putschabsichten hegten, sich aber mit einer eigenen Sturmkompanie unter Führung v. Killingers an der Abwehr des dritten oberschlesischen Polenaufstandes im Mai 1921 beteiligt hätten. Die Truppe hatte sich bei den Kämpfen um Annaberg so bewährt, daß der Heimatschutz Schlesien Killinger mit der Aufstellung eines eigenen Regimentes »Süd« zur Abwehr eines erwarteten neuen Polenaufstandes in Oberschlesien beauftragte und zu diesem Zweck 300.000 Mark überwies. Das Geld stammte über Umwege aus Mitteln des Auswärtigen Amts, und es erreichte seinen Adressaten pikanterweise erst, als dieser schon unter Mord- und Hochverratsbeschuldigung in Offenburger Untersuchungshaft saß.

Bei dieser Sachlage war der O.C.-Prozeß bis Mai 1922 nur zu einer Rohfassung der Anklageschrift gediehen und wurde dann nach München abgegeben. Längst waren auch sämtliche Angeklagten mit Ausnahme v. Killingers wieder auf freiem Fuß, und dieser selbst wurde am 13. 6. 1922 von den Geschworenen des Offenburger Landgerichts auch vom Vorwurf der Beihilfe zum Erzbergermord freigesprochen.

Auch die Verhandlung gegen die Scheidemann-Attentäter klammerte den O.C.-Komplex gänzlich aus und überwies ihn dem O.C.-Prozeß vor dem Staatsgerichtshof, der mittlerweile für die seit September 1921 schwebende Untersuchung gegen die führenden O.C.-Funktionäre zuständig geworden war. Dieser Prozeß fand unter gründlich veränderten politischen Rahmenbedingungen im Februar 1924 statt und war von dem Bemühen aller Parteien bestimmt, die Vergangenheit ruhen zu lassen. Auf Verlangen besonders des Hauptangeklagten Hoffmann blieb die Öffentlichkeit über weite Strecken ausgeschlossen, »da ich Dinge zu erklären habe, die im vaterländischen Interesse nicht an die Öffentlichkeit gelangen sollen.«[41] Der Oberreichsanwalt, der diese atemberaubende Identifizierung der Angeklagten mit dem Staatswohl schon in seiner als geheim eingestuften Anklageschrift unterstützt hatte, hielt ein in der Geschichte des obersten deutschen Gerichts wohl einzigartiges Plädoyer, das die Angeklagten nach Kräften zu entlasten versuchte. Seine Ausführungen stellten schon das Fortbestehen der O.C. über ihre Aufdeckung im September 1921 hinaus in Abrede und verneinten erst recht jede Beziehung zwischen ihr und den politischen Morden von 1921/22. Dieser Argumentation folgte das Gericht, wenn es auch, abweichend von den Anträgen der Oberreichsanwaltschaft, 16 der 26 Angeklagten wegen Geheimbündelei zu geringen Gefängnisstrafen verurteilte, die bis zu ihrer Amnestierung im Jahre 1925 im übrigen keiner von ihnen je antreten mußte.

VI

Tatsächlich hatte die *Organisation Consul* ihre Enttarnung durch die badische Staatsanwaltschaft im September 1921 in veränderter Gestalt überlebt und ihre öffentliche Nachfolge in einem *Neudeutschen Bund* gefunden, der sich wiederum unter Leitung Hoffmanns und im Hintergrund Ehrhardts an die Männer der früheren O.C. wandte, um sie zur Mitarbeit zu bewegen, diesmal jedoch nicht an einem militärischen Verband, sondern an einem geheimen Nachrichtendienst. Der Bund, dazu gedacht, das tatsächliche Tun seiner Mitglieder mit dem Mantel äußerer Verfassungstreue zu umhüllen, entfaltete keine öffentliche Aktivität. Unter seiner Tarnung aber vollzog sich eine einschneidende Umbildung der fortbestehenden O.C.-Strukturen. Neben die Ortsgruppen und die Bemühungen Ehrhardts, die militärische Führung über möglichst viele der miteinander konkurrierenden Rechtsverbände zu gewinnen, traten sogenannte Aktivistengruppen, ebenso kleine wie schlagkräftige Terrorkommandos aus sorgfältig

Verhandlungsleiter Hagens und Anklagevertreter Ebermayer während des Rathenauprozesses in Leipzig (Kat.Nr. 7/11)

ausgewählten O.C.-Männern, deren Führung im ganzen Reich auf Befehl Ehrhardts Karl Tillessen übernahm. Tillessen und seine Frankfurter Gruppe arbeiteten so eng mit einer Kasseler Nachrichtenstelle der Reichswehr zusammen, daß v. Salomon nach dem Zweiten Weltkrieg behaupten konnte, die O.C. sei »nichts weiter als ein Teil der im Neuaufbau begriffenen Abwehr«[42] gewesen: Dieselben Reichswehr-Hauptleute, die Tillessen und Plaas im Juni 1922 über die Anzeige Brüdigams informierten, hatten sie auch mit der Aufdeckung französischer Handelsspionage in Deutschland, Erhebungen über das geheime Treiben linksradikaler Organisationen und der Ausforschung spionageverdächtiger Personen beauftragt, was die Frankfurter O.C.-Männer in mindestens einem Fall als Liquidierungsbefehl verstanden und auszuführen versucht hatten. In einem daraufhin gegen v. Salomon und Heinz geführten Prozeß wurde zur Erörterung der Beziehungen zwischen Reichswehr und Ehrhardt-Organisation die Öffentlichkeit ausgeschlossen; in einem anderen Verfahren wurde Heinz gar auf Intervention des Reichswehrgruppenkommandos in Stuttgart auf freien Fuß gesetzt, »da er im Interesse der Landesverteidigung tätig war«.[43]
Tillessens Gruppen hatten ihr Mandat schnell weit über die Grauzone »lizensierter Illegalität« (Gotthard Jasper) hinaus ausgedehnt; seit Ende 1921 organisierten sie Gefangenenbefreiungen und Waffenschiebungen, griffen französische Einrichtungen im Besetzungsgebiet an und verübten Sabotageanschläge. Karl Tillessen war nach Auskunft des Elberfelder Polizeispitzels in der O.C., der die Scheidemann-Attentäter verraten hatte, auch der Kopf des Scheidemann-Attentates, und er hatte im Mai 1922 den arbeitslosen Brüdigam in seine Tätigkeit für die O.C. eingeführt, indem er ihm ein Bild des Erzbergermörders Heinrich Tillessen mit dem Bemerken zeigte: »Das ist mein Brüderchen, der hat das erste Schwein gekillt.«[44]
Die Ausführung des Rathenau-Attentates allerdings wurde weder Kern und Fischer noch der Frankfurter O.C.-Gruppe in Eigenregie überlassen. Gleich mehrfach reisten Tillessen und Plaas in der Woche vor dem Anschlag nach München, bevor sie nach Berlin kamen und offenkundig Kern dringend benötigtes Geld für die weitere Vorbereitung mitbrachten. Sie gaben im Verhör zu, sich in der Münchener O.C.-Zentrale mit Hoffmann getroffen zu haben, verschwiegen aber, daß der Stellvertreter Ehrhardts vermutlich noch weit stärker in die Planung des Anschlags eingegriffen hatte. Nach dem Zweiten Weltkrieg verwunderte sich ein Leser des »Fragebogens« darüber, daß sein Autor Ernst v. Salomon die Rolle der O.C. so stark heruntergespielt habe.[45] Der Leser war der frühere Adjutant Ludendorffs, und er berichtete, daß am 24. 6. 1922, wie angemeldet, ein Herr in seinem Büro in Köln erschienen sei, der sich als Kapitänleutnant Hoffmann vorgestellt, Grüße von Ehrhardt überbracht und ohne Umschweife erzählt habe, daß in Kürze Rathenau umgebracht werde und er die Tat organisiert habe. Jetzt wolle er, der die Nacht in Elberfeld verbracht habe, sich auf Anraten Ehrhardts für die Tatzeit ein Alibi bei Ludendorffs Mann in Köln besorgen und dann nach München zurückkehren, wo er dann vermutlich festgenommen würde. Genauso geschah es, und Hoffmann stützte sich in seinen Vernehmungen erfolgreich darauf, daß er mit dem Mord an Rathenau schon deshalb nichts zu tun haben könne, weil er am 23. und 24. Juni bei Geschäftsfreunden in Elberfeld und Köln vorgesprochen habe.
Dieser starke Rückgriff auf die Münchener Zentrale der Ehrhardt-Organisation widersprach den Lehren, die die Geheimbündler aus dem Fiasko vom September 1921 gezogen hatten, und erklärt sich möglicherweise aus der Panne des Scheidemann-Anschlags. Wie v. Salomon später berichtete, war Kern »von Anfang an dafür gewesen, das Blausäuregemisch in einem geschlossenen Raum auszuprobieren.«[46] Vermutlich war es auch dazu gedacht gewesen, Rathenau zu töten, denn einer der Scheidemann-Attentäter hatte damit geprahlt, daß bei v. Killinger noch zwanzig weitere Blechdosen mit den tödlichen Giftspritzen lagerten. Doch das Versagen dieser Mordwaffe beim ersten Versuch brachte Kern dazu, einen gänzlich neuen Attentatsplan zu entwickeln, der es erforderlich machte, sich weiterer Helfershelfer zu bedienen, einen Chauffeur zu suchen, und der vor allem die Ausführung des Attentats so weit hinauszögerte, daß die Attentäter in Geldnot gerieten und zudem der beabsichtigte enge zeitliche Zusammenhang der einzelnen Anschläge verlorenging.
Denn die Frankfurter O.C.-Aktivisten hatten sich nicht mit der Ermordung Scheidemanns und Rathenaus begnügen wollen. Ein Bekannter der flüchtigen Scheidemann-Attentäter gab später zu Protokoll, was ihm einer der beiden kurz nach

Bayerische
Holz-Verwertungs-Gesellschaft m. b. H.
Bank-Konto: Bank für Handel und Industrie Filiale München
Postscheck-Konto:
MÜNCHEN
Trautenwolfstr. 8
Telegramm-Adresse: „BAHOVE"
Telefon Nr. 31479
MÜNCHEN, den ....

Briefbogen der Bayrischen Holz-Verwertungs-Gesellschaft m. b. H. München (Kat.Nr. 7/18)

dem Tode Rathenaus anvertraut hatte: »Warten Sie nur mal die Herbstzeit, den November ab, dann sieht es in Deutschland ganz anders aus. Wenn mir auch das Ding daneben gegangen ist, so kommt Nr. 3 doch dran. Auf meine Frage, wer Nr. 3 sei, erklärte er mir ›Wirth.‹«[47] Aus später veröffentlichten Erinnerungen wissen wir, daß unter den Verschwörern der O.C. eine Liste kursierte, auf der neben Rathenau, Scheidemann und Wirth auch Ebert, Zeigner, und Lipinski, ja sogar Bankiers wie Max Warburg und Oskar Wassermann, der Journalist Theodor Wolff und der Verfassungsjurist Walther Schücking standen.[48] Vieles spricht dafür, daß die O.C. plante, im Frühsommer das ganze Land mit einer ganzen Serie aufeinander abgestimmter politischer Gewalttaten zu überziehen. Schon das eigenartige Verhalten der Scheidemann-Attentäter, die sich wochenlang in Kassel tatenlos herumtrieben, bevor sie am Pfingstsonntag 1922 ihren Überfall in Szene setzten, deutet darauf hin, daß sie nur auf ein Stichwort gewartet hatten. An demselben 4. Juni 1922 hielt der achtundvierzig Stunden zuvor zur Ausführung des Rathenau-Attentats in Berlin eingetroffene Kern eine Besprechung mit Fischer und weiteren Komplicen ab, auf der offenbar als Ergebnis des mißglückten Blausäure-Attentates beschlossen wurde, den geplanten Ministermord auf kaum weniger ungewöhnliche Weise, nämlich auf offener Straße aus einem fahrenden Auto heraus zu inszenieren. Schon am 1. Juni 1922 hatte die O.C.-Ortsgruppe in Hamburg mit einer Serie von Sprengstoffanschlägen begonnen, die in den kommenden Wochen gegen Ernst Thälmann wie gegen die Redaktion einer linksgerichteten Lokalzeitung, gegen sozialdemokratische Bücherstuben und gegen ein Revolutionsdenkmal gerichtet wurden. Im Juni auch meldete der sächsische Innenminister Lipinski, daß ein Unbekannter versucht habe, sein Grundstück und seine Fahrgewohnheiten auszuspähen. Und noch nach dem Anschlag auf Rathenau ersuchte die Hamburger Polizei Max Warburg, in der nächsten Zeit auf öffentliches Auftreten zu verzichten, da dem Anschein nach ein Anschlag auf ihn geplant sei. Warburg nahm den Hinweis so ernst, daß er sich wochenlang verborgen hielt. Jahre später schließlich bekundete ein ehemaliger O.C.-Mann, daß im Frühsommer 1922 auch ein Überfall auf Theodor Wolff vorbereitet worden sei.

VII

Die schnellen und umfassenden Fahndungserfolge der Polizei nach dem Rathenaumord lähmten die Aktivistengruppen der O.C., insbesondere durch die Verhaftung praktisch der gesamten Frankfurter Leitung um Tillessen und machten die Ausführung weiterer O.C.-Verbrechen unmöglich. Damit war auch die Strategie gescheitert, in deren Dienst sich Ehrhardts Terrorkommandos gestellt hatten. Sie bestand darin, durch fortgesetzte Angriffe auf Repräsentanten und Einrichtungen der verhaßten Republik den Staat so lange in seiner Ohnmacht bloßzustellen, bis sich die immer heftiger gereizte Arbeiterschaft erheben würde. Auf diese Weise sollte die Situation erzeugt werden, mit der schon die im September 1921 beschlagnahmten Statuten der *Organisation Consul* rechneten, wenn sie die Mitglieder darauf verpflichtete, »bei großen inneren Unruhen deren vollständige Niederwerfung zu erzwingen und durch Einsetzung einer nationalen Regierung die Wiederkehr der heutigen Verhältnisse unmöglich zu machen.«[49] Oder, in den Worten des Frankfurter O.C.-Aktivisten Heinz: »Wir dürfen nicht zuerst losschlagen. Die Kommunisten müssen es tun! (...) Man muß sie dazu zwingen. (...) Man muß Scheidemann, Rathenau, Zeigner, Lipinski, Cohn, Ebert und die ganzen Novembermänner hintereinander killen. Dann wollen wir doch mal sehen, ob sie nicht hochgehen in Korona, die rote Armee, die USP, die KPD.«[50]

Diese Provokationsstrategie stellte eine Fortentwicklung von 1921 formulierten Putschplänen dar, die im »Kriegsfall A«[51] auf einen kommenden Polenaufstand in Oberschlesien gesetzt hatten, den statt der zur Untätigkeit verurteilten Reichswehr die augenblicklich mobilisierten Ehrhardt-Truppen niedergeworfen hätten, um dann im siegreichen Rückmarsch auch im Innern reinen Tisch zu machen und die Reichsregierung zu stürzen. Der »Fall B« hingegen war ganz auf die innenpolitische Situation konzentriert: »Wir wollen keine Revolution von rechts gegen die Verfassung und Regierung hervorrufen, sondern dann erst eingreifen und eine andere Verfassung herbeiführen, wenn die von uns erwartete Revolution von links kommt.«[52] Beide Pläne orientierten sich an der taktischen Forderung, daß anders als 1920 Ehrhardts Brigade nicht als Angreifer dastehe, sondern als Garantin der eigentlichen Reichsinteressen; nur unter dieser Voraussetzung konnte Ehrhardt hoffen, die Reichswehr beim kommenden Marsch auf Berlin mitzureißen und damit das Gelingen des ins Auge gefaßten Rechtsputsches überhaupt zu ermöglichen. Nachdem das Eingreifen der badischen Ermittlungsbehörden den weiteren Aufbau einer Freischärlertruppe zum Schutz der Reichsgrenzen mit in Wahrheit gegenrevolutionärer Zielsetzung im Sinne von Fall A durchkreuzt hatte, setzte die Provokationsstrategie mit Fall B ganz auf Ausnutzung eines selbstgeschaffenen innenpolitischen Chaos.

Die Hoffnung jedoch, durch gezielte Terroranschläge einen Linksaufstand zu provozieren und ihn anschließend zusammen mit Reichswehreinheiten niederzuschlagen, damit »dann allerdings mit unserer Hilfe (...) eine Regierung eingesetzt würde, die für sich das Prädikat ›national‹ in Anspruch nehmen kann«[53], diese Hoffnung konnte nur Wirklichkeit werden, wenn der Retter in der Not nicht als der Brandstifter selbst entlarvt würde. Oberstes Gebot der terroristischen Werkzeuge Ehrhardts mußte es sein, den Namen und die Verantwortung ihres Chefs unter allen Umständen zu verschweigen. Darum operierten die Attentäterkommandos so weitgehend selbständig und vermieden nach Möglichkeit jeden direkten Kontakt mit der Münchener O.C.-Leitung; darum auch schwiegen sich ihre Mitglieder vor Gericht über ihre Hintermänner aus und wahrten sie die Loyalität gegenüber Ehrhardt bis in ihre späteren schriftstellerischen Bemühungen.

Kein O.C.-Mann hat Ehrhardt jemals belastet, und dennoch tritt die Verantwortung des O.C.-Chefs auch für die Attentatsserie verschiedentlich ganz direkt zutage: Nach 1945 gestand der Erzbergermörder Schulz, daß zwar v. Killinger Heinrich Tillessen und ihm den Mord befohlen habe. Nach Erledigung ihres Auftrags aber seien sie mit Ehrhardt zusammengetroffen: »Gemeldet haben wir Ehrhardt nichts, wir merkten jedoch, daß er im Bilde war.«[54] Bei Ehrhardt meldete sich Kerns Kurier v. Salomon nach dem Rathenau-Attentat zur Berichterstattung[55], an Ehrhardt sandten die eingekreisten Rathenaumörder ihren letzten Gruß von Burg Saaleck, und an Ehrhardt wandte sich der Besitzer der Burg, der vermeintlich nach Berlin, tatsächlich aber nach München fuhr, um dort den Aufenthaltsort von Kern und Fischer zu melden und Anweisungen für ihre weitere Flucht entgegenzunehmen.[56] Nach 1933 übernahm Ehrhardt auch offiziell die Verantwortung für seine Männer, als er auf Verlangen der NS-Behörden unter anderem den beiden Techows Führungszeugnisse über ihre »Dienstzeit« in seiner Brigade ausstellte und dabei dem älteren Techow – übrigens ganz zutreffend – bescheinigte, bei der »Rathenau-Sache den Wagen geführt und die Tat (...) mehr aus Angst als aus Vaterlandsliebe ausgeführt« zu haben.[57]

Der Rathenaumord war nicht die Tat völkisch verhetzter Jugendlicher, so sehr auch bei den einzelnen Tatbeteiligten antisemitische Motive mitgeschwungen haben mögen. Er war ein kühl kalkuliertes Element in der Putschstrategie eines rechtsradikalen Wehrverbandes, der unter seinem Leiter Hermann Ehrhardt und in wechselnder Gestalt zwischen März 1920 und November 1923 eine in ihrer Bedeutung nie angemessen gewürdigte Rolle als Teil der deutschen Gegenrevolution nach 1918 gespielt hat. Wie gefährlich Ehrhardts Organisation der jungen Republik zeitweilig geworden war, zeigt sich am schlagendsten darin, daß der Staat von Weimar das ganze Ausmaß der Verschwörung, die zur Ermordung seines Außenministers geführt hatte, gar nicht aufdecken konnte – er hätte sonst seine eigene Verstrickung in das verschwiegene Treiben der O.C.-Aktivisten Hermann Ehrhardts offenbaren müssen.

Anmerkungen

1. Zuerst Berlin 1930 erschienen und vielfach wieder aufgelegt
2. Hamburg 1951. Der Roman wurde ein Verkaufsschlager und trug wesentlich zum Wiederaufstieg des Rowohlt-Verlages nach dem Zweiten Weltkrieg bei. Salomons Darstellung des Rathenaumordes und seiner Hintergründe im »Fragebogen« weicht von der in den »Geächteten« in vielen Punkten ab; einig sind sich beide Versionen aber in dem Bemühen, Beziehungen zwischen dem Attentat und Ehrhardt bzw. der O.C. zu negieren (»Die Geächteten«) bzw. herunterzuspielen (»Der Fragebogen«)
3. Ich habe diese Arbeit an anderer Stelle zu leisten versucht: Martin Sabrow: Der Rathenaumord – Eine Untersuchung zur Rolle politischer Attentate im Kampf der radikalen Rechten gegen die Weimarer Republik, phil. Diss. Freiburg 1992
4. Neue Preußische Zeitung (Kreuzzeitung), 22. Juni 1922 (Abendausgabe)
5. Karl Helfferich: Deutschlands Not. Reichstagsrede, gehalten am 23. Juni 1922, Berlin 1922, S. 9
6. Ebd., S. 10 ff
7. Hugo Stinnes: Aktennotiz vom 4. 7. 1922, zitiert nach: Gert von Klass: Hugo Stinnes, Tübingen 1958, S. 286 – Vgl. hierzu auch Gerald Feldman: Der unschlüssige Staatsmann. Rathenaus letzter Tag und die Krise der Weimarer Republik, in: Tilmann Buddensieg u.a.: Ein Mann vieler Eigenschaften. Walther Rathenau und die Kultur der Moderne, Berlin 1990, S. 84–98
8. PB, S. 343
9. Der am 22. Juni 1922 verhaftete und ursprünglich als Chauffeur für das Rathenau-Attentat auserkorene Waldemar Niedrig gab am 23. 6. an, daß ein dreiköpfiges Mordkommando unter der Leitung eines Erwin Kern sich vorgenommen habe, »die 12 Juden zu beseitigen, die behauptet haben, daß 300 Juden die ganze Welt regieren können«. Bericht der Zentralpolizeistelle Hamburg vom 24. 6. 1922, Bundesarchiv Koblenz, NL Luetgebrune, Nr. 10: Strafsache Techow u. Gen., Beiakten, H. 22
10. Als Beispiel unter vielen: Alfred Roth: Rathenau. »Der Kandidat des Auslandes«, Hamburg 1922
11. Interview mit Bernhard Weiß, Berliner Tageblatt, 19. 7. 1922 – Siehe hierzu auch Kessler: Rathenau, S. 314
12. Joseph Wirth: Walther Rathenau vor seinem Tode, in: Deutsche Republik, 13. 7. 1928, wieder abgedruckt bei Kessler: a.a.O., S. 355f
13. Mitteilung Gabriele Erzberger an den Verfasser, 9. 4. 1989
14. Deutsche Tageszeitung, 6. 6. 1922
15. Bericht des Oberstaaatsanwalts Kassel, 22. Juni 1922, Zentrum für die Aufbewahrung dokumentarischer und historischer Sammlungen (ZAS), Moskau, 567-1-2647
16. Aussage Theodor Brüdigam, 12. 6. 1922, Archiv der sozialen Demokratie, Bonn, NL Severing, Mappe 89, S. 1 ff
17. Schreiben Dr. Mainzer an Dr. Holländer, 15. 6. 1922, ebd.
18. Stenographischer Verhandlungsbericht des Rathenaumord-Prozesses, Politisches Archiv des Auswärtigen Amts, Deutschland 9, Rathenau-Prozeß, Bd. 2, 7. Tag, S. 1 f
19. Aussage Walter Krischbin, in: Vossische Zeitung, 25. 6. 1922 – Die ausführliche und farbige Schilderung Krischbins ist als authentische Wiedergabe des Geschehens in die Literatur eingegangen, obwohl sie neben tatsächlichen Beobachtungen wie der hier zitierten so viele Entstellungen und freie Erfindungen enthält, daß sie im Rathenaumord-Prozeß gar nicht verwendet wurde
20. Aussage Josef Prozeller, 30. 6. 1922, BArch, NL Luetgebrune, a.a.O., H. 2
21. Aussage Krischbin, a.a.O.
22. Aussage Josef Prozeller, a.a.O.
23. Obduktionsbericht Dr. Straßmann und Dr. Frenkel, Vossische Zeitung, 26. 6. 1922, Abend-Ausgabe
24. Hermann Sudermann: Tagebuch, Eintrag vom 24. 6. 1922, Literaturarchiv Marbach, NL Hermann Sudermann, zitiert nach: Bernhard Zeller (Hg.): S. Fischer, Verlag, Marbach am Neckar 1985, S. 406 f
25. Tägliche Rundschau, 8. 6. 1922
26. Aussage Theodor Brüdigam, 12. 6. 1922, a.a.O.
27. Die Atmosphäre dieser Mörderjagd im Täterwagen schilderte der Weiß begleitende »Vorwärts«-Korrespondent Victor Schiff: »Oberregierungsrat Weiß und ich besteigen einen großen, braunen Mercedes-Wagen, Nr. II 478, in dem außer dem Chauffeur noch zwei Polizeibeamte und Bill, von Beruf Polizeihund, bereits sitzen. Es ist für mich zuerst ein etwas schauriges Gefühl, diesen Wagen zu besteigen. (...) Von dem Platz aus, auf dem ich sitze, wurde Walter Rathenau erschossen. Jetzt ist der Wagen beschlagnahmt und dient der Verfolgung der flüchtigen Mörder. Ein prachtvolles Auto übrigens. Kann bis 100 Kilometer Geschwindigkeit fahren. Nach wenigen Minuten liegt Berlin hinter uns, über Spandau, Nauen, Rathenow eilen wir der Elbe zu. Bei Tangermünde setzt uns eine Fähre über. Am Spätnachmittag treffen wir in Gardelegen ein.« (Vorwärts, 16. 7. 1922, 1. Beilage)
28. Zu einer genaueren Angabe wollten sich weder Tillessen noch Plaas in ihren Aussagen verstehen. Bundesarchiv Koblenz, NL Luetgebrune, a.a.O., H. 21
29. Anklageschrift des Oberreichsanwalts gegen Hustert und Oehlschläger, 11. 11. 1922, Bundesarchiv/Abt. Potsdam, 30.01, 5055, S. 7 – Dieser Beschuldigung Karl Tillessens konnte das Gericht allerdings nicht weiter nachgehen, da der zuständige Kriminalbeamte keine Aussagegenehmigung erhielt, um seinen Informanten nicht zu gefährden
30. Zitiert nach: Berliner Tageblatt, 12. 10. 1922, Morgen-Ausgabe
31. Urteil des Staatsgerichtshofes zum Schutz der Republik in der Strafsache gegen Techow und Genossen, 14. 10. 1922, Pol. Archiv AA, Presse-Abteilung, Deutschland 9, Rathenau-Prozeß, Bd. 2 , 11. Tag, S. 4
32. A.a.O., S. 11
33. Zitiert nach: Berliner Tageblatt, 10. 10. 1922, Morgen-Ausgabe
34. Beide Techows distanzierten sich in ihren später veröffentlichten Versionen des Tathergangs von antisemitischen Begründungen ihrer Tat, (obwohl sie sie in einem NS-Blatt bzw. in der NS-Zeit publizierten) und strichen heraus, daß vorgetäuschter Haß auf den Juden und Erfüllungspolitiker das eigentliche Motiv nur habe verbergen sollen: »Einer meint: ›Und was sollen wir sagen, wenn sie uns kriegen?‹ Schweigen (...) Dann spricht Kern: ›(...) Und was ihr sagen sollt?! Ist ja

ganz egal. Also sagt: Rathenau hätte sich den Ministersessel mit Drohung erzwungen – oder: er hätte seine Schwester an Radeck (sic!) verheiratet – oder: weil er den Rapallovertrag abgeschlossen hat – oder: weil seine Erfüllungspolitik falsch ist – oder: weil er ein Anhänger des schleichenden Bolschewismus ist – oder: weil die Linksparteien losschlagen sollten – oder: weil er sich selbst als einen der dreihundert Weisen von Zion bezeichnet hat – sie verstehen uns ja doch nicht –«. Ernst Werner Techow, Gemeiner Mörder?!, Leipzig 1934, S. 28; vgl. Hans Gerd Techow, Minister Rathenaus Ende, in: »Der Angriff«, 22. 10. 1928. Nicht anders schrieb v. Salomon, der schon in ersten schriftstellerischen Bemühungen seit seiner Zuchthaushaft außerordentlichen persönlichen Respekt gegenüber Rathenau hatte erkennen lassen: »›Wenn ihr gegriffen werdet‹, sagte Kern fröhlich, ›dann schiebt wacker alle Schuld auf mich. Das ist selbstverständlich. Sagt um keinen Preis die Wahrheit, sagt irgend etwas, Gott, es ist so gleichgültig, was. Sagt irgend etwas, das die Leute verstehen, die gewohnt sind, ihren Morgenblättern zu glauben. Sagt meinetwegen, er sei einer der Weisen von Zion, oder er habe seine Schwester an Radek verheiratet, oder sonst etwas Blödes.« (S. Salomon: Die Geächteten, S. 360)
35. Am vierten Verhandlungstag hatte Günther Pralinenkonfekt gegessen, das ihm laut Absenderangabe von der Sarotti-AG Berlin zugesandt worden war, und wurde wie auch einige Mitangeklagte, denen er davon angeboten hatte, von so heftiger Übelkeit befallen, daß die Verhandlung vertagt werden mußte. Die chemische Analyse ergab, daß jede einzelne Praline mit einer Arsendosis gefüllt war, die ausgereicht hätte, drei Menschen zu töten. Nur dem Umstand, daß sie sich sofort erbrechen mußten, verdankten die Betroffenen ihr Leben. Die Schuldigen wurden nie ermittelt. Wahrscheinlich ging der Anschlag auf den im Rathenaumord-Verfahren mangels Beweisen außer Verfolgung gesetzten O.C.-Aktivisten Friedrich Wilhelm Heinz zurück
36. Es handelte sich um den katholischen Pfarrer Dr. Heinrich Lampe, der im Jahre 1922 Kaplan an der St.-Matthias-Kirche in Berlin-Schöneberg war und in nachgelassenen Papieren enthüllte, daß er es war, der den ihm persönlich aus seiner politischen Tätigkeit im Zentrum bekannten Wirth von dem geplanten Anschlag benachrichtigt hatte
37. Diesen Mordversuch stellte v. Salomon im »Fragebogen«, S. 113 ff ausführlich dar
38. Zitiert nach: Berliner Tageblatt, 7. 10. 1922, Morgen-Ausgabe
39. Diese Behauptung Hoffmanns bestätigte der Offenburger Entwurf der Geheimbündelei-Anklage gegen Hoffmann u.Gen., Mai 1922, Staatsarchiv Freiburg, Staatsanwaltschaft Offenburg, 1984/153, Nr. 179, S. 53
40. Weismann sah sich selbst gezwungen, diesen Umstand in einer Vernehmung vor dem Offenburger Untersuchungsrichter am 13. 12. 1921 zuzugestehen. (Bundesarchiv/Abt. Potsdam, 15.07–339)
41. Zitiert nach: Berliner Tageblatt, 22. 10. 1924, Abend-Ausgabe
42. v. Salomon: Der Fragebogen, S. 399
43. Bericht des Polizeipräsidenten Hannover, 14. 9. 1929, Bundesarchiv Koblenz, NS 26/1349
44. Aussage Theodor Brüdigam: a.a.O.
45. Wilhelm Breucker: Brief an Ernst v. Salomon, 28. 6. 1951, NL Ernst v. Salomon, Privatbesitz
46. Die Geächteten: a.a.O., S. 353
47. Aussage des Polizeibeamten Rudolf Hänel, 7. 11. 1922, Bundesarchiv/Abt. Potsdam, 15.07, 340
48. Friedrich Wilhelm Heinz: Sprengstoff, Berlin 1930, S. 76; Ernst v. Salomon: Der Fragebogen, S. 130
49. Satzung der OC, Bundesarchiv Koblenz, NL Luetgebrune: a.a.O., Nr. 113, veröffentlicht bei: Gotthard Jasper: Aus den Akten der Prozesse gegen die Erzberger-Mörder, in: Vierteljahreshefte für Zeitgeschichte, 10. Jg. 1962, S. 439 f
50. Friedrich Wilhelm Heinz: a.a.O., S. 76
51. Der Ausdruck findet sich in den Tagebuchaufzeichnungen von Tillessens Adjutanten Hartmut Plaas (Eintrag vom 24. 3. 1921, NL Hartmut Plaas, Privatbesitz)
52. Aussage des Leipziger O.C.-Mannes Herbert Lauch, 24. 9. 1921, Staatsarchiv Freiburg, a.a.O., Nr. 105
53. Aussage Alfred Hoffmann, 24. 9. 1921, ebd.
54. Aussage Heinrich Schulz, 11. 5. 1950, Staatsarchiv Freiburg, a.a.O., Nr. 7
55. Diese vor Gericht abgestrittene Begegnung mit Ehrhardt bestätigte Ernst v. Salomon später im »Fragebogen«, S. 327
56. In seinem Verfahren vor dem Staatsgerichtshof erreichte der Burgbesitzer Hans Wilhelm Stein, der die ihm vorgeworfene Verbindungsaufnahme zur Münchener O.C.-Leitung energisch abstritt, zwar einen Freispruch aus Mangel an Beweisen, rühmte sich seiner Beihilfe zur Flucht der Rathenaumörder dann aber nach 1933 in einer Broschüre: Hans Wilhelm Stein: Burg Saaleck. Die Türme des Schweigens, Eckartsberga/Thüringen o.J., S. 15 ff
57. Die Bescheinigung selbst ist verloren. Ihr Wortlaut geht aber aus einem Schreiben des Gauleiters Emil Stürtz an das Parteipolitische Amt der NSDAP vom 31. 8. 1938 hervor, das sich auf Ehrhardts Erklärung stützt. Berlin Document Center, Personalakte Hans-Gerd Techow

»AS LITTLE A SURPRISE AS A MURDER CAN BE«

Ausländische Reaktionen auf den Mord an Walther Rathenau

CAROLE FINK

Politische Gewalttaten waren ein charakteristischer Zug der frühen Weimarer Republik. Mit der Ermordung Walther Rathenaus am 24. Juni 1922 fanden sie ein starkes Echo im Ausland. Der Mord an Deutschlands erstem jüdischen Außenminister durch zwei junge ehemalige Offiziere, die erklärtermaßen rechtsgerichtet waren, war empörend nicht nur wegen seiner Brutalität, sondern auch, weil man damit rechnen mußte.[1] Ausländische Beobachter konzentrierten sich besonders auf Rathenaus Persönlichkeit und seine Verdienste. Vorsichtig beobachteten sie die Reaktion der Republik auf das Verbrechen; vor allem aber versuchten sie, die Tat zu interpretieren und deren weitergehende Bedeutung zu klären.

I

Rathenaus Ernennung zum Außenminister Ende Januar 1922 war von der ausländischen Presse weltweit erwartet worden und wurde generell willkommen geheißen.[2] Liberale und linksgerichtete Kreise in den alliierten Staaten begrüßten den Mann von Wiesbaden, der den Geist der Aussöhnung und der Erfüllung verkörperte, der das Vertrauen von Lloyd George und Louis Loucheur sowie den Respekt der Neutralen und der Amerikaner gewonnen hatte.

Rathenaus politischer Aufstieg im republikanischen Deutschland war in der Tat steil gewesen. Als im Februar 1919 ein Telegramm bei der Weimarer Nationalversammlung eintraf, welches ihn für die Präsidentschaft nominierte, reagierten die Delegierten mit schallendem Gelächter. Walther Rathenau hatte die politische Bühne durch die Hintertür betreten, indem er der *Deutschen Demokratischen Partei* beigetreten war und für die liberale *Vossische Zeitung* geschrieben hatte. Im Mai 1920, als Mitglied der *Zweiten Sozialisierungskommission,* konnte er Politiker und Industrielle mit seiner Brillianz und seiner maßvollen Art beeindrucken. Im Juli 1920 hatte er seinen ersten internationalen Auftritt bei der Konferenz von Spa, wo er durch seine Redegewandtheit bei den Alliierten Aufsehen erregte. Im Juli 1921 nahm er den Posten des Ministers für Wiederaufbau an, wobei er sein Streben nach der Spitzenposition des Außenministers zurückstellte. Als Wiederaufbauminister absolvierte Walther Rathenau, ein Jude mit zahlreichen Feinden und keiner politischen oder diplomatischen Erfahrung, eine fünfmonatige Lehrzeit, während der er seine bedeutende Begabung und die ihm zur Verfügung stehende Tatkraft darauf verwandte, mit Frankreich, Belgien und England einen Kompromiß über die riesigen Reparationsschulden Deutschlands auszuhandeln.

Verbindlich, eloquent und geschickt im Verhandeln mit Staatsmännern und Industriellen, wurde es Rathenau möglich, die Angst und das Mißtrauen der Alliierten gegenüber Deutschland zu verringern und an ihren Großmut zu appellieren. Er zeichnete das Bild eines schwachen Deutschland mit gespannten Beziehungen zwischen Industrie und Arbeiterschaft, einer morschen Währung, im Innern von Rechts- und Linksradikalismus und regionalen Interessengegensätzen gespalten, im Osten von Sowjetrußland bedroht. Deutschland war also, so Rathenau, nicht in der Lage, ohne sofortige Kredite und Zahlungsaufschübe Reparationen zu bezahlen. Trotz der Eindringlichkeit seiner Botschaft, oder vielleicht weil seine Fähigkeiten und Überzeugungen so zuverlässig zu sein schienen, wurde Rathenau fortan als eine ›unumgängliche‹ Figur in der europäischen Politik betrachtet.[3]

Seine Ernennung zum Außenminister am 30. Januar 1922 traf zusammen mit der Einberufung der Weltwirtschaftskonferenz, die in Genua stattfinden sollte, der ersten, zu der Deutschland und Sowjetrußland als gleichberechtigte Teilnehmer eingeladen werden sollten und auf deren Tagesordnung Hilfe, Wiederaufbau und Frieden für Mittel- und Osteuropa standen. Die liberale Auslandspresse vertrat den vorsichtig optimistischen Standpunkt, Rathenaus Ernennung stelle einen entscheidenden Augenblick in den Beziehungen zwischen Deutschland und den Alliierten dar, an dem sich die Waagschale vielleicht vom Zwang zur Verständigung neige.[4]

Bei den Alliierten jedoch, die bereits über eine große Zahl europäischer und überseeischer Verhandlungsgegenstände uneins waren, erzeugte die Aussicht auf Genua – und die Begegnung mit Rathenau, möglicherweise auch mit Lenin – unterschiedliche Reaktionen. In London schätzten die Parteigänger von Lloyd George Rathenau als einen vielversprechenden Partner für die europäische Versöhnung unbedingt positiv ein. In Erinnerung an seine vor kurzem erfolgten privaten Besuche, die er unternommen hatte, um mit Regierungsvertretern und Bankiers zu unterhandeln, äußerte sich die Presse voll Bewunderung über seine realistische Einstellung, seine Klugheit, seinen Scharfsinn in Finanzfragen und hoffte, daß er an der Spitze der *Wilhelmstraße* imstande sein werde, noch »mehr mutige Schritte als bisher« zu tun.[5] In Frankreich andererseits, wo der versöhnliche Briand gerade durch den unnachgiebigen Poincaré abgelöst worden war, reagierte die Presse eher zurückhaltend. *Le Gaullois* bezeichnete Rathenau als einen hartnäckigen und gefährlichen Unterhändler und bestritt die britische Behauptung, »man könne mit Rathenau reden«; *Le Figaro* prophezeite düster, daß Gespräche mit ihm »endlos« sein »und zu nichts führen« würden.[6] Für belgische Journalisten war Rathenau ein Kriegsverbrecher, dessen Pläne zur Beschaffung von Rohstoffen für die deutsche Armee und die deutsche Industrie zu Ausbeutung, Deportationen und Zerstörungen in den besetzten Ländern geführt hätte. Brüssel nannte den neuen Außenminister finster den »Mann der am besten weiß, was Deutschland uns schuldet«.[7]

Aus Italien, mitten in einer monatelangen Regierungskrise, kam die Reflexion auf ein neues Element in der internationalen Politik: Persönlichkeit.[8] Tatsächlich hoben die ersten Beurteilungen des 55jährigen Rathenau seine auffallende körperliche Erscheinung hervor: er war fast ein Meter neunzig groß, mit dunklen Augen, einem weißen Spitzbart, schweren kraftvollen Armen und einer erstaunlichen Ähnlichkeit mit Lenin. Viele Beobachter äußerten sich über seine äußerst verbindlichen Umgangsformen, seine stark artikulierte Sprache und seine Sprachbegabung, seinen Zugang zu den meisten führenden literarischen, künstlerischen und der Regierung nahestehenden Kreisen in Berlin, seine Selbstsicherheit und seine Liebe für das Scheinwerferlicht der Öffentlichkeit, sowie auch seinen immensen Reichtum und sein Format als Führer von Industrie und Finanzwelt. Französische Autoren zeigten sich fasziniert von der intellektuellen Welt des Außenministers: eine »bizarre Mischung« aus Wissenschaft und Kunst, Nietzsche und Moralismus, öffentlichen Aufgaben und Philosophie – wie sie sich besonders in seinen Schriften zur wirtschaftlichen Erneuerung der Welt spiegelte.[9] Er war aber auch eine kontroverse Figur, ein verträumter, ein wenig anmaßender jüdischer Intellektueller, der wegen seiner ›sozialistischen‹ Tendenzen bei den oberen Klassen Mißtrauen erregte und wegen seines Ehrgeizes den Spott seiner eigenen Glaubensgenossen hervorrief: Einstein wurde zitiert, er vermute, daß Rathenau, wenn er könnte, gerne Papst werden würde. Obwohl die Presse vor 70 Jahren Privatangelegenheiten zurückhaltender behandelte als sie es heute tut, werteten Journalisten die Tatsache, daß er Junggeselle war und ein einzelgängerisches Leben führte, als Beleg dafür, daß er sein Leben vollständig dem Regierungsdienst gewidmet habe.

Ausländische Kommentatoren sahen klar seine schwierige politische Position. Er war der Mann von Wiesbaden, der so furchtlos war, seinen Landsleuten harte Wahrheiten zu sagen: Deutschland könne sich nicht weigern, mit seinen früheren Feinden über Reparationen zu verhandeln, und es könne seine Verpflichtung nicht leugnen. Die ›Erfüllungspolitik‹ – eine komplizierte Mischung aus Pragmatismus und Prinzipien, die von Matthias Erzberger und Rathenau ins Leben gerufen worden war – basierte darauf, die Alliierten zu überzeugen, daß ihre Forderungen an Deutschland wirtschaftlich, finanziell und politisch unerfüllbar wären. Die Verfolgung dieser Politik verlangte von der deutschen Führung fortgesetzte komplizierte Manöver zwischen England, Frankreich, den USA und auch Sowjetrußland, und dies angesichts unablässiger Opposition eines unversöhnlichen Kerns von nationalistischen Hardlinern in Deutschland. Erzbergers Ermordung im August 1921, mitten während der Wiesbadener Verhandlungen, war eine ausreichende Warnung für seine Nachfolger.[10]

Es war klar, daß Walther Rathenau als Außenseiter in der deutschen Politik wenig politische Freunde und viele Feinde hatte.[11] Es war allgemein bekannt, daß der begabte und einflußreiche DVP-Führer Gustav Stresemann, der dem *Ausschuß für*

Auswärtige Angelegenheiten des Reichstags vorstand, es übelnahm, daß man ihm den Weg in die *Wilhelmstraße* versperrt hatte. In dem Industriellen Hugo Stinnes, der politisch auf dem rechten Flügel stand, hatte Rathenau einen Hauptwidersacher, den er in diplomatischen Verhandlungen mit den Alliierten als Buhmann hinstellen konnte; zu Hause jedoch erwies sich Hugo Stinnes als unerbittliche Bedrohung für Rathenaus patriotische Glaubwürdigkeit.[12] Die Unterstützung, die Rathenau von seiner Demokratischen Partei, dem Zentrum, von den gemäßigten Sozialisten, von Präsident Ebert und von Kanzler Wirth bekam, war eher schwach.[13] Wirth, der zweifellos die Richtlinien der Außenpolitik selbst bestimmen wollte, hatte Rathenau offensichtlich als Ersatzmann für den selbstbewußteren und härteren Stresemann benutzt; er sollte den Hofjuden spielen, der für britische und holländische Bankiers akzeptabel war, mit dem die Franzosen sich abfinden würden und der ferner ein vorteilhaftes Signal in Richtung Moskau abgeben würde.

Wenn Walther Rathenaus geistige Heimat im ›guten Deutschland‹ der bekehrten demokratischen Republikaner und Europäer war – eine Annahme, die der *Figaro* sehr bezweifelte – so schien dieses gute Deutschland ihn nicht als seinen Führer anzuerkennen. Für manche Beobachter im Ausland war Rathenau der absolute Außenseiter: der Ex-Monarchist, der jüdische Industriekapitän mit geistigen und sozialistischen Neigungen, der Amateurpolitiker und Hobby-Staatsmann. In der *Wilhelmstraße* sah er sich mit snobistischen Karrierediplomaten konfrontiert und im Reichstag hatte er keinen Sitz.[14] Von deutschen Nationalisten wurde er beschimpft wegen seines angeblichen Defätismus in den letzten Tagen des Ersten Weltkriegs und seiner Kritik an Wilhelm II. Seine Ernennung zum Außenminister wurde von der antisemitischen Presse Mitteleuropas sowohl als der Sieg der jüdischen Finanzinteressen, des jüdischen Sozialismus und der Freimaurerei dargestellt, als auch als der Sieg einer internationalen Verschwörung liberaler Bankiers, angeführt von Lloyd George, um ein am Boden liegendes christliches Deutschland zu beherrschen.[15] Der einsame Hofjude schien in einem Land alldeutscher Meuchelmörder zum Selbstopfer verurteilt.

II

Noch nicht einmal fünf Monate später wurde Rathenau tatsächlich ermordet. In der Zwischenzeit war aus dem Mann von Wiesbaden der Mann von Rapallo geworden. Am Vorabend der Konferenz von Genua hatte Rathenau bereits nationalistische Töne angeschlagen, als er sich der Reparations-Kommission widersetzte, sich laut über die Beschlüsse der Botschafter-Konferenz beschwerte und Lloyd George wegen dessen Nachgiebigkeit gegenüber Poincaré beim englisch-französischen Treffen in Boulogne angriff.[16] Trotz seiner Enttäuschung über Amerikas Abwesenheit und seiner geringen Hoffnung auf Erleichterung der

Walther Rathenau und Hugo F. Simon während der Konferenz von Genua (Kat.Nr. 6/59)

Reparationszahlungen, hoffte Rathenau, als Vermittler zwischen Sowjetrußland und den Alliierten doch noch eine wichtige Rolle bei der Konferenz von Genua spielen zu können. Er freute sich darauf, Deutschlands Rückkehr in die Politik der Großmächte zu lenken, sonnte sich im Rampenlicht der Weltpresse und genoß die Aufmerksamkeit der Neutralen.

Aber die Konferenz von Genua brachte für Deutschlands neuen Außenminister eine Reihe harter Schläge. Poincaré, der es ablehnte, teilzunehmen, weigerte sich, die Reparationen zum Gegenstand der Beratungen zu machen. Lloyd George, der das Treffen beherrschte, lehnte Rathenaus Bitte nach einer privaten Begegnung ab. Und als Rathenau erfuhr, daß Deutschland von den vertraulichen Unterredungen zwischen den

Alliierten und Sowjetrußland ausgeschlossen worden war, erlag er den Schmeicheleien der Vertreter der Ostpolitik und unterzeichnete den separaten Rapallo-Vertrag mit Tschitscherin, der die bilateralen Beziehungen mit Moskau auch formal wiederherstellte. Der ›Schock von Rapallo‹ lag nicht in der Handlung als solcher – sie war lange erwartet worden –, sondern in der Wahl des Zeitpunkts, da die Konferenz von Genua nunmehr endgültig zum Scheitern verurteilt war. »Glücklicherweise«, sagte Poincaré zu einem amerikanischen Journalisten, »können wir uns immer darauf verlassen, daß Deutschland eine Unbesonnenheit begeht und sich selbst isoliert.«[17] In der Tat brachte Rapallo – Deutschlands erstes selbständiges Vorgehen seit dem Ersten Weltkrieg – wenig unmittelbare Vorteile, aber es zerriß das Gewebe der neuen Bande, die zwischen Deutschland und dem Westen geknüpft worden waren.

Walther Rathenau wurde zum Missetäter von Rapallo bestimmt. Wirth hielt man eigenartigerweise für unschuldig und Tschitscherin, mit dem die Alliierten fortgesetzt verhandelten, entging jeder Verurteilung. So wurde Rathenau die einzige Zielscheibe der Proteste und Drohungen der Alliierten, wurde zuletzt von der Politischen Kommission ausgeschlossen und von der ausländischen Presse persönlich angegriffen. Sogar in freundlich gesinnten amerikanischen Zeitungen wurde sein Image durch seine Wankelmütigkeit getrübt. Die Briten wurden seiner Klagen allmählich überdrüssig und Poincarés Anhänger ließen sich diesen neuen Beweis teutonischer Bosheit und Doppelzüngigkeit nicht entgehen.[18] Aus Rathenau, dem angeblich guten Europäer, wurde ein »alldeutscher Imperialist«, der die »Solidarität der zivilisierten Nationen brach ... um ein Abkommen mit den barbarischen Sowjets zuunterzeichnen«.[19] *Action française* ging mit voller Wut auf diesen »betrügerischen Juden« und seine »unehrlichen Tricks« los.[20]

Nach der Konferenz von Genua lag Rathenaus Erfüllungspolitik in Trümmern. Obwohl Deutschland noch einen Zahlungsaufschub erhielt, weigerten sich die ausländischen Bankiers, Berlin bis zur weiteren Verringerung und Abwicklung seiner Reparationsschulden irgendwelche Darlehen zu gewähren. Aber diese Bestätigung seiner Erfüllungspolitik bot Rathenau kaum einen Vorteil. Da der Wert der Mark weiterhin fiel, bemühte sich die Berliner Regierung, ihre Finanzen in Ordnung zu bringen; sie sah sich dabei jedoch nicht nur einem halsstarrigen Stinnes gegenüber, der sich Steuererhöhungen widersetzte, sondern auch den Gewerkschaften, die Lohnsenkungen entgegentraten, und schließlich der Reparations-Kommission, die wachsende Forderungen nach Kontrolle und Sparsamkeit stellte. Die Vereinigten Staaten verweigerten ihre Unterstützung, Moskau war, ohne Lenins Führung, unergründlich und die Entente, aufs Neue vereint durch den ›Schock von Rapallo‹, untersagte Deutschland die Teilnahme an der Konferenz von Den Haag.[21]

Gleichwohl war es Rathenau während seiner fünfmonatigen Amtszeit gelungen, sein Ansehen im Ausland zu erhöhen. Für die Italiener, die er in Genua bezaubert hatte, wurde er zum Repräsentanten eines neuen Typs von *Humanist-Staatsmann*, der sich von Taktgefühl und Mäßigkeit leiten ließ. In seiner Schlußrede am 19. Mai im Palazzo San Giorgio hatte er zum Entzücken seiner Gastgeber die Aufzählung der deutschen Wünsche raffiniert mit einer Vision vom europäischen Frieden verbunden und Petrarca zitiert. – »Lo vo gridando: O pace! Pace! Pace!«.[22] Sogar Loucheur glaubte weiterhin, daß Rathenau ein Mann des »guten Willens« geblieben sei.[23] Und trotz seines Ärgers über Rapallo betrachtete Lloyd George Rathenau als einen Mann, der »sein Bestes getan« hatte und immer noch eine Schlüsselfigur war, die Deutschland in den Völkerbund bringen könnte.

III

Da sich der Mord an Walther Rathenau an einem Samstagmorgen ereignete, zogen sich die Berichte in der Weltpresse über einige Tage hin; die Journalisten schrieben mindestens genausoviel voneinander ab wie aus Berliner Quellen. Die Ermordung war eine Story für die Titelseite. Die Berichte spiegelten den Schmerz über eine lange vorausgesagte Gewalttat. Sie schilderten die Einzelheiten des Mordes, die dramatische Einberufung des Reichstags am Sonntag und den Trauerzug am Dienstag, an dem fast eine halbe Million Berliner teilnahmen. Sie meldeten, daß sich 200.000 Berliner Arbeiter zur Protestversammlung auf der Schloßfreiheit versammelt hatten und daß in Hamburg und in München, in Breslau und in Chemnitz, in Elberfeld und in Essen Arbeiterdemonstrationen stattfanden. Man schätzte, daß fast 40 % des deutschen Volkes an irgendeiner Sympathiekundgebung für den ermordeten Außenminister teilgenommen hatte.

Bei der Diskussion über das Opfer des Attentats pries die amerikanische Presse fast einhellig Rathenau als »einen der wenigen Staatsmänner, die zu verlieren Europa sich nicht leisten kann«. Er sei »in Deutschland einflußreicher als jeder andere Gemäßigte« gewesen und »er genoß im Ausland im Allgemeinen größeres Vertrauen als jeder andere, der in Deutschland Macht hatte«. Er sei »ein guter Deutscher und ein guter Europäer« gewesen.[24] Karl Radek in Moskau bezeichnete Rathenau als den »besten Kopf« unter den bürgerlichen deutschen Politikern, als einen weltgewandten Spitzenpolitiker, der seinen Militarismus aus Kriegszeiten überwunden hatte, um ein »realistischer« Pazifist zu werden, der Sowjetrußland freundlich gesinnt war.[25] Auch die Briten zollten dem zum Märtyrer gewordenen Außenminister ihre Anerkennung: der *Daily Telegraph* verwies auf ihn als einen Mann von bemerkenswertem Mut, dessen »Bekehrung« zur Republik der Sache des Friedens gedient hätte; die *Morning Post* bemerkte, daß er die »Cleverness seiner Rasse« in den Dienst Deutschlands gestellt habe.

Natürlich gab es auch Stimmen, die sich dem Chor der Lobredner nicht anschlossen. Die meisten französischen Autoren erinnerten düster an Rathenaus negative Rolle in Genua, und Leon Daudet hatte seine Freude daran, »daß es einen Boche weniger« gab.[26] Die belgische Presse beschrieb ihn als einen »Schein-Versöhner« mit einer »deutschen« Art von Korrektheit, der betrügerischerweise Zahlungsunfähigkeit geltend gemacht, in Wirklichkeit aber für Stinnes Front bezogen und nie seine Schuld an der Deportation belgischer Arbeiter abgebüßt hatte.[27] Das konservative *Svenska Morgenbladet* hielt Rathenau für einen besseren Geschäftsmann als Staatsmann, allerdings für einen, der sein Volk leichtgläubig unters Joch der Entente gebeugt hatte. *Robotnik* anderseits nannte Rathenau einen deutschen Patrioten, der makellos in seiner ganzen Haltung und all seinen politischen Handlungen gewesen sei.

Wen traf die Schuld an der Ermordung? Eine überwältigende Zahl ausländischer Kommentatoren suchte die Schuldigen an Rathenaus Tod bei Deutschlands »Reaktionären«.[28] Sie verwiesen auf die polemische Reichstagsrede des ultra-nationalistischen Karl Helfferich am Vorabend der Ermordung (einen vergleichbaren Angriff hatte er vor dem Mord an Erzberger vorgebracht) und auf das ungeheure Netz paramilitärischer Gruppen, das ganz Deutschland überspannte und dessen Angehörige eine beträchtliche Anzahl von Morden begangen hatten; daraus ließ sich die Theorie einer rechtsgerichteten und anti-republikanischen Verschwörung konstruieren. In der Tat hatte es, angefangen bei den Morden an Luxemburg, Liebknecht und Eisner bis zur Ermordung von

Demonstration nach dem Attentat auf Walther Rathenau (Kat.Nr. 7/40)

Erzberger und Rathenau und zum jüngsten Attentatsversuch auf Scheidemann, seit drei Jahren eine Welle politischer Gewalt in Deutschland gegeben. Gemäß dieser Theorie werde das »neue Deutschland«, dessen führende Persönlichkeit Walther Rathenau gewesen war, von einer kleinen, bösartigen Gruppe militanter Nationalisten abgelehnt, verachtet, und schließlich zerstört.[29] In der Tat berichtete die ausländische Presse von einem monarchistischen Treffen in Potsdam am Tag nach dem Attentat.

Wirths übertriebene Anschuldigung am 25. Juni, daß der Feind rechts stehe, bekräftigte die Vorstellung von Deutschland als einem Schlachtfeld, auf dem eine tödliche Schlacht zwischen Monarchisten und Sozialisten geschlagen werde, der zuletzt Rathenau zum Opfer gefallen sei.[30] Das benachbarte Schweden, mit seiner eigenen brüchigen Mitte-Links-Koalition, sah in Deutschlands ideologischer Zerrissenheit eine Drohung, die seine eigene und Europas Zukunft verkündete; die schwedische Presse befürchtete eine Welle weiterer Handstreiche der extremen Linken oder der extremen Rechten. Zwar bestätigten Europas gemäßigte Sozialisten, daß »Rathenau keiner von uns war«, betonten jedoch mit Nachdruck, daß der Mord an ihm wegen der Gefahr eines »monarchistischen Putsches« gegen die zerbrechliche deutsche Demokratie »uns alle angeht«; ein Gerücht zirkulierte, der frühere Kaiser stünde bereit, im Falle eines monarchistischen Aufstandes aus Doorn zu entfliehen und nach Deutschland zurückzukehren.[31] Gleichzeitig machten Leute des Zentrums und Konservative Deutschland den Vorwurf, ein Land der Unruhe und der Anarchie zu sein, bedrängt von »faschistischem Terrorismus« und einem »dumpfen, verzweifelten rechtsgerichteten Nihilismus«; sie riefen die Regierung zu entschlossenem Handeln und zur Beendigung des Chaos auf.[32]

Ausländische Journalisten verglichen ihre anschaulichen Schilderungen des erneuerungsunfähigen Deutschland, dem Rathenau auf so brutale Weise zum Opfer gefallen war, und sie gaben der Sorge Ausdruck, daß diese finstere Kraft wieder ganz Europa bedrohen könne.[33] Die französische Presse zeigte sich bedrückt von dem zunehmenden Haß der Deutschen auf ihre Republik, auf Frankreich und auf den Frieden. Verschiedene Autoren bedauerten den Verlust von Rathenau, des »bismarckischen Realisten«, der, obwohl er sowenig wie möglich zahlen wollte, wenigstens Deutschlands Verpflichtungen anerkannt hatte – »was für Frankreich von erheblicher Bedeutung war«. Für die Anhänger Poincarés jedoch hatte Rathenaus Tod ein für allemal die Nutzlosigkeit aller Zugeständnisse bewiesen. Die Frage war einfach: wie könnte Frankreich diese immer unversöhnlicher werdende deutsche Republik ›bändigen‹? Wirths Vorwurf, Frankreich habe versäumt, ›Gemäßigte‹ wie Rathenau zu unterstützen, weshalb jetzt mit verschärften Konfrontationen gerechnet werden müsse, wurde noch verstärkt durch sein lautes Klagen über den unerträglichen ›Druck‹, den Paris auf das Reich ausübe.[34]

Aus politischer Gewohnheit – oder vielleicht, weil sie durch den Mord an Feldmarschall Wilson zwei Tage zuvor bereits abgestumpft waren – entwickelten die Briten eine weit weniger apokalyptische Sicht auf die Ermordung Rathenaus. Die Presse betonte die Anständigkeit und Friedfertigkeit der Mehrheit des deutschen Volkes. Die Liberalen und die Linken interpretierten den Mord auch als eine »Lektion für die Alliierten«, sich in ihren Forderungen zu mäßigen, damit ein so bedrängtes Deutschland nicht auseinanderbreche. Tatsächlich wies der Observer darauf hin, daß Rathenau sich in Todesgefahr begeben habe, da er zwischen den Geschützlinien der deutschen und der französischen Reaktionäre gestanden hätte, die sich in ihrem Nationalismus gegenseitig aufstachelten.[35] Überdies neigten die Briten dazu, Wirths Rhetorik und die ihr folgenden linksgerichteten Massendemonstrationen als eine gefährliche Form der Demagogie zu betrachten, die von den Problemen ablenkte, die zu lösen Rathenau sich geopfert hatte.

Andere, besonders die Neutralen, gaben die Verantwortung für Rathenaus Ermordung direkt den Alliierten und ihrer »unbarmherzigen« Durchsetzung des Versailler Vertrages, wodurch die nationalen und menschlichen Beziehungen in Europa völlig verzerrt worden seien.[36] Am 5. Juli behauptete *The New Republik*, daß es eine direkte Verbindung zwischen der französischen Führung und dem Mord an Walther Rathenau gebe; detailliert wurde auseinandergesetzt, wie die Politik der Okkupation, der Sanktionen und der nationalen Demütigung jeden maßvollen deutschen Staatsmann in größte Gefahr bringe.[37] Die italienische Presse versetzte ihre Respektbekundungen für Rathenau mit starken Dosen anti-französischer Schmähungen; Rufe nach »Aufhebung« der Friedensverträge wurden laut.[38] Österreichische Jour-

nalisten, die über das Elend ihres eigenen Landes nachdachten, warfen den Alliierten vor, das deutsche Volk in die Sklaverei geführt, Mitteleuropa ›balkanisiert‹ und zur Ermordung von Erzberger, Scheidemann und Rathenau angeregt zu haben.[39]
Welche Rolle spielte der Antisemitismus beim Mord an Walther Rathenau? Eine beträchtliche, wie der bedeutende dänisch-jüdische Kritiker Georg Brandes meinte, der behauptete, alle größeren politischen Mordanschläge in Deutschland seit der Revolution hätten auf Personen abgezielt, die jüdischer Herkunft waren oder von denen dies vermutet wurde.[40] Laut Brandes bestand der Unterschied zwischen dem deutschen Antisemitismus und dem in Rußland, der Ukraine und Polen darin, daß es in den slawischen Ländern Pogrome, Massenmorde und Massenplünderungen gab, wohingegen in den »höheren Zivilisationen« des Westens Einzelpersonen als Todesopfer ausersehen wurden.
Auch *The Jewish Chronicle* in London ließ keinen Zweifel daran, daß die Hintermänner des Mordes Antisemiten seien. Indem er seinen Lesern versicherte, daß Rathenau sowohl ein Patriot als auch ein guter Jude gewesen sei – trotz seiner ambivalenten Haltung zum Zionismus war er nie von seinem Glauben abgeirrt und hatte sein Volk »das Salz der Erde« genannt – behauptete der *Chronicle*, daß er von dem Zeitpunkt an »verfolgt« gewesen sei, an dem er sein Amt antrat, an dem Todesdrohungen aufkamen und die *Freikorps* begonnen hatten zu singen: ›Knallt ab den Walther Rathenau, die gottverdammte Judensau!‹[41] *The Nation* fügte hinzu, Rathenau sei Henry Ford und anderen zum Opfer gefallen, die mit ihren Behauptungen von einer »internationalen jüdischen Verschwörung in Berlin, Rom, Petersburg und anderswo«, deren Ziel es sei »den Ausverkauf dessen zu betreiben, was von der christlichen Welt noch übrig geblieben ist«, viele Gemüter vergiftet hatten.[42] Die rechtsgerichtete Presse in Deutschland wies auf die große Zahl von Juden hin, die als Delegierte oder technische Beamte bei der Konferenz von Genua waren, und der *Völkische Beobachter* nannte Rathenau den »wiederauferstandenen Marx«.
Nach Auffassung eines anderen Briten schien Rathenau zwar einen Begriff, jedoch keine Angst vor dem »neuen« deutschen Antisemitismus gehabt zu haben, der eine undurchdringliche und selbst für extrem patriotische Juden nicht zu überwindende Grenze errichtet hatte.[43] Die Schweizer Presse hielt fest, daß er offenbar »vergessen hatte, daß Deutschland es noch nie einem Juden erlaubt hatte, die Zügel des Staates in die Hand zu nehmen oder einem vergeben hatte, der diesen Ehrgeiz hegte. Sein spontaner Drang zur Macht, dem sein gesunder Menschenverstand nicht widerstehen konnte, erwies sich als verhängnisvolle Regung.«[44]
Im August 1922 versicherte ein thüringischer Bauer seinem amerikanischen Reisegefährten, daß Rathenau ermordet worden sei, einfach »weil er Jude war«. Das Gerichtsverfahren enthüllte, daß zwei der Attentäter fanatische Antisemiten waren, die geglaubt hatten, einen »verderblichen Einfluß« zu beseitigen, einen »internationalen Juden«, der die Absicht hatte, den Bolschewismus nach Deutschland einzuschleppen. In Deutschland schien ein weitverbreiteter Antisemitismus zutage zu treten und Besucher beobachteten, daß »außer dem Wetter den Juden alles in die Schuhe geschoben wird«.[45]
Die Regierung Wirth spielte die Judenfrage herunter und legte die Betonung auf die Bedrohung der Republik. Die Sozialisten versetzten Rathenau sogleich in das Pantheon der Helden der Republik. Die Rechte jedoch bestand beharrlich auf Rathenau als der Verkörperung des »internationalen Juden«, der zu Deutschlands Unglück beigetragen habe. Und Moskau warnte seine Anhänger düster vor der Bedrohung durch den deutschen Antisemitismus.[46]

IV

Außenstehende versuchten, dem Mord an dem brillanten und vielschichtigen jüdischen Außenminister eine tiefere Bedeutung beizumessen. An die Ermordung von McKinley erinnernd, verurteilte ein Leitartikel der *New York Times* den »absoluten Wahnsinn« von Attentätern, die versuchten, Staatsmänner einzuschüchtern und Regierungen von ihrer erklärten Politik abzubringen; die Zeitung versicherte ihren Lesern, daß immer, wenn ein Lotse angegriffen werde, ein anderer vortrete um seinen Platz einzunehmen.[47] Wenn dies auch nicht geeignet war, den Fall der Mark zu stoppen, war es doch wenigstens ein tröstliches Signal sowohl für die Alliierten als auch für Berlin.
Die meisten Beobachter weigerten sich, das Verbrechen als eine ziellose und zufällige Gewalttat anzusehen und stellten Deutschlands »Blutspur« in das Zentrum ihrer Überlegungen. Rathenau wurde als das »378. Opfer eines politischen Mor-

Titelblatt der niederländischen Zeitung De Notenkraker vom 1. Juli 1922 (Kat.Nr. 7/28)

des« seit Gründung der Republik bezeichnet, deren Täter in überwiegender Mehrheit sich entweder im dichtgeknüpften Gewebe monarchistischer Netze der Festnahme entziehen konnten oder außergewöhnlich milde Urteile von sympathisierenden Richtern erhielten.[48] Liberalen und Linken in Europa galt Rathenau als der bemerkenswerteste Verlust in dem anscheinend endlosen Kampf zwischen dem neuen und dem alten Deutschland. Die Gegner des Landes betrachteten Rathenaus Tod als einen Urteilsspruch über alle Deutschen, die bei der Aufgabe »versagten, ihre Republik und deren Diener zu schützen«.[49]

Nach außen hin bewahrte Moskau nach Rathenaus Ermordung eine wachsame Gelassenheit.[50] Die *Prawda* versicherte ihre Leser, es gäbe weder einen Hinderungsgrund für die Ratifizierung des Rapallo-Vertrags noch wäre irgend eine Verschlechterung der deutsch-sowjetischen Beziehungen, die bei allen Deutschen populär zu sein schienen, in Sicht. Dennoch erklärte die sowjetische Zeitung, Weimar sei eine »demokratische Republik ohne Demokraten oder Republikaner«, und sie warnte, daß der rechtsradikale Henker vor Deutschlands Tür stehe. Sie rief nach einer Einheitsfront aller Gruppen der Arbeiterklasse, um den ängstlichen Wirth und den ›Realpolitiker‹ Ebert zu wirkungsvollem Handeln zu drängen, bevor die Entente weiter Deutschlands Elend ausnützte.

Viele ausländische Beobachter äußerten die Hoffnung, Rathenaus Ermordung möge in irgendeiner Weise die stürmische Innenpolitik des Reiches ›läutern‹ und etwas mehr als nur demagogische Reden und politische Notmaßnahmen, Massendemonstrationen und Erschütterungen der Finanzmärkte zur Folge haben.[51] Anhänger der Republik hofften, daß nicht nur die Schuldigen bestraft würden, sondern daß darüber hinaus die Gelegenheit ergriffen würde, die öffentliche Verwaltung, die Polizei, die Armee und die Gerichte in Deutschland von konterrevolutionären Elementen zu reinigen. Gemäßigte und konservative Stimmen gaben der Hoffnung Ausdruck, Wirth möge der Polarisierung in der deutschen Politik ein Ende setzen, eine Bewegung zur Mitte hin einleiten, Stresemann und die DVP in die Regierung berufen, um das deutsche Volk für die Republik zu gewinnen. Indes, angesichts sowohl des tiefen Klassengegensatzes zwischen sozialistischen und bürgerlichen Parteien als auch Wirths eigener innenpolitischer Prioritäten war dieses Ergebnis ziemlich unmöglich.[52]

Verbunden mit dem Wunsch nach Harmonie im Innern waren die Hoffnungen des Auslands, daß Rathenaus Tod auf irgendeine Weise auch eine Klärung der internationalen Politik erbringen möge. Seine kurze Tätigkeit als Außenminister hatte jedoch nur wenig Probleme gelöst, andere vergrößert. Zwischen der deutschen Verstimmung über die Forderungen der Alliierten und der Überzeugung der Alliierten, Deutschland sei unwillig und betreibe Haarspaltereien, wurde ein gewisses Maß an Raum benötigt, um neue Formen des Ausgleichs zu entdecken und zu erproben. Aber das unerbittliche Protokoll fruchtloser Konferenzen, der unablässige Zwang vorgegebener Terminpläne und die wirtschaftliche Hinfälligkeit beider Seiten machte diese Entwicklung unwahrscheinlich. Rathenaus Tod konnte zwischen Deutschland und seinen früheren Feinden keine Klärung ohne Verzicht erbringen.

Und so kam es zu den äußerst problematischen Folgen. Rathenaus Ermordung brachte keine Wende. Sicher, es gab keine rechts- oder linksgerichteten Putsche; aber unter Wirth und einem ebenso ungeeigneten Nachfolger setzte Deutschland seinen unbeholfenen Balanceakt im In- und Ausland fort, bis die aufgebrachten Franzosen gezwungen waren, das Ruhrgebiet zu besetzen um die Reparationen zu kassieren. Jetzt waren die Alliierten zu gemeinsamem Handeln gezwungen. Einem maßvolleren Stresemann, endlich am Ruder in der *Wilhelmstraße*, gelang während der nächsten sechs Jahre ein geschickterer Balanceakt als seinem ermordeten Vorgänger; aber diese neue Version der »Erfüllungspolitik« erbrachte am Ende auch keine Lösung für Deutschlands Wiedereingliederung in Europa – wie die Geschichte nach Stresemanns Tod im Oktober 1929 bewies.

V

Nach dem Mord am 24. Juni 1922 gab es im Ausland keinen nuancierten politischen Nachruf auf Walther Rathenau. Die europäische Linke und die Neutralen froren ihn als politischen Märtyrer ein, der für die Sache des Friedens und der Aussöhnung gestorben war. Für die meisten Osteuropäer und für die Russen war er der clevere Opportunist, der durch einen grausamen deutschen Nationalismus vernichtet worden war.[53] Und für die Belgier und Franzosen blieb er der alldeutsche Schurke des Ersten Weltkriegs, der unter der Maske des Republikaners die Politik der Tricks und Taschenspielereien praktizierte. Walther Rathenaus Charakter und seine Leistungen wurden, egal, ob er nun als Opfer oder als Schurke präsentiert wurde, in Lob und Tadel übertrieben.

Denjenigen, die glaubten, daß sich an Rathenaus Tod ein Funke entzünden würde für die Aussöhnung zwischen Deutschen und Juden, blieb Brandes' Warnung vor der Eigenart des deutschen Antisemitismus. Rathenau war nicht das erste Opfer der Gewalt in den Weimarer Jahren; aber es war das erste Mal in der deutschen Geschichte, daß ein Jude in herausragender Position ermordet worden war, weil er ein Jude in herausragender Position war. Die Welt, die verfolgte, wie die Nazis die Mörder lobten, die Gedächtnisfeiern boykottierten und das Opfer verleumdeten, mußte bemerken, daß Rathenaus Ermordung für die deutschen Juden eine erschreckende Erfahrung war, die ihrer Akzeptanz und ihrem Überleben eine deutliche Grenze setzte. Für viele Außenstehende kündigte der Mord an Walther Rathenau eine schreckliche Bedrohung an, sowohl für die Juden als auch für die deutsche Republik.

Anmerkungen

1. *The Spectator*, 1. Juli 1922: »The threat to the German Republic«, S. 8. Diesem Artikel entstammt auch das Titelzitat. Franz Kafka am 30. Juni 1922 an Max Brod: »Unbegreiflich, daß man ihn so lange leben ließ, schon vor zwei Monaten war das Gerücht von seiner Ermordung in Prag …« in: Franz Kafka: Briefe, 1902–1924, Frankfurt a.M. 1975, S. 378
Wenn bei den weiteren Anmerkungen keine Jahresangabe steht, ist immer das Jahr 1922 gemeint
2. *Le temps*, *L'œuvre*, *Petit Journal*, 1. Februar; *L'Indépendance Belge*, 3. Februar; *Tribuna*, 3. Februar; *Rzeczpospolita*, 16. Februar
3. Aristide Briand in: *Le Figaro*, 28. Oktober 1921
4. *L'ère nouvelle*, 5. Februar
5. *Daily Telegraph*, 1. Februar; *The Times*, 1. Februar
6. *Le Gaullois*, 1. Februar; *Le Figaro*, 1. Februar
7. *Le Métropole*, 4. Februar. Ausführlichere Darstellung bei Fernand Passelecq: La responsabilité de Rathenau, in: *Le Correspondant* 290 vom 25. Januar 1923, S. 246–265
8. *Paese*, 2. Februar. Siehe auch Dresels Darstellung Rathenaus, 3. Juni 1921, in: Records of the U.S. State Department, R32
9. *Excelsior*, 3. Februar; *Liberté*, 4. Februar. Auch *Le Temps*, 27. Juni
10. In *Echo de Paris*, 25. Juni, erinnerte Loucheur an Rathenaus Voraussage, er würde das nächste Mordziel sein. Über die deutsche Erfüllungspolitik siehe Carole Fink: The Genoa Conference. European Diplomacy, 1921–1922, Chapel Hill 1984, S. 15–16
11. *Echo de Paris*, 1. Februar; *L'étoile belge*, 2. Februar
12. *Kurier Polski*, 17. Februar
13. *Petit Journal* und *Echo de Paris*, 1. Februar
14. *Przegladwieczorny*, 6. Februar
15. *Szozat* (Budapest), 10./11. Februar
16. Quentin an Poincaré, Berlin, 27. März, Archiv des französischen Außenministeriums, B 90. Thomas Jones: Lloyd George, Cambridge, Massachusetts 1951, S. 184–185
17. Vertrauliche Unterredung, Paris, 18. Mai 1922, in: Lloyd George Papers, House of Lords, London F5/8/14
18. »C'est M. Rathenau le coupable«, *L'œuvre*, 20. April; »La responsabilité de Rathenau«, *Journal de débats*, 21. April. Auch *Le Temps* und *Croix* vom 21. April. Am 23. April veröffentlichte *L'echo national* eine angebliche Geheimrede Rathenaus über den »Papierfetzen« von Versailles. Die französische Presse ging von der falschen Vorstellung aus, Rathenau habe mit Rapallo Joseph Wirth, den »Mann der Erfüllungspolitik«, hintergangen
19. J. de Pierrefeu: La tragédie de Gênes, in: *Illustration*, 20. Mai
20. Jacques Bainville: Le coup de théâtre de Gênes; J.L.B.: L'accord de Rapallo; Leon Daudet: L'entrée en scène de M. Rathenau, alle in: *Action Française*, 18. April
21. *Berlingske Tijdende* (Kopenhagen), 28. Juni. Siehe auch David Felix: Walther Rathenau and the Weimar Republic. The Politics of Reparations, Baltimore/London 1971, S. 157–158
22. »Rathenau un tedesco«, *Corriere della Sera*, 19. Juni. *Citadino*, 26. Juni
23. Zitiert in *Petit Journal*, 25. Juni

24. Zitate aus *New York Times*, Sonntag, 25. Juni und *The Nation*, 5. Juli. Ähnlich auch *La Epoca* (Madrid), 26. Juni; *Social Demokraten* (Stockholm), 27. Juni
25. *Prawda*, 28. Juni
26. »L'assassinat politique en Allemagne«, *Action française*, 2. Juli
27. *Vingtième Siècle*, *L'Indépendance belge*, *Le Soir*, alle 26. Juni. André Chaumeix: La crise allemande, in: *La Revue de Paris*, 15. Juli, S. 435–445
28. Die Strafbarkeit der ›Reaktion‹ war das Hauptthema der Presse in den USA, Belgien, der Tschechoslowakei, Dänemark, Holland, England, Frankreich, Ungarn, Norwegen, Polen, Rumänien und der Schweiz. Vgl. U. Ch. Pfeiffer (Hg.): Das Welt-Echo des Rathenau-Mordes, Berlin 1922, S. 8–19
29. *The Nation* (New York), 5. Juli. Außerdem: *New York Times*, 25. Juni; *Telegraaf*, *Nieuwe Rotterdamsche Courant*, 25. Juni; *Robotnik* (Polen), 25. und 29. Juni; *Westminster Gazette* (London), 26. Juni; *Folkets Dagblad Politiken* (Stockholm), 27. Juni; *L'Indépendance Roumaine*, 27. Juni; *Csas* (Prag), 28. Juni; *Kobenhaven*, 28. Juni
30. *Washington Post*, 25. Juni
31. *Daily Mail*, 16. Juni. Die sozialistische Presse: *Socialdemokraten* (Schweden), 27. Juni; *Lavoro* (Italien), 26. Juni; *Het Volk*, *De Tribune*, *Telegraaf*, *Nieuwe Rotterdamsche Courant* (Holland), 1. Juli. Außerdem: »Germany's Monarchical Plot«, in: *Current Opinion*, August, S. 164–166
32. *Pester Lloyd* (Budapest), 25. Juni; *Svenska Dagbladet*, 27. Juni; *Berlingske Tidende* (Dänemark), 28. Juni; *Dagbladet* (Norwegen), 30. Juni; *New York Tribune*, 5. Juli
33. *Narodni Politika* (Prag), 26. Juni; *Daily Chronicle*, 25. Juni; *Pall Mall and Globe*, 26. Juni
34. *Liberté*, 25. Juni; *Robotnik*, 25. Juni. Außerdem *L'œuvre*, *Echo de Paris*, *Journal des Debats*, 25. Juni
35. *Observer*, 26. Juni, wo Aussagen aus *Le Populaire* vom 25. Juni wiedergegeben werden. Außerdem *The Times*, *Morning Post*, *Manchester Guardian*, 26. Juni
36. *Göteborgs Handelstidning*, 26. Juni
37. Das Echo davon in *Vaderland*, *Algemeen Handelsblad*, *Nieuwe Courant*, 25. Juni; *Daily News*, 26. Juni; *Ekstrabladet* (Dänemark), 28. Juni: » … der Schuft ist nicht Helfferich sondern Poincaré und die Politik des starren Festhaltens am Vertrag von Versailles«; *Aftenposten* (Norwegen), 1. Juli
38. *Paese*, *Tribuna*, 26. Juni
39. *Neue Freie Presse*, *Wiener Allgemeine Zeitung*, *Neues Wiener Abendblatt*, 25. Juni
40. *Politiken*, 28. Juni
41. *The Jewish Chronicle*, 30. Juni
42. Oswald Garrison Villard: Walther Rathenau, in: *The Nation*, 12. Juli, S. 35. Ein deutsches rassistisches Pamphlet der Zeit warf Wirth vor, »die Entwicklung zur Kontrolle der Welt durch die Juden blind zu unterstützen« indem er als » blanke Provokation des deutschen Volkes« einen jüdischen Außenminister ernannt habe
43. O. de L.: Walther Rathenau, in: *The Contemporary Review*, London, S. 165–166
44. Emil Ludwig in: *Neue Zürcher Zeitung*, 27. Juni
45. Lowenthal: Behind Rathenau, in: *Menorah Journal*, Juni 1923, S. 72–81. Siehe auch Einstein an Solovine, Berlin 16. Juli, in: Albert Einstein – Lettres à Maurice Solovine, Paris 1956
46. *Prawda*, 28. Juni
47. *New York Times*, 25. Juni
48. *Literary Digest*, 8. Juli
49. *Le Temps*, 25. Juni. Vgl. auch: G. Hervé: La république allemande en danger. in: *Victoire*, 15. Juni; La terreur blanche, in: *Matin*, 25. Juni; Philippe Millet: Il présentait son tragique destin, in: *Petit Parisien*, 25. Juni. Außerdem *Robotnik*, 28. Juni
50. *Prawda*, 26. und 28. Juni. Außerdem der Bericht Wiedenfelds aus Moskau vom 28. Juni
51. Vergleiche den Eintrag Harry Graf Kesslers in seinem Tagebuch: »Ein neuer Abschnitt der deutschen Geschichte beginnt mit dieser Mordtat oder sollte doch mit ihr beginnen.« Kessler: Tagebücher, 24. Juni 1922
52. Joseph Addison an Earl of Balfour, Berlin 26. Juni, Foreign Office 371/7536; D'Abernon an Balfour am 2., 5., 12., 18. und 24. Juli, ebd. Charles Maier: Recasting Bourgeois Europe. Stabilization in France, Germany and Italy in the Decade after World War I, Princeton 1975, S. 301
53. Besonders *Robotnik*, 25. Juni, und *Prawda*, 28. Juni

»UNSERE UNREIFE FÜR KÜNSTLERISCHE NATIONALAUFGABEN«

Projekte für Rathenau-Denkmäler in Berlin

URSEL BERGER

Am 1. Juli 1922, eine Woche nach der Ermordung Walther Rathenaus, schrieb Walter Gropius, der Leiter des Bauhauses in Weimar, an Reichskunstwart Edwin Redslob: »Unsere Steinbildhauerei wandte sich an mich, ob ich nicht Wege wüsste, wie sich die Gesellen dieser Werkstatt an einem Denkmal für Rathenau beteiligen könnten. Wir wären in der Lage, unverbindliche Vorschläge für ein solches Denkmal zu machen, wenn wir nur erführen, wo etwa ein solches geplant werden könnte ... Ich würde das für eine sehr schöne Aufgabe unserer Werkstatt halten ...« Redslob antwortete auf die Frage von Gropius am 18. August 1922: »... wegen der Rathenauangelegenheit bestehen andere Absichten. Ich kann Ihnen nur vertraulich und nur für Sie mitteilen, dass wir zunächst nur Erhaltung seines Hauses wünschen und erst von den Entscheidungen darüber wird alles weitere abhängen.«[1]

Das Rathenau-Haus in der Koenigsallee 65 wurde als Rathenau-Gedenkstätte im November 1924 der Öffentlichkeit zugänglich gemacht. Sicherlich war dies eine sinnvolle Rathenau-Ehrung; die von der Öffentlichkeit erwartete Errichtung eines Denkmals für den ermordeten Außenminister hatte man dabei jedoch, wohl in Voraussicht der Probleme, die dabei auftreten würden, auf einfache Weise umgangen. Erst über acht Jahre später wurde in Berlin im Volkspark Rehberge ein entsprechendes Monument eingeweiht, der Rathenau-Brunnen von Georg Kolbe.

Es gab allerdings vorher Entwürfe für ein Rathenau-Denkmal an der Mordstelle, die ebenfalls von Georg Kolbe stammen. Tatsächlich war schon 1922, kurz nach der Ermordung Rathenaus, für die Stelle, wo sich der Anschlag ereignet hatte, ein Mahnmal im Gespräch – vielleicht jedoch nur im Gespräch zwischen Georg Kolbe und Edwin Redslob. In dessen Nachlaß befanden sich zwei Zeichnungen, von denen eine vom Bildhauer beschriftet ist: »Skizze zur Einfassung des Baumes an welchem W. Rathenau ermordet wurde« (Kat.Nr. 8/##); auf der anderen notierte der Reichskunstwart: »Entwurf für das Denkmal an der Stelle, an der W. Rathenau ermordet (wurde)«.[2] In der Folge führte Kolbe ein plastisches Modell der Figur, die einen hohen Pfeiler bekrönen sollte, aus: eine bekleidete, geflügelte Gestalt in expressiver Bewegung (Kat.Nr. 8/6). Bei diesen Planungen aber ist es geblieben, und Georg Kolbe zumindest fühlte sich frei, seine Genius-Figur auf hohem Pfeiler 1925 für einen anderen Zweck zu benutzen: als Schmuck des Grabmals von Ferruccio Busoni, einem vom Staat Preußen in Auftrag gegebenen Denkmal auf dem Friedhof Stubenrauchstraße in Friedenau.[3]

Kurze Zeit später, Ende 1926, wurde das Projekt eines »Gedenksteins« für Rathenau an der Mordstelle wieder aufgegriffen; denn Mathilde Rathe-

Georg Kolbe, Modell für ein Rathenau-Denkmal in der Koenigsallee, 1922 (Kat.Nr. 8/6)

Georg Kolbe, Entwurf für ein Rathenau-Denkmal, 1928

nau hatte hierfür testamentarisch die nicht unerhebliche Summe von 30.000 RM reserviert.[4] Die Vorbereitungen waren schwierig. Es begann mit Kontroversen um die Inschrift, die die Mutter Rathenaus vorgeschrieben hatte: »Hier wurde Walther Rathenau am 24ten Juni 1922 ermordet – Deutschlands treuester Sohn.«[5] Die Reichsregierung dagegen wünschte eine zurückhaltendere Version: »Walther Rathenau / Dem treuen Sohn des deutschen Volkes / zum Gedächtnis / † am 24. Juni 1922«,[6] womit sich die Familie einverstanden erklärte. Als nächstes wurde der Standort für das Denkmal problematisch: Die Stadt Berlin machte Einwände gegen eine Aufstellung auf öffentlichem Straßenland.[7] Man bemühte sich daraufhin um einen Platz auf dem an die Mordstelle angrenzenden Grundstück, doch die Eigentümerin, Giulietta v. Mendelssohn, weigerte sich, das Stück Land bereitzustellen.[8]

Das Projekt wurde dennoch weiterverfolgt. Edwin Redslob hatte sich wieder an Georg Kolbe gewandt, der 1928 einen neuen Entwurf vorlegte: eine Stele mit einer Flamme, die in einigen Zeichnungen und einem Foto vom plastischen Modell dokumentiert ist. [9] Vielleicht war die Schwierigkeit, einen Platz zu finden, der Grund für die besonders schlichte Form dieses Entwurfs. Kolbes Stele wurde jedoch Anfang 1929 abgelehnt. Daraufhin war noch von einem Wettbewerb die Rede, der unterblieben sein muß, denn im Sommer 1929 kam das Vorhaben aufgrund einer grotesk wirkenden Fehlplanung zum Erliegen. So erfuhr man im Innenministerium, das mit der Realisierung des Denksteins befaßt war, erst aus der Zeitung, daß die Deutsche Demokratische Partei fünf Tage später, am siebten Todestag Rathenaus, eine Gedenktafel an der Mordstelle enthüllen werde. Der Versuch, dies zu verhindern, mißlang; schließlich schwenkte man ein, und Reichsminister Groener nahm an der Enthüllung teil. Die Demokratische Partei hatte angeboten, ihre Gedenktafel, wenn sie ein größeres Denkmal stören würde, wieder zu entfernen. In der Tat gab es 1930 im Innenministerium – vermutlich wieder durch Redslob – einen Versuch, den Kolbeschen Entwurf doch noch zu realisieren, was jedoch durch Widerstände aus dem eigenen Ministerium verhindert wurde.[10] Die Gedenktafel der DDP wurde im Frühjahr 1933 beseitigt; seit 1946 weist erneut eine Inschrifttafel auf die Mordstelle in der Koenigsallee hin.

Ein anderes Berliner Rathenau-Denkmal war seit 1927 in der Planung, wobei es nur zu einer Realisierung in reduziertem Maßstab kam: dem Rathenau-Brunnen von Georg Kolbe. Während die beiden ersten Denkmalsentwürfe zusammenhängen, handelt es sich hier um ein ganz anderes Projekt. Ausgangsbasis waren diesmal finanzielle Mittel, die die AEG zur Verfügung stellte. Es sollte sich deshalb nicht nur um ein Denkmal für den ermordeten Außenminister, sondern gleichzeitig auch um ein Denkmal für seinen Vater Emil Rathenau handeln. Als Standort war der Wedding vorgesehen, wo sich die wichtigsten Firmenbauten der AEG befanden. Die Ausführung lag nicht beim Reich, sondern bei der Stadt Berlin.

Die ersten Entwürfe lieferte Hermann Hahn (1868–1945), der der bevorzugte Bildhauer der AEG und der Familie Rathenau gewesen war. Er hatte Emil und Mathilde Rathenau porträtiert, zwei verschiedene Büsten von Walther Rathenau und Medaillen auf Vater und Sohn geschaffen. Plastiken Hahns sind am Familiengrabmal von Alfred Messel in Oberschöneweide integriert und schmückten ehemals das vom gleichen Architekten erbaute AEG-Verwaltungsgebäude, wo auch Hahns Sitzstatue von Emil Rathenau aufgestellt war. [11]

Für das geplante Rathenau-Denkmal modellierte Hahn eine männliche Aktfigur mit einem Blitzbündel in der erhobenen Rechten, ein *Lichtbringer,* mit dem auf die Verdienste Emil Rathenaus um die Verbreitung der Elektrizität angespielt werden sollte. Felix Deutsch, aber auch der Berliner Oberbürgermeister Gustav Böß und Edwin Redslob als Vertreter der Rathenau-Stiftung, lehnten die recht steife Figur offensichtlich aus künstlerischen Gründen ab, schoben jedoch dem Bildhauer gegenüber inhaltliche Motive vor.[12] Dies führte dazu, daß Hahn einen Alternativentwurf ausführte, der stilistisch ähnlich war: die Aktfigur *Höhenflug* mit einem Falken auf der rechten Hand.[13] Nachdem im Frühjahr 1928 auch diese Statue (in der Berliner Kunstdeputation) abgelehnt worden war, nahm man Kontakt mit Georg Kolbe auf.

Ende Juni 1928 gab es eine Ortsbesichtigung im Volkspark Rehberge »zwecks Feststellung des am geeignetst erscheinenden Platzes, auf dem das geplante Rathenau-Denkmal errichtet werden soll.«[14] In dem seit 1926 nach Plänen von Erwin Barth und Wilhelm Gerner angelegten Park wählte man einen markanten Platz aus, eine ca. zwanzig Meter hohe Bodenwelle. Kolbes Entwürfe gehen von der landschaftlichen Gegebenheit aus: Für den Scheitelpunkt der Erhebung sah er einen Brunnen in abstrakter Form vor. Mehrere zeichnerische Entwürfe und Fotos von vier verschiedenen kleinen Gipsmodellen im Georg-Kolbe-Museum dokumentieren die Entwurfsphase. Die vorhandene ansteigende Allee (Kat.Nr. 8/11b) sollte als *Rathenau-Hain* durch ein Tor (Kat.Nr. 8/9b) betreten werden, das jedoch nicht genehmigt wurde.[15] Stattdessen wurde der Brunnen mit einer Treppenanlage verbunden (Kat. 8/10 und 8/11a). Die Treppenwangen wiesen Porträtreliefs von Emil und Walther Rathenau auf (Kat.Nr. 8/13b und 8/13a).

Während in der Provinz vom überwiegend sozialdemokratischen *Reichsbanner Schwarz-Rot-Gold* Monumente für Walther Rathenau, zum Teil zusammen mit Erzberger und Ebert errichtet wurden,[16] waren die größeren und ambitionierteren Berliner Projekte mit Widerständen konfrontiert, die zum Scheitern des Monuments an der Mordstelle führten und die Realisierung des Denkmals im Volkspark Rehberge erst nach langen Diskussionen in reduzierter Form und zudem nur für kurze Zeit zuließen. Die Probleme waren zum einen politischer, zum anderen künstlerischer Art.

Auffallend ist zunächst, daß die Projekte erst in Angriff genommen wurden, als Mittel zur Verfügung standen, die nicht von der öffentlichen Hand stammten, sondern von der Familie Rathenau beziehungsweise der AEG. Die Ausführung jedoch wurde öffentlichen Gremien übertragen, was dazu führte, daß sich Einspruchsmöglichkeiten verschiedenster Art auftaten. Die Quellenlage ist nicht besonders gut, so daß nicht im einzelnen geklärt werden kann, welche Widerstände von welcher Seite aufgebaut wurden. Im übrigen erweisen sich die erhaltenen schriftlichen Zeugnisse als recht verlogen. Politische Einwände kommen eigentlich nicht vor, könnten aber hinter der Ablehnung aus künstlerischen Gründen stecken.

Es kam allein schon deshalb zu Fehlplanungen und Mißverständnissen, weil die Projekte weitgehend als Geheimsache behandelt wurden. Eindringlich wurde z. B. Hermann Hahn »um vorsichtige und vertrauliche Behandlung« gebeten.[17] So liefen die Planungen vom Reich und der DDP für die Mordstelle nebeneinander her, ohne daß man voneinander wußte. Vom Rathenau-Brunnen hörte Edith Andreae, die Schwester Rathenaus, erst nach der Einweihung aus der Presse![18]

Die Geheimhaltung der Projekte hatte den Zweck, antisemitische und antirepublikanische Gegenreaktionen zu verhindern. Hahn war mitgeteilt worden: »Es ist sogar Auffassung derer, die sich für das Zustandekommen des Rathenau-Parks interessieren, daß die persönlichen Dinge, welche den Namen betreffen, möglichst zurück-

Hermann Hahn, Modell des Lichtbringers, 1927

Richard Scheibe, Denkmal für Friedrich Ebert, 1926

treten sollen.«[19] Man wollte also ein Denkmal, dem man möglichst wenig ansehen sollte, wem es gewidmet war; am unverfänglichsten schien den Verantwortlichen ein Brunnen in einem Park zu sein.

Die politische Entwicklung der späten zwanziger Jahre führte dazu, daß das Gedenken an Rathenau bald nur noch eine Angelenheit der DDP und SPD war. Gleichzeitig wurde es auch schwerer, Unterstützung für die Realisierung eines Denkmals für einen jüdischen, demokratischen Politiker zu finden. [20]

Zum Vergleich ist hier ein Rückblick auf die Projekte für Heine-Denkmäler in Deutschland sinnvoll. Das mit großem publizistischen Aufwand vorbereitete Heine-Denkmal für Hamburg war zwar seit 1909 beschlossene Sache, jedoch erst 1926 wurde die Porträtstatue von Hugo Lederer, als Parkfigur neutralisiert, öffentlich aufgestellt.[21] Die Kontroverse hatte sich also bis in die Zeit, in der ein Rathenau-Denkmal aktuell war, hingezogen. Aus den Hamburger Schwierigkeiten zog das Frankfurter Heine-Denkmal-Komitee seine Lehren: Die Öffentlichkeit wurde hier im voraus nicht unterrichtet. Im übrigen sollte dezidiert nur der Lyriker Heine gefeiert werden. Diese Beschränkungen ermöglichten eine zügige Realisierung: 1913 wurde eine Tanzgruppe von Georg Kolbe als erstes deutsches Heine-Denkmal eingeweiht.[22] Diese Art vorauseilender Selbstzensur war dann auch für die Vorbereitung von Rathenau-Denkmälern charakteristisch.

Auf ähnliche Weise ging man beim prominentesten Monument für einen Vertreter der Weimarer Republik vor: dem Ebert-Denkmal der Stadt Frankfurt, einer Jünglingsstatue von Richard Scheibe, die 1926 an der Paulskirche aufgestellt wurde. In großer Eile und ohne Vorinformation der Öffentlichkeit wurde das Monument realisiert, das danach auf heftige Kritik stieß.[23] Aufschlußreich ist auch der Skandal um Georg Kolbes Ebert-Büste (Kat.Nr. 6/16), deren Aufstellung im Reichstag aus angeblich künstlerischen, vermutlich jedoch eher politischen Gründen abgelehnt wurde.[24]

Es gab allerdings auch ernsthafte Kontroversen um künstlerische Formulierungen, die damals die Denkmalsgattung im Ganzen betrafen. Seit der Jahrhundertwende war die traditionelle Denkmalsform – Porträtfigur u. U. mit allegorischem Beiwerk – in die Kritik geraten, vor allem infolge des nivellierenden *Denkmalbooms* unter Wilhelm II. Jedoch fand man im 20. Jahrhundert keine allgemein anerkannte und verständliche Denkmalsform mehr. Formal und inhaltlich neuartigen Monumenten schlug Unverständnis entgegen. Übrigens hatte sich Walther Rathenau in einer der wichtigsten Denkmalskontroversen vor dem Ersten Weltkrieg zu Wort gemeldet. Er verteidigte das von der Jury, der er angehörte, mehrheitlich ausgewählte Projekt für ein Bismarck-Denkmal in Bingerbrück von Hermann Hahn und German Bestelmeyer. Dabei wandte er sich gegen den »Pseudo-Teutonenstil« und gegen einen Kostümnaturalismus mit »Pallasch, … Interimsrock und … Kürassierstiefel(n)«.[25] In der Entscheidung einer Laienmajorität gegen den prämierten Entwurf erkannte Rathenau »unsere Unreife für künstlerische Nationalaufgaben«,[26] ein Resümee, das man gleicherweise auf die späteren Bemühungen um Rathenau-Denkmäler übertragen kann.

Der Entwurf von Hahn zeigte keine Porträtstatue Bismarcks, sondern die Figur des jungen Siegfried, der sein Schwert prüft, und entsprach damit einem damals neuen Denkmalskonzept, bei dem plastische Figuren das Wirken der zu feiernden Persönlichkeit versinnbildlichen sollten. Demgegenüber trat die Porträtstatue allmählich in den Hintergrund; Nachzügler dieses traditionellen Denkmalstyps waren das Heine-Monument von Hugo Lederer, aber auch die posthum von Hermann Hahn ausgeführte Sitzstatue von Emil Rathenau im Verwaltungsgebäude der AEG.[27] Es muß allerdings offen bleiben, ob Walther Rathenau, der für das Monument für seinen Vater mitverantwortlich gewesen sein muß, tatsächlich sehr an neuen Denkmalsformen interessiert war.

Hahn lehnte sich also bei seinen Entwürfen für das Weddinger Rathenau-Denkmal an sein Konzept für das Bismarck-Denkmal an, als er männliche Aktfiguren als Verkörperungen Rathenauscher Leistungen vorschlug. Die erste Statue zeigt gewisse Gemeinsamkeiten mit der Jünglingsfigur mit erhobenem Arm, die Richard Scheibe als Ebert-Denkmal geschaffen hatte. Zu seinem zweiten Entwurf erklärte Hahn: »Ich habe nun versucht das Wesen der Rathenaus, Vater und Sohn, in einer neuen Komposition zu verwirklichen: ein Jüngling, aufrecht, schlanke Erscheinung, der emporblickt, hält in der rechten Hand einen Falken, der die geistige Kraft und das Emporstreben der Rathenaus versinnbildlichen soll.«[28] In der Gedenkmedaille auf Walther Rathenau von 1932 stellte Hahn auf der Rückseite einen fliegenden Fackelträger dar (Kat. 8/15).

Von der Tatsache, daß auch Kolbes erstes Rathenau-Projekt von 1922 einen geflügelten Genius gezeigt hatte, fällt ein bezeichnendes Licht auf die Problematik der neuen Denkmalsform, die in der Beliebigkeit solcher Symbolgestalten lag. So bereitete es kein Problem, Kolbes Rathenau-Genius für ein Busoni-Denkmal umzuwidmen. Im übrigen sind Kolbes Rathenau-Entwürfe jeweils eng mit anderen Projekten des Bildhauers verwandt, mit Grabmälern, vor allem aber mit Projekten für Kriegerdenkmäler;[29] letzteres trifft auch auf Hahns Rathenau-Statuen zu.[30] Symbolfiguren konnten demnach selten durch ihre inhaltlichen Anspielungen überzeugen, sondern nur durch ihre künstlerische Qualität, die jedoch weniger leicht zu beurteilen ist.

Ein zweiter Trend in der Denkmalsgestaltung läßt sich an den Entwürfen von Georg Kolbe ablesen. Schon der erste beschränkte sich nicht nur auf eine Figur, sondern kombinierte den Genius mit einem hohen Pfeiler. Beim zweiten Projekt für die gleiche Stelle – der Stele – trat das architektonische Element ganz in den Vordergrund. Noch mehr verstärkte sich diese Tendenz beim Weddinger Rathenau-Denkmal: Der Brunnen erhielt eine ganz abstrakte Form und sollte zudem durch ein Tor vorbereitet werden. Damit wäre einerseits ein rein architektonisches Denkmal erreicht worden, das andererseits einen Landschaftsraum einschloß und somit zum *Rathenau-Hain* werden sollte. Gegen Ende der zwanziger Jahre stellte der durch architektonisch abstrakte Male akzentuierte Hain die neueste Entwicklung auf dem Denkmalssektor dar. Dieser Typus empfahl sich ebenfalls für Kriegerdenkmäler; so dominierte er zum Beispiel bei den Entwürfen für das in Bad Berka geplante, aber nicht realisierte Reichsehrenmal für die Gefallenen des Ersten Weltkriegs.

Keiner der verschiedenen Denkmalstypen, die für Rathenau-Monumente in Erwägung gezogen worden waren, fand ungeteilte Zustimmung. So wurden Hahns Symbolfiguren ebenso wie Kolbes Stele aus künstlerischen Gründen abgelehnt. Daraufhin schrieb letzterer an Redslob: »Sicherlich darf sich jeder Besteller für sein Geld anschaffen, was ihm gefällt. Leider weiss er aber selten, was er will, – und deshalb geht es ans Rätselraten. Wilhelm II. wusste wenigstens ganz genau, was er wollte ...«[31] In der Zeit Wilhelms II. wußte man eben auch noch, wie ein Denkmal auszusehen habe. Über die Ablehnung, die Kolbes Brunnen-Entwurf für den Wedding entgegenschlug, berichtete der Bildhauer: »Wenn ein Bildhauer einen Auftrag erhält, erwartet man von ihm ›Figuren‹. Warum eigentlich? Ganz verdutzt war die Berliner Kunstdeputation (einige 30 Männer und Frauen), als sie zur Entscheidung über meinen Entwurf zum Rathenau-Brunnen zusammentrat. Keine einzige Figur gab es da zu sehen! Somit erfolgte einstimmige Ablehnung. Es bedurfte nicht einmal der geistvollen Bemerkung eines der Wortführer, das sei ja die Steuerschraube. Immerhin, Schlußpunkt mit Lachsalve. Der Kolbe soll uns doch ein paar schöne Figuren dahin setzen! Daß dies Modell ein Formgebilde darstellte, sah keiner. Genug es war keine Figur.

Noch naiver von mir, auch den Entwurf zu einem Tore einzureichen. Es bestand nämlich die Absicht, eine schon vorhandene Allee auf einem Bergrücken als *Rathenau-Hain* auszugestalten. Das Tor sollte am Anfang, der Brunnen am Ende stehen. Ein Bildhauer und eine reine Architektur? Das war ausgeschlossen, das begriff sogar der edelste Laie. Also weg damit!

Georg Kolbe, Modell des Tores für das Rathenau-Denkmal im Volkspark Rehberge (Kat.Nr. 8/9b)

Dank einiger einsichtsvoller Männer setzte sich die Brunnenidee nach einundeinhalbjährigem Hängen und Würgen durch. Sogar eine einfache Treppenanlage durfte ich entwerfen und ausführen. Aber der Wegfall des Tores ist mir ein schmerzlicher Verlust. Das Tor war der betonte Anfang eines gedachten Ganzen.«[32]

Die Auseinandersetzungen um den Rathenau-Brunnen im Volkspark Rehberge endeten nicht mit seiner Fertigstellung. Nach langem Schweigen nahm die Presse kurz vor der Einweihung des Brunnens erstmals Notiz von dem Monument. Die Einweihung selbst stand unter keinem günstigen Stern. In der Zeitschrift *Tagebuch* war zu lesen: »Schlechtes Wetter für die Kunst in diesem Herbst 1930! Besonders an einem rauhen und stürmischen Oktobertage bleibt das offizielle Berlin gern hinter dem warmen Ofen und träumt von besseren Zeiten. In Abwesenheit von Staatsvertretern und Prominenz vollzog sich am 27. Oktober die Übernahme des Rathenau-Brunnens im Volkspark Rehberge durch die Stadt Berlin. In aller Stille wurde ein Denkmal der Öffentlichkeit übergeben, das Anspruch darauf hat, beachtet und gesehen zu werden.«[33]

Doch als eigentümliches Kunstwerk wie auch als Monument für die Leistungen von Emil und Walther Rathenau wurde der Brunnen kaum beachtet; der Spitzname ›Steuerschraube‹ überlagerte seine eigentliche Bedeutung. Bezeichnend für die ablehnende Haltung war ein Artikel in der *Berliner Morgenpost* vom 5. November 1930: »Was ist nicht schon alles über die ›Steuerschraube‹ gescholten worden. Gerade wird sie wieder kräftig ›angezogen‹. Doch niemand hat dieses unbeliebte Ding bisher gesehen – bis auf dem höchsten Punkt des Volksparks Rehberge Männer erschienen, gruben und mauerten und einen Brunnen hinsetzten, den seiner Form wegen der Volkswitz sofort auf den Namen ›Steuerschraube‹ taufte … Niemand wird ruhige Spaziergänger durch den Anblick der ›Steuerschraube‹ reizen wollen. Darum wollte das Bezirksamt diesen Brunnen gar nicht. Es soll sehr scharfe Auseinandersetzungen zwischen Bezirk und Zentrale gegeben haben. Sicher hätte ein Erholungshäuschen besser in den Park gepaßt. Aber der Oberbürgermeister Böß wollte nun einmal die ›Steuerschraube‹ den Berlinern in natura zeigen, und so mußte Wedding sich fügen …«

Die Widmung an die Rathenaus war jedoch von antisemitischen Provokateuren nicht übersehen worden. Schon kurz nach der Fertigstellung wurde das Denkmal mit großen Lettern beschmiert:

Ansicht des Rathenau-Denkmals im Volkspark Rehberge (Kat.Nr. 8/11)

»Der Judenrepublik gewidmet«. Darüber berichtete der *Vorwärts* am 20. November 1930: »In der Nacht von Mittwoch zu Donnerstag ist der Rathenau-Brunnen im Volkspark Rehberge in übelster Weise beschmutzt worden. Gemeines Gesindel hat das Denkmal beschmiert. Als Visitenkarte prangten Stahlhelm, Hakenkreuz und ›Front Heil‹. Auch die Reliefs von Emil und Walther Rathenau wurden besudelt. Das ist der Geist des dritten Reiches! Das deutsche Volk wird diesen Elenden einmal tüchtig auf die schmierigen Finger klopfen müssen.«

Daß der »Geist des dritten Reiches« den Brunnen nicht unbehelligt stehen lassen würde, verwundert nicht. Im Juli 1934 bat das Bezirksamt Wedding um die »Beseitigung des früheren Rathenaubrunnens ..., da die Weiterbelassung des Brunnens für die Zukunft eine große politische Belastung darstellt. Da nun der Kreis VI der N.S.D.A.P. beabsichtigt, den Volkspark Rehberge immer mehr für politische Aufmärsche und Kundgebungen heranzuziehen, läßt sich die Beseitigung des Rathenaubrunnens nicht mehr umgehen ...«[34] Brunnenspirale und -becken wurden demontiert und um 1940 eingeschmolzen; die Bronze nutzte man für einen Nachguß des Schiller-Denkmals von Reinhold Begas für den Schillerpark im Wedding (Original auf dem Gendarmenmarkt). In der Presse las man dazu 1941: »Das Material hierfür besaß die Reichshauptstadt von einem Bildwerk, das ein expressionistischer Bildhauer in der Systemzeit auf der Terrasse des Volksparks Rehberge in Form einer Spirale, im Volksmund ›Die Steuerschraube‹ genannt, hergestellt hatte.«[35]

Im Volkspark Rehberge war die Treppenanlage mit den beschädigten Pfeilern, aus denen die Porträtreliefs gewaltsam gebrochen worden waren, bis in die siebziger Jahre unverändert erhalten geblieben. Nach früheren gescheiterten Versuchen gelang die Rekonstruktion des Rathenau-Brunnens im Hinblick auf die 750-Jahrfeier Berlins. Von dem Bildhauer Harald Haacke wurden der Brunnen und die Reliefbildnisse aufgrund von Fotovorlagen nachgeschaffen. Die Einweihung des wiederhergestellten Rathenau-Brunnens fand am 9. Juli 1987 statt.

Anmerkungen

1. Bundesarchiv Koblenz, R 32 Reichskunstwart, Nr. 15, Bl. 142/143
2. Katalog Walther Rathenau 1867–1922, Berlin 1987, Nr. 8/37
3. Ursel Berger: »... der Welt der Töne inniger verbunden ...«, in: Museumsjournal, Nr. 4, April 1988, S. 34, Abb. 3
4. Bundesarchiv Potsdam, Rep. 15. 01, Nr. 25250
5. Ebd.
6. Bundesarchiv Potsdam, Rep. 15. 01, Nr. 25255 und Redslob-Nachlaß
7. Schreiben des Oberbürgermeisters von Berlin an den Reichsinnenminister, 11. 1. 1927 in: Bundesarchiv Potsdam, Rep. 15. 01, Nr. 25250
8. Brief von Franz v. Mendelssohn, 30. 12. 1927, Redslob-Nachlaß
9. Plastisches Modell, siehe Ursel Berger: Steuerschraube oder Rathenau-Brunnen. Vor- und Nachgeschichte der Berliner Rathenau-Denkmäler, in: Museumsjournal, Nr. 1, August 1987, Abb. 3
10. Begründung der Ablehnung in einem zwei Jahre später nachgereichten Schreiben an Redslob, 8. 8. 1932: daß »hierbei eine wesentliche Erweiterung der jetzt schon vorhandenen Gitteranlage erforderlich wäre«, vgl.: Bundesarchiv Potsdam, Rep. 15. 01, Nr. 25250
11. Andrea Volwahsen: Der Bildhauer Hermann Hahn, München 1987, u.a. S. 321, 342 (Modell dazu S. 331 – bei Volwahsen falsch datiert), 343, 348f, 355, 358f, 375, 393
12. Redslob an Hahn, 23. 2. 1928: »Bei der Umstrittenheit, welche über der Vorgeschichte der Einführung der Elektrizität liegt, erscheint es beispielsweise ungünstig, wenn man die Idee des Lichtträgers in so betonter Weise mit dem Namen Rathenau verbindet«, Redslob-Nachlaß; siehe dazu Ursel Berger: Steuerschraube, S. 11ff
13. Ebd., Abb. 5
14. Schreiben des Magistrats von Berlin an Georg Kolbe, 25. 6. 1928, Archiv des Georg-Kolbe-Museums
15. Museum der Gegenwart, Jg. 1, 1931, H. IV, Abb. S. 146 (Fotomontage)
16. Sommerfeld bei Frankfurt a.d. Oder, Hohenstein bei Witten und Kassel. Für diese Hinweise möchte ich mich bei Günter Schilling herzlich bedanken
17. Redslob an Hahn, 23. 2. 1928, Redslob-Nachlaß
18. Edith Andreae an Georg Kolbe, 5. 11. 1930, in: Georg Kolbe: Briefe und Aufzeichnungen, Maria von Tiesenhausen (Hg.), Tübingen 1987, S. 121
19. Redslob an Hahn, 23. 2. 1928, Redslob-Nachlaß
20. Polemisch kommentierte der Vorwärts 1925 das nachlassende Gedenken: »Rathenau war nicht nur Jude, was an sich ja schon schlimm genug ist, er war Republikaner ...«
21. Siehe Dietrich Schubert: »Jetzt wohin?« Das »deutsche Gedächtnismal« für Heinrich Heine, in: Heine-Jahrbuch 1989, S. 43ff
22. Ursel Berger: Georg Kolbe. Leben und Werk, Berlin 1990, S. 45ff
23. Ursula Grzechca-Mohr/Eva Rowedder: Vier Skulpturen im Städelgarten, Frankfurt a.M. 1988
24. Ursel Berger: Georg Kolbe, S. 77ff
25. Das Denkmal der Unreife (1912), in: Alfred Lichtwark/ Walther Rathenau: Der rheinische Bismarck, Berlin 1912, S. 15–30, hier S. 25 und 20
Zu Rathenaus Beteiligung an der Planung des Bismarck-Nationaldenkmals siehe den Beitrag von Michael Dorrmann in diesem Katalog
26. Ebd., S. 15
27. Andrea Volwahsen: a.a.O., S. 143f, 375
28. Brief Hahn an Felix Deutsch, 18. 2. 1928, Redslob Nachlaß
29. Zur Geniusfigur vgl. den Entwurf für ein Kriegerdenkmal der Firma Siemens und ›Törichter Engel‹ 1923; siehe dazu: Ursel Berger: Georg Kolbe, Kat. 52; die Stele ist vergleichbar dem Grabmal Lewin in Guben und dem Entwurf eines Kriegerdenkmals für Dietz a.d. Lahn, Archiv des Georg-Kolbe-Museums. Der Rathenaubrunnen gleicht der kleinen Brunnenspirale und ersten Entwürfen für das Busoni-Grabmal; vgl. dazu: Ursel Berger: Georg Kolbe, Kat. 129, und: dies.: »... der Welt der Töne ...«, Abb. 2
30. Vgl. Andrea Volwahsen: a. a. O. S. 380f
31. Brief Kolbe an Redslob, 5. 2. 1929, Redslob Nachlaß
32. Museum der Gegenwart, Jg. 1, 1931, H. IV, S. 144ff
33. Das Tagebuch, 1. 11. 1930
34. Abschrift des Schreibens vom Bezirksamt Wedding, 16. 7. 1934, Archiv des Georg-Kolbe-Museums
35. Zeitungsausschnitt, von Kolbe beschriftet: Lokalanzeiger März 1941, Archiv des Georg-Kolbe-Museums

KATALOG

Abkürzungen und Benutzerhinweise

Wenn nicht anders angegeben, erfolgen die Maßangaben in der Reihenfolge Höhe x Breite bzw. Höhe x Breite x Tiefe.
Den Bildern wurden die Maße ohne Rahmen abgenommen.
Abkürzungen im Namen des Leihgebers sind im Verzeichnis der Leihgeber aufgeschlüsselt.
Die Inventarnummern sind in Klammern angegeben.

Abt.	Abteilung
Bd.	Band
Bez.	Bezeichnet
Bl.	Blatt
ca.	circa
Dm	Durchmesser
fol.	Folio
H	Höhe
Hg.	Herausgeber
hg.	herausgegeben
Jg.	Jahrgang
Kat.Nr.	Katalognummer
L	Länge
l.	links
Lw.	Leinwand
M	Maßstab
M.	Mitte
Nr.	Nummer
o.	oben
r.	rechts
Rs.	Rückseite
Slg.	Sammlung
T	Tiefe
u.	unten
v.l.n.r.	von links nach rechts
Vs.	Vorderseite
zit.	zitiert

1 »DIE MECHANISIERUNG DER WELT«

Emil Rathenau, Walther Rathenau und die AEG

HANS WILDEROTTER

Am 26. November 1907 schrieb Walther Rathenau an einen Dr. Meissner über grundlegende Besonderheiten der elektrotechnischen Industrie: »Bei der Schaffung der angewandten Elektrotechnik handelte es sich um die Entstehung eines neuen Wirtschafts-Gebietes (...). Die Elektrizität greift in nahezu alle vorhandenen, bekannten Industrialgebiete über. (Sie) konnte sich daher nicht darauf beschränken, lediglich Produkte zu Markte zu tragen, sie mußte ihre eigenen Bedürfnisse schaffen und ihre eigenen Anwendungen unter eigener Verantwortlichkeit, unter Schaffung und Kontrolle neuer, manchmal außerordentlich fernliegender Unternehmungen erweisen: sie mußte Zentralstationen bauen und betreiben; sie mußte Eisenbahnen erwerben, elektrifizieren und verwalten; sie mußte chemische Fabriken errichten; sie mußte Kraftübertragungsnetze ausbauen – kurzum sie mußte sich auf einer großen Anzahl von nicht fabrikatorischen Gebieten als Unternehmerin betätigen.«[1]

Man hat diese Besonderheit der elektrotechnischen Industrie, die Walther Rathenau hier so anschaulich schildert, als ›Unternehmergeschäft‹ bezeichnet und dem ›Fabrikationsgeschäft‹ gegenübergestellt, das charakteristisch war für die »älteren Industrien«, wie es in dem Brief Rathenaus heißt, deren Wesen »in der Fabrikation marktgängiger Produkte« lag. Zwar trug auch die elektrotechnische Industrie »Produkte zu Markte«, die von der Glühbirne bis zum Generator, vom Kabel bis zum Haushaltsgerät reichen; für dieses Fabrikationsgeschäft mußte aber erst ein Markt geschaffen werden und diesen Markt sollte das Unternehmergeschäft erschließen.

Diesen Gegensatz zwischen den älteren Industrien und der modernen Elektrotechnik formulierte Emil Rathenau bereits zehn Jahre zuvor in einem Artikel in der *Elektrotechnischen Zeitschrift*: »Die frühere Technik, vor allem der Maschinenbau, beschränkte sich im wesentlichen auf Fabrikation, Lieferung und Montage. (...) Der Elektrotechnik dagegen war seit ihrem Entstehen nicht nur die Stellung einer Fabrikantin, sondern auch einer Unternehmerin zugewiesen (...).«[2] Einer der Gründe für diese war in der Tatsache zu suchen, daß die notwendigen Kapitalaufwendungen »die verfügbaren Mittel der bestehenden Organisationen« überstiegen; die Beschaffung dieses Kapitals »geschah entweder in der Weise, daß Bank- und Finanzgruppen den elektrischen Firmen zur Seite 1/21

1/17

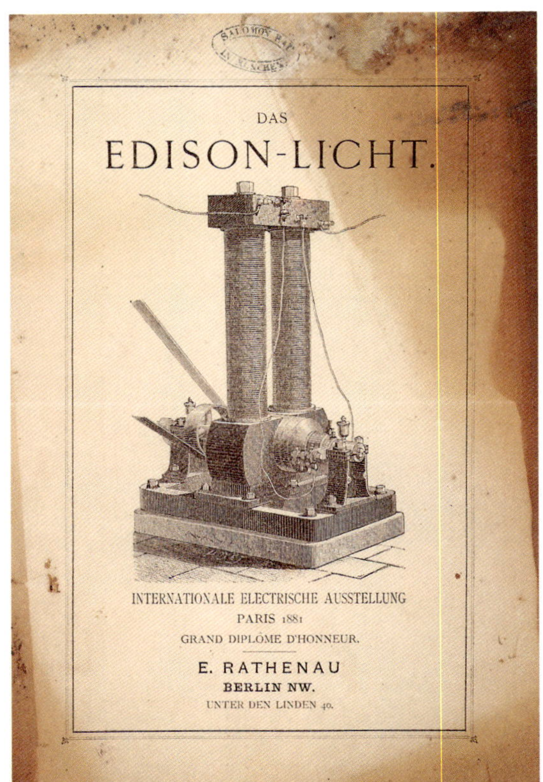

traten und gemeinsam mit ihnen die entstehenden Unternehmungen von Fall zu Fall finanzierten, oder daß besondere Institutionen geschaffen wurden, die nach Art der Trusts gleichartige Werke unter gemeinschaftlicher Verwaltung und Kontrolle vereinigten und dagegen eigene Aktien oder Obligationen ausgaben.«[3]
Es handelte sich also nicht nur um »Institutionen (...) zur Fabrikation neuer Unternehmungen«, wie Walther Rathenau in dem Brief an Dr. Meissner schrieb, sondern auch um Betreibergesellschaften wie die 1897 von der AEG gegründete *Elektrizitäts-Lieferungs-Gesellschaft*, deren Aktienkapital in Höhe von 5 Millionen Mark sich bei der Gründung vollständig im Besitz der AEG befand, und die nicht nur zahlreiche kleinere Elektrizitätswerke betrieb, sondern auch, nach der Übernahme von Konzessionen, die der AEG erteilt worden waren, auf eigene Rechnung baute, wobei die AEG selbstverständlich den Bau ausführte. Diese Konstruktionen waren in der Regel noch komplizierter, so daß z. B. die Aktien einer Gesellschaft, die ein Elektrizitätswerk betrieb, im Besitz einer Holding-Gesellschaft sein konnten, deren Kapital selbst wiederum über Obligationen aufgebracht wurde. Diese Komplexität verdankte sich dem Tatbestand, daß der Bau elektrotechnischer Großanlagen nicht nur große Kapitalmengen erforderte, sondern daß dieses Kapital erst nach einem langen Zeitraum Gewinne erbrachte; um diesen Zeitraum zu überbrücken, mußte das System ständig expandieren und immer weitere Beteiligungen und Unterbeteiligungen bilden.
Dieses »System der Tochtergesellschaften« war, wie Josef Loewe 1903 erklärte, von dem »Leiter der AEG (...) in die elektrische Branche« eingeführt worden, »um reiche Gelegenheiten zu großen Fabrikations- und Baugewinnen nicht infolge Mangels an Unternehmern ungenützt zu lassen, und schuf jene Verquickung von Industrie- und Finanzierungsgesellschaften, welche für die elektrische Industrie bis in die letzten Jahre typisch gewesen ist.«[4] Dieses Verfahren, das Loewe als »System Rathenau« bezeichnet, wurde von zahlreichen neugegründeten Firmen exzessiv kopiert, ohne daß in jedem Fall seinen Besonderheiten Rechnung getragen worden wäre. »So entstanden in kurzer Zeit Elektrizitätswerke an Or-

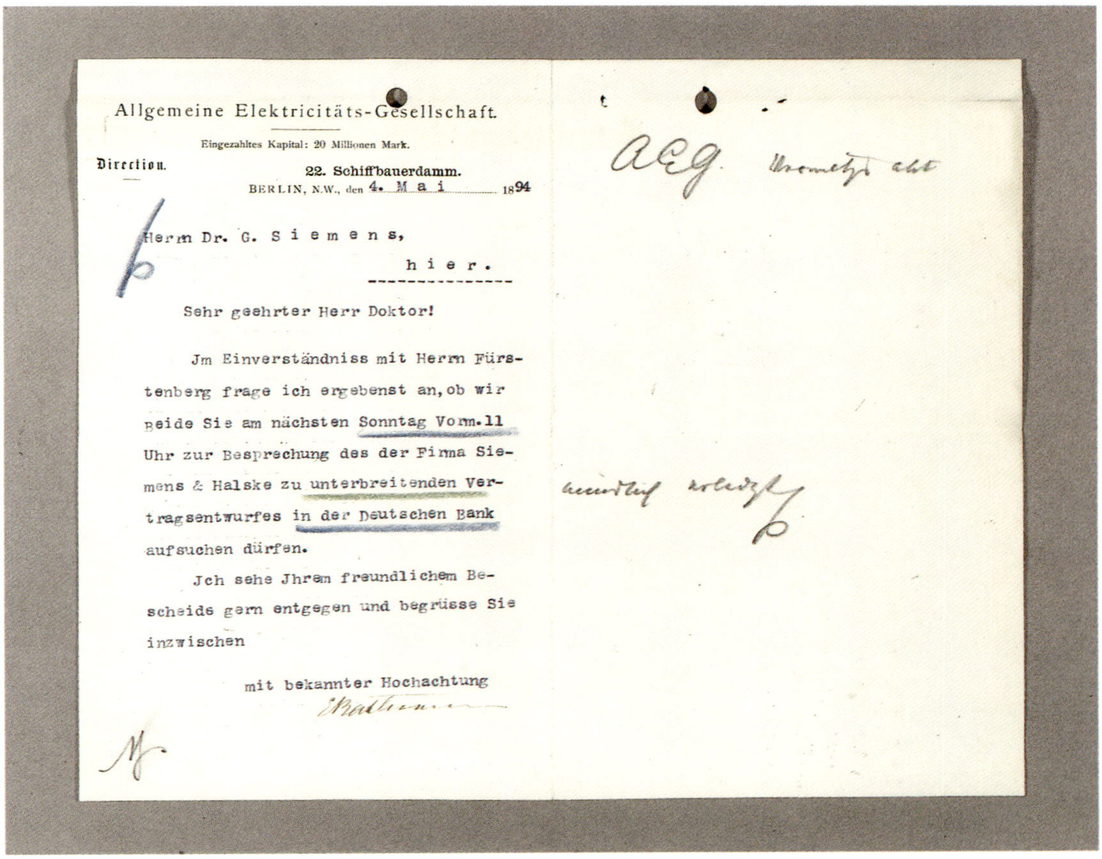
Allgemeine Elektricitäts-Gesellschaft.
Eingezahltes Kapital: 20 Millionen Mark.
Direction.
22. Schiffbauerdamm.
BERLIN, N.W., den 4. Mai 1894

Herrn Dr. G. Siemens,
hier.

Sehr geehrter Herr Doktor!

Jm Einverständniss mit Herrn Fürstenberg frage ich ergebenst an, ob wir beide Sie am nächsten Sonntag Vorm. 11 Uhr zur Besprechung des der Firma Siemens & Halske zu unterbreitenden Vertragsentwurfes in der Deutschen Bank aufsuchen dürfen.

Jch sehe Jhrem freundlichen Bescheide gern entgegen und begrüsse Sie inzwischen

mit bekannter Hochachtung
Rathenau

AEG

1/40

ten, an denen es vordem kaum zu ordentlichem Straßenpflaster gelangt hatte«, und, so muß ergänzt werden, an denen von vorneherein abzusehen war, daß die Zahl der möglichen Abnehmer zu gering war, um das Elektrizitätswerk je gewinnbringend arbeiten zu lassen. Zu diesen Verlusten im Unternehmergeschäft kamen schnell auch Verluste in der Fabrikation, da nach der ersten gewinnbringenden Lieferung zur Ausrüstung des Elektrizitätswerks Anschlußaufträge ausblieben und oft großzügig ausgebaute Produktionskapazitäten nicht genutzt werden konnten.
Loewe macht deutlich, daß sich die »Störungen im deutschen Wirtschaftsleben während der Jahre 1900ff«, die im Gefolge der Überproduktionskrise der elektrotechnischen Industrie enstanden sind und von denen sein Aufsatz handelt, nicht allein der unsachgemäßen Kopie des »Systems Rathenau« verdanken, sondern diesem System grundsätzlich eigen sind, eine Behauptung, die nicht ganz von der Hand zu weisen ist angesichts einer Formulierung Walther Rathenaus in dem Brief an Dr. Meissner, wo es heißt, daß die »Umgestaltung eines großen Teils aller modernen Lebensverhältnisse« durch die Elektrotechnik »nicht vom Konsumenten ausging, sondern vom Produzenten organisiert und gewissermaßen aufgezwungen werden mußte«, eine Formulierung, die sich fast wörtlich kurze Zeit später in der Festschrift zum 25jährigen Bestehen der AEG wiederfindet. Auf den Punkt bringt diese Kritik schließlich Alfred Lansburgh in einem Artikel mit dem Titel *System Rathenau* im Jahre 1908, wo es heißt, daß durch dieses System die »wirtschaftlichen Grundgesetze auf den Kopf« gestellt worden seien: »Die AEG schneidet ihre Produktion nicht auf das Bedürfnis zu, sondern sie peitscht das Bedürfnis auf, bis es die Höhe ihrer Produktion erreicht«.[5]
Als dieser Artikel von Alfred Lansburgh veröffentlicht wurde, war die Überproduktions- und Absatzkrise, die sich in der Folge eines Konkurrenzkampfes entwickelt hatte, den bis zur Jahrhundertwende immer mehr Firmen um einen immer kleineren Markt führten, bereits beendet. Von den sieben großen Firmen, die um die Jahrhundertwende bestanden, waren 1903 nur noch die AEG, *Siemens & Halske* und *Felten & Guillaume-Lahmeyer* übriggeblieben. Während *Siemens & Halske* im Jahre 1903 mit den Nürnberger *Schuckert-Werken* fusionierte, ging die AEG bereits im Jahr zuvor mit der *Union-Elektrizitäts-Gesellschaft* eine Interessengemeinschaft ein, der 1904 die eigentliche Fusion folgte. Diese Verbindung brachte der AEG besonders im Bereich des Baus und Betriebs elektrischer Straßenbahnen erhebliche Verbesserungen ein. Der Bau solcher Bahnen war bereits Ende der 80er Jahre neben dem Bau von Zentralstationen zum wichtigsten Geschäftszweig der elektrotechnischen Industrie geworden, und die AEG hatte, gewissermaßen als Demonstrationsobjekt, bereits 1891/92 in Halle auf eigene Rechnung ein Streckennetz aufgebaut und anschließend betrieben. Diese Linie wurde kurz nach der Fertigstellung der *Allgemeinen Lokal- und Straßenbahngesellschaft* übergeben, einer Tochtergesellschaft der AEG, die aus der *Deutschen Lokal- und Straßenbahngesellschaft* gebildet wurde, der Betreiberin einer Reihe von Pferde- und Dampfbahnen, die von der AEG im Jahre 1890 gekauft worden war. Die neue Gesellschaft übernahm, ebenso wie es später die *Elektrizitäts-Lieferungs-Gesellschaft* tun wird, Konzessionen für Bahnbauten, die die AEG erworben hatte, beziehungsweise erwarb selbst Konzessionen oder ließ Bahnstrecken in eigener Regie, natürlich jeweils von der AEG, errichten.
Trotz dieser erfolgreichen Anwendung des *Systems Rathenau* war die *Union* in der zweiten Hälfte der neunziger Jahre im Bereich des Baus elektrischer Straßenbahnen an die erste Stelle gerückt, da sie, als Tochtergesellschaft der amerikanischen *Thomson Houston International Electric Co.*, über deren erfolgreiche Patente verfügte. Die *Union* hatte bereits 1894 als Finanzierungsgesellschaft für ihre Straßenbahnprojekte die *Gesellschaft für elektrische Unternehmungen* gegründet, die mit der Fusion ebenfalls Teil des AEG-Konzerns wurde.
Diesen Vorteil für die AEG hatte Emil Rathenau in dem Bericht für die Generalversammlung über die Bildung der Interessengemeinschaft mit der *Union* hervorgehoben, als er erklärte, daß »wir dem Bau elektrischer Eisenbahnwagen weniger Bedeutung geschenkt« hatten »als die sich hauptsächlich auf dieses Gebiet konzentrierende Union«. Im gleichen Bericht gab er einen allgemeinen Hinweis auf die mit diesem Vertrag beginnende »Phase der Associationen«, Zusammenschlüsse, die, »neben anderen Zwecken die Hebung der durch gegenseitige Unterbietungen unlohnend, zuweilen verlustbringend gewordenen Geschäfte auf eine dem Fabrikationsgewinn entsprechende, angemessene Höhe«[6] verfolgten. Die wichtigste dieser ›Associationen‹ unterhalb direkter Zusammenschlüsse war die im Jahre 1900 gegründete *Vereini-*

ALLGEMEINE
ELEKTRICITÄTS-GESELLSCHA
BERLIN.

gung Deutscher Elektrizitätsfirmen, die den Markt für den Bau von Elektrizitätswerken untereinander durch Absprachen aufteilte. Innerhalb dieser Organisation gab es allerdings wieder ein ›Geheimkartell‹ zwischen AEG, *Siemens & Halske* und *Felten & Guillaume-Lahmeyer*, also der drei Firmen, die die damals gerade beginnende Krise überstanden, und die unter Ausschluß der anderen Mitglieder die großen Aufträge untereinander verteilten. Im Vorfeld dieser Vereinbarungen wurden zwischen Alfred Berliner von *Siemens & Halske* und Walther Rathenau von der AEG Gespräche über die Möglichkeit »eines Syndikats sämtlicher elektrotechnischer Firmen« geführt.[7] Zwar kam es nicht zu einer solch weitgehenden Organisation; aber der Gedanke der Konzentration durch Zusammenschlüsse, wie ihn Emil Rathenau in seiner Rede vor der Generalversammlung angedeutet hatte, stand seit der Jahrhundertwende im Zentrum der geschäftlichen Tätigkeit Walther Rathenaus, der wohl nicht nur die Verbindung mit der *Union* vorbereitet und durchgeführt hat, sondern auch die Fusion mit dem *Felten-Konzern* im Jahre 1910, nachdem dann nur noch die AEG und S & H übrig blieben, die nicht nur durch das Geheimkartell, sondern durch eine Reihe weiterer Absprachen und durch gemeinsame Tochtergesellschaften miteinander verbunden waren, so daß man fast schon von einem Monopol sprechen kann.

Die Bildung des Geheimkartells war seit 1908, wenn auch zunächst wohl nur gerüchteweise, an das Licht der Öffentlichkeit gekommen und hatte der seit Jahren schwelenden Debatte über Kartelle besonderen Zündstoff gegeben. Zur Diskussion stand aber nicht nur der Fabrikationsbereich, sondern auch das Unternehmergeschäft, vor allem die Produktion und der Verkauf von Strom. Zwar kam bereits im Jahre 1911 fast die Hälfte der produzierten elektrischen Energie aus Kraftwerken im Besitz der öffentlichen Hand; die beiden Großfirmen hielten aber fast 40 % der Gesamtkapazität in ihrem Besitz und waren darüber hinaus faktisch die einzigen Lieferanten für Installationsmaterial auch der anderen Kraftwerke. In der Reichstagsdebatte im März 1911 mußte der Staatssekretär des Inneren, Clemens von Delbrück, erklären, daß die Reichsregierung »zur Zeit mit keinem gesetzlich zulässigen Mittel« die Bildung von Monopolen verhindern könne; er gab allerdings zu verstehen, daß zumindest im Bereich der Produktion und Verteilung von Strom an die Einrichtung eines Reichsmonopols gedacht werden könne, wie es bereits seit einigen Jahren diskutiert wurde. Da die Einführung eines solchen Monopols in engem Zusammenhang mit der geplanten Reichsfinanzreform stand, die das Reich durch Erschließung neuer Einnahmequellen von der Abhängigkeit von den Bundesstaaten befreien sollte, stand für die meisten Abgeordneten zu befürchten, daß die Errichtung dieses Monopols Hand in

Hand mit einer Steuererhöhung gehen würde, eine Aussicht, für die mit Sicherheit keine Mehrheit zu finden war.[8] 1/48

In dieser Situation legte Walther Rathenau dem Staatssekretär des Reichsschatzamtes, Wermuth, in zwei Briefen im Januar und im April 1911 den Entwurf für ein Reichselektrizitätsmonopol vor. Rathenau schlug vor, die Kraftwerke in den Besitz des Reichs zu bringen, aber von Pachtgesellschaften betreiben zu lassen, an denen das Reich als Aktionär angemessen zu beteiligen sei; der Gewinn würde zwischen Reichsfiskus und Pachtgesellschaft geteilt werden. Daß diese Pachtgesellschaften durchaus identisch sein könnten mit den bisherigen Betreibern, stand außer Frage, und so wäre ganz ohne Zweifel eine solche Verstaatlichung der Kraftwerke der AEG kein erheblicher Einnahmeverlust gewesen, zumal die Enteignung ja nicht ohne Entschädigung durchgeführt werden sollte. Entscheidend waren jedoch zwei andere Argumente. Zum einen hielt Rathenau, der im übrigen von einer Besteuerung des elektrischen Stromes abriet, fest, daß »selbstverständlich alle Fabrikationsunternehmungen«[9] von der Verstaatlichung ausgeschlossen bleiben, also gerade der Bereich, in dem die faktische Monopolisierung die erheblichsten Auswirkungen hatte.

Zum anderen wies Rathenau schon gleich zu Beginn darauf hin, daß die durch das Reichsmonopol mögliche Vereinheitlichung »in dem Augenblick, wo die Frage der elektrischen Bahnen aktuell wird«, erst ihre besondere Bedeutung bekommt, da »der enorme Konsum dieser Bahnen (…) von den gegenwärtigen Elektrizitätswerken nicht befriedigt werden«[10] könne. Diese Elektrifizierung der sogenannten Vollbahnen würde nämlich einerseits ein außerordentlich gutes Geschäft für die Fabrikation sein, zugleich aber würde der notwendige Ausbau der Elektrizitätsproduktion das Unternehmergeschäft schwer belasten. In dieser Situation ergäbe die Übernahme der Kraftwerke durch den Staat eine erhebliche Entlastung. Bezeichnend ist, daß Emil Rathenau, der sonst vielen wirtschaftstheoretischen Entwürfen seines Sohnes eher distanziert gegenüberstand, in einem Interview im *Berliner Tageblatt* vom 5. Mai 1914 sich für das Reichselektrizitätsmonopol aussprach, weil es »heute nötig (sei), die allergrößten Kraftwerke zu bauen, die weit über das Ausmaß privater Unternehmungen hinausgehen«.[11] Es sieht danach aus, als sei für die beiden Rathenaus jetzt der Staat an die Stelle der Finanzierungsgesellschaft getreten, so daß man den Entwurf für ein Reichselektrizitätsmonopol als die vorläufig letzte Version des Systems Rathenau interpretieren darf.

Walther Rathenau hat fast gleichzeitig mit den Entwürfen zum Reichselektrizitätsmonopol in seinem Buch *Zur Kritik der Zeit* eine scharfe Kritik an der industriellen Produktion veröffentlicht. Unter dem Titel *Die Mechanisierung der Welt* kritisierte er insbesondere das ständige Wachstum der Spirale von Produktion und Konsum, in der »die mechanisierte Produktion dauernd neue Begierden« schaffe, der wiederum ein ständig wachsender »Warenhunger« entspreche.[12] Diese unendliche Steigerung, die zu Frustrationen bei den Konsumenten führe, verdanke sich der Orientierung der Produktion am privatwirtschaftlichen Interesse. Nur die regulierende und kontrollierende Tätigkeit des Staates könne, so Rathenau in späteren Veröffentlichungen, hier Abhilfe schaffen. Aus dieser Sicht erscheint der Vorschlag für das Reichselektrizitätsmonopol als erster Schritt auf einem Weg, dem die Einrichtung der *Kriegs-Rohstoff-Abteilung* im August 1914 und der Vorschlag für die Einführung einer am Gemeinschaftsinteresse orientierten, staatlich kontrollierten *Neuen Wirtschaft* im Jahre 1917 folgten.[13]

Anmerkungen

1. Brief Walther Rathenaus an Dr. Meissner, 26. 11. 1907, B I, Nr. 29, S. 53/54
2. Elektrotechnische Zeitschrift 18, 1897, S. 518
3. Ebd.
4. Josef Loewe: Die elektrotechnische Industrie, in : Die Störungen im deutschen Wirtschaftsleben während der Jahre 1900 ff., Leipzig 1903 (= Schriften des Vereins für Socialpolitik CVII, 3), S. 75–155, hier S. 120
5. A.L.: System Rathenau, in: Die Bank. Monatshefte für Finanz- und Bankwesen, Berlin 1908, S. 765-775, hier S. 768
6. Zitiert nach Felix Pinner: Emil Rathenau und das elektrische Zeitalter, Leipzig 1918, S. 266
7. Zitiert nach Peter Czada: Die Berliner Elektroindustrie in der Weimarer Zeit, Berlin 1969, S. 276. Siehe auch Jürgen Kocka: Unternehmensverwaltung und Angestelltenschaft am Beispiel Siemens 1847–1914, Stuttgart 1976, S. 331, FN 62
8. Zitiert nach Fritz Blaich: Kartell- und Monopolpolitik im kaiserlichen Deutschland, Düsseldorf 1973, S. 175–185, hier S. 182
9. Über ein Reichselektrizitätsmonopol (1911), NGS I, S. 165–177, hier S. 170
10. Ebd., S. 167
11. Zitiert nach Helga Nußbaum: Versuche zur reichsgesetzlichen Regelung der deutschen Elektrizitätswirtschaft und zu ihrer Überführung in Reichseigentum 1909 bis 1914, in: Jahrbuch für Wirtschaftsgeschichte II, 1968, S. 117–201. Hier auch der Text der zweiten Denkschrift von 1913
12. Zur Kritik der Zeit (1912), GA II, S. 51
13. Siehe Kapitel 5 dieses Katalogs

Walther Rathenau wurde am 29. September 1867 in eine Familie des jüdischen Berliner Mittelstands geboren. Seine Eltern, Emil und Mathilde Rathenau (1/1–1/5), hatten im Jahr zuvor geheiratet. Mathilde entstammte der wohlhabenden Frankfurter und Mainzer Familie Nachmann; Emil war über seine Mutter Therese, geb. Liebermann, mit einer Familie verwandt, die bereits in der zweiten Generation in der Industrie tätig war. In der *Wilhelmshütte* in Sprottau in Niederschlesien, einem Eisenwerk mit Hochofen, Walzwerk und Maschinenbauanstalt, die seinem Großvater Josef Liebermann gehörte, der auch der Großvater des Malers Max Liebermann war, ging Emil Rathenau, am 11. Dezember 1838 geboren, von 1855 bis 1859 in die Lehre.

Danach konnte er, dank einer kleinen Erbschaft von seinem Großvater, zunächst in Hannover, anschließend an der Technischen Hochschule in Zürich studieren und das Studium 1862 mit dem Diplom abschließen; nach halbjähriger Tätigkeit in der Lokomotivfabrik von August Borsig in Berlin ging er für zwei Jahre nach England, wo er in verschiedenen Unternehmen des Maschinenbaus als Ingenieur tätig war. Nach seiner Rückkehr 1865 erwarb er, zusammen mit Julius Valentin, einem Jugendfreund, die *Maschinenfabrik A. Weber* in der Chausseestraße.

1/14

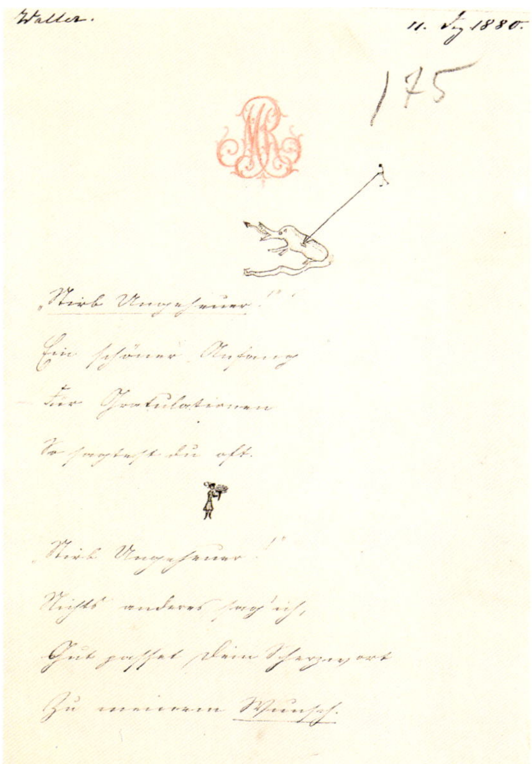

Aus einer autobiographischen Aufzeichnung Emil Rathenaus wissen wir, daß die Fabrik »sehr klein« war und »höchstens 40–50 Mann« beschäftigte, die »mit dem Bau von Dampfmaschinen und Einrichtungen für Gas- und Wasserwerke« befaßt waren; daneben führte die Fabrik »sämtliche Apparate, die die königlichen Theater brauchten«, aus. Unter Emil Rathenaus technischer Leitung führte das Unternehmen zwar die alte Produktpalette weiter, erweiterte sie jedoch mit der Fertigung kleiner, transportabler Einheitsdampfmaschinen, der Beginn einer Serien- und Typenproduktion, wie sie später zu dem ungewöhnlichen Erfolg der AEG beitragen sollte. Das Unternehmen wurde im Zuge des Gründerbooms der ersten Jahre nach dem deutsch-französischen Krieg in eine Aktiengesellschaft umgewandelt. Emil Rathenau, der sich zunächst dieser Umwandlung widersetzt hatte, ließ sich seinen Anteil am Betriebskapital auszahlen und erwarb keine Aktien, sondern verblieb als angestellter Direktor. Als die finanzierende Bank 1873 in Schwierigkeiten geriet und die Fabrik 1875 Konkurs anmelden mußte, wurde Emil Rathenau zwar arbeitslos, hatte aber sein Vermögen retten können.

Walther Rathenau war zu diesem Zeitpunkt acht Jahre alt und die kommenden Jahren dürften, auch wenn nichts Genaues darüber bekannt ist, nicht ganz einfach für ihn gewesen sein. Emil Rathenau hatte nämlich keineswegs sofort eine andere Tätigkeit aufgenommen, etwa indem er sein glücklich gerettetes Kapital in andere Unternehmungen investiert hätte, er war aber auch nicht gewillt, die Existenz eines Rentiers zu führen, wie es sein Vater getan hatte, der sich mit 37 Jahren aus den Geschäften zurückgezogen hatte. Er hatte sich vielmehr auf die Suche begeben nach neuen Aufgaben, hatte Reisen unternommen, die ihn unter anderem nach London und nach Philadelphia führten, um im Bereich neuer Technologien auf dem laufenden zu bleiben.

Offensichtlich mit einer ungewöhnlichen Phantasie begabt, die allerdings stark oder gar ausschließlich auf Dinge technischer und organisatorischer Art beschränkt war, wechselten in diesen Jahren im Leben Emil Rathenaus Phasen begeisterter Projektentwürfe mit denen tiefer Depression angesichts der vermeintlichen oder tatsächlichen Schwierigkeiten, die sich der Verwirklichung dieser Projekte in den Weg zu stellen schienen.

Das waren durchaus keine einfachen Umstände für den heranwachsenden Walther (1/6) gerade in den Jahren, in denen das Vorbild eines stetigen Vaters zur eigenen Ich-Entwicklung beiträgt. Es spricht einiges dafür, daß Walther Rathenau in diesem Lebensabschnitt in gewisser Weise innerhalb der Familie versuchte, die Rolle des Vaters zu übernehmen als desjenigen, der berät und ausgleicht. Die Briefe, die er aus Straßburg und München, wo er 1886/87 und 1889/90 studierte, an den 1871 geborenen Bruder Erich (1/10), aber auch an die Mutter schrieb (1/13), lassen deutlich den überlegenen, fast vä-

1/5

terlichen Ton erkennen, der für Rathenaus Gesprächsverhalten in späteren Jahren so typisch gewesen zu sein scheint und der von vielen als Überheblichkeit gedeutet wurde. Dazu gehört auch eine Geste, wie sie auf dem Foto zu sehen ist, das ihn zusammen mit Erich im Alter von elf Jahren zeigt (1/6f), dem er, ganz von oben herab und sicherlich beschützend gemeint, die Hand auf die Schulter legt, eine Geste, die zahlreiche Zeitgenossen später beobachten konnten, am eigenen Leib zu spüren bekamen und oft mit nicht geringem Widerwillen registrierten.

Unter den wenigen Zeugnissen über die Beziehung zwischen Vater und Sohn aus diesen Jahren ragt ein Gedicht heraus, das der dreizehnjährige Walther seinem Vater zum 42. Geburtstag am 11. Dezember 1880 schrieb (1/14). Das Gedicht beginnt mit dem am Anfang jeder Strophe wiederholten Ausruf »Stirb Ungeheuer!«, ein, wie es in der ersten Strophe selbst heißt, »schöner Anfang für Gratulationen«. Man hat dieses Gedicht als sprechenden Ausdruck für den Haß des Sohnes auf den Vater interpretiert, für dessen Wunsch, den Vater tot zu sehen, eine Interpretation die noch un-

terstützt wird durch die Tatsache, daß dem Gedicht Zeichnungen beigegeben sind, zu denen etwa ein krokodilähnliches Tier gehört, das von einem Pfeil durchbohrt wird. Diese Deutung scheint auch im nachhinein durch zahlreiche Zeugnisse bestätigt zu werden, die von dem schwierigen Verhältnis zwischen Sohn und Vater berichten, von dem der Sohn noch Jahre später sagen wird: »Er war gegen sich und andere hart.« In der Tat scheint Emil Rathenau in den Machtkämpfen mit seinem Sohn schließlich obsiegt zu haben. Walther Rathenau nahm nach seinem Abitur, das er 1885 am kö-
1/13 niglichen Wilhelms-Gymnasium in Tiergarten ablegte,

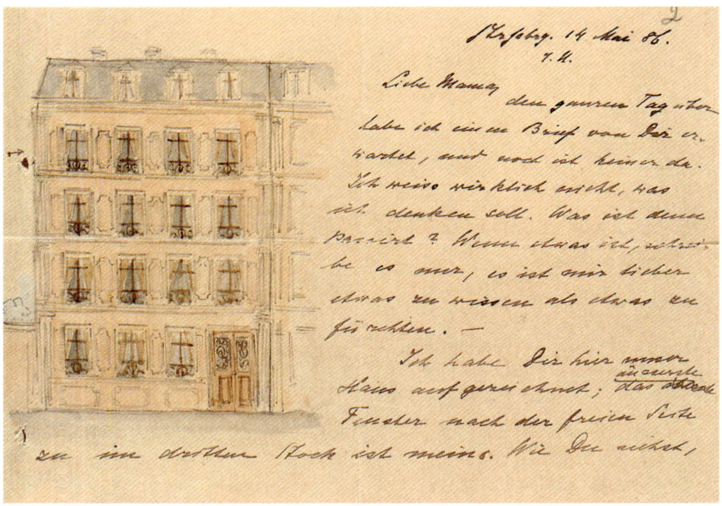
Strassbg. 14 Mai 86.

Liebe Mama

den ganzen Tag über habe ich einen Brief von Dir erwartet, und noch ist keiner da. Ich weiss wirklich nicht, was ich denken soll. Was ist denn passirt? Wenn etwas ist, schreibe es nur, es ist mir lieber etwas zu wissen als etwas zu fürchten. —

Ich habe Dir hier unser Haus aufgezeichnet; das äusserste Fenster nach der freien Seite zu im dritten Stock ist meins. Wie Du siehst,

ganz nach dem Willen des Vaters das Studium der Physik und der Chemie an der Friedrich-Wilhelms-Universität in Berlin auf, wo er es nach einem zweisemestrigen Zwischenaufenthalt in Straßburg 1889 mit einer experimentalphysikalischen Dissertation über *Die Absorption des Lichts in Metallen* abschloß, die ganz offenbar eine reine Pflichtübung war.

Wie wenig ihm die Wahl der Studienfächer zusagte wird indirekt sichtbar an einem Brief, den er am 21. Dezember 1889 aus München an seinen Bruder Erich schrieb. Er glaubte, die Gerüchte, er würde seine Zeit in München mit Malen, und eben nicht mit der Chemie und dem Maschinenbau verbringen, sofort dementieren zu sollen und setzte erklärend hinzu, der Bruder wisse ja, wie schnell sich in der Familie gerade über ihn »nachteilige Vorurteile« bildeten. Die ganze innere Distanz zu Naturwissenschaft und Technik wird sichtbar an einem Brief, den er am 1. Januar 1893 an seine Mutter schrieb, diesmal aus Neuhausen, wo er inzwischen in den Beruf eingetreten war. Er klagt in diesem Brief darüber, einer Tätigkeit nachgehen zu müssen, für die er so viel Talent habe wie eine Kuh, und es scheint, angesichts der Antwort der Mutter, nicht die einzige Klage gewesen zu sein. Die Mutter nämlich schlägt vor, er solle den ungeliebten Beruf lieber aufgeben, und selbst der Vater sei schließlich einverstanden, mit der Einschränkung allerdings, daß der sich nur vorstellen konnte, Walther würde eine Professur für Elektrochemie übernehmen.

Der Sohn, so könnte man sagen, sollte dem väterlichen Unternehmen erhalten bleiben, wenn auch nicht unmittelbar. Dieses Unternehmen war zum Zeitpunkt des Briefwechsels die *Allgemeine Elektricitäts-Gesellschaft*, die 1887 aus der von Emil Rathenau 1883 gegründeten *Deutschen Edison-Gesellschaft* hervorgegangen war. Emil Rathenau war auf seiner Suche nach neuen Tätigkeitsbereichen bei dem Besuch der *Internationalen Elektrizitäts-Ausstellung* in Paris 1881 schließlich fündig geworden, als er auf die Glühfadenlampe stieß (1/16, 1/17), die von Thomas Alva Edison kurz zuvor erfunden worden war und auf der Ausstellung präsentiert wurde. Diese Entdeckung war für Emil Rathenau der Ausgangspunkt für den Aufbau eines Unternehmens, das nach zwei Jahrzehnten zu den größten Unternehmen des Deutschen Reiches zählen sollte.

Das Verhältnis zwischen Vater und Sohn scheint nach der Jahrhundertwende, besonders nach dem frühen Tod des Bruders Erich, der 1903 starb, wesentlich verbessert. Zahlreiche Briefe, in denen er jetzt von seinem Vater voller Zuneigung spricht, scheinen dies zu bezeugen, auch wenn häufig der forcierte Ton dieser Äußerungen ein wenig den Wunsch erkennen läßt, es möchte tatsächlich so sein trotz der Einsicht, daß es so nicht war. Höhepunkt dieser Verehrung war zweifelsohne die Gedächtnisrede, die er am Tag der Beisetzung Emil Rathenaus am 23. Juni 1915 bei der Aufbahrung in Oberschöneweide hielt (1/26, 1/27) und in der er davon spricht, daß Emil Rathenau »die Gabe der Liebe« in ungewöhnlichem Maße besaß. In einem Dankesbrief an Wilhelm Schwaner, der ihm zum Tod des Vaters kondoliert hatte, heißt es, die ganze Beziehung noch einmal zusammenfassend: »Spät haben wir uns gefunden, mein Vater und ich; erst kam Achtung, dann Freundschaft, zuletzt Liebe. Und jetzt sind wir ganz eng vereinigt; ich fühle, wie die letzten Hüllen des Unverstehens gefallen sind, und bin ruhig und sicher in seiner Gegenwart«, ein irritierender Schluß angesichts der Tatsache, daß Emil Rathenau gerade verstorben war.

HANS WILDEROTTER

1/1
Bildnis der Mathilde Rathenau
Antonie Volkmar (1827–?)
1872/73
Öl/Lw.
108 × 81 cm
bez.o.l.: A. Volkmar
Frankfurt/M., Walther Rathenau Gesellschaft

1/2
Bildnis der Mathilde Rathenau
Walther Rathenau
Pastell
48 × 34 cm
Basel, Dr. Leonard Ringwald

1/3
Bildnis der Mathilde Rathenau
Walther Rathenau
1910
Pastell
48 × 34 cm
Basel, Dr. Leonard Ringwald

1/4
Bildnis des Emil Rathenau
Max Liebermann (1847 – 1935)
Lithographie
42 × 31 cm
Basel, Dr. Leonard Ringwald

1/5
Bildnisstudie des Emil Rathenau
Max Liebermann (1847 – 1935)
1907
Öl/Pappe
60,5 × 57,5 cm
Berlin, Staatliche Museen zu Berlin, Nationalgalerie (A II 81)

1/1

1/6
Acht Kinder- und Jugendbildnisse des Walther Rathenau
Fotografien (alte Abzüge)
Moskau, ZAS (634/1/2)
a) Hanns Hanfstaengl Königl. Sächs. Hofphotograph Berlin Unter den Linden 59
9,4 × 5,6 cm
b) Atelier für Photographie Hermann Emden Frankfurt a.M. gr. Bockenheimer Straße 30
9,2 × 6,1 cm
bez. RS.: 1870
c) G. Steffens. Berlin. Potsdamer Str. 116a
8,4 × 5,4 cm
d) Hanns Hanfstaengl Königl. Sächs. Hofphotograph Berlin Unter den Linden 59
1873
9 × 5,6 cm
e) unbekannter Fotograf
1873
16,4 × 12 cm
f) zusammen mit seinem Bruder Erich
Loescher & Petsch, Königl. Hof-Photographen Berlin
1878
14,2 × 10 cm
g) Frau E. Vogelsang Firma Geschw. Pauly Berlin Unter den Linden 54/55
1880
14,2 × 10 cm
handschriftlich auf der RS.: Walter 11. Dez. 1880 (13 J.)
h) J.C. Schaarwächter Berlin. W. Friedrichstr. 190
Um 1886
22 × 13,3 cm

1/7
Bildnis des Walther Rathenau
1890
Fotografie
(alter Abzug)
9,8 × 12,4 cm
Moskau, ZAS (634/1/2)

1/8
Doppelbildnis auf der Rückseite eines Briefumschlags
Walther Rathenau
Bleistift
14,6 × 11,3 cm
Poststempel: München
28. Mai vor. 8–9 90
Moskau, ZAS (634/1/16)

1/9
Selbstbildnis
Walther Rathenau
Aquarell auf Papier
16 × 13,3 cm
Moskau, ZAS (634/1/149)

1/10
Bildnis des Erich Rathenau
Fotografie (Reproduktion)
16,3 × 22,5 cm
Frankfurt/M., AEG-Firmenarchiv

1/11
Zwei Interieurs
Walther Rathenau
Aquarell und Tempera auf Papier
a) 14,2 × 20 cm b) 20 × 14 cm
Moskau, ZAS (634/1/149)

1/12
Abgangs-Zeugnis der Koeniglich Bayerischen Technischen Hochschule in München für Walther Rathenau
München, den 18. August 1890
Formular mit handschriftlichen Eintragungen
33 × 21 cm
Moskau, ZAS, (634/1/490, Bl. 11/12)

1/13
Brief an Mathilde Rathenau aus Straßburg vom 14. Mai 1886
Mit einer Zeichnung
Walther Rathenau
Feder und Aquarell auf Papier
15,5, × 21 cm
Moskau, ZAS (634/1/16, Bl. 2)

1/6a–h

1/8

1/7

1/10

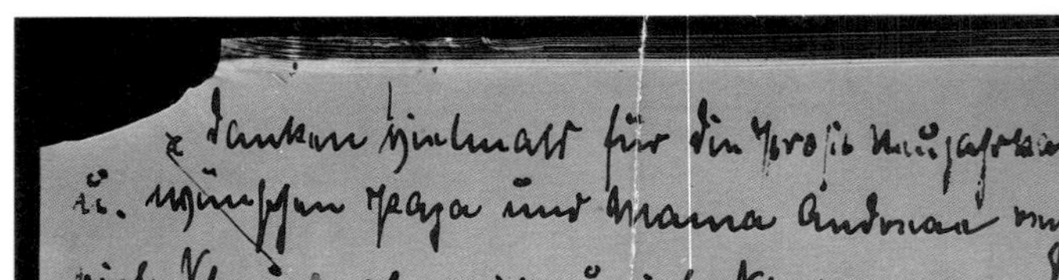

1/15

1/11b

1/11a

1/9

1/14
»Stirb Ungeheuer!«
Gedicht zum Geburtstag Emil Rathenaus am 11. Dezember 1880
Walther Rathenau
Tinte auf Papier
18,2 × 22,9 cm
Briefkopf: MR (ligiert)
Moskau, ZAS (634/1/5)

1/15
Emil und Erich Rathenau in Ägypten
Mit handschriftlichen Bemerkungen
1903
Fotografie (alter Abzug)
13 × 10 cm
Lilienthal, Walther Rathenau-Gesamtausgabe – Hans Dieter Hellige

1/16
Edison-Glühlampe
Hergestellt von der Deutschen Edisongesellschaft
Um 1886
Glas, Porzellan, Platin, Bambusfaden
Dm 5 cm; L 13 cm
Berlin, DHM,
Abt. Alltagskultur (HI 82/147)

1/17
»Das Edison-Licht.«
Emil Rathenau
Berlin 1882
4 Seiten, Buchdruck
26 × 16,5 cm
Frankfurt/M., AEG-Firmenarchiv

Anläßlich der Einweihung der Blockstation Schadowstraße im Sommer 1882 sah Emil Rathenau »hohe, luftige Riesenhallen mit vieltausendpferdigen Maschinen« vor sich, »die automatisch und geräuschlos Millionenstädte mit Licht und Kraft versorgen«. Überraschend an dieser Vision ist nicht nur, in welch hohem Maße sie sich erfüllen sollte, sondern auch, wie weit entfernt man zu diesem Zeitpunkt auch nur von den Anfängen noch war. Bereits der Weg von der Entdeckung der Glühbirne in Paris bis zur Errichtung der Blockstation in der Schadowstraße war durchaus nicht ohne Hindernisse.

Emil Rathenau hatte zunächst versucht, durch direkten Kontakt mit Edison die Lizenz für die Glühfadenlampe zu erhalten, wurde jedoch an die für die Vermarktung der Erfindung in Europa zuständige *Compagnie Continentale Edison* in Paris verwiesen. Mit der *Compagnie Continentale* wurde im Mai 1882 eine Studiengesellschaft gegründet, deren Lebensdauer auf ein knappes Jahr begrenzt war und deren Kapital 225.000 Mark betrug. Belehrt durch die Erfahrungen, die er zehn Jahre zuvor gemacht hatte, war Emil Rathenau auf die Suche nach soliden Finanziers gegangen und schließlich, nach einigen Schwierigkeiten, in den Bankhäusern *Gebrüder Sulzbach*, *Jacob Landau* und der *Nationalbank für Deutschland* fündig geworden. Aufgabe dieser Gesellschaft, an der die *Compagnie Continentale* zu einem Drittel beteiligt war, war die Erprobung von Lichtanlagen, zu denen neben denen für die *Druckerei W. Büxenstein* und das *Böhmische Brauhaus* auch die Blockstation in der Schadowstraße gehörte, die die Räume des angesehenen *Union-Klubs* beleuchteten. Die Ergebnisse dieser Versuchsstationen waren so gut, daß schließlich im März 1883 von den gleichen Parteien die *Deutsche Edison Gesellschaft für angewandte Elektricität* (DEG) gegründet werden konnte, die mit einem Grundkapital von 5 Millionen Mark in Aktien ausgestattet wurde, von denen Emil Rathenau, der am 24. März zum einzigen Mitglied des Vorstandes ernannt wurde, selbst 660 Stück zum Wert vom 330.000 Mark zeichnete. Hauptaktionär war das Bankhaus *Gebrüder Sulzbach*, dessen Geschäftsinhaber Rudolf Sulzbach Vorsitzender des Aufsichtsrats wurde. Zum Prokuristen wurde Felix Deutsch (1/34) bestellt, der ab 1886 dem Vorstand angehören und 1915 als Nachfolger Emil Rathenaus Vorstandsvorsitzender sein wird.

Die Konsorten schlossen außerdem einen Vertrag mit der Firma *Siemens & Halske* (S & H), der die Verteilung der Rechte und Pflichten zwischen der *Deutschen Edison Gesellschaft* und der Firma *Siemens & Halske* regelte. Ohne eine Vereinbarung mit dieser Firma, die Werner Siemens (1/37) 1847 als *Telegraphen-Bauanstalt* gegründet und innerhalb weniger Jahrzehnte zum größten Unternehmen der deutschen Elektroindustrie aufgebaut hatte, war an ein Unternehmen wie das der DEG gar nicht zu denken. Werner Siemens war es schließlich auch, der 1867 durch die Erfindung des elektrodynamischen Prinzips (1/38) die Auswertung der Elektrizität im großen Stil erst möglich gemacht hatte. Gerade Emil Rathenau war sich dieser Bedeutung der Firma *Siemens & Halske* durchaus bewußt, hatte er doch bereits seit 1878 wiederholt mit Werner Siemens korrespondiert und ihm Vorschläge über die Einführung eines Telephonnetzes, den Aufbau elektrischer Bahnsysteme und die Vermarktung der von Siemens produzierten Jablochkoff-Kerze für elektrische Bogenlampen gemacht. Tatsächlich hatte Siemens durch die Einrichtung einer Versuchsstrecke für elektrische Eisenbahnen in Lichterfelde 1881 und die Errichtung der ersten Bogenlampen am Postdamer Platz 1882 auch in diesen Bereichen Pionierleistungen erbracht, war aber gegenüber der großangelegten Auswertung skeptisch geblieben und hatte auf Emil Rathenaus Vorschläge dementsprechend abschlägig geantwortet.

Diese Zweifel dürften auch der Vereinbarung von 1883 zugrunde liegen, die der *Edison-Gesellschaft* die Produktion von Glühbirnen und die Einrichtung von Zentralstationen überließ, sich selbst aber die Lieferung aller Installationsmaterialien für die Einrichtung von Zentralstationen sicherte. Diese Unterteilung entsprach, mit Ausnahme der Glühlampenproduktion, der zwischen Fabrikation und Unternehmergeschäft. Die DEG erwarb von der *Compagnie Continentale* die ausschließlichen Nutzungsrechte an dem Patent von Edison, wofür sie pro Glühlampe eine Lizenzgebühr zu leisten hatte, und gab ihrerseits einen Teil der Fabrikationsrechte an S & H ab, die an die DEG doppelte Lizenzgebühr zu zahlen hatte, wovon die Hälfte nach Paris weitergegeben werden mußte.

Die DEG errichtete bereits im ersten Geschäftsjahr 27 Anlagen, unter denen die Beleuchtung von Theatern in München und Stuttgart eine herausragende Rolle spielen. Während diese Anlagen auf Kosten des Bestellers geliefert wurden, errichtete die DEG im zweiten Geschäftsjahr auf eigene Rechnung eine Blockstation in der Friedrichstraße 85 (1/28), von wo aus umliegende Läden und Gaststätten beliefert werden konnten, unter denen vor allem das bekannte und beliebte *Cafe Bauer* Unter den Linden genannt werden muß. Diese Blockstation war mit vier Dampfmaschinen von je 65 PS ausgerüstet, die sieben Dynamomaschinen mit insgesamt 100 KW antrieben, die Strom für 1800 Glühlampen und sechs Bogenlampen gaben.

Diese Blockstation war noch weit von den Zentralstationen entfernt, von denen im Vertrag vom März 1883 die Rede gewesen war und die Emil Rathenau vorschwebten. Unter Zentralstationen verstand man Kraftwerke, von denen aus Strom nicht nur, wie bei den Blockstationen, in die unmittelbare Nachbarschaft geliefert wurde, sondern zu weiter entfernten Verbrau-

1/24

chern, wozu Kabel über größere Entfernungen verlegt werden mußten. Dies konnte, wollte man nicht den von vorneherein zum Scheitern verurteilten Versuch unternehmen, mit den Besitzern zahlreicher Privatgrundstücke Verhandlungen aufzunehmen, nur auf öffentlichem Gelände geschehen, und Emil Rathenau hatte folgerichtig bereits wenige Wochen nach der Gründung der DEG Verhandlungen mit der Berliner Stadtverwaltung aufgenommen, die im Februar 1884 zum Erfolg führten. In dem zwischen der Stadt Berlin und der DEG abgeschlossenen Vertrag erteilte die Stadt der DEG das Recht, in einem Umkreis von 800 Metern um das am Werderschen Markt gelegene Fürstenhaus elektrische Leitungen zu verlegen, und erhielt dafür unter anderem 10% der jährlichen Bruttoeinnahme aus Stromlieferungen. Unverzüglich wurde mit dem Bau einer ersten Zentralstation in der Markgrafenstraße (1/29) begonnen, die im September 1885 ihren Betrieb aufnehmen konnte. Dieses erste öffentliche Kraftwerk Deutschlands hatte eine Gesamtleistung von 540 KW und versorgte neben dem Königlichen Schauspielhaus und der Reichsbank zunächst weitere 26 Abnehmer.

Der Bau der Zentralstation in der Markgrafenstraße, der bald eine zweite in der Mauerstraße folgen sollte, war von der DEG begonnen, aber von der *Städtischen Elektrizitätswerke AG* fertiggestellt und betrieben worden, die im Mai 1884 von der DEG gegründet und mit einem Aktienkapital von 3 Millionen Mark ausgestattet worden war, von dem die DEG selbst die Hälfte hielt. Der Grund für dieses Vorgehen wird im Geschäftsbericht der DEG für 1883 genannt, wo es heißt, daß es nicht in der Absicht der Gesellschaft liege, »den liquiden Vermögensstand dauernd durch eigene Übernahme großer Zentralstationen zu alterieren. Vielmehr verfolgen wir das System, solche Stationen mit Hilfe unserer Geldmittel zwar einzurichten, dieselben aber spätestens nach erfolgter Inbetriebnahme selbständigen Gesellschaften zu überlassen …«

Damit wurde zum ersten Mal ein Verfahren praktiziert, das von der AEG und später auch von anderen Firmen der Elektroindustrie mit großem Erfolg weiterentwickelt wurde, nämlich die Gründung von Beteiligungs-, Finanzierungs- und Betriebsgesellschaften im Unternehmergeschäft. Im Rahmen dieses ›System Rathenau‹ wurden von der AEG als Nachfolgerin der DEG in den neunziger Jahren nacheinander 1895 die *Bank für elektrische Unternehmungen* in Zürich (1/41) zur Mobilisierung ausländischen Kapitals, 1897 die *Elektricitäts-Lieferungs-Gesellschaft* als Erbauerin und Betreiberin von Kraftwerken und 1898 die *Deutsch-Überseeische-Elektrizitätsgesellschaft* zur Durchführung vor allem des Südamerika-Geschäfts gegründet. Diese Gesellschaften waren entscheidend in einem System, in dem der Lieferant selbst als Auftraggeber auftrat. Mit jeder Zentralstation und jedem Kraftwerk, das durch eine dieser Gesellschaften geplant und errichtet wurde, war der Kauf von Maschinen und Installationsmaterial bei der Muttergesellschaft verbunden, die sich so durch den Abschluß langfristig bindender Lieferverträge auch bei nur geringem Anteil am Aktienbesitz ein kontinuierliches Geschäft sicherte. Daß mit diesem System in nicht geringem Maße über die vorhandenen Bedürfnisse hinaus produziert wurde, um die Auftragsbücher gefüllt zu halten, ist wiederholt Gegenstand scharfer Kritik gewesen.

Davon war in der ersten Zeit jedoch nur wenig zu merken. Die *Städtischen Elektrizitätswerke* waren bereits zwei Jahre nach ihrer Gründung in erhebliche Schwierigkeiten geraten, da nicht angemessen berücksichtigt worden war, daß der Bau von Stromversorgungsanlagen nicht nur hohe Kosten verursachte, sondern daß der Zeitraum von der Investition bis zu einem Betrieb, der Gewinne erbringt, ziemlich lang war. Die beteiligten Aktionäre begannen unruhig zu werden und die Gefahr des Abzugs von Kapital wurde noch verstärkt durch die Aufforderung der Stadtverwaltung, weitere Kraftstationen zu errichten, die einen erneuten Kapitaleinsatz forderten. Man fand die Lösung des Problems in der vollständigen Übernahme der *Städtischen Elektrizitätswerke* durch die DEG, die ihr eigenes Aktienkapital erhöhte und davon ihrer Tochtergesellschaft das benötigte Kapital zur Verfügung stellte. Für die geplante Kapitalerhöhung von 7 Millionen Mark traten im Frühjahr 1887 das *Bankhaus Delbrück Leo & Co* und die *Deutsche Bank* dem Konsortium der DEG bei.

Diese Transaktion machte zwei Umgründungen notwendig. Zum einen wurden die *Städtischen Elektrizitätswerke* in die *Berliner Elektricitäts Werke* (BEW) umgewandelt, zum anderen die *Edison-Gesellschaft* in die *Allgemeine Elektricitäts-Gesellschaft* (AEG). Den Vorsitz im Aufsichtsrat der AEG übernahm, den neuen Beteiligungsverhältnissen im Konsortium entsprechend, Adalbert Delbrück, der im Jahre 1890 von Georg von Siemens (1/39), dem ersten Sprecher der *Deutschen Bank,* abgelöst wurde. Die Verwaltungen der BEW und der AEG wurden in Personalunion vereinigt und ebenfalls 1890 in der neuerrichteten Zentrale der BEW am Schiffbauerdamm 22 untergebracht.

Die AEG war jedoch weiterhin durch den Vertrag von 1883 an die Firma *Siemens & Halske* gebunden, der von beiden Vertragspartnern als Einschränkung empfunden wurde. Während die AEG im Fabrikationsgeschäft auf die Herstellung von Glühbirnen beschränkt war, konnte S & H im Bereich des Baues von Zentralstationen, dem Werner von Siemens zunächst skeptisch gegenübergestanden hatte, von dem er aber jetzt erkannt hatte, daß daran »das ganze Beleuchtungsgeschäft« hänge, wie er seinem Bruder Carl im Juni 1886 schrieb, tätig werden. In einer Reihe von Verhandlungen wurde

1/42

schließlich 1887 ein neuer Vertrag geschlossen, der den Bau von Zentralstationen unter 100 PS Leistung beiden Firmen frei stellte; der Bau von Anlagen über 100 PS blieb weiterhin der AEG vorbehalten, die allerdings die Lieferung von Maschinen und Kabeln an S & H übertragen mußte. Die Lizenzabgaben an die *Compagnie Continentale* wurden durch eine einmalige Zahlung abgelöst und die Patente für die Herstellung der Edison-Glühlampe gemeinsam erworben.

Aber auch über diese Vertragsregelung kam es bald wieder zu Auseinandersetzungen, vor allem, da seit Beginn der neunziger Jahre die Gemeinden zunehmend dazu übergingen, Kraftwerke nicht mehr auf der Basis einer Konzessionsvergabe, sondern auf eigene Rechnung zu errichten, ein Verfahren, für das im Vertrag von 1887 nur S & H zuständig war. Nach einer Reihe von Auseinandersetzungen kam schließlich 1894 eine endgültige Auflösung des Vertragsverhältnisses zustande. (1/40)

Drei Jahre später trat Georg von Siemens gleichzeitig mit dem Rückzug der *Deutschen Bank* aus dem Konsortium der AEG vom Vorsitz des Aufsichtsrats zurück. Die AEG hatte 1896 die Aktienmehrheit der im Jahr zuvor gemeinsam mit den Mitgliedern ihres Bankenkonsortiums gegründeten *Bank für elektrische Unternehmungen* erworben und bildete so eine Finanzmacht, der die *Deutsche Bank* durch ein starkes Engagement bei der schon länger geplanten Umwandlung von *Siemens & Halske* in eine Aktiengesellschaft ein Gegengewicht gegenüberzustellen versuchte. An die Stelle von Georg von Siemens als finanzpolitischer Berater Emil Rathenaus trat Carl Fürstenberg (1/43), der Inhaber der *Berliner Handels-Gesellschaft* (1/44), die bereits seit 1889 zum Konsortium der AEG gehörte. Fürstenberg nahm ab 1897 den Posten des stellvertretenden Aufsichtsratsvorsitzenden ein, war aber, da der Vorsitzende eine rein repräsentative Rolle spielte, der eigentliche Kopf dieses Gremiums. Auf die Initiative von Carl Fürstenberg hin trat Walther Rathenau, der seit 1899 dem Vorstand der AEG angehört hatte, aus dem er 1902 wegen strategischer Differenzen mit seinen Vorstandskollegen, die sich auf die Übernahme der Nürnberger Schuckert-Werke durch die AEG bezogen, ausschied, in den Vorstand der *Berliner Handels-Gesellschaft* ein (1/45, 1/46), wo er bis zum Sommer 1907 verblieb.

HANS WILDEROTTER

1/18
»Statut der Deutschen Edison-Gesellschaft für angewandte Elektricität.«
Berlin: G. Bernstein
1883
31 Seiten, Buchdruck
21 × 13,6 cm
Privatbesitz

1/19
Emil Rathenau und Thomas Alva Edison im Kraftwerk Moabit am 25. September 1911
Zander & Labisch
Fotografie (alter Abzug)
22,5 × 29 cm
Frankfurt/M., AEG-Firmenarchiv

1/20
Emil Rathenau und Kaiser Wilhelm II. beim Besuch einer Ausstellung der AEG
Fotografie (alter Abzug)
23,4 × 30,5 cm
Moskau, ZAS (634/1/132)

1/21
Bildnis des Emil Rathenau
Dührkoop
Fotografie (alter Abzug)
16,5 × 22 cm
Prägestempel u.r.: Dührkoop 1915
Lilienthal, Walther Rathenau-Gesamtausgabe – Hans Dieter Hellige

1/22
Bildnis des Emil Rathenau
1915
Fotografie (Reproduktion)
18 × 24 cm
Berlin, Ullstein Bilderdienst

1/23
»A.E.G. – Tische im Zimmer des Herrn Direktor Rathenau«
Alfred Messel
Bleistiftzeichnung im Maßstab 1:20
31,3 × 46 cm
Berlin, Universitätsbibliothek der TU, Plansammlung (12196)

1/28

1/19

1/29

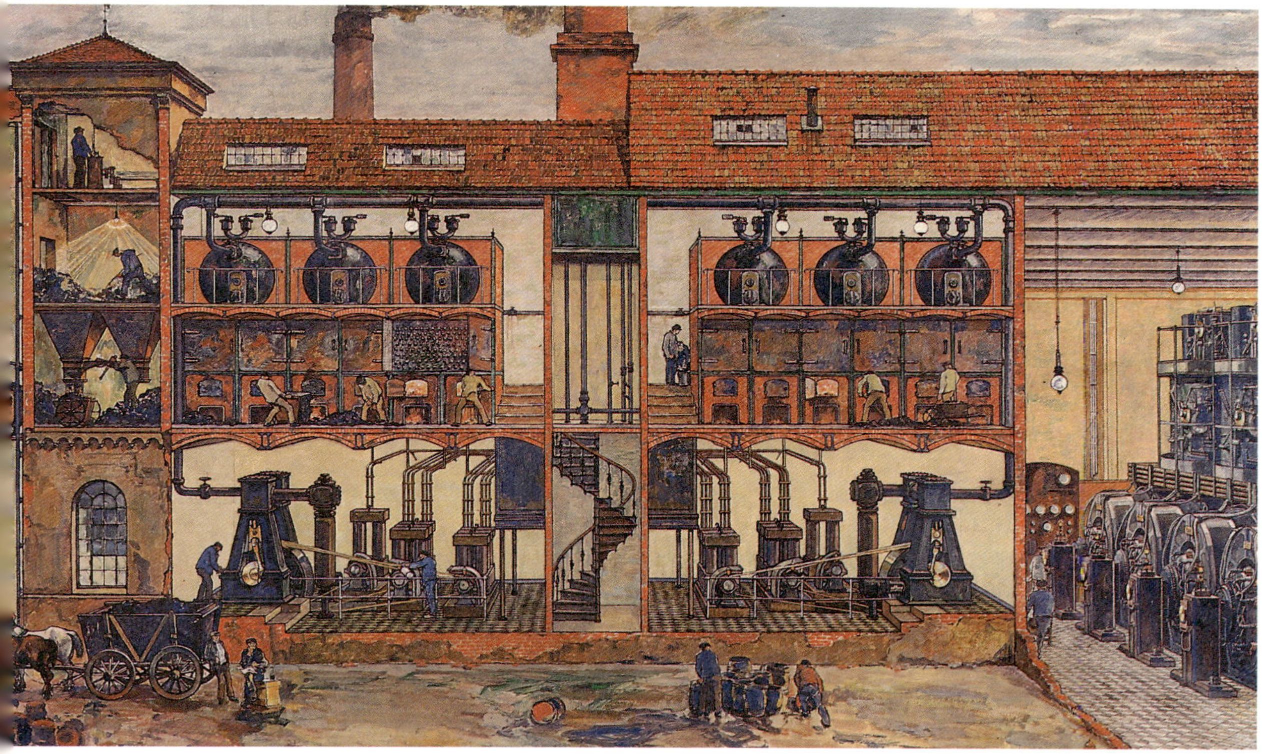

1/24
»Herrn Geheimen Baurat Dr. Emil Rathenau«
Deckblatt der Glückwunschadresse zum 70. Geburtstag Emil Rathenaus am 11. Dezember 1908
Mit Abb. der BEW-Zentrale am Schiffsbauerdamm (unten) und der AEG-Zentrale am Friedrich-Karl-Ufer (oben)
Tempera auf Pergament, in Leder gebunden
44 × 65 cm
Moskau, ZAS (634/1/719)

1/25
Medaille zum 70. Geburtstag Emil Rathenaus
Entwurf: Hermann Hahn (1868–1945)
1908
Silber (zwei Exemplare)
51 × 40 mm (oval)
Inschrift recto: »EMIL RATHENAU LXX JAHRE ALT XI DEZ MCMVIII«; verso: »AEG-BEW FUER VERDIENST UND TREUE«
bez.u.: H. HAHN
Berlin, DHM, Abt. Militaria

1/26
Trauerfeier für Emil Rathenau in der Schlosserhalle des Kabelwerks Oberspree
1915
Fotografie (alter Abzug)
23 × 29 cm
Frankfurt/M., AEG-Firmenarchiv

1/27
»Gedächtnisrede für Emil Rathenau gehalten am Tage der Beisetzung 23. Juni 1915 in Oberschöneweide von seinem Sohne Walther Rathenau«
17 Seiten, Buchdruck
22,5 × 14 cm
Berlin, Thomas Föhl

1/28
Das Blockkraftwerk in der Friedrichstraße
Abbildung aus: La Lumière Électrique, Bd. 14 (1884), S. 339
Buchdruck
26,5 × 23 cm
Berlin, Staatsbibliothek (4 Op 29593)

1/29
Querschnitt durch das Elektrizitätswerk in der Markgrafenstraße
Fritz Jacobsen
1929
Öl/Lw.
150 × 250 cm
München, Deutsches Museum (63133)

1/30
Innenaufnahme der Berliner Elektrizitätswerke Schiffbauerdamm
1896
Fotografie (Reproduktion)
18 × 24 cm
Frankfurt/M., AEG-Firmenarchiv

1/31
Innenaufnahme des Kraftwerks Hornow
1904
Fotografie (Reproduktion)
18 × 24 cm
Frankfurt/M., AEG-Firmenarchiv

1/32
Innenaufnahme der Kraftzentrale Oberspree
Fotografie (Reproduktion)
18 × 24 cm
Frankfurt/M., AEG-Firmenarchiv

1/33
Modell des Kraftwerks Moabit der Berliner Elektrizitäts-Werke im Zustand des Jahres 1902
1963/64
M 1:50
Holz, Metall
77 × 129 × 150 cm
Berlin, DHM, Abt. Alltagskultur (Pro 65/142)

1/34
Bildnis des Felix Deutsch
Fotografie (alter Abzug)
11,6 × 15,8 cm
Frankfurt/M., AEG-Firmenarchiv

1/35
Bildnis des AEG-Direktors Paul Mamroth
Fotografie (alter Abzug)
12 × 16,5 cm
Berlin, Ullstein Bilderdienst (18807 b)

1/36
Drei AEG-Motoren
a) Elektromotor Typ NW D10
0,5 PS Leistung
Um 1900
Eisen
30 × 20 × 30 cm
Berlin, DHM,
Abt. Alltagskultur (HI 82/88)
b) Drehstrommotor
1905
Eisen
36 × 40 × 30 cm
Berlin, DHM, Abt. Alltagskultur
c) Drehstrom-Schleifring-Läufermotor mit Anlasser Typ AVDN 22/4
1926
Eisen
80 × 100 × 80 cm
Frankfurt/M., AEG-Firmenarchiv

1/37
Bildnis des Werner von Siemens
Öl/Lw.
80 × 55 cm
München, Siemens-Museum

1/38
Dynamomaschine
Nachbau der 1866 von Werner von Siemens hergestellten Dynamomaschine
Stahl, Messing, Kupfer; Sockel: Holz
11 × 55 × 27 cm
Berlin, DHM,
Abt. Alltagskultur (HI 74/112)

1/39
Bildnis des Georg von Siemens
Paul Marten
1901
Öl/Lw.
109 × 92 cm
bez.o.r.: nach Max Koner 97 / cop. Paul Marten 01.
Frankfurt/M., Deutsche Bank, Historisches Archiv

1/40
Brief Emil Rathenaus an Georg von Siemens vom 4. Mai 1894
Bezüglich der Auflösung des Vertrages zwischen Siemens & Halske und der AEG
Typoskript
19,7 × 24,5 cm
Frankfurt/M., Deutsche Bank, Historisches Archiv (S 79)

1/41
Gründungsprotokoll der »Bank für elektrische Unternehmungen« vom 29. Juni 1895
Anwesend: Abegg, Spühler, Frey, Rathenau, Siemens, Gwinner, Kolle, Fürstenberg
Tinte auf Papier
29,5 × 20,7 cm
Frankfurt/M., Deutsche Bank, Historisches Archiv (S 79)

1/35
1/34

1/42
Aktie der Allgemeinen Elektricitäts-Gesellschaft über Tausend Mark Deutscher Reichswährung
Am 29. März 1897 von Georg von Siemens für den Aufsichtsrat und von Emil Rathenau für den Vorstand unterzeichnet
Druck
24,9 × 30,9 cm
Privatbesitz

1/43
Bildnis des Carl Fürstenberg
Rudolf Großmann (1882–194
1930
Tusche, Umdruckpapier
48,3 × 38,2 cm
bez.u.r.: R Großmann
Berlin, Berlin Museum (GHZ 77/22)

1/37

1/39

1/43

1/44

»Nachtragszeichnung zu dem durch Bauschein Nr. 200 vom 4. Mai 1897 genehmigten Neubau für die Berliner Handelsgesellschaft auf dem Grundstück Französische Straße 42.«
Alfred Messel
1899
Tusche
52,4 × 64,7 cm
Berlin, Universitätsbibliothek der TU, Plansammlung (12370)

1/45

Vertrag zwischen der Berliner Handels-Gesellschaft und Dr.phil. Walther Rathenau vom 19. Juni 1902
Tinte, Papier
28 × 24,5 cm
Frankfurt/M., BHF-Bank, Historisches Archiv (Akte Dr. Walther Rathenau)

1/46

»B.H.G. Erweiterungsbau. Decke i.Z. d. Dir. Rathenau.«
Alfred Messel
Bleistiftzeichnung im Maßstab 1:25
34,3 × 47,2 cm
Berlin, Universitätsbibliothek der TU, Plansammlung (12460)

1/47

»Zwischenschein über 39.000 Vorzugsaktien im Nennwerte von je 1000 Mark«
Im Oktober 1920 von Walther Rathenau für den Aufsichtsrat und von Felix Deutsch und Georg Klingenberg für den Vorstand unterschrieben
Typoskript
32,4 × 20,6 cm
Privatbesitz

Als Walther Rathenau 1902 aus dem Vorstand der AEG austrat und zur *Berliner Handels-Gesellschaft* wechselte, konnte er auf eine bereits zehnjährige Tätigkeit bei der AEG oder einer ihrer Tochtergesellschaften zurückblicken. Er war 1892, nach Beendigung seiner Militärdienstzeit, als technischer Beamter bei der *Aluminiumindustrie Neuhausen AG* eingetreten, die 1889 unter Beteiligung der AEG gegründet worden war, sich mit der elektrolytischen Gewinnung von Aluminium befaßte und über die Konzession zur Nutzung der Wasserkraft des Rheinfalles verfügte. Walther Rathenau war in Neuhausen unter Leitung des Chemikers Kiliani damit befaßt, ein Verfahren zur elektrolytischen Gewinnung von Chlorkalk, einem Bleichmittel, auszuarbeiten, das in seinen Grundlagen zwar längst bekannt war, zu dessen großtechnischer Nutzung aber eine Reihe von störenden Prozessen ausgeschaltet werden mußten.

Nach Abschluß dieser Arbeiten wurde er am 6. September 1893 zum Geschäftsführer der vom Bankenkonsortium der AEG neugegründeten *Elektrochemischen Werke GmbH Berlin* ernannt und mit dem Aufbau einer Fabrik zur Produktion von Chlorkalk bei Bitterfeld beauftragt (1/50–52). Der Standort ergab sich aus der Tatsache, daß in Bitterfeld große Braunkohlegruben waren und die Braunkohle ein preiswerter Energieträger war, der direkt aus der Grube kommend, ohne großen Transportaufwand genutzt werden konnte. Zwar war es gelungen, den Betrieb wie geplant im Dezember 1894 aufzunehmen, er scheint jedoch mit einer Reihe technischer Schwierigkeiten verbunden gewesen zu sein, die noch verstärkt wurden durch die Tatsache, daß Ende 1893 die Konkurrenzfirma *Griesheim-Elektron*, deren Zentrale in Frankfurt am Main war, ebenfalls mit dem Bau einer Fabrik zur Elektrolyse von Chlorkalk in Bitterfeld begonnen hatte und ihre Produktion bereits vor den *Elektrochemischen Werken* aufnehmen und mit wesentlich besseren Ergebnissen, die sich einem überlegenen Verfahren verdankten, durchführen konnte. Auch Versuche, die Produktpalette auszuweiten, führten nicht zum gewünschten Erfolg. Zwar konnte Walther Rathenau 1895 das Patent (1/49) für einen elektrischen Schmelzofen zur Gewinnung von Kalziumkarbid anmelden, an dessen Zersetzungsprodukt, das Acetylen, hohe Erwartungen als Leuchtgas geknüpft wurden; aber der Vorsprung der benachbarten Konkurrenz war auch durch Ausweitung des Betriebs auf andere Standorte wie Rheinfelden, wo die AEG in Zusammenarbeit mit der *Maschinenfabrik Oerlikon* 1898 ein Wasserkraftwerk errichtet hatte, nicht mehr aufzuholen und so mußte das Bitterfelder Werk 1898 an die Konkurrenz verpachtet werden, um den Konkurs zu vermeiden.

Daß Walther Rathenau zu Beginn des nächsten Jahres trotz dieses nur mühsam kaschierten Mißerfolgs in den

1/50a

Vorstand der AEG aufgenommen wurde, dürfte auch mit der Tatsache zusammenhängen, daß es der AEG im allgemeinen und Emil Rathenau im besonderen weniger um die langfristige chemische Produktion durch die AEG gegangen war, sondern vielmehr um die Demonstration der Anwendungsvielfalt der elektrischen Energie, die durch den Erfolg der Konkurrenzfirma erbracht war. Im Vorstand übernahm Walther Rathenau die Leitung der Kraftwerksabteilung. In diesem Bereich hatten sich seit der Errichtung der ersten Zentralstation in der Markgrafenstraße erhebliche Veränderungen ergeben, die sich einer technologischen Innovation verdankten.

Der Kapazität von Zentralstationen waren so lange Grenzen gesetzt, als der Strom nur über geringe Entfernungen wirtschaftlich transportiert werden konnte; bei der Erweiterung des Konzessionsgebietes der BEW in Berlin mußten immer wieder neue Zentralstationen für die Versorgung eines ziemlich eng umgrenzten Gebiets errichtet werden. Der damals produzierte Gleichstrom läßt sich nämlich nicht hochspannen und ohne erheblichen Verlust nur über geringe Entfernungen transportieren. Anders der Wechselstrom, der hochgespannt über große Entfernungen geleitet und dann wieder zur Verbrauchsspannung heruntertransformiert werden kann. Probleme, die der Nutzung des Wechselstroms im Wege standen, vor allem der Mangel an einem gleichlaufenden Motor, waren durch die Einführung des dreiphasigen Wechselstroms, dem Michail von Dolivo-Dobrowolsky (1/58), der Chefingenieur der AEG, der einen entsprechenden Motor entwickelte, den Namen Drehstrom gab, weitgehend gelöst.

Die Auseinandersetzung zwischen der Wechselstrompartei und der Gleichstrompartei, die im übrigen Pioniere wie Edison und Siemens auf ihrer Seite sah, hatte zum Teil bizarre Züge angenommen, als die Stadt Frankfurt am Main im Rahmen ihrer Absicht, eine zentrale Elektrizitätsversorgung aufzubauen, sich ange-

1/51

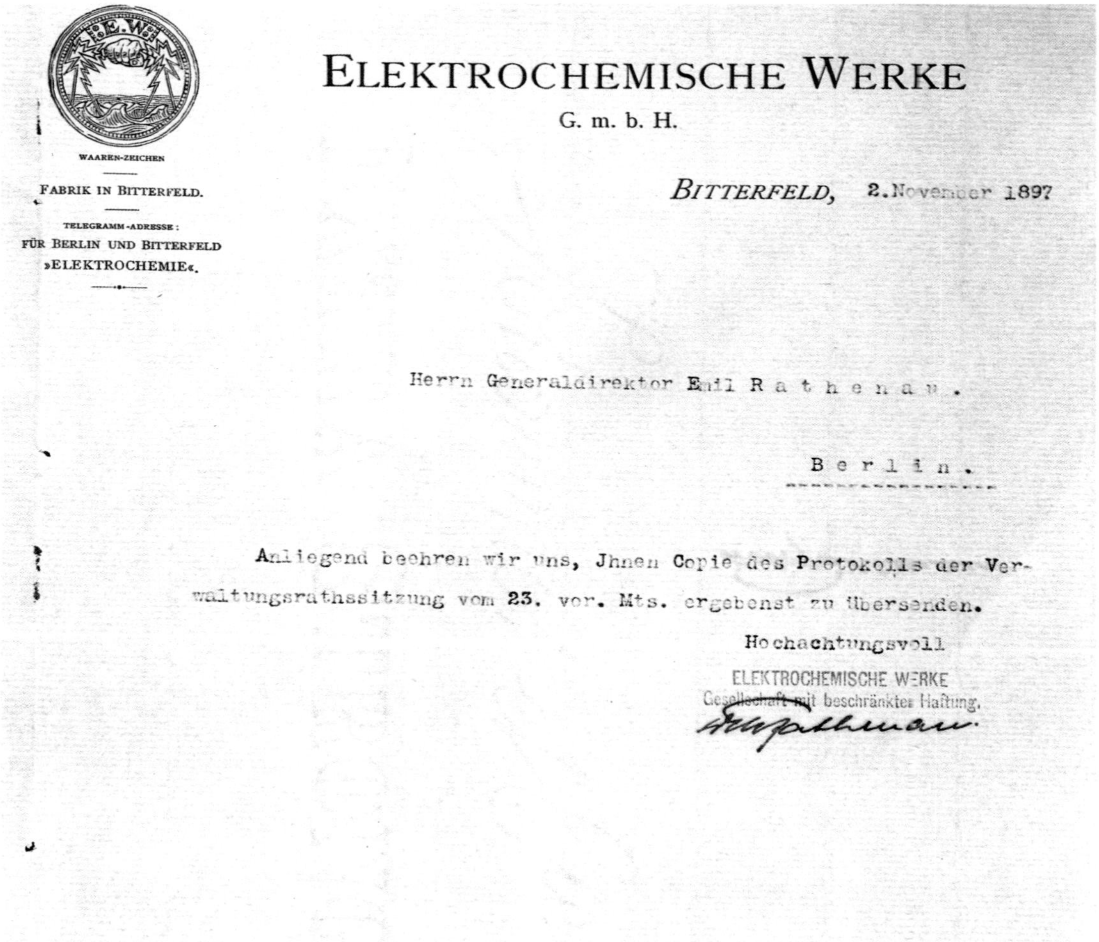

ELEKTROCHEMISCHE WERKE

G. m. b. H.

WAAREN-ZEICHEN

FABRIK IN BITTERFELD.

TELEGRAMM-ADRESSE:
FÜR BERLIN UND BITTERFELD
»ELEKTROCHEMIE«.

BITTERFELD, 2. November 1897

Herrn Generaldirektor Emil Rathenau.

Berlin.

Anliegend beehren wir uns, Jhnen Copie des Protokolls der Verwaltungsrathssitzung vom 23. vor. Mts. ergebenst zu übersenden.

Hochachtungsvoll

ELEKTROCHEMISCHE WERKE
Gesellschaft mit beschränkter Haftung.

sichts dieser Alternative mit der Veranstaltung einer elektrotechnischen Ausstellung Entscheidungshilfe verschaffen wollte (1/57). In Frankfurt war von verschiedenen Seiten und aus ganz heterogenen Gründen für die Einführung des Wechselstroms Partei ergriffen worden. Während einigen die Anlage eines Kraftwerks außerhalb der Stadt Garant für deren Unberührtheit durch die moderne Technik schien, galt anderen die Produktion in unmittelbarer Nähe des Trägers der Primärenergie, also in der Nähe von Kohlengruben wie in Bitterfeld oder Wasserkräften wie in Rheinfelden, die den Preis des Stroms erheblich senken mußte, aber auch seine weite Verteilbarkeit ökonomisch und symbolisch als Unterpfand der Demokratie.

Mit der Organisation der Ausstellung wurde Oskar von Miller beauftragt, der ab 1883 dem Vorstand der DEG und dann der AEG angehört hatte, wo er für die Abteilung Zentralstationen zuständig war; von Miller schied Ende 1889 aus der AEG aus, da der Vertrag zwischen der AEG und *Siemens & Halske* aus dem Jahre 1887 gerade im Bereich der Zentralstationen der AEG Beschränkungen auferlegte, denen sich zu beugen er nicht bereit war. Miller organisierte nicht nur die Ausstellung in Frankfurt, die vom Mai bis Oktober 1891 mit großem Publikumszuspruch und unter Begleitung zahlreicher publizistischer Beiträge stattfand, sondern war auch der Initiator eines Unternehmens, bei dem die AEG in Zusammenarbeit mit der *Maschinenfabrik Oerlikon* einen spektakulären Erfolg feiern konnte. Es gelang, von dem im Bau befindlichen Flußkraftwerk der Portlandzementwerke in Lauffen bei Heilbronn am Neckar über eine Entfernung von 175 km Strom mit einer Spannung von 15.000 Volt nach Frankfurt zu leiten, wo vor dem Hauptbahnhof ein künstlicher Wasserfall aufgebaut war, der mit einer elektrischen Pumpe betrieben wurde, deren Motor nach dem Drehstrom-Prinzip Dolivo-Dobrowolskys seinen Betriebsstrom aus dem Lauffener Kraftwerk bezog.

Die Demonstration der neuen Möglichkeiten löste in den neunziger Jahren einen Boom aus, in dessen Verlauf die Elektrifizierung eine rapide Entwicklung durchmachte; von 1890 bis 1895 stieg allein bei der AEG die Zahl der Beschäftigten von 2000 auf 5100. Zahlreiche Neugründungen führten zu einem harten Konkurrenzkampf, in dem durch Dumping-Preise und abenteuerliche Finanzierungskonstruktionen eine Krise vorbereitet wurde, die sich seit der Jahrhundertwende in zahlreichen Firmenzusammenbrüchen auswirkte.

Am Ende dieser Krise waren mit der AEG und *Siemens & Halske* die beiden Branchenriesen übriggeblieben, da die anderen in Konkurs gegangen oder von einem der beiden Großunternehmen auf dem Weg der Fusion angeeignet worden waren; während S & H sich 1903 mit den Nürnberger *Schuckert-Werken* verband, übernahm die AEG 1902 die *Union-Elektricitäts-Gesellschaft* und 1910 den *Felten & Guillaume-Lahmeyer* Konzern. Die Übernahme der *Union* war für die AEG der Ansatzpunkt für die Weiterentwicklung des Geschäfts mit dem Bau elektrischer Straßenbahnlinien (1/60). Zwar war hier S & H als Pionier aufgetreten und Emil Rathe-

1/54 nau hatte sich die Patente für einen Straßenbahnmotor von Thomas Sprague frühzeitig gesichert (1/59); im Laufe der neunziger Jahre waren jedoch beide von der *Union* überholt worden. Zwar kam es nicht, wie von Walther Rathenau angestrebt, zu einer engen Verbindung zwischen AEG und S & H, aber zu Preisabsprachen und Tochtergründungen, zunächst 1903 mit der Gründung der *Verkaufsstelle Vereinigter Glühlampenfabriken GmbH,* einem europäischen Syndikat mit Sitz in Berlin, in dem AEG und S & H fast über die Hälfte der Quoten verfügte.

Dieses Syndikat war allerdings auf den Verkauf von Kohlenfadenlampen beschränkt, die ab 1905 von Metallfadenlampen verdrängt wurden, welche bereits 1910 einen Marktanteil von mehr als 60 % hatten. Zuvor bereits war der elektrischen Beleuchtung im Gaslicht noch einmal ein Konkurrent erwachsen, der keineswegs, wie propagandistische Veröffentlichungen der Elektroindustrie glauben machen wollten, bereits im Sterben lag. Auch Emil Rathenaus Prognose, die er in seiner ersten Broschüre über das System Edison gewagt hatte und in der die Rede davon war, daß »die Verdrängung« des Gases durch das elektrische Licht »nur eine Frage der Zeit sei«, sollte selbst 1910 nicht in greifbare Nähe gerückt sein. In diesem Jahr waren in Berlin gerade 3,5 % aller Haushalte an das öffentliche Stromnetz angeschlossen. Als der Ingenieur Karl Auer von Welsbach 1892 seine Erfindung des Gasglühstrumpfs auf den Markt brachte, schien die Situation noch einmal ganz offen. Entscheidend war, daß die Gasbeleuchtung gegenüber der Kohlefadenlampe erheblich billiger war und nur eine technische Innovation im Bereich der elektrischen Glühkörper, die Einführung der Metallfadenlampe, war schließlich in der Lage, den Kampf zugunsten der elektrischen Beleuchtung zu entscheiden. (1/77)

Auch hier war Auer von Welsbach mit der Entwicklung einer Glühbirne führend, deren Glühfaden aus Osmium bestand und die 1902 auf den Markt kam. Kurze Zeit später folgte S & H mit einer Tantallampe, die AEG mit einer Wolframlampe und 1906 schließlich wiederum Auer von Welsbach mit einer Wolframlampe, die, ihre Herkunft aus dem Prinzip der Osmium-Lampe von 1902 andeutend, den Namen Osram-Lampe trug (1/62). Die *Auer-Gesellschaft,* die diese Lampe produzierte, traf ab 1911 Patentabsprachen mit AEG und S & H, um schließlich im Oktober 1918 ihre Glühlampenproduktion unter dem Namen *Osram-Werke GmbH* zunächst zu verselbständigen und anschließend, nach einer Umwandlung der *Osram-Werke* in eine Kommanditgesellschaft, mit den Lampenfabriken von S & H und der AEG zur *Osram GmbH KG* zu verbinden, in der S & H und AEG jeweils 40 % und die Auer-Gesellschaft 20 % des Kapitals hielten.

Zu einer schnelleren Verbindung kam es im Bereich der drahtlosen Telegraphie, in dem Adolf Slaby in enger Zusammenarbeit mit der AEG seit 1898 Versuche machte, während *Siemens & Halske,* die das System Braun bevorzugte, im Juli 1901 die *Gesellschaft für drahtlose Telegraphie, System Prof. Braun und S & H, GmbH* gründete. Da für diese Technologie zunächst fast ausschließlich staatliche Stellen, und insbesondere das Militär als Abnehmer in Frage kamen, waren die beiden Firmen umso eher bereit, sich Wünschen von dieser

1/49

SCHWEIZERISCHE EIDGENOSSENSCHAFT

EIDGEN. AMT FÜR GEISTIGES EIGENTUM

PATENTSCHRIFT

Patent Nr. 12252 9. April 1896, $7^1/_2$ Uhr, p. **Klasse 71**

Dr. Walther RATHENAU, in BERLIN (Deutschland).

Elektrischer Schmelzofen.

Bei einzelnen elektrischen Schmelzprozessen, speziell solchen, bei denen infolge starker Gasentwickelung brennbarer Gase Flammenerscheinungen (Stichflammen) auftreten, stellen sich Schwierigkeiten heraus insofern, als einmal die Elektrodenkohlen schnell verbrennen, andererseits das Nachfüllen des Rohmaterials erschwert wird. Insbesondere in den Fällen, wo das Rohmaterial in pulverförmigem Zustand verwendet wird, wird dasselbe durch die heftige Gasentwicklung aufgewirbelt und weggeblasen, wodurch sowohl Belästigung der Arbeiter, als auch nicht unerheblicher Materialverlust entsteht.

Die nachstehend beschriebene Vorrichtung ist bestimmt, diese Übelstände aufzuheben. Die Elektrodenkohle wird von einem Trichter aus schwer schmelzbarem Material umgeben — am besten verwendet man hierfür Kohle — und dieser Trichter so dimensioniert, daß nahezu der ganze Ofenschacht von demselben überschattet wird, so daß nur an den Rändern schmale Fugen offen bleiben. Durch diese Fugen kann alsdann die Stichflamme entweichen und zwar nur in schräger Richtung. Den größten Teil ihres Weges legt die Flamme zwischen den Trichterwänden und den Ofenwänden zurück, sie berührt dabei nicht das Rohmaterial selbst und ist daher auch nicht imstande, größere Quantitäten desselben ins Freie zu führen. Der Trichter selbst wird hoch mit Rohmaterial angehäuft, so daß die Elektrode in diesem Material vollständig luftdicht eingebettet ist. Höhle und Öffnung des Trichters lassen sich so dimensionieren, daß das Material durch eigenen Druck in dem Maße nachsinkt, wie dasselbe unten im Ofen niederschmilzt. Der Trichter kann zusammenhängend oder teilweise sein.

Eine einfache Ausführung dieser Vorrichtung zeigt beispielsweise die beifolgende Zeichnung im Vertikalschnitt Fig. 1.

Der Trichter besteht hier aus zwei Kohlenbalken *B*, *B*, die an beiden Enden entweder fest oder, falls eine Einstellung wünschenswert ist, auf Bügeln aufliegen, die durch Schrauben gehoben und gesenkt werden können, die aber jedenfalls genügend weit vom Wärmecentrum entfernt sein müssen. Der Weg der Stichflamme ist durch *S*, *S* bezeichnet; die Kohle *K* ist von Rohmaterial nahezu bis zum Punkte der Stromzuführung *Z* bedeckt.

Wie Fig. 2 zeigt, können die offenen Fugen auch einseitig verwendet werden. Dies ist insbesondere dann angezeigt, wenn die Bedienung des Ofens von der einen Seite aus erfolgen soll.

Seite zu fügen. Diese bekamen eine besondere Eindringlichkeit angesichts des großen Interesses, das der Kaiser selbst im Zusammenhang mit seiner »besonderen Passion für die Marine« an den Tag legte. Wiederholt scheint Wilhelm II. persönlich auf eine Beilegung der Auseinandersetzungen zwischen Slaby einerseits und Braun andererseits gedrängt zu haben und dies nicht zuletzt wegen der außerordentlich mißlichen Situation, in der die Marine mit dem System Slaby arbeitete, das Heer mit dem System Braun. Die militärtechnische Notwendigkeit einer Vereinheitlichung war deshalb der ausschlaggebende Faktor für die Gründung der *Gesellschaft für drahtlose Telegraphie (Telefunken)* durch AEG und S & H am 27. Mai 1903 (1/61).

HANS WILDEROTTER

1/57

1/58

1/48
Aktentasche (Portefeuille)
Leder, Metall
27 (aufgeklappt)
bzw. 14,5 (geschl.) × 41,5 cm
Prägung: Dr. W. Rathenau
Moskau, ZAS (634/1)

1/49
Patentschrift Walther Rathenaus über einen elektrischen Schmelzofen
Patent Nr. 12252 des Eidgen. Amts für geistiges Eigentum vom 9. April 1896
1 Blatt Druck; 1 Blatt technische Zeichnung
25,5 × 18,5 cm
Privatbesitz

1/50
Entwürfe eines Signets für die Elektrochemischen Werke Bitterfeld
Walther Rathenau
a) Tusche, Bleistift und Aquarell auf Papier
20 × 25 cm
b) Tusche auf Papier
19,5 × 21 cm
Moskau, ZAS (634/1/855)

1/51
Geschäftsbrief an Emil Rathenau vom 2. November 1897
Walther Rathenau
Typoskript mit eigenhändiger Unterschrift
28,6 × 22,6 cm
Briefkopf: ELEKTROCHEMISCHE WERKE G.m.b.H.
Bad Homburg, Günter Schilling

1/52
Schreibtisch Walther Rathenaus in Bitterfeld
Um 1893
Eiche
104 × 165 × 90 cm
Bitterfeld-Wolfen, Chemie AG

1/53
Walther Rathenau mit englischen Ingenieuren bei einer Werksbesichtigung der AEG
1905
Abzug von Glasnegativ
17,5 × 24 cm
Berlin, Kunsthistorisches Institut der FU Berlin
(Glasnegativ, Nr. 3911)

1/54
Walther Rathenau mit einer Gesellschaft auf dem Dachgarten des AEG-Werks am Humboldthain
1911
Reproduktion
23,5 × 17,2 cm
Berlin, Kunsthistorisches Institut der Freien Universität

1/55
»Massengüterbahnen.«
Wilhelm Cauer/Walther Rathenau
Verlag von Julius Springer
Berlin 1909
158 Seiten, Buchdruck
27,5 × 40 cm
Berlin, Staatsbibliothek (4° Nz 16801/90)

1/56
»RATHENAU – Präsident der Allgemeinen Elektricitäts-Gesellschaft«
Visitenkarte Walther Rathenaus
Nach 1915
4,5 × 9,1 cm
Berlin, DHM, Archiv (Do. 58/698)

1/57
»Internationale Elektro-Technische Ausstellung Mai – October 1891 zu Frankfurt am Main«
Entwurf: Johann Frank Kirchbach (1859–1912)
Frankfurt/M.: Lith. Kunstanstalt von J.C. Metz
Lithographie, farbig lackiert
105,4 × 75,5 cm
bez.u.r.: Fr. Kirchbach inv. 1891
Frankfurt/M., Historisches Museum, Plakatsammlung (C 7947)

1/58
Bildnis des Michail von Dolivo-Dobrowolsky
Um 1895
Fotografie (alter Abzug)
16 × 10,4 cm
Mit einer handschriftlichen Widmung: Herrn Dr. Miller von dem ihn verehrenden M.v. Dolivo-Dobrowolsky
München, Deutsches Museum, Portraitsammlung (733/2)

1/59
»Sprague«-Motor für Straßenbahnen
Von der AEG bei der Straßenbahn in Halle eingesetzt
1890
Metall
95 × 100 × 55 cm
Berlin, Museum für Verkehr und Technik (E-O–1565)

1/60
»Elektrische Strassenbahnen – Tramways Electriques – Electric Tramways«
Allgemeine Elektricitäts Gesellschaft Berlin 1900
Bildband
Einband: Leder, Gold- und Rotprägung
25 × 36 cm
Frankfurt/M., AEG-Firmenarchiv

1/61
»Telefunken Gesellschaft für drahtlose Telegraphie m.b.H. Berlin S.W. 68.«
Entwurf: Richard Jaretzki
Lithographie
80,5 × 117,5 cm
bez.u.r.: Rich.Jaretzki. Berlin
Berlin, Kunstbibliothek

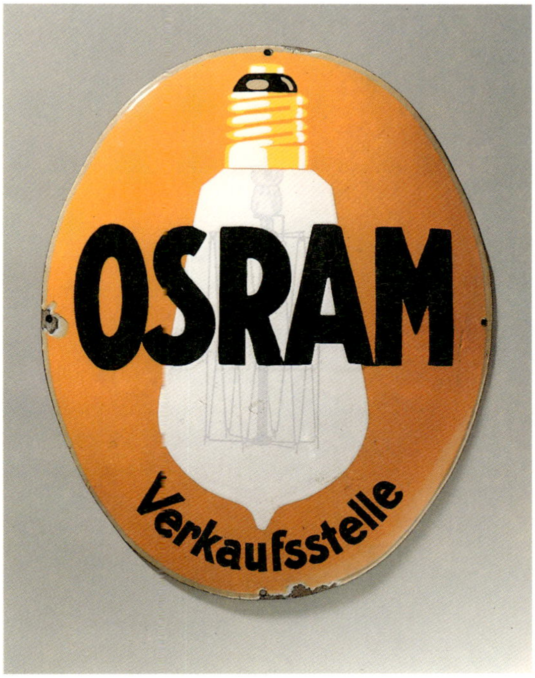

1/62
»Osram Verkaufsstelle«
Werbeschild
Blech, Emaille
48,5 × 38,5 cm (oval)
Berlin, DHM, Abt. Alltagskultur (1991/3070)

1/61
1/62

Das Unternehmergeschäft hatte eine stetige Auftragsquelle für die Fabrikation gebildet. Die Bestellung von Stromerzeugungsmaschinen aller Art, Installationsmaterial und Kabeln war ein gutes Geschäft. Solange jedoch der elektrische Strom in hohem Maße für Beleuchtungszwecke entnommen wurde, war zwar auch der gute Absatz von Glühlampen garantiert, deren Produktionsziffer bei der AEG bereits im Geschäftsjahr 1890/91 die Millionengrenze überschritt, nicht jedoch die ökonomische Auslastung der Kraftwerke, da den Spitzenentnahmezeiten am Abend Zeiten geringer Belastung gegenüberstanden.

Bereits früh begann deshalb die AEG mit der Werbung für die Nutzung des Stroms nicht nur zu Licht-, sondern auch zu Kraftzwecken. In der Friedrichstraße 85, über der 1884 eröffneten Blockstation, wurde eine Werbeausstellung eingerichtet, die den Einsatz elektrisch betriebener Geräte im Haushalt demonstrierte. Als die AEG 1889 auf einer Ausstellung in Berlin Kleinmotoren präsentierte, die unter anderem Ventilatoren und Nähmaschinen antrieben, wagte die *Elektrotechnische Zeitschrift* einen Blick in die Zukunft, in der »Einrichtungen (...) den elektrischen Strom für Zwecke des Hauses einsetzbar machen werden«, als deren Vorläufer die auf der Ausstellung gezeigten »Vorrichtungen« betrachtet werden könnten. Emil Rathenaus Voraussage in seiner Broschüre über *Das Edison-Licht* (1/17), daß in der Zukunft »die mechanische Arbeit von den Centralstationen zum Betrieb von Werkzeug- und Nähmaschinen, Aufzügen, überhaupt allen Apparaten, welche motorische Kraft bedürfen, zu verwenden« sei, wurde zwar noch übertroffen von seiner Vision, die er in der Festrede im Anschluß an die gelungene Kraftübertragung von Lauffen nach Frankfurt/M. im Mai 1891 formulierte, wo es heißt, daß wir »dem Handwerksmeister seine Nähmaschine elektrisch betreiben, wir heizen ihm sein Bügeleisen«, stand jedoch in großem Gegensatz zur Wirklichkeit.

Die Elektrifizierung des Haushaltes setzte sich in nennenswertem Umfang erst nach dem Ersten Weltkrieg durch, und so können Preislisten für elektrische Haushaltsgeräte (1/71) um die Jahrhundertwende vor allem als Werbemittel interpretiert werden, die nur einen kleinen exklusiven Kundenkreis anzusprechen in der Lage waren. Die Darstellung des Gebrauchs von Haushaltsgeräten durch Dienstmädchen macht deutlich sichtbar, daß hier an gehobene Einkommensschichten gedacht werden mußte, ein Tatbestand, der nicht weiter verwunderlich ist angesichts des hohen Strompreises, der noch 1904 bei 40 Pfennig pro Kilowattstunde lag.

In den zitierten Äußerungen Emil Rathenaus war allerdings nicht nur vom Haushalt, sondern auch vom Handwerksbetrieb die Rede, wo man an den Einsatz von Elektromotoren hohe Erwartungen knüpfte, da der Einsatz von Dampfmaschinen erst ab einer gewissen Betriebsgröße technisch durchführbar und wirtschaftlich sinnvoll war, während in zahllosen Kleinbetrieben weiterhin die Muskelkraft als Antriebsmittel eingesetzt wurde. Obwohl in Berlin bereits 1886 der erste Elektromotor an das Netz angeschlossen wurde, stieg deren Zahl bis 1891, dem Jahr von Emil Rathenaus Vision, auf ganze acht. Auch hier blieb die Entwicklung hinter den Erwartungen zurück und dies aus mehreren Gründen. Zunächst scheinen die Kinderkrankheiten gerade im Bereich des technischen Antriebs noch ziemlich groß gewesen zu sein, so daß die Skepsis der erhofften Anwender zurecht nicht gering war. Darüber hinaus war aber auch hier durch das Gas ein gefährlicher Konkurrent erwachsen, der erheblich billiger arbeitete; im Jahr 1891 lagen die Betriebskosten eines Elektromotors doppelt so hoch wie die eines Gasmotors.

Um Abhilfe zu schaffen wurde der Tarif für Kraftstrom zunächst um 25 % und, als diese Preissenkung noch keinen nennenswerten Erfolg nach sich zog, auf ein Drittel des Preises für Lichtstrom gesenkt. Darüber hinaus boten die Elektrizitätswerke spätestens seit der Jahrhundertwende Motoren zur Miete an. Während 1899 ein Elektromotor aus der Produktion der AEG mit der Leistung von 1 PS noch 300 Mark kostete, wurde ein Motor mit der gleichen Leistung für eine Jahresmiete von 125 Mark angeboten.

Der Ausbau der Fabrikgebäude der AEG konzentrierte sich deshalb auch zunächst im Bereich der Glühlampenproduktion und des Apparatebaus. Seit 1884 produzierte die DEG Glühlampen in einem Fabrikgebäude in der Schlegelstraße, in dem seit 1886 auch die Verwaltung untergebracht war, die jedoch 1890 in die neuerbaute Zentrale der BEW am Schiffbauerdamm 22 zog, wodurch der dringend benötigte Raum für die ständig wachsende Glühlampenproduktion frei wurde. Bereits 1887 war die zwischen Acker-, Feld-, Hussiten- und Hermsdorferstraße gelegene *Weddingsche Maschinenfabrik* mit einem Gelände von 11.000 qm angekauft und, nach Um- und Neubauten, 1888 als Fabrik für sämtliche Maschinen, Apparate und Leitungen, die zur Produktion, Verteilung und zum Verbrauch von Strom notwendig waren, in Betrieb genommen worden. Für die Produktion von Kabeln, die nach der Beendigung aller Einschränkungen durch die Auflösung des Vertrags mit *Siemens & Halske* ab Mitte der neunziger Jahre in großem Umfang aufgenommen wurde, errichtete man 1897 auf einem Gelände an der Oberspree ein Kabelwerk (1/63–66), dessen Gründungsdirektor Erich Rathenau war.

Bereits 1895 wurde in unmittelbarer Nähe der Apparatefabrik zwischen Brunnenstraße, Gustav-Meyer-Allee, Hussiten- und Voltastraße ein weiteres Gelände angekauft und mit umfangreichen Betriebsanlagen bebaut. Auf diesem Gelände wurden nach der Berufung von Peter Behrens (1/75) zum künstlerischen Beirat der AEG im Jahre 1907 in rascher Folge mehrere Fabrikationsgebäude errichtet, die Architekturgeschichte schrieben. Nach Behrens' Entwürfen wurde zunächst im Jahre 1909 eine Montagehalle für die Turbinenfabrik (1/76), 1911 eine Montagehalle für den Großmaschinenbau und 1912 die Kleinmotorenfabrik errichtet. Darüber hinaus war Peter Behrens aber auch für die Gestaltung der Werbemittel (1/77) und der Produkte (1/74) der AEG zuständig.

1/75

1/78

Peter Behrens hat das Programm, das seiner Tätigkeit für die AEG zugrundelag, anläßlich seiner Berufung auf die Bitte des *Berliner Tageblatts* hin selbst beschrieben. Die Form der Produkte der AEG sollten »eine möglichst innige Verbindung von Kunst und Industrie erkennen« lassen und auf die »Imitation der Handarbeit, anderer Materialien und historischer Stilformen« verzichten. Er wollte »durch Betonung und exakte Durchführung der maschinellen Herstellungsart auf künstlerischem Wege zu denjenigen Formen« gelangen, »die aus der Maschine und der Massenfabrikation von selbst hervorgehen«.

Dieses Programm hat Walther Rathenau mit Sicherheit nicht geteilt und obwohl er mit Peter Behrens gut bekannt, fast befreundet war, dürfte sich dessen Berufung zum künstlerischen Beirat kaum der Initiative Walther Rathenaus verdanken. Die Maschine und die Massenfabrikation waren für ihn ein notwendiges Übel, das es zu beherrschen, aber nicht ästhetisch zu überhöhen galt. Eine an der Maschine orientierte Kunst war für Rathenau von dem Unheilszusammenhang der ›Mechanisierung der Welt‹ gezeichnet, die fast alle Lebensäußerungen bereits erfaßt hatte. Dagegen galt ihm eine von der Mechanisierung unabhängige, ›seelenvolle‹ Kunst gewissermaßen als einziger Lichtblick, und das, was Peter Behrens machte, war als Kunst für ihn indiskutabel. Daß er es als Marketing-Strategie schätzte, ist nicht unwahrscheinlich.

Seine Kritik an den Arbeiten von Peter Behrens für die AEG ist sicher gut zusammengefaßt in einer Passage aus *Zur Kritik der Zeit*, in der er auf eine Nebensache anspielt, die Anlage eines Dachgartens über der Alten Maschinenfabrik am Humboldthain, deren Intentionen er nicht verkennt, die er als Mittel aber für völlig verfehlt hält: »Der Mensch fühlt, daß er Unersetzliches verloren hat; nun trachtet er, das Verlorene mit List wiederzugewinnen und pflanzt kleine Heiligtümer in seine mechanisierte Welt, wie man Dachgärten auf Fabrikgebäuden anlegt (...) Dennoch ist dieses Spiel nicht verächtlich, weil es aus Sehnsucht stammt. Aber es bleibt hilflos und kindisch, weil auf dem zitternden Boden der Mechanisierung arkadische Haine nicht gedeihen.«

HANS WILDEROTTER

1/70a–h

1/64

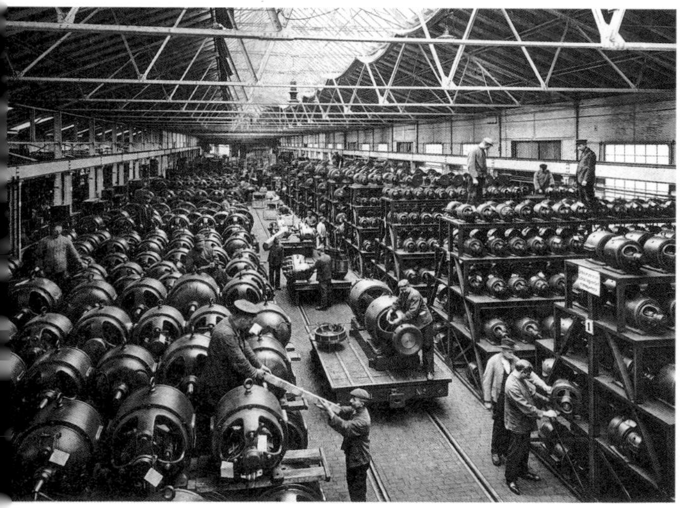

1/65

1/63

»AEG Kabelwerk Oberspree«
Entwurf des Einbands: Otto Eckmann (1865–1902)
Bildband
25 × 36 cm
Frankfurt/M., AEG-Firmenarchiv

1/64

Kabelwerk Oberspree
Fotografie (alter Abzug)
17 × 22,5 cm
Frankfurt/M., AEG-Firmenarchiv

1/65

Verseilmaschine zur Herstellung von Drehstromkabeln
Fotografie (alter Abzug)
22,5 × 28,5 cm
Frankfurt/M., AEG-Firmenarchiv

1/66

Modell einer Kabelschlagmaschine
Um 1910
M 1:10
Metall
109 × 247 × 49 cm
München, Deutsches Museum (35343)

1/67

Elektrische Schalttafel
Zur Steuerung der »Centralstation« Offleben
Magdeburg 1899
Marmor, Holz, Kupfer, Messing, Eisenguß
225 × 59 cm
Frankfurt/M., AEG-Firmenarchiv

1/68
Kilowattstundenzähler für Gleich- und Wechselstrom
AEG
1895
30 × 20 × 18 cm
Berlin, DHM, Abt. Alltagskultur
(HI 67/44)

1/69
»Allgemeine Elektricitäts-Gesellschaft Berlin.«
Werbeplakat
Entwurf: Louis Schmidt
Berlin: O. Troitzsch
o.J. (1888)
Farblithographie, Steindruck
84,8 × 54 cm
Berlin, DHM, Plakatsammlung
(P 57/738 S 2516)

1/70
Acht Innenansichten von AEG-Produktionsstätten
1908
Heliogravüren
21 × 27 cm
Berlin, DHM, Bibliothek
a) Glühlampenfabirk. Kohlenfadenstation
b) Glühlampenfabrik. Glasbläserei
c) Zählerfabrik. Spulenwickelei
d) Zählerfabrik. Zusammensetzerei
e) Apparatefabrik. Schalttafelbau
f) Kleinmotorenfabrik
g) Versandlager
h) Turbinenfabrik. Großmontage

1/71
Preisliste für elektrische Heizapparate der AEG
Mit Abbildungen der Geräte
1905
31 × 23 cm
Frankfurt/M., AEG-Firmenarchiv
(P 84)

1/72
»Elektrische Heiz- u. Koch-Apparate.«
Untertitel: »Elegante Ausstattung. Bequeme Handhabung.«
Werbeblatt der AEG mit Abbildungen
1905
26,5 × 20 cm
Frankfurt/M.,
AEG-Firmenarchiv (P 84)

1/73
»Elektrische Heiz-, Koch- u. Schmelzapparate.«
Werbebroschüre der AEG
1906
12,5 × 21 cm
Frankfurt/M.,
AEG-Firmenarchiv (P 84)

1/72

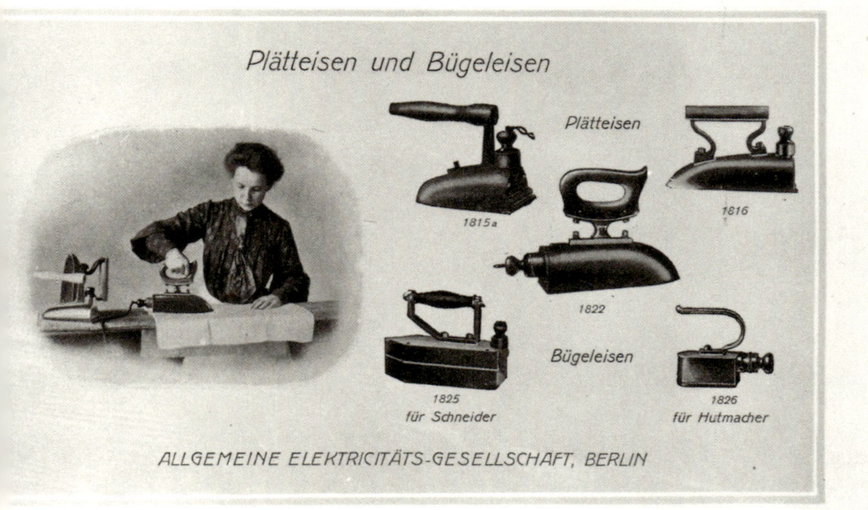

1/73

1/78

1/74

AEG Tee- und Wasserkessel
Entwurf: Peter Behrens
(1868–1940)
1909
Vernickeltes, streifenartig gehämmertes Messing; geflochtenes Rohr
H 25 cm, Dm 16 cm
(mit Ausgußtülle 22 cm)
Frankfurt/M., AEG-Firmenarchiv

1/75

Bildnis des Peter Behrens
Max Liebermann
Radierung
20,2 × 14,5 cm
bez.u.l.: M.Liebermann; u.r.: Peter Behrens
Berlin, DHM, Graphiksammlung
(Gr. 56/927)

1/76

Modell der AEG-Turbinenhalle
Institut für Baukunde, Technische Universität Graz
1992
M 1:100
Holz
35 × 70 × 160 cm
Frankfurt/M., AEG-Firmenarchiv

1/77

»AEG Metalldraht – Lampe«
Werbeschild
Entwurf: Peter Behrens
(1868 – 1940)
Emaille
103 × 143 cm
Frankfurt/M., AEG-Firmenarchiv

1/78

Neun Reklamemarken für Lampen und Geräte der AEG
Berlin 1900 – 1920
Entwurf: Peter Behrens
(1868 – 1940)
diverse Maße
Berlin, DHM, Archiv (Do.86/266 I)

»VOM REICH DER SEELE«

Schriftsteller, Künstler und Kunstsammler

HANS WILDEROTTER

Im Jahre 1913 veröffentlichte Walther Rathenau ein Buch *Zur Mechanik des Geistes*, das er als sein Hauptwerk verstanden wissen wollte. Anders als *Zur Kritik der Zeit*, als dessen Fortsetzung es gedacht war und von dem innerhalb eines Jahres mehr als 20.000 Exemplare hatten gedruckt werden müssen, fand dieses Buch nur wenig Zuspruch beim Publikum. In den *Gesammelten Schriften* von 1918 gab er ihm zusätzlich den Titel *Vom Reich der Seele;* bereits im Vorfeld der Niederschrift und der Phase der Konzeption war im Tagebuch wiederholt von einer ›Mechanik der Seele‹ die Rede und im Schlußkapitel von *Zur Kritik der Zeit* beklagt Rathenau den Mangel einer ›Mechanik des Geistes‹, die er inmitten einer prophetischen Passage über das kommende ›Reich der Seele‹ einfordert. Es hätte dieser Beobachtungen nicht bedurft angesichts der Tatsache, daß die *Mechanik des Geistes* von nichts anderem als von der Seele handelt, ohne daß allerdings die berechtigte Erwartung des Lesers, zu erfahren, was genau die Seele sei, befriedigt würde.

Dieser Mangel einer klaren Begriffsbestimmung ist jedoch kein Zufall, da für Rathenau die Seele sich jeder Begriffsbestimmung entziehen muß. Sie ist das absolute Gegenteil von Verstand und Intellekt, zu deren Arsenal Begriffe gehören; dieser Gegensatz zwischen Intellekt, Verstand und Vernunft einerseits und der Seele andererseits ist keineswegs neutral, wie an einer Gegenüberstellung deutlich wird: »Das Intellektuelle erscheint nüchtern, hastig, widersprechend, absichtlich, verwickelt und mühsam, das Seelenhafte klingend und farbig, selbstverständlich und einfach.«[1] Rathenau schließt mit dieser Gegenüberstellung, deren Wortwahl das hohe Maß an affektiver Besetzung deutlich erkennen läßt, an seine Darstellung in *Zur Kritik der Zeit* an. Dort hatte er die »Mechanisierung der Welt« beklagt, die, vom Bereich der Gütererzeugung ausgehend, bereits alle Lebensbereiche erfaßt habe. Der »Wissenschaftsgeist«, der sich des Verstandes, der Vernunft und des Intellekts bedient, sei »zum mächtigsten Faktor der Mechanisierung« geworden, die die Seele bereits weitgehend verdrängt habe.[2]

Diese Konzeption ist keineswegs originell. Ihre Grundstruktur entspricht sehr genau dem, was während des ganzen 19. Jahrhunderts in zahlreichen Variationen als romantischer Protest gegen die moderne Welt immer wieder formuliert wurde und gerade an dessen Ende erneut Konjunktur hatte. Rathenaus Theorie teilt mit allen diesen Formen der Romantik das Problem, wie denn, angesichts der ›totalitären‹ Auswirkungen der Wissenschaft und der Technik, der umfassenden ›Mechanisierung‹ aller Lebensbereiche, die Hoffnung entstehen kann, daß, in Rathenaus Version, durch die ›Geburt der Seele‹ dieser Entwicklung ein Ende bereitet würde.

Rathenau findet diese Gewißheit in der inneren Erfahrung, und der Darstellung dieser Erfahrung ist der erste der drei Hauptteile des Buches *Vom Reich der Seele* gewidmet. Diese Gewißheit allerdings ist rein subjektiv und entbehrt so nicht nur der Verbindlichkeit für andere, sondern, was noch wichtiger ist, der Anschaulichkeit. Diese findet Rathenau in der Kunst, ganz entsprechend einer früheren Formulierung, die sich in dem kurzen, während der Griechenlandreise 1906 niedergeschriebenen Text des *Breviarium Mysticum* (2/49) findet. Daß die Kunst »die Sprache der Seele« ist, wie es dort heißt, war eine Aussage, der zahlreiche Zeitgenossen ohne weiteres zugestimmt hätten; eine vergleichbare Definition findet sich, um nur ein Beispiel zu nennen, bei Alfred Lichtwark, dem Direktor der Hamburger Kunsthalle, mit dem Rathenau anläßlich des Wettbewerbs um die Errichtung eines Bismarck-National-Denkmals eine Broschüre veröffentlichen wird. Kunstwerke, so Lichtwark, sind »Ausdruck nicht des Verstandes, sondern einer starken, besonders gearteten menschlichen Seele«.[3]

Es liegt deshalb nahe, den Überlegungen Rathenaus zur Kunst etwas genauer nachzugehen. Dafür bietet sich ein Aufsatz an, der am 7. Oktober 1905 in der *Zukunft* unter dem Titel *Von neuzeitlicher Malkunst* erschien und in dem Rathenau Stellung nahm zu einer Kontroverse, die bereits seit einigen Jahren geführt wurde, im Jahr 1905 jedoch ihren Höhepunkt erreichte.

Ausgangspunkt war die Veröffentlichung zweier kunsttheoretischer Schriften von Julius Meier-

Graefe, der in der *Entwicklungsgeschichte der Kunst* den Impressionismus als Höhepunkt der Kunst begriffen und in einer kleinen Streitschrift über den *Fall Böcklin* die Rückständigkeit deutscher Kunst beklagt hatte. Insbesondere der Angriff auf Böcklin rief die Gegner Meier-Graefes auf den Plan, allen voran den Heidelberger Kunsthistoriker Henry Thode, der im Sommersemester 1905 eine Serie von Vorlesungen über *Böcklin und Thoma* hielt, die auch durch Berichte in der Tagespresse auf der Basis stenographischer Mitschriften einer breiten Öffentlichkeit bekannt wurden. Auf diese Zeitungsberichte reagierte Max Liebermann mit einer Zuschrift an die *Frankfurter Zeitung*, in der er vor allem Thodes Unterstellung kritisierte, die impressionistischen Künstler seien mit Kunstschriftstellern wie Meier-Graefe und mit Kunsthändlern einen Interessenverband eingegangen, um die Vertreter anderer Kunstrichtungen vom Markt zu verdrängen und möglichst hohe Preise zu erzielen. »Die meinungsbildende Kraft der modernen Kunst«, so Liebermann, die Äußerungen Thodes aus Zeitungsberichten wiedergebend, »ist ein kleiner Kreis in Berlin, der in inniger Beziehung zum Kunsthändler steht«.[4] Diese »immer mächtiger werdende Partei«, so Thodes eigene Worte, versuche, »von Berlin aus Deutschland« ihre Kunstauffassung aufzuzwingen, eine »das Fremde proklamierende Kunstauffassung«, die »durchaus undeutsch, ja antideutsch« sei. Gerade bei Max Liebermann, dessen »großer Geschicklichkeit« er seine Anerkennung nicht verweigern will, sei »etwas ausgesprochen Deutsches (...) nicht vorhanden«.[5]
Liebermann hat mit Recht solche Formulierungen als Waffen bezeichnet, die »aus der Rüstkammer

2/26

der Antisemiten« entnommen seien.[6] Henry Thode und sein Freund Hans Thoma, den er neben Böcklin als Repräsentanten urdeutscher Kunst den Impressionisten gegenüberstellte und der an Thodes Stelle in einem Brief an die *Frankfurter Zeitung* auf Liebermann antwortete, wiesen diese Kritik mit Empörung zurück. In der Tat scheinen keine expliziten antisemitischen Äußerungen gefallen zu sein, und mit der Fremdheit des Impressionismus war zunächst auch nur der einfache Tatbestand gemeint, daß der Impressionismus seinen Ursprung in Frankreich hatte. Die Klage über den »Mangel an nationalem Empfinden« jedoch war, besonders in Verbindung mit der häufig wiederholten Behauptung der besonderen Geschäftstüchtigkeit seiner Repräsentanten, wohl für die meisten Leser und Hörer Thodes als unzweideutiger Hinweis auf die Tatsache erkennbar, daß einige der führenden Vertreter des Impressionismus Juden waren. Einen direkten, wenn auch erneut hinter einer Metapher allerdings nur schlecht verborgenen Hinweis gab Willy Pastor im *Kunstwart*, der Zeitung, der Thode eine »bedeutungsvolle Ausnahmestellung« im Kreis der den Impressionismus propagierenden Kunstzeitschriften zuweist, wo es in einer Ausstellungsbesprechung heißt, daß »das Geschmacksurteil in diesem Land von Franzosen und sogar Orientalen diktiert wird«.[7]

Es ist nicht ausgeschlossen, daß Walther Rathenau sich von diesen Formulierungen inspirieren ließ, als er in seinem Aufsatz, ebenfalls gegen den Impressionismus gewendet, klagte, daß man uns gezwungen habe, »nach Art der Franzosen blinzeln, nach Art der Orientalen äugeln zu lernen«, »uns, die Nachkommen alter Jäger und Fischer«, die wir »noch immer (...) Deutsche« sind.[8] Rathenau zollt zwar Max Liebermann mit der Bemerkung, daß er »ein wahrer Meister wurde und geblieben ist«, seine Anerkennung, greift ihn aber auf indirekte und versteckte Weise an. Er paraphrasiert einen Satz, mit dem Liebermann in seinem zweiten Brief an die *Frankfurter Zeitung*, einer Entgegnung auf Thoma, die Ebene der sachlichen Diskussion bestimmen und sich zugleich gegen Thodes Behauptung zur Wehr setzen wollte, die Qualität eines Kunstwerks hänge von der Wahl des dargestellten Gegenstandes ab, und es gäbe »da eine Rangordnung vom Unbedeutenden bis zum höchst Bedeutenden«.[9] »Die Kraft der Darstellung«, so Liebermann, »nicht die Wahl des Stoffes macht den Künstler«.[10]

Dieser Satz erhält bei Rathenau die Form einer These: »Der Vorwurf ist gleichgültig: die Bedeutung des Kunstwerks liegt in der Kraft der Darstellung!«.[11] Rathenau ist bereit, dieser These soweit zuzustimmen, als sie nicht mehr sagen will, als daß ein Maler sein Handwerk beherrschen muß; er nährt jedoch den, wie er glaubt, berechtigten Verdacht, daß die Verfechter dieser These damit sagen wollten, ein von Manet gemaltes Spargelbund sei etwa einer Kreuzigung Grünewalds vorzuziehen, da Manet in der Kraft der Darstellung Grünewald überlegen sei. Der Verfechter dieser Behauptung aber wisse an der Kunst nur den »subtilen Nervenreiz« zu schätzen, da »eine unsterbliche Seele ihm nicht verliehen wurde«.[12]

Mit dieser Unterscheidung zwischen einer Kunst, die nur die Sinne anspricht, und einer anderen Kunst, die zwar über die Sinne wahrgenommen, »von der Seele aber empfunden, gesondert, geläutert und verklärt wird«,[13] kann Rathenau sich mit Thode einig wissen; diese Unterscheidung bildet zugleich ein Brücke zwischen Rathenaus frühem Aufsatz und der Darstellung der Kunst in *Vom Reich der Seele*. Er spricht hier von der Kunst ›seelenloser‹ Völker und Epochen, die »typische Kunst« ist; »das Vorbild neuzeitlich typischer Kunst bietet Frankreich«: »Der Sinn des 19. Jahrhunderts hat in seiner mechanistischen, schnell erfassenden, geistvollen und verblüffenden Seite keine adäquatere Versinnlichung erfahren als durch die französische Malerei. (...) Daß das Urbild wahrhaft persönlicher und somit transzendenter Kunst nur vom germanischen Geist ausging, muß«, in der Tat, »nach dem Gesagten nicht mehr erläutert werden«.[14]

Diese Gegenüberstellung von zwei Formen der Kunst wirft nicht nur ein bezeichnendes Licht auf die Auswahlkriterien, die Rathenau beim Ankauf der Kunstwerke für seine Sammlung geleitet haben dürften, sondern ist zugleich geeignet, das genannte theoretische Problem zu lösen, das sich innerhalb seiner Theorie der ›Mechanisierung‹ stellte. Wenn die Mechanisierung der Welt tatsächlich das von Rathenau ad nauseam beklagte und diese Klage allein rechtfertigende katastrophale Ausmaß angenommen hat, die Kunst aber auch zugleich als privilegierte Form der Äußerung der Seele Unterpfand für deren ›Geburt‹ sein soll, dann bleibt als eleganteste Lösung die Unterscheidung von zwei Formen der Kunst, deren eine die Stigmata der Mechanisierung trägt, während die andere Verkörperung der Seele ist.

Diese Unterscheidung hilft aber auch noch bei der Lösung eines weiteren Problems, der Frage nämlich, wie Rathenau, nachdem er auf eine Karriere als Künstler verzichtet hat, um im Zentrum der Mechanisierung, der großen Industrie, tätig zu werden und zu bleiben, seine eigene Stellung im Lichte dieser Theorie interpretiert. Die überraschende Tatsache, daß er im *Reich der Seele* unter dem Titel *Die Kunstflucht der Tätigen* davon spricht, daß man, wenn man heute »unter Militärs, Staatsleuten, Gewerbetreibenden und Gelehrten einem Mann« begegnet, »der für bildende und redende Künste ein mehr als konventionelles Interesse zeigt«, befürchten müsse, »daß man es mit einer weichlichen, leidenden, dem Beruf nicht genügenden und von ihm nicht ausgefüllten Natur zu tun habe«,[15] steht in Widerspruch mit seiner eigenen Lebensform als ›Tätiger‹, der sich für Kunst interessiert und ihr einen zentralen Platz in seiner Utopie einräumt. Auch dieser Widerspruch läßt sich bei genauerem Hinsehen auflösen.

Die Beschäftigung mit der Kunst ist nämlich im Verlauf der ›Mechanisierung‹ zunehmend in das Patronat der Frauen übergegangen, die »in voller Unkenntnis des Materials und der Struktur, des Handwerks und der Konstruktion« leben.[16] Unter diesen Umständen entstand jene Form seelenloser, an der Oberfläche orientierter Kunst. Die starken Persönlichkeiten aber, die in früheren Epochen ›seelenvolle‹ Kunstwerke geschaffen haben, haben sich heute »die Tat, und zwar, entsprechend der Mechanisierung, die wirtschaftliche Tat als das Schaffenselement« erkoren. »Hier«, im Bereich der Wirtschaft, »zeigt sich denn auch die Erscheinung jener Einsamkeit des Wirkens, die den Stärksten vorbehalten ist«, die allein über das notwenige Maß »an Phantasie, Intuition, schöpferischer Erkenntnis« verfügen.[17] Es war also durchaus folgerichtig, wenn Rathenau sich von der Kunst ab und der Wirtschaft zugewandt hat als dem Bereich, in dem allein schöpferische Persönlichkeiten heute tätig sind und deren Tätigkeit er in Analogie mit der schöpferischen Tätigkeit des Künstlers interpretiert. Im Werk Walther Rathenaus sind noch die spekulativsten Passagen Medien der Selbstdeutung.

Natürlich steht diese Theorie in eigenartigem Widerspruch zu seiner Kritik der Mechanisierung, und er hat diesen Widerspruch zu lösen versucht, indem er schließlich in der Mechanisierung selbst die Kräfte suchte, die geeignet sein würden, zur Heraufkunft des ›Reichs der Seele‹ beizutragen.[18]

Anmerkungen

1. Zur Mechanik des Geistes oder Vom Reich der Seele (1913), GA II, S. 134
2. Zur Kritik der Zeit (1912), GA II, S. 83
3. Alfred Lichtwark: Seele und Kunstwerk, Berlin 1899, S. 6. Zu Rathenaus Beteiligung am Bismarck-National-Denkmal und der gemeinsamen Publikation mit Lichtwark siehe den Essay von Michael Dorrmann in diesem Band.
4. Max Liebermanns Brief an die Frankfurter Zeitung vom 28. Juni 1905, in: Max Liebermann: Die Phantasie in der Malerei. Schriften und Reden, Berlin 1983, S. 159–161, hier S. 160 und S. 161
5. Henry Thode: Böcklin und Thoma. Acht Vorträge über neudeutsche Malerei, Heidelberg 1905. Zitate S. 2, S. 109 und S. 101
6. Liebermann: a.a.O., S. 161
7. Willy Pastor: Zwei deutsche Kunstausstellungen, in: Der Kunstwart 19,2, 1905/06, S. 113
8. Von neuerer Malerei (1905), GS IV, S. 265–289, hier S. 286 und S. 287. Der Aufsatz, zunächst unter dem Titel *Von neuzeitlicher Malkunst* in der *Zukunft* abgedruckt, wurde 1908 unter dem Titel *Von neuerer Malerei* in die *Reflexionen* (S. 58–78) und schließlich in der zweiten Auflage der Gesammelten Schriften 1926 in Band IV aufgenommen
9. Thode: a.a.O., S. 17
10. Max Liebermanns zweiter Brief an die Frankfurter Zeitung vom 14. Juli 1905, in: a.a.O. S. 16–162, hier S. 162
11. Von neuerer Malerei (1905), GS IV, S. 275
12. Ebd., S. 277
13. Ebd., S. 270
14. Zur Mechanik des Geistes oder Vom Reich der Seele, GA II, S. 128, S. 249 und S. 250
15. Ebd., S. 264
16. Von neuerer Malerei (1905), GS IV, S. 283
17. Zur Mechanik des Geistes oder Vom Reich der Seele (1913), GA II, S. 264
18. Siehe dazu den Aufsatz von Hans Wilderotter in diesem Band

»Besuche doch gelegentlich den Maler Dasio und triff auch mal den kleinen Zierngiebl«, schrieb Walther Rathenau am 24. November 1893 seinem in München weilenden Bruder Erich. Vermutlich hatte er die beiden Maler während seiner Münchner Studienzeit 1889/90 kennengelernt. Zwar wissen wir über seine Beziehungen zu Künstlern in diesen Jahren weiter nichts; sie scheinen aber immerhin so eng gewesen zu sein, daß er zum Ende seiner Studienzeit seinen ersten Bildnisauftrag an den »kleinen Zierngiebl« vergab. Das Bild (2/1) ist am 15. September 1890 signiert, zwei Wochen bevor Walther Rathenau seinen Militärdienst als Einjährig-Freiwilliger bei den Garde-Kürassieren in Berlin antrat.
Persönlich bekannt war Walther Rathenau auch mit Edvard Munch und Lesser Ury, die ebenso wie Max Liebermann, der ein Cousin von Emil Rathenau war, zu Beginn der 1890er Jahre zur Künstler-Avantgarde in Deutschland gehörten. Ury, der als eigensinnig galt und nicht nur mit konservativen Malern, sondern auch mit Liebermann im Streit lag, wurde in der Familie Rathenau sehr geschätzt: »Emil und Walther Rathenau waren (…) mit unter den ersten, die die ersten Berliner

2/1

Straßenstücke Urys erworben hatten«, weiß Adolph Donath zu berichten. Ein nicht identifiziertes Damenporträt, das sich in Familienbesitz befand, könnte vielleicht Walther Rathenaus Schwester Edith darstellen. Walther legte dem Künstler 1893 seine eigenen Studien zur Begutachtung vor, ließ sich drei Jahre später von ihm malen (2/2) und wollte 1899 einen Aufsatz über ihn für *Die Zukunft* schreiben, wozu es aber nicht kam. Zwar trennten sich kurz darauf die Wege, aber noch 1912 lobte Rathenau in einem Brief an den Künstler »besonders (die) koloristisch ausgezeichnete(n) Eigenschaften« des Bildes; er betonte aber auch, daß es »bisher noch niemand (…) als ein Porträt von mir erkannt hat«.
Von Max Liebermann existieren drei Versionen einer Zeichnung, über deren Entstehung wir aus einer Tagebucheintragung Walther Rathenaus unterrichtet sind: »Jeden Mittag beim Zahnarzt. Dazwischen von Max Liebermann gezeichnet, für Hauptmann«, heißt es am 26. Oktober 1912. Er schenkte das Blatt seinem Freund Gerhart Hauptmann zum 50. Geburtstag am 15. November 1912; der bedankte sich mit dem für den ganzen Briefwechsel charakteristischen Pathos: »Lieber Walther. Endlich, aus einiger Ruhe, den Dank für den Liebermann. Ich freue mich des Doppelwertes, den er darstellt, des dreifachen Wertes: Kunst, Person, Gesinnung. Dank!« (Staatsbibliothek Berlin, GH – BrNL: W. Rathenau, Fasz. II, Bl. 2). Anfang der zwanziger Jahre

2/9b

hing das Porträt als einziges Bildnis neben dem von Hauptmanns Frau Margarethe im Erdgeschoß von Haus Wiesenstein im schlesischen Agnetendorf.
Diese Fassung als Kniestück bereitete Liebermann mit zwei Skizzen vor, die erste (2/4a) vor allem eine Kopfstudie mit noch unschlüssiger Haltung der rechten Hand, die andere (2/4b) schon fast wie das endgültige Ergebnis, jedoch noch als etwas statisches Hüftbildnis

und mit einigen Korrekturen. Nach dem Kniestück (2/4c) schuf Liebermann im selben Jahr, 1912, eine Lithographie mit wohl sehr geringer Auflage.

Nicht Max Liebermann, sondern der neoklassizistische Bildhauer Hermann Hahn in München wurde der ›Hauskünstler‹ der Familie Rathenau. Hergestellt hatte den Kontakt der Wiener Bankier Emil Taussig, der den Bildhauer zu Beginn der neunziger Jahre entdeckt hatte. Spätestens 1895 wurde die Freundschaft zwischen Hahn und Walther Rathenau begründet, die sich aus ihrer Liebe zur Klassik und zur Musik speiste und die bis zur Ermordung Rathenaus dauerte.

Insgesamt dreimal hat Hermann Hahn den Kopf seines Freundes modelliert, doch sind weder die Jahre noch die Anlässe genau bestimmbar: Da ist zunächst die Gipsbüste, schwarz gefaßt und somit auf ›wertvoll‹ gemacht, die in Familienbesitz blieb und 1926 als Zugabe zur Rathenau-Stiftung von Edit Andreae dem Frankfurter Städel geschenkt wurde. (2/5) Diese Gipsbüste diente Hahn als Vorbild zu einer heute verschollenen Marmorherme, die 1905 in der zweiten Ausstellung des Deutschen Künstlerbundes unter Kat. Nr. 241 in Berlin zu sehen war und als unverkäuflich galt. Zwei Jahre später auf der Internationalen Kunst-Ausstellung der Münchener *Secession* konnte man sie kaufen. Vielleicht hatte Rathenau sie nicht abgenommen, vielleicht aber hatte der Künstler von Anfang an auf eigene Rechnung gearbeitet.

Ebenso rätselhaft sind die Umstände bei der Entstehung der dritten Rathenau-Büste Hermann Hahns (2/6), die abwechselnd auf 1908 und auf 1909 datiert wird; auch über die Zahl der Güsse ist nichts bekannt. Ein Exemplar befand sich nach 1923 in der Rathenau-Gedenkstätte in der Koenigsallee 65 (Bundesarchiv, Abt. Potsdam 15.01 RMI 25240), ein weiteres, oder dasselbe, schenkten die AEG und die BHG zum 60. Geburtstag des Gründers dem Rathenau-Stift in Freienwalde; diese Büste wurde in der Eingangshalle des Schlosses aufgestellt.

Von der Büste , die Benno Elkan 1923 im Auftrag des Industriellen Erwin Koppel anfertigte, der 1922 auch eine Medaille zum Gedenken an Rathenau schuf, existieren mindestens fünf Bronzegüsse: außer dem Exemplar für Koppel, das 1976 als Geschenk seiner Witwe Alice und 2/2

ihres Sohnes Ted an das *Leo Baeck Institute* in New York ging, eines für den Künstler (2/7b), einen Abguß erwarb das mit Elkan befreundete Ehepaar Rhee, und einen weiteren schenkte Max Levin 1925 der *Hamburger Kunsthalle*. (2/7a) Die Herkunft eines undatierten Bronzekopfes, heute im *Gustav-Lübcke-Museum*, Hamm, liegt im dunkeln. Die Geschichte dieser Rathenau-Büste, bei der Künstler, Auftraggeber und die Käufer der Abgüsse Juden waren, zeigt, daß sie nicht nur ein »Symbol der Verbundenheit eines jüdischen Industriellen mit Deutschlands erster Republik« (Ausstellungskatalog Berlin 1985/86) ist; vielmehr deutet sich auch an, daß Rathenau wirklich tief vor allem von deutschen Juden betrauert wurde.

Emil Orlik malte zwei posthume Porträts Walther Rathenaus nach Fotografien Nikola Perscheids aus dem Jahre 1917. Originellerweise machte der Maler bei einem der beiden Bilder (2/9b) aus dem Kettenraucher den Schriftsteller Rathenau, da er die auf der Fotografie sichtbare Zigarette in der rechten Hand durch einen Stift ersetzte. Das zweite Porträt (2/9a) ist die zur Halbfigur verkürzte Variante eines heute verschollenen Hüftbildes, das sich völlig an die Fotografie anlehnte und auf dem Rathenau ganz nonchalant beide Hände in die Hosentaschen steckt. Als Auftraggeber aller drei Bildnisse vermute ich die AEG bzw. ihre Tochterfirmen, die sich nach der Ermordung ihres Chefs ein Bild zur Erinnerung bestellten. So befand sich das zweite Porträt schon in den zwanziger Jahren bei der Deutschen Werft AG, Hamburg, deren Mitbegründer Walther Rathenau 1918 gewesen war.

Bekannt wurde Emil Orlik weniger als Maler denn als Graphiker, später auch als Porträtist der wirtschaftlichen und kulturellen Oberschicht Berlins. Manchmal skizzierte er die interessantesten Köpfe bei gemeinsamen Gesellschaften, wovon eine Porträtzeichnung von Walther Rathenau aus dem Jahre 1917, die sich im Besitz Gerhart Hauptmanns befand, Zeugnis ablegt. (2/8) Bei größeren Bildnisaufträgen arbeitete er wahrscheinlich häufig nach Fotografien, da »nach seinem Tode eine ganze Sammlung von Lichtbildern der von ihm gemalten oder gezeichneten Personen« (Pauli) gefunden worden sein soll.

STEFAN PUCKS

2/13

2/14

2/15
2/11

2/17
2/16

2/1
Bildnis des Walther Rathenau
Hans August Zierngiebl
(1864–1906)
1890
Öl/Holz
41 × 27 cm
bez.o.l.: Dr. WR. HA Zierngiebl
Basel, Dr. Leonard Ringwald

2/2
Bildnis des Walther Rathenau
Lesser Ury (1861–1931)
1896
Pastell
48 × 69,5 cm
bez.o.l.: L. Ury 96
Jerusalem, Leo Baeck Institute

2/3
Bildnis des Walther Rathenau
Edvard Munch (1863–1944)
1907
Öl/Lw.
200 × 110 cm
bez.o.r.: E. Munch Febr. 1907
Berlin, Märkisches Museum
(VII 60/740Y)

2/4
Drei Bildnisse des Walther Rathenau
Max Liebermann
1912
Kreide
a) 44,8 × 29 cm
Saarbrücken, Saarland Museum
(KW 536)
b) 40 × 28,5 cm
bez.u.l.: M. Liebermann
Stuttgart, Privatbesitz
c) 44 × 28 cm
bez.u.r.: M. Liebermann
Bad Homburg, Günter Schilling

2/5
Büste des Walther Rathenau
Hermann Hahn (1868–1945)
um 1905
Gips, schwarz gefaßt
H 38 cm
Frankfurt a.M., Walther Rathenau
Gesellschaft

2/6
Büste des Walther Rathenau
Hermann Hahn (1868–1945)
1908
Bronze
H 47 cm
bez. vorne unten am Brustansatz:
H. HAHN
Berlin, Märkisches Museum

2/7
Zwei Büsten des Walther Rathenau
Benno Elkan (1877–1960)
1923
Bronze
H 33 cm
a) bez. am rechten Halsschnitt:
BENNO ELKAN 1923
Hamburg, Hamburger Kunsthalle
(1925/6)
b) bez.: BENNO ELKAN 1925
Dortmund, Museum am Ostwall

2/8
Bildnis des Walther Rathenau
Emil Orlik (1870–1932)
1917
Bleistift
14 × 10 cm
bez.u.r.: Orlik 17 4/II beim Abendessen
Frankfurt a. M., Walther Rathenau
Gesellschaft

2/9
Zwei Bildnisse des Walther Rathenau
Emil Orlik (1870–1932)
Um 1927
Öl/Lw.
a) 86 × 68 cm
Frankfurt a. M., AEG-Firmenarchiv
b) 110 × 80,5 cm
bez.u.r.: Orlik
Berlin, Berlin Museum
(GEM 74/14)

2/10
Bildnis des Walther Rathenau
Clara Kauffmann-Mellin (1871 – ¿)
1922
Radierung
16,8 × 14,9 cm
bez.u.r. in der Platte:
C. Kauffmann-Mellin
Bad Homburg, Günter Schilling

2/11
Selbstbildnis
Walther Rathenau
Nach 1909
Pastell auf Karton
45 × 31 cm
Neu-Isenburg, Dr. Swantje
Ehrentreich

2/12
Selbstbildnis
Walther Rathenau
Nach 1909
Pastell auf Karton
57 × 42 cm
Frankfurt a. M., Walther Rathenau
Gesellschaft

2/20a
2/22

2/20b
2/23

2/21
2/25

2/13
Selbstbildnis
Walther Rathenau
Pastell auf Karton
45,6 × 30,5 cm
Bad Freienwalde, Walther Rathenau Stift GmbH

2/14
Selbstbildnis
Walther Rathenau
Um 1890
Kreide auf Papier
29 × 22,2 cm
Moskau ZAS (634/1/719, Blatt 46)

2/15
Selbstbildnis
Walther Rathenau
Um 1895
Bleistift/Kohle
22,2 × 13,8 cm
Lilienthal, Walther Rathenau Gesamtausgabe – Hans Dieter Hellige (Skizzenbuch A, Blatt 31, R5)

2/16
Selbstbildnis
Walther Rathenau
Bleistift
12,5 × 22 cm
Lilienthal, Walther Rathenau Gesamtausgabe – Hans Dieter Hellige (Skizzenbuch B, Blatt 28)

2/17
Selbstbildnis
Walther Rathenau
Bleistift, Buntstift
23 × 14,5 cm
Lilienthal, Walther Rathenau Gesamtausgabe – Hans Dieter Hellige (Skizzenbuch Cb 21, Blatt 28)

2/18
Selbstbildnis
Walther Rathenau
Bleistift, Kohle
19,3 × 11,2 cm
Lilienthal, Walther Rathenau Gesamtausgabe – Hans Dieter Hellige (Skizzenbuch Cb 25, Blatt 22)

2/19
Bildnis des Walther Rathenau
Vor 1900
Fotografie (alter Abzug)
15 × 19 cm
Bad Homburg, Günter Schilling

2/20
Zwei Bildnisse des Walther Rathenau
Dührkoop
1914
Zwei Fotografien (alte Abzüge)
a) 22,4 × 16,8 cm
b) 22,8 × 16,7 cm
Prägestempel u.l.: Dührkoop 1914
Moskau, ZAS (634/1/540)

2/21
Bildnis des Walther Rathenau
Dührkoop
1917
Fotografie (alter Abzug)
22 × 15,8 cm
Prägestempel (Karton): Dührkoop
Moskau, ZAS (634/1/540)

2/22
Bildnis des Walther Rathenau
Um 1920
Fotografie (alter Abzug)
22 × 17 cm
Lilienthal, Walther Rathenau Gesamtausgabe – Hans Dieter Hellige

2/23
Bildnis des Walther Rathenau
Nikola Perscheid (1864–1930)
1921/22
Fotografie (alter Abzug)
22 × 16,7 cm
Moskau, ZAS (634/1/540)

2/24
Bildnis des Walther Rathenau
1922
Fotografie (alter Abzug)
12,5 × 17,2 cm
Moskau, ZAS (634/1/540)

2/25
Bildnis des Walther Rathenau
Fotografie (alter Abzug)
24 × 18 cm
Moskau, ZAS (634/1/143)

Als der schwedische Journalist und Schriftsteller Ernst Norlind, mit dem Rathenau seit 1915 befreundet war, wenige Monate nach dem Attenat auf Einladung Mathilde Rathenaus das Haus in der Viktoriastraße 3/4 besuchte, wurde er in einen Empfangsraum geführt, der mit einer ganzen Reihe von Kunstwerken geschmückt war: »Die eine Wand war ganz und gar von einem Bilde eingenommen, das nur von Klinger sein konnte; ich kannte diese eigentümlich schmalen Gesichter, die man auf vielen seiner Radierungen sieht. Mir gerade gegenüber hing Walther Rathenaus Porträt von Munch und in einer Ecke ein paar kleine Bilder französischen Ursprungs – Aman-Jean – und ein Interieur von Vuillard.« (Norlind: Gespräche, S. 99)

Es handelt sich bei dem von Norlind beschriebenen Gemälde Klingers mit großer Wahrscheinlichkeit um das Bild *Frau auf dem Dach. Römerin,* (2/26) das am 5. Dezember 1899 auf der Auktion von *Amsler & Ruthardt* in Berlin angeboten worden war; einige Wochen danach, am 10. März 1900, schrieb Maximilian Harden seinem Freund: »Um den Klinger beneide ich Sie. Jeden Sonntag sollten Sie sich nach dem Kaffee ¼ Stunde davor hinsetzen und vergessen, daß es eine A.E.G., einen F(riedlaender) F(uld), Metz, Kyritz, Freiberg gibt.« Walther Rathenau gab viele der von ihm erworbenen Kunstwerke im Laufe der Zeit an seine Eltern weiter; der Klinger scheint sich bereits seit 1908 in ihrer Wohnung befunden zu haben.

Die intensive Farbigkeit des Bildes muß Rathenau zunächst gereizt haben, vielleicht auch in Erinnerung an seine eigenen Italien-Reisen. Dann faszinierte ihn natürlich die elegische Stimmung, die von der abgewandten, sinnierenden Frau ausgeht: herausgehoben über die Stadt und die Dinge des Alltags, trotz ihrer Monumentalität verloren vor der Weite des Himmels. Ein einsamer Mensch auch hier, in der Isolation geradezu ein Pendant zu dem auf verlorenem Posten stehenden *Jagdaufseher* Knhopffs. (2/29)

Zu den kleineren Bildern, die Norlind in der Ecke hängen sah, gehörte Edmond Aman-Jeans *Dame mit Fächer.* (2/27) Aman-Jeans Bilder, »Porträts oder Darstellungen symbolistischer Themen, zeigen schweigsame, meditierend versunkene Gestalten, durch die er um 1895 zu den *Malern der Seele* gezählt wird« (Lacambre). Mit entsprechend delikaten Farben werden die weiblichen *Blumenseelen* gemalt: »Altes Gold und vergilbtes Rot, gedämpftes Violett, verblichenes Blau und mattes Grün verbinden sich zu dem vornehmen Reichtum, wie er aus altem Geschmeide zu uns spricht« (Schmidt). Rathenau wählte eine der bei Aman-Jean wohl seltenen, schon ziemlich entblätterten ›Blumen‹, und es ist nicht zu entscheiden, ob der Japonismus-Anhänger Rathenau von dem Fächer so fasziniert war oder von dem, was dieser nicht verbarg.

Obwohl Rathenau schon als Student seine Zimmer und später auch Innenräume des Schlosses Freienwalde malte, interessierten ihn Interieurschilderungen anderer Maler nur wenig. Das einzige aus seinem Besitz

2/28

2/31

nachweisbare *Interieur* von Edouard Vuillard kaufte er am 22. Dezember 1903 für 1500 Mark bei Cassirer. (2/28) In dessen Galerien in Hamburg und Berlin, anschließend im August in dem von Harry Graf Kessler geleiteten *Großherzoglichen Museum für Kunst und Kunstgewerbe* in Weimar, hatten die französischen Neo-Impressionisten, zu denen Vuillard gehörte, mit zwei

2/29

großen Ausstellungen in Deutschland Aufmerksamkeit erregt, waren aber zumeist auf Ablehnung gestoßen.

Rathenau erwarb Khnopffs *Jagdaufseher,* eines der größten Gemälde seiner Sammlung, möglicherweise 1896 auf der Internationalen Kunst-Ausstellung der Münchener *Secession,* wo es unter dem Titel *Der Wächter in Erwartung* unter Katalog-Nr. 207 zu sehen und zum Verkauf angeboten war.

Das Bild *Zwei holländische Bäuerinnen* erhielt Walther von Max Liebermann, mit dem er eng verwandt war, sich aber nicht besonders gut verstanden zu haben scheint, als Geschenk. (2/30) Dieses Doppelbildnis von 1898 steht ziemlich allein im Schaffen des führenden deutschen Impressionisten. Es ist zugleich das einzig nachweisbare Gemälde Max Liebermanns in der Kunstsammlung Walther Rathenaus; denn *Der Weber* von 1882, der 1926 zur Schenkung Mathilde Rathenaus an das Frankfurter Städel zum Andenken an ihren Sohn gehörte, paßt sowohl vom Entstehungsdatum als auch vom vermittelten, bieder-handwerklichen Arbeitsethos eher zum Kunstgeschmack Emil Rathenaus, der 1914 auch als Besitzer des Bildes genannt wird und dessen Bruder Albert eine vergleichbare *Zimmermannswerkstatt* von 1875 besaß.

Ein ähnliches Sujet findet sich bei Melchers' *Holländerinnen in der Kirche.* (2/31) Anders als beim möglichen Vorbild, Wilhelm Leibls *Drei Frauen in der Kirche* von 1878/82, erscheinen die holländischen Kirchgänger alltäglicher, moralisch nicht so befrachtet. Impressionistisch angeschnittene Figuren, eine fast bunt zu nennende Farbkombination auf der einen, naturalistische Wiedergabe auf der anderen Seite, schließen sich bei Melchers nicht aus – ein in seiner gemäßigten Modernität typisches Bild für Rathenaus Kunstgeschmack.

Rathenau erwarb das Gemälde wahrscheinlich 1895 auf der *Großen Berliner Kunstausstellung.* Diese neben der jährlichen Exposition in München größte deutsche Kunstausstellung fand Walther aber schon 1894 »so jammervoll, daß ich mein Abonnement bereue« (Brief an Erich Rathenau, 16. 5. 1894, BNF, Nr. 47). Vielleicht empfahl ihm sein damals naher Künstlerfreund Lesser Ury, ein Bild von Melchers zu kaufen; sie hatten beide zu Beginn der achtziger Jahre bei Jules Lefebvre in Paris studiert. Der geborene Amerikaner Melchers machte sich in seinen frühen Jahren als nüchterner Schilderer des holländischen Landlebens einen Namen; von 1909 bis 1914 lehrte er an der Weimarer Kunstschule und kehrte dann in die USA zurück.

Früh schon richtete Rathenau sein Interesse auf die Arbeit Edvard Munchs. Am 25. Juli 1893 schrieb er ihm nach Oslo, daß er gerne das Bild *Regenwetter in Kristiania* kaufen wolle; weitere Käufe stellte er für die Zukunft in Aussicht und legte die 100 Mark für das Gemälde, das erste von Munch, das wohl in Deutschland gekauft wurde, dem Brief gleich bei. (2/32)

Seltenen Mut bewies Rathenau, als er »gleich am ersten Tag« der Berliner *Secession* von 1909 Pechsteins Gemälde *Märzenschnee* erwarb. (2/33) Eine besondere Ehre ließ Rathenau dem Bild zuteil werden, indem er es, wie sich Edwin Redslob erinnerte, später in seiner Grunewald-Villa auch tatsächlich aufhängte und es nicht, wie die anderen modernen Bilder, auf dem Dachboden abstellte. Der noch unbekannte Künstler wiederum freute sich über den Ankauf nicht nur deshalb, weil er Rathenau »als einen Menschen von geistiger Bedeutung sehr hochschätzte«, sondern weil er mit dem Geld »zum ersten Male ans Meer reisen und mich einen ganzen Sommer lang meinem freien Schaffen hingeben« konnte.

Drei Bildern von 1909 hatte Pechstein den Titel *Märzenschnee* gegeben. Einige Sonnenuntergänge, die er auch malen wollte, konnte er nur noch aquarellieren, weil »die drei Schneelandschaften meine Farben aufgebraucht (haben)«, wie er der leidenschaftlichen Expressionisten-Förderin Rosa Schapire am 19. März 1909 berichtete. Fast vierzig Jahre später glaubte der Künstler, eine andere, heute verschollene Fassung an Rathenau verkauft zu haben; jedoch zeigt ein Etikett auf der Rückseite des hier ausgestellten Gemäldes, daß dieses Bild 1909 in der Berliner *Secession* zu sehen war.

Das einzige in der Sammlung Rathenau nachweisbare Gemälde aus dem 17. Jahrhundert brachte er möglicherweise von einer Italienreise mit. (2/34) Wie aus seinen Briefen an die Eltern hervorgeht, stöberte er schon als junger Mann im Ausland gerne in Antiquitätenläden und stattete mit seinen Funden die elterliche Wohnung aus. Auch dieses Bild hing bis zuletzt bei Mathilde Rathenau. Andererseits kaufte er auch für sich selbst später eine heute verschollene, sicherlich expressionistisch gemalte Madonna von Moriz Melzer.

STEFAN PUCKS

2/33

2/34

2/32

2/26
Frau auf dem Dach (Römerin)
Max Klinger (1857–1920)
1891
Öl/Lw.
182 × 182 cm
Bez. u.l.: MK 91
Frankfurt a.M., Städelsches Kunstinstitut (1806)

2/27
Dame mit Fächer
Edmond Aman-Jean (1860–1936)
Um 1900
Öl/Lw.
50 × 61 cm
Bez. o.l.: Aman Jean
Frankfurt a.M., Walther Rathenau Gesellschaft

2/28
La partie de dames (Beim Brettspiel)
Edouard Vuillard (1868–1940)
(Vor) 1903
Öl/Holz
68 × 58 cm
Bez. u.l.: E. Vuillard
Frankfurt a.M., Städelsches Kunstinstitut (1809)

2/29
Der Jagdaufseher
Fernand Khnopff (1858–1921)
1883
Öl/Lw.
151 × 176,5 cm
Bez. u.r.: Fernand Khnopff. 1883
Frankfurt a.M., Städelsches Kunstinstitut (1805)

2/30
Zwei holländische Bäuerinnen
Max Liebermann (1847–1935)
1898
Öl/Lw.
56 × 73 cm
Bez. u.r.: M. Liebermann
Köln, Wallraf-Richartz-Museum (2887)

2/31
Holländerinnen in der Kirche
Gari Melchers (1850–1932)
Vor 1895
Öl/Lw.
120,3 × 97 cm
Bez. u.r.: Gari Melchers
Frankfurt a.M., Walther Rathenau Gesellschaft

2/32
Regenwetter in Kristiania
Edvard Munch (1862–1944)
1892
Öl/Lw.
72 × 67 cm
bez. u.r.: E. MUNCH 92
Oslo, Privatbesitz

2/33
Märzenschnee
Max Pechstein (1881–1955)
1909
Öl/Lwd.
55 × 51 cm
Bez. u.r.: MP 09 (gr. Etikett auf der Rückseite: Berliner Sezession 1909, Märzenschnee; hs.: M. Pechstein)
Privatbesitz

2/34
Madonna mit dem Kinde
Sassoferrato (Giovanni Battista Salvi, gen. il sassoferrato, 1609–1685)
Öl/Lw.
48,5 × 40 cm
Frankfurt a.M., Walther Rathenau Gesellschaft

»Es ist kein Zufall, daß gerade im Beginn des 20. Jahrhunderts, als die reiche Neobarockkunst, mit allen möglichen anderen Stilnachahmungen vermischt, vorzüglich in Berlin in üppigster Blüte stand, vereinzelte feinsinnige Kunstfreunde zuerst auf die fast ein Jahrhundert hindurch vergessenen, durch Unverstand stark gelichteten Zeugnisse der schlichten altpreußischen Bau- und Wohnungskunst in der Mark Brandenburg um 1800 aufmerksam wurden. Einer der ersten unter denen, die im Kraftwagen in die Mark hinausfuhren, um die abgelegenen Denkmäler altmärkischer Schloß- und Landhausarchitektur aufzuspüren, war Walther Rathenau ...« (Schmitz 1927, S. 9).

Am 21. September 1909 erwarb Rathenau schließlich für 262 500 Mark aus königlichem Hausbesitz das Schloß in dem gut eine Autostunde von Berlin entfernten Bad Freienwalde. Friederike Luise, die Witwe des preußischen Königs Friedrich Wilhelm II., hatte sich 1798/99 vom kgl. Oberbaurat David Gilly einen schlichten, fast schon bürgerlichen Landsitz errichten lassen. Idyllisch schmiegte sich das zweigeschossige Schlößchen an den Apothekerberg, und weit ging der Blick vom flachen, begehbaren Walmdach über das kleine, einen Gesundbrunnen sein eigen nennende Städtchen hinweg in das Oderbruch.

Das Schloß lag inmitten eines englischen Gartens, den Peter Joseph Lenné 1822 umgestaltet hatte. Unmittelbar vor der fünfachsigen Schauseite des Hauses – vier Achsen war es tief, die Zufahrt erfolgte von hinten, vom Hang her – blühte ein nach Rathenaus, eventuell auch nach Gabriel von Seidls Maßgabe verschönerter, barockisierender Garten: Die Rabatten und Rasenparterres waren symmetrisch um einen zentralen, heckengesäumten Weg gruppiert, der über eine mit Vasen geschmückte Treppe, vorbei an einem Springbrunnen nach oben auf eine große, puttenumstandene Terrasse führte. Hier begrüßte die späthellenistische *Ildefonso-Gruppe,* zwei nackte Jünglinge in freundschaftlicher Umarmung, den Besucher – ein bemerkenswertes Frühwerk der Eisengießerei in Lauchhammer vom Beginn des 19. Jahrhunderts. Über eine von Rathenau ergänzte Treppe und Tür, die schon 1927 wieder beseitigt wurden, gelangte man direkt in die Wohnräume.

Der neue Besitzer nutzte die Gunst der Stunde und verband die notwendige Restaurierung des Hauses mit einer Modernisierung, die durch den Architekten Johannes Kraaz erfolgte und die nicht immer dem strengen Formwillen Gillys entsprach. Am auffallendsten geriet zur Stadtseite hin der säulengestützte Altan mit der darunterliegenden Terrasse. Das wohl ursprüngliche Gurtgesims zwischen dem ersten und dem zweiten Geschoß wurde abgeschlagen zugunsten der späteren, die Vertikale betonenden Pilaster; diese erhielten Kapitelle, und ihre Fugen wurden geglättet. Die Fensterverdachungen des Erdgeschosses setzten nun, von Konsolen gestützt, etwas höher an. Die Mauerflächen wurden rosa, die Pilaster grau gestrichen. Auch die Innenräume erhielten ihren alten Glanz zurück: Mehr als fünfzig originale Möbel (2/35) wurden übernommen, zum Teil neu lackiert und bezogen, Fehlendes hinzugekauft oder nach den Vorbildern angefertigt. Einige Zimmer, wie das Musikzimmer im ersten Stock, mußten neu tapeziert oder mit neuen Kattunvorhängen versehen werden. Kann man für die zeitgemäße sanitäre

2/45

Ausstattung mit Bad und WC Verständnis haben, so tat der selbsternannte Hüter des preußischen Erbes auch im Inneren des Hauses vielleicht etwas zuviel des Guten, wenn er, wie auf der Ostseite des Hauptgeschosses, nach eigenem Geschmack zwei Räume zum *Blauen Salon* mit dorischen Säulen zusammenlegte.

Am 25. Juni 1910 waren die Restaurierungsarbeiten, wie aus einem Brief Rathenaus an Hauptmann hervorgeht, so gut wie abgeschlossen und »Freienwalde seit einigen Tagen annähernd bewohnbar. Ich denke nächste Woche dort einzukehren und einen Theil des Sommers – wenn auch mit Unterbrechungen – zu bleiben«. (Staatsbibliothek Berlin, GH – BrNL: W. Rathenau, Fasz. I, Bl. 32/33).

Voller Stolz ließ Rathenau seinen Landsitz im Bilde festhalten. Zu Weihnachten 1911 schickte er Hauptmann »eine Sendung (...), die den märkischen Sommer verkündet. Die Aufnahmen, die ich im Herbst machen liess, zeigen Haus und Garten noch von allem Blühenden umgeben; ein tüchtiger Kerl von Photographen hat, wie mir scheint, etwas ganz brauchbares geleistet«. (Staatsbibliothek Berlin, GH – BrNL: W. Rathenau, Fasz. I, Bl. 42/43). Dieser »tüchtige Kerl« war der Berliner Fotograf Franz Kullrich, der zur gleichen Zeit Rathenaus neue Villa im Grunewald ablichten durfte. Die Freienwalder Fotos wurden zu Mappen von 13 Aufnahmen vereinigt (2/46).

2/31

2/41

Einen farblichen Eindruck von seinem Anwesen gab der Hausherr selbst im Laufe der Zeit mit mindestens vierzehn eigenhändigen Pastellen, von denen er einige sogar verschenkte. Die meisten der heute bekannten Ansichten zeigen Motive aus dem Park (2/36–2/41, 2/45), nur eine davon das Schloß (2/44); unter den drei Interieurs befinden sich das Arbeitszimmer und ein Blick in das sogenannte Vogelzimmer, beide auf der Südseite in der ersten Etage gelegen (2/42, 2/43).

Insgesamt erkannte man Rathenaus Leistung an, ein Kleinod preußischer Kultur wiederentdeckt und restauriert zu haben. Aber darin leben? Mit Sicherheit hätte kaum einer der Besucher mit dem Gastgeber tauschen wollen. Carl Fürstenberg etwa meinte, »daß das Haus nach meinem Geschmack zum großen Teil zu museumsartig wirkte, um wohnlich sein zu können. Die gleichmäßige Aufstellung der Möbel entlang den Wänden mochte zwar dem Stil des Zeitalters, in dem das Haus gebaut worden war, vollständig entsprechen, lud aber den Besucher nicht gerade zum Verweilen ein.« Dies entspreche jedoch Rathenau, der »niemals besonders stark durch die Gabe ausgezeichnet gewesen (war), Gemütlichkeit auszustrahlen« (Fürstenberg, S. 78 f). Ähnlich urteilte noch aus dem Rückblick Stefan Zweig, der beklagte, daß man »in seinem … Schloß in der Mark … nicht warm zu werden (vermochte) vor lauter Ordnung und Übersichtlichkeit und Sauberkeit«. (Zweig, Welt, S. 213)

Scharfe Kritik an der Aneignung der Kultur des preußischen Adels durch das jüdische Wirtschaftsbürgertum kam von Maximilian Harden: »Wer schenkt Fritzenreliquien? Herr Simon. Wer sieht den märkischen Landadel um sich geschart? Herr Friedlaender. Wer kauft ein Hohenzollernschloß samt dem Nähtisch der Königin Luise? Herr Rathenau«. (Zukunft, 11. 10. 1913, S. 38)

Nachdem Rathenau selbst schon 1919 seinen Besitz in die Rathenau Stift GmbH überführt hatte, fielen im September 1926, zwei Monate nach dem Tod von Mathilde Rathenau in Freienwalde, das Schloß, der über 12 Hektar große Park und ein Stiftungskapital von ca. 50.000 Mark als Geschenk der Erben an den Kreis Oberbarnim. Dreizehn Jahre später wurde die Stift GmbH aufgelöst, und nach und nach verfiel die »Stätte der Erinnerung an die altpreußische Kultur um die Wende des 18. Jahrhunderts und an Walter Rathenau«. (Schmitz 1927, S. 44)

STEFAN PUCKS

2/44
2/46

2/35
Bank und Sessel aus Schloß Freienwalde
Um 1800
Bank: B 114, T 48 cm, Lehne 83 cm, Sitzhöhe 52 cm
Bad Freienwalde, Oderland-Museum

2/36
Schloßgarten Freienwalde
Walther Rathenau
Nach 1909
Pastell
75 × 57 cm
Frankfurt a.M., Walther Rathenau Gesellschaft

2/37
Schloßgarten Freienwalde: Weg vor der Terrassenmauer
Walther Rathenau
Nach 1909
Pastell
31 × 46 cm
Frankfurt a.M., Walther Rathenau Gesellschaft

2/38
Schloßgarten Freienwalde: Weg vor der Terrassenmauer
Walther Rathenau
Nach 1909
Pastell
55 × 72 cm
Frankfurt a.M., Walther Rathenau Gesellschaft

2/39
Schloßgarten Freienwalde
Walther Rathenau
1913
Pastell
Eigenhändige Widmung auf der Rückseite: »Frau Margarethe (Hauptmann) in Freundschaft und Verehrung. 10. 10. 13 W.R.«
46 × 31 cm
bez.u.l.: R
Bad Homburg, Günter Schilling

2/40
Schloßgarten Freienwalde: Gärtnerhaus mit Blick auf St. Nikolai
Walther Rathenau
Nach 1909
Pastell
42 × 57 cm
Frankfurt a.M., Walther Rathenau Gesellschaft

2/41
Schloßgarten Freienwalde: Gärtnerhaus
Walther Rathenau
Nach 1909
Pastell
57 × 42 cm
Frankfurt a.M., Walther Rathenau Gesellschaft

2/43
2/46

2/42
2/46

2/42
Schloß Freienwalde: Blick ins Vogelzimmer
Walther Rathenau
Nach 1909
Pastell
46 × 32 cm
Bad Freienwalde, Walther Rathenau Stift GmbH

2/43
Schloß Freienwalde: Blick aus dem Arbeitszimmer
Walther Rathenau
Aquarell
57,8 × 42,5 cm
Frankfurt a.M., Walther Rathenau Gesellschaft

2/44
Schloß Freienwalde: Blick auf die Schloßfassade
Walther Rathenau
Pastell
36,5 × 51,5 cm
Eigenhändige Widmung auf der Rückseite: »Meinem Freunde Ernst Norlind. 25. 5. 18. Rathenau«
Lund, Hanna und Ernst Norlind-Stiftung

2/45
Schloßgarten Freienwalde: Blick auf die Kirche S. Nikolai
Walther Rathenau
Pastell
33,8 × 49,2 cm
Eigenhändige Widmung auf der Rückseite: »Klaus Albrecht dem Mündigen 17. 1. 18. Rathenau«
Lund, Hanna und Ernst Norlind-Stiftung

2/46
Vier Innenansichten von Schloß Freienwalde
Franz Kullrich
1911
Fotografien (alte Abzüge)
je 18 × 24 cm
Prägestempel: Franz Kullrich Berlin Lilienthal, Walther Rathenau Gesamtausgabe – Hans Dieter Hellige

»Im Stilwirrwarr und in der Ratlosigkeit der Berliner Grunewaldarchitektur, die mit allen Ländern und Jahrhunderten unstet liebäugelt, steht dies Haus wie ein Trost, ein Wahrzeichen, eine Warnung und eine Hoffnung«, schrieb Max Osborn 1912 und begrüßte das zwei Jahre zuvor von Walther Rathenau und Johannes Kraaz erbaute »berlinische Landhaus« gerade wegen seines »Kulturkonservatismus«. Er lobte die schlichte Formgebung der Zeit um 1800 und bezeichnete die Kombination von »Zopfnachklängen« und »Gilly-Schinkel-Motiven« nicht als eklektizistisch; seit der Wiederentdeckung des Bauens ›um 1800‹ durch Paul Mebes' Buch von 1908 galt der Neoklassizismus als ›modern‹. (Osborn 1912)

Das Haus erregte gerade wegen seiner Schlichtheit und Bescheidenheit Aufsehen. Ursula von Mangoldt, die Tochter von Rathenaus Schwester Edith Andreae, fand es »verhältnismäßig klein« (Mangoldt, S. 65), Carl Fürstenberg »nicht anspruchsvoll« (Fürstenberg, S. 479), Harry Graf Kessler verurteilte gar die »Biedermeier Pose (›arm, aber gebildet‹)« (Ausst.-Kat. Marbach, S. 369). Abgesehen davon, daß die Villa nur für einen Menschen, einen eingefleischten Junggesellen berechnet war, soll sie laut Fürstenberg (S. 479) auch deswegen so bescheiden ausgefallen sein, weil Rathenau vorhatte, nach dem Tod der Eltern in deren repräsentatives Palais in der Viktoriastraße zu ziehen.

Die horizontale Ausrichtung des quaderartigen, auf niedrigem Sockelgeschoß lagernden, zweigeschossigen Gebäudes wird in der mittleren der fünf Achsen zur Koenigsallee hin gesprengt von einer Vertikalen; diese erstreckt sich von der Freitreppe über die schmale Eingangstür und ein säulengeschmücktes, breites Fenster bis in das Zwerchhaus des mächtigen Mansardgeschosses. Die Villa ist sparsam dekoriert: Ein umlaufender Spiralrankenfries, wie man ihn auch am 1806 klassizistisch umgestalteten Wohnhaus der Berliner Familie Knoblauch in der Poststraße 23 findet, trennt das erste vom zweiten Geschoß und faßt gleichzeitig das Haus zu einer Einheit zusammen; unmittelbar unter dem Dach verläuft ein Zahnschnitt. Zwei Rosetten flankieren das mittlere Fenster in der zweiten Etage. Ansonsten findet man Ornamente nur noch in der Bogenlaibung und im Bogenfeld des konchenartig eingeschnittenen Portals. Fensterdächer sind fortgelassen, doch wird die Fassade weiterhin gegliedert von den Fensterläden und, in der zweiten Etage, von den biedermeierlich wirkenden Blumenkästen. An der Seite springt links ein Erker im Obergeschoß hervor und zeigt an, daß sich dahinter der repräsentativste Raum, der Saal, verbirgt. Auf der Rückseite ist die Symmetrie aufgegeben, und ganz ungeniert schiebt sich das Treppenhaus in den kleinen, mit Kiefern bestandenen Garten vor, der von Carl Kempkes (Firma Ludwig Späth) gestaltet worden war. (2/47)

Wer sich durch die schmale Eingangstür – mit ihren beiden Seitenfenstern ein abgewandeltes Palladio-Motiv – gezwängt hatte, (2/48a) wurde von der Marmorstatue des *Betenden Knaben* im Vestibül begrüßt (2/48b). Diese Arbeit aus der Schule des Lysipp war als Bildungszitat sehr beliebt: Nachbildungen der hellenistischen Bronzestatue, die Friedrich II. 1747 gekauft und auf der Terrasse von Schloß Sanssouci aufgestellt hatte, befanden sich zum Beispiel auf dem Hof der 1869/70 erbauten Villa Hirschwald im Berliner Tiergartenviertel und in der Loggia der 1896/97 erbauten Villa des Arztes Paul Maren in Grunewald. Großen Wert legte Rathenau nach eigenen Worten (B I, Nr. 80) auf die über hundert 2/48b–g

2/48a

Jahre alten, »besonders farbig bemerkenswerten« Supraporten, mit denen er nicht nur diesen Vorraum, sondern alle Zimmer im Erdgeschoß und den Flur in der ersten Etage sowie sein Schloß in Freienwalde schmückte. Links und rechts vom *Betenden Knaben* gelangte man in das Treppenhaus (2/48c); dieses war – wie alle Zimmer im Hause des nostalgischen Industriebosses – nur durch einen weißen, klassizistischen Kachelofen beheizbar.

Die linke Hälfte im Parterre nehmen die beiden Salons ein mit ihren auffälligen Parkettböden, die mit Intarsien in Form von runden Zeltmustern verziert sind. Wie im neu geschaffenen *Blauen Salon* in Freienwalde flankieren zwei Säulen, in diesem Fall zwei mit ionischer Ordnung, den Durchgang (2/48f). Die zumeist leeren Wände werden von breiten Bordüren gerahmt, ganz nach dem Freienwalder Vorbild. Geradezu erschlagen

wird der heutige Betrachter von der starken Farbigkeit der Räume – eine Buntheit, die weniger dem Klassizismus entsprach als vielmehr Rathenaus persönlichem Geschmack. Im hinteren Raum hing links vor der Terrassentür ein großes Familienbildnis des 18. Jahrhunderts, möglicherweise aus der Familie Nachmann in Frankfurt (2/48e). Der kritisierte Eindruck des Kalten, Museumshaften wird, abgesehen von den schlecht beheizbaren Räumen, vor allem erzeugt durch die historisch korrekte, vorbiedermeierliche Aufreihung der Möbel an den Wänden.

Auf der rechten Seite der Villa lag zur Straße hin das Musik- bzw. Wohnzimmer, während die zum Garten gelegene Bibliothek mit ihren verglasten Bücherschränken, der Chaiselongue und dem Schreibtisch dem Vielleser und -schreiber Rathenau die nötige Ruhe gewährte (2/48g). Für einen schönen Ausblick in den Garten und für etwas mehr Licht in dem tagsüber recht dunklen, da fast nach Norden ausgerichteten Zimmer sorgte das große Fenster in einer segmentförmigen Auslucht.

Im ersten Stock gelangte man durch den bescheidenen Flur mit Anrichte (2/48d) in Richtung Straßenfront zu einem Vorzimmer, das in seiner Verspieltheit einen Kontrapunkt zu Rathenaus nüchternem Gesamtkunstwerk setzt: Der Maler, Graphiker und Bühnenbildner Karl Walser hatte diesen Raum entworfen und mit Wandmalereien im Stil des Rokoko versehen (2/48i). Walser war damals sehr gefragt und versah auch die Häuser von Samuel Fischer und Fritz Andreae mit Fresken. Rathenau hatte den Raum als Vorzimmer seines Saales gedacht, der die gesamte linke Seite des ersten Stocks einnahm und der, wie der Walser-Raum, mit dem Gewölbe in das Mansardgeschoß hineinreichte. »Ich wollte in diesem Raum einen Kontrast gegen den Ernst des Eßzimmers schaffen«, heißt es in dem bereits zitierten Brief, das mit Spiegeln, Pilastern und Vitrinen geschmückt war und in dem bis zu 14 Personen an einem runden Tisch Platz fanden.

Dem Saal gegenüber lagen auf der rechten Seite die Privaträume: Im Schlafzimmer hatte Rathenau nach dem Vorbild seines Schlosses ovale Wandfelder mit Landschaften bemalt, darunter eine Ansicht von Freienwalde (2/48j). Eine Tür führte auf den Altan mit Blick auf den Garten. Zwischen dem Badezimmer und dem Rokokoraum hatte sich Rathenau ein kleines Arbeitskabinett eingerichtet. Allein hier hingen moderne Bilder: neben einer großformatigen Landschaft und einem kleinen Blumenstilleben zweier nichtidentifizierter Maler, wobei das Stilleben von Rathenau selbst stammen könnte, die Radierungen »Vampir« (1894), »Mondschein« (1895) und »Badende Mädchen« (1895) von Edvard Munch (Brief Albert Kollmanns an Edvard Munch vom 11. 10. 1911 im Osloer Munch-Museum).

Die ein Jahr nach der Ermordung des Hausherrn von der Walther-Rathenau-Stiftung eingerichtete Gedenkstätte wurde 1934 geschlossen, Gebäude und Grundstück dem Schwager Fritz Andreae übereignet. Der Bankier ließ das Innere von dem Architekten Alfred Breslauer, der 1913/14 seine sehr viel größere Villa in der Kronberger Straße 7–9 in Grunewald gebaut hatte, geringfügig verändern. In den Berliner Adreßbüchern erscheint für 1938 und 1939 Andreaes Tochter Barbara als Eigentümerin des Hauses, 1940 galt es als unbewohnt, 1941 und 1942 taucht als Mieter der Bildhauer Arno Breker auf.

Die Fotografien des Berliner Fotografen Franz Kullrich, der auch Schloß Freienwalde im Bilde festhielt, gehören zu einer Folge von mindestens 17 Aufnahmen, welche, zu einer Mappe vereinigt, die Rathenau-Villa von außen und innen zeigen und vermutlich im Jahre 1911 entstanden. Acht von ihnen illustrierten den Artikel von Max Osborn, dem außerdem farbige Abbildungen von fünf Aquarellen des Dekorationsmalers Richard Böhland beigefügt sind, die einen wertvollen Eindruck von der starken Farbigkeit der Räume geben.

STEFAN PUCKS

2/48h,j

2/48i

2/47

Modell des Hauses in der Koenigsallee 65

Harri Brill

1993

Holz, Gips, Pappe

M 1:25 / 74 × 80 × 43 cm

Berlin, DHM

2/48

Das Haus in der Koenigsallee 65

a) Ansicht zur Koenigsallee
b) Die Eingangshalle
c) Das untere Treppenhaus und Garderobe
d) Das obere Treppenhaus und Anrichte
e) Einer der beiden Salons im Erdgeschoß
f) Beide Salons im Erdgeschoß
g) Die Bibliothek
h) Das Wohn- und Musikzimmer
i) Der mittlere Salon im ersten Stock
j) Blick aus dem Schlafzimmer in das Bad

Franz Kullrich

10 Fotografien (alte Abzüge)

je 17 × 22,7 cm

Lilienthal, Walther-Rathenau Gesamtausgabe – Hans Dieter Hellige

Im März 1897 trat Walther Rathenau unter dem Pseudonym W. Hartenau mit dem Aufsatz *Höre, Israel!* in der Wochenzeitschrift *Die Zukunft* zum ersten Mal als Autor hervor. (3/1) Damit begann eine schriftstellerische Karriere, in deren Verlauf er zahlreiche Artikel, Aufsätze und Essays in der Tages- und Wochenpresse, aber auch mehr als ein Dutzend Broschüren und schließlich drei Bücher veröffentlichte, unter denen *Von kommenden Dingen* (2/60c) im Jahre 1917 mit einer Auflage von mehr als 60.000 Exemplaren zweifellos als Höhepunkt der Publikumswirksamkeit bezeichnet werden kann.

Daß Rathenaus Wahl 1897 auf *Die Zukunft* fiel, die Maximilian Harden seit 1892 als Ein-Mann-Unternehmen betrieb, war sicherlich kein Zufall. Er las die Zeitschrift regelmäßig und durfte sich mit Harden einig wissen in seiner Kritik an Gesellschaft und Kultur des wilhelminischen Deutschland im allgemeinen, seiner spezifischen Reaktion auf den seit Anfang der neunziger Jahre zunehmend virulenten Antisemitismus im besonderen. Eine gewisse Unsicherheit in dem Brief (2/56), mit dem er dem Herausgeber der *Zukunft* das Manuskript anbot, dürfte sich deshalb weniger auf den Inhalt, sondern vor allem auf die Form des Textes bezogen haben, da er nicht sicher sein konnte, ob das bewunderte und kopierte Vorbild mit den zahlreichen stilistischen Anleihen zufrieden und einverstanden sein würde. (2/55) Die Antwort Hardens vom 15. Januar jedoch, mit der er den Aufsatz zur Veröffentlichung annahm und Rathenau ein »starke schriftstellerische Begabung« bescheinigte, hat sicher ebenso beruhigend wie ermutigend gewirkt. (GA VI, Nr. 1)

Damit begann eine zwanzigjährige, von mehreren Krisen gestörte und immer wieder unterbrochene Freundschaft, von der ein umfangreicher Briefwechsel Zeugnis ablegt. Die beiden Briefpartner konnten sich durch zahlreiche Gemeinsamkeiten verbunden wissen. Beide waren die Söhne erfolgreicher jüdischer Geschäftsmänner und beide lehnten die väterliche Welt der Geschäfte ab; sie teilten diese Haltung mit zahlreichen anderen Juden ihrer Generation, die aus ihrer Kritik die Konsequenzen gezogen und sich künstlerischen Berufen zugewandt hatten. Hier wird, jenseits aller Gemeinsamkeiten, einer der Unterschiede zwischen Harden und Rathenau sichtbar. Während Harden als Sechzehnjähriger seine Familie verließ, sich einer Truppe von Wanderschauspielern anschloß und 1889 die Karriere eines freien Schriftstellers und Publizisten begann, blieb Walther Rathenau, trotz wiederholter Absichtserklärungen, der Kunst nur als Hobbymaler und Kunstsammler verbunden und der Geschäftswelt seines Vaters treu.

In ihrem Protest gegen diese Welt der Väter näherten sich beide der konservativen Opposition des Kaiserreichs, in der gesellschaftliche Gruppen mit sehr heterogenen Interessen sich nur in der Abwehr des gemeinsamen vermeintlichen Feindes zusammenfanden. Kleine Handwerksmeister und ostelbische Großgrundbesitzer waren überzeugt, daß die moderne Welt von Kapital und Industrie sie ihrer Existenzgrundlage berauben und ihrer Lebensform ein Ende bereiten würde. Sie protestierten gegen diese Welt, indem sie deren sichtbare Fassade angriffen, das an den Börsen und Banken konzentrierte Finanzkapital und das Handelskapital in den Warenhäusern. Die Tatsache, daß in diesen Bereichen sehr viele jüdische Geschäftsleute tätig waren, gab diesem Protest von Anfang an eine antisemitische Note.

Maximilian Harden und Walther Rathenau übernahmen gerade wegen ihrer eigenen jüdischen Herkunft diesen antisemitischen Affekt der konservativen Kapitalismuskritik, da er ihnen die Möglichkeit bot, die Artikulation ihrer gesellschaftspolitischen Überzeugungen mit der Austragung ihres Generationenkonflikts zu verbinden. Die Bewunderung für den preußischen Adel, die beiden aus dieser Abwehrstellung erwuchs, weist aber in der Verschiedenheit ihrer Formen erneut auf Unterschiede hin. Harden machte in den neunziger Jahren *Die Zukunft* zum Sprachrohr der Opposition gegen die von Reichskanzler Caprivi eingeleitete Wirtschaftspolitik des *Neuen Kurses,* die durch Senkung der Schutzzölle und durch eine Reihe von Handelsverträgen die Industrie im allgemeinen und die exportorientierte Industrie im besonderen begünstigte, andererseits die Einfuhr landwirtschaftlicher Produkte, vor allem billigen Getreides, erleichterte, wodurch die indirekten Subventionen der ostelbischen Landwirtschaft beendet wurden.

In der damals vehement diskutierten Frage, ob Deutschland in der Zukunft ein Agrarstaat oder ein Industriestaat sein solle, nahm Harden eindeutig für den Agrarstaat Partei, während Rathenau für den Industriestaat plädierte. Dieses Plädoyer, so Rathenau am 15. Oktober 1897 in einem Brief an Harden, verdanke sich keineswegs einer subjektiven Vorliebe, sondern objektiver Notwendigkeit; nur die Industrie mit ihrem noch scheinbar unabsehbaren Wachstumspotential sei, angesichts der begrenzten Steigerungsfähigkeit des Bodenertrags, in der Lage, eine immer größere und schneller wachsende Zahl von Menschen in der Zukunft zu ernähren. (GA VI, Nr. 6)

Es gelang Walther Rathenau, Maximilian Harden von der Notwendigkeit der Entwicklung zum Industriestaat zu überzeugen. Diese Konversion dürfte ihm, der mit der Unterstützung seines über Insiderwissen verfügenden Freundes mit großem Erfolg an der Börse spekulierte, umso leichter gefallen sein, als es ihm von Anfang an auf ökonomische Fragen im engeren Sinn gar nicht ankam. Sein Interesse richtete sich auf die starke Einzelpersönlichkeit (2/57), die allein in der Lage ist, die ›Massen‹, denen seine ganze Verachtung galt, abhängig zu halten. Seine von Nietzsches Theorie des ›Über-

2/49

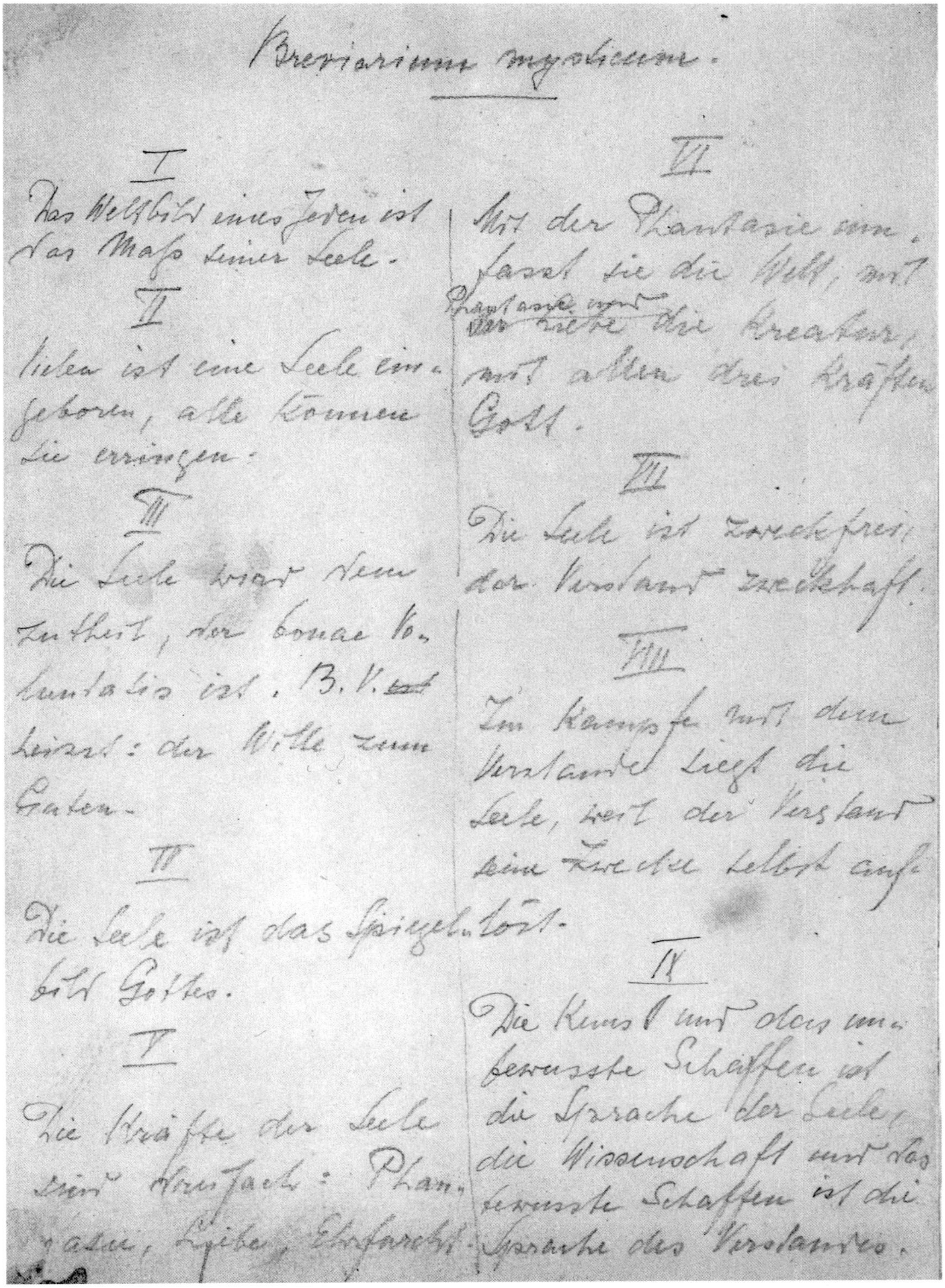

Breviarium mysticum.

I

Das Weltbild eines Jeden ist das Maß seiner Seele.

II

Vielen ist eine Seele eingeboren, alle können sie erringen.

III

Die Seele wird dem zutheil, der bonae voluntatis ist. B.V. heißt: der Wille zum Guten.

IV

Die Seele ist das Spiegelbild Gottes.

V

Die Kräfte der Seele sind dreifach: Phantasie, Liebe, Ehrfurcht.

VI

Mit der Phantasie umfasst sie die Welt, mit ~~Phantasie und~~ der Liebe die Kreatur, mit allen drei Kräften Gott.

VII

Die Seele ist zweckfrei, der Verstand zweckhaft.

VIII

Im Kampfe mit dem Verstande siegt die Seele, weil der Verstand seine Zwecke selbst auflöst.

IX

Die Kunst und das unbewusste Schaffen ist die Sprache der Seele, die Wissenschaft und das bewusste Schaffen ist die Sprache des Verstandes.

menschen‹ beeinflußte Ideologie der Individualaristokratie war hervorragend geeignet, seine Hoffnungen und Wünsche von den Vertretern des preußischen Adels auf die Führungskräfte der modernen Industrie zu übertragen, mit denen er seit der Jahrhundertwende, eingeführt durch Walther Rathenau, engen Kontakt pflegte.

Walther Rathenau hatte bereits vor der Veröffentlichung von *Höre, Israel!* einen Versuch als Schriftsteller gewagt, der allerdings mit einer Enttäuschung endete.

2/55 Am 9. Juni 1887 hatte er aus Straßburg, wo er seit dem Vorjahr studierte, dem Stadttheater Frankfurt am Main »einige Exemplare eines kleinen Stücks« mit dem Titel *Blanche Trocard* zugeschickt »mit der Bitte, es auf seine Aufführbarkeit (...) hin zu prüfen«; diese Überprüfung fiel negativ aus. Er hatte das Theater um Wahrung der Anonymität gebeten, hatte das Stück anonym drucken lassen und es scheint ihm auch gelungen zu sein, dessen Existenz zeitlebens vor seiner Familie zu verbergen, die wohl erst im Nachlaß das Manuskript fand. (2/51) In *Blanche Trocard* findet sich bereits eines der zentralen Motive seiner späteren kulturkritischen Essays, die Zerstörung menschlicher Beziehungen durch das Geld. Zwei Geschäftspartner sind eheliche Beziehungen eingegangen, die sich keineswegs Liebesverhältnissen, sondern Geschäftsbeziehungen verdanken: der eine der beiden wurde von seiner Frau, einer reichen ehemaligen Operettendiva mit einer offenbar nicht ganz makellosen Vergangenheit, gekauft, der andere hat sich die arme Titelheldin des Stücks gekauft. Beide Paare leben in einem Haus zusammen; während der Ehemann der Blanche längst ein Verhältnis mit der Operettendiva unterhält, widersteht jene, die ihre Reinheit bewahrt hat in unreiner Umgebung, den Nachstellungen des Geschäftspartners ihres Mannes ebenso wie den Annäherungsversuchen von dessen Ehefrau. Natürlich ist da auch noch der anständige junge Mann, Jean Berthier, der Blanche liebte und liebt, aber verzichtete, da er sich, zu Unrecht, nicht von ihr geliebt glaubte.

In einem einige Jahre später anläßlich der Hochzeitsfeier seines Studienfreundes Heinrich Rubens am 8. April 1894 verfaßten kleinen Theaterstück mit dem Titel *Des Alchymisten Bekehrung*, das nicht für die Öffentlichkeit bestimmt war, finden sich erneut einige Motive, die auch das spätere Werk Rathenaus bestimmen. (2/52) Ein Wissenschaftler wird von einer liebenden Frau aus dem Bann der Wissenschaft, aus dem er sich nur widerstrebend befreit, zum Leben erlöst. Das dumme Volk dagegen erhofft sich von der Wissenschaft, von der es nicht weiß, daß sie das lebensfeindliche Prinzip ist, Rezepte für das Leben. Diese Kritik an der Lebensfeindlichkeit der Wissenschaft wird spätestens mit der Veröffentlichung von *Zur Kritik der Zeit* (1912) im Zentrum seiner Schriften stehen.

Mit diesem Buch (2/60a) beginnt ein neuer Abschnitt in der schriftstellerischen Karriere Walther Rathenaus, und zwar zunächst einmal in dem ganz einfachen Sinn, daß er damit Eingang fand in den Kreis der Autoren des berühmten Verlages von Samuel Fischer. Das hieß zugleich, daß er Abschied nahm vom Verlag *S. Hirzel* in Leipzig, bei dem er 1902 unter dem Titel *Impressionen* (2/53) und 1908 unter dem Titel *Reflexionen* (2/54) Sammlungen seiner frühen Essays veröffentlicht hatte. Die *Impressionen* waren kaum beachtet worden, ein Tatbestand, der noch gefördert worden sein dürfte durch die Tatsache, daß es Emil Rathenau, einer ungesicherten Überlieferung zufolge, gelungen war, den größten Teil der Auflage aufzukaufen, da hier zum ersten Mal *Höre, Israel!* unter dem vollen Namen des Autors veröffentlicht wurde. Die *Reflexionen* dagegen wurden mit einer gewissen Irritation, wenn nicht gar mit Befremden zur Kenntnis genommen. »Ich erinnere mich des Eindrucks«, heißt es in der Rathenau-Biographie Harry Graf Kesslers (S. 131), »er war nicht günstig. Man las nicht – oder nur flüchtig – und lächelte.« Die aufwendige, bibliophile Ausstattung des Buches schien den Schluß auf den meisterhaften Inhalt nahelegen zu sollen, ein Eindruck, der noch verstärkt wurde durch die Tatsache, daß dieses Buch im Gegensatz zu seiner Ausstattung ungewöhnlich wohlfeil zu haben war; es konnte niemand entgehen, daß der wohlhabende Autor selbst mit Subventionen kräftig nachgeholfen hatte. Ausgangspunkt für den Wechsel zum *Fischer-Verlag* war die Bitte Samuel Saengers um einen Beitrag für die *Neue Rundschau*, die Hauszeitschrift des Verlags. Während der Arbeit war der Umfang des Textes »für den Rahmen der Zeitschrift zu groß« geworden, wie er am 7. Oktober 1911 seinem bisherigen Verleger schrieb; da aber »die Zeitschrift mir den dringenden Wunsch aussprach, das Buch«, zu dem die Abhandlung inzwischen gediehen war, »für ihren Stammverlag vorbehalten zu wissen«, (B I, Nr. 59) glaubte er, angesichts der längst gege-

benen Zusage für die Zeitschrift, sich diesem Wunsch nicht verweigern zu dürfen.
Sicherlich spielte hier auch der Stolz eine Rolle, das Buch bei einem Verlag veröffentlichen zu können, zu dessen Autoren so berühmte Schriftsteller wie Thomas Mann und Gerhart Hauptmann zählten. Wohl kannte er Hauptmann bereits seit 1905 und war ihm und anderen literarischen Größen aus dem Umkreis des *Fischer-Verlags* im Haus von Lili Deutsch begegnet, hatte Hauptmanns Besuch empfangen und ihn wiederholt in dessen Haus Wiesenstein in Agnetendorf besucht. (2/63–2/74) Der ganze Stolz über diese Freundschaft wird in der Widmung an Hauptmann sichtbar, die er der *Kritik der Zeit* voranstellte und in der er ihn als den »Dichter unsres Zeitalters« bezeichnet; Hauptmann wiederum hat sich offenbar bei der Niederschrift von *Atlantis* (2/68) von dem ihm gewidmeten Buch inspirieren lassen.
Walther Rathenaus Einstieg in den *Fischer-Verlag* war ein voller Erfolg. Dem ersten Buch folgte schon im nächsten Jahr *Zur Mechanik des Geistes* (2/60b), und dann kamen innerhalb weniger Jahre weitere 16 Einzeltitel (2/61). »Zwischen 1917 und 1920 mochte die Vielzahl der erscheinenden Einzelschriften fast den Eindruck erwecken, Walther Rathenau unterhalte bei Fischer eine Art Periodicum zu politischen und wirtschaftspolitischen Fragen, dessen gemeinsamer Nenner der Name des Autors war.« (Marbach, Katalog S. Fischer, S. 403) Höhepunkt war ohne Zweifel die Ausgabe der *Gesammelten Schriften* in fünf Bänden im Sommer 1918. (2/62)
Walther Rathenaus Beziehungen zu anderen Autoren beschränkten sich jedoch keineswegs auf gesellschaftlichen Verkehr, Austausch von Briefen und wechselseitige Anregungen. Er war durchaus bereit, Hilfe und Unterstützung zu gewähren, entweder ganz materieller Art, wie die kleine Notiz Gerhart Hauptmanns belegt, der an die fällige Rate für Hermann Stehr erinnert (2/73), aber auch durch Ermutigung, Zuspruch und Anerkennung. Das beste Beispiel ist hier ohne Zweifel Fritz von Unruh, dem er nach dem Besuch einer Aufführung der *Offiziere,* dem ersten Theaterstück von Unruhs (2/76), voller Begeisterung schrieb: »Ich beglückwünsche Sie von Herzen. Lange ist Preußen so nicht verherrlicht worden.« (B I, Nr. 61)
Das Stück schildert den Offiziersalltag in einer kleinen Garnisonsstadt, der bestimmt ist von Langeweile und Müßiggang, Glücksspiel und heimlicher Homosexualität. Die Befreiung aus diesem Alltag scheint gekommen, als die Truppe zum Einsatz gegen Aufständische in Afrika kommandiert wird. Was wie die Befreiung aussah, erweist sich als Weg in die Hölle. Statt bravouröser Attacken ein nervtötender Stellungskrieg, wobei die Stellung gehalten wird, weil man dorthin befohlen wurde und weil kein Befehl zu ihrer Aufgabe vorliegt. Die Soldaten laufen Gefahr, auf ihrem Posten zu verdursten, so daß der sie kommandierende Offizier schließlich gegen den Befehl die Stellung verläßt und seine Truppe zum Angriff auf die Brunnen führt, weil nur so das Leben der Soldaten gerettet werden kann. Aus Pflichtbewußtsein gegenüber den ihm Untergebenen handelt der Offizier gegen den Befehl; daß der Sturm auf die Brunnen nicht nur den Soldaten das Leben rettet, sondern auch noch die Schlacht entscheidet, ist ebenso selbstverständlich wie die Tatsache, daß der Held bei dieser Aktion tödlich verwundet wird.
Es scheint fast, als sei mit Fritz von Unruh, der gleichzeitig preußischer Gardeoffizier aus altem Schwertadel und Künstler war, Rathenaus Ideal der Verbindung von ›Mut- und Seelenmensch‹ verwirklicht. Dieser Eindruck wird noch verstärkt, wenn man bedenkt, daß von Unruh eben diese Verbindung zum Gegenstand seiner literarischen Tätigkeit gemacht hatte. Rathenau lud den jungen Offizier wiederholt nach Schloß Freienwalde ein, wo Unruh sich schließlich seit Ende Juni 1913 für einige Wochen aufhielt, um sein zweites Theaterstück *Louis Ferdinand, Prinz von Preussen* im angemessenen Ambiente abzuschließen. (2/77)
Das Stück spielt am Vorabend der Niederlage in der Schlacht von Jena und Auerstädt im Oktober 1806. Ein Kreis hoher Offiziere um den populären Prinzen Louis 2/59

2/73

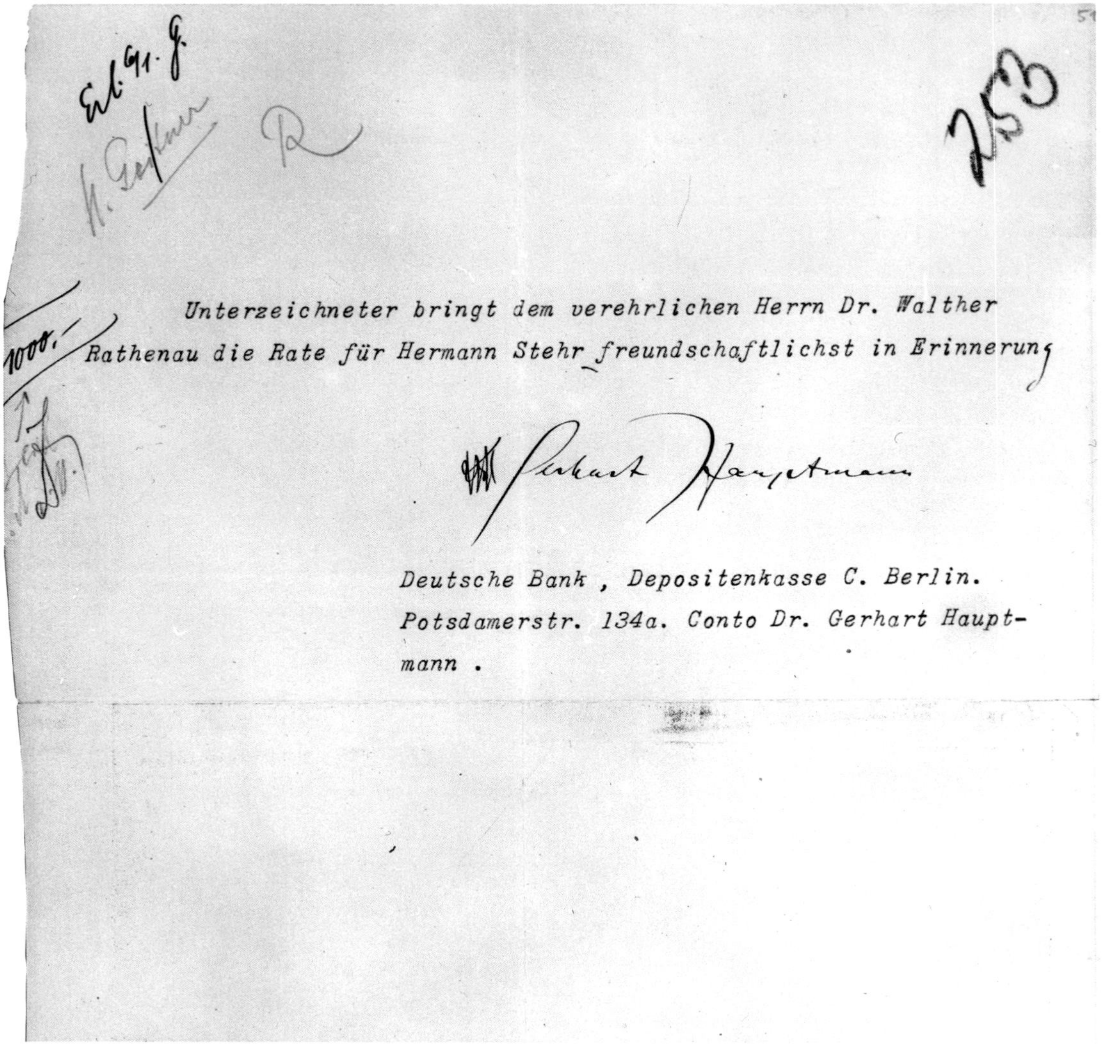
Unterzeichneter bringt dem verehrlichen Herrn Dr. Walther Rathenau die Rate für Hermann Stehr freundschaftlichst in Erinnerung

Gerhart Hauptmann

Deutsche Bank , Depositenkasse C. Berlin. Potsdamerstr. 134a. Conto Dr. Gerhart Hauptmann .

Ferdinand drängt, ebenso wie der Prinz selbst, darauf, lieber in offener Schlacht gegen die Franzosen unter Napoleon unterzugehen, als weiter in dem ›faulen Frieden‹ zu leben, der Ergebnis der zurückhaltenden und zögernden Politik ist, die der König, Friedrich Wilhelm III., unter dem Einfluß seiner Ratgeber betreibt. Die Offiziere sind bereit, bis zum Hochverrat zu gehen und den König zugunsten des Prinzen abzusetzen; der Prinz selbst, der mit diesem Gedanken spielt, sucht und findet in der Schlacht bei Saalfeld den Tod. Am Ende des Stücks irrt Luise, nicht die historische Königin, sondern die aus dem preußischen Mythos, durch das verlassene Schloß und ruft: »Sucht Preußen. Es gibt keine Preußen mehr.«
Dieser Abgesang auf Preußen steht in eigentümlichem Kontrast zu Walther Rathenaus Preußen-Begeisterung. Er läßt sich aber als Kommentar zu der Tatsache lesen, daß das Stück wegen eines Verbots durch Wilhelm II. nicht aufgeführt werden konnte, und daß Fritz von Unruh bereits 1911, nach der Uraufführung der *Offiziere*, vor die Wahl gestellt, Offizier zu bleiben oder Dichter zu werden, den Dienst in der Garde quittierte.
Harry Graf Kessler, mit dem Walther Rathenau über Jahre hinweg verkehrte, hat ihm eine sensible Biographie gewidmet (2/79). Robert Musil dagegen hat in der Figur des Dr. Paul Arnheim in seinem Roman *Der Mann ohne Eigenschaften* das unwahrscheinliche Nebeneinander des Industrieorganisators und Kulturkritikers Walther Rathenau bis zur Karikatur gesteigert und verfremdet. (2/81)
HANS WILDEROTTER

2/49
Breviarium Mysticum
Walther Rathenau
1906
Autograph
17,5 × 11,5 cm
Lilienthal, Walther Rathenau Gesamtausgabe – Hans Dieter Hellige (Skizzenbuch Cb 12, Blatt 4)

2/50
Entwurf zu einem Ex-Libris
Walther Rathenau
Blaue Tinte auf Papier
10,8 × 14,2 cm
Moskau, ZAS (634/1/149)

2/77

2/51
Blanche Trocard
Schauspiel in zwei Akten
1887
Walther Rathenau
Autograph
33 × 21 cm, 31 Blatt
Moskau, ZAS (634/1/24)

2/52
Des Alchymisten Bekehrung
Walther Rathenau
Typoskript
30 × 21 cm, 13 Blatt
Bad Homburg, Günter Schilling

2/53
Impressionen
Walther Rathenau
Verlag S. Hirzel
Leipzig 1902
21 × 13 cm, 255 Seiten
Berlin, Martin Sabrow

2/54
Reflexionen
Walther Rathenau
Verlag S. Hirzel
Leipzig 1908
29 × 23 cm, 270 Seiten
Mit einer Widmung an Georg Bernhard vom 28. 4. 1908
Bad Homburg, Günter Schilling

2/55
Bildnis des Maximilian Harden
Franz von Lenbach (1836–1904)
1891
Ölskizze
35 × 25 cm
Clamart, Eva und Michael Werner

2/56
Brief Walther Rathenaus an Maximilian Harden vom 11. Januar 1897
Autograph
18,2 × 13,8 cm
Moskau, ZAS (634/1/42)

2/57
»Der Starke ist am mächtigsten allein«
Notiz Maximilian Hardens (1861–1927)
Tinte auf Karton
9 × 11 cm
Bad Homburg, Günter Schilling

2/58
Gesammelte Werke Friedrich Nietzsches in 15 Bänden
Kröner Verlag
Leipzig 1899ff
Berlin, Staatsbibliothek (Ni 2480/4)

2/59
Bildnis des Samuel Fischer
Max Liebermann (1847–1935)
1915
Öl/Lw.
88 × 70 cm
Marbach a. N., SNM

2/60
Die drei Hauptwerke Walther Rathenaus
S. Fischer Verlag
je 19,5 × 12,5 cm
a) Zur Kritik der Zeit
Berlin 1912
260 Seiten, Buchdruck
Marbach a. N., SNM, DLA
b) Zur Mechanik des Geistes
Berlin 1913
348 Seiten, Buchdruck
Berlin, Staatsbibliothek Handschriftenabteilung
HS 203943 R
c) Von kommenden Dingen
Berlin 1917
366 Seiten, Buchdruck
Marbach a. N., SNM, DLA

2/61
Kleine Schriften Walther Rathenaus im S. Fischer Verlag
1916 – 1920
je 19,8 × 12,5 cm
Marbach a. N., SNM, DLA

2/62
Gesammelte Schriften Walther Rathenaus in fünf Bänden
S. Fischer Verlag
Berlin 1918
20 × 12,5 cm
Bad Freienwalde,
Walther Rathenau Stift GmbH

2/63

Büste des Gerhart Hauptmann
Clara Rilke-Westhoff (1878–1954)
1909/1910
Bronze, hellbraun patiniert
H 35 cm
Bremen, Kunsthalle (439–1967/5)

2/64

Brief Walther Rathenaus an Gerhart Hauptmann vom 8. Dezember 1905
Autograph
22,5 × 17,8 cm
Berlin, Staatsbibliothek, Handschriftenabteilung (GH BrNL, Walther Rathenau I. Bl.7)

2/65

Postkarte von Gerhart Hauptmann an Walther Rathenau vom 1. Mai 1907
Mit Abbildung der Ruinen von Eleusis
9 × 14 cm
Hs.: »Aus dem griechischen Frühling heraus, lieber Herr Rathenau, begrüsse ich Sie herzlich, jetzt und oft Ihrer gedenkend. Ihr Gerhart Hauptmann«
Berlin, Staatsbibliothek, Handschriftenabteilung (GH BrNL, Walther Rathenau II. Bl. 9)

2/66

Brief Walther Rathenaus an Gerhart Hauptmann vom 7. Januar 1910
Autograph
18,9 × 30 cm
Berlin, Staatsbibliothek, Handschriftenabteilung, (GH BrNL,Walther Rathenau I. Bl. 24–25)

2/67

Walther Rathenau und Gerhart Hauptmann in Agnetendorf
1910
Fotografie (alter Abzug)
10,6 × 6,4 cm
Marbach a. N., SNM (B 63.59)

2/68

Atlantis
Gerhart Hauptmann
S. Fischer Verlag
Berlin 1911
357 S., Buchdruck
20,5 × 13,5 cm
Berlin, Staatsbibliothek Handschriftenabteilung (208502 R)

2/69

Mittel-Schreiberhau im Riesengebirge
Postkarte an Walther Rathenau mit einer Abbildung der Villa Deutsch vom 30. August 1909
9 × 14 cm
Vs: »Lieber, Verehrter! Wir bedauern Sie an dem so schönen Abend nicht hier zu haben und grüssen Sie herzlich. Ihr Gerhart Hauptmann/Margarete Hauptmann/Benvenuto
Rs: »In acht Tagen müssen Sie dabei sein. Herzlichen Gruss L. Ergebenen Gruss Ihr Ivo Hauptmann/ Johannes Guthmann/ Joachim Zimmermann/ Anton Mayer/ Duddel«
Berlin, Staatsbibliothek, Handschriftenabteilung (GH BrNL, Walther Rathenau II. Bl. 15)

2/70

Bildnis der Lili Deutsch
J.C. Schaarwächter
Fotografie (alter Abzug)
16,8 × 10,8 cm
Freiburg, Ernst Schulin

2/71

Bildnis der Lili Deutsch
Fotografie (alter Abzug)
16,3 × 10,5 cm
Freiburg, Ernst Schulin

2/72

Walther Rathenau und Paul Kahn am Strand von Sylt
Fotografie (alter Abzug)
10,7 × 15,7 cm
Freiburg, Ernst Schulin

2/73

Brief Gerhart Hauptmanns an Walther Rathenau
Text: »Unterzeichneter bringt dem verehrlichen Herrn Dr. Walther Rathenau die Rate für Hermann Stehr freundschaftlichst in Erinnerung«
Um 1912
Typoskript mit eigenhändiger Unterschrift
21,5 × 28,5 cm
Berlin, Staatsbibliothek, Handschriftenabteilung (GH BrNL, Walther Rathenau II. Bl. 51)

2/74

Walther Rathenau, Gerhart Hauptmann und Margarete Hauptmann während eines Empfangs bei Reichspräsident Friedrich Ebert am 22. Mai 1922
Zwei Fotografien (alte Abzüge)
a) 17,2 × 11,8 cm b) 12 × 17,2 cm
Berlin, Thomas Föhl

2/75

Büste des Fritz von Unruh
Wilhelm Lehmbruck (1881–1919)
1917
Steinguß, graugelb getönt
H 54 cm
Duisburg, Wilhelm-Lehmbruck-Museum (1718/1974)

2/76

Offiziere
Fritz von Unruh (1885–1970)
Erich Reiss Verlag
Berlin 1911
139 S., Buchdruck
20,5 × 14 cm
Marbach a. N., SNM, DLA

2/77

Louis Ferdinand, Prinz von Preussen
Fritz von Unruh (1885–1970)
Erich Reiss Verlag
Berlin 1913
138 S., Buchdruck
20,8 × 13,4 cm
Bad Homburg, Günter Schilling

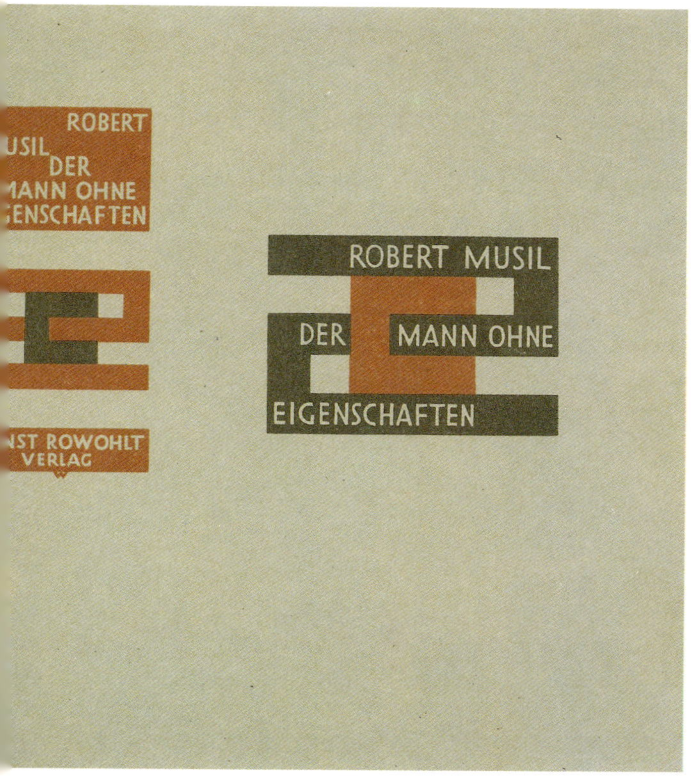

2/78

Büste des Harry Graf Kessler
Georg Kolbe (1877–1947)
1916
Bronzeguß, Marmorsockel
H 33 cm
bez.: GK ligiert
Berlin, Georg-Kolbe-Museum (P 268)

2/79

Walther Rathenau. Sein Leben und sein Werk
Harry Graf Kessler (1868–1937)
Verlagsanstalt Hermann Klemm A.G.
Berlin-Grunewald 1928
391 S., Buchdruck
23,5 × 15,5 cm
Marbach a. N., SNM, DLA

2/80

Büste des Robert Musil
Fritz Wotruba (1907–1975)
1931
Bronze
H 38 cm
Wien, Historisches Museum der Stadt Wien (134.270)

2/81

Der Mann ohne Eigenschaften
Robert Musil (1880–1942)
Ernst Rowohlt Verlag
Berlin 1930
1074 S., Buchdruck
19,3 × 13 cm
Marbach a. N., SNM, DLA

2/82

»Deutsche spendet Beiträge«
Plakatentwurf eines Spendenaufrufs für das Bismarck-National-Denkmal
Martin Wiegand (1867–1961)
1910
Tempera, Goldbronze
88 × 76 cm
München, Münchner Stadtmuseum (B 29/41)

2/83

Das Preisgericht für das Bismarck-National-Denkmal auf der Elisenhöhe bei Bingerbrück
Januar 1911
2.v.l.: Walther Rathenau; in der Mitte Graf von Kalckreuth und Alfred Lichtwark
Fotografie (Reproduktion)
18 × 24 cm
Bingen, Stadtarchiv

2/84

Modell des Entwurfs der Siegfried-skulptur von Hermann Hahn
In: Hundert Entwürfe aus dem Wettbewerb für das Bismarck-National-Denkmal auf der Elisenhöhe bei Bingerbrück, hg. im Auftrage der Denkmals-Ausschüsse
Klischees: W. Giradet
Düsseldorfer Verlagsanstalt A.-G.
Düsseldorf 1911
Kunstdruck
30,5 × 47 cm
Bad Homburg, Günter Schilling

2/85

»Vorschlag für ein Bismarck-Denkmal auf der Elisenhöhe«
Vogelperspektive des überarbeiteten Entwurfs von German Bestelmeyer und Hermann Hahn
1911
Kunstdruck
14 × 22 cm
München, Architekturmuseum der TU (NL Bestelmeyer)

2/86

Modell des Entwurfs von Wilhelm Kreis für das Bismarck-National-Denkmal
1912
Fotografie (alter Abzug)
15 × 21,7 cm
Stempel u.r.: JULIUS SOHN HOF-PHOTOGRAPH DÜSSELDORF
Düsseldorf, Nordrhein-Westfälisches Haupt-Staatsarchiv (RW 2)

2/87

Modell des Entwurfs der Bismarck-Statue von Hugo Lederer
1912
Fotografie (alter Abzug)
27,8 × 20,4 cm
Düsseldorf, Nordrhein-Westfälisches Haupt-Staatsarchiv (RW 2)

2/88

»Der rheinische Bismarck«
I. Der zweimal preisgekrönte und zweimal unterlegene Entwurf
II. Das Denkmal der Unreife
Alfred Lichtwark/ Walther Rathenau
S. Fischer Verlag
Berlin 1912
30 Seiten, Buchdruck
20,5 × 13,5 cm
Bad Homburg, Günther Schilling

3 »HÖRE, ISRAEL!«

Antisemitismus und Assimilation

HELMUTH F. BRAUN

»Meine Verbundenheit mit dem Judentum (...) war stets eine geistige. Die Synagoge band mich nicht. Wenn ich von jeher in einer für den preußischen Staat so anstößigen Weise auch die äußere, konfessionelle Zugehörigkeit betonte und angebotene Kompromisse schroff abwies, so lag darin nicht eine Vorliebe für irgendeine jüdische Kirchengemeinschaft – die ich aus dem Wesen der Religion ablehne – sondern ein politischer Protest gegen die verfassungswidrige Unduldsamkeit des Staates.«[1]

In dieser Passage aus der *Apologie*, einer der letzten schriftlichen Äußerungen Rathenaus zum Judentum, ist eine Konstante in seinen Stellungnahmen zur Judenfrage deutlich ablesbar, die er jenseits aller Veränderungen und Variationen in zahlreichen Publikationen und Briefen formulierte: Die Absage an jede institutionelle Bindung der Religion.

Diese Haltung wird bereits sehr früh sichtbar. Als er am 26. Januar 1895 bei der Jüdischen Gemeinde zu Berlin einen Antrag auf Austritt aus dem Judentum stellte, ihn aber nicht wirksam werden ließ, dürfte neben vielem anderem auch die Gleichgültigkeit eine Rolle gespielt haben, mit der er solche Fragen der Zugehörigkeit zu Kultgemeinden behandelt wissen wollte. Noch der Vollzug des Austritts hätte ja der Institution eine Bedeutung beigemessen, die sie nicht hat und nicht haben sollte.

Kehrseite und Ergänzung dieser Distanzierung durch Gleichgültigkeit ist die bereits in *Höre, Israel!* klar formulierte Weigerung, sich taufen zu lassen. Wenn der Wechsel der Konfession wirklich aus innerer Überzeugung geschieht, dann bedarf er der äußerlichen Ratifikation in keiner Weise; eben gerade deshalb ist es völlig verfehlt, den Vollzug der Taufe als äußeres Zeichen einer inneren Veränderung zu deuten.

Im Gegenteil. Solange die Taufe Voraussetzung für die Zulassung zu den höheren Stellen im Staatsdienst und beim Militär ist, »die eine entwürdigende Prämie auf den Übertritt« sind, solange ist die Bindung dieser Zulassung an die Taufe »vom Standpunkt der Zweckmäßigkeit (...) falsch«. Sie befördert nämlich gerade diejenigen in einflußreiche Stellungen, die aus Opportunitätsgründen handeln, die sich mit der Taufe »bessere Existenzbedingungen schaffen« wollen. Aber gerade an diesen führenden Stellungen bedürfte es derjenigen, die nicht um des äußeren Vorteils, sondern um der inneren Überzeugung willen handeln, eben »gerade die Feinfühligsten«, die sich »zu einem ideellen Schritt am Schwersten« entschließen, »so lange ein materieller Vortheil häufig untrennbar damit verknüpft ist«.[2]

Diese Argumentation in *Höre, Israel!* wurde und wird im Banne der spektakulären und schrillen Äußerungen der Eingangspassagen leicht übersehen. Sie deutet bereits an, was 14 Jahre später im Zentrum des ersten der drei Aufsätze von *Staat und Judentum* stehen wird.

»Jeder Staatsbürger weiß«, heißt es da, »daß mit der Zugehörigkeit zum Judentume nur bürgerliche Nachteile, mit Übertritt zum Christentume erhebliche Vorteile verknüpft sind.« In der Tatsache, »daß ein Glaubensakt, gleichviel ob innerlich gerechtfertigt oder äußerlich herbeigeführt, seine Abstammung zu verdunkeln, seinen Makel zu tilgen, seine bürgerlichen Nachteile zu beseitigen vermag« aber liegt der »Grund einer üblen Auslese«. Der preußische Staat schadet sich mit dieser Judenpolitik also selbst. Statt diejenigen für den Staatsdienst rekrutieren zu können,»die nichts anderes begangen haben, als ihrem Gewissen und ihrer Überzeugung gefolgt zu sein« und die gerade deshalb für den Staatsdienst besonders geeignet wären, »werden Prämien auf Glaubenswechsel gesetzt und Konvertiten bevorzugt«.[3]

Diese extrem antiinstitutionelle Haltung legt natürlich die Frage nahe, wie Rathenau sich zu jüdischen Organisationen verhielt und wie umgekehrt diese Organisationen Walther Rathenaus Stellungnahmen zur Judenfrage bewerteten. Als er *Höre, Israel!* 1902 in den *Impressionen* veröffentlichte, löste es, anders als bei der Erstveröffentlichung 1897, einen Sturm der Entrüstung unter den Juden aus. Besonders im *Centralverein deutscher Staatsbürger jüdischen Glaubens* war man empört, denn Rathenau hatte in seinem Aufsatz den Glaubensgenossen »Einkehr« statt »Abwehr« empfohlen.[4] Er sei im Irrtum, wenn er glaube, daß gerade durch die Abwehrtätigkeit eine Ver-

3/5

schlechterung der sozialen Lage der Juden eintreten würde. Vielmehr sei »das Überhandnehmen jenes Antisemitismus, der in Hetzblättern, Volksversammlungen und im Programme politischer Parteien auftritt, mit einem Wort der Radauantisemitismus, der auch zur Wiederbelebung des sehr zurückgegangenen gesellschaftlichen Antisemitismus erheblich beigetragen hat, nur durch das Fehlen jeder organisierten Abwehr möglich« geworden. Im Vereinsblatt *Im deutschen Reich* bescheinigte man dem Autor allerdings, daß sein Aufsatz »die Aufmerksamkeit der Denkenden unter den Deutschen jüdischen Glaubens wohl verdiene« und daß er schließlich »manches hätte noch schärfer fassen können und müssen«.[5]

Obwohl er in *Staat und Judentum* den Ansichten und den Positionen des *Centralvereins* sehr nahe gekommen war, fand er dort keine entsprechende kritische Würdigung. Anders verhält es sich mit der 1917 erschienenen *Streitschrift vom Glauben*, eine Replik auf Curt von Trützschler-Falkensteins Broschüre *Die Lösung der Judenfrage im Deutschen Reich*, in der der Übertritt aller Juden zum Christentum als Lösung des Judenproblems vorgeschlagen wird. Rathenau erteilt diesem Ansinnen eine klare Absage, bekennt aber gleichzeitig, »auf dem Boden der Evangelien« zu stehen. Dieser Essay, der in der Tat eine Absage an alle Formen organisierter Religiosität darstellte und der das Judentum als eine umfassend spirituelle und freiwillige Alternative verstanden wissen wollte, erregte den Widerspruch des *Centralvereins*, der sich zwar mit Rathenau einig wußte in der Ablehnung der Taufe, aber nicht bereit war, ihm in seiner vollständigen Spiritualisierung der jüdischen Religion zu folgen. Rathenaus Definition jüdischer Religion, sein »zwischen Karfreitag und Ostersonntag unternommener flüchtiger Versuch« der Etablierung eines ethischen Monotheismus, der die Freiheit von Dogma und Kirche garantiere, wird vom *Centralverein* mit Entschiedenheit abgelehnt, da »die Erklärung seines Beharrens im Judentum keinen gläubigen Juden, ja keinen rechten Kenner des Judentums ganz befriedigen kann.«[6]

Auch mit der zionistischen Alternative zur Assimilation tat sich Rathenau schwer; umgekehrt taten sich die Zionisten mit ihm schwer. Theodor Herzl war von *Höre, Israel!* nicht gerade begeistert: »Wenn ich nicht irre, war in dem Artikel gefordert, die Juden sollten sich längere Gliedmaßen und gerade Nasen angewöhnen.«[7] Rathenau selbst wiederum nahm 1903 Hebräisch-Unterricht, da er eine Orientreise beabsichtigte und sich für die jüdischen Siedlungen in Palästina interessierte. Der Zionist Richard Lichtheim berichtete im April 1919: »Ich wollte ihn für den Zionismus gewinnen, doch war er nicht zu überzeugen. (...) Sein Urteil über die Juden war durch das Milieu bestimmt, aus dem er stammte und von dessen Ansichten er sich nicht zu lösen vermochte. (...) Er setzte mir auseinander, daß die Juden allzulange dem Boden und der Handarbeit entfremdet seien, um wieder Bauern und Arbeiter werden zu können.«[8] In einem Gespräch mit Lore Karrenbrock schließlich bekräftigte Rathenau seine dezidiert ablehnende Haltung gegenüber dem Zionismus: »Die Juden sind kein Volk (= Nation, Staat) mehr und werden keins mehr werden. Die zionistischen Bestrebungen sind ein Atavismus. Die geistig Hochstehenden unter den Juden haben jedes Nationalgefühl verloren, sie kennen nur noch Menschen (...) Was mich mit den Juden verbindet, ist höchstens noch ein Abstammungsgefühl, – nicht einmal mehr Familiengefühl.«[9]

Walther Rathenau hat sich nach der Jahrhundertwende mit jüdischer Literatur und Chassidismus beschäftigt, über den er wiederholt mit dem Religionsphilosophen Martin Buber sprach, der den Eindruck hatte, »daß er für ihn eine Erweiterung seiner Selbstwahrnehmung bedeutete und daß (er) auf eine Wandlung in seiner Anschauung von Wesen und Schicksal des jüdischen Volkes nicht ohne Einfluß geblieben ist.«[10] Rathenau aber fand Bubers chassidische Geschichten zwar »sehr schön, aber doch gemacht und überzuckert. Die einfache steinerne Linie der Kunst haben sie nicht.«[11] Jehuda Halevi und die Übersetzungen des Midrasch waren in seiner Bibliothek zu finden, seine Bibelkenntnisse ungewöhnlich. Im Briefwechsel mit Maximilian Harden wurden in jenen Jahren mit einer gewissen Ironie immer wieder hebräische und jiddische Begriffe und Sprachspiele gebraucht. Rathenau publizierte in der *Zukunft* und in den *Impressionen* mehrere *Talmudische Geschichten*, von denen das im Stil des Talmud verfaßte Märchen *Der Wahrheit Rache* 1898 einen Prozeß wegen Majestätsbeleidigung gegen den Herausgeber Harden provozierte, da es als Angriff auf den Kaiser verstanden wurde. Diese Beschäftigung war, wie Leo Baeck feststellte, der nach Rathenaus Tod zahlreiche jüdische Bücher aus dessen Bibliothek erhalten hatte, auch eine Suche nach seinem Judentum: »Vieles hätte er dem jüdischen Denken und Hoffen auch geben

können, hätte er länger gelebt, hätte er, der sein Judentum gesucht hatte, es auch gefunden.«[12]
Gegenüber Wilhelm Schwaner formuliert er mitten im Krieg: »Mein Volk sind die Deutschen, niemand sonst. Die Juden sind für mich ein deutscher Stamm, wie Sachsen, Baiern oder Wenden. Du lächelst; denn Du kennst ja alle Rasselehren. Diese Wissenschaft ist mir aber ganz gleichgültig. (…) Ich frage nicht, ob die Juden Hethiter oder die Sachsen Mongoloiden sind; ich frage nicht, ob Christus, Goethe oder Beethoven blond waren; für mich entscheidet über die Zugehörigkeit zu Volk und Nation nichts anderes als Herz, Geist, Gesinnung und Seele.«[13]
Seine Position in der Judenfrage, die auch die Begründung für seinen Verbleib im Judentum lieferte, hat er 1917 in der *Streitschrift vom Glauben* noch einmal formuliert. Die jüdische Religion stelle insofern eine äußerst moderne Form der Religionsausübung dar, weil sie in einem reinen Gottesglauben gelebt werden könne, ohne kirchliche Institution und ohne Dogma. Politisch führte dieser Standpunkt zwangsläufig in die völlige Assimilation, und er betonte in einem Brief an Jagow: »Die endgültige Lösung wird meines Erachtens sein, daß in einem Land mit stark gemischter Bevölkerung nach Herkunft ebenso wenig gefragt wird, wie nach Bekenntnis und ich sehe diesen Zustand innerhalb der nächsten Jahrzehnte voraus.«[14]
In einem Aufruf *An Deutschlands Jugend* (1918) redete er, der sich in einem Zustand gesellschaftlicher Ablehnung, politischer Wirkungslosigkeit und Isolation befand, im Stil eines alten Sehers zum jungen deutschen Volk: »Ich bin ein Deutscher jüdischen Stammes. Mein Volk ist das deutsche Volk, meine Heimat ist das deutsche Land, mein Glaube der deutsche Glaube, der über den Bekenntnissen steht. Doch hat die Natur in lächelndem Eigensinn und herrischer Güte die beiden Quellen meines alten Blutes zu schäumendem Widerstreit gemischt: der Drang zum Wirklichen, den Hang zum Geistigen.«[15]
Nach der Ermordung beschäftigte sich der *Centralverein* in einem Nachruf noch einmal mit dem Juden Rathenau, »dem Mann, der eindringlicher als je ein anderer den Beweis erbrachte, daß vollwertiges Deutschtum und stolzbewußtes Judentum keine Gegensätze sind. … Rathenau wurde Politiker, wurde Minister, weil er ein begeisterter Deutscher war – und wurde ein Opfer tierischer Mordwut, weil er ein aufrechter Jude war.«[16]

Anmerkungen

1. Apologie (1919), GS VI, S. 442f
2. Höre, Israel! (1897), Imp. S. 9, 16–18
3. Staat und Judentum (1911), GS I, S. 188–190
4. Vgl. hierzu die beiden Beiträge zum Erscheinen der »Impressionen«, IdR, 7. Jg., 1902, S. 465f und S. 527–533, letzterer – gezeichnet mit M.H. – ist vermutlich ein Beitrag des Vereinsvorsitzenden Maximilian Horwitz
5. Carl Gustav: Abwehrvereine und Einkehrvereine?, in: Im deutschen Reich (IdR), 3.Jg. 1897, S. 187–190
6. IdR, 24.Jg., 1918, S. 377
7. Herzl an Rathenau, 7. 8. 1901, zit.n. GA VI, S. 351
8. Gespräche, GA II, S. 783
9. Ebd., S. 787f
10. Kessler: Rathenau, S. 84
11. Gespräch mit Lore Karrenbrock, Gespräche, GA II, S. 800
12. Leo Baeck: Walther Rathenau, in: ders.: Von Moses Mendelssohn zu Franz Rosenzweig, Typen jüdischen Selbstverständnisses in den letzten beiden Jahrhunderten, Franz Delitzsch-Vorlesungen 1955, Stuttgart 1958, S. 41
13. Rathenau an Schwaner, 18. 8. 1916, BA Koblenz (Nachlaß Rathenau, Bd. 6, Bl. 52)
14. Rathenau an Jagow, Juni 1917, BNF, Nr. 185, S. 233
15. An Deutschlands Jugend (1918), GS VI, S. 99
16. C.V.-Zeitung, 1.Jg., Nr. 9, 30. 6. 1922, S. 110

Es waren vor allem die schrillen und provozierenden, dem Wörterbuch des Antisemitismus entnommenen Passagen von *Höre, Israel!*, die die Aufmerksamkeit auf sich zogen. Eine Formulierung wie die, daß hier »auf märkischem Sand eine asiatische Horde« lebe, hat sich ebenso wie die Rede von einem »abgesondert fremdartigen Menschenstamm« eingeprägt und Widerspruch und Zustimmung herausgefordert.

Max Liebermann, Rathenaus Cousin zweiten Grades, fühlte sich zum Widerspruch angeregt: »Ich betrachte die Juden liebevoll oder bemühe mich wenigstens, es zu thun: die Ärmsten – denn die Reichen lassen sich taufen – sind, wenn sie fehlerhaft, zu ihren Fehlern gezwungen worden. Auch könnte man die Fehler, die du ihnen vorwirfst, den meisten Christen vorwerfen. Au fond sind's alles Menschen, die sich gar nicht so sehr von einander unterscheiden: Auch haben sie doch ganz respektable Leute hervorgebracht: Jesus, den Dichter der Psalmen, Spinoza u – deinen Vetter. Komm nächstens mal, damit ich dir Deinen Antisemitismus austreibe.« (3/3)

Die einzige ausführliche und in ihrem Duktus polemische Entgegnung auf *Höre, Israel!* erschien 1903 unter
3/8a dem Titel *Höret Rathenau und Genossen* (3/4) nach der

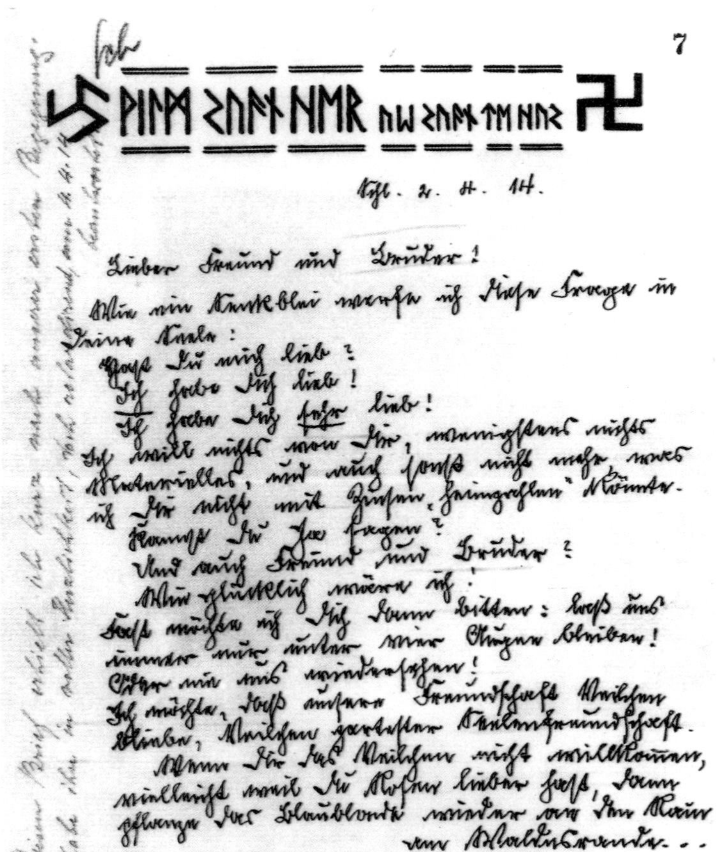

Veröffentlichung in den *Impressionen*. Sie stammte von Moritz de Jonge, einem jüdischen Autor, der seit 1885 als konservativer Antisemit für die *Kreuzzeitung* schrieb, nach der Jahrhundertwende jedoch zu seinen jüdischen Wurzeln zurückkehrte. Rathenau war für ihn ein »Toilettenkünstler und Modejournalist«, hinter dem »eine kleine aber gefährliche Partei von Juden (steht), die ich nur allzu gut kenne und deren durch keinerlei tiefere Seelenkonflikte politischer, religiöser und ethischer Art motivierten seichten Salon- und Eitelkeitsantisemitismus ich als eine der größten Gefahren für die Fortentwicklung unseres Volkes erkläre und den ich darum bekämpfen muß!«

Ungeteilten Beifall erhielt Rathenau dagegen von antisemitischer Seite. In zahlreichen Flugblättern und Pamphleten wurde bis in die 20er Jahre daraus zitiert. In einem Flugblatt der *Deutschvölkischen Freiheitsbewegung* von 1922 (3/2) wurden die entscheidenden Passagen aus *Höre, Israel!* wiedergegeben als Beleg für die Behauptung, daß »die wichtigste, umfassendste und gefährlichste aller deutschen Lebensfragen (…) die Judenfrage« ist und daß »alle großen Geister der Vergangenheit entschiedene Gegner des jüdischen Wesens waren.«

Die Herausgeber des Flugblattes glaubten allerdings mit Bedauern feststellen zu müssen, daß Walther Rathenau nicht nur die Grundsätze seiner Jugend preisgegeben habe, sondern daß der Text des Aufsatzes aus dem Buchhandel verschwunden sei. Sie treffen sich in diesem Bedauern mit Wilhelm Schwaner, mit dem Rathenau über Jahre hinweg eine eigentümliche Korrespondenz und Freundschaft verband.

Der Beginn der Beziehung datiert vom Dezember 1913. Schwaner, der als Herausgeber der Zeitschriften *Der Volkserzieher* und *Upland* und als Führer der kulturreformistischen Volkserzieher-Bewegung einen nicht unbeträchtlichen Einfluß auf einen Teil der deutschen Lehrerschaft ausübte, die im Kaiserreich besonders anfällig für antisemitische Parolen war, hatte Rathenaus Buch *Zur Kritik der Zeit* gelesen und ganz offenbar zahlreiche Übereinstimmungen zwischen diesem Buch und seinen eigenen Überzeugungen festgestellt. Die Tatsache, daß dieses Buch von einem Juden geschrieben war, war für Schwaner der auslösende Faktor für ein Bekehrungserlebnis: »wie Schuppen fiel mirs von den Augen (…) der ›dunkle‹ Jude hat den blaublonden Germanen erlöst!« (BA Koblenz, Nl Rathenau, Bd.6, Bl. 6)

Diese Erlösung, so jedenfalls behauptete Schwaner, bestand in seiner Abkehr vom Antisemitismus. Er kam wiederholt darauf zurück und erklärt in einem großen Brief vom 24. Januar 1916 noch einmal mit aller Emphase , er habe sich »von jeder Art Antisemitismus (…) losgesagt« (Ebd., Bl. 41). Andererseits benutzte er seit 1907 das Hakenkreuz sowohl auf dem Briefkopf als auch auf der Kopfleiste seiner völkischen Zeitschrift und auf dem Titelblatt seiner seit 1905 in mehreren Auflagen erschienenen, immer wieder erweiterten *Germanen-Bibel* (3/9), einer Sammlung literarischer Texte deutscher und skandinavischer Dichter, die er für die »heiligen Schriften germanischer Völker«, den vollkommenen Ausdruck des germanischen Geistes- und Seelenlebens hielt. Zwar wollte er das Hakenkreuz ganz im Sinne dieses ›germanischen Christentums‹ religiös gedeutet wissen; aber er konnte weder sich noch anderen verhehlen, daß es das Zeichen des völkischen Antisemitismus war.

Rathenau war, wie seine Antwort auf den ersten Brief Schwaners und die weitere Korrespondenz erkennen lassen, nur allzu gern bereit, in engeren Kontakt mit einem prononcierten Vertreter seines germanischen Ideals zu treten. Nach der ersten persönlichen Begegnung ging Schwaner zum Du über und schrieb am 2. April 1914: »Wie ein Senkblei werfe ich diese Frage in Deine Seele: Hast Du mich lieb? *Ich* habe Dich lieb! Ich habe Dich *sehr* lieb! Ich will nichts von Dir, wenigstens nichts Materielles, und auch sonst nicht mehr, was ich Dir nicht mit Zinsen ›heimzahlen‹ könnte. Kannst Du Ja sagen? Und auch Freund und Bruder? Wie glücklich wäre ich!« (3/8a). Rathenau beantwortete, wenn auch im Ton deutlich zurückhaltender, mit einem »freudigen Ja«. (3/8b) Als »Symbol innigster Seelen- und Blutsfreundschaft« schenkte Schwaner zwei Jahre später dem Freund einen »Runenring von meinem Finger und die niederländische Bibel«. Rathenau revanchierte sich im Juni 1918 mit einem Selbstporträt. (2/11)

Es ist schwer zu sagen, was Rathenau bewogen haben mag, mit einem Mann wie Wilhelm Schwaner eine so lange und intensive Freundschaft zu pflegen. Zwar hatte er im Jahre 1904 unter dem Titel *Von Schwachheit, Furcht und Zweck* eine Rassentheorie entwickelt, in der er dem dunklen, kraushaarigen ›Furchtmenschen‹ den blonden, blauäugigen ›Mutmenschen‹ gegenübergestellt hatte (3/5), dem seine ganze Liebe galt und als der sich Schwaner selbst sah und gesehen wissen wollte. Andererseits war er gerade in den Jahren, in denen seine Verbindung mit Schwaner begann und dauerte, von dieser Gegenüberstellung zunehmend abgerückt.

Wichtiger als diese Trennung zwischen Rassen und Religionen wurde für Rathenau der Gedanke einer Elite jenseits von Christentum und Judentum, so etwas wie ein »Christus-Bund der Juden«, zu dem aufzurufen er Constantin Brunner (3/11) aufforderte. Diese Briefkarte (3/12c) vom 31. Januar 1919 war die zweite in einem Briefwechsel, der sich über einen wesentlich kürzeren Zeitraum als der mit Wilhelm Schwaner erstreckte aber in Pathos und geradezu affektiertem Ton diesem in nichts nachstand.

Constantin Brunner, der ursprünglich Leo Wertheimer hieß und aus einer angesehenen Rabbinerfamilie stammte, wurde 1862 in Altona geboren. Nach dem Studium der Philosophie und Geschichte in Freiburg und Berlin gab er mit den Dichtern Detlev von Liliencron, Otto Ernst und Richard Dehmel 1892 in Hamburg die literaturkritische Zeitschrift *Der Zuschauer* heraus. 1895 zog er sich von seiner literarisch-journalistischen Laufbahn zurück, um sich ausschließlich der Philosophie zu widmen. Mit der Abkehr von jeglicher öffentlicher Tätigkeit war gleichzeitig auch die Wahl des neuen Namens verbunden.

In seinem 1918 erschienenen Buch *Der Judenhaß und die Juden* hieß es, ganz der Auffassung Rathenaus entsprechend: »Die Juden haben das Recht an Christus nicht verloren – die Christen können es ihnen nicht bestreiten, (…) Ich, der ich weder Christ noch Jude bin (…) fasse Christus auf, (…) nicht als einen Juden und nicht als einen Christen, sondern als den Offenbarer von der Wahrheit des Einen, so wundervoll übereinkommend mit dem, was Spinoza und was Moses gelehrt haben.«

In diesen Ideen Brunners, dieser »gewaltigen Kontroverspredigt«, fand Rathenau seine eigenen Vorstellungen von einem dogmenfreien Glauben ohne Anschluß an eine Kirche realisiert, wie er sie 1917 in seiner *Streitschrift vom Glauben* formuliert hatte.

Der Briefwechsel, der den Zeitraum zwischen Januar 1919 und August 1920 umfaßte, war bestimmt von Erörterungen über Lektüre der Schriften, die man sich gegenseitig zugesandt hatte. Über die ganz unterschiedlichen Denkformen der beiden Freunde notierte Lotte Brunner, die Adoptivtochter, am 14. Juli 1919. »Da Vater lange nichts von *Rathenau* gehört hatte, schickte er ihm einen Zettel, worauf er ein züngelndes Fragezeichen gemalt hatte, weiter nichts. Als Antwort erhielt er eine Karte mit den Zahlen 1, 3, 5, 7, 9 untereinander geschrieben, unten eine sehr graziöse Zeichnung des Potsdamer Stadtschlosses. (3/12d) Vater deutete die Karte so, als hielte das sich in die Unendlichkeit sich fortsetzende Ungerade in seinem Leben ihn von Potsdam fern. Zu höchstem Staunen erschien aber R.(athenau) gestern im Auto. Die Zahlen bedeuteten: am 13. 5 Uhr im 7. Monat des Jahres würde er hier sein. Mir kam das so wunderlich scharfsinnig vor, daß ich sagte, so könne nur ein Verstand von einem andern Planeten denken!« (Gespräche, GA II, S. 793f)

Nach der Ermordung Walther Rathenaus schrieb dessen Mutter Mathilde aus Freienwalde an Constantin Brunner: »Mit Rührung habe ich Walthers an Sie gerichtete Briefe gelesen, so hat er ja keinem anderen geschrieben, so ganz Hingabe und Liebe. Ich lese eben Ihren Christus, wissen Sie an wen er mich erinnert?« (3/13)

HELMUTH F. BRAUN

3/4

Jüdische Schriften von **M. de Jonge,** Dr. jur.

I.

HÖRET RATHENAU UND GENOSSEN!

Kritik des Dogma's von
der assimilatio gojica.

„Ehe ich gedemütigt ward, irrte
ich; nun aber halte ich Dein Wort."
(Psalm 119, 67.)

1903
HUGO SCHILDBERGER, VERLAG
BERLIN NW.

3/1
»Höre Israel!«
Manuskript
Walther Rathenau
1897
Tinte auf Papier
28 × 20 cm
Moskau, ZAS (634/1/42)

3/2
»Höre, Israel!«
Flugblatt der Deutschen
Erneuerungs-Gemeinde
Willy Hientzsch
Leipzig 1922
29,5 × 23 cm
Berlin, DHM, Archiv (Do. 61/16)

3/3
Brief Max Liebermanns an Walther Rathenau
Tinte auf Papier
20,5 × 13,2 cm
Berlin, Staatsbibliothek, Handschriftenabt. (Autogr I/2174-1)

3/4
»Höret Rathenau und Genossen! Kritik des Dogma's von der assimilatio gojica.«
Moritz de Jonge
Hugo Schildberger Verlag
Berlin 1903
56 Seiten, Buchdruck
22,5 × 14,5 cm
Bad Homburg, Günter Schilling

3/5
»I. Hethitisch II. Lybisch III. Assyrisch«
Rassestudien
Walther Rathenau
Tusche auf Papier
25 × 20,6 cm
Moskau, ZAS (634/1/149)

3/7

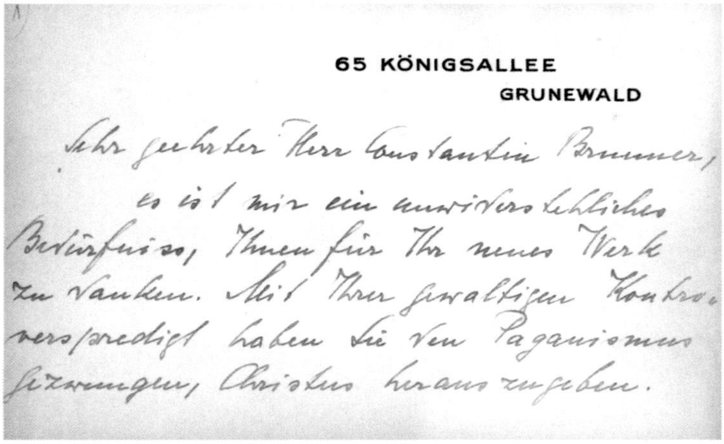

65 KÖNIGSALLEE
GRUNEWALD

Sehr geehrter Herr Constantin Brunner,
es ist mir ein unwiderstehliches Bedürfniss, Ihnen für Ihr neues Werk zu danken. Mit Ihrer gewaltigen Kontroverspredigt haben Sie den Paganismus gezwungen, Christus herauszugeben.

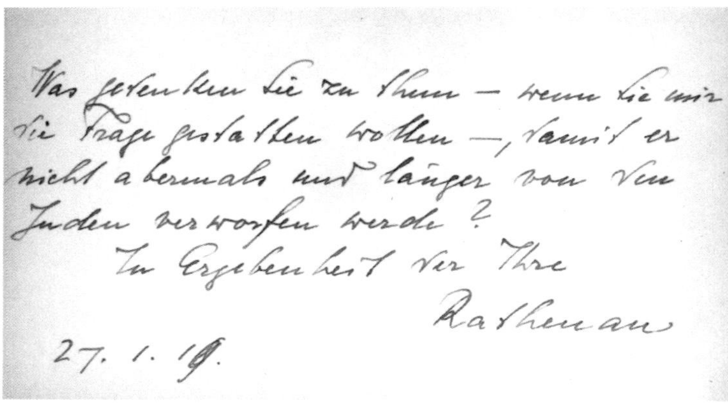

Was gedenken Sie zu thun – wenn Sie mir die Frage gestatten wollen –, damit er nicht abermals und länger von den Juden verworfen werde?
In Ergebenheit der Ihre
Rathenau
27. 1. 19.

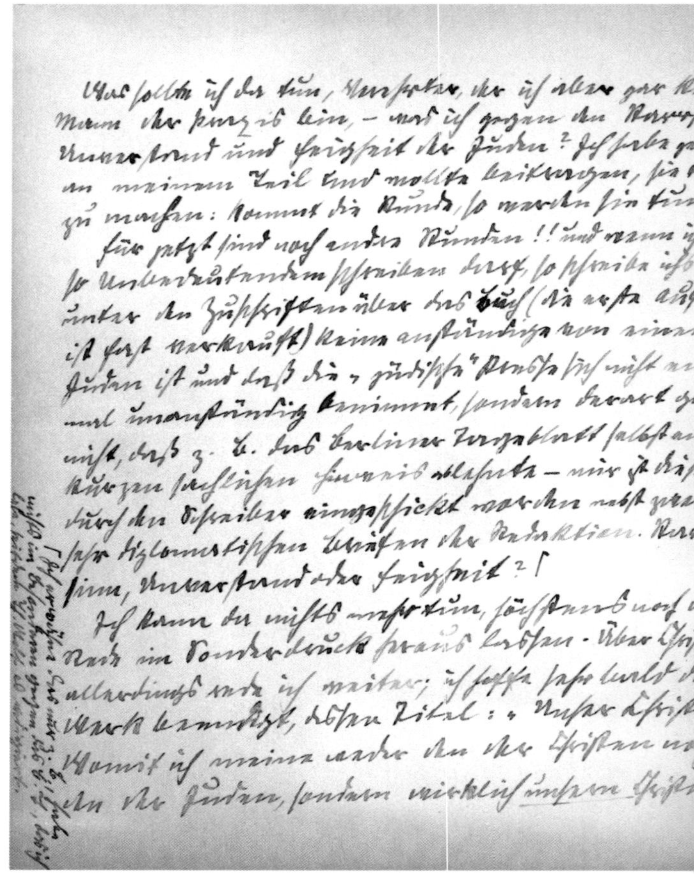

3/12a

3/12b

3/6
»Eine Streitschrift vom Glauben«
Mit Buchbinde: »Ein besonnenes, kraftvolles Bekenntnis zur Glaubensfrage. Jeder, dem Gewissensdinge die höchsten politischen sind, wird sich mit dieser Schrift auseinandersetzen müssen.«
Walther Rathenau
S. Fischer Verlag
Berlin 1917
42 Seiten, Buchdruck
19,5 × 12,5 cm
Berlin, Thomas Föhl

3/7
Bildnis des Wilhelm Schwaner
Toni Schwaner
um 1900
Öl/Lw.
50 × 65 cm
Neu-Isenburg, Dr. Swantje Ehrentreich

3/8
Briefwechsel zwischen Wilhelm Schwaner und Walther Rathenau
a) Brief Wilhelm Schwaners vom 2. 4. 1914
b) Brief Walther Rathenaus vom 4. 4. 1914
Faksimiles
a) 23,7 × 18,4 cm b) 18,8 × 29 cm
Koblenz, Bundesarchiv (NL 48 Rathenau, Bd. 1, Bl. 7; Bd. 3, Bl. 12)

3/9
»Germanen-Bibel – Aus heiligen Schriften germanischer Völker«
Herausgeber: Wilhelm Schwaner
Volkserzieher-Verlag
Berlin-Schlachtensee 1910
320 Seiten, Buchdruck
26 × 22 cm
Berlin, DHM, Bibliothek

3/10
»Walther Rathenau †.«
Titelblatt des Volkserzieher. Blatt für deutsche Heimat und Religion, 26.Jg., Blatt 8 vom 5. 8. 1922
Wilhelm Schwaner
Zeitungsdruck
28 × 23 cm
Berlin, Staatsbibliothek

3/11
Bildnis des Constantin Brunner
Max Busyn
1932
Öl/Lw.
35 × 31 cm
bez.o.l.: M. Busyn 32
New York, Leo Baeck Institute, Art Collection (80.203)

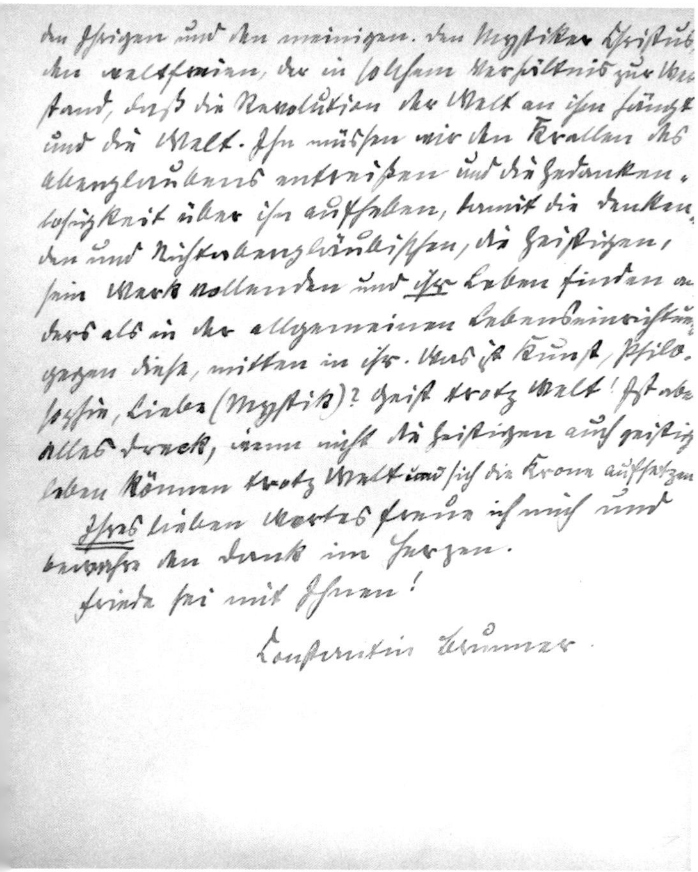

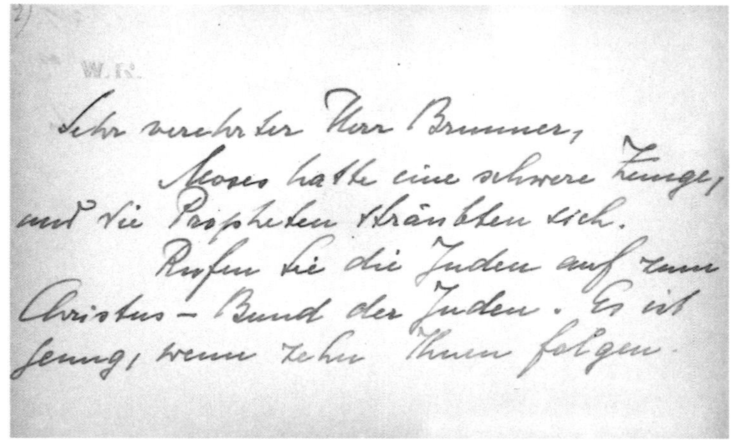

2)

W.R.

Sehr verehrter Herr Brunner,
Moses hatte eine schwere Zunge, und die Propheten sträubten sich.
Rufen Sie die Juden auf zum Christus-Bund der Juden. Es ist genug, wenn zehn Ihnen folgen.

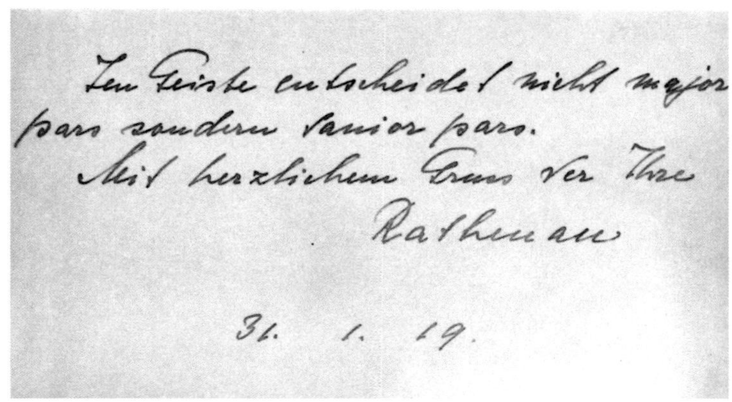

Im Geiste entscheidet nicht major pars sondern sanior pars.
Mit herzlichem Gruss der Ihre
Rathenau

31. 1. 19.

3/12c

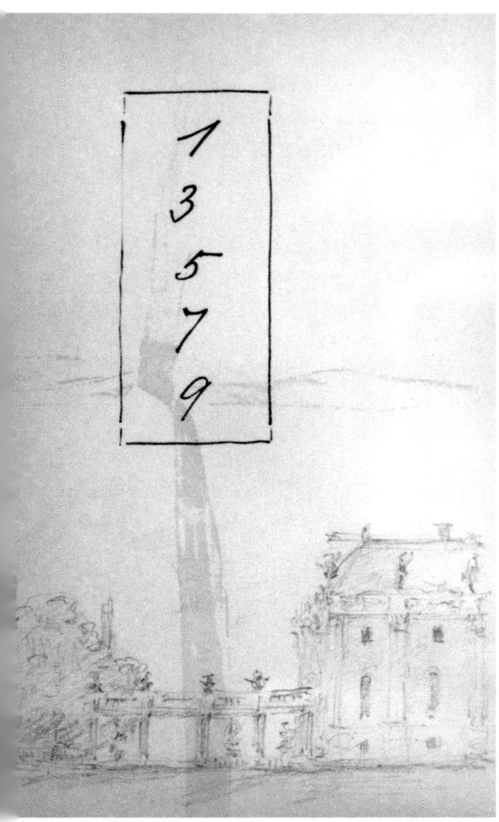

3/12d

3/12
Briefwechsel zwischen Constantin Brunner und Walther Rathenau
a) Briefkarte Walther Rathenaus vom 27. 1. 1919
b) Brief Constantin Brunners Ende Januar 1919
c) Briefkarte Walther Rathenaus vom 31. 1. 1919
d) Briefkarte Walther Rathenaus Mitte Juli 1919 mit einer Zeichnung des Potsdamer Stadtschlosses und der Zahlenfolge 1 3 5 7 9
Tinte/Papier
a) 9 × 15 cm b) 24 × 19,2 cm
c) 9 × 15 cm d) 15 × 9 cm
New York, Leo Baeck Institute
(AR 1451; Nr. 1 Sammlung Photokopien Brunner an Rathenau)

3/13
Mathilde Rathenau an Constantin Brunner
Briefkarte vom 28. 10. 1922
Tinte auf Papier
9 × 14 cm
New York, Leo Baeck Institute
(AR 1451)

3/14
»Unser Christus oder das Wesen des Genies«
Constantin Brunner
Oesterheld & Co. Verlag
Berlin 1921
672 Seiten, Buchdruck
21,7 × 15 cm
Berlin, Amerika-Gedenk-Bibliothek
(Rel 816/28a)

Schon wenige Jahre nach der Reichsgründung war auf die Hochkonjunkturphase eine wirtschaftliche Depression gefolgt, in der Tausende ihr Vermögen verloren hatten. Die ökonomische Instabilität und die soziale Unsicherheit boten »geradezu klassische Voraussetzungen für die Suche nach ›Sündenböcken‹, die das Unverstandene erklärbar und das Ungewollte revidierbar machen konnten«. In dieser Situation »wurde ein erheblicher Teil der kollektiven Unlustgefühle«, die sich auch gegen den politischen Katholizismus, die sozialistische Arbeiterbewegung und nationale Minderheiten richteten, »seit Ende der siebziger Jahre auf die Juden abgelenkt«. (Rürup, S. 112)

Diese Ablenkung war um so leichter, als in den modernen Sektoren des Wirtschaftslebens, den Banken, der Börse und dem Handel, die vor allem für die Krise verantwortlich gemacht wurden, jüdische Geschäftsleute überproportional vertreten waren, eine Tatsache, die sich keiner wie auch immer gearteten jüdischen Besonderheit verdankte, sondern der jahrhundertelangen Beschränkungen der Juden auf diese Erwerbszweige durch gesetzliche Ausschließung von allen anderen bürgerlichen Berufen. Die Juden wurden zum Symbol des wirtschaftlichen und sozialen Liberalismus, den man als Ursache für die Krise glaubte ansprechen zu müssen.

Diese Krise wurde noch verschärft durch die innere Heterogenität des neuen Reiches, in der verschiedene Interessengruppen in einem spannungs- und konfliktreichen Verhältnis zueinander standen. Hier bot sich, in Ermangelung anderer Gemeinsamkeiten, wenigstens die gemeinsame Abwehrstellung gegen den vermeintlichen äußeren oder inneren Feind an, eine Art ›negativer Integration‹. Daraus entwickelte sich eine neue Art der Judenfeindschaft, für die sich auch bald die neue Vokabel ›Antisemitismus‹ fand, die 1879 als politisches Schlagwort erstmals verwendet und popularisiert wurde. ›Antijudaismus‹, ›Judenfeindschaft‹, ›Judenhaß‹, ›Judenhetze‹ wurden durch den neuen, verschwommenen Begriff ersetzt, der sich mit dem Schein der Wissenschaftlichkeit umgab, binnen weniger Monate in ganz Europa Verbreitung fand und sich als einprägsames und allgemeinverständliches Schlagwort in der politischen Kultur des Wilhelminismus in breiten Volksschichten dauerhaft etablieren konnte.

Aber erst mit Heinrich von Treitschke (3/15) eroberte die antisemitische Bewegung die Universitäten, fand vor allem bei den Studenten breite Unterstützung und wurde in der bürgerlichen Gesellschaft diskussions- und salonfähig. In einem im November 1879 in den *Preußischen Jahrbüchern* veröffentlichten Aufsatz,in dem er sich unter dem Titel *Unsere Aussichten* (3/16) zunächst mit der außenpolitischen Lage Deutschlands auseinandersetzte, um am Ende auf die innenpolitische Lage einzugehen, konstatiert Treitschke, daß es »keine leere Redensart (sei), wenn man heute von einer deutschen Judenfrage spricht«. Die Deutschen seien dabei, den ›inneren Feind‹, Sozialisten und Juden, zu erkennen. Ein »gefährlicher Geist der Überhebung (sei) in jüdischen Kreisen erwacht«, die »Einwirkung des Judentums auf unser nationales Leben« sei schädlich, es hätte »an dem Lug und Trug der frechen Gier des Gründer-Unwesens einen großen Anteil, eine schwere Mitschuld an jenem schnöden Materialismus unserer Tage«. Es ist in dem Artikel die Rede vom übertriebenen Gewicht der Juden in der Tagespresse, im Handel und in der Wirtschaft. Von den »israelitischen Mitbürgern« fordert Treitschke, »sie sollen Deutsche werden, sich schlicht und recht als Deutsche fühlen – unbeschadet ihres Glaubens.« Man wolle nicht, »daß auf die Jahrtausende germanischer Gesittung ein Zeitalter deutsch-jüdischer Mischcultur folge«. Die gegenwärtige Bewegung sei gewiß brutal und gehässig, aber sie sei auch Ausdruck eines gesunden germanischen Volksgefühls: Wie aus einem Munde töne es ihm entgegen: »die Juden sind unser Unglück!«

Treitschke, der vorgab, die Emanzipation weder schmälern noch gar zurücknehmen zu wollen, war sogar der Meinung, zur Versöhnung aufgerufen zu haben. Ihn überraschte die Zahl und die Heftigkeit der durch seinen Beitrag hervorgerufenen Reaktionen, hatte er sich doch schon bei früheren Gelegenheiten ähnlich und vielleicht sogar schärfer zur Judenfrage geäußert. Fünfundsiebzig Berliner Professoren, darunter auch Treitschkes enge Kollegen Scherer, Droysen, Wattenbach und Mommsen veröffentlichten im November 1880 eine Erklärung, die sich gegen »Rassenhaß« und »mittelalterlichen Fanatismus« richtete und die ausdrücklich auch ihn meinte. Theodor Mommsen (3/17), der mit *Auch ein Wort über unser Judenthum* (3/18) eine glänzende Erwiderung verfaßte, nannte Treitschkes Artikel »das Entsetzlichste und Scheußlichste, was je geschrieben wurde« und verurteilte in einer Akademierede im März 1880 entschieden den »Kampf des Neides und der Mißgunst, der nach allen Seiten hin entbrannt ist«.

Während Treitschke den Antisemitismus für die ›gebildeten Leute‹ verbreitete, eröffnete am 19. September 1879 der publikumswirksame Hofprediger und Agitator Adolf Stoecker (3/19) auf einer Versammlung der *Christlich-Sozialen Arbeiterpartei* in Berlin seinen Kampf gegen das Judentum. Als hervorragender Redner, der die Massen anzog, und als Organisator mit guten Beziehungen zur konservativen Führungselite, wurde er zum maßgeblichen Repräsentanten des Antisemitismus im Kaiserreich. »Die Judenfrage«, sagt Stoecker, »ist schon lange eine brennende Frage; seit einigen Monaten steht sie bei uns in hellen Flammen.« (3/20) Im modernen Judentum gipfelten nach seiner Überzeugung jene Kräfte, die er schon immer bekämpft habe: der wirtschaftliche Liberalismus und Kapitalismus; er war überzeugt, daß »Gründen und Wuchern« die Lieblingstätigkeit aller Juden sei und daß »jüdischer Mammonsgeist unser Volk verdirbt«. Obgleich er mit seinen politischen Aktivitäten in der Provinz größere Erfolge verbuchen konnte als in Berlin, gelang es ihm nicht, diese parteipolitisch umzumünzen. Trotz massiv antisemitischer Frontstellung distanzierte sich Stoecker vom rassisch begründeten Judenhaß ebenso wie vom religiös motivierten. »Die Judenfrage ist für mich keine religiöse, keine Rassenfrage; seitdem die völlige Emanzipation eingetreten ist, auch keine staatsrechtliche Frage mehr. Sie ist eine sozial-ethische Frage.«

Mehr und mehr gewann innerhalb der deutschen antisemitischen Bewegung eine radikalere Zielsetzung die Oberhand. Bereits in den frühen 80er Jahren entwickelte sich namentlich in Sachsen, Hessen und Westfalen im ›Radauantisemitismus‹ eine extreme Form des Antisemitismus, der weltanschaulich mit den Ideen Stoeckers nichts mehr zu schaffen hatte. Zu seinen bekanntesten Vertretern gehörte Theodor Fritsch, der 1887 den *Hammerverlag*, der mit seinen zahlreichen Zeitschriften den Antisemitismus propagandistisch förderte, dessen *Antisemiten-Katechismus*, später *Handbuch der Judenfrage*, mit 40 ständig verbesserten Auflagen bis 1936 zum Standardwerk des nationalsozialistischen Antisemitismus avancierte.

Die massiven Veränderungen in der Wirtschafts- und Innenpolitik, die Aufhebung des Sozialistengesetzes nach dem Sturz Bismarcks im Jahr 1890 und die Wahlerfolge antisemitischer Gruppierungen, die bei den Reichstagswahlen 1893 immerhin 16 Abgeordnetenmandate erringen konnten, lösten im Jahrzehnt vor der Jahrhundertwende eine neue Welle des Antisemitismus aus. Den zahlreichen, sich antisemitisch gebärdenden Gruppierungen und Vereinigungen, die vielfach wie divergierende Sekten operierten, gelang es allerdings nicht, selbst politisch wirksam zu werden. Ihre Ideen wurden jedoch von politischen Parteien aufgenommen, die selbst keine antisemitischen Ziele verfolgten, den Antisemitismus aber als wirksames Propagandainstrument benutzten. So nahmen 1892 die Konservativen auf dem *Tivoli*-Parteitag eine antisemitische Klausel in ihr Parteiprogramm auf. Eine aktivere Rolle dagegen spielten die Antisemiten im *Bund der Landwirte*, der 1893 gegründet bis zur Jahrhundertwende seine Anhängerschaft auf 250.000 Mitglieder bringen konnte, und im *Deutschnationalen Handlungsgehilfenverband*, der wichtigsten gewerkschaftlichen Gruppierung von Mittelständlern und Angestellten, der ebensowenig wie die *Vereine deutscher Studenten* Juden aufnahm.

Mit Beginn der 90er Jahre trug die antisemitische Bewegung ihre Agitation in die Öffentlichkeit. Mit erheblichem propagandistischem Aufwand wurde die Bekämpfung des Judentums popularisiert. Der Alltagsantisemitismus kam zumeist auf Grußpostkarten unters Volk. Bestimmte Plätze und Orte wurden als ›judenrein‹ deklariert. Die Gaststätte *Kölner Hof* in Frankfurt pries sich in einer Postkartenserie seinen deutschen Gästen als ›judenfreies‹ Refugium in »Neu-Jerusalem am fränkischen Jordan« an. (3/22) Auf der Nordseeinsel Borkum wurden jüdische Gäste prinzipiell abgewiesen. Das Borkumlied, fast eine antisemitische Hymne, fehlte bei keinem der Kurkonzerte. Über Grußkarten wurde es im ganzen Land verbreitet. (3/23)

Eine gute Illustration der oben angedeuteten Funktion des Antisemitismus für die negative politische Integration und die von Treitschke vorgetragene Subsumierung von Sozialisten und Juden unter dem Stichwort ›innerer Feind‹ bietet die Verbindung des sozialdemokratischen Arbeiters mit dem jüdischen Geschäftsmann, die Verbindung der ›roten Internationale‹ mit der ›goldenen Internationale‹. Dabei ist, wie am Halsband deutlich erkennbar, der Sozialdemokrat der Verführte. Im deutschen Arbeiter steckt eben doch der gutmütige ›Deutsche Michel‹, der eben wegen seiner Gutmütigkeit so leicht verführbar ist, ja, der schläft, und deshalb bis auf die Zipfelmütze aller seiner Kleider beraubt werden kann. (3/24) Noch 1921 werden die beiden ›Erfüllungspolitiker‹ Walther Rathenau und Joseph Wirth auf der Titelseite des antisemitischen *Deutschen Witzblatts* gezeigt, wie sie den durch den Vertrag von Versailles verwundeten ›Deutschen Michel‹ mit Alkohol betäuben, um, so darf man sich denken, ihn um so besser zugunsten der Entente berauben zu können. (3/45)

Um dem neuen Antisemitismus, der ja destabilisierende Konsequenzen für das gesellschaftliche Gefüge hatte und den mühsam errungenen Rechtsstaat in Frage zu stellen drohte, wirkungsvoll entgegentreten zu können, schlossen sich im Januar 1891 fünfhundert führende Persönlichkeiten aus Staat, Gesellschaft und Industrie, liberal gesinnte Politiker und Professoren, Kirchenmänner und Schriftsteller, Juristen und Wirtschaftsfachleute wie Theodor Mommsen, Rudolf von Gneist, Karl Biedermann, Gustav Freytag, Theodor Barth, Eugen Richter, Heinrich Rickert im nichtjüdischen *Verein zur Abwehr des Antisemitismus* zusammen. Der Verein erhielt rasch Zulauf und selbst Juden begrüßten die Möglichkeit, hier als ›Deutsche‹ wirken zu können, waren aber meist nur bereit, dem *Abwehrverein* ihr Wohlwollen zu bescheinigen und ihn finanziell zu unterstützen.

Viele unter den selbstbewußten Juden erkannten immer dringlicher die Notwendigkeit, im Rahmen einer breiten Organisation der jüdischen Selbstverteidigung für ihre eigene Sache einzustehen. Bereits in den 80ern hatten sich jüdische Studenten gegen die antisemitische Studentenbewegung an den deutschen Universitäten zusammengeschlossen. Am 26. März 1893 wurde in Berlin der *Centralverein deutscher Staatsbürger jüdischen Glaubens* gegründet. Äußerer Anlaß war zum einen die berüchtigte Ritualmordbeschuldigung von Xanten, die von den Antisemiten propagandistisch ausgeschlachtet wurde, zum anderen das *Tivoliprogramm* der Konservativen Partei vom Dezember 1892, in dem erstmals die Eindämmung des jüdischen Einflusses im Parteistatut verankert wurde. Direkten Anstoß aber gab die anonym erschienene Schrift *Schutzjuden oder Staatsbürger?* (3/26) des Tolstoi-Übersetzers und Direktors des Schillertheaters Raphael Löwenfeld (3/25), der seine Glaubensgenossen aufforderte, endlich selbst die Verteidigung ihrer Rechte in die Hand zu neh-

3/15
3/17

men und sich als deutsche Staatsbürger für die Durchsetzung ihrer Gleichberechtigung einzusetzen.
Ziel des *Centralvereins* war laut § 1 der Satzung, »die deutschen Staatsbürger jüdischen Glaubens, ohne Unterschied der religiösen und politischen Richtung zu sammeln, um sie zu bestärken in der tatkräftigen Wahrung ihrer staatsbürgerlichen und gesellschaftlichen Gleichstellung und der unbeirrbaren Pflege deutscher Gesinnung«. Der Abwehrkampf gegen den Antisemitismus wurde als »vaterländische Pflicht« betrachtet und unter Wahrung parteipolitischer Neutralität zur primären Aufgabe des *Centralvereins* erklärt.
Zunächst beschränkte sich aber die Vereinstätigkeit auf den Rechtsschutz, auf die juristische Widerlegung antisemitischer Angriffe. Systematisch wurde die gesamte völkische Presse beobachtet, judenfeindliche Broschüren und Flugblätter gesammelt, Vorträge und Versammlungen besucht und auf die Möglichkeit strafrechtlicher Verfolgung hin geprüft. Zwar galt im *Centralverein* das Postulat strikter parteipolitischer Neutralität; dennoch war man bestrebt, antisemitischen Kandidaten durch Wahlhilfe für ihre Gegner Niederlagen zu bereiten.
Gemäß der Devise »Selbstverteidigung im Licht der Öffentlichkeit« bestand für den Centralverein von Anfang an eine wesentliche Aufgabe darin, unter seinen Mitgliedern die Abwehrbereitschaft zu mobilisieren. Neben den zahlreichen kleinen Broschüren mit Vorträgen aus den Reihen des Vorstandes, sollte diesen Zweck vor allem die monatlich erscheinende Vereinszeitschrift *Im*

deutschen Reich erfüllen (3/33), die allen Mitgliedern kostenlos zuging.
Die Arbeit des *Centralvereins* änderte jedoch nichts an den zahlreichen rechtlich nicht vorgesehenen, aber faktisch um so wirksameren Diskriminierungen. In einer Gesellschaft, die den Offizier zu ihrem Leitbild erhoben hatte, mußte der Ausschluß vom Zugang zum Offizierskorps als besonders verletzend empfunden werden; seit 1885 war in der preußischen Armee kein ungetaufter Jude mehr zum Reserveoffizier befördert worden. (3/28) Ob Walther Rathenau, als er 1890 als Einjährig-Freiwilliger seine Dienstzeit bei den Gardekürassieren (3/30) antrat, heimlich gehofft hatte, vielleicht doch zur Offiziersprüfung zugelassen zu werden, wissen wir nicht. Es dürfte aber die enttäuschende Erfahrung gewesen sein, trotz aller Leistung und allen

3/19

3/25

Verdienstes ausgeschlossen zu bleiben, die ihn Jahre später das Fazit ziehen ließ: »In den Jugendjahren eines jeden deutschen Juden gibt es einen schmerzlichen Augenblick, an den er sich zeitlebens erinnert: wenn ihm zum ersten Male bewußt wird, daß er als Bürger zweiter Klasse in die Welt getreten ist und keine Tüchtigkeit und kein Verdienst ihn aus dieser Lage befreien kann.« (GS I, S. 188)

HELMUTH F. BRAUN

3/15
Bildnis des Heinrich von Treitschke
Fotografie (alter Abzug)
9 × 6 cm
Berlin, Bildarchiv PK

3/16
»Unsere Aussichten.«
Aufsatz von Heinrich von Treitschke in den Preußischen Jahrbüchern, Bd. 44, 5. Heft vom November 1879
Georg Reimer Verlag
Buchdruck
20,8 × 13,5 cm
Berlin, DHM, Bibliothek

3/17
Bildnis des Theodor Mommsen
E. Milster
um 1870
Fotografie (alter Abzug)
8 × 5,5 cm
Berlin, Bildarchiv PK

3/18
»Auch ein Wort über unser Judenthum.«
Theodor Mommsen
Weidmannsche Buchhandlung
Berlin 1880
16 Seiten, Buchdruck
23 × 14,5 cm
Berlin, DHM, Bibliothek

3/19
Bildnis des Adolf Stoecker
Hans Franke & Co.
1902
Fotografie (alter Abzug)
11 × 7,5 cm
Berlin, Bildarchiv PK

3/20
»Christlich-Sozial. Reden und Aufsätze«
Adolf Stoecker
Verlag von Velhagen & Klasing
Bielefeld und Leipzig 1885
526 Seiten, Buchdruck
22 × 15,3 cm
Berlin, DHM, Bibliothek

3/21
»Wider Herrn Hofprediger Stöcker. Eine christliche Stimme über die Judenfrage.«
Max Baumgarten
Stuhr'sche Buchhandlung
Berlin 1881
25 Seiten, Buchdruck
22,7 × 15 cm
Berlin, Berlin Museum, Abt. Jüdisches Museum

3/22
Serie antisemitischer Bildpostkarten aus deutschen Gaststätten und Hotels
a) »Wer seinem Volk ein Freund will sein, der kaufe nie bei Juden ein«
Stempelaufdruck auf einer Postkarte vom »Deutschen Wirtshaus I«
b) »Kölner Hof – Christlich-deutsches Haus.«
c) »Hôtel Kölner Hof. Neu Jerusalem am fränk. Jordan.«
d) »Jüdischer Besuch verbeten.«
Alle um 1900
je 9 × 14 cm
Berlin, Wolfgang Haney

3/23
Serie antisemitischer Bildpostkarten aus Borkum
a) »Juden werden hier nicht geduldet«
Hamburg: V. Löffler & Ockelmann
b) »Gruss aus Borkum«
Mit dem Text des »Borkum-Liedes«
c) »Er muss hinaus«
Borkum-Bremen: Wolffram & Comp.
Alle um 1910
je 9 × 14 cm
Berlin, Wolfgang Haney

3/24

Serie antisemitischer Bildpostkarten mit dem Motiv des »Deutschen Michel«
a) »Parabel: Es ging ein Mann aus Syrerland – Führt ein Kamel am Halfterband«
b) »Deutscher Arbeiter, warum bist Du so dumm?«
c) Der »Michelreiter«.
d) »Michel …«
Berlin: Aussch. f. Volksaufklärung E.V.
e) »Der Vorsichtige: Na, die Zipfelmütze will ich ihm lassen, sonst wacht er am Ende doch noch auf.«
f) »Michl wach auf!«
Nr. 7 der vom D.V. Verein *Odin* München herausgegebenen Karten
1900 bis 1920
je 9 × 14 bzw. 14 × 9 cm
Berlin, Wolfgang Haney

3/25

Bildnis des Raphael Löwenfeld
Gründer des Centralvereins deutscher Staatsbürger jüdischen Glaubens
Fred Benedikt Dolbin (1883–1971)
Tusche, laviert
50,5 × 37 cm
Berlin, Berlin Museum
(GHZ 74/22,72)

3/26

»Schutzjuden oder Staatsbürger?«
Dritte Auflage. Vermehrt um Stimmen der Presse und Zuschriften aus dem Publikum.
Raphael Löwenfeld
Verlag von Schweitzer & Mohr
Berlin 1893
27 Seiten, Buchdruck
20 × 13,5 cm
Berlin, Technische Universität, Zentrum für Antisemitismusforschung

3/22c

3/27

»Die Pflicht der Selbstvertheidigung.«
Jahresbericht des Vorsitzenden in der ersten ordentlichen Generalversammlung des Centralvereins deutscher Staatsbürger jüdischen Glaubens.
Martin Mendelsohn
Verlag von Imberg & Lefson
Berlin 1894
37 Seiten, Buchdruck
24 × 16 cm
Berlin, Berlin Museum, Abt. Jüdisches Museum

3/28

»Das jüdische Bekenntnis als Hinderungsgrund der Beförderung zum preußischen Reserveoffizier«
Max Loewenthal
Berlin 1911
134 Seiten, Buchdruck
22,5 × 14,7 cm
Köln, Germania Judaica

3/29

Bildnis des Dr. Leo Löwenstein
Fotografie (alter Abzug)
15 × 10 cm
New York, Leo Baeck Institute
(AR 31)

3/30

Bildnis des Walther Rathenau in Kürassieruniform
Will. Fechner
1887
Fotografie (alter Abzug)
bez.: WILL. FECHNER, phot.art. Atelier BERLIN Potsdamer Str. 134a
22 × 13,3 cm
Moskau, ZAS (634/1/143)

3/23a

3/23c

3/31
Militärpaß für Walther Rathenau
Vordruck mit handschriftlichen Eintragungen
14 × 16,8 cm; Hülle 14,5 × 9,3 cm
bez. auf der Hülle: Einjährig freiwilliger Unteroffizier Walther Rathenau
Moskau, ZAS (634/1/14)

3/32
Skizzenbuch aus der Militärzeit
Walther Rathenau
Bleistift auf Papier
15 Blatt
19 × 14 cm
Bad Freienwalde, Walther Rathenau Stift GmbH

3/24a
3/24d

»Das Vaterland ruft seine Söhne zu den Waffen«, heißt es in einem Aufruf des zionistischen Jugendbundes *Blau-Weiß* aus den ersten Tagen des August 1914, »Freudig folgen wir seinem Rufe.« Im August 1914 stimmte die überwiegende Mehrzahl der deutschen Juden in die allgemeine Kriegsbegeisterung ein. Die Angehörigen jüdischer Studentenverbindungen meldeten sich geschlossen als Kriegsfreiwillige; der *Centralverein deutscher Staatsbürger jüdischen Glaubens* erklärte zusammen mit dem *Verband der deutschen Juden*, es sei selbstverständlich, »daß jeder deutsche Jude zu den Opfern an Gut und Blut bereit ist, die die Pflicht erheischt«. Er verband diese Erklärung mit dem Aufruf: »Glaubensgenossen! Wir rufen Euch auf, über das Maß der Pflicht hinaus Eure Kräfte dem Vaterland zu widmen! Eilet freiwillig zu den Fahnen!« (Zechlin, S. 87)

Dieser Bereitschaft entsprach der Ruf Kaiser Wilhelms II., er kenne keine Parteien mehr, er kenne nur noch Deutsche, eine Aussage, die leicht als Zusicherung verstanden werden konnte, daß die zahlreichen informellen Benachteiligungen und alle gesellschaftlichen Barrieren durch den gemeinsamen Kampf obsolet geworden seien und die in der Verfassung festgeschriebene Gleichberechtigung aller deutschen Bürger Wirklichkeit würde: »Aus der Zeit der Not geboren soll die Harmonie aller Bürger eine dauernde Errungenschaft unseres Volkes bleiben.«

Dem vielbeschworenen *Geist von 1914*, dem Geist der Niederlegung aller Schranken zwischen Klassen und Religionen, war allerdings nur eine kurze Lebensdauer beschieden. Zwar waren im Zeichen des *Burgfriedens* antisemitische Zeitungen tatsächlich zensiert oder verboten worden und sogar der notorisch antisemitische *Alldeutsche Verband* hatte vorübergehend seine Agitation eingestellt. Aber bereits am 28. August 1914 forderte der antisemitische *Reichshammerbund* in einem Rundschreiben seine Mitglieder auf, »Kriegsermittlungen« über die Beteiligung von Juden an den Kämpfen, über ihre Verluste und ihre Bereitschaft, mit Spenden zum Sieg beizutragen, anzustellen, ein Unternehmen, das selbstverständlich zur Beschaffung von Material für die antisemitische Agitation gedacht war.

Während der organisierte Antisemitismus also von Anfang an, trotz *Burgfrieden* und *Geist von 1914*, sich an die Sammlung der ›Waffen‹ begab, die bei der spätestens nach Ende des Kriegs erwarteten ›großen Abrechnung‹ bereitliegen sollten, erhielt der informelle, populäre Antisemitismus wohl erst im zweiten Kriegsjahr neuen Auftrieb, als die Lebensmittelversorgung sich rapide verschlechterte. Jetzt wirkte sich die britische Blockade spürbar aus und die Versorgungsengpässe standen in deutlichem Kontrast zu der Tatsache, daß einige wenige im Krieg und am Krieg durchaus gute Geschäfte machten. In dieser Situation war die Bereitschaft, nach ›Sündenböcken‹ zu suchen und Schuldzuweisungen zu formulieren, besonders groß. Als einer der ersten trat Alfred Roth vom *Reichshammerbund* mit einer Denkschrift über die *Juden in den Kriegsgesellschaften* hervor, in der er zu beweisen suchte, daß durch die Berufung Rathenaus zum Leiter der Kriegsrohstoffabteilung vor allem jüdische Geschäftsleute in einem »von jüdischem Geist gelenkten« System außerordentliche Gewinne machten. Nun war zwar unbestreitbar, daß durch die zentrale Bewirtschaftung der Rohstoffe die in den Kriegsgesellschaften zusammengeschlossenen Firmen durchaus gute Geschäfte machten; ebenso unbestritten war aber, daß hier von einem jüdischen System gar keine Rede sein konnte. Es kam in diesem Zusammenhang aber gar nicht darauf an, da diejenigen, denen sich die Plausibilität dieser Argumente erschloß, auch durch Tatsachen nicht zu überzeugen waren.

Walther Rathenau, von Wilhelm Schwaner auf diese Vorwürfe aufmerksam gemacht, hat in seiner Antwort diesen psychischen Mechanismus erstaunlich klarsichtig analysiert: »Nein, Lieber, ich denke nicht daran, eine Milderung dieses Hasses zu erwarten. Je mehr Juden in diesem Kriege fallen, desto nachhaltiger werden ihre Gegner beweisen, daß sie alle hinter der Front gesessen haben, um Kriegswucher zu treiben. Der Haß wird sich verdoppeln und verdreifachen, und nicht nur dieser Haß, sondern jeder Haß und Zwist, der überhaupt in unserem Lande möglich ist.« (BA Koblenz, Nl Rathenau, Bd. 6, Bl. 49)

Eine von Antisemiten innerhalb und außerhalb des Heeres groß angelegte Kampagne, in der das Kriegsministerium mit Klagen über ›jüdische Drückebergerei‹ überschwemmt und eine Untersuchung der vermeintlichen Mißstände gefordert wurde, führte, nach einigem Zögern auf seiten der Militärs, zu einem am 11. Oktober 1916 von Kriegsminister Adolf Wild von Hohenborn unterzeichneten Erlaß an alle militärischen Dienststellen, der die statistische Erfassung aller wehrpflichtigen deutschen Juden für den 1. November anordnete. (3/34) Grund für die Erhebung, so der Kriegsminister in einer dem Erlaß beigegebenen Erklärung, sei die Nachprüfung dieser Klagen mit der Absicht, »ihnen gegebenenfalls entgegentreten zu können«. Die tatsächlichen Gründe der Zählung lagen aber vermutlich einerseits darin, daß die Heeresleitung die letzten Reserven für den Dienst an der Front oder in den Rüstungsbetrieben mobilisieren wollte und daß andererseits das Kriegsministerium offenbar mit eigenen Zahlen einer jüdischen Statistik zuvorzukommen plante. Gerade dabei spielte sicher auch der traditionelle Antisemitismus der führenden preußischen Militärs eine Rolle, wie an einer späteren internen Aufzeichnung des Ministeriums über die »Vorgeschichte der Judenstatistik« sichtbar wird, in der es heißt, »daß die Juden allerlei Material über ihre Stammesgenossen sammeln, (...) das später zweifellos für eine Agitation wegen Zulassung der Ju-

den zum aktiven und Reserveoffizier ausgenutzt werden sollte.« (Zechlin, S. 531)
Nun hatte tatsächlich der *Verband deutscher Juden* bereits Mitte August 1914 in einem Aufruf gefordert, statistisches Material über die Teilnahme von Juden am Weltkrieg zu sammeln; aus diesem Aufruf ging schließlich Anfang 1915 ein *Büro für Statistik der Juden* und im Jahr darauf ein *Ausschuss für Kriegsstatistik* hervor, in dem mehrere jüdische Organisationen ihre diesbezügliche Arbeit koordinierten. Die Arbeit dieses Büros sollte jedoch keineswegs dem von den Militärs vermuteten und befürchteten Zweck dienen, sondern »zur Widerlegung von zu erwartenden Vorwürfen wegen unschönen Verhaltens der Juden während der Kriegszeit», da man »nach dem Kriege mit einem Wiederaufflammen der antisemitischen Bewegung« rechnete, eine Erwartung, die nicht unerfüllt blieb. In zahlreichen Veröffentlichungen und Flugblättern nach dem Krieg konnte mit gesicherten statistischen Materialien gezeigt werden, daß alle Verdächtigungen, die allein schon durch die Tatsache der Judenzählung bestätigt schienen, vollkommen aus der Luft gegriffen waren. (3/36, 3/37)
Die ›Judenzählung‹ trug nicht nur entscheidend zur Entfremdung und zum Vertrauensverlust zwischen den Juden und ihren Kameraden bei, sondern stieß auch auf Ablehnung und Kritik. Unter denen, die sich in großer Sorge an die Regierung wandten, war der Hamburger Bankier Max M.Warburg, der im November 1916 eine umfangreiche Denkschrift zur *Judenfrage im Rahmen der deutschen Gesamtpolitik* verfaßt hatte. In dem Schreiben, mit dem er Reichskanzler Bethmann Hollweg diese Denkschrift übersandte, wies er warnend darauf hin, »daß die Zählung der Juden, (...) unter den deutschen Juden eine solche Erregung hervorgerufen« hat, daß er sich »für verpflichtet halte, auf die Gefahren aufmerksam zu machen, die sich aus einer falschen Behandlung der Juden ergeben können«. (3/35) Warburg hatte die Denkschrift auch an Walther Rathenau geschickt, der in einem Brief vom 28. November 1916 antwortete, daß »angesichts der Beteiligung der Juden am Kriege mit den Mißständen ein Ende gemacht werden muß« und »daß es unerhört ist, wenn auch im Angesicht der Kämpfe keine Wendung eintritt«. (B I, S. 228)
Angesichts der immer schwierigeren militärischen, gesellschaftlichen und politischen Lage gewann der Antisemitismus in der zweiten Kriegshälfte eine immer breitere Massenbasis; Ende Februar 1918 stellte Rathenau in einem Brief fest: »... Es ist zweifellos richtig, daß eine große antisemitisch-agitatorische Bewegung bevorsteht, ja bereits mit großen Mitteln eingeleitet ist.« (B II, S. 10)
Die Friedensresolution des Reichstags vom Juli 1917 wurde in der antisemitischen Polemik zum ›Judenfrieden‹ stilisiert und das deutsche Waffenstillstandsangebot vom Oktober 1918 als ›jüdischer Dolchstoß‹ in den Rücken des siegreich kämpfenden Heeres gewertet. (3/40) Einen Monat vor dem endgültigen Zusammenbruch glaubte Franz Oppenheimer voraussehen zu können, daß man die Juden für den Verlust des Krieges verantwortlich machen würde. »Man bereitet für jeden Fall einen Sündenbock vor, den das Volk als wirklich Schuldigen in die Wüste schicken mag, man richtet dem Leviathan eine Tonne zum Spielen her: Vielleicht hilft das so erprobte Mittel auch dieses Mal noch! (...) Es handelt sich um die edle Absicht, die Juden und ›ihre‹ Presse, für die man auch alle Juden verantwortlich macht, für einen etwaigen unbefriedigenden Ausgang des Krieges haftbar zu machen, die Volkswut auf sie abzulenken.« (Zechlin, S. 550)
Die Erwartungen Rathenaus und Oppenheimers sind von der Wirklichkeit noch erheblich übertroffen worden. Bereits am 18. Februar 1919 kamen in Bamberg die Vertreter verschiedener antisemitischer Organisationen zur Gründung eines antisemitischen Führungs- und Dachverbandes zusammen. Ergebnis dieser Zusammenkunft war die Gründung des *Deutschvölkischen Schutz- und Trutz-Bundes*, der, wie es in § 1 der Satzungen hieß, »in dem unterdrückenden und zersetzenden Einfluß des Judentums die Hauptursache des Zusammenbruchs« erblickte und seine Aufgabe »in der Beseitigung dieses Einflusses« als der »Vorbedingung des staatlichen und wirtschaftlichen Wiederaufbaues und der Rettung deutscher Kultur« sah. (3/42)
Dieses Treffen war von einem bereits im September 1918 eingesetzten Ausschuß vorbereitet worden, dem neben Konstantin von Gebsattel, dem stellvertretenden Vorsitzenden des *Alldeutschen Verbandes*, u.a. Theodor Fritsch und Alfred Roth angehörten. Gebsattel hatte bereits im Oktober 1918 in einem Schreiben an die in Berlin tagende Alldeutsche Verbandsführung mit fast soziologischer Präzision und wie fast gleichzeitig Franz Oppenheimer die Funktion des Antisemitismus formuliert, als er die Verbandsführung aufforderte, »die Lage zu Fanfaren gegen das Judentum und die Juden als Blitzableiter für alles Unrecht zu benutzen«, eine Anregung, die der Geschäftsführer des *Alldeutschen Verbandes*, Heinrich Claß, gerne aufnahm und noch durch die Forderung nach der »praktisch demagogischen« Auswertung des Antisemitismus ergänzte, mit dem Ziel, »Furcht und Schrecken (...) in der Judenschaft« zu verbreiten. (Lohalm, S. 53)
Wie groß die Resonanz war, die der *Schutz- und Trutz-Bund* hervorrief, läßt sich an den Mitgliederzahlen ablesen.
Bis Ende 1919 hatte der Bund bereits 20.000, ein Jahr später 110.000 und zur Zeit des Verbots nach dem Rathenaumord Ende Juni 1922 etwa 200.000 Mitglieder. Die enormen finanziellen Zuwendungen aus Industrie und Mittelstand ermöglichten es, mit Millionen

von Handzetteln, Flugblättern und Pamphleten eine maßlose Propaganda zu entfalten. In zahlreichen Aufrufen des Bundes wurden nicht nur die Juden pauschal angeklagt, sondern auch die Persönlichkeiten benannt, auf die man die Verantwortung für den verlorenen Krieg abzuwälzen suchte und die man als Repräsentanten des verhaßten Systems, der ›Judenrepublik‹, betrachtete.

Im Zentrum der Angriffe stand Walther Rathenau. Alfred Roth, der Hauptgeschäftsführer des *Schutz- und Trutz-Bundes*, veröffentlichte nach der Ernennung Rathenaus zum Wiederaufbauminister im Juni 1921 einen Artikel , in dem er Rathenau als »den König der in Deutschland lebenden Juden« bezeichnete, der jetzt zum »Gerichtsvollzieher der Entente« ernannt worden sei. Roth protestierte mit Tiraden dieser Art nicht nur gegen die Ernennung Rathenaus, sondern auch gegen den neuen Innenminister Schiffer, Justizminister Gradnauer und, da der Name ihm jüdisch klang, auch gegen Außenminister Rosen. (3/44) Roths Artikel gegen Rathenau wurden anläßlich der Ernennung Rathenaus zum Außenminister in einer Broschüre unter dem Titel *Rathenau »Der Kandidat des Auslandes«* (3/47) zusammengestellt.

In Briefen an den Reichspräsidenten und den Reichskanzler protestierte der *Schutz- und Trutzbund* gegen diese Ernennung, die »eine durch nichts gerechtfertigte neuerliche Provokation eines großen Teils des deutschen Volkes« darstelle. »Dr. Rathenau kann schon deshalb nicht die Belange des deutschen Volkes vertreten, weil er ja kein Deutscher, sondern ein Jude ist.« (3/46b)

Auch die Nationalsozialistische Deutsche Arbeiterpartei erhob in einem Schreiben an die Bayerische Staatsregierung »schärfsten Einspruch gegen die Ernennung Dr. Walther Rathenaus zum Außenminister«. (3/46a)

Die Mörder Rathenaus gehörten ebenso wie die Mörder Erzbergers und diejenigen, die den Attentatsversuch auf Philipp Scheidemann unternommen hatten, kürzere oder längere Zeit dem *Schutz- und Trutzbund* oder der *Organisation Consul* an. Die Funktionäre der genannten deutschvölkischen Gruppierungen wirkten entscheidend bei der Vorbereitung der meisten Attentate mit und versahen die Mörder mit Waffen und Geld.

Wenige Tage nach der Ermordung Rathenaus am 24. Juni 1922 brachte die *C.V.-Zeitung*, das wöchentliche Organ des *Centralverein deutscher Staatsbürger jüdischen Glaubens*, einen Nachruf auf den Ermordeten. In diesem Nachruf wurde Rathenau als das Opfer der Hetze des *Deutschvölkischen Schutz- und Trutzbundes* und der *Deutschnationalen Volkspartei* bezeichnet: »Was hat der Central-Verein gewarnt! Wir betonten überall und stets, nicht um das deutsche Judentum sei uns jetzt so bange, sondern um das Vaterland. Wer nicht wolle, daß Bürgerblut die Straßen rot färbe, wer nicht wolle, daß leitende Staatsmänner Mordbuben zum Opfer fielen,

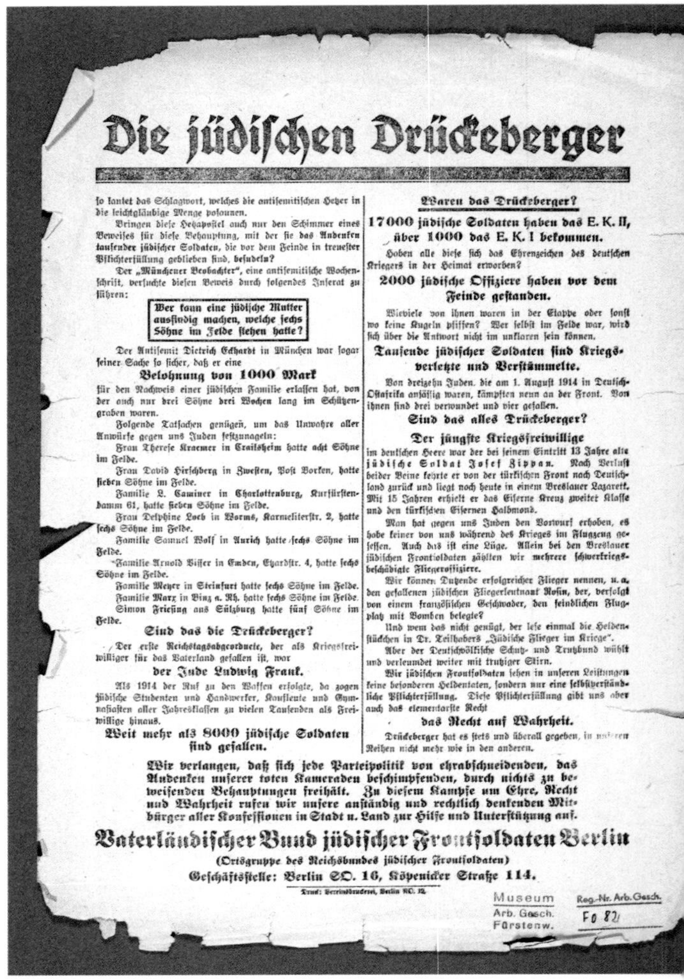

Die jüdischen Drückeberger

so lautet das Schlagwort, welches die antisemitischen Hetzer in die leichtgläubige Menge posaunen.

Bringen diese Hetzapostel auch nur den Schimmer eines Beweises für diese Behauptung, mit der sie das Andenken tausender jüdischer Soldaten, die vor dem Feinde in treuester Pflichterfüllung geblieben sind, besudeln?

Der „Münchener Beobachter", eine antisemitische Wochenschrift, versuchte diesen Beweis durch folgendes Inserat zu führen:

Wer kann eine jüdische Mutter ausfindig machen, welche sechs Söhne im Felde stehen hatte?

Der Antisemit Dietrich Eckhardt in München war sogar seiner Sache so sicher, daß er eine

Belohnung von 1000 Mark

für den Nachweis einer jüdischen Familie erlassen hat, von der auch nur drei Söhne drei Wochen lang im Schützengraben waren.

Folgende Tatsachen genügen, um das Unwahre aller Anwürfe gegen uns Juden festzunageln:

Frau Therese Kraemer in Crailsheim hatte acht Söhne im Felde.

Frau David Hirschberg in Zwesten, Post Borken, hatte sieben Söhne im Felde.

Familie L. Caminer in Charlottenburg, Kurfürstendamm 61, hatte sieben Söhne im Felde.

Frau Delphine Loeb in Worms, Karmeliterstr. 2, hatte sechs Söhne im Felde.

Familie Samuel Wolf in Aurich hatte sechs Söhne im Felde.

Familie Arnold Visser in Emden, Ezardstr. 4, hatte sechs Söhne im Felde.

Familie Meyer in Steinfurt hatte sechs Söhne im Felde.

Familie Marx in Binz a. Rh. hatte sechs Söhne im Felde.

Simon Friesing aus Sülzburg hatte fünf Söhne im Felde.

Sind das die Drückeberger?

Der erste Reichstagsabgeordnete, der als Kriegsfreiwilliger für das Vaterland gefallen ist, war

der Jude Ludwig Frank.

Als 1914 der Ruf zu den Waffen erfolgte, da zogen jüdische Studenten und Handwerker, Kaufleute und Gymnasiasten aller Jahresklassen zu vielen Tausenden als Freiwillige hinaus.

Weit mehr als 8000 jüdische Soldaten sind gefallen.

Waren das Drückeberger?

17000 jüdische Soldaten haben das E. K. II, über 1000 das E. K. I bekommen.

Haben alle diese sich das Ehrenzeichen des deutschen Kriegers in der Heimat erworben?

2000 jüdische Offiziere haben vor dem Feinde gestanden.

Wieviele von ihnen waren in der Etappe oder sonst wo keine Kugeln pfiffen? Wer selbst im Felde war, wird sich über die Antwort nicht im unklaren sein können.

Tausende jüdischer Soldaten sind Kriegsverletzte und Verstümmelte.

Von dreizehn Juden, die am 1. August 1914 in Deutsch-Ostafrika ansässig waren, kämpften neun an der Front. Von ihnen sind drei verwundet und vier gefallen.

Sind das alles Drückeberger?

Der jüngste Kriegsfreiwillige

im deutschen Heere war der bei seinem Eintritt 13 Jahre alte jüdische Soldat Josef Zippan. Nach Verlust beider Beine kehrte er von der türkischen Front nach Deutschland zurück und liegt noch heute in einem Breslauer Lazarett. Mit 15 Jahren erhielt er das Eiserne Kreuz zweiter Klasse und den türkischen Eisernen Halbmond.

Man hat gegen uns Juden den Vorwurf erhoben, es habe keiner von uns während des Krieges im Flugzeug gesessen. Auch das ist eine Lüge. Allein bei den Breslauer jüdischen Frontsoldaten zählten wir mehrere schwerkriegsbeschädigte Fliegeroffiziere.

Wir können Dutzende erfolgreicher Flieger nennen, u. a. den gefallenen jüdischen Fliegerleutnant Rosin, der, verfolgt von einem französischen Geschwader, den feindlichen Flugplatz mit Bomben belegte?

Und wem das nicht genügt, der lese einmal die Heldenstückchen in Dr. Teilhabers „Jüdische Flieger im Kriege".

Aber der Deutschvölkische Schutz- und Trutzbund wühlt und verleumdet weiter mit trutziger Stirn.

Wir jüdischen Frontsoldaten sehen in unseren Leistungen keine besonderen Heldentaten, sondern nur eine selbstverständliche Pflichterfüllung. Diese Pflichterfüllung gibt uns aber auch das elementarste Recht

das Recht auf Wahrheit.

Drückeberger hat es stets und überall gegeben, in unseren Reihen nicht mehr wie in den anderen.

Wir verlangen, daß sich jede Parteipolitik von ehrabschneidenden, das Andenken unserer toten Kameraden beschimpfenden, durch nichts zu beweisenden Behauptungen freihält. Zu diesem Kampfe um Ehre, Recht und Wahrheit rufen wir unsere anständig und rechtlich denkenden Mitbürger aller Konfessionen in Stadt u. Land zur Hilfe und Unterstützung auf.

Vaterländischer Bund jüdischer Frontsoldaten Berlin

(Ortsgruppe des Reichsbundes jüdischer Frontsoldaten)

Geschäftsstelle: Berlin SO. 16, Köpenicker Straße 114.

Druck: Vereinsdruckerei, Berlin NO. 18

Museum Arb. Gesch. Fürstenw.

Reg.-Nr. Arb. Gesch. Fo 82

3/36

wer nicht den wirtschaftlichen Zusammenbruch des Reiches wünsche, könne der deutsch-völkischen maßlosen Hetze nicht mit gefaltenen Händen gegenüberstehen. (…) An dieser Stelle haben wir nichts mit Walter Rathenau als Politiker zu schaffen. Dem Juden galt die Hetze, der Republik die Kugel.«

Aber erst nach dem Mord an Rathenau wurde der *Schutz- und Trutzbund* aufgrund des Gesetzes zum Schutz der Republik verboten.

HELMUTH F. BRAUN

Zweite erweiterte Auflage.

Ende des Militarismus — Anfang der Judenherrschaft!

50 Monate haben wir an der Front gestanden, jetzt kehren wir heim und hofften auf Grund der letzten Ereignisse ein freies Deutschland mit einer Volksregierung an der Spitze zu finden.

Was bietet man uns?

Eine Judenherrschaft!

Die Beteiligung der Juden an den Frontkämpfen war gleich Null. Ihre Beteiligung an der Regierung beträgt jetzt schon 80%. Die Verhältniszahl der jüdischen Bevölkerung zur Gesamtbevölkerung ist $1^1/_2$%.

Augen auf!

Kameraden, Ihr kennt die Blutsauger.
Kameraden, wer hat sich freiwillig zur Front gemeldet?
Wer hat am meisten da draussen im Dreck gesessen? — Wir.
Wer hat sich daheim in die Kriegsgesellschaften hineingedrängt? — Die Juden.
Wer hat in den Kantinen und Schreibstuben gesessen? — Die Juden.
Welche Aerzte haben ihre Glaubensgenossen vor dem Schützengraben geschützt?
Wer hat uns, trotzdem wir zerschossen waren, immer wieder k.v. gemacht?

Diese Leute regieren uns also. Sollen sie unsere Zukunft bestimmen? Leute wie **Haase, Dr. Kurt Eisner, Hirsch, James Simon, Bernstein, Dr. Rosenfeld, Schlesinger, Emanuel Wurm, Cohn, Dr. Bresin, Katzenstein, Dr. Weyl, Landsberg** u.s.w. u.s.w. haben die Regierung an sich gerissen. **Liebknecht, Rosa Luxemburg, Levi, Kohn und Konsorten** reizen dauernd die Massen zum Klassenkampf und Bürgerkrieg auf! Auch in den Soldatenräten führen die Juden das große Wort und das Regiment. Vier Jahre lang haben sich diese Leute von der Front gedrückt. Am 9. November hatten sie die Courage, mit der Flinte in der Hand uns Frontsoldaten die Kokarden, Achselklappen und Ehrenzeichen herunterzureißen.

Kameraden, wir wollen als ein freies Volk auch selbst bestimmen und von Männern **unseres** Volkes regiert sein.

Welch schlechtes Gewissen diese Leute haben, zeigt die Mitteilung des Herrn Landau auf einer Versammlung der jüdischen Zionisten im Lehrervereinshause am Alexanderplatz, indem er sagte, daß er Gelegenheit gehabt hätte, in das Material Einsicht zu nehmen, das von judengegnerischer Seite während des Krieges gesammelt worden sei. Eine Veröffentlichung dieses Materials würde dazu geführt haben, daß man die Juden auf den Straßen totgeschlagen hätte. Er bedauerte, daß sie (die Juden) den Anlaß zu diesem Material gegeben hätten und ermahnte sie zu **tiefer Dankbarkeit der Sozialdemokratie gegenüber, deren Sieg die einzige Rettung der Juden in Deutschland gewesen wäre.**

Deswegen ist die sofortige Einberufung der **Nationalversammlung** dringend notwendig, um Männer **unseres** Volkes und **unserer** Gesinnung in die Regierung hineinzubringen. Unser Losungswort muß sein:

Deutschland den Deutschen.

Wer mit den schandmäßigen Zuständen nicht weiter einverstanden ist und mit uns arbeiten will, der schreibe sofort an den

Ausschuß für Volksaufklärung,
Berlin W., Köthenerstr. 45, Hof l.

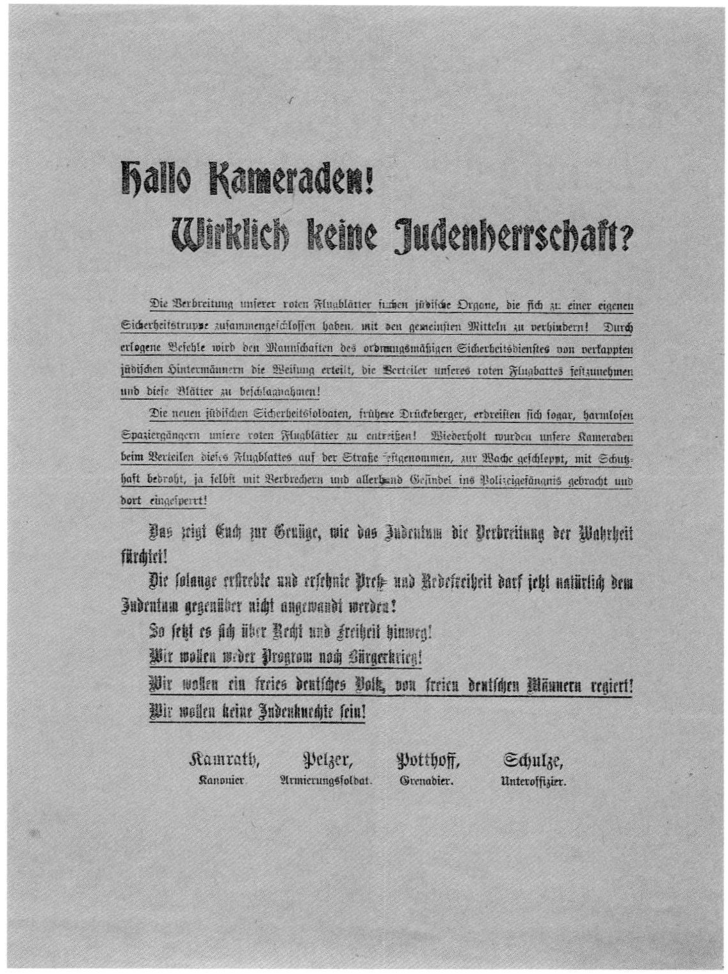

Hallo Kameraden! Wirklich keine Judenherrschaft?

Die Verbreitung unserer roten Flugblätter suchen jüdische Organe, die sich zu einer eigenen Sicherheitstruppe zusammengeschlossen haben, mit den gemeinsten Mitteln zu verhindern! Durch erlogene Befehle wird den Mannschaften des ordnungsmäßigen Sicherheitsdienstes von verkappten jüdischen Hintermännern die Weisung erteilt, die Verteiler unseres roten Flugbattes festzunehmen und diese Blätter zu beschlagnahmen!

Die neuen jüdischen Sicherheitssoldaten, frühere Drückeberger, erdreisten sich sogar, harmlosen Spaziergängern unsere roten Flugblätter zu entreißen! Wiederholt wurden unsere Kameraden beim Verteilen dieses Flugblattes auf der Straße festgenommen, zur Wache geschleppt, mit Schutzhaft bedroht, ja selbst mit Verbrechern und allerhand Gesindel ins Polizeigefängnis gebracht und dort eingesperrt!

Das zeigt Euch zur Genüge, wie das Judentum die Verbreitung der Wahrheit fürchtet!

Die solange erstrebte und ersehnte Preß- und Redefreiheit darf jetzt natürlich dem Judentum gegenüber nicht angewandt werden!

So setzt es sich über Recht und Freiheit hinweg!

Wir wollen weder Progrom noch Bürgerkrieg!

Wir wollen ein freies deutsches Volk, von freien deutschen Männern regiert!

Wir wollen keine Judenknechte sein!

Kamrath,	Pelzer,	Potthoff,	Schulze,
Kanonier.	Armierungssoldat.	Grenadier.	Unteroffizier.

3/38
3/40

3/38
3/41

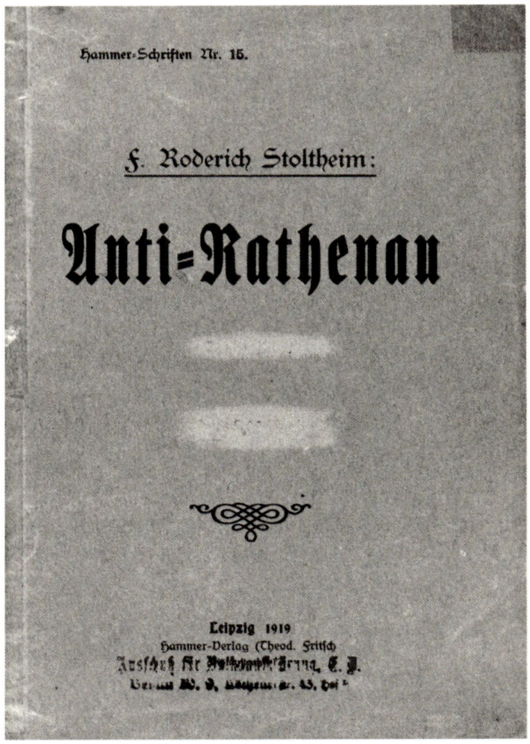
Hammer-Schriften Nr. 15.

F. Roderich Stoltheim:

Anti-Rathenau

Leipzig 1919
Hammer-Verlag (Theod. Fritsch)

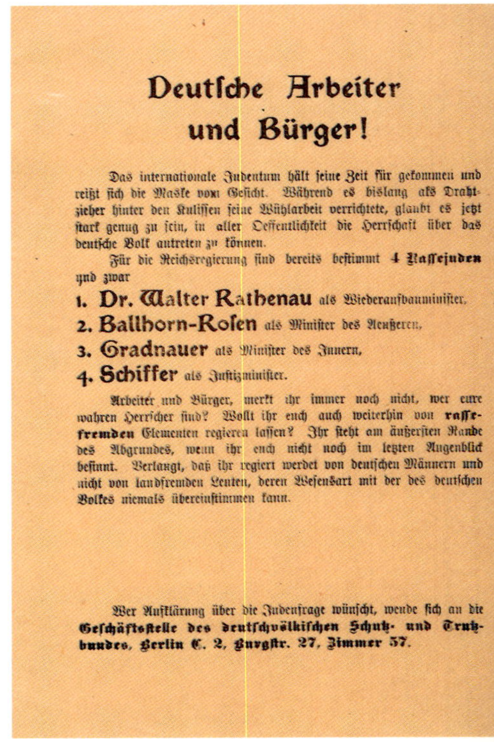
Deutsche Arbeiter und Bürger!

Das internationale Judentum hält seine Zeit für gekommen und reißt sich die Maske vom Gesicht. Während es bislang als Drahtzieher hinter den Kulissen seine Wühlarbeit verrichtete, glaubt es jetzt stark genug zu sein, in aller Oeffentlichkeit die Herrschaft über das deutsche Volk antreten zu können.

Für die Reichsregierung sind bereits bestimmt **4 Rassejuden** und zwar

1. **Dr. Walter Rathenau** als Wiederaufbauminister,
2. **Ballhorn-Rosen** als Minister des Aeußeren,
3. **Gradnauer** als Minister des Innern,
4. **Schiffer** als Justizminister.

Arbeiter und Bürger, merkt ihr immer noch nicht, wer eure wahren Herrscher sind? Wollt ihr euch auch weiterhin von **rassefremden** Elementen regieren lassen? Ihr steht am äußersten Rande des Abgrundes, wenn ihr euch nicht noch im letzten Augenblick besinnt. Verlangt, daß ihr regiert werdet von deutschen Männern und nicht von landfremden Leuten, deren Wesensart mit der des deutschen Volkes niemals übereinstimmen kann.

Wer Aufklärung über die Judenfrage wünscht, wende sich an die **Geschäftsstelle des deutschvölkischen Schutz- und Trutzbundes, Berlin C. 2, Burgstr. 27, Zimmer 57.**

3/33
»Krieg.«
Titelblatt von Im deutschen Reich. Zeitschrift des Centralvereins deutscher Staatsbürger jüdischen Glaubens, 20.Jg., Nr. 9 vom September 1914
Zeitungsdruck
21 × 28 cm
Berlin, Berlin Museum, Abt. Jüdisches Museum

3/34
»Nachweisung der beim Heere befindlichen (einschl. der noch vorhandenen vertraglich angenommenen Ärzte) wehrpflichtigen Juden.«
Formular zum Erlaß des Kriegsministeriums vom 11. 10. 1916
Faksimile
32,8 × 20,2 cm
Potsdam, Bundesarchiv, Abt. Potsdam
(Rep.07.01., Bd. 908, fol. 161)

3/35
Brief Max Warburgs an Reichskanzler von Bethmann Hollweg vom 3. 12. 1916
Faksimile des Typoskripts
32 × 20,5 cm
Potsdam, Bundesarchiv, Abt. Potsdam
(Rep.07.01., Bd. 908, fol. 104–105)

3/36
»Die jüdischen Drückeberger, so lautet das Schlagwort, welches die antisemitischen Hetzer in die leichtgläubige Menge posaunen.«
Flugblatt
Hg.: Vaterländischer Bund jüdischer Frontsoldaten Berlin
Berlin: Vereinsdruckerei
1919/20
32 × 22 cm
Berlin, DHM, (Do. 73/776 I)

3/37
»Der Wahrheit die Ehre!«
Flugblatt des Reichsbundes jüdischer Frontsoldaten von 1920
Zeitungsdruck
31,5 × 20 cm
Berlin, Geheimes Staatsarchiv PK, (XII Hauptabt. IV, Nr. 277)

3/38
»Ende des Militarismus – Anfang der Judenherrschaft!«
Antisemitisches Flugblatt vom Dezember 1918
Berlin: Ausschuß für Volksaufklärung
Zwei Exemplare
je 31,5 × 22 cm
Berlin, DHM, Archiv (Do. 68/432; Do. 87/243 I)

3/39
»Mitbürger! Misstraut denen, die zum Bürgerkrieg hetzen!«
Flugblatt, unterzeichnet von sechs jüdischen ehemaligen Soldaten gegen antisemitische Hetze
Berlin: Emil Streisand
24 × 19 cm
Berlin, DHM, Archiv (Do. 52/74)

3/40
»Deutsche, denkt daran!«
Antisemitische Bildpostkarte mit Darstellung der ›Dolchstoßlegende‹
9,2 × 14,3 cm
Berlin, Wolfgang Haney

3/41
»Können se reden for Sozialdemokratie? Ich bezahl se gut; können sie reden besser for Unabhängig? Ich bezahl se rentabel; können se reden vorzüglich for Spartakus? Ich bezahl se nobel!«
Antisemitische Bildpostkarte
9,5 × 14 cm
Berlin, Wolfgang Haney

3/43

3/44

3/45
3/47

3/42
»Nur dies 卐 kann Deutschland noch retten!«
Werbeplakat für eine Broschüre des Deutschvölkischen Schutz- und Trutz-Bundes
Hamburg: Hanseatische Verlagsanstalt AG
Buchdruck
29 × 45 cm
Berlin, DHM, Plakatsammlung (P 63/414)

3/43
»Anti-Rathenau«
Hammer-Schriften Nr. 15
F. Roderich Stoltheim (Pseud. für Theodor Fritsch)
Hammer-Verlag
Leipzig 1919
36 Seiten, Buchdruck
22,9 × 15,5 cm
Bad Homburg, Günter Schilling

3/44
»Deutsche Arbeiter und Bürger!«
Flugblatt des Deutschvölkischen Schutz- und Trutzbundes Berlin gegen die Minister Rathenau, Rosen, Gradnauer und Schiffer vom Mai 1921
Buchdruck
20,8 × 14,3 cm
Bad Homburg, Günter Schilling

3/45
»Die erste Gabe. Rathenau und Wirth: ›Ei sieh mal Michel, was wir dir Schönes mitgebracht haben.‹«
Titelseite des Deutsches Witzblattes, 2.Jg., Nr. 28 vom Juni 1921
Hg.: Richard Kunze
Entwurf: H. Rothgaengel
Zeitungsdruck
31 × 22,5 cm
Berlin, Staatsbibliothek

3/46
Zwei Protestschreiben gegen die Ernennung Walther Rathenaus zum Außenminister
a) Schreiben der Nationalsozialistischen Deutschen Arbeiterpartei an die Bayerische Staatsregierung vom 3. 2. 1922
unterzeichnet: Amann (Geschäftsführer)
b) Schreiben des Deutschvölkischen Schutz- und Trutz-Bundes, Landesverein Württemberg und Baden an Reichskanzler Wirth vom 15. 2. 1922
Faksimile
a) 28,2 × 20,8 cm
b) 28,5 × 20,8 cm
Koblenz, Bundesarchiv (R 43 I, Bd. 903, Bl. 79f)

3/47
»Rathenau ›Der Kandidat des Auslandes‹«
Alfred Roth
Deutschvölkische Verlagsanstalt
Hamburg 1922
32 Seiten, Buchdruck
21 × 13,7 cm
Bad Homburg, Günter Schilling

3/48
»Wohin gehört Rathenau?«
Serie von sieben antisemitischen Klebezetteln
1922
je 7,3 × 11,3 cm
München, Bayerisches Hauptstaatsarchiv, Abt. V (Slg. Personen, Nr. 3175)

3/49
»Eine Erklärung Minister Rathenaus.«
Titelseite der C.V.-Zeitung, I.Jg., Nr. 2 vom 11. 5. 1922
Zeitungsdruck
30,5 × 21,8 cm
Berlin, Berlin Museum, Abt. Jüdisches Museum

4 »DIE NEUE ÄRA«

Walther Rathenau im Umkreis der ›Weltpolitik‹

HANS WILDEROTTER

Man wird die Frage vernehmen müssen«, schrieb Walther Rathenau am 12. Februar 1907 unter dem Titel *Die neue Ära* in einem Artikel für den *Hannoverschen Courier,* »welche Kulturgründe es rechtfertigen, daß Deutschland absolutistischer als fast alle zivilisierten Länder und klerikaler als die meisten katholischen Staaten regiert wird.« Diese Frage schien umso dringlicher, als zwar »der wirtschaftliche Weltkampf (...) die Deutschen im Erfolg an dritter Stelle« zeige, wogegen »dem Deutschen so (wenig) konstitutioneller Einfluß auf seine Staatsgeschäfte gegönnt ist«. Während »die bürgerliche Intelligenz« »die enorme Zunahme wirtschaftlicher Werte« schaffe, sei sie »heute politisch zersplittert, gesetzgeberisch wenig bedeutend und als Regierungsfaktor null«.[1]

Der Grund dieses Widerspruchs ist in einer Eigentümlichkeit der Verfassung des Deutschen Reichs von 1871 zu suchen, das zwar mit dem Reichstag ein Parlament mit demokratischem Wahlrecht hatte, aber keine Regierung, die aus diesem Parlament, als Ausschuß seiner Mehrheit, hervorging, wie es in Staaten mit parlamentarischer Regierung üblich war und ist. Die Regierung bestand vielmehr aus Beamten, die nur dem preußischen König und deutschen Kaiser als ihrem obersten Dienstherren verantwortlich waren. Diese Beamtenregierung rekrutierte sich weitgehend aus den Reihen des Adels und war damit nur ein Spezialfall für die Rekrutierung der leitenden Beamten überhaupt.

Für Rathenau lag die Notwendigkeit der Lösung dieses Widerspruchs in der Tatsache begründet, daß er Fragen der nationalen Macht berührte. Die Auseinandersetzungen zwischen den Staaten fänden heute längst nicht mehr auf dem Schlachtfeld statt, sondern als wirtschaftlicher Konkurrenzkampf, und in der »äußeren Politik« hänge die Stärke jedes Staats ausschließlich von seiner »wirtschaftlichen Kraft« ab. Eben um der Erhaltung und der Steigerung dieser Machtstellung willen tut ein Staat gut daran, die Repräsentanten und Schöpfer dieser wirtschaftlichen Macht zu Regierung und Verwaltung heranzuziehen.

Der Artikel enthält keine Antwort auf die Frage, wie bei der Verwirklichung dieses Programms vorgegangen werden solle. Rathenau erwähnte allerdings als gelungenes Beispiel »das Auftreten eines bürgerlichen Mannes auf der Plattform der Verwaltung«, der »mit Begeisterung begrüßt wurde«, wobei »der befreiende Beifall nicht der Person allein, sondern zu gleichem Teil der an solcher Stelle seltenen Erscheinung eines Vertreters zünftiger Arbeit und Denkweise« galt.[2]

Gemeint ist Bernhard Dernburg, der am 5. September 1906 zum Direktor der Kolonialabteilung im Auswärtigen Amt ernannt worden war, eine Ernennung, die allgemein als Sensation empfunden wurde, da Dernburg weder von Adel war, noch der preußischen Ministerialbürokratie angehörte, sondern ein Bankier jüdischer Herkunft, der zudem noch der linksliberalen *Freisinnigen Vereinigung* nahestand. Aber gerade diese berufliche Qualifikation und diese politische Affinität waren entscheidende Faktoren bei Dernburgs Berufung, die sich nicht zuletzt der Tatsache verdankte, daß die Kolonialpolitik der Regierung seit geraumer Zeit scharfer Kritik ausgesetzt war, da die Kolonien nicht die erwarteten Gewinne einbrachten, sondern Verluste und zudem mit zahlreichen Skandalen belastet waren. In dieser Situation erhoffte man sich von einem ›Kaufmann‹, der als Sanierungsspezialist bekannt war, angemessene Lösungen.

Im Rahmen der geplanten Reorganisation der Kolonialverwaltung hatte bereits im März dem Reichstag ein Antrag auf Umwandlung der Kolonialabteilung in ein selbständiges Reichskolonialamt vorgelegen, der mit knapper Mehrheit, unter Einschluß des *Zentrums,* abgelehnt worden war; die *Freisinnige Vereinigung,* die bisher auch in Kolonialfragen in Opposition gestanden hatte, hatte für die Regierungsvorlage gestimmt, und es scheint, als sei die Berufung Dernburgs auch als Signal für die Bereitschaft der Regierung verstanden worden, mit dieser Partei in der Zukunft zusammenzuarbeiten.

Gelegenheit dazu sollte sich schon bald ergeben. Nach einer Auseinandersetzung über Personalprobleme, die zwischen Dernburg und Vertretern des *Zentrums* geführt wurde, lehnte der Reichstag am 13. Dezember 1906, wiederum mit den Stimmen des *Zentrums*, den Nachtragshaushalt der Kolonialabteilung ab, woraufhin Reichskanzler Bernhard von Bülow den Reichstag auflöste. Kolonialfragen standen im Zentrum des folgenden Wahlkampfes, zu dem auch die Regierung durch eine exzessive Propaganda beitrug bzw. durch ihr nahestehende Agitationsverbände wie den *Deutschen Flottenverein* beitragen ließ. Die Reorganisation der Kolonialverwaltung und der Ausbau der Kolonien, an denen nicht nur die ›nationale Ehre‹, sondern die Zukunft Deutschlands und seine Stellung als Weltmacht hänge, wurde ins Zentrum gestellt. Damit wurde zugleich eine Front gegen die Parteien gebildet, die im gerade aufgelösten Reichstag den Regierungsmaßnahmen ihre Zustimmung verweigert hatten, und die sich deshalb dem Vorwurf ausgesetzt sahen, ›Reichsfeinde‹ zu sein, eine Form der Ausgrenzung und Diffamierung, die den *Sozialdemokraten* gegenüber fast schon selbstverständlich war, dem *Zentrum* gegenüber aber seit der Beendigung des ›Kulturkampfes‹ Ende der siebziger Jahre keine Rolle mehr gespielt hatte. Das *Zentrum* war vielmehr seit langem schon in der Rolle der ›Regierungspartei‹, die in der Regel die stärkste Fraktion im Reichstag stellte, ohne deren Zustimmung kein Gesetz verabschiedet werden konnte.

Das Ergebnis der Wahlen entsprach diesem Wahlkampf. Zwar hatte das *Zentrum* seine Stimmenanteile halten und die SPD sogar noch Stimmen dazugewinnen können; angesichts der hohen Wahlbeteiligung jedoch, der Absprachen zwischen *Konservativen* und *Liberalen* bei den Stichwahlen und der ungleichmäßigen Wahlkreiseinteilung, durch die die großen Städte, wo die sozialdemokratischen Wähler konzentriert waren, benachteiligt wurden, sank die Zahl der sozialdemokratischen Mandate von 81 auf 43. Dagegen hatten vor allem die liberalen Parteien einen Stimmenzuwachs zu verzeichnen, so daß einer Verbindung der *Konservativen* und der *Liberalen* zu einem parlamentarischen Bündnis, wie es Bülow zur Unterstützung seiner Politik bei gleichzeitiger Unabhängigkeit vom *Zentrum* angestrebt hatte, nichts im Wege stand.

Walther Rathenau hatte dieses Wahlergebnis zum Anlaß seiner Äußerungen über das Mißverhältnis zwischen wirtschaftlicher und politischer Macht genommen und fast enthusiastisch begrüßt; er bezeichnete es als »unsichtbaren Sieg des liberalen Gedankens«,[3] wobei es ihm vor allem auf die Frontstellung gegen die Sozialdemokraten ankam. Zwar hatte er, mit eindeutiger Wendung gegen das bisherige Bündnis von *Konservativen* und *Zentrum*, auf das ja auch die Frage nach dem Absolutismus und Klerikalismus der Regierung in Deutschland zielte, bei der Erörterung der überragenden Rolle der Industrie für die wirtschaftliche und politische Machtstellung des Deutschen Reiches ausdrücklich darauf hingewiesen, daß »nicht Ackerbau, nicht Feudalismus, noch auch der katholische Klerus (...) die enorme Zunahme wirtschaftlicher Werte«[4] schafften; die Gewinne der Liberalen jedoch sind ihm weniger der Beginn einer Wende gegen rechts als gegen links, denn »die Gleichgewichtsverschiebung in der Vertretung des Volkes ist nichts anderes als der beginnende Rückstrom der Massen vom sozialen zum liberalen Gedanken«.[5]

Die Hoffnungen, die wohl nicht nur Rathenau mit der Bildung des *Bülow-Blocks* verband, erfüllten sich nicht. Das Spektrum von den *Konservativen* bis zu den *Linksliberalen* war zu breit, um nicht über kurz oder lang zu einem Interessenkonflikt zu führen, der bei den Beratungen über die Reichsfinanzreform zutage trat. Zur Deckung des Haushaltsdefizits brauchte das Reich jährlich 500 Millionen Mark zusätzlicher Einnahmen, die nach einem Vorschlag aus dem Reichsschatzamt zu vier Fünfteln aus neuen oder erhöhten Verbrauchssteuern, zu einem Fünftel aus der auf Ehegatten und Kinder ausgedehnten Erbschaftssteuer aufgebracht werden sollten. Die *Konservativen* waren nicht bereit, dieser Erweiterung der Erbschaftssteuer zuzustimmen. Unter dem Bruch des Blocks mit den *Liberalen* brachten sie, zusammen mit ihrem alten Verbündeten, dem *Zentrum*, die Regierungsvorlage im Reichstag zu Fall und legten ihrerseits einen Entwurf vor, der statt der Erbschaftssteuer die Besteuerung des mobilen Kapitals vorsah, ein Entwurf, der mit den Stimmen der *Konservativen* und des *Zentrums* am 10. Juli 1909 verabschiedet wurde.

Diese egoistische Interessenpolitik der Konservativen löste einen reichsweiten anti-agrarischen Protest aus. Gegen den *Bund der Landwirte*, der 1893 im Zusammenhang mit der Opposition der Konservativen gegen den Abschluß der Handelsverträge und die Senkung der Schutzzolltarife gegründet worden war, und der in der Agitation gegen die Erbschaftssteuer die entscheidende Rolle gespielt hatte, wurde im Juni 1909 der *Hansa-Bund für Gewerbe, Handel und Industrie* gegründet.

Im § 1 der Richtlinien des *Hansa-Bundes* heißt es, fast wie ein Echo von Rathenaus Formulierungen: »Der Hansa-Bund wird (...) dahin wirken (...), daß Deutschlands Gewerbe, Handel und Industrie die ihnen auf Grund ihrer wirtschaftlichen Bedeutung zukommende Gleichberechtigung sowohl in der Gesetzgebung wie in der Verwaltung und Leitung des Staates eingeräumt werde«. Einer der Wege zur Verwirklichung dieses Programms sah der *Hansa-Bund,* der »selbst keine politische Partei« sein wollte, darin, »bei den Wahlen die politischen Parteien bei Aufstellung und Durchsetzung solcher Kandidaten (zu) unterstützen«, welche »die Gewähr dafür bieten, daß sie in ihrer parlamentarischen Tätigkeit von den Grundgedanken des Bundes nicht abweichen werden«.[6]

Einer der Kandidaten, die dem *Hansa-Bund* der Unterstützung wert schienen, war Walther Rathenau, dem während einer Soiree bei Reichskanzler Theobald von Bethmann Hollweg am 6. Februar 1911 Ernst Bassermann, der Parteiführer der *Nationalliberalen Partei,* das Angebot machte, eine Kandidatur für den Reichstag zu übernehmen. Dieses Angebot wurde im April und im Mai Gegenstand wiederholter Erörterungen mit Kurt von Kleefeld, dem Geschäftsführer des *Hansa-Bundes,* und mit Theodor Wolff, den Rathenau am 10. April bei Otto Brahm traf, und »der über Anfrage Hansabundes betreffend meine eventuelle Kandidatur Mitteilung macht«.[7] Am 16. Mai schließlich wurde ihm die Kandidatur für die *Nationalliberale Partei* im Wahlkreis Frankfurt/Oder angeboten. Ob Rathenau tatsächlich zur Bedingung machte, von den *Nationalliberalen* und der linksliberalen *Fortschrittlichen Volkspartei* gemeinsam aufgestellt zu werden, wie Harry Graf Kessler behauptet, läßt sich nicht belegen. Am 8. Juni jedenfalls notierte er während eines Rom-Aufenthaltes in seinem Tagebuch, er habe »Berichte von Geitner über Wahlkreis«[8] bekommen, die ihn zur sofortigen Absendung eines Telegramms veranlaßten, in dem er die Kandidatur ablehnte. In diesem Telegramm hatte er seine Absage offensichtlich mit ›Politischen Bedenken‹ begründet, eine Formel, die, wie er in einer Postkarte an Hugo Geitner am nächsten Tag erläuterte, »bedeutet, dass die Wahl nur mit Hülfe der Conservativen möglich ist, an der ich zweifle, und die, falls gewährt, mich für später festlegen könnte«.[9] Ein weiteres Treffen mit Mitgliedern der Parteileitung der *Nationalliberalen* und einem Redakteur der *Frankfurter Oder-Zeitung* am 22. Juni, in dem deutlich wird, daß vor allem von der Presse her Widerstände gegen Rathenaus Kandidatur zu erwarten waren, änderte ebensowenig etwas an seinem Entschluß wie die Nachricht Albert Ballins einige Tage später, der »Kaiser sei über meine Kandidatur hoch erfreut«.[10]

Des Kaisers Freude wäre sicher noch größer gewesen wenn Rathenau tatsächlich kandidiert hätte und gewählt worden wäre, denn die Ergebnisse der Wahlen vom Januar 1912 brachten eine radikale Absage an den schwarz-blauen Block der *Konservativen* und des *Zentrums,* die Stimmen verloren, wohingegen die linksliberale *Fortschrittliche Volkspartei* Zuwachs verbuchen konnte. Der eigentliche Sieger der Wahl waren jedoch die *Sozialdemokraten,* die ihre Verluste von 1907 nicht nur wettmachen konnten, sondern mit 110 Abgeordneten jetzt die stärkste Fraktion bildeten. Die Regierung besaß in diesem Reichstag kein festes parlamentarisches Bündnis nach dem Modell der Blöcke, sondern mußte mit wechselnden Mehrheiten arbeiten, die gelegentlich von der SPD links bis zu den *Nationalliberalen* reichte, häufiger jedoch von den *Konservativen* rechts bis zu den *Nationalliberalen.*

Rathenau nahm diesen Reichstag zum Anlaß einer grundsätzlichen Kritik an dem, was er »Halbparlament« nannte, ein Parlament, dessen Mitglieder zwar per Mehrheitsbeschluß bei der Verabschiedung von Gesetzen mitreden, aber keineswegs an der Regierung beteiligt sind. Die Mitglieder dieses Halbparlaments können nicht daran interessiert sein, langfristige Ziele zu entwickeln, da zu deren Verwirklichung die Mitarbeit an der Regierung gehört, die ihnen verschlossen ist. Ihre Arbeit bleibt deshalb auf die Durchsetzung ihrer partikularen Interessen beschränkt, die sie im ständigen Ausgleich mit den anderen Parteien suchen. Nicht anders sieht es auf der Seite der Regierung aus. »Die Minister halbparlamentarischer Staaten (...) sind dem Namen und der Sache nach Diener des Monarchen und haben unter pflichtmäßiger Verantwortung seine Befehle auszuführen. Doch jede Ausführung erfordert Mittel, und um Mittel zu schaffen, bedarf es des Parlaments.« Es findet deshalb »ein fortlaufendes Paktieren mit Parteien und Kommissionen«[11] statt, so daß »grundlegende Gesetze und Maßnahmen als Ausfluß einer Stimmung, einer Konstellation, einer Verlegenheit«[12] entstehen.

In diesem halbparlamentarischen Staat entbehrt die Politik also der Zielrichtung und der Stetigkeit, aber auch der Führungskräfte, die geeignet wären, Ziele zu formulieren und zu verwirklichen. Ein Mensch, »der Einzelverantwortung erstrebt und erträgt«,[13] wird diesen Halbparlamenten fern bleiben; da schöpferische Ideen hier nicht gefragt sind, »wenden sich produktivere Geister fruchtbareren Arbeiten zu«.[14] Rathenau entwirft das Gegenbild der Staaten, in denen eine parlamentarische Regierung für die Auslese der zur Führung Befähigten sorgt. Frankreich zum Beispiel, seit der Niederlage im Krieg von 1870/71 schwach und innerlich zerrissen, befestigt »seine Herrschaft in Algier und seine Vormacht in Syrien, gewinnt Madagaskar, Tunis, Cochinchina, Marokko (...). Deutschland hingegen beginnt zur gleichen Zeit mit dem Besitz der kontinentalen Hegemonie, bleibt von inneren Stürmen verschont, erringt durch Bürgerkraft die zweite Stelle der Weltwirtschaft, überflügelt den Wohlstand Frankreichs um fast das doppelte (...) – und bleibt ausgeschlossen von zwei Weltteilungen, zuwachslos ausser durch private Tatkraft, und sieht seinen Einfluß bis an die Grenze der Mächte ersten Ranges sinken.«[15]

Die Vorzüge des Parlamentarismus liegen also in seiner Fähigkeit, »ein ständiges Arsenal von führungsgewohnten und führungsbereiten Menschen« zu Verfügung zu stellen, mit denen sogar Frankreich, das »kräfteärmste Land«, erfolgreich nationalstaatliche Machtpolitik betreiben kann, erfolgreicher jedenfalls als Deutschland, dessen Wirtschaft zwar »jahraus, jahrein führende Kräfte findet«, da sie über entsprechende Selektionsmechanismen verfügt, derer »der Staat (jedoch) entbehrt«, weshalb »unsere Politik und Regierung«[16] jene nicht findet. Rathenau forderte die Parlamentarisierung der Regierung, nicht weil damit ein demokratisches Ideal verwirklicht, sondern weil die Ausgangsbedingungen für eine effektivere Machtpolitik verbessert würden. Er wird nicht müde zu beklagen, daß »wir, die volkreichste und wohlhabendste Kulturmacht Europas, von dem Sitz unbestrittener Hegemonie herabgestiegen (sind) auf die Ebene einer sehr respektablen, jedoch nicht überragenden Bündnismacht«, und zwar »seit Bismarcks Tagen«, dem einzigen »überlegenen Mann«,[17] den Preußen seit 1870 »zu seiner diplomatischen Verteidigung« fand: »Seit Bismarcks Scheiden betreibt Deutschland nicht mehr aktive auswärtige Politik, weil Preußen nicht von staatsgeschäftlichen Talenten, sondern von verdienstvollen Beamten geführt wird ...«[18]

Diese Äußerungen, zusammengestellt aus drei Aufsätzen über *Politische Auslese*, *Parlamentarismus* und *Deutsche Gefahren und neue Ziele* aus den Jahren 1912 und 1913, gehören in den Kontext der neuen Hochkonjunktur der ›Weltpolitik‹, die spätestens mit der zweiten Marokkokrise im Sommer 1911 begann. ›Weltpolitik‹ war das Schlagwort, mit dem 1897 der Staatssekretär des Auswärtigen Amtes, der spätere Reichskanzler Bernhard von Bülow, ein Programm zusammenfaßte, das den Weg des Deutschen Reiches von der Großmacht zur Weltmacht bestimmen sollte, die gleichberechtigt neben den Weltmächten England, Amerika und Rußland stehen würde. Als im Sommer 1911 im Zuge der Verhandlungen zwi-

4/2

schen Deutschland und Frankreich über die Frage, welche Gegenleistungen Deutschland für den Verzicht auf Annexionen in Marokko beanspruchen könnte, die politische Öffentlichkeit Deutschlands, die mit territorialen Erwerbungen in Marokko gerechnet hatte, zu denen es nicht kam, sich enttäuscht gegen die Regierung wandte, war Hauptgegenstand der Kritik die zaghafte und schwache Diplomatie, die es nicht verstehe, das weltpolitische Programm in die Tat umzusetzen. Noch im Frühjahr 1913 rief Ernst Bassermann in der Sitzung des Zentralvorstands der *Nationalliberalen Partei* Bismarck, der nicht tot sei, sondern lebe, »nicht in der Regierung, aber im deutschen Volke«, zum Kronzeugen gegen die angeblich zaghafte deutsche Außenpolitik auf. Der »Siegeszug unserer deutschen Industrie«, hieß es in der gleichen Sitzung, verdanke sich »erstklassigen, energischen, tatkräftigen, fleißigen Persönlichkeiten«, wie sie in der Leitung der äußeren Politik nicht zu finden seien, wo immer noch das Adelsprivileg herrsche.[19]

Die Abschaffung dieses Privilegs, das keine rechtliche Basis besaß, sondern informell, dafür aber um so effektiver funktionierte, stand, ebenso wie die Mitsprache des Reichstags bei außenpolitischen Entscheidungen, im Zentrum des Katalogs nationalliberaler Forderungen. Keineswegs jedoch die Parlamentarisierung der Regierung, und dies um so weniger, als das Wahlergebnis vom Januar 1912 den Gedanken an sozialdemokratische Minister nahelegte, ein Gedanke, der wohl für alle bürgerlichen Parteien und die Konservativen sowieso ein Alptraum war. Daß Rathenau an der Forderung nach Parlamentarisierung festhielt, verdankt sich vermutlich der Tatsache, daß er sicher zu sein glaubte, daß »von der Arbeiterschaft (keine) Gefahren (drohen, da) dem heutigen Sozialismus (...) die Kraft positiver Ideen«[20] fehle. Dieser Mangel erlaube die erfolgreiche Durchführung einer Strategie, mit der die Parteien und Verbände der Arbeiterbewegung durch die Abschaffung sozialer Mißstände und Ungerechtigkeiten einerseits und eine prestigeträchtige Außenpolitik andererseits dem bürgerlichen Nationalstaat integriert werden könnten. Zwar wurde dieser Gedanke in verschiedenen Versionen von zahlreichen Repräsentanten des Liberalismus geteilt, Walther Rathenau jedoch entwarf darüber hinaus eine antisozialistische und antiliberale Sozialutopie, mit deren Niederschrift er bereits in den letzten Vorkriegsjahren begann, die dann aber erst während des Krieges unter dem Titel *Von kommenden Dingen* veröffentlicht wurde und auf ungewöhnlich großes Interesse stieß.

Die expansive Außenpolitik, die durch die Rekrutierung neuer Führungspersönlichkeiten möglich werden und zur Steigerung der Macht nach außen und zur Erhaltung des status quo im Innern beitragen sollte, stieß jedoch auf ihre Grenze im deutsch-englischen Flottenwettrüsten, denn »mit jedem Schiff, das Deutschland baut, lockert sich ein Stein des englischen Kolonialgebäudes.«[21]

Dieser scheinbar unüberbrückbare Gegensatz war Ergebnis der deutschen Flottenpolitik, die sich der Initiative des Admirals von Tirpitz verdankte und, vom *Deutschen Flottenverein* propagandistisch begleitet, zunächst das wichtigste Instrument der ›Weltpolitik‹ war. Seit England zu Beginn des Jahrhunderts die Herausforderung angenommen hatte, befanden sich die beiden Staaten in einem Wettrüsten, das bisher noch durch keine Vereinbarungen gestoppt werden konnte.

Im Februar 1912 kam der britische Kriegsminister Lord Haldane nach Berlin, um über eine Begrenzung der Flottenrüstung zu verhandeln. Diese Verhandlungen waren, angesichts der Tatsache, daß am Vorabend des Besuchs eine Marinenovelle veröffentlicht wurde, die den Bau von drei weiteren, bisher nicht geplanten Großkampfschiffen vorsah, zum Scheitern verurteilt. Während diese Novelle, als Kompensation für den angeblichen Prestigeverlust nach außen und die Verstimmung im Inneren über Marokko gedacht, ganz im klassischen Muster der ›Weltpolitik‹ entworfen war, gab es parallel den Versuch, getragen von Bethmann Hollweg, zu einem Ausgleich mit England zu kommen nach einem Modell, dessen Grundzüge von Rathenau geteilt wurden.

Rathenau konzipierte, wie er am 25. Juli 1912 in einem Gespräch mit dem Reichskanzler darstellte, die »Bildung einer Zollunion mit Österreich, Schweiz, Italien, Belgien, Niederlande etc., gleichzeitig mit engerer Assoziation.« Dieses vereinte Mitteleuropa wäre nicht Gegner, sondern friedlicher Konkurrent Englands bei der Aufteilung der Welt. Voraussetzung wäre allerdings im Inneren die »Veredelung der Parlamente«, das heißt die Reform der ungerechten Wahlkreiseinteilung im Reich und des preußischen Dreiklassenwahlrechts: »Alles Wege zum Parlamentarismus«, der ja die Vorbedingung für die effektive Auslese von Führungskräften ist, wie sie für die Durchsetzung einer Politik gebraucht werden, die schließlich auf Expansion angelegt ist: »Ziel: Mittelafrika, Kleinasien«,[22] also die Verbindung des fast schon klassischen imperialistischen deutschen Einflußgebiets im Vorderen Orient, das bei alldeutschen Publikationen zu Formeln wie ›Von Borkum nach Bagdad‹ angeregt hatte, mit der Konzeption eines großen zentralafrikanischen Kolonialreichs: »Wir können nicht in einem Menschenalter hundert Millionen Deutsche mit den Produkten einer halben Million Quadratkilometer einheimischen Bodens und einer afrikanischen Parzelle ernähren und beschäftigen und wir wollen nicht der Gande des Weltmarktes anheimfallen. Wir brauchen Land dieser Erde.«[23]

Anmerkungen

1. Die neue Ära (1907), NGS I, S. 15–22, hier S. 15–16
2. Ebd., S. 17
3. Ebd., S. 21
4. Ebd., S. 17
5. Ebd., S. 22
6. Siegfried Mielke: Der Hansa-Bund für Gewerbe, Handel und Industrie 1909–1914, Göttingen 1976, S. 200f
7. Rathenau: Tagebuch, S. 136
8. Ebd., S. 144
9. Postkarte Walther Rathenaus an Hugo Geitner, in: Archiv Deutsches Historisches Museum, Do. 58/ 697
10. Rathenau: Tagebuch, S. 145
11. Parlamentarismus (1913), GS I, S. 235–249, hier S. 243–244
12. Ebd., S. 240
13. Politische Auslese (1912), GS I, S. 223–232, hier S. 227
14. Parlamentarismus (1913), GS I, S. 243
15. Ebd., S. 236–237
16. Ebd., S. 237–238
17. Politische Auslese (1912), GS I, S. 229
18. Deutsche Gefahren und neue Ziele (1913), GS I, S. 267–278, hier S. 270
19. Zitiert nach: Fritz Fischer: Krieg der Illusionen, Düsseldorf 1969, S. 329–330
20. Politische Auslese (1912), GS I, S. 231–232
21. Über Englands gegenwärtige Lage (1908), GSI, S. 151–169, hier S. 165
22. Rathenau: Tagebuch, S. 169
23. Deutsche Gefahren und neue Ziele (1913), GS I, S. 270

4/1
Büste Wilhelms II.
Max Bezner
1914
Marmor
H 75 cm
bez. u. r.: Max Bezner 1914
Berlin, Johanniterorden,
Sammlung Werner

4/2
Bildnis des Bernhard von Bülow
Max Liebermann (1847–1935)
1917
Öl/Lw.
116,5 × 94 cm
bez. o. r.: M. Liebermann 17
Hamburg,
Hamburger Kunsthalle (1596)

4/3
Bildnis des Alfred von Tirpitz
Lovis Corinth (1858–1925)
1917
Öl/Lw.
103 × 78,5 cm
bez. o. r.: Lovis Corinth 1917; o. l. (später getilgt): Excellenz v. Tirpitz
Berlin, DHM (1989/1125)

4/4
»Flotten-Schauspiele Kurfüstendamm 153/156«
Werbeplakat
Entwurf: Carl Schoen (1868–?)
Berlin: Hollerbaum & Schmidt
Um 1904
Lithographie
68 × 91,5 cm
bez.u.l.: C. Schön
Berlin, Kunstbibliothek

4/5
»Ueberall Offizielles Organ des Deutschen Flotten-Vereins.«
Werbeplakat
Entwurf: Edmund Edel (1863–1934)
Berlin: H.S. Hermann
Lithographie
55 × 33 cm
bez.u.M.: E. Edel
Hamburg,
Museum für Kunst und Gewerbe

4/6
Bildnis des Friedrich Naumann
Max Liebermann (1847–1935)
1909
Öl/Lw.
112 × 92 cm
bez. o. l.: M. Liebermann 09
Hamburg,
Hamburger Kunsthalle (1204)

4/7
Bildnis des Albert Ballin
Henry L. Geertz
Öl/Lw.
80 × 63 cm
Hamburg, Hapag-Lloyd AG
(HL 8370400)

4/8
Modell des Schnelldampfers »Imperator«
M 1:100
Um 1913
Silber 800°
24 × 93 × 10,2 cm;
Sockel: 17 × 75 cm
Prägestempel M.r.: WILKENS 800
Berlin, DHM (HI 64/53)

Am 10. Juli 1907 verließ Walther Rathenau Berlin, um den Staatssekretär im Reichskolonialamt, Bernhard Dernburg (4/9, 4/10), auf seiner Inspektionsreise in die Kolonie *Deutsch-Ostafrika* (Tansania) zu begleiten. Diese Reise war Teil der mit Dernburgs Berufung verbundenen Revision der Kolonialpolitik und sollte dem Staatssekretär Gelegenheit geben, vor Ort die Probleme der Kolonie und die Bedingungen für ihren weiteren Ausbau kennenzulernen. Zur Begleitung Dernburgs zählten mehrere Mitarbeiter des Kolonialamts, sieben Journalisten und einige Industrielle und Bankiers.

Zwar war diese Reise wohl schon seit dem Vorjahr geplant, aber es scheint, als sei Dernburg erst Ende Mai an den ihm befreundeten Rathenau herangetreten; am 12. Juni begründete er dem Reichskanzler gegenüber den Vorschlag, Walther Rathenau zur Teilnahme an der geplanten Reise aufzufordern, und erbat dessen Genehmigung, die zwei Tage später erteilt wurde: »Die vielseitigen industriellen Erfahrungen des Herrn Dr. Rathenau und seine vortreffliche überseeische Schulung werden mir zweifellos bei dem Versuch zu Hilfe kommen, in einer verhältnismäßig kurzen Zeit einen Überblick über den wirtschaftlichen und kulturellen Zustand des Schutzgebietes zu erlangen und für die demnächst in Angriff zu nehmenden Erschließungsbauten die geeignete sichere Basis zu gewinnen.« Im übrigen sei Rathenau bereit, »im Interesse der Sache und auf eigene Kosten« teilzunehmen. (GA VI, S. 519, Anm. 2)

Nach der Ankunft in Daressalam am 3. August, einem zweitägigen Besuch auf Zanzibar am 8. und 9. August, einer anschließenden Eisenbahnfahrt durch *Britisch-Ostafrika* (Kenia) von Mombasa über Nairobi zum Victoriasee, erreichte die Gruppe nach einer Fahrt über den See am 20. August Muanza. Von dort brach man am nächsten Tag zu einem Marsch ins Landesinnere nach Tabora auf: »Acht Europäer, fünf europäische Journalisten, zwei Diener Europäer, 300 Träger. Boys, Askari, acht Esel und Maultiere, ein Tragstuhl«, wie Rathenau in seinem Tagebuch festhielt. Hin- und Rückmarsch verliefen mit 12 bzw. 15 Tagen erheblich schneller als erwartet, wurden allerdings auch von Adolf Zimmermann, einem der teilnehmenden Journalisten, als ›Gewaltmarsch‹ bezeichnet. Auf der Rückreise nach Daressalam ergab sich Gelegenheit zur Besichtigung von Kautschuk- und Baumwollplantagen in Tanga und Sadani. Am 9./10. Oktober nahm die Reisegruppe an der feierlichen Eröffnung der 209 km langen Bahnlinie von Daressalam nach Morogoro teil, um am 13. Oktober die Rückreise nach Berlin anzutreten, wo man am 30. Oktober ankam. (4/13)

Die Bahnlinie nach Morogoro war das erste Teilstück einer lange geplanten Zentralbahn, über deren weiteren Verlauf noch keine genauen Pläne vorlagen. Der Marsch nach Tabora sollte hier Klarheit verschaffen, und Rathenau hat in seinen *Erwägungen über die Erschließung des Deutsch-Ostafrikanischen Schutzgebietes*, die er am 15. November Bernhard Dernburg zuschickte, großes Gewicht auf den Bau der Verbindung von Morogoro nach Tabora gelegt, weil nur dadurch das Landesinnere erschlossen werden könne: »Als Zentralpunkt des Landes kann nur die Stadt Tabora in Frage kommen. Geographisch liegt sie nahezu im Schwerpunkt des ganzen Landes, und in merkantiler, wahrscheinlich auch in militärischer Beziehung teilt sie die gleiche bevorzugte Lage.« Tatsächlich wurde, ein Ergebnis dieser Reise, bereits im Juli 1908 mit dem Bau dieser Verbindung begonnen; der Bau anderer Strecken, den Rathenau in der genannten Denkschrift vorschlug, unterblieb.

Die Kolonie, in die Dernburg und Rathenau kamen, war vom Maji-Maji Aufstand der beiden Vorjahre geprägt, in dessen Verlauf wohl mehr als 100.000 Afrikaner entweder bei den Kämpfen oder in den anschließenden Hungersnöten starben. Anlaß für den Aufstand war ein Zwangsarbeitssystem: Auf kommunalen Baumwollfeldern, die von der Verwaltung seit 1902 eingerichtet worden waren, mußte jeder Afrikaner mindestens einen Monat im Jahr arbeiten. Freiherr von Rechenberg, der nach dem Ende des Aufstands Anfang 1907 das Amt des Gouverneurs übernommen hatte, berichtete über dieses System am 15. Juli an das Reichskolonialamt: »Ursprünglich sollten die Leute 28 Tage im Jahre auf diesen Schamben arbeiten und dafür ein Drittel des Ertrags (ein Drittel war für die Kommune, ein Drittel für den Aufseher bestimmt) erhalten. Die Schamben wurden aber alsbald vergrößert, (…) so daß die Leute tatsächlich häufig die doppelte Zeit gearbeitet haben. Bei der Verteilung kam dann auf den Arbeiter ein Verdienst, welcher zwischen 6 und 18 Pesa schwankte. Außerdem sollte er bei der Baumwolle warten, bis dieselbe in Hamburg verkauft, der Erlös verrechnet und verteilt worden sei. Daß die Eingeborenen sich gegen eine derartige Bezahlung ihrer Arbeit auflehnten, ist nicht zu verwundern …«

Walther Rathenau hat in der Denkschrift solche und andere Formen der Zwangsarbeit beschrieben und in Verbindung mit einer »Spezialinterpretation« gebracht, die die weißen Plantagenbesitzer von ihrer »Kulturaufgabe« vortrugen, nämlich »berufen (zu sein), den Neger zur Arbeit zu erziehen, und zwar wohlverstanden zur Plantagenarbeit«. Aus dieser These wurde »konstruiert – diese Deduktion wurde bei offizieller Gelegenheit vorgetragen –: ähnlich wie das deutsche Kind zum Schulbesuch, sei der Schwarze zu regelmäßiger Arbeit in den Unternehmungen der Europäer verpflichtet. Diese Ansichten, die von früheren Gouvernements wo nicht geteilt, so doch toleriert wurde, haben zu teils gelegentlichen, teils andauernden Folgeerscheinungen geführt, die an Menschenraub und Leibeigenschaft erinnern. Wie aus den Akten der Regierung in Tabora her-

4/9 vorgeht, wurden noch zu Beginn dieses Jahres Eingeborene zwangsweise von Werbern weggeführt und Hütten niedergebrannt.«

Rathenau erklärte dieses Verhalten der weißen Oberschicht zunächst aus dem Nachweis der mangelnden Rentabilität der Plantagenwirtschaft. Die »Arbeit der deutschen Einwanderer unter erschwerten Verhältnissen« werde keineswegs »durch überreiche Ergiebigkeit der Natur« ausgeglichen. Die Pflanzer seien »sich ihres unsicheren Zustandes teils dunkel, teils mit Klarheit bewußt«, lokalisierten allerdings »den Sitz ihres Leidens falsch« und suchten »vorwiegend die Arbeiterverhältnisse (...) verantwortlich zu machen. Daraus resultierten zahlreiche Ungerechtigkeiten und Übergriffe, die zu erheblicher Rechtsunsicherheit bei der afrikanischen Bevölkerung geführt hätten. Die Mißstände, die daraus erwachsen sind, wurden noch verstärkt durch die Tatsache, daß die weißen Einwanderer »gänzlich neue, häufig paradox erscheinende Verhältnisse« vorfinden und sich falsche Vorstellungen über ihre Stellung machten. Dies hätte dazu geführt, daß man häufig »unerfreuliche Bilder entstellten kolonialen Lebens« beobachten kann.

Er verband diese Beobachtungen mit der Klage über den Mangel »an einer Gentry, das heißt an einem herrenmäßig gearteten und gezüchteten Mittelstande, der in England verbreitet ist. Der Deutsche mittlerer Schichten ist an Subordination gewöhnt, zu Koordination und Vereinigung in letzter Zeit gebildet, zur Übung der Superordination ist er nur in vereinzelten Fällen gelangt, und nicht vorzugsweise in denjenigen Klassen, die als Kolonen eine neue Heimat suchen.«

Rathenau kann seine Verachtung für die weißen Bewohner Deutsch-Ostafrikas nur schwer verbergen. Zwar ist er weit davon entfernt, Afrikaner und Europäer auf die gleiche Stufe zu stellen, wenn er erklärt, daß »der Neger (...) vom Okzidentalen (sich) durch weit herabgesetzte Fähigkeit zur Abstraktion und Konzentration« unterscheide; aber eben dieser Unterschied verleihe den Europäern zwar das Recht zur Kolonisierung, nicht aber das Recht, die »reale Fürsorge« zu vernachlässigen, die er von »doktrinärer Humanität« scharf getrennt haben möchte. Diese reale Fürsorge, so kann man folgern, sei ein Gebot wirtschaftlicher Vernunft, da sie die Grundlage für die »Entwicklung der Eingeborenenwirtschaft« bilde, die allein die Zukunft der Kolonie garantiere.

Rathenaus Beobachtungen und Schlußfolgerungen deckten sich weitgehend mit denen von Gouverneur Rechenberg und von Bernhard Dernburg, der aus seiner Ablehnung der Plantagenbesitzer keinen Hehl machte, wodurch es zu einer Reihe von Zusammenstößen und Auseinandersetzungen gekommen zu sein scheint und zwar insbesondere im Zusammenhang mit der Forderung einiger Interessenvertreter der Pflanzer nach Einschränkung der Freizügigkeit der afrikanischen Bevölkerung und nach Einführung der Arbeitspflicht. Diese Auseinandersetzungen fanden nach der Rückkehr ihre Fortsetzung, als Dernburg, der den einzig sinnvollen Weg der Entwicklung im Ausbau einer Handelskolonie sah, mit Forderungen nach der Schaffung eines ›überseeischen Deutschland‹ konfrontiert wurde, wie sie vor allem die Parteien der Rechten formulierten, die im Kolonialamt selbst Unterstützung bei Dernburgs Unterstaatssekretär von Lindequist fanden.

Dernburg überreichte Rathenaus Denkschrift zusammen mit seiner eigenen am 22. November dem Reichskanzler mit der Erklärung, daß seine Erwartungen hinsichtlich der Teilnahme Rathenaus an der Reise »in vollem Umfang in Erfüllung gegangen seien« und er bat, »eine besondere Allerhöchste Auszeichnung erwirken zu wollen«. (Rathenau: Tagebuch, S. 74) Dieser Bitte entsprach der Kaiser, dem Rathenaus Bericht ebenfalls vorgelegt wurde, mit der Verleihung des Kronen-Ordens II. Klasse. Am 18. Januar 1910 erhielt Rathenau ferner den Roten Adlerorden II. Klasse (4/17), diesmal, wenn auch mit reichlicher Verspätung, da in der Reichskanzlei Bedenken gegen eine Verleihung bestanden hatten, für seine Teilnahme bei der zweiten Inspektionsreise Dernburgs. Diese Reise, die von Mitte Mai bis Mitte September 1908 dauerte, führte die Reisegesell-

4/10

4/12

schaft nach einem mehrtägigen Aufenthalt in London, wo Gespräche im Colonial Office stattfanden (4/14), und nach einer Rundreise durch die britischen Kolonien in Südafrika, nach *Deutsch-Südwestafrika*. (4/15)
Auch diesmal legte Rathenau schon wenige Wochen nach der Rückkehr eine Denkschrift vor, deren Ton, verglichen mit der Denkschrift des Vorjahres, erheblich herabgestimmt ist. Walther Rathenau war von *Deutsch-Südwestafrika* und offenbar auch von den dort lebenden Deutschen enttäuscht. Auch hier hatten in den vergangenen Jahren langwierige bewaffnete Auseinandersetzungen stattgefunden. Im Jahre 1904 hatten die deutschen Truppen, zahlenmäßig und militärtechnisch überlegen, die Herero »in das Sandfeld gedrängt, und es ereignete sich die größte Atrozität, die jemals durch deutsche Waffenpolitik hervorgerufen wurde: daß nämlich eine ganze Nation mit Weib und Kind in wochenlangem Todeskampf verschmachtete«, wie Rathenau, spürbar empört, in seiner Denkschrift festhielt. »Nach Beendigung der Kriege klang das militärische Vorgehen in ebensowenig glücklichen Maßnahmen gegen die freiwillig sich stellenden Eingeborenen aus. Das System der Deportationen und Konzentrationslager forderte schwere Opfer; so gingen von den auf der Haifischinsel internierten 1800 Hottentotten innerhalb 6 Monaten 1200 zugrunde.«
Rathenau wird nicht müde, »die Lage der Eingeborenen« zu beklagen, die als »Helotie bezeichnet werden (muß), die stellenweise an Sklaverei grenzt«. »Es ist das äußere Bild eines Sklaventums, wie es den Bierträumen eines kleinen Philisters entsprechen mag«; es scheint, als sei eben dieser Typ der unter den Weißen in Südwestafrika vorherrschende. Zwar ist »das Land (...) zur Aufnahme unserer Kultur bereitet«; aber es steht der Beweis noch aus, »daß deutsche Kultur kolonisationsfähig ist«.
Dieser Beweis schien ihm wohl erbracht zu sein als er sich 1913 in einem Aufsatz über *Deutsche Gefahren und neue Ziele* vehement für die weitere Erwerbung von Kolonien aussprach. In welcher Richtung er diese Expansion verwirklicht sehen wollte wird ablesbar an dem Stichwort-Protokoll eines Gesprächs, das er am 25. Juli 1912 mit Reichskanzler Bethmann Hollweg führte, der ihn um die Darstellung seiner politischen Ziele bat, und dem er als koloniales Ziel »Mittelafrika« nannte. Damit ist ein Programm genannt, das bereits in den neunziger Jahren des 19. Jahrhunderts wiederholt erwogen worden war. Durch eine Aufteilung der portugiesischen Kolonien Angola und Mocambique und den belgischen Kongo sollte Kamerun an der Westküste durch eine Landbrücke mit *Deutsch-Ostafrika* einerseits, mit *Deutsch-Südwestafrika* andererseits verbunden werden, so daß ein großes zusammenhängendes deutsches Kolonialgebiet quer über den afrikanischen Kontinent entstanden wäre.
Nachdem bereits 1898 im deutsch-britischen Angola-Vertrag Vereinbarungen über eine künftige Aufteilung der portugiesischen Kolonien getroffen worden waren, die jedoch nicht realisiert werden konnten, wurde der Plan eines deutschen Mittelafrika im Gefolge der Auseinandersetzungen über Marokko im Jahre 1911 wieder aktuell. Die Verhandlungen mit Frankreich, dem die Errichtung eines Protektorats in Marokko zugestanden werden sollte, wenn es bereit war, Kolonialbesitz in Zentralafrika an Deutschland abzutreten, hatten mit dem Abkommen vom 4. November 1911 zumindest ein Stück weit diesem Ziel entgegengeführt.
Eine große Chance zur Verwirklichung dieser Pläne aber ergab sich aus den Versuchen, das Flottenwettrü-

sten zwischen Großbritannien und Deutschland zu beenden. Von englischer Seite aus wurden seit 1911 wiederholt Vorschläge unterbreitet, die als Ausgleich für den teilweisen deutschen Verzicht auf einen weiteren Ausbau der Flotte die Bereitschaft erkennen ließen, Deutschland beim Aufbau eines Kolonialreiches in Mittelafrika zu unterstützen. Reichskanzler Bethmann Hollweg, der am Abbau der Spannungen interessiert war, die sich aus der deutsch-englischen Flottenrivalität ergaben, hatte bereits im Vorfeld der Verhandlungen im Januar 1912 in Anwesenheit Kaiser Wilhelms II. erklärt, daß »unsere friedlichen Chancen bei England (steigen würden), wenn wir jetzt keine Neubauten bei Dreadnoughts vornähmen. Wir würden ein großes Kolonialreich bilden können.« (Müller: Kaiser, S. 107)
Obwohl die Pläne einer Begrenzung der Flottenrüstung scheiterten, wurden die deutsch-britischen Gespräche fortgesetzt und führten im Juni 1913 zum Entwurf einer Neufassung des Angola-Vertrags von 1898. Nach dieser Neufassung sollte fast ganz Angola und ein nicht unbeträchtlicher Teil von Mocambique in deutschen Besitz übergehen, unter der Voraussetzung allerdings, daß Portugal Staatsbankrott anmelden müßte oder freiwillig auf seine Kolonien verzichten würde. Zur Vorbereitung eines solchen Verzichts wurde schon wenige Wochen nach dem Entwurf mit Unterstützung der Banken der Versuch unternommen, »in den portugiesischen Besitzungen wirtschaftlich festen Fuß zu fassen«, wie Bethmann Hollweg im Juli 1912 formulierte.
Über die in den deutsch-britischen Gesprächen angeschnittene Frage der Aufteilung des belgischen Kongo, ohne die das geplante deutsche Mittelafrika nicht zu denken war, überreichte der Staatssekretär des Reichskolonialamts, Wilhelm Solf, dem Staatssekretär des Auswärtigen Amtes, Gottlieb von Jagow, am 20. April 1914 eine Denkschrift. Solf glaubte, daß wegen des Defizits im Budget der Kolonie der baldige Zusammenbruch der belgischen Kolonialwirtschaft bevorstehe, wollte aber einer bloßen Beschneidung des belgischen Kolonialbesitzes einer völligen Aufteilung gegenüber zunächst den Vorzug geben, da sie leichter durchführbar sei. Auf einer Karte (4/18), die er dem Bericht beilegte, zeichnete er die ins Auge gefaßte Aufteilung ein: »In erster Linie wäre meines Erachtens für Deutschland eine breite Verbindung von Deutsch-Ostafrika nach dem in unsere Interessensphäre fallenden Teil von Angola anzustreben. (...) Die Erwerbung des großen Kongobogens, der vorläufig noch in belgischem Besitz bleiben würde, würde als Ziel einer weiteren Aufteilung zu verfolgen sein.«
Sowohl der Vertragsentwurf vom Juni 1912, der nie zur Unterschrift kam, als auch der Plan vom April 1914, wurden durch den Beginn des Ersten Weltkriegs obsolet.

HANS WILDEROTTER

4/9
Bildnis des Bernhard Dernburg
Max Slevogt (1868–1932)
1923
Öl/Lw.
75 × 61,5 cm
bez. o. l.: Slevogt 1923
Berlin, Neue Nationalgalerie

4/10
Bildnis des Bernhard Dernburg
Walther Rathenau
1907
Bleistift, Kohle
18 × 11,5 cm
Lilienthal, Walther Rathenau-Gesamtausgabe, Hans Dieter Hellige (Skizzenbuch Cb 8, Bl. 19)

4/11
Bildnis eines Ägypters
Walther Rathenau
1907
Buntstift
20,5 × 13,5 cm
Lilienthal, Walther Rathenau-Gesamtausgabe, Hans Dieter Hellige (Skizzenbuch Cb 3, Bl. 36)

4/12
Zelt in Afrika
Walther Rathenau
1907
Bleistift, Kohle
11,5 × 18 cm
Lilienthal, Walther Rathenau-Gesamtausgabe, Hans Dieter Hellige (Skizzenbuch C, Bl. 7, VS)

4/13
Fünf Fotografien aus der Serie »Exzellenz Dernburg in Ostafrika«
Berlin-Steglitz: Neue Photographische Gesellschaft A.G.
1907
Fotografien auf grauem Karton
je 11 × 16 cm
a) Zanzibar. Besuch im indischen Club
b) Inlandmarsch. Unterredung mit einem Farmer
c) Ritt durch das trockne Bett des Moame-Flusses
d) Bezirksamt Sadani. Über Baumwolle
e) Morogoro – Zur Station
Lilienthal, Walther Rathenau-Gesamtausgabe, Hans Dieter Hellige

4/14
Bernhard Dernburg und Walther Rathenau bei einem Zwischenaufenthalt in London vor ihrer Fahrt nach Südafrika
Abbildung aus dem Daily Mirror vom 15. 5. 1908
Zeitungsdruck
22,5 × 14,3 cm
Moskau, ZAS (634/1/20, Bl. 27)

4/15
Bernhard Dernburg und Walther Rathenau während ihrer Schiffspassage nach Südafrika
Berlin: Mosse
1908
Zeitungsdruck
11 × 13,5 cm
Moskau, ZAS (634/1/90, Bl. 12)

Französ.
Engl.
bleibt Belgisch
BELGISCH KONGO
Deutsch
KATANGA
DEUTSCH OSTAFRIKA
Engl.
ANGOLA

4/15
4/18

4/13a

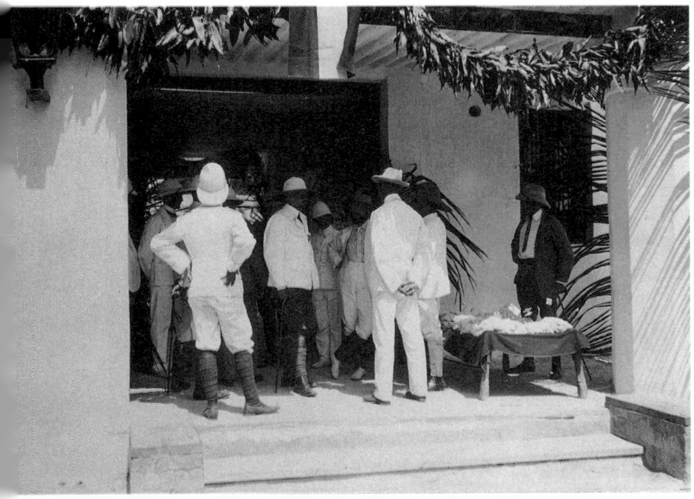

4/13b
4/13d

4/16

Zwei Postkarten Walther Rathenaus aus Südafrika
je 9 × 13,7 cm
a) an Mathilde Rathenau vom 17. 7. 1908
Mit einer Zeichnung
Poststempel: WARMBAD DEUTSCH – SÜDWESTAFRIKA
Tintenstift
Moskau, ZAS (634/1/20, Bl. 1a)
b) an Maximiliane Harden vom 8. 8. 1908
Mit einer Zeichnung
Poststempel: WINDHUK DEUTSCH – SÜDWESTAFRIKA
Buntstift
Clarmart, Michael und Eva Werner

4/17

Urkunde zur Verleihung des Roten Adlerordens 2. Klasse an Walther Rathenau
Am 18. 1. 1910 von Wilhelm II. unterschrieben
Buchdruck
33 × 21 cm
Prägestempel u. l. mit Wappen des Hauses Hohenzollern
Moskau, ZAS (634/1/52)

4/18

Karte von Zentralafrika mit handschriftlichen Eintragungen vom Staatssekretär des Reichskolonialamtes, Wilhelm Solf, über die Aufteilung des belgischen Kongo
20. April 1914
M 1:25.000.000
Kartendruck, Buntstift
29 × 43 cm
Bonn, Politisches Archiv AA
(R 15403, Kartenschrank Nr. 67)

4/13c
4/13e

Am 1. Juli 1911 ging in der Bucht von Agadir in Südmarokko das deutsche Kanonenboot *Panther* (4/20) vor Anker. Dieser Vorgang war Teil einer Strategie, mit der die deutsche Regierung auf die Information reagierte, die am 4. April der französische Botschafter in Berlin, Jules Cambon, dem Staatssekretär des Auswärtigen Amtes, Alfred von Kiderlen-Wächter (4/24), hatte zukommen lassen, nämlich daß die französische Regierung sich wahrscheinlich gezwungen sehe, zum Schutz französischer Staatsbürger angesichts der Unruhen in Marokko Truppen ins Landesinnere marschieren zu lassen, eine Ankündigung, der im Mai die Tat folgte. Damit war Frankreich einen weiteren Schritt auf dem Weg zum Protektorat über Marokko gegangen.

Die Aktion vom 1. Juli 1911 war der vorläufige Höhepunkt der seit Jahren zwischen Frankreich und Deutschland bestehenden Spannungen in der Marokkofrage. Bereits 1880 hatten England, Frankreich, Spanien und Deutschland im Abkommen von Madrid sich wechselseitig ›offene Tür‹, also gleichberechtigten Handel, in Marokko zugesichert. Zwar waren in den folgenden Jahren die deutschen Wirtschaftsbeziehungen mit Marokko stetig gewachsen, hatten aber keineswegs einen nennenswerten Umfang erreicht. Erst um die Jahrhundertwende wurde das Interesse am Scherifenreich besonders in Deutschland neu geweckt, und zwar nicht zuletzt auf der Basis von Vermutungen über reiche Bodenschätze, vor allem Erzlagerstätten, deren die deutsche Schwerindustrie, die auf Einfuhren angewiesen war, so dringend bedurfte.

In der am 8. April 1904 abgeschlossenen *Entente cordiale* erkannte Frankreich Englands Anspruch auf Ägypten an und erhielt im Gegenzug ›freie Hand‹ für Marokko. Diese Vereinbarung stieß bei der deutschen Regierung, vor allem aber in der Öffentlichkeit, auf Empörung; zu einer offiziellen Reaktion kam es jedoch erst im Frühjahr des nächsten Jahres mit der spektakulären Landung Kaiser Wilhelms II. in Tanger am 31. März 1905, mit der der Anspruch auf das deutsche Mitspracherecht bei der Aufteilung der Welt unter den Kolonialmächten demonstriert werden sollte. In seiner Rede erklärte der Kaiser, Deutschland verlange gegenüber Marokko die volle Gleichberechtigung mit den anderen Mächten; er selbst werde »berechtigten Ansprüchen Geltung zu verschaffen wissen und erwarte, daß diese auch von Frankreich gebührend respektiert würden«.

Die deutsche Regierung war nicht bereit, das französische Angebot auf ein zweiseitiges Abkommen in Kolonialfragen nach dem Muster der *Entente cordiale* zu akzeptieren, sondern bestand auf einer internationalen Konferenz, die von Januar bis April 1906 im spanischen Algeciras stattfand, und auf der die außenpolitische Isolierung Deutschlands deutlich sichtbar wurde. Zwar wurde in der Schlußakte das Prinzip der ›offenen Tür‹ ebenso wie die Souveränität und Integrität Marokkos noch einmal bestätigt; zugleich jedoch wurde die marokkanische Polizei, das Finanz- und das Zollwesen unter internationale Aufsicht gestellt, wobei Frankreich, dessen spezielle Interessen noch einmal ausdrücklich bekräftigt wurden, eine Sonderstellung erhielt.

Die folgenden Jahre sahen nicht nur den planmäßigen Ausbau der französischen Stellung in Marokko, der seit Abschluß der *Entente cordiale* längst begonnen hatte, jetzt aber durch gelegentliche militärische Aktionen wie die Besetzung von Casablanca im Jahre 1908 noch forciert wurde, sondern auch ein verstärktes Engagement deutscher Firmen und die Zusammenarbeit zwischen deutschen und französischen Unternehmen. Dazu gehörte vor allem die Beteiligung der *Friedrich*

4/20

Krupp AG, *Thyssen* und der *Gelsenkirchener Bergwerks AG* an der vom französischen Konzern *Schneider-Creusot* beherrschten *Union des Mines marocaines,* die die Erschließung der marokkanischen Erzlagerstätten betrieb.

Diese Politik des Ausgleichs führte schließlich am 9. Februar 1909 zum deutsch-französischen Marokko-Abkommen, in dem Deutschland sein politisches Desinteresse an Marokko und sein Einverständnis mit Frankreichs Sonderstellung erklärte; im Gegenzug erkannte Frankreich die wirtschaftliche Gleichberechtigung der anderen Mächte in Marokko an und bekräftigte den Wunsch zur Zusammenarbeit von Firmen und Unternehmen beider Staaten. Parallel zu diesen Versuchen der Verständigung liefen jedoch Initiativen einiger Unternehmer, die außerhalb dieser Vereinbarungen ihr Privatinteresse durchzusetzen versuchten; allen voran die Gebrüder Mannesmann, die seit 1906 in Marokko geologische Erkundungen betrieben und sich 1908 vom Sultan ein Abbaurecht auf zahlreiche Kupfer- und Eisenerzlager in Form eines ›Berggesetzes‹ kauften, das juristisch auf schwachen Beinen stand und Konflikte mit französischen Firmen, insbesondere der *Union des*

Mines, nach sich zog. Die Mannesmanns weigerten sich, eine Verständigung mit der *Union des Mines* auf der Basis des Marokkoabkommens zu suchen, und gründeten stattdessen ein *Marokko-Minensyndikat*.

Erst im Frühjahr 1910 gelang es der deutschen Regierung, die alle Konfliktpunkte im Verhältnis zu Frankreich beseitigt wissen wollte, die Brüder zu Unterhandlungen mit der *Union* zu bewegen, die im Mai 1910 in Paris stattfanden und bei denen Walther Rathenau als Vertreter der Interessen der Mannesmanns teilnahm. Am 19. Mai teilte Rathenau dem Staatssekretär des Auswärtigen Amtes mit, daß er das Mandat der Gebrüder Mannesmann angenommen habe, aber nicht ohne Zustimmung des Auswärtigen Amtes bereit sei, in Paris zu verhandeln. Er betonte, daß er diese Tätigkeit »im nationalen Interesse übernehme« und nicht als geschäftlicher »Agent, sondern als Vertrauensmann der deutschen Interessen« handle. (Pogge: Vorgeschichte, S. 236) Es sieht ganz so aus, als habe er dieses Mandat weniger der Gebrüder Mannesmann wegen akzeptiert und eher als Versuch gedacht, sich erneut eine Brücke für den Übergang in die Politik zu bauen.

Rathenau trug am 27. Mai, dem ersten Konferenztag, die verschiedenen Möglichkeiten einer Einigung vor, wobei er drei Modelle präsentierte: Eine gemeinsame Gesellschaft mit Tochtergesellschaften, zwei Gesellschaften mit wechselseitigen Mehrheiten oder die Abgrenzung von Interessenzonen, wobei den Mannesmanns der Süden, der *Union* der Norden Marokkos offenstehen sollte. Bereits am nächsten Tag kam man auf der Basis des dritten Modells zu dem Übereinkommen, den Brüdern Mannesmann den Norden und der *Union* den Süden zu überlassen, wobei der 33. Breitengrad die Grenzlinie bilden würde. Die Brüder, denen der Vorschlag sofort zur Kenntnis gegeben wurde, wobei sich Rathenau der Nachrichtenverbindungen der deutschen Botschaft in Paris bedienen konnte (4/19), waren nur bereit, zu akzeptieren, wenn die *Union* noch zu weiteren Zugeständnissen bereit wäre. Nachdem es Rathenau tatsächlich gelungen war, zumindest einige der neuen Bedingungen durchzusetzen, äußerten die Brüder grundsätzliche Bedenken und beauftragten ihre Anwälte, die Verhandlungen noch einmal neu zu eröffnen. Daraufhin legte Rathenau, dem von allen Seiten bestätigt wurde, ein ausgezeichnetes Ergebnis erzielt zu haben, und dem das Auswärtige Amt, das dringend an einer Vereinbarung interessiert war, »lebhaften Dank« aussprach, am 10. Juni sein Mandat nieder.

Es gibt zwar keine direkte Verbindung zwischen den Aktivitäten der Gebrüder Mannesmann, dem Scheitern der Pariser Verhandlungen und dem ›Panthersprung nach Agadir‹ am 1. Juli 1911, aber eine politische, wobei der *Alldeutsche Verband* (ADV) als Verbindungsglied interpretiert werden kann. Der ADV war 1893 als Protestbewegung gegen das *Helgoland-Sansibar Abkommen* gegründet worden und hatte sich seither zum einflußreichen rechtsnationalen Agitationsverband entwickelt, der einem aggressiven Imperialismus das Wort redete und unter einer pangermanisch-archaisierenden Verkleidung enge Kontakte zur Schwerindustrie unterhielt (4/31), wobei etwa Alfred Hugenberg, Mitbegründer des Verbandes und seit 1909 Mitglied im Direktorium der *Friedrich Krupp AG*, als Verbindungsmann fungierte. Der Verband hatte die Marokko-Politik der Regierung zunächst wohlwollend, seit dem Vertrag von Algeciras aber zunehmend kritisch beurteilt, wobei sich die Kritik in dem Maße, in dem die Verständigungsbemühungen der deutschen Diplomatie Erfolg zeitigten, zu schriller Polemik steigerte. Kein Wunder, daß die Alldeutschen dem Verweigerungskurs der Brüder Mannesmann, deren Ansprüche in Marokko als Vorstufe zu einer immer wieder geforderten Annexion interpretiert werden konnten, gern ihre Unterstützung liehen, wie umgekehrt die Mannesmanns sich nur zu gerne der Alldeutschen als Sprachrohr ihrer Interessen bedienten.

4/21

Als Alfred von Kiderlen-Wächter, der im Sommer 1910 zum Staatssekretär des Auswärtigen Amtes ernannt worden war, sich im Vorfeld der Marokkokrise von 1911 am 19. April mit Heinrich Claß, dem Vorsitzenden des ADV, in Mannheim traf, war dies ein Versuch, die einflußreiche Propagandaorganisation auf seine Seite zu ziehen. Der Staatssekretär eröffnete Claß seine Absicht, in der Marokkopolitik einen neuen Kurs steuern zu wollen, und schlug eine Arbeitsteilung vor, bei der dem ADV die Rolle des propagandistischen Scharfmachers zufallen sollte. Daß es über kurz oder lang zu einem Konflikt kommen mußte, war schon jetzt klar, da einerseits sich die Klagen zahlreicher deutscher Firmen häuften, die der französischen Seite vorwarfen, sich nicht an die Abmachungen des Vertrags von 1909 zu halten, und da andererseits abzusehen war, daß die französische Regierung die weitere Besitzergreifung

Marokkos forcieren würde. Kiderlen-Wächter war darauf vorbereitet, mit Hilfe eines »Faustpfandes« Ansprüche auf Kompensationen für Deutschland geltend zu machen.

Als Vorwand für die Entsendung des Kriegsschiffs diente ein Hilferuf, der von Vertretern deutscher Firmen unterzeichnet worden war, die behaupteten, »große wirtschaftliche Interessen« in Südmarokko zu haben, die in Gefahr seien angesichts der Unruhen; die Unterzeichner forderten die Regierung auf, »zur Sicherung der deutschen wirtschaftlichen Interessen in diesem Gebiet« deutlich zu machen, daß sie gewillt sei, »sofort und ohne jeden Verzug im Falle der Gefahr die deutschen Interessen zu schützen«. (Vagts, S. 317) Verfasser dieses Briefs war Wilhelm Karl Regendanz, der Geschäftsführer der *Hamburg-Marokko-Gesellschaft* (HMG), die 1910 von Max M. Warburg (4/22) als Tochtergesellschaft der Hamburger *Warburg-Bank* gegründet worden war mit dem Ziel, in Marokko Metallhandel zu betreiben und Bergwerksinteressen zu verfolgen. Regendanz, der vor seiner Tätigkeit für Warburg als Assessor im Reichskolonialamt gearbeitet hatte, war am 18. Juni ins Auswärtige Amt gebeten und mit der Abfassung dieses Hilferufs und der Sammlung von Unterschriften beauftragt worden, wobei die Unterzeichner über den Inhalt des Briefs nicht unterrichtet wurden. Als das Kanonenboot am 1. Juli in Agadir eintraf, befand sich kein einziger Deutscher am Ort; der für die HMG in Marokko tätige Bergwerksassessor Wilberg traf erst, auf telegraphische Aufforderung hin, am 4. Juli ein und ging am nächsten Tag an Bord des kleinen Kreuzers *Berlin* (4/21), der den *Panther* inzwischen abgelöst hatte.

Der ›Panthersprung‹ löste in Deutschland eine breite Welle nationaler Begeisterung aus. Vor allem der *Alldeutsche Verband* startete eine Propagandaoffensive, deren Höhepunkt zweifellos die Veröffentlichung einer Flugschrift von Heinrich Claß mit dem Titel *West-Marokko deutsch!* (4/30) war, die in drei Monaten eine Auflage von 60.000 Exemplaren erreichte. Am 27. Juli, als bereits Gespräche zwischen Kiderlen-Wächter und dem französischen Botschafter Jules Cambon (4/25) stattfanden, sandte eine Gruppe bedeutender Vertreter der Schwerindustrie, zu denen Emil Kirdorf, Hugo Stinnes, Fritz Thyssen und Louis Röchling gehörten, dem Staatssekretär ein Telegramm, in dem sie ihn aufforderten, die Versorgung Deutschlands mit Rohstoffen aus Marokko und den Absatz deutscher Waren in Marokko sicherzustellen, »mögen auch ernste Folgen entstehen« (4/23). Maximilian Harden forderte am 8. Juli in der Zukunft die Regierung auf, »mit kühnem, unzweideutig ringsum zu kündenden Entschluß die ganze Habe der Nation an ein großes Unternehmen (zu) setzen, das uns Ruhe schafft und des Reichshauses Enge entriegelt«. (Zukunft, 8. Juli 1911, S. 50) (4/28, 4/29)

Es ist bis heute nicht eindeutig geklärt, ob das Auswärtige Amt bei dieser Aktion die Annexion eines Teils von Marokko in Erwägung gezogen hatte; daß der *Alldeutsche Verband* und mit ihm weite Kreise der deutschen Öffentlichkeit bis zu den Linksliberalen sich gar keine andere Lösung vorstellen konnten, mußte den verantwortlichen Politikern klar sein. Sie können deshalb nicht überrascht gewesen sein, daß die Öffentlichkeit enttäuscht war, als bekannt wurde, daß es in den Verhandlungen zwischen Kiderlen-Wächter und Cambon um die Frage einer territorialen Kompensation in Zentralafrika ging. Der Staatssekretär hatte zunächst bereits am 15. Juli den gesamten französischen Kongo als Ausgleich für den deutschen Verzicht auf territoriale Ansprüche in Marokko gefordert. Nach langwierigen Verhandlungen, die mit dem Abschluß des deutsch-französischen Marokkovertrags am 4. November 1911 endeten, erkannte Deutschland das französische Protektorat in Marokko an und erhielt als Entschädigung einen östlich an Kamerun angrenzenden Teil des französischen Kongo, dessen Größe nicht ganz eindeutig festgelegt werden konnte, die aber bei ungefähr 280.000 Quadratkilometern lag. Im Oktober hatte Karl Helfferich, Direktor der *Deutschen Bank* und ehemaliger Mitarbeiter der Kolonialabteilung des Auswärtigen Amtes, dem Unterstaatssekretär des Auswärtigen Amts, Zimmermann, eine Kartenskizze zugeschickt, auf der die Konzessionsgebiete verschiedener Firmen in einem Teil des neuerworbenen Gebietes eingezeichnet waren. (4/26)

Mit dem Abschluß des deutsch-französischen Marokkovertrags war das außenpolitische Ziel der deutschen Regierung, ein Schritt auf dem Weg zur Bildung eines deutschen Kolonialreichs in Zentralafrika, erreicht. Das innenpolitische Ziel aber war verfehlt worden. Alles spricht dafür, daß der ›Panthersprung nach Agadir‹ und mit ihm die Marokkokrise auch inszeniert wurden, um dem sich abzeichnenden und von der Regierung befürchteten sozialdemokratischen Wahlsieg entgegenzuarbeiten. Durch eine spektakuläre außenpolitische Aktion sollten, wie bereits im Wahlkampf 1907 mit der kolonialpolitischen Agitation, die bürgerlichen Parteien von den Konservativen bis zu den Linksliberalen im Zeichen nationaler Begeisterung zur Bildung einer antisozialistischen Aktionsgemeinschaft angeregt werden, die, etwa durch Absprachen bei den Stichwahlen, erheblichen Einfluß auf die Mandatsverteilung gehabt haben würde. Alfred von Kiderlen-Wächter selbst hatte in einer für den Kaiser und den Reichskanzler bestimmten Denkschrift zur Marokkofrage am 3. Mai 1911 dieses Programm formuliert: »Auch für die weitere Entwicklung der innerpolitischen Verhältnisse bei uns würde es von Bedeutung sein, wenn es gelingen sollte, bei der schwerlich noch aufzuhaltenden Liquidation der marokkanischen Frage für Deutschland greifbare

4/22

4/25

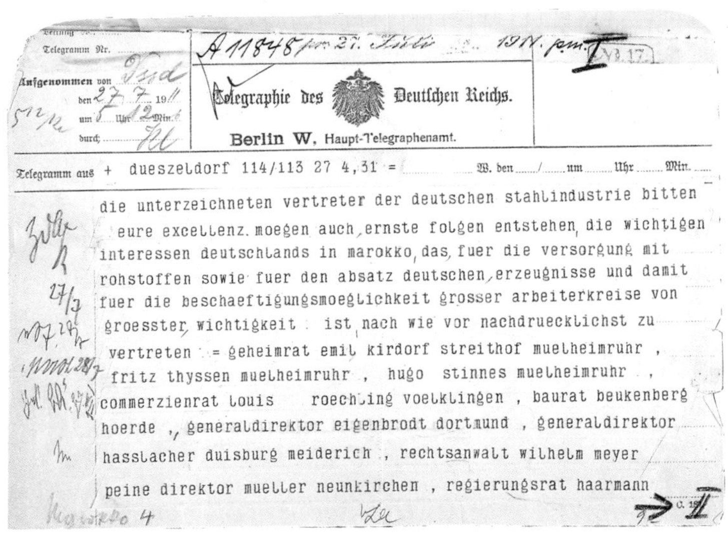

Telegramm Nr.

A 11848 pr. 27. Juli 1911. p.m.

Aufgenommen von ... den 27. 7. 1911 um 5 Uhr 12 Min. durch ...

Telegraphie des Deutschen Reichs.

Berlin W. Haupt-Telegraphenamt.

Telegramm aus + dueszeldorf 114/113 27 4,31 = W. den ... / ... um ... Uhr ... Min.

die unterzeichneten vertreter der deutschen stahlindustrie bitten eure excellenz. moegen auch ernste folgen entstehen die wichtigen interessen deutschlands in marokko das fuer die versorgung mit rohstoffen sowie fuer den absatz deutschen erzeugnisse und damit fuer die beschaeftigungsmoeglichkeit grosser arbeiterkreise von groesster wichtigkeit ist nach wie vor nachdruecklichst zu vertreten = geheimrat emil kirdorf streithof muelheimruhr , fritz thyssen muelheimruhr , hugo stinnes muelheimruhr , commerzienrat louis roechling voelklingen , baurat beukenberg hoerde , generaldirektor eigenbrodt dortmund , generaldirektor hasslacher duisburg meiderich , rechtsanwalt wilhelm meyer peine direktor mueller neunkirchen , regierungsrat haarmann

4/23

Vorteile herauszuschlagen. (Es darf) mit Sicherheit angenommen werden, daß praktische Ergebnisse manchen unzufriedenen Wähler umstimmen und den Ausfall der bevorstehenden Reichstagswahlen vielleicht nicht unwesentlich beeinflußen würden.« (Oncken, S. 115)

Dieses Kalkül ist nicht aufgegangen, da die hochgespannten Erwartungen der Öffentlichkeit durch das faktische Ergebnis enttäuscht wurden. Diese Enttäuschung führte keineswegs zur Revision, sondern zur Steigerung der expansionistischen Forderungen, die noch verstärkt wurden durch den Wahlsieg der SPD. Das Ausmaß dieser Agitation wird am besten sichtbar in einem Artikel von Axel Ripke, dem Herausgeber der nationalliberalen Zeitschrift, die 1912 gegründet und, in Anknüpfung an die Marokkokrise, *Der Panther* genannt wurde, der »für den liberalen und imperialistischen Gedanken« kämpft (4/34). Unter dem Titel *Großdeutscher Imperialismus* heißt es in der ersten Nummer vom Juli 1912, der Imperialismus müsse die »Grundlage für die deutsche auswärtige Politik« sein, weil nur so »Deutschlands wirtschaftliche Größe erhalten« werden könne, denn nicht »der Demokratie gehört die deutsche Zukunft, sondern dem Liberalismus«. Damit näherten sich die *Nationalliberalen* entschieden den Positionen des *Alldeutschen Verbandes*, wie sie programmatisch dessen Vorsitzender, Heinrich Claß, in seiner unter dem Pseudonym Daniel Frymann ebenfalls 1912 veröffentlichten Schrift *Wenn ich der Kaiser wär'* (4/33) formulierte. Claß forderte, »daß wir tätige äußere Politik treiben, sagen wir ruhig aggressive«, da »nicht nur im Inland der wirtschaftliche Kampf ums Dasein sich täglich verschärft«. Hier bleibt für Claß auf lange Sicht nur die gewalttätige Expansion, und »einem Verteidigungskrieg (...) darf auch ein von deutscher Seite angriffsweise geführter gleichgeachtet werden, den wir unternehmen müßten, um den Gegnern zuvorzukommen«.

HANS WILDEROTTER

4/27

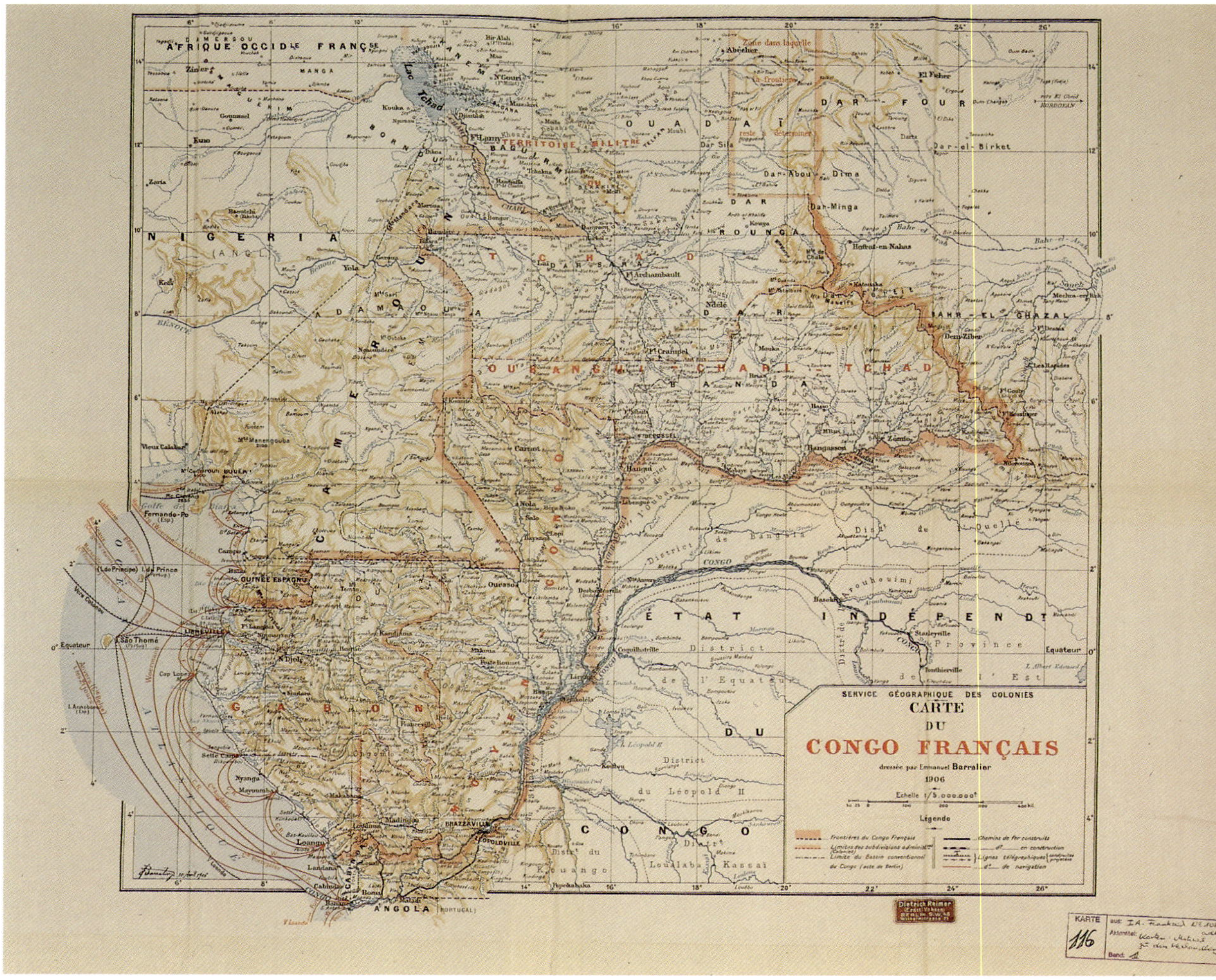

4/19

Walther Rathenaus Berichte über seine Tätigkeit als Unterhändler zwischen der Union des Mines und den Brüdern Mannesmann in Paris
Aktenband mit Telegrammen der deutschen Botschaft in Paris an das Auswärtige Amt, Mai 1910
Bonn, Politisches Archiv AA
(R 16068)

4/20

Das Kanonenboot »Panther«
Zwei Fotopostkarten
a) s/w
b) koloriert
Je 9 × 13,5 cm
Flensburg, Marineschule Mürwik, Wehrgeschichtliches Ausbildungszentrum (Fotoarchiv Kaiserliche Marine, Schiffe Nr. 4/11)

4/21

Leichter Kreuzer »Berlin«
Carl Schoen (1868–?)
Öl/Lw.
70 × 100 cm (mit Rahmen)
bez.: C. Schoen, Berlin
Flensburg, Marineschule Mürwik, Wehrgeschichtliches Ausbildungszentrum (1414)

4/22

Bildnis des Max M. Warburg
Fotografie (alter Abzug)
15,4 × 10,5 cm
Prägestempel u. r.: Ziesemer Hamburg
Hamburg, Staatsarchiv Hamburg
(PL 215/Wa 615)

4/23

Telegramm deutscher Stahlindustrieller an das Auswärtige Amt vom 27. Juli 1911
17,2 × 24 cm
Bonn, Politisches Archiv AA
(R 15729, A 11848)

4/29

4/32b

4/32e

4/32d

4/24
Bildnis des Alfred von Kiderlen-Wächter
Berlin: Reichard & Lindner
Fotografie (alter Abzug)
16,5 × 10,6 cm
Berlin, Ullstein Bilderdienst (9048 j)

4/25
Alfred von Kiderlen-Wächter und der französische Botschafter in Berlin, Jules Cambon
Fotografie (alter Abzug)
16,4 × 12,3 cm
Berlin, Ullstein Bilderdienst (9048 h)

4/26
Brief Karl Helfferichs an das Auswärtige Amt vom 21. Oktober 1911
Mit einer Kartenskizze
Tinte auf Papier; Karte: Tinte und Buntstift
21,6 × 27,6 cm;
Karte: 28 × 19,5 cm
Bonn, Politisches Archiv AA (6945)

4/27
»Congo Francais 1906«
Karte Zentralafrikas (Barralier'sche Karte) die den Verhandlungen zwischen Cambon und Kiderlen-Wächter im Herbst 1911 zugrunde lag
M 1 : 5.000.000
Druck, Buntstift
52 × 72 cm
Bonn, Politisches Archiv AA (R 6971, Kartenschrank Nr. 116)

4/28
Bildnis des Maximilian Harden
Klaus Richter
1920
Bleistift/Büttenpapier
43,2 × 35,4 cm
bez. u. l. und o. l.: Maximilian Harden. 1920; u. r.: Klaus Richter 1920.
Berlin, Berlin Museum (GHZ 82/26)

4/31

4/29
»Wilhelm und Maximilian«
Untertitel: »Wie oft habe ich Ihnen schon gesagt, Sie sollen die großen Stiebel anziehen!«
Titelblatt des Simplicissimus, 16.Jg., Nr. 21 vom 21. 8. 1911
Entwurf: Olaf Gulbransson
37,7 × 28 cm
Berlin, DHM, Bibliothek

4/30
»West-Marokko deutsch!«
Flugschrift des Alldeutschen Verbandes, Nr. 29
Heinrich Claß (1868–1953)
J. F. Lehmann's Verlag
München 1911
34 Seiten, Buchdruck
22 × 15,5 cm
Berlin, Staatsbibliothek (Rx 387)

4/31
»Die Alldeutschen bei den Großindustriellen«
Untertitel: »Bitt' schön um ein kleines Trinkgeld! Wir lassen auch mit dem Kriegsgeschrei nicht nach!«
Karikatur des Simplicissimus 16. Jg, Nr. 21 vom 21. 8. 1911, S. 364
Entwurf: Wilhelm Schulz
37,7 × 28 cm
Berlin, DHM, Bibliothek

4/32
Sechs Bildnisse von Mitgliedern des Alldeutschen Verbandes
a) Alfred Hugenberg
Um 1910
Fotografie (alter Abzug)
20,5 × 14,5 cm
Essen, Historisches Archiv der A. Krupp AG (WA 16133.158.1)
b) Carl Peters
Berlin: E. Bieber
Fotografie (alter Abzug)
16,4 × 10,7 cm
Berlin, Ullstein Bilderdienst (4572 b)
c) Ernst Hasse
Leipzig: Carl Bellach
Fotografie (alter Abzug)
16,6 × 10,7 cm
Berlin, Ullstein Bilderdienst (27758 r1)
d) Ernst Bassermann
Um 1910
Fotografie (Reproduktion)
18 × 24 cm
Berlin, Bildarchiv PK
e) Ernst Haeckel
Jena: Atelier für künstlerische Photographie Alfred Bischoff
Um 1910
Fotografie (alter Abzug) auf Karton
14,6 × 10,2 cm
Berlin, Bildarchiv PK (454/7779)
f) Dietrich Schäfer
Berlin: R. Dührkoop
1906
Fotografie (Reproduktion)
18 × 24 cm
Berlin, Bildarchiv PK

4/34

4/33
»Wenn ich der Kaiser wär'«
Daniel Frymann
(Pseud. für Heinrich Claß)
Dieterich'sche Verlagsbuchhandlung
Leipzig 1912
235 Seiten, Buchdruck
21,4 × 14,5
Berlin, DHM, Bibliothek

4/34
»Der Panther kämpft für den liberalen und imperialistischen Gedanken«
Werbeplakat für eine Zeitschrift
Entwurf: Lucian Bernhard (1883–1972)
Berlin: Hollerbaum & Schmidt
1914
Lithographie
67 × 46,5 cm
bez. u. r.: BERNHARD
Berlin, Kunstbibliothek

5 »DAS WELTGERICHT TAGT«

Rohstoffversorgung und Kriegszieldiskussion

HANS WILDEROTTER

»Wenn ich tief in mich hineinhöre«, schrieb Walther Rathenau am 14. August 1914 an Hermann Stehr über seine am Vortag begonnene Tätigkeit für die *Kriegs-Rohstoff-Abteilung* im preußischen Kriegsministerium, »meine ich, daß ich mich selbst damit zum Werkzeug einer Entwicklung mache, durch die ich dazu beitrage, die Götter zu stürzen, welche die Welt vor dem August 1914 anbetete, eine Welt, der ich angehöre und durch die ich wurde, was ich bin: ein Individualist.« Der Trauer über den Verlust dieser untergehenden Welt, »die bunter, vielfältiger und alles in allem wohl reicher und glücklicher war als die, die nun anbricht« stand die Einsicht in die Irreversibilität und den katastrophalen Charakter dieser Entwicklung gegenüber, denn »nur wo Altes stürzt, kann Neues werden, und Menschen wie Völkergeschicke haben sich noch nie aus Aufgängen, immer nur aus Erschütterungen geboren.«[1]

Diese Entwicklung schien mit einer naturgesetzlichen Zwangsläufigkeit abzulaufen, bei der die Frage, ob der Vorgang noch aufzuhalten sei, sich gar nicht mehr stellte. Entscheidend war vielmehr, sich daran zu beteiligen, und Rathenau hat sich entschlossen zu »ihrem Werkzeug« gemacht und zwar durch die Methoden, mit denen er bei der Rohstoffbewirtschaftung vorging, Methoden, »die tief in das Gefüge der kapitalistischen Wirtschaftsordnung eingreifen«.[2] Überraschend ist dabei weniger, daß er glaubte, diese Methoden anwenden zu müssen, als vielmehr, daß er ihnen solche grundlegenden Folgen zuschrieb. Erst in den letzten Tagen vor dem Brief an Stehr hatte er sich, eher zögernd und gedrängt von Wichard von Moellendorff, mit dem Gedanken einer zentralen Bewirtschaftung vertraut gemacht, bei der durch staatliche Regulierung von Einkauf, Verteilung und Verbrauch der Rohstoffe tatsächlich das Prinzip des freien Marktes außer Kraft gesetzt wurde; jetzt schon und noch bevor die Arbeit der Kriegs-Rohstoff-Abteilung richtig begonnen hatte, glaubte er sagen zu können, nicht nur die Lösung eines vorübergehenden Problems gefunden zu haben, das durch die Ausnahmesituation des Krieges bedingt war, sondern »eine Wirtschaftsform, die vielleicht in kommende Zeiten hinüberdeutet«.[3]

So beschrieb Rathenau, den Gedanken im Brief an Hermann Stehr aufgreifend, im Dezember 1915, mehr als ein halbes Jahr nachdem er die Leitung der Rohstoffabteilung abgegeben hatte, in einem Vortrag über *Probleme der Rohstoffversorgung* vor der *Deutschen Gesellschaft 1914* die sogenannten Kriegsrohstoffgesellschaften, die seit Ende August 1914 auf seinen Vorschlag hin gegründet worden waren. Er bezeichnete diese Gesellschaften als »Mittelglied zwischen der Aktiengesellschaft, welche die freie kapitalistisch-wirtschaftliche Form verkörpert, und einem behördlichen Organismus«;[4] damit war, weniger weitreichend, aber genauer als im Brief an Stehr, formuliert, wie denn in das Gefüge der kapitalistischen Gesellschaftsordnung eingegriffen worden war und in der Zukunft werden sollte.

Genauer formuliert hat er die Zukunftspläne in einer Schrift über *Die neue Wirtschaft*. Im Zentrum der neuen Wirtschaft sollten Berufsverbände stehen, die in ihrer Funktion und in ihrer Struktur sich kaum von den Kriegsrohstoffgesellschaften unterschieden. Beide waren als Aktiengesellschaften konzipiert, deren Aktien von den Unternehmen eines Industriezweigs gehalten werden. Ihnen oblag Einkauf und Zuteilung der Rohstoffe, die Stillegung ineffizienter Betriebe, die Zusammenlegung von Produktionsstätten unter dem Gesichtspunkt der Erhöhung der Effizienz. Anders als die Kriegsgesellschaften, die für ihre Rüstungsgüter einen klar beschränkten, aber sicheren Markt hatten, sollten die Berufsverbände auch die Funktion von Verkaufssyndikaten übernehmen.

Natürlich waren diese Organisationsformen nicht neu, sondern entsprachen den Großkonzernen, Kartellen und Syndikaten, wie sie spätestens seit der Jahrhundertwende in Deutschland in großem Umfang gebildet worden waren. Walther Rathenau selbst war im Bereich der elektrotechnischen Industrie aktiv bei der Anbahnung solcher Zusammenschlüsse beteiligt. Entscheidend neu war die zentrale Rolle, die der Staat diesen Gesellschaften und Verbänden gegenüber als kontrollierende und regulierende Instanz spielen sollte.

Staatliche Kommissare waren mit der Beaufsichtigung betraut und der Staat war an den Gesellschaften beteiligt. Dafür sollte er, nicht bei den tatsächlich existierenden Kriegsgesellschaften, aber bei den geplanten Berufsverbänden, einen Teil der Gewinne abschöpfen.

Diese Bindung an den Staat sollte gewährleisten, daß die Produktion nicht am Interesse des Einzelunternehmers, sondern an den Bedürfnissen der Gesamtheit orientiert würde, da Wirtschaft »nicht länger Privatsache«, »nicht mehr Sache der Einzelnen sondern der Gesamtheit«[5] sei. Rathenau erklärte den Staat »zum wahren und höchsten Organ des gemeinschaftlichen Willens und Geistes« und glaubte bereits in dem Vortrag über die Rohstoffversorgung sagen zu können, daß »ein entschiedener Schritt zum Staatssozialismus geschehen«[6] sei. Dieser Begriff, der bereits im 19. Jahrhundert zur Beschreibung der Tatsache entstanden war, daß der Staat in immer höherem Maße Gemeinschaftsaufgaben bis hin zur Verstaatlichung oder Kommunalisierung von Produktionsbetrieben übernahm, war seit Kriegsbeginn immer häufiger gleichzeitig und abwechselnd mit dem Begriff Kriegssozialismus gebraucht worden, der zunächst nur den Tatbestand erfaßte, daß im Bereich der Wirtschaft Einzelziele zugunsten der übergeordneten Ziele der nationalen Verteidigung in den Hintergrund traten.

Diese Überlegungen mußten auf positive Resonanz bei denen stoßen, die sich, als Funktionäre des Staats, als Wahrer der Interessen der Gemeinschaft verstanden. Staats- und kriegssozialistische Konzepte spielten deshalb in den Überlegungen staatlicher Instanzen über die Frage, wie nach Kriegsende der Übergang von der Rüstungs- auf die Friedenswirtschaft organisiert werden könnte, eine zentrale Rolle. Nicht geringen Einfluß besaß wohl Wichard von Moellendorff, der im Sommer 1916 sein Buch über *Deutsche Gemeinwirtschaft* veröffentlichte, in dem er der bisherigen »zügellosen Privatwirtschaft« die »kriegswirtschaftliche Gemeinwirtschaft« gegenüberstellte. Diese »Gemeinwirtschaft der Militärs« schien ihm das Modell einer Zukunft, in der jeder einzelne in den Rahmen einer am »Gemeinwohl« orientierten Wirtschaft sich einfügen solle. Zwar teilte Rathenau mit Moellendorff die Forderung nach scharfer Besteuerung des Luxus, der Streichung vermeintlich überflüssiger Produkte, der Reduktion der Typenvielfalt und des Abbaus von Reibungsverlusten zur Mobilisierung aller Kräfte und zur Steigerung der gesamtwirtschaftlichen Effizienz, wie sie in der Ausnahmesituation des Kriegs geboten waren, auch für die zukünftige Wirtschaftsordnung. Die Betonung des militärischen Aspekts steht bei ihm jedoch im Hintergrund, da für ihn der Krieg eher so etwas wie ein Katalysator im Prozeß der Ausbildung der Gemeinwirtschaft war, keineswegs jedoch der Ort ihres Ursprungs.

Die von Moellendorff so stark betonten militärischen Motive fanden allerdings nicht nur die wohlwollende Zustimmung der Militärs, eine Zustimmung, die gewiß noch erleichtert wurde durch die Tatsache, daß die antiliberalen Aspekte dieser Theorien sich mit der Verachtung der Offiziere für die moderne kapitalistische Wirtschaft und ihre Repräsentanten trafen, sondern auch in Kreisen von Handel und Industrie. Zum einen hatte die Organisation der Rohstoffbewirtschaftung über die Kriegsrohstoffabteilung und die Kriegsrohstoffgesellschaften den beteiligten Unternehmen hohe Gewinne gebracht. Zum anderen herrschte allgemein die Überzeugung vor, daß der Friedensschluß keineswegs das Kriegsende bedeuten würde, sondern daß ein Wirtschaftskrieg bevorstehe, auf den man durch geeignete wirtschaftliche Rüstungen vorbereitet sein müsse.

Wie nahe Rathenaus Überlegungen damals noch den regierungsamtlichen zu sein schienen, macht ein Vorgang aus dem Sommer 1917 deutlich erkennbar. Am 26. April 1917 wandte er sich in einem Brief an den Reichskanzler mit dem Plan, »eine grundsätzliche und vorbildliche Umstellung« der deutschen Wirtschaft vorzunehmen, wie sie »nur die bestehende Kriegsordnung gestattet«. An die Stelle der heutigen Wirtschaft, die »ausschließlich auf dem Grundsatz des freien Wettbewerbs« ruhe, solle die »Gruppenbildung der einzelnen Industriegebiete« treten, wobei diese Gruppen sich »unter behördlicher Mitwirkung« selbst verwalten: »Die Behörde bildet eine beaufsichtigende und schiedsrichterliche Gewalt.«[7] Ziel dieser Neuordnung, die Rathenaus Vorschlägen in *Die neue Wirtschaft* entsprachen, sei die Rationalisierung der Wirtschaft zur Steigerung ihres Nutzeffekts.

Rathenau wurde daraufhin am 1. Mai in die Reichskanzlei gebeten, wo er Gelegenheit fand, sein Programm in Anwesenheit des Staatssekretärs im Reichsamt des Innern, Karl Helfferich, noch einmal mündlich vorzutragen. »Zu meinem Erstaunen«, so Rathenau in einer Aufzeichnung über das Gespräch, »erklärte dieser, daß er mit allen meinen Ausführungen übereinstimme, daß aber bereits das Reichsamt des Innern auf meinem Wege Schritte getan habe, insbesondere in der Zusammenlegung der Industrien, nämlich in der Seifenindustrie, Schuhindustrie und Textilindustrie.«

Rathenaus Erstaunen verdankte sich der Tatsache, daß er »eine generelle Umgestaltung unseres Wirtschaftslebens verlangte«, die von Helfferich angeführten Maßnahmen jedoch »Opportunitätsmaßregeln« und »Kriegsmaßnahmen« seien.[8] Dennoch waren gerade diese Zwangssyndizierungen auf scharfe Kritik aus Kreisen von Handel und Industrie gestoßen, und es sieht ganz danach aus, als seien diese Syndikate in nicht geringem Maße den Berufsverbänden Walther Rathenaus vergleichbar. Tatsächlich waren bei ihrer Einrichtung Gemeinwirtschaftstheoretiker beratend beteiligt, die kein Geheimnis daraus machten, daß diese Maßnahmen bereits im Blick auf die Nachkriegszeit durchgeführt wurden. Zwar standen die meisten Kritiker der Einrichtung von Syndikaten durchaus nicht ablehnend gegenüber; das System staatlicher Kontrolle und Führung jedoch ließ Eingriffe befürchten, die zu akzeptieren keine Bereitschaft bestand. Diese Kritik erhielt zu Beginn des letzten Kriegsjahres noch einmal neuen Auftrieb, als das neugegründete Reichswirtschaftsamt die Politik der Zwangssyndizierungen fortzusetzen versuchte. Sie wurde noch gesteigert durch die Tatsache, daß nach dem Friedensschluß von Brest-Litowsk die Kriegslage eine Wendung genommen zu haben schien, die nicht eingeweihten Beobachtern allen Anlaß zum Optimismus bot. Angesichts des sicheren Sieges glaubte man sich der Notwendigkeit der Mobilisierung der Kräfte für den bisher befürchteten Wirtschaftskrieg enthoben, womit für die Mehrzahl der Unternehmer der Anlaß für die Fortsetzung des kriegswirtschaftlichen Systems auch in der Friedenszeit entfiel.

Natürlich mußte hier vor allem Rathenau in die Schußlinie geraten, und zwar nicht nur, weil er die Ordnung der Kriegswirtschaft auf unbegrenzte Dauer fortsetzen wollte, sondern mehr noch, weil seine ganze Konstruktion stand und fiel mit der Bereitschaft der Arbeiter, sich an der Verwirklichung der Pläne zu beteiligen. Rathenaus Ideal der Orientierung der Wirtschaft an den Interessen der Gemeinschaft durch Optimierung von Wirkungsgrad und Nutzeffekt hing ja nicht nur vom rationalen Einsatz der Rohstoffe und der Maschinen, sondern auch der Arbeitskräfte ab, und dieser Einsatz war ohne Gegenleistungen nicht zu haben. Diese Gegenleistungen stellte Rathenau in seinen sozialpolitischen Plänen dar, deren Grundlage die Kritik am »proletarischen Verhältnis« bot, wie er sie 1917 in *Von kommenden Dingen* vorgetragen hat. Im Zentrum seiner Kritik stand keineswegs das Verhältnis von Kapital und Arbeit, von Arbeitgeber und Arbeitnehmer, sondern die Tatsache der Undurchlässigkeit der Klassenschranken; sie beruhe auf dem, was er erbliche Ungleichheit nannte, der Exklusivität von Vermögen und Bildung. Hier sollte so schnell wie möglich Abhilfe geschaffen werden und zwar durch die Verringerung der außerordentlichen Einkommensunterschiede durch scharfe Besteuerung der hohen Einkommen, vor allem aber der Erbschaften. Die finanziellen Mittel, die dadurch dem Staat zufließen würden, sollten keineswegs unmittelbar umverteilt werden, sondern als Grundlage für ein Bildungssystem dienen, das allen die gleichen Aufstiegschancen bieten würde. Eine Erhöhung der Einkommen der Arbeiter dagegen versprach sich Rathenau aus der Erhöhung der Produktivität der Wirtschaft auf der Grundlage seiner Rationalisierungspläne.

Die Tatsache, daß Rathenau betonte, daß seine Vorschläge »eng an die Methoden des Sozialismus und Kommunismus«[9] anschließen würden, war, unabhängig davon, daß er eben mit diesen nicht verwechselt werden wollte, Anlaß genug für »die Schwerindustriellen des Westens (...), das Buch ihres aus der Art geschlagenen Kollegen mit Entsetzen«[10] zu lesen, wie Friedrich Stampfer in einer Rezension im *Vorwärts* bemerkte, und Formulierungen wie die, daß gegen Rathenaus Vorschläge »die kühnsten Wünsche sozialistischer Umstürzler fast harmlos erscheinen«,[11] konnten nicht ausbleiben. Dabei blieb allerdings bewußt ungesagt, daß Rathenau weit davon entfernt war, dem Sozialismus das Wort zu reden. Zwar wolle er »ohne Scheu eine Wegstrecke neben der Bahn des Sozialismus wandern, und dennoch seine Ziele ablehnen«.[12] Seine wirtschafts- und sozialpolitischen Entwürfe hatten jedoch nicht nur eine antiliberale, sondern zugleich auch eine antisozialistische Spitze. Gleich am Anfang des Buches gab Rathenau in einem pathetischen Bekenntnis zu verstehen, daß er »den dogmatischen Sozialismus mitten ins Herz treffen« wolle, »denn er erwächst aus materiellem Willen; in seinem Mittelpunkt steht die Teilung irdischer Güter, sein Ziel ist eine staatlich-wirtschaftliche Ordnung«.[13] Die Forderung nach Abschaffung des Privateigentums an den Produktionsmitteln schien Rathenau das Entscheidende und das Verwerfliche am Sozialismus zu sein, weil damit der Sozialismus nur Kehrseite und Ergänzung der kritisierten alten Wirtschaftsform bleibe. Der »Sozialismus (mache) die Aufgabe der Völkerbefreiung zu einer Frage um Geld und Gut«, wohingegen »irgendeine Güterverteilung an sich (nicht) wesentlich« sei und es sich nicht darum handle, »alle Menschen unabhängig oder wohlhabend oder gleichberechtigt oder glücklich zu machen«.[14]

Solche Formulierungen waren kaum geeignet, die erwünschte Resonanz zu erzielen. Mit dem Appell an die Gesinnung, die erst gewonnen werden müsse, und der These, daß »die Einrichtungen, soweit es ihrer überhaupt bedarf, gefügig«[15] folgen würden, blieb Rathenau nicht nur höchst unverbindlich, sondern sprach das zentrale innenpolitische Thema des Weltkriegs an. Nicht erst seit der Zustimmung der Sozialdemokraten zu den Kriegskrediten in der Reichtagssitzung am 4. August 1914 war den verantwortlichen Politikern klar, daß der Krieg nicht ohne oder gar gegen, sondern nur mit der Arbeiterschaft und ihren Organisationen gewonnen werden konnte und daß die Bereitschaft derjenigen, die bisher als ›Reichsfeinde‹ diffamiert und von der Mitwirkung in Staat und Verwaltung ausgeschlossen waren, eben diesen sie diffamierenden und ausschließenden Staat zu unterstützen, nicht ohne Gegenleistung erwartet werden konnte.

Die Integration der Organisationen der Arbeiterbewegung in den Nationalstaat war nicht nur Kriegsmittel, sondern eher noch das entscheidende innenpolitische Kriegsziel. Nachdem Bethmann Hollweg bereits vor Kriegsbeginn in einer Unterredung mit Albert Südekum, einem führenden Vertreter des rechten Parteiflügels der SPD, sich der Kooperationsbereitschaft der Partei versichert hatte, fanden im August und September wiederholt Gespräche zwischen Mitgliedern des SPD-Vorstands und Vertretern der Reichsregierung statt, in denen unter dem Stichwort ›Neuorientierung‹ darüber gesprochen wurde, daß als Gegenleistung für die Tatsache, daß die Sozialdemokraten sich »auf den gemeinsamen Boden des Nationalbewußtseins« gestellt hätten, soziale und politische Reformen eingeleitet werden sollten. Dieses Programm wurde von denjenigen getragen, die verstanden hatten, daß die zunehmende Macht der Arbeiterbewegung im Gefolge der Industrialisierung nicht rückgängig gemacht werden konnte, und die hofften, durch begrenzte Reformen von oben die so gefürchtete Revolution von unten verhindern zu können. Man wird auch Walther Rathenaus Entwurf einer neuen Wirtschaft als Variante dieser Integrationsideologie interpretieren können, deren Mechanismus er ebenso kurz wie kryptisch formulierte, wenn es heißt, daß der ›Volksstaat‹ geschaffen werden müsse, »bevor der letzte Anspruch an die Nation erhoben wird«.[16] Wenn es uns aber »gelingt, (...) eine neue Wirtschaft aufzubauen, so ist uns die Mitwirkung der unteren Schichten gesichert«.[17]

Dieser gouvernemental-liberalen, sozialdefensiven Richtung stand eine extrem konservative gegenüber, die nach klassischem bonapartistischem Muster innere Probleme durch Machtpolitik nach außen weniger lösen als beseitigen wollte. Die Vertreter dieser Richtung im weiten Umkreis des *Alldeutschen Verbandes*, die den Krieg selbst zur Lösung innerer Probleme zielstrebig vorbereiten halfen, entwarfen, aus Sorge um die »inneren Folgen des Krieges«, wie Heinrich Claß, der Vorsitzende des Verbandes, formulierte, ein Programm weitreichender Annexionen. Es gelte, so Alfred Hugenberg, Krupp-Direktor und Mitbegründer des Verbandes, im November 1914, »die Aufmerksamkeit des Volkes abzulenken und der Phantasie Spielraum zu geben in bezug auf die Erweiterung des deutschen Gebietes«, um »inneren Schwierigkeiten vorzubeugen«.[18] »Die Arbeiter, die aus dem Kriege zurückkommen«, so Hugenberg im Mai 1915, »werden mit großen Ansprüchen an die Arbeitgeber herantreten, und wenn nicht auf der Grundlage eines Zuwachses an Gebiet und wirtschaftlicher Kraft auf dem Gebiet der Lohnfrage in weitherziger Weise verfahren werden kann, dann wird es zwischen Arbeitgeber und Arbeitnehmer einen fürchterlichen Kampf geben.«[19]

Dem gleichen Problem schenkte Rathenau in seinem Brief an den Reichskanzler vom April 1917 seine Aufmerksamkeit, als er bei den Vorschlägen zur Einrichtung der *neuen Wirtschaft* zu bedenken gab, daß »die unteren Schichten und die Heimkehrenden (...) Ansprüche« erheben, denen man gerecht werden müsse, da »die Kraft und die Bodenständigkeit der Sozialdemokratie (...) gewachsen« sei.[20] Anders als Hugenberg jedoch, der die Forderung nach innenpolitischen Reformen gewissermaßen durch materielle Zugeständnisse abkaufen wollte, die aufgrund von territorialen Eroberungen und der Ausbeutung der eroberten Gebiete ermöglicht werden sollten, kam es Rathenau, wie er in dem Gespräch wenige Tage später erklärte, nicht nur darauf an, »den unteren Klassen verbesserte Lebensbedingungen«, sondern auch »ihren politischen Vertretern ein großes und fruchtbares Betätigungsfeld zu schaffen«. Bethmann Hollweg, so Rathenau in seiner Aufzeichnung, habe auf diesen Vorschlag begeistert reagiert mit der Erklärung, »das sei zum ersten Mal die Möglichkeit, dem deutschen Volk eine erwartete große Aussicht und Betätigung zu schaffen, das sei die Möglichkeit, dem Volke einen Ersatz für die Kriegsmühen und einen inneren Friedenspreis zu sichern.«[21]

Die Begeisterung des Reichskanzlers wird verständlich angesichts der Tatsache, daß seit Anfang des Jahres 1917 die Frage der ›Neuorientierung‹ brennende Aktualität gewonnnen hatte. Der innenpolitische Blitzsieg des Sommers 1914 war auf die Dauer nicht zu gewinnen, denn die Gesinnungen hatten sich, wie die andauernde Bereitschaft der SPD und der Gewerkschaften, den Krieg mitzutragen, gezeigt hatte, zwar geändert, aber die Einrichtungen waren nicht gefügig gefolgt. Von Anfang an war in allen Besprechungen über die ›Neuorientierung‹ von Regierungsseite betont worden, daß die Erfüllung der versprochenen Verfassungsreformen nicht vor Kriegsende zu erwarten sei. Diese Hinhaltetaktik verdankte sich nicht zuletzt der Tatsache, daß die Regierung selbst sich gezwungen sah, Rücksicht auf den konservativen Machtblock im preußischen Staatsministerium und im preußischen Parlament

zu nehmen, dessen Einfluß auf eben dem undemokratischen Dreiklassenwahlrecht beruhte, dessen Abschaffung im Zentrum des sozialdemokratischen Forderungskatalogs stand.

Die demonstrative Wiederholung der Versprechungen hatte, obwohl für das preußische Wahlrecht nie explizit das demokratische Reichstagswahlrecht in Aussicht gestellt wurde, bis zum Frühjahr 1917 trotz erheblicher Unruhe den in-

5/45

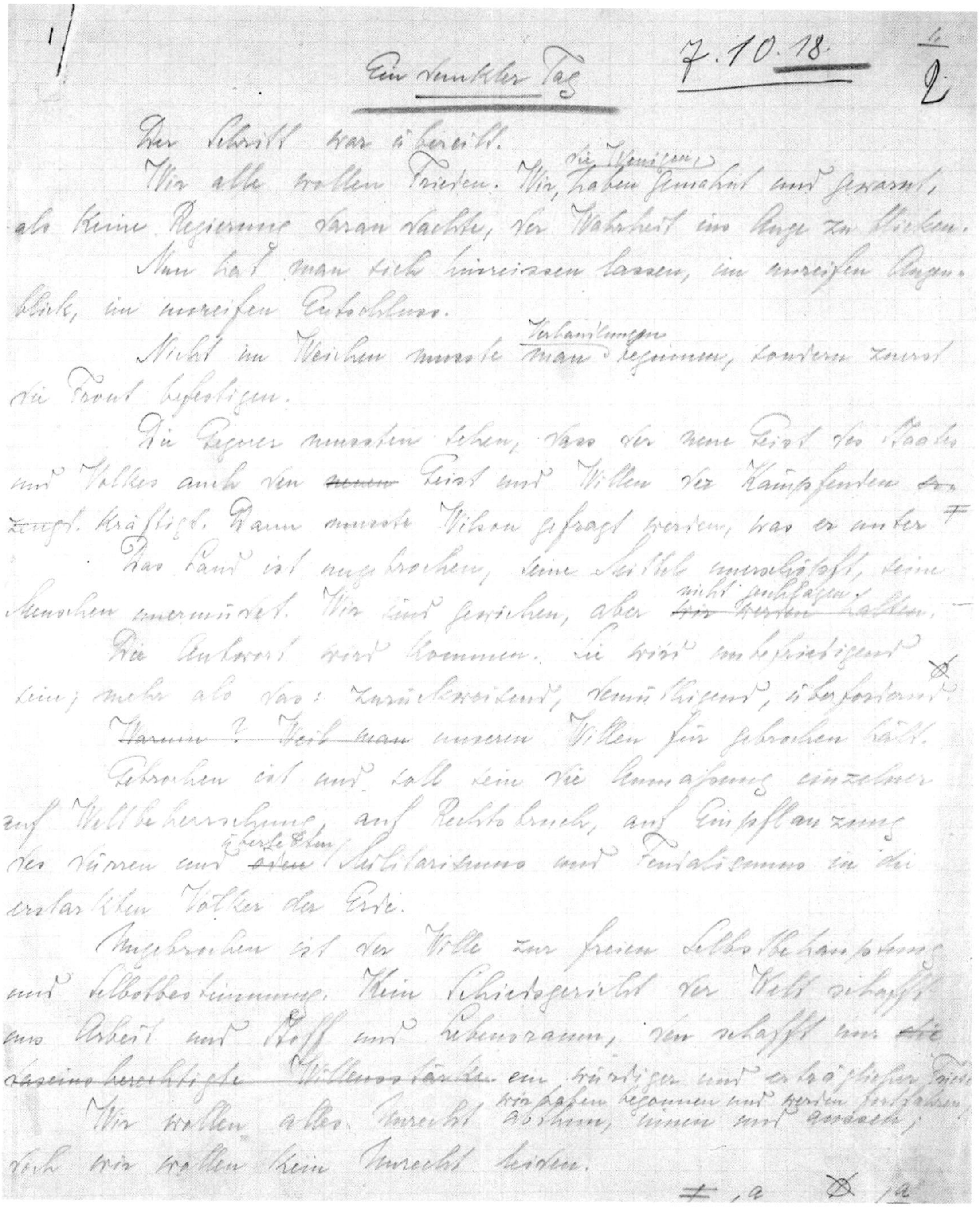
1

Ein dunkler Tag 7.10.18 4/2

Der Schritt war übereilt.
Wir alle wollen Frieden. Wir, die Wenigen, haben gemahnt und gewarnt, als keine Regierung daran dachte, der Wahrheit ins Auge zu blicken.
Nun hat man sich hinreissen lassen, im unreifen Augenblick, im unreifen Entschluss.
Nicht im Weichen musste man Verhandlungen beginnen, sondern zuerst die Front befestigen.
Die Gegner mussten sehen, dass der neue Geist des Staates und Volkes auch den ~~neuen~~ Geist und Willen der Kämpfenden ~~u. zugl.~~ kräftigt. Dann musste Wilson gefragt werden, was er unter
Das Land ist ungebrochen, seine Mittel unerschöpft, seine Menschen unermüdet. Wir sind gewichen, aber nicht geschlagen. ~~wir werden halten.~~
Die Antwort wird kommen. Sie wird unbefriedigend sein; mehr als das: zurückweisend, demütigend, überfordernd.
~~Warum? Weil man~~ unseren Willen für gebrochen hält.
Gebrochen ist und soll sein die Anmaßung einzelner auf Weltbeherrschung, auf Rechtsbruch, auf Einpflanzung des dürren und überlebten ~~eines~~ Militarismus und Feudalismus in die erstarkten Völker der Erde.
Ungebrochen ist der Wille zur freien Selbstbehauptung und Selbstbestimmung. Kein Schiedsgericht der Welt schafft uns Arbeit und Stoff und Lebensraum, der schafft uns ~~die daseinsberechtigte Willensstärke~~ ein würdiger und ehrlicher Friede.
Wir wollen alles Unrecht sühnen, wir haben begonnen und werden fortfahren, Unrecht zu sühnen;
doch wir wollen kein Unrecht leiden.

nenpolitischen Frieden aufrecht erhalten. Im dritten Kriegswinter jedoch war durch die katastrophale Versorgungslage die Not weiter Kreise der Bevölkerung bedrohlich angestiegen. Diese Notlage mußte um so drückender erscheinen, als zugleich sichtbar wurde, daß einige wenige an diesem Krieg mehr als gut verdienten. Die Unruhe in den Reihen der Gewerkschaften und der SPD wuchs erheblich an; die Gruppe in der Partei, die von Anfang gegen die Kriegskredite gestimmt hatte, begann ihre Sezession, die am 7. April mit der Gründung der USPD endgültig vollzogen war. Hinzu traten zwei außenpolitische Faktoren. Die Februarrevolution in Rußland hatte zum einen gezeigt, daß die lange erwartete politische Veränderung auch auf anderem Wege als dem der politischen Konzessionen zu erreichen war; zum anderen hatte sie einem der Gründe, die die SPD zur

Zustimmung zu den Kriegskrediten bewogen hatten, der Kampf gegen das autokratische Rußland, den Boden entzogen. Darüber hinaus war durch die Wiederaufnahme des unbeschränkten U-Boot-Krieges im Februar der Kriegseintritt der USA am 6. April provoziert worden, den Präsident Wilson ausdrücklich als Kampf gegen die deutsche Autokratie begründet hatte, eine Formulierung, die deutlich sichtbar den Finger auf die innenpolitischen Wunden legte.

Bereits im Februar hatte die SPD und mit ihr die *Linksliberalen* die sofortige Einführung des demokratischen Wahlrechts in Preußen gefordert. Es war dem Reichskanzler, der sich, wiederum aus Rücksicht auf die *Konservativen* und die eng mit ihnen liierte Oberste Heeresleitung, erneut nicht festlegen konnte oder wollte, noch einmal gelungen, durch eine kaiserliche Verlautbarung die Wogen kurzfristig zu glätten. Aber auch in dieser ›Osterbotschaft‹ vom April 1917 war nur zugesichert worden, daß nach »der Rückkehr unserer Krieger«, also nach Kriegsende, das Dreiklassenwahlrecht abgeschafft, nicht jedoch das demokratische Wahlrecht eingeführt werden sollte.

Die Situation spitzte sich zu, als im Juli 1917 erneut über die Verlängerung der Kriegskredite abgestimmt werden mußte. Die *Sozialdemokraten* waren nur bereit, ihre Zustimmung zu geben, wenn sich der Reichskanzler in der Kriegszielfrage eindeutig für einen Verständigungsfrieden ohne Annexionen aussprechen würde. Die *Sozialdemokraten* und die mit ihnen in dieser Frage einigen *Linksliberalen* erhielten am 6. Juli unerwartete Hilfe, als der Zentrumsabgeordnete Matthias Erzberger, der noch zu Beginn des Krieges annexionistische Pläne vorgelegt hatte und der 1918 als Vorsitzender der Waffenstillstandskommission das Waffenstillstandsabkommen unterzeichnen würde, in einer Rede für die Verabschiedung einer Reichstagsresolution gegen Annexionen plädierte, die den Weg zum Verständigungsfrieden ebnen sollte. Noch am gleichen Tag trat ein Interfraktioneller Ausschuß zusammen, dem Vertreter aller Parteien mit Ausnahme der *Konservativen* und der USPD angehörten, um den Entwurf einer entsprechenden Resolution vorzubereiten; der Ausschuß forderte zugleich die Einführung des demokratischen Wahlrechts in Preußen und, als vorbereitenden Schritt zur Parlamentarisierung, die Berufung prominenter Abgeordneter in Ämter der preußischen Regierung und der Reichsregierung. Zwar war der Kanzler zu dieser Konzession bereit und konnte Kaiser Wilhelm II. sogar dazu bewegen, am 11. Juli in einem weiteren Erlaß die Einführung des demokratischen Wahlrechts in Preußen definitiv zuzusichern. Er war jedoch nicht in der Lage, sich in der Kriegszielfrage gegen die massiven Interessen der Annexionisten durchzusetzen. Nicht die Tasache, daß die zur Verabschiedung der Friedensresolution bereite Parlamentsmehrheit ohne Vertrauensbasis mit dem Kanzler war, führte zum Sturz Bethmann Hollwegs am 13. Juli, da im System dessen, was Rathenau ›Halbparlamentarismus‹ genannt hatte, keine staatsrechtliche Verbindung zwischen Regierung und Parlament bestand. Es war vielmehr Ludendorffs Drohung mit seinem eigenen Rücktritt, die den Kaiser bewog, seinen Kanzler zu entlassen. Daß noch vor der Annahme der Friedensresolution am 19. Juli ein neuer Reichskanzler ganz aus dem Geist Ludendorffs ernannt werden konnte, ohne daß der Interfraktionelle Ausschuß zu Rate gezogen worden wäre, wirft nicht nur ein bezeichnendes Licht auf die Machtverteilung in der eigenartigen Allianz von Verständigungsmehrheit und annexionistischer Oberster Heeresleitung, die zum Sturz Bethmann Hollwegs geführt hatte, sondern auch auf die Fähigkeit und Bereitschaft der Abgeordneten, die ersten Ansätze zur Parlamentarisierung zu forcieren.

Walther Rathenau hatte wenige Tage zuvor, am 10. Juli, in einem Gespräch mit General Ludendorff, zu dem er nach Kreuznach gebeten worden war, ein Plädoyer für die Verbindung des Verständigungsfriedens und der innenpolitischen Reformen vorgetragen. Rathenau hob hervor, daß »diese politischen Umstellungen jetzt und in Ruhe geschehen« müßten, »damit sie nicht später unter Erschütterungen vor sich gehen«. Er verknüpfte dieses sozialdefensive Argument mit seiner bereits in den letzten Vorkriegsjahren entwickelten Theorie, daß der Parlamentarismus das geeignete Mittel zur Selektion von Führungskräften sei, als er Ludendorff versicherte, daß »von dieser Umstellung tüchtigere politische Kräfte zu erwarten seien«.[22] Eben weil bisher dieser Selektionsprozeß noch nicht habe stattfinden können, müsse noch mit Problemen gerechnet werden. Das machtpolitische Vakuum aber, so darf man hier vermuten, müsse von einem Mann wie Ludendorff mit seiner »an Diktatur streifenden Gewalt und somit auch Verantwortung« gefüllt werden.[23] Dieser Vorschlag ist nur nachvollziehbar, wenn man bedenkt, daß Rathenaus Votum für den Parlamentarismus eigentümlich zweideutig bleibt. Auf der einen Seite schlug auch er die Besetzung einzelner Ministerposten mit Parlamentariern vor; auf der anderen Seite erklärte er wiederholt, daß »wir nicht unbedingt des parlamentarischen Systems« bedürften.[24] Zwar hatte er aus seinen wirtschaftstheoretischen Überlegungen die Abschaffung des ›Klassenstaats‹ gefolgert. Denn da der Staat in Rathenaus neuer Wirtschaft die zentrale, die Interessen ausgleichende Funktion einnehmen sollte, konnte er nicht länger nur von einer Interessengruppe beherrscht werden, sondern mußte ›Volksstaat‹ werden. Der ›Volksstaat‹ aber ist »nicht mit Volksregierung, nicht einmal mit dem sehr theoretischen Begriff der Volkssouveränität gleichbedeutend«.[25]

Die »Bedeutung der Parlamente« bestehe deshalb darin, »daß sie nicht der Massenregierung« dienen, sondern daß sie »Auswahl und Schule des Staatsmanns und Politikers« seien.[26] Solange aber die Parlamente diese Funktion nicht wahrnehmen können, muß auf Führungspersönlichkeiten zurückgegriffen werden, deren Selektionen sich anderen Institutionen verdankt. Vorbild ist für Rathenau das preußische Heer, dessen System der Offizierswahl ein System der »freien und selbsttätigen Auslese« sei, in dem nur die »stärksten« Kräfte »zu entscheidenden Verantwortungen kommen«.[27] Diesem Selektionsmechanismus verdankte Ludendorff seine führende Position und es ist ironisch genug, daß gerade Ludendorff im September 1918, als die Oberste Heeresleitung jede Aussicht auf einen Sieg aufgegeben hatte, die Parlamentarisierung der Regierung forderte, nicht zur Auswahl der Geeigneten, sondern der Sündenböcke, denen die Schuld an der Niederlage zugewiesen werden konnte. Ludendorff forderte den Kaiser auf, »jetzt auch diejenigen Kreise an die Regierung zu bringen, denen wir es in der Hauptsache zu verdanken haben, daß wir so weit gekommen sind (...) Die sollen nun den Frieden schließen, der jetzt geschlossen werden muß.«

Von dieser parlamentarischen Regierung verlangte die Oberste Heeresleitung, bei der *Entente* um Waffenstillstand zu ersuchen, eine Forderung, die Walther Rathenau bestimmte, am 7. Oktober 1918 in der *Vossischen Zeitung* unter dem Titel *Ein dunkler Tag* (5/45) zu einer Zusammenfassung aller Kräfte aufzurufen: »Die nationale Verteidigung, die Erhebung des Volkes muß eingeleitet (...) werden.«[28]

Anmerkungen

1. Hermann Stehr–Walther Rathenau. Zwiesprache über den Zeiten. Ursula Meridies-Stehr (Hg.), Leipzig/München 1948, S. 26f
2. Ebd.
3. Deutschlands Rohstoffversorgung (1915), GS V, S. 41
4. Ebd.
5. Probleme der Friedenswirtschaft (1916), GS V, S. 71
6. Deutschlands Rohstoffversorgung (1915), GS V, S. 40
7. Rathenau an Bethmann Hollweg, PB , Nr. 67, S. 111ff
8. Rathenau: Tagebuch, S. 214
9. Deutschlands Rohstoffversorgung (1915), GS V, S. 25
10. Zit. nach Schulin: Hauptwerke, GA II, S. 576
11. Ebd., S. 580
12. Von kommenden Dingen (1917), GA II, S. 333
13. Ebd., S. 303
14. Ebd., S. 332f
15. Ebd., S. 463
16. Ebd., S. 445
17. Die neue Wirtschaft (1918), GS V, S. 208
18. Zit. nach Dirk Stegmann: Die Erben Bismarcks, Köln 1970, S. 455
19. Zit. nach Werner Basler: Deutschlands Annexionspolitik in Polen und im Baltikum 1914–1918, Berlin 1962, S. 39
20. Rathenau an Bethmann Hollweg, PB, Nr. 67, S. 112
21. Rathenau: Tagebuch, S. 214
22. Ebd., S. 216ff
23. Ebd.
24. Von kommenden Dingen (1917), GA II. S. 477
25. Ebd., S. 436
26. Ebd., S. 490, 474
27. Ebd., S. 470
28. Ein dunkler Tag (1918), GS VI, S. 260

Am 13. August 1914 wurde Walther Rathenau von General Erich von Falkenhayn (5/2), dem preußischen Kriegsminister, zum Leiter der *Kriegs-Rohstoff-Abteilung* (KRA) beim preußischen Kriegsministerium ernannt. Die Abteilung hatte die Aufgabe, »alle im Inland und bei glücklichem Fortschreiten der Armee in den okkupierten feindlichen Gebieten, sowie unter Umständen in dem befreundeten Österreich zur Zeit vorhandenen militärisch notwendigen Rohstoffe nach Besitzern, Mengen und Lagerorten festzustellen. Ihr Verbrauch soll den militärischen Bedürfnissen entsprechend geregelt und soweit zulässig, hierbei das allgemeine wirtschaftliche Leben möglichst unterstützt werden«, wie es in dem Schreiben Falkenhayns heißt. (5/1)

Der Gründung der *Kriegs-Rohstoff-Abteilung* waren mehrere Gespräche zwischen Rathenau, dem Direktor des Zentraldepartements im Kriegsministerium, Oberst Heinrich Scheüch, und Falkenhayn vorausgegangen, in denen Rathenau auf die Gefahr hinwies, die sich aus der Tatsache ergab, daß wichtige Zweige der deutschen Rüstungsindustrie in hohem Maße von der Rohstoffeinfuhr abhängig waren, die durch die englische Blokkade unterbrochen worden war. Da die Vorräte an diesen Rohstoffen vermutlich für höchstens drei bis sechs Monate ausreichen würden, eine erheblich längere Kriegsdauer jedoch nicht ausgeschlossen werden könne, wie es allerdings bisher offenbar geschehen sei, da weder militärische noch zivile Instanzen für diesen Fall Vorsorge getroffen hätten, müsse sofort Abhilfe geschaffen werden.

Parallel zu diesen Gesprächen lief ein Briefwechsel zwischen Rathenau und Wichard von Moellendorff (5/4), der als Ingenieur beim Kabelwerk Oberspree der AEG tätig war und der Rathenau in einem Schreiben vom 8. August den Vorschlag machte, angesichts des abzusehenden Mangels »das Kriegsministerium anzuregen, es möge den Status recherchieren und einen sparsamen Haushalt unter zentraler Gewalt eröffnen« (5/3). Rathenau dankte noch am gleichen Tage für die »freundliche und sehr interessante Anregung«, glaubte aber, daß »Requisitionen nach den uns unentbehrlichen Rohmaterialien« in dem von deutschen Truppen besetzten Belgien ausreichen würden, um den Bedarf zu decken. Offenbar rechnete er zu diesem Zeitpunkt noch mit einer kurzen Kriegsdauer, die eine zentrale Bewirtschaftung, wie Moellendorff sie vorschlug, überflüssig machen würde.

Noch am gleichen Abend fand im Kriegsministerium eine Besprechung zwischen Oberst Scheüch und Rathenau statt, um die Rathenau einige Tage zuvor gebeten hatte. Wir wissen nicht, was bei diesem Treffen besprochen wurde; aber immerhin scheint der Oberst von dem, was Rathenau ihm zu sagen hatte, so beeindruckt gewesen zu sein, daß er eine Zusammenkunft mit dem Kriegsminister für den nächsten Tag arrangierte. Vor diesem Treffen empfing Rathenau einen weiteren Brief Moellendorffs, der noch einmal hervorhob, daß »beschränkte Vorräte gegen einen wahrscheinlich überragenden Bedarf« abgestimmt werden müßten und daß »nur ein rascher autoritativer Eingriff Verzögerungen und Vergeudungen« vermeiden könne. In seiner Antwort vom nächsten Tag jedenfalls teilte Rathenau mit, er habe »in einer Rücksprache auf dem Kriegsministerium (…) Gelegenheit (gefunden), den Gedanken der Rohmaterialversorgung, insbesondere der belgischen, aber auch den Vorschlag der Zentralisierung zu erwähnen«. Als Ergebnis dieses Gesprächs fertigte Rathenau eine kurze Denkschrift für den Kriegsminister an, in der er, den ersten Anregungen Moellendorffs folgend, die Gründung einer »Stelle für die Kontrolle des Rohmaterials im Kriegsministerium« vorschlug, wie sie mit dem Schreiben vom 13. August dann tatsächlich erfolgte.

Rathenau hatte in seiner Denkschrift erklärt, daß das neue Amt »von Organen des Kriegsministeriums geleitet« werden solle, die »sich aber erforderlicher Hilfskräfte aus dem Zivilstande bedienen« könnten. Da ganz offenbar kein Offizier für diese Aufgabe geeignet schien, wurde Rathenau berufen, und mit ihm als weitere Personen aus dem Zivilstande Professor Klingenberg, der Leiter der Kraftwerksabteilung der AEG, der zum Stellvertreter Rathenaus ernannt wurde, Wichard von Moellendorff und Rathenaus Privatsekretär Hugo Geitner. Um den militärischen Formen gerecht zu werden wurde neben Rathenau noch Oberst Karl Oehme zum Abteilungsleiter ernannt, der durch seine Unterschrift diesen zivilen Fremdkörper in die militärische Ordnung des Kriegsministeriums formal einfügte.

Zu den ersten Aufgaben der neuen Abteilung gehörte die Feststellung der vorhandenen Rohstoffmengen mit einer Anfrage bei 900 Firmen, die die Vermutung bestätigte, daß die Vorräte im Durchschnitt auf ein halbes Jahr begrenzt waren. Sofort in den ersten Tagen wurden deshalb Ausfuhrverbote und Verbrauchsbeschränkungen erlassen, vor allem aber Maßnahmen zur Beschlagnahmung erörtert, die zunächst nur von den Stellvertretenden Kommandeuren der Militärbezirke ausgesprochen werden konnte, an die nach dem preußischen Gesetz über die Verhängung des Belagerungszustands aus dem Jahre 1851 die vollziehende Gewalt übergegangen war. Diese unzureichende gesetzliche Basis wurde im Laufe der nächsten Monate verbessert, vor allem durch die Bundesratsverordnung über die *Sicherstellung von Kriegsbedarf* vom 24. Juni 1915. (5/7)

Die beschlagnahmten Rohstoffe gingen keineswegs in Staatsbesitz über, sondern standen weiterhin der Industrie zur Verfügung, mit der Einschränkung allerdings, daß sie nur in der Rüstungsproduktion nach staatlich kontrollierten Prioritäten eingesetzt werden durften.

Da die KRA weder über die personellen noch die finanziellen Möglichkeiten zu Kauf, Transport, Lagerung und Verteilung der Rohstoffe verfügte, schlug Rathenau die Gründung von Aktiengesellschaften für einzelne Rohstoffgruppen vor, deren Kapital von den Firmen gehalten werden sollte, die den jeweiligen Rohstoff verarbeiteten, und die, entsprechend ihrem Anteil am Kapital, Vertreter in Aufsichtsrat und Direktorium entsenden würden, Aufgaben, die ehrenamtlich wahrgenommen werden sollten. Diese Kriegsrohstoffgesellschaften, so Rathenau in seinem ersten *Bericht über die Tätigkeit der Kriegs-Rohstoff-Abteilung des Kriegsministeriums* vom Oktober 1914, »übernehmen alle Rohstoffmengen ihres Wirkungskreises, die ihnen aus Inlandsbeständen und okkupierten Ländern zugewiesen werden und bezahlen die Requisitionsrechnungen. Sie sorgen dafür, daß aus neutralen Gebieten durch Aufkäufe nach Möglichkeit Bestandsergänzungen herbeigezogen werden. Sie verteilen die Rohstoffe nach Bedarf an die Verbraucher.« Die Gesellschaften sollten, abgesehen von einer fünfprozentigen Verzinsung des Kapitals, keine Gewinne erzielen. Der Aufsichtsrat ernannte die Mitglieder einer Schätzungs- und Verteilungskommission, die mit weitgehenden Befugnissen zur Wahrnehmung ihrer Aufgaben ausgestattet war; dieser Kommission gehörte ein vom Kriegsministerium bestimmter Staatskommissar an, der zugleich mit Vetorecht im Aufsichtsrat saß.

Nach diesem Vorschlag wurde am 2. September die *Kriegsmetall AG* gegründet, der die Bewirtschaftung der Nichteisenmetalle oblag, vor allem Kupfer, aber auch Nickel und Aluminium. Das Aktienkapital in Höhe von 6 Millionen Mark teilten 22 Firmen untereinander auf, wobei die AEG und *Siemens-Schuckert* zu den Hauptaktionären zählte; den Vorsitz im Aufsichtsrat übernahm Heinrich Peierls, Direktor des Kabelwerks Oberspree der AEG, zum Staatskommissar wurde Walther Rathenau ernannt. Nach dem Modell der *Kriegsmetall AG* wurden im Laufe der nächsten Wochen die *Kriegschemikalien AG*, die *Kriegswollbedarf AG* und die *Kriegsleder AG* gegründet, denen im Laufe der nächsten Monate und Jahre noch weitere Gesellschaften folgten, deren Zahl sich bei Kriegsende auf über 200 belief.

Es scheint, als hätten bei einer Reihe von Firmen zunächst erhebliche Widerstände gegen die befürchtete staatliche Bevormundung bestanden, Widerstände, die jedoch in dem Maße abgebaut wurden, in dem die Vorteile des Systems deutlich wurden. Der Zusammenschluß beseitigte verlustreiche Konkurrenzkämpfe, ein Ziel, das Rathenau durch seine Politik der Fusionen bereits in den Vorkriegsjahren verfolgt hatte; die Bildung von Kriegsgesellschaften war gerade in den Bereichen, wo bereits vor dem Krieg Kartellabsprachen oder Syndikate bestanden hatten, besonders unproblematisch, so daß z. B. das *Rheinisch-Westfälische Kohlensyndikat* oder der *Eisen- und Stahlwerksverband* bruchlos die Aufgaben von Kriegsgesellschaften übernehmen konnten. Auf der anderen Seite war es möglich, abgesichert durch die staatlichen Verfügungsbeschränkungen, die Einkaufspreise niedrig zu halten. Als bereits in den ersten Kriegswochen, angesichts des immer knapperen Angebots, die Rohstoffpreise steil anstiegen, wurde von seiten der KRA Höchstpreise festgesetzt. Auf der Basis dieser Preise errechnete die *Kriegsmetall AG* Durchschnittspreise, zu denen sie die Rohstoffe an ihre Mitgliedsfirmen weitergab, wobei diese Durchschnittspreise erheblich unter den Einkaufspreisen für Rohstoffe aus dem neutralen Ausland lagen; die Differenz zwischen diesen beiden Preisen wurde durch staatliche Subventionen ausgeglichen. Daß die Kriegsgesellschaften bei der Belieferung mit Rohstoffen ihre Mitglieder bevorzugte, versteht sich von selbst; da mittlere und kleinere Firmen weder die finanziellen noch die personellen Möglichkeiten besaßen, sich an diesen Gesellschaften zu beteiligen, waren viele von

ihnen über kurz oder lang gezwungen, ihren Betrieb zu schließen.
Es ist nicht leicht, Walther Rathenaus Haltung in diesem komplizierten Geflecht persönlicher und wirtschaftlicher Interessen genau zu bestimmen. Er war einerseits gewiß überzeugt, daß die beteiligten Unternehmen im allgemeinen und die AEG im besonderen berechtigt seien, Gewinne zu erzielen, die den außerordentlichen Umständen angemessen wären; andererseits schloß er in seine Kritik an den Firmen, die »unbekümmert um die allgemeinen Interessen und die gesunden kaufmännischen Grundsätze, ihre Forderungen beliebig gesteigert« hätten, auch einige Teilhaber der *Kriegsmetall AG* ein, die nicht nur Rohstoffe verarbeiteten, sondern auch mit Rohstoffen handelten. Die Effizienz seiner Organisation dürfte der Standpunkt gewesen sein, von dem aus für Rathenau, der schon in den Vorkriegsjahren die wirtschaftliche Kraft eines Staates mit seiner nationalen Stärke gleichgesetzt hatte, das allgemeine Interesse und die Gewinne der Firmen identisch waren.

5/8

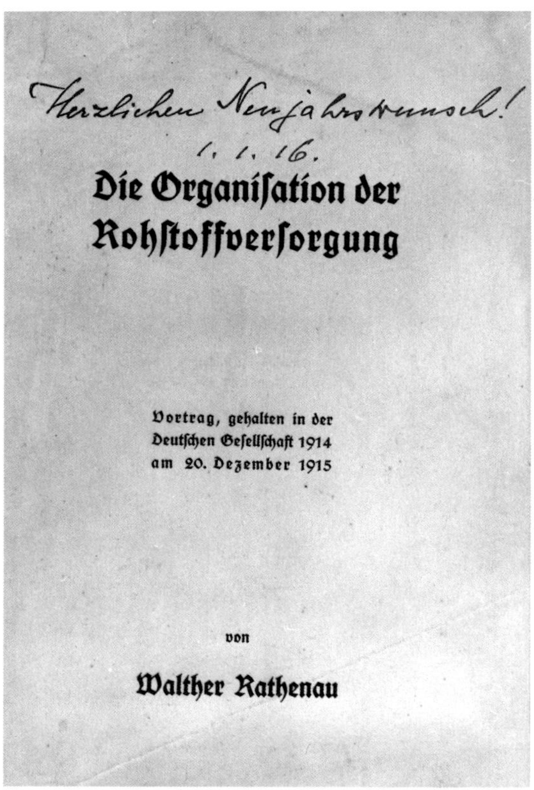
Herzlichen Neujahrswunsch!
1. 1. 16.

Die Organisation der Rohstoffversorgung

Vortrag, gehalten in der Deutschen Gesellschaft 1914 am 20. Dezember 1915

von

Walther Rathenau

5/12

Diktator Rathenau

Von

Walther Lambach

Deutschnationale Verlagsanstalt Aktiengesellschaft / Hamburg und Leipzig

Die Beschlagnahme- und Sammelaktionen der KRA erstreckten sich auch auf kleine und kleinste Mengen einschließlich von Gegenständen des täglichen Gebrauchs (5/7). Neben die Sicherung und Verteilung vorhandener Rohstoffe trat aber auch die Entwicklung und Produktion von Ersatzstoffen, vor allem die großtechnische Durchbildung des Haber-Bosch-Verfahrens zur Ammoniaksynthese, die eine vom Import unabhängige Produktion des für die Herstellung von Sprengstoffen und Schießpulver unerläßlichen Salpeter ermöglichte. Zu diesem Zweck wurden bereits im Herbst 1914 unter Federführung der *Kriegschemikalien AG* mit hohen staatlichen Subventionen Produktionsanlagen errichtet, wie Rathenau bereits in einem Brief an den Gesandten von Mutius am 10. Oktober ankündigte: »Am gefährlichsten war die Lage des Salpeters, der die Basis unserer gesamten Sprengstoffe bildet und der ohne Eingreifen rettungslos in der ersten Hälfte des nächsten Jahres zu Ende gegangen wäre. Ich habe den Bau großer Salpeterfabriken in die Wege geleitet, die von der Privatindustrie mit Staatssubventionen errichtet werden sollen, und die auf Grund der neueren technischen Entwicklung uns schon in wenigen Monaten gänzlich von der Salpeterzufuhr unabhängig machen.« Fritz Haber (5/22), der das Verfahren der Ammoniaksynthese entwickelt hatte, war bereits in der ersten Woche zu den Mitarbeitern der Kriegsrohstoffabteilung gestoßen und zunächst mit der Vorbereitung der großtechnischen Durchführung des Verfahrens beschäftigt. Ab November 1914 leitete er die eigens eingerichtete *Zentralstelle für Fragen der Chemie* beim *Allgemeinen Kriegsdepartement*, wo er seit Ende des Jahres 1914 mit der Entwicklung von Gaskampfstoffen befaßt war. Sol-

che Versuche waren im Auftrag der OHL, die sich davon eine entscheidende Wende im Stellungskrieg versprach, bereits seit Oktober unternommen worden, ohne daß bedeutende Resultate erzielt werden konnten.
Haber entwickelte den Plan, Chlorgas aus Gasflaschen über den feindlichen Gräben abzublasen. Nach mehreren kleineren Versuchen wurde am 22. April 1915 an der Westfront bei Ypern zuerst dieses neue Kampfmittel eingesetzt, wobei Haber und ein Stab von Wissenschaftlern selbst an vorderster Front beteiligt waren. Dieser Angriff, bei dem 146 Tonnen Chlor eingesetzt wurden, kostete vermutlich 5000 englischen und französischen Soldaten das Leben, wobei noch einmal doppelt soviel schwere Verätzungen davontrugen (5/17). Die Weiterentwicklung chemischer Kampfmittel, aber auch der notwendigen Schutzvorrichtungen (5/18), wurde im *Kaiser-Wilhelm-Institut für physikalische Chemie* durchgeführt, das 1913, nach der gelungenen Ammoniaksynthese, eigens für Fritz Haber gegründet worden war. Hier wurden im Laufe des Krieges etwa 600 neue chemische Kampfmittel erprobt, unter anderem das aus Materialmangel zum Teil sogar durch Filz oder Pappe ersetzt werden mußte. Diese Lederhelme, wie sie in der Mitte des 19. Jahrhunderts entwickelt worden waren, waren den modernen Formen des Krieges nicht mehr angemessen, da sie keinen Schutz gegen die durchschlagkräftigen Artilleriegeschosse boten (5/13). Die Häufigkeit von Granatsplitterverletzungen im Kopfbereich, die den Chirurgen in den Frontlazaretten aufgefallen war, bot Anlaß, die Einführung einer angemessen schützenden Kopfbedeckung zu planen. Erste Versuche stießen auf das Problem, daß Stahlhelme, die der Durchschlagskraft widerstehen konnten, zu schwer waren, um nützlich zu sein; ein entsprechender Helm wog mehr als 6 Kilo und war kaum beim Marsch zu gebrauchen. Nach einer Reihe von Versuchen kam man auf einen Helm, der ein Gewicht von etwa 1 Kilogramm hatte. (5/14, 5/15) Für die besondere Situation des Grabenkampfes wurde ein noch einmal 1 kg schweres Stirnschild entwickelt, das auch Infanteriegeschossen standhielt und bei Bedarf angelegt werden konnte (5/16). Im Januar 1916 wurde mit der Ausgabe

5/7

Phosgen, dessen Wirkung die des Chlors um ein Vielfaches übertraf. (5/19)
An einer weiteren technologischen Innovation, der Entwicklung des Stahlhelms, war die KRA ebenfalls nur am Rande beteiligt. Die Truppen waren bei Kriegsbeginn mit Helmen aus Leder ausgerüstet worden, das der ersten Stahlhelme an die Fronttruppen begonnen. Walther Rathenau hatte in seinem Brief an von Mutius vom Oktober 1914 die Tätigkeit der KRA als »Feldzug der Materie (bezeichnet), den wir hier in diesen sieben Wochen im Kriegsministerium organisiert haben, und den wir, wie ich hoffe, zu (...) gutem Ende führen wer-

den (...)«. Für ihn selbst war dieser Feldzug mit seinem Rücktritt von der Leitung der *Kriegs-Rohstoff-Abteilung*, die inzwischen über mehr als 80 Mitarbeiter verfügte, am 31. März 1915 zu Ende. Dieser Rücktritt kann eigentlich niemanden überrascht haben, denn Rathenau hatte wiederholt und von Anfang an zu verstehen gegeben, daß er seine Tätigkeit als eine vorübergehende verstanden wissen wollte: »Mein Streben ist, die Abteilung bald auf eigene Füße zu stellen, um für neue Aufgaben frei zu werden«, heißt es bereits Anfang September in einem Brief an von Mutius, und wenige Wochen später noch einmal, daß er »je eher je lieber wünschte, die Abteilung auf eigene Füße zu stellen, so daß sie mit Kräften des Kriegsministeriums selbst auf die Dauer weiter funktionieren kann«. Zwar ließ sich der Wunsch in dieser Form nicht erfüllen, da die Arbeit in der KRA weiterhin auf Mitarbeiter aus der Industrie mit technischen und vor allem kaufmännischen Erfahrungen angewiesen war; als Nachfolger übernahm jedoch am 1. April 1915 mit Major Joseph Koeth der Wunschkandidat Rathenaus und ein Berufsoffizier die Leitung der Abteilung.

Gleichwohl wurde immer wieder die Vermutung geäußert, Rathenau habe sein Amt nicht ganz freiwillig aufgegeben, sondern sich zum Rückzug gezwungen gesehen angesichts des Vorwurfs, dieses Amt nicht mit der gebotenen Neutralität versehen, sondern einzelne Unternehmen benachteiligt, andere bevorzugt zu haben. Natürlich konzentrierten sich diese Angriffe auf seine Verbindungen zur AEG, und man wird die Konstruktion der *Kriegsmetall AG* mit ihren verschiedenen Querverbindungen weder als glückliche Lösung im Einzelfall noch als gelungenes Modell für die Kontrolle privater Firmen durch den Staat interpretieren können, wenn der mit der Ausführung der Staatsaufsicht beauftragte Kommissar selbst einer der Firmen der Kriegsgesellschaft angehört oder zumindest nahesteht, wie es nicht nur in der *Kriegsmetall AG*, sondern nach deren Vorbild auch in den anderen Kriegsgesellschaften praktiziert wurde.

Zu Rathenaus Entscheidung, sich aus der Leitung der KRA zurückzuziehen, dürfte auch die Tatsache beigetragen haben, daß es ihm nicht gelungen war, diese Stellung als Sprungbrett in die oberen Ränge der Reichsleitung zu nutzen, eine Absicht, die aus dem Hinweis an von Mutius, der sich als enger Mitarbeiter des Reichskanzlers im Großen Hauptquartier aufhielt, daß er bald »für neue Aufgaben frei« werde, zumindest indirekt hervorgeht. Konkret ging es um die Neubesetzung der Stelle des Staatssekretärs im Reichsschatzamt, für die Rathenau sich bereits durch die Beratungstätigkeit der Vorkriegsjahre als geeigneten Kandidaten sah. Daß ihm dann Karl Helfferich vorgezogen wurde, der am 1. Februar 1915 ernannt wurde, dürfte für Rathenau mit einer großen Enttäuschung verbunden gewesen sein und erheblich zu seiner Abneigung gegen Helfferich beigetragen haben, die von diesem erwidert wurde (5/23, 5/25).

Der Inhaber des Amtes, das Rathenau angestrebt hatte, war zentral mit Fragen der Kriegsfinanzierung beschäftigt. Die Kosten von etwa 100 Millionen Mark pro Tag wurden zunächst über die verstärkte Ausgabe von Banknoten abgewickelt, die der Staat sich bei der Notenbank gegen die Hergabe kurzfristiger Schuldtitel lieh. Die Ablösung dieser Schuldtitel wurde durch langfristige Kriegsanleihen möglich, die zweimal im Jahr, jeweils im März und September, und insgesamt neunmal aufgelegt wurden. Bei den ersten vier Anleihen überstiegen die gezeichneten Summen die ausstehende Schuld erheblich. Seit der fünften Kriegsanleihe im September 1916 blieben jedoch die gezeichneten Summen hinter der zu deckenden Schuldsumme zurück; dies verdankte sich nicht zuletzt der Tatsache, daß die Löhne und Gehälter real zurückgingen, so daß der Anteil der kleinbürgerlichen und mittelständischen Zeichner immer kleiner wurde. Um Abhilfe zu schaffen, begann man seit der sechsten Anleihe mit massiven Werbekampagnen, die unter der Leitung des Berliner Werbefachmanns Lucian Bernhard standen, der für die Gestaltung der Plakate Wettbewerbe ausschrieb, an denen sich bedeutende Künstler beteiligten (5/24).

Die Rückzahlung der Anleihen mit einem Zinssatz von fünf Prozent sollte nach dem Krieg durch die erwarteten Reparationen gedeckt werden. Karl Helfferich erklärte im Reichstag, »daß wir an der Hoffnung festhalten, die Rechnung für den uns aufgezwungenen Krieg beim Friedensschluß unseren Gegnern präsentieren zu können«. Er verband diese Aussage bei der Vorlage des Budgets für das Haushaltsjahr 1915/16 mit der Versicherung, daß er weiterhin die Finanzierung des Krieges »so gut wie ausschließlich« durch Kreditaufnahme aufzubringen gedenke, eine Aussage, die als Signal an die Unternehmer gedacht war, daß keineswegs die Absicht bestehe, ihre außerordentlichen Kriegsgewinne über eine scharfe Besteuerung, wie sie in England geübt wurde, zur Finanzierung des Kriegs heranzuziehen. Zwar wurde 1916, nach massivem Druck aus der Öffentlichkeit, eine komplizierte Regelung gefunden; im ganzen wurden jedoch aus der Besteuerung der Kriegsgewinne nicht mehr als 16 Prozent der Kriegskosten finanziert. Walther Rathenau trat im übrigen nicht nur für eine scharfe Besteuerung der Kriegsgewinne ein, sondern wies auch wiederholt auf die Tatsache hin, daß die Kriegsanleihen zu einer ›Vermögensverschiebung‹ geführt hätten, durch die ein Teil der Bevölkerung Gläubiger, ein anderer Schuldner geworden sei, und das bis weit in die Zukunft. Die Hoffnungen auf hohe Kriegskontributionen schwänden immer mehr; im übrigen habe man nach 1871 erfahren, wohin die »Künstliche Milliardendüngung« führe.

Rathenaus Enttäuschung über die Entscheidung des Reichskanzlers, Karl Helfferich zum Staatssekretär zu berufen, wurde gewiß noch verstärkt durch die Tatsache, daß seine Tätigkeit in der KRA in der Öffentlichkeit kaum bekannt war. Erst durch zwei Artikel in der *Times* im Oktober 1915, die unter dem Titel *A Businessman and War* den »deutschen Geschäftsmann Dr. Walther Rathenau« gleichberechtigt neben »die großen deutschen Soldaten«, »die Falkenhayns, die Hindenburgs, die Mackensens« stellten und »dieses Industriewunder, diese Erfindungsgabe, dieses Organisationsgenie« enthusiastisch feierten, wurde die Aufmerksamkeit der deutschen Presse geweckt. Im Dezember 1915 schließlich hielt Rathenau in der *Deutschen Gesellschaft 1914* einen Vortrag über *Deutschlands Rohstoffversorgung* (5/8). Weniger dieser Vortrag, der ja nur eine begrenzte Öffentlichkeit hatte, als jene Presseberichte führten zu Angriffen auf Rathenau, deren schärfste von seiten des organisierten Antisemitismus kamen, der sich in dem Maße, in dem die äußere Kriegslage und die innere Versorgungslage Anlaß zu Sorge und Kritik boten, des verstärkten Zulaufs erfreuen konnte. Autoren wie Armin Roth nutzten die Tatsache der hohen Gewinne der in den Kriegsgesellschaften zusammengeschlossenen Unternehmen zu hemmungsloser antisemitischer Agitation, in deren Zentrum natürlich sofort Walther Rathenau geriet. Das ganze Ausmaß der zum Wahn gesteigerten Paradoxie dieses Antisemitismus geht aus einem Brief hervor, den Wilhelm Schwaner, seit 1913 Briefpartner Rathenaus aus völkisch-nationalem Milieu, von einem Offizier erhielt und an Rathenau weitergab. In diesem Brief hieß es über die kriegsentscheidende Rolle, die Rathenau als Leiter der KRA gespielt hatte, daß, »selbst wenn es so wäre, daß er unser Retter ist, (es) eine Schande wäre (...) fürs deutsche Volk, daß ein Semit es sein muß«.

Nicht zuletzt um Vorwürfen entgegentreten zu können bat Rathenau das Kriegsministerium, seinen Vortrag über *Deutschlands Rohstoffversorgung* veröffentlichen zu dürfen; diese Bitte wurde gewährt mit der Auflage, einige Stellen zu streichen, und mit der Erlaubnis, einige amtliche Anerkennungschreiben beizufügen. Gerade diese Veröffentlichung aber rief neue Gegner, diesmal aus den Reihen wirtschaftlicher Interessenvertretungen, auf den Plan. Deren Angriffe, die weniger schrill, aber nicht minder wirkungsvoll waren, richteten sich gegen Rathenaus Vorstellungen, die Kriegsrohstoffgesellschaften als Modell für eine zukünftige Wirtschaftsverfassung in der Nachkriegszeit beizubehalten, wie sie sich in dem Vortrag zumindest in einer Andeutung abzeichneten, wenn es heißt, daß diese Gesellschaften »als ein Mittelglied zwischen der Aktiengesellschaft, welche die freie wirtschaftlich-kapitalistische Form verkörpert, und einem behördlichen Organismus« interpretiert werden könnten und damit als »eine Wirtschaftsform, die vielleicht in kommende Zeiten hinüberdeutet«. Diese Angriffe nahmen in dem Maße, in dem Rathenau seine Andeutungen in *Probleme der Friedenswirtschaft* (Dezember 1916), *Von kommenden Dingen* (1917) und *Die neue Wirtschaft* (Januar 1918) (5/10) ausarbeitete, zu. Sie richteten sich gegen die dort vorgetragene Theorie einer Gemeinwirtschaft jenseits von Liberalismus und Sozialismus, wie sie etwa auch Wichard von Moellendorff, mit anderen Akzentsetzungen und zum Teil wesentlich radikaler, vertrat (5/9) und wie sie gar in Zitatsammlungen populär aufbereitet verbreitet wurden (5/11). Im Zentrum dieser Kritik stand der Protest gegen die angebliche Bevormundung der freien Wirtschaft durch den Staat und die daraus sich ergebenden Gefahren, eine Kritik, die nicht selten von Unternehmern vorgetragen wurde, die dank ihrer Beteiligung an den Kriegsgesellschaften erhebliche Gewinne hatten verbuchen können. Wie isoliert Rathenau am Ende des Krieges war wird deutlich, wenn man weiß, daß solche Angriffe nicht nur aus dem rechtsradikal-antisemitischen Milieu kamen (5/12), sondern daß sich sogar der *Hansa-Bund*, der sich noch 1911 für eine Reichstagskandidatur Rathenaus eingesetzt hatte, ebenso wie der *Centralverband der deutschen Industriellen*, mit Geldsammlungen zur Finanzierung von Veröffentlichungen gegen Rathenaus Pläne befaßte.

Die Streichungen, auf denen das Kriegsministerium bei der Genehmigung der Veröffentlichung des Vortrags über die Rohstoffversorgung bestanden hatte, bezogen sich auf die Requisitionstätigkeit der KRA in den von den deutschen Truppen besetzten Gebieten, die für Rathenau ja zunächst im Zentrum seiner Überlegungen zur Sicherstellung der Rohstoffversorgung und auch im Ernennungsschreiben vom 13. August an erster Stelle der Aufgabenbeschreibung der neuen Abteilung gestanden hatte. Diese Requisitionen wurden in Belgien von einer Zweigstelle der KRA beim Generalgouvernement vorgenommen, der seit September 1914 Oberst Oehme vorstand. Rathenau hat diese Vorgänge in seinem Vortrag mit dem Begriff ›Beitreibung‹ beschrieben, der kaum erkennen läßt, mit welcher Rücksichtslosigkeit dabei vorgegangen wurde.

Im Jahre 1916 war Belgien der Schauplatz einer weiteren, nicht nur fragwürdigen, sondern brutalen kriegswirtschaftlichen Maßnahme, an der Walther Rathenau am Rande beteiligt war. Nach der Übernahme der Obersten Heeresleitung durch Feldmarschall von Hindenburg und General Ludendorff Ende August kam es zu einer Neuformulierung der kriegswirtschaftlichen Ziele, die als *Hindenburg-Programm* bezeichnet wird. Es handelte sich um den Plan einer radikalen Steigerung der Munitionsproduktion, der zum Teil bereits zuvor, angesichts der drückenden Materialüberlegenheit der Gegner bei der Somme-Offensive im Sommer 1916, eingeleitet worden war, jetzt aber neuen Auftrieb erhielt. Dieser Auftrieb verdankte sich in nicht geringem Maße der Tatsache, daß die Rüstungsindustrie, unzufrieden mit den Versuchen des Kriegsministeriums, die Kriegsgewinne in vertretbaren Grenzen zu halten, sich wiederholt mit der Forderung nach Steigerung der Produktion an verschiedene Instanzen der Reichsleitung wandte, bis sie in der neuen OHL auf offene Ohren stieß. Bereits am 31. August präsentierte die OHL ihr Programm, das unter anderem die Verdopplung der Produktion von Pulver und die Verdreifachung der Produktion von Maschinengewehren vorsah.

Zur Verwirklichung dieses Programms wurden zwei begleitende Maßnahmen ergriffen. Zum einen wurden die rüstungswirtschaftlichen Institutionen und Ämter, wozu neben der KRA auch das gerade aus den Beschaffungsämtern neugebildete Waffen- und Munitionsbeschaffungsamt (WUMBA) und das für die Einberufung und Freistellung von Arbeitskräften zuständige Kriegsersatz- und Arbeitsdepartement gehörten, zu einem Kriegsamt zusammengefaßt, das formal dem preußischen Kriegsministerium unterstand, tatsächlich aber unter seinem Leiter, General Groener, eher der OHL verbunden war. Zum anderen wurde im Dezember das Gesetz über den *Vaterländischen Hilfsdienst* erlassen, dessen wichtigste Bestimmung die Einführung der Dienstpflicht für alle Männer zwischen dem 17. und dem 60. Lebensjahr war.

Walther Rathenau hat beide Maßnahmen, die nicht nur eine Machtverschiebung zur OHL, sondern auch eine weitere Militarisierung des Lebens mit sich brachten, begrüßt und positiv kommentiert. Nachdem er in einem Brief an Ludendorff am 23. Oktober selbst die Bildung eines »Munitionsministeriums« vorgeschlagen hatte, äußerte er sich am 6. November hocherfreut »über die Errichtung des Kriegsamts«; er verband diese Freude mit dem Vorschlag »der systematischen Ausschöpfung aller mobilen Bestände hinter der Front, in Etappen und Garnisonen«, und man muß schon dazu sagen, daß er von Menschen spricht, die er durch »ein sehr autoritatives, rücksichtslos durchgeführtes Kontrollsystem« nach dem Modell, das er »seinerzeit zur Durchführung der Wirtschaftsmaßnahmen für die Rohstoffabteilung verwendet« hatte, in einer »Mindestzahl von einer Million« verfügbar machen will.

Diese Formulierungen weisen auf das mit der Durchführung des *Hindenburg-Programms* verbundene Problem des Mangels an Arbeitskräften hin, zu dessen Behebung verstärkt Arbeitskräfte aus den besetzten Ländern verpflichtet werden sollten. In Belgien, wo der *Verein der deutschen Eisen- und Stahlindustriellen* seit Sommer 1915 ein *Deutsches Industrieinstitut* zur Anwerbung von Arbeitern unterhielt, war es trotz der hohen Arbeitslosenzahlen, die Ende 1915 auf 650.000 geschätzt wurden und die sich der Schließung zahlreicher Betriebe durch die Besatzungsbehörden verdankte, die damit der deutschen Stahlindustrie unliebsame Konkurrenz vom Halse schaffte, bis Sommer 1916 nicht gelungen, mehr als 20.000 Arbeiter unter Vertrag zu nehmen. Nachdem bereits im März 1916 Vertreter des Kriegsministeriums die Überführung von 400.000 Arbeitern aus Belgien gefordert hatten, kam es in einer Konferenz führender Persönlichkeiten aus Armee, Verwaltung und Industrie, die am 16. September in Berlin einberufen worden war, um die mit der Durchführung des *Hindenburg-Programms* notwendigen Maßnahmen zu besprechen, zu der Forderung nach »Öffnung des großen Menschenbassins Belgien«. Walther Rathenau, der an dieser Konferenz teilgenommen hatte, nahm diese Äußerung zum Anlaß, noch am gleichen Tag an Ludendorff zu schreiben und unter anderem »die Lösung des belgischen Arbeiterproblems (zu fordern), das ohne Rücksicht auf internationale Prestigefragen nur dadurch bewältigt werden kann, daß die dort verfügbaren 700.000 Arbeiter dem heimischen Markt zugeführt werden«.

Diese Forderung wurde auch von zahlreichen anderen Industriellen erhoben und führte schließlich zu der Aktion, in deren Verlauf zwischen dem 26. Oktober 1916 und dem 10. Februar 1917 mehr als 60.000 belgische Arbeiter zwangsweise nach Deutschland gebracht wurden (5/26). Diese Aktion mußte aufgrund internationaler Proteste, aber auch der Bemühungen des Auswärtigen Amtes angesichts der negativen internationalen Auswirkungen, eingestellt, und die in Sammellagern mehr schlecht als recht untergebrachten Arbeiter bis zum Sommer 1917 nach Belgien zurückgebracht werden. Man wird Rathenau für diese Deportationen nicht verantwortlich machen können, insbesondere da er mit ihrer weiteren Durchführung nichts zu tun hatte. Die Tatsache jedoch, daß er zur Erhöhung der Produktion bereit war, inhumane Maßnahmen in Kauf zu nehmen, wird nur ausgeglichen durch die Tatsache, daß er, anders als andere Beteiligte, bereit war, nach dem Krieg einzugestehen, daß es »ein Unrecht war«.

HANS WILDEROTTER

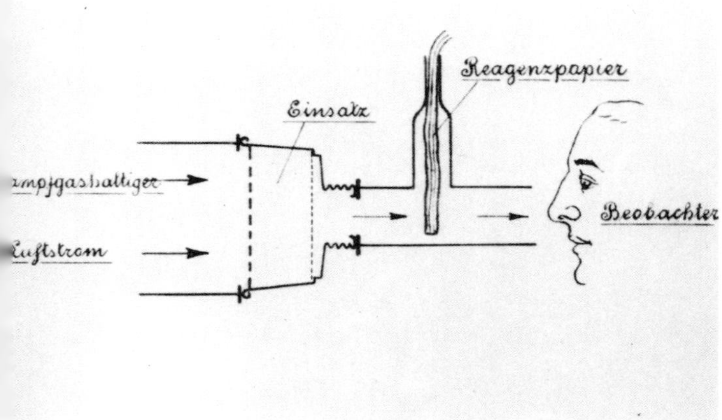

5/18
5/19
5/21

5/22

5/1
Brief des preußischen Kriegsministers Erich von Falkenhayn an Walther Rathenau vom 13. August 1914
Typoskript mit eigenhändiger Unterschrift (Faksimile)
29 × 21 cm
Briefkopf: KRIEGSMINISTERIUM. Nr. 292/8. 14. B 5.
Koblenz, Bundesarchiv (NL 48 Rathenau, Bd. 2, Bl. 4)

5/2
Bildnis des Generals Erich von Falkenhayn
Bildunterschrift: »Kriegsminister v. Falkenhayn, wurde vorübergehend mit der Vertretung des Generalstabschefs betraut.«
1914
Fotografie (alter Abzug) auf Karton
23,1 × 17,4 cm
München, Süddeutscher Verlag – Bilderdienst

5/3
Brief Wichard von Moellendorffs an Walther Rathenau vom 8. August 1914
Autograph (Faksimile)
26,5 × 20 cm
Koblenz, Bundesarchiv
(NL 48 Rathenau, Bd. 2, Bl. 32)

5/4
Bildnis des Wichard von Moellendorff
Fotografie (alter Abzug)
12,6 × 17,8 cm
Berlin, Ullstein Bilderdienst
(12898 a)

5/5
»Bekanntmachung betreffend Bestandserhebung und Beschlagnahme von Kautschuk (Gummi), Guttapercha, Balata und Asbest, sowie von Halb- und Fertigfabrikaten unter Verwendung dieser Rohstoffe.«
Plakatanschlag des Königlich Preußischen Oberkommandos in den Marken vom 25. 7. 1915
Berlin: Nauck & Hartmann
Buchdruck
71 × 46,5 cm
bez.o.l.: Nr.V.I. 663/6. 15 K.R.A.
Berlin, DHM, Plakatsammlung
(P 62/353)

5/6
»Verordnung betreffend Beschlagnahme, Meldepflicht und Ablieferung von fertigen, gebrauchten und ungebrauchten Gegenständen aus Kupfer, Messing und Reinnickel.«
Berlin 1915
Offset
47 × 31,2 cm
bez.o.l.: Nr.M. 325e/7. 15. K.R.A.
Berlin, DHM, Archiv (Do. 90/187)

5/7
»Einrichtungsgegenstände aus Aluminium Kupfer Messing Nickel Zinn sind enteignet – liefert sie ab!«
Auf Querbalken: »Bekanntmachung № M. 8./1. 18 K.R.A. vom 26. März 1918 ist bei allen Sammelstellen einzusehen!«
Entwurf: Louis Oppenheim
Berlin: Kunstanstalt Weylandt
Farblithographie, Buchdruck
71 × 95,5 cm
bez.M.r.: LOUIS OPPENHEIM
Berlin, DHM, Plakatsammlung
(1988/2116)

5/8
»Organisation der Rohstoffversorgung«
Vortrag, gehalten in der Deutschen Gesellschaft 1914 am 20. Dezember 1915
Walther Rathenau
Privatdruck
50 Seiten
22 × 14,3 cm
Hs.: »Herzlichen Neujahrswunsch! 1. 1. 16«
Berlin, Staatsbibliothek PK, Handschriftenabteilung (HS 203948 R)

5/9
»Deutsche Gemeinwirtschaft«
Wichard von Moellendorff (1881–1937)
Verlag von Karl Siegismund
Berlin 1916
48 Seiten, Buchdruck
20,5 × 14 cm
Berlin, Staatsbibliothek
(Krieg 1914/10823 a)

5/10
»Die neue Wirtschaft«
Walther Rathenau
S.Fischer Verlag
Berlin 1918
88 Seiten, Buchdruck
19,8 × 12,5 cm
Marbach a.N., SNM, DLA

5/11
»Rathenau-Brevier«
Heft 5 der von Erich Schairer herausgegebenen Schriftenreihe »Deutsche Gemeinwirtschaft«
Mit Buchbinde: »Das Wesentliche der wirtschaftlichen und sozialen Gedanken Rathenaus für weiteste Kreise.«
Eugen Diederichs Verlag
Jena 1918
32 Seiten, Buchdruck
20,4 × 14,3 cm
Berlin, DHM, Archiv (Do. 67/129)

5/12
»Diktator Rathenau«
Walther Lambach (1885–1943)
Deutschnationale Verlagsanstalt AG
Hamburg und Leipzig 1918
64 Seiten, Buchdruck
19,7 × 13,7 cm
Bad Homburg, Günter Schilling

5/13
Helm (Pickelhaube) Modell 1871/97 für Reserveoffiziere der Infanterie, Kgr. Sachsen
Mit Tarnüberzug und den Spuren eines Schrapnelleinschlags im Bereich des Zierates
1914
Leder, Seidenrips, Messing, Tuch
23,5 × 17,5 × 26,5 cm
Gewicht: 380 g
Berlin, DHM, Abt. Militaria
(U. 76. 177)

5/14
Fünf Ziehstufen aus der Fertigung des deutschen Stahlhelms M 1916
Silikon-Nickelstahl
H 9–18 cm, Dm ca. 36 cm
Berlin, DHM, Abt. Militaria
(1282c, e, f, g, i)

5/15
Stahlhelm Modell 1916, Deutschland
Stahl, Eisen, Leder
17,2 × 23,2 × 31,3 cm
Gewicht: 1220 g
Berlin, DHM, Abt. Militaria

5/16
Stirnplatte zum Stahlhelm Modell 1916, Deutschland
Stahl, Leder
19 × 24,5 × 11 cm
Gewicht: 2300 g
Berlin, DHM, Abt. Militaria
(U. 53. 642)

5/17
»Gassed« – In Arduis fidelis
Gilbert Rogers
Öl/Lw.
122 × 172,5 cm
bez.u.l.: Gilbert Rogers
London, The Trustees of the Imperial War Museum (3819)

5/18
»Die Entwicklung der Gasmaske.«
Figur 7. Schema der objektiven Einsatzprüfung.
Bleistift, Tusche auf Papier
10,1 × 12 cm
Berlin, Archiv zur Geschichte der Max-Planck-Gesellschaft
(Slg. Haber, Nr. 517, Bl. 45)

5/19
»Die Entwicklung der Gasmaske.«
Figur 58. Raum für Phosgenprüfung (Teilansicht). Kaiser-Wilhelm-Institut.
Fotografie (alter Abzug)
16,7 × 26,7 cm
Berlin, Archiv zur Geschichte der Max-Planck-Gesellschaft
(Slg. Haber, Nr. 517, Bl. 247)

5/20
»Schutz gegen giftige Gase!«
Merkblatt
Metz: Julius Berger
Buchdruck (Faksimile)
29 × 19 cm
Freiburg, Bundesarchiv – Militärarchiv (Pr. 5. 1. 1. 4./9 Bl. 25)

5/21
Motorradfahrer mit Kampfausrüstung und Gasmaske
Fotografie (alter Abzug)
22,5 × 27,5 cm
Berlin, DHM, Fotosammlung
(Do. 75/2901)

5/22
»1. Juni 1918 Liebesmahl zum einjährigen Bestehen der F.M.A. 3.«
Einladungskarte mit einem Portrait Fritz Habers
Buchdruck
25,2 × 14 cm
bez.o.r.: K.S.B.
Berlin, Archiv zur Geschichte der Max-Planck-Gesellschaft
(Haupt.V, 13 Haber, 523)

5/23
Büste des Karl Helfferich
Max Bezner
1922
Bronze, auf schwarzem Marmorsockel
H 35 cm; Sockel 14 × 12 cm
Neustadt a.d.W., Städtisches Museum (8)

5/24
»Zeichne die Kriegsanleihe! Heer und Flotte erwarten es von Dir!«
Entwurf: Lucian Bernhard (1883–1972)
Lithographie
140 × 94 cm
bez.u.r.: Atelier BERNHARD 1917
Berlin, DHM, Plakatsammlung
(P 62/890)

5/25
Bildnis des Karl Helfferich
Bildunterschrift: »Zum neuesten Milliardensieg. Helfferich in seinem Arbeitszimmer im Reichsschatzamt.«
1916
Fotografie (alter Abzug) auf Karton
21,4 × 16,5 cm
München, Süddeutscher Verlag – Bilderdienst

5/26
»Appel au peuple belge.«
Ausgabe der belgischen Untergrundzeitschrift PATRIE! Journal non censuré paraissant comme, où et quand il peut, 2.Jg., No. 23, vom Dezember 1916 mit einem Protest gegen die Deportationen belgischer Arbeiter nach Deutschland
Buchdruck
30,3 × 20,8 cm
Berlin, DHM, Archiv (Do. 65/964)

Wenige Tage nach Kriegsbeginn ließ Walther Rathenau dem Reichskanzler ein *Promemoria über die Niederlegung des österreich-ungarischen Grenzzolls* (5/29) zukommen, in dem er das Programm einer Zollunion zwischen Deutschland und Österreich-Ungarn skizzierte, dessen Vorteile offen zutage lägen, da die Doppelmonarchie mit ihrem weitaus geringeren Grad der Industrialisierung ein bedeutendes Absatzgebiet für die deutsche Industrie sei. Die Verwirklichung dieses Plans schien jetzt in greifbare Nähe gerückt, da Österreich dem Deutschen Reich, das seinen Bündnispflichten in vollem Umfang nachgekommen war, gewissermaßen zur Gegenleistung verpflichtet sei. »Sollten diese Erwägungen keine Aussicht haben, schon heute in Österreich Gehör zu finden«, so wäre es kein Problem, »die Durchführung als vorläufige Kriegsmaßnahme annehmbar zu machen«.

Während Rathenau hier ohne Pathos, ganz geschäftsmäßig, aus der Position des Stärkeren dem Verbündeten gegenüber argumentierte, bezeichnete er am 28. August in einem weiteren Brief an Bethmann Hollweg den im *Promemoria* entwickelten Plan einer europäischen Zollvereinigung »als (...) die größte zivilisatorische Errungenschaft, die der Krieg unserer Geschichte bescheren kann«. In Antwort auf diesen Brief ließ der Reichskanzler Rathenau bitten, seine Vorstellungen ausführlicher darzulegen, eine Bitte, die am 7. September erfüllt wurde.

Rathenau kam in diesem Brief nicht mehr auf die Beziehungen zwischen Deutschland und Österreich-Ungarn zurück, sondern ordnete den Plan des »kontinentalen Zollbundes« in den europäischen Rahmen ein, wie er sich ihm nach dem bisherigen Kriegsverlauf darstellte. Durch die scheinbar bevorstehende Niederlage Frankreichs war die Möglichkeit, »Frankreich und Italien zum Eintritt in diesen Zollverband zu zwingen«, wie er im *Promemoria* formuliert hatte, in greifbare Nähe gerückt; angesichts der Tatsache jedoch, daß England, der »eigentliche Feind« Deutschlands, den Krieg noch lange fortsetzen könne und fortsetzen werde, sei es wenig sinnvoll, einen Friedensvertrag mit Frankreich in der Form eines Diktats des Siegers gegenüber dem Besiegten zu schließen. Es käme vielmehr darauf an, »Frankreich zu einem freiwilligen Frieden (zu) gewinnen« und »unter Verzicht auf französischen Landerwerb und in Ermäßigung der Kontribution« der geplanten europäischen Zollunion einzugliedern. Diese »wirtschaftliche Vereinigung und Emanzipation Mitteleuropas« nämlich verschaffe dem Deutschen Reich erst die Stärke, den vorauszusehenden langfristigen Krieg gegen England durchzustehen, das durch die Beherrschung der Meere sich mit Amerika den Weltmarkt teile, von dem Deutschland abgeschnitten sei, weshalb es sich zum Ausgleich auf dem Kontinent ausdehnen müsse.

Diese Gegenüberstellung lag bereits den Überlegungen zugrunde, die Rathenau im Juli 1912 dem Reichskanzler vorgetragen hatte, als dieser ihn befragte, welche Ziele er denn zu erreichen gedenke mit seiner Forderung, die deutsche Außenpolitik durch die verbesserte Selektion von Führungspersönlichkeiten zu verstärken. Er hatte Bethmann Hollweg die Bildung einer europäischen Zollunion vorgeschlagen, die nicht Ersatz für die Expansion in Übersee sein sollte, sondern eine stärkere 5/38

Ausgangsbasis für diese, nur in Konkurrenz mit England mögliche Expansion bieten sollte. Rathenau schloß in diesem Vorkriegsgespräch zwar nicht Frankreich, das durch die *Entente cordiale* mit England verbunden war, aber, wie im *Promemoria*, Österreich und Italien ein, darüber hinaus aber auch die Schweiz, Belgien und die Niederlande, und er ließ durch ein etc. die Eingliederung weiterer Nachbarstaaten offen, von denen er dann im Brief vom 7. September 1914 nur noch ganz

pauschal sagte, daß es darauf ankäme, sie »organisch anzugliedern« an den »alteuropäischen Körper«, den zu verwalten »die deutsche Aufgabe« sei. Diese Kontinuität zu Vorkriegsüberlegungen macht deutlich, daß Rathenau bei seinen Mitteleuropaplänen im August und September 1914 nicht nur daran dachte, die durch den Krieg verlorenen überseeischen Absatzgebiete für deutsche Waren durch die Erschließung kontinentaler Märkte zu ersetzen, und daß er nicht nur ein probates Kriegsmittel gegen England finden wollte, sondern daß er ein langfristiges Kriegsziel ins Auge gefaßt hatte: das vereinigte Mitteleuropa, das die »endgültige politische Kriegserrungenschaft« sei, die für Deutschland die »endgültige Führerschaft Europas« bringen werde.
Dieses Mitteleuropa werde selbstverständlich »geeinigt unter deutscher Führung«, und Rathenau gab deutliche Hinweise, wie er sich diese Führung in der Praxis vorstellte. Er verglich die Vereinigung Mitteleuropas mit der Gründung des Deutschen Reichs, wobei Deutschland in der zukünftigen zwischenstaatlichen Organisation, die die Mitglieder staatsrechtlich miteinander verbinden sollte, »eine stärkere Stellung beanspruchen könnte, als Preußen sie im Bundesrat einnimmt«. Nimmt man diesen Vergleich ernst, dann ergibt sich das Bild einer faktischen Hegemonie Deutschlands in Mitteleuropa. Preußen hatte sowohl durch die Tatsache, daß der König von Preußen, unter dem Titel Deutscher Kaiser, im Bundesrat erblich das Präsidium innehatte und in dieser Stellung sowohl das Reich nach außen vertrat als auch im Kriegsfall die verbündeten Armeen der Einzelstaaten kommandierte, als auch durch sein politisches, ökonomisches und bürokratisches Übergewicht eine so große Hegemonialstellung im Deutschen Reich, daß die Frage, ob dieses Reich nicht besser ›Großpreußen‹ genannt werden solle, durchaus diskutiert wurde. Bleibt man bei diesem Vergleich, dann würde sich für Mitteleuropa die Formulierung ›Großdeutschland‹ aufdrängen.
Es liegt auf der Hand, daß Rathenau angesichts solcher Überlegungen zu informeller Herrschaft und faktischer Hegemonie auf Landabtretungen und Annexionen verzichten wollte, und dies um so mehr, als damit innenpolitische Probleme verbunden sein würden, wie sie aus Staaten bekannt waren, in denen die Angehörigen verschiedener Nationalitäten zusammenlebten. Solche Bedenken äußerte auch Matthias Erzberger, Reichstagsabgeordneter des *Zentrums*, in einer Denkschrift, die er am 2. September dem Reichskanzler zuschickte, um seine Kriegsziele darzulegen. Im Westen wollte er aus militärischen Gründen die Abtretung der belgischen und der französischen Kanalküste und des Westabhangs der Vogesen an Deutschland, im Osten die Abtrennung einzelner Territorien von Rußland, vor allem der baltischen Provinzen und Polens, und die Gründung von selbständigen Einzelstaaten, die allerdings, wie Belgien, der »militärischen Oberhoheit« des Deutschen Reiches unterliegen sollten und »in einen unter deutscher Führung stehenden europäischen Staatenbund aufgenommen« würden. Tatsächlich annektiert werden aber sollte »das gesamte Minette-Gebiet von französisch Lothringen«, »eine berechtigte Forderung der deutschen Industrie«, »um eine zweckentsprechende Ausbeutung desselben herbeiführen zu können«.
Diese Forderung trug auch August Thyssen vor, dessen Denkschrift Matthias Erzberger am 9. September dem Reichskanzler hatte zugehen lassen. Thyssen wollte sich allerdings keineswegs mit der Annexion des lothringischen Erzgebietes von Longwy und Briey zufrieden geben, sondern schloß ganz Belgien, Teile Nordfrankreichs und Lothringens im Westen, die russischen Ostseeprovinzen, Teile Polens, und die Krim bis zum Kaukasus in seinen Annexionskatalog ein. Er näherte sich mit der Reichweite seiner Forderungen anderen Vertretern der Schwerindustrie, die sich, wie Hugo Stinnes und Gustav Krupp von Bohlen und Halbach, zwar nicht persönlich mit dem Kanzler in Verbindung setzten, aber ihre Interessen durch den *Alldeutschen Verband* formulieren ließen, wobei, wie so oft, der Mitbegründer des Verbandes und Krupp-Direktor Alfred Hugenberg die Verbindung herstellte. Hugenberg hatte zusammen mit Heinrich Claß, dem Vorsitzenden des Verbandes, den Entwurf zu einer Kriegszieldenkschrift ausgearbeitet, die Anfang September gedruckt vorlag und sowohl die Zustimmung Krupps als auch Stinnes' gefunden hatte. (5/30) Claß, der als Autor firmierte, forderte die Annexion Luxemburgs, Belgiens, Nordfrankreichs und Lothringens im Westen, die Annexion der russischen Ostseeprovinzen Livland, Litauen, Estland und einiger Teile Polens im Osten. Der Rest Polens und die Ukraine sollten eng mit Österreich-Ungarn verbundene Vasallenkönigreiche werden. Zwar waren die Gebietsforderungen Thyssens noch darüber hinaus gegangen; entscheidend an den alldeutschen Plänen war jedoch der Gedanke, sowohl die französischen Gebiete im Westen als auch alle von Rußland abzutrennenden Gebiete im Osten zu evakuieren, zum Land »frei von Menschen« zu machen in einem Verfahren, das Claß »völkische Flurbereinigung« nannte.
Zwischen den Extremen der Vorschläge Walther Rathenaus auf der einen Seite und denen der *Alldeutschen* auf der anderen Seite gab es ein ganzes Spektrum, das im Laufe der ersten Kriegsmonate von den Vertretern der verschiedensten Interessengruppen besetzt wurde. Man wird sagen können, daß die Repräsentanten der verarbeitenden und exportorientierten Industrie ebenso wie die der Banken und des Handels eher der Position Rathenaus zuneigten, während die Schwerindustrie, zusammen mit den Militärs und den ostelbischen Großgrundbesitzern, sich den Plänen der *Alldeutschen* näherten. Zwischen diesen beiden Extremen waren

auch die Pläne des Reichskanzlers angesiedelt, wie er sie am 9. September in einem Brief an den Staatssekretär des Reichsamts des Inneren, Clemens von Delbrück, unter dem Titel *Richtlinien der Politik beim Friedensschluß* formulierte.

In diesem *Septemberprogramm* standen Forderungen beider Richtungen unverbunden nebeneinander. Auf der einen Seite sollte im Interesse der Schwerindustrie »in jedem Falle« die Abtretung des lothringischen Erzgebietes von Briey gefordert werden, wobei weitere Forderungen, wie die nach der Annexion der französischen Kanalküste und des Westabhangs der Vogesen, vom Urteil der Militärs abhängig gemacht wurden; in Belgien sollten Lüttich und Verviers, möglicherweise auch Antwerpen, an Preußen angegliedert werden, wobei ganz Belgien »als Staat äußerlich bestehen« bleiben, aber »zu einem Vasallenstaat herabsinken« sollte. Auf der anderen Seite jedoch wurde die »Gründung eines mitteleuropäischen Wirtschaftsverbandes durch gemeinsame Zollabmachungen, unter Einschluß von Frankreich, Belgien, Holland, Dänemark, Österreich-Ungarn, Polen und eventl. Italien, Schweden und Norwegen« ins Auge gefaßt, ein »Verband, (der) wohl ohne gemeinsame konstitutionelle Spitze, unter äußerlicher Gleichberechtigung seiner Mitglieder, aber tatsächlich unter deutscher Führung (...) die wirtschaftliche Vorherrschaft Deutschlands über Mitteleuropa stabilisieren« müsse. Natürlich ist dem Reichskanzler die Unvereinbarkeit der verschiedenen Überlegungen, auf die ihn Delbrück in seiner Antwort aufmerksam machte, nicht entgangen. Das Programm wollte wohl eher eine Reihe von Alternativen formulieren, wobei der Schwerpunkt der Argumentation, je nach Kriegsverlauf und Gesprächspartner, verschoben werden konnte.

Die Nähe der Formulierungen über Mitteleuropa zu den Überlegungen Rathenaus ist auffällig. Zwar lag dessen dritte Denkschrift dem Kanzler erst nach der Abfassung des *Septemberprogramms* vor; aber er hatte die beiden vorhergehenden Briefe zur Kenntnis genommen, und es spricht vieles dafür, daß dieses Thema wiederholt in Gesprächen zwischen den beiden erörtert wurde. Im übrigen war bereits die erste Denkschrift Rathenaus auf die Kritik Delbrücks gestoßen, dem sie der Reichskanzler zur Begutachtung zugeschickt hatte. Delbrück machte in seiner Antwort, die im übrigen weit ausholend einen Abriß der Geschichte des Plans eines mitteleuropäischen Zollvereins seit der Mitte des 19. Jahrhunderts gab, auf die staatsrechtlichen und politischen Probleme aufmerksam, die der Verwirklichung des Projekts entgegengstünden. Daß es nicht zu der von Rathenau erhofften schnellen Gründung einer Zollunion kam, hatte zum einen mit den von Delbrück angeführten Gründen zu tun, der richtig vermutet hatte, daß die österreichische Seite solchen Plänen erheblichen Widerstand entgegensetzen würde, zum anderen mit dem Kriegsverlauf, denn durch die Beendigung des deutschen Vormarschs an der Marne seit dem 9. September war der Gedanke eines wie auch immer gearteten Friedens mit Frankreich in weite Ferne gerückt. Rathenau selbst hatte am 10. Oktober in einem Brief an von Mutius noch einmal darauf aufmerksam gemacht, daß »das österreichische Programm (...) erst durch das französisch-belgische vervollständigt« werde.

Er wandte sich in diesem Brief scharf gegen die annexionistische Propaganda, die »die Hoffnungen auf Erwerb (...) ins Maßlose gesteigert (hat). Jede Veränderung der Landkarte und jede Zahlung wird als möglich erachtet, und keine genügt der Unersättlichkeit der unverantwortlichen Beurteilung.« Daß diese Ziele kaum mit der Hoffnung auf einen baldigen und langandauernden Frieden vereinbar waren, wurde insbesondere an der Tatsache deutlich, daß England, das wegen des Bruchs der belgischen Neutralität in den Krieg eingetreten war, den Krieg so lange nicht würde beenden können, als die Wiederherstellung der Souveränität Belgiens in Frage gestellt blieb; jede Annexion in Belgien, insbesondere an der Kanalküste, war eine unerträgliche Bedrohung des Inselreichs.

Gerade diese Bedrohung Englands aber stand im Zentrum der annexionistischen Propaganda, deren Höhepunkt zweifellos die Petition der sechs großen Wirtschaftsverbände vom 10. März 1915 war. Diese Petition, unterzeichnet vom *Bund der Landwirte*, dem *Deutschen Bauernbund*, dem *Westfälischen Bauernverein*, dem *Centralverband Deutscher Industrieller*, dem *Bund der Industriellen* und dem *Reichsdeutschen Mittelstandsverband*, war in enger Zusammenarbeit mit dem *Alldeutschen Verband* entstanden und wiederholte, verbunden mit der Forderung nach Aufhebung des Verbots der Kriegszieldiskussion, noch einmal die zentralen Forderungen der Denkschrift von Heinrich Claß. Natürlich müßten die Stahlwerke und Kohlengruben Belgiens in deutsche Hand überführt werden. Damit jedoch kein Zweifel an den patriotischen Motiven der Unterzeichner entstehe, wurde zugleich klargestellt, daß »solche Forderungen, denen auf den ersten Blick nur eine rein wirtschaftliche Bedeutung innezuwohnen scheint«, auch »unter militärischen Gesichtspunkten betrachtet werden müssen«. Dazu gehöre insbesondere die Notwendigkeit, Belgien, »wegen der notwendigen Sicherung unserer Seegeltung, wegen unserer militärischen und wirtschaftlichen Zukunftsstellung gegenüber England« unter deutsche Herrschaft zu bringen, da anders »ein selbständiges Belgien (...) weiter der Brückenkopf Englands, sein Stützpunkt gegen uns« wäre. Daß diese Argumentation, die in aufwendigen Propagandaaktionen verbreitet wurde (5/33), angesichts der Tatsache, daß nicht England von Belgien aus Deutschland angegriffen hatte, sondern Deutschland unter dem Bruch des Neu-

tralitätsabkommens Belgien besetzt hatte, rational nur schwer nachvollziehbar war, liegt auf der Hand.
Rathenau, der sich nach einer Erinnerung des Reichstagsabgeordneten Conrad Haussmann vehement gegen die Annexion Belgiens ausgesprochen hatte, schlug in seinem Brief an von Mutius vom 10. Oktober 1914 deshalb vor, »über die Zukunft Belgiens eine beruhigende Erklärung abzugeben«, da »es den Anschein hat, als ob die belgische Komplikation den schwierigsten Punkt in der künftigen internationalen Abwicklung bedeutet«. Um diese Schwierigkeit beheben zu können, kam er in seinem Brief noch einmal mit allem Nachdruck auf den »zentral-europäischen Wirtschaftsaufbau« als Alternative zu den Annexionen zurück. Seine Hoffnung, daß es Staatssekretär Delbrück und Arnold Wahnschaffe, dem Unterstaatssekretär in der Reichskanzlei, die sich im Großen Hauptquartier aufhielten, gelungen sei, entsprechend seinem *Promemoria* »ein Programm zunächst mit Österreich mit dem Kanzler zu vereinbaren«, sollte sich nicht erfüllen. Drei Wochen später, am 30. Oktober 1914, wurde Rathenaus Mitteleuropaplan ad acta gelegt.
Gleichwohl blieb Mitteleuropa in der Diskussion, ja, erlebte in den nächsten beiden Kriegsjahren geradezu eine Hochkonjunktur, die sich zunächst vor allem der Tatsache verdankte, daß der Begriff mit zunehmender Verbreitung an Präzision verlor, wenn er nicht überhaupt von Anfang an ein Begriff war, dessen Dehnbarkeit erlaubte, die widersprüchlichsten Interessen und Ziele zu formulieren. Selbst Thyssen und Claß hatten in ihren Kriegszieldenkschriften das durch exzessive Annexionen gebildete deutsche Großreich noch durch die Gründung einer Zollunion mit den übrigen europäischen Staaten so erweitern wollen, daß »ein gewaltiges Wirtschaftsgebiet« (Claß) entstanden wäre, »ein wirtschaftlich geschlossenes Mitteleuropa, (das) England jederzeit die Spitze zu bieten in der Lage« sein würde. Von hier aus ist es nicht mehr weit zu Formeln wie ›Mitteleuropa von Helgoland bis zum Persischen Golf‹ oder gar bis Indien, wie sie im Zuge der militärischen Erfolge der Mittelmächte in Südosteuropa in den Jahren 1915 und 1916 aufkamen. Die Eroberung Serbiens und Montenegros, der Eintritt Bulgariens in den Krieg auf der Seite der Mittelmächte und die Eroberung Rumäniens, das sich im August 1916 der *Entente* angeschlossen hatte, führte zu einer breiten Landverbindung zwischen Deutschland und der verbündeten Türkei, die Erinnerungen an die Vorkriegspläne ›von Borkum bis Bagdad‹ höchste Aktualität zu verleihen schien. (5/32)
Publizistischer Höhepunkt war die Veröffentlichung von Friedrich Naumanns Buch *Mitteleuropa* (5/31) im Herbst 1915, das in wenigen Monaten eine Auflage von mehr als 100.000 Exemplaren erlebte.
Rathenau stand dieser Entwicklung von Anfang an ablehnend gegenüber. In einem letzten Versuch, am 30. August 1915 durch einen Brief Einfluß auf Bethmann Hollweg zu nehmen, begann er, von Österreich, mit dem er Konflikte sich vorbereiten sah, aber auch vom Bündnispartner Türkei, abzurücken. Der »Operation Serbien – Dardanellen – mit dem sehr entfernten Ziel Kairo« stand er deshalb skeptisch gegenüber: »Sie engagiert uns in undeutschen, allenfalls österreichischen Interessensphären, gibt dem Balkan eine gefährliche Bedeutung und ist mehr als schädlich, wenn sie nicht ganz gelingt. Über unsere Interessen an Konstantinopel möchte ich meine von der Allgemeinheit abweichende Meinung hier nicht erläutern.« Dagegen plädierte er für eine »grundsätzliche Neurichtung der deutschen Politik«, die sich auf Rußland konzentrieren solle, in dem er nicht mehr, wie noch in der dritten Kriegszieldenkschrift vom September 1914, die neben England zweite konkurrierende Weltmacht sah, sondern das »zukünftige Absatzgebiet«. Die längere Besetzung Rußlands schien ihm geeignet, die russische Bereitschaft zum Spiel der zugedachten Rolle zu erhöhen, da »Rußland (...) alle seine Eroberer geliebt (hat), so wie die russische Bäuerin Schläge verlangt.«
Während der Reichskanzler auf dem Rand dieses Briefes notierte: »Danken. Auf die ganz verschwommenen Vorstellungen selbst kann ich nicht eingehen.«, traf er auf einen interessierten Leser in General Ludendorff, dem Rathenau den Brief, der gewissermaßen als Dokument der Abwendung von Bethmann Hollweg und der Zuwendung zu Ludendorff gedeutet werden kann, gleichzeitig zugeschickt hatte. Vielleicht war Ludendorff für Rathenau so etwas wie die Verkörperung seines Ideals eines germanischen Mutmenschen, zumindest jedoch scheint er große Erwartungen an ihn gehabt zu haben. Zwei Tage nach der Entlassung Falkenhayns als Chef des Generalstabs und der Übernahme der Obersten Heeresleitung durch Hindenburg und Ludendorff am 29. August 1916 schrieb er dem bewunderten Generalquartiermeister, daß es seine »persönliche Hoffnung« sei, »daß in Zukunft kriegerische und politische Führung von identischer Willenskraft und Initiative getragen werden«. Trotz dieser unverhohlenen Aufforderung, die Rolle des Diktators zu übernehmen, kam es in zwei entscheidenden Punkten, nämlich erstens die Frage des unbeschränkten U-Boot-Krieges und zweitens die Frage der Annexionen, zu Meinungsverschiedenheiten, die das Verhältnis zwischen den beiden spätestens im Sommer 1917 erheblich belasteten.
Im Februar 1915 war, als Gegenmaßnahme gegen die britische Blockade, der unbeschränkte U-Boot-Krieg in den englischen Gewässern erklärt worden, nach dem Handels- und Passagierdampfer ohne vorherige Warnung versenkt werden konnten. Nach der Versenkung des englischen Passagierdampfers *Lusitania* am 7. Mai 1915, bei der mehr als tausend Menschen, darunter 124

amerikanische Staatsbürger, den Tod fanden, kam es zu empörten Reaktionen in der amerikanischen Öffentlichkeit und langwierigen diplomatischen Verhandlungen, in die sich Walther Rathenau, ohne Auftrag, in zwei Gesprächen mit dem amerikanischen Botschafter in Berlin, Gerard, einschaltete, ohne allerdings einen Erfolg verbuchen zu können. Nachdem am 19. August ein weiteres englisches Passagierschiff durch ein deutsches U-Boot versenkt worden war, sah sich die Regierung gezwungen, den U-Boot-Krieg faktisch einzustellen. Rathenau, der diesen Entschluß vermutlich begrüßt
5/29 hatte, da auch er die Gefahr eines Eintritts der USA in 1917 erneut zum uneingeschränkten U-Boot-Krieg, der 5/33
von einer umfassenden Propagandakampagne begleitet wurde. (5/36 und 5/37) Am 7. April folgte die Kriegserklärung der USA. Rathenau hatte wiederholt und bis zuletzt versucht, auf diese Entscheidung Einfluß zu nehmen. Er war nicht nur überzeugt, daß mit dem Kriegseintritt der USA der Krieg endgültig verloren wäre, sondern hatte auch erhebliche Zweifel an der Behauptung des Admiralstabs, auf dessen Drängen hin der Beschluß zustandegekommen war, daß durch den U-Boot-Krieg innerhalb eines halben Jahres so viel englischer Frachtraum vernichtet sein würde, daß England

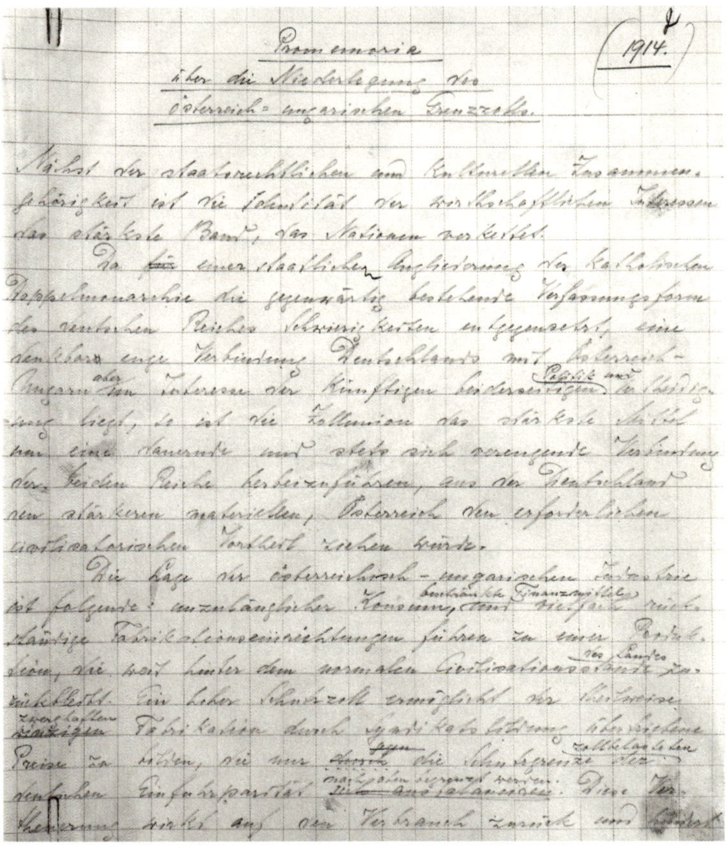
Promemoria
über die Niederlegung der
österreich-ungarischen Grenzzölle.
(1914.)

Nächst der staatsrechtlichen und kulturellen Zusammengehörigkeit ist die Identität der wirtschaftlichen Interessen das stärkste Band, das Nationen verkettet.
Da einer staatlichen Angliederung der katholischen Doppelmonarchie die gegenwärtig bestehende Verfassungsform des deutschen Reiches Schwierigkeiten entgegensetzt, eine denkbar enge Verbindung Deutschlands mit Österreich-Ungarn aber im Interesse der künftigen beiderseitigen Politik und Verteidigung liegt, so ist die Zollunion das stärkste Mittel um eine dauernde und stets sich verengende Verbindung der beiden Reiche herbeizuführen, aus der Deutschland den stärkeren materiellen, Österreich den erforderlichen zivilisatorischen Vorteil ziehen würde.
Die Lage der österreichisch-ungarischen Industrie ist folgende: unzulänglicher Konsum, beschränkte Finanzmittel, vielfach rückständige Fabrikationseinrichtungen führen zu einer Produktion, die weit hinter dem normalen Zivilisationsstande des Landes zurückbleibt. Ein hoher Schutzzoll ermöglicht der bestehenden zweifelhaften Fabrikation durch Kartellbildung übertriebene Preise zu bilden, die nur gegen die Schutzgrenze der zollbelasteten deutschen Einfuhrparität nachgehend begrenzt werden. Diese Verteuerung wirkt auf den Verbrauch zurück und

5/30
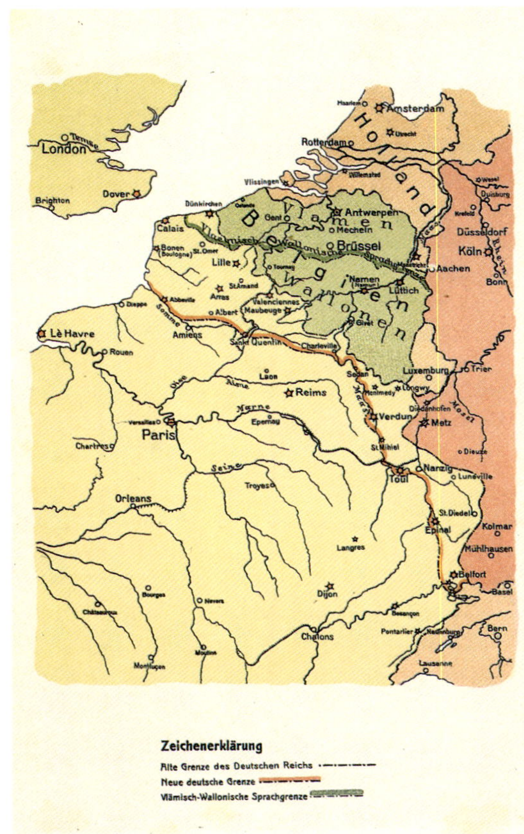

den Krieg sah, ließ gegenüber Ludendorff, der »die Nachgiebigkeit gegenüber Amerika (...) mit sehr gemischten Gefühlen« sah, kunstvoll ungesagt, daß er eben diese Nachgiebigkeit für richtig hielt, indem er in der Antwort erklärte, daß »die unerwartete Nachgiebigkeit gegen Amerika (...) auch hier Erstaunen erregt« hat.

Im Februar 1916 wurde der verschärfte U-Boot-Krieg gegen bewaffnete Handelsschiffe wiederaufgenommen, mußte aber nach der Versenkung der *Sussex*, eines französischen Passagierdampfers, im März erneut eingestellt werden, da der amerikanische Präsident Wilson in einem Ultimatum mit dem Kriegseintritt der USA gedroht hatte. Trotz dieser Drohung kam es im Februar in Versorgungsschwierigkeiten käme und nicht mehr in der Lage sei, den Krieg fortzusetzen. Auf dieser Voraussage aber beruhte die Hoffnung, die die militärische und die zivile Führung in den U-Boot-Krieg als des letzten Mittels gesetzt hatten, das die ansonsten unvermeidliche Niederlage noch abwenden könnte.

Nachdem Rathenau am 25. Juni in einem Brief Ludendorff darauf aufmerksam gemacht hatte, daß »für die Beendigung des Krieges auf die U-Wirkung nicht zu rechnen« sei und Ludendorff drei Tage später geantwortet hatte: »Auf den U-Boot-Krieg decken sich unsere Ansichten nicht. Er wirkt schon.«, kam es 10. Juli 1917 zu einem Treffen im Hauptquartier in Kreuznach. Rathenau legte seine Bedenken gegenüber der vorher-

Deutschlands Schicksal
in einem zukünftigen Kriege,
wenn
Belgien
die Basis englischer Luftangriffe ist!
Deutschlands Industrie wäre sofortiger Vernichtung preisgegeben
Holland
Belgien
Frankreich
Luxemburg
Westfalen
Rheinland
Zone der Vernichtung
Zone der Verwüstung
Hauptgebiete deutscher Jndustrie
Hannover
Braunschweig
Osnabrück
Bielefeld
Münster
Detmold
Paderborn
Hamm
Duisburg
Essen
Dortmund
Bochum
Iserlohn
Hagen
Barmen
Elberfeld
Krefeld
Düsseldf.
Solingen
Gladbach
Kassel
Gotha
Eisenach
Erfurt
Antwerpen
Gent
Brüssel
Lüttich
Aachen
Düren
Köln
Bonn
Siegen
Marburg
Giessen
Wetzlar
Fulda
Koblenz
Wiesbaden
Frankfurt
Hanau
Offenbach
Mainz
Kreuznach
Darmstadt
Trier
Mannheim
Bamberg
Saarbrücken
Metz
Heilbronn
Karlsruhe
Stuttgart
Straßburg
Ulm
Tuttlingen
Hofbuchdruckerei Hermann Bergmann, Berlin SW.48.

gesagten Wirkung des U-Boot-Krieges noch einmal im Einzelnen dar, worauf Ludendorff ihm erklärte, daß sein »inneres Gefühl, dasjenige Gefühl, das ihm auch für seine strategischen Maßnahmen entscheidend sei«, ihn bestimme, Rathenau zu widersprechen. Bei diesem Gespräch wurde auch die Frage der Annexionen gestreift, ohne ausführlich besprochen zu werden. Während Rathenau mit allem Nachdruck darauf beharrte, daß »man wohl oder übel den Begriff des Verständigungsfriedens aufnehmen« müsse, der »irgendwelche Annexionen« ausschließe, »insistierte (Ludendorff) auf Grenzberichtigungen im Westen« und den Besitz von Kurland im Osten.

Dies klingt bescheiden und war wohl auch unaufrichtig im Vergleich zu den Kriegszielen, wie sie, unter Ludendorffs Federführung, am 23. April 1917 im *Kreuznacher Programm* in Ergänzung von Bethmann Hollwegs *Septemberprogramm* beschlossen worden waren, das zwar »die Rußland gegenüber zu erreichenden Ziele« offengelassen, aber als allgemeines Kriegsziel festgehalten hatte, daß »Rußland von den deutschen Grenzen nach Möglichkeit abgedrängt und seine Vorherrschaft über die nichtrussischen Vasallenvölker gebrochen werden« solle. Dieses Programm, das ganz im Geiste des *Alldeutschen Verbandes* die Annexion von Kurland und Litauen und von Teilen Estlands und Livlands vorsah, konnte bereits wenige Monate nach seiner Formulierung verwirklicht werden.

Im Herbst 1917 konnten die weitangelegten und in hohem Maße erfolglosen deutschen Bemühungen zur Revolutionierung des Hinterlandes und der Kolonien der Kriegsgegner zumindest in Rußland einen Erfolg verbuchen, als Wladimir I. Lenin, der mit Unterstützung der Reichsregierung aus dem Schweizer Exil nach Petersburg zurückgekehrt war, die bürgerliche Regierung Kerenski stürzte. Bereits am 8. November rief der *Allrussische Kongreß* alle kriegsführenden Staaten zu einem Frieden »ohne Annexionen und Kontributionen« auf und begann Waffenstillstandsverhandlungen mit Deutschland, die am 15. Dezember in Brest-Litowsk abgeschlossen wurden. Bei den folgenden Friedensverhandlungen machten sich die deutschen Unterhändler das Prinzip des Selbstbestimmungsrechts der Nationen, wie es Präsident Wilson formuliert hatte, als Mittel zunutze, um einerseits an dem Grundsatz des annexionslosen Friedens scheinbar festhalten und andererseits dennoch das Programm der Abtrennung der »nichtrussischen Vassallenvölker« verwirklichen zu können. Nach langwierigen Verhandlungen, die zwischendurch abgebrochen werden mußten, kam es am 3. März zum Abschluß eines Vertrags, der die Abtrennung Finnlands, Polens, der baltischen Staaten, der Ukraine und mehrerer Gebiete im Kaukasus vorsah, ohne noch genau den künftigen Status dieser Territorien zu regeln, von denen nur feststand, daß sie, nach den verschiedenen Modellen von der Annexion bis zum Vasallenstaat, mehr oder weniger eng mit den Mittelmächten verbunden werden würden. In der Zwischenzeit blieben diese Gebiete von der deutschen Armee besetzt, die ›Polizeifunktion‹ ausübte.

Eine besondere Stellung nahm dabei die Ukraine ein, mit der bereits am 9. Februar ein Sondervertrag geschlossen wurde. Dieser Vertrag war vorläufiger Endpunkt einer mehrjährigen Entwicklung, die bereits mit den deutschen Plänen vom August 1914 begonnen hatte, die unter anderem die Unterstützung separatistischer Bewegungen in der Ukraine vorsahen mit dem Ziel, »im Falle eines glücklichen Kriegsausgangs« einen Pufferstaat zu gründen. Diesem Ziel wollte man unter anderem durch die Unterstützung exilukrainischer Organisationen näherkommen, die in Deutschland eine massive Propaganda entfalten konnten, in der für eine unabhängige Ukraine als wertvollem Handelspartner geworben wurde (5/34). Als im Sommer 1917 ein unabhängiger ukrainischer Staat ausgerufen wurde, fand er deutsche Unterstützung, die auch nach der Oktoberrevolution gewährt wurde. Die Bolschewiki, die Ende Januar und Anfang Februar die Ukraine besetzt hatten, mußten nach dem Vertragsabschluß am 3. März den nachrückenden deutschen Truppen weichen, die auf bestellte ›Hilferufe‹ gegen die bolschewistische Okkupation in einer ›Polizeiaktion‹ die Ukraine besetzten und wenig später eine Marionettenregierung einsetzten.

Walther Rathenau hat die Verträge von Brest-Litowsk abgelehnt. Die Gründung mehrerer neuer Staaten schien ihm ein Unruhefaktor, der seine eigenen Pläne nur stören konnte. Diese hatte er am 26. Juni 1917, nachdem ihm die bürgerliche Revolution des Frühjahrs »in Rußland die erste große Chance (schien), die sich seit Kriegsbeginn uns bietet«, gegenüber General von Seeckt noch einmal formuliert. Er bezeichnete als »dasjenige große Ziel (...), das mir als letzte Friedenspolitik vorschwebt und das an sich einen erheblichen Teil der erheblichen Kriegsopfer rechtfertigen würde, (...) die Aufgabe der deutschen Durchdringung und Zähmung Rußlands, die uns gleichzeitig wirtschaftliche Aufgaben und politische Flankendeckung sichert«. Das ist zum einen die zumindest sprachlich wesentlich gemilderte Version des Kriegszielprogramms vom 30. August 1915 und zugleich so etwas wie die Skizze des Wegs, der nach Rapallo führte.

HANS WILDEROTTER

5/27

»1914. August.«
Tagebucheintragung Walther Rathenaus
Bleistift auf Papier
21 × 34,5 cm
Moskau, ZAS (634/1/356)

5/28

Büste des Theobald von Bethmann Hollweg
Georg Kolbe (1877–1947)
Um 1916
Bronze
H 37,5 cm
bez.: GK
Dresden, Staatliche Kunstsammlungen Dresden, Albertinum (ZV 2704)

5/29

»Promemoria über die Niederlegung des österreich-ungarischen Grenzzolls.«
Handschriftlicher Entwurf der ersten Kriegszieldenkschrift Walther Rathenaus
Bleistift auf Papier
28 × 22,8 cm
Moskau, ZAS (634/1/78)

5/30

»Denkschrift betreffend die national-, wirtschafts- und sozialpolitischen Ziele des deutschen Volkes im gegenwärtigen Kriege«
Mit zwei Karten
Heinrich Claß (1868–1953)
1914
76 Seiten, als Handschrift gedruckt
35 × 23 cm
Berlin, DHM, Bibliothek

5/31

»Mitteleuropa«
Friedrich Naumann (1860–1919)
Georg Reimer Verlag
Berlin 1915
299 Seiten, Buchdruck
23 × 16,3 cm
Marbach a.N., SNM, DLA

5/32

»Das heutige Europa nach der Kriegskarte, wie sie die verbündeten Heere der Mittelmächte gestaltet haben«
Berlin: Wilhelm Greve, Kgl. Hoflith.
Verlagsbuchhandlung Max Pasch
1917
Druckschrift
40 × 54 cm
Berlin, DHM, Archiv (Do. 62/1263)

5/33

»Deutschlands Schicksal in einem zukünftigen Kriege, wenn Belgien die Basis englischer Luftangriffe ist!«
Propagandaplakat
Berlin: Hermann Bergmann
Lithographie/Buchdruck
80 × 61,5 cm
Berlin, DHM, Plakatsammlung (1988/2043)

5/34

»Die Ukraine. Land u. Volk.«
Propagandaplakat
Berlin: Simon Schropp'sche Landkarten-Handlung
Lithographie
56,5 × 77 cm
Berlin, DHM, Plakatsammlung (P 57/47)

5/35

Röhrensender für U-Boote und Landstationen
Ausgestattet mit zwei Senderöhren RS 13 und RS 18
Telefunken
1917
Frankfurt/M., AEG-Firmenarchiv

5/36

»U-Boote Heraus!«
Plakat des Bild- und Filmamtes
Entwurf: Hans Rudi Erdt (1883–1918)
Berlin: Hollerbaum & Schmidt
1917
Lithographie
140 × 95 cm
bez.o.l.: H R ERDT
Berlin, DHM, Plakatsammlung (P 57/1314)

5/37

»U Boote gegen England«
Plakat des Bild- und Filmamtes
Entwurf: Ludwig Kainer (1885–?)
Berlin: Reklame Verlag und Vertrieb Tauentzien-Palast
Lithographie
137,5 × 94,5 cm
bez.m.l.: Kainer 17
Berlin, DHM, Plakatsammlung (P 57/1315)

5/38

»Englands Not.«
Untertitel: »12 Monate uneingeschränkten U-Bootskrieges«
Propagandaplakat
Hg.: Admiralstab der Marine
1918
Kartendruck
98 × 65 cm
Berlin, DHM, Plakatsammlung (1988/2032)

5/39

»Gebt für die U-Boot-Spende«
Plakat
Entwurf: Willy Stöwer (1864–1931)
Berlin: Paß & Garleb G.m.b.H.
Offsetdruck
66 × 47 cm
bez.M.r.: Willy Stöwer 1917
Berlin, DHM, Plakatsammlung (P 57/90)

5/40

»Rede zur Gründung der Deutschen Gesellschaft 1914 gehalten von DR. SOLF Staatssekretär des Reichskolonialamts«
S. Fischer Verlag
Berlin 1915
27 Seiten, Buchdruck
22,5 × 15,3 cm
Berlin, Staatsbibliothek (At 72/3)

5/41

»Deutsche Gesellschaft 1914«
Programm mit handschriftlichen Bemerkungen Walther Rathenaus
Buchdruck, Bleistift (Faksimile)
26,5 × 22,3 cm
Koblenz, Bundesarchiv (NL 158 Moellendorff, Bd. 52)

Preis 10 Pf. **Sonderblatt** Preis 10 Pf.

Dresdner Anzeiger

Verantwortlicher Schriftleiter: Heinrich Flach in Dresden
Verlag des K. S. Adreß-Comptoirs in Dresden – Buchdruckerei der Dr. Güntz'schen Stiftung in Dresden

Montag den 11. November 1918 mittags ½1 Uhr

Waffenstillstand

wtb **Amsterdam, 11. November**

Das niederländische Pressebüro Radio hat einen drahtlosen Bericht aus Paris aufgefangen, daß der Waffenstillstand um 5 Uhr morgens französischer Zeit unterzeichnet wurde und um 11 Uhr französischer Zeit in Kraft tritt.

Foch schickte folgendes Radiotelegramm an die Oberkommandierenden:

> **Die Feindseligkeiten werden an der ganzen Front am 11. November 11 Uhr vormittags französischer Zeit eingestellt werden.**

Die verbündeten Truppen dürfen, bis ein neuer Befehl eintrifft, die an diesem Tage und zu dieser Stunde erreichte Linie nicht überschreiten.

Vergeßt nicht den Heimatdank!

5/48

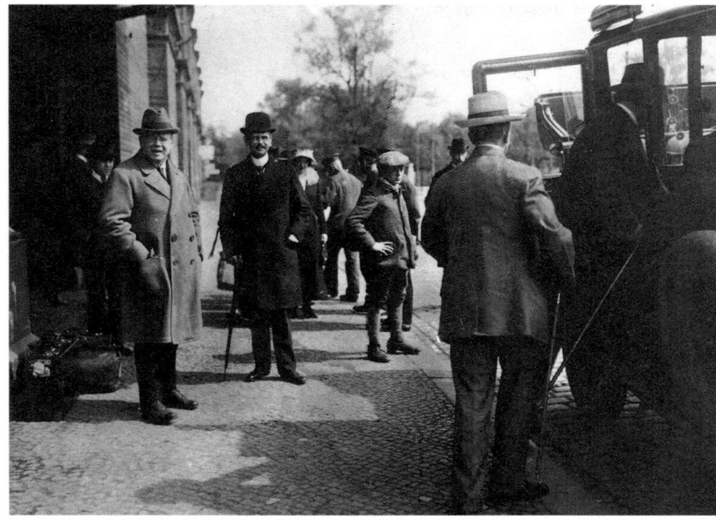

5/49

5/42

Empfang des bulgarischen Gesandten Rizoff in der Deutschen Gesellschaft 1914
V.l.: Guttmann, Rizoff, Solf, Helfferich, Wahnschaffe, Salomonsohn, Herzog Johann Albrecht zu Mecklenburg
1916
Fotografie (Reproduktion)
18 × 24 cm
Berlin, Ullstein Bilderdienst

5/43

Entwurf eines Briefes an Erich Ludendorff vom 6. November 1915
Walther Rathenau
Autograph, 3 Blatt
33 × 21 cm
Moskau, ZAS (634/1/286, Bl. 15–16)

5/44

Büste des Erich Ludendorff
Fritz Klimsch (1870–1960)
1916
Bronze
H 44 cm
bez.: F. Klimsch
Wuppertal, Von der Heydt-Museum (P 77)

5/45

»Ein dunkler Tag«
Entwurf für einen Artikel in der Vossischen Zeitung vom 7. 10. 1918
Walther Rathenau
Manuskript
Bleistift und grüner Farbstift auf Papier
29 × 24 cm
Moskau, ZAS (634/1/400)

5/46

Brief Walther Rathenaus an Kriegsminister Scheüch vom 9. Oktober 1918
Typoskript
25,7 × 21 cm
Briefkopf: ALLGEMEINE ELEKTRICITÄTS-GESELLSCHAFT – PRÄSIDIUM
Berlin, Staatsbibliothek, Handschriftenabteilung (2 I* 1918 (20), W. Rathenau, Bl. 9–13)

5/47

»Waffenstillstand«
Sonderblatt des Dresdner Anzeigers vom 11. 11. 1918
Dresden: Verlag des K.S. Adreß-Comptoirs
Zeitungsdruck
30,3 × 22,5 cm
Berlin, DHM, Archiv (Do. 70/702 II)

5/48

Die Unterzeichnung des Waffenstillstandes am 11. November 1918
Marschall Foch mit Mitgliedern der französischen Waffenstillstandskommission vor seinem Salonwagen in Compiègne
Fotografie (Reproduktion)
22,9 × 17 cm
München, Süddeutscher Verlag – Bilderdienst

5/49

»Von der Friedenskonferenz. Rückkehr der deutschen Reichsminister aus Spaa von ihrer Besprechung mit unseren Friedensdelegierten«
Fotografie (alter Abzug) auf Karton
11,5 × 16 cm
München, Süddeutscher Verlag – Bilderdienst

»VON KOMMENDEN DINGEN«
Revolution und Republik

MICHAEL DORRMANN

Nicht wurde eine Kette gesprengt durch das Schwellen eines Geistes und Willens, sondern ein Schloß ist durchgerostet. Die Kette fiel ab, und die Befreiten standen verblüfft, hilflos, verlegen und mußten sich wider Willen rühren. (...) Den Generalstreik einer besiegten Armee nennen wir deutsche Revolution.«[1] Rathenaus Auseinandersetzung mit der Revolution, ein halbes Jahr nach ihr geschrieben, ist ein Dokument enttäuschter Hoffnungen. Die aus der Revolution hervorgegangene Republik versagte in seinen Augen vor den entscheidenden Aufgaben: der Schaffung einer neuen, von den Parteien unabhängigen, politischen Führerkaste und der ›organischen‹ Umgestaltung der Wirtschaft. Aber vor allem kritisierte er, daß die wahre Revolution, die »Revolution der Gesinnung«,[2] die eben nur durch das »Schwellen eines Geistes und Willens« zustandegekommen wäre, nicht stattgefunden habe, daß die »deutsche Sendung« nicht erfüllt worden sei.

Die liberale bürgerliche Demokratie westlichen Typs, die schließlich 1919 in schweren inneren Kämpfen in Deutschland verwirklicht wurde, bedeutete Rathenau nicht viel. Er war allenfalls bereit, ihr den Status einer zum baldigen Untergang verurteilten Übergangserscheinung zuzubilligen, wie er es mit einer technologischen Fortschrittsmetapher formulierte: »Wir sind in der Lage der lichtlosen Städte vor fünfundzwanzig Jahren, die noch rasch eine Gasanstalt bauten, als die anderen von Gas zur Elektrizität übergingen.«[3]

Stattdessen hielt er gerade Deutschland aufgrund seiner doppelten Erschütterung durch äußere Niederlage und inneren Zusammenbruch dazu berufen, einen allen anderen Ländern überlegenen Staatsaufbau, den ›Volksstaat‹, zu verwirklichen. Diesen hatte er, beginnend mit *Von kommenden Dingen,* in immer prophetischer werdendem Ton verkündet, der sich gegen Ende des Krieges vollends überschlug. Seine letzte Schrift vor der Revolution – *Staat und Vaterland* – endet mit dem pathetischen Zuruf an Deutschland: »Denn es gibt in der Welt eine Aufgabe, die so dringend, so bitter nötig, so gottgewollt und menschenmöglich ist, daß sie auf Erden gelöst, unverzüglich gelöst werden muß, eine Aufgabe des Geistes. So schwer und so hart ist sie, so entsagend und so selbstverleugnend, daß sie nur von uns Deutschen gelöst werden kann. (...) Die Welt bedarf eines Menschenreiches als Abbild des Gottesreiches, des Reiches der Seele. Das Menschenreich ist das Reich der Freiheit und der Gerechtigkeit. Im Menschenreich herrscht nicht Reichtum und Erbteil, nicht Willkür und Unterwerfung, nicht Gewalt und nicht Anarchie, sondern Solidarität; es führen nicht die Bevorrechteten, die Streber und Macher, sondern befähigte Menschen; das höchste Gesetz ist nicht Interesse, sondern Schöpfung, das letzte Ziel nicht Reichtum und Macht, sondern Geist.«[4] Dieses Gottesreich auf Erden zu verwirklichen sei die deutsche Sendung, die aus der Katastrophe heraus der Menschheit einen Weg zur Erlösung zeigt.

Das waren messianische Hoffnungen, die eine Bekehrung, aber keine Revolution verlangten. Dieser Forderung entsprach seine wiederholt vorgetragene Maxime, daß nicht Einrichtungen, sondern Gesinnungen die wahren Veränderungen erzeugten; es verwundert deshalb keineswegs, daß praktische und institutionelle Vorschläge zur politischen Neuordnung Deutschlands seinen Schriften kaum zu entnehmen waren. Der von ihm geforderte ›Volksstaat‹, der goldene Weg zwischen Kapitalismus und Sozialismus, läßt sich schon eher dadurch beschreiben, was mit ihm politisch nicht verwirklicht werden sollte. Hieß es schon in *Von kommenden Dingen,* daß dieser ›Volksstaat‹ keinesfalls zu verwechseln sei mit Volksregierung oder dem doch »sehr theoretischen Begriff der Volkssouveränität«,[5] formulierte ein Programmpunkt seiner gegen Ende des Kriegs geplanten, aber nicht verwirklichten, überparteilichen *Partei der deutschen Freiheit* deutlich: »Wir wollen nicht die Herrschaft der Massen, sondern die Führung der Geeigneten.«[6] Wenn auch einem Teil der Arbeiterklasse über sozialpolitische Maßnahmen die Mitwirkung an der Leitung des Staates ermöglicht werden sollte, dokumentiert sich in dieser Elitekonzeption doch vor allem der politische Machtanspruch eines Vertreters des im Kaiserreich benachteiligten Wirtschaftsbürgertums und

tiefe Skepsis vor dem politischen Urteilsvermögen der Masse des Volks.
Diesem Modell der politischen Führerauslese lagen Rathenaus Überlegungen zugrunde, die er bereits vor dem Krieg für die »selbsttätige Auslese« in der Wirtschaft empfohlen hatte: »Zugang für jeden; Ausschaltung des Ungeeigneten nach alleiniger Maßgabe des Erfolges.«[7] Rathenau leugnete, daß der Interessenkonflikt zwischen Arbeitnehmer und Arbeitgeber ein notwendiger sei; er konzipierte das Gegenmodell einer ›Werksgemeinschaft‹, von der er sich die Aufhebung des Klassenkonflikts versprach. Durch eine Umgestaltung der Wirtschaft mittels forcierter Rationalisierung, Konzentration und Bedarfsplanung sollte die allgemeine Produktion gesteigert und damit ein Überschuß an Zeit und Kapital erwirtschaftet werden. Dieser Überschuß würde auf den Aufstieg befähigter Kräfte aus dem Proletariat verwendet werden können, die gemeinsam mit den Unternehmern, die sich ebenfalls im sozialdarwinistischen Wirtschaftskampf bewähren müssen, die neue Elite bilden würden. Was Rathenaus Schriften trotz seiner klaren Ablehnung von Demokratie und Sozialismus dann doch für viele attraktiv machte, war diese Vorstellung einer prinzipiell offenen Elite, verbunden mit seiner Befürwortung sozialer Mobilität und seiner Ablehnung des »Kastenstaats«.[8]
Rathenaus noch gegen Ende des Kriegs geäußerte Vorbehalte gegen eine vollständige Parlamentarisierung der Reichsgewalt lassen ihn politisch als einen Anhänger der Regierung des Prinzen Max von Baden vermuten. Dennoch war es ihm in den darauffolgenden Monaten des revolutionären Umbruchs, aufgrund der Beschränkung seiner Reformvorstellungen auf zwei große Themen, die Umgestaltung der Wirtschaft und das Problem der Führerauslese, problemlos möglich, zwischen rechten und linken Integrationsmodellen, zwischen dem Bekenntnis zur ›volkstümlichen Monarchie‹ und dem Liebäugeln mit dem Rätegedanken, zu wechseln. Übergeordnet war seinem Denken eine nationale Kategorie: nur ein im Inneren befriedetes Deutschland mit effizienter Industrie wird seinen führenden Platz in der Welt behaupten können. Daher rührte auch seine tiefe Abneigung gegen die bestehenden Parteien, denen er Interessenpartikularismus und willentliche Festschreibung der Klassengegensätze vorwarf.
Durch die Ereignisse des November drohten seine Vorstellungen einer Neuordnung Deutschlands vorerst aber einmal überholt zu werden, und Rathenau bezog defensive Positionen gegenüber Veränderungen von Staat und Wirtschaft. Die Angst vor einer proletarischen Revolution, der »Revolution der Rankünе«,[9] veranlaßte ihn, noch im Oktober 1918 an den preußischen Kriegsminister von Scheüch heranzutreten. Rathenau schlug Scheüch die Bildung eines zentralen militärischen Demobilisierungsamtes mit diktatorischen Befugnissen vor, um eine regellose Auflösung der Front und damit ein Zurückfluten potentiell bolschewisierter Massen in die Heimat zu verhindern.[10] Um die damit eng verknüpfte wirtschaftliche Demobilmachung, die Umstellung der Kriegs- auf die Friedenswirtschaft, zu gewährleisten, deren Hauptaufgabe in der Wiedereingliederung der Frontsoldaten in den Arbeitsprozeß bestand, hatten schon im August 1918 erste Gespräche zwischen Unternehmern und Gewerkschaftsführern begonnen, die sich im Oktober intensivierten, und an denen Rathenau führend beteiligt war. Ein von ihm und anderen geforderter »Ludendorff für die Aufgabe der Demobilisierung«[11] sollte in weitgehender Unabhängigkeit von staatlichen Stellen die organisatorischen Sachfragen lösen und zugleich den Bereich der Wirtschaft autonom und unversehrt über die politischen Umbrüche retten. Die gemeinsame Initiative der Unternehmer und Gewerkschaften in der Demobilisierungsfrage mündete schließlich am 15. November in die Bildung einer *Zentralarbeitsgemeinschaft der industriellen und gewerblichen Arbeitgeber und Arbeitnehmer Deutschlands,* in das nach ihren bekanntesten Vertretern benannte Stinnes-Legien-Abkommen. Aufgrund der Kompromißbereitschaft Rathenaus wurde den mit der Revolution mächtiger gewordenen Gewerkschaften unter anderem auch der Achtstundentag zugestanden.[12] Sowohl die Zentralarbeitsgemeinschaft als auch der starke Einfluß der Unternehmer auf das Demobilmachungsamt kamen einer Vorwegnahme politischer Entscheidungen durch die wirtschaftlichen Interessengruppen gleich.
Den Geist der Zentralarbeitsgemeinschaft atmete auch der von Rathenau gegründete *Demokratische Volksbund.* Unter Beteiligung von sechs Unterzeichnern der ZAG, den Industriellen Ernst v. Borsig, Otto Henrich, Rathenau, Carl Friedrich von Siemens, Hugo Stinnes, dem Generalsekretär des Gesamtverbandes der christlichen Gewerkschaften, Adam Stegerwald, rechten Vertretern der SPD und einer Reihe von Künstlern und Intellek-

tuellen war diese Sammlungsbewegung am 16. November im Berliner Flugverbandhaus ins Leben getreten.[13] Auf Rathenaus Wunsch sollte Friedrich Naumann, der bereits im Kaiserreich das Zusammengehen von Arbeitern und Unternehmern als Voraussetzung einer aktiven Weltpolitik postuliert hatte, die Leitung übernehmen. Als wenige Tage später klar wurde, daß eine rein abwartende Haltung gegenüber den politischen Veränderungen, wie sie der *Volksbund* bislang vertreten hatte, nicht genügte, entwarf Rathenau ein ›national-soziales‹ Parteiprogramm (6/1): »Die Gegenbegriffe Bürgerthum und Proletariat entfallen«, da Vermögen, Einkommen und Erbschaft begrenzt werden. Syndikate sollen unter Aufsicht des Staates gestellt und geeignete Betriebe sogar verstaatlicht werden. Schließlich muß »Deutschland, mit Deutsch Österreich vereinigt, eine Stellung finden, die seiner geistigen und wirthschaftlichen Kraft und Grösse entspricht«.[14] Vor allem Industrielle wie Carl Friedrich von Siemens wollten Rathenau auf diesem Weg, der ihnen als der erste Schritt zum Staatssozialismus erschien, nicht begleiten, so daß sich der *Volksbund* bereits nach wenigen Tagen wieder auflöste.

Bezeichnend für die Bedeutung, die Rathenau sich selber als Mittler und Integrationsfigur zwischen Arbeiterschaft und Bürgertum zusprach, ist sein Kommentar zu den schwebenden Verhandlungen: »Entweder gelingt es mir, das Bürgertum zur Revolution herüberzuziehen, dann wird ein Aufruf erscheinen, der meiner Gesinnung entspricht, oder es gelingt mir nicht, dann trete ich aus.«[15] Auch gegenüber Journalisten und Politikern der Linken trat er mit einer erschreckenden Selbstüberschätzung auf, die als anmaßend empfunden wurde und zu der bekannten Etikettierung vom ›Prophet im Smoking‹ führte. Offenbar glaubte Rathenau allein aus der Tatsache, daß er mit Schriften wie *Von kommenden Dingen, Probleme der Friedenswirtschaft* und *Die Neue Wirtschaft,* auf entschiedenen Widerspruch in Industriellenkreisen gestoßen war, schließen zu dürfen, daß er und seine Ideen nun nach der Revolution von Seiten der Arbeiterschaft mit großer Sympathie aufgenommen werden würden.

Sehr bezeichnend für die große Diskrepanz, die hier zwischen Selbsteinschätzung und tatsächlicher Bedeutung bestand, war auf der einen Seite seine Klage bei dem sozialistischen Journalisten Arthur Holitscher, daß »die Revolution an demjenigen Bürgerlichen, der zwanzig Jahre lang ihre Waffen geschärft und der kapitalistischen Ordnung das einzige System entgegengestellt hat, das durchführbar ist und durchgeführt werden wird, vorübergeht, ohne Gruß und Zuruf«,[16] und auf der anderen Seite seine Charakterisierung im *Deutschen Revolutions-Almanach für das Jahr 1919* (6/3). Die Karikatur zeigt Rathenau als herrischen und arroganten Propheten, und im Begleittext heißt es unter der Rubrik »Stützen des Bürgertums vor der Revolution« kühl und knapp: »Rathenau verdankte seine Bedeutung dem Umstand, daß er der Sohn seines Vaters, des Schöp-

6/3

fers des Riesenunternehmens der A. E. G., ist – mag es ihn auch kränken, wenn man ihn daran erinnert. Er ist ein feiner Schriftsteller und ein philosophisch geschulter Denker, aber auch darin nur ein Erbe.«[17]

Walther Rathenaus Aufstieg zu einem der bekanntesten Politiker seiner Zeit und die spätere Verklärung zum Märtyrer und Schutzheiligen der Weimarer Republik[18] verdeckt oft, mit wie vielen Zurücksetzungen und Kränkungen dieser Aufstieg begann, und wie schwer es ihm anfangs fiel, seinen Platz in der jungen Republik zu finden. Den einen galt er als gefährlicher Utopist, den anderen als Vertreter des abgelebten Systems. »Das gesättigte Bürgertum verfolgt mich mit wütendem Haß, das Proletariat mißtraut mir«,[19] erkannte er schließlich selbst desillusioniert. Bei den Überlegungen zur Neuordnung der Wirtschaft wurde er nicht berücksichtigt, eine Kandidatur für die Nationalversammlung kam, auch aufgrund des mit der Revolution rapide angestiegenen Antisemitismus, nicht zustande. Innerhalb des Parteienspektrums bot sich ihm, nach dem Scheitern seines Volksbundprojekts, keine Aufstiegsmöglichkeit an, und es kam nur zu einer losen Verbindung mit der linksliberalen *Deutschen Demokratischen Partei.* Diese zeigte sich kaum bereit, Vorstellungen des Außenseiters Rathenau zu berücksichtigen, der sich dann auch bald von ihr enttäuscht zurückzog und schon im Herbst 1919 die Partei wieder verlassen wollte. Zu jeder anderen Partei hätte er sich allerdings nur noch schwieriger Zugang verschaffen können.

Um trotzdem weiterhin Einfluß auf die Entwicklung Deutschlands nehmen zu können, entfaltete Rathenau eine rege publizistische Tätigkeit. In den Jahren 1919/20 erschienen kleinere Schriften wie *Der Kaiser. Eine Betrachtung, Der neue Staat, Die neue Gesellschaft* und die *Kritik der dreifachen Revolution,* sowie unzählige Zeitungsartikel. Solange er nicht über ein Partei- oder Staatsamt mit der jungen Republik versöhnt war, zögerte er nicht, das jetzige System und seine Vertreter mit polemischer und oft ungerechter Kritik zu überziehen. »Spießbürger im Parkett, Spießbürger auf der Szene; statt Goethe Kotzebue«,[20] lautete sein Urteil über die im Weimarer Theater tagende Deutsche Nationalversammlung. Überhaupt, es sei nunmehr »die Zeit der kleinen Leute. Einer sehe aus wie der andere: Scheidemann, Naumann, Kühlmann; alles Knieholz: alle diese ›-männer‹ könne man untereinander vertauschen, ohne daß es jemand merke. In Deutschland komme nur der Bierbankpolitiker vorwärts«. [21]

Aus Enttäuschung über die Mitglieder des neuen Parlaments und dem Partikulardenken der Parteien, wollte Rathenau ihnen im *Neuen Staat* Fachparlamente und -räte zur Seite stellen (6/2). »Die Republik läßt sich nur überwinden durch die Republiken, das Parlament durch die Parlamente, der örtliche Partikularismus durch den ideelen.«[22] Da er den meisten Berufspolitikern die fachliche Kompetenz zur Beurteilung komplexer Probleme, insbesondere solcher der Wirtschaft, absprach, zielte seine Kritik insbesondere auf eine stärkere Beteiligung von Fachmännern an den Entscheidungen der Regierung.

Als Fachmann für Finanz- und Wirtschaftsfragen sollte schließlich auch Walther Rathenau seinen Weg zu leitenden politischen Ämtern finden. Das erste bedeutende Mandat war seine Mitgliedschaft in der 2. Sozialisierungskommission, die nach dem Scheitern des Kapp-Putsches im April 1920 eingesetzt worden war, und in der Rathenau durch sein praktisches Wissen bald eine herausragende Stellung einnahm. Vermutlich wurde dort der Reichsfinanzminister und linke Flügelmann der Zentrumspartei, Joseph Wirth, der ein starker Befürworter der Sozialisierung war, auf Rathenau aufmerksam. Im Laufe seiner Zeit als Finanzminister zog er bei wichtigen Entscheidungen immer häufiger den wirtschaftlichen Sachverstand Rathenaus zu Rate und setzte schließlich auch seine Teilnahme an der Konferenz von Spa im Juli 1920 durch.[23] Neben seiner wirtschaftlichen Erfahrung schien Rathenau für die ein Jahr später erfolgte Berufung in ein Ministeramt, das in der Hauptsache ja in schwierigen Auseinandersetzungen mit Vertretern der Alliierten bestand, auch durch andere Eigenschaften prädestiniert zu sein, die er sich als Präsident eines großen Unternehmens angeeignet hatte: Verhandlungsgeschick und internationale Kontakte.

Wie sehr er sich selbst als Repräsentant der Wirtschaft verstand, der seinem Land in bedrängter Lage seinen Sachverstand zur Verfügung stellt, zeigt die Rede, mit der er am 2. Juni 1921 als Wiederaufbauminister zum erstenmal vor den Deutschen Reichstag trat: »Leicht ist mir der Entschluß nicht geworden, mich an diese Stelle zu begeben. Es ist kein leichter Augenblick, wenn man mit einem Federstrich sich von einer großen Anzahl von Wirtschaftsgebilden trennen muß, mit denen man eng verwachsen war, die man hat errichten helfen oder errichtet hat und mit deren Gedeih man verknüpft war. Aber dieser Entschluß war leichter als der, sich zur Verfügung zu stellen für eine große, unübersehbare Aufgabe, die nicht von uns selbst, sondern von anderen in ihrem Umfang bestimmt wird. Es war auch nicht leicht für einen Außenstehenden, in vorgerückten Jahren sich denjenigen Stellen zu nähern, wo die Hochspannungsmaschinen der Politik demjenigen, der mit ihrer Konstruktion und Wirkungsweise nicht genau vertraut ist, Schwierigkeiten bieten. Was mir den Entschluß erleichtert, ist in erster Linie die Erwägung, daß das Arbeitsgebiet kein politisches ist. Nicht als Mitglied einer Partei bin ich vom Herrn Reichskanzler berufen worden. Ich entnehme dieser Tatsache das Recht, den Aufgabenkreis so unpolitisch zu halten wie nur möglich. (Ein Aufgabenkreis, der) sich weit mehr nähert demjenigen Gebiet, auf dem ich bisher gearbeitet habe, nämlich dem privatwirtschaftlichen und industriellen.«[24] Rathenau war auf dem vorläufigen Höhepunkt seiner Karriere und hatte ein seit über zwanzig Jahren mit Energie verfolgtes Ziel, die Berufung in ein leitendes Staatsamt erreicht.

Die äußeren Umstände hätten allerdings kaum ungünstiger sein können. Schon die Reaktionen im Reichstag auf seine Rede spiegelten die aufgeheizte innenpolitische Atmosphäre wider, in der die ›Politik der Erfüllung‹, als dessen führender Repräsentant Rathenau bald galt, in Zukunft agieren mußte. Das Protokoll verzeichnete »Andauernde große Unruhe«, sowie wechselseitig erregte Zurufe von rechts und links; einzelne Abgeordnete mußten wiederholt aufgefordert werden, auf ihre Sitzplätze zurückzukehren. Rathenaus Ankündigung einer unpolitischen Herangehensweise an seine Aufgabe wurde mit dem Zuruf von den Vereinigten Kommunisten: »Also nicht Rathenau, sondern ratemal!« quittiert. In Zukunft sollten allerdings die Angriffe von der rechten Seite auf seine Politik und seine Person überwiegen. Die Ablehnung reichte hier von der kompromißlosen Sabotage seiner Politik durch die Schwerindustriellen bis zu den Hetzparolen der Antisemiten.

Obwohl Rathenau sein Amt als Wiederaufbauminister nur kurze Zeit bekleiden konnte, schien es aufgrund des Ansehens, das er sich mittlerweile national und international erworben hatte, nur eine Frage der Zeit zu sein, bis er in das Kabinett zurückkehren würde. Nachdem er um die Jahreswende 1921/22 bereits als außenpolitischer Vertreter des Reichskanzlers bei Verhandlungen in London und Cannes erfolgreich tätig gewesen war, wurde er am 31. Januar zum Außenminister des Deutschen Reiches ernannt. Ein Amt, das er nur knapp fünf Monate ausüben sollte.

Anmerkungen

1. Kritik der dreifachen Revolution (1919), GS VI, S. 341
2. Ebd., S. 348
3. Reden wir deutsch! (1920), NGS I, S. 125
4. Staat und Vaterland (1918), GS VI, S. 257
5. Von kommenden Dingen (1917), GA II, S. 436
6. Aufruf zur Bildung einer *Partei der deutschen Freiheit* (1918), NGS I, S. 78
7. Politische Auslese (1912), GS I, S. 226
8. Vgl. z. B.: Die neue Wirtschaft (1917), GS V, S. 254
9. Kritik der dreifachen Revolution (1919), GS VI, S. 364
10. Rathenau an Kriegsminister Scheüch, 15. 10. 18, PB, Nr. 114
11. Bericht Scheidemanns am 7. 11. vor dem Interfraktionellen Ausschuß über die Forderungen Rathenaus und der Gewerkschaftsvertreter Legien und Stegerwald, zitiert nach: Erich Matthias/ Rudolf Morsey (Bearb.): Die Regierung des Prinzen Max von Baden, Düsseldorf 1962, S. 569
12. Nach einer Schilderung von Theodor Leipart, in: Gespräche, GA II, S. 762-764
13. Ein Aufruf mit sämtlichen Unterzeichnern findet sich in: Deutsche Stimmen, 30. Jg., Nr. 17 (24. 11. 1918)
14. Zitiert nach der handschriftlichen Fassung aus dem Rathenau-Nachlaß in Moskau (634-1-417, Bl. 65–67); in Auszügen bei Kessler: Rathenau, S. 241
15. Brief an Arthur Holitscher, 21. 11. 18, PB, Nr. 123
16. Ebd.
17. Deutscher Revolutions-Almanach für das Jahr 1919, Hamburg/ Berlin Januar 1919, S. 96
18. Vgl. Schulin: Repräsentant, S. 138
19. Brief an Minna Cauer, 10. 12. 18, B II, Nr. 456
20. Der Neue Staat (1919), GS V, S. 284
21. Kessler: Tagebücher, S. 134
22. Der Neue Staat (1919), GS V, S. 289
23. Kessler: Tagebücher, S. 589f
24. Verhandlungen des Deutschen Reichstages, Bd. 349, S. 3742–3745

Die lange Dauer des Krieges ließ keinen Zweifel daran, daß spätestens mit Kriegsende eine Reform des deutschen Staatswesens hin zu mehr sozialer Gerechtigkeit und größerer politischer Mitsprache der Bevölkerung unvermeidlich wäre. Vor allem die Arbeiterschaft, die die Hauptlast des Krieges zu tragen hatte, würde mit einem gestärkten Selbstbewußtsein aus dem Krieg hervorgehen. Während alldeutsche und schwerindustrielle Annexionisten weiterhin hofften, daß ein deutscher Sieg es ermöglichen würde, diese Forderungen durch eine Verteilung von Kriegsgewinnen zu ersetzen, formierte sich im Reichstag eine Koalition, die für eine Neuorientierung der deutschen Innen- und Außenpolitik eintrat. Seit dem Sommer 1917 arbeiteten *Zentrum*, SPD und *Fortschrittliche Volkspartei* im ›Interfraktionellen Ausschuß‹ zusammen, der einen ›Frieden ohne Annexionen und Kontributionen‹ und, zuerst zaghaft, dann immer energischer, die volle Verantwortlichkeit der Regierung gegenüber dem Reichstag, die Parlamentarisierung der Reichsgewalt, forderte.

Aber erst im Zeichen des täglich drohenden militärischen Durchbruchs der Alliierten Ende September 1918 wurde auf Druck der Obersten Heeresleitung diesen Forderungen nachgegeben. Der treibende Mann, Erich Ludendorff, wollte durch diese ›Parlamentarisierung von oben‹ die Verantwortung der Armee für die nun absehbare Niederlage Deutschlands den Mehrheitsparteien des Reichstags aufbürden. Anfang Oktober wurde unter Reichskanzler Prinz Max von Baden erstmals eine Regierung mit Beteiligung der Reformmehrheit gebildet. Gleichzeitig erfuhr die bis dahin ahnungslose Bevölkerung durch das an den amerikanischen Präsidenten Wilson gerichtete Waffenstillstandsgesuch von der katastrophalen militärischen Lage. Das übermächtige Verlangen nach sofortiger Beendigung des Krieges und nach dem Rücktritt des Kaisers, den Wilson zur Bedingung eines Waffenstillstands machte, ließ die Arbeit der neuen Regierung an einer Verfassungsänderung in der Öffentlichkeit weitgehend unbeachtet. Am 28. Oktober traten die ›Oktoberreformen‹ in Kraft und wurden von einer kaiserlichen Botschaft begleitet; ein letzter Versuch Wilhelms II. , den Forderungen nach seiner Abdankung durch Konzessionen die Spitze zu nehmen (6/4). Die Verfassungsänderungen brachten die Bindung der Politik des Reichskanzlers an den Willen der Reichstagsmehrheit und die Aufhebung der außerparlamentarischen kaiserlichen Kommandogewalt über Militär und Marine. Deutschland war damit eine parlamentarische Monarchie geworden, das Ziel der Mehrheit der deutschen Bevölkerung erreicht, ohne daß die Tragweite der Reformen zum gegenwärtigen Zeitpunkt wahrgenommen wurde.

Einen Tag später, am 29. Oktober, berieten auf der vor Wilhelmshaven liegenden Hochseeflotte die Chefs der Flottenverbände über einen letzten Einsatz, angetrieben von der »Ehren- und Existenzfrage der Marine, im letzten Kampf ihr Äußerstes getan zu haben« (Denkschrift nach Deist, S. 355). In absehbarer Nähe eines Waffenstillstands mußte den Matrosen diese ›Todesfahrt‹ als eine gegen die Regierung gerichtete Admiralsrebellion erscheinen. Es kam zu Befehlsverweigerungen und Revolten, die sich auch nicht mehr eindämmen ließen, als die Seekriegsleitung den Einsatz abblies. Nachdem am 4. November Kiel in die Hände der Aufständischen gefallen war, begann von dort aus binnen weniger Tage die Übernahme der vollziehenden Gewalt durch Soldaten- und Arbeiterräte im ganzen Reich. Neben der Forderung nach sofortigem Frieden und Aufhebung des militärischen Belagerungszustandes bildeten sich innerhalb der spontanen Massenbewegung auch immer stärker soziale und politische Ziele.

Am 9. November erreichte die Revolution Berlin. Um die Bewegung in gemäßigten Bahnen zu halten, was nur möglich schien, wenn sich die SPD an ihre Spitze setzte, erklärte Reichskanzler Prinz Max von Baden eigenmächtig die Abdankung des Kaisers und übertrug Friedrich Ebert die Kanzlerschaft. Noch am Nachmittag verkündete Ebert in einem gemeinsam mit dem Staatssekretär Haussmann und dem Ministerialdirektor der Reichskanzlei Simons redigierten Aufruf seine Übernahme der Staatsgeschäfte. In einem zweiten Aufruf wandte sich Ebert an die Beamtenschaft und bat sie um die loyale Unterstützung der neuen Regierung (6/5 und 6/6). Dachte die SPD zu dieser Zeit noch an eine Weiterführung der Oktoberkoalition, wenn auch mit Beteiligung der links von ihr stehenden USP, änderte sich die Situation bereits am darauffolgenden Tag durch die Konstituierung einer revolutionären Arbeiter- und Soldatenräteversammlung im Zirkus Busch, die über die reale Macht in Berlin verfügte. Die SPD sah sich daher gezwungen, zusammen mit der USP eine rein sozialistische und paritätisch besetzte Revolutionsregierung zu bilden, den ›Rat der Volksbeauftragten‹.

Umstritten in den nächsten Wochen war zum einen, in welcher Weise man noch mit den Beamten und Offizieren der kaiserlichen Verwaltung zusammenarbeiten wollte, und zum anderen, ob man weitergehende Veränderungen bereits jetzt mit dem Recht der Revolution durchsetzen, oder einer erst zu wählenden Nationalversammlung überlassen wollte. Die SPD, die sich weniger als Vollstreckerin eines revolutionären Auftrages, denn als »Konkursverwalter des alten Regimes« (Friedrich Ebert am 6. 2. 1919 vor der Nationalversammlung) verstand, konnte sowohl die baldige Einberufung der Nationalversammlung als auch ein weitgehendes Bündnis mit den Kräften des Ancien régime durchsetzen, denen man offenkundig mehr vertraute als der spontanen Massenbewegung der Räte. Vor allem Ebert arbeitete eng mit der alten Ministerialbürokratie zusammen, die dann auch weniger den Rat der Volksbeauftragten als den ›Reichskanzler‹ Ebert als legitimen Regierungschef ansah. Verstärkt wurde die Kontinuität innerhalb der Verwaltung noch dadurch, daß die einzelnen Staatssekretariate weiterhin von Vertretern der bürgerlichen Parteien als ›unpolitische Fachminister‹ geleitet wurden. Sie hatten zwar kein Entscheidungsrecht im Revolutionskabinett, konnten aber fast uneingeschränkt in ihren Ressorts walten und wichtige Weichenstellungen treffen.

Besonders belastend für die weitere Entwicklung der Weimarer Republik sollte das Arrangement der Revolutionsregierung mit der Obersten Heeresleitung werden. Seitdem der Kaiser vor seiner Flucht nach Holland an Generalfeldmarschall von Hindenburg den Oberbefehl über das Frontheer übergeben hatte, bestand sowohl Unklarheit über die verfassungsrechtliche Stellung der Armeeführung als auch über ihre weiteren Ziele. In dieser Situation bot Generalquartiermeister Wilhelm Groener am 10. November Ebert in einem geheimen Telefongespräch an, sich loyal hinter die neue Regierung zu stellen. Als Gegenleistung bestätigte die Regierung der OHL ihre ungeteilte Befehlsgewalt, die damit Ansätze einer Demokratisierung des Heeres durch neugebildete Soldatenräte abwehren konnte (6/7). Mit diesem Verhandeln von gleich zu gleich zwischen Regierung und kaiserlicher OHL wurde die Bildung einer republikanischen Armee vorerst unterbunden und das spätere Selbstverständnis der Reichswehr als ›Staat im Staate‹ vorweggenommen.

Durch die schnelle Entscheidung für die Wahl einer verfassunggebenden Nationalversammlung begannen sich bereits kurz nach dem Staatsumsturz die politischen Parteien neu zu formieren. Aber auch hier überwog das Kontinuitätsmoment. Wirkliche Neubildungen, wie etwa Rathenaus Versuch, einen *Demokratischen Volksbund* zu gründen, scheiterten nach wenigen Tagen (6/1). Die bürgerlichen Parteien bestätigten die SPD in ihrer Haltung, alle entscheidenden Veränderungen von Wirtschaft und Gesellschaft der Nationalversammlung zu überlassen. 6/16

Gerade dieses abwartende Verhalten der SPD führte dazu, daß sich viele Arbeiter von ihr ab und linken Parteien und Splittergruppen zuwandten. Die Enttäuschung der Arbeiterschaft kulminierte, zusammen mit den Hoffnungen radikaler Gruppen auf ein ›Weitertreiben der Revolution‹, schließlich in den blutigen Januarunruhen. Obwohl relativ schnell die Aussichtslosigkeit einer gewaltsamen Absetzung des Rats der Volksbeauftragten offenbar wurde, setzte sich in der SPD die Neigung durch, die fortwährenden Provokationen der extremen Linken endlich durch ein entschiedeneres Durchgreifen zu beenden. Da die Leitung militärischer Operationen durch einen General auch von Anhängern der Mehrheitssozialisten als Brüskierung empfunden worden wäre, übernahm Gustav Noske mit den Worten »Meinetwegen! Einer muß der Bluthund werden, ich scheue die Verantwortung nicht!« (Noske: Von Kiel bis Kapp, S. 68) den Oberbefehl der Truppen in Berlin. Ein folgenreicher Fehler war, daß er dabei nicht nur auf loyal zur Regierung stehende Regimenter zurückgriff, sondern auch auf neu aufgestellte Freikorps, die vielfach unter der Leitung von ehemaligen Offizieren standen. Gerade von diesen Truppen wurde bei der Räumung von Gebäuden unnötige Gewalt ausgeübt und wurden irreguläre Erschießungen vorgenommen.

Obwohl bereits am 13. Januar der Aufstand weitgehend niedergeschlagen war, entschloß sich Noske, die Reichshauptstadt militärisch besetzen zu lassen. Zu den Truppen, die in den folgenden Tagen in Berlin einzogen, gehörte auch die Garde-Kavallerie-Schützen-Division. Am 15. Januar vormittags machte sie Quartier im Eden-Hotel, unmittelbar bei der Kaiser-Wilhelm-Gedächtniskirche im feinen Berliner Westen. Noch am selben Abend erhielt sie Meldung, daß die Wilmersdorfer Bürgerwehr Rosa Luxemburg und Karl Liebknecht festgenommen habe und ins Eden-Hotel bringe. Beide waren seit Tagen auf der Flucht vor einer pogromartigen Stimmung und hielten sich in verschiedenen Privatwohnungen versteckt. Obwohl nur Karl Liebknecht den Aufruf zum Sturz der Regierung unterzeichnet hatte, galt auch Rosa Luxemburg, die nur widerstrebend dem Putschversuch gefolgt war, als Hauptverantwortliche für den ›Spartakusaufstand‹. Nach einem kurzen Verhör durch Hauptmann Pabst sollten beide getrennt zum Untersuchungsgefängnis Moabit gebracht werden. Auf dem Weg dorthin wurden sie von Offizieren der Garde-Kavallerie-Schützen-Division umgebracht. Karl Liebknecht wurde im Tiergarten gezwungen, aus dem Wagen zu steigen und anschließend durch Schüsse des Kapitänleutnant Horst von Pflugk-Harttung, des Oberleutnant zur See Ulrich von Rittgen und des Leutnant der Reserve Rudolf Liepmann getötet (6/9). Rosa Luxemburg wurde vermutlich im Wagen von Oberleutnant a. D. Kurt Vogel erschossen und anschließend in den Landwehrkanal geworfen. Für den genauen Tathergang ihrer Ermordung liegt eine Skizze des Leutnant zur See Hermann Wilhelm Souchon vor, dessen Mittäterschaft allerdings erst 1925 bekannt wurde (6/10).

Die offizielle Darstellung der Garde-Kavallerie-Schützen-Division lautete, Karl Liebknecht sei bei einem Fluchtversuch erschossen und Rosa Luxemburg von einer aufgebrachten Menschenmenge aus dem Wagen gezerrt und verschleppt worden, nachdem noch zuvor ein Unbekannter auf sie gefeuert habe (6/8). Obwohl diese Darstellung sofort bezweifelt wurde, betraute man dennoch mit der Untersuchung ein sicher nicht unparteiisches Gremium, das Gericht der Garde-Kavallerie-Schützen-Division (6/11). Unter der Leitung des Kriegsgerichtsrates Jorns gerieten Ermittlung und Verfahren zur Farce. Wichtige Spuren wurden absichtlich nicht weiterverfolgt, die Tatverdächtigen wurden viel zu spät festgesetzt und konnten sich auch während ihrer Untersuchungshaft noch mühelos untereinander absprechen, ja sogar Kontakte mit Hauptmann Pabst, dem Organisator des ganzen Mordplans, unterhalten, der wiederum als Tatbeteiligter gar nicht in Betracht gezogen wurde (6/12).

Die Urteile des Feldkriegsgerichts waren dementsprechend: Liepmann erhielt 6 Wochen Stubenarrest, Vogel 2 Jahre und 4 Monate Gefängnis, aus dem er allerdings bereits 3 Tage nach Urteilsverkündung von Offizieren befreit wurde, der Rest wurde freigesprochen. Am Härtesten traf es das schwächste Glied der Offiziersverschwörung, den Jäger Otto Runge, der auf Befehl seiner vorgesetzten Offiziere sowohl Karl Liebknecht als auch Rosa Luxemburg beim Verlassen des Eden-Hotels durch Schläge mit dem Gewehrkolben schwer verletzt hatte (6/13). Er bekam 2 Jahre Gefängnis und mußte sie auch absitzen. Das Urteil, das durch Gustav Noske bestätigt wurde, war ein Menetekel für die künftige Rechtslastigkeit der Weimarer Justiz und trug wesentlich zur Entfremdung vieler Arbeiter von der Weimarer Republik bei. Der politische Mord war als innenpolitisches Kampfmittel eingeführt.

Das nächste prominente Opfer eines Attentats aus Offizierskreisen war der bayerische Ministerpräsident und USP-Politiker Kurt Eisner. Noch vor der Revolution in Berlin hatte er in der Nacht vom 7. zum 8. November den republikanischen ›Freistaat Bayern‹ ausgerufen, zielstrebig eine revolutionäre Übergangsregierung aus SPD und USP gebildet und die baldige Einberufung einer verfassunggebenden Landesversammlung angekündigt. Besonderer Haß und Unmut schlug dem überzeugten Pazifisten und jüdischen Intellektuellen entgegen, als er bereits im November 1918 Akten aus bayerischen Archiven veröffentlichte, die die starke Verantwortung der deutschen Reichsleitung für den Ausbruch des Weltkriegs erkennen ließen. In wüsten antisemitischen Zuschriften, die in seinen nachgelassenen Papieren einen ganzen Aktenband füllen, wurde er beschimpft und mit dem Tode bedroht. »Sie sind kein Deutscher sondern nur ein geduldeter Fremder. wenn Sie Schneid haben zu regieren? dann gehen Sie nach Palästina. und gründen Sie dort eine Israelitische Republick. … Danken Sie sofort ab! und nehmen Sie den anderen Juden Jaffé gleich mit. halten Sie den festgesetzten Termin nicht ein, dann werden wir etwas mit Handgranaten nachhelfen. wir wollen Deutsch bleiben und brauchen Deutsche Männer, damit wir vor der gesammtem Internationalen Welt nicht brauchen Schamrot zu werden.« (Nl Kurt Eisner, Bd. 64, Bl. 115) Zeichnet dieser Drohbrief sich eher durch niedriges Niveau aus, fällt ein anderer durch kalten Zynismus auf: »Herr Eisner! Nach Liebknecht kommt Eisner an die Reihe, beherzigen Sie in Ihrem Interesse diese Warnung und danken Sie schleunigst ab. Einer der es *gut* mit Ihnen meint.« (6/14)

Die Wahlen zum bayerischen Landtag fanden am 12. Januar statt. Die Partei Eisners erlitt eine vernichtende Niederlage. Am 21. Februar begab sich Kurt Eisner mit dem Manuskript seiner Rücktrittsrede in der Tasche auf den Weg zur Eröffnung des Landtags. In der Promenadestraße lauerte ihm der aus altem bayerischen Adelsgeschlecht stammende Offizier Anton Graf Arco-Valley auf und tötete ihn von hinten mit vier Revolverschüssen (6/15). Bei seiner Vernehmung behauptete Arco stets, als Einzeltäter gehandelt zu haben, vermutlich agierte er jedoch im Einvernehmen mit ehemaligen Offizierskameraden. Am 16. Januar 1920 zum Tod verurteilt, wurde seine Strafe bereits einen Tag später in eine lebenslange Freiheitsstrafe umgewandelt und 1924 ausgesetzt.

Mit dem Zusammentritt der am 19. Januar gewählten Nationalversammlung am 6. Februar endete das Mandat der Revolutionsregierung. Ihr Kurs, mit allen Versäumnissen in der Demokratisierung von Staat und Gesellschaft, aber auch großem Verantwortungsbewußtsein für die ihnen überantwortete Macht, war wesentlich der Kurs Friedrich Eberts. Am 11. Februar wurde er von der Nationalversammlung mit überwältigender Mehrheit zum ersten Reichspräsidenten der Weimarer Republik gewählt. Wenn auch gewiß viele mit den Ergebnissen der Revolution unzufrieden waren, so blieb es dennoch ein deutliches Zeichen für den Wandel Deutschlands, daß das höchste Staatsamt nunmehr von einem Mann aus der Arbeiterbewegung ausgeübt wurde (6/16). In Eberts Antrittsrede hieß es: »Ich will und werde als der Beauftragte des ganzen deutschen Volkes handeln, nicht als Vormann einer einzigen Partei. Ich bekenne aber auch, daß ich ein Sohn des Arbeiterstandes bin, aufgewachsen in der Gedankenwelt des Sozialismus, und daß ich weder meinen Ursprung noch meine Überzeugung jemals zu verleugnen gesonnen bin.« (Nationalversammlung, S. 92f) Als 1925 der gefeierte Feldmarschall des Weltkriegs, Paul von Beneckendorff und von Hindenburg, an seine Stelle trat, war das der Anfang vom Ende der Weimarer Republik.

MICHAEL DORRMANN

6/4

Der Kaiser zur Neuordnung des Deutschen Reichs.

Ein Kaiserliches Handschreiben an den Reichskanzler.

Ew. Großh. Hoheit lasse ich in der Anlage den mir zur Ausfertigung vorgelegten Gesetzentwurf zur Abänderung der Reichsverfassung und der Gesetze betr. die Stellvertretung des Reichskanzlers vom 17. März 1878 zur allgemeinen Veröffentlichung wieder zugehen.

Ich habe den Wunsch, bei diesem für die weitere Geschichte des deutschen Volkes so bedeutungsvollen Schritt zum Ausdruck zu bringen, was mich bewegt. Vorbereitet durch eine Reihe von Regierungsaktionen, tritt jetzt eine Neuordnung in Kraft, die

grundlegende Rechte von der Person des Kaisers auf das Volk überträgt.

Damit wird eine Periode abgeschlossen, die vor den Augen künftiger Geschlechter in Ehren bestehen wird. Trotz aller Kämpfe zwischen überkommenden Gewalten und emporstrebenden Kräften hat sie unserem Volke jene gewaltige Entwicklung ermöglicht, die sich in den **wunderbaren Leistungen des Krieges** unvergänglich offenbart. In den furchtbaren Stürmen der vier Kriegsjahre aber sind alte Formen gebrochen, nicht um Trümmerhaufen zu hinterlassen, sondern um

neuen Lebensgestaltungen

Platz zu machen. Nach den Vollbringungen dieser Zeit hat das deutsche Volk den Anspruch, daß ihm kein Recht vorenthalten wird, das ihm eine **freie und glückliche Zukunft** verbürgt. Dieser Überzeugung verdanken die jetzt vom Reichstage angenommenen und erweiterten Vorlagen der verbündeten Regierungen ihre Entstehung.

Ich aber **trete diesen Beschlüssen** der Volksvertretung mit meinen hohen Verbündeten **bei in dem festen Willen,** was an mir liegt, an ihrer vollen Auswirkung **mitzuarbeiten,** überzeugt, daß ich damit dem Wohle des deutschen Volke diene.

Das Kaiseramt ist Dienst dem Volke.

So möge die **Neuordnung alle guten Kräfte freimachen,** deren unser Volk bedarf, um die schweren Prüfungen zu bestehen, die über das Reich verhängt sind, und um aus dem Dunkel der Gegenwart mit festem Schritt eine helle Zukunft zu gewinnen

Berlin, den 28. Oktober 1918.

gez. **Wilhelm I. R.** gegengez. **Max Prinz von Baden.**

6/1
»Für Freiheit, Gerechtigkeit, Menschlichkeit«
Entwurf eines Programms für den ›Demokratischen Volksbund‹
Walther Rathenau
Bleistift auf Papier
28,7 × 22,5 cm/3 Blatt
Moskau, ZAS (634/1/417, Bl. 65–67)

6/2
»Der neue Staat«
Walther Rathenau
S. Fischer Verlag
Berlin 1919
74 Seiten, Buchdruck
12,5 × 19,5 cm
Marbach a. N., SNM, DLA

6/3
»Walter Rathenau«
Entwurf: Lutz Ehrenberger
In: Deutscher Revolutions-Almanach für das Jahr 1919 über die Ereignisse des Jahres 1918, S. 99
Ernst Drahn/Dr. Ernst Friedegg (Hg.)
Hoffmann & Campe Verlag
Hamburg/Berlin 1919
164 Seiten, Buchdruck
11 × 12 cm
Bad Homburg, Günter Schilling

6/4
»Der Kaiser zur Neuordnung des Deutschen Reichs.«
Plakat vom 28. Oktober 1918
Bernburg: O. Rehfeld
Zeitungsdruck
47,8 × 32 cm
Berlin, DHM, Archiv (Do. 84/188 I)

6/5
»Mitbürger! Der bisherige Reichskanzler Prinz Max von Baden hat unter Zustimmung der sämtlichen Staatssekretäre mir die Wahrnehmung der Geschäfte des Reichskanzlers übertragen.«
Plakat mit dem Aufruf Friedrich Eberts vom 9. November 1918
Zeitungsdruck
47 × 33,4 cm
Berlin, DHM, Archiv (Do. 72/1064 I)

6/6
»Die neue Regierung hat die Führung der Geschäfte übernommen ...«
Plakat mit einem Appell Friedrich Eberts an die Beamtenschaft vom 9. November 1918
Berlin: Rudolf Mosse
Zeitungsdruck
23,7 × 32 cm
Berlin, DHM, Archiv (Do. 77/50 I)

6/7
»An Generalfeldmarschall v. Hindenburg.«
Flugblatt mit dem Text eines Telegramms des Rats der Volksbeauftragten an die Oberste Heeresleitung vom 11. November 1918
Zeitungsdruck
29 × 22 cm
Berlin, DHM, Archiv (Do. 56/239)

6/8
»Liebknecht und Rosa Luxemburg erschossen.«
Plakat der Münchner Neuesten Nachrichten vom 16. Januar 1919
München: Knorr & Hirth
Zeitungsdruck
32 × 43 cm
Dortmund, Institut für Zeitungsforschung

6/9
Die Leiche Karl Liebknechts
Fotografie (alter Abzug)
10,6 × 17 cm
Berlin, Landesarchiv (Rep. 58, Acc. 399, Nr. 75, Bd. 6, Bl. 10)

6/10
Der Mord an Rosa Luxemburg – Sitzverteilung im Tatwagen
Skizze von Hermann Wilhelm Souchon
4. Juni 1925
Bleistift, Tinte
30 × 21 cm
Berlin, Landesarchiv (Rep. 58, Acc. 399, Nr. 464, Bd. 1, Bl. 49)

6/11
»Bekanntmachung. 10 000 Mk. Belohnung!«
Plakat mit der Ausschreibung einer Belohnung für Hinweise bezüglich der Ermordung von Karl Liebknecht und Rosa Luxemburg
Hg.: Gericht der Garde-Kavallerie-Schützen-Division
Berlin: Nauck & Hartmann
Zeitungsdruck
34,5 × 47 cm
Berlin, DHM, Plakatsammlung
(P 74/3982)

6/12
»Sprecherlaubnis für Herrn Hauptmann Pabst mit den Untersuchungsgefangenen Kaptlt. u. Grafen v. Pflugk-Harttung, sowie Herrn Oberlt. Vogel«
Ausgestellt vom Kriegsgerichtsrat der Garde-Kavallerie-Schützen-Division, Jorns
3. April 1919
Berlin, Edenhotel
Typoskript mit handschriftlichen Eintragungen (Faksimile)
16,5 × 20,2 cm
Berlin, Stiftung Archiv der Parteien und Massenorganisationen der DDR im Bundesarchiv
(NL 35 Pabst, Nr. 35, Bl. 4)

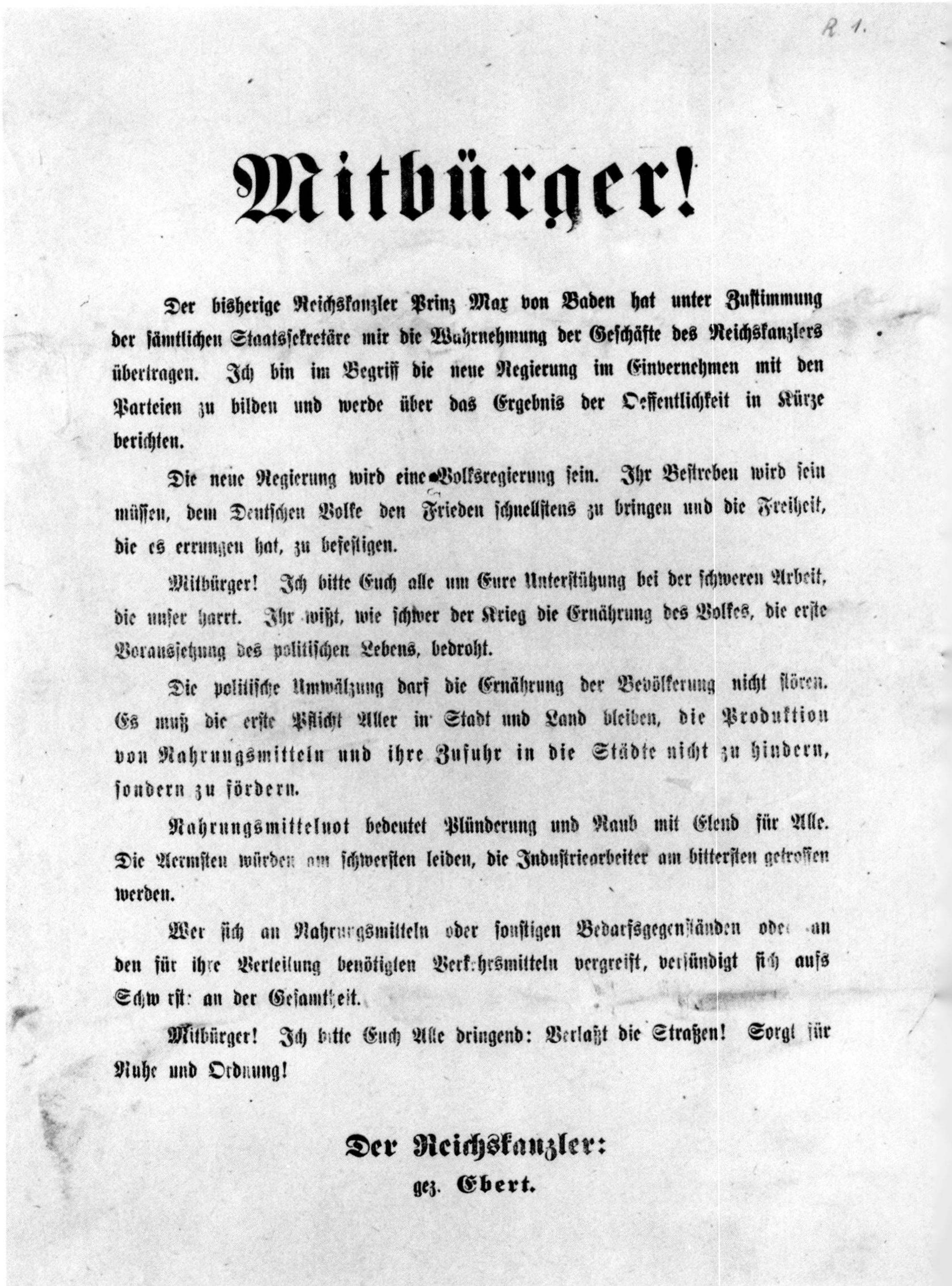

R 1.

Mitbürger!

Der bisherige Reichskanzler Prinz Max von Baden hat unter Zustimmung der sämtlichen Staatssekretäre mir die Wahrnehmung der Geschäfte des Reichskanzlers übertragen. Ich bin im Begriff die neue Regierung im Einvernehmen mit den Parteien zu bilden und werde über das Ergebnis der Oeffentlichkeit in Kürze berichten.

Die neue Regierung wird eine Volksregierung sein. Ihr Bestreben wird sein müssen, dem Deutschen Volke den Frieden schnellstens zu bringen und die Freiheit, die es errungen hat, zu befestigen.

Mitbürger! Ich bitte Euch alle um Eure Unterstützung bei der schweren Arbeit, die unser harrt. Ihr wißt, wie schwer der Krieg die Ernährung des Volkes, die erste Voraussetzung des politischen Lebens, bedroht.

Die politische Umwälzung darf die Ernährung der Bevölkerung nicht stören. Es muß die erste Pflicht Aller in Stadt und Land bleiben, die Produktion von Nahrungsmitteln und ihre Zufuhr in die Städte nicht zu hindern, sondern zu fördern.

Nahrungsmittelnot bedeutet Plünderung und Raub mit Elend für Alle. Die Aermsten würden am schwersten leiden, die Industriearbeiter am bittersten getroffen werden.

Wer sich an Nahrungsmitteln oder sonstigen Bedarfsgegenständen oder an den für ihre Verteilung benötigten Verkehrsmitteln vergreift, versündigt sich aufs Schwerste an der Gesamtheit.

Mitbürger! Ich bitte Euch Alle dringend: Verlaßt die Straßen! Sorgt für Ruhe und Ordnung!

Der Reichskanzler:
gez. Ebert.

6/5

6/6

Aufruf!

Die neue Regierung hat die Führung der Geschäfte übernommen, um das deutsche Volk vor Bürgerkrieg und Hungersnot zu bewahren und seine berechtigten Forderungen auf Selbstbestimmung durchzusetzen. Diese Aufgabe kann sie nur erfüllen, wenn alle Behörden und Beamten in Stadt und Land ihre hilfreiche Hand bieten.

Ich weiß, daß es vielen schwer werden wird, mit den neuen Männern zu arbeiten, die das Reich zu leiten unternommen haben. Aber ich appelliere an ihre Liebe zu unserem Volke. Ein Versagen der Organisation in diesen schweren Stunden würde Deutschland der Anarchie und dem schrecklichsten Elend ausliefern.

Helft also mit mir dem Vaterlande durch furchtlose und unverdrossene Weiterarbeit, ein jeder auf seinem Posten, bis die Stunde der Ablösung gekommen ist.

Berlin, den 9. November 1918.

Der Reichskanzler
gez. Ebert.

Druck von Rudolf Mosse in Berlin.

6/7

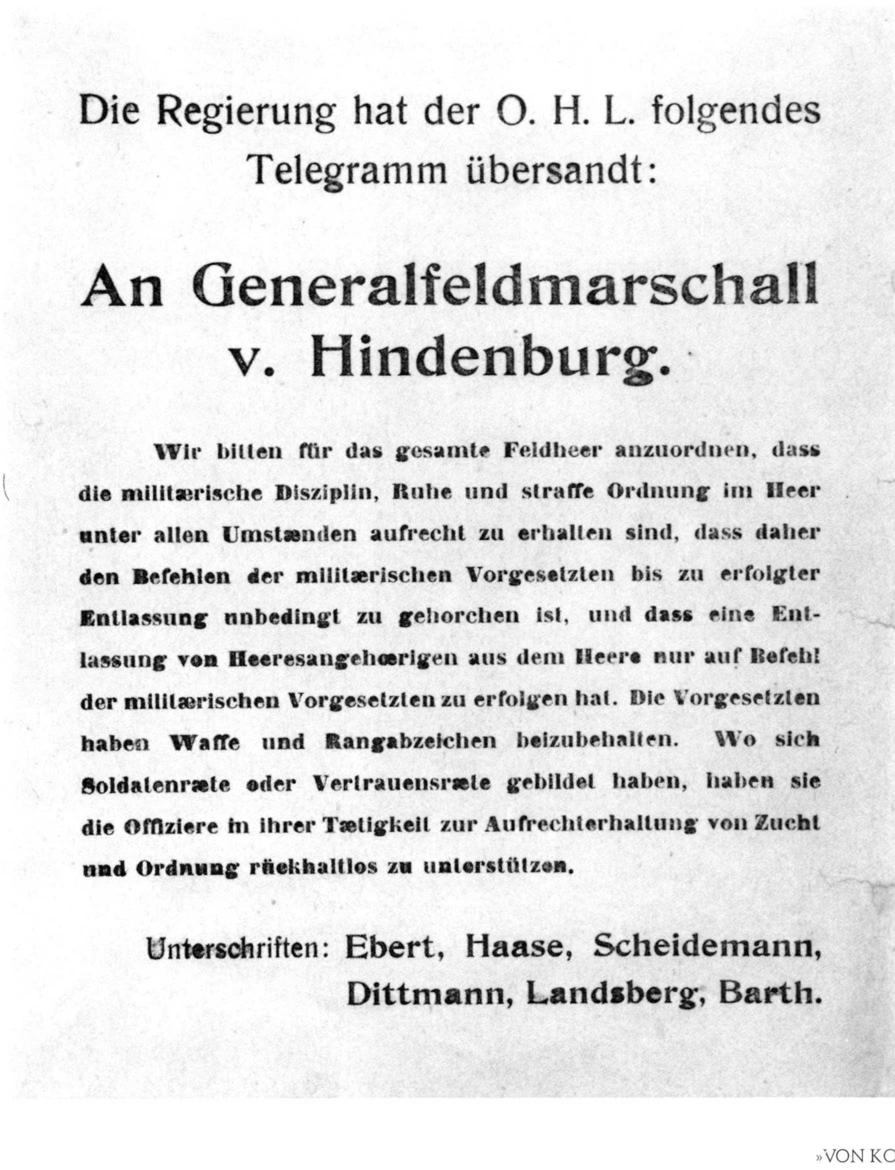

Die Regierung hat der O. H. L. folgendes Telegramm übersandt:

An Generalfeldmarschall v. Hindenburg.

Wir bitten für das gesamte Feldheer anzuordnen, dass die militærische Disziplin, Ruhe und straffe Ordnung im Heer unter allen Umstænden aufrecht zu erhalten sind, dass daher den Befehlen der militærischen Vorgesetzten bis zu erfolgter Entlassung unbedingt zu gehorchen ist, und dass eine Entlassung von Heeresangehœrigen aus dem Heere nur auf Befehl der militærischen Vorgesetzten zu erfolgen hat. Die Vorgesetzten haben Waffe und Rangabzeichen beizubehalten. Wo sich Soldatenræte oder Vertrauensræte gebildet haben, haben sie die Offiziere in ihrer Tætigkeit zur Aufrechterhaltung von Zucht und Ordnung rückhaltlos zu unterstützen.

Unterschriften: Ebert, Haase, Scheidemann,
Dittmann, Landsberg, Barth.

6/13

Angehörige der Garde-Kavallerie-Schützen-Division im Eden-Café am Tag nach der Ermordung Rosa Luxemburgs und Karl Liebknechts
In der Bildmitte der Jäger Runge
Fotografie (alter Abzug)
11,8 × 16,2 cm
Berlin, Landesarchiv (Rep. 58, Acc. 399, Nr. 75, Bd. 1, Bl. 52a)

6/14

»Herr Eisner! Nach Liebknecht kommt Eisner an die Reihe …«
Morddrohung an Kurt Eisner
Typoskript; Buntstift
9 × 22 cm
Berlin, Parteivorstand der PDS (NL 60 Eisner, Nr. 64, Bl. 326)

6/15

»Curt Eisner ermordet.«
Extra-Blatt des Berliner Lokal-Anzeiger,
21. Februar 1919
Berlin: August Scherl G. m. b. H.
Zeitungsdruck
23 × 31 cm
Berlin, DHM, Archiv (Do. 74/572 I)

6/16

Büste des Friedrich Ebert
Georg Kolbe (1877–1947)
1925
Gips
H 54 cm
Berlin, Georg-Kolbe-Museum

6/8

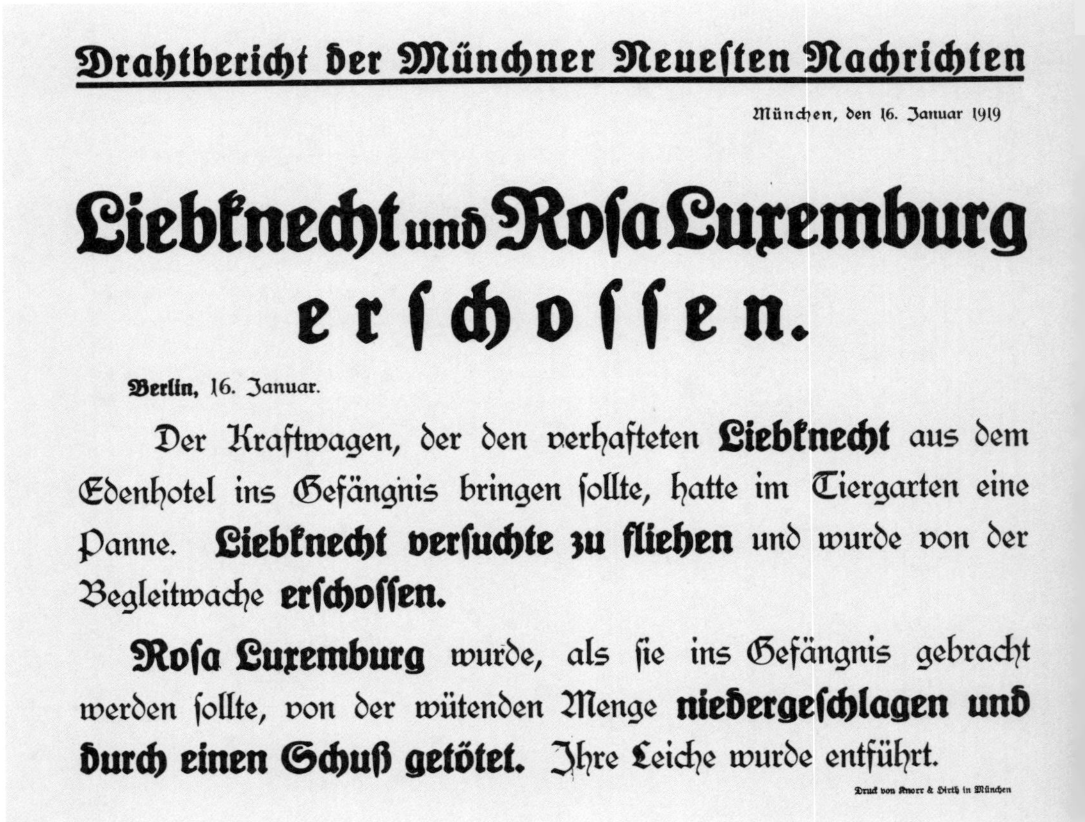

Drahtbericht der Münchner Neuesten Nachrichten

München, den 16. Januar 1919

Liebknecht und Rosa Luxemburg erschossen.

Berlin, 16. Januar.

Der Kraftwagen, der den verhafteten **Liebknecht** aus dem Edenhotel ins Gefängnis bringen sollte, hatte im Tiergarten eine Panne. **Liebknecht versuchte zu fliehen** und wurde von der Begleitwache **erschossen.**

Rosa Luxemburg wurde, als sie ins Gefängnis gebracht werden sollte, von der wütenden Menge **niedergeschlagen und durch einen Schuß getötet.** Ihre Leiche wurde entführt.

Druck von Knorr & Hirth in München

6/9

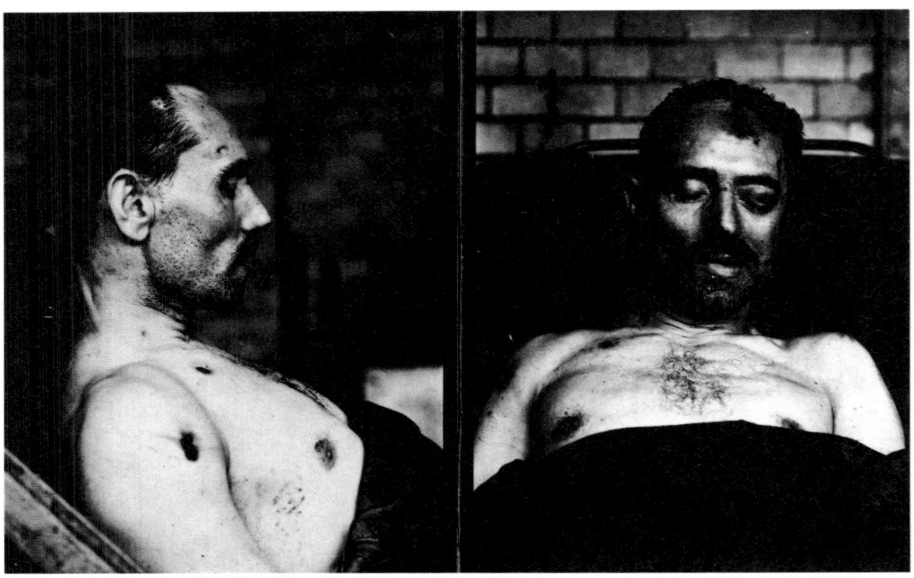

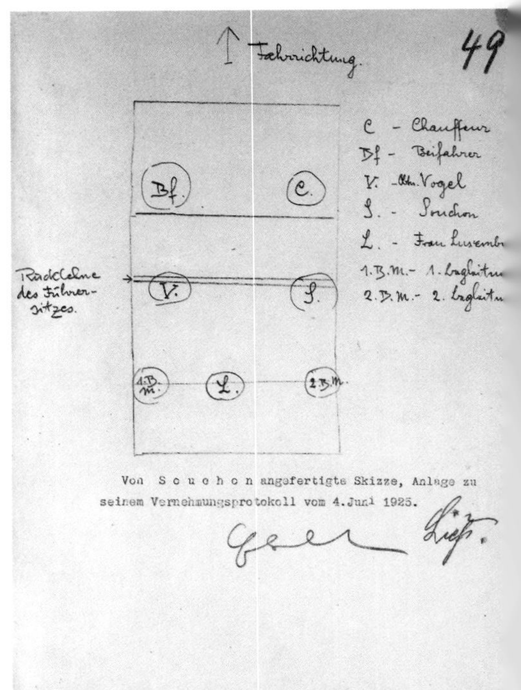

6/10

6/13

Preis 5 Pfennig

Extra-Blatt

Preis 5 Pfennig

Berliner Lokal-Anzeiger

37 Jahrgang — Freitag, 21. Februar — 1919.

Curt Eisner ermordet.

Telegraphische Meldung.

München, 21. Februar.

Der bayerische Ministerpräsident Curt Eisner ist heute früh auf dem Wege zum Landtag von Graf Arco-Valley erschossen worden. Eisners Sekretär Fechenbach streckte darauf den Graf Arco durch einen Schuß in den Kopf nieder.

Druck und Verlag von August Scherl G. m. b. H., Berlin SW, Zimmerstraße 36/41. — Verantwortlich für die Redaktion i. V. Dr. Fritz Specht, Charlottenburg.

6/15

»Ein wissenschaftlicher Mord«, schrieb Walther Rathenau am 15. Mai 1919 in der Zeitschrift *Der Spiegel*, »kalt, klar, klug und blutlos, vernichtet das Werk der vergangenen und das Leben der kommenden Geschlechter. Vae Victoribus! Auch wenn wir ihnen vergeben, das Weltgeschehen vergibt ihnen nicht, und das Blut der Unschuldigen kommt über ihr Haupt. Nach diesem Morde kann die Welt nicht wieder froh werden.« (NGS I, S. 101) Ähnlich pathetisch und emotional reagierte fast die gesamte deutsche Öffentlichkeit auf die Bekanntmachung der Friedensbedingungen der Alliierten. Protestversammlungen und Demonstrationen fanden tagelang im ganzen Reich statt. Keine Partei, von der SPD bis zur DNVP, glaubte, sich dem heroischen Klang des ›Unannehmbar‹ entziehen zu können (6/20 bis 6/22). Am 12. Mai ließ sich Reichsministerpräsident Scheidemann, mehrmals unterbrochen von stürmischem Beifall, vor der eigens nach Berlin einberufenen Nationalversammlung zu einer flammenden Rede hinreißen, die in den unglücklichen Worten gipfelte: »Welche Hand müßte nicht verdorren, die sich und uns in diese Fesseln legt?« (Nationalversammlung, S. 2646)

Was die Nation besonders erregte war neben Gebietsabtretungen und militärischen Beschränkungen der Artikel 231, wonach Deutschland aufgrund seiner Verantwortung für den Kriegsausbruch zu umfangreichen Wiedergutmachungsleistungen an die Alliierten verpflichtet wurde (6/19). Zusammen mit den Bestimmungen über die Auslieferung deutscher ›Kriegsverbrecher‹ wurde er als unvereinbar mit Deutschlands Ehre zurückgewiesen. Nur vereinzelt waren besonnene Stimmen zu hören, die auf die drohenden Folgen einer Nichtunterzeichnung hinwiesen: den Vormarsch der Alliierten auf Reichsgebiet, die Abtrennung weiterer Teile, vielleicht sogar die Auflösung des Deutschen Reiches. Doch solche Warnungen galten als defätistisch, und genauso wie während des Krieges meinte man, durch entschlossenes und markiges Auftreten gegenüber den Alliierten eine Änderung des Vertragsentwurfs erzwingen zu können.

Mit dieser Reaktion kam eine Überschätzung der verbliebenen Möglichkeiten deutscher Politik zum vorläufigen Höhepunkt, die schon die deutschen Vorbereitungen zur Friedenskonferenz geprägt hatte. Unter Federführung des Auswärtigen Amtes, das personell unverändert die Revolution überstanden hatte, bereiteten sich seit Beginn des Jahres verschiedene Gremien auf die bevorstehenden Verhandlungen vor. Den beherrschenden Einfluß übten dabei Vertreter der exportorientierten und weiterverarbeitenden Wirtschaft aus, insbesondere Männer aus dem Umkreis des Hamburger Bankiers Max Warburg. Nachdem die annexionistischen Pläne der Schwerindustrie im Weltkrieg gescheitert waren, galten ihre Überlegungen dem obersten Ziel, die Wirtschaftsmacht Deutschlands zu retten und auf diesem Wege den Wiederaufstieg Deutschlands zur beherrschenden Macht auf dem Kontinent zu sichern. Zugleich glaubte man, die Alliierten durch den Hinweis auf eine drohende Bolschewisierung Deutschlands kompromißbereit stimmen zu können, und empfahl sich selbst als Bündnispartner gegen ein weiteres Vordringen der russischen Revolution nach Westen.

Dem Waffenstillstand, und somit auch dem künftigen Frieden, sollten die in vielerlei Hinsicht noch unbestimmten *14 Punkte* des amerikanischen Präsidenten Wilson zugrunde liegen. Unter starker Einwirkung der Wirtschaftssachverständigen wurde eine deutsche Auslegung der *14 Punkte* erarbeitet, die man anschließend zum ›wahren Wilson-Frieden‹ erklärte und in einer Propagandakampagne offensiv vertrat. Es war jedoch offenkundig, daß die Siegermächte sich dieser Interpretation, die ihre Reparationsansprüche weitgehend reduzierte, kaum anschließen würden.

Auch Rathenau war als Vertreter der elektrischen Industrie in der ›Geschäftsstelle für die Vorbereitung der Friedensverhandlungen‹ tätig. Wegen seiner ungeklärten Rolle bei der Zwangsdeportation belgischer Arbeiter im Weltkrieg und seines Aufrufs zur levée en masse vom Oktober 1918 galt er aber vermutlich als zu belastet, um an den Verhandlungen in Versailles selbst teilzunehmen.

Dort berieten die Siegermächte bereits seit dem 18. Januar und versuchten, einen Kompromiß zwischen ihren unterschiedlichen Positionen und Interessen zu finden. Da von ihren Verhandlungen nur wenig an die Öffentlichkeit drang, steigerte sich die deutsche Nervosität zunehmend. Nach monatelangem Warten erging schließlich am 20. April die Aufforderung an das Deutsche Reich, eine Delegation zu Verhandlungen nach Versailles zu entsenden. Mit einem Sonderzug, der sie durch die am schlimmsten verwüsteten Kampfgebiete im Nordosten Frankreichs führte, trafen die Deutschen am Abend des 29. April in Versailles ein. Die Delegation bestand aus sechs Hauptdelegierten unter der Leitung von Außenminister Graf Brockdorff-Rantzau, sowie unzähligen Sachverständigen, Ministerialbeamten und Hilfsbeamten, insgesamt über 200 Personen, deren Tätigkeit von Generalkommissar Walter Simons koordiniert wurde (6/17). Obwohl bereits am 1. Mai nach diplomatischem Brauch die Vollmachten mit den alliierten Mächten ausgetauscht worden waren (6/18), dauerte es weitere sechs Tage, bis am 7. Mai schließlich die Friedensbedingungen im Hotel Trianon-Palast übergeben wurden. Die Zeremonie dauerte eine ganze Stunde, nicht zuletzt wegen der langen und geharnischten Rede Brockdorff-Rantzaus, die von den Alliierten allgemein als Affront empfunden wurde, noch dazu, weil der sich in seiner Ehre gekränkt fühlende Graf sie sitzend verlas. Ohne Möglichkeit, mit den Alliierten in Verhandlung zu treten, begann von deutscher

Seite nach Durcharbeiten der 440 Artikel des Vertragswerks der ›Notenkrieg‹, der die Bestimmungen des Vertrags in oft kleinlicher Manier an den Prinzipien des geforderten ›Wilson-Friedens‹ maß. Da die deutschen Entgegnungen in den Augen der Alliierten unzureichend blieben, kam es am 16. Juni zum Ende des Notentauschs und zu einem Ultimatum an Deutschland. Noch am selben Tag reiste die deutsche Delegation ab und empfahl der Reichsregierung die Ablehnung des Vertrags. Das Kabinett war in seiner Meinung gespalten und eine Regierungsumbildung wurde nötig.

Die Öffentlichkeit war durch pathetische Aufrufe und Verlautbarungen auf eine Ablehnung eingeschworen. Stimmen, die überhaupt noch die Frage »Unterzeichnen oder Ablehnen?« aufwarfen und bereit waren, sich loyal hinter eine unpopuläre Entscheidung der Regierung zu stellen, waren die Ausnahme (6/23).

Obwohl allen Parteien bewußt war, daß man gar keine Alternative zur Annahme des ›Diktats‹ hatte, es sei denn, man wollte eine Wiederaufnahme der Kampfhandlungen riskieren, scheuten sie sich vor der Verantwortung. Schließlich fand sich eine Regierungsmehrheit aus Zentrum und SPD, die wenige Stunden vor Ablauf des alliierten Ultimatums zur Unterzeichnung bereit war. Der neue Reichsaußenminister Hermann Müller und Kolonialminister Johannes Bell wurden zu Bevollmächtigten bestimmt (6/24). Im Spiegelsaal zu Versailles, in dem 48 Jahre zuvor Wilhelm I. zum Deutschen Kaiser proklamiert worden war, unterzeichneten sie am 28. Juni den Vertrag (6/25 bis 6/28). Er galt in weiten Teilen des öffentlichen Bewußtseins als der Tiefpunkt deutscher Geschichte, als die ›Sterbeurkunde‹ des deutschen Volkes, die mit allen Mitteln bekämpft werden müsse.

Noch bevor er am 10. Januar 1920 in Kraft trat erscholl daher bereits der einhellige Ruf nach baldiger und möglichst vollständiger Revision. Der Protest gegen den ›Schmachfrieden‹ wurde zum verpflichtenden Ritual für alle Politiker und behinderte lange Zeit eine sachliche Neuausrichtung der deutschen Politik. Schuld daran waren auch staatliche und halbstaatliche Initiativen. Das Auswärtige Amt versuchte mittels Aktenpublikationen die These von der Verantwortung Deutschlands für den Ausbruch des Weltkriegs zu bekämpfen; man glaubte, damit die Berechtigung der deutschen Reparationsleistungen an die Alliierten bestreiten zu können.

Mit großem propagandistischen Aufwand arbeitete hingegen die *Liga zum Schutze der deutschen Kultur*. Ursprünglich mit Industriegeldern als *Antibolschewistische Liga* gegründet, verlagerte sie nach der Revolution ihre Tätigkeit auf die Agitation gegen den Vertrag von Versailles. Die Liga veranstaltete Bildungskurse, gab mehrere Zeitschriften heraus und produzierte sogar einen Film *Kohlennot und Friedensvertrag*. Ihre Ausstellung *Deutschland und der Friedensvertrag*, die anhand von Karten und Tabellen die deutschen Verluste und Verpflichtungen darstellte, wurde in 80 Städten gezeigt, darunter vom 21. Februar bis zum 9. März 1922 in Berlin (6/29 und 6/30). »Es ist wahrhaftig eine Kulturausstellung! Wilhelm hätte sie mit einer Rede eröffnen können. Der Erfolg ist gesichert. Unter dem Druck dieses Materials (Material ist immer erdrückend) werden uns die Franzosen schleunigst die beschlagnahmten Waffen wiedergeben, die Engländer und Amerikaner werden die Beschlüsse von Washington rückgängig machen, die Brandbomben und Gasgranaten werden aus der Asche der Vernichtung erstehen. Tirpitz wird ein neues Wettrüsten einleiten, Seeckt mit seiner Felddienstordnung losmarschieren, und zuguterletzt wird dann die Welt doch noch am Wesen der Liga für deutsche Kultur genesen. Wie wärs zur Entschädigung mit einer Ausstel-

6/32

lung: Deutschland und seine Justiz?« (Hanns-Erich Kaminski in der Weltbühne 18, Heft 12, 23. 3. 1922) Zur Eröffnung der Ausstellung erhielt auch der damalige Außenminister Rathenau eine Einladung (6/31). Ob er ihr folgte ist allerdings unbekannt.

Im Kampf gegen den ›Schmachfrieden‹ vermischten sich von Anfang an innen- und außenpolitische Motive. Bereits im Mai 1919 hatte der liberale Theologe Ernst Troeltsch beobachtet, wie es die gestürzte Elite des Kaiserreichs verstand, die Anti-Versailles-Stimmung auszunutzen, um ihre Verantwortung für die Niederlage Deutschlands auf die ›Novemberverbrecher‹ zu schieben: »Die ganze Legende kam wieder hoch, daß nur die Flaumacher der Heimat, die Juden und die Sozialdemokraten dem stolzen Heere das Rückgrat gebrochen hätten, und daß bei weniger Sentimentalität der herrlichste Sieg unser gewesen wäre.« (Spektatorbriefe, S. 53) Seine Beobachtung sollte durch die Vorgänge bei der Vernehmung führender Politiker und Militärs des Kriegs vor dem parlamentarischen Untersuchungsausschuß zur Untersuchung der während des Weltkriegs gescheiterten Friedensbemühungen bestätigt werden (6/32). Der ehemalige Vizekanzler Karl Helfferich konnte es sich unter Berufung auf seine ›nationale Ehre‹ erlauben, dem USP-Ausschußmitglied Cohn jede Beantwortung von Fragen zu verweigern. Der greise Feldmarschall Hindenburg behauptete bei seiner Vernehmung am 18. November 1919: »Die deutsche Armee ist von hinten erdolcht worden.« (Untersuchungsausschuß, S. 701) Dies war der höchst öffentlichkeitswirksame Beginn der Dolchstoßlegende, die zu einer der größten Belastungen der jungen Republik werden sollte.

Besonders verhängnisvoll entwickelte sich für Rathenau die am gleichen Tag stattfindende Vernehmung Ludendorffs, der nach Augenzeugen in seinem Straßenanzug weniger einem Militär, als dem cholerischen Chef eines großen Industrieunternehmens glich. Befragt zu den Gründen für den Entschluß der Obersten Heeresleitung zum uneingeschränkten U-Boot-Krieg, zitierte Ludendorff, der einst von Rathenau tief bewundert worden war, sinnentstellend und verkürzt eine Stelle aus *Der Kaiser. Eine Betrachtung*, Rathenaus neuester Schrift: »Der Generalfeldmarschall und ich hofften, daß wir mit dem gesamten Volke einig wären, für den Sieg zu kämpfen. Tatsächlich aber waren doch schon Strömungen im Volke vorhanden, die nicht diese Absicht vertraten, und die wir bei unserer Stellungnahme zum U-Boot-Krieg auch mit berücksichtigen mußten … Ich muß zu meinem Bedauern auch eine zweite Äußerung feststellen, die dies beleuchtet, und zwar hat diesen Ausspruch Herr Walter (!) Rathenau getan, indem er etwa ausführte: Nie wird der Augenblick kommen, wo der Kaiser als Sieger der Welt mit seinen Paladinen auf weißem Rosse durch das Brandenburger Tor zieht. An diesem Tage hätte die Weltgeschichte ihren Sinn verloren. – Es waren also Strömungen im deutschen Volke vorhanden, die nicht die Absicht der Obersten Heeresleitung hatten, für den Sieg zu kämpfen, und diesen Strömungen mußten wir auch Rechnung tragen.« (Untersuchungsausschuß, S. 708)

Rathenau setzte sich sofort in einem Zeitungsartikel gegen diese Verleumdung zur Wehr, und machte die eigentliche Intention seines Ausspruchs, die mangelnde Befähigung der führenden Berater des Kaisers, deutlich. Seine Entgegnung nützte ihm jedoch wenig und er war seither durch diese, auf ihn persönlich gemünzte Version der Dolchstoßlegende, immer wieder wütenden Angriffen ausgesetzt. Harry Graf Kessler meinte sogar mit Blick auf seine spätere Ermordung: »Er war von da an ein Gezeichneter.« (Kessler: Rathenau, S. 257)

MICHAEL DORRMANN

6/17

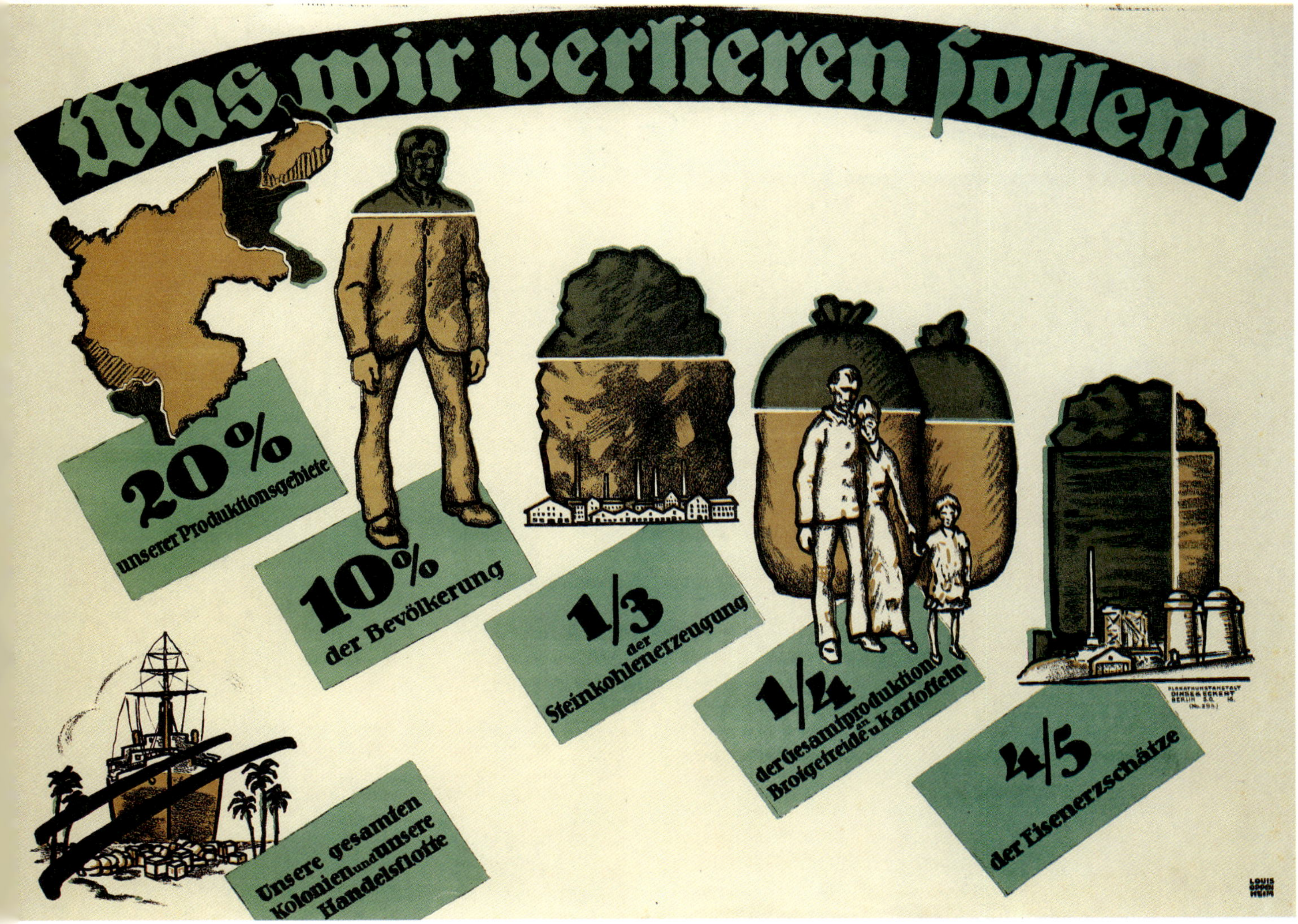

6/19

6/17
Außenminister Graf Brockdorff-Rantzau und Generalkommissar Simons mit einigen Mitgliedern der deutschen Friedensdelegation
Fotografie (alter Abzug)
22,5 × 27,5 cm
Berlin, DHM, Archiv (Do. 75/290 I)

6/18
Verhandlungsvollmacht für die Mitglieder der deutschen Friedensdelegation in Versailles
Von Reichspräsident Ebert und Reichsministerpräsident Scheidemann am 27. April 1919 unterschrieben
Typoskript; Siegel: Lack
33 × 21 cm
Bonn, Politisches Archiv AA

6/19
»Was wir verlieren sollen!«
Plakat zu den Beschlüssen der Friedenskonferenz von Versailles
Entwurf: Louis Oppenheim
Berlin: Plakatkunstanstalt Dinse & Eckert
Lithographie 71,3 × 96 cm
bez. u. r.: LOUIS OPPENHEIM
Berlin, DHM, Plakatsammlung (1988/1942)

6/20
»Protestiert gegen das ungeheure Unrecht der Friedensbedingungen der Entente!«
Flugblatt
Danzig: W. F. Burau
28,5 × 23 cm
Berlin, DHM, Archiv (Do. 54/585)

6/21
»Grosse Protest-Versammlung gegen den Gewaltfrieden!«
Plakat des Bezirksvorstandes der SPD in Leipzig vom 18. Mai 1919
Leipzig: Bär & Herrmann Zeitungsdruck
45 × 59,5 cm
Berlin, DHM, Plakatsammlung (P 55/839)

6/22
»Deutsches Volk wach auf – in letzter Stunde – wach auf! Lieber tot als Sklave!«
Flugblatt der Deutschnationalen Volkspartei vom 24. Mai 1919
Berlin
30,5 × 22,5 cm
Berlin, DHM, Archiv (Do. 86/310 I)

6/23

6/28

Was nun?

Ein einziger Aufschrei durchhallt die deutschen Lande über die Unerträglichkeit der feindlichen Friedensbedingungen! Arbeiter und Bürger reichen sich die Hand in der Stunde der höchsten Not des Volkes.

Aber mit dem Protest allein ist es nicht getan. Jeder erhebt die bange Frage:

Was soll nun geschehen? Unterzeichnen oder ablehnen?

Tausend Erwägungen drängen sich auf. Wird die einmütige Geschlossenheit des zu Tode verurteilten 70-Millionen-Volkes nicht doch noch in letzter Stunde der Entente die Augen darüber öffnen, daß auf der Grundlage ihrer Bedingungen kein Dauerfriede möglich ist?

Haben wir Hoffnungen, daß Verhandlungen die Unmenschlichkeit der Friedensbedingungen auf ein Maß herabmindern werden, das uns wenigstens die Luft zum Atmen läßt?

Und wenn diese Hoffnungen fehlschlagen, was dann?

Ablehnen oder unterzeichnen?

Wird, falls wir ablehnen, unser vielleicht möglicher Widerstand im Osten nicht mit der Sklaverei und dem Hungertode noch größerer Volksteile im Westen und in Mitteldeutschland bezahlt werden müssen? Wird dann nicht das völlige Chaos über uns hereinbrechen? Wird nicht unsere Regierung, hinter der heute der größte Teil aller Deutschen steht, einer anderen Platz machen müssen, die dann doch unterschreibt, so daß alle Opfer nur nutzlos sind?

Oder, gesetzt den Fall, wir unterschreiben, besteht Hoffnung, daß später noch die Stimmen der Einsicht bei der Entente sich Gehör verschaffen werden? Daß hier wenigstens einmal in der Geschichte der letzten Jahre die Zeit für uns laufen wird?

Das sind alles Schicksalsfragen, die zu beantworten sich nur der getrauen darf, der den genauesten Ueberblick über die verschlungenen Pfade der Gesamtlage hat.

Ein Urteil kann sich nur der bilden, der die genaueste Kenntnis aller Einzelheiten besitzt, bei dem alle Nachrichten, alle Berichte, alle Erwägungen zusammenlaufen.

Vertrauen wir der Regierung, die aus den freien Wahlen des ganzen Volkes hervorgegangen ist.

Wenn jemals, so bedürfen wir in der heutigen Verworrenheit einheitlicher Führung.

Männer u. Frauen Deutschlands, aus Ost u. West, stellt Euch geschlossen hinter Eure selbsterwählte Regierung!

Besonnenheit und Vertrauen!

Verlieren wir die Einheitlichkeit des Handelns, so verlieren wir auch die letzte Möglichkeit, uns aus der über uns hereingebrochenen Katastrophe in bessere Zeiten hinüberzuretten!

Druck von Hempel & Co., G.m.b.H., Berlin SW. 68, Zimmerstr. 7/8. — 263.

6/23
»Was nun? Unterzeichnen oder ablehnen? Ablehnen oder unterzeichnen?«
Flugblatt
Berlin: Hempel & Co.
31 × 24 cm
Berlin, DHM, Archiv
(Do. 72/651 I)

6/24
Ministerialpaß des deutschen Außenministers Hermann Müller als Bevollmächtigter zur Unterzeichnung des Friedensvertrags in Versailles
Paß Nr. 416, ausgestellt am 26. Juni 1919
Vordruck mit handschriftlichen Eintragungen
32 × 42 cm
Bonn, Politisches Archiv AA

6/25
Tagesordnung der Friedenskonferenz in Versailles vom 28. Juni 1919
Buchdruck, Tusche
32 × 22 cm
Bonn, Politisches Archiv AA

6/26
Federhalter und Petschaft, die Johannes Bell bei der Unterschrift und Siegelung des Vertrags von Versailles benutzte
a) Holz, Metall
L 18 cm
b) Holz, Gummi
H 6,5 cm; Siegel Dm 5,5 cm
Bonn, Politisches Archiv AA

6/27
Unterschriftenmappe und Mappe für Kongreßunterlagen aus dem Besitz Johannes Bells
a) Pappe, rote Seide, schwarz-weiß-rotes Band
35,5 × 23,5 cm
b) Pappe, Atlasseide
26 × 40 × 3 cm
Bonn, Politisches Archiv AA

6/29

6/30

6/28
Außenminister Hermann Müller und Kolonialminister Johannes Bell nach der Unterzeichnung des Friedensvertrags am 28. Juni 1919
Fotografie (alter Abzug)
22,5 × 27,7 cm
Berlin, DHM, Archiv (Do. 75/290 I)

6/29
»Deutschland und der Friedensvertrag. Führer durch die Ausstellung«
Broschüre der ›Liga zum Schutze der deutschen Kultur‹ vom Juli 1921
Entwurf des Titelblatts: Atelier Schüler
70 Seiten, Buchdruck
18,3 × 14,8 cm
Berlin, DHM, Archiv (Do. 62/1207)

6/30
»Ausstellung Deutschland und der Friedensvertrag«
Plakat der ›Liga zum Schutze der deutschen Kultur‹
Entwurf: Stefan Peffer
Berlin: W. Büxenstein
Lithographie
34,8 × 47,5 cm
bez. M. r. : PEFFER STEFAN 8616
Berlin, DHM, Plakatsammlung (P 74/3557)

6/31
Einladungskarte für Walther Rathenau zur Eröffnung der Ausstellung ›Deutschland und der Friedensvertrag‹ am 20. Februar 1922
Vordruck mit handschriftlichen Eintragungen
10,4 × 16 cm
Bonn, Politisches Archiv AA (R 27928, Bl. 134)

6/32
Karl Helfferich, Paul von Hindenburg und Erich Ludendorff vor ihrem Auftritt vor dem Untersuchungsausschuß der Nationalversammlung
Fotografie (alter Abzug)
16,7 × 23,2 cm
München, Süddeutscher Bilderdienst

Die deutsche Außenpolitik nach Versailles bestand zum überwiegenden Teil im Kampf um eine Verringerung oder gar Beendigung der Reparationsleistungen an die ehemaligen Kriegsgegner. Auf eine Anregung des amerikanischen Präsidenten Woodrow Wilson hin waren dem besiegten Deutschland nicht willkürliche Kriegskontributionen auferlegt worden, sondern es sollte nach Maßgabe seiner Leistungskraft für alle von ihm verursachten Kriegsschäden aufkommen. Die genaue Festsetzung der Geld- und Sachleistungen wurde aufgrund Art. 231ff des Versailler Friedensvertrags einer eigenen Reparationskommission übertragen.

Das Hauptinteresse an einer rigiden Vorgehensweise dieser Kommission hatte dabei Frankreich, das die Abtrennung des wirtschaftskräftigen Rheinlandes von Deutschland auf der Friedenskonferenz nicht hatte durchsetzen können, und nun die Reparationen als Möglichkeit betrachtete, eine schnelle Wiederherstellung der deutschen Vormachtstellung auf dem Kontinent und damit eine Revision der Ergebnisse des Weltkriegs zu verhindern. Zudem lagen in Frankreich die am schlimmsten verwüsteten Gebiete des Weltkriegs, deren Wiederaufbau den französischen Staat finanziell schwer belastete.

Um eine Verringerung der deutschen Barzahlungen an Frankreich zu erreichen, gab es seit 1919 in deutschen Wirtschaftskreisen Überlegungen, die deutsche Industrie durch Bereitstellung von Arbeitskräften und Material direkt am Wiederaufbau Nordfrankreichs zu beteiligen. Aufgrund dieser Pläne wurde Ende 1919 ein neues Ministerium eingerichtet, in dessen Ressort die Koordinierung aller wirtschaftlichen Wiedergutmachungen fallen sollte. Anfangs für kurze Zeit von dem Kommunalpolitiker Otto Gessler besetzt, stand es seit 1920 nur mehr unter kommissarischer Verwaltung. Als im Mai 1921 unter Reichskanzler Joseph Wirth eine neue Regierung gebildet wurde, die auch in Reparationsfragen von der bisherigen deutschen Verweigerungshaltung abrücken wollte, bemühte sich Wirth, dieses Amt mit einem herausragenden Vertreter der deutschen Wirtschaft zu besetzen. Nachdem er bei verschiedenen Industriellen vergeblich angefragt hatte, konnte er schließlich Rathenau gewinnen, der wohl von Anfang an sein Wunschkandidat gewesen war, und mit dem ihn, wie er sich 1928 gegenüber Kessler erinnerte, bereits seit längerer Zeit »eine halb politische, halb geistige Freundschaft« verband. (Kessler: Tagebücher, S. 590)

Am 30. Mai erhielt Rathenau seine Ernennung zum *Reichsminister für Wiederaufbau* und trat am 2. Juni zum erstenmal vor den Reichstag (6/33). Obwohl er nach seiner Entscheidung innerhalb eines Tages von seinem Posten in der AEG und von allen seinen Aufsichtsratsstellen zurückgetreten war, wurde er doch von Teilen der Presse als »Rathenau. Minister A.E.G.« (6/34) in der Politik begrüßt.

Die Kanzlerschaft Wirths war ein von Reichspräsident Ebert durchgesetzter Kompromiß zwischen dem Zentrum, dessen starker rechter Flügel gerne den Kölner Oberbürgermeister Konrad Adenauer als Kanzler gesehen hätte, und der SPD, die nunmehr in die Regierung zurückkehrte. Der mit 41 Jahren bislang jüngste Kanzler des Deutschen Reiches galt allgemein als linker Flügelmann des Zentrums und hatte sich bereits als Reichsfinanzminister im Kabinett Fehrenbach durch sein Steuerprogramm die Feindschaft der Schwerindustrie zugezogen (6/35). Seine Minderheitsregierung der *Weimarer Koalition* aus SPD, Zentrum und DDP wurde daher von der Industrie argwöhnisch betrachtet, insbesondere da man von ihr zusätzliche Belastungen zur Aufbringung der Reparationen befürchtete. Neben Wirth wurde dabei auch immer häufiger Rathenau angegriffen, der schnell zur bestimmenden Figur in der Regierung geworden war, so daß böse Zungen bald vom Kabinett ›Rathenauwirth‹ sprachen.

Blanker Haß schlug ihrer Politik von rechtsextremer Seite entgegen; so sangen bereits im Juni 1921 oberschlesische Freikorps Lieder wie: »Haut immer feste auf den Wirth! Haut seinen Schädel, daß er klirrt! Knallt ab den Walther Rathenau die gottverfluchte Judensau!« (Lohalm: Völkischer Radikalismus, S. 408, Anm. 45)

Nachdem am 26. August 1921 ein einflußreicher Vertreter des linken Zentrumsflügel, Matthias Erzberger, den Kugeln rechtsradikaler Attentäter zum Opfer gefallen war, unternahm die Republik zum erstenmal den Ver-

6/35

such, sich mittels einer *Verordnung zum Schutze der Republik* gegen solche offenen Aufrufe zum Mord zu wehren. Mit der Verordnung war es möglich, verfassungsfeindliche Druckschriften zu beschlagnahmen, sowie Versammlungen und Kundgebungen aufzuheben. Die Satirezeitschrift *Kladderadatsch,* seit dem Weltkrieg ein deutschnationales Organ, verhöhnte in ihrer Ausgabe »Staatsfromm!« diese Bemühungen, und bezeichnete einen von der Troika Wirth, Ebert und Rathenau gestützten Sarg als »Die Verfassung« (6/36).

Die vehementen und bösartigen Angriffe auf die Regierung Wirth hatten ihren Grund in der von ihr inaugurierten ›Erfüllungspolitik‹. Mit der Annahme des Londoner Ultimatums vom 5. Mai 1921, das eine Reparationssumme von 132 Milliarden Goldmark und einen genauen Zahlungsplan festlegte, hatte man den Alliierten ein Zeichen der Verständigungsbereitschaft gegeben und damit erheblich an außenpolitischem Kredit gewonnen.

Ähnlich wie schon bei der Unterzeichnung des Friedensvertrags bestanden jedoch in Deutschland starke Meinungsunterschiede, wie man sich zu den Reparationsforderungen der Alliierten stellen sollte. Bereits im Juli 1920, als in Spa über deutsche Kohlelieferungen an die Alliierten verhandelt wurde, ließen sich die Fronten zwischen den ›Erfüllungspolitikern‹ und den ›Katastrophenpolitikern‹, wie es in der zeitgenössischen Publizistik bald hieß, erkennen. Dabei verfolgten beide dasselbe Ziel: so schnell wie möglich zu einer endgültigen Einstellung der Reparationsleistungen zu kommen. Man unterschied sich aber in der Wahl der Mittel. Während die ›Erfüllungspolitiker‹ durch ein flexibles Eingehen auf die Forderungen der Alliierten mit der Zeit gerade deren objektive Unerfüllbarkeit beweisen wollten, glaubten die ›Katastrophenpolitiker‹, die Verweigerung jeglicher Art von Leistungen würde schneller zum Ziel führen; dabei mußten sie allerdings stets eine Besetzung des Ruhrgebiets durch die Alliierten einkalkulieren. Ebenfalls bereits in Spa war Rathenau mit dem Mann zusammengestoßen, der in den nächsten zwei Jahren sein mächtigster innenpolitischer Gegner werden sollte: Hugo Stinnes (6/37).

Der Montanindustrielle Stinnes, der ein weitverzweigtes Imperium von Kohlezechen, Eisen- und Stahlwerken, sowie das riesige *Rheinisch-Westfälische Elektrizitätswerk* beherrschte und seinen Einfluß sowohl im Reichstag – er gehörte der Fraktion der DVP an – als auch in diversen Wirtschaftsverbänden geltend machen konnte, war der prononcierteste Vertreter einer ›Katastrophenpolitik‹. Sowohl Rathenau als auch Stinnes waren in Spa von der Regierung als unabhängige Sachverständige zu den Verhandlungen beigezogen worden. Nachdem Stinnes in einer Rede, die nach Rathenau den Eindruck eines »Wiederaufflammen des militärischen Industrialgeistes« (Rathenau: Tagebuch, S. 236) hinterließ, die Forderungen der alliierten Kohlekommission nach einer monatlichen Lieferung von zwei Millionen Tonnen Kohle schroff zurückgewiesen hatte, gelang es Rathenau zusammen mit anderen Sachverständigen, die Reichsregierung von der Gefährlichkeit dieser Haltung zu überzeugen und umzustimmen. Stinnes machte der Wut über seine Niederlage durch antisemitische Äußerungen Luft und sprach in einem Zeitungsartikel von einer »Anzahl Vertreter in Spa, die aus einer fremdländischen Psyche heraus den deutschen Widerstand gegen unwürdige Zumutungen gebrochen haben« (Wulf: S. 215).

Dem Zusammenstoß zwischen diesen beiden, auch im Auftreten und Äußeren so unterschiedlichen Männern, lagen aber nicht nur politische Meinungsverschiedenheiten, sondern auch konkurrierende Großkonzepte zur Ordnung der Wirtschaft zugrunde. Während Rathenau horizontale Fusionen von ganzen Industrie-

6/41

zweigen favorisierte, wie er es selbst innerhalb der Elektroindustrie versucht hatte, betrieb Stinnes eine Industriepolitik der vertikalen Konzentration, die Unternehmen von der Rohstoffgewinnung bis zur Weiterverarbeitung und Verfeinerung der Produkte unter ein gemeinsames Dach bringen sollte. Die erfolgreiche Durchsetzung der Konzeption von Stinnes hätte zu einer weitgehenden Abhängigkeit der weiterverarbeitenden Industrie von der die Rohstoffe kontrollierenden Montanbranche geführt, so daß Rathenau verschiedene Gegeninitiativen unternahm. Ihre Gegnerschaft reichte daher bis in die Zeit vor dem Krieg zurück, und war nur kurzfristig 1918/19 durch die gemeinsame Initiative in der Demobilisierungsfrage unterbrochen worden.

Trotz scharfer Auseinandersetzungen scheinen beide füreinander große Achtung und, dies wohl mehr von Seiten Rathenaus, gelegentlich Bewunderung empfunden zu haben. Ihre Zusammenstöße und Auftritte als

6/36

Antipoden der Großindustrie hinterließen sogar Spuren in zeitgenössischen Illustrationen. Der gesellschaftskritische Maler Georg Scholz sah in ihnen, zusammen mit dem US-Berater für Reparationsfragen Frank A. Vanderlip, »Die Herren der Welt« (6/38). Als Vertreter des Großkapitals, zwischen denen nicht weiter unterschieden wird, beherrschen sie das symbolische ›Schleusentor‹ zu Industrialisierung und Zerstörung der Welt, während eine Prostituierte das noch unberührte Hochgebirgspanorama fotografiert und ein einfältiger Spießbürger ungläubig zu ihnen aufschaut. Eine Karikatur des Simplicissimus aus dem Jahr 1922 apostrophierte Rathenau und Stinnes dagegen als »Die Weitblickenden« (6/39). Der Theoretiker Rathenau sitzt auf seinen gesammelten Werken, mittlerweile schon 18 Bänden, wohingegen der Tatmensch Stinnes auf einem Fabrikschlot der ›STINNES-WERKE‹ Platz genommen hat. Jeder von ihnen behauptet, per Fernrohr den richtigen Weg aus der Misere Deutschlands gefunden zu haben; tief unten verweist derweil der Deutsche Michel traurig auf seine leeren Taschen.

Gab der Umstand, daß der neue Minister Rathenau als Präsident eines der größten Industrieunternehmen gleichzeitig sozialphilosophische Schriften ›halbsozialistischen‹ Inhalts verfaßt hatte, meist schon genügend Stoff für ironische Kommentare ab, so ließ ihn seine Vorliebe, nüchterne Gegenstände mit pathetischen Worten zu umschreiben, erst Recht zum Opfer satirischer Attacken werden. In seiner Antrittsrede vor dem Reichstag am 2. Juni umschrieb er sein künftiges Arbeitsgebiet mit einem Vergleich aus dem *Parzifal* des Wolfram von Eschenbach: »Es besteht die Wunde am Körper Europas, sie gleicht der Wunde des Amfortas. Sie wird nur geheilt durch den Speer, der sie geschlagen hat. Nicht früher wird der Friede in die Welt kommen, als bis diese Wunde sich geschlossen hat.« (Verhandlungen des Reichstags, Bd. 349, S. 3744.) Diese Redewendung scheint den Herausgebern der ›Gesammelten Reden‹ von Rathenau bereits 1924 nicht mehr verständlich gewesen zu sein, bringen sie doch das Zitat mit der Sinnverkehrung: »Es besteht diese Wunde am Körper Europas – Amfortas -, und diese Wunde schließt sich nicht durch das Schwert, das sie geschlagen.« (Reden, S. 204) Was Rathenau zum Ausdruck bringen wollte, war, daß nur die deutsche Wirtschaftskraft in der Lage sei, die Zerstörungen wieder zu beseitigen, die durch deutsche Waffen verursacht worden waren. In einer Karikatur des *Kladderadatsch* wurde daraus der »Parsiwalter Rathenau«, der, mit mittelalterlicher Ritterrüstung angetan, die Dame Europa mit einem Geldpflaster verarztet (6/40).

Rathenau ging zügig daran, konkrete Vereinbarungen in der Frage der Wiedergutmachungsleistungen zu treffen. Bereits einen Tag nach seinem Auftritt vor dem Reichstag wurde eine Begegnung Rathenaus mit seinem französischen Gegenpart, dem ›Ministre des Régions libérées‹ (Minister für die befreiten Gebiete) Louis Loucheur, in Aussicht genommen. Sie trafen sich am 12./13. Juni vorerst geheim in Wiesbaden, das Loucheur unter dem Vorwand einer französischen Kunstausstellung aufsuchen wollte; immerhin war es die erste direkte Aussprache zwischen einem französischen und deutschen Minister nach dem Krieg und ihre Regierungen verfügten über wenig Rückhalt in den jeweiligen Parlamenten.

Die Verhandlungen, die schließlich im ›Wiesbadener Abkommen‹ vom 6. 10. 1921 endeten, fanden in mehreren Etappen statt. Wie Rathenau in seinem Tagebuch vermerkte, waren sie von einem »kordialen Ton« (Rathenau: Tagebuch, S. 245) geprägt, zu dem auch die ähnlichen Lebensläufe der beiden Verhandlungsführer einiges beigetragen haben mögen. Beide waren erfolgreiche Elektroindustrielle, die während des Weltkriegs zum erstenmal in den Staatsdienst getreten waren; Rathenau als Leiter der Kriegsrohstoffabteilung im preußischen Kriegsministerium, Loucheur zuerst als Staatssekretär, und später als Minister für Munition und Kriegsrüstung (6/41). Nachdem bei ihrem ersten Treffen Übereinstimmung über die Grundlinien des Abkommens hergestellt worden war, wurde die genaue Ausarbeitung einer deutsch – französischen Unterhändlerkommission übertragen. Ende August waren Rathenau und Loucheur wieder in Wiesbaden zusammengetroffen, um den Vertragsentwurf zu paraphieren (6/42), der nach Zustimmung der beiden Regierungen schließlich am 6. 10. 1921 unterzeichnet wurde. Erst fünf Tage nach Rathenaus Ermordung trat das ›Wiesbadener Abkommen‹ am 29. 6. 1922 mit Gesetzeswirkung in Kraft.

Inhaltlich entsprach das Abkommen weitgehend Rathenaus Vorstellung einer Überführung politischer Streitigkeiten in geschäftliche Beziehungen zwischen Gläubiger und Schuldner. Bis 1926 sollte die deutsche Wirtschaft Sachleistungen, in der Hauptsache handelte es sich um Baumaterialien, im maximalen Wert von sieben Mrd. Goldmark in die zerstörten Gebiete Nordfrankreichs liefern. Die Abwicklung der Geschäfte sollte dabei privatrechtlichen Gesellschaften auf beiden Seiten überlassen werden. Der Gegenwert der gelieferten Güter würde nicht sofort vollständig auf dem deutschen Reparationskonto gutgeschrieben, sondern zum Teil Frankreich als Kredit gewährt werden. Trotz einiger Vorteile für Frankreich kam man dem Ziel, die deutschen Reparationsschulden gegenüber Frankreich durch Sachlieferungen abzugelten, ohne die deutsche Währung weiter zu belasten, wesentlich näher.

Mit den Verhandlungen von Wiesbaden gewann die deutsche Regierung international an Ansehen und konnte ihr Verhältnis zu Frankreich deutlich verbessern. Kurz nach diesem Erfolg kam es jedoch durch die Entscheidung des Völkerbunds über Oberschlesien, wo im März eine Abstimmung über den Verbleib bei Deutschland stattgefunden hatte, und das nun in für Deutschland ungünstiger Weise geteilt wurde, zu einem schweren Rückschlag für die Erfüllungspolitik. Um ein demonstratives Zeichen zu setzen, erklärte das Kabinett am 22. Oktober seinen Rücktritt (6/43). Obwohl die neue Regierung wieder von Wirth gebildet wurde, gehörte ihr Rathenau anfangs nicht mehr an. Anstatt der noch im Sommer geplanten Erweiterung der Regierungsbasis um die DVP, war nun auch die DDP nicht mehr bereit, die Politik Wirths zu unterstützen. Rathenau, der gerne weiterhin Minister geblieben wäre, ordnete sich der Parteidisziplin unter.

Seitdem war Rathenau als Emissär der deutschen Regierung tätig und bemühte sich um eine Änderung der Zahlungsmodalitäten des Londoner Ultimatums. Durch dessen Annahme im Mai 1921 hatte sich das Deutsche Reich verpflichtet, eine jährliche Summe von zwei Mrd. Goldmark zu entrichten. Bereits nach der fristgerechten Zahlung der ersten Million kam es jedoch zu einem rapiden Verfall der deutschen Währung. Nachdem auch eine Stützungsaktion durch die deutsche Wirtschaft und der Versuch einer Anleihe im Ausland gescheitert waren, sollte Rathenau die Möglichkeiten für ein deutsches Stundungsgesuch in London sondieren. Die britische Regierung zeigte sich nicht völlig ablehnend und sogar eine grundsätzliche Änderung in der Reparationspolitik der Alliierten schien möglich. Zur Darlegung ihres Standpunkts wurde im Januar 1922 eine deutsche Delegation unter der Führung Rathenaus zur Sitzung des Obersten Rates in Cannes eingeladen (6/44).

Kurz vor seiner Ernennung zum Außenminister würdigte der Reichspräsident in einem Brief Rathenaus Unterhändlertätigkeit der letzten Monate: »Wenn es auch noch nicht gelungen ist, eine grundlegende Neuregelung unserer Reparationspflichten zu erreichen, so ist doch für die nächste Zeit eine wesentliche Erleichterung erlangt. (…) Daß dies möglich wurde, ist in erster Linie Ihrer hingebenden Arbeit, Ihrer Kenntnis der Weltwirtschaft und der großen Achtung, die Sie sich in langjähriger erfolgreicher Tätigkeit auf diesem Gebiet erworben haben, zu verdanken. Ich bitte Sie, als Zeichen meiner aufrichtigen Anerkennung und dankbaren Gesinnung das anliegende Erzeugnis der Meißener Porzellanmanufaktur freundlichst entgegenzunehmen und bin mit der Versicherung meiner besonderen Hochschätzung Ihr sehr ergebener Ebert.« (BA Koblenz, NL Rathenau, Bd. 2, Bl. 2)

MICHAEL DORRMANN

6/33

»Bestallung für das Mitglied des vorläufigen Reichswirtschaftsrats Dr. Walther Rathenau als Reichsminister für Wiederaufbau.«

Von Reichspräsident Ebert und Reichskanzler Wirth am 30. Mai 1921 unterschrieben
Vordruck, Typoskript
33 × 21 cm
Moskau, ZAS (634/1/490, Bl. 2)

6/34

»Rathenau, Minister A. E. G.«

Bildunterschrift: »Wenn jedermann seine Pflicht tut, kann Deutschland das Ultimatum erfüllen. Meine Batterie brennt vierundzwanzig Stunden.«
Karikatur des Simplicissimus, 26. Jg., Nr. 14 vom 1. 7. 1921, S. 176
Entwurf: Karl Arnold
37,7 × 28 cm
Berlin, DHM, Bibliothek

6/39
6/40

6/35
Büste des Joseph Wirth
Bronze; Sockel: Eiche
H 34 cm
Freiburg, Augustinermuseum, Leihgabe der Joseph-Wirth Stiftung

6/36
»Die Bundeslade«
Titelblatt des Kladderadatsch, 74. Jg., Nr. 40 vom 2. 10. 1921
Entwurf: Arthur Johnson (1874–1954)
32 × 23 cm
Bad Homburg, Günter Schilling

6/37
Bildnis des Hugo Stinnes
Richard Scholz
Öl/Lw.
128 × 93 cm
bez. o. l.: Rich. Scholz 1929 – post †
Mülheim a. d. Ruhr, Stinnes AG

6/38
»Die Herren der Welt«
Walther Rathenau mit Hugo Stinnes und Frank A. Vanderlip
Georg Scholz (1890–1945)
1922
Lithographie (Kreide)
29,5 × 40 cm
Kaiserslautern, Pfalzgalerie (56/7)

6/39
»Die Weitblickenden«
Karikatur des Simplicissimus, 26. Jg., Nr. 49 vom 1. 3. 1922, S. 664
Entwurf: Thomas Theodor Heine (1867–1948)
37,7 × 28 cm
Berlin, DHM, Bibliothek

6/40
»Parsiwalter Rathenau«
Bildunterschrift: »Schwert hab' ich gesagt, Speer hab' ich gemeint, nehmen tu ich 'n Pflaster«
Karikatur des Kladderadatsch, 74. Jg., Nr. 27 vom 3. 7. 1921
Entwurf: Arthur Johnson (1874–1954)
32 × 23 cm
Bad Homburg, Günter Schilling

6/41
Louis Loucheur und Walther Rathenau während der Konferenz von Wiesbaden
Fotografie (Reproduktion)
18 × 24 cm
Berlin, Ullstein Bilderdienst

6/42
»Von den Wiesbadener Verhandlungen: Der deutsche Wiederaufbauminister auf dem Weg zur Konferenz«
Titelblatt der Zeitbilder. Beilage zur Vossischen Zeitung, Nr. 36 vom 4. 9. 1921
Zeitungsdruck
22,7 × 25,5, cm
Bad Freienwalde, Oderland-Museum

6/43
»Abschied für den Reichsminister für Wiederaufbau Dr. Walther Rathenau.«
Von Reichspräsident Ebert und Reichskanzler Wirth am 26. Oktober 1921 unterschrieben
Vordruck, Typoskript
33 × 21 cm
Moskau, ZAS (634/1/490, Bl. 3)

6/44
Walther Rathenau mit seinem Sekretär Hugo F. Simon bei der Abreise zur Tagung des Obersten Rats der Alliierten in Cannes, Januar 1922
Fotografie (Reproduktion)
18 × 24 cm
Berlin, Ullstein Bilderdienst

6/37

Der Beschluß des Obersten Rats auf seiner Tagung in Cannes, eine internationale Konferenz zur Lösung der wirtschaftlichen Schwierigkeiten Europas einzuberufen, warf seit Januar lange Schatten voraus. Zum ersten Mal sollte Deutschland als gleichberechtigter Partner mit den Siegermächten des Weltkriegs verhandeln. Rathenau hatte die bisherigen Verhandlungen stets geschickt geführt und sich außerdem im Ausland großes Vertrauen erworben, so daß er als der ideale Leiter einer deutschen Delegation für die im April in Genua stattfindende Konferenz erscheinen mußte. Da außerdem das Außenministerium seit Oktober 1921 unbesetzt geblieben war, konnte Rathenaus Berufung zum Außenminister Ende Januar 1922 für die Öffentlichkeit kaum überraschend kommen. Die Überbringung der Ernennungsurkunde am 1. Februar soll Rathenau, nach der Erinnerung von Hans Staudinger, mit den ahnungsvollen Worten »Sie bringen mir meine Todesbotschaft« (Gespräche 1980, S. 317) kommentiert haben (6/45).

Parallel zu seiner Rückkehr in das Kabinett war auch der Eintritt der *Deutschen Volkspartei* in die Regierung, und damit die Bildung einer großen Koalition, im Gespräch. Ein erster Schritt in diese Richtung war ihre parlamentarische Unterstützung des Steuerprogramms der Regierung Wirth. Dafür erwartete man, bei einer Neubildung der Regierung mit einigen Ministerposten bedacht zu werden, wobei sich insbesondere Gustav Stresemann am Amt des Außenministers interessiert zeigte. Die Ernennung Rathenaus, dem man bei der DVP nur ein Ministeramt ohne Portefeuille speziell für die Konferenz von Genua zugestehen wollte, wurde als Affront und Wortbruch Wirths verstanden (6/46). Die Bildung einer großen Koalition war damit vorerst gescheitert.

Sowohl im westlichen Ausland als auch im Inland wurde Rathenaus Wiedereintritt in die Regierung als eine Verstärkung der bisherigen Politik Deutschlands gewertet und begrüßt. Anscheinend bestand auch großes Interesse am Aussehen des neuen Ministers, denn bereits Anfang Februar ließ die *Transocean GmbH* bei Rathenau anfragen, ob er nicht bereit wäre, neue, repräsentative Porträtaufnahmen von sich machen zu lassen. Für den 8. Februar wurde eine Sitzung im elterlichen Wohnhaus in der Viktoriastraße verabredet, von der zwei Aufnahmen bekannt sind. Rathenau selbst sah sich mit skeptisch-vergeistigtem Gesichtsausdruck, »in der erhobenen Hand die Zigarre«, am besten getroffen und erbat 20 Bilder »in guter Aufmachung und aufgezogen«, die er an politische Freunde verschenkte (6/47). (Bonn, Politisches Archiv AA, R27927, Bl. 93f und R 27931, Bl. 244f)

Die übliche Ausnahme in der positiven Resonanz auf seine Ernennung bildeten die rechts stehenden Parteien und Zeitungen mit ihren üblichen Verleumdungen. Einige davon, wie die Behauptung, er habe öffentlich bekundet, »aus ihm spreche der Geist des internationalen Kapitals«, ließ Rathenau offiziell dementieren (6/48). Letztlich waren es aber zu viele Angriffe und Theorien von einer Weltverschwörung mit dem ›Großjuden Rathenau‹ an der Spitze, gegen die er sich hätte zur Wehr setzen müssen. Vielleicht war es neben der eigenen widersprüchlichen Haltung zu seiner jüdischen Herkunft auch ein Widerhall auf diese antisemitischen Angriffe, daß Rathenau in seinem Personalbogen auf die Frage nach der Konfession eintrug: »Diese Frage entspricht nicht der Verfassung« (6/49).

Als Leiter des Auswärtigen Amts unterstand Rathenau nunmehr eine auf Tradition bedachte Behörde, die von Beamten aus Kriegs- und Vorkriegszeit dominiert war und jeden Außenseiter und Neuling erst einmal argwöhnisch begutachtete. Rathenau, selbst ein Seiteneinsteiger aus der Wirtschaft, brachte nun noch zusätzlich eine Anzahl von Sachverständigen aus anderen Ministerien mit. Über den Widerstand, der sich bei der angestammten Bürokratie ob eines solchen Vorgehens zeigte, setzte sich Rathenau, zugleich sein künftiges Hauptarbeitsfeld bezeichnend, in einer Aussprache souverän hinweg: »Meine Herren, Ihnen als Angehörige des Auswärtigen Amtes ist die überragende Bedeutung des Reparationsproblems für unsere und die internationale Politik klar. Das Auswärtige Amt besitzt keine Sachverständigen und Spezialisten auf diesem Gebiet. Ob es zu dumm oder zu faul war, solche heranzubilden, ist eine Frage, die ich Ihrem Urteil überlasse.« (Walter Zechlin, in: Gespräche, GA II, S. 855) Man mußte ihm schließlich Recht geben, und in den wenigen Monaten bis zu seinem Tod scheint sich sogar eine starke Identifikation der Beamtenschaft mit ›ihrem‹ Minister entwickelt zu haben, der nicht nur die Bewunderung, sondern auch »die Herzen seiner Beamten und Angestellten gewonnen hat«, wie es im Nachruf auf ihn heißt. (Bonn, Politisches Archiv AA, R 122365, E 543961)

Untergebracht war das Auswärtige Amt in der Wilhelmstraße 74–76. Das Stammhaus Nr. 76 wurde während Rathenaus Amtszeit gerade renoviert, so daß er erst am 10. Juni von Nr. 74 in das, von ihm in einem Brief an den preußischen Kultusminister Boelitz als »eins der wertvollsten architektonischen Dokumente von der Wende des 18. Jahrhunderts« bezeichnete Gebäude Nr. 76 übersiedeln konnte (6. 5. 1922, PB, Nr. 223). Das im Stil des frühen preußischen Klassizismus errichtete Haus entsprach auch Rathenaus eigenen architektonischen Vorlieben, wie seine Villa in der Koenigsallee und Schloß Freienwalde beweisen. Rathenau zeigte großes Interesse an einer stilgetreuen Wiederherstellung des Gebäudes und bemühte sich sogar von Genua aus um seine Ausstattung mit geeigneten Gemälden (6/50).

Rathenaus auch in seinem neuen Amt verfolgtes Ziel einer Neuregelung der Reparationsleistungen mußte nach den verheißungsvollen Anfängen zu Beginn des Jahres mittlerweile schwere Rückschläge einstecken. Schon der Sturz des französischen Ministerpräsidenten Briand, der in seinem Land die Unterstützung für eine verständigungsbereite Haltung gegenüber Deutschland noch während der Konferenz von Cannes verlor, war ein schlechtes Vorzeichen für die weitere Entwicklung. Durch die Note der alliierten Reparationskommission

6/47a vom 21. 3. 22, die die bisherigen deutschen Bemühungen um eine Konsolidierung der deutschen Staatsfinanzen für unzureichend erklärte, und sowohl eine Erhöhung des deutschen Steuervolumens um 60 Mrd. Papiermark verlangte, als auch mit Eingriffen in die deutsche Finanzhoheit drohte, schien eine Weiterführung der ›Erfüllungspolitik‹ vollends in Frage gestellt. Man zeigte sich in Deutschland enttäuscht, zum Teil sogar bestürzt; in der Öffentlichkeit wurde ein Rücktritt des Kabinetts erwogen, die rechte Presse sprach obligatorisch vom Bankrott der Regierung Wirth, die in einer Karikatur mit ironischer Anspielung auf den Titel des sozialphilosophischen Hauptwerks von Walther Rathenau buchstäblich ›in die Luft fliegt‹ (6/51).

Rathenau und Wirth hielten nunmehr aus innen- und außenpolitischen Erwägungen den Zeitpunkt für gekommen, die Forderungen der Reparationskommission erstmals öffentlich mit einem klaren ›Nein‹ zurückzuweisen. Im Reichstag griff Rathenau unter großem Beifall scharf die falschen Vorstellungen der Entente über die wirtschaftlichen Verhältnisse Deutschlands an. Über das damit faktisch gegebene Ende der bisher praktizierten ›Erfüllungspolitik‹ klagt »Walter von der Rathenau« im *Kladderadatsch* mit der Formel »Wonnemonde wichen den Winterstürmen« (6/52).

Die deutsche Antwortnote wurde am 10. April gleichzeitig mit Beginn der Konferenz von Genua übergeben. Rathenau selbst war skeptisch gegenüber möglichen Erfolgen dieses Wirtschaftsgipfels, noch dazu als Frankreich durchgesetzt hatte, daß die Reparationsfrage von der Tagesordnung abgesetzt wurde. Daraufhin hatte der Hauptgläubiger der Welt, die Vereinigten Staaten von Amerika, seine Teilnahme abgesagt. Viele Erwartungen richteten sich in dieser Situation auf die Verhandlungen mit Rußland.

Verhandlungsgrundlage waren die Überlegungen des britischen Premiers Lloyd George, wonach insbesondere die deutsche Wirtschaft, die zur Aufbringung der Reparationslasten zu einer Exportoffensive gezwungen war, auf den großen, aber momentan unzugänglichen russischen Markt gelenkt werden sollte, und zwar eingebunden in ein internationales Finanzkonsortium unter Beteiligung von England, Frankreich, Belgien, Italien und der USA. Das wirtschaftlich zerrüttete Rußland seinerseits war zwar dringend auf das finanzielle Engagement des Westens angewiesen, wollte aber sein staatliches Außenhandelsmonopol nicht aufgeben und durch Konzessionen an westliche Unternehmen hinterrücks wieder den Kapitalismus im eigenen Land einführen. Der in London Ende 1921 entwickelte Plan des internationalen Finanzkonsortiums mußte so auf den entschiedenen Widerstand Rußlands stoßen.

Auch in anderen Punkten stand die Konferenz von Genua unter der Regie des britischen Premiers. Die *Berliner Illustrirte Zeitung* zollte diesem Tatbestand auf ihre Weise Tribut, indem sie unter dem Titel »Männer, die in Genua Hauptrollen spielen sollen« neben Rathenau, dem italienischen Außenminister Schanzer und Lenin, Lloyd George gleich doppelt so groß abbildete (6/53). Lenin konnte allerdings aufgrund seines schlechten Gesundheitszustands selber nicht teilnehmen und ließ sich durch den Volkskommissar für Auswärtige Angelegenheiten Tschitscherin vertreten.

Am 10. April wurde die Konferenz im Palazzo San Giorgio mit Reden der führenden Staatsmänner feierlich eröffnet. Harry Graf Kessler, der auf eigene Faust mit nach Genua gekommen war, schrieb am Ende dieses ersten Tages in sein Tagebuch: »Die kleinstädtische Ungewandtheit Barthous (französischer Außenminister), die propagandistische Schlauheit Tschitscherins, die überlegene weltmännische Diplomatie und Debattierkunst Lloyd Georges und das Professorale der deutschen Delegation bleiben als Eindrücke dieser ersten Sitzung übrig. Diese Eröffnungssitzung der Genueser Konferenz war eine der größten politischen Komödien, etwas wie von Aristophanes oder einem noch überlegeneren Weltdichter.« (Tagebücher, S. 303) Eine Serie von anonymen Karikaturen zur Konferenz zeigt, daß Rathenau selbst im Ausland offenbar nicht auftreten konnte, ohne daß ihm geballter Antisemitismus entgegenschlug. Während Lloyd George und Tschitscherin, folgt man jedenfalls Kesslers Beschreibung, gut getroffen zu sein scheinen, erscheint der deutsche Außenminister als die Inkarnation des Klischees vom intriganten, bösartigen, ja teuflischen Juden (6/56).

Neben Rathenau und Wirth waren aus dem Kabinett noch der Finanzminister Hermes und der Wirtschaftsminister Schmidt als bevollmächtigte Delegierte nach Genua gekommen. Zusammen mit Sachverständigen, technischem Personal und leitenden Beamten umfaßte die deutsche Delegation, die im Eden-Hotel in der Stadtmitte Genuas ihr Quartier bezogen hatte, knapp 120 Personen (6/60). Der große Umfang der deutschen Delegation war schon während der Vorbereitungen auf Kritik gestoßen, schien aber aufgrund der Mannigfaltigkeit der in Genua behandelten Themen unvermeidlich. Neben der entscheidenden ersten Kommission, die über die Einbeziehung Rußlands in die Weltwirtschaft beriet, gab es eine weitere Kommission für Finanzfragen, eine dritte für Wirtschaftsfragen, die auch Zoll- und Ausfuhrprobleme zu regeln suchte, sowie eine vierte und letzte für Transportfragen, die über Erleichterungen im internationalen Eisenbahn- und Schiffahrtsverkehr beriet. So war in Genua schließlich fast jedes Ministerium vertreten und durch eine Reihe von Sachverständigen die Delegation noch zusätzlich verstärkt worden. Diese kamen teils aus der Wirtschaft, teils aus den nicht in der Regierung vertretenen Parteien, wie etwas Hans von Raumer von der DVP oder Rudolf Hilferding von der USP, über die beide informelle Verbindungen zu der russischen Delegation geknüpft wurden (6/58).

Auf mehreren Ebenen und aus unterschiedlichen Interessen heraus neigte die deutsche Politik schon seit längerer Zeit zu einem Bündnis mit Rußland. Die treibende Kraft für eine Ostorientierung auf der Konferenz von Genua war Ago von Maltzan, seit Oktober 1921 Leiter der Ostabteilung des Auswärtigen Amts (6/61). Mit seinen Zielen befand er sich, nach dessen eigenen Worten, in einer ›Waffenbrüderschaft‹ mit Reichskanzler Wirth (6/62). Sie befürworteten ein separates Abkommen mit Rußland, um die bislang praktizierte Einbindung Deutschlands in den Westen lockern und eine ungebundene Großmachtpolitik betreiben zu können. Diese ›Waffenbrüderschaft‹ im Geiste hatte ein militärisches Pendant in der Realität. Seit 1920 gab es eine geheime Zusammenarbeit zwischen Reichswehr und Roter Armee, die vor allem gegen Polen gerichtet war. Von Seiten der Großindustrie hatte man seit Ende des Weltkriegs immer wieder mit Nachdruck auf die Bedeutung des russischen Markts hingewiesen und drängte nun ebenfalls auf eine baldige Wiederanknüpfung politischer Beziehungen mit Rußland. Auch Rathenau hatte sich noch in seiner früheren Funktion als Präsident der AEG an einer Wiederbelebung der Geschäftsbeziehungen zu Osteuropa sehr interessiert gezeigt. Die Großindustrie war aber unentschlossen, ob sie sich an dem internationalen Finanzkonsortium beteiligen oder direkte deutsch-russische Abmachungen anvisieren sollte. Die Verhandlungen zwischen Rußland und Deutschland waren Anfang 1922 immerhin schon soweit gediehen, daß bei der Durchreise der russischen Delegation nach Genua über einen unterschriftsreifen Vertrag verhandelt werden konnte.

Rathenau befürwortete jedoch vor und auch noch in Genua ein gemeinsames Vorgehen mit den Westmächten gegenüber Rußland. Durch von Maltzan manipulierte Nachrichten über ein mögliches separates russisch-alliiertes Abkommen, das für Deutschland wegen den noch ungeklärten Reparationsansprüchen Rußlands zusätzlich unangenehme Folgen haben konnte, wurde er aber umgestimmt. In dieser Situation entschloß er sich, geheime Kontakte mit der russischen Delegation aufzunehmen, die außerhalb Genuas in Rapallo logierte (6/63). Nachdem die Russen ihre Bereitschaft zu einem Vertragsabschluß telefonisch übermittelt hatten, konnten Maltzan und Wirth sich in der Nacht vom 15. zum 16. April schließlich über die letzten Bedenken ihres immer noch zögerlichen Außenministers hinwegsetzen. Am nächsten Morgen, einem regnerischen Ostersonntag, fuhr eine deutsche Abordnung unter Leitung Rathenaus nach Rapallo und unterzeichnete den Vertrag (6/65).

Sein Inhalt war weniger spektakulär als die Art und Weise seines Zustandekommens. Man beschloß die Wiederaufnahme diplomatischer Beziehungen, erklärte den gegenseitigen Verzicht auf Vorkriegsschulden und gestand sich im Handel Meistbegünstigung zu. In einer geheimen Zusatznote verpflichtete sich Deutschland, dem internationalen Wirtschaftskonsortium nur nach Absprache mit Rußland beizutreten.

Auch nach Hause meldete Rathenau seinen Vertragsabschluß: »L. (iebe) M. (ama) Heute, am Ostersonntag hab ich einen Ausflug nach Rapallo gemacht. Das nähere in der Zeitung … Herzlicher Gruß W. (alther)«. (19. 4. 1922, B II, Nr. 765)

Nach Bekanntmachung des Abkommens drohte vorübergehend der Abbruch der Konferenz. Die Alliierten übergaben eine scharfe Protestnote und Lloyd George verlangte kategorisch die Rücknahme des Vertrags. Deutschland hatte durch sein Vorpreschen immerhin ein gemeinsames Vorgehen gegen Rußland unmöglich gemacht und war aus der Solidarität der westlichen Länder ausgeschert. Auf dem vom italienischen Ministerpräsidenten Facta wenige Tage später den ausländischen Delegationen gegebenen Festbankett war jeden-

6/55

falls die allgemeine Verstimmung und frostige Atmosphäre noch nicht überwunden (6/66).
In Deutschland hingegen wurde das Abkommen fast von allen Parteien positiv aufgenommen und als demonstrative Geste für ein endlich machtbewußteres Auftreten Deutschlands gefeiert. Ob der Abschluß für Deutschland einen tatsächlichen Zugewinn an außenpolitischem Gewicht und Ansehen bedeutete, wie eine Karikatur des *Simplicissimus* nahelegt, die zwei armselige Männer (Deutschland und Rußland) aus ihrem gemeinsamen Grab hin zu neuen Anfängen schreiten läßt, muß eher verneint werden (6/67). Deutschland hatte sich selber zugunsten einer zweifelhaften Option isoliert und das Angebot einer stärkeren Einbindung in das europäische Staatensystem ausgeschlagen. Die Westmächte fühlten sich an Deutschlands Vorkriegsdiplomatie mit ihren Winkelzügen erinnert, und statt Kooperation sollte bald Konfrontation und Mißtrauen die Beziehungen zwischen den Staaten beherrschen.
Einen versöhnlichen Schlußpunkt, der mit seinem gewaltsamen Tod einen Monat später zugleich Vermächtnischarakter annahm, setzte Rathenau auf der Abschlußsitzung der Genueser Konferenz am 19. Mai. Mit der Bemerkung es sei »più bel dire italiano«, hatte ihn der frühere Intimus Bethmann Hollwegs, Kurt Riezler, auf ein Petrarca-Zitat aufmerksam gemacht, mit dem Rathenau jetzt wirkungsvoll seine Rede beendete: »Io vò gridando Pace, Pace, Pace!« (»Rufen will ich Frieden, Frieden, Frieden«) (Bonn, Politisches Archiv AA, R 27934, Bl. 76f)

MICHAEL DORRMANN

6/45
»Bestallung für den Reichsminister a. D. Dr. Walther Rathenau als Reichsminister des Auswärtigen.«
Von Reichspräsident Ebert und Reichskanzler Wirth am 31. Januar 1922 unterschrieben
Vordruck, Typoskript
33 × 21 cm
Moskau, ZAS (634/1/490, Bl. 4)

6/46
»Ein Mann ein Wort«
Karikatur des Kladderadatsch, 75. Jg., Nr. 8 vom 19. 2. 1922
Entwurf: Werner Hahmann
32 × 23 cm
Bad Homburg, Günter Schilling

6/47
Zwei Bildnisse des Walther Rathenau
8. Februar 1922
Zwei Fotografien (alte Abzüge)
a) 18,3 × 12,7 cm b) 11,5 × 15,6 cm
a) Moskau, ZAS (634/1/540, Bl. 12)
b) Berlin, Bildarchiv PK (581/231)

6/48
Presseerklärung des Auswärtigen Amts vom 13. März 1922
Typoskript
28,5 × 18 cm
Bonn, Politisches Archiv AA (R 122365, E 543938)

6/49
Personalbogen des Reichsministers Dr. Walther Rathenau vom 15. 2. 1922
Typoskript mit handschriftlichen Eintragungen (4 Blatt)
Bonn, Politisches Archiv AA (Personalakte Walther Rathenau)

6/50
Modell des Auswärtigen Amts
Werkstatt für Modellbau und Fotografie Monath & Menzel
M 1:100
Berlin, DHM

6/51
»Von kommenden Dingen«
Karikatur des Kladderadatsch, 75. Jg., Nr. 15 vom 9. 4. 1922
Entwurf: Arthur Johnson (1874–1954)
32 × 23 cm
Bad Homburg, Günter Schilling

6/52
»Osterklage« – »Wonnemonde wichen den Winterstürmen, Tandaradei!«
Titelblatt des Kladderadatsch, 75. Jg., Nr. 16 vom 16. 4. 1922
Entwurf: Arthur Johnson (1874–1954)
32 × 23 cm
Bad Homburg, Günter Schilling

6/53
»Männer, die in Genua Hauptrollen spielen sollen«
Titelblatt der Berliner Illustrirten Zeitung, Jg. 31, Nr. 13 vom 26. 3. 1922
Zeitungsdruck
37 × 27 cm
Bad Freienwalde, Oderland-Museum

6/54
Walther Rathenau bei der Abfahrt nach Genua
Fotografie (alter Abzug)
14,8 × 10,5 cm
Moskau, ZAS (634/1/2, Bl. 25)

6/55
Walther Rathenau bei seiner Ankunft in Genua
Fotografie (alter Abzug)
10,5 × 15 cm
Lilienthal, Walther Rathenau-Gesamtausgabe – Hans Dieter Hellige

6/46

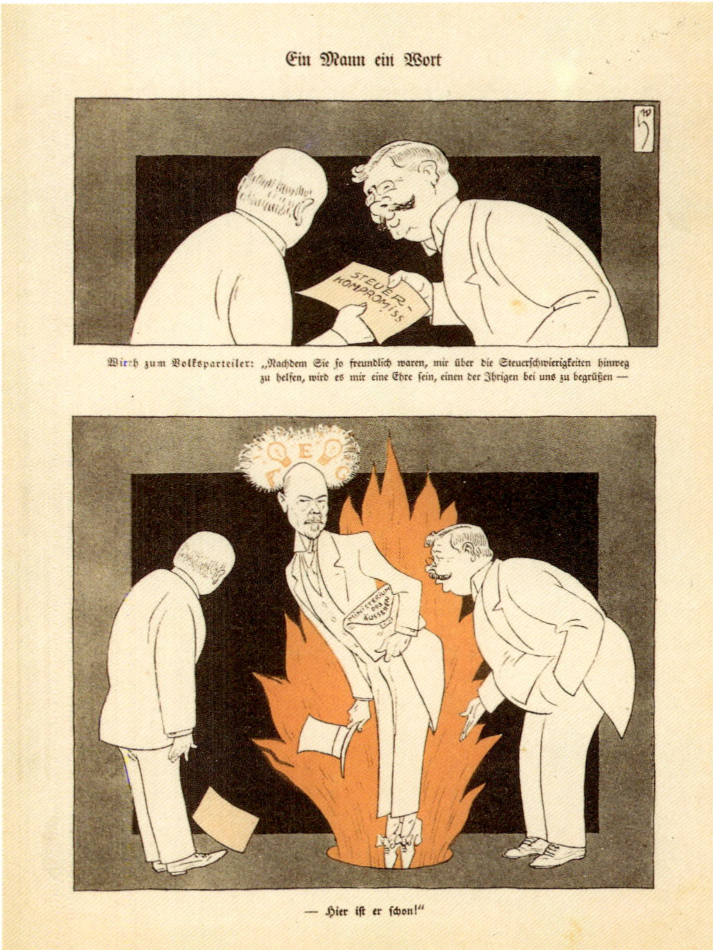

6/52

6/56
Drei Karikaturen wichtiger Teilnehmer der Konferenz von Genua
a) Walther Rathenau
b) Tschitscherin
c) Lloyd George
aus: FRESQUES et FRASQUES, 1922
Ben Myll (Pseud.)
Tiefdruck
je 24,5 × 13,4 cm
Bad Homburg, Günter Schilling

6/57
Walther Rathenau in Genua
Fotografie (alter Abzug)
16,3 × 11,8 cm
München, Süddeutscher Bilderdienst

6/58
Walther Rathenau, Paul Schwarz und Rudolf Hilferding im Garten des Eden-Hotels
Mit handschriftlicher Bemerkung Harry Graf Kesslers
Fotografie (alter Abzug)
14 × 8,9 cm
Marbach a. N., SNM, DLA (Nachlaß Kessler 68. 447/21)

6/59
Walther Rathenau mit seinem Sekretär Hugo F. Simon während der Konferenz von Genua
Fotografie (alter Abzug)
8,3 × 5,4 cm
Moskau, ZAS (634/1/2, Bl. 10)

6/60
Mitglieder und Beamte der deutschen Delegation im Garten des Eden-Hotels
Zwei Fotografien (alte Abzüge)
je 11,7 × 16,4 cm
München, Süddeutscher Bilderdienst

6/47b

6/61

Wirtschaftsminister Robert Schmidt und Ministerialdirektor Ago von Maltzan (Mitte) mit Mitgliedern der deutschen Delegation im Garten des Eden-Hotels
Fotografie (Reproduktion)
18 × 24 cm
Berlin, Ullstein Bilderdienst

6/62

Reichskanzler Joseph Wirth im Gespräch mit den russischen Delegierten Leonid B. Krassin, Georgij W. Tschitscherin und Adolf Joffé
Fotografie (Reproduktion)
18 × 24 cm
Berlin, Ullstein Bilderdienst

6/63

Teilnehmer der russischen Delegation in ihrem Hotel in Rapallo
v. l. : Maxim M. Litwinow, Waclaw W. Worowskij, S. S. Piljawskij, Leonid B. Krassin
Fotografie (Reproduktion)
18 × 24 cm
Berlin, Bildarchiv PK

6/64

Vier Visitenkarten von russischen Teilnehmern der Konferenz von Genua
a) G. Tchitcherine – Commissaire du Peuple des Affaires Etrangères
b) Adolf Joffé
c) Maxime Litvinoff – Commissaire adjoint aux Affaires Etrangères
d) Leonid Krassine – Commissaire du Peuple pour le Commerce Extérieur
a) 5 × 8,2 cm
b) 7 × 11 cm
c) 5,3 × 9 cm
d) 5,7 × 9,1 cm
Marbach a. N., SNM, DLA
(Nachlaß Kessler 68. 447/21)

6/60

6/60

6/65
Vertrag von Rapallo
Typoskript mit den Unterschriften Walther Rathenaus und Georgij Tschitscherins
16. 4. 1922
30 × 21 cm
Bonn, Politisches Archiv AA

6/66
Bankett des italienischen Ministerpräsidenten während der Konferenz von Genua
Bildunterschrift: »Banchetto offerto da S. E. FACTA alle Delegazioni Palazzo Reale – il 19 Aprile 1922«
Fotografie (alter Abzug)
20,8 × 25,8 cm
Moskau, ZAS (634/1/143)

6/68

6/51

6/67
»Deutschland und Rußland – Ein Anfang.«
Titelblatt des Simplicissimus,
27. Jg. , Nr. 6 vom 10. 5. 1922
Entwurf: E. Schilling
37,7 × 28 cm
Berlin, DHM, Bibliothek

6/68
»Abschied von Genua«
Fotografie (alter Abzug)
11 × 17 cm
Lilienthal, Walther Rathenau-Gesamtausgabe – Hans Dieter Hellige

6/56c

6/56b

6/56a

7 »DIESER FEIND STEHT RECHTS!«

Die Folgen des Attentats auf Walther Rathenau

MARTIN SABROW

Walther Rathenau blieb die Tatsache, daß sein Leben bedroht war, nicht verborgen; von verschiedenen Seiten war er über Attentatspläne gegen ihn unterrichtet worden. Schon im Februar 1922 war er von dem mit ihm befreundeten linksliberalen Publizisten Hellmut von Gerlach darüber in Kenntnis gesetzt worden, daß der frühere Heidelberger Privatdozent Arnold Ruge, der in verschiedenen Gruppierungen der militanten Rechten aktiv war, den Plan gefaßt hatte, ihn umzubringen. Tatsächlich suchte Ruge kurz darauf Rathenaus Villa unter falschem Namen auf, angeblich, um dem Minister einen Leuchter zu verkaufen, fiel aber wegen seines merkwürdigen Benehmens auf und wurde von der Frau des Dieners aus dem Haus gedrängt. Der *Reichskommissar für die Überwachung der öffentlichen Ordnung* ließ daraufhin dem Auswärtigen Amt Fotografien von Ruge zukommen, die an das Wachpersonal verteilt wurden (7/2). Vorsichtsmaßnahmen dieser Art erwiesen sich jedoch als unzureichend. Am 24. Juni wurde Rathenau auf dem Weg in das Auswärtige Amt von Rechtsradikalen ermordet.

Der Schock, den die Nachricht in Deutschland auslöste, spiegelt sich in der Reaktion der Tagespresse. Schon in den Mittagsstunden desselben Tages erschienen in Berlin und anderen Großstädten Extrablätter mit der eben eingelaufenen Meldung über das Attentat im Grunewald, und in den Abendausgaben der großen Blätter verdrängten der Anschlag und die Reaktionen, die er in der Öffentlichkeit und bei den politischen Parteien auslöste, andere Themen nahezu vollständig (7/3). Die ersten Nachrichten waren allerdings noch sehr ungenau: Nur wenige Zeugen hatten den Vorgang in der Berliner Koenigsallee beobachten können, und am Tatort fanden sich nur einige Patronenhülsen und Handgranatensplitter (7/5, 7/6).

Die Polizei konnte trotz eines gewaltigen Ermittlungsaufwandes zunächst keine greifbaren Fahndungserfolge erzielen, bis ihr am 29. Juni ein entscheidender Schlag gelang: Auf dem Gut seines Onkels in der Mark Brandenburg wurde Ernst-Werner Techow verhaftet (7/4b), der Chauffeur des bei dem Anschlag benutzten Autos, das von einem rechtsgerichteten Fabrikanten aus Sachsen namens Küchenmeister zur Verfügung gestellt worden war (7/7). Techows Aussagen ließen immer klarer hervortreten, daß das Attentat durch eine vielköpfige Verschwörergruppe vorbereitet worden war, deren Mitglieder mehrheitlich aus weit entfernten Gegenden angereist waren, um ihre Aufgaben zu übernehmen.

Eine Woche nach dem Anschlag hatte die Berliner *Politische Polizei* den Fall weitgehend geklärt. Die Haupttäter Erwin Kern und Hermann Fischer aber blieben vorerst verschwunden, obwohl ein am 30. Juni veröffentlichtes Fahndungsplakat ihre Namen, eine genaue Personenbeschreibung und fotografische Abbildungen enthielt (7/1). Kern und Fischer waren nach dem Attentat noch einige Tage in Berlin geblieben und dann nach Rostock gefahren, wo sie von der Bekanntgabe ihres Steckbriefes anscheinend überrascht wurden. Überhastet entschlossen sie sich zur Flucht und beschafften sich Fahrräder, um nach München zu fahren.

Es war ihnen allerdings nicht gelungen, unbemerkt zu bleiben, denn am 8. Juli traf bei der Polizei die Information ein, die Gesuchten hielten sich in Lenzen an der Elbe auf. Zwar gelang es den beiden, noch einmal zu entkommen; dank eines Hinweises auf verdächtige Vorgänge auf Burg Saaleck bei Bad Kösen in Thüringen jedoch konnte die Polizei am 17. Juli die Burg umstellen, auf der sie sich seit einigen Tagen versteckt hatten. Nachdem Kern bei der Belagerung durch einen Zufallstreffer tödlich verwundet worden war, hatte Fischer ihn auf das Bett des Burgzimmers gelegt und sich anschließend selbst erschossen (7/8).

Nach weiteren Fahndungserfolgen wurde im Oktober 1922 dreizehn Personen, die unmittelbar oder mittelbar bei der Tat und ihrer Vorbereitung beteiligt waren, vor dem neugegründeten Staatsgerichtshof der Prozeß gemacht (7/9, 7/10). Das Gericht verhängte auf Antrag von Oberreichsanwalt Ludwig Ebermayer (7/11) harte Strafen gegen die Angeklagten und ließ sich auch durch einen Giftanschlag nicht beirren, mit dem während der Verhandlungen einer der Angeklagten ausgeschaltet werden sollte (7/12). Anders als seine Mitangeklagten schien dieser durch seine Geständnisse immer wieder den Verdacht zu bestätigen, daß die Attentäter nicht auf eigene Faust, sondern im Auftrag einer Organisation gehandelt hatten, deren Rolle während des Prozesses allerdings nicht völlig aufgeklärt werden konnte.

Tatsächlich stand hinter dem Anschlag die *Organisation Consul*, eine Nachfolgerin der Marinebrigade Ehrhardt (7/14), die bereits am Kapp-Lüttwitz-Putsch im März 1920 führend beteiligt war und durch ihre mit Hakenkreuzen bemalten Stahlhelme auffiel (7/15).

Die Brigade war zwar nach dem Putsch aufgelöst worden, hatte sich allerdings als Geheimorganisation neu formiert. Diese Organisation bestand aus Ortsgruppen, die zu Bezirken und Oberbezirken zusammengefaßt und der Münchner Zentrale unterstellt waren (7/17). Getarnt als »Bayerische Holz-Verwertungs-Gesellschaft m.b.H.« (7/18) liefen in München die Fäden zusammen, über die Nachrichten ausgetauscht und Befehle erteilt wurden (7/16). Die Korrespondenz wurde auf einfache Weise verschlüsselt. Entscheidende Wörter wurden durch eine Doppelzahl ersetzt (7/19), die der Seite und der Zeile entsprach, auf der in *Wershoven Deutsche Orthographie* das jeweilige Wort gedruckt war (7/20).

Die Öffentlichkeit hatte aber von Beginn an bei ihren Vermutungen über die Verantwortlichen des Rathenau-Attentats weniger eine geheimnisvolle rechtsradikale Organisation im Blickfeld, als die republikfeindliche politische Rechte, und hier insbesondere Karl Helfferich als deren intellektuellen Anführer. Helfferich, der schon seit der Vorkriegszeit in einem Verhältnis von Konkurrenz und Feindschaft zu Rathenau stand, hatte einen Tag vor dem Attentat in einer spektakulären Reichstagsrede den Außenminister und seine ›Erfüllungspolitik‹ scharf angegriffen und verlangt, einer Regierung, die sich so widerstandslos den alliierten Forderungen beuge wie das Kabinett Wirth-Rathenau, müsse vor einem Staatsgerichtshof der Prozeß gemacht werden. Gegen die jetzige republikanische Trostlosigkeit beschwor er die vergangene Epoche des Kaiserreichs als einen Ort der Glückseligkeit: »Da trat aus allen den Mißhandlungen, die man uns heute ungestraft antun darf, das Bild des geachteten und gefürchteten deutschen Kaiserreichs vor unsere Augen, das Glück unserer Vergangenheit und die Sehnsucht unserer Zukunft« (Verhandlungen des Reichstags, Bd. 355, S. 7988). Eben diese Worte wählte George Grosz einige Tage später für einen Plakatentwurf, auf dem ein stiefelleckender Helfferich für seine treuen Dienste im Solde der Reaktion mit kaiserlichen Orden belohnt wird (7/29). Für Grosz und andere Vertreter der republikanischen und auch kommunistischen Linken war somit die Schlußfolgerung aus dem Attentat eindeutig. »Arbeiter! besteht darauf, daß diese Gesellschaft unschädlich gemacht wird!!« hieß es bei Grosz; die SPD-Zeitung *Volksstimme* forderte: »Knüppelt die deutschnationale Mörderbande nieder!« (7/27)

Anders als bei den vorangegangenen Anschlägen auf Erzberger und Scheidemann wurde die Wut auf die Vertreter der extremen politischen Rechten nun von fast allen bürgerlichen Parteien geteilt. Als die Nachricht vom Mord an Rathenau im Reichstag eintraf, konzentrierte sich die Empörung über den Anschlag auf die Fraktion der *Deutschnationalen Volkspartei* und auf Karl Helfferich; unter »Mörder, Mörder«- Rufen wurden Angehörige der deutschnationalen Fraktion aus dem Plenarsaal gedrängt.

Auch im Ausland wurde Helfferich die geistige Urheberschaft für den Mordanschlag zugeschrieben. So brachte die holländische Zeitung *Het Volk* in ihrer Sonntagsausgabe vom 1. Juli die Karikatur »His Masters voice!«: Der aus einem mit ›Helfferich‹ bezeichneten Grammophon tönende Refrain »Sla dood den jood!!« bringt einen mit dem Schild »Monarchistische Reactie« behängten Gorilla dazu, Rathenau zu erschlagen (7/28).

Daß Helfferich derart starken Angriffen ausgesetzt war, mag auch daran gelegen haben, daß es bereits bei dem Mord an Matthias Erzberger eine enge zeitliche Koinzidenz zwischen öffentlichkeitswirksamen Angriffen von seiten des kaiserlichen Ex-Ministers und tatsächlicher physischer Vernichtung des Angegriffenen gegeben hatte. Daß die *Bayerische Mittelpartei*, ein Ableger der *Deutschnationalen Volkspartei*, den Gastredner Helfferich 1920 als »Helfferich der Erzbergertöter« begrüßte, war eine makabre Vorwegnahme dieses Zusammenspiels (7/24). Gegen Erzberger, der als Unterzeichner des Waffenstillstands und Vater der Reichsfinanzreform nach dem Krieg ein bevorzugtes Objekt nationalistischer Haßtiraden abgab (7/21), polemisierte Helfferich seit Beginn der Republik in einer Artikelserie der *Kreuzzeitung* unter dem Titel »Fort mit Erzberger!« und in »Erzberger-Versammlungen« der *Deutschnationalen Volkspartei* (7/22). Der Angegriffene sah sich schließlich gezwungen, eine Beleidigungsklage

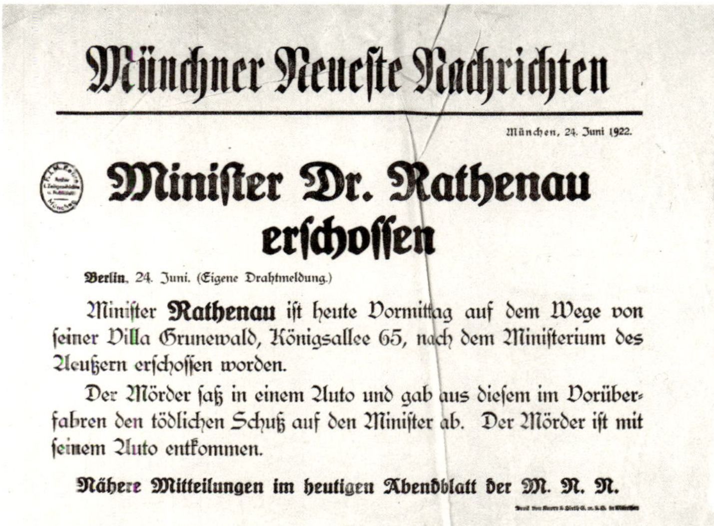

Münchner Neueste Nachrichten

München, 24. Juni 1922.

Minister Dr. Rathenau erschossen

Berlin, 24. Juni. (Eigene Drahtmeldung.)

Minister **Rathenau** ist heute Vormittag auf dem Wege von seiner Villa Grunewald, Königsallee 65, nach dem Ministerium des Aeußern erschossen worden.

Der Mörder saß in einem Auto und gab aus diesem im Vorüberfahren den tödlichen Schuß auf den Minister ab. Der Mörder ist mit seinem Auto entkommen.

Nähere Mitteilungen im heutigen Abendblatt der M. N. N.

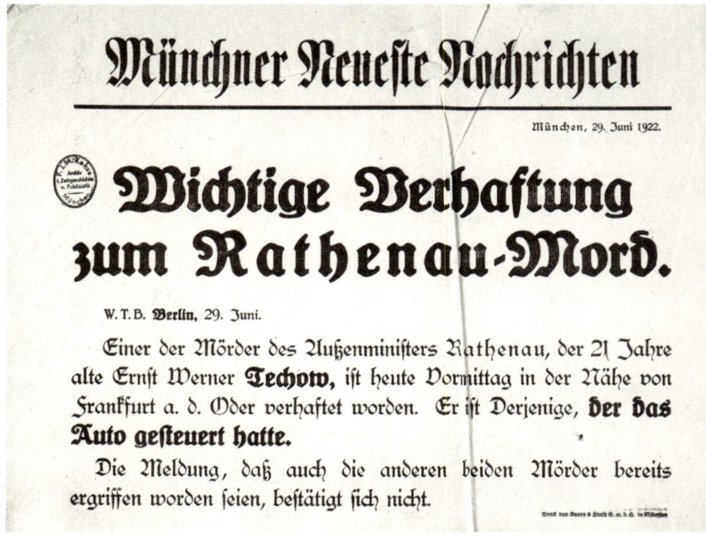

Münchner Neueste Nachrichten

München, 29. Juni 1922.

Wichtige Verhaftung zum Rathenau-Mord.

W. T. B. **Berlin**, 29. Juni.

Einer der Mörder des Außenministers Rathenau, der 21 Jahre alte Ernst Werner **Techow**, ist heute Vormittag in der Nähe von Frankfurt a. d. Oder verhaftet worden. Er ist Derjenige, **der das Auto gesteuert hatte.**

Die Meldung, daß auch die anderen beiden Mörder bereits ergriffen worden seien, bestätigt sich nicht.

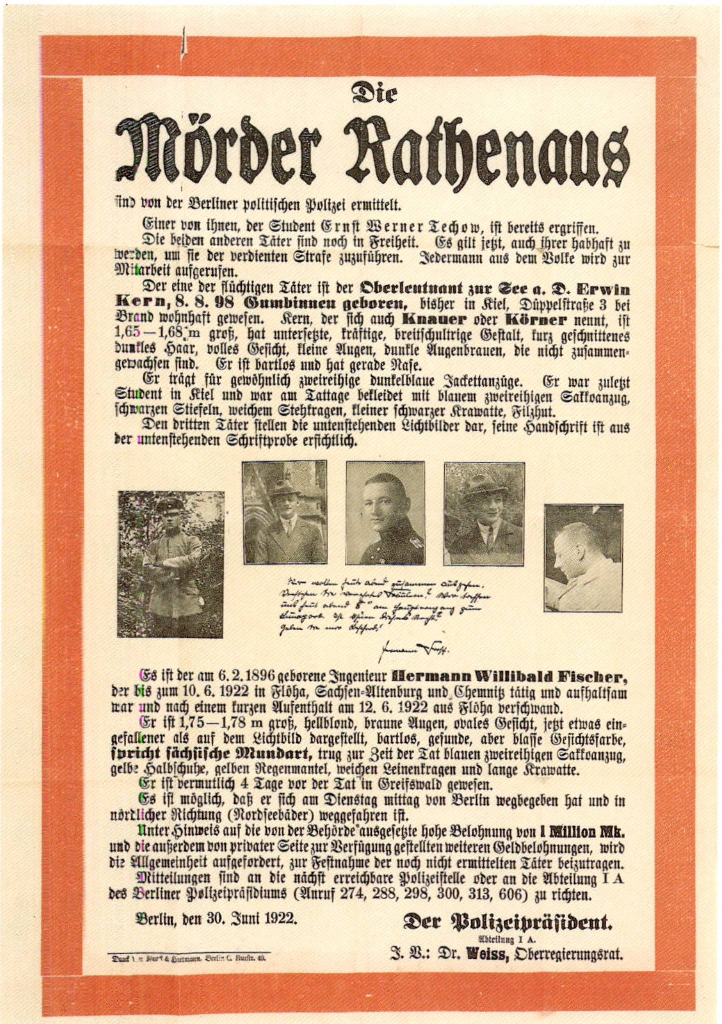

Die

Mörder Rathenaus

sind von der Berliner politischen Polizei ermittelt.

Einer von ihnen, der Student Ernst Werner Techow, ist bereits ergriffen.

Die beiden anderen Täter sind noch in Freiheit. Es gilt jetzt, auch ihrer habhaft zu werden, um sie der verdienten Strafe zuzuführen. Jedermann aus dem Volke wird zur Mitarbeit aufgerufen.

Der eine der flüchtigen Täter ist der **Oberleutnant zur See a. D. Erwin Kern, 8. 8. 98 Gumbinnen geboren,** bisher in Kiel, Düppelstraße 3 bei Brand wohnhaft gewesen. Kern, der sich auch **Knauer** oder **Körner** nennt, ist 1,65—1,68 m groß, hat untersetzte, kräftige, breitschultrige Gestalt, kurz geschnittenes dunkles Haar, volles Gesicht, kleine Augen, dunkle Augenbrauen, die nicht zusammengewachsen sind. Er ist bartlos und hat gerade Nase.

Er trägt für gewöhnlich zweireihige dunkelblaue Jackettanzüge. Er war zuletzt Student in Kiel und war am Tattage bekleidet mit blauem zweireihigen Sakkoanzug, schwarzen Stiefeln, weichem Stehkragen, kleiner schwarzer Krawatte, Filzhut.

Den dritten Täter stellen die untenstehenden Lichtbilder dar, seine Handschrift ist aus der untenstehenden Schriftprobe ersichtlich.

Es ist der am 6. 2. 1896 geborene Ingenieur **Hermann Willibald Fischer,** der bis zum 10. 6. 1922 in Flöha, Sachsen-Altenburg und Chemnitz tätig und aufhaltsam war und nach einem kurzen Aufenthalt am 12. 6. 1922 aus Flöha verschwand.

Er ist 1,75—1,78 m groß, hellblond, braune Augen, ovales Gesicht, jetzt etwas eingefallener als auf dem Lichtbild dargestellt, bartlos, gesunde, aber blasse Gesichtsfarbe, **spricht sächsische Mundart,** trug zur Zeit der Tat blauen zweireihigen Sakkoanzug, gelbe Halbschuhe, gelben Regenmantel, weichen Leinenkragen und lange Krawatte.

Er ist vermutlich 4 Tage vor der Tat in Greifswald gewesen.

Es ist möglich, daß er sich am Dienstag mittag von Berlin wegbegeben hat und in nördlicher Richtung (Nordseebäder) weggefahren ist.

Unter Hinweis auf die von der Behörde ausgesetzte hohe Belohnung von **1 Million Mk.** und die außerdem von privater Seite zur Verfügung gestellten weiteren Geldbelohnungen, wird die Allgemeinheit aufgefordert, zur Festnahme der noch nicht ermittelten Täter beizutragen.

Mitteilungen sind an die nächst erreichbare Polizeistelle oder an die Abteilung I A des Berliner Polizeipräsidiums (Anruf 274, 288, 298, 300, 313, 606) zu richten.

Berlin, den 30. Juni 1922.

Der Polizeipräsident.
Abteilung I A.
J. V.: Dr. **Weiss**, Oberregierungsrat.

7/4a

7/1

gegen die vorgebrachten Beschuldigungen einer Verquickung von persönlichen und politischen Interessen zu erheben, die vor dem Landgericht I in Berlin-Moabit verhandelt und mit der lächerlichen Geldstrafe von 300 Mark für Helfferich beendet wurde, die diesen als den moralischen Sieger erscheinen ließ (7/23). Aufgrund seiner Niederlage vor dem Berliner Gericht sah sich Erzberger gezwungen, aus der Politik vorübergehend auszuscheiden. Als er sich ein Jahr später, im Sommer 1921, auf sein politisches Comeback vorbereitete, wurde er während seines Kuraufenthalts im Schwarzwald am 26. August von den beiden ehemaligen Offizieren Heinrich Schulz und Heinrich Tillessen ermordet (7/25). Bei der Verfolgung der Attentäter und ihrer Hintermänner stießen die Ermittlungsbehörden dabei erstmals auf die *Organisation Consul*.

7/4b

7/5

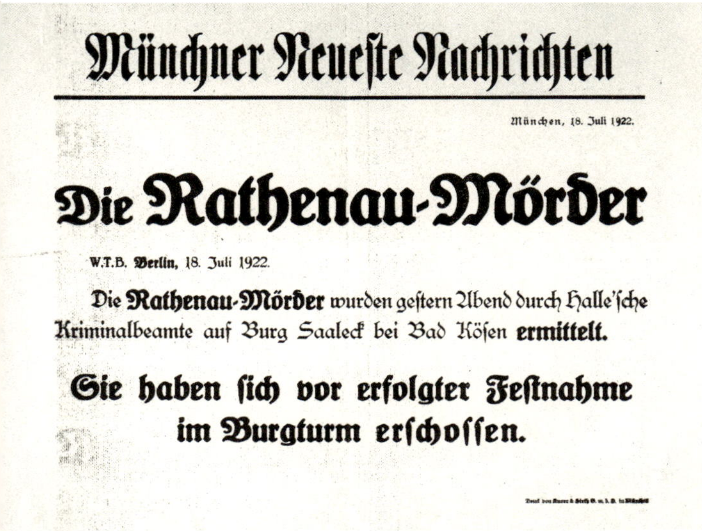

Münchner Neueste Nachrichten

München, 18. Juli 1922.

Die Rathenau-Mörder

W.T.B. **Berlin,** 18. Juli 1922.

Die Rathenau-Mörder wurden gestern Abend durch Halle'sche Kriminalbeamte auf Burg Saaleck bei Bad Kösen **ermittelt.**

Sie haben sich vor erfolgter Festnahme im Burgturm erschossen.

Münchner Neueste Nachrichten

München, 14. Oktober 1922.

Urteil im Rathenau-Mordprozeß

Leipzig, 14. Oktober. (Drahtmeldung der M. N. N.)

Der Staatsgerichtshof fällte heute im Rathenau-Mordprozeß folgendes Urteil:

Es erhielten:

Ernst Werner Techow wegen Beihilfe zum Mord 15 Jahre Zuchthaus und 10 Jahre Ehrverlust,
Hans Gert Techow wegen Beihilfe und Begünstigung 4 Jahre und 1 Monat Gefängnis,
Günther wegen Beihilfe in Tateinheit mit Begünstigung 8 Jahre Zuchthaus und 10 Jahre Ehrverlust,
von Salomon und **Niedrig** wegen Beihilfe je 5 Jahre Zuchthaus und 5 Jahre Ehrverlust,
Ilsemann wegen Vergehens gegen die Verordnung über Waffenbesitz 8 Monate Gefängnis;
Schütt und **Diestel** wegen Begünstigung je 2 Monate Gefängnis,
Tilessen und **Plaas** wegen Vergehens gegen die öffentliche Ordnung 3 bezw. 2 Jahre Gefängnis.

Freigesprochen wurden: **Warnecke, Steinbeck** und **Voß.**

7/4c

7/4d

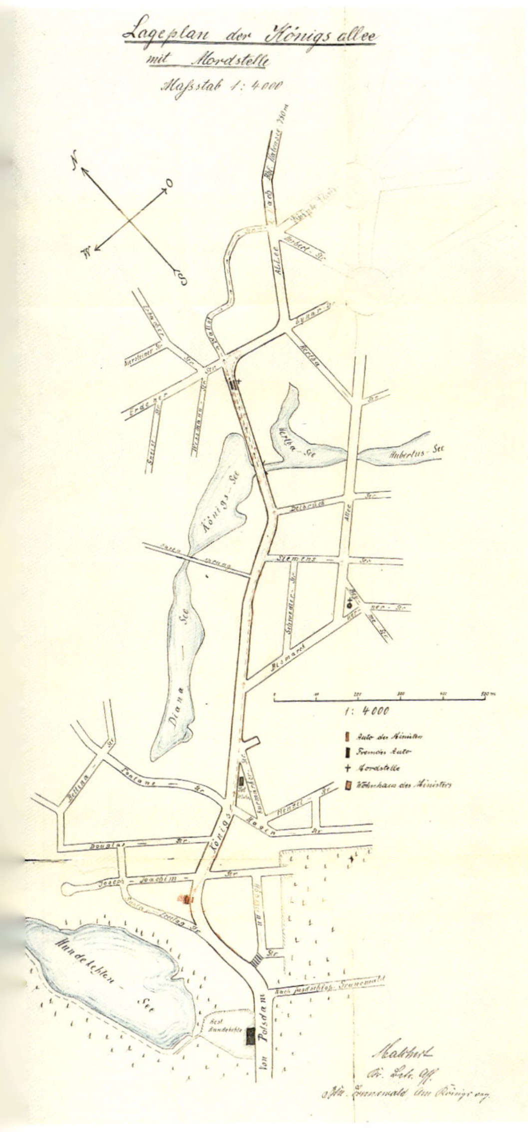

7/8

7/1
»Die Mörder Rathenaus«
Fahndungsplakat des Polizeipräsidenten von Berlin vom 30. 6. 1922
Offset
68 × 45 cm
Moskau, ZAS (567/1/2629, Bl. 28)

7/2
Bildnis des Arnold Ruge
Mit einem Schreiben des Reichskommissars für die Überwachung der öffentlichen Ordnung an den Sekretär Rathenaus vom 28. 2. 1922
Fotografie (alter Abzug); Typoskript
Foto: 6,8 × 3,1 cm;
Blatt: 14 × 18 cm
Bonn, Politisches Archiv AA
(R 27931, Bl. 99)

7/6

7/3
Titelblätter deutscher Tageszeitungen zur Ermordung Walther Rathenaus
a) »Reichsminister Rathenau ermordet.«
Vossische Zeitung vom 24. 6. 1922, Abendausgabe
Berlin: Ullstein Verlag
Zeitungsdruck
62 × 48 cm
Bad Freienwalde, Oderland-Museum
b) »Minister Rathenau erschossen.«
B.Z. am Mittag vom 24. 6. 1922
Berlin: Ullstein Verlag
Zeitungsdruck
45,8 × 32 cm
Berlin, DHM, Archiv (Do. 86/260 I)
c) »Rathenau ermordet! Massen, haltet Euch bereit!«
Vorwärts vom 24. 6. 1922
Berlin: Vorwärts-Verlag GmbH
Offset
46 × 32 cm
Bonn, Archiv der sozialen Demokratie der Friedrich-Ebert-Stiftung (A 80 2595)
d) »Minister Rathenau ermordet!«
Berliner Lokal-Anzeiger vom 24. 6. 1922, Abendausgabe
Zeitungsdruck
47 × 32 cm
Bad Freienwalde, Oderland-Museum
e) »Minister Rathenau ermordet.«
Die Zeit vom 24. 6. 1922
Zeitungsdruck
47 × 38 cm
München, Bayerisches Hauptstaatsarchiv, Abt. V (Slg. Personen, Nr. 3175)
f) »Außenminister Dr. Rathenau ermordet.«
Deutsche Allgemeine Zeitung vom 24. 6. 1922, Abendausgabe
Berlin: Scherl-Verlag
Zeitungsdruck
62 × 47 cm
Bad Freienwalde, Oderland-Museum

7/4
Vier Plakatanschläge der Münchner Neuesten Nachrichten zum Mord an Walther Rathenau
a) »Minister Dr. Rathenau erschossen« (24. 6. 1922)
b) »Wichtige Verhaftung zum Rathenau-Mord.« (29. 6. 1922)
c) »Die Rathenau-Mörder« (18. 7. 1922)
d) »Urteil im Rathenau-Mordprozeß« (14. 10. 1922)
München: Knorr & Hirth GmbH
Zeitungsdruck
je 33 × 44 cm
München, Bayerisches Hauptstaatsarchiv, Abt.V (Slg. Personen, Nr. 3175)

7/5
»Die Ermordung Rathenau's. Die Mordstelle (X) an der Ecke der Königsallee und Erdenerstr. in Berlin-Grunewald.«
Fotografie (alter Abzug)
11,7 × 17,3 cm
Berlin, DHM, Fotoarchiv (F 55/677)

7/6
»Lageplan der Königsallee mit Mordstelle«
M 1:4000
kolorierte Federzeichnung
66 × 31,5 cm
Moskau, ZAS (567/1/2590, Bl. 24)

7/7
Das Fahrzeug der Attentäter
Fotografie (alter Abzug)
10 × 19,3 cm
Moskau, ZAS (567/1/2617, Bl. 103)

7/8
Polizeiliches Ermittlungsfoto vom 17. 7. 1922: Die Leichen der Rathenaumörder Kern und Fischer
Fotografie (alter Abzug)
16,3 × 22,3 cm
Moskau, ZAS (567/1/2629, Bl. 27)

7/9
»Die Angeklagten im Rathenau-Prozeß.«
Titelblatt des Welt-Spiegel. Illustrierte Wochenschrift des Berliner Tageblatts vom 13. 10. 1922
Offsetdruck
40 × 29,3 cm
New York, Leo Baeck Institute (AR 7175, Coll. Carl Beyth, loc. A 15/8)

7/10
»Die einzige erzielte Momentaufnahme vom Mordprozeß Rathenau.«
Blick auf die Anklagebank
Fotografie (Reproduktion)
16,8 × 22,7 cm
München, Bayerisches Hauptstaatsarchiv, Abt.V (Fotosammlung)

7/11
Verhandlungsleiter Hagens und Anklagevertreter Ebermayer während des Rathenau-Prozesses in Leipzig
Fotografie (Reproduktion)
16,4 × 22 cm
München, Bayerisches Hauptstaatsarchiv, Abt.V (Fotosammlung)

7/12
»Vergiftung der Angeklagten des Rathenau-Prozesses?«
Extrablatt der Leipziger Abendpost vom 7. 10. 1922
34,5 × 22,4 cm
Leipzig: Edgar Herfurth & Co.
Zeitungsdruck
München, Bayerisches Hauptstaatsarchiv, Abt. V (Slg. Personen, Nr. 3175)

7/13
»Organisation C und Rathenau-Mord.«
Titelblatt des Vorwärts vom 4. 10. 1922
Berlin: Vorwärts-Verlag GmbH
Zeitungsdruck
43,5 × 30 cm
München, Bayerisches Hauptstaatsarchiv, Abt.V (Slg. Personen, Nr. 3175)

7/14
»Brigade Ehrhardt marschiert!«
Plakat
Lithographie
96 × 67 cm
Berlin, DHM, Plakatsammlung

7/15
Stahlhelm eines Angehörigen der Marinebrigade Ehrhardt
Stahl, Eisen, Leder
17 × 23,2 × 31,3 cm;
Gewicht: 1220 g
Berlin, DHM, Abt. Militaria

7/16
Organisationsschema der »Organisation Consul«
Von dem OC-Mitglied Herbert Müller am 8. 9. 1921 angefertigt
Fotoreproduktion einer Handzeichnung
17 × 19,4 cm
Freiburg, Staatsarchiv (Staatsanwaltschaft Offenburg 1984/153, Nr. 149, Bl. 25)

7/17
Verzeichnis der Oberbezirks- und Bezirksleiter der »Organisation Consul« vom 8. 9. 1921
Fotoreproduktion eines Typoskripts
29 × 19 cm
Freiburg, Staatsarchiv (Staatsanwaltschaft Offenburg 1984/153, Nr. 149, Bl. 24)

7/18
Briefbogen der »Bayerischen Holz-Verwertungs-Gesellschaft m.b.H. München Trautenwolfstr. 8«
München 1920/21
29,8 × 22,8 cm
Freiburg, Staatsarchiv (Staatsanwaltschaft Offenburg 1984/153, Nr. 108, Bl. 9)

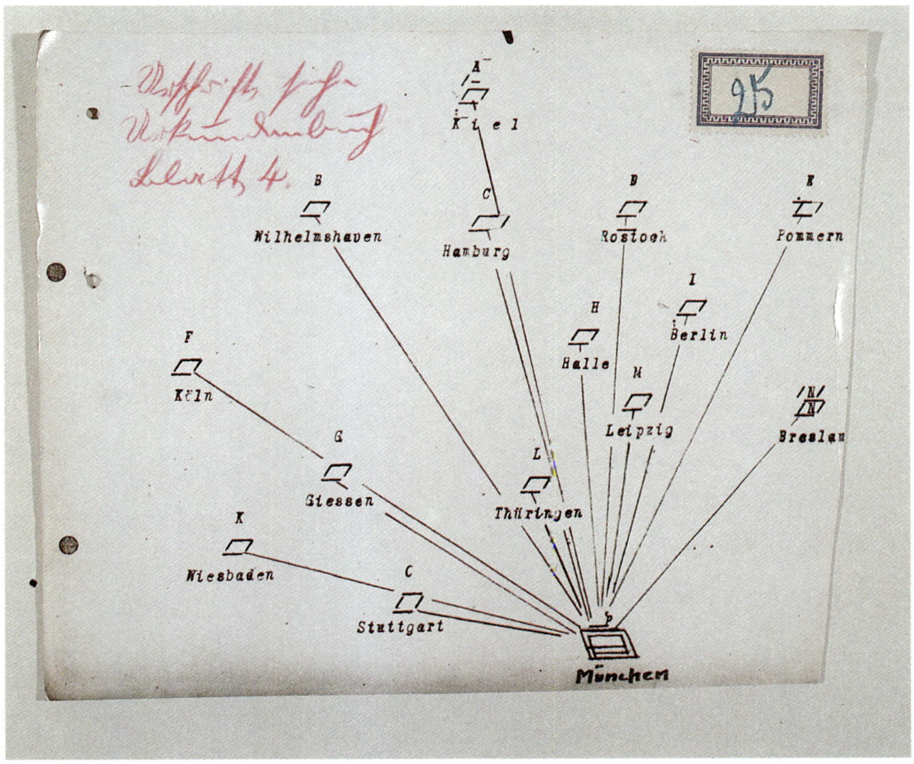

7/10
7/16

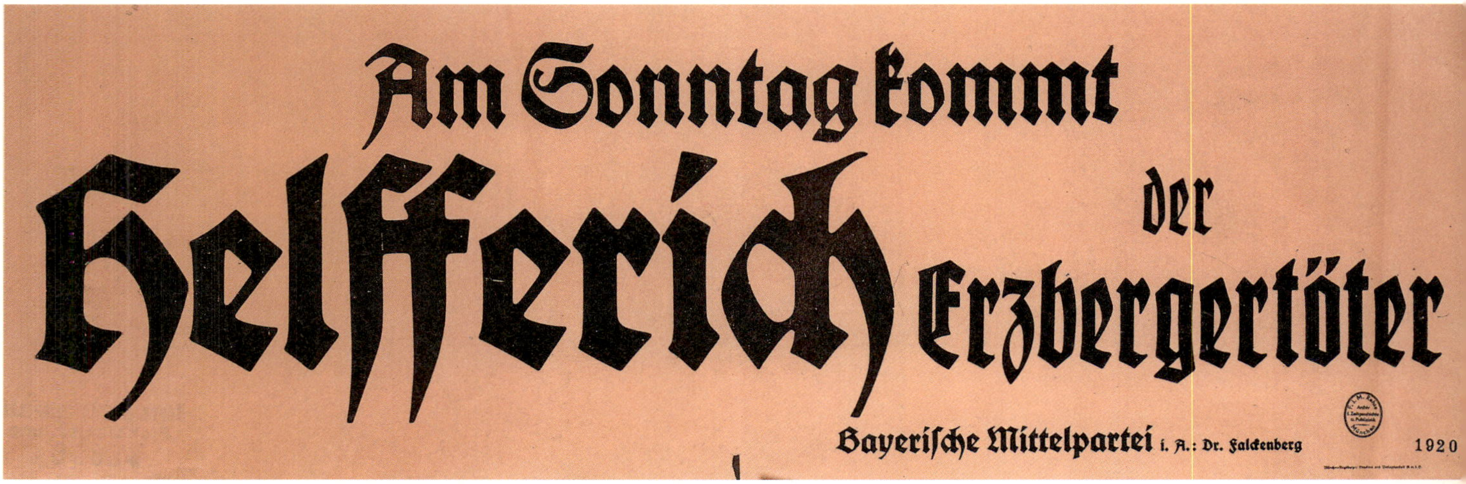

7/19
Rundschreiben der Leitung der »Organisation Consul« an die Bezirksleiter vom 7. 7. 1921
Eine chiffrierte und eine dechiffrierte Fassung des Briefes
Typoskripte
je 33 × 21 cm
Freiburg, Staatsarchiv (Staatsanwaltschaft Offenburg 1984/153, Nr. 149, Dok. 7)

7/20
»Wershoven Deutsche Orthographie«
Liliput-Wörterbuch
Verlag Schmidt und Günther
Leipzig o.J.
614 Seiten
Buchdruck (zwei Exemplare)
je 4,7 × 3,4 × 1,2 cm
Freiburg, Staatsarchiv (Staatsanwaltschaft Offenburg 1984/153, Nr. 149)

7/21
»Erzberger der Reichsverderber!«
Heinrich Frenzel
Theodor Thomas Komm.-Gesch. Kommissionsbuchhandlung
Leipzig 1919
72 Seiten, Buchdruck
22,5 × 14,7 cm
Berlin, Landesarchiv (Rep. 58, Acc. 399, Nr. 69, Bd.VIII, Bl. 268)

7/22
Einladung der Deutschnationalen Volkspartei Berlins zu den »Erzberger-Versammlungen« am 16. 9. 1919
11 × 14,5 cm
Berlin, DHM, Archiv (Do. 77/174 I)

7/23
Bildnis des Karl Helfferich
Bildunterschrift: »Reichsfinanzminister a.D. Helfferich wurde im Prozeß Erzberger-Helfferich zu 300 Mark Geldstrafe verurteilt.«
Fotografie (alter Abzug)
22,5 × 16 cm
München, Süddeutscher Verlag – Bilderdienst

7/24
»Am Sonntag kommt Helfferich der Erzbergertöter«
Plakatanschlag der Bayerischen Mittelpartei
München 1920
Offset
32,5 × 96 cm
München, Bayerisches Hauptstaatsarchiv, Abt.V (Plakatsammlung 8890)

7/25
»Mord Erzberger!«
Fahndungsplakat nach den Attentätern Heinrich Schulz und Heinrich Tillessen vom 11. 11. 1921
Buchdruck
62 × 47 cm
München, Bayerisches Hauptstaatsarchiv, Abt.V (Plakatsammlung 1309)

Plakat anläßlich des Mordes an Rathenau
45

7/24
7/29

7/26
»Zum Anschlag auf Oberbürgermeister Scheidemann vom 4. Juni 1922«
Plakat mit Abbildung der Tatwerkzeuge und der Aussetzung einer Belohnung von 50.000 Mk. für Hinweise zur Ergreifung der Täter
Kassel: Gebrüder Gotthelft
Buchdruck; Lithographie
60,5 × 42,5 cm
Berlin, DHM, Plakatsammlung (P 87/221)

7/27
»Knüppelt die deutschnationale Mörderbande nieder!«
Titelblatt der Volksstimme vom 26. 6. 1922
Zeitungsdruck
47 × 31,5 cm
München, Bayerisches Hauptstaatsarchiv, Abt.V (Slg. Personen, Nr. 3175)

7/28
»His Masters Voice! Rathenau†.«
Titelblatt des Notenkraker. Sonntagsblatt von Het Volk und Voorwaarts vom 1. 7. 1922
Entwurf: Leo Jordaan
Schwarzweißdruck
26,7 × 24,5 cm
Dortmund, Institut für Zeitungsforschung

7/29
»Das Deutsche Kaiserreich ist die Sehnsucht unsrer Zukunft (Helfferich im Reichstag, 22. VI)«
Vorlage für ein Plakat anläßlich des Mordes an Rathenau
George Grosz (1893–1959)
In: ders.: Abrechnung folgt!
57 Politische Zeichnungen, S. 45
Malik-Verlag
Berlin 1923
Buchdruck
24,7 × 18,3 cm
Berlin, DHM, Bibliothek

7/21

Als am Nachmittag des 24. Juni 1922 im Reichstag, der zu einer planmäßigen Sitzung zusammengetreten war, die Nachricht vom Attentat auf Walther Rathenau bekannt wurde, war die Empörung groß. Harry Graf Kessler, der selbst in einer ersten Reaktion notiert hatte: »Jetzt muß der Reichstag aufgelöst und endlich mit den Mördern von der Rechten wie Helfferich usw. abgerechnet werden. Helfferich ist der Mörder, der wirkliche, verantwortliche«, berichtet von der Sitzung (7/31): »Als ich in die Tribüne trat, war unten ein großer verworrener Lärm und Aufruhr. Die Linke war auf die Rechte eingedrungen…« (Kessler: Tagebücher, S. 336)

Nachdem die Ruhe hergestellt war, hielt Reichstagspräsident Paul Löbe eine spontane Trauerrede. Löbe beschwor die Gefahr, in der die Republik durch dieses und die vorausgegangenen Attentate geraten sei, und wandte sich polemisch gegen »die, die dazu anreizen, (…) die, die frühere Anschläge, wenn sie nicht gelangen,
7/30 mit Spott und Hohn begleiteten, (…) die, die nach den gelungenen Anschlägen noch das Andenken der Opfer zu besudeln wagten«. Löbe äußerte den Verdacht, daß hinter den Mördern »eine Organisation von Mördern« stehe.

Im Anschluß an Löbe sprach Reichskanzler Joseph Wirth. Wirth appellierte an die Abgeordneten, das »Werk, das (Rathenau) sich vorgesetzt hat, die Rettung des deutschen Volkes unter der Staatsform der Republik, (…) durch diesen Mord und durch diesen Tod« nicht zu unterbrechen, sondern fortzuführen. Gegen die Gegner der Republik gewendet rief er aus, daß »von dem Tage an, wo wir unter den Fahnen der Republik aufrichtig diesem neuen Staatswesen dienen, (…) mit Millionengeldern ein fürchterliches Gift in unser Volk geleitet« werde: »Es bedroht von Königsberg bis Konstanz eine Mordhetze unser Vaterland«. Die beiden Reden wurden auf Beschluß des Reichstags auf Plakate gedruckt, die überall in Deutschland öffentlich angeschlagen wurden (7/30).

Zur Ermordung Dr. Rathenaus!

Reden des Reichstagspräsidenten Loebe und des Reichskanzlers Dr. Wirth in der 234. Sitzung des Deutschen Reichstages.

„Der Reichstag hat beschlossen, die aus Anlaß der ruchlosen Ermordung des Außenministers Dr. Rathenau in der Trauersitzung des Reichstags vom 24. Juni gehaltenen Reden des Reichstagspräsidenten Loebe und des Reichskanzlers Dr. Wirth im ganzen Deutschen Reiche öffentlich anschlagen zu lassen."

Reichstagspräsident Loebe führte aus:

Deutsche Reichstagsabgeordnete!

Was diese Szene hier hervorruft, ist eine Tat von so ungeheurer Grausamkeit und Roheit, daß sie uns das Blut in den Adern erstarren macht.

Heute vormittag ist — es ist Ihnen allen bekannt —

Reichsminister Rathenau,

als er in seinem Kraftwagen seine Wohnung verließ, von einem anderen Wagen aus

durch Schüsse meuchlings ermordet worden.

Der Mann, der sein privates Leben, seine privaten Neigungen, seine Ansprüche, seine Ruhe aufgab, um

der Deutschen Republik nach bestem Wissen zu dienen!

Nicht aus eigenem Entschluß, nicht aus Ehrgeiz hat er dieses Amt übernommen, sondern nach langen, vielen Bitten der Herren, die heute unsere Regierung sind. So oft ich Herrn Rathenau habe sprechen hören: auch in der schärfsten Polemik **ist nie ein unsachliches Wort über seine Lippen gekommen.**

Und er erlag der Mörderhand.

Ich brauche der Trauer und dem Entsetzen, das uns alle bewegt, nicht Ausdruck zu geben, nicht der Verachtung für die Elenden, die dieses Werk vollbracht haben.

Aber es steht mehr auf dem Spiel: **(Mit erhobener Stimme): Auf dem Spiel steht das deutsche Land, das deutsche Volk, die deutsche Republik!**

Die Täter haben Gehilfen, haben Spießgesellen gehabt, haben eine Organisation von Mördern gehabt, sie haben eine Organisation von Mördern hinter sich, die sie schützen, und die sie für ihre Taten unterhalten. (Sehr richtig!) **Anders wäre es nicht möglich gewesen. Das Blut des Ermordeten, es fällt auf die Täter** (sehr wahr!), **es fällt auf die, die dazu anreizen, es fällt auf die, die frühere Anschläge, wenn sie nicht gelangen, mit Spott und Hohn begleiteten, es fällt auf die, die nach den gelungenen Anschlägen noch das Andenken der Opfer zu besudeln wagten.**

Meine Damen und Herren! Seit zwei Jahren, seitdem Sie mich auf diesen Platz berufen haben, habe ich versucht, mein Amt unparteiisch zu erfüllen. Aber aus dieser Unparteilichkeit heraus muß ich sagen: Dieser Stuhl (Reichstagspräsident Loebe deutet auf den mit einem Trauerflor geschmückten Stuhl des Reichsministers Dr. Rathenau), dieser Stuhl stände nicht leer, diese Tat wäre nicht geschehen **ohne die grenzenlose und maßlose Hetze gegen die Männer, die an der Spitze der Regierung stehen.** (Stürmisches Sehr wahr!)

Wie hat eine gewisse Presse gehetzt und gehöhnt, als das Attentat auf Scheidemann mißlang, gehöhnt bis auf den Augenblick, bis heute, wo es gelungen ist. Und es scheint keinen Schutz dagegen zu geben! Die Mörder hatten Helfer, die sie haben verschwinden lassen, sie haben Helfer, die sie immer wieder aufs neue beschützen. Und einer nach dem andern von uns erliegt der kaltblütigen Mörderhand. Neben uns sinkt ein Freund nach dem andern dahin.

Meine Damen und Herren! Dieses Mal hat der Mordstahl einen Mann getroffen, der begabt und geeignet schien, die Fäden wieder anzuknüpfen, die der Krieg zerrissen hat; und er hatte die ersten schwachen Erfolge. Aber diese Stunde gibt mir nicht die Ruhe, sein Leben zu überschauen und zu würdigen.

Sie haben durch Ihr Erheben den Dank dem Manne ausgesprochen, der lauter und ehrlich unserm Lande und unserm Volke diente. Sie haben das Beileid bezeugt der betagten Mutter, denen deutsche „Patrioten" den toten Sohn vor die Füße legten.

Möge unser Volk auch diesen furchtbaren Sturm überwinden!

Als Präsident Loebe geendet hatte, rief Abg. Wels: **„Es lebe die Republik!"** In diesen Ruf stimmen die gesamte Linke sowie die Tribünen ein. Minutenlanges „Bravo!" und Händeklatschen im Saal und auf den Tribünen. Von der äußersten Linken ertönten stürmische Rufe: „Nieder mit den Mördern!" Von der Tribüne des Hauses rief der unabhängige Landtagsabgeordnete Meier in den Saal hinab: „Sie sollen nicht glauben, daß der Mord ungesühnt bleibt!"

Die Reichstagsrede des Reichskanzlers Dr. Wirth aus Anlaß der Ermordung des Reichsministers Dr. Rathenau lautet:

Meine Damen und Herren!

Die Reichsregierung schließt sich den ehrenden Worten, die der Herr Präsident für den

schmählich ermordeten Reichsminister Dr. Rathenau

zu sprechen die Güte hatte, von ganzem Herzen an. Ich darf einen bedeutsamen Vorgang in Ihre Erinnerung zurückrufen. Wenige Wochen sind vergangen, **da versammelten sich im Palast San Giorgio in Genua die Vertreter aller Nationen zu der Schlußsitzung der Konferenz.** Es war ein großer, **denkwürdiger Augenblick.** An unserem Ohr rauschten die Reden der Staatsmänner vieler Staaten vorbei. **Da erhob sich unser Freund, Herr Dr. Rathenau. Aus seinem Munde quollen Perlen edler Worte! Getragen von größter humanitärer Gesinnung hat er Worte der Verständigung, die ausgehen von den Tatsachen der wirtschaftlichen Nöte der Welt und der Weltverschuldung, in den Saal hineingesprochen in seiner edlen, vornehmen Ruhe, die die Herzen auch derer, die uns vielleicht bis dahin stark abgeneigt gegenüberstanden, geöffnet hat. Man hat seine Worte im Palazzo San Giorgio wohlverstanden und ein nie gesehener, rauschender Beifall aller anwesenden Frauen und Männer dankte dem Manne, der über die Grenzpfähle seiner Nation hinaus der Welt den Weg zur wirtschaftlichen Verständigung und damit zum Frieden mit bewegtem Herzen gewiesen hat.**

Nun liegt er tot vor uns. Seinen Platz schmückt ein umflortes Rosenbukett.

Er fiel nicht für sein Volk, er fiel um die Menschen Versöhnung zu lehren. Mit erhobener Stimme: Aber wehe denen, die dieses große Werk der Versöhnung der Nationen mit diesem Morde störten.

Das Werk darf nicht unterbrochen werden.

Wir müssen dieses Werk, das wir unter schweren Nöten begonnen haben, fortsetzen.

Es ist auch das Werk der Rettung unseres Volkes, es ist das Werk der Rettung von ganz Europa.

Wir sind Herrn Dr. Rathenau nähergestanden: wir nannten ihn unseren Freund. Ich darf in Ihrer Mitte aufrichtig sprechen. Gewiß hat Herr Dr. Rathenau viele Gegner gehabt. Ich weiß nicht, woraus die Gegnerschaft geflossen ist. Aber von dem Augenblick an, wo er öffentlich in den Dienst des deutschen Volkes und in den Dienst der deutschen Republik getreten ist, da hatte er nicht nur Feinde, da hatte er Todfeinde! (Zustimmungsruf links: Ruf Helfferich!)

Meine Damen und Herren!

Dieses Werk, das er sich vorgesetzt hat, die Rettung des deutschen Volkes unter der Staatsform der Republik, darf durch diesen Mord und diesen Tod nicht unterbrochen werden. Im Gegenteil, alle wahren Republikaner Deutschlands, die und alle, die es gut meinen mit ihrem Vaterlande und ihrem Volke, werden aus diesem Tod die größte Kraft schöpfen, um denen einen Damm entgegenzusetzen, die unserem Volke Verwirrung und Tod bereiten wollen.

Insbesondere geht

mein Mahnruf an die Arbeiterschaft ganz Deutschlands.

Die Arbeiterschaft hat in bitteren Tagen, wo das Chaos über uns hinwegging,

keinem, der der alten Gewalt treu geblieben ist,

auch nur ein Haar gekrümmt. (Stürmische Zustimmung bei den soz. Parteien.) Ich bin ihr dankbar dafür, und so soll es auch in Zukunft bleiben. Nennen Sie einen pronozierten Vertreter rechtsgerichteter Auffassung in deutschen Landen, dem auch nur ein Haar gekrümmt worden ist.

Aber von dem Tage an, wo wir unter den Fahnen der Republik aufrichtig diesem neuen Staatswesen dienen, wird mit Millionengeldern ein fürchterliches Gift in unser Volk geleitet. Es bedroht von Königsberg bis Konstanz eine Mordhetze unser Vaterland, dem wir unter Aufgebot aller unserer Kräfte dienen. Da schreien sie es hinaus in großen Versammlungen, daß das, was wir tun, ein Verbrechen am Volk wäre; da wird nach dem Staatsgerichtshof geschrien und dann wundert man sich, wenn verblendete Buben nachher zur Mordwaffe greifen. Unser toter Freund, den wir kannten, und den zu kennen ich mehr als zwei Jahre die Ehre hatte — ich glaube, ich kann meine Kollegen alle zu Zeugen anrufen —, **hat gegen die, die ihn seiner Rasse wegen schmählich angegriffen haben, die ihn weiter angegriffen haben**

als Diener der Republik und als Bahnbrecher einer wahren Verständigung der Völker,

nie ein scharfes Wort gesprochen. Niemals kam über seine Lippen, weder im Kabinett, noch im Freundeskreise, noch in Gesprächen unter vier Augen auch nur ein böses Wort gegen seine Feinde. **Er hat nicht nur verziehen mit den Lippen, er hat auch im Herzen allen denen verziehen, die ihn in den letzten Monaten und Jahren geschmäht hatten.** Er war eine kindliche Seele. Noch gestern mittag hat er ihm neuerdings angebotenen Schutz unter allen Umständen abgelehnt.

Er traute niemandem eine derartige Tat zu und hat noch in diesen Tagen den Gedanken, daß man ihm nach dem Leben trachten könne, als unmöglich abgetan.

Meine Damen und Herren!

Nachdem die Reichsregierung in

Dr. Rathenau einen unermüdlich für das Wohl des Vaterlandes besorgten und verdienstvollen Staatsmann, einen Freund und das deutsche Volk einen großen Sohn verloren hat, wollen wir aus dieser Tat,

aus dieser entsetzlichen Schandtat,

die wir beweinen und betrauern, angesichts der ungeheuren, beispiellosen Hetze in einem Teil der Oeffentlichkeit, in aller Nüchternheit und bei aller Verantwortung doch das Eine lernen, geehrte Herren von rechts, so wie es bisher gegangen ist, geht es nicht mehr in Deutschland. (Stürmischer andauernder Beifall und langanhaltendes Händeklatschen im Saal und auf sämtlichen Tribünen.)

Mahnend und flehend habe ich im letzten Jahre in Biberach am Grabe eines ebenfalls schmählich Ermordeten gerufen: Sorgt in deutschen Landen dafür, daß die Mordatmosphäre allmählich zurückgeht! Der Mahnruf war vergebens. Arbeiter aller Parteien und insbesondere Sie, Vertreter einer wirklich freiheitlichen bürgerlichen Auffassung, schützt die Republik und unser teures, geliebtes deutsches Vaterland! An das ganze deutsche Volk, an alle Parteien richte ich erneut den dringenden Appell, dahin zu wirken, daß unser Land vor weiteren Erschütterungen bewahrt bleibt. Die Reichsregierung wird das tun, was ihre Pflicht ist! (Anhaltender stürmischer Beifall und Händeklatschen auf der Linken und in der Mitte, ebenso auf den Tribünen.)

Rotationsdruck: Thüringer Verlagsanstalt und Druckerei G. m. b. H., Jena. Fernsprecher 185 und 187.

7/38

Der Reichskanzler kündigte Maßnahmen der Reichsregierung an, die am gleichen Abend noch in einer zusätzlich einberufenen Sondersitzung bekannt gegeben wurden. Diese *Verordnung zum Schutz der Republik*, die auf der Basis des Notverordnungsrechts vom Reichspräsidenten erlassen worden war, wurde ab Anfang Juli im Reichstag als Gesetzesvorlage beraten und schließlich am 18. Juli mit einer überwältigenden Mehrheit von 303 gegen 102 Stimmen verabschiedet. Im Zentrum des *Gesetzes zum Schutz der Republik* stand die Einrichtung eines Staatsgerichtshofs zum Schutze der Republik beim Reichsgericht in Leipzig, vor dem der Prozeß gegen die Rathenau-Attentäter verhandelt wurde. Für die Mitgliedschaft in antirepublikanischen Organisationen, aber auch für Personen, die solche Organisationen »mit Rat und Tat, insbesondere mit Geld« unterstützen, wurden erhebliche Strafen vorgesehen.

Am Tag nach dem Attentat fand um zwölf Uhr erneut eine Reichstagssitzung statt, die Gelegenheit zur Aussprache über die am Tag zuvor erlassene Notverordnung gab. Kessler, der auch bei dieser Sitzung anwesend war, berichtet: »Da stand Wirth auf. Wie es schien, nur zu einer kurzen Bemerkung. Obwohl das Haus leer sei oder gerade deshalb, wolle er den Augenblick benutzen, um etwas nachzuholen, was er gestern nicht in gebührender Weise habe ausführen können. Und dann begann er, während sich das Haus füllte, mit warmen Worten des Nachrufs und der Trauer über Rathenau und stieg dann auf zu einer Rede«, die ihren Höhepunkt in dem Ausruf fand: »Da steht der Feind, der sein Gift in die Wunden eines Volkes träufelt, da steht der Feind, und darüber ist kein Zweifel: Dieser Feind steht rechts!« (7/32)

Am Vormittag desselben Tages hatte im Lustgarten eine Demonstration stattgefunden, bei der zweihunderttausend Teilnehmer gezählt wurden (7/40). Auch in anderen deutschen Städten wurden in den folgenden Tagen Trauerkundgebungen und Protestversammlungen veranstaltet (7/33, 7/38, 7/39); die Parteien, allen voran die SPD, riefen in zahllosen Flugblättern zu enger Zusammenarbeit der Arbeiterschaft mit der Regierung auf (7/41, 7/42).

Am 27. Juni fand im Reichstag die Trauerfeier vor der Beisetzung Rathenaus statt (7/34, 7/35). »Der Sarg«, so noch einmal Kessler, »stand erhöht aufgebahrt hinter dem Rednerpult unter einem mächtigen schwarzen Baldachin, der von der Decke hing. Der Saal war schwarz ausgeschlagen und mit einem wahren Meer von Blumen und Blattpflanzen geschmückt. (…) Mittelpunkt und alles durch seine Größe und seinen Ernst beherrschend, war unter einer mächtigen Reichsflagge mit dem Reichsadler der Sarg (…). Die Musik, die hinter dem Sarge in der Vorhalle unsichtbar aufgestellt war, spielte die Egmont-Ouverture, (…) und dann sprach Ebert, vor den Sarg hintretend, sehr leise, vor Bewegung kaum hörbar, aber schön. (…) Dann spielte die unsichtbare Musik den Trauermarsch aus der ›Götterdämmerung‹ auf den erschlagenen Siegfried, und dieses war gewiß gefühlsmäßig der Höhepunkt der Feier im Saal.«

Der Eindruck, an einer entscheidenden Wende zu stehen, war allgemein. In der *Vossischen Zeitung* (7/3a) hatte Georg Bernhard in einem ersten Kommentar »die Schüsse, die (…) draußen im Grunewald Walther Rathenau tödlich trafen«, als »Alarmschüsse« bezeichnet und Harry Graf Kessler war der Überzeugung, daß »ein neuer Abschnitt der deutschen Geschichte (…) mit dieser Mordtat« beginnt, »oder (…) doch mit ihr beginnen« sollte. Am selben Abend jedoch, an dem Kessler, nur zehn Tage nach dem Attentat, auf einer Veranstaltung des *Deutschen Friedenskartells* im Lehrer-Vereinshaus am Alexanderplatz über »Mordhetze, Nationalismus und Erziehung« sprach (7/45), wurde Maximilian Harden von zwei Attentätern, die rechtsradikalen Organisationen angehörten, überfallen und schwer verletzt (7/46).

MARTIN SABROW

7/30
»Zur Ermordung Dr. Rathenaus!«
Plakatanschlag der Reichsregierung mit den Reden des Reichstagspräsidenten Löbe und des Reichskanzlers Wirth vom 24. 6. 1922
Jena: Thüringer Verlagsanstalt und Druckerei GmbH
Buchdruck
46,5 × 62 cm
Berlin, DHM, Plakatsammlung (P 74/3995)

7/31
Einlaß-Karte zur Sitzung des Deutschen Reichstags vom 24. 6. 1922
Mit einem handschriftlichen Vermerk Harry Graf Kesslers: »Tag der Ermordung Rathenaus. Abendsitzung.«
9 × 11 cm
Marbach a.N., SNM, DLA (Nachlaß Kessler 68. 447/21)

7/32
»Gegen den politischen Mord!«
Broschüre mit den Reden der Reichstagssitzung vom 25. 6. 1922
Schwerin: W. Sandmeyer
31 Seiten, Buchdruck
20 × 15,7 cm
Berlin, DHM, Archiv (Do. 55/634)

7/33
»Trauerkundgebung für Reichsminister Dr. Walter Rathenau im Nibelungensaal«
Plakat der DDP Mannheim-Ludwigshafen
Mannheimer Vereinsdruckerei
Buchdruck
68 × 43 cm
München, Bayerisches Hauptstaatsarchiv, Abt.V (Plakatsammlung 8465)

Juli 22.

Der Mord an Rathenau und die Pflicht der Arbeiterklasse!

Vor wenigen Wochen wurde **Walter Rathenau** von Mitgliedern der schwarzweißroten Mördergilde wie ein wildes Tier abgeschossen.

Noch ist kein Jahr vergangen, als **Erzberger**, der als Reichsfinanzminister mit Steuergesetzen dem Geldsack energisch zu Leibe gehen wollte, von derselben Clique zur Strecke gebracht wurde.

Als nächster Kandidat stand **Philipp Scheidemann** auf der Liste.

Hatte sich nach dem Tode Erzbergers die Freude der deutschnationalen Kreise in wahren Orgien ausgetobt, so versuchte dieselbe Gesellschaft in höhnischen Episteln ihre wahre Meinung über das Attentat an Scheidemann zu verbergen.

Es wurde weiter gehetzt. Der nächste mußte an die Reihe kommen. Als zunächst letztes Opfer ist Rathenau den Mordbuben des deutschvölkischen Flügels der Deutschnationalen zum Opfer gefallen.

Mit grausiger Pünktlichkeit fallen die Opfer der deutschnationalen Hetze.

Um die Republik zu stürzen und die Monarchie als Paradies der kaiserlichen Offiziere und der Junker wieder aufzurichten, werden Minister und führende Männer sozialdemokratischer und republikanischer Parteien mit dem Tode bedroht und erschossen. Diese abscheulichen, sich immer wiederholenden Morde an angesehenen Führern der Republik mußten den Haß gegen die Mörder und die Partei, die sie züchtet, steigern und vermehren. **In gewaltigen, von Leidenschaft beseelten Demonstrationen trat die Arbeiterschaft gegen ihre alten Todfeinde auf den Plan.** Entschlossen zum Kampf auf Leben und Tod verlangten die Millionen:

Bis hierher und nicht weiter!

Doch wenn dieses einmütige Verlangen auch Tat werden soll, dann müssen wir der Arbeiterschaft heute zurufen: „Wenn es wie bisher nicht weiter gehen soll, dann besinnt Euch auf Eure Pflicht und tretet ein in die politische Organisation, in die Ihr gehört. **Während bürgerliche Männer für die Republik ihr Leben in die Schanze schlagen, steht Ihr Arbeiter gleichgültig außerhalb der Reihen der organisierten Genossen und laßt den Dingen ihren unheilvollen Lauf".**

Jahrzehntelang hat die deutsche Arbeiterklasse zäh und unermüdlich Monarchie, Junkersippe und Dreiklassenschmach bekämpft. Die Republik gehörte damals zum Fundament unseres Programms. Heute ist die Monarchie zum Teufel und die Republik lebendige Gegenwart. Heute sind die Rollen vertauscht und Junker und Monarchisten gehen auf der ganzen Linie zum Angriff auf die Republik vor. Nicht mit geistigen Waffen wie ehemals unsere Partei, sondern mit Revolvern, Gift und Handgranaten kämpfen jene Elemente um die Wiederaufrichtung der verlorengegangenen Herrschaft.

In diesem gewaltigen Ringen stehst Du Arbeitsgenosse gleichgültig und müde, verärgert und verdrossen beiseite und kämpfst nicht mit!

Du schimpfst gelegentlich auf die Männer in der Regierung und schiebst ihnen die Schuld am Versagen der Republik in die Schuhe. Doch mit Schimpfen und der Beteiligung an einer Demonstration, wenn wieder einer gefallen ist, kommen wir nicht weiter.

Den Männern an der Spitze der Republik sind die Hände nicht frei, wenn hinter ihrem Rücken die Arbeiterschaft sich gegenseitig bekämpft, zersplittert und zerfleischt.

Damit kommen wir auf die tieferen Ursachen der politischen Gleichgültigkeit vieler Arbeiter, die mit der unseligen Spaltung zusammenhängen. Um nicht alte Wunden aufzureißen, muß es vermieden werden, von neuem diesen Streit wieder aufzurollen.

Aber eine, die Gemüter aller Arbeiter bewegende Frage muß doch angeschnitten werden. Bisher wurde die **Koalitionspolitik der SPD.** als großes Hindernis für den Zusammenschluß einer einigen Arbeiterpartei bezeichnet. Sogar als Arbeiterverrat schlechtweg ist die gemeinsame Regierungstätigkeit der SPD. mit bürgerlichen Parteien bezeichnet worden.

Heute ist die gesamte Arbeiterschaft zum Kampf für die bürgerliche Republik bereit. Heute ehrt die Arbeiterschaft bürgerliche Politiker als Märtyrer der Republik. Heute ist die USP. bereit, in eine Koalitionsregierung einzutreten. Heute verlangt nicht einer der radikalsten Politiker die Einführung des politischen Rätesystems. Diese Tatsachen und

das Schicksal Erzbergers und Rathenaus muß heute jedem Arbeiter die Augen darüber öffnen, daß eine Koalition mit solchen bürgerlichen Männern im Kampf für die Republik für die Arbeiterschaft wahrlich keine Schande ist.

Es ist heute eine Lebensfrage für die Arbeiterbewegung, daß jeder Arbeiter, der mit jenem Vorurteil, daß Koalitionspolitik die Interessen der Arbeiterschaft schädige, **im stillen** schon längst **gebrochen** hat, auch freimütig die Konsequenz daraus zieht. Er muß dann den Schritt tun, der ihn in Reih und Glied in die politische Organisation seiner Klassengenossen einfügt.

Jeder Arbeiter muß Mitglied der Sozialdemokratischen Partei werden!

Als die Schreckenskunde von der Ermordung Rathenaus die Arbeiterschaft überraschte, verbündeten sich die freien Gewerkschaften und die sozialistischen Parteien zum Kampf für die Republik. **Auch die kommunistischen Arbeiter entdeckten plötzlich, daß die Verfassung von 1919 geschützt werden muß.** Diese Erkenntnis ging den kommunistischen Drahtziehern gegen den Strich. Unter „Einheitsfront", wie sie sie auffassen, verstehen diese Leute noch immer Bekämpfung und Verleumdung der Gewerkschaften und der sozialdemokratischen Parteien. Es ist deshalb nicht zu verwundern, wenn heute die Kommunisten die sich anbahnende **Verständigung zwischen der SPD. und der USP.** mit den unsinnigsten Schmähungen und Verdächtigungen herunterzureißen versuchen. Ihr trauriges Gewerbe

7/41

An die republikanisch gesinnte Bevölkerung

Arbeiter, Beamte, Angestellte!

In Sachsen arbeiten alle bürgerlichen Parteien daran die sozialistische Regierung zu stürzen, und damit die Republik und die Errungenschaft der Revolution zu erschüttern.

Statt Fortschritt und Weiterentwicklung soll der früher Obrigkeitsstaat wieder zur Geltung kommen.

Im Reiche treiben die **Deutschnationalen Mörderbanden ihr Unwesen.** Immer frecher erheben die Feinde der Republik ihr Haupt. Das scheußlichste Mittel,

den politischen Mord

predigen und verherrlichen diese „gesitteten" Leute als die „geistigen Waffen" zur Erreichung ihres Zieles:

Vernichtung der deutschen Republik und Aufrichtung der Monarchie

Das kann und darf nicht geschehen.

Die Ermordung des Ministers Rathenau sollte das Zeichen für die Gegenrevolution sein. Nicht genug, daß die Kriegshetzer dem deutschen Volke ungeheure Wunden geschlagen, schrecken sie nicht zurück vor neuen Schandtaten, sie bereiten den Bürgerkrieg vor.

Die Arbeiterschaft, das ganze Volk ist gewarnt.

Jetzt gilt es alles zu tun, diesem reaktionären Treiben ein Ende zu machen. **Die Sozialdemokratische Partei** war immer die wahre Vertreterin des arbeitenden Volkes, **die Sozialdemokratische Partei** ist jetzt auch die Schützerin der Republik. Ihre konsequente Politik, hat sich noch niemals richtiger erwiesen als in der Gegenwart.

Die Sozialdemokratische Partei ist die wahre Verfechterin der Interessen des schaffenden Volkes.

Sie bekämpft jede Gewaltpolitik, mag sie von der äußersten Rechten oder äußersten Linken kommen.

Die Sozialdemokratische Partei ist die stärkste Partei im Reiche und in Sachsen. Jeder freiheitlich und republikanisch gesinnte Volksgenosse muß sich der Sozialdemokratie anschließen, dadurch trägt er am besten zum Schutze der Republik bei.

Nur wenn die Republik gesichert, ist ein Wiederaufbau unserer Volkswirtschaft möglich.

Die wichtigste Waffe in diesem Kampfe ist

die Presse.

7/42

7/34
»Im Reichstagsgebäude während der Trauerfeier – Der Ansturm der Massen«
Ausgabe der Großen Berliner Illustrierten. Aktuelle Halbwochenschrift vom 1. 7. 1922
Zeitungsdruck
48,5 × 35 cm
München, Bayerisches Hauptstaatsarchiv, Abt.V (Slg. Personen, Nr. 3175)

7/35
»Karte zur Teilnahme an der Trauerfeier für den Reichsminister des Auswärtigen Dr. Walter Rathenau am Dienstag, den 27. Juni 1922, Mittags 12 Uhr, im Reichstagsgebäude.«
Buchdruck
11 × 17 cm
Marbach a.N., SNM, DLA (Nachlaß Kessler 68. 447/21)

7/36
Mathilde Rathenau verläßt zusammen mit Edith und Fritz Andreae das Haus Walther Rathenaus am Tage der Trauerfeier
Fotografie (alter Abzug)
18,2 × 12,6 cm
Bad Homburg, Günter Schilling

7/37
»Ich danke Allen Allen, die meinen unermeßlichen Schmerz mit mir gefühlt haben, aus tiefstem Herzen.«
Danksagung Mathilde Rathenaus für Beileidskundgebungen
Buchdruck
10,5 × 15,7 cm
Berlin, Staatsbibliothek PK, Handschriftenabteilung (2 l* 1918 (20), W. Rathenau, Bl. 25)

7/36

7/38
»Auf zum Schutz der Republik!«
Plakataufruf des Sozialdemokratischen Vereins München zu Kundgebungen am 26. 6. 1922
München: G. Wirl & Co.mbH
Buchdruck
140 × 93 cm
München, Bayerisches Hauptstaatsarchiv, Abt.V (Plakatsammlung 15062)

7/39
»Auf zum Generalstreik!«
Plakataufruf der drei sozialistischen Parteien, des Afabundes und des Gewerkschaftskartells Leipzig
Leipzig: Leipziger Buchdruckerei A.G.
Buchdruck
90 × 69 cm
München, Bayerisches Hauptstaatsarchiv, Abt.V (Plakatsammlung 15112)

7/40
»Gewaltige Massendemonstration gegen das Attentat an dem Minister Dr. Rathenau im Lustgarten in Berlin, am 25. 6. 22.«
Fotografie (Reproduktion)
18,3 × 22,7 cm
München, Bayerisches Hauptstaatsarchiv, Abt.V (Fotosammlung)

7/41
»Der Mord an Rathenau und die Pflicht der Arbeiterklasse!«
Berlin: Vorwärts-Verlag GmbH
Buchdruck
31,5 × 23,5 cm
Berlin, DHM, Archiv (Do. 56/1792)

7/42
»An die republikanisch gesinnte Bevölkerung«
Flugblatt der SPD Leipzig vom 27. 7. 1922
Leipzig: Freie Presse GmbH
Buchdruck
31,4 × 23,5 cm
Berlin, DHM, Archiv (Do. 57/404)

7/43
»Der Mord an Rathenau ist aufgeklärt. Was nun weiter?«
Flugblatt der KPD Berlin-Brandenburg von Anfang Juli 1922
Halle: Produktiv-Genossenschaft
Buchdruck
31,5 × 22 cm
Berlin, DHM, Archiv (Do. 57/402)

7/44
»An die Mörder! Männer oder Memmen!«
Sondernummer des Deutschen Volksblatts für Groß-Berlin vom 24. 6. 1922
Hg.: Wahlkreisverband 4 der DVP Berlin
29,2 × 22 cm
München, Bayerisches Hauptstaatsarchiv, Abt.V (Slg. Personen, Nr. 3175)

7/45
»Mordhetze, Nationalismus und Erziehung«
Einladung des Deutschen Friedenskartells zur Rathenau-Versammlung am 3. 7. 1922
Buchdruck
9 × 14 cm
Marbach a.N., SNM, DLA (Nachlaß Kessler 68. 447/21)

7/46
»100.000 Mk. Belohnung! Mordversuch an Maximilian Harden.«
Fahndungsplakat nach den Attentätern Herbert Weichardt und Walter Ankermann
Juli 1922
Berlin: Nauck & Hartmann
Zeitungsdruck
36,8 × 46,2 cm
Berlin, DHM, Plakatsammlung (P 64/386)

Sonnabend,
den 1. Juli 1922
Nummer 52

Erscheint
Mittwoch u. Sonnabend
Preis 3,— Mark

Die Große Berliner Illustrierte

AKTUELLE
HALBWOCHENSCHRIFT

Das Staatsbegräbnis Dr. Rathenaus

Der Sarg verläßt den Reichstag. Im Gefolge die greise Mutter Dr. Rathenaus, geführt vom Reichspräsidenten und Reichskanzler.

EPILOG

8 Versatzstücke der Rathenau-Rezeption

HANS WILDEROTTER

Die Reihe der Gedenkveranstaltungen für Walther Rathenau war keineswegs in den ersten Tagen und Wochen nach dem Attentat zu Ende. Am ersten Jahrestag, dem 24. Juni 1923, fand im Reichstag eine Gedenkveranstaltung statt, bei der Hugo Preuß, der Vater der Weimarer Verfassung, die Ansprache hielt (8/1, 8/2). Am gleichen Tag wurde Walther Rathenaus Haus in der Koenigsallee 65 dem Reich übergeben, um fortan als Gedenkstätte zu dienen. (8/4)
Die Stiftung ging auf ein Angebot zurück, das Mathilde Rathenau bereits im Oktober 1922 dem Reichskunstwart machte. Das Haus sollte »im wesentlichen so erhalten bleiben«, wie Walther Rathenau es bewohnt hatte, und insbesondere sollten »die im unteren Geschoss befindlichen Wohnräume und die Wohnräume des ersten Geschosses unberührt erhalten bleiben«. Das Haus solle »an bestimmten Tagen oder gegen bestimmten Ausweis der Besichtigung zugänglich sein«; im übrigen aber solle es »nicht nur als Sehenswürdigkeit aufgefaßt, sondern auch einer Stiftung oder öffentlichen Einrichtung dienstbar gemacht werden, die im Geiste« Walther Rathenaus tätig ist. Der große Speisesaal könne für Sitzungen genutzt werden.

8/1

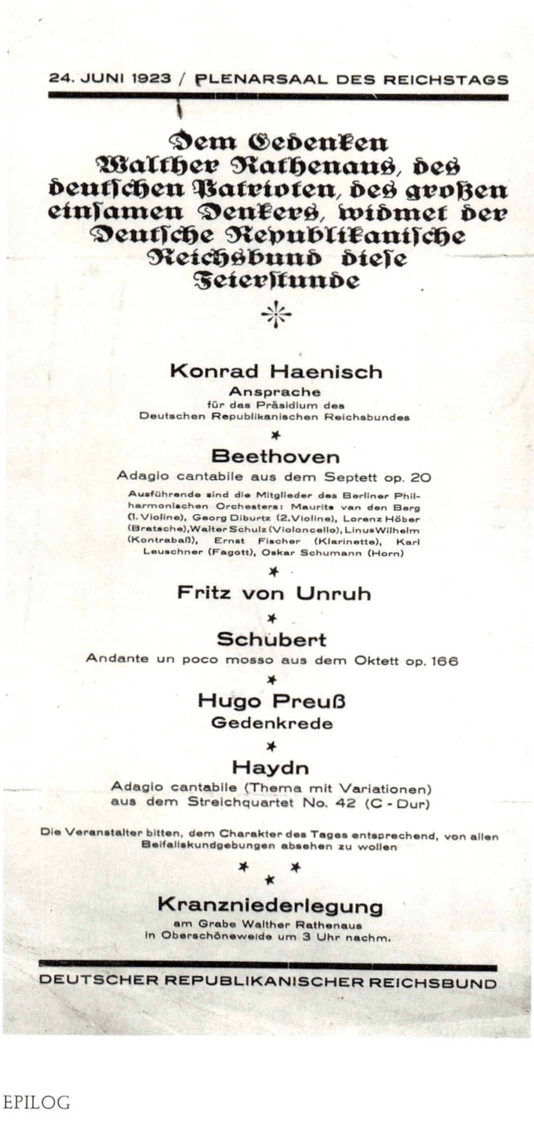

24. JUNI 1923 / PLENARSAAL DES REICHSTAGS

Dem Gedenken Walther Rathenaus, des deutschen Patrioten, des großen einsamen Denkers, widmet der Deutsche Republikanische Reichsbund diese Feierstunde

Konrad Haenisch
Ansprache
für das Präsidium des Deutschen Republikanischen Reichsbundes

Beethoven
Adagio cantabile aus dem Septett op. 20
Ausführende sind die Mitglieder des Berliner Philharmonischen Orchesters: Maurits van den Berg (1. Violine), Georg Diburtz (2. Violine), Lorenz Höber (Bratsche), Walter Schulz (Violoncello), Linus Wilhelm (Kontrabaß), Ernst Fischer (Klarinette), Karl Leuschner (Fagott), Oskar Schumann (Horn)

Fritz von Unruh

Schubert
Andante un poco mosso aus dem Oktett op. 166

Hugo Preuß
Gedenkrede

Haydn
Adagio cantabile (Thema mit Variationen) aus dem Streichquartet No. 42 (C-Dur)

Die Veranstalter bitten, dem Charakter des Tages entsprechend, von allen Beifallskundgebungen absehen zu wollen

Kranzniederlegung
am Grabe Walther Rathenaus in Oberschöneweide um 3 Uhr nachm.

DEUTSCHER REPUBLIKANISCHER REICHSBUND

8/2

Der Reichskunstwart hob in einer Stellungnahme für den Reichsinnenminister hervor, daß die Einrichtung des Hauses »einzigartig zu nennen« sei, da »sie den Geist eines Menschen (atme), der in der politischen, wirtschaftlichen und kulturellen Geschichte Deutschlands eine ausserordentliche Bedeutung gehabt hat und der es vermocht hat, mit einer einzigartigen Universalität noch einmal die ganze deutsche Bildung der klassischen Zeit zu vereinigen, zugleich aber führend für die Wegbereitung einer neuen Zeit zu arbeiten«. Redslob legte besonderen Wert auf die außerordentliche Bedeutung der Einrichtung und der Bibliothek: »Die Auswahl jedes einzelnen Stückes und Buches und die ausgeglichene und harmonische Zusammenstellung des Ganzen lässt das Haus am Ende einer Entwicklung stehen, die mit dem Goethehaus in Weimar beginnt.«

Die Widmung des Hauses zur Gedenkstätte bot der Reichsregierung Gelegenheit, die Frage einer Ehrung Walther Rathenaus mit einem Denkmal unentschieden zu lassen. Initiativen von Walter Gropius und von Georg Kolbe (8/5, 8/6) für die Errichtung eines Denkmals an der Mordstelle blieben ohne Folgen, und erst am 23. Juni 1929 wurde anläßlich einer Gedenkfeier der *Deutschen Demokratischen Partei* an einem Baum an der Stelle des Attentats ein Gitter mit einer Gedenktafel enthüllt. (8/7, 8/8). Der Rathenau-Brunnen von Georg Kolbe (8/9–8/13) im Volkspark Rehberge konnte nach dreijähriger Planungsphase im Herbst 1930 seiner Bestimmung übergeben werden; vier Jahre später wurde er wieder entfernt. Entfernt wurde auch bereits im Februar 1933 das Gitter und die Gedenktafel an der Mordstelle. Auf eine Anfrage vom 17. Juni 1933 erklärte das Reichsministerium des Innern, daß »eine Kranzniederlegung an der Mordstelle in der Königsallee in Berlin-Grunewald nicht beabsichtigt« sei. Bereits am 9. Juni hatte sich Hans-Gerd Techow, der Bruder von Ernst Werner Techow (8/21), der als Fahrer am Attentat beteiligt war, in einem Brief an die Reichskanzlei gewandt mit der Bitte um finanzielle Unterstützung für die »Umgestaltung der Gräber (seiner) auf Burg Saaleck gefallenen Kameraden, des Oberleutnants z.S.a.D. Erwin Kern und des Leutnants a.D. Ingenieur Hermann Fischer, die am 24. Juni 1922 den ehemaligen Reichsaußenminister Rathenau getötet hatten«. Die Reichskanzlei stellte daraufhin 9.000 Reichsmark zur Verfügung, so daß am 29. Oktober 1933 die »feierliche Einweihung des neuen Grabmals für die (…) Freiheitskämpfer Oberleutnant Kern und Leutnant Fischer« stattfinden konnte.

8/4a

8/3

8/4b

8/4c

Ernst von Salomon, der wegen seiner Beteiligung an der Vorbereitung des Attentats eine fünfjährige Haftstrafe erhalten hatte, hatte bereits 1930, nach nach seiner Entlassung aus dem Gefängnis, die Vorgeschichte und die Umstände des Attentats in dem Roman *Die Geächteten* verarbeitet (8/22). Er stellte die Attentäter als Idealisten dar, die in ihrem Opfer ebenfalls den Idealisten erkannt hätten; eben weil Rathenau ein Idealist gewesen sei, hätte er wesentlich zur Stabilisierung der Weimarer Republik beigetragenund damit die Verwirklichung des Wunsches der Attentäter nach Rückkehr zu den Verhältnissen des Kaiserreichs zunehmend unmöglich gemacht.

8/5

Eine Abbildung dieses Grabmals der Rathenaumörder findet sich als Frontispiz in Walther Frank *»Höre Israel!« Harden, Rathenau und die moderne Judenfrage*. (8/25) Dieses Buch des nationalsozialsistischen Historikers ist ebenso wie das Walter Darrés (8/24) Zeugnis einer eigentümlichen Faszination, die Walther Rathenau auf Nationalsozialisten ausübte. Natürlich standen, wie der Titel unzweideutig zu erkennen gab, die schrillen Äußerungen aus dem Erstlingswerk Rathenaus im Zentrum dieses Interesses. Während Rathenau mit dem Vokabular des Antisemitismus für die Vollendung der unvollendeten Assimilation plädiert hatte, galt eben dieser von Rathenau betonte Abstand zwischen Ideal und Wirklichkeit der Assimilation den nationalsozialistischen Antisemiten als Beweis für deren Unmöglichkeit. Zu diesem Punkt führte ein Weg von Walther Rathenaus Tod über den Antisemitismus der zwanziger Jahre (8/17) bis in den zweiten Weltkrieg (8/18).

8/1
»Dem Gedenken Walther Rathenaus, des deutschen Patrioten, des großen einsamen Denkers, widmet der Deutsche Republikanische Reichsbund diese Feierstunde«
Programm einer Gedenkveranstaltung im Reichstag am 24.6.1923
Buchdruck
27 × 13,5 cm
Berlin, Landesarchiv (Rep. 240, Acc. 1441, Nr .1)

8/2
Gerhart Hauptmann, Frederic Hans von Rosenberg, Heinrich Brauns, Ago von Maltzan und Margarete Hauptmann während der Gedenkveranstaltung vom 24. Juni 1923 im Reichstag
Georg Pahl
Fotografie (vintage print)
11,9 × 16,2 cm
Berlin, DHM, Fotosammlung

8/10

8/11a

8/3
Fahrt republikanischer Jugendverbände vom Reichstag an das Grab Walther Rathenaus zur Kranzniederlegung
Georg Pahl
1923
Fotografie (vintage print)
12 × 16,5 cm
Berlin, DHM, Fotosammlung

8/4
Die Übergabe der Villa Walther Rathenaus in Reichsbesitz am 23. Juni 1923
Serie von drei Fotografien (vintage prints)
Georg Pahl
a) Mathilde Rathenau beim Betreten der Villa Walther Rathenaus
b) Reichspräsident Friedrich Ebert und Otto Meissner beim Verlassen der Villa Walther Rathenaus
c) Reichskanzler Wilhelm Cuno und Außenminister Frederic Hans von Rosenberg beim Verlassen der Villa Walther Rathenaus
a) 12 × 16,5 cm
b) und c) 16,5 × 12 cm
Berlin, DHM, Fotosammlung

8/5
Entwurf für ein Denkmal an der Mordstelle in der Koenigsallee
Mit einer handschriftlichen Bemerkung des Reichskunstwartes Edwin Redslob: »Skizze zur Einfassung des Baumes an welchem W. Rathenau ermordet wurde«
Georg Kolbe (1877–1947)
1922
Bleistift
16,7 × 11 cm
bez.u.l.: GK
Berlin, Georg-Kolbe-Museum

8/6
Modell des Genius für das geplante Rathenau-Denkmal in der Koenigsallee
Georg Kolbe (1877–1947)
1922
Gips
72 × 56 × 42 cm
Berlin, Georg-Kolbe-Museum

8/7
Gedenktafel für Walther Rathenau an der Mordstelle in der Koenigsallee
1929
Fotografie (alter Abzug)
18,6 × 13,2 cm
Bonn, Archiv der sozialen Demokratie der Friedrich-Ebert-Stiftung

8/8
Ehrenwache des »Reichsbanners Schwarz-Rot-Gold« an einem Todestag Walther Rathenaus an der Mordstelle in der Koenigsallee
Nach 1929
Fotografie (Reproduktion)
13 × 18 cm
Berlin, DHM, Fotoarchiv
(F 66/2559)

8/9
Zwei Entwürfe für die Ehrenpforte vor dem Rathenau-Brunnen im Volkspark Rehberge
Georg Kolbe (1877–1947)
a) Bleistiftskizze
12,6 × 17,9 cm
b) Fotografie (alter Abzug)
12 × 17 cm
Berlin, Georg-Kolbe-Museum
(Z 337; ohne InvNr.)

8/10
Entwurf für den Rathenau-Brunnen im Volkspark Rehberge
Georg Kolbe (1877–1947)
Fotocollage, Bleistift
18,5 × 23,5 cm
Berlin, Georg-Kolbe-Museum

8/11
Zwei Ansichten des fertiggestellten Rathenau-Brunnens im Volkspark Rehberge
Fotografien (alte Abzüge)
Je 17 × 22 cm
Berlin, Georg-Kolbe-Museum

8/12
Modell des Rathenau-Brunnens im Volkspark Rehberge
Nach den Entwürfen Georg Kolbes (1877–1947)
Harald Haacke
1986
Gips
H 42 cm, Dm 59 cm
Berlin, Naturschutz- und Grünflächenamt Wedding

8/13
Porträtreliefs an den Treppenwangen des Rathenau-Brunnens im Volkspark Rehberge
Nach den Entwürfen Georg Kolbes (1877–1947)
Harald Haacke
1986
a) Walther Rathenau
b) Emil Rathenau
Bronzeguß
Je 53 × 45
lig.u.r. bzw. u.l.: GK
Berlin, Naturschutz- und Grünflächenamt Wedding

8/14
Gußmedaille auf Walther Rathenau
Entwurf: Benno Elkan (1877–1960)
1922
Silber
Dm 55 mm
bez.M.r.: B.E; Aufschrift: WALTHER RATHENAU
Düsseldorf, Kunstmuseum
(1952–124)

8/15
Walther Rathenau-Medaille
Entwurf: Hermann Hahn (1868–1945)
1932
Silber (zweiseitig)
Dm 85 mm
bez.: H.Hahn; Inschrift recto: WALTHER RATHENAU ZUM GEDAECHTNIS 1867–1922; verso: NICHT EINRICHTUNGEN NICHT GESETZE SCHAFFEN DAS NEUE LEBEN – SONDERN GESINNUNGEN W.R.
Bad Homburg, Günter Schilling

8/16
»Mord im Grunewald«
Friedrich Karl Kaul
Verlag Das Neue Berlin
Berlin 1958 (1.Auflage 1953)
168 Seiten, Buchdruck
16,4 × 10,3 cm
Berlin, Martin Sabrow

8/17
»Der Großjude Walter Rathenau«
Plakat der NSDAP zum Volksbegehren gegen den Young-Plan, 1929
Nürnberg: Hans Lotter
Buchdruck
199,8 × 70 cm
Darmstadt, Hessisches Landesmuseum (UNB 195)

8/18
»Die Drahtzieher! es sind nur Juden!«
Plakat aus der Reihe ›Parole der Woche‹ mit der Wiedergabe einer Hitler-Rede vom 26.4.1942
München: Verlag Franz Eher Nachf.
Offset
85 × 120 cm
Berlin, DHM, Plakatsammlung (1990/1116)

8/19
»Von Abraham bis Rathenau«
Walther Brewitz
Selbstverlag
Berlin 1935
247 Seiten, Buchdruck
16,9 × 12,2 cm
Bad Homburg, Günter Schilling

8/20
»Von Rathenau zu Barmat«
Otto Armin
Alfred Roth Verlag
Stuttgart 1925
94 Seiten, Buchdruck
22,4 × 15,5 cm
Bad Homburg, Günter Schilling

8/21
»›Gemeiner Mörder‹!‹ Das Rathenau-Attentat«
Ernst Werner Techow (1901–1945)
Verlag Schroll & Co.
Leipzig 1934
32 Seiten, Buchdruck
22,3 × 15,8 cm
Bad Homburg, Günter Schilling

8/22
»Die Geächteten«
Ernst von Salomon (1902–1972)
Ernst Rowohlt Verlag
Berlin 1930
483 Seiten, Buchdruck; Einband: Leinen
19,8 × 13 cm
Bad Homburg, Günter Schilling

8/23
»Der Fragebogen«
Ernst von Salomon (1902–1972)
Rowohlt Verlag
Hamburg 1953 (1. Auflage 1951)
674 Seiten, Buchdruck
19 × 11,6 cm
Berlin, Martin Sabrow

8/24
»Walther Rathenau und das Problem des Nordischen Menschen + Walther Rathenau und die Bedeutung der Rasse in der Weltgeschichte«
Richard Walther Darré (1895–1953)
J.F. Lehmanns Verlag
München 1933
18 Seiten, Buchdruck
19,3 cm × 12,6 cm
Bad Homburg, Günter Schilling

8/25
»›Höre Israel!‹ Harden, Rathenau und die moderne Judenfrage«
Walter Frank (1905–1945)
Hanseatische Verlagsanstalt Hamburg
Hamburg 1939
251 Seiten, Buchdruck
19 × 13 cm
Berlin, Martin Sabrow

8/17

ANHANG

Verzeichnis und Auflösung

der in den Anmerkungen abgekürzt zitierten Veröffentlichungen Walther Rathenaus und der wichtigsten Literatur

Imp.	=	Walther Rathenau: Impressionen, Leipzig 1902
Ref.	=	Walther Rathenau: Reflexionen, Leipzig 1908
GS I – VI	=	Walther Rathenau. Gesammelte Schriften in sechs Bänden, Berlin 1929 (Erste Auflage 1918 in fünf Bänden)
NGS I – II	=	Walther Rathenau. Nachgelassene Schriften, 2 Bde., Berlin 1928
GA II und VI	=	Walther Rathenau, Gesamtausgabe, hg. von Hans Dieter Hellige und Ernst Schulin Band II: Hauptwerke und Gespräche, hg. von Ernst Schulin, München/Heidelberg 1977 Band VI: Walther Rathenau – Maximilian Harden, Briefwechsel 1897–1920, hg. von Hans Dieter Hellige, München/Heidelberg 1983
Reden	=	Walther Rathenau: Gesammelte Reden, Berlin 1924
Briefbände:		
B I – II	=	Walther Rathenau: Briefe, 2 Bde., Dresden 1926
NB	=	Walther Rathenau: Neue Briefe, Dresden 1927
BNF	=	Walther Rathenau: Briefe. Neue Folge, Dresden 1930
PB	=	Walther Rathenau: Politische Briefe, Dresden 1929
GA VI	=	Walther Rathenau – Maximilian Harden, Briefwechsel 1897 – 1920, hg. von Hans Dieter Hellige, München/Heidelberg 1983
Rathenau: Tagebuch	=	Hartmut Pogge v. Strandmann (Hg.): Walther Rathenau. Tagebuch 1907–1922, Düsseldorf 1967

Abgekürzte Literatur

Hellige: Einleitung, GA VI	=	Hans Dieter Hellige: Rathenau und Harden in der Gesellschaft des Deutschen Kaiserreichs. Eine sozialgeschichtlich-biographische Studie zur Entstehung neokonservativer Positionen bei Unternehmern und Intellektuellen, in: GA VI, S. 15–299
Gespräche, GA II	=	Gespräche mit Walther Rathenau, in: GA II, S. 599–908 (hiervon gibt es auch eine 1980 erschienene und geringfügig erweiterte Taschenbuchausgabe im dtv-Verlag, München)
Kessler: Tagebücher	=	Harry Graf Kessler: Tagebücher 1918 bis 1937, hg. v. Wolfgang Pfeiffer-Belli, Frankfurt a.M. 1961
Kessler: Rathenau	=	Harry Graf Kessler: Walther Rathenau. Sein Leben und sein Werk. Mit einem Nachwort und Anmerkungen versehen von Cornelia Blasberg, Frankfurt a.M. 1988 (Harry Graf Kessler: Gesammelte Schriften in drei Bänden, hg. v. Cornelia Blasberg und Gerhard Schuster, Bd. III)
Schulin: Hauptwerke, GA II	=	Ernst Schulin: Zu Walther Rathenaus Hauptwerken, in: GA II, S. 499–595
Schulin: Rathenau	=	Ernst Schulin: Walther Rathenau. Repräsentant, Kritiker und Opfer seiner Zeit, Göttingen[2] 1993

Bibliographie

50 JAHRE AEG. Als Manuskript gedruckt, Berlin 1956

AKTEN DER REICHSKANZLEI, Weimarer Republik. Die Kabinette Wirth I und II, bearb. v. Ingrid Schulze-Bidlingmaier, 2 Bde., Boppard 1973

AKTEN ZUR DEUTSCHEN AUSWÄRTIGEN POLITIK 1918–1945, Serie A: 1918–1925, Bde. V und VI, Göttingen 1987–1988

ALBERTIN, Lothar: Die Verantwortung der liberalen Parteien für das Scheitern der Großen Koalition im Herbst 1921. Ökonomische und ideologische Einflüsse auf die Funktionsfähigkeit der parteienstaatlichen Demokratie, in: Historische Zeitschrift 205, 1967, S. 566–627

ALBERTIN, Lothar: Liberalismus und Demokratie am Anfang der Weimarer Republik. Eine vergleichende Analyse der Deutschen Demokratischen Partei und der Deutschen Volkspartei (= Beiträge zur Geschichte des Parlamentarismus und der politischen Parteien, Bd. 45), Düsseldorf 1972

ANGRESS, Werner T.: Prussia's Army and the Jewish Reserve Officer Controversy before World War I, in: Leo Baeck Institute Yearbook XVII, 1972, S. 19–42

ANGRESS, Werner T.: Das deutsche Militär und die Juden im Ersten Weltkrieg, in: Militärgeschichtliche Mitteilungen 19, 1976, Nr. 1, S. 77–146

ASCHHEIM, Steven E.: Brothers and Strangers. The East European Jew in German and German Jewish Consciousness 1800–1923, Madison 1982

BAECK, Leo: Von Moses Mendelssohn zu Franz Rosenzweig. Typen jüdischen Selbstverständnisses in den letzten beiden Jahrhunderten. Franz Delitzsch-Vorlesungen 1955, Stuttgart 1958

BALD, Detlef: Afrikanischer Kampf gegen koloniale Herrschaft. Der Maji-Maji-Aufstand in Ostafrika, in: Militärgeschichtliche Mitteilungen 19, 1976, Nr. 1, S. 23–50

BARTH, Hans Martin: Der Demokratische Volksbund. Zu den Anfängen des politischen Engagements der Unternehmer der Berliner Elektroindustrie im November 1918, in: Jahrbuch für die Geschichte Mittel- und Ostdeutschlands, Bd. 16/17, 1968, S. 254–266

BARTH, Hans Martin: Berliner Elektro-Großindustrie in der deutschen Politik. Elektroindustrie, Verbände, Parteien (1862–1920), Berlin 1980

BASLER, Werner: Deutschlands Annexionspolitik in Polen und im Baltikum 1914 bis 1918 (= Veröffentlichungen des Instituts für Geschichte der Völker der UdSSR an der Martin-Luther-Universität Halle-Wittenberg, Reihe B, Bd. 3), Berlin (DDR) 1962

BENDIXEN, Peter: Das Staatsdenken Walther Rathenaus, Diss. Kiel 1971

BERGLAR, Peter: Walther Rathenau. Ein Leben zwischen Philosophie und Politik, Graz/Wien/Köln 1987

BERGMANN, Carl: Der Weg der Reparationen. Von Versailles über den Dawesplan zum Ziel, Frankfurt a.M. 1926

BLAICH, Fritz: Kartell und Monopolpolitik im kaiserlichen Deutschland. Das Problem der Marktmacht im deutschen Reichstag zwischen 1879 und 1914, Düsseldorf 1973

BOEHLICH, Walter (Hg.): Der Berliner Antisemitismusstreit, Frankfurt a.M. 1965

BOROWSKY, Peter: Deutsche Ukrainepolitik 1918 unter besonderer Berücksichtigung der Wirtschaftsfragen (= Historische Studien, 416), Lübeck/Hamburg 1970

BOWEN, Ralph H.: German Theories of the Corporative State. With special Reference to the Period 1870–1919, New York/London 1947

BRESCIUS, Hans von : Gerhart Hauptmann. Zeitgeschehen und Bewußtsein in unbekannten Selbstzeugnissen. Eine politisch-biographische Studie (= Abhandlungen zur Kunst-, Musik- und Literaturwissenschaft, Bd. 197), Bonn 1976

BRÖGER, Karl: Der Prophet im Smoking – Ein Wort gegen Walther Rathenau, in: Die Tat 11, 1919/20, Heft 1, April 1919, S. 53f

BRUNNER, Constantin: Höre Israel! und Höre Nicht-Israel!, Berlin 1931

BUDDENSIEG, Tilmann: Industriekultur. Peter Behrens und die AEG 1907–1914, Berlin 1979

BUDDENSIEG, Tilmann u.a.: Ein Mann vieler Eigenschaften. Walther Rathenau und die Kultur der Moderne, Berlin 1990

BURCHARDT, Lothar: Walther Rathenau und die Anfänge der deutschen Rohstoffbewirtschaftung im Ersten Weltkrieg, in: Tradition. Zeitschrift für Firmengeschichte und Unternehmerbiographie 15, 1970, S. 169–196

CLASS, Heinrich: Wider den Strom. Vom Werden und Wachsen der nationalen Opposition im alten Reich, Leipzig 1932

CZADA, Peter: Die Berliner Elektroindustrie in der Weimarer Zeit. Eine regionalstatistisch-wirtschaftshistorische Untersuchung, Berlin 1969

DEIST, Wilhelm: Die Politik der Seekriegsleitung und die Rebellion der Flotte Ende Oktober 1918, in: Vierteljahrshefte für Zeitgeschichte 14, 1966, S. 341–368

DELBRÜCK, Clemens von: Die wirtschaftliche Mobilmachung in Deutschland 1914. Aus dem Nachlaß hg., eingel. u. erg. v. Joachim von Delbrück, München 1924

DONATH, Adolph: Der Berliner Kaufmann als Kunstfreund, in: Ders./ Osborn, Max/ Feldhaus, Franz M.: Berlins Aufstieg zur Weltstadt. Ein Gedenkbuch, Berlin 1929, S. 241–310

DRECHSLER, Horst: Deutsche Versuche, das deutsch-englische Abkommen von 1898 über die portugiesischen Kolonien zu realisieren, in: Zeitschrift für Geschichtswissenschaft 9, 1961, Nr. 2, S. 1619–1631

DUNCKER, Ulrich: Der Reichsbund jüdischer Frontsoldaten 1919 bis 1938. Geschichte eines jüdischen Abwehrvereins, Düsseldorf 1977

EBERT, Friedrich: Schriften, Aufzeichnungen, Reden. 2 Bde., Dresden 1926

EHRENTREICH, Alfred: Die Freundschaft zwischen Rathenau und Schwaner, in: Neue Deutsche Hefte 138, 1973, Nr. 2, S. 95–115

ECKSTEIN, A.: Walther Rathenau und der C.V., in: C.V.-Zeitung, 2. Jg., Nr. 27, 5.7.1923, S. 218
EHL, Heinrich: Walther Rathenau, Sammler und Maler. Zur Soziologie und Psychologie des Kunstsammelns, in: Kunstchronik und Kunstliteratur, 1927, S. 93–96
EHLERT, Hans Gotthard: Die wirtschaftliche Zentralbehörde des Deutschen Reiches 1914–1919. Das Problem der »Gemeinwirtschaft« in Krieg und Frieden (= Beiträge zur Wirtschafts- und Sozialgeschichte, Bd. 19), Wiesbaden 1982
ELBEN, Wolfgang: Das Problem der Kontinuität in der deutschen Revolution 1918–1919 (= Beiträge zur Geschichte des Parlamentarismus und der politischen Parteien, Bd. 31), Düsseldorf 1965
ENGEL, David: Patriotism as a Shield. The Liberal Jewish Defence against Antisemitism in Germany during the First World War, in: Leo Baeck Institute Yearbook XXXI, 1986, S. 147–171
EPSTEIN, Klaus: Matthias Erzberger und das Dilemma der deutschen Demokratie, Frankfurt a.M. 1962
ERDMANN, Karl-Dietrich: Deutschland, Rapallo und der Westen, in: Vierteljahrshefte für Zeitgeschichte 11, 1963, S. 105–165

FASSLAND, Frank: Wirtschafts-Führer. I. Walther Rathenau, in: Die Weltbühne 18, Nr. 8, 23.2.1922, S. 185–191; II. Hugo Stinnes, 1. Friedens- und Kriegswirksamkeit, in: Die Weltbühne 18, Nr. 10, 9.3.1922, S. 234–237, 2. Nachkriegswirksamkeit, in: Die Weltbühne 18, Nr. 11, 16.3.1922, S. 261–267; III. Karl Helfferich, in: Die Weltbühne 18, Nr. 16, 20.4.1922, S. 389–397
FEDERN-KOHLHAAS, Etta: Walther Rathenau. Sein Leben und sein Werk, Dresden 1927
FELDMAN, Gerald D.: German Business between War and Revolution: The Origins of the Stinnes-Legien Agreement, in: Gerhard A. Ritter (Hg.): Festschrift für Hans Rosenberg zum 65. Geburtstag, Berlin 1970, S. 312–341
FELDMAN, Gerald D.: The Origins of the Stinnes-Legien-Agreement. A Documentation, in: Internationale Wissenschaftliche Korrespondenz 19/20, 1973, S. 45–103
FELDMAN, Gerald D.: Armee, Industrie und Arbeiterschaft in Deutschland 1914–1918, Bonn 1986 (engl. Erstausg. Berkeley 1965)
FELIX, David: Walther Rathenau and the Weimar Republic. The Politics of Reparations, Baltimore/London 1971
FINK, Carol: The Genoa Conference. European Diplomacy, 1921–1922. Chapel Hill/London 1984
FINK, Carol/ Frohn, Axel/ Heideking, Jürgen (Hg.): Genoa, Rapallo and European Reconstruction in 1922, Cambridge 1991
S. FISCHER, VERLAG. Von der Gründung bis zur Rückkehr aus dem Exil. Eine Ausstellung des Deutschen Literaturarchivs im Schiller-Nationalmuseum Marbach am Neckar (= Marbacher Katalog, Bd. 40), Marbach 1985
FISCHER, Fritz: Griff nach der Weltmacht. Die Kriegszielpolitik des kaiserlichen Deutschland 1914/18, Düsseldorf 1961 (3. verb. Aufl. Düsseldorf 1964)
FISCHER, Fritz: Krieg der Illusionen. Die deutsche Politik von 1911 bis 1914, Düsseldorf 1969
FISCHER, Jens Malte: Literarischer Antisemitismus im zwanzigsten Jahrhundert. Zu seinen Stereotypen und seiner Pathologie, in: Fischer, Jens Malte/ Prümm, Karl/ Scheuer, Helmut (Hg.): Erkundungen. Beiträge zu einem erweiterten Literaturbegriff, Göttingen 1987, S. 117–138
DER FRIEDE VON BREST-LITOWSK, bearb. v. Werner Hahlweg (= Quellen zur Geschichte des Parlamentarismus und der politischen Parteien, Reihe 1, Bd. 8), Düsseldorf 1971
FÜRST, Arthur: Emil Rathenau. Der Mann und sein Werk, Berlin 1915
FÜRSTENBERG, Hans: Carl Fürstenberg. Die Lebensgeschichte eines Deutschen Bankiers, 1870–1914, Wiesbaden [1961] (Erstausgabe Berlin 1931)
FÜRSTENBERG, Hans: Erinnerung an Walther Rathenau. Ein Kommentar, in: Kessler, Harry Graf: Walther Rathenau. Sein Leben und sein Werk, 3.Aufl., Wiesbaden 1962

GALLWITZ, Klaus: … die wahrste Ausgeburt der Gegenwart, in: Max Klinger. 1857–1920. Ausstellungskatalog, Leipzig 1992, S. 65–71
GERLACH, Hellmut von: Von Rechts nach Links, Zürich 1937
GILMAN, Sander: Jewish Self-Hatred, Baltimore/London 1986 (dt. Ausg. Frankfurt a.M. 1993)
GIRAUD, Pierre: L'image de Walther Rathenau dans la presse et la littérature allemandes, Diss. Paris 1975
GOTTLIEB, Ernst: Walther-Rathenau-Bibliographie, Berlin 1929
GRAB, Walter/ Schoeps, Julius H. (Hg.): Juden in der Weimarer Republik (= Studien zur Geistesgeschichte, Bd. 6), Bonn 1986
GRAML, Hermann: Die Rapallo-Politik im Urteil der westdeutschen Forschung, in: Vierteljahrshefte für Zeitgeschichte 18, 1970, S. 366–391
GRUMBACH, Salomon: Das annexionistische Deutschland. Eine Sammlung von Dokumenten, die seit dem 4. August 1914 in Deutschland veröffentlicht oder geheim verbreitet wurden. Mit einem Anhang: Annexionistische Kundgebungen, Lausanne 1917
GRUPP, Peter: Deutsche Außenpolitik im Schatten von Versailles 1918–1920. Zur Politik des Auswärtigen Amtes vom Ende des Ersten Weltkrieges und der Novemberrevolution bis zum Inkrafttreten des Versailler Vertrages, Paderborn 1988
GUMBEL, Emil Julius: Vier Jahre politischer Mord, Berlin 1922
GUTSCHE, Willibald: Zu einigen Fragen der staatsmonopolistischen Verflechtung in den ersten Kriegsjahren am Beispiel der Ausplünderung der Belgischen Industrie und der Zwangsdeportation von Belgiern, in: Politik im Kriege 1914–1918, Berlin (DDR) 1964, S. 66–89
GUTSCHE, Willibald: Der Einfluß des Monopolkapitals auf die Entstehung der außenpolitischen Konzeption der Regierung Bethmann Hollweg zu Beginn des Ersten Weltkrieges, in: Jahrbuch für Geschichte 5, 1971, S. 119–173
GUTSCHE, Willibald: Mitteleuropaplanungen in der Außenpolitik des deutschen Imperialismus vor 1918, in: Zeitschrift für Geschichtswissenschaft 20, 1972, S. 533–549
GUTSCHE, Willibald: Zu Hintergründen und Zielen des »Panthersprungs« nach Marokko von 1911, in: Zeitschrift für Geschichtswissenschaft 28/1, 1980, S. 133–151

HAMBURGER, Ernest: Juden im öffentlichen Leben Deutschlands. Beamte und Parlamentarier in der monarchischen Zeit 1848–1918, Tübingen 1968
HANNOVER-DRÜCK, Elisabeth/ Hannover, Heinrich: Der Mord an Rosa Luxemburg und Karl Liebknecht. Dokumentation eines politischen Verbrechens, Frankfurt a.M. 1967
HAUPTS, Leo: Deutsche Friedenspolitik 1918–19, Düsseldorf 1976
HECKER, Gerhard: Walther Rathenau und sein Verhältnis zu Militär und Krieg (= Wehrgeschichtliche Studien, Bd. 30), Boppard 1983
HEINEMANN, Ulrich: Die verdrängte Niederlage. Politische Öffentlichkeit und Kriegsschuldfrage in der Weimarer Republik (= Kritische Studien zur Geschichtswissenschaft, Bd. 59), Göttingen 1983
HEINTZ, Günter : Stefan George. Studien zu seiner künstlerischen Wirkung (= Schriften zur Literatur- und Geistesgeschichte, Bd. 2), Stuttgart 1986
HELBIG, Herbert: Die Träger der Rapallo-Politik (= Veröffentlichungen des Max-Planck-Instituts für Geschichte, Bd. 3), Göttingen 1958
HELFFERICH, Karl: Reichstagsreden 1922–1924, hg. v. J.W. Reichertz, mit einem Lebensbild v. Graf von Westarp, Berlin 1925
HELLIGE, Hans Dieter: Generationskonflikt, Selbsthaß und die Entstehung antikapitalistischer Positionen im Judentum. Der Einfluß des Antisemitismus auf das Sozialverhalten jüdischer Kaufmanns- und Unternehmenssöhne im Deutschen Kaiserreich und in der K.u.K.-Monarchie, in: Geschichte und Gesellschaft 5, 1979, S. 476–518
HELLIGE, Hans Dieter: Jüdische Unternehmer zwischen wirtschaftsliberalem Laissez faire, sozialliberalem Emanzipationsdenken und industriekonservativer Sammlungsbewegung, in: Mosse, Werner E./Pohl, Hans (Hg.): Jüdische Unternehmer in Deutschland im 19. und 20. Jahrhundert (= Zeitschrift für Unternehmensgeschichte, Beiheft 64), Stuttgart 1992, S. 333–355
HELLIGE, Hans Dieter: Walther Rathenaus Entwicklung vom Neokonservativismus zum »Corporate Collectivism«. Entgegnung auf den Beitrag Pogge von Strandmanns, in: Mosse, Werner E./Pohl, Hans (Hg.): Jüdische Unternehmer in Deutschland im 19. und 20. Jahrhundert (= Zeitschrift für Unternehmensgeschichte, Beiheft 64), Stuttgart 1992, S. 366–370
HENNINGER, Gerd: Berlin und die Elektroindustrie. Bemerkungen zu den Anfängen der Elektrifizierung in Berlin, in: Beiträge und Mitteilungen 13, Museum für Deutsche Geschichte (Hg.), Berlin 1987, S. 26–34
HERBERT, Ulrich: Zwangsarbeit als Lernprozeß. Zur Beschäftigung ausländischer Arbeiter in der westdeutschen Industrie im Ersten Weltkrieg, in: Archiv für Sozialgeschichte, Bd. XXIV, 1984, S. 285–304
HESS, Jürgen C.: »Das ganze Deutschland soll es sein«. Demokratischer Nationalismus in der Weimarer Republik am Beispiel der Deutschen Demokratischen Partei (= Kieler Historische Studien, Bd. 24), Stuttgart 1978
HISTORISCHES MUSEUM FRANKFURT AM MAIN (Hg.): »Eine neue Zeit ...!« Die Internationale Elektrotechnische Ausstellung 1891, Frankfurt a.M. 1991
HITZER, Friedrich: Anton Graf Arco. Das Attentat auf Kurt Eisner und die Schüsse im Landtag, München 1988

IN MEMORIAM WALTHER RATHENAU, in: Die Neue Rundschau 33, 1922, Heft 8, S. 805–834 (mit Beiträgen von Abert Einstein, Otto Flake, Hugo Geitner, Johannes von Jensen, Harry Graf Kessler, Oskar Loerke, Emil Ludwig, Alexander Moszkowski, Georg Reicke, Hans Reisger, Karl Renner, Gabriele Reuter und Jakob Wassermann)

JÄGER, Wolfgang: Historische Forschung und politische Kultur in Deutschland. Die Debatte 1914–1980 über den Ausbruch des Ersten Weltkrieges (= Kritische Studien zur Geschichtswissenschaft, Bd. 61), Göttingen 1984
JANSSEN, Karl-Heinz: Der Kanzler und der General, Göttingen 1967
JASPER, Gotthard: Aus den Akten gegen die Erzberger-Mörder, in: Vierteljahrshefte für Zeitgeschichte 10, 1962, S. 430–453
JASPER, Gotthard: Der Schutz der Republik (= Tübinger Studien zur Geschichte und Politik, 10), Tübingen 1963
JOCHMANN, Werner: Gesellschaftskrise und Judenfeindschaft in Deutschland 1870–1945, Hamburg 1988 (2.Aufl. 1991)
JOLL, James: Walther Rathenau. Prophet without a cause, in: ders.: Intellectuals in Politics. Three biographical essays, London 1960, S. 59–129
JOLL, James: Walther Rathenau – Intellectual or Industrialist?, in: Berghahn, Volker R./Kitchen, Martin (Hg.): Germany in the age of total war, London 1981, S. 46–62
JUDEN IM WILHELMINISCHEN DEUTSCHLAND 1890 – 1914. Ein Sammelband, hg. v. Werner E. Mosse unter Mitwirkung von Arnold Paucker (= Schriftenreihe des Leo Baeck Institutes, Bd. 33), Tübingen 1976

KALLNER, Rudolf: Herzl und Rathenau. Wege jüdischer Existenz an der Wende des 20. Jahrhunderts. Stuttgart 1976
KARRENBROCK, Lore: Walther Rathenau. Briefe an eine Liebende, Dresden 1931
KAUF, Robert: Georg Kaiser's Social Tetralogy and the Social Ideas of Walther Rathenau, in: Publications of the Modern Language Association of America LXXVII, 1962, S. 311–317
KERR, Alfred: Walther Rathenau. Erinnerungen eines Freundes, Amsterdam 1935
KESSLER, HARRY GRAF: Tagebuch eines Weltmannes. Eine Ausstellung des Deutschen Literaturarchivs im Schiller-Nationalmuseum Marbach am Neckar (= Marbacher Katalog, Bd. 43), Marbach 1988
KLEIN, Fritz (Hg.): Studien zum deutschen Imperialismus vor 1914 (= Schriften des Zentralinstituts für Geschichte der Akademie der Wissenschaften der DDR, Bd. 47), Berlin (DDR) 1976.
KLUGE, Ulrich: Die deutsche Revolution 1918/19. Staat, Politik und Gesellschaft zwischen Weltkrieg und Kapp-Putsch, Frankfurt a.M. 1985

KOCKA, Jürgen: Industrielles Management. Konzeptionen und Modelle in Deutschland vor 1914, in: Vierteljahrsschrift für Sozial- und Wirtschaftsgeschichte 56, 1969, S. 332–372
KOCKA, Jürgen: Klassengesellschaft im Krieg. Deutsche Sozialgeschichte 1914–1918, Frankfurt a.M. ^{2}1978
KOCKA, Jürgen: Siemens und der aufhaltsame Aufstieg der AEG, in: Tradition. Zeitschrift für Firmengeschichte und Unternehmerbiographie 3–4, 1972, S. 125–142
KOCKA, Jürgen: Unternehmensverwaltung und Angestelltenschaft am Beispiel Siemens 1847–1914, Stuttgart 1969
KÖNIG, Rudolf/ Soell, Hartmut/ Weber, Hermann (Hg.): Friedrich Ebert und seine Zeit. Bilanz und Perspektiven der Forschung (= Schriftenreihe der Stiftung Reichspräsident-Friedrich-Ebert-Gedenkstätte, Bd. 1), München ^{2}1991
KRAFT, Werner : Herz und Geist. Gesammelte Aufsätze zur deutschen Literatur (= Literatur und Leben, N.F., Bd. 35), Wien/Köln 1989
KRAN, Hubert W.: Die sozial- und gesellschaftspolitischen Vorstellungen Walther Rathenaus, Diss. Bochum 1975
KRÜGER, Dieter: Nationalökonomen im Wilhelminischen Deutschland, Göttingen 1983
KRÜGER, Gabriele: Die Brigade Erhardt (= Hamburger Beiträge zur Zeitgeschichte, Bd. 7), Hamburg 1971
KRÜGER, Peter: Deutschland und die Reparationen 1918/19, Stuttgart 1973
KRÜGER, Peter: Versailles. Deutsche Außenpolitik zwischen Revisionismus und Friedenssicherung, München 1986
KRÜGER, Peter: Die Außenpolitik der Republik von Weimar, Darmstadt 1985
KURZKE, Hermann : Die Quellen der »Betrachtungen eines Unpolitischen«. Ein Zwischenbericht, in: Internationales Thomas-Mann-Kolloquium 1986 in Lübeck (= Thomas-Mann-Studien, Bd. 7), Bern 1987, S. 291–310
KUTSCHER, Arthur: Frank Wedekind. Sein Leben und sein Werk, 3 Bde., München 1922–1931

LACAMBRE, Geneviève: Edmond Aman-Jean, in: Symbolismus in Europa. Ausstellungskatalog, Baden-Baden 1976
LAMAR, Cecil: Albert Ballin. Business and Politics in Imperial Germany 1888–1918, Princeton 1967 (dt. Ausg.: Albert Ballin. Wirtschaft und Politik im deutschen Kaiserreich 1888–1918, Hamburg 1969)
LAUBACH, Ernst: Die Politik der Kabinette Wirth 1921/22, Lübeck/Hamburg 1968
LAUBACH, Ernst: Maltzans Aufzeichnungen über die letzten Vorgänge vor dem Abschluß des Rapallo-Vertrags, in: Jahrbücher für Geschichte Osteuropas 22, 1974, S. 556–579
LIEBESCHÜTZ, Hans: Treitschke and Mommsen on Jewry and Judaism, in: Leo Baeck Institute Yearbook VII, 1962, S. 153–182
LINKE, Horst Günther: Deutsch-sowjetische Beziehungen bis Rapallo (= Abhandlungen des Bundesinstituts für ostwissenschaftliche und internationale Studien, Bd. XXII), Köln 1970
LINKSLIBERALISMUS IN DER WEIMARER REPUBLIK. Die Führungsgremien der Deutschen Demokratischen Partei und der Deutschen Staatspartei 1918–1933, eingel. v. Lothar Albertin, bearb. v. Konstanze Wegner u.a. (= Quellen zur Geschichte des Parlamentarismus und der politischen Parteien, Reihe 3, Bd. 5), Düsseldorf 1980
LOEWENBERG, Peter: Walther Rathenau and German society, Diss. Berkeley 1966
LOEWENBERG, Peter: Antisemitismus und jüdischer Selbsthaß. Eine sich wechselseitig verstärkende sozialpsychologische Doppelbeziehung, in: Geschichte und Gesellschaft 5, 1979, S. 455–475
LOHALM, Uwe: Völkischer Radikalismus. Die Geschichte des Deutschvölkischen Schutz- und Trutzbundes 1919–1923 (= Hamburger Beiträge zur Zeitgeschichte, Bd. 6), Hamburg 1970
LUCKAU, Alma: The German Delegation at the Paris Peace Conference, New York 1971 (Reprint)
LUDWIG, Emil: Geschenke des Lebens. Ein Rückblick, Berlin 1931
LÜKE, Rolf E.: Die Berliner Handels-Gesellschaft in einem Jahrhundert deutscher Wirtschaft, 1856–1956, Berlin 1956
LYNAR, Ernst W. Graf (Hg.): Deutsche Kriegsziele 1914–1918. Eine Diskussion, Frankfurt a.M./Berlin 1964

MADER, Ursula: Die innenpolitischen Ziele Walther Rathenaus und sein Entwurf einer finanzkapitalistischen Ideologie in den Jahren 1911 bis 1914, in: Jenaer Beiträge zur Parteiengeschichte 41, 1977, S. 145–155
MADER, Ursula: Europapläne und Kriegsziele Walther Rathenaus (1912 bis 1916), in: Jahrbuch für Geschichte 15, 1977, S. 191–205
MADER, Ursula: Walther Rathenau und die Elektrochemischen Werke im Wirkungsfeld der AEG. Teil I, 1893–1896 (Bitterfeld), in: Jahrbuch für Wirtschaftsgeschichte, 1991/3, S. 159–213
MANGOLDT, Ursula von: Auf der Schwelle zwischen Gestern und Morgen. Begegnungen und Erlebnisse, Weilheim 1963
MANN, Thomas: Geist und Wesen der deutschen Republik. Dem Gedächtnis Walther Rathenaus, in: Mann, Thomas: Gesammelte Werke in dreizehn Bänden, Bd. XI, Frankfurt a.M. 1974, S. 853–860
MATSCHOSS, Conrad u.a. (Bearb.): 50 Jahre Elektrizitätswerke 1884–1934, Berlin 1934
MEINIK, Hans Jürgen: Walther Rathenau und die Sozialisierungsfrage. Ein Beitrag zur Wirtschaftspolitik in den Anfangsjahren der Weimarer Republik, Diss. Berlin 1973
MENDELSSOHN, Peter de: S. Fischer und sein Verlag, Frankfurt a.M. 1970
MENZEL-SEVERING, Hans: Der Bildhauer Benno Elkan (= Monographien zur Geschichte Dortmunds und der Grafschaft Mark, Bd. 7), Dortmund 1980
MEYER, Henry Cord: Mitteleuropa in German Thought and Action 1815–1945 (= International Scholars Forum 4), Den Haag 1955

MOMMSEN, Hans/ Petzina, Dietmar/ Weisbrod, Bernd (Hg.): Industrielles System und politische Entwicklung in der Weimarer Republik, Düsseldorf 1974
MOSSE, Werner E.: Deutsches Judentum in Krieg und Revolution 1916–1923 (= Schriftenreihe des Leo Baeck Institutes, Bd. 25), Tübingen 1971
MOSSE, Werner E.: Jews in German Economy. The German-Jewish Economic Elite 1820–1935, Oxford 1987
MOSSE, Werner E./ Pohl, Hans (Hg.): Jüdische Unternehmer in Deutschland im 19. und 20. Jahrhundert (= Zeitschrift für Unternehmensgeschichte, Beiheft 64), Stuttgart 1992
MÜLLER, Alfred: Die Kriegsrohstoffbewirtschaftung 1914–1918 im Dienste des deutschen Monopolkapitals, Berlin 1955

NORLIND, Ernst: Gespräche und Briefe Walther Rathenaus. Mit einem Nachwort von Max Scheler, Dresden 1922
NOSKE, Gustav: Von Kiel bis Kapp. Zur Geschichte der deutschen Revolution, Berlin 1920
NOSTITZ, Oswalt von: Hofmannsthal und das Berliner Ambiente, in: Renner, Ursula/ Schmidt, G. Bärbel (Hg.): Hugo von Hofmannsthal. Freundschaften und Begegnungen mit deutschen Zeitgenossen, Würzburg 1991, S. 55–72
NUSSBAUM, Helga: Unternehmer gegen Monopole. Über Struktur und Aktionen antimonopolistischer bürgerlicher Gruppen zu Beginn des 20. Jahrhunderts, Berlin 1966
NUSSBAUM, Helga: Versuche zur reichsgesetzlichen Regelung der deutschen Elektrizitätswirtschaft und zu ihrer Überführung in Reichseigentum 1909 bis 1914, in: Jahrbuch für Wirtschaftsgeschichte 2, 1968, S. 117–201

ONCKEN, Emily: Panthersprung nach Agadir. Die deutsche Politik während der Zweiten Marokkokrise 1911, Düsseldorf 1981
OSBORN, Max: Das Haus Walther Rathenaus in Berlin-Grunewald, in: Moderne Bauformen XI, 1912, S. 465–477
OTT, Hugo: Privatwirtschaftliche und Kommunal(staats)wirtschaftliche Aspekte beim Aufbau der Elektrizitätswirtschaft. Dargestellt am Beispiel des Straßburger Elektrizitätswerkes, in: Aus Stadt- und Wirtschaftsgeschichte Südwestdeutschlands. Festschrift für Erich Maschke (= Veröffentlichungen der Kommission für Geschichtliche Landeskunde in Baden-Württemberg, Reihe B, Bd. 85), Stuttgart 1975

PAUCKER, Arnold: Der jüdische Abwehrkampf gegen Antisemitismus und Nationalsozialismus in den letzten Jahren der Weimarer Republik, Hamburg 1968
PAULI, Friedrich W.: Emil Orlik. Wege eines Zeichners und Graphikers, Darmstadt 1972
PECHSTEIN, Max: Erinnerungen, hg. von Leopold Reidemeister, Wiesbaden 1960
PESCHKE, Hans Peter von: Elektroindustrie und Staatsverwaltung am Beispiel Siemens 1847–1914, Frankfurt a.M./ Bern 1981
PINNER, Felix: Emil Rathenau und das elektrische Zeitalter, Leipzig 1918
POGGE VON STRANDMANN, Hartmut: Großindustrie und Rapallopolitik. Deutsch-sowjetische Handelsbeziehungen in der Weimarer Republik, in: Historische Zeitschrift 222, 1976, S. 265–341
POGGE VON STRANDMANN, Hartmut: Rapallo-Strategy in preventive diplomacy: new sources and new interpretations, in: Berghahn, Volker R./ Kitchen, Martin (Hg.): Germany in the age of total war, London 1981, S. 123–146
POGGE VON STRANDMANN, Hartmut: Rathenau, die Gebrüder Mannesmann und die Vorgeschichte der Zweiten Marokkokrise, in: Geiss, Imanuel/ Wendt, Bernd-Jürgen (Hg.): Deutschland in der Weltpolitik des 19. und 20.Jahrhunderts, Düsseldorf 1973, S. 351–370
POGGE VON STRANDMANN, Hartmut: Rathenau zwischen Politik und Wirtschaft, in: Franz, Otmar (Hg.): Am Wendepunkt der europäischen Geschichte, Göttingen/ Zürich 1981, S. 88–106
POGGE VON STRANDMANN, Hartmut: Rathenau – ein liberaler Unternehmer?, in: Mosse, Werner E./ Pohl, Hans (Hg.): Jüdische Unternehmer in Deutschland im 19. und 20. Jahrhundert (= Zeitschrift für Unternehmensgeschichte, Beiheft 64), Suttgart 1992, S. 356–365
POGGE VON STRANDMANN, Hartmut: Widersprüche im Modernisierungsprozeß Deutschlands. Der Kampf der verarbeitenden Industrie gegen die Schwerindustrie, in: Stegmann, Dirk/ Wendt, Bernd-Jürgen/ Witt, Peter-Christian (Hg.): Industrielle Gesellschaft und politisches System. Beiträge zur politischen Sozialgeschichte. Festschrift für Fritz Fischer zum siebzigsten Geburtstag (= Schriftenreihe des Forschungsinstituts der Friedrich-Ebert-Stiftung, Bd. 137), Bonn 1978, S. 225–240
POHL, Manfred: Emil Rathenau und die AEG, Mainz 1988
PRESLER, Gerd: »Brücke« an Dr. Rosa Schapire, Städtische Kunsthalle Mannheim 1990
PULZER, Peter G. J.: The Rise of Political Anti-Semitism in Germany and Austria, New York 1964

RAKENIUS, Gerhard W.: Wilhelm Groener als Erster Generalquartiermeister. Die Politik der Obersten Heeresleitung 1918/19 (= Wehrwissenschaftliche Forschungen, Abteilung Militärgeschichtliche Studien, Bd. 23), Boppard 1977
DIE REGIERUNG DER VOLKSBEAUFTRAGTEN 1918/19, bearb. von Susanne Miller und mit einer Einleitung von Erich Matthias (= Quellen zur Geschichte des Parlamentarismus und der politischen Parteien, Bd. 6), Düsseldorf 1969
REINHARZ, Jehuda/ Schatzberg, Walter (Hg.): The Jewish Response to German Culture. From the Enlightenment to the Second World War, Hanover, N.H./London 1985
RIEDLER, Alois: Emil Rathenau und das Werden der Großwirtschaft, Berlin 1916
RITTER, Frederick: Constantin Brunner und seine Stellung zur Judenfrage, in: Bulletin des Leo Baeck Institutes 51, 1975, S. 40–79
RITTER, Gerhard A./ Miller, Susanne (Hg.): Die deutsche Revolution 1918/19, Dokumente, Hamburg 1975
ROGGE, Henning: Fabrikwelt um die Jahrhundertwende am Beispiel der AEG Maschinenfabrik in Berlin-Wedding, Köln 1983

ROESLER, Konrad: Die Finanzpolitik des Deutschen Reiches im Ersten Weltkrieg, Berlin 1967
ROSENBERG, Arthur: Entstehung und Geschichte der Weimarer Republik, hg. von Kurt Kersten, Frankfurt a.M. 1955
RÜRUP, Reinhard: Emanzipation und Antisemitismus. Studien zur »Judenfrage« der bürgerlichen Gesellschaft, Frankfurt a.M. 1987

SCHIEDER, Theodor: Die Entstehungsgeschichte des Rapallo-Vertrags, in: Historische Zeitschrift 204, 1967, S. 545–607
SCHMIDT, Karl Eugen: Französische Malerei des 19. Jahrhunderts, Leipzig 1903
SCHMITZ, Hermann: Schloß Freienwalde. Berlin [1927]
SCHORSCH, Ismar: Jewish Reactions to German Antisemitism, 1870–1914, New York 1972
SCHULIN, Ernst: Die Erfassung der modernen sozialen Welt bei Rathenau, Spengler und Jünger, Skizze eines Vergleichs, in: Melville, Ralph (Hg.): Deutschland und Europa in der Neuzeit, Stuttgart 1988, S. 85–97
SCHULIN, Ernst: Die Rathenaus. Zwei Generationen jüdischen Anteils an der industriellen Entwicklung Deutschlands, in: Juden im Wilhelminischen Deutschland 1890–1914. Ein Sammelband, hg. v. Werner E. Mosse unter Mitwirkung von Arnold Paucker (= Schriftenreihe des Leo Baeck Institutes, Bd. 33), Tübingen 1976, S. 115–142
SCHULIN, Ernst: Max Weber und Walther Rathenau, in: Mommsen, Wolfgang J./ Schwentker, Wolfgang (Hg.): Max Weber und seine Zeitgenossen, Göttingen/Zürich 1988, S. 310–322
SCHULIN, Ernst: Noch etwas zur Entstehung des Rapallo-Vertrages, in: Hentig, Hartmut von/ Nitschke, August (Hg.): Was die Wirklichkeit lehrt. Golo Mann zum siebzigsten Geburtstag, Frankfurt a.M. 1979, S. 177–202
SCHULIN, Ernst: Walther Rathenau und sein Integrationsversuch als »Deutscher Jüdischen Stammes«, in: Grab, Walter (Hg.): Jüdische Integration und Identität in Deutschland und Österreich, 1848–1918 (= Jahrbuch des Instituts für deutsche Geschichte, Beiheft 6), Tel Aviv 1984, S. 13–38
SCHULZE, Hagen: Freikorps und Republik 1918–1920, Boppard 1969
SIMON, Hugo Ferdinand: Aus Walther Rathenaus Leben, Dresden 1927
SONTHEIMER, Kurt: Antidemokratisches Denken in der Weimarer Republik, München 1962
STEGEMANN, Bernd: Die deutsche Marinepolitik 1916–1918 (= Historische Forschungen, Bd. 4), Berlin 1970
STEGMANN, Dirk: Die Erben Bismarcks. Parteien und Verbände in der Spätphase des Wilhelminischen Deutschlands. Sammlungspolitik 1897–1918, Köln/Berlin 1970
STERN, Fritz: »Ich wünschte der Wagen möchte zerschellen«. Zerrissen wie das eigene Volk: Walther Rathenau als Unternehmer, Intellektueller und Staatsmann, in: Die Zeit, Jg.43, Nr. 49 vom 2.12.1988, S. 37f
STOECKER, Helmuth: Drang nach Afrika. Die koloniale Expansionspolitik und Herrschaft des deutschen Imperialismus in Afrika von den Anfängen bis zum Ende des zweiten Weltkriegs, Berlin 1977
STRAUSS, Herbert A./ Hoffmann, Christhard (Hg.): Juden und Judentum in der Literatur, München 1985
STRAUSS, Herbert A./ Kampe, Norbert (Hg.): Antisemitismus. Von der Judenfeindschaft zum Holocaust, Frankfurt a.M. 1988
STROBEL, Albrecht: Die Gründung des Züricher Elektrotrusts. Ein Beitrag zum Unternehmergeschäft der deutschen Elektroindustrie, 1895–1900, in: Hassinger, Erich/ Müller, J. Heinz/ Ott, Hugo (Hg.): Geschichte, Wirtschaft, Gesellschaft. Festschrift für Clemens Bauer, Berlin 1974, S. 303–332
STRUVE, Walter: Elites against Democracy. Leadership Ideals in Bourgeois Political Thought in Germany, 1890–1933, Princeton 1973

THEINER, Peter: Sozialer Liberalismus und deutsche Weltpolitik. Friedrich Naumann im Wilhelminischen Deutschland (1860–1919), Baden-Baden 1983
THEINER, Peter: »Mitteleuropa« – Pläne im Wilhelminischen Deutschland, in: Berding, Helmut (Hg.): Wirtschaftliche und politische Integration in Europa im 19. und 20. Jahrhundert, Göttingen 1984, S. 128–148
THOSS, Bruno: Der Ludendorff-Kreis 1919–1923. München als Zentrum der mitteleuropäischen Gegenrevolution zwischen Revolution und Hitler-Putsch, München 1978
TOURY, Jacob: Die politischen Orientierungen der Juden in Deutschland. Von Jena bis Weimar, Tübingen 1966
TROELTSCH, Ernst: Spektator-Briefe. Aufsätze über die deutsche Revolution und die Weltpolitik 1918/22. Mit einem Geleitwort von Friedrich Meinecke, zusammengestellt u. hg. v. H. Baron, Tübingen 1924

UFERMANN, Paul/ Hüglin, Carl: Die AEG. Eine Darstellung des Konzerns der Allgemeinen Elektrizitätsgesellschaft, Berlin 1922

VAGTS, Alfred A.: M. M. Warburg & Co. Ein Bankhaus in der deutschen Weltpolitik 1905–1935, in: Vierteljahrsschrift für Sozial- und Wirtschaftsgeschichte 45, 1958, S. 289–388
VIETSCH, Eberhard von: Bethmann Hollweg. Staatsmann zwischen Macht und Ethos (= Schriften des Bundesarchivs, 18), Boppard 1969
VOLKOV, Shulamit: Jüdisches Leben und Antisemitismus im 19. und 20. Jahrhundert. Zehn Essays, München 1990
VOLWAHSEN, Andrea: Der Bildhauer Hermann Hahn (1868–1945), München 1987

WARBURG, Max M.: Aus meinen Aufzeichnungen, New York 1952
WEISSBECKER, Manfred: Antibolschewistische Liga 1918–1919 – Liga zum Schutze der deutschen Kultur 1919–1925, in: Fricke, Dieter (Hg.): Handbuch der bürgerlichen Parteien, Bd. 1, Leipzig 1968, S. 66–76
WELLER, B. Uwe: Maximilian Harden und die »Zukunft« (= Studien zur Publizistik, Bremer Reihe, Deutsche Presseforschung, Bd. 13), Bremen 1970
WERNECKE, Klaus: Der Wille zur Weltgeltung. Außenpolitik und Öffentlichkeit im Kaiserreich am Vorabend des Ersten Weltkrieges, Düsseldorf 1970

WERTHEIMER, Jack: Unwelcome Strangers. East European Jews in Imperial Germany, Oxford/New York 1987
WESSEL, Horst A. (Hg.): Moderne Energie für eine neue Zeit. Siebtes VDE-Kolloquium am 3. und 4. September 1991 anläßlich der VDE-Jubiläumsveranstaltung »100 Jahre Strom« in Frankfurt a.M. (= Geschichte der Elektrotechnik 11), Berlin/Offenbach 1991
WETTE, Wolfram: Gustav Noske. Eine politische Biographie, Düsseldorf 1987
WILLIAMSON, David Graham: Walther Rathenau. A Study of his political, industrial and cultural activities and of his reputation in contemporary Germany 1893 – June 1921, Diss. London 1971
WILLIAMSON, David Graham: Walther Rathenau's »Höre Israel« and its Jewish Critics, in: European Judaism, 1972/73, S. 17–20
WILLIAMSON, David Graham: A Civilian in the Prussian War Ministry: Walther Rathenau and the Raw Materials Department, August 1914-March 1915, in: Journal of the Royal United Service Institute for Defence Studies 119, 4.12.1974, S. 70–72
WILLIAMSON, David Graham: Walther Rathenau. Patron saint of the German liberal establishment 1922–1972, in: Yearbook Leo Baeck Institute London 20, 1975, S. 207–222
WILLIAMSON, David Graham: Walther Rathenau: Realist, Pedagogue and Prophet, November 1918-May 1921, in: European Studies Review 6, 1976, S. 99–121
WILLIAMSON, David Graham: Walther Rathenau and the K.R.A. August 1914-March 1915, in: Zeitschrift für Unternehmensgeschichte 23, 1978, Nr. 2, S. 118–136
WILLIAMSON, John G.: Karl Helfferich, 1872–1924. Economist, financier, politician, Princeton 1971
WINKLER, Heinrich August: Von der Revolution zur Stabilisierung. Arbeiter und Arbeiterbewegung in der Weimarer Republik 1918 bis 1924, Berlin/Bonn 1985
WITT, Peter-Christian: Friedrich Ebert. Parteiführer, Reichskanzler, Volksbeauftragter, Reichspräsident, Bonn 1988
WULF, Peter: Die Auseinandersetzungen um die Sozialisierung der Kohle in Deutschland 1920/21, in: Vierteljahrshefte für Zeitgeschichte 25, 1977, S. 46–89
WULF, Peter: Hugo Stinnes. Wirtschaft und Politik 1918–1924 (= Kieler Historische Studien, Bd. 28), Stuttgart 1979

YOUNG, H. F.: Maximilian Harden. Censor Germaniae, Den Haag 1959

ZECHLIN, Egmont: Deutschland zwischen Kabinettskrieg und Wirtschaftskrieg. Politik und Kriegsführung in den ersten drei Monaten des Weltkrieges 1914, in: Historische Zeitschrift 199, 1964, S. 348–458
ZECHLIN, Egmont: Die deutsche Politik und die Juden im Ersten Weltkrieg, Göttingen 1969
ZIMMERMANN, Adolf: Mit Dernburg in Ostafrika, Berlin 1908
ZUNKEL, Friedrich: Die ausländischen Arbeiter in der deutschen Kriegswirtschaftspolitik des Ersten Weltkrieges, in: Ritter, Gerhard A. (Hg.): Entstehung und Wandel der modernen Gesellschaft. Festschrift für Hans Rosenberg, Berlin 1970, S. 280–311
ZUNKEL, Friedrich: Industrie und Staatssozialismus. Der Kampf um die Wirtschaftsordnung in Deutschland 1914–1918 (= Tübinger Schriften zur Sozial- und Wirtschaftsgeschichte, Bd. 3), Düsseldorf 1974
ZWEIG, Stefan: Die Welt von Gestern. Erinnerungen eines Europäers, Frankfurt a.M. 1987

Personenregister

Kursive Seitenzahlen verweisen auf Abbildungen.